Katsuyo's Encyclopedia of
Home Cooking

小林カツ代
料理の辞典
おいしい家庭料理のつくり方
2448
レシピ

朝日出版社

はじめに

　料理のレシピを辞典にするという、それも一個人のレシピだけで。すべて自分の料理でありながら、これを辞典という形をとるのに、三年もの歳月がかかったのです。辞書づくりの大変さを身をもって知りました。

　そもそもなんでこの大仕事にとり組んだかといいますと、こんなエピソードがきっかけです。結婚したてのある若い女性が風邪気味の夫のためにおかゆを作りたいと思ったけれど、さて作り方がわからない。親に聞いても作ったことがないという。本屋に走った。料理の本は多すぎるほどあったけど、おかゆの作り方はとうとう見つからなかった、と。焦る彼女の気持ちの切なさがよくわかる。

　あれを作りたい、あれが食べたい、あの料理の作り方は？といったとき、すぐにパッとわかる本はできないか、とすでに百数十冊の本を出版していてもなお私は痛切に思ったのです。

　以心伝心とはこのことか。まるで私の気持ちが空気に乗って伝わったかの如く朝日出版社から、辞典を作りたいとの依頼を受けた。そうだ、もし料理の作り方が辞書のようになっていれば"おかゆを作りたい"ときには「お」を引く。"肉じゃがが食べたい"と思えば、「に」を引けばよい。とにかくすぐ見つけられるではないか！

　美しい料理の写真が載った本や読みものとしての料理の本とは別に、こういった辞書的な料理本を持っている

と鬼に金棒です。毎日の元気を作り出すのは食事。それも、ふだんの何気ない料理がおいしいということが一番。この姿勢は、料理の世界に入って30年たっても決して変わらない私の信念です。おいしい家庭料理は体だけでなく心もつくるものだからです。そのためにこの辞書はきっと役に立ちます。

　ほんとに大変な仕事でした。でもこんな本があれば、きっと喜んでもらえる、それがはげみの三年間でした。まだ不備な点があるかと思います。なにしろレシピが2448点もの数ですから。もし、ちょっと「オヤ？」というところがあれば、ご自分の舌で直してくださいね。それでもなおオヤ、オヤ？であれば朝日出版社にご連絡ください。

　さあいよいよこの辞典を自在に使って、楽しくおいしい料理を次々に生み出すあなたの出番です。

2002年４月

小林カツ代

目 次

はじめに······················· 3
この本の使い方················· 6

■レシピ························ 7

■料理コラム················· 821

■索引······················· 843

調理法別索引
生で食べる··········844　　煮る················850
あえる··············844　　蒸す················855
揚げる··············845　　焼く················855
いる················847　　ゆでる··············857
炒める··············847　　オーブン・オーブントースターを
漬ける··············849　　使う················858

素材別索引
肉類················860　　乾物・加工品········905
魚介類··············870　　卵・乳製品··········907
海藻類··············879　　豆・豆加工品········912
野菜・果物類········880

メニュー別索引
ご飯················915　　おかず··············923
もち················918　　行事食··············935
めん················918　　朝食・軽食··········935
パン・粉もの········920　　ソース・ドレッシング··936
汁もの··············921

総索引··············937

この本の使い方

作りたい料理がすぐ引ける50音順配列　P.7〜819
(例)おかゆ……………………………………「お」→「おかゆの基本」
　　肉じゃが……………………………………「に」→「肉じゃが」
　　めんつゆ……………………………………「め」→「めんつゆ」
　　枝豆のとびきりおいしいゆで方…………「え」→「枝豆の塩ゆで」

読んで楽しい料理コラム　P.821〜841
素材の知識や調理のコツ、応用など、すぐ活用できる140項目の料理コラム。

使いやすい4種類の索引　P.843〜966
調理法別索引：調理の方法からレシピを検索。「炒める」「煮る」など
素材別索引：素材ごとにレシピを検索。「キャベツ」「豚肉」など
メニュー別索引：定番メニューからレシピを検索。「カレー」、「パスタ」、「みそ汁」など
総索引：全レシピ名と料理コラム名を50音順に配列。

［分量］
- 原則4人分。2人分ずつ作ったほうがおいしくできるものは、材料の前に〈これは2人分〉などと表示。
  ※4人分の分量を2人分にする場合は、材料を半量にしたうえ、味をみて調味料などを増減すること。
- 大さじ＝15cc、小さじ＝5cc、1カップ＝200cc〈米は1カップ＝180cc（1合）〉

［調理の手順］
- 米を洗う手順は原則として省略。
- 野菜を洗う、皮をむくなどの下ごしらえは原則として省略。
- 「表示通りに」という表記は、その食品（めん類、乾物など）が入っている袋や箱に表示された説明に従って調理することを指す。

［本文中の記号］
- →（矢印）は他の項目を参照の意。
  (例)ピザ台→ピザ台（基本）＝基本のピザ台の作り方は、
　　　　　　　　　　　　「ピザ台（基本）」の項目を参照してください。
- コラム参照 は巻末の料理コラムを参照の意。

あ

アーティチョークのディップサラダ
つぼみを食べる花菜で、そらまめに似た味。ときには新しい味わいをお試しあれ

　　アーティチョーク　1個
　　塩　少々
　　フレンチドレッシング
　　　塩　小さじ½
　　　こしょう　少々
　　　洋辛子粉　少々
　　　砂糖　ごく少々
　　　米酢　大さじ2
　　　パセリ(みじん切り)　大さじ1
　　　オリーブ油　大さじ3
　　バターソース
　　　バター　30g
　　　にんにく(すりおろし)　少々

1 アーティチョークは茎をつけ根から切り、葉先の汚れている部分やトゲをキッチンばさみで切る。
2 鍋にアーティチョークを入れてかぶるくらいの湯を入れ火にかけ、塩を加えて30～40分ゆでる。根元に竹串を刺してみてスーッと通ればゆで上がり。
3 ドレッシングとバターソースどちらか好みのほうを作る。ドレッシングは材料を合わせる。バターソースは、バターとにんにくのすりおろしを弱火にかけ、フツフツしてきたら小さい器に。
4 がくを1枚ずつはずし、厚みのあるつけ根の部分にドレッシングやバターソースなど、好みのソースをつけながら歯でしごいて食べる。最後に出てくる花芯や底部の花たくも食べられる。

　　アーティチョーク→ コラム参照
　　ディップ→ コラム参照

相性汁
なぜ相性汁かって？　それはさつま芋と豚肉がみそ汁の具によく合うから

　　さつま芋　1本(約150g)
　　豚薄切り肉　100g
　　玉ねぎ　½個
　　しらたき　1わ
　　サラダ油　小さじ2
　　だし汁　5カップ
　　みそ　大さじ3～4
　　こしょう　少々
　　細ねぎ(小口切り)　適量

1 さつま芋は皮ごと1.5cm厚さの半月かいちょう切りにし、塩水(分量外)に入れる。
2 豚肉は1～2cm幅に切り、玉ねぎは薄切りにし、しらたきは食べやすい長さに切る。
3 サラダ油を熱して豚肉と玉ねぎを強火で炒める。肉の色が変わったらしらたきを炒め、だし汁を加えて煮る。
4 フツフツしてきたら水けをきったさつま芋を加え、中火でさつま芋に火が通るまで煮る。
5 みそをとき入れ、こしょうをひと振りして火を止める。
6 椀に盛り、細ねぎを散らす。

あえもの各種
→メニュー別索引〈あえもの〉を参照

青じそ入り豚肉巻き
しその香りがおいしさと食欲をアップ！

　　豚肩ロース薄切り肉　350g
　　青じそ　1～2わ
　　サラダ油　大さじ1
　　A　酒　大さじ1
　　　　しょうゆ　大さじ1

1 豚肉は1枚ずつ広げておく。
2 肉の上に青じそを1枚のせ、端からクルクルと巻いて、ギュッと握って落ちつか

あおな

せる。残りの肉も同様に巻く。
3 フライパンにサラダ油を熱し、**2** の巻き終わりを下にして並べる。上からフライ返しで少し押さえて焼きつけ、肉がパカッとはがれるようになったら裏返し、ときどき転がしながら強めの中火で全体をこんがり焼く。
4 肉が中まで焼けたら、火を止めて余熱のあるうちにAをジャーッとまわしかけ、味をからめる。

青菜炒め
油に塩を入れて青菜を炒める本格的な手法

　小松菜　1わ
　にんにく　ひとかけ
　サラダ油　大さじ1〜2
　塩　小さじ½
　酒　大さじ1

1 小松菜は3〜4cm長さのザク切りにし、にんにくは薄切りにする。
2 中華鍋にサラダ油と塩を入れ、にんにくを加えて焦がさないように炒める。香りがたったら強火にして小松菜の茎、次に葉を加え、木ベラ2本でチャッチャッと上下を返しながら炒める。
3 全体に油がまわったら酒を振り入れてさらに炒める。青菜の色がパァーッとあざやかになったら火を止め、フタで押さえながら余分な汁けをきる。
4 フタをしたまま火にかけ、1、2、3…と10まで数えて出来上がり。

青菜→ コラム参照

青菜のオイスターソースかけ
小松菜、チンゲン菜、ター菜でもおいしい中国風のお浸し

　ほうれん草　1わ
　サラダ油　大さじ1
　塩　少々
　オイスターソース　大さじ1
　しょうゆ　大さじ1

1 ほうれん草は5〜6cm長さに切る。
2 たっぷりの湯を沸かしてサラダ油と塩を入れ、ほうれん草を一度にドサッと入れる。再び湯がグラグラしてくるまでサッとゆで、ザルにあげて水けをよくきる。
3 ほうれん草を器に盛り、オイスターソースとしょうゆを合わせてかける。

青菜のごまみそあえ
十分なおかずになるこっくり味

　春菊　1わ
　黒いりごま　大さじ4
　A ┌ みそ　小さじ1
　　├ しょうゆ　小さじ1
　　└ ごま油　小さじ½

1 春菊は熱湯でほどよいかたさにゆで、ザルにあげて水けをきり、全体に広げてそのまま冷ます。
2 ごまはよくよくすり、ねっとりしたらAを加えてすり混ぜる。
3 春菊の下を1〜2cm切り落としてから2cm長さに切り、**2** に加えてあえる。

春菊→ コラム参照

青菜のごまよごし
ごまをよくするほどなめらかなあえ衣になって青菜とよくなじむ

　小松菜　1わ
　白いりごま　大さじ3
　しょうゆ　大さじ1
　砂糖　小さじ1〜2
　みりん　小さじ1〜2
　酢　小さじ1

1 小松菜は熱湯でほどよいかたさにゆで、水に取って冷まし、水けをしぼって3cm長さに切る。
2 ごまはよくよくすり、ねっとりしたら調味料を加えてさらにすり混ぜる。
3 小松菜を3〜4回に分けて **2** に加えて

あえる。

青菜の焼売
小松菜入りのヘルシー焼売。辛子酢じょうゆを添えて

　　小松菜　½わ
　　片栗粉　大さじ2
　　かにかまぼこ　4〜5本
　　しょうが　ひとかけ
　　鶏挽き肉　150g
　　ごま油　小さじ1
　　塩　小さじ½
　　焼売の皮　1袋
　　キャベツ　3〜4枚

1 小松菜は色よくゆでて水に取り、水けをしぼる。これをみじん切りにし、片栗粉を全体にまぶしておく。
2 かにかまぼこは細かく刻む。しょうがはすりおろす。
3 小松菜、かにかまぼこ、しょうがを合わせ、さらに鶏挽き肉、ごま油、塩を加えて、よく混ぜ合わせ、焼売の具にする。
4 3の具を適量ずつ取って焼売の皮に包む。キャベツの葉は適当な大きさにちぎって蒸し器に敷き、焼売を並べて10〜12分蒸す。
5 焼売が蒸し上がったら、蒸しキャベツと一緒に器に盛りつける。

　焼売と蒸し器→ コラム参照

作り方4

あおやぎとわけぎのぬた
伝統的な春のあえもの

　　あおやぎ　50g
　　わけぎ　1わ
　　酢みそ
　　├ みそ　大さじ2
　　├ みりん　大さじ2
　　├ 酒　大さじ2
　　├ 砂糖　大さじ1
　　└ 米酢　大さじ1

1 あおやぎは酢1、水3の割合の酢水(分量外)でサッと洗い、水けをよくきる。
2 大きめの鍋にたっぷりの湯を沸かし、わけぎの根元のほうから鍋肌にそわせるようにして入れ、箸で押さえながらゆでる。全体がシナッとなったらザルにあげ、広げて冷まし、4cm長さに切る。
3 小鍋の中を水でぬらし、酢みその材料を入れ、弱めの中火にかけて手早く混ぜる。なめらかになってフツフツしたら火を止め、冷ます。
4 あおやぎとわけぎを盛り合わせ、酢みそをかける。

　酢みそ→ コラム参照
　鍋の中を水でぬらす→ コラム参照

赤貝とわけぎのぬた
赤貝のないときは刺身用のいかやゆでたあさりのむき身でもおいしい

　　赤貝(むき身)　150g
　　わけぎ　1わ
　　しょうゆ　少々
　　酢みそ
　　├ みそ　大さじ2
　　├ 米酢　大さじ1
　　├ みりん　大さじ1
　　├ 砂糖　小さじ1
　　└ とき辛子　少々

1 赤貝は鮮度がよければ生で、そうでなければサッとゆでて水けをきる。
2 わけぎは長いまま根のほうから熱湯に入れてほどよくゆで、ザルに広げて冷ます。わけぎにしょうゆを振り、ごく軽くしぼって3〜4cm長さに切る。

3 酢みその材料を混ぜ合わせ、食べる直前に赤貝、わけぎの順に加えてザッとあえる。

秋のおこわ
甘栗入りが、我ながらの大ヒット！

　もち米　2カップ（2合）
　水　1¾カップ
　豚こま切れ肉　100g
　しょうゆ　小さじ1
　甘栗(殻つき)　300g
　ぎんなん水煮缶詰　小1缶
　しょうが　ひとかけ
　しめじ　1袋
　ごま油　大さじ1
　A ｛ 酒　大さじ1
　　　みりん　大さじ1
　　　塩　小さじ1

1 もち米に分量の水を加える。
2 豚肉は小さく切り、しょうゆをからめる。甘栗は殻をむき、ぎんなんは水けをきる。しょうがは皮をむいて千切りにする。しめじは石づきを切り落とし、あらくほぐす。
3 ごま油を熱して豚肉を強めの中火で炒め、色が変わったら甘栗、ぎんなん、しょうが、しめじの順に加えて強火で炒め合わせる。
4 全体がアツアツになったら火を止め、Aを加えて混ぜる。
5 米に**4**を加えて表面を平らにし、ふつうに炊く。
6 底のほうから全体を混ぜる。

秋のサラダ
みょうがとしその実の風味がさわやか

　レタス　5〜6枚
　みょうが　3個
　しその実　大さじ2
　ドレッシング
　｛ 米酢　大さじ1
　　しょうゆ　大さじ1
　　砂糖　小さじ1

1 レタスは一口大にちぎる。みょうがは縦半分に切ってから斜め薄切りにし、水でサッと洗って水けをきる。
2 器にレタス、しその実、みょうがの順に盛りつけ、混ぜ合わせたドレッシングをかける。

秋の玉子焼き
炒め春菊をたっぷり巻いた切り口も魅力的

　春菊　½わ
　卵　3〜4個
　薄口しょうゆ　小さじ1
　みりん　小さじ1
　ごま油　適量
　紅しょうが(千切り・好みで)　適量

1 春菊は細かく刻み、ごま油少々を熱してシナッとするまで炒め、すぐ皿に取って冷ます。
2 卵はとき、薄口しょうゆ、みりんを加えて混ぜる。
3 フライパンか卵焼き器を熱してごま油を薄くぬり、卵を流し入れ、まわりが固まってきたら真ん中に春菊をのせる。
4 卵が半熟状になったら、両側をパタパタと折って春菊にかぶせ、裏返して形を整えながら焼き上げる。
5 あら熱が取れたら、食べやすく切り分ける。好みで紅しょうがを添えて盛る。

秋の煮もの
強めの中火で煮るのがポイント

　里芋　400g
　大根　15cm
　しめじ　1袋
　舞茸　1袋
　しし唐辛子　½パック
　ゆでえび　10尾

煮汁
- だし汁か水　2カップ
- 薄口しょうゆ　大さじ2
- 酒　大さじ2
- みりん　大さじ1

1 里芋は上下を少し切り落とし、ヒタヒタの水に入れて5分ほどゆでる。水に取り、あら熱が取れたら皮をむく。
2 大根は1cm厚さの半月切りにし、竹串がやっと通るくらいのかたさにゆでる。
3 きのこ類は石づきを切り落とし、ほぐす。しし唐辛子はヘタを少し切る。ゆでえびは尾を残して殻をむく。
4 煮汁に里芋、大根、えびを入れ、表面を平らにする。フタをし、強めの中火で煮る。
5 野菜がほぼやわらかくなったらきのこ類としし唐辛子を加え、ひと煮する。

秋のハンバーグ
ハンバーグもソースも、ひと味違う！

- 合い挽き肉　350g
- にんじん（すりおろし）　½カップ
- 塩　小さじ½
- こしょう　少々
- A
  - 卵　1個
  - 牛乳　¼カップ
  - パン粉　1カップ
- サラダ油　少々
- えのき茸　1袋
- しめじ　1袋
- バター　大さじ1～2
- B
  - 水　½カップ
  - 赤ワイン　大さじ2
  - ウスターソース　大さじ3
  - トマトケチャップ　大さじ3

1 Aは混ぜ合わせ、しっとりさせる。
2 きのこ類は石づきを切り落とし、えのき茸は半分に切り、しめじはほぐす。
3 挽き肉、にんじん、塩、こしょうを合わせ、**1**を加えてよく混ぜ合わせる。4等分にし、ハンバーグ形にまとめる。
4 フライパンを熱し、サラダ油少々をまわし入れ、ハンバーグを並べて中火でこんがり焼き、裏返して同様に焼く。熱湯をハンバーグの高さの半分くらいまで注ぎ、フタをして強火で蒸し焼きにする。水分がほぼなくなったらフタをあけ、弱火にして水分が完全になくなるまで焼く。
5 ハンバーグを取り出してフライパンにバターをとかし、きのこ類を炒め、Bを加えてフツフツするまで煮る。盛りつけたハンバーグにかける。

作り方**4**

秋のひっつめ汁風
岩手県の郷土料理をひと工夫。小麦粉のだんごの代わりに、餃子(ギョーザ)の皮を使うのがミソ

- ごぼう　1本
- 大根　10cm
- にんじん　5cm
- しょうが　ひとかけ
- ごま油　大さじ1
- 鶏こま切れ肉　100g
- なめこ　1袋
- 餃子の皮　½袋

煮汁
- だし汁　6カップ
- 塩　小さじ½
- しょうゆ　大さじ1

- 細ねぎ（小口切り）　適量
- 七味唐辛子　適量

1 ごぼうはささがきにし、5分ほど水にさらして水けをきる。大根とにんじんは薄いいちょう切りに、しょうがは千切りにす

る。
2 鍋にごま油を熱し、しょうが、ごぼう、鶏こま切れ肉を入れて炒める。肉の色が変わったら、大根とにんじんを加えてよく炒め、全体がアツアツになったら、煮汁の材料を次々に加えて野菜を煮る。
3 野菜がやわらかくなったら、サッと水洗いしたなめこを加える。
4 餃子の皮は半分に切り、1枚ずつギュッと握りながら鍋に加え、皮に火が通ったら、味をみて塩（分量外）で調える。
5 出来上がりを器に盛り、細ねぎを散らして七味唐辛子を振る。
ひっつめ→ コラム参照

秋の忘れ煮
しその実がなければ、刻んだ青じそで。冷蔵庫で4～5日はおいしい

〈作りやすい分量〉
ピーマン　10個
みょうが　8個
ちりめんじゃこ　½カップ
しその実　大さじ2
酒　½カップ
しょうゆ　大さじ1

1 ピーマンは手で押しつぶし、縦に2つにちぎり、種を取る。みょうがは縦2～4つに切る。
2 鍋の中をザッと水でぬらし、材料を全部入れて火にかけ、酒としょうゆを加えてザッと混ぜる。
3 フタをして弱めの中火で15～20分煮る。途中でときどきかき混ぜ、強めの中火で汁けをからませるようにして仕上げる。

秋野菜のみそ炒め
なすとみそは相性抜群！　下ごしらえ万端に一気に作るのがおいしさのコツ

なす　2～3本
しし唐辛子　1パック
しめじ　1袋
こんにゃく　1枚
ちくわ　大1～2本
ごま油　大さじ2
合わせ調味料
　┌ みそ　大さじ1
　│ みりん　大さじ1
　│ 酒　大さじ1
　└ しょうゆ　大さじ1
粉山椒　適量

1 なすは縦半分に切ってから1㎝厚さの斜め切りにする。しし唐辛子はヘタを切り落とし、しめじは石づきを切り落として小房に分ける。
2 こんにゃくは1㎝厚さに切る。ちくわは縦半分に切ってから1㎝厚さに斜め切りにする。
3 調味料を混ぜ、合わせ調味料を作っておく。
4 中華鍋を熱してごま油を入れ、なすとこんにゃくを強火で炒める。油がまわったところでしし唐辛子、しめじ、ちくわを加えてザッと炒め合わせる。
5 全体に火が通ったら弱火にし、合わせ調味料を加える。再び強火にして、全体がよく混ざるように大きく炒め合わせる。粉山椒を振って食べる。

揚げいかとさつま芋チップ
秋の夜長の酒の肴に

いかの胴　1杯分
さつま芋　1本
小麦粉　½カップ
粉チーズ　大さじ2
揚げ油　適量

1 いかの胴は7～8㎜幅の輪切りにし、水けをよくふく。
2 さつま芋は皮ごとごく薄い輪切りにし、塩水（分量外）に5分くらいさらし、水けをよくふく。

3 小麦粉と粉チーズを混ぜ合わせ、いかにしっかりまぶしつける。
4 揚げ油を中温(170〜180度)に熱し、いかをギュッと握って入れる。衣が落ち着いてきたら、ときどき返して空気にふれさせながらカラリと揚げ、よく油をきって引き上げる。
5 火を止め、油を少したして温度を下げ、さつま芋を加える。火をつけ、ときどきかき混ぜて空気にふれさせながらじっくり揚げて、カリッと仕上げる。

揚げいかのホットサラダ
いかははねないように、皮をむく、水けをふく。きのこの歯ざわりがおいしい

　いか　1杯
　小麦粉　適量
　揚げ油　適量
　しめじ　1袋
　エリンギ　2本
　三つ葉　½わ
　ドレッシング
　　┌ しょうゆ　大さじ1
　　│ 米酢　大さじ1
　　│ ごま油　小さじ1
　　│ マスタード　小さじ½
　　│ 砂糖　ひとつまみ
　　└ こしょう　少々
　レモン　適量

1 いかは足を引き抜き、内臓を切り離す。胴は皮をむいて1cm幅の輪切りにし、足は1本ずつ切って食べよい長さに切る。
2 いかの水けをよくふいて小麦粉をまぶし、低めの中温(170度くらい)の揚げ油でカラリと揚げる。
3 しめじは石づきを切り落として小房に分け、エリンギは長さを半分に切って薄切りにする。三つ葉は2cm長さに切る。
4 しめじとエリンギは熱湯でサッとゆでてザルにあげる。
5 ボウルにドレッシングの調味料を合わせ混ぜ、揚げいか、きのこ、三つ葉の順に加え混ぜる。
6 出来上がりを器に盛り、くし形に切ったレモンを添える。

揚げ魚の五目あんかけ
じっくり揚げた魚はあんをかけてもカラリ

　たら(生)　4切れ
　干椎茸　5〜6枚
　ゆで竹の子　½本
　にんじん　½本
　玉ねぎ　½個
　しょうが　ひとかけ
　片栗粉　適量
　揚げ油　適量
　ごま油　大さじ1
　甘酢あん
　　┌ 水　1½カップ
　　│ 砂糖　大さじ1
　　│ 米酢　大さじ1
　　│ 酒　大さじ1
　　│ 薄口しょうゆ　大さじ1
　　└ トマトケチャップ　大さじ1
　水溶き片栗粉
　　┌ 片栗粉　大さじ1
　　└ 水　大さじ1

1 たらは水けをふき、取れれば骨を取る。
2 干椎茸は戻して軸を取り、2つに切ってから細切りにする。竹の子、にんじんも細切りにする。玉ねぎは薄切りにする。しょうがは皮をむいて千切りにする。
3 揚げ油を中温(170〜180度)に熱し、たらに片栗粉をまぶしつけて入れる。衣が落ち着いてきたら、ときどき返して空気にふれさせながら、全体が色づいてカラリとなるまで揚げる。
4 ごま油を中火で熱し、しょうが、椎茸、竹の子、にんじん、玉ねぎの順に加えて炒める。アツアツになったら、水溶き片栗粉

あげじゃが

以外の甘酢あんの材料を加える。フツフツしてきたら水溶き片栗粉を加え、再びフツフツしてきて薄くとろみがついたら火を止める。

5 揚げた魚を器に盛り、**4** の五目あんをかける。

揚げじゃがチーズ焼き
あっさり味の新じゃがも、皮ごと揚げればホクホクに

　新じゃが芋　500 g
　揚げ油　適量
　とけるチーズ　適量

1 新じゃが芋はよく洗い、皮ごと2～3つ切りにして水けをよくふいておく。
2 揚げ油を熱し、すぐに新じゃが芋を入れて徐々に温度を上げていく。
3 おいしそうなきつね色に揚がったら、竹串を刺してみて、スーッと通れば、油をよくきって引き上げる。
4 天板にじゃが芋を並べ、上にとけるチーズをたっぷりのせて200度のオーブンに入れる。チーズがとろっととけて、おいしそうなこげ色がついたら出来上がり。

揚げ大根
竹串がスーッと通るまでやわらかに、のんびり揚げる。不思議で格別なおいしさ

　大根　12～16 cm
　揚げ油　適量
　しょうが(すりおろし)　適量
　しょうゆ　適量
　削り節　適量

1 大根は3～4 cm厚さの輪切りにし、両面に十文字に5 mmくらいの深さまで切りめを入れ、水けをふく。
2 揚げ油を低温(160度)に熱し、大根をフライ返しなどにのせてそっと入れる。すぐフタをして弱めの中火でゆっくり火を通し(30～40分かかる)、途中で一度返して竹串がスーッと通るようになるまで揚げる。
3 大根を器に盛っておろししょうがをのせ、好みでしょうゆや削り節をかけて食べる。

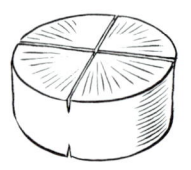

作り方 **1**

揚げ竹の子の磯がらめ
のりがからまってホクホク、新しい味わい

　新ゆで竹の子　1本(約200 g)
　揚げ油(使った油)　適量
　しょうゆ　大さじ1
　焼きのり　1～2枚

1 ゆで竹の子は乱切りにし、水けをふく。
2 揚げ油を中温(170～180度)に熱して竹の子を入れ、強めの火でこんがり揚げる。
3 油をよくきって器に盛り、すぐしょうゆをまわしかけ、のりをもんでかける。

使った油→ コラム参照

揚げ竹の子の木の芽あえ
木の芽の他に、青のり、削り節、ごまなども美味

　新ゆで竹の子　1本(約200 g)
　揚げ油　適量
　薄口しょうゆ　小さじ2
　木の芽　10枚

1 新ゆで竹の子は食べよい大きさに縦長に切り、水けをよくふく。
2 揚げ油を中温(170～180度)に熱して竹の子を入れ、火を強めて、こんがりと揚げる。
3 器に薄口しょうゆを入れ、アツアツの竹の子を入れて味をからめる。刻んだ木の芽を加えてザッとあえる。食べるときにし

ょうゆを少しかけてもよい。

揚げだし豆腐
出来上がりにしょうゆをタラリ。だしに漬け込むよりさっぱり風味

　木綿豆腐　2丁
　小麦粉　適量
　長ねぎ　1本
　揚げ油　適量
　しょうゆ　少々

1 木綿豆腐は布巾で包んで上に軽く重しをし、30分くらいおいて水きりをする。これを8等分のやっこに切り、小麦粉をまんべんなくつけて、余分な粉を落とす。
2 揚げ油を中温(170～180度)に熱し、豆腐を1個ずつ静かに次々入れる。衣が固まり、裏がうっすらと色づいてきたらフライ返しと箸を利用し、静かに裏返し、こんがりと揚げて油をきる。
3 長ねぎは4～5㎝長さのブツ切りにし、縦に切りめを入れて開く。芯を取りのぞき、繊維にそって千切り(白髪ねぎ)にし、水でザブリと洗って水けをきる。
4 揚げた豆腐を器に盛って **3** の白髪ねぎをのせ、しょうゆをかける。

揚げだし豆腐の五目あんかけ
アツアツの揚げだし豆腐に中国風のあんをかけて

　木綿豆腐　2丁
　小麦粉　適量
　片栗粉　適量
　揚げ油　適量
　五目あん
　　｛生椎茸　4個
　　　にんじん　10㎝
　　　ゆで竹の子　小1本
　　　ピーマン　2個
　　　豚薄切り肉　150ｇ
　　　片栗粉　小さじ2
　　　サラダ油　適量
　　　水　2カップ
　　　酒　大さじ1
　　　しょうゆ　大さじ1｝
　水溶き片栗粉
　　｛片栗粉　大さじ1強
　　　水　大さじ1｝
　ごま油　小さじ½
　しょうが(すりおろし)　適量

1 木綿豆腐は布巾で包んで上に軽く重しをし、30分くらいおいて水きりをする。
2 五目あんを作る。生椎茸、にんじん、ゆで竹の子、ピーマンは食べよい長さの細切りにする。豚薄切り肉は細切りにし、小さじ2の片栗粉をまぶしておく。
3 サラダ油を熱して豚肉、生椎茸、にんじん、ゆで竹の子の順に炒め、豚肉に火が通ったらピーマンを加える。全体がしんなりしたら水、酒、しょうゆを加えて煮る。
4 煮立ってきたら水溶き片栗粉を入れてとろみをつけ、最後にごま油を落として風味をつける。
5 揚げだし豆腐を作る。**1** の豆腐は1丁を4等分し、小麦粉と片栗粉を半々に混ぜた衣をまんべんなくまぶしつける。これを中温(170～180度)の油できつね色にこんがりと揚げて、油をきる。
6 アツアツの揚げだし豆腐を器に盛り、上から **4** の五目あんをとろりとかけておろししょうがをのせる。

揚げだし豆腐の野菜あんかけ
体にやさしいボリュームおかず

　木綿豆腐　2丁
　小麦粉　適量
　揚げ油　適量
　野菜あん
　　｛干椎茸　3～4枚
　　　きくらげ(乾)　大さじ山盛り1
　　　にんじん　10㎝

```
  ゆで竹の子　1/2本
  細ねぎ　5本
  ごま油　大さじ1強
  干椎茸の戻し汁　1 1/2カップ
  酒　小さじ1
  薄口しょうゆ　大さじ1
  砂糖　小さじ1
水溶き片栗粉
  片栗粉　大さじ1
  水　大さじ1
しょうが(すりおろし)　適量
```

1 豆腐は布巾で包み、軽い重しをして30分くらいおき、水けをきる。
2 干椎茸ときくらげはそれぞれ戻し、千切りにする。干椎茸の戻し汁は取っておく。にんじん、竹の子も千切りにする。細ねぎは2cm長さのブツ切りにする。
3 ごま油大さじ1を熱し、干椎茸、にんじん、竹の子、きくらげの順に強めの中火で炒める。全体がアツアツになったら、干椎茸の戻し汁、酒、しょうゆ、砂糖を加えて煮る。フツフツしたら水溶き片栗粉を加えてとろみをつけ、細ねぎを加え、ひと混ぜしたら火を止めごま油少々を落とす。
4 豆腐を半分に切り、小麦粉をまぶす。揚げ油を高めの中温(180度)に熱して豆腐を入れ、こんがりと揚げる。油をよくきって盛り、野菜あんをかけ、おろししょうがをのせる。

揚げ鶏の甘酢がらめ

肉に卵をからめるとフワッとした口あたりに。揚げたてをジュッと甘酢につける

```
鶏もも肉・鶏むね肉　合わせて2～3枚
片栗粉　約1/2カップ
卵　1個
揚げ油　適量
甘酢
  米酢　大さじ2～3
  砂糖　大さじ2～3
  しょうゆ　大さじ2～3
  七味唐辛子か一味唐辛子　少々
にんじん　1/2本
長ねぎ　1/2本
ピーマン　1個
```

1 にんじん、長ねぎ、ピーマンは千切りにして水でザッと洗い、よく水けをきる。
2 器に甘酢の調味料を合わせておく。
3 鶏肉は黄色い脂肪を取りのぞき、一口大に切ってボウルに入れる。片栗粉を加えてよくまぶし、卵を加えてさらによく混ぜる。
4 揚げ油を中温(170～180度)に熱して鶏肉をカラリと揚げ、油をよくきってアツアツを **2** の甘酢につけ、からめる。
5 揚げ鶏に味がなじんだところで、揚げ鶏の上に野菜を散らす。

揚げ鶏の薬味ソースかけ

薬味ソースが味のキメテ！　季節問わずの人気メニュー

```
鶏もも肉　2枚
下味用
  酒　大さじ1
  しょうゆ　小さじ1
片栗粉　適量
揚げ油　適量
薬味ソース
  長ねぎ(みじん切り)　10cm
  しょうが(みじん切り)　ひとかけ
  にんにく(すりおろし)　ひとかけ
  しょうゆ　大さじ2
  砂糖　大さじ1/2
  米酢　大さじ1
  ごま油　小さじ1
```

1 鶏肉は黄色い脂肪を取りのぞき、スッスッと数本切りめを入れて厚みを薄くし、2つに切る。水けをふき、酒としょうゆをからめ、60分くらいおいて下味をつける。

あげにらぎょーざ

2 肉の汁けをきり、片栗粉を全体にたっぷりまぶし、余分な粉をはたき落とす。
3 揚げ油を中温(170～180度)に熱し、肉の皮を下にして入れ、中火で揚げる。皮が色づいたら裏返し、少し火を弱め、ときどき箸で油をかき混ぜながらじっくり揚げる。
4 全体がこんがりして中までしっかり揚がったら、火を強めてカラリとさせ、油をきる。盛りつけ、薬味ソースを混ぜ合わせてかける。食べよく切ってから盛りつけてもよい。

揚げなすカレー
夏野菜は煮込まずに、彩りよく素揚げに

　温かいご飯　4人分
　なす　4本
　赤ピーマン　1～2個
　オクラ　1袋
　いか　大1杯
　水　4カップ
　カレールウ　小1箱(約100g)
　揚げ油　適量

1 なすは縦、横2つに切り、海水くらいの塩水(分量外)に5～10分入れ、水けをふく。赤ピーマンはなすと同じくらいの大きさに切り、オクラはヘタを切り落とす。
2 いかの胴は縦に3つに切ってから横に1cm幅に切る。足は食べやすく切る。
3 分量の水を煮立て、火を止めてカレールウを加えてとかす。再び煮立て、いかを加えて弱火にし、10分くらい煮る。
4 揚げ油を温め、油がぬるいうちになすを入れる。油の温度が中温(170～180度)くらいに上がったらピーマン、オクラを入れる。ピーマンとオクラは色があざやかになるまで、なすは竹串が通るまで揚げる。
5 ご飯を盛って、揚げた野菜をのせ、**3**のカレーをかける。

揚げなすのみそ汁
揚げなすの具には白っぽい甘口のみそがよく合います。吸い口にはとき辛子です

　なす　4本
　揚げ油　適量
　だし汁　4カップ
　みそ(信州、西京など)　大さじ2～3
　とき辛子　少々

1 なすはヘタを切り落とし、皮全体に斜めのごく浅い切りめを入れる。これを海水くらいの塩水(分量外)に5～10分つけて水けをよくふく。
2 揚げ油を中温(170～180度)に熱してなすを揚げ、竹串を刺してスーッと通ったら、油をよくきりながら引き上げる。さらにキッチンペーパーなどで余分な油を取る。
3 鍋にだし汁を入れて火にかけ、フツフツしてきたらみそをとかし入れ、再びフツフツしてきたら火を止める。
4 大ぶりの椀にみそ汁を半分くらいまで注ぎ、**2**の揚げなすを入れてとき辛子をのせる。

揚げにら餃子(ギョーザ)
にらは水けをしぼり、さらに片栗粉を混ぜるのがコツ。カラリと揚げてアツアツを

　具
　⎰ にら　1わ
　｜ 塩　小さじ1弱
　｜ 片栗粉　大さじ1
　｜ 合い挽き肉　300g
　｜ にんにく(すりおろし)　ひとかけ
　⎱ ごま油　小さじ2
　餃子の皮　1袋
　揚げ油　適量
　酢じょうゆ(好みで)　適量
　とき辛子(好みで)　適量

1 にらは全体に塩を振ってしばらくおき、シナッとしたら水けをしぼってみじん切り

あげぽてばなな

にする。
2 ボウルににらを入れて片栗粉を加え混ぜ、さらに挽き肉、にんにく、ごま油も加えてよく混ぜ合わせ、餃子の具にする。
3 餃子の皮を広げ、具を小さじ1杯ほどのせて包む。
4 フライパンに揚げ油を入れて中温(170〜180度)に熱し、餃子を入れ、ときどき箸で混ぜて空気にふれさせながらゆっくり揚げる。
5 カラリと色よく揚がったら、油をきって器に盛り、好みで酢じょうゆやとき辛子をつけて食べる。

揚げポテバナナ
じゃが芋とバナナを揚げてホットサラダ風、まずはお試しを。やみつきになる傑作

じゃが芋　2個
バナナ(かため)　1〜2本
揚げ油　適量
ソース
┌ 粒マスタード　小さじ1
│ マヨネーズ　大さじ2
└ 牛乳　大さじ1〜2

1 じゃが芋は一口大に切り、ザッと水で洗って水けをふく。バナナは2cmの輪切りにする。
2 揚げ油を温め、ぬるいうちにじゃが芋を入れる。油の温度が上がって、じゃが芋に八分どおり火が通ったらバナナも加え、火を強めて両方とも色づくまで揚げる。
3 油をよくきって盛り、混ぜ合わせたソースをかける。食べる直前に全体を混ぜる。

揚げミートボール
中の粉チーズは隠し味。バターで揚げ焼きにしたイタリアン

肉だね
┌ 牛挽き肉　400g
│ パン粉　1カップ
│ 牛乳　½カップ
│ 粉チーズ　大さじ3〜4
│ 卵　1個
└ 塩　小さじ½
生パン粉　適量
バター　50g

1 パン粉は牛乳に入れてしっとりさせ、挽き肉、粉チーズ、卵、塩を加え、よく混ぜ合わせる。
2 スプーンで山盛り1杯ずつ取って丸め、少しつぶして形を整える。
3 全体に生パン粉をまぶす。
4 フライパンにバターを入れて火にかけ、とけたら **3** を並べ、弱火でじっくり揚げ焼きにする。ときどきフライパンをゆすって、全体がきつね色になるまでしっかり火を通す。

揚げもちおろし添え
もちは使った油で揚げる。不思議なことに、新しい油で揚げると油っぽくなる

もち　適量
大根おろし　たっぷり
揚げ油(使った油)　適量
しょうゆ　適量

1 大根おろしはザルにのせ自然に水けをきる。
2 揚げ油を中温(170〜180度)に熱し、もちを入れて中火で揚げる。全体にプシューとふくらんで割れ、薄く色づいたら油をきる。
3 もちを器に盛り、大根おろしとしょうゆで食べる。
使った油→ コラム参照

揚げもちスープ
少々かたくなったおもちや、いつものおぞう煮にあきたらどうぞ

もち　4個

```
A ┌ 水   3½カップ
  │ 固形スープの素   1個
  └ 薄口しょうゆ   小さじ1
  塩   少々
  揚げ油   適量
  細ねぎ(小口切り)   適量
  七味唐辛子(好みで)   適量
```

1 揚げ油を中温(170～180度)に熱し、もちを入れて中火でじっくり、こんがりと揚げ、油をよくきる。

2 鍋にAを入れてフツフツと煮立たせ、味をみて塩で調える。

3 各器に **2** のスープを少し入れ、揚げたてのもちを加え、残りのスープを注いで細ねぎを散らす。好みで七味唐辛子を振って食べる。

揚げワンタンの五目あんかけ
パリパリと香ばしいワンタンに、具だくさんのあんがかかった中国風

```
  干椎茸   5枚
  ゆで竹の子   ½本
  にんじん   小1本
  きゅうり   1本
  鶏ささみ   2～3本
  サラダ油   大さじ2
  甘酢あん
  ┌ 水   1カップ
  │ トマトケチャップ   大さじ2
  │ しょうゆ   大さじ1
  │ 片栗粉   大さじ1
  └ 酢   小さじ1
  ごま油   小さじ1
  ワンタンの皮   ½袋
  揚げ油   適量
```

1 干椎茸は戻して細切りにし、ゆで竹の子、にんじんは千切りにする。きゅうりは斜め薄切りにしてから千切りにし、鶏ささみは斜めに細切りにする。

2 甘酢あんの材料を合わせておく。

3 ワンタンの皮は細長く4等分に切ってほぐし、最初、低温(150～170度)の揚げ油にいれる。温度を徐々に上げ、中温(170～180度)の揚げ油でカラリときつね色に揚げて器に敷く。

4 中華鍋にサラダ油を熱し、鶏ささみ、椎茸、竹の子、にんじんの順に加えて中火で炒める。

5 肉に火が通ったら、きゅうりを加えてサッと炒め、**2** の調味料類を加える。強火にして火を通し、甘酢あんがとろりとしてきたら、火を止めてごま油を加え、アツアツを **3** のワンタン皮の上にかける。

あさりスパゲティ
あさりはよく洗ってワイン蒸しにし、貝のうまみをアツアツのパスタにからめる

```
  〈これは2人分〉
  スパゲティ   150～200g
  あさり(砂抜き)   200g
  にんにく   ひとかけ
  オリーブ油かサラダ油   大さじ1～2
  塩   小さじ½強
  こしょう   少々
  白ワインか酒   大さじ2
  バジル(生)か青じそ   適量
```

1 あさりはこすり洗いをして殻の汚れを落としておく。

2 スパゲティは表示通りにゆで、ゆで汁は少し取っておく。にんにくはみじん切りにする。

3 バジルまたは青じそは千切りにする。

4 フライパンにオリーブ油またはサラダ油を中火で熱してすぐににんにくを加え、強火にしてあさりを加え、ジャーッと炒める。

5 塩、こしょう、白ワインを加えてフタをし、蒸し焼きにする。貝の口がパカパカと全部開いたら火を止め、**2** のアツアツのスパゲティを加えて混ぜる。めんがくっ

つくようなら、ゆで汁を加えて調節し、器に盛ってバジルか青じそを散らす。

あさりとアスパラガスのかき揚げ
あさりは軽く小麦粉をまぶし、薄い膜を作ってから衣に入れるとムラなく混ざる

あさり(むき身)　150ｇ
グリーンアスパラガス　1わ
衣
　┃ 小麦粉　¾カップ
　┃ 水　½カップ
揚げ油　適量
紅しょうが　適量
塩　適量

1 あさりは小麦粉(分量外)をパラパラとまぶしてザッとからめる。アスパラガスは根元のかたい部分を少し切り落とし、斜め薄切りにする。
2 小麦粉と水をザッと混ぜ合わせて衣を作り、あさりとアスパラガスを加え混ぜる。
3 フライパンに揚げ油を入れて中温(170〜180度)に熱し、**2**のたねをスプーンやヘラで一口大くらいずつすくって油の中に落としていく。
4 衣が固まってきたら、菜箸で動かしながらカラリと揚げて油をきる。器に盛って紅しょうがを添え、塩を振る。

あさりとたこの塩味パスタ
ひと手間かかっても、ワインで蒸したあさりとたこの汁をこすのが決め手

〈これは2人分〉
スパゲティ　150〜200ｇ
あさり(砂抜き)　200ｇ
ゆでだこの足　2本
パセリ(みじん切り)　2本
にんにく　ひとかけ
白ワイン　¼カップ
オリーブ油　大さじ2
塩　小さじ½強
こしょう　少々

1 あさりは殻をよく洗い、水けをきる。たこは食べやすく切り、にんにくはつぶす。
2 鍋にあさりとたこを入れ、ワインを振り、フタをして強火にかける。あさりの口が開いたらすぐ火を止め、汁をこす。
3 スパゲティは表示通りにゆでる。
4 フライパンにオリーブ油とにんにくを入れて中火にかけ、香りがたってきたら取っておいた汁を加える。
5 フツフツしたらにんにくを取り出し、塩、こしょうで味を調え、パセリを加えてすぐ火を止める。スパゲティを加えてあえ、盛りつけてあさりとたこをのせる。

あさりと細ねぎのお好み焼き風
韓国料理のチヂミがヒント。素材の持ち味が生きる簡単焼きもの

〈約4枚分〉
あさり水煮缶詰　大1缶
細ねぎ　1〜1½わ
しょうが　ひとかけ
生地
　┃ 小麦粉　1カップ
　┃ とき卵　1個分
　┃ あさりの缶汁＋水　¾カップ
ごま油　適量
たれ
　┃ しょうが(みじん切り)　少々
　┃ にんにく(みじん切り)　少々
　┃ 長ねぎ(みじん切り)　10㎝
　┃ しょうゆ　大さじ2
　┃ 酢　小さじ2
　┃ 唐辛子粉か一味唐辛子　少々
　┃ ごま油　少々

1 あさり缶詰は身と缶汁に分ける。細ねぎは10㎝長さに切り、しょうがは千切りにする。

2 生地を作る。**1**のあさりの缶汁と水を合わせて¾カップを用意し、とき卵と混ぜ、さらに小麦粉も加えて泡立て器で混ぜる。
3 生地に**1**の細ねぎ、あさり、しょうがを加えて混ぜる。
4 フライパンかホットプレートにごま油を熱し、**3**を薄く広げておき、両面をこんがりと焼く。
5 たれを作る。ボウルにたれの材料をすべて合わせてよくかき混ぜる。
6 出来上がりは1枚を4〜6等分くらいに切り分け、たれをぬって食べる。

あさりのコーンチャウダー
缶詰と牛乳をかしこく使ったスピードスープ

　ベーコン　2枚
　玉ねぎ　½個
　あさり水煮缶詰　大1缶
　クリームコーン缶詰　中1缶(約230g)
　固形スープの素　1個
　牛乳　2½カップ
　塩　少々
　こしょう　少々
　パセリ(みじん切り)　適量

1 ベーコンと玉ねぎは1cm角に切って鍋に入れ、あさり缶詰を缶汁ごと加える。
2 さらにクリームコーン、固形スープの素、牛乳を加えて中火にかけ、フツフツしてきたら弱火にして3〜4分煮る。
3 味をみて塩、こしょうで調味し、器に盛ってパセリを振る。

あさりの酒蒸し
貝のうまみと味わいを堪能するためにも、火の通しすぎに注意

　あさり(砂抜き)　300g
　酒　½カップ
　細ねぎ　適量
　しょうゆ(好みで)　適量

1 あさりは殻をよくこすり合わせて洗い、汚れを落とす。
2 鍋にあさりを並べて酒を振りかけ、フタをして強火にかける。蒸気が上がり、貝の口が開くまで5分ほど蒸し煮にする。
3 器に盛り、小口切りにした細ねぎを散らして、しょうゆを好みでちょろりとたらす。

あさりの吸いもの
貝の汁は、こしょうを振るのをお忘れなく

　あさり(砂抜き)　300g
　昆布　10cm
　水　4カップ
　A ┌ 酒　大さじ1
　　├ 塩　小さじ½
　　└ しょうゆ　小さじ1
　こしょう　少々

1 あさりは殻をよく洗い、昆布はザッと洗う。
2 分量の水にあさりと昆布を入れて火にかけ、あさりの口が開いたら昆布を取り出してAを加え、火を止めてこしょうを振る。

あさりのつくだ煮
炊き込みご飯、お弁当、酒の肴と使い道いろいろ。むき身を見かけたらぜひお試しを

〈作りやすい分量〉
　あさり(むき身)　300g
　しょうが(千切り)　ひとかけ
　しょうゆ　大さじ2
　砂糖　小さじ1
　みりん　小さじ1
　酒　¼カップ
　こしょう　少々

1 鍋の中にあさり、しょうが、しょうゆ、砂糖、みりん、酒を入れてフタをし、中火にかける。

あさり

2 フツフツしてきたら弱めの火にし、汁けが完全になくなるまで煮て、仕上がり際にこしょうを振る。

あさりの夏シチュー
貝の口が開いたら出来上がり。トマトジュースで煮たあっさり風味

　あさり(砂抜き)　300ｇ
　トマト(完熟)　2個
　ピーマン　2個
　なす　2本
　にんにく　ひとかけ
　ベーコン　2枚
　水　2カップ
　トマトジュース　1カップ
　塩　少々
　こしょう　少々
　粗挽き黒こしょう　適量

1 あさりはヒタヒタの塩水につけてさらにしつこく砂抜きをしておく。

2 トマトは皮を湯むきし1㎝角に切り、ピーマンは縦半分に切ってから横に細切りにする。なすはピーラーですべて皮をむき、縦半分に切ってから斜め薄切りにし、海水くらいの塩水(分量外)に5〜10分つける。にんにくはつぶし、ベーコンは7〜8㎜幅に切る。

3 鍋に分量の水、トマトジュース、水けをきったあさりとなす、トマト、にんにく、ベーコンを入れて強火にかける。

4 フツフツしてきたらピーマンを入れ、中火にして塩、こしょうで味を調える。

5 あさりの口が開き、野菜に火が通ったら、出来上がり。火を止めて器に盛り、粗挽き黒こしょうを振る。

　あさりの下処理→ コラム参照

あさりのにんにくじょうゆ漬け
冷蔵庫に入れておけば、2〜3日は大丈夫

　〈作りやすい分量〉
　あさり(砂抜き)　300ｇ
　酒　大さじ1
　にんにく(薄切り)　ひとかけ
　赤唐辛子(輪切り)　適量
　しょうゆ　大さじ2

1 あさりは殻をよく洗って水けをきり、鍋に入れる。酒を加え、フタをして強めの中火で蒸す。口が開いたら、汁ごと密閉容器などに入れる。

2 にんにく、赤唐辛子、しょうゆを加えてひと混ぜし、60分くらいおく。

あさりのバジル風味スープ
生のバジルがなければ乾燥で。和風イタリアンで青じそを使っても

　あさり(砂抜き)　300ｇ
　にんにく　少々
　バジル(生)　適量
　水　2½カップ
　トマトジュース　1カップ
　塩　適量
　こしょう　適量

1 あさりは殻を洗う。にんにくはすりおろし、バジルは刻む。

2 鍋にすべての材料を入れ、強火にかける。フツフツしてきて、貝の口が全部開いたら、味をみて塩、こしょうで調える。

あさりのみそ汁
あさりの風味が生きるから、だしいらず

　あさり(砂抜き)　300ｇ
　水　4カップ
　みそ　大さじ2〜3
　こしょう　少々

1 あさりはよくこすり洗いをして殻の汚れを落とす。

2 あさりと分量の水を火にかけ、貝の口が開いたらみそをとき入れる。

3 再びフツフツしてきたら火を止め、器に盛ってこしょうを振る。

あしたば

アジアンひやむぎ
エスニックな味わいが魅力。あればナンプラーをぜひ。なければしょうゆでも

〈これは2人分〉
ひやむぎ　150g
豚挽き肉　150g
にんじん　小½本
ピーマン　1個
セロリ　½本
にんにく（みじん切り）　小ひとかけ
きゅうり　1本
レタス　2～3枚
トマト　1個
サラダ油　大さじ1
A ┌ 酒　大さじ1
　│ しょうゆ　大さじ1
　│ ナンプラー　大さじ1
　└ カレー粉　小さじ½～1
ごま油　小さじ1
米酢　小さじ1
タバスコ（好みで）　少々

1 にんじんは皮ごとすりおろす。ピーマンはみじん切り、セロリはすじを取って葉とともにみじん切りにする。

2 きゅうりは斜め薄切りにしてから細切りにし、レタスも細切りにする。トマトは縦半分に切ってから横に3mm厚さくらいの薄切りにする。

3 フライパンにサラダ油をひき、にんにく、豚挽き肉、**1** の野菜の順に強火で炒め、Aの調味料を加えて全体に火が通りパラリとするまで炒める。

4 ひやむぎはほどよくゆでてよく水洗いし、ザルにあげて水けをきる。

5 ガラス鉢などの大ぶりの器に、まずきゅうり、レタス、トマトを入れ、上にひやむぎをのせて、さらに **3** のアツアツの肉をのせる。

6 上からごま油と米酢をまわしかけ、好みでタバスコも振ってそのまま1～2分おき、全体を混ぜ合わせて食べる。あれば香菜（シャンツァイ）を添えてもおいしい。

アジアの味→ コラム参照

あじそうめん
新鮮なあじを丸ごとのせ、薬味をたっぷり添える夏のそうめん

〈これは2人分〉
そうめん　150～200g
めんつゆ
　┌ 水　3カップ
　│ 削り節　大きくひとつかみ
　│ 薄口しょうゆ　大さじ2
　│ みりん　大さじ1
　└ 塩　少々
あじ　2尾
青じそ　5枚
みょうが　1個
しょうが（すりおろし）　少々

1 めんつゆを作る。鍋に分量の水を沸かし、フツフツしたらいったん火を止めて削り節を入れ、薄口しょうゆとみりん、塩も加える。再び火をつけ、フツフツしてきたら弱火にして1～2分煮出し、こす。だしがらはギュッとしぼる。あら熱が取れたら、冷蔵庫で冷やしておく。

2 青じそは縦半分に切ってから千切りにし、みょうがは縦半分に切ってから斜め薄切りにする。

3 あじはゼイゴを取り、内臓を出して洗う。これを煮立った湯に入れ、目の色が完全に白くなるまで中火で7～8分ゆでる。

4 そうめんはほどよくゆでて、水を数回かえながらよくもみ洗いし、水けをきる。

5 器にめんつゆをはり、そうめんを加えてあじを上にのせ、しょうがものせる。青じそとみょうがは散らす。

あした葉の磯炒め
サッとゆでてから炒めたほうが食べやすい

あしたば

あした葉　1わ
サラダ油　大さじ1
塩　適量
こしょう　適量
酒　小さじ2
しょうゆ　小さじ2
焼きのり　1枚

1 あした葉は3cm長さに切り、塩を加えた熱湯でサッとゆで、ザルにあげて水けをきる。焼きのりはもんで、もみのりにしておく。
2 中華鍋かフライパンを熱してサラダ油をまわし入れ、あした葉を加え、すぐ塩、こしょうを振って強火で炒める。全体がアツアツになったら酒としょうゆを加え、手早く混ぜて味を調える。
3 火を止め、もみのりを加え、全体にからめるようにして混ぜる。

あした葉のお浸し
カルシウム、カロチンなどの多い緑黄色野菜。八丈島や伊豆七島でよくとれます

あした葉　1わ
塩　適量
削り節　適量
薄口しょうゆ　適量

1 あした葉は塩を加えた熱湯でゆで、水に取る。水が冷たくなるまで何回か取りかえてから、水に2〜3分さらす。
2 水けをしぼり、2cm長さに切る。盛りつけ、削り節と薄口しょうゆをかける。

あじとしらたきのみそいり煮
麦ご飯にバツグン！　見かけは地味ですが、味は最高です

あじ(三枚おろし)　大2尾
しらたき　1わ
しょうが(千切り)　ひとかけ
青じそ　10枚
A ┌ 酒　½カップ
　│ みそ　大さじ1½
　│ 砂糖　大さじ½
　│ みりん　大さじ½
　└ しょうゆ　大さじ½

1 しらたきは水でザッと洗い、食べよい長さに切る。熱湯でサッとゆで、ザルにあけ水けをきる。
2 青じそは縦半分に切って千切りにする。
3 あじは中心の小骨のある血あいの部分を取りのぞき、皮つきのまま小さく切る。
4 鍋の中を水でザッとぬらし、あじ、しらたき、しょうが、青じその⅔量くらい、Aを入れて火にかけ、フタをして強火で7〜10分いりつけるように煮る。
5 器に盛り、残り⅓量くらいの青じそをのせる。

あじとなすの大阪煮
ご飯にどひゃっとのせて食べるとおいしい

あじ(三枚おろし)　4尾
なす　4本
しょうが　ひとかけ
青じそ　10枚
酒　1カップ
みそ　大さじ山盛り1
砂糖　大さじ1
みりん　大さじ1
しょうゆ　大さじ1

1 あじは皮と小骨と血あいの部分を取り、小さく切る。
2 なすはヘタを切り落としてからピーラーですっかり皮をむく。縦半分に切ってから横に薄切りにし、海水くらいの塩水(分量外)に5分くらい入れて水けをきる。
3 しょうがは皮ごと千切りにし、青じそは縦2つに切ってから千切りにする。
4 鍋にあじ、なす、酒を入れて火にかけ、フタをして強火で7〜8分煮る。
5 なすがとろっと煮えたら火を止めてしょうがと調味料を加え、今度は強めの中火

で混ぜながら汁がなくなるまで煮る。青じその半量を加えてひと混ぜし、火を止める。

6 器に盛り、残りの青じそを上に盛る。

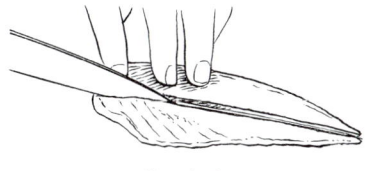

作り方**1**

あじのカレーフライ

カレー粉を振って風味づけをするのがコツ。お弁当のおかずにもおすすめ

　あじ(三枚おろし)　4尾
　塩　少々
　カレー粉　小さじ1〜2
　衣
　┌ 小麦粉　適量
　│ とき卵　1個分
　└ パン粉　適量
　揚げ油　適量
　ソース
　A ┌ マヨネーズ　大さじ2
　　└ 牛乳　小さじ1
　B ┌ マヨネーズ　大さじ2
　　└ トマトケチャップ　小さじ1
　レモン　適量
　パセリ　適量

1 あじはキッチンペーパーなどで水けをふき、塩をパラリと振る。カレー粉は茶こしなどに入れて、さらに全体に振る。

2 あじに小麦粉、とき卵、パン粉の順に衣をつけ、中温(170〜180度)の揚げ油でカラリと揚げる。

3 Aのマヨネーズと牛乳、Bのマヨネーズとケチャップをそれぞれ合わせ混ぜてソースを作る。

4 器にあじのフライを盛ってレモンとパセリを添え、好みのソースをかけて食べる。

三枚おろしと二枚おろし→ コラム参照

あじのサラダ

酢でしめたあじと彩りきれいな野菜がたっぷり入ったサラダ。冷たくしてどうぞ

　あじ(生食用・三枚おろし)　大4尾
　塩　適量
　酢　1/4カップ
　セロリ　10cm
　きゅうり　1〜2本
　赤ピーマン　1個
　黄ピーマン　1個
　トマト　2個
　ドレッシング
　┌ 塩　小さじ1/2
　│ レモン汁　1/2個分
　│ マスタード　小さじ1
　│ こしょう　少々
　└ オリーブ油　大さじ2

1 あじはバットなどに並べて全体に塩を振り、冷蔵庫に30分ほどおいてから、酢を振りかけてさらに10分おく。

2 あじの頭側のほうから皮をはがし、身を軽く押さえながら、皮を引くようにしてむく。さらに血あいの部分を切り落とし、縦半分に切ってから1cm幅の斜め切りにする。

3 セロリはすじをむき、きゅうりは縦半分に切ってから、それぞれ斜め薄切りにする。ピーマンは千切り、トマトは縦半分に切ってから5mm厚さの薄切りにする。たっぷりの冷たい水に、トマト以外の野菜を2〜3分さらし、パリッとさせて水けをきる。

4 ボウルにドレッシングの材料を混ぜ合わせ、セロリ、きゅうり、ピーマン、トマトを加えてザッと混ぜ、さらに**2**のあじも加えて混ぜる。

あじの塩焼き(グリル焼き)

グリルの網と天板をぬらし、冷たいまま魚を焼いてOK。これでおいしい焼き上がり

　あじ　中4尾
　塩　少々

1 あじはゼイゴを取って内臓を出し、きれいに洗ってキッチンペーパーなどで水けをふく。
2 あじの両面に塩を振って5〜10分おく。
3 グリルの網と天板を水でザッとぬらし、あじの水けをふいて、盛りつけるとき表になるほうを上にして並べる。
4 グリルをセットして火をつけ、皮においしそうなこげ色がついて、魚の目が白くなったら裏返す。さらに数分焼いて取り出し、器に盛る。

　あじのゼイゴ→ コラム参照

あじのしそマヨネーズ

香りがよく、こくのあるソースで、あじのおいしさアップ

　あじ(三枚おろし)　4〜6尾
　塩　適量
　こしょう　適量
　小麦粉　適量
　揚げ油　適量
　しそマヨネーズ
　　青じそ　1わ
　　マヨネーズ　大さじ山盛り2

1 あじはキッチンペーパーなどで水けをふき、塩、こしょうを振って、小麦粉を全体にはたく。
2 揚げ油を中温(170〜180度)に熱し、あじをカラリと揚げる。
3 しそマヨネーズを作る。青じそはみじん切りして、マヨネーズを加えて混ぜる。
4 器にあじを盛って、しそマヨネーズを添える。

あじのスパイス焼き

香りの強い葉、カレー粉、バターを混ぜてはさみ、オーブン焼きに

　あじ(三枚おろし)　4尾
　A　青じそ　5枚
　　　パセリ　1本
　　　セロリの葉　少量
　　　カレー粉　小さじ1
　　　バター　大さじ1
　塩　少々
　こしょう　少々
　サラダ油　少々
　レモン　適量

1 Aの青じそ、パセリ、セロリの葉はみじん切りにし、バターはクリーム状にやわらかくし、Aを全部よく混ぜ合わせる。
2 あじの身側に塩、こしょうを振り、2枚1組にしてAを等分にはさみ、皮にサラダ油を薄くぬる。
3 天板に並べ、250度のオーブンで10分ほど焼く。レモンをしぼって食べる。

あじのたたき

薬味と味をなじませながら身をたたくのが、正しい作り方

　あじ(三枚おろし)　4尾
　細ねぎ　3〜4本
　青じそ　5枚
　しょうが　ひとかけ
　薄口しょうゆ　小さじ1
　しょうゆ　小さじ1〜2
　酢　小さじ1

1 あじは腹骨がついている部分を薄くそぎ取り、皮をむく。縦2つに切り、中央の血あいの部分を切り取る。
2 細ねぎは小口切りにする。青じそは縦2つに切ってから千切りにする。しょうがは皮をむいてみじん切りにする。
3 あじを小さく切り、さらに包丁でザクザク刻むようにして細かく切る。

4 まな板の上で細かくなった身をまとめ、細ねぎ、青じそ、しょうがをのせ、ザクザクと刻むようにして切る。全体が混ざるまで十分に刻んだら、包丁で寄せては返してペットリさせる。
5 全体をひとまとめにしたところに調味料をかけ、また包丁で寄せては返してペットリと味をなじませる。青じそ(分量外)を敷いた器に盛る。

作り方**1**

あじの南蛮漬け
あじを丸ごと揚げてアツアツを南蛮酢へ。すぐ食べてもよし、漬け込んでもよし

　小あじ　400g
　小麦粉　適量
　揚げ油　適量
　南蛮酢
　　しょうゆ　大さじ3
　　酢　大さじ3
　　砂糖　大さじ2〜3
　　赤唐辛子　1〜2本
　にんじん　小1本
　玉ねぎ　1個
　しょうが　ひとかけ

1 にんじんは斜め薄切りにしてから千切りにする。玉ねぎは薄切りにし、しょうがは千切りにする。
2 赤唐辛子の種を取り、南蛮酢の材料と混ぜ合わせておく。辛いのが好きな人は、輪切りにしてもよい。
3 小あじはゼイゴを取り、内臓を出して洗い、水けをしっかりふいて小麦粉を均一にまぶす。
4 揚げ油を中温(170〜180度)に熱してあじを揚げる。ときどき空気にふれさせながらじっくりカラリと揚げて油をよくきり、アツアツを **1** の野菜類と一緒に **2** の南蛮酢に漬け込む。すぐでも食べられるが、30分以上おくとまた違った味わい。一晩おいてもよし。

あじのポルトガル風いり卵
干ものはゆでるのがポイント。やわらかく塩けが抜けた身を加えて新しい味わいに

　あじの干もの　大1枚
　卵　4個
　にんにく　ひとかけ
　玉ねぎ　½個
　サラダ油　大さじ2
　塩　少々
　こしょう　少々

1 あじの干ものはしっかりゆで、骨を取り身をほぐす。細かくしなくてよい。
2 卵は割りほぐす。
3 にんにく、玉ねぎはみじん切りにする。
4 フライパンにサラダ油を熱し、強火であじの干もの、にんにく、玉ねぎを一度に炒める。全体がアツアツになったら、卵を一気に加え、卵が少し固まるまでおく。
5 卵が固まりかけたら、大きく大きくかき混ぜるように炒め、味をみて塩とこしょうで調える。

あじの焼き煮
煮魚よりもしっかり味がつき、香ばしさとコクもプラス

　あじ　大4尾
　ごま油　大さじ1
　A　酒　½カップ
　　　水　大さじ3
　　　しょうゆ　大さじ3
　　　みりん　大さじ3

1 あじはゼイゴを取り、頭を切り落として内臓を出し、洗って水けをふく。

2 フライパンを熱してごま油を入れ、あじの表になるほうから先に焼く。途中で火を少し弱め、フライパンをゆすって、魚が動くようになったら裏返し、裏も同様に焼く。

3 いったん火を止め、焼き上がった **2** のあじの上からAの調味料を次々かけ、再び火にかけ、強火で味をからめるようにフライパンを軽くゆすって火を止める。

あじの野菜マリネ

緑、赤、白の野菜マリネがおしゃれ。60分から一晩漬け込み、味をなじませる

　　あじ（三枚おろし）　4尾
　　塩　適量
　　衣
　　　⎛ 片栗粉　¼カップ
　　　⎝ 小麦粉　¼カップ
　　揚げ油　適量
　　ピーマン　1個
　　赤ピーマン　1個
　　玉ねぎ　1個
　　マリネ液
　　　⎛ にんにく（薄切り）　少々
　　　｜ 赤唐辛子　1本
　　　｜ 米酢　大さじ2
　　　｜ レモン汁　大さじ1
　　　｜ 塩　小さじ½強
　　　⎝ 砂糖　小さじ1
　　パセリ（みじん切り）　適量

1 あじは水けをふき、軽く塩を振っておく。

2 ピーマン類と玉ねぎは縦2つに切ってから繊維にそって薄切りにする。

3 バットなどにマリネ液の材料を合わせ、ピーマン類と玉ねぎを加えておく。

4 片栗粉と小麦粉を混ぜ合わせて衣にし、あじにまぶして余分な粉をはたき落とす。

5 揚げ油を低温（150〜170度）に熱してあじを入れ、徐々に温度を上げながらじっくりと揚げる。

6 ときどき空気にふれさせながら、カラリと揚げて油をきり、アツアツを **3** にもぐり込ませるように漬ける。

7 60分以上漬け込み、味がなじんだところで、あじと野菜を器に盛り、上からパセリを振る。

あずき粥(がゆ)

寒い日にもおいしい。このおかゆは小正月といわれる1月15日の行事食

　　米　1カップ
　　水　5カップ
　　あずき　⅔カップ
　　塩　小さじ1弱
　　あずきのゆで汁　1カップ
　　切りもち　2〜3個

1 あずきをゆでる。あずきはよく洗い、水に浮いた豆は取りのぞく。あずきの量の5倍ほどの水を入れて火にかけ、フツフツしたら½カップのさし水をし、再びフツフツしたらザルにあけ湯をきる。再びあずきの5倍ほどの水を入れてゆでる。フツフツしたら少し火を弱め、5分ほどゆでてまたザルにあけ湯をきる（これを2〜3回くり返すとアクが抜ける）。このあと、あずきがやわらかくなるまで弱めの火でコトコトゆでる。ゆで上がったら、ザルにあけて水けをきり、ゆで汁は1カップ取っておく。

2 米は洗って水けをきる。

3 厚手の鍋に米と分量の水を入れ、中火にかける。

4 フツフツしてきたら **1** のゆでたあずきを加え、再びフツフツしてきたらフタをし、吹きこぼれない程度の弱火で25〜30分炊く。

5 炊き上がったら味をみて塩で調え、温めたあずきのゆで汁1カップを加える。再びフツフツしてきたら水でぬらした菜箸で切るようにして混ぜ、フタをして火を止め

あずきの甘粥(あまがゆ)

おしるこ感覚のおかゆは自分で砂糖を振る。混ぜないでそのまま食べる

- 米　½カップ
- 水　2½カップ
- あずき　½カップ
- 塩　少々
- あずきのゆで汁　½カップ
- グラニュー糖　適量

1 あずきをゆでる。あずきはよく洗い、水に浮いた豆は取りのぞく。あずきの量の5倍ほどの水を入れて火にかけ、フツフツしたら½カップのさし水をし、再びフツフツしたらザルにあけ湯をきる。再びあずきの5倍ほどの水を入れてゆでる。フツフツしたら少し火を弱め、5分ほどゆでてまたザルにあけ湯をきる(これを2〜3回くり返すとアクが抜ける)。このあと、あずきがやわらかくなるまで弱めの火でコトコトゆでる。ゆで上がったら、ザルにあけて水けをきり、ゆで汁は½カップを取っておく。

2 米は洗って水けをきる。

3 厚手の鍋に米と分量の水を入れ、中火にかける。フツフツしてきたら**1**のゆであずきを加え、再びフツフツしてきたらフタをし、吹きこぼれない程度の弱火で25〜30分炊く。

4 炊き上がったら味をみて塩で調え、あずきのゆで汁½カップを加える。再びフツフツしてきたら水でぬらした菜箸で切るようにして混ぜ、フタをして火を止める。

5 器におかゆを盛り、グラニュー糖を振ってスプーンで食べる。

アスパラガスと玉ねぎのチーズ焼き

焼けたチーズがパリッとはがれるから、樹脂加工のフライパンを使うに限ります

- グリーンアスパラガス　2わ
- 玉ねぎ　1個
- にんにく(みじん切り)　ひとかけ
- 赤唐辛子　1本
- オリーブ油　大さじ2
- 塩　小さじ½弱
- こしょう　少々
- とけるチーズ　¾カップ

1 アスパラガスは根元を1〜2cm切り落とし、斜めに薄切りにする。玉ねぎは縦半分に切り、繊維にそって薄切りにする。

2 フライパンにオリーブ油、にんにく、赤唐辛子は丸ごと入れ、中火にかける。にんにくが少し色づきはじめたら強火にし、アスパラガスを入れてサッと混ぜる。

3 玉ねぎを加えて炒め、塩、こしょうを振り、アスパラガスに火が通るまで炒める。全体がアツアツになったらいったん取り出す。

4 フライパンにチーズを広げるように振り入れて中火にかけ、そのまま火を通す。チーズがとろ〜っとなったら、アスパラガスと玉ねぎを戻してサッとからめ、チーズにいい焼き色がつくまで焼く。

アスパラガス→ コラム参照

アスパラガスと豆苗(とうみょう)のチーズ炒め

意外な取り合わせで、新しい味を

- グリーンアスパラガス　1わ
- 豆苗　1わ
- にんにく(みじん切り)　ひとかけ
- 赤唐辛子　1本
- オリーブ油　大さじ2
- 塩　小さじ½弱
- 粉チーズ　⅓カップ

1 アスパラガスは根元のかたい部分を1〜2cm切り落とし、軸の下のほう⅓の皮を

あすぱらがす

ピーラーで薄くむき、斜めに薄切りにする。豆苗は根元を切り落とす。

2 オリーブ油、にんにく、赤唐辛子を中火で熱す。香りがたって、にんにくが少し色づきはじめたら、強火にしてアスパラガスを炒める。

3 全体に油がまわったら豆苗を加え、すぐ塩も加えて炒め合わせる。火を止める寸前に粉チーズを加え、全体にからめながらサッと炒める。

アスパラガスのアリオリ炒め
にんにくと赤唐辛子をきかせてポリポリ！

```
グリーンアスパラガス（細め）　1〜2わ
にんにく　ひとかけ
赤唐辛子　1〜2本
オリーブ油　大さじ1
塩　適量
こしょう　少々
```

1 アスパラガスは根元を少し切り落とし、かたいところをピーラーで薄くむき、3〜4等分に切る。

2 にんにくはみじん切りにし、赤唐辛子は種を出す。

3 オリーブ油を弱めの中火で熱し、すぐにんにくと赤唐辛子を加えて炒める。

4 香りがたったら火を強め、アスパラガスのかたい部分から穂先へと順番に加えては手早く炒め、塩を振る。味をみてこしょうを振り、火を止める。

「アリオリ」ってなに？→ コラム参照

アスパラガスのきんぴら
水分をとばしてシャキッとした仕上がりに

```
グリーンアスパラガス（細め）　2わ
サラダ油　大さじ1
しょうゆ　小さじ2
白いりごま　適量
```

1 アスパラガスは根元のかたい部分を1〜2㎝切り落とし、軸の下のほうはピーラーで薄く皮をむいて3〜4㎝長さに切る。

2 フライパンにサラダ油を熱し、強めの中火でアスパラガスをせっせと炒める。

3 アスパラガスに火が通ったら、いったん火を止め、しょうゆを加えて再び中火にかける。水分をとばしながら味をからめるように手早く炒めて白いりごまを加え、すぐに器に盛る。

アスパラガスとピーラー→ コラム参照

アスパラガスのごまみそあえ
伝統の和食に新しい風

```
グリーンアスパラガス　2わ
黒いりごま　大さじ3〜4
みそ　小さじ1
砂糖　小さじ1
しょうゆ　小さじ1
とき辛子　小さじ½
```

1 アスパラガスは根元1㎝を切り落とし、下のほう⅓くらいは皮をピーラーで薄くむき、3〜4㎝長さに切ってから縦半分に切る。

2 熱湯でほどよくゆで、ザルに広げて冷ます。

3 ごまはよくよくすり、ねっとりしたらみそ、砂糖、しょうゆ、とき辛子を加えてすり混ぜる。アスパラガスを2〜3回に分けて加えてはあえる。

アスパラガスの天ぷら
ご飯のおかずはもちろん、ビールのおつまみやお弁当にもおすすめ

```
グリーンアスパラガス　2わ
ハム　8〜10枚
小麦粉　適量
衣
 ┌ 小麦粉　1カップ
 └ 氷水　¾カップ
揚げ油　適量
レモン　適量
```

1 アスパラガスは根元のかたい部分を1〜2cm切り落とし、軸の下のほうはピーラーで薄く皮をむいて2等分に切る。
2 ハムの上にアスパラガスを2本のせ、クルッと巻いて、巻き終わりをようじでとめる。これに小麦粉を薄くはたきつける。
3 衣を作る。ボウルに小麦粉と分量の水を合わせて軽く混ぜ合わせる。
4 揚げ油を中温(170〜180度)に熱し、アスパラガスを衣にくぐらせてから油の中に入れていく。
5 カラリと揚がったら、油をきって引き上げ、器に盛ってレモンを添える。

アスパラガスのパスタ
シンプルなトマトソース仕上げ
〈これは2人分〉
スパゲティ　150〜200g
グリーンアスパラガス　1わ
オリーブ油　大さじ1強
トマト水煮缶詰　小1缶(約200g)
塩　小さじ½強〜1
こしょう　少々
粉チーズ　適量

1 アスパラガスは根元のかたい部分を1〜2cm切り落とし、下の方は皮をピーラーで薄くむき、食べやすい長さに斜めに薄切りにする。
2 オリーブ油を熱し、アスパラガスを強めの中火で炒める。全体に油がまわったらトマトを加え、塩、こしょうで味を調え、フタをして中火で2〜3分煮る。
3 スパゲティは表示通りにゆでる。
4 スパゲティを盛り、**2**のソースをかけ、粉チーズをかける。

アスパラガスのポタージュ
ブレンダーを使ってなめらかに
グリーンアスパラガス　1わ
水　2½カップ
固形スープの素　1個
バター　大さじ1
小麦粉　大さじ2
牛乳　1½カップ
生クリーム　¼カップ
粉チーズ　大さじ3
塩　少々
こしょう　少々

1 アスパラガスは根元のかたい部分1〜2cmを切り落とし、皮をピーラーで薄くむき、適当な長さに切る。熱湯でやわらかくゆで、ブレンダーにかける。
2 分量の水とスープの素を火にかけ、スープの素をとかして温める。
3 鍋にバターを入れて弱火にかけ、とけたら小麦粉を振り入れ、ごく弱火にして色がつかないようによく炒める。
4 粉っけがなくなったら火を止め、牛乳を少しずつ加え、だまができないように泡立て器でなめらかに混ぜる。さらに**2**のスープを加えて混ぜ、生クリームも加えて混ぜる。
5 弱火にかけて温め、**1**のアスパラガスを加えてひと煮する。粉チーズを混ぜ、味をみて塩、こしょうで調える。

アスパラガスのマスタードソース
素材が持つ甘みを味わうならこれ。季節の野菜でもお試しを
グリーンアスパラガス　1〜2わ
マスタードソース
　マヨネーズ　大さじ1〜2
　牛乳　大さじ1〜2
　マスタード　小さじ1〜2

1 アスパラガスは根元のかたい部分を1〜2cm切り落とし、軸の下のほうはピーラーで薄く皮をむいて2〜3等分に切る。
2 鍋に湯を沸かしてアスパラガスの軸、穂先の順に入れ、ほどよいかたさにゆで、ザルに引き上げ水けをきり、器に盛る。

あすぱらがす

3 マスタードソースの材料を混ぜ合わせ、アスパラガスの上からとろりとかける。

アスパラガスの和風サラダ
緑あざやかに、とにかくゆですぎないこと

　　グリーンアスパラガス　1わ
　　絹さや　50g
　　玉ねぎ　½個
　　ドレッシング
　　　┌ 薄口しょうゆ　大さじ1
　　　│ 米酢　大さじ1
　　　└ ごま油　小さじ½
　　削り節　1パック

1 アスパラガスは根元を2cmほど切り落とし、軸の下のほうはピーラーで薄く皮をむき、4等分に切る。絹さやはすじを取る。玉ねぎは繊維にそって薄切りにする。

2 たっぷりの湯を沸かし、アスパラガスのかたい部分から時間差をつけて入れ、歯ざわりよくゆで、ザルにあげて冷ます。絹さやもサッとゆで、ザルにあげて冷ます。

3 ドレッシングを混ぜ合わせ、まず玉ねぎを加えて混ぜる。続いて絹さや、アスパラガスを加えては混ぜる。盛りつけて削り節をかける。

アスパラご飯
ひと味おいしく、彩りも引き立つから、ベーコン、ハム、えびなどをちょこっと

　　米　2カップ（2合）
　　グリーンアスパラガス　1わ
　　ベーコン　2枚
　　塩　小さじ½強
　　酒　小さじ1

1 米はふつうに水加減する。

2 アスパラガスは根元を1～2cm切り落とし、軸の下のほう⅓くらいは皮をピーラーで薄くむき、1.5cm長さに切る。ベーコンは細かく刻む。

3 **1**の米に塩と酒を加えてひと混ぜし、**2**を加えて表面を平らにし、ふつうに炊く。

4 底のほうから全体を混ぜる。

あちゃら漬け
有名な「千枚漬け」にも勝る味わい。冷蔵庫で3～4日はおいしい

　　かぶ　5個
　　塩　小さじ1
　　昆布　15cm
　　しょうが　ひとかけ
　　赤唐辛子　2～3本
　　漬け汁
　　　┌ 砂糖　小さじ1
　　　└ 米酢　大さじ2

1 かぶは皮ごと繊維を断つように横に薄切りにし、ボウルに入れて塩を振り、ササッと混ぜる。そのまましんなりするまでおく。

2 昆布は水でザッと洗う。しょうがは皮ごと薄切りにし、赤唐辛子は種を出す。

3 かぶに**2**と漬け汁を加え、ザッと混ぜ合わせ、冷蔵庫で60分以上はおく。

　　かぶの大きさ→ コラム参照

厚揚げステーキ
厚揚げを中までしっかり焼き、たっぷりの薬味を添えてどうぞ

　　厚揚げ　4枚
　　貝割れ大根　1わ
　　青じそ　1わ
　　ねぎ(小口切り)　1カップ
　　しょうが　適量
　　削り節　1パック
　　しょうゆ　少々

1 貝割れ大根は根を切り落として食べやすい長さに切る。青じそは細い千切りにし、しょうがはすりおろす。

2 厚揚げは焼き網でじか焼きにするか、フライパンで油をひかずに両面を焼く。中

厚揚げ豆腐のにんにくスープ
ピリッと辛いおかずスープ。ボリュームあり

　厚揚げ　2枚
　にんにく（すりおろし）　ひとかけ
　豆板醤　小さじ1
　ごま油　大さじ1強
　水　4½カップ
　固形スープの素　2個
　酒　大さじ2
　塩　小さじ½前後
　長ねぎ　1本

1 厚揚げは一口大にちぎる。
2 鍋にごま油を入れて弱火にかけ、すぐににんにくと豆板醤を加えて炒める。いい香りがしてきたら厚揚げを加えて強めの中火で炒める。
3 厚揚げがアツアツになったら分量の水、固形スープの素を加え、フツフツしてきたら火を弱めフタをして7～8分煮る。
4 酒を加え、味をみて塩で調える。
5 長ねぎは5㎝長さの千切りにし、水でザブザブと洗い、水けをきり、白髪ねぎを作る。
6 アツアツを器に盛り、**5**の白髪ねぎをのせる。

厚揚げとじゃが芋のゴロン煮
煮干しと一緒に煮た懐かしい大阪のお総菜

　厚揚げ　2枚
　じゃが芋　2個
　長ねぎ　1本
　煮干し　5～7尾
　煮汁
　┌水　1カップ
　│砂糖　大さじ1
　│みりん　大さじ1
　└しょうゆ　大さじ2

1 厚揚げは竹串でプツプツ刺し、三角形になるように4つに切る。じゃが芋は2～4つに切り、水にさらす。長ねぎは5㎝長さに切る。
2 水けをきったじゃが芋にヒタヒタの水を加えて中火にかけ、なんとか竹串が通るくらいにゆで上がったら取り出す。続いて厚揚げもサッとゆでる。
3 煮汁に煮干しを入れて火にかけ、フツフツしてきたら厚揚げ、じゃが芋の順に加えてフタをし、中火でじゃが芋がやわらかくなるまで煮る。途中でときどき煮汁をまわしかける。
4 最後にねぎを加えてひと煮する。

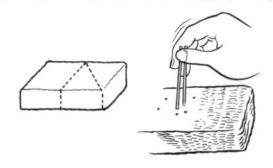

作り方**1**

厚揚げと卵の炒めもの
厚揚げにしっかり味をからめてから、いり卵をフワリと炒め合わせる

　厚揚げ　2枚
　卵　3個
　塩　ひとつまみ
　いんげん　100ｇ
　しょうが（千切り）　ひとかけ
　サラダ油　適量
　A ┌しょうゆ　大さじ2
　　│酒　大さじ1
　　└砂糖　小さじ1
　ごま油　小さじ1

1 厚揚げはザッと洗って縦半分に切り、1㎝幅に切る。卵は割りほぐして塩を加え

ておく。いんげんは斜めに薄切にする。
2 Aのしょうゆ、酒、砂糖を合わせておく。
3 中華鍋にサラダ油を熱し、卵を一気にジャッと流しておおまかに炒め、いったん器に取り出しておく。
4 鍋に油をたしてしょうがを炒め、香りがたったら厚揚げといんげんも加えて強火で炒める。厚揚げに十分火が通ったら、**2** の調味料をウワッと加え、手早く炒める。全体に味がからまったところで、**3** のいり卵を加え、ザッと炒め合わせて火を止め、ごま油をたらす。

厚揚げとなすのしそみそ炒め
相性よしのしそみそ風味で、おいしさ堪能

　厚揚げ　2枚
　なす　4本
　青じそ　1わ
　ごま油　大さじ2
　サラダ油　少々
　A ┌ 赤みそ　大さじ2
　　└ 酒　大さじ1

1 厚揚げは縦半分に切ってから5〜7㎜幅に切る。
2 なすは縦半分に切ってから1㎝幅の斜め切りにする。これを海水くらいの塩水(分量外)に5〜6分つけ、ザルにあげて水けをふく。
3 青じそは縦半分に切ってから横に千切りにし、Aの赤みそと酒はといておく。
4 中華鍋にごま油を熱してなすを炒め、全体に油がまわったら、厚揚げを加えてさらに炒め合わせる。
5 厚揚げの表面がアツアツになったらサラダ油をたし、といておいたAを加えて、味をからめるように炒める。
6 全体にコックリと味がからまったら、火を止めて青じそを加え、ひと混ぜして器に盛る。

厚揚げのいり豆腐風
水きりをしなくていいから手軽

　厚揚げ　2枚
　長ねぎ　1本
　紅しょうが(千切り)　大さじ2
　A ┌ 酒　大さじ3
　　│ しょうゆ　大さじ2
　　│ みりん　大さじ1
　　└ 砂糖　小さじ2

1 厚揚げは細かく刻む。
2 長ねぎは小口切りにする。
3 鍋に厚揚げとAを入れて中火にかけ、箸でかき混ぜながらいる。汁けがほとんどなくなったら、ねぎと紅しょうがを加え、さらに汁けがなくなるまでよくいる。

厚揚げのサラダ
ピーナッツバターのコクと、甘酸っぱい風味で楽しむボリューム満点のサラダ

　厚揚げ　1枚
　きゅうり　1本
　レタス　2枚
　細ねぎ　2本
　A ┌ ピーナッツバター　大さじ山盛り1
　　│ しょうゆ　大さじ1
　　│ 砂糖　小さじ1
　　└ レモン汁　½個分
　赤唐辛子(輪切り)　少々

1 厚揚げはオーブントースターでこんがりと焼き色がつくまで焼き、縦半分に切ってから1.5㎝幅に切る。
2 きゅうりは縦半分に切ってから斜め薄切りにし、レタスは一口大にザクザク切る。細ねぎは2㎝長さに切る。
3 ボウルにAの材料を合わせてよく混ぜ、赤唐辛子、厚揚げ、きゅうり、レタス、細ねぎの順に加えてザッザッと混ぜる。仕上げに、あればナンプラーを数滴加えると、エスニックな味が楽しめる。

厚揚げのとろろあん

ごく簡単な素材で、もう一品というときにおすすめです

　厚揚げ　2枚
　長芋(すりおろし)　1カップ強
　焼きのり(細切り)　適量
　わさび　少々
　しょうゆ　適量

1 長芋は熱湯で5秒ほどゆでて水に取り、皮をむいてとろろにすりおろす。
2 厚揚げは1枚を2つに切り、鍋に並べ、熱湯をヒタヒタに注ぎ、火にかけてフタをして中までアツアツにゆでて器に盛る。
3 上からとろろをかけて焼きのりとわさびを添え、食べるときにしょうゆをちょろりとかける。

厚揚げの煮もの

この煮方と味を知ったら、たびたび作りたくなるはず。甘辛の懐かしい味です

　厚揚げ　4枚
　煮干し　4〜5尾
　水　1カップ
　A ┌ しょうゆ　大さじ3
　　│ 砂糖　大さじ2
　　└ みりん　大さじ1
　練り辛子　適量

1 厚揚げは表面をザッと湯で洗い、味がしみるように竹串で厚揚げの表面を5〜6カ所プチプチと刺す。
2 大きめの平鍋に煮干し、水、Aの調味料を入れて火にかけ、フツフツしたら厚揚げを並べ入れる。
3 フタをして中火で10分くらい煮る。途中、ときどき鍋をゆすって煮汁をまわし、もし焦げつきそうになったら湯(分量外)を少したす。大きいままドンと盛り、練り辛子を添える。

豆腐、厚揚げ、油揚げ➡ コラム参照

厚揚げ焼き

主菜なら1人1枚、副菜なら半分を。大根おろしは山ほど添えると幸せ！

　厚揚げ　2〜4枚
　大根おろし　適量
　しょうが(すりおろし)　適量
　しょうゆ　適量

1 オーブントースターの天板に厚揚げをのせ、まわりはパリッとして、中はアツアツになるまで焼く。
2 器に盛り、たっぷりの大根おろしとおろししょうがを添えて、しょうゆで食べる。

あっさり牛肉

肉をゆでるときはフツフツ煮立っているところに入れること

　牛薄切り肉　300〜400ｇ
　貝割れ大根　½わ
　青じそ　1わ
　ミニトマト　適量
　レモン　適量
　わさびじょうゆ　適量

1 貝割れ大根は根元を切り落とし、青じそは縦2つに切ってから千切りにする。
2 たっぷりの湯を沸かし、煮立っているところに牛肉を1枚ずつ広げて次々入れる。色が変わったものから引き上げ、水けをきる。
3 肉と野菜を盛り合わせ、わさびじょうゆとレモンをしぼって食べる。

あなごご飯

山椒の実も一緒に炊き込むのがミソ。ふっくら炊きたてをどうぞ

　米　2カップ(2合)
　焼きあなご　小6〜7尾
　昆布　6〜7㎝
　山椒の実のつくだ煮か塩漬け　大さじ1
　しょうゆ　小さじ2

あなご

みりん　小さじ2
酒　大さじ1

1 米はといでふつうの水加減にし、20分ほどつけておく。
2 焼きあなごは1cm幅に切る。
3 **1**から大さじ2の水(だいたいの調味料分)を取りのぞき、しょうゆ、みりん、酒を加えてザッと混ぜる。さらにサッと洗った昆布、あなご、山椒の実も加えて、炊く。
4 炊き上がったら、少々あなごがくずれても気にせずさっくりと混ぜ合わせて器に盛る。

あなご→ コラム参照

あなごの照り煮

酒でワーッと下煮をして、生ぐさみを消すのがコツ。それから煮汁を煮からめる

あなご(開き)　4尾
酒　適量
煮汁
　酒　¼カップ
　しょうゆ　大さじ3
　みりん　大さじ3
　砂糖　大さじ1

1 あなごは大きければ2～3つに切る。
2 鍋の中を水でザッとぬらし、あなごを並べて、上からヒタヒタに酒を注ぐ。フタをして強めの中火にかけ、ワーッと煮立てて4～5分煮て、あなごに火が通ったら、いったん器に取る。
3 **2**の鍋に煮汁の調味料を入れて強火にかけ、フツフツしてきたら、あなごを戻して、味を煮からめながら照りよく仕上げる。

あなご混ぜご飯

半端に残りがちな煮しめも、上手にプラス

米　2カップ(2合)
根菜類の煮しめ(刻んだもの)　約2カップ
酒　少々
しょうゆ　適量
焼きあなご　小3尾
錦糸卵
　卵　2～3個
　塩　少々
　ごま油　少々
白いりごま　適量

1 米はといでいつも通りに炊く。
2 根菜類の煮しめは細かく刻んだものを用意する。鍋の中を水でザッとぬらして煮しめを入れ、酒としょうゆを加えてフタをして2～3分煮、いりつけ、中まで完全に火を通す。
3 焼きあなごは7～8mm幅に刻む。
4 卵は割りほぐして塩を加え、静かにとき混ぜる。フライパンにごま油を熱して卵液を薄く流し、薄焼き卵を数枚焼き、細く切って錦糸卵にする。
5 ご飯が炊き上がったら、すぐに煮しめとあなごを上にのせ、よく蒸らす。
6 全体をほっこりと混ぜ合わせて器に盛り、上から白いりごまを振って、錦糸卵をたっぷりのせる。紅しょうがを添えるとよく合う。

油揚げ・青菜・白菜の鍋

野菜たっぷりのヘルシー鍋。油揚げでコクとうまみをプラス

油揚げ　3枚
小松菜　½わ
白菜　¼個
かまぼこ　適量
煮汁
　だし汁　4カップ
　みりん　大さじ1
　酒　大さじ1
　しょうゆ　大さじ1
　塩　小さじ½～1

あぼかど

七味唐辛子(好みで) 少々

1 油揚げは1cm幅に切り、小松菜は5cm長さにザク切りにする。白菜は軸と葉に切り分け、軸は繊維にそって細切り、葉はザク切りにする。かまぼこは5mm厚さに切る。

2 鍋に煮汁の材料をすべて入れて火にかけ、フツフツしてきたらまず白菜の軸を入れ、続いて他の材料も次々に入れる。

3 再びフツフツしたら火を止め、それぞれの器に汁ごと取り分けて、好みで七味唐辛子を振って食べる。

油揚げとにんじんの甘辛煮
風味とコクが違うから、使った油がベター

油揚げ　1枚
にんじん　大1本
使った油　小さじ2
赤唐辛子　1本
煮汁
　みりん　大さじ1
　しょうゆ　大さじ1
　酒　大さじ1
　水　1/4カップ
ごま油　2〜3滴

1 油揚げは湯で洗ってギュッとしぼり、1cm幅に切る。にんじんは薄い輪切りにする。

2 油と赤唐辛子を熱し、油揚げとにんじんを加えて中火で炒める。

3 全体がアツアツになったら煮汁を加え、強火でガーッと煮る。火を止め、ごま油を落とす。

使った油→ コラム参照

アボカドオムレツ
中に入れたペーストがチーズのように濃厚な味わい。ボリューム満点の卵料理

〈これは2人分〉
卵　3個
ベーコン　3枚
アボカド(完熟)　1個
バター　適量

1 ベーコンは1cm幅に切り、サラダ油少々(分量外)でカリカリになるまで焼く。

2 アボカドは皮と種をのぞき、果肉をつぶしてペースト状にする。これを2等分し、半分にはベーコンを加え混ぜ、残りはオムレツの上にのせる分として取っておく。

3 卵は塩少々(分量外)を加えてときほぐす。

4 フライパンにバターを入れて火にかけ、バターがとけたら **3** の卵液の半分を流し、グルリグルリと混ぜ、空気を入れる。表面が生っぽいうちに、**2** のベーコン入りのアボカドを半量のせ、くるみながらオムレツ形に整えて焼き上げる。同様にもう一つ焼く。

5 器に盛り、上に取っておいたアボカドのペーストをのせる。

アボカド→ コラム参照

アボカドサンドイッチ
パンはイングリッシュマフィンでもグー

〈これは2人分〉
ベーグルパン　2個
アボカド　1/2個
トマト　1個
カマンベールチーズ　1/2個

1 ベーグルパンはオーブントースターで軽く焼き、厚みを半分に切る。

2 アボカドは皮と種を取り、5mm幅の斜め切りにする。トマトは横に5mm厚さの輪切りにする。種は取る。カマンベールチーズは縦に5mm厚さに切る。

3 パンにチーズ、トマト、アボカドの順に重ねてサンドする。キュッとパラフィン紙などに包めば、お弁当にもOK。

あぼかど

アボカドディップ
タコスに欠かせないソースの一つ。特有のコクと風味がおいしいアクセントに

　アボカド(完熟)　1個
　レモン汁　少々
　玉ねぎ(みじん切り)　小さじ1
　生クリームか牛乳　大さじ3
　塩　少々
　香菜(シャンツァイ)か細ねぎ(みじん切り)　適量

1 アボカドは縦2つに切り、種をのぞいて皮をむき、果肉をボウルに入れる。
2 上からレモン汁をかけてマッシャーでなめらかにつぶし、さらに玉ねぎ、生クリームまたは牛乳、塩を加え混ぜる。
3 出来上がりを器に盛り、トルティーアやクラッカーに添えて食べる。香菜か細ねぎは混ぜ込んでも上から散らしてもOK。

　マッシャー→ コラム参照

アボカドとハムのホットサンド
ホットサンドメーカーがなくても大丈夫。弱火でこんがり焼くのがコツ

　〈これは2人分〉
　食パン　4枚
　アボカド　1個
　ロースハム　4枚
　とけるチーズ(スライス)　2〜4枚
　バター　適量

1 アボカドは縦2つに切って種をのぞき、皮をむいて7〜8mm厚さに切る。
2 食パンにアボカドをびっしり並べてハムをのせ、さらにとけるチーズをのせてもう1枚のパンではさむ。同様にもう一つ作る。
3 フライパンにバターを入れて火にかけ、バターがとけたらパンをおき、フタをして弱火で焼く。ときどきフタをあけ、上から軽く押さえて両面を焼く。
4 両面がこんがり焼けたら取り出し、2〜3つに食べよく切って器に盛る。

アボカドのグラタン
「森のバター」といわれるだけあって、アツアツの味はまた格別

　アボカド　1個
　マッシュルーム　1袋
　ホワイトソース缶詰　大1缶(約290g)
　とけるチーズ　½カップ

1 アボカドは縦2つに切り、種をパカッと取りのぞき、皮を取り、7〜8mm厚さに切る。マッシュルームは石づきを切り落とし、4つ割りにする。
2 耐熱容器の中を水でぬらし、アボカドとマッシュルームを並べ、ホワイトソースをかける。200度に温めたオーブンで15分焼き、全体にチーズを散らし、さらに5〜10分焼く。

アボカドの刺身
とろ〜り、クリーミーな味わいは、パン&ワインにもおすすめ

　アボカド　1個
　マヨネーズ　大さじ1
　牛乳　大さじ2
　みそ(こしたもの)　小さじ½〜1

1 アボカドは縦にクルリと切りめを入れ、ちょっとねじって半分にする。種を取って皮をむき、斜めに1cm厚さに薄切りにして器に盛る。
2 ボウルにマヨネーズ、牛乳、みそを合わせてなめらかに混ぜ、アボカドの上にとろ〜りとかける。

作り方 **1**

アボカドの素朴な食べ方　日本風
緑色の皮はまだ熟していません。黒っぽく

なる食べ頃まで、しばしお待ちを
　アボカド　2個
　しょうゆ　適量
　わさび　適量

1 アボカドは縦半分にクルリと包丁めを入れ逆方向にそっとひねって2つに割る。
2 種を取り出し、この穴にしょうゆとわさびをチョロリとたらして、スプーンですくいながら食べる。

アボカドの冷たいスープ
純乳脂肪の生クリームを使うこと
　アボカド(完熟)　1個
　牛乳　2カップ
　生クリーム　½カップ
　水　½カップ
　塩　ひとつまみ
　こしょう　少々

1 アボカドは縦半分に切り、種を取りのぞき、スプーンですくって皮から出す。
2 ミキサーの中に分量の水を入れ、半量の牛乳とアボカドを入れ、ひと混ぜしてなじませる。
3 残りの材料をすべて加え、ピャ〜ッとかくはんしてなめらかにする。

アボカドのトマトチキンサラダ
アボカドとマヨネーズベースのドレッシングでクリーミーなおいしさ
　鶏むね肉　1枚
　塩　少々
　アボカド(完熟)　1個
　レモン汁　小さじ1
　トマト(完熟)　1〜2個
　イタリアンパセリかパセリ　適量
　ドレッシング
　　マヨネーズ　大さじ2〜3
　　塩　少々
　　酢　大さじ½
　　こしょう　少々
　　オリーブ油　少々

1 鶏肉は塩を振り、ゆでるか蒸して、あら熱が取れたらコロコロの一口大に切る。
2 アボカドは縦2つに切って種をのぞき、皮をむいて一口大に切る。上から色止めにレモン汁を振りかけておく。
3 トマトは2㎝角に切る。
4 ボウルにドレッシングの材料を合わせ混ぜ、鶏肉、アボカド、トマトの順に混ぜて、刻んだパセリを散らす。

イタリアンパセリ

アボカドのパンピザ
食パンがピザ台に変身！　手のひらでパンをしっかり押すのがコツ
　〈これは2人分〉
　食パン(6枚切り)　2枚
　モッツァレラチーズ(小さめに切ったもの)　¼カップ
　アボカド　½個
　ハム　4枚

1 食パンは耳を切り落とし、パン生地を手のひらでしっかり押してのす。
2 アボカドは皮と種をのぞき、5㎜厚さに切る。ハムは1㎝幅に切る。
3 パンにモッツァレラチーズを適量振り、アボカド、ハムの順にのせる。上から残りのチーズをパラパラと散らし、200度のオーブンで5〜7分ほど焼く。

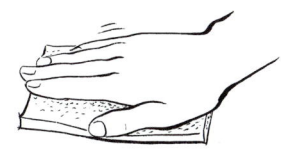

作り方 **1**

あまぐり

甘栗おこわ
季節を問わない、甘栗の炊き込みご飯

- 米　1カップ(1合)
- もち米　1カップ(1合)
- 甘栗(殻つき)　1カップ弱
- 干椎茸　3枚
- 焼き豚　100g
- A
  - しょうゆ　大さじ1
  - 酒　大さじ1
  - 塩　小さじ½
  - ごま油　小さじ1
- 黒いりごま(好みで)　適量

1 米ともち米は合わせ、ふつうに水加減する。
2 甘栗は殻をむく。干椎茸は戻し、軸を取って7～8㎜角に切る。焼き豚も7～8㎜角に切る。
3 米の水を大さじ2(調味料分)取りのぞき、Aの調味料を加えてひと混ぜする。**2**の具を加えて表面を平らにし、ふつうに炊く。
4 炊き上がったら、底のほうから全体をよく混ぜ、盛りつけて好みでごまを振る。

甘栗と豚ばら肉の煮込み
豚肉はしっかりゆでてから煮るので、余分な脂も抜け、さっぱりした煮上がりに

- 甘栗(殻なし)　16～20個
- 豚ばらかたまり肉　400g
- ゆで卵　4個
- 煮汁
  - 水　1カップ
  - 酒　½カップ
  - しょうゆ　大さじ3
  - 砂糖　大さじ1

1 豚ばらかたまり肉は1.5㎝幅に切り、熱湯で60分ゆでる。
2 鍋の中を水でぬらし、**1**の豚肉、甘栗、殻をむいたゆで卵を入れる。煮汁の材料をすべて加えて中火にかける。フツフツしてきたらフタをして弱火で30分ほど煮る。
3 **2**からゆで卵を取り出し、豚肉と甘栗を中火でコトッと煮からめる。
4 器に豚肉と甘栗を盛り、ゆで卵を半分に切って添える。

アルファルファのかき揚げ
サクサク軽く、香ばしい

- アルファルファ　1パック
- 玉ねぎ　1個
- 桜えび　大さじ山盛り3
- 衣
  - 小麦粉　1カップ
  - 水　¾カップ
- 揚げ油　適量
- 青のり　適量

1 玉ねぎは縦2つに切り、繊維にそって薄切りにする。
2 小麦粉と水を混ぜ合わせて衣を作る。アルファルファ、玉ねぎ、桜えびを加えて混ぜ、全体に衣をからめる。
3 揚げ油を中温(170～180度)に熱し、スプーンで**2**をすくって入れる。衣がしっかりしたら、ときどき返して空気にふれさせながら揚げる。こんがりカラリと揚がったら油をきり、青のりを振る。

アルファルファ→ コラム参照

アルファルファのサラダ
肉料理に抜群のサラダ

- アルファルファ　1パック
- にんじん　1本
- クレソン　1わ
- ドレッシング
  - 塩　小さじ½
  - 粗挽きこしょう　適量
  - 砂糖　少々
  - マスタード　少々

```
  米酢　大さじ1
  サラダ油　大さじ2
```

1 にんじんは斜め薄切りにしてから千切りにする。クレソンはかたい茎をのぞいてちぎる。

2 粗挽きこしょうをきかせて記載順に混ぜ合わせたドレッシングににんじん、クレソン、アルファルファの順に加えては混ぜる。

アルファルファの和風サラダ

初めてでも食べやすく、特有の香りと歯ざわりが好きになる

```
アルファルファ　1パック
わかめ（戻したもの）　½カップ
きゅうり　1本
ドレッシング
  薄口しょうゆ　大さじ1
  砂糖　小さじ¼
  こしょう　少々
  しょうが汁　小さじ½
  米酢　大さじ1
  ごま油　小さじ1
```

1 わかめはザッと洗って2cm長さに切る。きゅうりは斜め薄切りにしてから細切りにする。

2 ドレッシングを記載順に混ぜ合わせ、わかめ、きゅうりの順に加えては混ぜる。

3 器にアルファルファを敷き、真ん中に**2**を盛る。食べるときに全体を混ぜ合わせる。

あるものサラダ

別名なんでもサラダ。生で食べられる野菜なら何を入れてもOK

```
玉ねぎ　½個
きゅうり　1本
にんじん　5cm
ピーマン　1個
レタス　5～6枚
ハム　100g
プロセスチーズ（1cm厚さ）　2枚
ドレッシング
  にんにく（すりおろし）　½かけ
  塩　小さじ½
  こしょう　少々
  砂糖　小さじ½
  米酢　大さじ2
  サラダ油　大さじ2
```

1 玉ねぎは繊維にそって薄切りにし、きゅうりは斜め薄切りにする。

2 にんじんは薄い輪切りにしてから千切り、ピーマンは縦半分に切ってから千切りにする。レタスは食べよい大きさにちぎる。

3 ハムは半分に切ってから1cm幅に切り、チーズは1cm角に切る。

4 ドレッシングの材料を混ぜ合わせ、まず玉ねぎを入れてよく混ぜる。続いてきゅうり、にんじん、ピーマン、レタス、ハム、チーズの順に加えて混ぜ、器に盛る。

あわび粥（がゆ）

極上の一品をぜいたくにどうぞ

```
米　1カップ
水　5カップ
酒　大さじ2
あわび　1～2個
ごま油　小さじ½
湯　1カップ
塩　小さじ½強
しょうが（千切り）　適量
```

1 米は洗って水けをきる。

2 小鍋に湯を沸かし、殻をよく洗ったあわびを殻ごと入れてゆで、さわってみて動かなくなったら取り出す。あら熱が取れたらスプーンで殻からはずし、ワタを取りのぞく。

3 厚手の鍋の中を水でぬらし、米、分量の水、酒、ごま油を入れてザッと混ぜ、あ

あんかけ

わびを丸ごと上にのせ、中火にかける。
4 フツフツしてきたらフタをし、弱火で25〜30分炊く。
5 炊き上がったらあわびを取り出し、薄切りにし、再び粥に戻す。
6 5に湯1カップ、塩を加え、水でぬらした箸で切るようにして混ぜ、フタをして火を止める。
7 器に盛り、しょうがの千切りをのせる。

あんかけいり卵丼
台湾の屋台ご飯を思わせる、早くておいしいどんぶり

〈これは2人分〉
卵　3〜4個
塩　少々
こしょう　少々
紅しょうが（千切り）　大さじ2
ごま油　大さじ1
甘酢あん
　｛水　¾カップ
　　しょうゆ　大さじ1
　　砂糖　小さじ2
　　酢　小さじ2
　　水溶き片栗粉
　　　｛片栗粉　小さじ2
　　　　水　小さじ2
　　ごま油　少々
温かいご飯　2人分

1 卵はとき、塩、こしょう、紅しょうがを加えて混ぜる。
2 中華鍋か鉄製のフライパンを強火で熱し、ごま油をまわし入れる。卵を一気に流して焼き、まわりが固まりはじめたらフライ返しなどで大きくかき混ぜ、半熟状態で火を止める。
3 盛りつけたご飯に卵を等分してのせる。
4 小鍋に甘酢あんの水と調味料を入れて火にかけ、フツフツしたら片栗粉を同量の水でといて加え、ひと煮立ちさせる。火を止め、ごま油を落とす。
5 甘酢あんを3の卵の上にかける。

あんかけうどん
寒い日や風邪をひきそうなときにおすすめの体があったかになるうどん

〈これは2人分〉
ゆでうどん　2人分
だし汁　3カップ
薄口しょうゆ　大さじ2〜3
酒　大さじ1
みりん　大さじ1
水溶き片栗粉
　｛片栗粉　大さじ1½
　　水　大さじ1½
しょうが（すりおろし）　適量

1 あんを作る。鍋にだし汁を入れて中火にかけ、フツフツしてきたら薄口しょうゆ、酒、みりんを加えて味を調える。再びフツフツしてきたら、水溶き片栗粉を加えてとろみをつける。
2 うどんは袋の表示に従って温め、どんぶりに盛る。上からアツアツのあんをかけ、おろししょうがをのせる。

あんかけ粥（がゆ）
米から炊いたおかゆが一番。弱火でコトコトやさしく煮込んであんかけに

米　1カップ
水　5カップ
だし汁（濃いめ）　2カップ
薄口しょうゆ　大さじ2
酒　大さじ1
水溶き片栗粉
　｛片栗粉　大さじ2
　　水　大さじ2
しょうが（すりおろし）　適量

1 米はといで厚手の鍋に入れ、分量の水を加えて強火にかける。沸とうしたらごく弱火にし、フタをしてコトコトと40〜60

分かけて炊く。
2 あんを作る。だし汁に薄口しょうゆと酒を加えて中火にかけ、フツフツしてきたら水溶き片栗粉を加えてとろみをつける。
3 器におかゆを盛り、アツアツのあんをとろりとかけておろししょうがをのせる。

あんかけ卵
半熟卵とあんが絶妙なバランスでとろ〜り。卵とあん、ともにアツアツがうまし

卵　4個
あん
　┌ だし汁か水　1カップ
　│ 薄口しょうゆ　大さじ1
　│ 酒　大さじ½
　│ 水溶き片栗粉
　│ 　┌ 片栗粉　大さじ½
　└ 　└ 水　大さじ½

1 卵はかぶるくらいの水に入れて中火にかけ、フツフツしてきてから3〜4分ゆでて半熟卵にする。
2 小鍋の中を水でぬらし、水溶き片栗粉以外のあんの材料を入れて火にかける。フツフツしてきたら水溶き片栗粉を加え、再びフツフツしてきて薄くとろみがついたら火を止める。
3 ゆで卵の殻をむいて縦半分に切り、器に盛り、あんをかける。

アンチョビとキャベツのピザ
スウェーデンの家庭料理をカツ代風にアレンジ。アンチョビの風味が最高！

ピザ台　1枚
キャベツ　2枚
アンチョビ　2尾
生クリーム　¼カップ

1 キャベツは2㎝の角切りにし、サッとゆでて水けをきる。アンチョビは小さめにさく。
2 ピザ台にキャベツをのせてアンチョビを散らし、上から生クリームをまわしかけて、200度のオーブンで5〜7分焼く。
ピザ台→ピザ台（基本）

アンチョビとマッシュルームのバゲット
辛口の白ワインを添えると、味も雰囲気もアップ

バゲット　小1本
アンチョビ　6〜8尾
ブラウンマッシュルーム　1〜2袋
A ┌ 酢　大さじ2
　│ 塩　小さじ½
　└ オリーブ油　大さじ2
とけるチーズ　適量

1 バゲットは少し斜めに2㎝厚さに切る。
2 マッシュルームは石づきを切り落とし、縦に薄切りにし、Aであえる。30分以上おく。一晩おいてもよい。
3 アンチョビは刻む。
4 天板にバゲットを並べ、上にマッシュルームをのせ、アンチョビを散らし、チーズをのせる。200度のオーブンで7〜10分焼く。

アンチョビのパン粉焼き
ワインに最高!! ご飯やパンにのせても美味。アツアツをどうぞ

アンチョビ　小1缶
パン粉　大さじ2
粉チーズ　小さじ1

1 アンチョビの缶のフタをあけ、油が多いようなら少しきる。缶は器として使う。
2 この上にパン粉と粉チーズを振りかけ、オーブントースターでこんがりするまで7〜8分焼く。

アンディーブのスープ煮
ほんのり苦い、生とは別のおいしさ

ベルギーチコリ（アンディーブ）　4個
水　2カップ

固形スープの素　1個
　こしょう　少々
　レモン（薄い輪切り）　4枚

1 ベルギーチコリは熱湯で丸ごとゆで、水にさらして苦みを取り、水けをきる。

2 分量の水、スープの素、こしょうを火にかけ、フツフツしたらベルギーチコリを加え、フタをして中火でやわらかくなるまで煮る。スープの素を使わずに自家製でもよい。

3 スープごと盛り、レモンを浸してのせる。

ベルギーチコリ（アンディーブ）

い

いか炒めもやしあんかけ
野菜たっぷりのもやしあんはシャッキリと仕上げる。いかはどんな種類でもOK

　ロールいか　300g
　しょうが（千切り）　ひとかけ
　にんじん　10cm
　玉ねぎ　½個
　もやし　1袋
　サラダ油　大さじ1
　A｛ しょうゆ　大さじ2
　　　酒　大さじ2
　　　米酢　大さじ2
　　　砂糖　大さじ1
　　　片栗粉　大さじ1
　　　水　1カップ
　ごま油　小さじ1

1 ロールいかは1cm幅の食べよい長さに切る。

2 にんじんは斜め薄切りにしてから細切りにし、玉ねぎは薄切りにする。洗ったもやしはよく水けをきっておく。

3 Aを合わせ混ぜておく。

4 フライパンを熱してサラダ油でロールいかを強めの中火で炒め、完全に火が通ったら、器に盛る。

5 4のフライパンにサラダ油少々（分量外）をたし、しょうが、にんじん、玉ねぎ、もやしの順に加え強火で炒める。全体に油がまわったら、Aをいったん混ぜてから加える。

6 フツフツしてとろりとしてきたら、火を止め、ごま油を落として風味をつける。

7 6のもやしあんをいかの上にとろりとかけて出来上がり。

いかキムチのピリッとライス
ピリ辛加減はキムチの量で調節を

　〈これは2人分〉
　ご飯　2人分
　いか　小1杯
　ごま油　大さじ1弱
　塩　少々
　白菜キムチ（刻んだもの）　½カップ弱
　しょうゆ　少々

1 いかは胴を開いて縦に3つに切り、さらに横に1cm幅に切る。足も食べよく切り、それぞれ水けをふく。

2 中華鍋にごま油を熱し、いかを強めの中火で炒め、塩を加えてまた炒める。

3 さらにご飯と白菜キムチを加え、大きく切るように混ぜながら、パラッと炒め上げる。味をみてしょうゆで調える。

いかの下処理→ コラム参照

いかげそのスタミナ揚げ
にんにく風味が香ばしい！　ビールのおつ

まみにもおすすめの簡単揚げもの

いかの足　2〜3杯分
A ┌ にんにく(すりおろし)　少々
　├ ごま油　小さじ1
　├ こしょう　少々
　└ しょうゆ　大さじ1
片栗粉　大さじ2
小麦粉　大さじ2
揚げ油　適量
レモン　適量

1 いかの足はバラバラと食べよく切り、よくよく水けをふく。
2 ボウルにAの材料を合わせて混ぜ、いかの足を30分くらい漬けておく。
3 さらに片栗粉を加えて混ぜてから、小麦粉を加えて混ぜる。
4 揚げ油を低めの中温(170度)に熱していかの足を入れる。はじめはいじらず、衣が落ち着いてきたら箸で混ぜる。こんがりカリッと揚がったら、油をよくきって引き上げる。
5 器に盛り、レモンをしぼって食べる。

いか・さつま芋・ねぎの煮つけ

素材の取り合わせがユニーク、大阪に伝わる庶民のお総菜。土鍋で煮るといい具合

いか　1杯
さつま芋　2本(約400g)
長ねぎ　1本
煮汁
　┌ 水　1カップ
　├ 酒　大さじ1
　├ 砂糖　大さじ1
　├ しょうゆ　大さじ1
　├ 薄口しょうゆ　小さじ1
　└ しょうが汁　少々

1 いかの胴は縦2つに切ってから横に2cm幅に切り、足は食べよくバラバラに切る。
2 さつま芋は皮ごと2cm厚さの輪切りか太ければ半月切りにし、海水くらいの塩水(分量外)にさらす。長ねぎは4cm長さに切る。
3 さつま芋の水けをきって鍋に入れ、上にいかと長ねぎをのせ、煮汁をまわしかける。強めの中火にかけ、10分くらい煮る。
4 さつま芋に竹串がスーッと通ったら、フタをして火を止め、余熱で3〜5分蒸らす。

いかすみのやわらかリゾット

こっくりソフト、やみつきになる味。米は洗いません

米　1½カップ
いか(すみ入り)　大1杯
玉ねぎ　1個
オリーブ油　大さじ3
白ワイン　1カップ
熱湯　5カップ
塩　小さじ1
粉チーズ　適量

1 いかの胴と足は小さく切り、すみ袋は取っておく。玉ねぎは1cm角に切る。
2 厚手の鍋にオリーブ油を入れて火にかけ、玉ねぎ、いかの順に加えて中火で炒める。いかに火が通ったら米を加えて軽く炒め、白ワインを加え、水分が蒸発するまで煮る。
3 熱湯を加えて強火にし、塩で味を調え、すみ袋からすみをしぼり出して加える。
4 沸とうしたら中火にし、かき混ぜながら好みのやわらかさになるまで煮る。
5 火を止め、粉チーズを振り、手早くかき混ぜる。

いかたま

大阪には「いか焼き」というおやつがあります。それをおかずとしてアレンジ

いか　大1杯
卵　4個

いか

細ねぎ（小口切り）　½カップ
紅しょうが　大さじ2
ごま油　大さじ2
青のり　適量
とんかつソースか好みのソース　適量

1 いかは内臓を取りのぞき、胴と足に分け、熱湯でゆで、いかの色が変わったら取り出す。あら熱が取れたら胴は縦半分に切って1cm幅の細切り、足は1本ずつバラバラに切り分ける。

2 卵をとき、細ねぎ、紅しょうがを加えて混ぜる。

3 フライパンにごま油大さじ1を熱し、いかを強めの中火で炒める。

4 アツアツになったら残りのごま油をたし、**2**の卵液を流し入れ、全体に広げる。表面が乾かないうちに半分にパタンと折りたたみ、おいしそうな焼き色がつくまで両面焼く。皿に盛り、青のりをかけ、好みのソースをかけて食べる。

いか天

いかの水けはよくよくふいて小麦粉をまぶしておけば、衣は流れずしっかり

いか　2杯
小麦粉　適量
衣
　卵水（卵1個と冷水）　1カップ
　小麦粉　1カップ
揚げ油　適量

1 いかの胴は皮をむいて開き、よくよく水けをふき、横に2cm幅に切る（足は他の料理で使うようにする）。全体に小麦粉をまぶし、余分な粉をはたき落とす。

2 揚げ油を低めの中温（170度）に熱する。衣の材料はザッと混ぜ合わせる。

3 いかに衣をつけて油に入れ、じっくり揚げる。衣が落ち着いたら、ときどき空気にふれさせながらきつね色にカラリと揚げる。塩、しょうゆ、天つゆ、ウスターソースなど好みのものをかけて食べる。

卵水→　コラム参照

いか・豆腐・竹の子の煮もの

サッと煮る和風のおかず。あっさりした中にだしのうまみと木の芽の香りが絶妙

いか　1〜2杯
ゆで竹の子　小1本（約200g）
木綿豆腐　1丁
煮汁
　水　½カップ
　酒　½カップ
　しょうゆ　大さじ2
　みりん　大さじ2
削り節　ひとつかみ
木の芽（あれば）　少々

1 いかは胴を1cm幅の輪切りにし、足は食べよい長さに切る。

2 ゆで竹の子は食べよい大きさに適当に切り、もう一度水洗いする。木綿豆腐は8等分のやっこに切る。

3 鍋に煮汁の材料を入れて強火にかけ、フツフツしたら、いかを入れる。さらにフツフツしてきたら竹の子と豆腐を加え、フタをして3分ほど煮る。再びフツフツしたら、中火にして削り節をもみ入れる。

4 5〜7分ほど煮て、いかがアツアツになったら出来上がり。器に盛って刻んだ木の芽を散らす。

いかとかぶのホットサラダ

ドレッシングは油を加えたらサッと混ぜるだけ。さっぱりしたおいしいサラダのコツ

いか　1杯
かぶ　小4〜5個
にんじん　5cm
ドレッシング
　塩　小さじ1弱
　砂糖　ひとつまみ
　マスタード　小さじ1

> 黒こしょう　少々
> 赤唐辛子(輪切り)　1本
> 米酢　大さじ1
> レモン汁　大さじ1
> サラダ油　大さじ2

1 いかは胴を縦半分に切ってから横に1cm幅に切り、足は食べよく切る。
2 かぶは縦半分に切り、さらに縦に薄切りにする。にんじんは薄い輪切りにする。
3 鍋に湯を沸かし、グラグラしているところへ、いか、にんじん、かぶの順に入れる。強火で1～2分ほどゆでて一緒にザルにあげ、水けをよくきる。
4 ボウルにドレッシングの材料を記載順に合わせ、最後のサラダ油を入れたらサッと混ぜ合わす。
5 ドレッシングに**3**の材料を、2～3回に分けながら加えてあえる。

いかとキャベツのカレー煮
キャベツがクタクタになるまで煮ること

いか　1～2杯
キャベツ　½個
水　3カップ
固形スープの素　1個
カレー粉　小さじ2
塩　適量
こしょう　適量

1 いかの胴は1cm幅の輪切りにし、足は食べやすく切る。キャベツはくし形に4等分に切る。
2 鍋の中を水でぬらし、キャベツ、いか、水、スープの素、カレー粉を入れ、フタをして強火にかける。フツフツしたら弱めの中火にし、15～30分煮る(春キャベツなら15分、冬キャベツなら30分)。味をみて塩、こしょうで調える。

いかとズッキーニのイタリアンマリネ
冷やすうちに、全ての素材のうまみがいっそうなじんで美味

いか　1杯
ズッキーニ　2本
トマト(完熟)　大1個
マリネ液
> 塩　小さじ½
> こしょう　少々
> 米酢　大さじ1
> レモン汁　大さじ1
> オリーブ油　大さじ2
> バジル　少々

1 いかの胴は1cm幅の輪切りにし、足はバラバラに切る。ズッキーニは薄い輪切りにする。トマトは1cm角に切る。
2 マリネ液を合わせておく。
3 湯を沸かしていかをゆで、再びグラグラきたらズッキーニを加え、次にグラッときたらすぐザルにあげよく水けをきる。
4 **2**のマリネ液に入れてサッと混ぜ、冷めたらトマトも加えてサッと混ぜる。すぐ食べられるが、冷蔵庫で30分くらい冷やすともっとおいしくなる。ただし、オリーブ油が入っていると固まりやすいのでずっと冷蔵庫に入れておかないほうがよい。

いかとセロリのしょうが味
相性のよい素材で作るサラダ風おかず。冷たくして召し上がれ

いか　大1杯
セロリ　1～2本
合わせ調味料
> 塩　小さじ½～1
> 米酢　大さじ1
> 砂糖　小さじ2
> しょうが汁　小さじ½

1 いかは胴を縦半分に切ってから、横に7～8mm幅に切る。足は食べよく切り分ける。
2 鍋に湯を沸かし、いかを中に火が通るまでゆで、ザルに取って冷ます。

いか

3 セロリはすじを取り、斜め薄切りにし、厚い部分は横に包丁を入れてから薄切りにする。
4 ボウルに合わせ調味料を合わせ、いかとセロリを加えてザッザッと混ぜ合わせる。

いかと大根の煮もの
いかのうまみが大根にしみて、しみじみしたおいしさ

いか　1杯
大根　15㎝
煮汁
  ｜水　½カップ
  ｜酒　½カップ
  ｜薄口しょうゆ　大さじ2
  ｜砂糖　大さじ1

1 いかは胴を1㎝幅の輪切りにし、足は食べよく切る。
2 大根は皮をむいて1.5㎝厚さの半月切りにする。かぶるくらいの水を入れて火にかけ、竹串がスーッと通るまで下ゆでする。
3 鍋の中を水でザッとぬらして煮汁を入れて中火にかけ、煮立ったらいかを加える。いかに火が通ったところで下ゆでした大根を加え、そのまま10分煮る。

いかと玉ねぎのとろり煮
繊維断ち切りの玉ねぎが、とろりとソース状に煮上げるポイント

いか　2杯
玉ねぎ　2個
煮汁
  ｜酒　¼カップ
  ｜砂糖　小さじ1
  ｜しょうゆ　大さじ3
  ｜水　½カップ
しょうが(すりおろし)　適量

1 いかは胴を輪切りにし、足は食べよい長さに切る。玉ねぎは繊維を断ち切るように薄切りにする。
2 鍋の中を水でザッとぬらし、いかと玉ねぎを入れて煮汁の材料を加え、フタをして強めの中火にかける。
3 15分くらい煮て、仕上がり際におろししょうがを加え、ザッと混ぜて火を止める。

いか納豆
よくからまって食べやすいから、ひき割り納豆がおすすめ

いか(刺身用)　4人分
ひき割り納豆　2パック
青じそ　4枚
わさび　適量
しょうゆ　適量

1 小鉢に青じそを敷いていかを盛りつけ、ひき割り納豆をかけ、わさびをのせる。
2 好みでしょうゆをかけ、ガァーッと混ぜて食べる。

いかねぎみそ炒め
こっくりしたみそ風味は、ご飯にも酒の肴にもぴったり

いか　1杯
長ねぎ　2～3本
ごま油　大さじ1強
酒　大さじ1
みりん　大さじ1
しょうゆ　大さじ1
みそ　大さじ1
七味唐辛子、粉山椒など(好みで)　適量

1 いかは胴を5㎜幅の輪切りにし、足は食べよく切る。
2 長ねぎは1㎝厚さの斜め切りにする。
3 中華鍋にごま油を熱し、いかと長ねぎを強火で炒める。火が通ったら、いったん火を止めて酒、みりん、しょうゆ、みそを加える。再び火をつけ、強火でザッザッと全体を炒めて味をからめる。

4 器に盛り、好みで七味唐辛子や粉山椒を振る。

いかねぎ焼き
山盛りのねぎも焼けば小さく香ばしくなる。ホットプレートなら一度に焼ける

いか　1杯
細ねぎかわけぎ　½〜1わ
生地
- 卵　2個
- 水　1カップ
- 小麦粉　2カップ
- じゃが芋　2個

サラダ油　適量
とんかつソースかウスターソース　適量

1 いかは皮つきのまま胴を4〜5cm長さで1cm幅くらいに切り、足は食べよくバラバラに切る。
2 細ねぎまたはわけぎは小口切りにする。
3 ボウルに卵をときほぐして分量の水を加え混ぜ、小麦粉と芋をすりおろして加え、泡立て器で混ぜる。
4 1人分ずつ焼く。フライパンにサラダ油を熱し、**3**の生地を適量流す。円形に流したら、すぐ上に細ねぎまたはわけぎをたっぷりのせ、さらにいかを適量並べる。上からまた生地を少しまわしかけて、中火で焼く。
5 表面が乾いた感じになったら裏返し、フライ返しでギュッギュッと押しつけるようにして、両面焼いて、中までしっかり火を通す。
6 残りの3人分も同様に焼き、器に盛って好みのソースをかけて食べる。

細ねぎ→ コラム参照

いかのスパイシー揚げ
いかの水けはよくふいて衣をまぶす。ご飯のおかずにもビールのつまみにも美味

いか　2杯
衣
- 小麦粉　1カップ
- カレー粉　小さじ1
- チリパウダー　適量
- 塩　小さじ¼
- こしょう　適量

揚げ油　適量
塩　適量
レモン　適量

1 いかは胴を1cm幅の輪切りにし、足はバラバラに切って、よく水けをふく。
2 バットなどに衣の小麦粉、カレー粉、チリパウダー、塩、こしょうを混ぜ合わせて、いかにたっぷりとまぶす。
3 揚げ油を低めの中温(170度)に熱し、いかをギュッと握って衣を落ち着かせてから、油の中に入れていく。
4 カリッと揚がったら、油をよくきって引き上げ、器に盛って塩少々を振り、レモンをしぼって食べる。

いかのチリソース
えびでおなじみの味は、いかとも相性よし

いか　2杯
片栗粉　適量
ピーマン　2個
サラダ油　大さじ2
にんにく(みじん切り)　ひとかけ
しょうが(みじん切り)　ひとかけ
長ねぎ(みじん切り)　10cm
チリソース
- 酒　大さじ2
- しょうゆ　大さじ2
- トマトケチャップ　大さじ2
- 砂糖　大さじ1
- 豆板醤　小さじ½〜1

1 いかは胴を1〜2cm幅の輪切りにし、足は2本ずつ切り分ける。それぞれ水けをふき、片栗粉をしっかりまぶしておく。
2 ピーマンは縦4つ切りにする。

いか

3 チリソースの調味料を合わせておく。
4 中華鍋にサラダ油を入れて中火にかけ、すぐにんにく、しょうが、長ねぎを炒める。香りがたってきたところで強火にし、いか、ピーマンの順に加えて炒める。
5 全体に火が通ったら、**3** のチリソースを加えて炒め合わせ、器に盛る。

いかの筒焼き
中に具がたっぷり入り、洋風にも和風にも合う一品

　　いか　4杯
　　にんじん　1本
　　ピーマン　2個
　　木綿豆腐　2丁
　　卵　1個
　　バター　大さじ2
　　塩　適量
　　こしょう　適量
　　〈付け合わせ〉
　　しめじのソテー　適量
　　レモン（くし形切り）　適量

1 木綿豆腐はしっかりめに水きりしておく。にんじんとピーマンは細切りにする。
2 いかは足を引き抜き、胴の中は水けをふく。足は1㎝長さに切る。
3 フライパンにバター少々（分量外）を温め、にんじんを炒める。少ししんなりしたら、いかの足とピーマンも加えて強火で炒め、全体がなじんだら火を止める。
4 **3** に **1** の豆腐をつぶして加え、さらにとき卵を加える。塩、こしょうを加えてよく混ぜる。
5 **2** のいかの胴に **4** の具の¼量をそれぞれ均等に詰め、口をようじで縫うようにとめる。
6 フライパンにバター大さじ1を温め、**5** のいかを2杯並べて、中まで火が通るようにフタをしながら両面中火で焼く。残りのいか2杯も同様に焼く。大きいフライパンなら4人分一度に焼ける。それぞれ器に盛りつけ、しめじのソテーとレモンを添える。

いかのトマトホットマリネ
ワインとパンで食べたい南イタリア風

　　いか　2杯
　　小麦粉　適量
　　玉ねぎ　½個
　　ピーマン　3個
　　トマト（完熟）　3個
　　オリーブ油　大さじ3
　　マリネ液
　　　┌ 塩　小さじ½強
　　　│ 砂糖　小さじ½
　　　│ こしょう　少々
　　　│ 米酢　大さじ2
　　　└ レモン汁　大さじ2

1 玉ねぎは繊維にそって薄切りにする。玉ねぎが辛いときは水にさらしてから水けをきる。ピーマンはあらみじんに切る。トマトは皮をむいて1㎝角に切る。
2 マリネ液を合わせ、玉ねぎを混ぜる。
3 いかの胴は縦2つに切ってから横1㎝幅に切り、足は食べやすく切って、それぞれ水けをよくふく。
4 いかに小麦粉をまぶし、ギュッと握って衣を落ち着かせ、オリーブ油で焼くように揚げる。
5 アツアツのいかをすぐ **2** に加え、続いてピーマン、トマトの順に加えて全体をあえる。

　　トマトの湯むき→ コラム参照

いかの南蛮あえ
冷凍品の場合は解凍してから下ごしらえを

　　ロールいか　1枚（約300ｇ）
　　片栗粉　適量
　　にんじん　1本
　　玉ねぎ　1個

細ねぎ　2〜3本
　　南蛮酢
　　┌しょうゆ　大さじ2
　　│米酢　大さじ2
　　│砂糖　大さじ1
　　│しょうが(すりおろし)　ひとかけ
　　└赤唐辛子(輪切り)　1〜2本
　　揚げ油　適量

1 いかは水けをよくふき、4〜5㎝長さで1.5㎝幅に切る。
2 にんじんは薄い輪切りにしてから千切り、玉ねぎは縦半分に切ってから繊維にそって薄切りにする。細ねぎは小口切りにする。
3 ボウルに南蛮酢の材料を合わせてよく混ぜておく。
4 いかは片栗粉をまぶして余分な粉をはたき、低めの中温(170度)の揚げ油に入れて少しずつ火を強める。いかのまわりがパリッとしてきたら、引き上げて油をよくきり、アツアツを南蛮酢に漬け込む。
5 さらににんじんと玉ねぎも加えて全体をあえ、細ねぎを散らして器に盛る。

いかのにんにくみそ焼き
にんにくの香りがきいた素朴な味わい。酒の肴にもどうぞ

　　いか　小4杯
　　にんにく(すりおろし)　ひとかけ
　　ピーマン　4個
　　みそ　小さじ4
　　酒　大さじ1
　　サラダ油　適量

1 いかは足を引き抜き、胴の中をよく洗って水けをふく。足は食べよい長さに切る。
2 ピーマンは縦半分にし、横に千切りにする。
3 いかの足、にんにく、ピーマンを合わせ、みそと酒を加えて混ぜる。これをいかの胴に均等に詰め、口をようじでとめて、皮に浅く3〜4本斜めに切りめを入れる。
4 フライパンにサラダ油を熱していかを焼く。焼き網やオーブン(250度)で焼いてもOK。両面が焼けたら、食べよく切って器に盛る。

いかの下処理→ コラム参照

いかのパスタ
白ワインを加えて風味豊かなあっさり味。キリッと冷えたワインに添えても

　　〈これは2人分〉
　　パスタ(好みのもの)　150〜200ｇ
　　いか　小1杯
　　玉ねぎ　½個
　　パセリ　適量
　　オリーブ油　大さじ2
　　白ワインか酒　½カップ
　　塩　小さじ½強
　　こしょう　少々

1 いかは胴と足に分け、胴は1㎝幅の輪切りにし、足はバラバラに切る。玉ねぎとパセリは少し大きめのみじん切りにする。
2 フライパンにオリーブ油を熱して強めの中火で玉ねぎを炒め、油がまわったら、いかと白ワインまたは酒を入れて5分くらい煮る。塩、こしょうで味を調え、最後にパセリを振る。
3 パスタはたっぷりの湯を沸かし、袋の表示通りにゆでる。
4 ゆで上がったアツアツのパスタをすぐに **2** のソースであえ、味をみて塩などで調え器に盛る。粉チーズを振って食べてもおいしい。

いかの風味揚げ
合わせ調味料に漬け込んでから衣をつけて揚げる。しょうが風味と香ばしさが美味

　　ロールいか　1枚(約300ｇ)
　　合わせ調味料

いか

```
酒　小さじ1
しょうゆ　大さじ1
しょうが(すりおろし)　少々
みりん　小さじ1
ごま油　小さじ1
```
衣
```
小麦粉　大さじ2〜3
片栗粉　大さじ2〜3
```
揚げ油　適量

1 ロールいかは水けをよくふき、縦半分に切ってから、横に2㎝幅くらいに切る。
2 ボウルに酒、しょうゆ、おろししょうが、みりん、ごま油を合わせ、いかを入れて混ぜ30分ほど漬ける。
3 小麦粉と片栗粉を混ぜ合わせて衣にする。いかの汁けを軽くきって衣をまぶす。
4 揚げ油を低めの中温(170度)に熱し、いかを揚げる。このときギュッと握って衣を落ち着かせながら入れていく。きつね色にカラリと揚がったら、油をよくきって引き上げ、器に盛る。レモンやすだちなどをしぼってもおいしい。

いかのわた煮
おいしい日本酒を使う、鍋に入れる順番、煮立つまでは混ぜない、おいしい3原則

超新鮮いか　2杯
酒　½カップ
塩　小さじ¼
水溶き片栗粉
```
片栗粉　小さじ1〜2
水　小さじ1〜2
```

1 いかの胴は開き、縦2〜3に切ってから横に1㎝幅に切る。足は食べやすいように切る。ワタは袋のままにしておく。魚屋さんに頼んでワタだけ1杯分多くもらい、いか2杯、ワタ3杯分を煮るともっとおいしい。
2 鍋の中を水でぬらして酒を入れ、いかを加え、上に袋のままのワタをドンとのせる。いじらない、混ぜない。
3 フタをして強火にかけ、ワーッと煮立ってワタが自然にはじけたら塩を加え、手早くかき混ぜる。
4 フツフツと煮立ってきたらいかを取り出し、煮汁を再び火にかけて水溶き片栗粉でゆるいとろみをつける。
5 火を止め、いかを戻してひと混ぜする。

作り方2

いかバター
とにかく炒めすぎないこと

いか(刺身用)　4人分
にんにく(みじん切り)　½かけ
バター　大さじ1
塩　適量

1 フライパンにバターとにんにくを入れて弱めの中火にかける。
2 いい香りがしてきたらいかを加え、強火でサッと炒める。
3 色が変わったらすぐ器に盛り、塩をパラパラと振る。

いかフライ　マヨネーズ衣
衣がはがれやすいのでいかの水けはよくふく。扱いやすい冷凍のロールいかでもOK

いか　1〜2杯
衣
```
小麦粉　適量
マヨネーズ　適量
パン粉　適量
```
揚げ油　適量
レモン　1個

1 いかは足と内臓をのぞき、胴を縦に切り開いて皮をむく。さらに縦2つに切って

から横1.5cm幅に切る。
2 いかの水けをしっかりふいて小麦粉をまぶしつけ、マヨネーズをぬってからパン粉をしっかりつける。
3 揚げ油を低めの中温(170度)に熱し、**2**のいかをこんがりと揚げる。
4 カラリと揚がったら、油をきって器に盛り、レモンをしぼって食べる。

いくら 酒漬け
一晩漬けると丸くふくらみ、味はまろやかに。いくらどんにはこれがおすすめ
　いくら(塩漬け)　100g
　酒　大さじ3
　しょうゆ　小さじ1

1 いくらは、すぐ清潔なびんに移す。
2 上から酒としょうゆを振りかけ、そのままさわらずにフタをして、冷蔵庫で一晩ねかす。調味料を入れてすぐは汁が濁った感じになるが、1～2時間もすると透明になってくる。ふっくらふくらんだ翌日から3日間が食べ頃。

いくらどん
極上味のご馳走どんぶり。夏は青じそ、冬はおろし大根を添えても
　いくらの酒漬け　4人分
　焼きのり　2枚
　わさび　適量
　しょうゆ　少々
　温かいご飯　4人分

1 どんぶりに温かいご飯を盛り、上に細かくもんだ焼きのりをのせる。
2 のりの上にいくらの酒漬けをのせて、わさびを添える。食べる直前に、しょうゆをちょろりとかける。なお、ご飯をすし飯にしても違った味が楽しめる。また春先から夏にかけての米は酒を加えて炊くと美味。

　いくらの酒漬け→いくら 酒漬け
　すし飯→すし飯(基本)

いくらの酒粕漬けご飯
とっても豪華な大人の味
　温かいご飯　4人分
　いくら(塩漬け)　100g
　酒粕(板)　2～4枚
　酒　大さじ2
　貝割れ大根　½わ

1 密閉容器に酒粕を敷き、酒大さじ1を振りかけ、いくらをのせる。上にも酒粕をのせ、残りの酒を振りかける。
2 フタをして冷蔵庫で1週間おく。
3 酒粕からいくらを取り出し、炊き上がったご飯に加えていくらをつぶさないようにして混ぜる。貝割れ大根の根元を切り落とし2つに切る。盛りつけたご飯に散らす。もちろんそのまま食べてもおいしい。

いくらもち
たらこや辛子明太子を一口大に切ってのせても美味
　もち　4個
　いくら(塩漬け)　大さじ4
　サニーレタス　小4枚

1 もちはこんがり焼く。
2 いくらをのせて、サニーレタスで包んで食べる。

磯揚げ
カリッとするまでよく揚げる。中はふわり、モッチリ感がうまい
　長芋(すりおろし)　1½カップ
　ちりめんじゃこ　大さじ2
　揚げ油　適量
　塩　適量
　しょうゆ　適量

1 長芋のすりおろしと、ちりめんじゃこを混ぜ合わせる。
2 揚げ油を中温(170～180度)に熱し、ス

プーンで一口大にすくって入れていく。ときどき空気にふれさせて、水分をとばしながらカラリと揚げ、こんがり色づいたら油をよくきってバットにあげる。
3 皿に盛り、塩やしょうゆで食べる。

磯のふりかけ
鉄製のフライパンで作るとカリッと香ばしい
〈作りやすい分量〉
ちりめんじゃこ　½カップ
白いりごま　大さじ2
青のり　大さじ1
1 鉄製のフライパンにちりめんじゃこを入れて弱火にかけ、チリチリと縮んでカリッとなるまでいる。
2 ごまを加えてサッといり、青のりを加えてひと混ぜする。

磯巻き鶏
こんがり焼いて煮詰め、鶏肉のうまみもからめたおかず。お弁当にも最適
鶏もも肉　2枚
焼きのり　2枚
湯　1カップ
酒　大さじ2
しょうゆ　大さじ2
砂糖　大さじ1
1 鶏もも肉は黄色い脂肪を取り、肉のところどころにスッスッと切りめを入れて開き、厚みを均一にする。
2 肉の上に焼きのりをのせ、はみ出したところは折り込んで、端からクルクルと巻く。これにたこ糸を巻きつけて結びとめる。
3 フライパンを熱して鶏肉を入れ、ときどきゆすりながら転がして、皮の表面を中火で焼きつける。途中出た脂はふきながら焼く。
4 皮がこんがり焼けたらいったん火を止め湯、酒、しょうゆ、砂糖を加え、再び火にかける。ときどき転がして味をからめながら中火で煮る。汁けがほとんどなくなったら出来上がり。
5 あら熱が取れたらたこ糸を取り、1〜2㎝厚さに切って器に盛る。

作り方 **2**

磯まぐろ
お酒にもご飯にもうれしいのりあえ
まぐろ（刺身用）　1さく
しょうゆ　大さじ2
もみのり　適量
わさび　適量
1 まぐろは2㎝角に切り、しょうゆを振りかけてザッと混ぜ、余分な水けをきる。
2 もみのりを加えてザッと混ぜ、盛りつけてわさびを添える。
さく、ふし→ コラム参照

いためそうめん
調味料で日本風にもエスニック風にも変身
〈これは2人分〉
そうめん　150g
玉ねぎ　½個
なす　1〜2本
桜えび　大さじ山盛り2
ごま油　大さじ1強
薄口しょうゆかナンプラー　大さじ1
紅しょうが　適量
1 そうめんは少しかためにゆで、よく水洗いしてザルにあげ、水けをきる。
2 玉ねぎは薄切りにし、なすは縦半分に切ってから斜め薄切りにする。
3 フライパンにごま油を熱し、玉ねぎ、

なす、桜えびを入れて中火で炒める。全体に油がまわったら、そうめんを加えて焼きつけるように炒める。

4 全体がよく焼けたら、薄口しょうゆかナンプラーで味を調え、器に盛って紅しょうがを添える。

炒めぬえび卵チャーハン
ゆでえびは甘く、干しえびは香ばしく、よくばりなチャーハンの大ヒット作

〈これは2人分〉
温かいご飯　2人分
ゆでえび　4尾
桜えび　大さじ2
卵　2個
ねぎじょうゆ
　{ 長ねぎ　5㎝
　　しょうゆ　小さじ1
サラダ油　大さじ1強
塩　適量
こしょう　少々

1 ゆでえびは殻をむき小さく切る。卵はとく。

2 長ねぎは小口切りにし、しょうゆに漬け込んでおく。

3 中華鍋を火にかけサラダ油大さじ1を熱して卵を入れ、フワッと固まってきたらグルグルッと混ぜ、いったん取り出す。

4 サラダ油少々をたし、ゆでえび、桜えびの順に加えて強めの中火で炒め、塩、こしょうを振る。**2**のねぎじょうゆを加えてひと混ぜし、**3**の卵を加える。

5 火を止めて、温かいご飯を加え切るようにして具と混ぜる。

炒めぬチャーシューチャーハン
ご飯は混ぜるだけだからあっさり味。粘りが出ないよう切るように混ぜるのがコツ

〈これは2人分〉
温かいご飯　2人分
干椎茸　2枚
焼き豚　50ｇ
卵　1個
サラダ油　適量
ねぎじょうゆ
　{ 長ねぎ　5㎝
　　しょうゆ　小さじ2
塩　少々
こしょう　少々

1 ねぎじょうゆを作る。長ねぎは小口切りにし、しょうゆの中に漬けておく。

2 干椎茸は戻して石づきを切り落とし、7～8㎜角に切る。焼き豚も同様に切る。卵はときほぐしておく。

3 中華鍋を強火にかけてサラダ油をまわし入れ、卵を入れる。卵がフワリと固まってきたら、グルグルッと混ぜていったん皿に取り出す。

4 サラダ油を少したし、干椎茸、焼き豚の順に加えながら強めの中火で炒める。油がまわったら塩、こしょうを振り、**1**のねぎじょうゆも加え混ぜて、さらに卵を戻して火を止める。

5 最後に温かいご飯を加え、ザッザッと切るように全体を混ぜて出来上がり。

イタリア的野菜スープ
お米の持ち味をとろみとして利用。残ったおかゆで作るスープです

〈これは2人分〉
白粥（しらがゆ）　適量（約1人分）
にんじん　2～3㎝
セロリ　3～4㎝
ベーコン　1枚
水　2カップ
固形スープの素　½個
カレー粉（あれば）　ふたつまみ
塩　少々
こしょう　少々

1 セロリはピーラーですじを取り、1㎝

角に切る。にんじん、ベーコンも1cm角に切る。
2 鍋に分量の水、固形スープの素、あればカレー粉を入れて中火にかける。フツフツしてきたらにんじん、セロリ、ベーコンを加え、再びフツフツしてきたら弱火にし、10分ほど煮る。
3 野菜に火が通ったら白粥を加えてそっと混ぜ、再びフツフツしてきたら塩、こしょうで味を調え、火を止める。粉チーズを振ってもおいしい。

イタリアのシンプルなミートボール
日本風との違いを楽しんで！　どちらかというとパンによく合うおかずです

　　牛挽き肉　400g
　　パン粉　1カップ
　　牛乳　½カップ
　　粉チーズ　大さじ3〜4
　　塩　少々
　　オリーブ油　大さじ3
　　水か白ワイン　大さじ2〜3

1 パン粉は牛乳に入れてしっとりさせる。
2 **1**に挽き肉、粉チーズ、塩を加え、混ぜ合わせる。
3 スプーン山盛り1杯ずつ取って丸め、少しつぶして形を整える。
4 フライパンにオリーブ油を入れて中火にかけ、ミートボールを並べ、ときどきフライパンをゆすりながらじっくり焼く。中まで火が通って全体がこんがり焼けたら、器に盛る。
5 フライパンに水か白ワインを加えて火にかけ、焼いたあとをこそげながらとかす。フツフツしたら、ミートボールにかける。

イタリア風ほうれん草の卵焼き
厚めに焼くのがおいしい

　　卵　6個
　　ほうれん草　1わ
　　にんにく　ひとかけ
　　オリーブ油　大さじ3
　　塩　少々
　　こしょう　少々

1 卵はとき、にんにくはつぶす。
2 ほうれん草はゆで、水に取ってしぼり、細かく刻む。
3 フライパンにオリーブ油とにんにくを入れて中火にかけ、香りがたったらほうれん草を加えて炒める。全体に油がまわったらにんにくを取り出し、塩、こしょうを振って味を調える。
4 卵をまわし入れてフタをし、弱めの中火で両面をよく焼く。

イタリア風野菜のもつ煮
いろいろな風味が複雑にからみ合った、いかにもイタリアンという味

　　鶏もつ　300g
　　ベーコン　50g
　　パセリ　50g
　　セロリ　1本
　　にんにく　2かけ
　　ローズマリー(乾)　少々
　　バジル(乾)　少々
　　玉ねぎ　1個
　　にんじん　1本
　　オリーブ油　大さじ2
　　トマト水煮缶詰　大1缶(約400g)
　　塩　小さじ½
　　こしょう　少々
　　粉チーズ　大さじ1
　　水　1½カップ
　　固形スープの素　1個

1 もつはよく洗い、食べやすく切り、中までしっかりゆでる。
2 パセリ、セロリ、にんにく、ベーコンは細かく刻む。
3 玉ねぎは縦半分に切り、繊維にそって

薄切りにする。にんじんは薄い輪切りにする。
4 鍋にオリーブ油を入れて弱火にかけ、**2** とローズマリー、バジルを炒める。香りがたったら玉ねぎとにんじんを加え、中火にしてよく炒める。
5 もつを加え、混ぜながら約5分炒める。
6 トマトを加えてつぶしながら混ぜ、塩、こしょうを加え、チーズを振る。水、固形スープの素を加え、フタをして弱火で約20分煮る。

イタリアンエッグスープ
具は煮立ったところへ一気に加え、手早く混ぜるのがコツ
　卵　1個
　粉チーズ　大さじ2
　パン粉　大さじ2
　水　5カップ
　固形スープの素　2個
　にんにく(すりおろし)　少々
　塩　少々
　こしょう　少々

1 卵をときほぐし、粉チーズとパン粉を加えて混ぜ合わせておく。
2 鍋に水、固形スープの素、にんにくを入れて火にかける。スープの素がとけてフツフツしてきたら、強火にして **1** を一気に加え、泡立て器でワァーッとかき混ぜる。
3 卵がフワッと浮いてきたら、味をみて塩、こしょうで調える。

イタリアンガーリックトースト
洋風おかずやワインのお供に
　〈これは2人分〉
　フランスパン　2人分
　オリーブ油　大さじ1
　パセリ(みじん切り)　大さじ山盛り1
　にんにく(すりおろし)　ひとかけ
　マスタード　小さじ½
　塩　少々

1 オリーブ油、パセリ、おろしにんにく、マスタード、塩を合わせてよく混ぜる。
2 フランスパンは食べよい厚さに切り、**1** を適量ぬって200度のオーブンで10分焼く。

イタリアンサラダ
塩、こしょう、オリーブ油を好みにかけて食べるのが、イタリア流
　サラミソーセージ　5㎝
　玉ねぎ　¼個
　トマト　1個
　プロセスチーズ(5㎜厚さ)　4枚
　レタス　4～5枚
　塩　適量
　挽きこしょう　適量
　オリーブ油　適量

1 サラミソーセージは薄い輪切りにする。玉ねぎは繊維を断ち切って横に薄切りにする。トマトは皮をむいて8つのくし形に切る。チーズは5㎜角に切る。レタスは食べよい大きさにちぎる。
2 全部を彩りよく盛り合わせ、塩、こしょう、オリーブ油を添える。取り分け、好みに味をつけて食べる。

イタリアンシチュー
盛りつけて粉チーズを振ると、にわかにイタリアの味
　なす　2本
　トマト(完熟)　2個
　セロリ　1本
　ピーマン　1個
　玉ねぎ　¼個
　ベーコン　2枚
　にんにく　ひとかけ
　オリーブ油　大さじ1
　水　3カップ

固形スープの素　1個
塩　少々
こしょう　少々
粉チーズ　適量

1 なすは皮ごと1㎝角のさいの目に切り、海水くらいの塩水（分量外）に入れる。
2 トマト、セロリ、ピーマン、玉ねぎは1㎝角に切り、ベーコンは1㎝幅、にんにくはみじん切りにする。
3 オリーブ油とにんにくを中火にかけ、香りが出たらベーコン、水けをふいたなす、玉ねぎ、セロリの順に加えて炒める。
4 全体がアツアツになったら水、スープの素、こしょう、ピーマン、トマトを加え、フタをして中火で10〜15分煮込む。
5 味をみて塩、こしょうで調え、器に盛って粉チーズを振る。

イタリアンドレッシング
にんにくの香りが食欲をそそります。オリーブ油は好みのタイプを

にんにく（すりおろし）　少々
塩　小さじ½
こしょう　少々
米酢　大さじ1
オリーブ油　大さじ1〜2

1 すべての材料を混ぜる。油を入れてからはあまりしつこく混ぜない（ドロリとなりすぎる）。イタリアンドレッシングは、冷たいところにおくとオリーブ油が固まってしまうので、作りおきはできない。米酢でなくバルサミコ酢を使うとより本格的。

イタリアンレタスロール
ソーセージをレタスで巻いて煮込む料理

レタス　1〜2個
ウインナーソーセージ　16本
水　½カップ
トマトジュース　1カップ
固形スープの素　1個
塩　適量
こしょう　適量

1 レタスは芯をくり抜き、丸ごと熱湯でゆで、ザルにあげて1枚ずつはがす。
2 レタスの葉を大小バランスよく8等分にし、大きい葉が外側にくるように広げて重ねる。
3 ソーセージを2本ずつのせ、小さい葉から順にレタスの葉で包む。左右を折り、しっかり巻く。最後は大きい葉で巻く。
4 巻き終わりを下にして鍋に並べ、分量の水、トマトジュースとスープの素を加え、フタをして中火で15分くらい煮る。味をみて塩、こしょうで調える。

いちごのサンドイッチ
黒パンで作ると赤と白のコントラストがきれい。もちろんふつうの食パンでも

黒パン（10枚切り）　1斤
バター　適量
いちご　15〜20粒
生クリーム　1カップ
粉砂糖　大さじ2〜3

1 パンは片面にバターを薄くぬる。いちごは水けをふき、縦に5〜7㎜厚さに切る。
2 生クリームは粉砂糖を加えて七〜八分立てに泡立てる。
3 バターをぬったパンに生クリームをぬり、いちごをびっしりと並べる。また生クリームをぬり、パンをのせる。残りも同様に作る。
4 ごく軽く押さえてから、3等分に切り分ける。パンの耳を落とすかそのままかは好きずき。

1センチ・トマトサラダ
刻んだトマトに甘めのドレッシングが美味。スプーンで汁ごと召し上がれ

トマト　2〜3個

玉ねぎ(薄切り)　½個
パセリ(みじん切り)　大さじ2
ドレッシング
- 米酢　大さじ1
- サラダ油　大さじ1
- はちみつ　小さじ1〜2
- 砂糖　小さじ1
- 塩　小さじ½
- こしょう　少々

1 トマトは皮ごとザクザクと1㎝角くらいに切り、器に盛る。
2 玉ねぎとパセリを上に散らす。
3 ドレッシングの材料を混ぜ合わせ、トマトの上にかける。

いとこ豆腐のみぞれ鍋
豆腐の親戚同士が入るシンプル鍋もの

木綿豆腐　1丁
厚揚げ　1枚
焼き豆腐　1丁
だし汁(濃いめ)　4カップ
A
- 薄口しょうゆ　大さじ1
- 酒　大さじ1
- 塩　小さじ1

大根おろし　1カップ

1 厚揚げは湯でサッと洗い、竹串で表面をブツブツと刺してから8つくらいに切る。木綿豆腐と焼き豆腐も同様に切る。
2 土鍋にだし汁を入れ、Aを加えて火にかける。フツフツしてきたら **1** を加え、中がアツアツになるまで弱火で煮る。
3 十分に煮えたら大根おろしを入れ、再びフツフツするまで煮て火を止める。食べるとき、好みで七味唐辛子を振る。

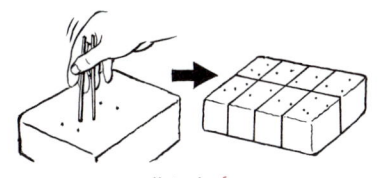

作り方 **1**

田舎のシチュー
豆、野菜、肉をダイナミックに煮込む

うずら豆(乾)　1カップ
キャベツ　½個
セロリ　2本
しめじ　1袋
生椎茸　1袋
えのき茸　1袋
ミートボール
- 牛赤身挽き肉　250ｇ
- 片栗粉　小さじ2
- 塩　小さじ½弱
- こしょう　少々

水　7カップ
トマトジュース　2カップ
固形スープの素　1個
ローリエ　1枚
塩　少々
こしょう　少々
タバスコ(好みで)　適量

1 うずら豆は一晩たっぷりの水につけて戻し、翌日つけ水ごと火にかけてフタをしてやわらかくゆでる。
2 キャベツは芯をつけたまま4等分に切る。セロリは5㎝くらいの長さに切り、葉も取っておく。きのこ類は石づきを切り落とし、食べよくさく。
3 大きい鍋の中を水でザッとぬらし、キャベツ、セロリ、水、トマトジュース、つぶしたスープの素、ローリエを入れ、セロリの葉をポンとのせ、強めの火にかける。フツフツしてきたら中火にし、フタをして煮る。
4 ミートボールの挽き肉と調味料を混ぜ合わせ、4等分にし、大きいボール状に丸める。フツフツ煮立っている **3** の鍋に加えて煮る。
5 再びフツフツしてきたら豆ときのこ類も加え、さらに弱火で30分煮込む。味をみて塩、こしょうで調える。好みでタバス

コを振る。

いなりずし
→「おいなりさん」を参照

いなりちらし
具は強火で一気に煮る。ご飯を詰める手間を省いたおいなりさん味のちらしずし

　米　2カップ（2合）
　合わせ酢
　｛　米酢　70cc
　　　砂糖　大さじ1
　　　塩　小さじ1
　油揚げ　3～4枚
　しめじ　1袋
　煮汁
　｛　しょうゆ　大さじ1
　　　薄口しょうゆ　大さじ1
　　　砂糖　大さじ1
　　　酒　大さじ1
　　　みりん　大さじ1
　　　水　2/3カップ強
　白いりごま　大さじ1
　紅しょうが　適量

1 米はといで、いつもより少し水をひかえめにして炊く。
2 合わせ酢の調味料を混ぜ合わせておく。
3 油揚げは湯で洗ってギュッとしぼり、縦半分に切ってから細かく刻む。しめじは石づきを切り落としてほぐしておく。
4 鍋を水でザッとぬらし、油揚げを入れて平らにならす。上から煮汁の材料を加えてフタをし、強火でガーッと煮る。
5 5～6分煮たところでしめじを入れ、汁けがほとんどなくなるまで一気に煮上げる。そのままおいて冷まし、味を含ませる。
6 炊き上がったご飯に **2** の合わせ酢をまわしかけ、すし飯を作る。これを器に盛り、上に油揚げとしめじをたっぷりのせて、白いりごまと紅しょうがを散らす。

芋・栗・鶏の中国炒め
季節のもの同士の組み合わせは間違いなし

　じゃが芋　3個
　干椎茸　6～7枚
　甘栗（殻なし）　1/2カップ強
　鶏もも肉　1枚
　片栗粉　少々
　しし唐辛子　1/2パック
　ぎんなん水煮缶詰　小1缶
　にんにく（みじん切り）　ひとかけ
　合わせ調味料
　｛　しょうゆ　大さじ1 1/2
　　　酒　大さじ1 1/2
　　　みりん　大さじ1 1/2
　　　水　1/2カップ
　　　片栗粉　小さじ2
　ごま油　小さじ1
　揚げ油　適量

1 干椎茸は戻して1.5cm角に切る。じゃが芋は1.5cm角のさいの目に切る。しし唐辛子はヘタを切り落とす。ぎんなんは水けをきる。
2 鶏肉は脂肪を取ってコロコロに切り、片栗粉をまぶす。
3 揚げ油を低めの低温（160度くらい）に熱し、鶏肉、じゃが芋、干椎茸、甘栗、ぎんなん、しし唐辛子の順に入れ、全部がツヤツヤになったら引き上げて油をきる。
4 揚げ油をオイルポットにあけ、**3** とにんにくを入れて炒める。いい香りがしたら火を止め、合わせ調味料を加えてからめ、再び火をつけて大きく混ぜ合わせる。
5 全体がとろりとしてきたら火を止め、ごま油を落としてひと混ぜする。

芋すいとん豚汁
すりおろした生のじゃが芋入りすいとんは、ふわっとやさしい味

いりどうふ

豚薄切り肉　100 g
A ┌ みりん　大さじ1
　 └ しょうゆ　大さじ1
しめじ　1袋
長ねぎ　1本
B ┌ じゃが芋　2個（約300 g）
　 └ 小麦粉　1カップ前後
だし汁　6カップ
酒　大さじ1
塩　小さじ½
しょうゆ　少々

1 豚肉は食べやすく切り、Aをからめる。
2 しめじは石づきを切り落とし、ほぐす。長ねぎは2㎝長さに切る。
3 Bのじゃが芋はすりおろし、小麦粉を加えねっとりするまでよく混ぜる。
4 だし汁を火にかけ、フツフツしたら豚肉を広げて入れる。色が変わったら、**3**をスプーン2本で一口大にまとめ、ポトンポトンと静かに入れる。
5 再びフツフツしたら酒と塩で味を調えしめじとねぎを加え、すいとんに火が通ったら火を止める。味をみてしょうゆで補う。

いり卵

ふんわり、しっとりした上品な味わいのいり卵は湯せんで火を通す

卵　4個
塩　少々
みりん　小さじ1

1 鍋の中を水でぬらし、卵を割り入れる。塩とみりんを加え混ぜ、湯せんにかける。このときまわりの湯が中に入らないような火加減にすること。
2 菜箸の先をぬらし、4〜5本を使って混ぜると細かいいり卵になる。最初はなかなか固まらないのでのんびりと混ぜつつ、まわりから固まってきたらせっせと混ぜる。
3 しっとり細かいいり卵状になってきたら、湯せんからはずして余熱で1分くらいさらにしつこくいり、器に移す。

いり卵サンド

卵、マヨネーズ、バター、マスタード、パンが一体になって、なかなかの味わい

〈これは2人分〉
食パン（サンドイッチ用）　6枚
バター　適量
マスタード　適量
卵　3〜4個
塩　少々
こしょう　少々
マヨネーズ　大さじ1〜2

1 パンの片面にバターをぬり、そのうち3枚はマスタードもぬり、2枚1組にする。かたくしぼったぬれ布巾をかけてパンが乾かないようにしておく。
2 小鍋の中を水でぬらし、卵を割り、塩を加えてときほぐす。
3 **2**を中火にかけ、菜箸4〜5本でかき混ぜながらいる。まわりから固まってきたら、さらに箸をせっせと動かしていり、まだ少ししっとりしているうちに火からはずす。
4 さらに手早く混ぜてボウルなどに入れ、あら熱が取れたらマヨネーズとこしょうを加えてあえる。
5 パンにはさみ、3つくらいに切る。

いり豆腐　しっとり味

ふんわり卵に包まれた豆腐が懐かしい味。豆腐はゆでると水けがきれて、いりやすい

木綿豆腐　2丁
干椎茸　4枚
にんじん　5〜6㎝
だし汁（濃いめ）　½カップ
薄口しょうゆ　大さじ2
卵　2個

いりどうふ

　細ねぎ（小口切り）　½カップ
　塩　少々

1 木綿豆腐は熱湯に入れ、グラッとひと煮立ちするまでよくゆでて、引き上げしっかり水けをきる。
2 干椎茸は戻して軸を切り落とし、細切りにする。にんじんは薄い輪切りにしてから細切りにする。
3 鍋にだし汁、薄口しょうゆ、干椎茸、にんじんを入れて強火にかけ、フツフツしてきたら豆腐をおおまかにくずしながら加えていりつける。
4 汁けがなくなったら、ときほぐした卵をまわし入れ、手早くいりつけて卵に火を通す。仕上げに細ねぎを加えてサッとひと混ぜし、味をみて塩で調え、器に盛る。食べやすいようにスプーンなどを添える。

いり豆腐　中国風
オイスターソース風味を生かした中国味。豆腐がアツアツになったら卵を加える

　木綿豆腐　2丁
　しょうが（みじん切り）　ひとかけ
　豚挽き肉　200ｇ
　ごま油　大さじ2
　酒　大さじ½
　オイスターソース　大さじ1½
　しょうゆ　大さじ1½
　卵　2個
　細ねぎ（小口切り）　1カップ

1 中華鍋かフライパンにごま油を熱し、しょうがと豚挽き肉を強めの中火で炒める。
2 豚肉の色が変わったら、酒、オイスターソース、しょうゆを加えて味をからめるように炒める。
3 さらに木綿豆腐もドカリと加え、強火にして豆腐をくずしながら炒める。
4 豆腐がアツアツになったら、卵を割り入れて大きく炒める。味をみて、たりないようならしょうゆを加えて調え、仕上がり際に細ねぎを加え混ぜてすぐ火を止める。

いり豆腐　パラリ味
豆腐を水きりすると、味つけがラク。卵はまぶしつけるように炒めるのがコツ

　木綿豆腐　2丁
　卵　2個
　ごま油　大さじ1
　酒　大さじ1
　薄口しょうゆ　大さじ2
　細ねぎ（小口切り）　約½カップ

1 豆腐は布巾などに包んで軽く重しをし、30分おいてしっかりめに水きりする。卵はときほぐしておく。
2 鍋にごま油を熱して豆腐をドカッと入れ、木ベラでチャッチャッと大きくくずしながら炒める。
3 全体がアツアツになったら、酒と薄口しょうゆを加え混ぜる。
4 フツフツしてきたら、とき卵を一度にまわし入れ、豆腐にまぶしつけるように炒める。卵が八分どおり固まったら、細ねぎをパッと散らし、ひと混ぜして火を止める。

いりどり
最後にみりんをからめてピカッと仕上げる

　鶏もも肉　1枚
　干椎茸　6〜7枚
　にんじん　1本
　れんこん　1節
　ごぼう　1本
　こんにゃく　1枚
　ごま油　大さじ1〜2
　A ┌ だし汁　2カップ
　　│ 酒　大さじ1
　　│ 砂糖　大さじ1
　　└ しょうゆ　大さじ2
　みりん　大さじ1

1 鶏肉は黄色い脂肪を取りのぞき、大きめの一口大に切る。干椎茸は戻して石づきを切り落とす。
2 野菜は一口大の乱切りにし、ヒタヒタの湯で5分ゆでる。こんにゃくと干椎茸は野菜と同じくらいに切る。
3 大きめの鍋にごま油を熱し、鶏肉、干椎茸を炒める。
4 野菜とこんにゃくを加え、強火でザッザッザッと豪快に炒める。
5 Aのだし汁、酒、砂糖、しょうゆを加え、フタをして中火で煮る。
6 野菜がやわらかく、汁もほどよく少なくなってきたら、フタを取って強火にし、鍋をゆすって残りの煮汁をからませる。
7 みりんをまわし入れ、手早く鍋をゆすって全体にピカッと照りをつける。

炒りハム

ふりかけ感覚でご飯やお浸しにかけたりしてもおいしい

〈作りやすい分量〉
- ハム　100g
- しらす干し　100g
- 白いりごま　大さじ2

1 ハムはみじん切りにする。
2 ハムとしらす干しを中火でよくいり、サラサラになったらごまを加え、サッといり合わせる。

いり豆ご飯

節分の翌日にいかが？　ほうじ茶は豆をやわらかに仕上げるといわれています

- 米　2カップ（2合）
- いり大豆（節分用）　½カップ
- ほうじ茶（濃いめ）　米の2割増し
- 酒　大さじ1
- しょうゆ　大さじ1
- 塩　少々

1 炊飯器にといだ米を入れ、ほうじ茶を注ぎ、酒、しょうゆ、塩を加えてひと混ぜする。いり大豆を加えて表面を平らにし、ふつうに炊く。
2 底のほうから全体を混ぜる。

いり豆と節分→ コラム参照

いろいろ漬け

きゅうりは夏だけ、冬は入れずに他の材料を増やして作る

- 大根　4cm
- にんじん　8cm
- きゅうり　2本
- キャベツ　大2枚
- にんにく　ひとかけ
- 漬け汁
  - 米酢　大さじ2
  - 砂糖　大さじ1
  - しょうゆ　小さじ½
  - 塩　小さじ½
  - ごま油　小さじ½

1 大根は2cm長さの短冊に薄切り、にんじんも短冊に薄切りにする。きゅうりはすりこぎなどでたたいてから一口大にさき、キャベツは一口大にちぎる。
2 1の野菜を合わせてボウルに入れておく。
3 にんにくは半分に切り、漬け汁に加えて火にかけ、フツフツしてきたらすぐ2の野菜にジャーッとまわしかける。
4 皿を3～4枚のせて重しをし、途中で一度混ぜて60分以上おく。すぐでもおいしいが一晩たつともっとおいしい。そのあとは冷蔵庫にて3～4日は保存可。

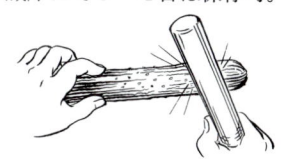

作り方 1　きゅうり

いわし

いわしずし
いわしの裏に辛子をつけるのが決まり

　米　2カップ（2合）
　合わせ酢
　A｛米酢　50cc
　　砂糖　大さじ1
　　塩　小さじ1
　超新鮮いわし　10〜15尾
　A｛酢　大さじ2
　　みりん　小さじ1
　とき辛子　適量
　しょうが　ひとかけ

1 米は同量の水を加えてふつうに炊き、合わせ酢を混ぜてすし飯を作る。

2 いわしは頭を切り落として内臓を出し、洗い、氷水に30分くらい入れて身をしめる。三枚におろし、今度は氷塩水（分量外）に入れて30分くらいおき、さらに身をしめる。

3 水けをよくふき、皮を下にして容器に並べ、Aをまわしかけて10分おく。

4 汁けをよくふき、皮をはぎ、それぞれ2〜3つにそぎ切りにする。

5 すし飯を一口大に軽く握ってまとめる。幕の内型で抜いてもいい。

6 いわしの裏に辛子をチョンとつけ、すし飯の上にのせる。

7 しょうがの皮をむいて千切りにし、酢水（分量外）にさらして針しょうがにし、水けをよくきっていわしの上にのせる。

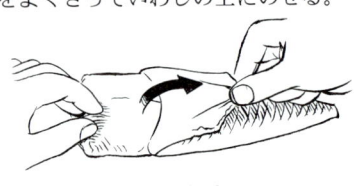

作り方 **4**

いわしの梅酒煮
梅酒を利用すると、味つけがラクラクなうえ、深い味わいがする

　いわし　中8尾
　しょうが　ひとかけ
　梅酒　1カップ
　しょうゆ　大さじ3
　梅酒の梅　2個

1 いわしは頭を切り落とし、内臓を出し、表面に2カ所くらい切りめを入れ、洗って水けをふく。

2 しょうがは皮ごと繊維を断つように薄切りにする。

3 鍋に梅酒、しょうゆ、梅酒の梅、しょうがを入れて火にかけ、フツフツしてきたらいわしを並べ入れ、フタをして強火で煮る。途中で煮汁をまわしかけて、10分ほど煮る。

4 器にいわしを盛り、一緒に煮た梅としょうがを添え、煮汁をまわしかける。

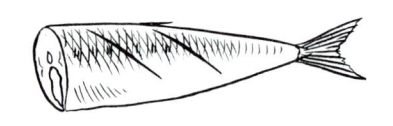

作り方 **1**

いわしの梅煮
酢で下煮をするから生ぐさみも消え、やわらかな味に仕上がる

　いわし　6尾
　酢　½カップ
　酒　½カップ
　梅干し　大2個
　しょうが　ひとかけ
　A｛しょうゆ　大さじ2
　　砂糖　大さじ1
　　みりん　大さじ1
　　水　½カップ

1 いわしは頭を切り落とし、内臓を出し、洗って水けをふく。骨ごと5cm長さくらいの筒切りにする。

2 梅干しはあらくほぐし、しょうがは皮

ごと繊維を断つように薄切りにする。
3 鍋の中をザッと水でぬらし、いわしを並べ、酢と酒をかぶるくらいに加える。火にかけ、フツフツしたら中火にして20分くらい煮る。
4 3にAと梅干しとしょうがを加えて煮立て、落としブタをして弱めの中火で汁けがほとんどなくなるまで煮る。

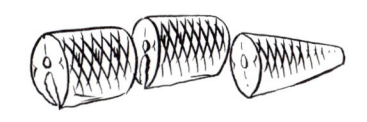

作り方 **1**

いわしの梅焼き
さっぱり風味の和風おかず。梅干しとしそがいわしを引きたてます

　いわし（手開きにしたもの）　大4尾
　梅干し　4個
　青じそ　10枚
　大根おろし　適量
　細ねぎ　適量

1 オーブンは200度に温めておく。
2 いわしは水けをふく。梅干しは種をのぞき、果肉を包丁の背でたたいてペースト状にしておく。
3 いわしの皮を下にしておき、開いた身の上に青じそをのせて全体に梅干しをぬる。
4 天板と網を水でザッとぬらしてセットし、いわしの皮を下にして並べ、温めておいたオーブンで10〜15分焼く。
5 アツアツを器に盛り、いわしの上に大根おろしをたっぷりのせる。ブツ切りにした細ねぎを添え、食べるときに好みでしょうゆをたらす。

いわしの大阪煮
身がくずれるのは気にせずよく混ぜ、煮詰める。麦ご飯によく合います

　いわし　4尾
　しょうが　ひとかけ
　青じそ　10枚
　酒　¾カップ
　A［みそ　大さじ2
　　砂糖　小さじ1
　　しょうゆ　小さじ1］

1 いわしは三枚におろし、一口大に切る。しょうがは皮ごと千切りにする。青じそは縦に2本切りめを入れてから千切りにする。
2 鍋の中を水でぬらし、いわしとしょうがを入れ、酒を加える。フタをして中火にかけ、汁けがほとんどなくなるまで煮る。
3 混ぜ合わせたAと半量の青じそを加え、強めの中火にしてかき混ぜながら、全体をいるように煮る。盛りつけ、残りの青じそを散らす。

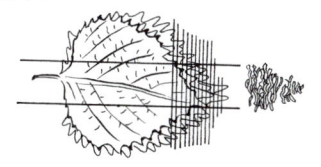

作り方 **1**

いわしの落とし焼き
こんがり香ばしい焼きもの。三枚おろしにしたものを使えば、もっと簡単！

　いわし　8尾
　しょうが（すりおろし）　ひとかけ
　卵白　1個分
　しょうゆ　大さじ1
　小麦粉　½カップ
　細ねぎ（小口切り）　½カップ
　サラダ油　適量
　パセリ　適量

1 いわしは頭を切り落として内臓を取り、洗って水けをふく。中骨にそって手開きにし、中骨をはずして皮をむく。

いわし

2 いわしとおろししょうがをブレンダーに1分くらいかけてすり身を作る。ブレンダーがなければ、包丁で細かくたたいてから、すり鉢でする。
3 ボウルにすり身を入れ、卵白、しょうゆ、小麦粉、細ねぎをそのつどよく混ぜながら、順に加える。
4 フライパンにサラダ油を熱し、**3**のすり身を大きいスプーンですくって落とし、中に火が通るまで両面をこんがりと中火で焼く。スプーンはぬらしておくとラク。
5 器に盛ってパセリを添える。大根おろしや辛子じょうゆで食べてもおいしい。

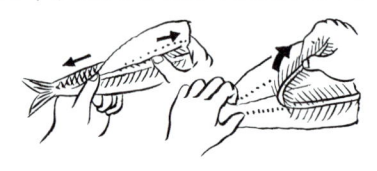

作り方 **1**

いわしのかば焼き

うなぎに迫るおいしさ！ こんがり焼いてから、たれを煮からめる

```
いわし  8尾
小麦粉  適量
長ねぎ  2本
たれ
  ┌ しょうゆ  大さじ3
  │ 酒  大さじ3
  │ みりん  大さじ1½
  └ 砂糖  大さじ1½
ごま油  適量
粉山椒(好みで)  適量
```

1 いわしは三枚におろす。長ねぎは3〜4㎝長さに切り、たれの調味料は合わせておく。
2 いわしの水けをふき、両面に小麦粉を薄くまぶして、余分な粉をはたき落とす。
3 フライパンにごま油を熱し、いわしの身、皮の順に両面を中火で焼く。長ねぎもあいているところで一緒に焼く。
4 こんがり焼けたら火を止め、いったん器に取る。フライパンをペーパーなどできれいにふき、たれを入れて火にかけ、フツフツしてきたら、いわしを戻して強めの中火で味をからめる。長ねぎもサッと加える。
5 器にいわしとねぎを盛り合わせ、好みで粉山椒を振る。

いわしのかりんと揚げ

カリッとした歯ざわりが美味。下味に入れた砂糖が、魚特有のくさみ抜き効果を発揮

```
いわし  6尾
下味用
  ┌ しょうが(すりおろし)  ひとかけ
  │ しょうゆ  大さじ1
  │ 砂糖  小さじ1
  │ 塩  少々
  └ こしょう  少々
衣
  ┌ 片栗粉  ¼カップ
  └ 小麦粉  ¼カップ
揚げ油  適量
トマトケチャップ(好みで)  適量
粒マスタード(好みで)  適量
〈付け合わせ〉
いんげんの塩ゆで  適量
```

1 いわしは三枚におろし、1枚を3等分に斜めに細く切る。
2 ボウルに下味用の調味料類をすべて入れて混ぜ、いわしを加えて下味をつける。
3 片栗粉と小麦粉を合わせ混ぜて衣にする。いわしは水けをふき衣をまぶして余分な粉をはたき落とす。
4 揚げ油を中温(170〜180度)に熱し、いわしを次々と入れる。カラリと揚がったら、引き上げて油をよくきる。
5 いわしを器に盛り、いんげんの塩ゆでを添える。ケチャップや粒マスタードをつ

けたり、好みでタバスコを振って食べてもおいしい。

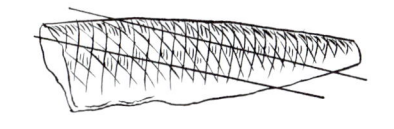

作り方 1

いわしのかわり揚げ
香ばしさとスパイシーな味が楽しめるおかず。カラリと揚げてアツアツを

ごま風味
- いわし　2尾
- しょうゆ　大さじ1
- しょうが汁　小さじ1
- 小麦粉　適量
- とき卵　½個分
- 白ごま(生)　適量

カレー風味
- いわし　2尾
- 塩　小さじ½
- こしょう　少々
- カレー粉　小さじ1
- 小麦粉　適量
- とき卵　½個分
- パン粉　適量

揚げ油　適量
マヨネーズ　適量
カレー粉　少々
レタス　適量
ミニトマト　適量

1 いわしはそれぞれ三枚におろし、1枚を2～3つに切って水けをふく。
2 ごま風味のいわしには、しょうゆとしょうが汁をまぶして味をからめ、小麦粉をつけ、さらに片面にとき卵、白ごまの順に衣をつける。
3 カレー風味のいわしには塩、こしょう、カレー粉を振り、小麦粉、とき卵、パン粉の順に衣をつける。
4 揚げ油を中温(170～180度)に熱し、ごま風味とカレー風味のいわしを揚げる。
5 カラリと揚がったら、油をきって器に盛り、レタスとミニトマトを添える。カレー風味のいわしは、カレー粉を加え混ぜたマヨネーズをつけて食べる。

いわしの香味焼き
スパイスがそろわなければ、バジル、オレガノ、タイムどれか1種類でもOK

いわし　大4尾(小なら8尾)
A
- バジル　小さじ1
- オレガノ　少々
- タイム　少々
- 塩　小さじ½強
- こしょう　少々

サラダ油　少々
白ワイン　¼～½カップ
レモン(くし形切り)　適量
パセリ　適量

1 いわしは頭を切り落とし、内臓を出し、洗って水けをふく。Aは合わせておく。
2 フライパンに薄くサラダ油をぬって火にかけ、熱くなってきたらいわしを並べ、中火で焼く。
3 こんがり焼けたら裏返し、Aを全体に均一に振りかける。いったん火を止め、白ワインをまわしかける。
4 フタをして強火をつけ、汁けが少なくなったら、フタを取って火を弱める。
5 汁けがすっかりなくなったら盛りつけ、レモンとパセリを添える。

いわしの酒酢煮
暑くなってきたうっとうしい季節にうれしいさっぱり味

いわし　中8尾
しし唐辛子　20本
煮汁

いわし

- 酒　2/3カップ
- 酢　2/3カップ
- 塩　小さじ1/2

大根おろし　適量
青じそ　10枚
レモン（くし形切り）　適量
しょうゆ　適量

1 いわしは頭を切り落とし、内臓を出し、洗って水けをふく。しし唐辛子はヘタを少し残して切り落とす。

2 鍋の中を水でザッとぬらし、いわしを並べ、しし唐辛子を散らす。煮汁をまわしかけてフタをして強火にかけ、フツフツしてきたら中火にして7～8分煮る。途中、焦げそうになったら酒（分量外）をたす。

3 大根おろしは小さいザルにのせ自然に水けをきる。青じそは縦2つに切ってから千切りにする。

4 いわしに火が通ったら、しし唐辛子と一緒に盛りつける。たっぷりの大根おろし、青じそ、レモンを添え、しょうゆで食べる。

いわしの塩焼き
この方法なら、フライパンでも炭火焼き風

いわし　大4尾
塩水
- 水　4カップ
- 塩　小さじ4

しし唐辛子　8～12本
しょうが（すりおろし）　適量
しょうゆ　適量

1 いわしは洗って丸ごと塩水に20～30分つけておき、水けをふく。

2 鉄製のフライパンを強火にかけてカンカンに熱し、中火にしていわしをジュッと並べ入れ、フタをして焼く。こんがり焼けたら、裏返す。

3 フライパンのあいているところにしし唐辛子を加え、フタをして3～4分焼く。途中でしし唐辛子が焼けたら取り出す。

4 いわしの目が真っ白になって、裏もこんがり焼けたらフタを取り、こもったにおいを追い出して火を止める。

5 器にいわしを盛り、しょうがをのせ、しし唐辛子を添える。しょうゆをかけて食べる。大根おろしはぜひ添えたいところ。

いわしの塩焼き→ コラム参照
海水くらいの塩水→ コラム参照

いわしのしょうが煮
いわしを甘辛味にコテッと仕上げる。一緒に煮たしょうががおいしい

いわし　8尾
しょうが　大ひとかけ
煮汁
- 水　1/2カップ
- 酒　1/2カップ
- しょうゆ　大さじ3
- 砂糖　大さじ1
- みりん　大さじ1

1 いわしは頭を切り落とし、内臓を出してよく洗い、水けをふく。

2 しょうがは皮ごと繊維を断ち切るように薄切りにする。

3 鍋に煮汁の材料としょうがを入れて煮立て、いわしを入れる。フタをしてフツフツと強めの中火で煮汁が少なくなるまで煮て、仕上がり際フタを取り、煮上げる。

いわしのチーズ揚げ
スライスチーズと焼きのりをはさんでフライに

いわし　大4尾
スライスチーズ　適量
焼きのり　適量
衣
- 小麦粉　適量
- とき卵　1個分
- パン粉　適量

揚げ油　適量
ウスターソース　適量
トマトケチャップ　適量
〈付け合わせ〉
千切りキャベツ　適量

1 いわしは三枚におろし、水けをふく。
2 チーズと焼きのりはいわしの大きさに合わせて切り、いわしではさみ、長さを半分に切る。
3 小麦粉、とき卵、パン粉の順で衣をつける。
4 中温(170〜180度)に熱した揚げ油に入れ、こんがり色づくまでじっくり揚げる。
5 キャベツを添えて盛りつけ、ウスターソースとトマトケチャップを合わせてかける。

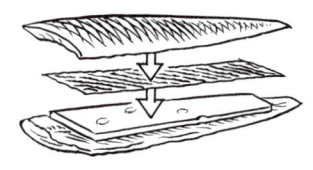

作り方 2

いわしのつみれ汁
すり身にみそを加えたコクのある汁もの。吸い口に添えたとき辛子がアクセント

いわし　8尾
A ┌ しょうが(すりおろし)　ひとかけ
　│ 小麦粉　大さじ1〜2
　│ みそ　大さじ1
　└ 卵白　1個分
ごぼう　10㎝
水　5カップ
みそ　大さじ2
細ねぎ(小口切り)　½カップ
とき辛子　適量

1 いわしは三枚におろして皮をむき、包丁で細かく刻んでから、すり鉢ですってすり身にする。ブレンダーを使ってもOK。
2 さらにAのおろししょうが、小麦粉、みそも加えてよくすり、卵白はかたさをみながら加減して加え、なめらかなたねにする。
3 ごぼうはささがきにして、サッと水洗いをする。
4 鍋にごぼうと分量の水を入れて火にかけ、フツフツしてきたら、すり身をスプーン2本で一口大にまとめながら次々に入れる。
5 つみれが浮き上がり、中まで火が通ったら、みそをとき入れてひと煮立ちさせ、器に盛る。上からたっぷり細ねぎを散らし、とき辛子を添える。

ささがき→ コラム参照

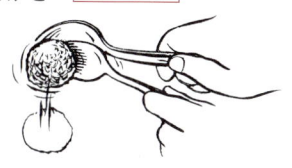

作り方 4

いわしのトマト煮
トマトの水分で煮込む洋風おかず。パスタやパンにぴったり

いわし　大4尾
トマト(完熟)　2個
ピーマン　3個
セロリ　½本
にんにく(みじん切り)　ひとかけ
塩　小さじ½
こしょう　少々

1 トマトは皮をむいて(湯むき)ザク切り、ピーマンは縦4〜6つ切りにする。セロリは5㎝長さに切ってから繊維にそって薄切りにする。
2 いわしは頭を切り落として内臓を取り、きれいに洗って水けをふく。
3 鍋の中を水でザッとぬらしてからトマト、いわし、にんにく、ピーマン、セロリの順に入れ、塩とこしょうを加え、フタを

いわし

して強火で煮る。

4 フツフツしてきたら中火にし、ときどき鍋をゆすりながら15分ほど煮て器に盛る。

トマトの湯むき→ コラム参照

いわしのナポリ風オーブン焼き
一緒に焼いたトマトが、香りのいいソースになって仕上がります

いわし　中8尾(大4尾)
パセリ(みじん切り)　3本
にんにく(みじん切り)　3かけ
トマト(完熟)　2個
オリーブ油　大さじ3
オレガノ　少々
塩　適量
こしょう　適量

1 いわしは頭を切り落とし、ひれを取り、開いて内臓を出し、尾を切り落とす。洗って水けをふく。

2 トマトは皮をむいて薄い輪切りにする。

3 オーブンは180度にしておく。

4 耐熱容器に油大さじ1をひき、いわしを皮を下にして並べ、塩、こしょう、オレガノを振る。いわしの上にトマトを並べ、パセリとにんにくをたっぷり振る。

5 上に残りの油大さじ2をまわしかけ、オーブンに入れ、約30分焼く。

いわしのはさみ焼き
やや多めのオリーブ油で揚げ焼きするのがミソ。こんがりカリッとしたらアツアツを

いわし　中8尾
プロセスチーズ(細長く切ったもの)　8本
青じそ　8枚
小麦粉　適量
オリーブ油　適量
ミニトマト　適量
レモン(くし形切り)　適量

1 いわしは三枚におろし、2枚の身の間にプロセスチーズをはさみ、上から青じそをクルリと巻く。端は青じその茎を葉先に刺してとめてもいいし、うまくとまらないときはようじでとめる。

2 いわし全体に小麦粉をまぶし、余分な粉をはたき落とす。

3 フライパンにオリーブ油をやや多めに入れて火にかけ、熱くなったら **2** のいわしを並べ入れる。

4 衣が落ち着いて、おいしそうな焼き色がついたら裏返し、両面をこんがりと揚げ焼きにして引き上げる。

5 油がきれたら器に盛り、ミニトマトとレモンを添える。レモンをしぼりかけるだけでもおいしいが、好みでしょうゆやウスターソースをかけても。

作り方 **1**

いわしのパスタ
パラリ、ホロリとくずれたいわしがおいしくパスタにからむ

〈これは2人分〉
パスタ(好みのもの)　150〜200g
いわし　1尾(小さめのものなら2尾)
にんにく　ひとかけ
パセリ(みじん切り)　1本
オリーブ油　大さじ2
塩　小さじ½〜1弱
こしょう　適量

1 いわしは三枚におろし、皮をむく。にんにくはつぶす。

2 フライパンにオリーブ油を入れ、つぶしたにんにくを炒める。にんにくがきつね色になり、香りがたったらいわしを加え、

木ベラで形をくずしながら炒める。最後に塩、こしょうで味を調え、パセリを振る。
3 パスタはたっぷりの湯を沸かし、袋の表示通りにゆでる。
4 ゆで上がったアツアツのパスタと **2** をあえ、器に盛る。

いわしのひらき
おいしいいわしが手に入った日、晴天ならぜひお試しあれ

　いわし　6尾
　塩水
　　塩　大さじ1
　　水　1カップ

1 いわしは洗いながらうろこを取り、頭を落として内臓を抜き、再び水洗いする。
2 手開きにし、中骨をはずして尾の手前で折り取る。
3 よく混ぜた塩水をバットに入れ、いわしを浸して冷蔵庫で30〜60分おく。途中、何度か上下を入れ替えて、まんべんなく塩味を含ませる。
4 いわしの水けをふき、小物干しなどにはさんでつるし、お陽様のもっとも高い時間をねらい3時間から半日ほど天日干しにする。運動神経のよいネコに気をつけること。
5 普段いわしのひらきを焼く要領で焼く。食べるとき大根おろしを添えるとおいしい。

いわしの風味漬け
翌日まで漬け込んでおいてもOK

　いわし　8〜12尾
　しし唐辛子　½パック
　しょうが　ひとかけ
　漬け汁
　　しょうゆ　大さじ3
　　酒　大さじ1
　サラダ油　小さじ1
　大根おろし　適量
　レモン（くし形切り）　適量

1 いわしは頭を切り落とし、内臓を出し、洗って水けをふく。しし唐辛子はヘタを少し残して切り落とす。
2 しょうがは皮ごと千切りにし、漬け汁に加える。
3 フライパンにサラダ油を熱していわしを並べ、強めの中火で両面をこんがりと焼く。いわしを裏返したら、あいているところにしし唐辛子を加えて一緒に焼く。フタをして焼いてもいいが、最後はフタを取ること。フライパンが小さいときは2回に分けて焼く。
4 いわしに中までしっかり火が通り、しし唐辛子も焼き上がったら、すぐ **2** の漬け汁に入れ、ときどき上下を返して10分以上おく。
5 盛りつけ、大根おろしとレモンを添える。

いわしのみりん干し
あっさりした甘辛味は、手作りならでは

　いわし　5〜6尾
　塩水
　　塩　大さじ1
　　水　1カップ
　A　みりん　大さじ1½
　　　しょうゆ　大さじ½
　白生ごま　適量

1 みりんとしょうゆを合わせて火にかけ、とろっとするまで煮詰める。
2 いわしは洗いながらうろこを取り、頭を落として内臓を抜き、再び水洗いする。
3 手開きにし、中骨をはずして尾の手前で折り取る。
4 よく混ぜた塩水をバットに入れ、いわしを浸して30分ほどおく。
5 いわしの水けをふき、身のほうに **1** をハケでぬり、ごまをたっぷり振る。

6 皮を下にして盆ザルに広げて並べ、お陽様のもっとも高い時間をねらい3時間から半日ほど天日干しにする。飼いネコの他に近所のネコにも気をつける。
7 普段みりん干しを焼く要領で焼く。焦げやすいので注意すること。

いわしの焼き漬け
冷めてもくせがなく、食べやすい
　　いわし　小8尾
　　生椎茸　8個
　　長ねぎ　1〜2本
　　サラダ油　少々
　　漬け汁
　　　｛みりん　大さじ2
　　　　しょうゆ　大さじ2
　　すだち　適量

1 いわしは頭を切り落とし、内臓を出し、2つにブツ切りにする。腹の中まで洗い、水けをふく。
2 生椎茸は石づきを切り落とし、長ねぎは4㎝長さに切る。漬け汁は合わせておく。
3 サラダ油を中火で熱して生椎茸と長ねぎを入れ、フタをして焼く。焼けたものからすぐ漬け汁に入れる。
4 続いて強めの中火にしていわしを並べ、フタを少しずらしてのせて焼き、自然にはがれるようになったら裏返して焼く。途中、脂が出てきたらふき取る。
5 両面がこんがり焼けたらジュッと漬け汁に入れ、ときどき返しながら5〜7分漬ける。野菜と盛り合わせ、すだちをしぼって食べる。

いわし焼き　船乗り風
ローズマリーの小枝がない場合は、ハケでオリーブ油をぬり、乾燥品を振って
　　いわし　大4尾
　　レモン　1個
　　ローズマリー　1枝
　　オリーブ油　適量
　　塩　適量
　　こしょう　適量

1 いわしは頭を切り落とし、ひれを取り、腹を開いて内臓を出し、尾を切り落とす。よく洗って水けをふく。
2 天板に薄くオリーブ油をぬり、いわしを並べる。ローズマリーの小枝をハケにしてオリーブ油を何度もいわしにぬり、裏返して同様にぬる。
3 オーブンに入れ、200度で約15〜20分焼く。塩、こしょうを振り、レモンをしぼって食べる。

ローズマリー

いんげんと牛肉のガーリック炒め
赤ピーマン特有の香り、甘み、彩りが、大事なアクセント
　　いんげん　200g
　　牛薄切り肉　300g
　　赤ピーマン　2個
　　にんにく(みじん切り)　ひとかけ
　　しょうが(みじん切り)　ひとかけ
　　サラダ油　大さじ1½
　　塩　小さじ½弱
　　オイスターソース　大さじ2
　　酒　大さじ1
　　こしょう　少々

1 いんげんはすじがあれば取り、熱湯でサッとゆでる。
2 牛肉は食べよい大きさに切る。赤ピーマンは縦に細切りにする。
3 サラダ油、にんにく、しょうがを火にかけて炒め、香りがたったら牛肉と塩を加

えて強火で炒める。

4 いんげん、オイスターソース、酒、こしょうを加えて炒め、全体に味がなじんだら、赤ピーマンを加えてザッと炒め合わせる。

いんげんとシーフードのケチャップ炒め
トマトケチャップとかくしマヨネーズでコクのある洋風味になる

 いんげん(細め)　150g
 シーフードミックス　300g
 にんにく(みじん切り)　ひとかけ
 しょうが(みじん切り)　ひとかけ
 サラダ油　適量
 塩　少々
 トマトケチャップ　大さじ3
 マヨネーズ　小さじ1
 こしょう　少々

1 いんげんはすじがあれば取り、半分に切る。

2 鍋に湯を沸かし、いんげんをサッとゆでてザルに取り、続いてシーフードミックスもサッとゆでて水けをきる。

3 中華鍋かフライパンにサラダ油を入れて中火にかけ、油がぬるいうちににんにくとしょうがを炒める。香りがたったら、いんげんを入れて塩を振り、全体がアツアツになるまで強火で炒める。

4 さらにシーフードも加えて炒め合わせ、トマトケチャップとマヨネーズを加え混ぜる。最後に味をみて塩とこしょうで調える。

いんげんとにんじんのミルクかき揚げ
彩りもきれいなフワリとした揚げもの。牛乳でといた衣がおいしさの素

 いんげん　10本
 にんじん　1本
 衣
  牛乳　½〜¾カップ
  小麦粉　¾カップ
 揚げ油　適量
 塩　適量
 天つゆ　適量

1 いんげんはすじを取って斜めに3〜4つに切り、にんじんは太めの細切りにする。

2 ボウルに牛乳と小麦粉を合わせ、泡立て器でカシャカシャと混ぜて衣にし、いんげんとにんじんを加えてザッと混ぜる。

3 揚げ油を中温(170〜180度)に熱し、**2**のたねを木ベラの上でひとまとめにして油の中へ静かに入れる。衣が落ち着いてきたら裏返し、カラリと揚げる。塩や天つゆで食べる。

いんげんと豚肉の辛み炒め
ビールにもよく合う夏の一品

 いんげん(細め)　250g
 豚肩ロース薄切り肉　250g
 にんにく(みじん切り)　ひとかけ
 ごま油　大さじ1〜2
 A［しょうゆ　大さじ1
  みそ　小さじ2
  豆板醤　小さじ½〜1

1 いんげんはすじがあれば取り、2つに折る。豚肉は3等分に切る。

2 中華鍋にごま油を熱し、いんげんを強火でせっせと炒め、少ししんなりしたら取り出す。

3 油を少々たし、豚肉とにんにくを炒める。肉に火が通ったら火を止め、Aを加えてからめる。

4 いんげんを戻し、強めの中火でサッと炒め合わせる。

 いんげん→ コラム参照

いんげんと豚肉の粉山椒炒め
粉山椒のピリッとした辛みが食欲をそそります

いんげん

いんげん　200g
豚こま切れ肉　200g
A ┌ にんにく（すりおろし）　ひとかけ
　├ みそ　大さじ1
　├ 酒　大さじ1
　└ 粉山椒　小さじ¼
ごま油　大さじ1

1 いんげんはすじがあれば取り、2つに切る。熱湯でサッとゆで、水けをきる。
2 豚肉はAをもみ込んでおく。
3 ごま油を熱し、豚肉を中火で炒める。完全に火が通ったらいんげんを加え、強火にして手早く炒め合わせる。

いんげんと豚肉のしょうが煮
15分で出来上がり、冷めてもおいしい

いんげん　200〜300g
豚肩ロース薄切り肉　200g
しょうが　ひとかけ
煮汁
　┌ 酒　大さじ2
　├ みりん　大さじ2
　├ しょうゆ　大さじ2
　└ 水　½カップ
白いりごま　大さじ1

1 いんげんはすじがあれば取り、長さを半分に切る。豚肉は一口大に切る。しょうがは皮ごと薄切りにする。
2 煮汁にしょうがを入れて火にかけ、フツフツしたら豚肉を加えて強めの中火で煮る。
3 肉に火が通ったらいんげんを加え、フタをして中火で10分くらい煮る。途中でときどきかき混ぜ、もし焦げそうになったら湯か酒（分量外）をたす。汁けがなくなったら火を止め、ごまを振って混ぜる。

いんげんと豚肉のスープ
こっくりした味わいがおいしい具だくさんのスープ。パンにもご飯にも合うおかず

いんげん　200g
豚ばら薄切り肉　150g
ベーコン　50g
にんにく（みじん切り）　ひとかけ
オリーブ油　大さじ1
なす　3本
じゃが芋　2個
水　5カップ
塩　適量
こしょう　少々

1 いんげんは2cm長さに切る。なすは皮をすっかりむいて1cm角に切り、塩水に5〜10分つける。じゃが芋も1cm角に切って水にさらす。
2 豚ばら肉とベーコンは1cm幅に刻む。
3 鍋にオリーブ油とにんにくを入れて中火にかけ、炒めて香りがたったら豚肉とベーコンを加えて炒める。
4 肉の色が変わったら、いんげんを加えてさらに炒める。全体に油がまわったら、なすとじゃが芋を加え、サッと炒めて分量の水、塩、こしょうを加える。
5 フツフツしてきたら、弱火にして10分ほど煮れば出来上がり。

いんげんの三味あえ
しらす干しの塩分でしょうゆはごく少なめに。好みで酢を少々振っても

いんげん　200g
塩　ひとつまみ
みょうが　4個
青じそ　1わ
しらす干し　½カップ
しょうゆ　適量

1 いんげんはすじがあれば取り、2つに折る。塩を加えた熱湯でほどよいかたさにゆで、ザルにあげて自然に冷ます。
2 みょうがは縦半分に切ってから細切りにし、水で洗って水けをきる。青じそは縦2つに切ってから千切りにする。

3 いんげんを器に盛り、みょうが、青じそ、しらす干しをのせ、しょうゆをかける。

いんげんのスパイシー炒め
肉、魚料理の付け合わせにピッタリ。カレーピラフやカレーライスにもどうぞ

　　いんげん　200g
　　バター　大さじ2
　　にんにく　ひとかけ
　　塩　適量
　　バジル(生)　10枚

1 いんげんはすじを取って2〜3つに折り、サッとゆでてザルにあげる。
2 にんにくはみじん切りにし、バジルは千切りにする。
3 フライパンにバターを入れて火にかけ、バターがとけたらいんげんとにんにく、塩を入れて炒める。
4 全体がアツアツになったら、バジルをパッと加えてサッと炒め合わせ、器に盛る。バジルを青じそにかえて和風味にしてもおいしい。

いんげんのつくだ煮
朝ご飯の友、お茶漬けの友

　　〈作りやすい分量〉
　　いんげん　200g
　　しょうが　ひとかけ
　　青じそ　5枚
　　ちりめんじゃこ　½カップ
　　煮汁
　　　｜しょうゆ　大さじ2
　　　｜みりん　大さじ1
　　　｜酒　大さじ1

1 いんげんはすじがあれば取って斜めに薄切りにし、熱湯でサッとゆでる。
2 しょうがは皮ごと千切りにし、青じそは縦2つに切ってから千切りにする。
3 煮汁を煮立て、いんげんとちりめんじゃこ、しょうがを加えて中火で10分ほど煮る。
4 仕上がり際に青じそを加えて混ぜ合わせ、汁けがほとんどなくなるまで煮る。

作り方**1**

いんげんのバター煮
色を気にせず、やわらかにクタッと煮る。肉、魚料理の付け合わせに

　　いんげん(細め)　300g
　　水　適量
　　固形スープの素　1個
　　バター　1cm角

1 いんげんはすじがあれば取り、長いままサッとゆでる。
2 鍋にいんげん、ヒタヒタの水、スープの素を入れ、フタをして弱火で約20分煮る。クタッとなったらバターを加え、火を止める。好みでこしょうを振っても。

いんげんのホットサラダ
玉ねぎ入りのドレッシングが決まり

　　いんげん　200g
　　塩　適量
　　ドレッシング
　　　｜玉ねぎ(みじん切り)　¼個
　　　｜塩　小さじ½
　　　｜こしょう　適量
　　　｜レモン汁　大さじ1
　　　｜サラダ油　大さじ2

1 いんげんはすじがあれば取り、2〜3等分に切る。ドレッシングは記載順に合わせていく。
2 熱湯に塩を加えていんげんをほどよいかたさにゆで、ザルにあげて水けをきる。

いんげん

温かいうちにドレッシングであえる。

いんげんのマカロニサラダ
いんげんの種類は何でもOK。酢とレモン汁が入り、さっぱり風味のおかずサラダに

- マカロニ　100g
- いんげん　100g
- にんじん　100g
- ハム　100g
- 塩　小さじ¼
- こしょう　少々
- 酢　大さじ1
- マスタード　小さじ½
- マヨネーズ　大さじ山盛り2
- レモン汁　大さじ1

1 いんげんは1cm長さに切り、にんじんは薄い輪切りにしてから細切りにする。ハムは半分に切ってから細切りにする。
2 鍋に湯を沸かし、マカロニを袋の表示通りにゆでる。あと2分ほどでゆで上がるというタイミングで、いんげん、にんじんの順に加えてサッとゆで、まとめてザルに引き上げる。
3 すぐに上から塩、こしょう、酢を振りかけて全体をサッサッと混ぜ、そのまま冷ましておく。
4 ボウルにマスタード、マヨネーズ、レモン汁を合わせて混ぜ、**3**を入れて、さらにハムも加えてゴムベラでよく混ぜ合わせる。最後に味をみて塩、こしょうで調える。

いんげんの和サラダ
濃い味のおかずに添えてどうぞ

- いんげん　200g
- 貝割れ大根　1わ
- 薄口しょうゆ　小さじ2
- ごま油　小さじ½
- すりごま　大さじ1
- 削り節　適量
- レモン（くし形切り）　適量

1 いんげんはすじがあれば取り、2つに切る。貝割れ大根は根元を切り落とし、2つに切る。
2 熱湯にいんげんを入れてゆで、ほどよいかたさになったら、貝割れ大根を加えてひと煮立ちさせる。ザルにあげて水けをきり、広げて冷ます。
3 薄口しょうゆとごま油を合わせ、いんげんと貝割れ大根をあえる。
4 器に**3**を盛り、すりごまと削り節を散らし、くし形に切ったレモンを添える。レモンをしぼって食べる。

いんげん豆とブロッコリーのオリーブ油あえ
サラダ感覚のホットなイタリアン

- 白いんげん豆（乾）　½カップ
- ブロッコリー　1個
- ベーコン　4枚
- オリーブ油　大さじ2
- 赤唐辛子　1本
- 塩　適量
- こしょう　適量

1 いんげん豆は一晩水につけて戻し、翌日かぶるくらいの水でやわらかくゆでる。
2 ベーコンは細切りにしてオリーブ油大さじ1でカリカリに炒める。
3 ブロッコリーは小さく切り、サッとゆでる。
4 鍋の中を水でぬらし赤唐辛子、水けをきった豆とブロッコリーを入れてフタをして中火にかける。
5 温まったら塩、こしょうを加え、全体をからめ火を止めてオリーブ油大さじ1とカリカリベーコンを加えてひと混ぜして味を調える。

いんげん豆の甘煮
味つけしたらサッと煮るだけ。甘さはひかえめ。暑い夏は冷やして食べても絶品

いんげんまめ

〈作りやすい分量〉
白いんげん豆(乾)　1カップ
水　2カップ
砂糖　½カップ
塩　ひとつまみ

1 白いんげん豆は豆の3倍量の水(分量外)につけて一晩おく。
2 翌日つけ汁ごと火にかけ、煮立ったらいったんザルにあげて水けをきる。
3 再び鍋に豆を入れて分量の水を加え、火にかけてゆでる。
4 豆がやわらかくなったら砂糖と塩を加え、弱火で5分ほど煮て火を止め、そのまま冷ましながら味をなじませる。

いんげん豆→ コラム参照

いんげん豆のオリーブ油煮
イタリアでもっとも愛されている豆料理

白いんげん豆(乾)　½カップ強
にんにく　ひとかけ
セージ(粉末・乾燥)　少々
オリーブ油　大さじ2
水　適量
塩　小さじ½弱
こしょう　適量

1 いんげん豆は一晩水につけて戻し、翌日かぶるくらいの水でやわらかくゆで、ゆで汁をきる。
2 **1** ににんにくを丸ごと、セージ、オリーブ油大さじ2を加え、再びかぶるくらいに水も加え、フタをして弱火で1〜2時間煮る。途中、水分が少なくなったら水をたす。
3 火を止め、塩、こしょうで味を調え、オリーブ油少々(分量外)を振りかける。

いんげん豆のスープ
北イタリアの家庭の味

白いんげん豆(乾)　1カップ
ベーコン　3枚
にんにく　ひとかけ
にんじん　7〜8㎝
サラダ油　大さじ1
A ┌ 豆のゆで汁＋水　5カップ
　└ 固形スープの素　1個
塩　適量
こしょう　適量
粉チーズ　適量

1 豆はザッと洗い、たっぷりの熱湯を注いでフタをし、一晩おいて戻す。翌日水けをきって鍋に入れ、たっぷりの水を加えてフタをし、弱火で40分ゆでる。豆がやわらかくなったら取り出し、ゆで汁も取っておく。
2 ベーコンは1㎝幅に切る。にんにく、にんじんはすりおろす。
3 サラダ油を熱して **2** を一緒に炒め、いい香りがしてきたら豆とAを加え、フタをして弱火で約20分煮る。味をみて塩、こしょうで調え、盛りつけて粉チーズを振る。

いんげん豆のトマト煮
イタリアのトスカーナ地方は豆料理の宝庫

白いんげん豆(乾)　¾カップ
ウインナーソーセージ　4本
にんにく　ひとかけ
オリーブ油　大さじ2
トマト水煮缶詰　小1缶(約200ｇ)
塩　適量
こしょう　適量

1 いんげん豆は一晩水につけて戻し、翌日かぶるくらいの水でやわらかくゆでる。
2 ソーセージは1㎝のコロコロに切り、にんにくはつぶす。
3 オリーブ油を中火で熱し、にんにくとソーセージを2〜3分炒める。さらに水けをきったいんげん豆を加え、塩、こしょうを振り、よく混ぜながら5分くらい火を通す。
4 つぶしたトマトを加え、フタをしてご

く弱火で約15分煮る。

インスタントラーメン各種
→メニュー別索引〈インスタントラーメン〉を参照

インディアンスープ
肉の下ごしらえがおいしいスープの素。とろりと煮えたキャベツとカレー風味も最高

 鶏ウイングスティック　8本
 プレーンヨーグルト　1カップ
 キャベツ　½個
 水　6カップ
 カレー粉　小さじ2
 ローリエ　1枚
 塩　小さじ1

1 鶏ウイングスティックは塩少々(分量外)を振り、プレーンヨーグルトをまぶして一晩漬け込み、肉のくさみを消す。
2 **1** のヨーグルトをザッと落とし、たっぷりの熱湯で表面の色が変わるまでゆでる。キャベツは細切りにする。
3 鍋にキャベツと鶏肉を入れ、分量の水、カレー粉、ローリエ、塩を加えて中火にかける。フツフツしてきたら、弱めの火で30〜40分ほどコトコトと煮込む。キャベツがとろ〜りとしたら味をみて好みで塩とカレー粉で調える。
4 出来上がりを器に盛り、食べる直前にプレーンヨーグルトを1人分大さじ1くらいずつ(分量外)をかけると、よりおいしい。

インディアンピラフ
冷めてもおいしいカレー味の炊き込みご飯

 米　2カップ(2合)
 鶏むね肉　150g
 玉ねぎ　½個
 ピーマン　2個
 にんじん　5㎝
 A ┃ 固形スープの素　1個
  ┃ カレー粉　小さじ1
  ┃ パプリカ　小さじ½〜1
  ┃ 塩　小さじ½
  ┃ こしょう　少々

1 米はふつうに水加減する。
2 鶏肉は小さめの一口大に切る。玉ねぎ、ピーマンは1㎝の角切りにする。にんじんは縦6つくらいに切ってから薄切りにする。
3 米にAを加えてひと混ぜし、肉と野菜を加えて表面を平らにし、ふつうに炊く。
4 炊き上がったら、底のほうから全体を混ぜる。

インディアンライス
ターメリックは、なくてもできるが、あると本格的な味

 〈これは2人分〉
 温かいご飯　2人分
 玉ねぎ　¼個
 にんじん　3㎝
 ピーマン　1個
 ハム　2〜3枚
 サラダ油　大さじ1
 カレー粉　小さじ½〜1
 ターメリック　少々
 塩　適量
 こしょう　少々

1 玉ねぎは薄切りにする。にんじん、ピーマンは2〜3㎝長さの細切りにする。ハムは2〜3つに切ってから細く切る。
2 サラダ油を熱し、にんじん、玉ねぎ、ピーマン、ハムの順に加えて強火で炒める。
3 火を弱めてスパイス類と調味料を加え、カレー粉の香りがたつまで中火で炒める。
4 火を止め、温かいご飯を加え、ご飯を切るようにして具を混ぜ込む。

インディーラチキン

オーブンで焼いたチキンは余分な脂が落ちて、あっさりと香ばしく仕上がる

 鶏骨つきもも肉　4本
 カレー粉　小さじ1
 塩　小さじ½
 A ┌ 湯　1½カップ
  ├ ローリエ　1枚
  ├ カレールウ(市販)　2かけ
  └ レーズン　大さじ2
 プレーンヨーグルト　大さじ4
 〈付け合わせ〉
 ポテトサラダ　適量
 パセリ　適量

1 鶏骨つきもも肉は皮のほうに数本切りめを入れ、カレー粉と塩をよくすり込んでおく。

2 オーブンの網を水でぬらし、鶏肉を並べる。オーブンに入れ、230度にセットし約20分火が通るまでこんがり焼く。

3 小鍋にAの湯、ローリエ、カレールウを加えて沸かし、なめらかによく混ぜて弱火にかける。ここに水でサッと洗ったレーズンを入れてひと煮する。

4 器に鶏肉を盛り、カレーソースをかける。さらにプレーンヨーグルトを1人大さじ1ずつ上にかけ、付け合わせを添える。

インド式キーマカレー

スパイスたっぷりの本格派。出来上がりを一晩おくと、味がなじんでなおグッド！

 赤唐辛子　2〜3本
 にんにく　ひとかけ
 しょうが　ひとかけ
 玉ねぎ　2個
 セロリ　1本
 にんじん　1本
 牛挽き肉か合い挽き肉　400g
 サラダ油　大さじ2
 塩　小さじ1強
 こしょう　少々
 ローリエ　1枚
 カレー粉　大さじ4
 小麦粉　大さじ2
 A ┌ ターメリック　小さじ½
  ├ クミン　小さじ½
  ├ チリパウダー　小さじ½〜1
  ├ ガラムマサラ　小さじ½
  └ コリアンダー　小さじ½
 りんご(すりおろし)　½個
 ウスターソース　大さじ1
 トマトケチャップ　大さじ1
 トマト(完熟)　2個
 水　5カップ
 レーズン　大さじ3
 ガラムマサラ　小さじ½

1 赤唐辛子は種をのぞく。にんにく、しょうが、玉ねぎ、セロリ、にんじんはみじん切りにする。にんじんはすりおろしてもよいし、全部ブレンダーで刻んでもよい。

2 トマトは1cm角に刻む。めんどうでない人は皮をむく。

3 フライパンにサラダ油、赤唐辛子、にんにく、しょうがを入れ、中火にかけて炒める。香りがたったら玉ねぎを加えてよく炒め、きつね色になってきたら、セロリとにんじんも加えてさらに炒める。

4 全体がしんなりしてきたら、挽き肉、塩、こしょう、ローリエも加えて炒める。肉に火が通ったらグンと弱火にし、カレー粉、小麦粉、Aのスパイス類、おろしりんご、ウスターソース、トマトケチャップを入れてよく炒める。

5 焦げつきそうになったら、**2**のトマトを入れて中火で炒め、さらに焦げつきそうになったら水½〜1カップを加えて、ときどき混ぜながら10分くらい煮る。

6 別鍋を用意し、中を水でザッとぬらして**5**を移し入れる。ここへ残りの水とレーズンを加え混ぜ、フタを取ったまま弱火

で約60分煮込む。仕上がり際にガラムマサラ小さじ½を加えてひと混ぜし、火を止める。味をみてものたりないようなら固形スープの素1個(分量外)をくずし入れてもOK。好みのパンやご飯などでどうぞ。

う

ウィリーさんのサラダ
うんと若い頃、アメリカ人に教わった一品。スプーンでパクパク食べるのがいい
　　鶏ささみ　100ｇ（3本）
　　きゅうり　2本
　　塩　少々
　　パイナップル（輪切り）　2枚
　　マヨネーズ　大さじ2
　　サラダ菜　適量

1 鶏肉は塩を少々（分量外）振り、熱湯でゆで、冷まし、1.5㎝角に切る。
2 きゅうりは縦4等分、1.5㎝のコロコロに切り、塩をパラパラと振る。パイナップルも放射状に同じくらいの大きさに切る。パイナップルは生でも缶詰でもよい。
3 1と2を合わせ、マヨネーズを加えて混ぜる。サラダ菜を敷いた器に盛る。

ウインナーキャセロール
じゃが芋などすべての材料を耐熱容器に入れて焼き、チーズを最後に加えるだけ
　　じゃが芋　3～4個
　　玉ねぎ　1個
　　ウインナーソーセージ　8～10本
　　バター　大さじ1
　　牛乳　½カップ
　　とけるチーズ　½～1カップ

1 じゃが芋は5～6㎜厚さの半月切りにし、ヒタヒタの水でゆで、九分どおり火が通ったら、ザルにあげて水けをきる。
2 玉ねぎは1㎝の角切り、ウインナーソーセージは5㎜厚さの斜め切りにする。
3 耐熱容器にバターをぬってじゃが芋、玉ねぎ、ウインナーソーセージを入れ、牛乳を注いで上からアルミ箔でフタをする。
4 3を180度のオーブンで約30分焼く。ここで一度取り出して、いったんアルミ箔をはずし、とけるチーズを散らす。再びオーブンに入れて、チーズがとろりとするまで焼く。

ウインナー卵サンド
ライ麦や全粒粉入りの黒っぽいパンにはさむと、とりわけおいしい
　　〈これは2人分〉
　　黒っぽい食パン　4枚
　　バター　適量
　　マスタード　適量
　　ウインナーソーセージ　2本
　　卵　2個
　　塩　少々
　　こしょう　少々

1 パンは片面にバター適量とマスタード少々をぬり、2枚1組にする。
2 ソーセージは5㎜厚さに切る。
3 卵をとき、塩、こしょうを加えて混ぜる。
4 卵焼き器か小さめのフライパンにバター大さじ1とソーセージを入れて中火にかける。ソーセージがアツアツになったら卵を流して焼く。表面が少し乾いてきたら裏返し、好みの加減に火を通す。
5 あら熱が取れたら、パンにはさみ、斜め半分に切る。

ウインナーのカレーもやし
カレー粉入りのゆで汁で下味をつけるのがミソ。野菜類はゆですぎないように
　　ウインナーソーセージ　250ｇ

にんじん　½本
ピーマン　3個
生椎茸　3個
もやし　1袋
カレー粉　小さじ2〜3
米酢　大さじ1
薄口しょうゆ　大さじ1

1 ウインナーソーセージは縦4〜6等分に切る。にんじんとピーマンは細切りにする。生椎茸は石づきを切り落として薄切りにする。

2 鍋にたっぷりの水とカレー粉を入れて煮立て、**1**ともやしを加え、再び煮立ったら一緒に引き上げザルに取り水けをきる。

3 **2**のあら熱が取れたら米酢と薄口しょうゆを加え、ザッとあえ混ぜる。

ウインナーロールキャベツ

いつものソーセージにたっぷりのキャベツを巻いて煮る。イタリアの家庭の味

新キャベツ　1個
ウインナーソーセージ　12本
A ┌ トマトジュース　1カップ
　├ 水　1カップ
　├ 固形スープの素　1個
　├ 塩　少々
　├ こしょう　少々
　└ バジル（乾）　適量

1 新キャベツの葉を用意する。キャベツは芯のまわりに深く切り込みを入れ、葉がほぐれやすいようにする。深鍋にたっぷりの湯を沸かし、キャベツを芯を上にして丸ごとそおっと入れ、外側の葉がシナーッとなったら、鍋の中で菜箸を使って1枚ずつはがして、ザルに取って冷ます。

2 キャベツの水けをふき、大小組み合わせて12等分し、12個作れるようにする。キャベツの葉にウインナーソーセージを1本のせ、しっかりめにクルクルと包む。これを12個作る。

3 鍋にAの材料と**2**をびっしり並べて中火にかけ、フツフツしたら弱めの中火にし、15分ほど煮て、煮汁と一緒に器に盛る。

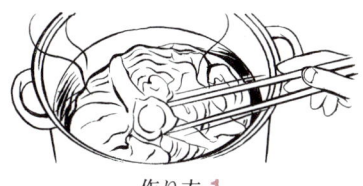

作り方 **1**

魚茶漬け

おいしく熱い上等の煎茶をかけてこそ。粋な味で、サラサラと

温かいご飯　4人分
刺身（好みのもの）　少なめの4人分
たれ
┌ しょうゆ　大さじ1½
├ 白いりごま　大さじ2
└ しょうが（すりおろし）　適量
青じそ　5枚
みょうが　2個
上等の煎茶　適量
刻みのり　適量
塩　適量

1 刺身はたれをからめて20〜30分おく。

2 青じそは縦2つに切ってから千切りにする。みょうがは縦2つに切ってから斜め薄切りにし、水洗いしてから水けをよくきる。

3 温かいご飯を盛り、刺身をたれごとのせ、青じそとみょうがを散らす。冬は三つ葉とわさびで。

4 濃く熱い煎茶をまわしかけ、のりを散らす。食べて味が薄ければ、塩を振る。

潮汁（うしおじる）

鯛のあらでとるだしのおいしいこと。頭があったら魚屋さんに頼んで2つ割りに

鯛のあら　ひと山
水　6カップ
酒　大さじ2
しょうが汁　小さじ½
塩　小さじ½
薄口しょうゆ　少々
白髪ねぎ　適量

1 鯛のあらはブツ切りにし、熱湯でサッとゆでて水に取り、うろこや血あいなどが残っていたら流水で洗い流す。
2 鍋に分量の水を入れて火にかけ、フツフツしてきたら鯛のあらを加え、弱めの中火でコトコトと15〜20分ほど煮る。
3 酒としょうが汁を加え、さらに塩と薄口しょうゆで味を調えて、すぐに火を止める。
4 椀に盛り、白髪ねぎを浮かべる。

白髪ねぎ→ コラム参照

薄切りタンシチュー
焼き肉用のタンとドミグラスソース缶詰でみごとな本格派

牛タン薄切り　400g
マッシュルーム　1袋
にんにく　ひとかけ
バター　1㎝角
ローリエ　1枚
A ┌ 赤ワイン　½カップ
　├ ウスターソース　大さじ1
　└ 湯　カップ1
ドミグラスソース缶詰　大1缶（約290g）
塩　適量
こしょう　適量
パセリ（みじん切り）　適量
〈付け合わせ〉
ゆでじゃが芋　適量
にんじんのグラッセ　適量

1 タンは熱湯でゆで、色が変わったら引き上げ水けをきる。
2 マッシュルームは石づきを切り落とし、縦半分に切る。にんにくは薄切りにする。
3 バターとにんにくを弱火にかけ、香りがたったらマッシュルームを強火でしんなりするまで炒める。
4 ローリエとAを加えて強火にし、フツフツしたらタンとドミグラスソースを加え、フタをして弱火で60分煮込む。味をみて塩、こしょうで調え、盛りつけてパセリを振る。ゆでじゃが芋とにんじんのグラッセを添える。

薄切りポークチャップ
薄切り肉だから箸で食べられる、ご飯に合う洋食

豚肩ロース薄切り肉　400g
塩　少々
こしょう　適量
小麦粉　大さじ2
バター　2㎝角
ソース
　┌ マッシュルームスライス缶詰　小1缶
　├ トマトケチャップ　大さじ3
　├ ウスターソース　大さじ2
　├ 酒　大さじ2
　└ 水　½カップ

1 豚肉は長さを2つに切り、塩、こしょうを振り、小麦粉をごく薄く振り、全体にまぶす。
2 フライパンにバターを入れて中火にかけ、とけたら豚肉を入れて焼く。肉が無理なくはがれるようになったら、こんがりと焼き炒めて中まで火を通し、取り出す。
3 フライパンにソースの材料を入れて火にかけ、フツフツしてきたら肉を戻し、強火でからめるように炒め煮にする。

薄焼き卵
卵はとにかく薄く広げ、中火かやや強めの

うずらたまご

火で手早く焼く。卵1個で2枚が基本

　卵　　2個
　塩　　少々
　サラダ油　適量

1 卵はときほぐして塩を入れ、できるだけ泡立てないように静かによくかき混ぜる。料理によっては砂糖少々を入れてもよい。

2 フライパンを熱してサラダ油を入れ、サッとふく。ここへ卵液を流し入れ、全体に薄く広げる。卵液を入れすぎたと思ったらすぐに戻し、とにかく薄くして中火かやや強めの火で焼く。

3 表面が乾いてきたら、卵の裏側に箸を1本入れ、クルクルまわしながら中ほどまで箸を進めて卵を持ち上げる。これをヒョイと裏返して、サッと焼く。裏返すのが難しい人は弱火に落とし、表面が乾くまでじっくり焼いて火を通す。

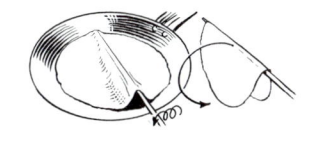

作り方 **3**

薄焼き卵サンド
焼きのりが、なくてはならないコンビ

〈これは2人分〉
　食パン(サンドイッチ用)　4枚
　バター　適量
　マスタード　適量
　薄焼き卵　2枚
　焼きのり　½枚
　ハム　6枚

1 パンは片面にバター適量とマスタード少々をぬり、2枚1組にする。

2 薄焼き卵と焼きのりは半分に切る。ハムは2枚はそのまま、4枚は半分に切る。

3 パンにのりを敷き、薄焼き卵をのせる。その上に半円形のハムの切り口をパンの縁に合わせて4枚のせ、さらに中央に円形のハムをのせてもう1枚のパンではさむ。同様にもう一つ作る。好みに切り分けて食べる。

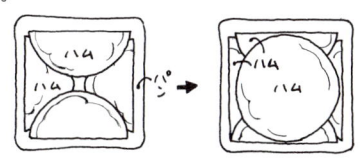

作り方 **3**

うずら卵と里芋の中国風
忙しいときは、水煮のうずら卵を使っても

　うずら卵　20個
　冷凍里芋　250g
　冷凍にんにくの芽　½袋
　生椎茸　1袋
　にんにく(みじん切り)　ひとかけ
　しょうが(みじん切り)　ひとかけ
　A ┌ 水　½カップ
　　 │ しょうゆ　大さじ1
　　 │ 酒　大さじ1
　　 │ 砂糖　小さじ1
　　 │ 豆板醤　小さじ½
　　 └ 片栗粉　大さじ1
　ごま油　適量

1 うずら卵は殻の先端にピンを刺して穴をあけ、かぶるくらいの水で5～6分ゆで、殻をむく。

2 にんにくの芽は熱湯でサッとゆでる。続いて里芋は中までしっかりゆでる。にんにくの芽は2～3cm長さに切り、里芋は半分に切る。

3 生椎茸は石づきを切り落とし、4等分に切る。

4 ごま油大さじ1を熱し、すぐにんにくとしょうがを弱火で炒める。香りがたったら強火にし、にんにくの芽と里芋、生椎茸、うずらのゆで卵の順に加えて炒める。

うずらたまご

全体に油がまわってアツアツになったら、器に盛る。

5 Aを合わせて火にかけ、木ベラで混ぜながらフツフツさせ、とろりとしてきたら火を止める。ごま油小さじ½を落とし、**4**にまわしかける。

うずら卵と里芋の煮もの
ほっくりとした懐かしい味。里芋は煮くずれそうになるくらいまで煮るのがポイント

うずら卵　10個
里芋　400g
舞茸　1袋
ごま油　大さじ1
煮汁
　｜水　1カップ
　｜しょうゆ　大さじ1½
　｜みりん　大さじ1½
　｜酒　大さじ1½
白いりごま(好みで)　適量

1 うずら卵は殻の先端にピンを刺して穴をあけ、かぶるくらいの水で5～6分ゆでで、殻をむく。

2 里芋は上下を少し切り落とし、ヒタヒタの水を加えて火にかける。グラグラと煮立ったら、1～2分そのままゆでてザルにあげる。あら熱が取れたら皮をむき、食べよい大きさに切る。

3 舞茸は大きめにさく。

4 鍋にごま油を熱し、うずら卵と里芋を中火で炒める。全体がアツアツになったら、煮汁の材料をすべて加え、再びフツフツしてきたら、舞茸を加える。強めの中火で15分くらい煮て、里芋がやわらかくなったら出来上がり。

5 器に盛り、好みで白いりごまをつぶしながら振りかける。

うずら卵のカレーフリッター
ビールの友に最高！

うずらのゆで卵　10個
小麦粉　適量
衣
　｜小麦粉　½カップ
　｜カレー粉　小さじ½
　｜塩　ふたつまみ
　｜卵1個と牛乳を合わせて　½カップ
揚げ油　適量

1 うずらのゆで卵は表面全体に小麦粉を薄くまぶす。

2 衣の小麦粉、カレー粉、塩を混ぜ合わせ、合わせておいた卵と牛乳を加え、泡立て器でよく混ぜ合わせる。

3 揚げ油を中温(170～180度)に熱し、卵に衣をたっぷりつけて入れ、全体が薄く色づくまで揚げる。

うずら豆のサラダ
温かくても、冷やしてもいい。金時豆、いんげん豆、大福豆、ひよこ豆などでも

うずら豆　1カップ弱
玉ねぎ　½個
ドレッシング
　｜塩　小さじ½強
　｜マスタード　小さじ1
　｜こしょう　少々
　｜米酢　大さじ1
　｜サラダ油　大さじ2½

1 うずら豆は一晩水につけて戻し、翌日やわらかくゆでる。水けをきっておく。

2 玉ねぎは繊維にそって薄切りにし、混ぜ合わせたドレッシングに加える(玉ねぎの辛みが気になる場合は、水にさらし、水けをきって加える)。

3 うずら豆を**2**に加え、よく混ぜ合わせる。サニーレタスなどを敷いた器に盛ってもきれい。

うどと牛肉の煮もの
鍋のフタをあけたまま、5分間強火でガー

ッと煮るのがポイント
うど　大1〜2本
牛赤身薄切り肉　200g
煮汁
- しょうゆ　大さじ2
- みりん　大さじ1
- 酒　大さじ1
- 水　大さじ4

1 うどは5〜6cm長さに切り、厚めに皮をむいて太い部分は2つ割りにする。これをすぐ水に10分ほどさらしてアクを抜き、熱湯でサッとゆでる。
2 牛赤身薄切り肉は2〜3つに食べよい長さに切る。
3 鍋に煮汁の材料を合わせて火にかけ、煮立ってきたら牛肉とうどを加えて表面を平らにならす。
4 焦がさないようにときどき混ぜながら、フタをあけたまま強火で5分ほど煮て、汁けが半分くらいになったら出来上がり。季節によっては木の芽を散らすのもよく合う。

うど→ コラム参照

うどとトマトのパセリ酢あえ
体の中がスーッとするような香りと彩り

うど　大1本
酢　少々
塩　少々
トマト　2個
パセリ酢
- パセリ（みじん切り）　大さじ2
- 米酢　小さじ2
- 塩　小さじ½
- しょうゆ　小さじ1

1 うどは5cm長さに切って厚めに皮をむき、鉛筆より太めの棒状に切り、酢少々を入れた水にさらす。水けをきり、塩少々を加えた熱湯でサッとゆで、冷ます。
2 トマトは皮をむき、1cm角くらいに切る。
3 混ぜ合わせたパセリ酢にトマト、うどの順に加えてはあえる。冷蔵庫で冷やすと、もっとおいしくなる。

うどと豚肉の酢みそあえ
ちょいとボリュームをプラスした酢みそあえ。しゃぶしゃぶ用のうす〜い肉が合う

うど　1本
豚薄切り肉（しゃぶしゃぶ用）　100g
酢みそ
- 白みそ　大さじ山盛り1
- 砂糖　大さじ½
- 塩　小さじ½
- 練り辛子　小さじ½
- 米酢　大さじ1
- サラダ油　大さじ1

1 うどは4〜5cm長さに切り、厚めに皮をむき、薄い短冊切りにし、水にさらす。
2 豚肉は熱湯で色が変わるまでサッとゆで、ザルにあける。
3 ボウルに白みそ、砂糖、塩、練り辛子を入れていったんよく混ぜ、米酢、サラダ油を加えて混ぜ合わせ、酢みそを作る。
4 ここへ水けをよくきったうど、豚肉を加え、あえる。

うどとわかめの白煮
サッと煮上げて、うど特有の香りと色を生かした煮もの

うど　2本
わかめ（戻したもの）　½カップ
煮汁
- だし汁　1½カップ
- みりん　大さじ1
- 酒　大さじ1
- 薄口しょうゆ　大さじ1

1 うどは5cm長さに切り、皮を厚めにむいて水にさらす。
2 戻したわかめはよく水洗いして2cm長

うど

さに切る。
3 鍋に煮汁の材料と水けをきったうどを入れ、フタをして火にかけ、中火で煮る。
4 7〜8分煮たらわかめを加え、再びフツフツしてきたらすぐ火を止める。

うどの梅あえ
旬の香りとシャキッとした歯ざわりが最高。子どもがいる家庭では酒を水で

　うど　1〜2本
　ドレッシング
　┌ 梅干し　大1個
　│ 酒か水　大さじ1
　│ 砂糖　小さじ½
　│ 塩　少々
　└ サラダ油　小さじ1

1 うどは5cm長さに切って皮を厚めにむき、薄切りにして水にさらす。
2 梅干しは果肉を細かくほぐし、ボウルにドレッシングの材料を記載順に入れてよく混ぜ合わせ、最後のサラダ油を加えたら、サッとひと混ぜする。
3 うどの水けをきり、**2** のドレッシングに加えて、全体をザッとあえる。

うどの皮と厚揚げの中国炒め
うどの皮が残ったとき、これも立派な素材。サッとゆで風味豊かな中国風炒めものに

　うどの皮　1本分
　にんじん　10cm
　厚揚げ　2枚
　卵　3個
　塩　ひとつまみ
　しょうが　ひとかけ
　ごま油　大さじ2
　A ┌ 酒　大さじ1
　　│ しょうゆ　大さじ1
　　│ オイスターソース　大さじ1
　　└ 砂糖　小さじ1

1 うどの皮(あえものなどに使った残りを利用。5cm長さに切ったもの)は水にさらし、縦1cm幅くらいにさいて熱湯でサッとゆでる。
2 厚揚げは、縦半分に切ってから横1cm厚さに切り、電子レンジに2分かける。
3 卵は割りほぐして塩を加え混ぜる。
4 にんじんは5cm長さ、1cm幅の短冊切りにし、しょうがは千切りにする。
5 中華鍋を熱し、ごま油大さじ1をまわし入れ卵を一気に入れる。フワリと大きめに卵を炒め、いったん器に取る。
6 さらに残りのごま油大さじ1をたしてしょうがを炒め、香りがたったら、うどの皮とにんじんを加えて強火で炒める。
7 歯ざわりが残るくらいのところで一度火を止め、Aを加える。再び火をつけて全体に味をからませ、さらに厚揚げを加え強火のまま一気に炒め合わせる。
8 最後に **5** の卵を戻し入れ、全体をザッと混ぜ合わせて火を止め、風味づけにごま油小さじ½(分量外)をたらす。

うどの皮と穂先の精進揚げ
これが食べたいために、うどの料理を作ることもあり

　うどの皮　適量
　うどの穂先　適量
　うどの細い枝　適量
　衣
　┌ 小麦粉　½カップ
　└ 氷水　½カップ
　揚げ油　適量
　塩　適量

1 うどの皮は4〜5cm長さの短冊に切る。穂先と細い枝はザク切りにする。
2 小麦粉と氷水をザッと混ぜ合わせ、**1** を加えて混ぜ、全体に衣をからめる。
3 揚げ油を中温(170〜180度)に熱し、**2** を箸で一口大くらいにまとめて入れる。衣が落ち着いてきたら、ときどき返しなが

らじっくり揚げ、こんがりカラリとなったら油をきる。塩を振って食べる。
うどの皮と穂先→ コラム参照

氷水

うどの皮のきんぴら
香りと歯ざわり満点の皮もぜひお試しあれ
うどの皮、穂先　大1〜2本分
ごま油　小さじ2〜3
A ┌ みりん　大さじ½〜1
　 └ しょうゆ　大さじ1〜2
白いりごま　適量

1 うどの皮と穂先は5㎝長さに切って水にさらし、皮は7〜8㎜幅に切る。これを熱湯でサッとゆがいて、よく水けをきる。
2 鍋にごま油を熱し、うどを一度に入れて強火でザッザッと炒める。
3 全体がアツアツになったらいったん火を止め、Aの調味料を加え、再び火をつけて汁けをとばすように手早く炒める。
4 シャッキリした歯ざわりのところで火を止め、白いりごまを振ってすぐ器に盛る。

うどの白煮
淡白でしみじみした味わいをどうぞ
うど　大1〜2本
煮汁
┌ だし汁　1カップ
│ 砂糖　大さじ½
│ しょうゆ　小さじ1
└ 塩　小さじ½

1 うどは5㎝長さに切って皮を厚くむき、太いところは縦に4つ割り、残りは2つに切る。細いところはそのまま。
2 鍋にうどと水を入れて火にかけ、沸とうしたらザルにあげて水けをきる。
3 鍋に煮汁の材料を入れて煮立て、うどを加えて中火で5〜10分ほど煮る。フタをしたまま、余熱でじんわり味を含ませる。

うどの酢みそあえ
特有の香りを楽しむなら、まずこの一品
うど　大1本
酢みそ
┌ みそ　大さじ1
│ みりん　大さじ1
│ 米酢　大さじ1
└ 砂糖　大さじ½

1 うどは4〜5㎝長さに切って皮を厚めにむき、短冊切りにして水にさらす。これをサッとゆでてザルに取り、水けをきり冷ます。
2 酢みその調味料を混ぜ合わせる。
3 器にうどを盛り、上から酢みそをかける。

うどん各種
→メニュー別索引〈うどん〉を参照

うなぎきのこめし
1串のうなぎににんじんときのこをプラスしてボリューム満点の炊き込みご飯に変身
米　2カップ（2合）
にんじん　5〜6㎝
うなぎのかば焼き　大1串
しめじ　1袋
えのき茸　1袋
A ┌ うなぎのたれ　大さじ1
　 │ 薄口しょうゆ　大さじ½
　 └ 酒　大さじ1
粉山椒　適量

1 米はといでふつうに水加減する。
2 にんじんは薄い輪切りにしてから、細

うなぎ

切りにする。
3 うなぎのかば焼きは竹串を抜き、1㎝幅くらいに切る。
4 しめじは石づきを切り落としてほぐし、えのき茸は同様にして1㎝に刻む。
5 1の中から水を大さじ2½(調味料分)取りのぞき、Aを加えてひと混ぜし、にんじん、うなぎ、きのこ類をのせ、表面を平らにする。すぐに炊飯器のスイッチを入れる。
6 炊き上がったら、うなぎがくずれるのを気にせず全体をほっこりと混ぜ、器に盛りつける。大人は粉山椒を振って食べる。
うなぎの串→ コラム参照

うなぎときゅうりの酢のもの
うなきゅうの愛称で親しみのある小鉢もの。うなぎがちょいとあるときに

　きゅうり　3本
　塩水
　　┌ 水　2カップ
　　└ 塩　小さじ2
　うなぎのかば焼き　小1串
　合わせ酢
　　┌ 米酢　大さじ1
　　└ 砂糖　小さじ1
　青じそ　5枚

1 きゅうりは薄い輪切りにし、海水くらいの塩水に15～30分ほどつけてから水けをしぼる。
2 うなぎのかば焼きは竹串を抜いて7～8㎜幅に切る。青じそは縦半分に切ってから千切りにする。
3 合わせ酢を混ぜ合わせ、きゅうりをあえる。うなぎも加えてササッとあえる。
4 器に盛り、青じその千切りを天盛りにする。

うなぎとにらの卵とじ
抜群に相性のいい取り合わせ

　うなぎのかば焼き　小2串
　にら　2わ
　A ┌ 水　1カップ
　　│ 酒　大さじ2
　　│ うなぎのたれ　2串分
　　└ しょうゆ(好みで)　少々
　卵　2個
　粉山椒　適量

1 うなぎは幅広なら縦半分に切ってから横に1㎝強の幅に切る。にらは2～3㎝長さに切る。
2 鍋の中を水でぬらし、Aの材料を合わせて中火にかけ、うなぎを並べてひと煮する。
3 うなぎがアツアツになったら、にらを上にのせ、フタをして強めの中火にする。フツフツしたらひと混ぜし、軽く押さえて平らにする。
4 再びフツフツしたら、卵をといてまわし入れ、フタをして弱めの中火で30～60秒ほど煮る。火を止め、そのまま少しおいて蒸らす。粉山椒を振って食べる。

うなぎの棒ずし
すし飯は酢布巾でまとめ、ラップで形を整えるから手間なし！　ぜひお試しを

　米　2カップ(2合)
　もち米　1カップ(1合)
　酒　大さじ1
　合わせ酢
　　┌ 米酢　80㏄
　　│ 砂糖　大さじ1
　　└ 塩　小さじ1
　うなぎのかば焼き(長焼き)　3尾
　青じそ　1～2わ
　粉山椒(好みで)　適量

1 米ともち米は合わせて炊く30分前にとぎ、ふつうの水加減から大さじ1の水(調味料分)を取りのぞき、酒を加えて炊く。
2 ボウルに合わせ酢の調味料を合わせて

よくかき混ぜておく。
3 はん台か、または大きなボウルにかたくしぼったぬれ布巾を敷いて、**1** のご飯をあける。すぐに合わせ酢をまわしかけ、切るように手早く混ぜてすし飯を作る。
4 清潔な布巾を酢水（分量外）にぬらし、かたくしぼって酢布巾にする。すし飯を3等分し、それぞれを酢布巾で棒状にしっかりまとめる。
5 ラップを広げて **4** のすし飯をのせ、上に青じそを適量敷く。この上にうなぎ1尾をのせてラップで巻き、形を整える。残り2本も同様に作る。
6 すし飯とうなぎが落ち着いたら、ラップをはずして食べよい大きさに切り分け、好みで粉山椒を振る。

うなぎの蒸しずし
もち米が入ったすし飯とうなぎで、こっくりと食べごたえのあるご飯に

　米　1½カップ（1½合）
　もち米　½カップ（½合）
　うなぎのかば焼き　2串
　合わせ酢
　　┌ 米酢　70cc
　　│ 砂糖　大さじ1
　　└ 塩　小さじ1弱
　錦糸卵
　　┌ 卵　2個
　　│ 砂糖　少々
　　│ 塩　少々
　　└ ごま油かサラダ油　少々
　紅しょうが　適量

1 米ともち米は合わせて炊く30分前にとぎ、いつもの水加減よりやや少なめにして炊く。
2 合わせ酢の調味料を混ぜ合わせ、炊き上がったご飯にまわしかけて手早く混ぜ、すし飯を作る。
3 うなぎのかば焼きは竹串を抜き、太い場合は縦半分に切ってから1cm弱幅に切る。
4 錦糸卵を作る。卵はときほぐし、砂糖と塩で調味する。フライパンを熱してごま油かサラダ油を入れ、サッとふいて卵液を薄く流し、薄焼き卵を数枚作る。あら熱が取れたら、千切りにする。
5 1人分ずつ器にすし飯を盛ってうなぎをのせ、さらに錦糸卵をたっぷりのせる。これを蒸気が上がっている蒸し器で7〜8分蒸し、出来上がりに紅しょうがを添える。

うなぎの串→ コラム参照

うなぎめし
うなどんよりあっさりと食べられるご飯。土用の丑の日にもいかが

　米　2カップ（2合）
　うなぎのかば焼き　2串
　山椒の実のつくだ煮　大さじ1
　うなぎのたれ　1串分
　酒　大さじ2

1 米は、ふつうよりやや少なめの水加減にする。
2 うなぎのかば焼きは竹串を抜いて1cm幅に切る。
3 **1** にうなぎのたれと酒を加えてザッと混ぜ、うなぎと山椒の実のつくだ煮をのせ、表面を平らにして炊く。
4 炊き上がったら、うなぎが多少くずれても気にせずに、ザックリと全体を混ぜ合わせる。

うな玉豆腐
うなぎに豆腐を加えてボリュームアップ。味が薄いようなら、しょうゆで調える

　うなぎのかば焼き　小2串
　絹ごし豆腐　2丁
　卵　2個
　A ┌ 水　1½カップ

うなたま

A ｛ うなぎのたれ　2串分
　　酒　大さじ1
三つ葉　適量
粉山椒　適量

1 うなぎのかば焼きは一口大に切り、絹ごし豆腐は1.5㎝角に切る。卵はときほぐし、三つ葉は刻む。

2 広口の鍋にAを入れて火にかけ、フツフツしてきたら、うなぎのかば焼きを入れる。さらに豆腐を加えて表面を平らにならし、中火で煮て豆腐に火を通す。味をみて、薄いようならしょうゆ（分量外）で調える。

3 上からとき卵をまわし入れ、フワリと固まってきたら、三つ葉を散らして火を止め、フタをして1分ほど蒸らす。

4 汁ごと器に盛り、粉山椒を振る。

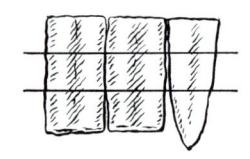

作り方 **1**

うな玉どん
冷凍やレトルト食品のうなぎでも十分おいしくできる

うなぎのかば焼き　小3〜4串
卵　4個
うなぎのたれ　3〜4串分
水　適量
三つ葉　1わ
温かいご飯　4人分

1 うなぎのかば焼きは竹串を抜いておく。卵はときほぐし、三つ葉は2㎝長さに切る。

2 平たい鍋にうなぎのたれを入れ、倍量の水を加えて（煮ものより少し濃いめ）中火にかける。

3 フツフツしてきたらうなぎを入れ、再び煮立ってフツフツしたら、とき卵をまわし入れる。1〜2分ほど煮て、卵が固まりかけたところで三つ葉を散らす。フタをして火を止め、少し蒸らす。

4 どんぶりに温かいご飯を盛り、**3** のうな玉をのせて、好みで粉山椒やもみのりを散らす。

うにセロリ
パーティーのオードブルなどにもってこい。酒の肴にもぴったり

セロリ　1本
練りうに　大さじ2
卵黄（新鮮なもの）　1個分
パセリ　適量

1 セロリはすじをのぞいて7〜8㎝長さに切り、太いところは縦半分に切る。

2 練りうにと卵黄をよく混ぜ合わせる。

3 セロリのみぞの部分に **2** をぬり、250度のオーブンでこんがりするまで約5〜10分焼く。

4 出来上がりを器に盛り、ちぎったパセリを添える。

うの花
→「おから（しっとりうの花）」／「おから（パラリうの花）」を参照

うまき
巻くときに多少形がくずれても気にせず強めの中火で巻き込んで焼いていくのがコツ

卵　4個
だし汁か水　¼カップ
A ｛ 塩　ひとつまみ
　　薄口しょうゆ　小さじ1
　　酒　小さじ1
　　片栗粉　小さじ1
うなぎのかば焼き　小1串
ごま油　適量
紅しょうが　適量

1 うなぎのかば焼きは竹串を抜いて7〜8㎜幅に切る。
2 ボウルを水でザッとぬらし、卵をときほぐしてだし汁か水とAを加え、泡立てないようにていねいに混ぜる。
3 卵焼き器を熱してごま油を薄くひき、卵液が全体に広がるように適量流す。火は強めの中火にする。卵が少し生っぽいところにうなぎを一列に並べ、うなぎを巻き込むように端から寄せてクルリクルリと巻いていく。
4 卵液を何回かに分けて流しながら、同様にくり返して卵を焼き上げる。うまきができたら食べよく切って器に盛り、紅しょうがを添える。

馬サラダ
サラダが主役！ ドーンと作って、馬も驚くほど食べるところにこのネーミングあり

玉ねぎ　½個
セロリ　1本
きゅうり　2本
トマト　2個
レタス　1個
キャベツ　3〜4枚
パセリ　1本
ゆで卵　2個
プロセスチーズ　適量
ベーコン　4枚
ドレッシング
　にんにく　ひとかけ
　塩　小さじ1
　砂糖　ひとつまみ
　こしょう　少々
　とき辛子　少々
　米酢　大さじ2
　サラダ油　大さじ2〜3

1 玉ねぎは薄切りにする。セロリは斜め薄切りにする。きゅうりはすりこぎなどでたたいてから乱切りにする。トマトは皮ごと2㎝角に切る。レタスとキャベツは適当にちぎる。パセリはみじん切りにする。
2 ベーコンは7〜8㎜幅に切り、サラダ油少々（分量外）でカリカリに炒める。
3 チーズは7〜8㎜角に切り、ゆで卵はザクザク切る。
4 ドレッシングのにんにくは大きいサラダボウルに入れてつぶし、塩から米酢までの材料を加えてよく混ぜ合わせ、最後にサラダ油を加えてサッと混ぜる。
5 野菜類を1の記載順にドレッシングに加えては混ぜ合わせ、ゆで卵、チーズ、ベーコンも順に加えてザッと混ぜる。

うま煮あんかけ焼きそば
具だくさんのうま煮は、すべて準備してから一気に作る

揚げ中華めん　4人分
にんにく（みじん切り）　ひとかけ
しょうが（みじん切り）　ひとかけ
豚薄切り肉　100g
しょうゆ　小さじ1
干椎茸　4枚
いか　1杯
玉ねぎ　½個
にんじん　½本
ゆで竹の子　1本
ピーマン　2個
キャベツか白菜　4〜5枚
にら　1わ
サラダ油　大さじ2
A　水　2½カップ
　砂糖　大さじ1強
　酢　大さじ2
　しょうゆ　大さじ2

塩　少々
こしょう　少々
水溶き片栗粉
　片栗粉　大さじ2
　水　大さじ2
とき辛子かマスタード　適量

1 豚薄切り肉は食べよく切り、しょうゆ小さじ1を振って下味をつけておく。いかは胴を輪切りにし、足は食べよい長さに切る。

2 干椎茸は戻して食べよく切り、玉ねぎは薄切り、にんじんは薄い短冊切りにする。ゆで竹の子は2～3cm長さの短冊切り、ピーマンは縦半分に切ってから1cm幅に切る。

3 キャベツはザク切りにし（白菜の場合は、軸の部分は繊維にそって細切り、葉の部分はザク切りにする）、にらは2cm長さに切る。

4 うま煮あんを作る。中華鍋にサラダ油を熱し、にんにくとしょうがを中火で炒める。香りがたったら豚肉を加えて強火で炒め、肉の色が変わったら、干椎茸といかを加えて炒める。

5 さらに玉ねぎ、にんじん、竹の子、ピーマン、キャベツまたは白菜の順に加えて強火で炒める。

6 全体に油がまわったら、すぐににらとAを次々と入れて味を調える。再びフツフツしてきたら、水溶き片栗粉をまわし入れてとろみをつける。

7 揚げ中華めんを器に盛ってアツアツのうま煮あんをかけ、とき辛子を添える。

海と野の幸のスープ

一品で野菜たっぷりの魚のスープ。ご飯にもパンにも合います

　白身魚　4切れ
　塩　小さじ½
　こしょう　少々
　えび　8尾
　玉ねぎ　1個
　セロリ　1本
　ピーマン　2個
　ミニトマト　12個
　水　4カップ
　ローリエ　1枚

1 白身魚は水けをふき、塩、こしょうを振る。えびは殻をむき、背ワタがあれば取る。

2 玉ねぎは2cm角に切る。セロリはすじを取って斜め薄切りにし、葉もザクザク切る。ピーマンは縦6つに切る。

3 分量の水に玉ねぎ、セロリの茎と葉、ローリエを入れて火にかけ、フツフツしたら魚とえびを加え、フタをして中火で約10分煮る。途中、アクが出たら取る。

4 ピーマン、ミニトマトを加え、味をみて塩、こしょう（各分量外）で調え、ひと煮立ちしたら火を止める。

白身魚→ コラム参照

海仲間の酢のもの

見直したい日本の健康食――暑いときにはここちよい一品

　ところてん　4人分
　かに缶詰　小1缶
　かまぼこ　½本
　わかめ（戻したもの）　1カップ
　合わせ酢
　　米酢　大さじ3
　　薄口しょうゆ　大さじ2
　　砂糖　小さじ1
　紅しょうが（千切り）　適量
　とき辛子　適量

1 ところてんは洗って水けをきる。かには缶汁をきり、軟骨を取ってほぐす。かまぼこは短冊に切る。わかめは洗って2cm長さに切る。

2 器にところてんを盛り、かに、かまぼ

こ、わかめをのせ、合わせ酢をかけ、紅しょうがととき辛子を添える。全体を混ぜ合わせて食べる。

缶汁→ コラム参照

海の幸のクリームシチュー
まろやか、やさしい味わい

　　えび　8〜12尾
　　甘塩鮭　大2切れ
　　にんじん　1本
　　玉ねぎ　½個
　　じゃが芋　2個
　　ブロッコリー　1個
　　水　2カップ
　　バター　大さじ2
　　サラダ油　大さじ1
　　小麦粉　大さじ5
　　牛乳　3〜4カップ
　　ローリエ　1枚
　　塩　小さじ½
　　こしょう　少々

1 えびは背ワタがあれば取り、鮭はそれぞれ3つくらいに切る。

2 にんじんは7〜8㎜厚さの輪切りにする。玉ねぎは薄切りにする。じゃが芋は大きめの一口大に切って水に放ち、水けをきる。ブロッコリーは小房に切り分け、熱湯でサッとゆでる。ブロッコリーの代わりにカリフラワーでもよい。

3 2カップの水ににんじんを入れて火にかけ、フツフツしてきたらえびと鮭を加えてゆでる。火が通ったら引き上げ、ゆで汁を捨てずに水けをきり、えびは殻をむく。ゆで汁はあとで使うので取っておく。一度こすときれい。

4 バターとサラダ油を中火で熱し、玉ねぎをしんなりするまで炒める。弱火にして小麦粉を振り入れ、粉っけがなくなるまで1〜2分炒める。

5 火を止め、まず牛乳½カップを加えてていねいに木ベラでかき混ぜる。なめらかなクリーム状になったら、残りの牛乳を加えて混ぜ、さらに **3** のゆで汁も加えて混ぜ合わせる。

6 弱火にかけ、ときどき鍋底をかき混ぜながら15分ほど火を通し、フツフツしてきたらじゃが芋、塩小さじ½を加えて煮る。

7 じゃが芋に竹串がなんとか通るようになったらえび、鮭、ゆでたにんじん、ブロッコリー、ローリエを加え、弱火にして1〜2分煮る。味をみて塩、こしょうで調え、火を止める。

海の幸のピラフ
ホワイトソースをかけると絶品！　ひと手間かかっても、それだけの価値あり！

　　温かいご飯　4人分
　　いかの胴　1杯分
　　蒸しほたて　8〜10個
　　えび　8〜10尾
　　ピーマン　2個
　　バター　大さじ1
　A ┌ 白ワイン　大さじ1
　　│ 塩　小さじ1
　　│ パプリカ　小さじ1
　　└ こしょう　少々
　　ホワイトソース
　　　┌ バター　大さじ2
　　　│ マッシュルームスライス缶詰　小1
　　　│ 　缶
　　　│ 小麦粉　大さじ4
　　　│ 牛乳　3カップ
　　　│ ローリエ　1枚
　　　│ 塩　少々
　　　└ こしょう　少々

1 いかの胴は皮をむき、縦3つに切ってから横に7〜8㎜幅に切る。ほたてはひもをはずしてワタと砂袋を取り、貝柱とひもを2つに切る。えびは殻と背ワタがあれば

取り、コロコロに切る。ピーマンは縦半分に切ってから横に細く切る。
2 ホワイトソースを作る。マッシュルームは実と汁に分けておく。バター大さじ2をとかしてマッシュルームを中火で炒め、弱火にして小麦粉を加え、1～2分炒める。火を止め、牛乳½カップを加えてていねいにかき混ぜ、なめらかになったら残りの牛乳と缶汁を加えて混ぜ合わせる。ローリエを加えて弱火をつけ、ときどき鍋底をかき混ぜながら10～15分煮る。塩、こしょうで味を調え、火を止める。
3 バターで魚介類を炒め、ピーマンとAの調味料類を加えてザッと炒める。
4 火を止めて温かいご飯を加え、ご飯を切るようにしてていねいに混ぜ合わせる。
5 ご飯を器に盛り、**2** のホワイトソースをかける。
蒸しほたて→ コラム参照

海の幸のリゾット
失敗のしようがない材料と作り方
冷やご飯　4人分
ピーマン　2個
水　1½カップ
固形スープの素　1個
マッシュルームスライス缶詰　小1缶
あさり水煮缶詰かほたて缶詰　小1缶
牛乳　2～3カップ
塩　適量
こしょう　適量
粉チーズ(好みで)　適量

1 冷やご飯はサッと水で洗い、水けをきる。ピーマンは細かく切る。
2 鍋に水と固形スープの素を入れて火にかけ、とけたらご飯を入れて、マッシュルームを缶汁ごと加える。
3 煮立ったら貝を缶汁ごととピーマンも加え、牛乳を加えて弱火で5分くらい煮る。

4 フツフツしてきて、ご飯もふくらんだら、塩、こしょうで味を調え、火を止める。粉チーズを振って食べてもおいしい。

海のチャンコ
具はた～っぷり詰め込み、うまみがしみ出たおいしいスープごと楽しむ
具
　結び昆布　適量
　はまぐり　10～12個
　たら　2切れ
　かき　150g
　ごぼう　20cm
　白菜　¼個
　にんじん　小1本
　きのこ(好みのものを2～3種類)
　　各1袋
　長ねぎ　2本
　油揚げ　2枚
　なると　小1本
　焼きかまぼこ　1本
　つみれ　1袋
スープ
　だし汁　4カップ
　薄口しょうゆ　¼カップ
　みりん　¼カップ
　酒　大さじ2
薬味いろいろ
　すだち　適量
　七味唐辛子　適量
　しょうが(すりおろし)　適量
　細ねぎ(小口切り)　適量
　三つ葉(ザク切り)　適量
　白いりごま　適量

1 だし汁に薄口しょうゆ、みりん、酒を加えて合わせておく。
2 具の下ごしらえをする。結び昆布はザッと洗い、はまぐりは殻をよく洗う。たらは3つに切り、熱湯でサッとゆで、霜降りにする。

3 かきはボウルに入れ、切り口に格子状に切りめを入れた大根のしっぽで軽くかき混ぜる。水がきれいになるまでため水で何回か洗い、水けをきる。
4 ごぼうはささがきにし、水でザッと洗う。白菜は軸と葉に切り分け、軸は繊維にそって細切りにし、葉はザク切りにする。にんじんは5～6mm厚さの輪切りにする。
5 きのこ類は石づきを切り落として食べよく切るかほぐす。長ねぎは5cm長さのブツ切りにする。
6 油揚げは湯で洗ってキュッとしぼり1cm幅に切る。なるとは斜め薄切りにし、焼きかまぼこは薄切りにする。
7 土鍋に白菜の軸を敷き詰め、**2**～**6**の具とつみれをドカドカ、ギュッギュッと詰め込んで、全体をおおうように白菜の葉をのせる。さらに上から **1** のスープを注いでフタをし、中火にかける。
8 フツフツしてきたら弱火にし、15分ほど煮る。具を底からザッと混ぜて器に盛り、好みの薬味でスープごと食べる。

　　かきの洗い方→ コラム参照
　　霜降りにする→ コラム参照

海山のミルクスープ
すぐできるヘルシースープ
　　えび　12尾
　　わかめ（戻したもの）　½カップ
　　カリフラワー　1個
　　マッシュルームスライス缶詰　小1缶
　　水　1½カップ
　　固形スープの素　1個
　　牛乳　2½カップ
　　塩　適量
　　こしょう　適量
　　水溶き片栗粉
　　　｛片栗粉　小さじ2
　　　　水　小さじ2
1 えびは殻をむき、背ワタがあれば取る。わかめは洗って2～3cm長さに切る。カリフラワーは小房に切り分ける。
2 鍋にマッシュルームを缶汁ごとあけ、水、スープの素、カリフラワーも入れて火にかける。
3 フツフツしたらえびを加え、色が変わったら牛乳を加えて火を弱め、再びフツフツしてきたら味をみて塩、こしょうで調える。
4 水溶き片栗粉を加えて混ぜ、やさしいとろみがついたらわかめを加え、温める程度で火を止める。

梅粥（うめがゆ）
暑さと冷房で疲れが出たときや、食欲のないときにもどうぞ
　　米　1カップ
　　水　5カップ
　　梅干し　4個
　　塩　適量
　　湯　1カップ
　　ちりめんじゃこ　大さじ4
　　青じそ　10枚
1 米は洗って水けをきる。
2 梅干しは種を取りのぞき、適当な大きさにちぎる。
3 厚手の鍋に米と分量の水を入れ、中火にかける。フツフツしてきたら梅干しを加え、フタをして弱火で25～30分炊く。
4 青じそはみじん切りにして2～3分水にさらし、清潔な布巾などでギュッとしぼる。
5 炊き上がったら味をみて塩で調え、湯1カップを加える。ちりめんじゃこ、青じそを加え、水でぬらした菜箸で切るようにして混ぜ、フタをして火を止める。

梅ご飯
夏は毎日でも。お弁当にもおすすめ。大きい梅干しなら1個で十分

うめしそ

米　2カップ（2合）
酒　大さじ2
梅干し　2個

1 米はふつうに水加減する。
2 米の水を大さじ2（調味料分）取りのぞき、酒を加えてひと混ぜし、梅干しを加え、ふつうに炊く。
3 炊き上がったら、梅干しが自然にほぐれ、からまるように底のほうから混ぜていき、種は取りのぞく。

梅干し→ コラム参照

梅しそそうめん

そうめんのおいしさは、ゆで方と洗い方にあり。しっかりマスターを

〈これは2人分〉
そうめん　150～200g
薬味
　青じそ　5～10枚
　みょうが　2個
　しょうが　ひとかけ
　梅干し　2個
めんつゆ　適量

1 まず薬味を用意する。青じそは縦半分に切ってから千切りにする。みょうがは縦半分に切ってから薄切りにし、いったん水洗いしてから水けをよくきる。しょうがはすりおろし、梅干しは果肉をちぎる。
2 鍋にたっぷりの湯を沸かし、そうめんを一気に入れて、箸でグルッとかき混ぜる。フワッと浮いてきたら、½カップくらいの水をさし、再び沸とうしたら火を弱め、芯がほんの少し残っているくらいのところで火を止める。
3 ここでフタをして、ゆっくり10を数えてそうめんを蒸らし、ドーッとザルにあける。すぐ水に取り、水を2～3回取りかえながら、冷ます。ため水の中で、そうめんをよくもみ洗いする。これを2～3回くり返してザルに取り、水けをきる。
4 器にそうめんを盛り、薬味をのせて上からめんつゆをかけ、氷を2～3個のせる。

梅酒煮豚

煮汁がブクブクしてきたら、アッというまに煮詰まって焦げるので気をつけて

豚肩ロースかたまり肉　500g
煮汁
　梅酒　1カップ
　しょうゆ　¼カップ
　水　適量
とき辛子　適量

1 豚肉は熱湯で表面の色が白く変わるまでゆでる。
2 鍋に **1** の肉を入れ、ヒタヒタになるように煮汁を入れて中火にかけ、煮立ってきたら弱火にし、フタをして20分煮る。
3 肉を裏返し、さらに20分煮る。途中、煮汁が少なくなってきたら湯少々（分量外）をたす。ブクブクしてきたら、こまめに様子をみながらコテッと煮上げる。
4 あら熱が取れたら食べやすい厚さに切り、器に盛ってたれ（鍋に残った煮汁）ととき辛子を添える。

梅酒→ コラム参照

梅干し入りみそ汁

梅干しの酸味がさわやかで、体もホカホカに。風邪気味や二日酔いのときの特効薬！

梅干し　1～2個
だし汁　4カップ
みそ　適量（いつもよりやや少なめ）
細ねぎ　6～7本
七味唐辛子　少々

1 梅干しは種をのぞいて果肉をほぐし、細ねぎは小口切りにする。
2 鍋にだし汁を入れて火にかけ、フツフツしてきたら梅干しを入れ、さらにみそをとき入れる。

3 再びフツフツしたら、細ねぎを入れて火を止め、器に盛って七味唐辛子を振る。

梅干しの梅酒漬け
梅酒の甘みと香りを含んだら、ついつい食べすぎてしまうので気をつけて

〈作りやすい分量〉
梅干し　10個
梅酒の梅　適量
梅酒　適量

1 梅干しと梅酒の梅をびんなどに入れ、梅酒をヒタヒタに加え、2～3日漬け込む。

梅干しのはちみつ漬け
梅干し好き派やスッパーイ梅干し苦手派のお茶うけにもいい

〈作りやすい分量〉
梅干し　10個
はちみつ　適量

1 梅干しをびんなどに入れ、はちみつをヒタヒタに加え、2～3日漬け込む。

ウリもどきのスープ
きゅうりの種を取り、やわらかくなるまで煮るとウリもどきの味に

きゅうり　2本
鶏ささみ　100ｇ（3本）
塩　小さじ½
酒　大さじ1
水　5カップ
固形スープの素　1個
水溶き片栗粉
　{ 片栗粉　大さじ1
　　水　大さじ1
しょうが（すりおろし）　適量

1 きゅうりはピーラーで皮を薄くむき、縦半分に切ってからスプーンで種を取る。これを4～5㎝長さに切る。さらに面取りをしても美しい。

2 鶏ささみは斜め薄切りにし、塩と酒を振って下味をつけておく。

3 分量の水と固形スープの素を煮立てて、きゅうりを加える。さらに鶏ささみをほぐしながら入れ、きゅうりがやわらかくなるまで、弱めの中火でフタをして20～30分煮る。

4 仕上げに味をみて塩（分量外）で調え、水溶き片栗粉でとろみをつける。食べる直前におろししょうがを落とす。

ウンブリア地方の玉ねぎスープ
玉ねぎを一晩水にさらし辛みを取り、すっきりした甘みに仕上げるのがコツ

玉ねぎ　3個
オリーブ油　大さじ2
バジル（乾）　小さじ½
トマト水煮缶詰　大1缶（約400ｇ）
湯　3カップ
固形スープの素　1個
塩　少々
こしょう　少々
卵　2個
粉チーズ　適量
フランスパン（薄切り）　適量

1 玉ねぎは縦半分に切り、繊維にそって薄切りにする。かぶるくらいの水に入れて一晩さらす。

2 鍋にオリーブ油とバジルを入れ、弱火にかける。香りがたったら水けをよくきった玉ねぎを加え、色がつかないように炒める。

3 しんなりしたら中火にしてトマトをつぶして加え、湯とスープの素も加えてかき混ぜる。フタをして弱火で20分煮る。味をみて塩、こしょうで調え、火を止める。

4 卵をとき、粉チーズ大さじ1を加えてよくかき混ぜ、**3**のスープをおたま2杯分加えて混ぜる。

5 **3**の鍋を再び火にかけ、フツフツして

きたら **4** を入れ、一気によくかき混ぜ、フタをして火を止める。
6 フランスパンをカリカリに焼く。パンは器に入れておいてスープを注いでもいいし、スープの上にのせてもいい。好みで粉チーズを振る。

え

雲片汁(うんぺんじる)
すいとんだねはとろみをつけた汁にヒラヒラと流し、雲のように浮いてきたらOK

 しめじ　1袋
 油揚げ　1枚
 すいとんだね
  ⎰小麦粉　1カップ
  ⎱水　⅔カップ
 だし汁　5カップ
 酒　大さじ1
 塩　小さじ1
 水溶き片栗粉
  ⎰片栗粉　大さじ1
  ⎱水　大さじ1
 細ねぎ(小口切り)　½カップ
 しょうが(すりおろし)　ひとかけ

1 しめじは石づきを切り落とし、小房に分ける。油揚げは湯で洗ってギュッとしぼり、1㎝幅に切る。
2 小麦粉と水をよく混ぜ合わせてやわらかいすいとんだねを作る。
3 だし汁を煮立ててしめじと油揚げを加え、酒と塩を加えて味を調える。
4 再びフツフツしてきたら、水溶き片栗粉でとろみをつけ、**2** のすいとんだねをスプーンですくいながらヒラヒラと流し入れる。
5 すいとんが雲のようにプカリと浮いてきたら出来上がり。椀に盛って細ねぎを散らし、おろししょうがを落とす。

エスニック風ピラフ
スパイシーな香り満点のピラフ。温かいご飯を加えてザッと混ぜ、パラリと仕上げる

 〈これは2人分〉
 温かいご飯　2人分
 合い挽き肉　100ｇ
 しょうが　少々
 にんにく　少々
 玉ねぎ　½個
 にんじん　5㎝
 マッシュルーム　½袋
 サラダ油　大さじ1
 A⎰塩　適量
  ｜こしょう　少々
  ｜シナモン　少々
  ｜カレー粉　小さじ1
  ｜トマトケチャップ　小さじ山盛り1
  ｜ウスターソース　小さじ1
  ⎱しょうゆ　小さじ½
 香菜(シャンツァイ)　適量

1 しょうが、にんにく、玉ねぎ、にんじんはみじん切りにし、マッシュルームは薄切りにする。
2 フライパンにサラダ油を熱し、すぐにしょうが、にんにくを炒め、挽き肉、玉ねぎ、にんじん、マッシュルームの順に次々加えて強火で炒める。
3 全体に油がまわったら、Aを加え混ぜ1〜2分弱火で炒めたら火を止める。
4 **3** に温かいご飯を加えて全体をよく混ぜる。器に盛り、ザク切りにした香菜をのせる。

エスニック・ミニ春巻き
サイズも味も、お酒にピッタリ

具
- 豚挽き肉　200 g
- にんにく（みじん切り）　ひとかけ
- 長ねぎ（みじん切り）　1本
- 春雨　50 g
- サラダ油　小さじ½
- 塩　小さじ½
- しょうゆ　適量

春巻きの皮　1袋
揚げ油　適量
エスニックだれ
- ナンプラー　大さじ1
- 米酢　大さじ1
- 砂糖　小さじ1
- 赤唐辛子（みじん切り）　1本

1 春雨は表示通りに戻し、3～4 cm長さに切る。

2 フライパンにサラダ油を入れて火にかけ、すぐににんにくと長ねぎを炒め、香りがたったら挽き肉も加えて強火で炒める。

3 肉に火が通ったら春雨を混ぜ、塩としょうゆで味をつける。皿などに取り、広げて冷ます。

4 春巻きの皮は十文字に切り、大さじ1杯くらいの目安で具をのせて包み、水溶き小麦粉（分量外）をつけて端をとめる。

5 低温（150～170度）に熱した揚げ油に入れ、じっくり揚げる。徐々に温度を中温（170～180度）に上げ全体がこんがり、カリッとなったらよく油をきり、器に盛りつける。

6 エスニックだれの調味料を合わせ、春巻きをつけて食べる。

春巻きの皮→ コラム参照

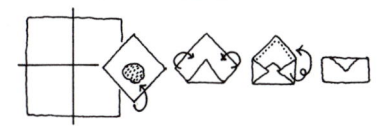

作り方 **4**

枝豆・小えび・玉ねぎの三色揚げ
たくさんゆでて残った枝豆も大変身

- ゆでた枝豆（豆のみ）　¾カップ
- 玉ねぎ　½個
- 小えび（無塩）　100 g
- 衣
  - 小麦粉　1カップ
  - 卵水（卵1個と水）　1カップ
- 揚げ油　適量

1 玉ねぎは1 cm角に切る。小えびは背ワタを取る。

2 卵と水を混ぜ、小麦粉を加えて混ぜ合わせる。玉ねぎ、小えび、枝豆を加えて混ぜ、全体に衣をからめる。

3 揚げ油を中温（170～180度）に熱し、**2** をスプーンですくって入れる。衣がしっかりしたら、ときどき返して空気にふれさせながら、カラリとなるまでじっくり揚げる。塩で食べても天つゆで食べてもおいしい。

卵水→ コラム参照

枝豆の塩ゆで
カツ代流はわずか1カップの水で塩ゆでに

- 枝豆　1わ
- 水　1カップ
- 塩　小さじ1

1 枝豆は枝から切り離し、さやつきのまま鍋に入れ、分量の水と塩を加えて全体をザッと混ぜる。

2 フタをして強めの火にかけ、5分ほどゆでる。ここで一度枝豆の上下をザッと混ぜて返し、再びフタをして1～2分ゆでる。食べてみて、もうちょっと、と思ったらフタをしてさらに1～2分ゆでる。

枝豆洋風ご飯
豆をバターで炒めたら、ご飯を混ぜるだけなのに本格的なおいしさ

〈これは2人分〉

えっぐ

温かいご飯　2人分
ゆでた枝豆(豆のみ)　½カップ弱
バター　大さじ1
塩　適量
こしょう　少々
しょうゆ　小さじ½

1 枝豆が冷凍の場合は、サッとゆでるか電子レンジで温めてから、豆を取り出す。
2 鍋にバターを入れて火にかけ、バターがとけたら枝豆を加えて中火で炒める。
3 豆がアツアツになったら塩、こしょうを振って火を止め、すぐにしょうゆを入れる。さらに温かいご飯を加えてザッと混ぜれば出来上がり。

エッグポテトサラダ
フォークでザクザクつぶすのがポイント

じゃが芋　2個
ゆで卵(固ゆで)　2個
きゅうりのピクルス　1本
ソース
　マヨネーズ　大さじ2
　トマトケチャップ　大さじ1
　牛乳　大さじ1

1 じゃが芋は2〜4つに切り、ヒタヒタの水でやわらかくゆでる。湯をきり、再び火にかけて残っている水分をとばし、熱いうちにフォークであらく一口大につぶす。
2 ゆで卵もフォークであらくつぶし、ピクルスはみじん切りにする。
3 混ぜ合わせたソースを大さじ1〜2くらい取っておき、じゃが芋、ゆで卵とピクルスの順に加えて混ぜる。
4 器に盛り、取っておいたソースをかける。

江戸っ子丼
大根おろしをたっぷり、が大好評

まぐろ赤身(刺身用)　4人分
大根おろし　1〜1½カップ
細ねぎ(小口切り)　適量
しょうゆ　適量
温かいご飯　4人分

1 大根おろしは細かめのザルにのせ自然に水けをきる。
2 温かいご飯を盛り、刺身の片面にしょうゆをつけてのせる。大根おろしをたっぷりのせ、細ねぎを散らす。しょうゆをかけて食べる。

えのき粥
えのき茸とお麩のツルリ感がおかゆと合います。手毬麩で美しさを演出

米　1カップ
水　5カップ
えのき茸　大1袋
手毬麩(小さいもの)　適量
塩　小さじ1
湯　1カップ
青のり　適量

1 米は洗って水けをきる。
2 手毬麩は水で戻しておく。えのき茸は石づきを切り落とし、3㎝長さに切ってほぐす。
3 厚手の鍋に米、分量の水を入れて中火にかける。フツフツしてきたらえのき茸を加え、再びフツフツしてきたら弱火にし、フタをして25〜30分炊く。仕上がり際に手毬麩を加えて煮る。
4 炊き上がったら塩、湯1カップを加えて水でぬらした箸で切るように混ぜ、フタをして火を止める。
5 器に **4** を盛り、青のりを振る。

えび入りスープ餃子
肉だねの上にえびをのせて包む。食欲をそそるえびの赤が透けて見栄えよし

ゆでえび　10尾
片栗粉　小さじ1強
具

```
┌ 豚挽き肉   150ｇ
│ 長ねぎ(みじん切り)   5㎝
│ しょうが汁   ひとかけ分
│ 塩   小さじ½
└ ごま油   少々
```
餃子の皮   1袋
グリーンアスパラガス   1わ
にんじん   5㎝
レタス   3～4枚
長ねぎ   1本
スープ
```
┌ 水   7カップ
│ 固形スープの素   1個
│ 酒   大さじ2
│ 薄口しょうゆ   大さじ1
│ 塩   少々
└ こしょう   少々
```
ごま油   少々

1 えびは殻と尾を取り、2～3つのそぎ切りにし、片栗粉を薄く全体にまぶす。
2 具の材料はよく混ぜ合わせる。
3 アスパラガスは根元のかたい部分を1㎝切り落とし、軸の下のほう⅓～½をピーラーで薄く皮をむき、長さを3等分に切る。
4 にんじんは縦2つに切り、薄い短冊切りにする。レタスは大きめの一口大にちぎる。長ねぎは4～5㎝長さの白髪ねぎにする。
5 餃子の皮の手前に具を小さじ1ほどのせ、上にえびをのせる。上半分の皮の縁に水をぬり、ぴったりはり合わせて包み、真ん中に一つひだを寄せる。残りも同様に包む。
6 スープの材料とにんじんを強火にかけ、フツフツしてきたら **5** の餃子を入れ、続いてアスパラガスも加えて中火で煮る。
7 5～6分たち餃子に火が通ってきたら味をみて塩で調え、レタスを加えてひと煮立ちさせ、火を止める。ごま油を落とし、スープごと盛り、白髪ねぎを散らす。

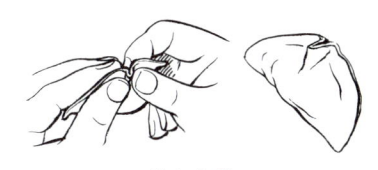

作り方 **5**

えびうま煮
おせちにもお弁当にもよし。殻つきのまま煮汁につけておくのがおいしくするコツ

えび   20尾
酒   大さじ4
みりん   大さじ2
しょうゆ   大さじ2

1 えびは殻つきのまま背ワタを取る。
2 鍋にえびを入れ、酒、みりん、しょうゆを加え、フタをして中火強の火加減で煮る。途中ときどき返しながら、5分煮る。
3 煮上がったら火を止め、あら熱が取れたところで尾を残して殻をむき、煮汁に戻し再び火にかける。フツフツしてきたら火を止め、そのまま味を含ませる。

えび→ コラム参照

えびサラダ
冷やしておいしいライトなマヨネーズ味

ゆでえび   12尾
きゅうり   2本
塩   少々
ソース
```
┌ マヨネーズ   大さじ2
│ 水   大さじ1
│ 砂糖   小さじ½
└ こしょう   少々
```
レモン(くし形切り)   4切れ

1 きゅうりは縦にシマシマに皮をむき、斜め薄切りにする。ゆでえびは尾を残して殻をむく。
2 ソースは記載順に混ぜ合わせる。

えび

3 皿にきゅうりを敷き、塩をパラパラッと振ってえびをのせ、冷蔵庫で冷やす。食べるときにソースをまわしかけ、レモンをしぼって食べる。

作り方3

えびじゃがクリーム

純乳脂肪の生クリームを使うこと。簡単で上等なオードブルに変身

　　ゆでえび　10尾
　　じゃが芋　3個
　　生クリーム　1カップ
　　カレー粉　小さじ1
　　塩　適量
　　パセリ(みじん切り)　少々

1 じゃが芋は1cm厚さの半月切りにし、ヒタヒタの水でやわらかくゆでる。湯をきり、塩少々を振って再び火にかけて余分な水分をとばし、冷ます。

2 えびは殻をむき、2つにスライスする。

3 生クリームにカレー粉、塩小さじ¼を加え、泡立て器できれいに混ぜ、じゃが芋とえびを加えてサッとからめる。

4 器に盛り、パセリを振る。

えびしんじょの吸いもの

すり鉢ですらなくても、えびは包丁で十分たたけばねっとり

　　えびしんじょのたね
　　　むきえび(無塩)　100g
　　　卵白　½個分
　　　片栗粉　大さじ1～2
　　　塩　少々
　　　酒　少々
　　　しょうが汁　少々
　　ゆば(乾)　適量
　　だし汁　4カップ
　　A　酒　大さじ1
　　　　塩　小さじ½
　　　　薄口しょうゆ　小さじ1
　　三つ葉　4本

1 むきえびは背ワタを取って細かく刻み、包丁でよくたたいては身をなでつけてすり身状にする。

2 ゆばは表示通りに戻す。

3 しんじょの材料をすべてよく混ぜ合わせ、4等分にして丸める。熱湯で中までしっかり火を通してゆで、水けをきる。

4 だし汁を火にかけ、フツフツしてきたらAの酒、塩、薄口しょうゆを加え、ひと煮立ちさせる。火を止め、ここに三つ葉をサッとくぐらせ結ぶ。

5 椀に3のえびしんじょとゆばを盛り、三つ葉を添え、4の汁を注ぐ。

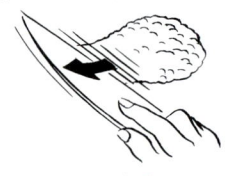

作り方1

えび玉

かにより手軽、お総菜向き。白いご飯によく合います

　　むきえび　150g
　　卵　6～7個
　　しょうが(千切り)　少々
　　長ねぎ(みじん切り)　5cm
　　塩　小さじ½
　　しょうゆ　小さじ1
　　ごま油　大さじ2

1 卵はとき、しょうが、長ねぎ、塩、しょうゆを加え、泡立てないようにしてよく混ぜる。

2 中華鍋を十分に熱してごま油を入れ、

強めの中火でえびを炒める。

3 えびに火が通ったら **1** の卵液を一気に加え、鍋をゆすりながら焼く。うっすらと色づいたら、大きくかき混ぜながらまとめるようにして裏返し、少しやわらかいうちにふんわり焼き上げ火を止める。

えび天おろし煮
残ったえび天もこれでリメイク。煮すぎない。強火でパァーッと一気に仕上げます

〈これは1人分〉
えびの天ぷら　2本
しし唐辛子　3～4本
大根おろし　⅓カップ
煮汁
- だし汁　⅓カップ
- みりん　小さじ2
- しょうゆ　小さじ2
- 酒　小さじ1

1 大根おろしは軽く水けをきる。しし唐辛子はヘタを少し残して切り落とす。

2 煮汁を強めの中火にかけ、フツフツしたらえびの天ぷらとしし唐辛子を加えてひと煮する。

3 強火にし、えびの上に大根おろしをのせ、そのままふたをして30～60秒煮る。

4 大根おろしをくずさないように器に移して盛りつけ、しし唐辛子を添え、煮汁はまわりにそっと注ぎ入れる。

えびと青じそのパスタ
夏向き、サラダ仕立てのスパゲティ

〈これは2人分〉
スパゲティ　150～200g
ゆでえび　8～10尾
マッシュルーム　3～4個
ミニトマト　8～10個
A
- オリーブ油　大さじ2
- 塩　小さじ½
- こしょう　少々
- にんにく(すりおろし)　少々

青じそ　½～1わ

1 スパゲティは表示通りにゆでる。

2 ゆでえびは殻をむき、身を2つにスライスする。マッシュルームは石づきを切り落とし、縦に薄切りにする。ミニトマトはヘタを取り2つに切る。青じそは縦2つに切ってから千切りにする。

3 大きめのボウルにA、マッシュルーム、ミニトマトを合わせ、ゆでたてのスパゲティ、ゆでえびを加える。全体をササッと混ぜ合わせ、半量の青じそも加え味をみて塩、こしょうで調える。盛りつけ、残りの青じそを散らす。

えびとかぶの葉クリーム
かぶの葉はこうなると立派な緑の野菜です

ゆでえび　8尾
かぶの葉　適量
A
- 生クリーム　½カップ
- カレー粉　小さじ½
- 塩　小さじ½弱

レモン(くし形切り)　適量

1 かぶの葉は熱湯でほどよくゆで、ザルに取り、広げて風通しがいいところで冷まし、1cm長さに切る。

2 ゆでえびは厚みが半分になるように2つに切る。

3 ボウルにAの生クリーム、カレー粉、塩を入れて泡立て器で混ぜ、ゆでえび、かぶの葉の順に加え、サッとあえる。

4 器に盛り、レモンを添え、各自しぼって食べる。

えびとかぼちゃの煮もの
ウワーッと手早く煮上げ、火を止めたら、そのまましばらくおいて余熱で仕上げる

ゆでえび　8尾
かぼちゃ　小¼個(約250g)
煮汁

えび

```
｛ 水　1½カップ
　薄口しょうゆ　大さじ1
　酒　大さじ2
```

1 ゆでえびは殻をむく。
2 かぼちゃは一口大に切って、ところどころ皮をむく。
3 鍋に煮汁の材料と、なるべく重ならないようにかぼちゃを皮を下にして並べる。えびを上にのせる。フタをして強めの中火にかけ、途中でときどき煮汁をかけながら約10分煮て火を止める。フタをしたまま、しばらくおいて味を含ませる。

えびとカリフラワーのエスニック風
強火で一気に仕上げる。ピリ辛党は赤唐辛子を加えて、本格タイ料理に

えび(ブラックタイガー)　8〜12尾
カリフラワー　小1個
しょうが　小ひとかけ
煮汁
```
｛ 水　1カップ
　塩　小さじ1弱
　はちみつ　大さじ山盛り1
　レモン汁　½個分
```

1 えびは殻をむいて尾も取りのぞき、3つくらいに切る。
2 カリフラワーは小房に切り分ける。しょうがは皮ごと薄切りにする。
3 鍋の中を水でザッとぬらし、えび、カリフラワー、しょうがを入れて、煮汁の材料もすべて加える。表面を平らにしてフタをし、ごく強火にかける。
4 そのまま5分ほど煮たら、一度かき混ぜ、カリフラワーがやわらかくなったら、出来上がり。

えびと小柱のスープ粥(がゆ)
ちょっとぜいたくなスープ粥。えび、小柱のどちらかでもおいしくできます

白粥
```
｛ 米　1カップ
　水　5カップ
　湯　1カップ
```
スープ　4カップ
ゆでえび　小10尾
小柱　200g
柚子の皮　適量
三つ葉　適量

1 白粥を作る。厚手の鍋に、分量の水と米を入れ、少しずらしてフタをし、中火にかける。フツフツしてきたら弱火にし、フタをして25〜30分炊く。
2 炊き上がったら熱い湯1カップを加えて、水でぬらした菜箸で切るようにして混ぜ、火を止める。きっちりフタをして5分蒸らす。
3 ゆでえびは殻をむき、1cmのコロコロに切る。三つ葉は2cm長さに切る。
4 別鍋にスープを入れ、中火にかける。フツフツしてきたら小柱、ゆでえびの順に加え、5分ほど煮る。
5 器に白粥をよそい、アツアツの **4** のスープを注ぎ、薄くそいだ柚子の皮、三つ葉を散らす。

スープ→家庭でできるスープ／チキンスープ(基本)／チキンスープ(中国風)

えびと里芋のあっさり煮
えびから出るだしがきいて上品な煮ものに。おせち料理にもOK

えび　8尾
里芋　300〜400g
煮汁
```
｛ 酒　大さじ2
　薄口しょうゆ　大さじ1
　えびのゆで汁　1½カップ
```

1 里芋は上下を少し切り落とし、ヒタヒタの水を加えて火にかける。グラグラと煮立ったら1〜2分そのままゆでてザルにあげる。あら熱が取れたら皮をむき、大きな

ものは2つに切る。
2 えびはサッとゆでて殻をむく。ゆで汁は取っておく。
3 鍋の中を水でぬらし里芋とえびを入れ、煮汁の材料を加え、フタをして強めの中火にかける。フツフツしてきたら弱めの中火にし、15分前後コトコトと煮る。
4 里芋がやわらかくなったらフタをして火を止め、5分ほど余熱で味を含ませる。器に汁ごと盛って、あれば柚子の皮をすりおろしてもおいしい。

えびとセロリのサンドイッチ
オードブルにもおすすめ

〈これは2人分〉
食パン（10枚切り）　4枚
バター　適量
マスタード　適量
ゆでえび　5尾
セロリ　½本
マヨネーズ　大さじ1

1 パンにバターをぬり、そのうち2枚にマスタード少々をぬる。2枚1組にしてかたくしぼったぬれ布巾をかけておく。
2 ゆでえびは殻をむき、身を薄く2枚にそぐ。
3 セロリはすじを取って斜め薄切りにし、マヨネーズであえる。
4 マスタードをぬったパンにセロリとえびをのせ、バターをぬったパンをかぶせる。軽く押さえてから食べよい大きさに切る。

えびとセロリのジンジャーサラダ
しょうが風味の甘酢でさっぱりと

えび　5～6尾
セロリ　大1本
セロリの葉　適量
A｜米酢　小さじ2
　｜砂糖　小さじ1
　｜塩　小さじ½
　｜しょうが汁　小さじ½

1 えびは背ワタがあれば取り、塩少々（分量外）を加えた湯でゆでる。あら熱が取れたら殻をむき、厚みを半分に切り、水けをふく。
2 セロリはすじを取り、7～8cm長さに切ってから縦に薄切りにし、葉は細かく刻む。一緒に水に入れてパリッとさせ、水けをよくきる。
3 ボウルにAを混ぜ合わせ、えび、セロリの順に加えて混ぜる。

えびとセロリのピラフ
セロリの香りと歯ざわりが際立って美味

〈これは2人分〉
温かいご飯　2人分
ゆでえび　5～6尾
セロリ　½本
バター　大さじ1
塩　適量
こしょう　少々

1 ゆでえびは殻をむき、コロコロに切る。セロリはすじを取り、えびより小さく切り刻む。
2 バターを中火にかけてとかし、えびとセロリを加えてひと混ぜし、塩、こしょうを加え、全体がアツアツになるまで炒め、火を止める。
3 温かいご飯と **2** を混ぜ、ご飯を切るようにして全体にザッザッと混ぜ込む。

えびとなすのフリッター
衣も中もふんわりソフトな口あたり。なすの他にズッキーニもおすすめ

えび　12尾
小麦粉　適量
なす　2本
衣
　｜小麦粉　1カップ

えび

```
卵　1個
牛乳　¾カップ
```
揚げ油　適量
塩　適量
こしょう　適量

1 えびは背ワタがあれば取り、殻をむく。
2 なすは縦にシマシマに皮をむき、2㎝厚さの輪切りにし、海水くらいの塩水(分量外)に入れて5分くらいおく。
3 衣の材料は泡立て器でよく混ぜる。
4 えびは水けをふき、薄く小麦粉をまぶす。なすも水けをよくふく。
5 揚げ油を中温(170〜180度)に熱し、えびとなすに **3** の衣をたっぷりつけて油に入れ、衣がふくらんで色づくまで中火で揚げる。
6 器に盛り、塩、こしょうを振る。好みでトマトケチャップ、タバスコ、マスタードなどで食べてもいい。

えびと春野菜のサッと煮
素材のうまみが生きるから、だし汁も下ゆでもなし

ゆでえび　10〜12尾
グリーンアスパラガス　1わ
カリフラワー　½個
水　2カップ
塩　適量
こしょう　適量
バター　小さじ1

1 ゆでえびは殻をむく。アスパラガスは根元のかたい部分を1㎝切り落とし、軸の下のほう⅓〜½のかたい部分の皮をピーラーで薄くむき、長さを4等分に切る。カリフラワーは小房に切り分ける。
2 鍋に **1** を入れ、水をヒタヒタに加え、塩小さじ1弱を加える。フタをして強火にかけ、フツフツしたら中火にして7〜8分煮る。
3 味をみて塩、こしょうで調え、火を止めてバターを落とす。

えびと野菜のグラタン
生クリーム入りのちょっと濃厚なホワイトソースがぴったり

えび　12〜16尾
カリフラワー　大1個
マッシュルーム　1袋
サラダ油　大さじ1
バター　大さじ1
小麦粉　大さじ5
えびのゆで汁　2カップ
牛乳　1½カップ
生クリーム　1カップ
塩　適量
こしょう　少々
バター　適量

1 えびは背ワタがあれば取り、2½カップの湯(分量外)で殻ごとゆでる。あら熱が取れたら殻をむき、ソースに使うゆで汁は取っておく。
2 カリフラワーは小房に切り分ける。熱湯に塩をひとつまみ加え、カリフラワーをゆでる。
3 マッシュルームは縦4つ割りにする。
4 サラダ油とバターを中火にかけ、マッシュルームをサッと炒める。弱火にして小麦粉を振り入れ、粉っけがなくなるまで1〜2分よく炒める。火を止め、えびのゆで汁を½カップずつ加えてはときのばす。
5 再び弱火をつけ、鍋底をゆっくりかき混ぜながらとろっとなるまで煮る。牛乳を一度に加えて軽く混ぜ、フタを少しずらしてのせて15分くらい煮る。途中、ときどきかき混ぜる。
6 生クリームを加え、軽くかき混ぜながら火を通す。フツフツしてきたら塩をパラリ、こしょうをパッパッと振って火を止める。
7 ソースにえびとカリフラワーを入れて

軽くからめる。中を水でぬらした耐熱容器に入れ、表面を軽く整え、バターを点々と散らす。オーブンに入れ、200度にセットして15分前後焼く。焼き色がついてフツフツしたら取り出す。

えびの簡単チリソース
殻つきえびだから香ばしさ満点！　材料や調味料を準備し、一気に炒める

えび　16～20尾
きゅうり　2本
長ねぎ(みじん切り)　10cm
にんにく(みじん切り)　ひとかけ
しょうが(みじん切り)　ひとかけ
チリソース
┌ 酒　大さじ2
│ しょうゆ　大さじ2
│ トマトケチャップ　大さじ1
│ 砂糖　大さじ1
│ 豆板醤　小さじ½～1
└ ごま油　小さじ1
ごま油　大さじ1

1 えびは殻をつけたまま背ワタを取り、きゅうりは長めの乱切りにする。
2 チリソースの調味料を合わせておく。
3 中華鍋にごま油大さじ1を熱して強火でえびを炒め、フタをして蒸し焼きにする。完全に火が通ったら、いったん器に取り出す。
4 **3**の鍋にサラダ油(分量外)を少したし、弱火で長ねぎ、にんにく、しょうがを炒める。香りがたったら、**2**のチリソースを入れて強火にする。
5 とろっと煮立ったところに**3**のえびを戻し、**1**のきゅうりも加え、強火で味をからめるように一気に炒め合わせ、すぐ器に移す。

えびの吸いもの
昆布とかつお節でだしをとれば最高の味！

ゆでえび　4尾
しめじ　½袋
かまぼこ　4cm
だし汁　4カップ
A ┌ 酒　大さじ1
　│ 塩　小さじ½
　└ しょうゆ　小さじ1
三つ葉　少々
柚子の皮　少々

1 ゆでえびは殻を取り、しめじは石づきを切り落として小房に分ける。かまぼこは1cm厚さに切る。三つ葉は2cm長さに切る。
2 だし汁を火にかけ、ゆでえびとしめじを入れる。煮立ってきたら火を弱め、Aの酒、塩、しょうゆで調味し、味をみてたりないようなら塩少々(分量外)をたす。
3 椀にかまぼこ、えび、しめじを入れ、**2**のだし汁を注ぎ、三つ葉と薄くそいだ柚子の皮をヒラリ。

えびの本格チリソース
殻をはずして揚げ、チリソースを一気にからめて仕上げる

えび　20尾
片栗粉　適量
揚げ油　適量
ごま油　大さじ1
にんにく(みじん切り)　ひとかけ
しょうが(みじん切り)　ひとかけ
長ねぎ　20cm
チリソース
┌ 酒　大さじ2
│ しょうゆ　大さじ2
│ トマトケチャップ　大さじ1
│ 砂糖　大さじ1
└ 豆板醤　小さじ1
〈付け合わせ〉
ゆでグリンピース　山盛り1カップ

1 長ねぎは外側を白髪ねぎにして、芯の

部分をみじん切りにする。チリソースの調味料も混ぜ合わせておく。
2 ゆでグリンピースを、水けをきって器に広げるように敷いておく。
3 えびは尾だけ残して殻をむき、片栗粉をまぶす。揚げ油を中温（170〜180度）に熱し、えびをカラリと揚げる。
4 中華鍋にごま油を入れてすぐににんにく、しょうが、みじん切りにした長ねぎを加え、中火で焦がさないように炒める。香りがたったら揚げたえびを入れ、チリソースの調味料を一度に加える。強めの中火で全体を混ぜながら味をからませる。
5 再びフツフツしたら火を止め、**2** の器のグリンピースの上に盛りつけ、さらに **1** の白髪ねぎを飾る。

えびのライスグラタン
シンプルだから、とろ〜りまろやか！
　ご飯　4人分
　えび　12〜15尾
　マッシュルームスライス缶詰　小1缶
　小麦粉　大さじ4
　牛乳　3カップ
　えびのゆで汁　¾カップ
　塩　小さじ½
　こしょう（できれば白）　少々
　バター　適量
　粉チーズ　大さじ4

1 えびは背ワタがあれば取り、ゆでる。あら熱が取れたら殻をむき、1㎝のコロコロに切る。ゆで汁も取っておく。
2 マッシュルームは実と汁に分けておく。
3 鍋に3㎝角のバターを入れて火にかけ、えびとマッシュルームを炒める。全体に油がまわったら、弱火にして小麦粉を振り入れ、粉っけがなくなるまで1〜2分ほど炒める。
4 火を止め、牛乳½カップを加えて泡立て器で混ぜる。なめらかにときのばしたら、残りの牛乳とえびのゆで汁、マッシュルームの缶汁も加えて混ぜる。
5 中火をつけ、ときどき鍋底をかき混ぜながらとろみがつくまで煮る。味をみて塩、こしょうで調える。
6 ご飯はバター少々で軽く炒める。
7 中を水でぬらした耐熱容器に **6** のバターライスを入れ、**5** のホワイトソースをかけてバター適量を点々とのせ、粉チーズを振りかける。オーブンに入れ、250度で10〜20分焼く。

えび春巻き
暑い季節に向く、エスニックな香りと辛み
　えび　10尾
　しし唐辛子　10本
　青じそ　10枚
　しょうが（千切り）　適量
　細ねぎ　適量
　春巻きの皮　10枚
　水溶き小麦粉
　　小麦粉　大さじ2
　　水　大さじ2弱
　揚げ油　適量
　エスニックだれ
　　豆板醤　小さじ1
　　長ねぎ（みじん切り）　大さじ山盛り1
　　薄口しょうゆかナンプラー　大さじ1
　　米酢　大さじ1
　　水　大さじ1
　　砂糖　小さじ½〜1
　　ごま油　少々

1 えびは殻をむき、背ワタがあれば取る。丸まらないように腹に3カ所切りめを入れてそらし、水けをふく。
2 しし唐辛子はヘタを切り落とす。細ねぎはえびの長さに合わせてブツ切りにする。

3 春巻きの皮に青じそをのせ、上にえび、しし唐辛子、しょうが、細ねぎをのせる。皮を手前、左右とかぶせ、巻き終わりがくっつくように水溶き小麦粉をぬり、クルクルと包んで閉じる。

4 揚げ油を低温(160度)に熱し、**3**の巻き終わりを下にして入れ、色があまりつかないうちに一度返す。ときどき返しながら、徐々に温度を上げ全体がこんがりカラリとなるまでじっくり揚げる。混ぜ合わせたエスニックだれをつけて食べる。

作り方 **3**

えびフライ
揚げても丸まらない手法を覚えましょう

　えび　大12尾
　衣
　　　小麦粉　適量
　　　とき卵　1個分
　　　パン粉　適量
　揚げ油　適量
　レモン　適量
　〈付け合わせ〉
　千切りキャベツ　適量
　ミニトマト　適量

1 えびは尾を残して殻をむき、背ワタがあれば取る。腹側に横に3〜4カ所切りめを入れ、切りめのところを背側にプチッと音がするまでそらしておく(これで丸まらなくなる)。

2 水けをよくふき、小麦粉、とき卵、パン粉の順で衣をつける。

3 中温(170〜180度)に熱した揚げ油に入れ、中火でじっくり揚げる。衣が落ち着いて薄く色づいたら返し、ときどき空気にふれさせながらこんがりカリッと揚げる。千切りキャベツとミニトマトを添え、レモンをしぼって食べる。マヨネーズやタルタルソースで食べてもおいしい。

作り方 **1**

えびマカロニグラタン
ソースの作り方やマカロニと混ぜない焼き方など、カツ代流はおいしさの工夫あり

　マカロニ　200ｇ
　えび　10〜12尾
　マッシュルームスライス缶詰　小1缶
　バター　大さじ2
　小麦粉　大さじ4
　牛乳　2カップ
　えびのゆで汁　1カップ
　塩　小さじ½弱
　こしょう　少々
　生クリーム　½カップ
　粉チーズ　大さじ山盛り4
　バター　適量

1 マカロニはたっぷりの湯に塩少々(分量外)を加え、袋の表示通りにゆでる。

2 えびは殻、背ワタ、尾を取りのぞき、小さく角切りにして、塩少々(分量外)を加えた熱湯でゆでる。ゆで汁は1カップほど取っておく。

3 マッシュルームは缶汁と実に分けておく。

4 ホワイトソースを作る。鍋にバターを入れて火にかけ、バターがとけたらえびとマッシュルームを中火で炒める。全体に油がまわったら、弱火にして小麦粉を振り入れ、粉っぽさがなくなるまで1〜2分炒める。

5 いったん火からおろして、牛乳を½カップ加え混ぜ、さらにえびのゆで汁と **3** の缶汁も加えて混ぜる。残りの牛乳も一気に加え、再び火にかけ、木ベラで混ぜながらとろみがつくまで弱火で15～20分ほど煮る。塩、こしょうで調味し、仕上がり際に生クリームを加えて火を止める。

6 グラタン皿の中を水でザッとぬらし、ホワイトソースを少し流してから、マカロニを入れ、さらにたっぷりとソースをかける。上から粉チーズを振り、バターを少しずつちぎってのせる。

7 6 を250度のオーブンで約10～20分焼く。全体がフツフツして、表面にこんがりと焼き色がついたら出来上がり。

マカロニグラタン→ コラム参照

エレカントマフィン
カリフォルニアにあるエレカントホテルの人気メニューを作りやすくアレンジ

〈これは2人分〉
イングリッシュマフィン　2個
バター　適量
卵　2個
A ┌ 粉末ポタージュの素　大さじ1
　├ 牛乳　¾カップ
　├ こしょう　少々
　└ マスタード　小さじ½～1

1 マフィンは厚みを半分に切り、カリッとトーストし、冷めないようにしておく。
2 卵は目玉焼きにする。
3 鍋の中を水でぬらし、ポタージュの素、牛乳、こしょうを入れて混ぜ、中火にかける。フツフツしたら、混ぜながら1～2分煮、火を止めてマスタードを混ぜる。
4 マフィンの片面に薄くバターをぬり、目玉焼きをのせ、皿に盛る。目玉焼きの上から **3** をかけ、残りのマフィンを少しかぶせるようにしてのせる。フォークとナイフで切って食べる。

焼いたパンの保温→ コラム参照

お

おいなりさん
油揚げはていねいにじっくり煮て、すし飯はふわっと詰めましょう

米　2カップ（2合）
昆布　10㎝
合わせ酢
┌ 米酢　70cc
├ 砂糖　大さじ1
└ 塩　小さじ1弱
油揚げ　8枚
煮汁
┌ だし汁　1½カップ
├ みりん　大さじ2
├ 砂糖　大さじ2～3
└ しょうゆ　大さじ3～4
練り辛子(好みで)　適量
紅しょうが(好みで)　適量

1 米はふつうに水加減し、昆布を加えてふつうに炊き、合わせ酢を混ぜてすし飯を作る。
2 油揚げは半分に切り、1枚ずつめん棒などを転がして軽くのし、パンパンとたたいてから、空気を入れて袋状にはがす。豆腐屋さんで頼めばはがしてくれるところもある。
3 たっぷりの熱湯に油揚げを入れ、10～15分ゆでる。水に取って静かによく洗い、口を下にしてそっと軽く水けをしぼる。

4 煮汁を火にかけ、フツフツしたら油揚げを加え、フタをして中火で汁けがなくなるまで煮る。油揚げの大きさによって砂糖としょうゆは増減する。煮汁につけたまま冷まして味を含ませ、汁けをよくきる。

5 すし飯を16等分し軽く握り、油揚げに詰める。口を折り込むようにたたむ。練り辛子と紅しょうがを添えて盛る。おいなりさんには辛子がよく合う。

おいなりさんの油揚げ→ コラム参照

作り方 **3**

オイルサーディンとごぼうのマリネ
缶汁をそのままマリネ液に利用するから、風味豊か

オイルサーディン缶詰　1缶
ごぼう　30cm
A ┌ レモン汁　大さじ1
　├ 塩　小さじ½
　└ 黒こしょう　適量
バジル(乾)　少々

1 ごぼうは皮をたわしでゴシゴシ洗うか、包丁の背でこそぎ落とし、4〜5cm長さの細切りにして5〜10分水にさらす。オイルサーディンは身と汁に分けておく。

2 鍋にごぼうとかぶるくらいの水を入れ、火にかける。フタをしてゆで、やわらかくなったらザルにあげて水けをきり、あら熱を取る。

3 **1**の缶汁½〜1缶分とAを混ぜ合わせておく。

4 **3**にごぼうとオイルサーディンを漬け込む。30分以上漬ければ食べられるが、冷蔵庫で一晩おくと、よりおいしい。器に盛り、食べるときにバジルをパラリと散らす。

オイルサーディンのチーズ焼き
缶をそのまま器にし、こっくり焼き上げる

オイルサーディン缶詰　2缶
とけるチーズ　½カップ

1 オイルサーディンの缶を開け、余分なオイルをきり、上にとけるチーズを散らす。

2 **1**を250度のオーブンに入れ、おいしそうな焼き色がつくまで10分くらい焼く。

3 缶ごとプレートなどにのせるか、缶から出して器に盛る。

オイルサーディンのトマト煮
煮るのは5分！　夏野菜がたっぷり

オイルサーディン缶詰　2缶
トマト(完熟)　4個
ピーマン　4個
にんにく　ひとかけ
塩　小さじ½
こしょう　たっぷり
タバスコ(好みで)　適量

1 トマトは皮を湯むきし、縦2つに切り、5mm厚さの薄切りにする。ピーマンは細切りにする。にんにくは薄切りにする。

2 鍋の中を水でぬらし、オイルサーディンを缶汁ごと入れ、にんにく、ピーマン、トマトの順に重ね入れる。上から塩をパラパラ振り、こしょうを振る。

3 フタをして強めの中火にかけ、5分くらい煮る。好みでタバスコを。

大急ぎのしょうが焼き
大家族向きの作り方。このやり方なら大量でも均一においしく仕上がります

豚肩ロース薄切り肉　400g
サラダ油かごま油　大さじ1
しょうが　ひとかけ
酒　大さじ2

しょうゆ　大さじ2
　　みりん　小さじ2

1 フライパンか中華鍋にサラダ油かごま油を熱し、豚肉を次々と入れて強火で焼くように炒める。豚肉は切り落としでもおいしい。

2 肉に完全に火が通ったら、油をきりながら肉をいったん皿に取り、火を止める。

3 2の鍋に直接しょうがをすりおろし、さらに酒、しょうゆ、みりんを加えて再び火にかける。

4 フツフツと少し煮詰めてから肉を戻し、好みでこしょうを振り強火で一気に味をからめて器に盛る。

大阪風あったか宝うどん
焼き豚におろししょうがは忘れずに。つゆが昆布かつおだしなら、いうことなし

　〈これは2人分〉
　ゆでうどん　2人分
　焼き豚　50g
　長ねぎ　1本
　うどんのつゆ
　┌だし汁　3½カップ
　│薄口しょうゆ　大さじ1½
　│酒　大さじ1
　│みりん　大さじ½
　└塩　小さじ½
　しょうが(すりおろし)　適量

1 焼き豚はかたまりなら2～3㎜厚さに薄切り、長ねぎは斜めに薄切りにする。

2 つゆを作る。鍋にだし汁と調味料を入れて中火にかけ、グラッときたら、ごく弱火にしておく。

3 ゆでうどんは袋の表示通りに中までしっかり温め、水けをきってどんぶりに入れる。

4 アツアツのうどんの上に焼き豚とねぎをのせ、アツアツのつゆをなみなみとかける。最後におろししょうがを添える。

大阪風→ コラム参照

大阪風さつま揚げ
手作りならではのソフトな風味！　ピリッときいた紅しょうがは必須材料

　いわし　8～10尾
　じゃが芋　1個
　卵白　1個分
　塩　小さじ½
　紅しょうが(千切り)　大さじ2
　揚げ油　適量

1 いわしは三枚におろして皮をむき、包丁で細かく刻んでから、すり鉢ですってすり身にする。ブレンダーを持っている人は使うと早い。

2 1のすり身に皮をむいたじゃが芋をすりおろし、さらに卵白と塩も加えて全体をよくすり混ぜる。最後に紅しょうがも加え混ぜる。

3 揚げ油を中温(170～180度)に熱し、たねをスプーンで大さじ1くらいずつすくって小判形にまとめながら、次々と油の中に入れ、中まで火を通してこんがり揚げる。

大阪風鍋
水ではなく、昆布と削り節でとっただし汁を使うのと、薬味使いが大阪流

　鶏もも肉　1枚
　えび　4尾
　はまぐり　4～8個
　平ゆば(乾)　2～3枚
　ごぼう　½本
　にんじん　½本
　白菜　5～6枚
　春菊　1わ
　生椎茸　4～8個
　ゆでうどん　2人分
　煮汁
　┌だし汁　5～6カップ
　│酒　大さじ3

薄口しょうゆ　大さじ1〜2
　　　砂糖　小さじ1
　　　塩　小さじ½〜1
　　七味唐辛子　適量
　　柚子の皮(千切り)　適量
　　細ねぎ(小口切り)　適量
　　しょうが(すりおろし)　適量

1 鶏肉は黄色い脂肪を取りのぞき、一口大に切る。えびは背ワタがあれば取り、殻をむく。はまぐりは殻をよく洗う。

2 ゆばは表示通りに戻す。

3 ごぼうはささがきにし、水に5〜10分さらす。にんじんは5〜6㎜厚さの輪切りにする。白菜の葉はザク切り、軸は繊維にそって縦に細切りにする。春菊は根元を少し切り落として2つに切る。生椎茸は石づきを切り落とし、2〜4つにさく。

4 土鍋に煮汁、水けをきったごぼう、白菜の軸、にんじん、はまぐりを入れて火にかけ、フツフツしてきたら鶏肉、えび、白菜の葉を加える。

5 アクが出たら取りのぞき、再びフツフツしてきたらゆば、生椎茸、春菊を加える。

6 煮えたものから七味唐辛子や柚子を薬味にして食べる。うどんは途中でも最後でも好きずきに加え、細ねぎとしょうがを薬味にして食べる。

オードブル5種
テーブルが一気に華やぎ、盛り上がる

　　いくらきゅうり
　　　　きゅうり　1本
　　　　いくら　50g
　　エッグカナッペ
　　　　卵　4個
　　　　玉ねぎ(みじん切り)　½個
　　　　塩　少々
　　　　レモン汁　小さじ1強
　　　　マヨネーズ　適量
　　　　キャビア(あれば)　大さじ山盛り2
　　ハムアスパラ
　　　　ロースハム　8枚
　　　　ホワイトアスパラガス缶詰　1缶
　　　　マヨネーズ　適量
　　サラミカナッペ
　　　　食パン(サンドイッチ用・白)　2枚
　　　　サラミソーセージ(細め)　適量
　　　　スライスチーズ　適量
　　　　きゅうりのピクルス　適量
　　　　バター　適量
　　サーディンカナッペ
　　　　食パン(サンドイッチ用・黒)　2枚
　　　　オイルサーディン缶詰　1缶
　　　　小玉ねぎ　3個
　　　　レモン(薄切り)　2枚
　　　　オリーブ　適量

〈**いくらきゅうり**〉

　きゅうりは長さを4等分に切り、それぞれ縦半分に切る。スプーンで種をきれいに取りのぞき、くぼみにいくらを形よく盛る。

〈**エッグカナッペ**〉

　卵は固ゆでにし、殻をむき、半分に切る。黄身を取り出したあと、白身はすわりのいいように底をほんの少し切り落とす。黄身をボウルに入れ、玉ねぎ、塩、レモン汁、マヨネーズを加え、黄身をつぶしながら混ぜ合わせる。なめらかになったら白身に詰め、あれば上にキャビアをのせる。

〈**ハムアスパラ**〉

　ハムにマヨネーズをちょっとぬり、ホワイトアスパラガスを1本のせてクルクルッと巻き、ようじを刺す。

〈**サラミカナッペ**〉

　食パンはトーストし、縦半分に切ってから横に3等分に切る。サラミとピクルスはパンと同じ枚数の薄切りにする。チーズはパンと同じくらいの大きさに切る。パンにバターをぬり、サラミ、チーズ、ピクルス

の順に重ねる。

〈サーディンカナッペ〉
　食パンはトーストし、縦半分に切ってから横に3等分に切る。小玉ねぎは薄い輪切りにする。オイルサーディンは缶汁をきる。レモンの薄切りは放射状に6等分にする。オリーブは2つに切る。パンに小玉ねぎ、サーディン、レモンの順に重ね、オリーブを飾る。

大鍋煮
大きい鍋でドカンと煮たい。肉と野菜から出るうまみだけで煮るから、だし汁いらず

　鶏もも肉　1枚
　里芋　300ｇ
　にんじん　1本
　大根　15㎝
　こんにゃく　1枚
　長ねぎ　1本
　煮汁
　　｛しょうゆ　大さじ3
　　　酒　大さじ3
　　　みりん　大さじ3
　　　水　適量

1 里芋は上下を少し切り落とし、皮ごとヒタヒタの水を加えて火にかける。グラグラと煮立ったら、1〜2分そのままゆでてザルに取る。あら熱が取れたら皮をむき、2つに切る。
2 にんじんは乱切り、大根は1㎝厚さの半月切りにする。こんにゃくはスプーンで一口大にこそぎ、長ねぎは2㎝長さのブツ切りにする。
3 鶏もも肉は黄色い脂肪を取りのぞき、一口大のコロコロに切る。
4 大鍋に煮汁の調味料を煮立てて鶏肉を入れ、しっかり味をつける。肉の色が変わり、煮汁が肉にコテッとからまったら、こんにゃく、にんじん、大根、里芋の順に加え、さらにヒタヒタの水を注ぐ。

5 フタをして中火で煮る。途中一度上下を返す。野菜がやわらかくなったら、長ねぎを加えて2〜3分煮、ザッと混ぜて火を止める。

おかずいり玉子
別名おばあちゃんのいり玉子。甘みをきかせて、弱めの中火でいる

　卵　4個
　A｛砂糖　大さじ1〜2
　　　みりん　小さじ1
　　　しょうゆ　少々
　　　塩　少々
　ごま油　小さじ½

1 卵は泡立てないようにしてよくとき、Aの調味料を加えて混ぜる。
2 厚手の鍋の中にごま油をぬり、弱めの中火にかけ、卵をジャッと入れる。すぐ4〜5本の箸でグルグルッとかき混ぜながらいる。
3 もうちょっといりたいなあ、というところで火を止め、クリックリッと混ぜ、すぐ器に盛る。

おかずかき玉汁
主菜にもなる汁もの。十分な栄養とボリューム

　卵　3個
　豚こま切れ肉　100ｇ
　しめじ　1袋
　かにかまぼこ　4本
　絹ごし豆腐　½〜1丁
　だし汁(濃いめ)　4カップ
　A｛塩　小さじ½
　　　薄口しょうゆ　大さじ1
　　　酒　大さじ1
　水溶き片栗粉
　　｛片栗粉　大さじ2
　　　水　大さじ2
　細ねぎ(小口切り)　適量

しょうが(すりおろし)　適量
1 卵はとく。しめじは石づきを切り落とし、小房に分ける。かにかまぼこは長さを半分に切り、ほぐす。
2 だし汁とAの調味料を合わせて強火にかけ、フツフツしたら豚肉を加える。肉の色が変わったらかにかまぼこ、しめじの順に加え、豆腐をスプーンで大きめの一口大にすくいながら加える。
3 再びフツフツしたら水溶き片栗粉を加える。とろみがついたら少し火を弱めて、卵をまわし入れフワリと固まってきたら、すぐフタをして火を止める。盛りつけて細ねぎを散らし、しょうがをのせる。

おかず粉ふき芋
しょうゆと揚げ玉をパラリで大変身
　　じゃが芋　3個
　　水　適量
　　しょうゆ　大さじ1
　　揚げ玉(天かす)　大さじ2

1 じゃが芋は一口大に切って鍋に入れ、ヒタヒタにかぶる程度の水としょうゆを加え、フタをして強火で煮る。
2 じゃが芋がすっかりやわらかくなったら揚げ玉を加え、フタをせずに鍋をゆすりながら火を通して粉をふかせる。

おかずサラダ
7種類の野菜に焼き豚が加わる、ボリュームサラダ
　　じゃが芋　2個
　　いんげん　100g
　　きゅうり　1本
　　にんじん　5〜6cm
　　玉ねぎ　½個
　　焼き豚　150g
　　A ┌ マヨネーズ　大さじ2〜3
　　　├ レモン汁　大さじ1
　　　└ マスタード　小さじ1
　　塩　適量
　　こしょう　適量
　　トマト　大1個
　　サラダ菜　5〜6枚

1 じゃがいもは一口大に切り、フタをしてヒタヒタの水でゆでる。やわらかくなったらゆで汁をあけ、再び強めの火にかけて水けをとばす。
2 いんげんはすじを取って2〜3つに切る。これを塩ひとつまみ加えた熱湯でゆでてザルにあげ、自然に冷ます。
3 きゅうりは輪切り、にんじんは細切り、玉ねぎは薄切りにし塩少々を振っておく。焼き豚は薄切りにして1cm幅に切る。
4 ボウルにAの材料を合わせ、野菜と焼き豚をあえる。味をみて塩、こしょうで調える。
5 器にサラダ菜を敷いておかずサラダを盛り、くし形に切ったトマトを添える。

おかゆ各種
→メニュー別索引〈おかゆ〉を参照

おかゆの基本
「コテッ」とした全がゆから、水加減して好みのおかゆをどうぞ
　　全がゆ(一般的)
　　　┌ 米　1カップ
　　　└ 水　5カップ
　　七分がゆ(どろっ)
　　　┌ 米　1カップ
　　　└ 水　7カップ
　　五分がゆ(とろとろ)
　　　┌ 米　1カップ
　　　└ 水　10カップ
　　三分がゆ(さらさら)
　　　┌ 米　1カップ
　　　└ 水　20カップ
　　塩　各少々

1 米はといで分量の水に15分ほど浸して

おから

おく。おかゆは水の量が多く、吹きこぼれやすいので、土鍋か深くて厚手の鍋でホトホト炊くのが一番。

2 鍋を強めの中火にかけ、沸とうしてきたらごく弱火にし、フタをして30〜60分くらいかけて炊く。途中で吹きこぼれるようなら、フタを少しずらす。

3 もし水分がたりなくなったら、熱湯(分量外)をたす。炊き上がったら、火からおろす直前に、塩で好みの味に調え、練らないように混ぜる。削り節や梅干しを添えてもおいしい。

おから(しっとりうの花)

具を煮た中におからを加え、しっとり仕上げる。おでんや魚の煮汁を使っても美味

　おから　1½カップ
　にんじん　3㎝
　干椎茸　2〜3枚
　煮汁
　┌ だし汁　1½カップ
　│ 薄口しょうゆ　大さじ1½
　│ 酒　大さじ1½
　└ みりん　大さじ1½
　細ねぎ　½わ

1 にんじんは細切りにし、干椎茸は戻して薄切りにする。細ねぎは小口切りにする。

2 鍋に煮汁とにんじん、干椎茸を入れて中火にかけ、2〜3分煮る。

3 **2**におからを加え、フタをして弱火で中まで5分ほど火を通し、仕上げはフタを取り、中火で焦げつかないようにいりつける。汁けがなくなり、しっとりと仕上がったら、**1**の細ねぎをたっぷり加えて混ぜ、火を止める。

おから(パラリうの花)

おからをよ〜くいってから具を加え、パラッと仕上げる

　おから　1½カップ
　にんじん　3㎝
　油揚げ　½枚
　干椎茸　2〜3枚
　こんにゃく　½枚
　煮汁
　┌ だし汁　1カップ
　│ 酒　大さじ1
　│ しょうゆ　大さじ1½
　└ 砂糖　小さじ2
　長ねぎ(小口切り)　½カップ

1 おからは水分が多いようなら布巾に包んでしぼる。

2 にんじんは細切りにする。油揚げは湯で洗ってギュッとしぼり、干椎茸は戻してからそれぞれ薄切りにする。こんにゃくは細切りにする。

3 鍋に煮汁とにんじん、油揚げ、干椎茸、こんにゃくを入れて中火にかけ、フツフツしたら火を弱めて2〜3分煮ておく。

4 別の鍋に**1**のおからを入れて火にかけ、焦げないように箸数本か泡立て器でカラカラといる。全体が熱くなり、カラリとしてきたら、**3**の具を煮汁ごと加えてまたいる。

5 味をみて酒、しょうゆ、砂糖(各分量外)をたし、長ねぎをドバッと入れて火を止める。ピリ辛が好みなら、一味唐辛子や七味唐辛子を加えても。

おから入りチキンバーグ

カレー風味のきのこソースが決め手。食べても、まずおからなんてわからない

　おから　2カップ
　鶏挽き肉　300ｇ
　里芋　5個
　塩　小さじ½
　こしょう　少々
　サラダ油　大さじ1強
　カレーソース

```
｛ 湯　1½カップ
　カレールウ　2かけ
　しょうゆ　小さじ1
　しめじ　2袋
```

1 里芋は皮ごと、竹串を刺してスッと通るくらいまでやわらかくゆで、水に取り、皮をむく。ボウルに入れ、熱いうちにマッシャーでよくつぶしておく。

2 1におから、鶏挽き肉、塩、こしょうを加えてよく混ぜる。手のひらにサラダ油少々（分量外）をつけ、たねを4等分してハンバーグ形にまとめる。

3 樹脂加工のフライパンにサラダ油を熱し、2を並べ入れ、中火で焼く。焼き色がついてきたら裏返し、2〜3分焼いたら熱湯をチキンバーグの半分ほどの高さまで注ぎ、フタをして強火にし、5分ほど蒸し焼きにする。竹串を刺してみて中までアツアツになっていればフタを取り、水分をとばしながら焼き、皿に盛る。

4 しめじは石づきを切り落とし、ほぐす。フライパンの汚れをザッとふき取り、湯、カレールウ、しょうゆを入れて煮とかし、しめじを加えて中火で煮る。しめじに火が通ったらアツアツのソースをチキンバーグにかける。

おからとしめさばの酢のもの

大阪の懐かしいお総菜。小鯛のささ漬けやあじの酢漬けで作っても

```
おから　1カップ
米酢　大さじ1
合わせ酢
｛ 米酢　大さじ1
　砂糖　大さじ1
　塩　小さじ½
しめさば（薄切り）　約200g
細ねぎ（小口切り）　½カップ
```

1 おからは熱湯でしっかりゆで、布巾を敷いたザルにあけて、アツアツのうちに米酢を振りかける。冷めたらそのまま布巾に包んで、ギュッとしぼる。

2 合わせ酢の調味料を混ぜ合わせ、1のおからを加えてあえる。

3 さらにしめさばも加えてザッとあえ、細ねぎも加えて混ぜる。

おから肉だんご

肉とおからの割合がベストだから、しっとりフカフカ

```
豚赤身挽き肉　300g
おから　1½カップ
卵　1個
塩　小さじ½
しょうが（すりおろし）　ひとかけ
長ねぎ（みじん切り）　½本
A ｛ 水　1カップ
　　砂糖　大さじ1
　　トマトケチャップ　大さじ1
　　薄口しょうゆ　大さじ1
　　酢　大さじ1
水溶き片栗粉
｛ 片栗粉　大さじ1
　水　大さじ1
揚げ油　適量
```

1 ボウルに卵をとき、塩としょうがを混ぜ、おからを加えて混ぜ合わせ、5分ほどおく。しっとりなじんだら挽き肉、長ねぎを加えてよく混ぜ合わせ、直径2cmくらいのだんごに丸める。

2 中温（170〜180度）に熱した揚げ油に入れ、表面が固まったら、ときどき返しながら中までしっかり揚げる。こんがり色づいたら油をきり、器に盛る。

3 小鍋の中を水でぬらし、Aの水と調味料を入れて強火にかける。フツフツしたら水溶き片栗粉を加え、再びフツフツしてとろみがついたら火を止め、肉だんごにかける。

お気に入りねぎだけピザ
アメリカの友人はポロねぎで。カツ代流は長ねぎと相性よしのチーズの組み合わせ

 ピザ台　1枚
 長ねぎ　1本
 バター　大さじ1
 塩　少々
 モッツァレラチーズ（小さめに切ったもの）　½カップ

1 長ねぎは小口切りにし、バターでチャッチャッと炒めて塩を振る。
2 ピザ台に長ねぎをのせてモッツァレラチーズを散らし、200度のオーブンで7～10分焼く。

 ピザ台→ピザ台（基本）

オクラ入りキーマカレー
オクラのおかげでとろ～り挽き肉カレー

 温かいご飯　4人分
 オクラ　2袋
 牛挽き肉　300g
 にんにく（みじん切り）　ひとかけ
 しょうが（みじん切り）　ひとかけ
 サラダ油　大さじ1
 水　4カップ
 ローリエ　1枚
 カレールウ　小1箱（約100g）
 福神漬け　適量

1 オクラはヘタを切り落として薄い輪切りにする。
2 サラダ油を中火で熱し、すぐにんにくとしょうがを入れて炒める。いい香りがしてきたら強火にし、牛挽き肉を加えてほぐしながら炒める。
3 肉に火が通ったら、水とローリエを加えて煮る。
4 フツフツしたら火を止め、カレールウを加えてとかす。オクラも加え、中火をつけてひと煮する。
5 ご飯を盛ってカレーをかけ、福神漬け

を添える。

オクラと牛肉のすき煮
味を早く煮からめるコツは強めの中火で煮ること。出盛りのオクラでどうぞ

 オクラ　2袋
 牛切り落とし肉　200g
 しらたき　2わ
 長ねぎ　2本
 厚揚げ　2枚
 牛脂かごま油　大さじ1
 煮汁
  ｛酒　大さじ2
  　みりん　大さじ2
  　しょうゆ　大さじ3

1 オクラはヘタを切り落とす。しらたきは食べよい長さに切って水洗いし、ザルにあげ水けをきる。長ねぎは斜め切りにする。厚揚げは水でザッと洗って水けをきり、縦半分に切ってから1㎝幅に切る。
2 鍋に牛脂かごま油を熱し、長ねぎ、しらたき、厚揚げの順に加えて強火で炒める。しらたきの水けがとび、厚揚げがアツアツになったら、牛肉を加えてザッと炒め合わせる。
3 全体に油がまわったら、煮汁の調味料を加え混ぜ、フタをして強めの中火で7～8分煮る。
4 さらにオクラを入れてフタをし、2～3分煮て、煮汁ごと器に盛る。

オクラと桜えびの炒めもの
夏野菜に桜えびの香ばしさと彩りをプラス。水けをとばすようにいりつけるのがコツ

 オクラ　2袋
 ごま油　大さじ1
 桜えび　大さじ4（約10g）
 塩　少々
 こしょう　少々

1 オクラはヘタを切り落として長さを半

分に切る。
2 フライパンにごま油を熱してオクラを炒め、全体に油がまわったら、桜えびを加えて中火でザッと炒める。
3 さらに水大さじ2（分量外）を振り入れ、塩とこしょうで調味する。桜えびを焦がさないように注意しながら、水けがほとんどなくなるまで炒める。

オクラとなすのごまみそあえ
皮をむいたなすの味も格別。相性よしのすりごまと合わせてコックリした和風おかず

オクラ　1袋
なす　6本
あえ衣
　白いりごま　大さじ山盛り3
　白みそ　大さじ3
　みりん　大さじ2
　酒　大さじ2
　しょうゆ　小さじ½

1 なすはピーラーで皮をすべて薄くむき、縦半分に切ってから2〜5㎜厚さの縦の薄切りにする。これを切ったそばから海水くらいの塩水（分量外）に浸し、5分ほどおく。
2 なすの水けをきってヒタヒタの水でゆで、やわらかくなったら、オクラも加えてサッとゆでる。ほどよいところでザルにあげて冷まし、あら熱が取れたら、オクラはヘタを切り落として輪切りにする。
3 あえ衣を作る。白いりごまをすり鉢でよくすり、白みそ、みりん、酒、しょうゆを加えて、さらにすり混ぜる。
4 **3** になすとオクラを2〜3回に分けてあえる。

オクラとひじきの酢のもの
意外な組み合わせ、新しい味

オクラ　1袋
ひじき（戻したもの）　1カップ
合わせ酢
　砂糖　大さじ1
　米酢　大さじ2
　薄口しょうゆ　大さじ2
しょうが（すりおろし）　適量

1 オクラと戻したひじきは一緒に熱湯でゆで、ザルに広げて冷ます。
2 オクラはヘタを落として小口切りにし、ひじきは長ければ食べやすく切る。
3 器にオクラとひじきを盛り、おろししょうがを添え、合わせ酢をまわしかける。

オクラと麩の吸いもの
しょうがの香りがきいた、さっぱり汁もの

オクラ　1袋
手毬麩　適量
だし汁　4カップ
酒　大さじ1
塩　小さじ½
薄口しょうゆ　小さじ1
しょうが汁　少々

1 オクラはヘタを切り落として小口切りにする。
2 手毬麩は表示通りに戻して水けをしぼる。
3 だし汁を火にかけ、フツフツしてきたら酒、塩、薄口しょうゆ、しょうが汁を加えて味を調える。再び煮立ったらオクラと麩を加え、ひと煮して火を止める。

オクラの酢のもの
オクラ特有のネバネバと歯ざわりを楽しむ

オクラ　2袋
水　1カップ
塩　適量
合わせ酢
　米酢　小さじ1
　薄口しょうゆ　小さじ2
　みりん　小さじ1
削り節　1パック

1 オクラはヘタを切り落として鍋に入れ、水1カップと塩を加えてフタをし、強火にかけてほどよくゆでる。
2 オクラのあら熱が取れたら薄切りにする。
3 合わせ酢の調味料を混ぜてオクラをササッとあえ、器に盛って、削り節を上に盛る。

お好み炒め

肉といかを炒めたらいったん器へ。大阪風の味と風味がてんこ盛りの一品！

キャベツ　½個
豚肩ロース薄切り肉か豚ばら薄切り肉　200ｇ
いか　1杯
サラダ油　大さじ3
中濃ソース　大さじ2～3
塩　少々
こしょう　少々
紅しょうが　適量
青のり　適量
削り節　適量

1 キャベツは大きめの一口大に切る。
2 豚薄切り肉は食べよい大きさに切る。
3 いかは胴を縦半分に切ってから、横に7～8㎜幅に切り、足は食べよく切る。これを熱湯でサッとゆでてザルにあげ、水けをきっておく。
4 中華鍋にサラダ油大さじ1を熱して強火で豚肉を炒め、肉の色が変わってきたら、いかを加えてザッと炒める。全体に油がまわったら中濃ソースを加え、味をからませるように炒めて、いったん器に取る。
5 中華鍋にサラダ油大さじ2をたしてキャベツを強火で炒め、塩、こしょうを振る。さらに肉といかを戻し、紅しょうがも加えて全体を炒め合わせる。
6 器に盛って青のりと削り節を振る。

お好み焼き

具だくさんでボリューム満点！　長芋ややまと芋を入れるのがふんわり仕上げる秘訣

〈これは2人分〉
キャベツ　2枚
いか　½杯
豚ロース薄切り肉　4枚
生地
　｜小麦粉　1カップ
　｜水　1カップ
　｜卵　小1個
　｜長芋かやまと芋(すりおろし)　¼カップ
サラダ油　少々
桜えび　大さじ山盛り2
細ねぎ(小口切り)　1カップ
とんかつソース　適量
紅しょうが　適量
青のり　少々
削り節　½カップ

1 キャベツは細切りにし、いかの胴は1㎝幅に切る。薄切り肉は半分に切る。
2 生地を作る。ボウルに小麦粉、水、卵、長芋またはやまと芋を入れ、泡立て器でよく混ぜる。なめらかになったら、キャベツも加えて混ぜる。
3 ホットプレートを温めてサラダ油を薄くひき、**2**の生地をおたまに軽く1杯ほど流して丸く広げる。いか、豚肉を適量のせ、桜えびと細ねぎも同様に散らす。
4 さらに上から、**2**の生地(キャベツはなるべく入れない)をおたま½杯くらいとろりとかけ、しばらく焼く。フライ返しをスッと入れてみて、裏がよく焼けているようなら裏返し、フライ返しでギュッギュッと押しつけるようにして焼く。
5 両面がよく焼けたら、具がきれいに並んでいるほうにとんかつソースをぬり、紅しょうがを散らして青のりと削り節を振る。

お好み焼き各種
→メニュー別索引〈お好み焼き・その他〉を参照

お好み焼き風ピザ
故郷・大阪のお好み焼きがヒント。これなら簡単で手軽、味はもちろん太鼓判！

生地
- 薄力粉　100g
- 強力粉　100g
- ベーキングパウダー　小さじ1
- 塩　少々
- 牛乳　1～1½カップ

玉ねぎ　½個
ピーマン　1個
マッシュルーム　4～5個
しめじ　½袋
ベーコン　2枚
えび　4尾
サラダ油　適量
トマトケチャップ　大さじ4
ピザ用チーズ　½カップ

1 ボウルに生地の材料を泡立て器で合わせて混ぜる。

2 玉ねぎは繊維を断ち切るように薄切りにし、ピーマンは細切りにする。マッシュルームは石づきを切り落として薄切りにし、しめじは同様にして小房に分ける。

3 ベーコンは1cm幅に切る。えびは殻をむいて背ワタを取り、食べよく切る。

4 フライパンを熱してサラダ油を薄くひき、生地を流して広げる。ほどよく焼けたら裏返し、ケチャップ大さじ1をぬって **2** と **3** の材料をそれぞれ¼量散らす。

5 上から生地を少々流しかけ、再び裏返して焼く。パカッとはがせるようになったら、また裏返してピザ用チーズを振り、フタをして焼く。チーズがとけたら出来上がり。同様にしてあと3枚も焼く。ホットプレートだと一度に焼ける。

おこわ各種
→メニュー別索引〈おこわ〉を参照

お刺身サラダ　中国風
香菜(シャンツァイ)を添えると、より本格的

刺身盛り合わせ(好みのもの)　4人分
大根　5cm
にんじん　5cm
長ねぎ　15cm
松の実　大さじ2
たれ
- しょうゆ　大さじ2
- 米酢　小さじ2
- 酒　小さじ2
- ごま油　小さじ½
- 豆板醤　小さじ½
- 砂糖　小さじ½弱
- にんにく(すりおろし)　小ひとかけ
- しょうが(すりおろし)　小ひとかけ

レモン　適量

1 大根は薄い輪切りにしてから千切りにする。にんじんは斜め薄切りにしてから千切りにする。長ねぎは5cm長さに切り、縦に切り込みを入れて芯を取り、白い部分だけ繊維にそって縦に千切りにし、白髪ねぎにする。

2 刺身を盛ってまわりに野菜を彩りよく添え、松の実を散らす。たれをまわしかけ、レモンをしぼり、全体をよくあえて取り分ける。

お正月のえびチリ
強火で手早く炒めるのがコツ。えびの色が変わり、さわって弾力があったら調味料を

えび　20尾
しょうが　ひとかけ
サラダ油　大さじ1
チリソース
- 酒　大さじ2
- しょうゆ　大さじ2

- トマトケチャップ　大さじ1
- 砂糖　大さじ1
- 豆板醤　小さじ½
- ごま油　小さじ½

1 えびは殻つきのまま背ワタを取り、しょうがは皮ごと薄切りにする。
2 ボウルにチリソースの調味料を混ぜておく。
3 中華鍋にサラダ油を熱し、えびとしょうがを入れて、強火でチャッチャッと炒める。
4 えびの色が完全に変わったら、チリソースを加え、手早く炒めて全体に味をからませ、火を止める。

お正月の小松菜の吸いもの

だし汁はひと手間プラスして削り節と昆布でとれば、上品な味わいに

- 小松菜　¼わ
- 紅白かまぼこ(ごく薄切り)　各4枚
- だし汁(濃いめ)　5カップ
- 塩　小さじ1
- 酒　大さじ1
- 薄口しょうゆ　小さじ1
- 柚子の皮　適量

1 小松菜は熱湯でゆでて、あら熱が取れたらギュッとしぼって3〜4cm長さに切る。
2 鍋にだし汁を入れて火にかけ、フツフツしてきたら塩、酒、薄口しょうゆで味を調える。
3 さらに小松菜とかまぼこを加え、すぐに火を止める。
4 器に小松菜と紅白のかまぼこを入れ、汁を注いで薄くそいだ柚子の皮をのせる。

お正月の宝袋

何が出てくるか、お楽しみ！　お正月の終わりはこんな「おいしい変身」がおすすめ

- 油揚げ(いなり用)　4枚
- 煮しめの残り(刻んだもの)　1½カップ
- しらたき　1わ
- うずら卵　8個
- 煮汁
  - だし汁　1½カップ
  - しょうゆ　大さじ1
  - 酒　大さじ1
  - みりん　大さじ1

1 油揚げは湯で洗ってキュッとしぼり、半分に切っておく。
2 しらたきは洗って食べよい長さにし、水けをよくきり、煮しめと合わせてよく混ぜ、8等分にする。
3 油揚げに **2** の具を詰め、うずら卵を1個ずつポトンと割り落として、口を2つに折ってからようじで縫うようにしっかりとめる。
4 鍋に煮汁の材料を入れて火にかけ、フツフツしたら宝袋を並べ入れ、弱めの中火でフタをして20分煮含める。

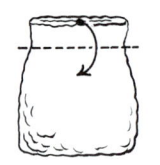

作り方 **3**

お正月の煮しめ　関西風

一つの鍋に次々と材料を加えて煮る方法でも、カツ代流は「別炊き」のおいしさ！

- 里芋　10個
- にんじん(あれば京にんじん1本)　大1本
- うど　大1本
- れんこん　1節(約300g)
- ごぼう　30cm
- こんにゃく　1枚
- ゆで竹の子　1本(約200g)
- 絹さや　100g
- 煮汁

おしょうがつのばらずし

- だし汁　3カップ
- 砂糖　大さじ2
- 酒　大さじ3
- 塩　小さじ1
- 薄口しょうゆ　大さじ1
- しょうゆ　少々
- みりん　小さじ2

椎茸の煮しめ
- 干椎茸　10枚
- ごま油　大さじ1弱
- 干椎茸の戻し汁　1カップ
- 砂糖　大さじ1
- しょうゆ　大さじ1

1 里芋は上下を少し切り落とし、皮ごとヒタヒタの水を加えて火にかける。グラグラと煮立ったらそのまま1～2分ゆでてザルにあげ、あら熱が取れたら皮をむく。

2 にんじんは7mm厚さの輪切りにする。

3 うどは6cm長さに切り、厚めに皮をむいて縦2つ割り、れんこんは1cm厚さの輪切りにし、太いものは半月切りにする。ごぼうは斜め切りにしてそれぞれ水にさらす。

4 こんにゃくは1cm弱の厚さに切り、中央に切り込みを入れて片方の端をくぐらせ、手綱こんにゃくにする。ゆで竹の子は乱切りにする。

5 鍋に **2**、**3**、**4** の材料を入れ、かぶるくらいの水で下ゆでし、煮立ったらザルにあげる。

6 鍋に煮汁のだし汁と砂糖、酒、塩、薄口しょうゆを入れて火にかける。フツフツしてきたらまず里芋、にんじん、うどを入れ、弱めの中火で7～8分煮る。うどはあまりやわらかくならないうちに取り出す。

7 次に **6** の鍋にすじを取った絹さやも加えてサッと煮て取り出す。

8 里芋とにんじんがやわらかくなったら取り出し、しょうゆ少々をたして、れんこん、ごぼう、こんにゃく、ゆで竹の子を加えてフタをして中火で煮る。全体に味がなじんできたら、煮上がる直前にみりんを加えて照りをつける。

9 椎茸の煮しめは別煮にする。干椎茸は戻して石づきを取り、丸のまま焦がさないようにごま油で炒める。油がまわったら、干椎茸の戻し汁、砂糖、しょうゆを加えて、味をからめるように煮含める。

10 完全に冷めたらそれぞれの煮しめを彩りよく盛り合わせる。

手綱こんにゃく

お正月のばらずし

リサイクルしたと思えないおいしさ。新たに三つ葉と錦糸卵を加えるのがコツ

- 米　2カップ（2合）
- 酒　大さじ1
- 昆布　7～8cm
- 合わせ酢
  - 米酢　70cc
  - 砂糖　大さじ1
  - 塩　小さじ1/2強
- 煮しめの残り（刻んだもの）　1 1/2カップ
- 酒　大さじ2
- だて巻き（あれば）　適量
- かまぼこ　適量
- きゅうり　1本
- 塩水
  - 水　1カップ
  - 塩　小さじ1強
- 焼きのり　1枚
- ちりめんじゃこ　大さじ2
- 白いりごま　大さじ2
- 柚子の皮（千切り）　適量
- 三つ葉（あれば）　適量

錦糸卵　卵2個分
紅しょうが　適量

1 米はといで、ふつうに水加減してから大さじ1の水（調味料分）を取りのぞき、酒大さじ1と昆布を加えて炊く。
2 合わせ酢の調味料を混ぜておく。
3 煮しめの残りは小さく刻んで1½カップを用意し、酒大さじ2を加えてフタをして中火で7〜8分、中まで火を通す。これが完全に冷めたら、刻んだだて巻きやかまぼこも加え混ぜる。
4 きゅうりは薄い輪切りにして塩水に20分ほどつけてから、水けをしぼる。焼きのりはもみのりにする。
5 はん台に（または大きなボウルにかたくしぼったぬれ布巾を敷く）炊き上がったご飯をあける。すぐに **2** をまわしかけ、切るように手早く混ぜてすし飯を作る。
6 すし飯に **3** の具、**4** のきゅうりともみのり、ちりめんじゃこ、白いりごま、柚子の皮、刻んだ三つ葉などを加えてザックリと混ぜ、器に盛って錦糸卵をたっぷりのせる。紅しょうがを添える。

錦糸卵→錦糸卵

お正月料理各種

→メニュー別索引〈お正月料理〉を参照

お正月ローフ

梅型に抜いたにんじんや半月のごぼうなどが入り、ふつうのローフがお正月用に変身

〈これは4〜6人分〉
牛挽き肉　200g
豚挽き肉　200g
鶏挽き肉　200g
玉ねぎ　½個
塩　小さじ1強
こしょう　少々
A｛卵　1個
　牛乳　½カップ
　パン粉　1カップ
にんじん　3本
ごぼう　30㎝
絹さや　12枚
ベーコン　6枚
サラダ油　少々

1 にんじんは丸ごとゆで、竹串がスーッと通るくらいにやわらかくなったら、5〜6㎝長さに切って、梅型で抜く。抜いた残りはみじん切りにしておく。
2 ごぼうは15㎝長さに切ってから縦半分に切り、竹串がスーッと通るまでゆでる。
3 玉ねぎはみじん切りにする。
4 ボウルにAの卵と牛乳を混ぜ、パン粉を加えてしとらせておく。
5 別のボウルに挽き肉をすべて入れ、塩、こしょう、玉ねぎ、**4**、にんじんのみじん切りを加えてよく混ぜる。
6 まな板にラップを広げて、**5** の肉だねの½量をのせ、正方形に均一に広げる。上に梅型にんじん、ごぼう、すじを取った絹さやを並べ、のり巻きの要領でクルリと巻き込む。ラップの上からしっかりと押さえ、野菜と肉をくっつけながら、形を整えてラップをはずす。もう1本も同様に作る。
7 天板にアルミ箔を敷いてサラダ油をぬり、**6** のラップをはずしたローフを2本おく。ローフ全体をおおうように、ベーコンをそれぞれ3枚ずつのせる。
8 ベーコンの上にサラダ油をぬってオーブンに入れ、250度にセットして10〜15分焼き、200度に落として、さらに10〜15分焼く。出来上がりは約2㎝厚さに切り、切り口を見せるように盛ると華やか。

作り方 **6**

小田巻き蒸し
うどんが入った茶碗蒸し

卵液
- 卵(M玉)　3個
- だし汁(冷ます)　2½カップ
- しょうゆ　小さじ2
- みりん　小さじ1
- 酒　小さじ1
- 塩　小さじ½

ゆでうどん　½〜1人分
薄口しょうゆ　小さじ1
鶏ささみ　1〜2本
塩　少々
酒　少々
なると(薄切り)　8枚
三つ葉　適量
柚子の皮　適量

1 卵はとき、だし汁としょうゆ、みりん、酒、塩をていねいに静かに混ぜ、一度こす。

2 うどんはほぐし、薄口しょうゆ小さじ1をからめる。ささみは一口大のそぎ切りにし、塩、酒各少々を振る。

3 茶碗蒸しの器の中を水でぬらしてうどん、ささみ、なるとを入れ、**1**の卵液を加える。

4 蒸気の立った蒸し器に入れ、フタに布巾をかませて弱火で15分前後蒸す。

5 竹串を刺して卵液がつかなければ火を止め、刻んだ三つ葉と薄くそいだ柚子の皮をヒラリとのせる。

おでん
大根は前日煮るとじんわり味がしみ込んでおいしい！　豆腐、練りものは食べる前に

- 大根　½本
- こんにゃく　1枚
- 焼きちくわ　1本
- さつま揚げ　4枚
- つみれ　8個
- その他、おでん用練りもの　適量
- はんぺん　2枚
- 焼き豆腐　1丁
- ゆで卵　4個
- 昆布(幅広のもの)　15cm

煮汁
- 水　8カップ
- 煮干し　8〜10尾
- 削り節　ひとつかみ
- 砂糖　大さじ1
- しょうゆ　大さじ1
- 薄口しょうゆ　大さじ1
- 塩　小さじ1くらい

とき辛子　適量

1 大根は2.5cm厚さの輪切りにし、かぶるくらいの水を入れて火にかけ、竹串がやっと通るくらいまで下ゆでする。

2 煮汁の準備をする。鍋に煮干しと分量の水を入れ、30分ほどつける。このとき昆布も浸しておき、やわらかくなったら取り出して、適当な大きさにさいてひと結びする。

3 こんにゃくは半分に切り、それぞれ三角形に切る。焼きちくわは長さを半分に切って、さらに斜め半分に切る。さつま揚げは大きければ半分に切り、はんぺんも半分に、焼き豆腐は4つに切る。焼きちくわ、さつま揚げ、つみれなどの練りものは、さっとゆでるか、ザルに広げて熱湯をまわしかける。

4 煮汁のだしをとる。**2**の鍋を火にかけて10分ほど煮立たせ、削り節を入れて2〜3分弱火で煮出す。こし器でこし、残っただしがらはおたまの底でギュッとしぼる。

5 大きい鍋に**4**のだし汁を入れて煮汁の調味料を加え、大根、こんにゃく、ゆで卵、**2**の昆布を入れて弱めの中火で煮る。大根がやわらかくなったら焼き豆腐を加え、ごく弱火で煮る。

6 仕上がり際に練りものとはんぺんを入れ、ひと煮して火を止める。とき辛子を添える。

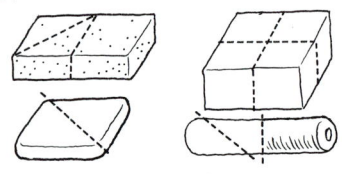

作り方 **3**

オニオンガーリックライス
バターで炒めること。サラダ油で炒めると、まるで違う味

〈これは2人分〉
温かいご飯　2人分
玉ねぎ　1/2個
にんにく　ひとかけ
バター　大さじ1
塩　適量
こしょう　適量

1 玉ねぎ、にんにくはみじん切りにする。
2 バターを火にかけてとかし、玉ねぎとにんにくを中火で炒める。
3 香りがたって薄茶色になったらご飯を加え、強火でご飯を切るようにしてパラリとなるまで炒め、塩、こしょうで味を調える。

バター→ コラム参照

オニオングラタンスープ
鉄のフライパンを使って玉ねぎをせっせと炒める。時間も短縮であめ色にも味もアップ

玉ねぎ　小2個
バター　大さじ2
水　4カップ
固形スープの素　1個
ローリエ　1枚
塩　少々
こしょう　少々
フランスパン　4切れ
とけるチーズ　大さじ山盛り4

1 玉ねぎは縦半分に切ってから、繊維と直角に薄切りする。
2 フライパンにバターを入れて火にかけ、バターがとけたら玉ねぎを中火で炒める。玉ねぎが色づいてきたら、やや火を弱め、せっせと炒める。
3 玉ねぎがあめ色(茶色)になったら、分量の水と固形スープの素を加え、フツフツしてきたら鍋に移し、ローリエを加えて弱火でコトコトと15分ほど煮込む。味をみて塩、こしょうで調える。
4 耐熱容器にオニオンスープを入れ、フランスパンをのせる。上からとけるチーズを振りかけ、オーブンに入れて200〜250度にセットし、10分ほど焼く。全体がクツクツしチーズがとけてこんがり焼けたら出来上がり。

作り方 **1**

オニオンフリッター
軽い衣に甘〜い玉ねぎが最高！　水分の多い新玉ねぎで作るときはやや長めに揚げる

玉ねぎ　1個
衣
　卵　1個
　水　1/3カップ
　小麦粉　1/2カップ
　ベーキングパウダー　小さじ1/2
揚げ油　適量

1 玉ねぎは幅1cmの輪切りにし、輪を1つずつほぐす。
2 ボウルに衣の材料を合わせて泡立て器でよく混ぜる。
3 揚げ油を低めの中温(170度)に熱し、

玉ねぎを1つずつ衣にくぐらせながら油の中に入れる。うっすらきつね色になるまで揚げる。最後に油の温度を上げてカラリと揚げる。

4 油をきり、器に盛って塩、こしょう、トマトケチャップ、タバスコなど好みのものをつけて食べる。

オニオンラーメン
カリカリに揚げたフライドオニオンが絶妙！

〈これは2人分〉
中華めん（スープつき・しょうゆ味）　2人分
玉ねぎ　1個
小麦粉　大さじ2
揚げ油　適量
長ねぎ（小口切り）　適量

1 玉ねぎは縦半分に切り、繊維にそって薄切りにする。
2 玉ねぎと小麦粉をよく混ぜ合わせる。
3 揚げ油を中火で温め、ぬるいうちに玉ねぎを入れ、しばらくそのまま揚げる。少し色づいてきたら箸で大きくかき混ぜたり、ときどき空気にふれさせたりしながら揚げ、表面に浮いてカリカリになったらよく油をきる。
4 ラーメンを袋の表示通り作って盛り、長ねぎを散らし、フライドオニオンを天盛りにする。

おにぎり
1カップの米で3〜4個作れたらおにぎり名人。ホッホッホッとリズミカルに握る

〈12個分〉
炊きたてご飯　お椀に軽く12杯分
塩　適量
具
　　たらこ　適量
　　塩鮭（切り身）　適量
　　梅干し　適量
巻くもの
　　焼きのり　適量
　　おぼろ昆布　適量
　　高菜漬け　適量

1 たらこと塩鮭は熱湯でしっかりゆで、あら熱が取れたら適当にほぐす。梅干しは種を取って、果肉を適当にちぎる。
2 お椀の中を水でザッとぬらし、アツアツのご飯を軽く入れる。真ん中を少しくぼませて具を入れ、上に一口分のご飯をのせる。
3 両手に水をつけて、余分な水けをよくきり、塩少々をこすりつける。手のひらにまんべんなく塩けがついたら **2** のご飯を手に取る。
4 はじめはギュッと握って、ご飯をひとまとめにする。あとは三角になるよう、軽く転がしながら、手の中でホッホッホッとリズムをとり、3〜4回握って形を整える。
5 おにぎりに焼きのり、おぼろ昆布、高菜漬けなど好みのものを巻く。

おにぎり→ コラム参照

おにぎり各種
→メニュー別索引〈おにぎり〉を参照

おにぎりバラエティー
パーティーむきのトッピングは好みで味わいイロイロ、一口サイズに小さく作る

アツアツのご飯
塩
中に入れる具、のせる具
　　梅干し、削り節、辛子明太子、たらこ、塩鮭、ゆでえび、ちりめんじゃこのつくだ煮、昆布のつくだ煮、葉唐辛子のつくだ煮、しば漬け、つぼ漬け、うなぎのかば焼き、えびの天ぷら、一口かつなど

巻くもの、まぶすもの
- 焼きのり、とろろ昆布、高菜か野沢菜の漬けもの、薄焼き卵、白いりごま、ゆかりなど

1 お椀の中を水でザッとぬらし、ご飯を軽く入れる。真ん中を少しくぼませて好みの具を入れ、上にご飯を少しかぶせる。

2 手のひらを水で軽くぬらして塩少々をつけ、ご飯を手のひらに移す。はじめは少し力を入れながら、ご飯を三角または丸に形づけ、あとはホッホッホッとリズムをとりながら手の中で軽く転がすように握って形を整える。

3 おにぎりができたら、さらに飾りで具をのせたり、好みのものを巻いたり、まぶしたりする。

おばあちゃんのオムレツ

フライパンに流した卵が半熟のうちに具をのせると、卵と具がほどよくくっつく

卵　4個
バター　小さじ4
具
- 玉ねぎ　1個
- 豚挽き肉　200g
- 塩　少々
- こしょう　少々
- サラダ油　大さじ1

好みのソース　適量

1 まず具を作る。玉ねぎはみじん切りにする。フライパンを熱し、サラダ油で玉ねぎ、豚挽き肉の順に中火で炒める。肉に火が通ったら、塩、こしょうを加えてザッと混ぜ、いったん取り出す。

2 1人分ずつ作る。卵1個をときほぐす。フライパンにバター小さじ1を入れて火にかけ、バターがとけたら卵を流し入れて全体に広げる。

3 卵がまだ半熟のうちに、**1**の具の¼量を真ん中にのせ、両端をパタンパタンと折り返す。

4 フライパンに皿をかぶせてエイッと裏返し、オムレツの形を整える。他3つも同様に作る。好みのソースやトマトケチャップなどをかけて食べる。

おはぎ

あん、ごま、きな粉で懐かしいおやつ。あんにひと手間かければ、あとは簡単！

〈18個分〉
もち米　3カップ（3合）
あずきあん
- あずき　300g
- 砂糖　約2カップ

ごま砂糖
- 黒いりごま　⅓カップ強
- 砂糖　大さじ2～3

きな粉砂糖
- きな粉　½カップ弱
- 砂糖　大さじ2～3

1 もち米はといで、2割増しの水に30分ほど浸し、ふつうに炊く。

2 ご飯が温かいうちに、水でぬらしたすりこぎで、米粒が半分つぶれるくらいまでつき混ぜる。

3 ご飯を18等分し、軽く握ってまとめ、ぬれ布巾をかけておく。

4 あずきあんを作る。あずきは洗って表示通りに戻し、豆の約3倍の水を加えて強火にかける。沸とうしたら2～3分煮て、

おぼろうどん

5 さらに豆の3倍量の水を加えて強火にかけ、煮立ってきたら弱火にして、いつもフツフツしている火加減で煮る。
6 豆がやわらかくなったら、砂糖を2～3回に分けて加え、ときどき木ベラで混ぜながら、ほとんど汁けがなくなるまで練り上げる。できたあんはバットに広げて冷まし、半分はゴルフボールより大きめに6個にまとめ、残りはその半分くらいの大きさで12個にまとめる。
7 ごま砂糖は黒いりごまをすり鉢で半ずり状にすり、砂糖を混ぜ合わせる。きな粉砂糖はきな粉と砂糖を混ぜ合わせる。
8 おはぎに仕上げる。あずきあんのおはぎは、まずかたくしぼったぬれ布巾を手のひらに広げ、6のゴルフボールくらいにまとめたあんをのせる。余った部分の布巾を右手の指に巻きつけてあんを広げる(こうすると、手にあんがつかない)。
9 あんの中心に3のご飯をのせ、布巾で包み込むようにしてあんをくるむ。布巾をギュッとしぼって形を整えてから、静かに布巾をはずす。あとの5個も同様に作る。
10 ごまときな粉のおはぎは、まず3のご飯を手のひらに広げ、6の小さいあんをのせてご飯で包む。これを6個ずつ、それぞれにごま砂糖ときな粉砂糖をからませて形を整え、12個作る。

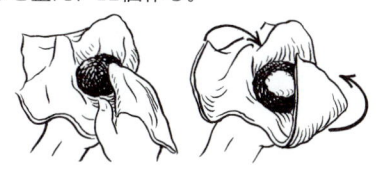

作り方8、9

おはしで食べるサラダ
和食によく合うシャッキリサラダ。箸でパクパク食べられるように細長く刻みます

大根　5cm
にんじん　10cm
レタス　½個
セロリ　½本
貝割れ大根　1わ
しょうがドレッシング
　しょうが汁　小さじ2
　みりん　小さじ1
　薄口しょうゆ　大さじ2
　米酢　大さじ2
　ごま油　小さじ1

1 大根は縦に薄切りしてから縦に千切りにする。にんじんは斜め薄切りにしてから千切りにする。
2 レタスとセロリは大根の長さにそろえてそれぞれ千切りにする。貝割れ大根は根を切り落とす。
3 ボウルに氷水を入れてすべての野菜を加え、箸で全体を混ぜる。シャキッとしたらザルに取り、水けをよくきる。
4 別のボウルにしょうがドレッシングの材料を合わせ、よくかき混ぜておく。
5 器に野菜を盛り、各自で取り分けて、ドレッシングをかけて食べる。

おぼろうどん
**ジワーッと広がるうまみがたまらない！
具はいろいろ入れずあくまでもシンプルに**

〈これは2人分〉
ゆでうどん　2人分
おぼろ昆布　適量
かけつゆ
　だし汁　3カップ
　薄口しょうゆ　¼カップ弱
　みりん　大さじ2
　酒　大さじ1
七味唐辛子　適量

1 かけつゆを作る。だし汁を中火にかけ、フツフツしたら調味料を加えて味を調え、再びフツフツしたら火を止める。
2 ゆでうどんは表示通りに温め、どんぶ

りに盛る。つゆをかけ、おぼろ昆布をのせ、七味唐辛子を振る。

おぼろ昆布の吸いもの
超簡単なのに極上、覚えておくと重宝

　　おぼろ昆布　適量
　　梅干し　適量
　　ちりめんじゃこ　小さじ4
　　だし汁　4カップ
　　酒　大さじ1
　　しょうゆ(好みで)　少々

1 椀におぼろ昆布、ほぐした梅干し、ちりめんじゃこを入れておく。
2 だし汁に酒を加えて煮立て、椀に注ぎ、好みでしょうゆを落とす。

おみ漬け
青菜とその他の野菜は同量が原則。小松菜などアクのない青菜なら、いろいろ使える

　　かぶの葉　1わ分
　　大根　6〜7㎝
　　にんじん　6〜7㎝
　　食用菊(黄)の花びら　10個分
　　酢　少々
　　昆布(5〜7㎝長さ)　3枚
　　塩　小さじ1
　　しょうゆ　大さじ2

1 かぶの葉は細かく刻み、塩小さじ½を振り、軽い重しをして一晩おく。
2 大根、にんじんは皮をむいて細かく刻む。
3 食用菊は花びらをはずし、酢を加えた水に入れて火にかけ、煮立ったら箸で混ぜ、すぐザルにあげる。水に入れて冷まし、水けをしぼる。
4 ボウルに大根、にんじん、食用菊、残りの塩小さじ½を入れて混ぜる。しんなりしたら、かぶの葉の水けをきって加え、昆布もザッと水で洗って加え、しょうゆを加えて混ぜる。
5 軽い重しをして冷蔵庫で一晩おく。保存は重しをはずし、清潔なびんに詰めかえ4〜6日以内に食べる。

おむすび
→「おにぎり」を参照

オム焼きそば
ひと手間プラスして、一見オムライス風！食べてびっくりの具だくさん焼きそば

　　〈これは2人分〉
　　焼きそばめん　2人分
　　キャベツ　3枚
　　ピーマン　2個
　　シーフードミックス　100g
　　豚こま切れ肉　50g
　　サラダ油　適量
　　オイスターソース　大さじ1
　　中濃ソース　大さじ3
　　塩　少々
　　こしょう　少々
　　卵　2個
　　青のり　適量
　　紅しょうが　適量

1 キャベツは4〜5㎝角のザク切りにし、ピーマンは縦半分に切って細切りにする。
2 シーフードミックスは熱湯でサッとゆでて水けをきる。
3 中華鍋にサラダ油大さじ1を熱し、焼きそばめんを炒めて、いったん皿に取る。
4 さらにサラダ油大さじ1をたして熱し、強火で豚こま切れ肉を炒める。肉の色が変わったら、シーフードミックスを加え、さらにキャベツとピーマンも加えて炒め、オイスターソースと中濃ソースで味をつける。
5 さらに **3** の焼きそばめんを戻し、味をからませるように炒める。全体がなじんだら、味をみて塩、こしょうで調える。
6 フライパンにサラダ油少々を熱し、卵

1個をときほぐして流し入れ、大急ぎで広げる。卵の表面が乾かないうちに1人分の焼きそばをのせ、中火で1分くらい焼く。

7 上に皿をかぶせてエイヤッとひっくり返し、形を整えれば出来上がり。もう1人分も同様に作り、それぞれ青のりと紅しょうがを散らす。

オムライス
具にコテッと味をつけ、あったかご飯と混ぜる。ご飯を炒めないからあっさり仕上げ

　温かいご飯　4人分
　玉ねぎ　½個
　ピーマン　2個
　鶏むね肉　1枚
　サラダ油　大さじ1
　塩　適量
　こしょう　少々
　トマトケチャップ　大さじ山盛り4
　卵　4個

1 玉ねぎとピーマンは1㎝の角切りにする。

2 鶏むね肉は黄色い脂肪を取りのぞいて1㎝角くらいのコロコロに切り、塩を加えた熱湯でしっかりゆでて水けをきる。

3 フライパンにサラダ油を熱して玉ねぎ、ピーマン、鶏肉を強火で炒め、塩とこしょう各少々を振っていったん火を止める。

4 ここでケチャップを加え、再び中火にかけてザッと炒める。全体がフツフツしたら火を止め、ご飯を加えて切るように混ぜ合わせる。これでチキンライスの出来上がり。

5 続いて卵1個をときほぐし、塩ひとつまみを加えて混ぜる。フライパンを中火にかけてサラダ油少々(分量外)を熱し、卵を流して全体に広げる。

6 卵の表面が乾かないうちに、**4** のチキンライス1人分を真ん中にのせ、卵の両端をパタンパタンとかぶせて少し焼いてから火を止める。

7 フライパンに皿をかぶせ、エイッと一気にひっくり返して、オムライスを皿にのせる。少し形をオムレツ形に整える。同様にあと3人分も作り、好みでケチャップ(分量外)をかける。

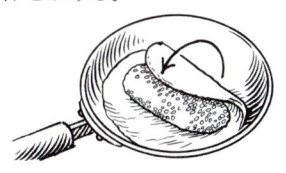

作り方 **6**

オムレツ(ハム&マッシュルーム)
朝のご飯にもパンにも合う具入りオムレツ

　〈これは2人分〉
　卵　3〜4個
　ハム　2枚
　マッシュルームスライス缶詰　小½缶
　パセリ(みじん切り)　少々
　塩　ふたつまみ
　バター　大さじ1〜2
　〈付け合わせ〉
　トマト(くし形切り)　適量
　レタス(ちぎったもの)　適量

1 ハムは1㎝角に切る。マッシュルームは水けをきる。

2 ボウルに卵をときほぐし、ハム、マッシュルーム、パセリ、塩を加えて全体をよく混ぜ合わせる。

3 フライパンに1人分のバターを入れて中火にかける。バターがとけたら、**2** の卵液の1人分を一度に流し入れ、火を強くする。

4 卵の周辺が固まってきたら、箸でまわりからグルングルンと空気を入れるように大きくかき混ぜて、オムレツ形にまとめながら焼いていく。

5 ふんわりと焼き上がったら、器に取り出す。もう1つも同様に作り、トマトのく

おむれつ

し形切りと食べよくちぎったレタスを添える。

オムレツ(プレーン)
火はずっと強めにして、中はふわふわとやわらかく焼き上げるのがコツ

〈これは1人分〉
卵　1〜2個
塩　少々
こしょう　少々
サラダ油　少々
バター　大さじ½〜1

1 卵に塩、こしょうを加え、全体をよくときほぐす。牛乳大さじ1〜2(分量外)をたしてもよい。
2 フライパンにサラダ油とバターを入れて強火にかけ、バターがとけてきたら、**1**の卵液を一気に流す。
3 卵の周辺が固まってきたら、箸でまわりからグルングルンと大きくかき混ぜ、フライパンの端に寄せながらオムレツ形にまとめる。
4 ふんわりと焼き上がったら器に取り出す。朝食には付け合わせにゆでたブロッコリーやベーコンソテーを添える。

オムレツオーブン焼き
アメリカで出会った巨大オムレツがヒント。フワフワにふくらんで中はとろ〜り

〈これは2人分〉
卵　4個
ベーコン　2枚
マッシュルーム　½袋
玉ねぎ　¼個
鶏ささみ　2本
チェダーチーズ　適量
タバスコ　少々
塩　少々
こしょう　少々

1 ベーコン、マッシュルーム、玉ねぎ、鶏ささみ、チェダーチーズはすべて小さくコロコロに切る。
2 ボウルに卵2個をときほぐして**1**の具を加え混ぜ、タバスコ、塩、こしょうで調味して1人分ずつ耐熱容器に流し入れる。
3 残りの卵は卵黄と卵白に分け、卵白は泡立てる。
4 **2**の上にそれぞれフワフワに泡立てた卵白をおおう。さらに上から卵黄をポトンポトンと1個ずつ落とし、200度のオーブンで約20分焼く。

オムレツ各種
→メニュー別索引〈オムレツ〉を参照

親子おろしどんぶり
プ〜ンとお酒の香りがする鮭といくらの親子どんぶり

米　2カップ(2合)
酒　⅓カップ
塩鮭　3切れ
いくら　100ｇ
酒(下味用)　大さじ3
大根おろし　1カップ
三つ葉　適量
レモンかすだち(くし形切り)　4切れ

1 塩鮭は一口大のそぎ切りにし、下味用の酒大さじ2を振りかける。いくらには酒大さじ1を振りかける。
2 米は酒⅓カップを加えてふつうに水加減し、ふつうに炊く。
3 ご飯が蒸らし時間に入る前に鮭を並べ、十分に蒸らす。
4 余熱で火が通った鮭を取り出す。底のほうからご飯を混ぜ、器に盛る。

5 ご飯の上に鮭といくらをのせ、ところどころに大根おろしをのせ、刻んだ三つ葉を散らし、レモンを添える。

作り方 **1**

親子どんぶり
煮汁が残っているうちに卵を流す。卵は半熟にふんわり火を通すのがおいしさのコツ

鶏肉（親子どんぶり用）　200ｇ
長ねぎ　1本
卵　4個
煮汁
　｛だし汁　2カップ
　　しょうゆ　大さじ3
　　みりん　大さじ3
温かいご飯　4人分

1 長ねぎは斜め薄切りにし、卵はよくときほぐす。
2 広口の鍋に煮汁を煮立て、鶏肉を入れて強火で煮る。再びフツフツしてきたら、ねぎも加える。
3 肉に火が通り、ねぎが少ししんなりしたら、とき卵をまわし入れ、フタをして弱火で1～2分煮る。卵に八分どおり火が通ったところで火を止め、フタをしたまま少し蒸らす。
4 どんぶりにご飯を盛り、¼量ずつ汁ごと具をのせる。刻みのりを散らしてもおいしい。丼用鍋で1人分ずつ作ってもよい。

丼用鍋とフタ

オリーブとトマトのミートボール
オリーブと生ハム入りのトマトソース煮

牛挽き肉　400ｇ
緑オリーブの塩漬け　15～20粒
生ハム　2枚
A｛パン粉　1カップ
　　牛乳　½カップ
塩　小さじ1
オリーブ油　大さじ2
トマト水煮缶詰　大1缶（約400ｇ）

1 オリーブ5粒は種を取って細かく刻む。生ハムも細かく刻む。
2 Aのパン粉は牛乳に入れてしっとりさせ、挽き肉、**1**、塩小さじ½を加え、混ぜ合わせる。
3 **2**の肉だねをスプーンなどで山盛り1杯ずつ取って丸め、少しつぶして形を整える。
4 フライパンにトマトを入れてマッシャーでつぶし、オリーブ油と残りの塩小さじ½を加え、弱火にかけて混ぜる。
5 フツフツしてきたら**3**のミートボールを加え、フタをして中火で煮る。再びフツフツしたら残りのオリーブを加え、15分くらい煮る。

おろしそば
さっぱりした風味と香りで食欲もアップ！

〈これは2人分〉
そば（乾）　2人分
めんつゆ（市販）　適量
しょうゆ　小さじ1～3
水　適量
大根おろし　1カップ
削り節　½カップ
ちりめんじゃこ　大さじ2
細ねぎ　2本
白いりごま　大さじ2

1 そばは表示通りにゆで、水に取って冷やし、水けをきって器に入れておく。

2 市販のめんつゆは少し甘めなので、味をみながらしょうゆをたす。さらに水で薄めてほどよい味にする。
3 そばにめんつゆをかけ、大根おろしと削り節をのせる。上からちりめんじゃこ、小口切りにした細ねぎを散らし、白いりごまは軽くつぶしながら振りかける。刻みのりやわさびなどもよく合う。

おろしにんじん入りだて焼き

フライパンで焼く、味はだて巻き。お正月用に切り方を工夫します

　　卵　4個
　　はんぺん　小1枚
　　にんじん（すりおろし）　大さじ2
　　みりん　大さじ1
　　塩　小さじ½弱
　　ごま油　小さじ2

1 はんぺんはブレンダーかすり鉢ですりつぶす。
2 ボウルの中を水でザッとぬらして卵を割りほぐし、1 のはんぺん、おろしにんじん、みりん、塩を加えてよく混ぜる。
3 フッ素樹脂加工のフライパンにごま油を入れて中火にかける。フライパンが温まったら 2 の卵液を流し入れ、弱火にしてフタをし、ジワーッと焼く。卵の表面が乾いてきたら裏返し、再びフタをして弱火で焼く。
4 竹串を刺してみて、何もついてこなければ出来上がり。これをまな板に取り、冷めたらひし形に切って器に盛る。

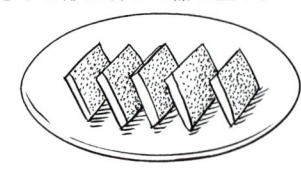

温泉卵風

マグカップで作る。季節によって時間はさまざま。毎回違う仕上がりだからあきない

　　〈これは1人分〉
　　卵（ごく新鮮なもの）　1個
　　めんつゆ　適量

1 卵は室温に出しておく。こうすると殻が割れにくい。
2 マグカップまたは小ぶりのどんぶりとフタになるものを用意し、まず熱湯を入れて器を5分くらい温めておく。
3 湯をあけ、卵をそのまま入れて5分ほどおく。ここに熱湯を注いでフタをし、10分ほどおく。
4 もう一度湯をあけ、再び熱湯を注いで10分ほどおけば出来上がり。
5 器に卵をそっと割り入れ、めんつゆをかけてスプーンで食べる。

温めんビーフン　和風仕立て

薬味の香りもきいて、和風味のめん料理に変身

　　〈これは2人分〉
　　ビーフン　100～150g
　　豚薄切り肉　100g
　　なると　小½本
　　細ねぎ　4本
　　だし汁　3½カップ
　　塩　小さじ½
　　酒　大さじ1
　　しょうゆか薄口しょうゆ　適量
　　しょうが（すりおろし）　少々
　　こしょう　少々

1 ビーフンは表示に従ってかために戻す。
2 豚薄切り肉は塩とこしょうを各少々（各分量外）振っておく。
3 なるとは斜め薄切りにしてから細切りにし、細ねぎは4～5cm長さに切る。
4 鍋にだし汁を入れて火にかけ、フツフツしてきたら塩、酒、しょうゆまたは薄口しょうゆを加え、再びフツフツしてきたら、豚肉をほぐしながら加える。

5 豚肉に火が通ったら、味をみて塩かしょうゆで調え、ビーフンとなるとを加える。ビーフンがほどよいかたさになったら出来上がり。
6 器にビーフンを盛って汁をかけ、細ねぎを散らし、しょうがとこしょうを振る。

か

かあさんオムレツ
甘辛味の懐かしいオムレツ。白いご飯とみそ汁によく合う日本生まれのオムレツです

　卵　4個
　じゃが芋　2個
　玉ねぎ　小½個
　牛挽き肉　200g
　サラダ油　大さじ1
　A ┌ しょうゆ　大さじ2
　　└ みりん　大さじ1
　水　½カップ
　水溶き片栗粉
　　┌ 片栗粉　大さじ1
　　└ 水　大さじ1
　ごま油　小さじ2

1 じゃが芋は1㎝角に切る。玉ねぎはあらいみじん切りにする。
2 サラダ油を熱して玉ねぎと挽き肉を炒め、肉に火が通ったらAの調味料を加えてコテッと味がつくまで炒める。
3 じゃが芋と水を加え、フタをして強めの中火で煮る。芋がやわらかくなったら、水溶き片栗粉を混ぜてまとめる。
4 卵を1個とき、ごま油の¼量(小さじ½)を中火で熱したフライパンに流す。すぐ全体に広げ、表面がまだ生っぽいうちに**3**の具の¼量を片側にのせ、反対側の卵をかぶせる。
5 フライパンに皿をかぶせてしっかり押さえ、ひっくり返して皿にあける。残りも同じようにして作る。

ガーデンサラダ
野菜は表面だけ熱が通っていて、中はまだ生の状態でシャッキリ食べる

　ズッキーニ　1本
　きゅうり　1本
　セロリ　1本
　ピーマン　1～2個
　玉ねぎ　½個
　ドレッシング
　　┌ 塩　小さじ½強
　　│ 砂糖　小さじ1
　　│ 粒マスタード　小さじ1
　　│ にんにく(すりおろし)　ひとかけ
　　│ レモン汁　½個分
　　│ 米酢　大さじ1
　　└ サラダ油　大さじ2
　ミニトマト　10個

1 ズッキーニ、きゅうりは1.5㎝厚さの輪切りにする。セロリ、ピーマン、玉ねぎは2㎝角に切る。
2 ボウルにドレッシングの材料を合わせておく。
3 **1**を熱湯で1種類ずつサッとゆで、よく水けをきり、すぐドレッシングに入れていく。全体を軽く混ぜ合わせ、30分くらいはおく。冷蔵庫で一晩おいてもよい。
4 食べるときミニトマトを半分に切って混ぜ、器に盛りつける。

ガーデンマリネ
決め手は元気な野菜とオリーブ油。作ってすぐでも、時間をおいてもよし

　なす　4本
　ピーマン　2個
　赤ピーマン　2個
　黄ピーマン　2個

セロリ　1本
オリーブ油　大さじ2
マリネ液
　塩　小さじ½強
　砂糖　小さじ2
　こしょう　少々
　レモン汁　1個分
　米酢　大さじ2〜3
　オリーブ油　大さじ2
　ローリエ　1枚

1 なすは皮ごと縦に7〜8㎜厚さに切り、海水くらいの塩水(分量外)に入れる。ピーマン類は縦2〜4つに切る。セロリは4㎝長さに切り、太いものは縦2つに切る。
2 ボウルに **1** の野菜を入れ、オリーブ油をまわしかけ、全体を混ぜて油をよくからめる。
3 天板に野菜を並べ、250度のオーブンで5〜10分焼く。
4 アツアツの野菜を合わせておいたマリネ液に入れ、ざっと混ぜ合わせる。

ガーリックきのこピラフ
たっぷりときのこが入った風味満点のピラフ。ご飯はアツアツの具に混ぜるだけ
〈これは2人分〉
　温かいご飯　2人分
　きのこ(好みのもの)　山盛り2カップ
　ベーコン　2枚
　にんにく　2かけ
　バター　大さじ2
　塩　適量
　しょうゆ　適量
　パセリ(みじん切り)　大さじ2

1 きのこは好みの種類を用意し、食べよく切ったり、ほぐしたりする。
2 ベーコンは1㎝幅に切り、にんにくは薄切りにする。
3 フライパンにバター、ベーコン、にんにくを入れて中火にかける。にんにくがきつね色になり、ベーコンから脂が出てカリカリになったら、フライパンに油を残してどちらもいったん皿に取る。
4 **3** のフライパンできのこを炒め、油がまわったら塩を振り、火を止める。さらにしょうゆを加え混ぜ、すぐにパセリとご飯も加えてザッと混ぜ合わせる。
5 器に盛り、上に **3** のにんにくとカリカリのベーコンをのせる。

ガーリックじゃこライス
オリーブ油を使って、香りとコクをアップ
〈これは2人分〉
　温かいご飯　2人分
　にんにく　ひとかけ
　ベーコン　1〜2枚
　ちりめんじゃこ　大さじ山盛り2
　オリーブ油　大さじ1強
　細ねぎ(小口切り)　½カップ
　しょうゆ　小さじ2
　こしょう　少々

1 にんにく、ベーコンはみじん切りにする。
2 フライパンを火にかけ、オリーブ油を入れ、すぐにんにく、ベーコン、ちりめんじゃこを入れて炒める。
3 全体に火が通ったら、火を止めてご飯と細ねぎを加え、底のほうからよく混ぜ合わせる。
4 再び中火をつけて炒めながら、しょうゆとこしょうで味をつける。

ガーリックスープ
薄皮ごと下ゆでするから、マイルドな香り
　にんにく　3〜4かけ
　サラダ油かオリーブ油　大さじ1
　水　6カップ
　固形スープの素　1個
　セロリの葉やパセリの茎など　適量
　塩　少々

こしょう　少々
ミニトマト　8〜10個

1 にんにくはひとかけずつばらばらにし、薄皮をつけたまま、ヒタヒタの水で3分下ゆでする。これを水に取り、薄皮をむいてみじん切りにする。

2 鍋にサラダ油かオリーブ油を入れて弱火にかけ、にんにくを焦がさないようにゆっくり炒める。香りがたったら分量の水、固形スープの素、セロリの葉やパセリの茎などを入れ、30〜40分ほどフタをしてコトコトと煮る。味をみて塩、こしょうで調える。

3 ミニトマトを半分に切って器に入れ、上からスープを注ぐ。

ガーリックトースト
洋風料理やワインに添えて

フランスパン（薄切り）　適量
バター　適量
にんにく　適量

1 フランスパンの薄切りは、オーブントースターやオーブンでこんがり焼いてバターをぬる。

2 アツアツのうちににんにくの切り口をジャッ、ジャッとこすりつけて出来上がり。

ガーリックブロッコリー
サラダや付け合わせになる簡単料理。にんにくは焦がさないように弱火で揚げる

ブロッコリー　1個
にんにく　2かけ
揚げ油　適量
ドレッシング
　ごま油　小さじ1
　赤唐辛子（みじん切り）　少々
　米酢　大さじ1
　塩　小さじ½弱
　しょうゆ　小さじ½

1 ブロッコリーは小房に切り分け、茎は皮を厚めにむいて食べよい大きさに切る。にんにくは薄切りにする。

2 たっぷりの熱湯でブロッコリーをほどよくゆでて、ザルにあげる。

3 フライパンに揚げ油を少なめに入れて火にかけ、油がぬるいうちににんにくを入れ、弱火でカリカリになるまで揚げ、ペーパーなどに取って余分な油をおさえる。

4 ボウルにドレッシングの材料を入れてよくかき混ぜ、ゆでたてのブロッコリーをあえ、にんにくを散らす。

開化丼
またの名は牛肉と卵で他人どんぶり。1人分ずつでも、4人分を一緒に作ってもOK

牛切り落とし肉　200g
玉ねぎ　2個
なると　小1本
煮汁
　しょうゆ　大さじ4
　みりん　大さじ4
　酒　大さじ4
　水　2カップ
卵　4個
温かいご飯　4人分

1 玉ねぎは繊維にそって薄切りにする。なるとは斜め薄切りにしてから細切りにする。

2 丼用の鍋か小鍋に¼量の煮汁と玉ねぎを入れて煮立て、1人分の牛肉となるとを加える。

3 肉に火が通り、煮汁がまだ残っているうちに、卵1個を割りほぐしてグルリと流し入れ、全体が固まりかけたら火を止める。

4 どんぶりにご飯を盛り、**3**の具を汁ごとのせる。あと3人分も同様に作る。大きいフライパンでまとめて4人分作ってもいい。

海鮮焼売(シューマイ)

風味豊かな味は手作りならでは。おいしさのコツは玉ねぎを加えるタイミングにあり

 豚挽き肉 200g
 むきえび 100g
 A ┌ 塩 小さじ½
  ├ こしょう 少々
  └ 砂糖 小さじ½
 玉ねぎ ½個
 片栗粉 大さじ2
 しょうが汁 小さじ1
 ごま油 小さじ1
 焼売の皮 1袋
 白菜かキャベツ 4～5枚
 とき辛子 適量
 酢 適量
 しょうゆ 適量

1 むきえびは背ワタを取って細かく刻み、さらにたたくようにしてすり身状にする。
2 玉ねぎはみじん切りにしてボウルに入れ、片栗粉を加えて箸で混ぜる。
3 別のボウルに豚挽き肉、えびのすり身、Aの調味料を入れ、よく混ぜる。さらに**2**の玉ねぎも加え混ぜ、しょうが汁、ごま油も加え、よく混ぜて焼売の具にする。
4 焼売の皮に**3**の具を包み込む。
5 蒸気の上がった蒸し器に白菜かキャベツを敷き、焼売を並べ、フタをして強火で10～15分蒸す。完全に火が通ったら、辛子酢じょうゆで食べる。

海鮮豆腐スープ

えびとほたてが入ってうまみ満点。あっさり、とろ～りの簡単スープ

 むきえび 小8尾
 ほたて缶詰 小1缶
 絹ごし豆腐 1丁
 しょうが(薄切り) 2～3枚
 水 3½カップ
 固形スープの素 1個
 酒 大さじ1
 塩 小さじ½強
 こしょう 少々
 水溶き片栗粉
  ┌ 片栗粉 大さじ1
  └ 水 大さじ1

1 鍋にえび、ほたてと缶汁、しょうが、分量の水、固形スープの素を入れて強火にかける。
2 フツフツしてきたら、絹ごし豆腐をスプーンですくいながら加え、再びフツフツしたら、火を弱めて酒、塩、こしょうを加えて調味する。
3 豆腐がアツアツになったら、水溶き片栗粉でとろみをつけて火を止める。

海鮮鍋

魚介から出る風味豊かな味わいが最高!
みそをといたらすぐ火を止めてアツアツを

 鯛(切り身) 4切れ
 えび(ブラックタイガー) 8尾
 はまぐり 6～8個
 にんじん(7～8㎜厚さの輪切り) 8枚
 三つ葉 適量
 もち 4個
 水 4カップ
 昆布 15㎝
 みそ 大さじ3～4

1 鯛は大きめの一口大に切り、熱湯に入れて、シャブシャブと表面の色が変わるまで湯通しする。
2 えびは殻をむいて背ワタを取る。はまぐりは海水よりやや薄めの塩水(分量外)につけてさらに砂抜きをし、殻の表面を洗う。
3 三つ葉は2～3㎝長さに刻む。もちは焼く。
4 土鍋に分量の水とサッと洗った昆布を入れて火にかけ、はまぐりとにんじんを加える。

5 フツフツしてきたら、鯛とえびを加えて弱めの中火で10分ほど煮、さらにみそをとき入れ、もちを加えてすぐ火を止める。
6 最後に三つ葉を散らして器に盛り、好みで七味唐辛子を振って食べる。

海鮮ビーフン
ビーフンの戻し加減は、まだ芯が少々残っている状態がベスト

〈これは2人分〉
ビーフン　150g
いか　½杯
ゆでだこの足　1本
えび　4尾
キャベツ　2枚
玉ねぎ　¼個
にんじん　2㎝
にんにく（みじん切り）　少々
しょうが（みじん切り）　少々
サラダ油　適量
湯　1カップ
ナンプラー　大さじ½
塩　少々
こしょう　少々
香菜(シャンツァイ)（好みで）　適量

1 ビーフンはかために戻し、水けをきる。
2 いかの胴と足、たこは食べよい大きさに切る。えびは殻をむき、同じ大きさに切る。
3 キャベツも食べよい大きさに切り、玉ねぎは薄切りにし、にんじんは細切りにする。
4 サラダ油大さじ1、にんにく、しょうがを弱めの中火にかけて炒め、香りがたったら魚介類を加えて強火でザッと炒める。
5 サラダ油少々を加え玉ねぎ、にんじん、キャベツの順に加えて炒め合わせる。
6 湯を注ぎビーフンを加え、強火のままビーフンをほぐすようにして全体をよく炒め合わせる。
7 水分がなくなってきたら中火にし、ナンプラー、塩、こしょうを加え、味を調える。盛りつけ、好みで香菜をのせる。

海賊サラダ
海のものがいっぱいだから、この名前

わかめ（戻したもの）　1カップ弱
かまぼこ　½〜1本
あさり水煮缶詰　小1缶
玉ねぎ　½個
きゅうり　1本
トマト　1〜2個
サニーレタス　½個
ドレッシング
　塩　小さじ1弱
　砂糖　ごく少量
　こしょう　少々
　マスタード　少々
　米酢　大さじ2
　サラダ油　大さじ3

1 戻したわかめは水でよく洗って3㎝長さに切る。かまぼこは1㎝幅の棒状に切る。あさりは缶汁をきる。
2 玉ねぎは繊維にそって薄切りにする。きゅうりはすりこぎなどでたたいてから一口大にちぎるように折る。トマトは2㎝幅のくし形に切る。サニーレタスは一口大にちぎる。
3 大きめのボウルにドレッシングの調味料を合わせていき、最後にサラダ油を加えてサッと混ぜる。
4 ドレッシングにまず玉ねぎを入れてサッと混ぜ、次にきゅうりを加えてサッと混ぜる。あとはかたいもの、香りの強いものから1種類ずつ加えては混ぜる。

缶汁→ コラム参照

貝のオイスターソース炒め
貝の口が開きはじめたら火を止めて調味料。

かいばしら

再び強火で炒め、口が完全に開けばOK

　　あさりかしじみ(砂抜き)　400ｇ
　　にんにく　ひとかけ
　　赤唐辛子　1本
　　ごま油　大さじ1強
　　酒　大さじ1
　　オイスターソース　大さじ1
　　しょうゆ　小さじ2
　　こしょう　少々
　　細ねぎ　½わ

1 あさりまたはしじみはこすり洗いをして殻の汚れを落としておく。あさりならさらにヒタヒタの薄い塩水(分量外)に入れ、しじみは水につけてしつこく砂抜きするとよい。

2 にんにくはみじん切りにし、赤唐辛子は種をのぞく。細ねぎは2㎝長さのブツ切りにする。

3 中華鍋にごま油、にんにく、赤唐辛子を入れ、中火にかけて炒める。香りがたったら、強火にし水けをきった貝を入れ、フタをして強火のまま火を通す。

4 貝の口が開きはじめたら、ヘラで全体をザッと炒めて火を止める。酒、オイスターソース、しょうゆ、こしょうを加え、再び強火で炒め合わせる。完全に貝の口が開いたら、細ねぎを加え混ぜて火を止める。

貝柱と桜えびのピラフ

うまみの貝柱、香ばしさの桜えびで最高の味に仕上げます

　　〈これは2人分〉
　　温かいご飯　2人分
　　ほたて缶詰　小1缶
　　桜えび　大さじ3～4
　　ベーコン(みじん切り)　2枚
　　にんにく(みじん切り)　少々
　　パセリ(みじん切り)　大さじ1
　　サラダ油　大さじ1
　　バター　大さじ1
　　塩　少々
　　こしょう　少々
　　しょうゆ　少々

1 ほたては缶汁をきる。

2 フライパンにバターとサラダ油を入れ火にかけ、バターがとけてきたら、桜えびとベーコンを入れて中火で炒める。

3 香ばしい香りがしてきたらほたてを加え、ザッと炒め、にんにくとご飯を加えて、強火でご飯がアツアツになり、パラッとするまでよく炒める。

4 パセリを加えて炒め合わせ、塩、こしょうで調味する。仕上げにしょうゆ少々を加えて、香ばしく炒め合わせすぐ火を止める。

缶汁→ コラム参照

カウボーイシチュー

豆を戻すのは前の晩に。あとはフツフツ煮るだけ

　　白いんげん豆(乾)　1カップ
　　にんにく(みじん切り)　ひとかけ
　　にんじん　½本
　　玉ねぎ　½個
　　じゃが芋　1個
　　ベーコン　2枚
　　豚薄切り肉　100ｇ
　　サラダ油　大さじ1
　　水　5～6カップ
　　固形スープの素　1個
　　塩　少々
　　こしょう　少々
　　パセリ(みじん切り)　適量

1 白いんげん豆は豆の3倍量の水につけて一晩おく。

2 翌日つけ水ごと火にかけ、煮立ったらフタをして、弱火で30分ほど煮て火を止める。そのまま10分おいてザルにあげ、水けをきっておく。

3 にんじんは5㎜厚さのいちょう切りに

する。玉ねぎは薄切り、じゃが芋は1cm厚さのいちょう切りにする。

4 ベーコンは1cm幅に、豚薄切り肉は3cm長さに切る。

5 鍋にサラダ油を熱してにんにく、にんじん、玉ねぎ、ベーコン、豚肉の順に炒め、全体に油がまわったら、**2**のいんげん豆を加え、ザッと炒め合わせる。

6 さらに分量の水と固形スープの素を加え、弱めの中火でフツフツと煮込む。豆がやわらかくなってきたらじゃが芋を加える。芋がやわらかくなったら、塩とこしょうで味を調え、器に盛ってパセリを散らす。

香りのサラダ
香りと酸味を上手に生かした、さわやかな夏のサラダ

　玉ねぎ　¼個
　レタス　½個
　貝割れ大根　1わ
　みょうが　3〜4個
　青じそ　1わ
　レモンドレッシング
　　塩　小さじ½
　　米酢　小さじ2
　　レモン汁　½個分
　　こしょう　少々
　　サラダ油　大さじ2

1 玉ねぎは薄切りにし、レタスは一口大にちぎる。貝割れ大根は根を切り落として2つに切る。みょうがと青じそは縦半分に切って千切りにする。

2 ドレッシングを作る。記載順に塩、米酢、レモン汁、こしょう、サラダ油を混ぜ合わせる。ただしさっぱりと仕上げるのには、サラダ油を加えてからはあまり混ぜすぎないこと。

3 **2**のドレッシングに玉ねぎ、レタス、貝割れ大根、みょうが、青じその順に加える。野菜は1種類加えるごとに全体をよく混ぜて、味をなじませながら作る。

かかめし
ご飯においしいこげめをつけるような感じで、手早く焼き炒める

　〈これは2人分〉
　ご飯　2人分
　ごま油　小さじ2
　しょうゆ　小さじ2
　削り節　1パック
　紅しょうが　適量

1 フライパンを熱してごま油をひき、ご飯を強火で炒める。

2 全体がアツアツになったら、中火にしすぐにしょうゆを加えてザッザッと混ぜる。さらに削り節を加え、ざっくり混ぜて火を止める。

3 器に盛って紅しょうがを添える。

かき揚げ各種
→メニュー別索引〈かき揚げ〉を参照

かきごはん
かきは最初から入れて炊くに限る！

　米　2カップ（2合）
　かき（小粒）　300g
　しょうが　ひとかけ
　A　酒　大さじ2
　　　しょうゆ　大さじ1
　　　みりん　小さじ1
　　　塩　小さじ½
　柚子の皮（千切り）　適量

1 米はふつうに水加減する。

2 かきはボウルに入れ、切り口に格子状に切りめを入れた大根のしっぽで軽くかき混ぜる。水がきれいになるまでため水で何回か洗い、水けをよくふく。

3 しょうがは皮をむき、繊維にそって千切りにする。

4 米の水を大さじ3強（調味料分）取りのぞき、Aの調味料を加えてひと混ぜし、かきとしょうがを加えて表面を平らにし、ふつうに炊く。
5 炊き上がったら、底のほうから全体を混ぜる。盛りつけて柚子の皮を散らす。

かきごはんの焼きむすび→ コラム参照
かきの洗い方→ コラム参照

かき雑炊 みそ仕立て

冬到来とともに楽しみなかき雑炊。合わせみそはちょっとしたコツかな

〈これは2人分〉
ご飯　2人分
かき　150〜200g
だし汁（薄め）　2½カップ
酒　大さじ2
しょうが（千切り）　少々
A ┌ 合わせみそ
　│　┌ 赤みそ　大さじ1
　│　└ 白みそ　大さじ1
　└ だし汁　½カップ
細ねぎ　適量
粉山椒　少々

1 かきは洗って汚れを取り、水けをきっておく。
2 合わせみそは、だし汁½カップでといておく。
3 鍋にだし汁2½カップ、酒、A、ご飯を入れてザッと混ぜる。ここで加えるAは少しひかえめにしておく。少しずらしてフタをし、中火にかける。
4 **3** が煮立ったら、しょうがとかきを加え、フタをして弱火でクツクツと煮て、中までしっかり火を通す。味をみて残しておいたAで味を調える。
5 2㎝長さのブツ切りにした細ねぎを散らしてすぐに火を止め、器に盛りつけ粉山椒を振る。

かきの洗い方→ コラム参照

かき玉うどん

つゆはあくまでも透き通り、卵はフワリと上品に仕上げる

〈これは2人分〉
ゆでうどん　2人分
めんつゆ
　┌ だし汁（濃いめ）　3カップ
　│ 塩　小さじ½
　│ 薄口しょうゆ　大さじ1
　│ 酒　大さじ1
　└ みりん　大さじ1
水溶き片栗粉
　┌ 片栗粉　大さじ1
　└ 水　大さじ1
卵　1〜2個
しょうが（すりおろし）　適量

1 めんつゆを作る。鍋にだし汁を入れて火にかけ、フツフツしてきたら、調味料を加えて味を調え、水溶き片栗粉でとろみをつける。
2 卵をときほぐし、めんつゆがフツフツしているところに流し入れる。卵がフワリと浮いて、火が通ったら火を止める。
3 ゆでうどんは表示通りに温め、水けをきってどんぶりに入れる。上から **2** をかけ、おろししょうがをのせる。

かき玉汁

ほんの少しの水溶き片栗粉は卵をふわりとさせるおいしさの裏ワザ

だし汁　4カップ
酒　大さじ1
しょうゆ　小さじ1
塩　小さじ½
水溶き片栗粉
　┌ 片栗粉　小さじ1
　└ 水　小さじ1
卵　1〜2個
しょうが（すりおろし）　適量

1 だし汁を煮立て酒、しょうゆ、塩を加

え、味をみて薄いようなら塩かしょうゆ少々(分量外)をたし、味を調える。
2 フツフツしてきたら、水溶き片栗粉をまわし入れる。ほとんどとろみはつかない。
3 卵をときほぐし、汁がフツフツしているところに細くゆっくりと流し入れる。卵がふわりと浮いて、固まりかけたらフタをして火を止める。
4 椀に盛って、おろししょうがをのせる。

かき玉スープ
和・洋・中どんなおかずにも合う

　　水　3½カップ
　　固形スープの素　1個
　　A ┌ 酒　大さじ1
　　　├ 薄口しょうゆ　小さじ1
　　　└ 塩　少々
　　水溶き片栗粉
　　　┌ 片栗粉　小さじ1
　　　└ 水　小さじ1
　　卵　1～2個
　　ごま油　2～3滴

1 卵はとく。
2 分量の水にスープの素を入れて火にかけ、フツフツしてきたらAの調味料で味を調える。
3 中火にしてかき混ぜながら水溶き片栗粉を加え、薄くとろみがついたら、卵を細くたらしながらまわし入れる。まわりがフワッと固まってきたら、フタをして火を止める。
4 余熱で卵に火を通し、ごま油を落とす。

かきときのこのシチュー
さらっとしたスープ仕立てのトマト味

　　かき　250g
　　ベーコン　2枚
　　しめじ　1袋
　　舞茸　1袋
　　生椎茸　1袋
　　水　2カップ
　　トマトジュース　2カップ
　　固形スープの素　1個
　　塩　少々
　　こしょう　少々

1 かきはていねいに洗い、さらにため水で何回か洗い、水けをきる。
2 ベーコンは2cm幅に切る。きのこ類は石づきを切り落とし、大きめにさく。
3 鍋に水、スープの素、トマトジュース、ベーコンを入れて火にかけ、フツフツしてきたらかき、きのこ類を加えて煮る。
4 かきに火が通ったら、味をみて塩、こしょうで調える。
　　かきの洗い方→ コラム参照

かきとほうれん草のグラタン
伝統的な冬のアツアツ

　　かき　250g
　　ほうれん草　1わ
　　ソース
　　　┌ ホワイトソース缶詰　大1缶(約290g)
　　　├ 生クリーム　1カップ
　　　├ 塩　少々
　　　└ こしょう　適量
　　パン粉　大さじ山盛り1
　　バター　大さじ山盛り1

1 かきはていねいに洗い、さらにため水で何回か洗う。熱湯でサッとゆで、水けをきる。
2 ほうれん草は4～5cm長さに切り、熱湯でサッとゆで、水けをきる。
3 ソースの材料を合わせる。
4 耐熱容器の中を水でぬらし、ソースを½量敷き、かきとほうれん草を均等に並べ、残りのソースをかける。上にパン粉を振り、バターをちぎってところどころのせる。

かきとほうれんそう

5 オーブンに入れ、250度で5分、200度に下げて5分くらい焼く。フツフツツグツグして、表面がこんがり焼けたら取り出す。

かきの洗い方→ コラム参照

かきとほうれん草の吸いもの
かきの香りが、ひときわ豊か

　かき　8〜12粒
　ゆでたほうれん草　約1/3わ分
　だし汁　4カップ
　A ┌ 酒　大さじ2
　　├ 塩　小さじ1弱
　　├ しょうゆ　少々
　　└ こしょう　少々
　柚子の皮　適量

1 かきはボウルに入れ、切り口に格子状に切りめを入れた大根のしっぽで軽くかき混ぜる。水がきれいになるまでため水で何回か洗う。

2 ゆでたほうれん草は2〜3cm長さに切る。

3 だし汁を火にかけ、フツフツしたらかきを加えて煮る。火が通ったらほうれん草を加え、Aの調味料で味つけする。

4 美しく盛りつけて薄くそいだ柚子の皮をヒラリ。

かきのお好み焼き風
かきをあさりのむき身にかえてもよし。貝類のお好み焼きはうまみたっぷりです

　〈これは2人分〉
　かき　200g
　小麦粉　適量
　A ┌ 卵　2個
　　└ 小麦粉　1/2カップ
　にらか細ねぎ　1/2わ
　紅しょうが　小さじ2
　サラダ油　大さじ1
　好みのソースやマヨネーズ　適量

1 かきはていねいに、何回か水をかえながら洗う。水けをふき、全体に小麦粉を薄くはたく。

2 にらか細ねぎは5cm長さに切る。

3 Aの卵を泡立て器でとき混ぜ、小麦粉も加え混ぜる。

4 3にかきとにらか細ねぎ、紅しょうがを加えてよく混ぜる。

5 フライパンを熱してサラダ油をぬり、4の生地を1/2量流す。ホットプレートで2枚を一度に焼いてもよい。

6 中火で両面こんがりと中まで火を通して焼き上げる。好みのソースやマヨネーズで食べる。

かきの洗い方→ コラム参照

かきの土手鍋
旬のかきとみその香りが絶品。赤みそと白みそを半々で使うと味に深みが出る

　かき　400〜500g
　長ねぎ　2〜3本
　A ┌ 赤みそ　1/2カップ
　　├ 白みそ　1/2カップ
　　├ 砂糖　大さじ1
　　└ みりん　大さじ2
　酒　大さじ2
　粉山椒(好みで)　少々

1 かきはボウルに入れ、切り口に格子状に切りめを入れた大根のしっぽで軽くかき混ぜる。水がきれいになるまでため水で何回か洗い、水けをきる。

2 長ねぎは1cm幅の斜め切りにする。

3 ボウルにAを入れてよく混ぜ合わせ、土鍋の内側の鍋肌に、土手を作るようにはりつける。

4 鍋底に酒を入れ、みそと混ざらないように、かきと長ねぎを入れて中火にかける。

5 フツフツしてかきと長ねぎに火が通ったら、みその土手をくずしながら食べる。

好みで粉山椒を振ったり、途中でくずきりや豆腐を入れながら食べてもおいしい。

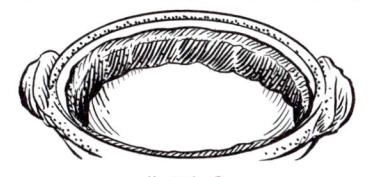

作り方 3

かきのねぎ焼き
「リーピン」という中国風かき料理

　　かき　400g
　　細ねぎ　1わ
　　卵　4～5個
　　小麦粉　大さじ4～5
　　片栗粉　大さじ4～5
　　しょうが(千切り)　少々
　　塩　小さじ½
　　ごま油　小さじ1
　　たれ
　　　｛ しょうゆ　大さじ2
　　　　酢　小さじ2
　　　　ごま油　小さじ1
　　　　赤唐辛子(みじん切り)　適量

1 かきはていねいに洗い、水けをきり、あらく切る。細ねぎは2cm長さに切る。
2 卵をとき、小麦粉、片栗粉を加え、だまにならないようによく混ぜる。かき、細ねぎ、しょうが、塩、ごま油も加えて混ぜ合わせる。
3 ホットプレートかフライパンにごま油少々(分量外)をぬって熱し、**2**をおたまに1杯くらい流し、直径7～8cmに広げる。
4 フタをして弱火で焼き、表面にプツプツ穴があいてきたら裏返し、両面をこんがりと焼き上げる。混ぜ合わせたたれをつけて食べる。
　　かきの洗い方→ コラム参照

かきのピカタ
かきを卵で包み込みソフトな口あたり

　　かき　300g
　　塩　適量
　　こしょう　適量
　　小麦粉　適量
　　とき卵　1～2個分
　　バター　大さじ1
　　ケチャップソース
　　　｛ トマトケチャップ　大さじ3
　　　　ウスターソース　大さじ1

1 かきはボウルに入れ、切り口に格子状に切りめを入れた大根のしっぽで軽くかき混ぜる。水がきれいになるまでため水で何回か洗い、水けをよくふく。
2 かきに塩、こしょうを振り、小麦粉をしっかりまぶす。
3 フライパンにバターを入れて火にかけ、バターがとけてきたら、かきにとき卵をたっぷりつけて並べる。弱めの中火で両面をこんがりと焼き、中までしっかり火を通す(フタをして焼いてもいい)。
4 器に盛り、混ぜ合わせたソースを添える。

かきの洋風鍋
調味料はほとんど使わないのに、素材から出るコクのあるスープが美味。パンに最適

　　かき　300g
　　豚肩ロース薄切り肉　200g
　　ベーコン　4枚
　　キャベツ　½個
　　しめじ　1袋
　　玉ねぎ　1個
　　セロリ　1本
　　トマトジュース　2～3カップ
　　水　2～3カップ
　　にんにく　ひとかけ
　　ローリエ　1枚
　　塩　少々

こしょう　少々
パセリ　適量

1 かきは4～5回水を取りかえながら、きれいに洗って水けをきる。
2 豚肩ロース薄切り肉とベーコンは半分に切る。
3 キャベツはくし形に4等分に切り、芯を取りのぞく。しめじは石づきを切り落とし、食べよい大きさにほぐす。玉ねぎは5㎜厚さの輪切りにし、セロリはすじを取って太い部分は半分に切ってから10㎝長さに切る。
4 鍋の中を水でザッとぬらし、**3**の野菜をすべて並べ、トマトジュースと分量の水を注ぐ。さらに丸ごとのにんにくとローリエも加えてフタをして20分ほど煮る。
5 キャベツがやわらかくなったらフツフツしているところへ、豚肉をほぐすように加え、さらにベーコンとかきも加える。火が通ったら味をみて、塩、こしょうで調える。
6 最後にちぎったパセリを散らして、器に盛る。

かきの洗い方 → コラム参照

かきピラフ
かきをからいりしてからバターを使うのが決め手

〈これは2人分〉
温かいご飯　2人分
かき　150g
マッシュルーム　½袋
にんにく（すりおろし）　少々
バター　大さじ2
塩　小さじ½弱
こしょう　少々
パセリ（みじん切り）　適量

1 かきはボウルに入れ、切り口に格子状に切りめを入れた大根のしっぽで軽くかき混ぜる。水がきれいになるまでため水で何回か洗い、水けをふく。
2 マッシュルームは石づきを切り落とし、縦に薄切りにする。
3 フライパンを熱してかきをからいりし、水分をとばし、火を止めてそこにバター大さじ1を加える。
4 再び火をつけ、マッシュルーム、塩、こしょう、にんにくも加えて炒め、汁ごとボウルなどにあける。
5 フライパンに残りのバターを入れてとかし、温かいご飯を強めの中火で切るようにして炒める。
6 パラリとなったら**4**の具と汁、パセリを加え、ご飯に混ぜ込むようにして手早く炒め混ぜる。

かきフライ
大根のしっぽでかきの汚れを取り、うまみを丸ごと衣にとじ込めるのがカツ代流

かき（大粒）　300g
衣
　┌ 小麦粉　適量
　│ とき卵　1個分
　└ パン粉　適量
揚げ油　適量
レタス　適量
レモン　適量
ウスターソース　適量

1 かきはボウルに入れ、切り口に格子状に切りめを入れた大根のしっぽで軽くかき混ぜる。水がきれいになるまでため水で何回か洗い、水けをよくふく。
2 かきに小麦粉をていねいにまんべんなくまぶす。
3 とき卵にくぐらせ、パン粉をやさしくしっかりとつける。
4 揚げ油を中温（170～180度）に熱し、かきを重ならないように次々と入れて、きつね色にこんがりと揚げる。
5 器にかきフライを盛り、千切りにした

レタスとくし形に切ったレモンを添え、ウスターソースをかけて食べる。好みでマヨネーズをつけてもおいしい。好きなタイプのタルタルソースもグッド。
　タルタルソース→タルタルソース3種
　かきの洗い方→ コラム参照

カクテキ
即席とは思えない大根キムチ
　大根　10cm
　塩　小さじ1
　赤唐辛子　1～2本
　大根おろし　½カップ
　にんじん(すりおろし)　¼カップ
　にんにく(すりおろし)　ひとかけ
　一味唐辛子　小さじ½～1

1 大根は皮をむいて2cm角に切り、赤唐辛子は種を出す。ボウルに入れ、塩を加えて混ぜる。
2 大根おろし、にんじん、にんにくと一味唐辛子は混ぜ合わせる。
3 大根の上に**2**をのせ、皿を2～3枚のせて軽く重しをし、冷蔵庫で一晩おく。
4 翌日、水が上がったら皿をはずし、ひと混ぜし、冷蔵庫でもう1日おく。

かくや
ほどよい塩味と酸味でご飯が進む、漬かりすぎたぬか漬けがよみがえる伝統の味
　漬かりすぎたぬか漬け(好みのもの)　適量
　しょうが(すりおろし)　適量
　白いりごま　適量

1 ぬか漬けは細かく刻み、ごく薄い塩水(分量外)に5～10分くらいさらして塩出しをする。長くさらすと味が落ちるので気をつける。
2 ぬか漬けの水けをしぼり、しょうがとごまを加えて混ぜる。

かけまわしうなぎずし
ご飯に具と合わせ酢をかけて混ぜ合わせるから、ふつうのおすしとは違う味
　温かいご飯　4人分
　うなぎのかば焼き　大2串
　きゅうり　1本
　三つ葉　適量
　山椒の実のつくだ煮　大さじ1～3
　紅しょうが　適量
　合わせ酢
　　｛米酢　70cc
　　　塩　小さじ½
　　　砂糖　大さじ1

1 うなぎは縦半分に切ってから1cm幅に切る。きゅうりは薄い輪切りにする。三つ葉は1cm幅に切る。
2 温かいご飯を大皿に広げるように均一に平らに盛り、うなぎ、きゅうり、山椒の実のつくだ煮を散らし、合わせ酢をまわしかける。三つ葉を散らし、紅しょうがを添え、全体を混ぜ合わせて食べる。

重ね肉ロールと簡単野菜ポトフ
一つの鍋で煮ながら、二つの料理の出来上がり。20分で作れるカツ代流メニュー
　豚ロース薄切り肉か豚もも薄切り肉　400g
　湯　6カップ
　キャベツ　¼個
　にんじん　1本
　グリーンアスパラガス　1わ
　しょうがじょうゆ
　　｛しょうが(すりおろし)　ひとかけ
　　　しょうゆ　大さじ2
　細ねぎ　4～5本
　塩　適量
　こしょう　適量
　マスタード　適量

1 豚薄切り肉は買ってきたままの重なった状態で塩、こしょうを振り、そのままク

かさねびーふかつ

ルクルとロール状にきっちりと巻く。鍋に分量の湯を沸かして肉ロールを入れ、フタをして強めの中火で煮はじめる。

2 キャベツは3～4つにザク切りにし、にんじんは5㎜厚さの輪切りにする。アスパラガスは根元のかたい部分を1～2㎝切り落とし、軸の下のほうはピーラーで皮をむいて長さを2～3等分に切る。**1**の鍋にキャベツとにんじんを加え、フタをしてさらに煮る。

3 おろししょうがとしょうゆを合わせ混ぜてしょうがじょうゆを作る。細ねぎは2㎝長さに切る。

4 **1**の肉ロールは15分くらい煮たところで竹串を刺してみて、澄んだ汁が出てきたら取り出して汁けをきる。アツアツのうちにしょうがじょうゆにつけ、ときどき転がしながら3～4分おいて味をからませておく。

5 **4**の鍋にアスパラガスを加え、フタをしてさらに煮る。ほどよく煮えたら塩、こしょうで味を調え、キャベツ、にんじんと一緒にポトフとして器に盛る。

6 **4**の肉ロールは1㎝厚さに切って器に盛り、細ねぎを散らして残りのしょうがじょうゆをかけ、マスタードを添える。

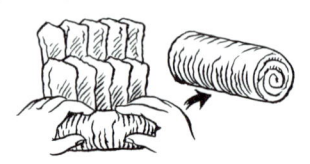

作り方 **1**

重ねビーフかつ
チーズとピクルス入りの変わりかつ

牛赤身肉（5㎜厚さ・80～100ｇ）　4枚
プロセスチーズ（薄切り）　4枚
きゅうりのピクルス　1本
衣
　┌　小麦粉　適量
　│　とき卵　1個分
　└　パン粉　適量
揚げ油　適量
ウスターソース（好みで）　適量
マスタード（好みで）　適量

1 牛肉は少したたいて広げる。ピクルスは縦に4等分に切る。

2 肉の片側にチーズ、ピクルスを重ねてのせ、肉のまわりに小麦粉（分量外）をパラパラッと振り、反対側の肉をかぶせて縁をしっかりくっつける。

3 小麦粉、とき卵、パン粉の順で衣をつけ、軽く押さえておく。

4 揚げ油は浸るくらいの少ない量を中温（170～180度）に熱し、衣をつけた肉を入れて揚げる。下の面がきつね色になったら、裏返して弱火にし、ときどき箸で動かしながら空気にふれさせて揚げる。

5 全体がきつね色にカリッと揚がったら、油をきって盛る。好みでウスターソースやマスタードをつけて食べる。

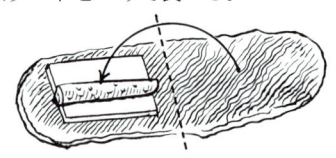

作り方 **2**

かじきのペッパーステーキ
粒こしょうをガリガリ挽いて

かじきまぐろ　4切れ
ベーコン　4枚
塩　少々
こしょう　少々
サラダ油　大さじ1
にんにく（すりおろし）　適量
しょうゆ　適量
クレソン　適量

1 かじきまぐろは水けをふき、塩、こしょうを振り、中央にベーコンをくるりと巻

いてようじでとめる。
2 フライパンを熱してサラダ油を入れ、魚はベーコンの巻き終わりを下にして並べ、強めの中火で焼く。少したったら中火にし、両面を色よく焼いて中まで火を通す。
3 器に盛り、上におろしにんにくをのせてしょうゆをかけ、クレソンを添える。

作り方 **1**

かじきまぐろのから揚げ
風味のよい下味をつけて淡白な味をカバー。野菜も揚げれば、立派なおかず
　　かじきまぐろ　4切れ
　　かぼちゃ　1/6個
　　下味用
　　┌ しょうが汁　少々
　　│ こしょう　少々
　　│ しょうゆ　大さじ1 1/2
　　│ 酒　大さじ1/2
　　└ ごま油　小さじ1/2
　　片栗粉　大さじ4〜5
　　揚げ油　適量
　　塩　少々
　　マヨネーズ(好みで)　適量

1 かじきまぐろは水けをよくふき、食べよく切るか、2cm幅の棒状に切る。
2 かぼちゃは食べよい大きさに切る。
3 下味用の材料を合わせて、**1**のかじきまぐろを10分くらいつける。
4 揚げ油を温め、油がぬるいうちにかぼちゃを入れて素揚げにする。かぼちゃに火が通ったら、引き上げて油をよくきり、塩を振る。
5 かじきまぐろは汁けをサッとふいて片栗粉をまぶしつけ、中温(170〜180度)の揚げ油でカラリと揚げる。
6 器にかじきまぐろとかぼちゃを盛り合わせ、好みでマヨネーズをつけて食べる。

かじきまぐろの白ワイン煮
ワインの香りが引き立つあっさり味
　　かじきまぐろ　4切れ
　　小麦粉　適量
　　バター　大さじ3
　　白ワイン　1カップ
　　酢　大さじ1
　　塩　適量

1 かじきまぐろは水けをふき、小麦粉を薄くまぶす。
2 バターを中火でとかしてかじきまぐろを並べ、両面を色づくまで焼く。
3 火を止め、ワイン、酢、塩を加える。再び中火をつけ、フタをして5〜6分煮て火を通す。

かじきまぐろのチーズ焼き
同時にソースが作れるオーブン焼き
　　かじきまぐろ　4切れ
　　塩　適量
　　こしょう　適量
　　トマトピューレ　小1びん(200g)
　　とけるチーズ　大さじ山盛り4
　　A ┌ 白ワイン　大さじ2
　　　│ 水　大さじ2
　　　│ 塩　少々
　　　└ こしょう　少々

1 かじきまぐろは水けをふき、両面に塩、こしょう各少々を振り、天板に並べる。上にトマトピューレ大さじ4をぬってチーズをのせる。
2 オーブンに入れ、250度で10分、200度に下げて10分焼く。
3 ソースを作る。残りのトマトピューレとAを合わせて火にかけ、フツフツするま

かじきまぐろ

で煮る。皿に敷いて魚を盛りつける。ゆでた緑の野菜などを盛り合わせるとキレイ。

かじきまぐろのベーコン巻き
ベーコンをくるくる巻いて焼く。まわりはカリッ、パクッと食べるとやわらかな身

　　かじきまぐろ　4切れ
　　ベーコン　適量(約200ｇ)
　　サラダ油　少々
　　塩　少々
　　こしょう　少々
　　しし唐辛子　適量
　　レモン　適量

1 かじきまぐろは1切れを5〜6つの棒状に切る。ベーコンは長いものなら半分に切り、それぞれをかじきまぐろに巻きつけていく。
2 しし唐辛子はヘタを切り落とし、3個ずつようじに刺す。
3 フライパンにサラダ油を熱し、**1**のベーコン巻きの巻き終わりを下にして並べて中火で焼く。このとき、あいているスペースがあれば、しし唐辛子も並べる。
4 魚の身が白くなり、ベーコンがカリッとしてはがれるようになったら裏返し、全体をこんがり焼いていく。しし唐辛子は火が通ったところで取り出す。どちらも最後に塩、こしょうを振る。
5 器に出来上がりを盛り、くし形に切ったレモンを添える。

粕汁
寒い日にはもってこいの大阪の味。鮭から塩けが出るので、味をみながら調味を

　　塩鮭のあら　ひと山
　　(または塩鮭の切り身　3切れ)
　　酒粕(板)　1枚
　　にんじん　1/2本
　　大根　10㎝
　　こんにゃく　1/2枚
　　油揚げ　1/2〜1枚
　　焼きちくわ　1本
　　だし汁　5〜6カップ
　　白みそかみそ　大さじ1〜2
　　薄口しょうゆ　少々
　　細ねぎ(小口切り)　1/2カップ
　　一味唐辛子か七味唐辛子(好みで)　適量

1 塩鮭のあら(切り身なら2〜3つに切る)は熱湯で表面の色が変わるまでゆで、塩けとくさみを抜く。
2 酒粕はすり鉢に入れ、だし汁のうちの1カップを加えてふやかしておく。やわらかくなったら、すりこぎでなめらかにときのばす。
3 にんじん、大根、こんにゃく、油揚げはすべて細切りにする。焼きちくわは縦半分に切ってから斜め薄切りにする。
4 鍋に残りのだし汁を入れ、**1**と**3**の野菜などの具を全部入れて強めの中火で煮る。野菜がやわらかくなったら、**2**の酒粕をとき入れ、白みそもとき入れる。
5 フツフツしたら味をみて、薄口しょうゆで調味する。椀に盛って細ねぎをたっぷり散らし、好みで一味か七味唐辛子を振る。

酒粕→ コラム参照

かずのこ
たとえ少量でも、お正月に欠かせない味

　　かずのこ　適量
　　酒　適量
　　しょうゆ　適量
　　削り節　適量

1 かずのこは前日から薄い塩水(分量外)につけて、塩出しをしておく。まだ塩辛い

場合は真水につけ、何度か水を取りかえる。
2 かずのこの薄皮をていねいにむいて水洗いし、水けをふく。適当な大きさに切って酒を振りかけておく。
3 食べる直前にかずのこの水けをきり、ボウルに入れてしょうゆをまわしかける。さらに削り節を軽くもんで加え、ザッとあえて器に盛る。
　かずのこ→ コラム参照

かずのこ入り松前漬け
お正月にはぜひほしい一品。2〜3日めくらいからが食べ頃

　松前漬けの素(市販・切りいかと切り昆布)　½袋(25ｇ)
　大根　5㎝
　にんじん　大根の¼量
　かずのこ　2本
　A ┌ しょうゆ　大さじ2
　　│ 酒　大さじ1
　　│ みりん　大さじ1
　　└ 米酢　大さじ1
　しょうが(千切り)　ひとかけ
　赤唐辛子(輪切り)　1本
　白いりごま　大さじ1

1 かずのこは薄めの塩水(分量外)に一晩つけて塩出しをし、薄皮をむく。
2 大根とにんじんは、薄い輪切り(にんじんは斜め輪切り)にしてから千切りにする。
3 かずのこは小さくちぎる。松前漬けの素は熱湯をかけて水けをきる。
4 密閉容器にAの調味料と、しょうが、赤唐辛子を入れ、**2**の大根とにんじんを加えて混ぜ、野菜がしんなりするまでおく。
5 **4**に松前漬けの素、かずのこを数回に分けて加え、菜箸でほぐしながらふんわりと混ぜ、白いりごまを全体に振りかける。冷蔵庫で保存し、2〜3日後から食べ頃に。冷蔵庫で10日くらいは保存可能。

ガスパチョ
暑さと疲れがふっ飛ぶ冷たいスープ

　トマト(完熟)　2個
　きゅうり(みじん切り)　大さじ山盛り2
　セロリ(みじん切り)　大さじ山盛り2
　玉ねぎ(みじん切り)　大さじ山盛り2
　にんにく(すりおろし)　少々
　トマトジュースか野菜ジュース　2カップ
　氷水　1½カップ
　塩　小さじ¼〜½弱
　こしょう　少々
　レモン(好みで)　適量

1 トマトは皮を湯むきし5㎝角に切り冷やす。トマトジュースも冷やしておく。
2 トマトジュースと氷水を混ぜ合わせ、野菜類を加えて混ぜ、味をみて塩、こしょうで調える。冷蔵庫で冷やす。
3 器に盛り、好みでレモンをしぼって食べる。

ガスパチョ風サラダ
冷蔵庫で2〜3時間冷やすと、野菜がなじんでやさしい味に

　トマト(完熟)　2個
　玉ねぎ　¼個
　セロリ　10㎝
　きゅうり　1本
　にんにく(すりおろし)　少々
　トマトジュース　1カップ
　塩　少々
　こしょう　少々
　レモン汁　½個分
　オレガノ(あれば)　少々
　氷　適量
　タバスコ(好みで)　適量

1 トマト、玉ねぎ、セロリ、きゅうりはすべて1.5㎝の角切りにし、ボウルに入れ

てトマトジュースを注ぎ、おろしにんにくも加え混ぜる。これを冷蔵庫に入れて冷やす。
2 よく冷えた**1**に塩、こしょう、レモン汁、オレガノを加えて味を調え、氷を入れる。
3 器に盛って好みでタバスコを振り、スプーンで汁ごと食べる。

風邪止め汁
風邪かな、と思ったらまずこれ！　体の中からポカポカと温まるおいしい特効薬

　　長ねぎ　1本
　　しょうが　ひとかけ
　　にんにく(みじん切り)　ふたかけ
　　サラダ油　大さじ1
　　だし汁　5カップ
　　梅干し　2個
　　塩　小さじ½
　　酒　大さじ2
　　薄口しょうゆ　大さじ½
　　しょうが(すりおろし)　少々

1 長ねぎは斜め薄切り、しょうがは皮ごと薄切りにする。
2 鍋にサラダ油を熱し、長ねぎ、しょうが、にんにくを入れてせっせと中火で炒める。
3 長ねぎがシナッとなったら、だし汁と梅干しを加え、ひと煮立ちしたら塩と酒を加えてフツフツ煮立つ程度に火を弱める。
4 このまま30分ほど煮、薄口しょうゆで味を調えて火を止める。梅干しは分けて、汁と一緒にそれぞれ器に盛り、上におろししょうがをのせる。

風邪治し卵がゆ
風邪かな？　というときにおすすめのおかゆ。ご飯を水洗いするとサラッと仕上がる

　　〈これは1人分〉
　　ご飯　軽く1人分
　　だし汁かスープ　1½カップ
　　酒　大さじ1
　　卵　1個
　　塩　少々
　　しょうが(すりおろし)　適量
　　長ねぎ(みじん切り)　5㎝

1 ご飯はザルに入れてザッと水洗いし、水けをきる。
2 鍋にご飯、分量のだし汁かスープ、酒を入れて中火にかけ、フツフツしてきたら弱火にしてフタをし、コトコトと煮る。
3 ご飯がふっくらしてきたら、塩で味を調える。最後に卵をときほぐして全体にまわし入れ、フタをしてすぐ火を止める。
4 器に盛り、おろししょうがをのせてねぎを散らす。

かた焼きそばもやしあん
もやしは2〜3回に分けて炒めるのがコツ。それだけでシャキッと仕上がる

　　〈これは2人分〉
　　揚げ中華めん　2人分
　　豚こま切れ肉　100g
　　しょうが(千切り)　ひとかけ
　　にんじん　2〜3㎝
　　もやし　1袋
　　サラダ油　大さじ1
　　湯　¾カップ
　　A ┌ しょうゆ　大さじ1½
　　　│ 砂糖　小さじ1
　　　└ こしょう　少々
　　水溶き片栗粉
　　　┌ 片栗粉　大さじ1
　　　└ 水　大さじ1
　　ごま油　小さじ½
　　とき辛子　適量
　　酢(好みで)　適量

1 もやしは水けをよくきる。にんじんは斜め薄切りにしてから細切りにする。
2 サラダ油を熱してしょうがと豚肉を強

めの中火で炒め、肉に火が通ったらにんじんを加えてサッと炒める。強火にし、もやしを2～3回に分けて加え、全体に油がまわるまで炒める。
3 湯とAを加えてひと混ぜし、フツフツしてきたら水溶き片栗粉を加えてとろみをつける。火を止め、ごま油を落とす。
4 盛りつけた揚げ中華めんにかけ、とき辛子を添える。好みで酢をかけて食べる。

かつおご飯
たたきもいいけれど、超シンプルな炊き込みご飯も新米の季節にどうぞ

　　米　2カップ（2合）
　　酒　大さじ2
　　かつお　1ふし（¼身）
　　しょうが（すりおろし）　大さじ1
　　しょうゆ　大さじ2
　　すだち　2～4個

1 かつおは一口大に切る。しょうがとしょうゆを合わせ、かつおにまぶしからめる。
2 米はといでふつうに水加減し、酒を加えてザッと混ぜる。この上に**1**のかつおをのせて炊飯器のスイッチを入れる。
3 炊き上がったら、ほっこり混ぜて器に盛り、上からすだちをしぼりかけたり、すだちの皮をすりおろしたりして食べる。

かつおと豆腐の甘辛煮
旬のかつおに、しっかりと味を煮からめるのがポイント

　　かつお　1ふし（¼身）
　　木綿豆腐　1丁
　　グリンピース（冷凍）　1カップ
　　しょうが　ひとかけ
　　酒　½カップ
　　しょうゆ　大さじ3
　　砂糖　大さじ1強
　　水　½カップ
　　木の芽　適量

1 かつおは1㎝厚さに切る。
2 木綿豆腐は8～10等分のやっこに切り、しょうがは皮ごと薄切りにする。
3 鍋の中を水でザッとぬらし酒、しょうゆ、砂糖を入れて火にかけ、フツフツしてきたらしょうがとかつおを入れる。強火でしっかりと味がからむように煮て、かつおは取り出す。
4 **3**の鍋に豆腐と分量の水を加え、沸とうしたらグリンピースを入れて、強火で5分ほど煮る。
5 器にかつお、豆腐とグリンピースを盛り合わせ、木の芽を散らす。

かつおと菜の花のじか煮
旬の魚を強火でガーッと煮るだけ。だしいらずだから簡単！

　　かつお（刺身用）　約150g
　　菜の花　1～2わ
　　煮汁
　　　┌ しょうゆ　大さじ2
　　　│ みりん　大さじ1
　　　│ 酒　½カップ
　　　└ 水　½カップ

1 かつおの刺身はふしなら1㎝厚さに切る。
2 菜の花は根元のかたい部分を切り落とし、3㎝長さに切る。これを塩少々（分量外）を加えた熱湯でサッとゆでてザルに取り、手早く広げて冷ます。
3 鍋の中を水でザッとぬらして煮汁を入れ、火にかけて、フツフツしてきたらかつおを加え、強火でガーッと煮る。
4 かつおに火が通ったら菜の花を加え、底からザッと混ぜ、1～2分煮て火を止める。

かつおの角煮
一緒に煮たしょうががおいしい

かつお

〈作りやすい分量〉
かつお(刺身用)　1ふし(¼身)
しょうが　ひとかけ
煮汁
├ 酒　¼カップ
├ しょうゆ　大さじ2
└ 砂糖　大さじ1

1 かつおは水けをふき、1.5cm角くらいに切る。しょうがは皮ごと繊維を断って薄切りにする。

2 鍋の中を水でぬらし、煮汁を入れて火にかける。フツフツしてきたらかつおとしょうがを加え、弱めの中火で汁がほぼなくなるまで煮る。

かつおのから揚げ

刺身のかつおが余ったら、こんな風に召し上がれ。お弁当にもよし

かつお(刺身用)　1ふし(¼身)
A ├ しょうゆ　大さじ2
　├ みりん　大さじ½
　├ しょうが(すりおろし)　少々
　└ にんにく(すりおろし)　少々
片栗粉　大さじ山盛り3
揚げ油　適量

1 かつおは2cm厚さに切る。

2 Aの調味料類を合わせ、かつおを加えてザッと混ぜ、10～15分ほど漬け込む。

3 かつおを取り出し、片栗粉を全体的にまぶす。

4 揚げ油を中温(170～180度)に熱し、**3**のかつおを入れ、カラリと揚げる。

かつおのたたき

フライパンで作る方法

かつお(刺身用)　2ふし(半身)
サラダ油　小さじ1
玉ねぎ　½個
みょうが　2～3個
青じそ　1わ
細ねぎ　3～4本
たれ
├ にんにく(すりおろし)　ひとかけ
├ しょうが(すりおろし)　ひとかけ
├ しょうゆ　大さじ3
├ 酒　大さじ1
├ 米酢　大さじ1
└ 砂糖　ひとつまみ

1 かつおはよく水けをふく。

2 鉄製のフライパンを強火でカンカンに熱してサラダ油をまわし入れ、かつおの表面だけを強火で一気に焼きつける。

3 全体が焼けたら、すぐ氷水に入れて急激に冷ます。水けをふき、ペーパーなどで包み、食べる直前まで冷蔵庫に入れておく。

4 玉ねぎは繊維を断って薄切りにし、水にさらす。みょうがは縦2つに切ってから斜め薄切りにし、水にさらす。青じそは縦2つに切ってから千切りにし、水にさらしそれぞれ水けをきる。細ねぎは小口切りにする。

5 かつおは7～8mm厚さに切る。

6 器にかつおを盛り、たれをよく混ぜて半分かける。玉ねぎとみょうがをのせ、残りのたれをかけ、青じそ、細ねぎを散らす。

かつおのマリネ

たっぷりの香り野菜とマスタード風味のドレッシングで

かつお(刺身用)　1ふし(¼身)
マリネ液
├ にんにく(すりおろし)　小さじ½
├ 砂糖　小さじ1
├ マスタード　大さじ1
├ しょうゆ　大さじ1
├ 米酢　大さじ2
├ 酒　大さじ2
└ サラダ油　大さじ2

玉ねぎ　1個
　セロリ　1本
　細ねぎ　適量
　レモン　適量

1 マリネ液の材料を記載順に混ぜ合わせ、半量をバットに入れる。
2 かつおを7mm厚さに薄切りにし、マリネ液に漬け込む。
3 玉ねぎは縦半分に切り、繊維にそって薄切りにする。セロリは食べやすい長さに切り、縦に千切りにする。細ねぎは小口切りにする。
4 かつおの上に玉ねぎ、セロリ、細ねぎをのせ、残しておいたマリネ液の2/3量をまわしかけ、冷蔵庫で冷やす。食べるときに、レモンをしぼって残りのマリネ液をかける。

かつおの山かけ
脂がのっている秋の戻りがつおで

　　かつお(刺身用)　1ふし(¼身)
　　長芋　15cm
　　A ┌ 細ねぎ(小口切り)　5～6本分
　　　└ しょうゆ　大さじ1
　　わさび(すりおろし)　適量
　　しょうゆ(好みで)　適量

1 かつおは2cm角のブツ切りにする。
2 長芋はフォークで刺して熱湯で5秒ほどゆで、サッと水につけて冷ます。握る部分だけ残して皮をむき、すりおろす。
3 かつおにAをからめて盛り、すりおろした長芋をかけ、わさびを添える。好みでしょうゆをかける。

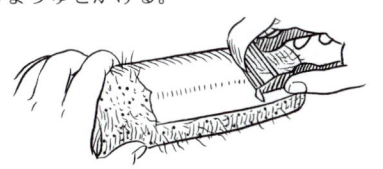

作り方 **2**

カッテージチーズ イタリアンサラダ
淡白で低カロリーなチーズ入り。ドレッシングはやや多めなので、余ったら冷蔵庫へ

　　レタス類(レタス、サニーレタス、エンダイブなど)　ちぎってボウル1杯分
　　紫玉ねぎ(薄切り)　½個
　　トマト(完熟)　1～2個
　　カッテージチーズ　1カップ
　　サラミソーセージ(薄切り)　適量
　　ドレッシング
　　┌ 塩　小さじ1強
　　│ こしょう　少々
　　│ レモン汁　½個分
　　│ 米酢　大さじ2
　　└ オリーブ油　大さじ3～4

1 レタス類は好みのものを用意し、やや大きめの一口大にちぎる。トマトは1.5cm角くらいに切る。
2 ボウルにドレッシングの材料を記載順に混ぜ合わせ、最後のオリーブ油を加えたらサッと混ぜ合わせる。
3 器に野菜類を盛り合わせ、上からカッテージチーズとサラミを散らす。食べるときにドレッシングをかける。

カッテージチーズとバナナのサンドイッチ
具は相性よしのトリオ。はちみつは好きなだけどうぞ

　〈これは2人分〉
　　胚芽パンか黒パン(薄切り)　4枚
　　バター　適量
　　カッテージチーズ　100～150g
　　バナナ　1～2本
　　はちみつ　適量

1 パンはすべて片面にバターをぬる。
2 バナナは1cm弱の輪切りか、縦の薄切りにする。
3 パンにカッテージチーズをたっぷりぬる。その上にバナナをのせ、上からはちみつを好みの量だけぬってサンドし、食べよ

く切る。

カッテージチーズとレーズンのサンド
あっさりしたチーズにほんのり甘いレーズンの簡単サンド

〈これは2人分〉
食パン　4枚
バター　適量
カッテージチーズ　100～150 g
レーズン　大さじ4

1 食パンはすべて片面にバターをぬる。
2 レーズンは水につけてやわらかく戻し、水けをふく。
3 パンにカッテージチーズをのせてレーズンを散らし、もう1枚のパンではさんで食べよく切る。同様にもう一つ作る。

かつ丼
味は上品より濃いめ、卵は半熟状が一番！

〈これは1人分〉
とんかつ　1枚
玉ねぎ　1/2個
卵　1個
煮汁
　┌ だし汁　1/3カップ
　│ しょうゆ　大さじ1
　│ みりん　大さじ1
　└ 酒　大さじ1
温かいご飯　1人分

1 とんかつは食べよくザクザク切る。玉ねぎは繊維にそって薄切りにする。卵はとく。
2 小さめの浅鍋の中を水でぬらし、煮汁と玉ねぎを入れ、強めの中火で少し煮る。
3 フツフツしているところにとんかつを並べ、再びフツフツしてきたら、中火にして卵をまわし入れる。フタをして1～2分煮たら、火を止めて1～2分蒸らす。どんぶりに盛ったご飯に汁ごとのせる（どんぶりのフタをし、3～4分おいてから食べて

もおいしい）。

家庭でできるスープ
だれでも極上のスープが作れます

水　6カップ
昆布　15㎝
干椎茸　3枚
鶏むね肉　1枚（約200 g）
かつお節　ごく軽くひとつかみ
塩　小さじ1
こしょう　少々

1 鍋に分量の水、昆布、サッと洗った干椎茸を戻さずに加え、中火にかける。
2 フツフツしてきたら鶏肉を加え、再びフツフツしてきたら弱火にし、フタをずらして20分ほどコトコト煮る。アクが出てきたら取る。
3 鶏肉、昆布、干椎茸を取り出し、かつお節を加えて1～2分弱火で煮出し、こし器でこす。最後におたまなどでかつお節をギュッとしぼる。
4 **3**に塩、こしょうを加えて味を調える。そのままスープとして飲んでもいいし、スープストックとして他の料理で使ってもよい。

だしに使ったお肉は？→ コラム参照

かに炒めピラフ
シンプルな具でも、風味と彩りのよさでおいしさ満点！

ご飯　4人分
かに缶詰　1缶
マッシュルーム　1袋
バター　3㎝角
塩　適量
こしょう　少々
パプリカ　適量

1 かに缶詰は缶汁をきってほぐし、軟骨を取りのぞく。マッシュルームは石づきの汚れたところを切り落とし、食べよい大き

さに切る。

2 フライパンにバターを入れて火にかけ、バターがとけたらマッシュルームを炒める。

3 マッシュルームがアツアツになったら、かにとご飯を加えて中火でザッザッと炒める。全体がパラリとなったら、塩、こしょうで味を調え、パプリカを振って炒め合わせ、器に盛る。

缶汁→ コラム参照

かにカニ水餃子(スイギョーザ)

ゆでる餃子は皮をくっつけるだけ。ヒダを寄せずに包むから簡単

　かに缶詰　小1缶
　かにかまぼこ　4本
　白菜かキャベツ　大2枚
　豚挽き肉　150g
　塩　ふたつまみ
　ごま油　小さじ½
　こしょう　少々
　片栗粉　大さじ山盛り1
　餃子の皮　1袋
　おろし酢じょうゆ
　┌しょうが(すりおろし)　適量
　│しょうゆ　適量
　└酢　適量

1 かには軟骨があれば取る。缶汁は取っておく。かにかまぼこは1cm長さに切り、ほぐす。

2 白菜は熱湯でゆで、あら熱が取れたら細かく刻み、ギュッと水けをしぼる。

3 ボウルに豚挽き肉、かにと缶汁、かにかまぼこ、塩、ごま油、こしょうを入れてよく混ぜる。白菜に片栗粉をまぶして加え、さらによく混ぜ合わせる。

4 餃子の皮に具を適量のせ、周囲に水をつけて包み、口をしっかり閉じる。

5 熱湯で5～6分ゆで、中までしっかり火を通す。汁けをきって盛り、おろし酢じょうゆで食べる。

かにカニずし

大皿の上で出来上がり。見た目豪華、食べておいしい、作り方びっくりのちらしずし

　米　2カップ(2合)
　かに缶詰　大1缶
　かにかまぼこ　5～6本
　しょうが　ひとかけ
　合わせ酢
　┌レモン汁　½個分
　│米酢　70cc
　└塩　小さじ½
　三つ葉(刻んだもの)　1～2カップ

1 米はふつうに水加減して炊く。

2 かにには軟骨を取り、缶汁も取っておく。かにかまぼこは2cm長さに切り、ほぐす。しょうがは皮をむいて千切りにする。

3 かに、かにかまぼこ、しょうがを合わせておく。

4 缶汁、レモン汁、米酢、塩を合わせておく。

5 炊き上がったご飯を大皿に広げるようにして盛りつけ **3** の具を均一にのせる。

6 ご飯の上に **4** をまわしかけ、刻んだ三つ葉を散らす。全体を混ぜ合わせてから、取り分ける。いくらなども散らすとより豪華。

かにコロッケ

コロッケのたねはしっかり冷やし固めてから、衣をつける

　かに缶詰　小1缶
　玉ねぎ　小½個
　マッシュルームスライス缶詰　小1缶
　バター　大さじ3
　小麦粉　大さじ6
　牛乳　2½カップ
　塩　小さじ½弱
　こしょう　少々

かに

衣
- 小麦粉　適量
- とき卵　1個分
- パン粉　適量

揚げ油　適量

1 かに缶詰は缶汁をきってほぐし、軟骨を取りのぞく。玉ねぎはみじん切りにし、マッシュルームスライス缶詰は缶汁をきる。

2 フライパンにバターを入れて火にかけ、バターがとけたら玉ねぎを炒める。玉ねぎがしんなりしてきたら火を弱め、小麦粉を振り込んで、さらに1〜2分炒める。

3 粉っぽさがなくなったら、いったん火を止め、牛乳½カップを加えてていねいに混ぜる。残りの牛乳も入れて再び火をつける。

4 フツフツしてきたら **1** のかにとマッシュルームを加える。木ベラでこそぐように混ぜながら、弱火で15分煮る。

5 味をみて塩、こしょうで調え、ほどよいかたさになったら、火を止めてバットに移す。冷めたら冷蔵庫に入れて冷やし固める。12等分する。

6 **5** を大きいスプーンで卵形にすくい、小麦粉の中に落としてとき卵、パン粉の順に衣をつけながら、形を整える。

7 揚げ油を中温（170〜180度）に熱し、**6** を4〜6個ずつくらいきつね色になるまでじっくり揚げて油をきり、器に盛る。

かにサンド

絶対においしいパンで。せっかくのぜいたくだもの！

〈これは2人分〉
- 食パン（サンドイッチ用）　6枚
- バター　適量
- マスタード　適量
- ソース
  - 玉ねぎ（すりおろし）　小さじ1
  - マヨネーズ　大さじ1〜2
  - レモン汁　少々
- かに缶詰　小1缶
- サラダ菜　適量

1 かに缶詰は軟骨を取り、ほぐす。

2 ソースを混ぜ合わせ、かにを加えておおまかに混ぜる。

3 食パンは2枚1組にし、片面にバターとマスタードをぬる。サラダ菜を敷き、**2** のかにをたっぷりのせてはさむ。

4 3〜4つに食べよく切り、器に盛る。

かに雑炊

かに雑炊には、かつおだし、卵、三つ葉、柚子、どの素材も落とせない重要な役割

〈これは2人分〉
- ご飯　2人分
- たらばがに（ゆでたものか生・殻つき）　250g
- しょうが　少々
- かつおのだし汁　2½カップ
- 酒　大さじ1
- 薄口しょうゆ　小さじ1
- 塩　小さじ¼
- 卵　1個
- 三つ葉　適量
- 柚子の皮　適量

1 かには生の場合はゆでてから身を殻から出し、軽くほぐす。しょうがは皮をむいて千切りにする。

2 厚手の鍋か土鍋に、だし汁、酒、薄口しょうゆと塩、ご飯を入れてザッと混ぜる。少しずらしてフタをし、中火にかける。フツフツしてきたら弱火にする。

3 **2** のご飯がふっくらしてきたら中火にし、かにと千切りにしたしょうがを加える。再びフツフツしてきたら、とき卵を流し入れる。

4 すぐにフタをして約1分、卵がほぼ固まったら火を止め刻んだ三つ葉を散らし、

薄くそいだ柚子の皮をのせる。
雑炊に入れるご飯→ コラム参照

かに玉
1人分ずつ焼く卵は一気に火を通す。ふんわりと仕上がれば大成功

卵　6個
塩　少々
酒　少々
かに缶詰　小1缶
ゆで竹の子　100g
しょうが　ひとかけ
甘酢あん
　スープか水　1カップ
　砂糖　大さじ1½
　薄口しょうゆ　大さじ1½
　米酢　大さじ1½
　水溶き片栗粉
　　片栗粉　大さじ1
　　水　大さじ1
ごま油　小さじ4

1 かに缶詰は缶汁をきってほぐし、軟骨を取りのぞいておく。ゆで竹の子は2cm長さの千切りにする。しょうがは皮をむいて千切りにする。

2 ボウルの中を水でザッとぬらし、卵をときほぐして塩と酒で調味し、4等分する。**1**の具を4等分し、それぞれ卵に加えて混ぜる。

3 甘酢あんを作る。小鍋にスープか水、砂糖、薄口しょうゆ、酢を合わせて火にかけ、フツフツしてきたら、水溶き片栗粉をまわし入れてとろみをつける。

4 中華鍋を強火で熱し、ごま油小さじ1をまわし入れ**2**の卵液の1人分を一気に流す。ひと呼吸おいてから、グルリと大きくかき混ぜて形を整える。表面が乾いてきたら裏返して軽く焼き、器に盛る。

5 残りも同様に焼き、それぞれに甘酢あんをかける。ご飯の上にのせて丼にしても

おいしい。

かにとアボカドのレモンカップサラダ
彩りきれいなカップで演出効果も満点！

かに缶詰　小1缶
アボカド　1個
マヨネーズ　大さじ1
レモン汁　大さじ2
レモン、ライム　合わせて4個

1 まずカップを作る。レモンとライムは縦半分に切り、中身を取り出してカップ状にし、すわりがよくなるように曲面を少し削る。

2 レモンとライムの中身はしぼる。残った分はびんに入れ、酢の代わりや、レモン水やライム水に使うとよい。冷蔵庫で1週間保存可。

3 かに缶は缶汁をきってほぐし、軟骨を取りのぞく。アボカドは半分に切って種を取り、皮をむいて7〜8mm角に切る。

4 かにとアボカドを合わせ、マヨネーズとレモン汁を加えて混ぜ、**1**のレモンとライムのカップに盛る。

作り方**1**

かにとコーンのピラフ
缶詰利用の簡単ご飯。かにのうまみとツブツブコーンの甘みがおいしい

米　2カップ（2合）
かに缶詰　小1缶
ホールコーン缶詰　中1缶（約230g）
塩　小さじ1弱
バター　小さじ1

1 かに缶詰は身と缶汁に分け、身は軟骨をのぞいてほぐし、缶汁は取っておく。ホ

かに

ールコーン缶詰は缶汁をきる。
2 米はといで水けをきり、かにの缶汁を入れてからふつうに水加減し、さらにかに、ホールコーン、塩、バターを加えて炊く。
3 炊き上がったら全体をほっこり混ぜる。

かにと大根のサラダ
かにの甘みとシャッキリ大根に、すだちをきかせたマヨネーズソースがぴったり

　かに缶詰　小1缶
　大根　15cm
　ドレッシング
　　マヨネーズ　大さじ山盛り2
　　すだちのしぼり汁　小さじ2
　　米酢　少々
　　こしょう　少々
　　薄口しょうゆ　小さじ1

1 かに缶詰は缶汁をきってほぐし、あれば軟骨を取りのぞく。
2 大根は千切りにして冷水につけ、パリッとさせてから、ザルにあげてよく水けをきっておく。
3 ボウルにドレッシングの材料を合わせ混ぜる。ここに大根を2～3回に分けて加え混ぜ、さらにかにも加えてササッと混ぜる。

かにのくるくる卵巻き
見かけも風味も、ちょっと凝った蒸しもの。お正月やおもてなしにもぴったり

　卵　4個
　サラダ油　適量
　豚挽き肉　300g
　かに缶詰　小1缶
　長ねぎ　10cm
　しょうが(すりおろし)　適量
　酒　大さじ2
　塩　小さじ½
　こしょう　適量
　片栗粉　大さじ2
　焼きのり　2～3枚
　酢じょうゆ　適量
　とき辛子　適量

1 卵はほぐし、サラダ油をぬったフライパンで薄焼き卵を5～6枚焼く。
2 かに缶詰は缶汁をきり、軟骨があれば取りのぞく。長ねぎはみじん切りにする。のりは半分に切る。
3 挽き肉、かに、長ねぎ、しょうが、酒、塩、こしょう、片栗粉をよく混ぜ合わせ、薄焼き卵の枚数に合わせて等分に分ける。
4 薄焼き卵を広げ、全体に片栗粉(分量外)をパラパラと振り、のりを横にしてのせる。**3**をのせて薄く広げ、手前からくるくると巻き、巻き終わりを軽く押さえてとめる。残りも同様にする。
5 蒸気の立った蒸し器に巻き終わりを下にして並べ、強火で15～20分蒸す。あら熱が取れたら、1.5cm厚さに切り分ける。酢じょうゆと辛子で食べる。

缶汁→ コラム参照

作り方 **4**

かにの混ぜピラフ
風味よし、彩りよしのピラフ。具とご飯は混ぜるだけだから、あっさりした仕上がり

　〈これは2人分〉
　温かいご飯　2人分
　玉ねぎ　½個
　セロリ　15cm
　かに缶詰　小1缶
　バター　大さじ1強
　塩　少々
　こしょう　少々

セロリの葉　適量

1 玉ねぎとセロリは少し大きめのみじん切りにする。セロリの葉はみじん切りにして水で2〜3分さらし、布巾でこしてギュッとしぼってパラリとさせる。

2 かに缶詰は缶汁をきり、軟骨があればのぞきながら、身をあらくほぐしておく。

3 フライパンにバターを入れて中火にかけ、バターがとけたら、玉ねぎとセロリを炒める。野菜がしんなりしたら、塩、こしょう、セロリの葉、かにの順に加えてサッと炒めて火を止める。

4 温かいご飯と **3** の具をよく混ぜ合わせる。

かぶ漬け
かぶから出る、とろっと甘い水けもそのままいただき！

　　かぶ　小4〜5個
　　塩　小さじ½〜1
　　かぶの葉　約⅓わ分
　　塩　適量

1 かぶは繊維を断つように、横に薄い輪切りにし（大きいかぶは縦2つか4つ割りにして同様に薄いいちょう切りに）、塩小さじ½〜1をまぶしておく。

2 かぶの葉は細かく刻み、塩適量をまぶして軽くもむ。

3 かぶとかぶの葉を混ぜ合わせ、上に皿2〜3枚を重ねて重しをし、30分以上おく。出てきた水けはしぼらずに、そのまま器に盛る。冷蔵庫で3〜4日はおいしい。

　　かぶの大きさ→　コラム参照

かぶとあさりの煮もの
こしょうかレモン汁を振ったり、柚子の皮を散らすと、ひと味アップ

　　かぶ　4〜5個
　　あさり（砂抜き）　300g
　　水　3カップ
　　酒　大さじ2
　　塩　小さじ½

1 あさりは殻を洗い、ヒタヒタの薄い塩水（分量外）につけてしつこく砂抜きをする。

2 かぶは縦4〜6つに切る。

3 分量の水にあさりを入れて火にかけ、あさりの口が開いたらアクを取り、酒と塩を加える。

4 あさりをまわりに寄せてかぶを加え、フタをして中火で7〜8分煮る。

かぶと厚揚げのペロリ煮
冷めて味がしみると、もっとおいしくなる

　　かぶ　1わ
　　かぶの葉　½わ分
　　厚揚げ　1枚
　　A ┌ だし汁　1カップ
　　　├ しょうゆ　大さじ2
　　　├ みりん　大さじ2
　　　└ 酒　大さじ2

1 かぶは葉を切り落とし、皮をむき、縦4つ割り（小さければ2つ割り）にする。葉は3〜4cm長さに切る。

2 厚揚げは縦半分に切ってから横に2cm幅に切る。

3 鍋の中を水でぬらしてAを入れ、厚揚げを並べ、上にかぶ、葉をのせる。かぶ、厚揚げの大きさによって調味料は増減する。フタをして強めの中火にかけ、15分くらい煮る。

かぶとえびのあんかけ
だしも使わず、手早く。上品な仕上がり

　　かぶ　4〜5個
　　えび　8〜10尾
　　水　2カップ
　　A ┌ 酒　大さじ1
　　　├ 薄口しょうゆ　小さじ1
　　　└ 塩　小さじ½

水溶き片栗粉
- 片栗粉　大さじ1
- 水　大さじ1

わさび(すりおろし)　適量

1 かぶは4つ割りにする。えびは殻と背ワタを取り、横半分にスライスする。
2 水にAとかぶを加えて火にかける。フツフツしたらえびも加え、ふたをして中火で5分くらい煮る。
3 かぶとえびを取り出し、器に盛る。
4 3の煮汁を再びフツフツさせて水溶き片栗粉を加え、薄くとろみをつける。かぶとえびの上にかけ、わさびをのせる。

かぶ鶏厚揚げ
火の通りにくい順に重ねてガーッと煮るのがポイント

かぶ　5個
かぶの葉　½わ分
鶏手羽先　4本
厚揚げ　1枚
煮汁
- 水　大さじ2
- しょうゆ　大さじ2
- 酒　大さじ2
- みりん　大さじ1
- 砂糖　小さじ1

七味唐辛子(好みで)　適量

1 かぶは4つ割りにし、葉は1cmに刻む。厚揚げは一口大に切る。
2 鍋の中を水でぬらし、煮汁を入れる。手羽先の皮を下にして並べ、上に厚揚げ、かぶ、葉の順でのせ、フタをして強めの中火で12～13分煮る。火を止め、フタをしたまま蒸らす。盛りつけ、好みで七味唐辛子を振る。

かぶとレタスのサラダ
かぶにドレッシングの味をなじませてから、レタスを加える

かぶ　小3～4個
レタス　3～4枚
ドレッシング
- 塩　小さじ½
- 砂糖　少々
- 洋辛子粉　少々
- こしょう　少々
- 米酢　大さじ1
- サラダ油　大さじ2

1 かぶは縦半分に切り、横に薄切りする。
2 レタスは一口大にちぎる。
3 ボウルにドレッシングの調味料を記載順に加えて混ぜ合わせ、最後のサラダ油を加えたらサッと混ぜる。
4 ドレッシングに、かぶを入れて混ぜ合わせ、次にレタスを加えてザッとあえ、器に盛る。

かぶのスープ
ご飯にも合うあっさりスープ

かぶ　4個
にんじん　3cm
水　3½カップ
固形スープの素　1個
塩　少々
こしょう　少々

1 かぶは茎を3cmほど残して縦2つに切り、水につけて茎の中をよく洗う。にんじんはあらいみじん切りにする。
2 分量の水にかぶ、にんじん、スープの素を入れて強火にかけ、フツフツしたら火を弱め、フタをして5～6分煮る。
3 かぶに竹串がスーッと通るようになったら、味をみて塩、こしょうで調える。

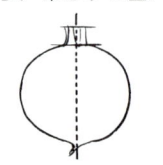

作り方 **1**

かぶの卵とじ

とろっ、とろっ！　まろやか、汁ごと召し上がれ

　　かぶ　4〜5個
　　かぶの葉　少々
　　だし汁（濃いめ）　3カップ
　A ┌ 酒　大さじ2
　　│ 薄口しょうゆ　大さじ1
　　└ 塩　小さじ½
　　水溶き片栗粉
　　┌ 片栗粉　小さじ1
　　└ 水　小さじ1
　　卵　1個
　　しょうが汁　少々

1 かぶは縦6〜8つに切り、葉は細かく刻む。
2 だし汁を火にかけAの調味料を加え、かぶを入れフタをして中火で10分くらい煮る。
3 水溶き片栗粉を加え、とろみをつける。再びフツフツしてきたら、卵をといてまわし入れる。
4 卵がフワッと固まってきたら葉を散らし、すぐフタをして火を止める。余熱で少し蒸らし、しょうが汁を加えてサッと混ぜる。

かぶの葉と豆腐のみそ汁

栄養満点の葉だから、むだにしない

　　かぶの葉　½わ分
　　豆腐　½丁
　　だし汁　4カップ
　　みそ　約大さじ2

1 かぶの葉は細かく刻む。豆腐は1.5cm角くらいに切る。
2 だし汁を火にかけて豆腐とかぶの葉の順に加える。フツフツしてきたらみそをとき入れ、再びフツフツしはじめたら火を止める。

かぶの葉の酢のもの

みずみずしい葉っぱがついていたら、おいしい食べ方はコレ!!

　　かぶの葉　1わ分
　　合わせ酢
　　┌ 薄口しょうゆ　大さじ1
　　└ 米酢　大さじ1
　　白いりごま　適量

1 かぶの葉は熱湯でほどよいかたさにゆで、水に取り、軽くしぼって3〜4cm長さに切る。
2 合わせ酢であえ、盛りつけてごまを振る。

かぶのボルシチ風

ビーツ（赤かぶ）で赤い色をつけずに、トマトジュースで代用。日本のかぶも絶品

　　かぶ　5〜6個
　　玉ねぎ　1個
　　じゃが芋　4個
　　にんにく　ひとかけ
　　牛薄切り肉　200g
　　サラダ油　大さじ1弱
　A ┌ トマトジュース　1カップ
　　│ 水　3カップ
　　│ ローリエ　1枚
　　└ 塩　小さじ1
　　パセリ（みじん切り）　適量

1 かぶは半分に切る。玉ねぎは縦半分に切ってから2〜3cm幅のくし形に切る。じゃが芋は半分に切り、にんにくは薄切りにする。牛薄切り肉は食べよく切る。
2 鍋にサラダ油を熱して**1**の野菜をすべて炒め、全体がアツアツになったら、肉を加えて炒める。
3 肉の色が変わったら、Aを加えて混ぜ、フタをして弱火でコトコトと煮る。途中、アクが出たら取りのぞき、30分ほど煮込み、仕上げにパセリを振る。

かぶの水キムチ
こんなに簡単なのよ
　　かぶ　4〜5個
　　かぶの葉　5〜6本
　　赤唐辛子　4〜5本
　　にんにく　ひとかけ
　　しょうが　ひとかけ
　　漬け汁
　　　┌ 水　3カップ
　　　│ 塩　大さじ1
　　　└ 昆布茶　小さじ1

1 かぶは縦6〜8つに切り、葉はそのまま使う。赤唐辛子は種を出し、にんにくは2つに切り、しょうがは皮ごと薄切りにする。
2 全部合わせて漬け汁に入れる。30分もおけばおいしく食べられるが、ガラスの保存びんなどに入れて冷蔵庫で一晩おくともっといい味に落ち着く。かぶの葉は食べるときに引っぱり出し、食べよい長さに切る。

かぶのみそ汁
葉っぱもぜひ入れたい
　　かぶ　3〜4個
　　かぶの葉　½わ分
　　だし汁　4カップ
　　みそ　約大さじ2

1 かぶは縦8つに切り、葉は3〜4㎝長さに切る。
2 だし汁にかぶを入れて火にかけ、フタをして5分煮たら、葉も加えて煮る。
3 かぶがやわらかくなったらみそをとき入れ、フツフツしはじめたら火を止める。

かぶのゆず漬け
冷蔵庫に入れて3〜4日が食べ頃
　　かぶ　8〜10個
　　昆布　15㎝
　　柚子の皮　適量
　　漬け汁
　　　┌ 水　2½カップ
　　　│ 塩　大さじ1
　　　└ 砂糖　小さじ1

1 かぶは皮ごと薄切りにする。昆布はサッと水で洗い、2つに切る。
2 漬け汁にかぶ、昆布、薄くそいだ柚子の皮を入れ、ときどき全体を混ぜて30分以上おく。

かぶのゆずみそかけ
とろけるようにやわらかな旬のかぶと、柚子の香りに満ちたみそが最高の組み合わせ
　　かぶ　大4個
　　昆布　20㎝
　　柚子みそ
　　　┌ 白みそ　大さじ2
　　　│ 酒　大さじ2
　　　│ みりん　大さじ1
　　　└ 柚子の皮(すりおろし)　少々

1 かぶは皮をむき、昆布は水でサッと洗う。
2 鍋に昆布を敷いてかぶを並べ、ヒタヒタの水を加える。フタをして火にかけ、フツフツしてきたら弱火にして20〜30分ほどゆっくり煮る。
3 柚子みそを作る。小鍋の中を水でザッとぬらし、白みそ、酒、みりんを入れてよく混ぜる。これを弱火にかけ、混ぜながら火を通す。フツフツして中まで火が通り、つやが出てきたら、火からおろして柚子の皮を加え混ぜる。
4 **2**の昆布を切って器に敷き、上にかぶをおいて柚子みそをとろりとかける。

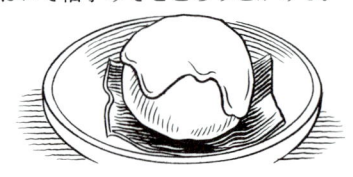

かぶのレモン漬け

柑橘類と出合うと、かぶは驚くほど引き立ちます。ラディッシュはなくてもOK

 かぶ 小5～6個
 ラディッシュ 3～4個
 レモン ½個
 塩 小さじ1
 レモン汁 ½個分

1 かぶは皮ごと縦6～8つに切る。ラディッシュは薄い輪切りにする。レモンは皮をむいて薄い半月切りにする。

2 ボウルにかぶ、ラディッシュ、レモンを入れ、塩を振り、ザッと混ぜる。

3 レモン汁を加えて混ぜ、皿を3～4枚重ねてのせ、60分以上おく。一晩おくと、もっとおいしくなる。

かぶら蒸し

魚はたらやさわらでもおいしくできます

 かぶ 大4個
 甘鯛 4切れ
 昆布 20㎝
 塩 適量
 酒 大さじ2
 柚子の皮（千切り） 適量

1 甘鯛は水けをふき、塩を全体にパラパラと振って10分おく。

2 かぶは皮をむき、すりおろす。昆布はサッと洗い、4つに切る。

3 器に昆布を敷いて甘鯛をのせ、酒を振りかけ、おろしたかぶをのせる。

4 蒸気の立った蒸し器で、強火で10分蒸し、柚子の皮を散らす。

かぼちゃと油揚げのみそ汁

忙しい朝食には、冷凍かぼちゃで

 冷凍かぼちゃ 4切れ
 油揚げ 1枚
 だし汁 3½カップ
 みそ 約大さじ2

1 油揚げは湯で洗ってキュッとしぼり、1㎝幅に切る。

2 だし汁に油揚げを入れて火にかけ、フツフツしたらかぼちゃを凍ったまま加え、やわらかくなるまで煮る。

3 みそをとき入れ、再びフツフツしてきたら火を止める。

かぼちゃと鶏肉の甘辛煮

あっという間に出来上がる煮もの、お弁当にも最適

 かぼちゃ ¼個
 鶏もも肉 1枚
 しし唐辛子 約10本
 煮汁
  酒 大さじ2
  しょうゆ 大さじ2
  みりん 大さじ1
  水 1カップ

1 かぼちゃは種とワタを取り、皮つきのまま3～4㎝角に切る。

2 鶏肉は黄色い脂肪を取り、かぼちゃの半分くらいの大きさに切る。

3 しし唐辛子はヘタが長ければ切る。

4 鍋に煮汁を煮立てて鶏肉を入れ、ときどきゆすりながら強火でワァーッと煮る。再び煮立ってきたらかぼちゃを加え、強めの中火にしてフタをして7～8分煮る。

5 かぼちゃを竹串で刺してみて、スーッと通ったらしし唐辛子を入れ、鍋底からザッと混ぜ合わせれば出来上がり。最後にごま油をちょろりとたらせば、またひと味違う風味が楽しめる。

かぼちゃのいとこ煮

冬至の行事食。かぼちゃとあずきは不思議と相性がいいのです

 かぼちゃ ¼個（約300g）
 あずき（乾） ½カップ強（100g）
 煮汁

かぼちゃ

{ 水　1カップ
  塩　小さじ½
  砂糖　大さじ2

1 かぼちゃは種とワタを取り、ところどころ皮をむいて4㎝角に切る。
2 あずきは鍋に入れ、たっぷりの水を加えそのまま火にかける。沸とうしたら2～3分煮立ててゆでこぼしアク抜きをする。さらにたっぷりの水を加えてやわらかくなるまでゆで、ザルにあげる。
3 鍋に煮汁の材料を入れて火にかけ、フツフツしてきたらかぼちゃを並べ、下ゆでしたあずきも入れる。全体を平らにならし、フタをして強火で煮る。
4 再びフツフツしてきたら中火にし、10分ほど煮る。かぼちゃに竹串を刺し、スーッと通れば出来上がり。火を止め、フタをしたまま5分くらい蒸らして味を含ませる。

かぼちゃの薄甘煮
砂糖を使わず上品な甘さに仕上げ、かぼちゃ本来の甘みを堪能

かぼちゃ　¼個
水　1½カップ
酒　大さじ1
みりん　大さじ1～2
薄口しょうゆ　大さじ1

1 かぼちゃは種とワタを取り、皮つきのまま3㎝角くらいの一口大に切る。
2 鍋の中を水でザッとぬらし、かぼちゃの皮を下にして並べる（かぼちゃが重ならないよう、できれば広口鍋を使うとベスト）。
3 **2**に水と酒、みりん、薄口しょうゆを入れてフタをし、強めの中火で7～8分煮る。竹串を刺してみて、スーッと通ったら火を止め、フタをしてそのまましばらくおき、余熱で味を含ませる。

かぼちゃのエスニックサラダ
ティータイムにも向く小粋な一品

かぼちゃ　¼個
ソース
　粒マスタード　小さじ1
　砂糖　小さじ1
　マヨネーズ　大さじ2
　牛乳　大さじ1～2
　シナモン　小さじ¼～½

1 かぼちゃはスプーンで種とワタを取りのぞき、3～4つに切る。
2 蒸気の立った蒸し器にかぼちゃの皮を下にして並べ、竹串がスーッと通るようになるまで強火で蒸す。
3 皮をのぞいて食べよく一口大の大きさに切り、盛りつける。混ぜ合わせたソースを添え、好みでつけて食べる。

かぼちゃのオーブン焼き
朝食や付け合わせにもおすすめ

かぼちゃ　¼個
塩　適量
こしょう　少々
オリーブ油　大さじ1～2
シナモン（好みで）　適量

1 かぼちゃは1㎝厚さのくし形に切る。
2 天板にかぼちゃを並べ、塩、こしょうを振り、オリーブ油をまわしかける。200度のオーブンで約10分焼く。
3 器に盛り、好みでシナモンを振って食べる。

かぼちゃのおかゆ
鶏手羽先のうまみを生かした中国粥（がゆ）

米　1カップ
水　7カップ
鶏手羽先　8本
かぼちゃ　200g
酒　大さじ2
塩　少々

1 鍋の中を水でぬらし、米と水を入れて中火にかける。フツフツしたら鶏手羽先を次々加え酒も入れ、フタをして弱火で30分炊く。
2 かぼちゃは皮をむいて1cm角くらいに切り、手羽先を取り出した後に加える。塩も加え、フタをしてもう7〜8分煮る。
3 取り出した手羽先は肉をほぐし、豆板醤とごま油であえ、白髪ねぎを混ぜると、おかゆのおかずになる。

作り方4

かぼちゃのグラタン
丸ごと焼いて食卓に。パーティーやハロウィンにももってこいの豪快グラタン

〈これは5〜6人分〉
かぼちゃ　1個
鶏むね肉(皮なし)　1枚
玉ねぎ　½個
バター　大さじ1
ホワイトソース缶詰　大1缶(約290g)
塩　少々
こしょう　少々

1 かぼちゃはよく洗って丸ごと電子レンジに入れ、8分加熱する。次に全体にラップをかけてさらに8分加熱する。
2 鶏むね肉は小さくコロコロに切り、熱湯でしっかりゆでる。
3 玉ねぎは繊維にそって薄切りにする。
4 かぼちゃはヘタの部分がフタになるように切って、中の種やワタをスプーンなどで取り出す。
5 鍋にバターを入れて中火にかけ、バターがとけたら鶏肉と玉ねぎを炒める。玉ねぎがしんなりしたらホワイトソースを加え、フツフツしてきたら、味をみて塩とこしょうで調える。
6 5のソースを4のかぼちゃの中に入れ、250度のオーブンで10分焼き、さらに200度にして10〜15分焼く。これを器に盛り、かぼちゃのフタを添える。

かぼちゃのグラッセ
洋風料理の付け合わせや食後のデザートにも。アツアツでも冷たく冷やしても美味

かぼちゃ　¼個
A ┌ 砂糖　大さじ1〜2
　│ 塩　ふたつまみ
　│ 水　1½カップ
　└ バター　大さじ1
シナモン　適量

1 かぼちゃは種とワタをのぞいて皮をところどころむき、やや大きめで細長い乱切りにする。
2 鍋の中を水でぬらし、かぼちゃの皮を下にして並べAを加える。フタをして中火にかけ、フツフツしてきたら弱火にし、15分前後ゆっくりと煮て火からおろす。
3 そのまま冷まして器に盛り、食べるときにシナモンを振る。

かぼちゃのコロッケ
じゃが芋も加えてホクホクのおいしさ。中までじっくり揚げてアツアツをどうぞ

かぼちゃ　200g
じゃが芋　2個(約200g)
玉ねぎ　小½個
鶏挽き肉　150g
サラダ油　少々
塩　小さじ½
こしょう　少々
衣
　┌ 小麦粉　適量
　│ とき卵　1個分
　└ パン粉　適量

かぼちゃ

揚げ油　適量
〈付け合わせ〉
千切りキャベツ　適量

1 かぼちゃとじゃが芋は皮をむいて一口大に切り、ヒタヒタの水を加えて一緒にゆでる。竹串を刺してスーッと通ったらゆで汁をあけ、再び強火にかけて水けを完全にとばし、アツアツのうちにマッシャーでつぶす。かぼちゃは15～20秒ほどレンジ加熱すると皮がむきやすい。

2 玉ねぎはみじん切りにし、鶏挽き肉と一緒にサラダ油で炒めて塩、こしょうを振る。肉に完全に火が通ったら火を止め、かぼちゃとじゃが芋を加え混ぜて冷ます。

3 2のあら熱が取れたら8～10等分してコロッケ形にまとめ、完全に冷めたら小麦粉、とき卵、パン粉の順に衣をつける。

4 揚げ油を中温(170～180度)に熱し、3を入れる。衣がしっかりしてきたら裏返し、ときどき返しながらじっくり揚げる。全体がきつね色にこんがり揚がったら、油をきって引き上げる。

5 器に盛り、付け合わせのキャベツを添える。中濃ソースがよく合う。

かぼちゃのサモサ
かぼちゃをインドのスナック風に。軽食、おやつ、おつまみにも

〈20個分〉
冷凍かぼちゃ　300g
豚挽き肉　150g
A ┌ カレー粉　小さじ1½～2
　└ ウスターソース　小さじ1
サラダ油　大さじ1
ワンタンの皮　20枚
水溶き小麦粉
　┌ 小麦粉　大さじ2
　└ 水　大さじ2
揚げ油　適量
トマトケチャップ　適量
マヨネーズ　少々

1 冷凍かぼちゃは電子レンジに5～6分かけて解凍し、マッシャーで皮ごとつぶす。もちろん生のかぼちゃでもOK。

2 フライパンにサラダ油を熱し、豚挽き肉を入れ、強めの火で炒める。肉の色が完全に変わったら、Aのカレー粉、ウスターソースを加え、炒め合わせる。

3 かぼちゃと炒めた豚挽き肉を合わせバットにあけて広げて冷まし、20等分する。

4 小麦粉と水を合わせ、水溶き小麦粉を作る。

5 ワンタンの皮の縁に水溶き小麦粉をぬり、具をのせ、三角形になるように半分に折り、端をしっかりと押さえる。

6 揚げ油を低温(150～170度)に熱し、包んだサモサを次々と入れる。徐々に温度を上げながらこんがりおいしそうな色がつくまでゆっくり揚げる。

7 器に盛り、ケチャップとマヨネーズを合わせたソースを添える。

かぼちゃの素揚げ
甘辛煮が苦手な子どもたちにも意外と人気!

かぼちゃ　200～250g
揚げ油　適量
塩　少々

1 かぼちゃは皮ごと一口大に切り、5mmくらいの薄切りにする。

2 揚げ油を中温(170～180度)に熱してかぼちゃを次々に入れ、カラリと揚がったら、油をきって引き上げる。

3 器に盛り、アツアツに塩を振る。献立によっては、塩にシナモンまたは挽きこしょうなどをプラスしてもおいしい。

かぼちゃの茶巾
かぼちゃはそぼろを包み、てるてる坊主を作る要領でしぼる

かぼちゃ　¼個
塩　少々
そぼろあん
- 鶏挽き肉　150ｇ
- しょうゆ　大さじ1
- 砂糖　大さじ1
- 酒　大さじ1
- 水　大さじ1
- しょうが汁　小さじ1
- 水溶き片栗粉
  - 片栗粉　小さじ1
  - 水　小さじ1

1 かぼちゃは適当な大きさに切り、皮を下にしてヒタヒタの水でゆで(または蒸す)、竹串がスーッと通るようになったらザルにあげる。

2 かぼちゃの皮をむいてボウルに入れ、熱いうちに手早くマッシャーかすりこぎでつぶし、塩を加えてよく混ぜ合わせる。

3 鍋に水溶き片栗粉をのぞいたそぼろあんの材料をすべて入れ、3～4本の箸でかき混ぜる。これを中火にかけてさらにかき混ぜ、パラリとなったら、水溶き片栗粉を加えて薄いとろみをつける。出来上がりは上に飾る分を少し残して、4等分にしておく。

4 2のかぼちゃを4等分し、20cm角のラップの上にのせて直径12cmほどの円に広げる。この中央にそぼろあんを¼量のせ、ラップごと丸く包み込むようにして口をギュッとしぼり、茶巾形に形を整える。ラップをはずし、残りも同様に作る。

5 出来上がりを器に盛り、上に取っておいたそぼろあんを飾る。

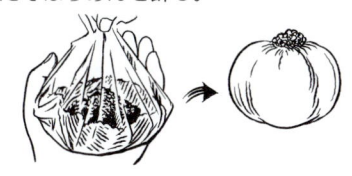

作り方 **4**

かぼちゃの煮もの
砂糖としょうゆでこっくりと煮含める懐かしい味の煮もの

かぼちゃ　¼個
砂糖　大さじ1
みりん　大さじ1
酒　大さじ1
しょうゆ　大さじ1

1 かぼちゃは種とワタを取り、ところどころ皮をむいて3cm角くらいの一口大に切る。

2 鍋の中を水でザッとぬらし、かぼちゃの皮を下にして並べ、ヒタヒタの水を入れる。さらに砂糖、みりん、酒、しょうゆを加えてフタをし、強火にかける。

3 煮立ってきたら中火にし、フタをしたまま10分前後煮る。かぼちゃに竹串を刺してみて、スーッと通ったら火を止め、そのまま余熱で蒸らす。

かぼちゃ→ コラム参照

かぼちゃのバター焼き
味も香りも絶品のシンプルな洋風おかず

かぼちゃ　好きなだけ
バター　好きなだけ
塩　適量
ガーリックパウダー　適量

1 かぼちゃは皮つきのまま、1cmよりやや薄いくし形に切る。

2 フライパンにバターを入れて火にかけ、バターがとけたらかぼちゃを入れ、フタをして中火より弱めの火で焼く。

3 両面にこんがりと焼き色がつき、竹串がスーッと通れば出来上がり。仕上げに塩とガーリックパウダーを振って火を止める。

かぼちゃのポタージュ
きれいな黄色に仕上げたいときは、皮を取って作る

かぼちゃ

かぼちゃ　¼個
粉末ポタージュの素　大さじ4
牛乳　3カップ
バター　大さじ1
塩　少々
こしょう　少々
クラッカー　適量

1 かぼちゃは一口大に切り、ヒタヒタの水を加えて火にかけ、フタをしてゆでる。
2 かぼちゃがやわらかくなったら、マッシャーでていねいにつぶす。粉末ポタージュの素と牛乳を少しずつ加えて混ぜ、中火にかける。
3 沸とうさせないようにして、全体が熱くなったらバターを落とす。味をみて塩とこしょうで調える。
4 器にポタージュを注ぎ、あれば冷たい生クリームを1人大さじ1ほど(分量外)加えてクラッカーを添える。

かぼちゃのレーズンサラダ
甘酸っぱいレーズンとかぼちゃは相性よし

かぼちゃ　¼個
レーズン　大さじ2
ドレッシング
　塩　小さじ½
　こしょう　少々
　酢　大さじ1
　サラダ油　大さじ2

1 ボウルにドレッシングの材料と、ザッと水洗いしたレーズンを合わせておく。
2 かぼちゃは種とワタを取り、一口大の薄切りにして、熱湯でややかためにゆでてザルにあげる。
3 ゆでたかぼちゃとドレッシングをザッザッと混ぜて器に盛る。

釜上げうどん
好みの具を用意し、うどんはしっかり温めてからアツアツの湯をはる

ゆでうどん　4人分
めんつゆ
　水　4½カップ
　削り節　大きくひとつかみ
　薄口しょうゆ　½カップ
　しょうゆ　大さじ1
　みりん　¼カップ
具と薬味　各適量
　ゆでえび
　かまぼこ
　錦糸卵
　削り節
　細ねぎ(小口切り)
　大根おろし
　白いりごま

1 めんつゆを作る。分量の水を火にかけ、煮立ってきたら削り節をガバッと入れて弱火にし、薄口しょうゆ、しょうゆ、みりんも加える。
2 再びフツフツするまで煮出してからこし、残っただしがらはおたまの裏でギュッと押さえてしぼる。
3 具や薬味を用意し、器に盛る。
4 うどんはしっかり温め、器に入れてアツアツの湯をはる。めんつゆは1人分ずつ器に入れ、好みの具や薬味を取り分ける。残りのめんつゆは、きれいなびんで保存し、1週間以内に煮物や煮浸しに使うとよい。

鴨そば
こっくりした肉とねぎがおいしいコンビ。アツアツに七味を振ってどうぞ

〈これは2人分〉
ゆでそば　2人分
合鴨肉　150g
長ねぎ　1本
つゆ
　だし汁　3カップ
　酒　大さじ3
　しょうゆ　大さじ3

みりん　大さじ2
　　塩　適量
　三つ葉　適量
　柚子の皮　適量
　七味唐辛子　少々

1 合鴨肉は薄切りにし、長ねぎは4～5cm長さに切ってから縦半分に切る。
2 鍋につゆの材料をすべて入れて火にかけ、フツフツしてきたら肉と長ねぎを加え弱火にする。アクが出てきたら取りのぞき、肉に火が通ったら火を止める。
3 ゆでそばは温めて水けをきり、器に盛る。上から具とつゆをかけ、2cm長さに切った三つ葉を散らして薄くそいだ柚子の皮をのせる。相性のいい七味唐辛子を振って食べる。

加茂なす田楽
京都の加茂なすが手に入らなければ、米なすでもできます

　加茂なす　2個
　練りみそ
　　赤みそ　大さじ2
　　酒　大さじ2
　　みりん　大さじ1
　　砂糖　大さじ1
　　水　大さじ1
　揚げ油　適量
　青じそ　4枚
　粉山椒　適量

1 なすは横半分に切り、ヘタと底を切り落とし、すわりのいいようにする。海水くらいの塩水（分量外）に入れる。
2 小鍋の中を水でぬらし、練りみその材料を合わせ、中火にかけてかき混ぜる。フツフツしてきたら弱火にし、ピカッとなるまで3～4分練って火を通す。
3 揚げ油を中火で温め、なすの水けをふいてぬるい油に入れる。徐々に温度を上げ中温にし、ときどき返しながら竹串がスーッと通るようになるまで揚げ、油をよくきる。
4 青じそを敷いてなすを盛り、上に練りみそをたっぷりぬり、粉山椒を振る。

加茂なす

加茂なすの肉みそ田楽
丸くてしまった実がおいしい京野菜を相性よしの肉みそで。なければ米なすでも

　加茂なす　2個
　揚げ油　適量
　肉みそ
　　鶏挽き肉　200g
　　みそ　大さじ2
　　酒　大さじ2
　　水　大さじ2
　青じそ　10枚

1 加茂なすはヘタつきのまま縦半分に切り、やや低めの中温(170度)の揚げ油に入れる。返しながら揚げて、竹串がスーッと通るようになったら、油をきって引き上げる。
2 あら熱が取れたら、皮をやぶらないようにスプーンで一口大にくり抜き、残った皮の部分は器にする。
3 肉みそを作る。鍋にみそ、酒、分量の水を入れて火にかけ、フツフツしてきたら鶏挽き肉を加える。菜箸で混ぜながらポロポロにし、肉に火が通ったら火を止める。
4 青じそは6枚を刻み、4枚は盛りつけ用に取っておく。
5 肉みそにくり抜いたなすと刻んだ青じそを加え、ザッとあえてなすの器に盛る。出来上がりを盛りつけ用の青じそとともに器に盛り合わせる。

加茂なすの丸揚げ

コロンと丸く、しまった実が美味！　相性よしの油でじっくり揚げて和風味で食べる

　　加茂なす　2個
　　揚げ油　適量
　　たれ
　　　┌　しょうが(すりおろし)　適量
　　　│　しょうゆ　大さじ2
　　　└　みりん　小さじ1
　　青じそ(千切り)　適量

1 加茂なすは横半分に切り、海水くらいの塩水(分量外)につける。
2 ボウルにたれの材料を合わせ混ぜておく。
3 揚げ油を中火で温め、油がぬるいうちに水けをふいたなすを入れて、徐々に温度を中温(170〜180度)に上げる。ときどきなすを返しながら揚げ、竹串がスーッと通るようになったら、油をきって引き上げる。
4 器になすを盛り、この切り口に **2** のたれをかけて上に青じそをのせる。スプーンですくいながらどうぞ。

鴨南風せいろそば

おいしいだしをとれば、鶏肉も鴨に負けない豊かな風味

　　ゆでそば　4人分
　　鶏もも肉　1枚
　　長ねぎ　1〜2本
　　だし汁
　　　┌　水　4カップ
　　　│　昆布　10㎝
　　　└　削り節　ふたつかみ
　　しょうゆ　½カップ
　　砂糖　大さじ2
　　みりん　大さじ2
　　酒　大さじ2
　　粉山椒　小さじ½〜1

1 だし汁の準備をする。昆布を水でサッと洗って鍋に入れ、分量の水に約15分つける。
2 鶏もも肉は黄色い脂肪を取り、小さめの一口大に切る。長ねぎは3㎝長さに切り、フライパンで両面を素焼きにする。
3 **1** の鍋を火にかけ、フツフツしてきたら削り節を入れて弱火で2〜3分煮出し、こす。だしがらはギュッとしぼる。
4 **3** のだし汁を煮立てて鶏肉を入れ、フタをして弱火で10分煮る。さらにしょうゆ、砂糖、みりん、酒を加えて調味し、ごく弱火で3〜4分煮る。
5 仕上がり際に **2** の焼きねぎを入れて火を止め、粉山椒を少し多めに振って1人分ずつ器に入れる。
6 ゆでたそばは水で洗い、器に盛って、**5** のつゆをつけて食べる。

かやくめし

大阪人がこだわる、これぞ伝統の味

　　米　2カップ(2合)
　　干椎茸　3〜4枚
　　油揚げ　1枚
　　ごぼう　10〜15㎝
　　にんじん　10㎝
　　こんにゃく　½枚
　　A　┌　酒　大さじ2
　　　　│　薄口しょうゆ　大さじ1
　　　　└　塩　小さじ½
　　紅しょうが(千切り)　適量

1 米はふつうに水加減する。
2 干椎茸は戻し、石づきを切り落とし、半分に切ってから細切りにする。油揚げは湯で洗ってキュッとしぼり、縦半分に切ってから細切りにする。ごぼうはささがきにして水に放ち、ざっと洗って水けをきる。にんじん、こんにゃくは2㎝長さの細切りにする。
3 米の水を大さじ3(調味料分)取りのぞき、Aの調味料を加えて混ぜる。**2** の具

かゆ
→「おかゆの基本」を参照

辛ーいねぎそば
インスタントラーメンでもひと味違う！
〈これは2人分〉
- インスタントラーメン(好みのもの)　2人分
- 豚挽き肉　100g
- 長ねぎ　1本
- ゆで竹の子　50g
- きくらげ(乾)　3〜4個
- ザーサイ　30g
- サラダ油　適量
- 赤唐辛子(小口切り)　適量
- ラー油　適量

1 長ねぎは縦十文字に切ってから5cm長さに切る。ゆで竹の子は細切りにし、きくらげも戻して細切りにする。ザーサイは細切りにし、サッと水洗いしてしぼる。
2 サラダ油を熱し、挽き肉とザーサイを強火で炒める。肉の色が変わったらラー油をパパッと振りかけ、竹の子、きくらげ、赤唐辛子を加えてザッと炒める。
3 最後にねぎを加えてワッと炒め、まだ生っぽいなと思うところで火を止める。
4 出来たてのインスタントラーメンにジャバッとのせる。

から揚げ各種
→メニュー別索引〈から揚げ〉を参照

から揚げソテー
衣はたっぷりつけ、軽く握ってなじませるのがコツ。甘酢がよくしみ込んで美味
- 鶏もも肉　2枚
- 下味用
  - 酒　大さじ1
  - 塩　少々
- 片栗粉　適量
- さつま芋　中1本
- 揚げ油　適量
- 甘酢
  - 砂糖　小さじ1
  - みりん　小さじ1
  - しょうゆ　大さじ2
  - 酒　大さじ2
  - 米酢　大さじ2
  - 水　大さじ2
- 貝割れ大根　適量

1 鶏もも肉は黄色い脂肪を取りのぞき、縦横4つに切る。身の厚いところは包丁で切りめを数本入れて開き、厚みを均一にしてから酒と塩を振って下味をつけておく。
2 さつま芋は皮ごと1cm厚さの輪切りにし、塩水(分量外)に5分くらい浸してアクを抜く。
3 揚げ油を中火で温め、油がまだぬるいうちにさつま芋の水けをふいて入れる。中温(170〜180度)になってきたら、**1** の鶏肉に片栗粉をたっぷりまぶしつけ、軽く押さえて粉をなじませてから油に入れる。
4 ときどきかき混ぜて、空気にふれさせながら、カリッと揚げる。さつま芋に竹串を刺してみて、スーッと通ったら取り出し、鶏肉も火の通りを確認して引き上げる。それぞれ油をよくきって器に盛る。
5 鍋に甘酢の材料を入れて煮立て、揚げたての鶏肉にジャーッとかけて味をつける。さつま芋と貝割れ大根も添える。

作り方 **1**

カリフォルニアサラダ
チーズ味のドレッシングが人気

じゃが芋　2個
サニーレタス　3〜4枚
ベルギーチコリ（アンディーブ）　1個
セロリ　½本
にんじん　5㎝
赤ピーマン　1個
紫玉ねぎ　½個
ミニトマト　5〜6個
アルファルファ　1パック
ドレッシング
　クリームチーズ　100ｇ
　牛乳　大さじ5〜6
　レモン汁　½個分
　塩　適量
　こしょう　少々

1 室温でやわらかくしたクリームチーズを軽く練り、牛乳、レモン汁、塩、こしょうを順に加えて混ぜ、とろっとしたドレッシングを作る。
2 じゃが芋は小さめの一口大に切る。ヒタヒタの水でやわらかくゆで、湯をきり、火にかけて水分をとばし、冷ます。
3 サニーレタスは大きめにちぎり、ベルギーチコリは1枚ずつはがす。セロリは5㎝長さに切り、鉛筆くらいの棒状に切る。にんじんも同じように切る。赤ピーマンと紫玉ねぎは薄い輪切りにする。
4 器にすべての野菜を彩りよく盛り合わせ、ドレッシングをかけて食べる。

ベルギーチコリ（アンディーブ）

カリフォルニアサンド
肉やチーズなど動物性の材料と野菜を交互にすれば具も安定

〈これは2人分〉
イギリスパンか好みのパン　4枚
バター　適量
マスタード　適量
鶏むね肉　小1枚
ベーコン　4枚
アボカド　½個
レモン汁　少々
サニーレタスかリーフレタス　2〜4枚
紫玉ねぎ　¼個
トマト　小1個
きゅうり　½本

1 イギリスパンの片面にバターとマスタードをぬる。
2 鶏むね肉は塩（分量外）をやや多めに入れた熱湯で中までしっかりゆでる。フライパンでフタをして焼く方法でもかまわない。あら熱が取れたら皮を取ってそぐように薄切りにする。
3 ベーコンはフライパンで弱火でカリッと焼き、ペーパーなどで余分な脂を取る。
4 アボカドは縦半分に切って種を取る。皮をむき薄切りにし、レモン汁をかける。
5 紫玉ねぎは薄い輪切り、トマトは5㎜の輪切り、きゅうりは斜め薄切りにする。
6 **1**のパンにレタス、鶏肉、アボカド、紫玉ねぎ、ベーコン、トマト、きゅうりなどの具を重ね、パンでしっかりサンドする。切るときは、左右2カ所に下までピックを刺して、軽く押さえながら半分に切る。具は、その他ハム、スライスチーズなど好みのものをサンドしてもよい。

サンドイッチとバター→ コラム参照

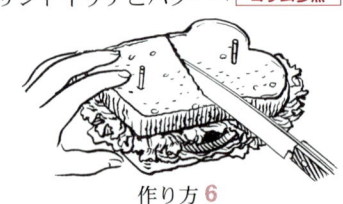

作り方**6**

カリフラワーとハムの卵グラタン
フワッと仕上がるソースが自慢。下ゆでなしのカリフラワーは朝食やブランチにも

　　カリフラワー　1個
　　ハム　3枚
　　ゆで卵　3個
　　ソース
　　　┌ とき卵　2個分
　　　│ 牛乳　1½カップ
　　　│ とけるチーズ　½カップ
　　　└ パン粉　½カップ
　　バター　大さじ2

1 カリフラワーは小房に切り分け、縦に7～8mm幅に切る。ハムは2つに切ってから1cm幅の細切りにする。ゆで卵は7～8mm厚さの輪切りにする。
2 ソースはとき卵、牛乳、とけるチーズ、パン粉の順に、泡立て器で混ぜ合わせる。
3 耐熱容器の中を水でぬらし、カリフラワー、ゆで卵、ハムの順で重ね入れ、ソースをかける。バターを点々とのせ、200度のオーブンで15～20分焼く。

カリフラワーとハムのマリネ
30分以上漬ければOKだけど、冷蔵庫に一晩おけばさらにおいしい！

　　カリフラワー　1個
　　ハム　10～12枚
　　レモン（薄切り）　2～3枚
　　マリネ液
　　　┌ 塩　小さじ½
　　　│ プレーンヨーグルト　大さじ2
　　　│ レモン汁　大さじ1
　　　│ こしょう　少々
　　　└ サラダ油　大さじ½
　　ローリエ　1枚

1 カリフラワーは小房に切り分け、熱湯でサッとゆでる。
2 ハムはいちょう切りにする。
3 マリネ液の材料を記載順に混ぜ合わせる。
4 器にカリフラワー、ハム、レモンの薄切りを入れ、ローリエをのせて上から**3**のマリネ液をかけて60分から一晩漬け込む。

カリフラワーとほうれん草のシチュー
シンプルなホワイトシチューは、見た目も味もおしゃれ！

　　えび　8～12尾
　　カリフラワー　小1個
　　ほうれん草　1わ
　　バター　大さじ2
　　小麦粉　大さじ4
　　えびのゆで汁　1カップ
　　牛乳　3カップ
　　ローリエ　1枚
　　塩　適量
　　こしょう　適量

1 えびは背ワタがあれば取り、2カップの熱湯で中までしっかりゆでる。えびの殻をむき、ゆで汁は使う分だけ取って冷ましておく。
2 カリフラワーは小房に切り分ける。ほうれん草は塩を入れた熱湯でかためにゆで、水に取ってしぼり、4～5cm長さに切る。
3 バターを弱火にかけ、とけたら小麦粉を振り入れ、粉っけがなくなるまで炒める。
4 火を止め、冷めたえびのゆで汁を加えて混ぜる。なめらかになったら牛乳も加えて混ぜ、ローリエを加える。
5 再び弱火をつけてかき混ぜ、フツフツしてきたらカリフラワーを加え、ときどき混ぜながら煮る。
6 カリフラワーに火が通り、とろみがついたら、えびとほうれん草を加える。塩、こしょうで味を調え、ひと煮する。

カリフラワーの簡単カレー
最後に加えた挽き肉で、うまみもしっかり

- カリフラワー　大1個
- 赤唐辛子　2本
- にんにく(みじん切り)　ひとかけ
- バター　大さじ2
- カレー粉　大さじ2
- 水　4〜5カップ
- ローリエ　1枚
- カレールウ　小1箱(約100ｇ)
- 牛挽き肉　300ｇ
- 温かいご飯　4人分

1 カリフラワーは小房に切り分ける。赤唐辛子は種を出す。
2 バターをとかして赤唐辛子とにんにくを弱火で炒め、香りがたったらカリフラワーを加えて中火で炒める。全体に油がまわったらカレー粉を加えて弱火で炒め、なじませる。
3 水とローリエを加えて強火にし、沸とうしたら火を止め、カレールウを加えて混ぜる。
4 中火をつけて煮込み、フツフツしてきたら挽き肉を加えてほぐし、ごく弱火にして約10分煮込む。ご飯にかけて食べる。

カリフラワーのミルク煮
温まるスープもたっぷり

- カリフラワー　1個
- えび　8尾
- 水　½カップ
- 牛乳　1½カップ
- 塩　適量
- こしょう　適量
- 水溶き片栗粉
  - 片栗粉　小さじ2
  - 水　小さじ2

1 カリフラワーは小房に切り分ける。えびは殻と背ワタがあれば取り、コロコロに切る。
2 鍋の中に水、カリフラワー、えび、牛乳、調味料を入れて火にかける。フツフツしたら火を弱め、5分ほど煮る。
3 水溶き片栗粉をまわし入れ、薄くとろみをつけて火を止める。

カリフラワー・ビーンズ
豆のゆで時間は豆の新しさによってさまざま。1〜2時間を目安に

- 白いんげん豆(乾)　1カップ
- カリフラワー　1個
- 玉ねぎ　1個
- 牛挽き肉　100ｇ
- にんにく(薄切り)　2〜3枚
- バター　大さじ1
- A
  - 白いんげん豆のゆで汁　1½カップ
  - 固形スープの素　1個
  - トマトケチャップ　大さじ4
  - ウスターソース　大さじ1
  - マスタード　小さじ1〜2
  - ローリエ　1枚

1 白いんげん豆は3倍量の熱湯に一晩つけておく。翌日、つけ水ごと鍋に入れて中火にかけ、フツフツしてきたら弱火にしてコトコトと煮る。豆がやわらかくなったら火を止め、ザルにあげて、ゆで汁はAの煮汁として取っておく。
2 カリフラワーは小房に切り分け、玉ねぎは薄切りにする。
3 鍋にバターを入れて火にかけ、バターがとけたら、にんにく、牛挽き肉、玉ねぎを一緒に炒める。肉に火が通り、色が変わったら豆も加えて炒める。
4 全体がアツアツになったらAを次々と加え、フタをして弱めの中火で20分ほど煮る。さらにカリフラワーを加え、弱火で10分くらい煮込む。

カルシウムチャーハン
ちりめんじゃこと桜えびが香ばしい

かれーうどん

〈これは2人分〉
温かいご飯　2人分
ちりめんじゃこ　大さじ2
桜えび　大さじ2
玉ねぎ　¼個
にんじん　5㎝
細ねぎ(小口切り)　½カップ
サラダ油　大さじ1
しょうゆ　少々
こしょう　少々

1 玉ねぎは薄切りにし、にんじんは薄い輪切りにしてから細切りにする。
2 サラダ油を熱して玉ねぎとにんじんをサッと炒め、温かいご飯を加えて広げる。上にちりめんじゃこと桜えびをのせ、ご飯を切るようにして強めの中火で炒める。
3 ご飯がパラリとなったら細ねぎ、しょうゆ、こしょうを加え、手早く炒め混ぜる。

かれいのから揚げ
かれいは衣をつけたらすぐ揚げる。上手にできれば料亭の味

かれい　4尾
衣
　片栗粉　大さじ2
　小麦粉　大さじ2
揚げ油　適量
もみじおろし　適量
すだちかレモン　適量

1 かれいは内臓を出して洗い、水けをふいて両面の皮に斜めの切りめを入れておく。
2 片栗粉と小麦粉を混ぜ合わせて衣にし、かれいにつけて余分な粉をはたき落とす。
3 揚げ油を中温(170〜180度)に熱し、黒色の皮のほうを表に、かれいの頭と尾を持って、鍋のふちからすべらせるように入れる。両面をカラリと揚げたら、引き上げて油をきる。
4 アツアツのうちにかれいの頭を右にして盛り、もみじおろしとすだちかレモンを添える。
　かれいの盛りつけ→ コラム参照
　もみじおろし→ コラム参照

かれいの煮つけ
煮汁をときどきかけながら、強火でこっくり煮つけるのがコツ

かれい(切り身)　4切れ
しょうが　ひとかけ
煮汁
　酒　½カップ
　水　1カップ
　しょうゆ　大さじ3〜4
　みりん　大さじ3〜4
　砂糖　大さじ1
しし唐辛子　1パック

1 かれいは水けをふき、両面の皮に切りめを入れる。
2 しょうがは皮ごと繊維を断つように薄切りし、しし唐辛子はヘタを短く切る。
3 鍋の中を水でザッとぬらし、煮汁の材料としょうがを入れて火にかける。フツフツと煮立ってきたら、かれいを並べ、ときどき煮汁をかけながら、フタをして強火で10分煮る。途中、5分くらいしたら、しし唐辛子も加える。

カレーうどん　大阪風
肉ではなく油揚げを入れ、だしをきかせるのが懐かしい大阪の味

〈これは2人分〉
ゆでうどん　2人分
玉ねぎ　¼個
油揚げ　½枚
長ねぎ　½本
きくらげ(乾)　大さじ1
焼きかまぼこ　½本
A　だし汁(濃いめ)　3カップ

かれーうどん

```
A │ カレー粉　大さじ1
  │ 塩　小さじ½
  │ しょうゆ　大さじ2
  │ みりん　大さじ2
```
水溶き片栗粉
```
  │ 片栗粉　大さじ1½
  │ 水　大さじ1½
```

1 きくらげは水で戻して石づきを切り、食べよい大きさに切る。油揚げは湯で洗ってギュッとしぼり、1cm幅に切る。

2 焼きかまぼこは薄切りにし、玉ねぎは繊維にそって薄切りにする。長ねぎは斜めに薄切りにする。

3 鍋にAの材料を合わせて火にかけ、フツフツしてきたら焼きかまぼこ、玉ねぎ、油揚げ、長ねぎ、きくらげを加え、再びフツフツしてきたらうどんを加える。

4 うどんが中まで温まったら、うどんだけ先に取り出してどんぶりに盛る。あとの煮汁に水溶き片栗粉を加えてとろみをつけ、うどんの上からかける。

カレーうどん　現代版
だしのきいた和風カレーとうどんの組み合わせは、どこか懐かしい味

〈これは2人分〉
ゆでうどん　2人分
豚こま切れ肉　100g
わけぎ　2本
だし汁　3カップ
酒　大さじ2
カレールウ（市販）　30〜40g
しょうゆ　大さじ2
みりん　大さじ2
水溶き片栗粉
```
  │ 片栗粉　大さじ1
  │ 水　大さじ1
```

1 鍋にだし汁、酒、カレールウを入れて中火にかけ、フツフツしてきたらしょうゆとみりんを加える。

2 再びフツフツしてきたら、豚こま切れ肉をヒラリヒラリと加える。再び煮立ったら、水溶き片栗粉を加えてとろみをつけ、斜め切りにしたわけぎを加えてひと煮する。

3 ゆでうどんは袋の表示通りに中までしっかり温め、水けをきってどんぶりに入れる。上から**2**のカレーをたっぷりかけて出来上がり。

カレー各種
→メニュー別索引〈カレー〉を参照

カレーコロッケ
カレー味には鶏挽き肉とセロリが合う

じゃが芋　4〜5個
鶏挽き肉　200g
セロリ（みじん切り）　½本
サラダ油　大さじ½
カレー粉　大さじ1
ウスターソース　小さじ2
塩　小さじ½
衣
```
  │ 小麦粉　適量
  │ とき卵　1個分
  │ パン粉　適量
```
揚げ油　適量

1 じゃが芋は大きめに切る。ヒタヒタの水でやわらかくゆで、湯をきり、火にかけて水分をとばす。熱いうちにマッシャーで手早くつぶす。

2 サラダ油を熱して挽き肉とセロリを炒め、肉に火が通ったらカレー粉と調味料を加えて炒め合わせる。

3 火を止め、じゃが芋を加えて混ぜ、表面を平らにして少し冷ます。8〜12等分にし、小判形にまとめ、かたくしぼったぬれ布巾をかけて完全に冷ます。

4 小麦粉、とき卵、パン粉の順に衣をつけ、中温（170〜180度）に熱した油で揚げ

る。全体がこんがりと色づいて、竹串を刺してみて中まで熱くなっていたら油をきる。

コロッケの揚げ方→ コラム参照

カレーサンド
油で揚げるカレーパンよりあっさり味。小さい子どもは大好物に！

〈これは2人分〉
食パン　4枚
具
- 玉ねぎ　½個
- ピーマン　1個
- 牛赤身挽き肉　150g
- 水　½カップ
- カレールウ（市販）　2かけ
- ウスターソース　小さじ½

サラダ油　小さじ2

1 玉ねぎとピーマンはみじん切りにする。
2 フライパンにサラダ油を熱し、玉ねぎと牛赤身挽き肉を強火で炒め、肉の色が変わったら、ピーマンも加えてさらに炒める。
3 全体をよく炒めたら、いったん火を止め、水、カレールウ、ウスターソースを加え、再び火をつけてよくよく炒める。
4 水けがなくなったら器に取って冷まし、2枚の食パンにぬる。それぞれもう1枚のパンではさみ、オーブントースターでこんがり焼いて、3等分に切り分ける。

カレーバーガー
ハンバーグにカレー粉プラスで味が引きしまり、さらにソースをかければうまさ満点

〈これは2人分〉
バーガーパン　2個
バター　適量
マスタード　少々
ハンバーグ
- 牛挽き肉　150g
- 玉ねぎ（みじん切り）　大さじ2
- 卵　½個
- カレー粉　小さじ1
- 塩　小さじ½弱
- パン粉　大さじ2
- 牛乳　大さじ2

カレーソース
- カレールウ（市販）　ひとかけ（20g）
- 水　¼カップ

サラダ油　大さじ½
トマト（薄切り）　2枚
パセリ　少々

1 ボウルにハンバーグの材料を合わせてもみ込むようにしっかり混ぜ、2等分してハンバーグ形にまとめておく。
2 小鍋にカレールウと分量の水を入れてよくとき、中火にかけて木ベラで混ぜながら煮詰める。とろりとしたらカレーソースに。
3 フライパンにサラダ油を熱し、中火でハンバーグの両面をこんがり焼いて、中までしっかり火を通す。
4 バーガーパンは横半分に切り、切り口にそれぞれバターとマスタードをぬる。上にトマトを1枚のせ、さらにハンバーグをのせてカレーソースをとろりとかけ、もう片方のパンをかぶせてパセリを添える。同様にもう一つ作る。

カレーパン
食パンをかしこく使って、こんなに簡単

〈6個分〉
食パン（6枚切り）　1斤
牛赤身挽き肉　200g
玉ねぎ　½個
ピーマン　1個
サラダ油　大さじ1
カレールウ（市販）　ひとかけ（20g）
水　大さじ2〜4
しょうゆ　小さじ1

かれーぴらふ

ウスターソース　小さじ1
水溶き小麦粉
　｛小麦粉　大さじ2
　　水　小さじ1
衣
　｛小麦粉　適量
　　とき卵　1個分
　　パン粉　適量
揚げ油　適量

1 玉ねぎ、ピーマンはみじん切りにする。
2 サラダ油を熱して牛挽き肉、玉ねぎ、ピーマンを炒め、完全に火が通って水分もとんだら、火を止める。
3 カレールウ、水、しょうゆ、ウスターソースを加えて混ぜ、再び火をつけ、味をからめながら炒める。とろっとなったら皿などに移し、冷ます。
4 食パンは耳を切り落とし、めん棒を転がしつぶすようにして全体を薄くのばす（縁は特に薄くなるようにする）。
5 パンを2つ折りにして**3**の具をはさみ、パンの縁に水溶き小麦粉をつけ、ギュッとパンをつぶすように押さえて口をしっかり閉じる。
6 小麦粉、とき卵、パン粉の順で衣をつけ、中温（170〜180度）に熱した揚げ油に入れる。衣が落ち着いたら、ときどき返しながら中まで熱く、こんがり色づくまで揚げる。

カレーピラフ
暑い日は、一度に食べきる量だけ炊くこと

米　2カップ（2合）
玉ねぎ　¼個
ピーマン　2個
赤ピーマン　小2個
マッシュルーム　1袋
鶏こま切れ肉　100g
ほたて貝柱　100g
バター　大さじ2
カレー粉　小さじ2
塩　小さじ1
こしょう　少々

1 玉ねぎ、ピーマン類は7〜8mm角に切る。マッシュルームは石づきを切り落とし、縦に薄切りにする。貝柱は食べよく切る。
2 バターをとかして玉ねぎ、ピーマン類、マッシュルーム、鶏肉、貝柱の順に加えて強めの中火で炒める。
3 米も加えてよく炒め、全体がアツアツになったら、カレー粉を加えて香りがたつまでさらによく炒める。
4 炊飯器に入れ、米と同量の水（分量外）、塩、こしょうを加えてひと混ぜし、表面を平らにしてふつうに炊く。
5 底のほうから全体をよく混ぜる。

カレーピラフ（付け合わせ用）
とりわけスパイシーな肉、魚料理におすすめ

米　2カップ（2合）
A｛カレー粉　小さじ1
　　ターメリック　小さじ¼
　　ガラムマサラ　少々
　　塩　小さじ½
　　レーズン　大さじ2
サラダ油　小さじ1

1 米はふつうに水加減する。
2 Aを加えてひと混ぜし、表面を平らにし、サラダ油を加えてふつうに炊く。
3 底のほうから全体を混ぜる。

カレーポークチャップ
2〜3かけ残っていたカレールウをなんとかしようと作ったら、これが大ヒット！

豚肩ロース肉（1cm厚さ）　4枚
塩　適量
こしょう　適量
玉ねぎ　1個

サラダ油　適量
水　1カップ
カレールウ（市販）　2〜3かけ
ウスターソース　大さじ1
しょうゆ　小さじ1

1 豚肉はところどころすじ切りをし、軽く塩、こしょうを振る。玉ねぎは縦2つに切ってから繊維にそって薄切りにする。
2 サラダ油を熱して豚肉の両面をこんがりと焼き、中までしっかり火を通す。
3 肉が入る大きさの鍋に水、カレールウ、玉ねぎを入れて火にかける。フツフツしてきたら木ベラで混ぜながら中火で煮てとろりとさせ、調味料を加えて混ぜる。
4 玉ねぎもとろっとなったら**2**の肉を加えて火を強め、鍋をゆすりながらワーッとカレーと玉ねぎをからめ、火を止める。

カレー混ぜピラフ
カレー味の具の中にご飯を混ぜ、パラリと仕上げる簡単ピラフ

〈これは2人分〉
ご飯　2人分
玉ねぎ　小½個
ハム　2〜3枚
ピーマン　1〜2個
サラダ油　適量
カレー粉　小さじ1〜2
塩　小さじ¼〜½

1 玉ねぎ、ハム、ピーマンはすべて1cmの角切りにする。
2 フライパンにサラダ油を熱し、玉ねぎ、ハム、ピーマンの順に強火で炒め、カレー粉と塩を加えて調味する。
3 ご飯を加え、サックリと混ぜながら全体がアツアツになるまでよく炒める。

皮つき簡単肉じゃが
挽き肉を使ったほうが、じゃが芋にまとわりついて味がなじみやすい

じゃが芋　4個（約600g）
牛挽き肉　200g
玉ねぎ　1個
にんじん　½本
A ┌ 砂糖　大さじ1
　│ みりん　大さじ1
　└ しょうゆ　大さじ3
水　1カップ

1 よく洗ったじゃが芋は皮ごと一口大に切り、水につける。玉ねぎは半分に切ってから2cm角くらいのザク切りにする。にんじんは太い部分は半分に切ってから5〜6mm厚さに切る。
2 鍋の中を水でぬらし、Aの砂糖、みりん、しょうゆを入れて火にかける。フツフツしたら挽き肉をほぐすようにして加え、玉ねぎも加え、肉の色が変わるまで混ぜながら煮る。
3 水けをきったじゃが芋、にんじんの順に加えて混ぜ、分量の水を加えて表面を平らにする。フタをし、やや強火でワァーッと野菜がやわらかくなるまで煮る。途中、ときどきかき混ぜる。

皮むき焼きピーマン
伝統的なイタリアの味。ピーマンはパプリカという名でも売られています

赤ピーマン　1個
黄ピーマン　1個
緑ピーマン　1個
オリーブ油　大さじ1
塩　適量
こしょう　少々
酢（好みで）　少々

1 ピーマン類は縦に2〜4つに切る。
2 オーブントースターの天板を水でぬらし、ピーマンの切り口を下にして並べ、こんがり色づくまで焼く。
3 あら熱が取れたら薄皮をむく。盛りつけ、オリーブ油、塩、こしょう、好みで酢

を振りかけて食べる。酢はあればバルサミコ酢を使うとより本格的。

カンカンライス
別名サバイバルライス。米と缶詰だけで立派なご馳走

米　2カップ（2合）
マッシュルームスライス缶詰　小1缶
ほたて缶詰　小1缶
あさり水煮缶詰　小1缶
ホールコーン缶詰　小1缶
塩　小さじ½強
こしょう　少々

1 マッシュルーム、ほたて、あさりは実と缶汁に分けておく。
2 コーンは汁けをきる。
3 炊飯器にといだ米を入れ、取っておいた **1** の缶汁を先に加えてから、ふつうに水加減してひと混ぜする。塩、こしょうを加え、缶詰の具をのせて表面を平らにし、炊く。
4 底のほうから全体をよく混ぜる。

韓国風サラダ
シンプルな材料に風味のよいドレッシング。一度食べたら、やみつきになる味

サニーレタス　½個
長ねぎ　1本
ドレッシング
　にんにく（みじん切り）　小さじ1
　しょうが（みじん切り）　小さじ1
　長ねぎ（みじん切り）　小さじ1
　塩　小さじ½
　しょうゆ　小さじ2
　米酢　大さじ1強
　ごま油　小さじ1〜2
白いりごま　大さじ3

1 サニーレタスは大きめの一口大にちぎる。
2 長ねぎは白い部分を5㎝長さに切り、縦に包丁めを入れて開き、芯をのぞく。これを繊維にそって千切りにし、白髪ねぎにする。芯の部分はみじん切りにして、少量をドレッシングに使う。
3 ドレッシングを作る。ボウルにドレッシングの材料を合わせてよくかき混ぜる。
4 **3** の中にサニーレタス、**2** の白髪ねぎ、包丁であらく刻んだ白いりごまの順にザックリあえて、器に盛る。

韓国風ドレッシング
白いご飯にだんぜん合う。レタス類、きゅうり、何でもおいしくなる

にんにく（みじん切り）　少々
すりごまか刻みごま　大さじ1
塩　小さじ½
砂糖　小さじ½
しょうゆ　小さじ1
黒挽きこしょう　適量
米酢　大さじ1
ごま油　小さじ1〜2

1 すべての材料を混ぜる。

簡単カルボナーラ
クリーミーに仕上げ、新鮮な卵黄を最後にあえる

〈これは2人分〉
スパゲティ　150〜200ｇ
ベーコン　2枚
卵黄（新鮮なもの）　2個分
サラダ油　小さじ1
牛乳　½カップ
生クリーム　½カップ
塩　小さじ½
こしょう　適量

1 スパゲティは袋の表示通りにゆでる。
2 ベーコンは5㎜幅に切り、卵黄はとく。
3 フライパンにサラダ油を熱し、ベーコンを中火で炒める。カリッとしてきたら、出た脂をふき取りいったん火を止め、牛乳

と生クリームを加えて混ぜる。

4 再び火にかけて弱火にし、塩、こしょうで味を調えフツフツしてきたらアツアツのスパゲティを加えてザッと混ぜ、火を止める。

5 最後に卵黄を加えて大急ぎであえ、好みでこしょうを振る。粉チーズを振って食べてもおいしい。

簡単春餅（シュンピン）
皮を練らずにクレープ式に生地を流してどんどん簡単に焼いてしまう

皮
- 強力粉　300ｇ
- 塩　小さじ½
- 砂糖　大さじ１
- ごま油　大さじ１
- 水　２½カップ

肉みそ
- ごま油　大さじ１
- にんにく（みじん切り）　小さじ１
- 豚挽き肉　100ｇ
- 赤みそか八丁みそ　大さじ山盛り３
- みりん　大さじ１
- 砂糖　大さじ山盛り１
- 酒　大さじ２〜４
- しょうゆ　小さじ１

キャベツ　３〜４枚
卵　３個
焼き豚かハム　100ｇ
セロリ　１本
きゅうり　１本
にんじん　１本
ねぎ　１本
サラダ油　適量
ごま油　適量
塩　適量
こしょう　適量

1 皮を作る。ボウルに皮の材料を全部入れて泡立て器でなめらかに混ぜ、ぬれ布巾をかぶせ、20〜30分室温でねかせておく。

2 肉みそを作る。鍋にごま油を熱し、にんにくを入れ、弱火で香りが出るまで炒める。挽き肉を入れて強火でポロポロになるまで炒め、火を止めて、みそ、他の調味料を加えて混ぜ、再びやや弱火にかけ、つやが出るまで練る。

3 キャベツは太めの細切りにし、卵はほぐして塩、こしょう各少々で調味する。フライパンに熱したごま油大さじ½でキャベツをしんなりと炒めて卵を流し、固まりかけたらザザッといりつけて火を止める。

4 焼き豚かハムは４〜５㎜角の棒状に切る。セロリ、きゅうり、にんじんはそれぞれ５〜６㎝長さの細切りにする。ねぎは５〜６㎝長さに切って縦に切りめを入れて芯を取りのぞき、縦に千切りにする。

5 ホットプレートを熱くしてサラダ油を薄くぬり、**1** の皮の生地を流して直径10〜12㎝ほどに薄くのばし、両面色づくまで焼く。焼けた皮は厚手のタオルなどで包んで保温しておく。

6 皮に肉みそをぬり、**3**、**4** の好みの具を巻いて食べる。

簡単バーグ　クリームソース
玉ねぎのみじん切りはいらないからラクラク

合い挽き肉　400ｇ
パン粉　½カップ
牛乳　½カップ
塩　小さじ½
こしょう　少々
サラダ油　適量
クリームソース
- しめじ　１袋
- バター　２㎝角
- 白ワイン　大さじ２
- 生クリーム　１カップ
- 塩　少々

こしょう　少々
〈付け合わせ〉
　ゆでブロッコリー　適量

1 パン粉は牛乳に浸してしっとりさせる。
2 挽き肉、**1**のパン粉、塩、こしょうをよく混ぜ、4等分にする。手のひらにサラダ油少々をつけて4個のハンバーグ形にまとめ、真ん中を軽くへこませる。
3 フライパンを熱してサラダ油小さじ1をなじませ、ハンバーグを並べ、強めの中火で焼く。焼きめがついたら裏返し、サッと焼く。
4 **3**に湯1カップくらい(分量外)を注ぎフタをして中火で中まで蒸し焼きにする(竹串を刺してみて、透明な汁が出れば火が通った証拠)。
5 ハンバーグを取り出し、フライパンをきれいにする。しめじは石づきを切り落とし、小房に分ける。
6 フライパンにバターを入れて火にかけ、とけてきたらしめじを中火でサッと炒め、ワインを振り、弱火にして生クリームを加える。フツフツしてきたら軽く塩、こしょうをし、ハンバーグを加えて両面をサッとからめる。
7 ハンバーグを盛り、しめじのクリームソースをかけ、ブロッコリーを添える。

簡単ピロシキ　肉

中の具は冷めてから包む。これがカラリと揚げるコツ

　〈8個分〉
　食パン(8枚切り)　1斤
　牛挽き肉　250g
　玉ねぎ　½個
　マッシュルーム　3〜4個
　サラダ油　大さじ1
　A ┌ 塩　小さじ¼
　　│ こしょう　少々
　　└ ウスターソース　大さじ1
　水溶き小麦粉(のり用)
　　┌ 小麦粉　大さじ2
　　└ 水　大さじ2
　揚げ油　適量

1 玉ねぎとマッシュルームはみじん切りにする。
2 フライパンにサラダ油を熱し、玉ねぎをサッと炒めて、牛挽き肉とマッシュルームを加え、強めの火でよく炒める。
3 肉に火が通ったらAを加えて調味し、全体に味をなじませて器に取る。これをしっかり冷まして、8等分する。
4 食パンは耳を切り落とし、めん棒を転がしてのす。水溶き小麦粉をパンの縁にぬる。この上に**3**の具をのせ、2つ折りにして縁をよく押さえる。同様にして8個作る。
5 揚げ油を中温(170〜180度)に熱し、**4**のパンを入れる。中がアツアツになり、まわりがこんがりとおいしそうに揚がったら、引き上げて油をよくきる。器に盛る。

簡単ピロシキ　野菜

食パンを薄くのばして包めば簡単

　〈6個分〉
　食パン(6枚切り)　1斤
　合い挽き肉　150g
　玉ねぎ　½個
　にんじん　3㎝
　ピーマン　1個
　生椎茸　4個
　サラダ油　小さじ1
　塩　小さじ½
　こしょう　少々
　水溶き小麦粉(のり用)
　　┌ 小麦粉　大さじ2
　　└ 水　大さじ2
　衣
　　┌ 小麦粉　½カップ強
　　└ 水　½カップ強

揚げ油　適量
トマトケチャップ　適量

1 玉ねぎ、にんじん、ピーマン、生椎茸はみじん切りにする。
2 サラダ油を熱して挽き肉と野菜を炒め、肉に火が通ったら塩、こしょうで味を調え、冷ます。
3 食パンは耳を切り落とし、めん棒でつぶして全体を薄くのばす。
4 2の具をパンに等分にのせ、2つ折りにし、パンの縁に水溶き小麦粉をぬってギュッとパンをつぶすように押さえて口をしっかり閉じる。
5 揚げ油を中温(170〜180度)に熱し、**4**に衣をつけて入れ、表面がこんがりして中がアツアツになるまで揚げる。
6 油をきって盛り、ケチャップを添える。

簡単ホイコーロー

キャベツが生っぽいうちに、合わせ調味料を加えるのがシャッキリ仕上げるコツ

豚ばら薄切り肉　300g
キャベツ　½個
サラダ油　小さじ1
合わせ調味料
　みそ　大さじ1
　酒　大さじ1
　しょうゆ　大さじ1
　砂糖　大さじ1
　粉山椒　適量

1 豚ばら薄切り肉は3〜4つに切る。
2 キャベツは4〜5cm角くらいに切る。
3 合わせ調味料の材料をかき混ぜておく。
4 中華鍋にサラダ油を熱し、豚肉を強めの中火で炒めて、肉に完全に火が通り、肉から脂が出てきたら強火にしてキャベツを加えて一気に炒める。
5 キャベツに油がまわり、まだ生っぽいうちに**3**の合わせ調味料を加え、全体をザッザッと炒め合わせて味をからめる。

かんぴょう

かんぴょう　関西炊き

ちらしずしだけでなく、刻んでご飯にのせたり、お弁当にもうまし

かんぴょう(50cm長さ)　5本
塩　小さじ山盛り1
煮汁
　水　1½〜2カップ
　砂糖　大さじ1
　みりん　大さじ1
　酒　大さじ1
　薄口しょうゆ　大さじ1

1 かんぴょうはザッと洗ってボウルに入れ、塩を加えてゴシゴシとよくもむ。
2 **1**を水洗いし、たっぷりの水(分量外)で15分ほどゆでて水けをきる。
3 鍋に煮汁の材料を入れて火にかけ、フツフツしてきたらかんぴょうを加える。落としブタをして、中火でやわらかくなるまで煮含める。

かんぴょう　関東炊き

甘辛く煮たかんぴょうは、日本人のご飯の友

かんぴょう(50cm長さ)　5本
塩　小さじ山盛り1
煮汁
　水　1½カップ
　酒　大さじ3
　砂糖　大さじ2
　しょうゆ　大さじ2

1 かんぴょうはザッと洗ってボウルに入れ、塩を加えてゴシゴシとよくもむ。
2 **1**を水洗いし、たっぷりの水(分量外)で15分ほどゆでて水けをきる。
3 煮汁にゆでたかんぴょうを入れ、フタをして中火で汁けがなくなるまで煮る。

かんぴょうのみそ汁

いい味が出ているかんぴょうの戻し汁は、だし汁と合わせて使ってもよい

がんも

かんぴょう(50㎝長さ)　2本
塩　適量
だし汁　6カップ
みそ　約大さじ2

1 かんぴょうは水洗いし、ティースプーンに1杯くらいの塩でよくもむ。塩を洗い落とし、水かぬるま湯でやわらかく戻す。
2 水けをきって2㎝くらいの長さに切り、だし汁を入れた鍋でフタをしてやわらかく煮る。
3 みそをとき入れ、フツフツしはじめたら火を止める。

がんもと春野菜の煮もの

新ものが出まわるときに食べたい簡単煮もの。がんもと新にんじんは下ゆでする

がんもどき　4～8個
新にんじん　1本
新じゃが芋　4個
絹さや　100g
A ┌ だし汁　2½カップ
　│ 酒　大さじ2
　│ みりん　小さじ2
　│ 砂糖　小さじ2
　│ 薄口しょうゆ　大さじ1
　└ しょうゆ　小さじ1
とき辛子　適量

1 新にんじんは1㎝厚さの輪切りにし、新じゃが芋は皮をむいて大きいものは2つ切りにする。絹さやはすじを取る。
2 鍋に湯を沸かし、絹さやをサッとゆで引き上げる。再びグラグラしてきたら、にんじんとがんもどきを2分くらい下ゆでしてザルに取る。
3 鍋にAとじゃが芋を入れて火にかけ、フツフツしてきたらにんじんとがんもどきを入れ、フタをして弱めの中火で10～15分くらい煮含める。
4 仕上げに絹さやを入れて火を止める。汁ごと器に盛り、とき辛子を添える。

き

キーマカレー

本では初公開、とっておきのレシピ

合い挽き肉　300g
A ┌ にんにく　ひとかけ
　│ しょうが　ひとかけ
　│ セロリ　½本
　│ 玉ねぎ　½個
　└ にんじん　½本
トマト(完熟)　1個
サラダ油　大さじ2
B ┌ カレー粉　大さじ1～2
　│ ウスターソース　大さじ1
　└ チリパウダー　少々
水　4カップ
ローリエ　1枚
レーズン　大さじ2
カレールウ(市販)　ひとかけ(20g)
ガラムマサラ　小さじ½
シナモン　ほんの少々

1 Aの香味野菜類はみじん切りにする(ブレンダーがあれば一緒にガーッ)。トマトは1㎝角に切る。
2 サラダ油を熱して挽き肉を中火で炒め、火が通ったらAの香味野菜類を加え、全体がアツアツになるまで炒め合わせる。
3 弱火にしてBを加え、香りがたつまで炒める。
4 トマトを加えて強火でサッと炒め、水、ローリエ、レーズンを加える。フツフツしたら中火にし、15分くらい煮る。
5 火を止め、カレールウを加えてとかし、弱火で30分煮込む。最後にガラムマサラとシナモンを加えて混ぜ、火を止める。好みのパンやご飯などでどうぞ。

菊衣あえ
水に取らずに冷ましたほうが、菊ならではの風味が引き立つ

食用菊　5〜6個
春菊　1わ
A ┌ 薄口しょうゆ　小さじ2
　└ すだちのしぼり汁　適量

1 菊は花びらをむしり、2カップくらいの水に入れ火にかける。フツフツしてきたらササッと混ぜ、すぐザルにあげ、広げて冷ます。
2 春菊は下のかたい茎を1〜2cm切り落とし、熱湯でほどよいかたさにゆで、ザルに広げて冷ます。水けをしぼり、2〜3cm長さに切る。
3 菊と春菊を合わせ、Aであえる。

菊のお浸し
シャキシャキとした菊の香りと彩りを秋の食卓へ

食用菊　適量
しょうゆ　少々
すだち　1個

1 食用菊は花びらだけをむしり取る。
2 鍋に水を入れて菊を加え、火にかける。花びらが浮いてくるのを箸で押さえながらゆで、湯がワーッとふいてきたら、すぐに火を止めてザルに取る。
3 菊を水にザッとさらし、ザルにあげ、軽くしぼって器に盛る。しょうゆを振りかけ、すだちなどの柑橘類を上からギュッとしぼって食べる。ないときは酢を振りかけてもよい。

菊の三色あえ
秋の食卓にぜひ登場させたい一品

食用菊　6〜7個
えのき茸　1袋
ほうれん草　1わ
合わせ酢
┌ 酢　大さじ1
│ 薄口しょうゆ　大さじ1
└ 砂糖　小さじ½

1 食用菊はがくを押さえて花びらだけをむしる。えのき茸は石づきを切り落とし、2cm長さに切る。
2 鍋にたっぷりの熱湯を沸かし、まず菊の花びらをサッとゆで、ザルに広げて冷ます。続いてえのき茸も同様にサッとゆで、ザルに広げて冷ます。
3 最後にほうれん草をほどよくゆで、水にさらしてからしぼり、3cm長さに切る。
4 合わせ酢の材料を混ぜ合わせ、ほうれん草、菊、えのき茸の順に加えてよくあえ、器に盛る。味をみて、しょうゆ少々(分量外)を好みでかけて食べる。

ほうれん草のゆで方→ほうれん草のお浸し

きくらげとうどのごま酢あえ
ごまの風味が素材の持ち味を引き出す、おいしい中国風前菜

きくらげ(乾)　¼カップ(10g)
うど　½本
ごま酢
┌ 練りごま　大さじ1
│ しょうゆ　大さじ1
│ 砂糖　小さじ1
│ 米酢　大さじ1
└ ごま油　少々

1 きくらげはぬるま湯で戻し、石づきを切り落として食べよく切る。
2 うどは厚めに皮をむき、4〜5cm長さの薄切りにし、10分くらい水にさらす。
3 きくらげとうどを合わせ、全体にごま油少々(分量外)を振りかけておく。
4 ボウルにごま酢の材料をすべて合わせてよく混ぜ、**3**のきくらげとうどをあえて器に盛る。

きくらげ

きくらげのスープ
どんな中国料理にもぴったりと合う

　　きくらげ(乾)　大さじ2
　　水　4カップ
　　固形スープの素　1個
　　ねぎじょうゆ
　　　⎰ 長ねぎ　10㎝
　　　⎱ しょうゆ　小さじ2
　　ごま油　小さじ½

1 きくらげは戻し、石づきをつまみ取る。
2 長ねぎは小口切りにし、しょうゆにつけておく。
3 分量の水にスープの素、きくらげを入れて火にかけ、フツフツしてきたらねぎじょうゆを加える。火を止め、ごま油を落とす。

刻みきつね
パリッと焼いて刻んだ油揚げが、香ばしいおいしさ

　　〈これは2人分〉
　　ゆでうどん　2人分
　　油揚げ　2枚
　　めんつゆ
　　　⎰ だし汁　3カップ
　　　｜ 薄口しょうゆ　大さじ2～3
　　　｜ みりん　大さじ1～2
　　　⎱ 酒　大さじ1
　　細ねぎ(小口切り)　2本
　　七味唐辛子　適量

1 油揚げは湯で洗ってギュッとしぼり、オーブントースターで2～3分パリッと焼いて細かく刻む。
2 鍋にめんつゆの材料を入れて中火にかけ、グラッときたらごく弱火にしておく。
3 ゆでうどんは袋の表示通りに中までしっかりと温め、どんぶりに入れる。上からアツアツのめんつゆをはり、油揚げをのせて細ねぎを散らす。七味唐辛子を振って食べる。

きしめん
めんとつゆのおいしさをしみじみと味わう

　　〈これは2人分〉
　　ゆできしめん　2人分
　　細ねぎ(小口切り)　2本
　　めんつゆ
　　　⎰ だし汁　3½カップ
　　　｜ 薄口しょうゆ　大さじ2～3
　　　｜ みりん　大さじ1½
　　　⎱ 酒　大さじ1½
　　花がつお　適量

1 めんつゆを作る。鍋にだし汁を入れて火にかけ、煮立ったら薄口しょうゆ、みりん、酒を加えて調味し、再びフツフツしてきたらゆでたきしめんを入れる。
2 めんが温まったらどんぶりに盛り、つゆをたっぷりとかける。上に細ねぎを散らし、花がつおをホンワリのせる。

キジもどき汁
ごぼうの風味と鶏肉から出るだしで、キジ肉に負けないおいしさ！

　　鶏もも肉　小1枚
　　ごぼう　15㎝
　　にんじん　10㎝
　　じゃが芋　1～2個
　　ごま油　小さじ2
　　だし汁　4～5カップ
　　酒　大さじ1
　　塩　小さじ½
　　しょうゆ　少々
　　三つ葉　適量
　　しょうが(すりおろし)　適量

1 ごぼうはささがきにして水でザッと洗う。にんじんは薄いいちょう切りにし、じゃが芋は一口大のコロコロに切る。
2 鶏もも肉は黄色い脂肪を取り、1㎝角くらいのコロコロに切る。
3 鍋にごま油を熱し、鶏肉とごぼうを強めの中火で炒める。全体に油がまわった

ら、にんじんを加えてさらに炒め、じゃが芋も加えて炒め合わせる。
4 全体に油がまわったところでだし汁を加え、酒、塩、しょうゆで調味する。
5 野菜がやわらかく煮え、鶏肉に火が通ったら味をみて塩かしょうゆで調え、火を止めて器に盛る。2㎝長さに刻んだ三つ葉を散らし、おろししょうがをのせる。

きすの薄味煮
素材の淡白な持ち味を生かして、薄い味つけの煮ものに

きす(丸のままでも、開いたものでもOK)　8尾
ピーマン　4個
煮汁
- しょうゆ　大さじ1
- みりん　大さじ½
- 酒　大さじ2
- 水　½カップ

1 きすは水けをふく。ピーマンは縦4つ切りにする。
2 鍋の中を水でザッとぬらし、煮汁の材料を入れて火にかける。フツフツしてきたらピーマンを入れ、再びフツフツしたらこれを端に寄せて、きすを加える。
3 強めの中火で8分くらい煮て火を止め、しばらくそのままおいて味を含ませる。

きすのスイートレモンマリネ
作りたてでも少し時間がたってもおいしいマリネ。小魚を丸ごと揚げてもOK

きす(開いたもの)　12枚
衣
- 小麦粉　大さじ6
- コーンスターチ　大さじ2

マリネ液
- 塩　小さじ1弱
- 砂糖　大さじ1
- レモン汁　1～2個分
- ローリエ　1枚

揚げ油　適量
ミニトマト　12～15個

1 まず大きめのボウルにマリネ液の材料を合わせ、よく混ぜておく。
2 きすは縦半分に切り、水けをふく。衣の材料を合わせて混ぜ、きすにしっかりまぶし、余分な粉ははたき落とす。
3 揚げ油を中温(170～180度)に熱し、きすを色よくカラリと揚げて油をきり、すぐにマリネ液に漬け込む。
4 ミニトマトは2等分し、きすのマリネとザッと混ぜ合わせて器に盛る。

きすのピカタ
卵の衣にふんわりと包まれて、淡白な魚が風味満点!

きす(開いたもの)　8枚
塩　少々
こしょう　少々
小麦粉　適量
卵　2個
オリーブ油　大さじ1～2
バター　大さじ1～2
クレソン　1わ

1 きすは水けをふいて塩、こしょうを振り、しっかり小麦粉をまぶす。
2 卵はときほぐしておく。
3 フライパンにオリーブ油とバターを入れて火にかけ、バターがとけたら、きすに卵をたっぷりつけて、身のほうから中火で焼く。
4 おいしそうな焼き色がついたら裏返し、両面をこんがり焼く。クレソンを添えて器に盛り、ウスターソースやトマトケチャップで食べる。

菊花汁
薄くとろみをつけて菊をフワッと

食用菊　7～8個

きっしゅろれーぬ

だし汁　4カップ
A ┌ 酒　大さじ1
　├ 塩　小さじ½
　└ 薄口しょうゆ　小さじ½～1
水溶き片栗粉
　┌ 片栗粉　小さじ1
　└ 水　小さじ1
しょうが(すりおろし)　適量

1 菊は花びらをむしり、ヒタヒタの水を加えて火にかける。フツフツしてきたらすぐザルにあげ、広げて冷ます。
2 だし汁を火にかけ、フツフツしてきたらAの調味料で味を調え、菊を加える。
3 再びフツフツしてきたら水溶き片栗粉をまわし入れ、うっすらととろみをつける。
4 椀に盛り、おろししょうがを添える。

キッシュロレーヌ
サクッホロッとしたパイの中はクリーミーな中身が詰まっています

パイ生地
　┌ 薄力粉　150ｇ
　├ 無塩バター　150ｇ
　└ 水　¼カップ
ハムかたまり　50ｇ
プロセスチーズ　60～70ｇ
キッシュ生地
　┌ 卵　3個
　├ 生クリーム　½カップ
　├ 牛乳　½カップ
　├ 塩　少々
　├ こしょう　少々
　└ ガーリックパウダー　少々
強力粉(打ち粉用)　適量

1 薄力粉は台などの上にふるい、冷たいバターをのせ、スケッパーで粉をまぶすようにしながらバターを細かく刻む。
2 全体をまとめて中央に穴を作り、まず大さじ2くらいの水を入れ、スケッパーを使って粉をザッと混ぜる。様子をみながら水を加えては指先でバターの粒をつぶすようにして混ぜていき、ザッとまとめる。
3 かたくしぼったぬれ布巾で包み、指先で数回つまんでもみ、さらにパンパンとたたいてなめらかにする。布巾に包んだまま冷蔵庫で20～30分休ませる。
4 打ち粉(強力粉)を振った上に生地を取り出し、2～3㎜厚さにのばす。直径7㎝くらいの菊型(なければ茶筒のフタなどで)で抜き、直径5㎝のパイ型に敷き込む。残った生地は重ねて再びのばし(こねたりしないように)、ムダを出さずに使いきる。
5 ハムとチーズは7～8㎜角に切り、パイ生地の器の中に等分に入れる。
6 キッシュ生地の卵は泡立てないようにしてよくとき、残りの材料を記載順に加えて混ぜ合わせ、**5**のハムとチーズの入ったパイ生地の中に八分めくらい入れる。
7 オーブン中段に入れ、180度で20分くらい焼く。あら熱が取れたら、型からそっと取り出す。

バター→ コラム参照

きつねうどん
油揚げをよ～くゆでてから煮るおきつねさんだから、大阪風のあっさりつゆに合う

〈これは2人分〉
ゆでうどん　2人分
油揚げ　2枚
煮汁
　┌ だし汁　1カップ
　├ しょうゆ　大さじ1½
　├ 酒　大さじ1
　└ 砂糖　小さじ2

└ みりん　小さじ1
　めんつゆ
　　┌ だし汁　3½カップ
　　│ 薄口しょうゆ　大さじ3〜4
　　│ みりん　大さじ2
　　└ 酒　大さじ1½
　細ねぎ(小口切り)　適量
　七味唐辛子　適量

1 たっぷりの熱湯で、油揚げを10分ほどグツグツと下ゆでして水に取る。これをよく水洗いし、両手にはさんで水けをきり、半分に切る。
2 煮汁の材料を合わせて火にかけ、フツフツしてきたら油揚げを入れてフタをし、弱めの中火で15分ほど煮含める。
3 めんつゆを作る。鍋にだし汁を入れて火にかけ、煮立ったら薄口しょうゆ、みりん、酒を加えて調味する。
4 ゆでうどんは熱湯に入れてザッとほぐし、中までアツアツになったら、水けをきってどんぶりに入れる。
5 うどんにアツアツのつゆをはり、**2**の油揚げをのせる。上から細ねぎを散らし、七味唐辛子を振る。

きつね柳川
どじょうの代わりに油揚げを使って、すぐできる簡単おかず

　油揚げ　2枚
　ごぼう　15cm
　玉ねぎ　小1個
　ちくわ　1本
　煮汁
　　┌ だし汁　2カップ
　　│ しょうゆ　大さじ2
　　│ 酒　大さじ1
　　└ みりん　大さじ1
　卵　4個
　粉山椒　少々

1 ごぼうはささがきにして、水でザッと洗い、かぶるくらいの水を入れて火にかけ下ゆでする。
2 油揚げは湯で洗ってギュッと水けをしぼり、1cm幅に切る。
3 ちくわは薄い輪切りにし、玉ねぎは7mm幅のくし形に切る。
4 広口の鍋に煮汁の材料とごぼうを入れて火にかけ、煮立ってきたら玉ねぎ、油揚げ、ちくわを加えて強火で10分ほど煮る。
5 卵をときほぐして全体にまわし入れ、フタをして火を止め、しばらく蒸らす。
6 煮汁ごと器に盛り、粉山椒を振って食べる。

キドニービーンズとサラミのサラダ
缶詰を使えば、豆のサラダもあっという間に出来上がり

　キドニービーンズ水煮缶詰　1缶
　サラミソーセージ　50g
　玉ねぎ　¼個
　ドレッシング
　　┌ 塩　小さじ½
　　│ こしょう　少々
　　│ 粒マスタード　小さじ1
　　│ 米酢　大さじ1
　　└ サラダ油　大さじ1

1 キドニービーンズは缶汁をきる。サラミは薄い輪切り、玉ねぎは薄切りにする。
2 ボウルにドレッシングの材料を記載順に混ぜ合わせ、サラダ油を加えたらサッと混ぜる。
3 ドレッシングの中に玉ねぎ、キドニービーンズ、サラミの順に混ぜながら加えて、器に盛る。

きぬかつぎ
皮をツルンとむいて、ほっくりした秋の味覚をどうぞ

　小芋(里芋)　好きなだけ
　塩　適量

きぬごしどうふ

みそ(好みで)　適量

1 小芋は皮をよく洗い、蒸し器で丸ごと20分ほど蒸す。竹串を刺してみて、スーッと通れば蒸し上がり。

2 小芋を引き上げ、上の部分を少し切り落として器に盛る。皮をツルリとむき、塩を振って食べる。好みでみそをつけても美味。

絹ごし豆腐のきのこあんかけ
ピリ辛味のヘルシーおかず

絹ごし豆腐　2丁
生椎茸　5～6個
えのき茸　1袋
豚薄切り肉　100g
しょうゆ　小さじ1
しょうが(千切り)　ひとかけ
水　2カップ
A ┌ 薄口しょうゆ　大さじ2
　├ 酒　大さじ1
　└ 豆板醤　大さじ½
水溶き片栗粉
　┌ 片栗粉　大さじ1
　└ 水　大さじ1
ごま油　小さじ½

1 豆腐は半分に切り、熱湯で中までアツアツにゆでる。冷めないように湯につけたままにしておく。

2 生椎茸は石づきを切り落とし、細切りにする。えのき茸は石づきを切り落とし、2cm長さに切る。

3 豚肉は1cm幅くらいに切り、しょうゆをからめておく。

4 分量の水を火にかけ、フツフツしたら豚肉を加えて火を通し、きのこ類としょうがも加えて煮る。

5 再びフツフツしたらAの調味料を加え、水溶き片栗粉でとろみをつける。火を止め、ごま油を落とす。

6 器に豆腐の水けをきって盛り、きのこあんをたっぷりかける。

絹さやとえびの冷煮
だし汁も使わず、素材の色、味、香りを存分に生かすのが秘訣

絹さや　100g
ゆでえび　16尾
煮汁
　┌ 水　2カップ
　├ 塩　小さじ½
　└ 酒　大さじ1
レモン　適量

1 絹さやはすじを取る。ゆでえびは殻と尾を取る。

2 鍋に水、塩、酒を入れて火にかけ、フツフツしたら絹さやとえびを加えてフタをして中火で1～2分煮る。

3 煮汁ごとボウルか器に移し、器を水につけて大急ぎで冷やす。汁ごと盛り、レモンをしぼって食べる。

絹さやと竹の子のクリーム煮
旬ならではの香りと味わいをどうぞ。缶詰のソースは濃いめの味なので牛乳をたす

絹さや　100g
新ゆで竹の子　大1本
えび　8尾
ホワイトソース缶詰　大1缶(約290g)
牛乳　1カップ
ローリエ　1枚
こしょう　少々

1 絹さやはすじを取りサッとゆでる。

2 ゆで竹の子は縦半分に切ってから、さらに縦に3mm厚さの薄切りにし、もう一度水洗いしザルにあける。

3 えびは竹串で背ワタを抜き、殻つきのままゆでて殻をむき、斜め半分に切る。

4 鍋の中を水でザッとぬらし、ホワイトソースをあける。さらに牛乳を加えて中火にかけ、泡立て器でなめらかに混ぜ、温め

る。
5 ソースが温まってきたら、竹の子、えび、ローリエを加え、吹きこぼれないように火加減を調節しながらフツフツと煮る。絹さやを加え、こしょうで調味して出来上がり。

絹さやと麩の煮もの
春の出盛りどきに淡い彩りと味わいをぜひ

絹さや　150ｇ
麩(乾)　20ｇ
水　2カップ
A ┌ みりん　大さじ1
　├ 薄口しょうゆ　小さじ1
　└ 塩　小さじ½
削り節　1パック

1 絹さやはすじを取る。
2 麩は表示に従いぬるま湯か水で戻して水けをそっとしぼる。
3 鍋に分量の水と絹さやを入れて中火にかけ、煮立ってきたらAを加えて調味する。
4 フツフツと煮えているところへ麩、削り節の順に加え、フタをして2～3分煮て火を止める。器に盛って出来上がり。

絹さやの青々炒め
卵と蒸しほたてでボリュームアップして、主役のおかずに。炒める油は多めに使う

絹さや　200ｇ
蒸しほたて　6～7個
しょうが(千切り)　ひとかけ
卵　2個
サラダ油　大さじ3
塩　小さじ½
こしょう　少々
しょうゆ(好みで)　適量

1 絹さやはすじを取る。蒸しほたては貝柱とひもに分けて、砂袋は取りのぞく。卵はときほぐす。
2 中華鍋かフライパンにサラダ油を熱し、絹さやと塩を入れて中火でゆっくり炒め、あざやかな色になったら、いったん器に取る。
3 2の鍋に蒸しほたてとしょうがを入れて強火で炒める。
4 全体がアツアツになったらこしょうを振り、とき卵を加えて、卵をいりつけるように大きく混ぜ、絹さやを戻して炒める。好みで、仕上げにしょうゆをたらし、風味をつけてもおいしい。

絹さやのかき揚げ
中温の油でしっかり揚げると、あっさりパリッと仕上がる

絹さや　150ｇ
小麦粉　大さじ2
紅しょうが(千切り)　大さじ山盛り1
衣
　┌ 小麦粉　1カップ
　└ 卵水(卵1個と水)　1カップ
揚げ油　適量

1 絹さやはすじを取り、斜めに2つに切る。水けをふき、小麦粉をまぶす。
2 とき卵と水を合わせて1カップにしてよく混ぜ、小麦粉を加えてザッと混ぜ合わせる。絹さやと紅しょうがを加えてザッと混ぜ、衣をからめる。
3 揚げ油を中温(170～180度)に熱し、**2**を一口大くらいにまとめて入れる。衣が落ち着いたら、ときどき空気にふれさせながらじっくり揚げ、こんがりパリッとなったら油をきる。

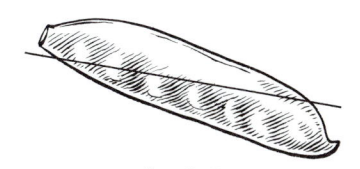

作り方 **1**

きぬさや

絹さやのきんぴら
いったん火を止めて、味つけするのがコツ

　　絹さや　200g
　　ごま油　大さじ1
　　赤唐辛子　1本
　　A［しょうゆ　小さじ2
　　　　みりん　小さじ2
　　白いりごま　適量

1 絹さやはすじを取って斜めに3〜4つに切り、熱湯でサッとゆでる。
2 フライパンを熱してごま油と赤唐辛子を入れ、絹さやを強火で炒める。
3 全体に油がまわったら火を止め、Aの調味料を加える。再び強火をつけ、味をからめながら汁がなくなるまで炒める。火を止め、ごまを振り、すぐ器に移す。

絹さやのサラダ
春の出盛りのときにお試しあれ。彩りもきれいな春色サラダ

　　絹さや　150g
　　玉ねぎ　½個
　　ハム　4枚
　　ドレッシング
　　　［塩　小さじ½
　　　　こしょう　少々
　　　　砂糖　ひとつまみ
　　　　粉辛子　少々
　　　　米酢　大さじ1
　　　　オリーブ油かサラダ油　大さじ1

1 絹さやはすじを取って斜め細切りにし、熱湯でサッとゆでる。（刻んだときはじけ出てきた豆も使う。）
2 玉ねぎは繊維にそって薄切りにし、ハムは2つに切って細切りにする。
3 ボウルにドレッシングの材料を記載順に混ぜ合わせ、最後のオリーブ油またはサラダ油を加えたら、サッと混ぜる。
4 3に玉ねぎ、絹さや、ハムの順に混ぜながら加えて、器に盛る。

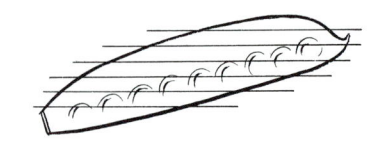

作り方 **1**

絹さやの中国サラダ
風味満点！　野菜だけのシャッキリサラダ。ハムや焼き油揚げを加えても美味

　　絹さや　200g
　　玉ねぎ　¼個
　　しょうが　少々
　　ドレッシング
　　　［塩　小さじ¼
　　　　しょうゆ　小さじ1
　　　　米酢　大さじ1
　　　　砂糖　ひとつまみ
　　　　こしょう　少々
　　　　ごま油　小さじ1
　　　　ラー油（好みで）　少々
　　白いりごま　大さじ1

1 絹さやはすじを取り、斜め細切りにする。塩少々（分量外）を加えた熱湯でこれをサッとゆでてザルに取り、広げて冷ます。
2 玉ねぎは繊維にそって薄切り、しょうがは皮をむいて千切りにし、一緒に15分ほど冷水にさらして水けをよくきる。
3 ボウルにドレッシングの材料を記載順に混ぜ合わせ、**2**、**1**を加えてサッサッと混ぜ、白いりごまも加え混ぜる。

絹さやのにんにくバター炒め
下ゆでは水から入れ、フツフツしたらすぐザルへ。シンプル調理で素材の味を堪能

　　絹さや　200g
　　にんにく　ひとかけ
　　バター　大さじ1
　　塩　少々
　　こしょう　少々

1 絹さやはすじを取る。にんにくはみじん切りにする。
2 鍋に絹さやとかぶるくらいの水を加えて強火にかけ、煮立ったらすぐザルに取って、広げて冷ます。
3 フライパンにバターを入れて中火にかけ、バターがとけたらにんにくを炒める。香りがたったら、絹さやを加え、全体がアツアツになるまで手早く炒め、塩、こしょうで味を調える。

絹雪豆腐
豆腐屋さんの豆乳が手に入ったら、ぜひお試しを。大豆の香りがほんのり甘い風味

〈小鉢4個分〉
豆乳　230cc
粉ゼラチン　1袋(5g)
熱湯　大さじ2
だし汁(濃いめ)　大さじ5
酒　小さじ1
薄口しょうゆ　小さじ2
青柚子(あれば)　適量

1 小鍋かボウルに分量の熱湯を入れ、ゼラチンを振り入れてスプーンでよく混ぜ、完全にとかす。ゼラチンがとけにくいときは、湯せんにかけても。
2 1を泡立て器で静かに混ぜながら、豆乳を加えていく。
3 小鉢4個を用意して中を水でザッとぬらし、2の豆乳ゼリー液を等分に流し入れて、冷蔵庫で2~3時間冷やし固める。
4 小鍋にだし汁と酒を入れて火にかけ、フツフツしてきたら火を止めて薄口しょうゆを加え、冷やしておく。
5 3に4の汁を適量かけ、上に青柚子の皮を少々すりおろす。スプーンですくいながらどうぞ。

きのこうどん
たっぷりのきのこにしょうがと細ねぎの香りを添えて、しみじみした味わい

〈これは2人分〉
ゆでうどん　2人分
きくらげ(乾)　大さじ2
きのこ(好みの種類)　約2カップ
だし汁　3カップ
薄口しょうゆ　大さじ3
みりん　大さじ1
酒　大さじ1
しょうが汁　小さじ½
細ねぎ(小口切り)　2~3本
七味唐辛子　適量

1 きくらげは水で戻して石づきを切り、食べよい大きさに切る。
2 きのこは生椎茸、しめじ、ひら茸、舞茸、えのき茸など好みのものを用意し食べよく切る。
3 鍋にだし汁を入れて中火にかけ、フツフツしてきたら、きくらげときのこを入れる。再びフツフツしてきたら、薄口しょうゆ、みりん、酒で調味し、しょうが汁を加えて火を止める。
4 ゆでうどんは袋の表示通りに中までしっかりと温め、どんぶりに盛る。上から3のつゆを具ごとたっぷりとかけ、細ねぎを散らして、七味唐辛子を振る。

きのこご飯
調味料も具も炊く直前に加える。きのこの味と香りを楽しみたいときにどうぞ

米　2カップ(2合)
しめじ　1袋
生椎茸　1袋
油揚げ　½枚
A ┌ 酒　大さじ2
　├ しょうゆ　大さじ1
　└ 塩　小さじ½
柚子の皮(すりおろし)　少々

1 米はといでいつもよりやや少なめの水加減にする。

2 しめじは石づきを切り落として小房に分け、生椎茸も同様にして薄切りにする。油揚げは湯で洗ってギュッとしぼり、縦半分に切って細切りにする。
3 ご飯を炊く直前に、**1** にAの酒、しょうゆ、塩を入れてザッと混ぜる。さらに **2** のしめじ、生椎茸、油揚げを加えて表面を平らにならし、炊飯器のスイッチを入れる。
4 炊き上がったら、底のほうからほっこり混ぜて器に盛る。あれば柚子の皮のすりおろしを振りかけると香りがよい。

きのこご飯 おこわ風
きのこは何でもOK。こっくりとしたご飯の中にいろいろな味と香りが楽しめる

　　米　1カップ（1合）
　　もち米　1カップ（1合）
　　えのき茸　1袋
　　舞茸　1袋
　　生椎茸　5〜6個
　　A ┌ 酒　大さじ2
　　　├ しょうゆ　大さじ1
　　　└ 塩　小さじ½
　　しょうが　少々

1 米ともち米は合わせて炊く30分前にとぎ、米（2合）と同量の水加減にしておく。
2 きのこ類はそれぞれ石づきを切り落とし、えのき茸は2cm長さに切り、舞茸は食べよい大きさにほぐす。生椎茸は縦半分に切る。
3 ご飯を炊く直前に **1** から大さじ3（調味料分）の水を取りのぞき、Aの調味料を加えてザッと混ぜる。さらに **2** のきのこ類を加えて表面を平らにし、炊飯器のスイッチを入れる。
4 炊き上がったら全体をほっこり混ぜ、器に盛る。皮をむき、繊維にそって千切りした針しょうがを上に散らす。

きのこサラダ
きのこと抜群に合うしょうゆ風味のドレッシングで

　　えのき茸　1袋
　　しめじ　1袋
　　生椎茸　5〜6個
　　玉ねぎ　¼個
　　サニーレタス　4枚
　　レタス　4枚
　　にんにく　ひとかけ
　　ドレッシング
　　　┌ しょうゆ　小さじ2〜3
　　　│ 塩　小さじ¼
　　　│ こしょう　少々
　　　│ ワイン　大さじ1
　　　│ 米酢　大さじ1
　　　└ サラダ油　大さじ2

1 えのき茸は石づきを切り落とし、4cm長さに切る。しめじは石づきを切り落とし、小房に分ける。生椎茸は石づきを切り落とし、7mm幅に切る。
2 **1** を全部一緒に熱湯でサッとゆで、すぐザルにあげ、広げて冷ます。
3 玉ねぎは薄切りにし、レタス類はちぎる。
4 にんにくは2つに切り、切り口をボウルにこすりつけて風味をつけておき、ドレッシングの材料を記載順に混ぜ合わせ、最後のサラダ油を加えたらサッと混ぜる。
5 ドレッシングに玉ねぎ、きのこ類、レタス類の順に加えては混ぜる。

きのこソース
どんなステーキやソテーにもぴったり合う、おいしくて便利なソース

　　生椎茸　5〜6個
　　えのき茸　1袋
　　バター　大さじ1
　　塩　適量
　　こしょう　適量

水　1/4カップ
赤ワイン　1/4カップ
固形スープの素　1/2個

1 きのこ類はそれぞれ石づきを切り落とし、生椎茸は4つに、えのき茸は2つに切る。

2 フライパンにバターを入れて中火にかけ、バターがとけたら生椎茸とえのき茸を炒める。全体にバターがまわったら、塩、こしょうを振って調味し、いったん小鍋に取る。

3 **2**のフライパンに水、赤ワインと固形スープの素を入れてとかしてから**2**の小鍋に移して火にかける。2〜3分煮、出来上がったら、アツアツをステーキやソテーに汁ごとかけてどうぞ。

きのこそばすいとん
そば粉のすいとんが入ったけんちん汁風

大根　10cm
にんじん　1/2本
油揚げ　1枚
舞茸　1袋
しめじ　1袋
そばすいとん
　┌ 小麦粉　2/3カップ
　│ そば粉　1/3カップ
　└ 水　1/2〜3/4カップ
だし汁　6カップ
A ┌ 酒　大さじ1
　│ 塩　小さじ1弱
　└ 薄口しょうゆ　少々
薬味
　┌ しょうが(すりおろし)　ひとかけ
　└ 細ねぎ(小口切り)　1/2わ

1 大根は3〜4mm厚さのいちょう切りにする。にんじんは1〜2mm厚さのいちょう切りにする。

2 油揚げは水洗いしてキュッとしぼり、縦半分に切ってから細切りにする。しめじと舞茸は石づきを切り落とし、小房にする。

3 小麦粉とそば粉をボウルに入れて混ぜ合わせ、様子をみながら水を加えて練り混ぜ、耳たぶよりやわらかめのたねを作る。

4 だし汁に大根とにんじんを入れて火にかけ、フツフツしたら油揚げも加え、フタをして中火で煮る。大根がやわらかくなったら、Aの調味料で味を調える。

5 強火にしてフツフツさせ、**3**のたねを一口大の平たいだんごにして入れ、火を弱めて透き通って浮いてくるまで煮る。

6 しめじと舞茸を加えてひと煮し、火を止める。汁ごと取り分け、好みの薬味で食べる。

きのこだらけのピザ
香り、味ともいうことなし。白ワインを添えればの大人のピザに

〈これは2人分〉
ピザ台　1枚
トマトソース(ピザ用)　大さじ4
ガーリックパウダー　少々
きのこ(好みのもの)　2カップ
塩　少々
こしょう　少々
ピザ用チーズ　1/2カップ

1 きのこは好みのもの(しめじ、舞茸、マッシュルーム、生椎茸、えのき茸など)を用意し、石づきを切り落として、食べよい大きさにほぐしたり、切ったりする。

2 ピザ台にトマトソースをぬり、ガーリックパウダーを振って上にきのこをのせる。

3 さらに塩、こしょうを振ってピザ用チーズを散らし、200度のオーブンで7〜10分ほど焼く。

　ピザ台→ピザ台(基本)
　トマトソース(ピザ用)→トマトソース
　　(ピザ用)

きのこ

きのことオリーブのサラダ
コクのあるオリーブとオリーブ油が入って、風味満点のサラダ

- しめじ　1袋
- エリンギ　1袋
- エンダイブ　小1個
- オリーブ（びん詰）　10〜12粒
- 赤唐辛子　1本
- ハム　50g
- ドレッシング
  - 塩　小さじ1弱
  - こしょう　適量
  - レモン汁　½個分
  - 米酢　大さじ1
  - オリーブ油　大さじ2

1 しめじは石づきを切り落としてほぐし、エリンギも同様にして食べよくさく。
2 エンダイブは一口大にちぎり、赤唐辛子は種を取りのぞく。ハムは食べよく切る。
3 ボウルにドレッシングの材料を記載順に混ぜ合わせ、オリーブ油を加えたらサッと混ぜる。
4 鍋に湯適量と赤唐辛子を入れて火にかけ、グラグラしてきたら **1** のきのこ類を入れてサッとゆで、ザルにあげる。よく水けがきれたら、**3** のドレッシングにつける。
5 きのこ類のあら熱が取れたら、エンダイブ、オリーブ、ハムの順に混ぜながら加え、器に盛る。

きのこと牛肉のしゃぶしゃぶ
フツフツしているところに入れて食べるのが何よりうまい

- 牛薄切り肉　400g
- 舞茸　1袋
- しめじ　1袋
- 生椎茸　1袋
- えのき茸　1袋
- 水　5カップ
- 酒　大さじ4
- 塩　少々
- しょうゆ　少々
- ごまだれ
  - 練りごま（白）　½カップ
  - 薄口しょうゆ　大さじ4
  - みりん　大さじ2
  - だし汁　½カップ

1 舞茸、しめじは石づきを取り、小房に分ける。生椎茸は石づきを取り、半分に切る。えのき茸は石づきを落とし、食べやすくほぐす。
2 牛肉は長ければ半分に切る。
3 練りごまに調味料を加え混ぜ、だし汁も少しずつ加え、ごまだれを作る。
4 鍋に分量の水、酒、塩、しょうゆを入れて火にかけ、フツフツしているところに牛肉を1枚ずつ広げて入れる。きのこ類も好きに加え、引き上げる。ごまだれをつけて食べる。

きのこと小松菜の和風仕立てスープ
とき卵を加えるときは、ゆるいとろみのついたスープに細く流す

- 小松菜　½わ
- しょうが（千切り）　ひとかけ
- 生椎茸　5〜6個
- えのき茸　1袋
- ごま油　大さじ1
- だし汁　4カップ
- A
  - 酒　¼カップ
  - 薄口しょうゆ　大さじ1
  - 塩　小さじ½弱
  - みりん　小さじ1
- 水溶き片栗粉
  - 片栗粉　小さじ1
  - 水　小さじ1
- 卵　2個

1 小松菜は熱湯でサッとゆでてザルに取

り、広げて冷ます。あら熱が取れたら、水けをしぼって2～3cm長さに切る。
2 生椎茸とえのき茸は石づきを取って食べよく切るかほぐす。
3 鍋にごま油大さじ1弱を熱し、しょうがと小松菜を炒める。小松菜がアツアツになったらきのこ類を加えて炒め、全体に油がまわったらだし汁を加え、すぐにAの調味料も加える。
4 フツフツしてきたら、味をみて薄口しょうゆか塩（どちらも分量外）で調え、水溶き片栗粉をまわし入れる。
5 スープに薄いとろみがついたら、火を強めの中火にして、とき混ぜた卵をまわし入れる。卵がフワリと浮いてきたら火を止め、ごま油少々をチョロリとたらして風味をつける。

きのことじゃがのにんにくソテー
あとを引く香りと歯ざわり。おかずによし、酒の肴によし

　　じゃが芋　2個
　　しめじ　1袋
　　マッシュルーム　1袋
　　生椎茸　1袋
　　にんにく　ひとかけ
　　バター　大さじ2
　　塩　小さじ½弱
　　しょうゆ　少々

1 じゃが芋は小さめの薄いいちょう切りにし、水に2～3分さらす。
2 きのこ類は石づきを切り落とし、しめじは小房に分ける。マッシュルームは縦半分に切る。生椎茸は縦半分にさく。にんにくは薄切りにする。
3 バターとにんにくを中火にかけ、バターがとけたら水けをきったじゃが芋、きのこ類の順に加えて、強火で炒める。きのこ類に火が通り、じゃが芋はまだ少々かたいくらいで塩、しょうゆで味を調える。さらに炒め、火を止める。

きのことしらたきのサラダ
ピリ辛しょうゆ味。きのこは2～3種類合わせると、相乗効果で味もアップ

　　きのこ（好みのもの）　山盛り4カップ
　　しらたき　1わ
　　ドレッシング
　　　しょうゆ　大さじ2
　　　米酢　大さじ1強
　　　砂糖　小さじ1
　　　豆板醤　小さじ½～1
　　　ごま油　小さじ1
　　細ねぎ（小口切り）　1カップ
　　レモン　適量

1 きのこは石づきを切り落とし、食べよい大きさに切る。しらたきも食べよい長さに切る。
2 熱湯できのこをサッとゆで、ザルに広げて冷ます。続いてしらたきもゆで、ザルに広げて冷ます。
3 混ぜ合わせたドレッシングにきのこ、しらたきの順に加えて混ぜ、細ねぎも加えてザッと混ぜ合わせる。盛りつけ、レモンをしぼって食べる。

きのこと玉ねぎのマリネ
冷やしておいしさアップ

　　きのこ（好みのもの）　山盛り3カップ
　　玉ねぎ　¼個
　　マリネ液
　　　にんにく（すりおろし）　½かけ
　　　塩　小さじ½
　　　米酢　大さじ1
　　　洋辛子粉　小さじ1
　　　オリーブ油　大さじ1
　　パセリ（みじん切り）　適量

1 きのこは石づきを切り落とし、食べやすく切り分ける。玉ねぎは繊維にそって薄切りにする。

2 熱湯できのこをゆで、再びフツフツしたらザルにあげて水けをきる。
3 マリネ液を記載順に混ぜ、玉ねぎときのこを入れ、30分以上おく。できれば冷蔵庫で一晩おく。食べるときにパセリを振る。

きのこと鶏肉の簡単クリームシチュー
生椎茸、舞茸、マッシュルームなど、どれか1種類でも、ミックスしても

鶏むね肉　1枚（約200ｇ）
塩　小さじ½
こしょう　少々
きのこ（好みのもの）　4カップ
ホワイトソース缶詰　大1缶（約290ｇ）
牛乳　2カップ
バター　大さじ1
パセリ（みじん切り）　少々

1 鶏肉は一口大にそぎ切りにし、塩、こしょうを振る。きのこは石づきを切り落とし、食べやすい大きさに切る。
2 厚手の鍋の中を水でぬらし、ホワイトソースと牛乳を合わせて中火にかける。ときどき鍋底を混ぜつつ、フツフツしてきたら鶏肉を加える。
3 弱火でときどきかき混ぜながら鶏肉に火が通るまで煮る。
4 フライパンにバターを入れて火にかけ、きのこを炒める。
5 3の鍋にきのこを加え、ひと煮する。盛りつけてパセリを振る。

きのこと鶏肉のバターライス
炒めずに炊き込むから、きのこの香りが生きています

米　2カップ（2合）
舞茸（あれば白）　1袋
生椎茸　4〜5個
えのき茸　1袋
鶏むね肉　150ｇ
塩　小さじ1
こしょう　少々
白ワイン　大さじ1
バター　大さじ1

1 米はふつうに水加減する。
2 きのこ類は石づきを切り落とし、舞茸はほぐす。生椎茸は縦、横十文字にさく。えのき茸は2つに切る。
3 鶏むね肉は小さく切る。
4 米に塩、こしょう、ワインを加えて混ぜ、きのこ類と鶏肉を加えて表面を平らにし、バターをのせてふつうに炊く。
5 底のほうから全体を混ぜる。

きのこと鶏肉の本格クリームシチュー
たっぷりきのこのホワイトシチュー。パンでもご飯でも合う

鶏むね肉　300ｇ
塩　小さじ½
こしょう　少々
舞茸（白）　1袋
マッシュルーム（白）　1袋
えのき茸　1袋
サラダ油　大さじ1
バター　大さじ1〜2
小麦粉　大さじ4
牛乳　4カップ
生クリーム　1カップ
パセリ（みじん切り）　少々

1 鶏むね肉は一口大にそぎ切りにし、塩、こしょうを振る。きのこ類はそれぞれ石づきを切り落とし、食べよい大きさにほぐしたり切ったりする。
2 鍋にサラダ油とバターを入れて火にかけ、バターがとけたら鶏肉を中火で軽く炒め、さらに小麦粉を振り入れて炒める。このとき鍋底にくっついても大丈夫。
3 いったん火を止め、牛乳を2〜3回に分けて混ぜながら加える。再び火にかけ、とろみがついてきたら、弱火で10分くら

い煮込み、仕上げに生クリームときのこ類を加える。
4 きのこ類をひと煮したら、味をみて塩、こしょうで調え、器に盛ってパセリをちらす。

きのこと三つ葉の吸いもの
きのこには、しょうゆのきいた味が合う

　きのこ(好みのもの)　1袋
　だし汁　4カップ
　A ┌ 酒　大さじ1
　　│ 塩　小さじ½
　　└ しょうゆ　小さじ1～2
　三つ葉　適量
　柚子の皮　適量

1 きのこは石づきを切り落とし、食べやすい大きさにする。三つ葉は1～2cm長さに切る。
2 だし汁を火にかけ、フツフツしてきたらきのこを加える。再びフツフツしてきたらAで味を調え、ひと煮して火を止める。
3 椀に盛り、三つ葉を散らし、薄くそいだ柚子の皮をヒラリ。

きのこと焼き麩のラーメン
具の組み合わせをひと工夫して、新しい味わい。長ねぎはたっぷりのせて風味豊かに

　〈これは2人分〉
　中華めん(スープつき)　2人分
　きのこ(好みのもの)　約2カップ
　焼き麩(乾)　1カップ弱
　にんにく　小ひとかけ
　ごま油　小さじ2
　しょうゆ　小さじ2
　酒　小さじ2
　長ねぎ(小口切り)　½本

1 きのこは食べよく切るか、ほぐしたものを用意する。
2 焼き麩は表示通りに戻して、水けをキュッとしぼる。にんにくは薄切りにする。
3 中華めんのスープの素は表示通りに分量の湯でとかし、アツアツにしておく。
4 フライパンにごま油とにんにくを入れ、中火にかけて炒める。香りがたったら、きのこ、焼き麩の順に加えて炒め、全体がアツアツになったら、しょうゆと酒を加え混ぜて火を止める。
5 中華めんは沸とうした湯で表示通りにゆで、水けをきって器に入れる。
6 上に**4**の具をのせてアツアツのスープを注ぎ、刻んだ長ねぎをたっぷりのせて食べる。

きのこの合宿
た～っぷりときのこが入った山の幸満載の料理。アツアツに柑橘類をしぼると最高！

　えのき茸　1袋
　しめじ　1袋
　生椎茸　5～6個
　マッシュルーム　1袋
　ベーコン　3枚
　とけるチーズ　½カップ
　塩　適量
　サラダ油　大さじ1
　すだちかレモン　適量

1 えのき茸は石づきを切り落として長さを3等分に切り、しめじも同様にしてあらくほぐす。生椎茸は石づきを切り落として2～4つにさき、マッシュルームも同様にして縦半分に切る。
2 ベーコンは2cm幅に切る。
3 耐熱容器の中を水でザッとぬらし、**1**のきのこ類をすべて入れ上から全体的にパラパラと塩を振り、さらにベーコン、とけるチーズを全体に散らす。
4 最後に上からサラダ油をタラ～リとかけ、250度のオーブンで5～10分、チーズがとけるまで焼く。食べるときにすだちかレモンなどの柑橘類をしぼって食べる。

きのこ

きのこの酒蒸し
きのこは好みのものを。2〜3種類使うと、深い味わいが生まれる

- 生椎茸　1袋
- しめじ　1袋
- えのき茸　1袋
- 塩　小さじ½
- 酒　大さじ2
- すだち　2個
- しょうゆ　適量

1 きのこ類はそれぞれ石づきの汚れた部分を切り落とし、食べよい大きさにほぐしたり、切ったりする。
2 鍋の中を水でザッとぬらし、きのこ類を全部入れて表面を平らにする。上から塩をパラパラと振り、酒をまわしかける。
3 フタをして強火にかけ、ワーッと湯気が立ったらザッと混ぜて再びフタをする。ひと呼吸おいて火を止め、すぐ器に盛る。
4 すだちを半分に切ってしぼり、しょうゆをかけて食べる。すだちの代わりにかぼすやレモンでもおいしい。

きのこの酢のもの
きのこは歯ざわりよく、ゆですぎない！

- えのき茸　1袋
- しめじ　1袋
- 合わせ酢
  - 酢　大さじ1
  - しょうゆ　大さじ1

1 えのき茸は石づきを切り落とし、2〜3㎝長さに切る。しめじは石づきを切り落とし、小房に分ける。
2 熱湯できのこ類をサッとゆで、すぐザルにあげ、広げて冷ます。
3 合わせ酢であえ、器に盛る。

きのこのスパゲティ
しょうゆと刻みのりで和風味に仕上げるパスタ

〈これは2人分〉
- スパゲティ　150〜200g
- きのこ(好みの種類)　2カップ強
- にんにく　ひとかけ
- サラダ油かオリーブ油　大さじ1
- 塩　小さじ½弱
- こしょう　適量
- しょうゆ　小さじ2
- ごま油　小さじ½〜1
- 焼きのり　適量

1 きのこは生椎茸、しめじ、ひら茸、舞茸、えのき茸など、好みのきのこを食べやすく切ったりほぐしたりする。にんにくはみじん切りにする。
2 スパゲティは袋の表示通りにゆでる。
3 フライパンにサラダ油またはオリーブ油を入れ、にんにくを加えて中火にかける。香りがたったら、きのこを加えて強火で手早く炒める。塩、こしょう、しょうゆで味を調えて火を止めたら、ごま油をたらす。
4 ゆでたてでアツアツのスパゲティを **3** のきのこに加えてザッザッとあえ、器に盛って刻んだ焼きのりを散らす。

きのこの茶碗蒸し
きのこは2〜3種類ミックスしても

- 卵液
  - 卵(M玉)　3個
  - だし汁(冷ます)　2カップ
  - しょうゆ　小さじ1
  - 塩　小さじ½
- きのこ(好みのもの)　1袋
- 三つ葉　適量

1 卵は泡立てないように静かにとき、だし汁と調味料を混ぜ、みそこしなどでこしてなめらかな卵液にする。
2 きのこは石づきを切り落とし、食べよい大きさにする。三つ葉は1㎝長さに切る。

3 器の中を水でぬらし、**1** の卵液を入れ、きのこを等分に入れる。
4 蒸気の立った蒸し器に入れ、布巾をかませてフタをし、弱火で10〜15分蒸す。
5 竹串を刺して濁った汁が出なければ、火を止める。三つ葉をのせ、余熱で少し蒸らす。

湯せん➡ コラム参照

きのこのつくだ煮
きのこは好みのものでOK。食べよく切ってガーッと煮るだけ

〈作りやすい分量〉
生椎茸　1袋
しめじ　1袋
えのき茸　1袋
しょうが(千切り)　ひとかけ
酒　大さじ2
しょうゆ　大さじ2
みりん　大さじ1

1 きのこ類はそれぞれ石づきを切り落とす。生椎茸はさき、しめじは小房にほぐし、えのき茸は3つに切ってほぐす。
2 鍋に酒を入れ、きのこ類をドサッとおいてしょうがを散らす。上からしょうゆとみりんを振りかけ、フタをして強めの中火にかける。フツフツしてきたら、ガーッと5〜10分ほど煮て出来上がり。

きのこのトマトスープ
きのこのうまみ、トマトの酸味、肉とベーコンのコクが一つになるおいしいスープ

豚薄切り肉　100g
ベーコン　2枚
生椎茸　5〜6個
しめじ　1袋
にんにく(すりおろし)　ひとかけ
トマト水煮缶詰　大1缶(約400g)
水　3カップ
バジル　適量
塩　少々
こしょう　少々

1 豚薄切り肉とベーコンは1cm幅に切る。生椎茸は石づきを切り落として薄切り、しめじは石づきを切り落として食べよい大きさにほぐす。
2 鍋にすりおろしたにんにく、トマトの水煮、分量の水を入れて火にかけ、フツフツしてきたら、トマトをマッシャーなどでつぶしてから、豚肉、ベーコン、きのこ類の順に加えて5〜6分コトコトと煮る。
3 最後にバジルを加え、塩、こしょうで味を調える。

きのこのパルメザン焼き
ただ焼くだけで、おしゃれに決まる

きのこ(好みのもの2〜3種類)　各1袋
にんじん　6〜7cm
ピーマン　1個
サラダ油　小さじ1
塩　適量
こしょう　少々
バジル　少々
オレガノ　少々
オリーブ油　大さじ2
粉チーズ(パルメザンチーズ)　½カップ

1 にんじんは3〜4mm厚さの輪切りにし、サッとゆでる。ピーマンは一口大に切る。きのこ類は石づきを切り落とし、食べよく切るかさく。
2 耐熱容器にサラダ油をぬり、きのこと野菜を入れる。塩、こしょう、バジル、オレガノ、オリーブ油をかけ、全体を混ぜ合わせる。粉チーズを均一に振りかけ、250度に温めたオーブンに入れて7〜10分焼く。

きのこのベーコン巻き
隠し風味のにんにくがポイント

生椎茸　1袋

きのこ

えのき茸　1袋
にんにく（すりおろし）　ひとかけ
ベーコン　100〜200ｇ
サラダ油　適量

1 生椎茸は軸を1cmほど残して石づきを切り落とし、2つに切る。えのき茸は石づきを切り落とし、2等分に切る。
2 椎茸の笠の裏側ににんにくをぬる。
3 ベーコンを広げ、椎茸とえのき茸を等分ずつのせ、クルッと巻いてようじでとめる。
4 フライパンを熱してサラダ油を薄くぬり、ベーコン巻きを並べ、中までしっかり火が通るように焼く。好みでレモンをしぼって食べる。

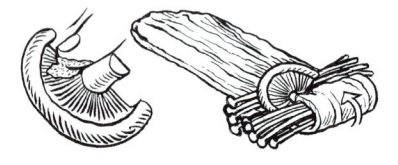

作り方 2、3

きのこのポケットサンド
パンのぽっけに秋の味覚を詰め込んで

〈これは2人分〉
ピタパン　2個
きのこ（好みのもの2種類）　各1袋
バター　大さじ2
塩　少々
こしょう　少々
ローストビーフ　4枚
マスタード（好みで）　適量

1 きのこ類は石づきを切り落とし、食べよい大きさにほぐす。
2 バターをとかしてきのこ類を炒め、シナッとなったら塩、こしょうで調味する。
3 パンを十文字に切って開き、ローストビーフ、きのこ、ローストビーフの順に詰める。マスタードをぬって食べてもおいしい。

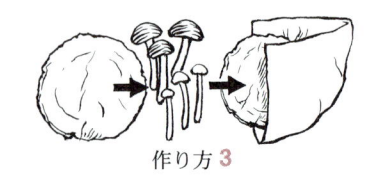

作り方 3

きのこのワイン蒸し
前菜や酒の肴、箸休めにもおすすめの、あっという間の一品

えのき茸　1袋
生椎茸　1袋
しめじ　1袋
バター　大さじ1〜2
塩　小さじ½
こしょう　少々
白ワイン　¼カップ

1 きのこ類はそれぞれ石づきの汚れた部分を切り落とし、食べよい大きさにほぐしたり、切ったりする。
2 フライパンにバターを入れて火にかけ、バターがとけたらきのこ類を入れてザッと強火で炒め合わせ、塩、こしょうで調味する。
3 最後に白ワインを振り込み、フタをして強火にし、蒸し煮にする。

きのことはんぺんのバター炒め
バターの風味がよく合うもの同士

はんぺん　小2枚
生椎茸　5〜6個
バター　大さじ1
塩　少々

1 はんぺんはスプーンで一口大にちぎる。生椎茸は石づきを切り落とし、2〜3つにさく。
2 バターを中火にかけ、とけてきたら1を入れて塩を振り、ときどきフライパンをゆすりながら炒める。はんぺんがこんがり焼けて、生椎茸に火が通ったらOK。

きのこピラフ
ひときわ高い風味と香ばしさ
〈これは2人分〉
温かいご飯　2人分
生椎茸　2～3個
えのき茸　½袋
しめじ　½袋
にんにく(みじん切り)　少々
バター　大さじ1
塩　小さじ¼
しょうゆ　小さじ1
黒こしょう　適量
パセリ(みじん切り)　適量

1 生椎茸は石づきを切り落とし、2～4つに切る。えのき茸は石づきを切り落とし、半分に切る。しめじは石づきを切り落とし、あらくほぐす。
2 バターをとかしてにんにくを加え、いい香りがしてきたらきのこ類を加えて強火で炒め、塩、しょうゆ、こしょうで調味する。
3 火を止めて温かいご飯を加え、ご飯を切るようにして具を混ぜ込む。盛りつけてパセリを振る。

基本のミートボール
まずこれをマスターすれば、和洋中の料理も工夫次第でレパートリーいろいろ
合い挽き肉　400g
A ┌ とき卵　1個分
　│ 牛乳　½カップ
　└ パン粉　1カップ
塩　小さじ½
こしょう　適量
揚げ油　適量

1 ボウルにAのとき卵と牛乳を混ぜ、パン粉を加えてしとらせておく。
2 別のボウルに合い挽き肉を入れて塩、こしょうを加え、つかむように混ぜる。さらに**1**を加え、よく混ぜ合わせてミートボールのたねにする。
3 手のひらにサラダ油(分量外)をつけ、**2**のたねをピンポン玉くらいに丸める。
4 揚げ油を中温(170～180度)に熱し、ミートボールを入れる。ときどき混ぜて空気にふれさせながら揚げ、中まで完全に火が通ったら、油をきって引き上げる。トマトケチャップ、マスタード、タバスコなど好みのもので食べる。

キムチとわかめの冷やしスープ
暑いとき、食欲がないときでも手が出ます
白菜キムチ(刻んだもの)　½カップ
わかめ(戻したもの)　½カップ
きゅうり　½本
だし汁(冷ます)　3½カップ
A ┌ しょうゆ　大さじ1
　│ 酢　大さじ1
　└ こしょう　少々
細ねぎ(小口切り)　大さじ4
白いりごま　適量

1 戻したわかめは洗って2cm長さに刻む。きゅうりは薄い輪切りにする。
2 だし汁にキムチ、わかめ、きゅうりを加えてよく混ぜ、Aの調味料を加えて味を調える。
3 よく混ぜて器に盛り、細ねぎとごまを散らす。

キムチのみそ汁
ホットなピリ辛汁で食欲も全開！
白菜キムチ(刻んだもの)　1カップ
長ねぎ(白い部分)　10cm
水　5カップ
固形スープの素　1個
みそ　大さじ1½～2
ごま油　小さじ1
白いりごま　適量

1 長ねぎは5cm長さの白髪ねぎにする。
2 鍋に分量の水を沸かして固形スープの

素を入れ、とけたらキムチを加える。
3 再びフツフツしたらみそをとき入れ、ひと煮立ちしたら、ごま油を加えて風味をつけ、火を止める。
4 器に盛って白髪ねぎをのせ、白いりごまを振る。

キムチビーフもち
いくつでも食べられそうな相性のよさ！

 もち　4個
 ローストビーフ（薄切り）　4枚
 白菜キムチ（小さめに刻んだもの）　大さじ4
 焼きのり　2枚

1 もちはオーブントースターでこんがり焼き、ローストビーフと白菜キムチをのせる。
2 焼きのりを半分に切り、それぞれに巻いて食べる。

キムチピラフ
キムチの風味が引き立つから、淡白な素材でシンプルに

 温かいご飯　4人分
 白菜キムチ（刻んだもの）　1カップ
 ブロッコリー　1個
 えび　12尾
 ごま油　大さじ1
 塩　少々
 しょうゆ　少々

1 ブロッコリーは小房に切り分け、かためにゆでる。えびは殻と背ワタがあれば取り、2～3つに切る。
2 ごま油を熱してえびを炒め、色が変わったらブロッコリーと塩を加えてサッと炒める。キムチを加えて軽く炒め、しょうゆで味を調える。
3 火を止めて温かいご飯を加え、ご飯を切るようにして具を混ぜ込む。

キャベツいっぱいのメンチかつ
今や全国に広まった傑作、元祖のレシピ

 キャベツ　5～6枚
 塩　小さじ1弱
 豚挽き肉　300g
 こしょう　少々
 衣
  ｛小麦粉　適量
  ｜とき卵　1個分
  ｛パン粉　適量
 揚げ油　適量
 〈付け合わせ〉
 千切りキャベツ　適量

1 キャベツは細かく刻む。塩を振ってザッと混ぜ、15～20分おく。
2 キャベツがシナッとなったら、水けをきつめにしぼる。
3 挽き肉にキャベツとこしょうを加え、つかむようにしてよく混ぜ合わせる。
4 均一に混ざったら8等分にし、薄めの小判形にまとめる。
5 小麦粉、とき卵、パン粉の順で衣をつける。
6 中温（170～180度）に熱した揚げ油に入れ、衣が落ち着くまではいじらず中火で揚げる。少し火を弱め、中までしっかり火を通して両面こんがりと揚げ、最後に火を強めてカリッと仕上げる。
7 千切りのキャベツを添えて盛り、ウスターソースなどで食べる。

キャベツだけのシチュー
ドーンと切ったキャベツをしっかり焼いてから煮込むと、肉がなくてもリッチ

 新キャベツ　1個
 バター　大さじ1
 サラダ油　大さじ1
 ドミグラスソース缶詰　大1缶（約290g）
 水　1½カップ

マスタード(好みで) 適量
1 キャベツは4つ割りにし、ばらばらにならないようにして少し芯を残して切り取る。
2 フライパンにバターとサラダ油を入れて火にかけ、キャベツを並べて強火にし、全面をこんがりと焼きつける。
3 2カップほどの湯(分量外)を加える。フツフツしてきたらフタで押さえて湯をきる。
4 ドミグラスソースと水を加え、フタをして弱火で30～40分くらい煮込む。途中、キャベツの上下を返す。盛りつけ、マスタードを添える。

春野菜→ コラム参照

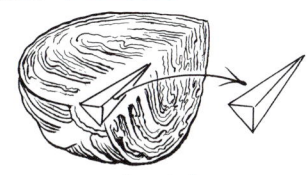

作り方 1

キャベツだけのパスタ
パスタは平たいフェトチーネがよく合う

〈これは2人分〉
フェトチーネ 150g
キャベツ 小½個
オリーブ油 大さじ1
バター 大さじ1
塩 小さじ½強
こしょう 少々
粉チーズ 適量
タバスコ(好みで) 適量

1 キャベツは細切りにする。
2 オリーブ油とバターを熱し、バターがとけたらキャベツを入れて塩、こしょうを振り、全体がシナシナになるまで中火でせっせと炒める。
3 フェトチーネは湯に塩(分量外)を加え、表示通りにゆでる。
4 器にパスタを盛り、上にキャベツを小高くポンポンとのせる。粉チーズとタバスコを振り、全体をよく混ぜ合わせて食べる。

キャベツたっぷり洋風とん汁
キャベツを引き立てる、まろやかな風味

キャベツ 4枚
にんじん 5cm
ごぼう 10cm
玉ねぎ ¼個
しらたき 1わ
豚薄切り肉 100g
ベーコン 2枚
サラダ油 大さじ1
水 4カップ
白っぽいみそ 大さじ2～3
牛乳 ¼～⅓カップ
こしょう 適量

1 キャベツは一口大に切る。にんじんは薄い半月切りにする。ごぼうはささがきにし、水に5～10分さらす。玉ねぎは繊維にそって薄切りにする。
2 しらたきは食べやすい長さに切る。豚肉は小さく切り、ベーコンは2cm幅くらいに切る。
3 サラダ油を熱し、玉ねぎ、肉、ベーコンを中火で炒める。肉に火が通ったら水けをきったごぼう、にんじん、キャベツ、しらたきの順に加えて強火で炒める。
4 全体に油がまわったら分量の水を加え、野菜がやわらかくなるまで煮る。みそをとき入れ、フツフツしかけたら牛乳を加えてすぐ火を止め、こしょうを振る。

キャベツだらけのコロッケ
マッシュポテトもホワイトソースも使わない、傑作コロッケ

キャベツ 3～4枚
玉ねぎ ½個

きゃべつ

甘塩鮭　3切れ
卵　1個
小麦粉　大さじ5
衣
　┌ 小麦粉　適量
　│ とき卵　1個分
　└ パン粉　適量
揚げ油　適量
ソース
　┌ マヨネーズ　大さじ3
　│ 牛乳　大さじ1½
　└ パセリ（みじん切り）　小さじ1強

1 キャベツは細かく刻む。玉ねぎはみじん切りにする。
2 甘塩鮭は熱湯で中までしっかりゆで、骨と皮を取ってあらくほぐし完全に冷ます。
3 ボウルにキャベツ、玉ねぎ、鮭を入れ、卵をといて混ぜ、小麦粉も加えて混ぜ合わせ、ペトッとしたやわらかなたねを作る。
4 バットなどに衣用の小麦粉を広げ、やわらかい**3**のたねを大きいスプーンで落としていく。全体に小麦粉をまぶし、とき卵、パン粉の順に衣をつける。
5 中温（170〜180度）に熱した揚げ油に入れ、衣が落ち着いたら、ときどき返して空気にふれさせながらじっくり揚げる。混ぜ合わせたソースをかけて食べる。

キャベツと油揚げのみそ汁
キャベツの甘みがおいしい！　ソフトな歯ごたえと彩りも味のうち

キャベツ　2枚
油揚げ　½枚
だし汁　4カップ
みそ　大さじ2〜3

1 キャベツは一口大に切る。油揚げは湯で洗ってギュッとしぼり、縦半分に切ってから1㎝幅に切る。
2 鍋にだし汁を入れて火にかけ、キャベツと油揚げを入れる。
3 キャベツがやわらかくなったら、みそをとき入れ、フツフツと煮立ってきたら火を止める。

キャベツとコンビーフのミルクグラタン
マスタードの風味が広がって、コンビーフがご馳走に変身

キャベツ　½個
コンビーフ　小1缶
ホワイトソース
　┌ バター　大さじ2
　│ 小麦粉　大さじ2
　│ 牛乳　1½〜2カップ
　│ 塩　少々
　└ こしょう　少々
マスタード　大さじ1〜2
パン粉　大さじ4

1 キャベツは4〜5㎝角に切り、塩（分量外）を加えた熱湯でかためにゆで、ザルに広げて水けをきる。
2 コンビーフは一口大に切る。
3 ホワイトソースを作る。バターを弱火にかけ、小麦粉を加えて粉っけがなくなるまで炒める。火を止め、牛乳を少しずつ加えて泡立て器で混ぜる。再び弱火をつけ、かき混ぜながらフツフツし、トロ〜ッとするまで火を通し、味をみて塩、こしょうを振る。
4 **1**のキャベツと**3**のホワイトソースを混ぜ、耐熱容器に入れる。コンビーフを散らし、ところどころにマスタードを落とし、全体にパン粉を振り、200度のオーブンで15〜20分焼く。

キャベツと卵の炒めもの
バターで炒めるに限ります。朝食にもよし、パパッとお急ぎのときにもよい一品

キャベツ　6〜7枚
マッシュルーム　6〜7個

```
卵　3個
バター　大さじ2
塩　適量
こしょう　適量
```

1 キャベツは3〜4cm角に大きく切る。マッシュルームは石づきを切り落とし、縦に3つくらいに切る。卵はとき、塩、こしょう各少々を混ぜる。
2 バター大さじ1を中火にかけ、マッシュルームをサッと炒める。卵をまわし入れ、周囲が固まってきたら大きく混ぜてフワッと炒め、取り出す。
3 残りのバターをとかしてキャベツを入れ、すぐ塩、こしょうを振り、強火で炒める。シナッとなったら、**2**を戻し入れてザッと混ぜ、火を止める。

キャベツとつまみだんごのスープ
肉だねに入れた粉山椒が味の秘密。ないときはこしょうでも

```
キャベツ　4枚
A ┌ 豚挽き肉　100g
  │ 長ねぎ（みじん切り）　10cm
  │ 塩　少々
  │ 粉山椒　少々
  └ ごま油　少々
水　6カップ
煮干し　6〜7尾
ねぎじょうゆ
  ┌ 長ねぎ（みじん切り）　10cm
  └ しょうゆ　大さじ2
```

1 キャベツは一口大にちぎり、ねぎじょうゆの材料は混ぜ合わせておく。
2 Aの長ねぎは、豚挽き肉、塩、粉山椒、ごま油と合わせてよく混ぜておく。
3 鍋に分量の水と煮干しを入れて火にかけ、弱火でフツフツと10分ほど煮出す。
4 **3**から煮干しを取り出し、**2**の肉だねをつまみ、フツフツしている中へ静かに落としていく。

5 肉にしっかり火が通ったらキャベツを加える。キャベツがしんなりしたら、味をみながら**1**のねぎじょうゆを加えて味を調える。

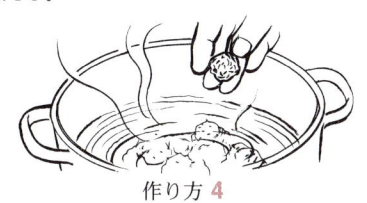

作り方 **4**

キャベツとトマトのカレー漬け
サラダ代わりにすぐ食べても、冷蔵庫で一晩おいてもおいしい

```
キャベツ　1/4個
塩　小さじ1
トマト（完熟）　1個
漬け汁
  ┌ 酢　大さじ2
  │ カレー粉　小さじ1
  └ 一味唐辛子かチリパウダー　少々
```

1 キャベツは一口大にちぎり、塩を振って全体を混ぜ、30分くらいおく。
2 トマトは1.5〜2cm角に切る。
3 キャベツがしんなりしたら漬け汁を加えて混ぜ、トマトも加えて混ぜる。

キャベツと鶏のカレースープ
とろけるくらいに煮込んだキャベツと骨つき鶏肉から出るスープで、うまみ最高！

```
キャベツ　1/2個
鶏手羽先　8本
水　6カップ
固形スープの素　1個
塩　小さじ1/2
カレー粉　小さじ1〜2
ターメリック（あれば）　少々
```

1 キャベツは4等分のくし形に切る。
2 鶏手羽先は熱湯で表面の色が変わるまでゆでる。

きゃべつ

3 鍋にキャベツ、分量の水、固形スープの素を入れて火にかけ、フツフツしてきたら鶏肉、塩、カレー粉、ターメリックを加えてフタをして弱火で30〜40分くらい煮込む。

キャベツとにんじんのカレー漬け
すぐにでも食べられる即席漬け。カレーの薬味にもどうぞ

　キャベツ　¼個
　にんじん　5〜6㎝
　塩　少々
　黒粒こしょう　5〜6粒
　レモン（薄切り）　1〜2枚
　ローリエ　1枚
　漬け汁
　｛
　　水　大さじ2
　　米酢　大さじ1
　　塩　小さじ1弱
　　砂糖　小さじ1
　　カレー粉　小さじ½

1 キャベツは3㎝角に切り、にんじんは斜め薄切りにしてから細切りにして、漬け込む容器に入れる。
2 野菜全体に塩を振ってザッと混ぜ合わせ、少ししんなりしたら、黒粒こしょうを散らして、皮をむいたレモンとローリエをのせる。
3 小鍋に漬け汁の材料を合わせて煮立て、アツアツを **2** の野菜にまわしかける。上に皿3枚くらいをのせて重しにし、30分以上漬け込む。冷蔵庫に一晩おくともっとおいしい。

キャベツとにんじんのサラダ
玉ねぎは入れすぎないように

　キャベツ　4〜5枚
　にんじん　½本
　玉ねぎ　¼個
　ドレッシング
　｛
　　塩　小さじ½
　　砂糖　少々
　　こしょう　少々
　　米酢　大さじ1
　　サラダ油　大さじ2

1 キャベツは芯を取って千切りにする。にんじんは斜め薄切りにしてから千切りにする。玉ねぎは薄切りにする。
2 ドレッシングの材料を記載順に混ぜ合わせ、玉ねぎ、にんじん、キャベツの順に加えては混ぜる。

キャベツとハムのミルク煮
牛乳を加えたら弱火にし、煮すぎないこと

　キャベツ　3〜4枚
　ハム　2枚
　水　1½カップ
　固形スープの素　1個
　牛乳　2½カップ
　塩　少々
　こしょう　少々

1 キャベツは一口大にちぎり、ハムは1㎝幅に切る。
2 分量の水に固形スープの素とキャベツを入れ、フタをして煮る。
3 キャベツがやわらかくなったら牛乳とハムを加え、ごく弱火にして煮る。
4 フツフツしてきたら、味をみて塩、こしょうで調え、火を止める。

キャベツと豚肉のさっぱり蒸し
火にかけるだけで、お互いの味がなじんで自然にうまい出来上がり。たれもうまい！

　キャベツ　1個
　豚肩ロース薄切り肉　300g
　水　1カップ
　たれ
　｛
　　しょうゆ　大さじ3
　　米酢　大さじ2
　　ごま油　小さじ1

にんにく(すりおろし)　少々
しょうが(すりおろし)　少々
細ねぎ(小口切り)　½カップ

1 キャベツは1枚ずつはがし、芯のかたそうな部分だけそぐ。
2 キャベツの外葉くらいの大きさの鍋に分量の水を入れ、キャベツと豚肉を適当に重ねて入れる。フタをして強火にかけ、フツフツしたら弱めの中火にして20～30分蒸し煮にする。
3 汁をきって盛り、たれを混ぜ合わせて添える。豚肉もキャベツもたれをつけて食べる。

キャベツと豚肉のシチュー
豚肉は下ゆでし、しっかり焼いてから煮込むのがポイント

キャベツ　1個
豚肩ロース肉(1cm厚さ)　4枚
バター　大さじ1
サラダ油　大さじ1
塩　少々
こしょう　少々
白ワイン　1カップ
水　1½カップ
ローリエ　1枚
ドミグラスソース缶詰　大1缶(約290g)
マスタード　適量

1 キャベツは芯をつけたまま十文字に大きく4つに切る。
2 豚肉は熱湯で表面の色が変わるまでゆでる。
3 バターをとかしてキャベツを強火で焼き、全体にこげめがついたら取り出す。
4 油をふいてサラダ油を熱し、肉を強火で焼いてこげめをつけ、塩、こしょうを振る。
5 鍋の中を水でぬらし、キャベツと肉を入れ、白ワイン、水、ローリエを加える。フタをして火にかけ、フツフツしたら弱火にして40分煮込む。
6 ドミグラスソースを加え、ときどき煮汁をまわしかけながら、もう30分煮込む。盛りつけ、マスタードを添える。

キャベツと豚ばらの重ね煮
水を1滴も使わず煮たキャベツがうまい！

キャベツ　1個
豚ばら薄切り肉　300g
塩　適量
とき辛子　適量

1 キャベツは葉を1枚ずつはがし、芯の厚いところはそぎ取る。
2 厚手の鍋の中を水でぬらし、キャベツの外葉から敷き詰め、豚肉を3枚並べ、塩を少々振る。再びキャベツ、肉、塩とくり返して、鍋の上までびっしり詰める。
3 ギューッと押して、フタをする。最初きっちりフタをすることができなくても、火にかけているうちにカサが減ってフタができる。弱めの中火でキャベツがやわらかくなるまで30分くらい煮る。とき辛子をつけて食べる。

キャベツとベーコンの重ね煮
とにかくキャベツがたっぷり食べられる。休みの日のブランチにも最高

キャベツ　鍋の大きさに合わせて適量
ベーコン　適量
水　½カップ
塩　少々

1 キャベツは食べよい大きさにちぎる。
2 ベーコンは2つに切り、熱湯でサッとゆでる。

きゃべつ

3 厚手の鍋の中を水でぬらし、ベーコンを並べて2枚敷き、上にキャベツを2cmくらいの高さまで敷き詰める。再びベーコン、キャベツとくり返して、鍋の上までびっしり詰める。
4 分量の水と塩を加え、鍋より小さめのフタをし、弱めの中火で20～30分煮る。

キャベツとベーコンのカレー
キャベツの甘み、ベーコンの風味、唐辛子の辛みが混ざっていい味

　キャベツ　½～1個
　ベーコンかたまり　300g
　赤唐辛子　2～4本
　サラダ油　小さじ1
　水　4カップ
　カレールウ　小1箱(約100g)
　ローリエ　1枚

1 キャベツは芯を取り、1cm幅に刻む。ベーコンは1.5cm角に切る。
2 サラダ油を熱し、赤唐辛子とベーコンを弱めの中火で炒める。ベーコンの脂が出てきたらキャベツを加え、強火でしんなりするまでよく炒める。
3 水とカレールウを加えて混ぜ、フツフツしたらローリエを入れフタをして弱火で30分くらい煮る。好みのパンやご飯でどうぞ。

キャベツとベーコンのスープ
ローリエは欠かせない大事なもの

　キャベツ　2枚
　ベーコン　2枚
　水　3½カップ
　固形スープの素　1個
　ローリエ　1枚
　パセリの茎(あれば)　2～3本
　塩　少々
　こしょう　少々

1 キャベツは芯を取って細切りにし、ベーコンは1cm幅に切る。
2 分量の水にキャベツ、ベーコン、固形スープの素、ローリエ、パセリの茎を入れて強火にかけ、フツフツしてきたら弱火にして5～6分煮る。
3 味をみて塩、こしょうで調える。

キャベツとベーコンの卵とじ
パンのおかずに。ご飯には、しょうゆを少々かけてどうぞ

　新キャベツ　½個
　ベーコン　3枚
　卵　3個
　塩　少々
　こしょう　少々
　水　½カップ
　しょうゆ(好みで)　少々

1 キャベツは5cm角、ベーコンは1cm幅に切る。卵はとく。
2 鍋の中を水でぬらし、キャベツを入れてベーコンを散らし、塩、こしょうを振って分量の水をまわし入れる。フタをして強めの中火で5分くらい煮る。
3 全体をひと混ぜし、卵をまわしかける。まわりからフツフツと固まりかけてきたら、おおまかに、いるようにして卵に火を通してとじる。好みでしょうゆをかける。

キャベツとミンチの重ね煮
キャベツの葉より小さめの鍋にギュッと詰めるのがコツ

　キャベツ　1個
　玉ねぎ　½個
　豚挽き肉　300g
　塩　小さじ½弱
　こしょう　少々
　水　1カップ
　固形スープの素　1個
　ローリエ　1枚

1 キャベツは1枚ずつはがし、芯をそぎ

取る。玉ねぎはみじん切りにする。
2 挽き肉、玉ねぎ、塩、こしょうを混ぜ合わせる。
3 鍋の中を水でぬらし、キャベツの外側の葉を2～3枚敷き詰め、中に**2**を少し入れて薄くのばす。キャベツと肉が層になるようにくり返して詰め、最後はキャベツでおおう。
4 固形スープの素をくだいて散らし、ローリエを加え、分量の水をまわしかける。フタをし、中火で30分くらい煮る。
5 フタを少しずらして煮汁をあけ、皿をかぶせて鍋をひっくり返し、キャベツを盛る。煮汁をかけ、好みに切り分ける。

作り方 **3**、**5**

キャベツ鍋
安くてうまいシンプル鍋

キャベツ　1/4～1/2個
油揚げ　2枚
太ちくわ　2本
ベーコン　4枚
A ┌ 水　4～5カップ
　├ 固形スープの素　2個
　└ 塩　少々
七味唐辛子(好みで)　適量

1 キャベツは7～8cm角のザク切りにする。
2 太ちくわは1cm幅の斜め切り、ベーコンは2～3cm幅に切る。
3 油揚げは湯で洗い、ギュッとしぼって縦に5mm幅に切る。
4 鍋にAを入れて煮立て、キャベツ、油揚げ、太ちくわ、ベーコンを入れてフツフツと煮る。食べるときに七味唐辛子を好みで振る。

キャベツのアンチョビドレッシング
アンチョビ特有の風味と塩けで作る簡単サラダ。塩加減には注意を

キャベツ　1/2個
アンチョビ　4尾
にんにく(すりおろし)　ひとかけ
塩　少々
米酢　大さじ1～2
オリーブ油　大さじ1～2

1 キャベツは千切りにする。
2 アンチョビは油をきって細かく刻む。
3 ボウルに塩、米酢、おろしにんにく、オリーブ油を合わせ混ぜ、キャベツを加えてザッザッと混ぜる。
4 さらにアンチョビも加えて混ぜ合わせる。すぐにでも食べられるが、少しおいてしんなりさせるとよりおいしい。

キャベツのイタリアンスープ
熱々スープへ混ぜた卵、粉チーズ、パン粉を一度に加える。これがフワリ卵のもと

キャベツ　4枚
卵　1個
粉チーズ　大さじ2
パン粉　大さじ2
水　4 1/2カップ
固形スープの素　2個
にんにく(すりおろし)　少々
塩　適量
こしょう　少々

1 キャベツは細かく刻む。
2 鍋に水、固形スープの素、にんにくを入れて火にかけ、フツフツしてきたらキャベツを加え、中火で5分ほど煮る。
3 ボウルに卵を割りほぐし、粉チーズ、パン粉を加えて混ぜ合わせておく。
4 キャベツがごくやわらかくなったら強火にし、菜箸3～4本で混ぜながら**3**を

一気に加え、卵がフワリと浮いてきたら味をみて、塩、こしょうで調える。

キャベツの梅あえ
梅干しの種も一緒にコロコロあえると、味がよくなじむ

　キャベツ　5枚
　青じそ　5枚
　梅干し　大1個
　昆布茶　少々

1 キャベツは芯を取り、5㎜幅くらいの細切りにする。青じそは縦半分に切ってから千切りにする。梅干しは果肉をほぐし、種も取っておく。
2 キャベツ、梅干しの果肉と種、昆布茶をよくあえ、そのまま20〜30分おく。
3 再びザッとあえて種を取り出し、青じそを加えて混ぜる。
　梅干しの種のゆくえ➡ コラム参照

キャベツの梅漬け
塩もみキャベツに梅干しを丸ごとプラスするだけで、ひと味違う簡単漬けものに

　キャベツ　6枚
　梅干し　大1個
　梅じその葉　少々
　塩　適量

1 キャベツは千切りにし、梅干しはあらくほぐす。梅じその葉はザクザクと刻む。
2 ボウルにキャベツを入れて塩を振り、軽く混ぜる。しんなりしたら、梅干しと梅じその葉を加えてザッザッと混ぜ、30分以上おく。一晩おくとおいしい。
3 味がなじんだら、梅干しの種をのぞいて器に盛る。

キャベツのお好み揚げ
カリッと揚げて、サクサク食べたい。アツアツをどうぞ

　キャベツ　3枚
　小麦粉　½カップ
　水　¼カップ弱
　桜えび　大さじ2
　紅しょうが(千切り)　大さじ1
　揚げ油　適量
　塩　適量
　ウスターソース　適量

1 キャベツは水けをふいて5㎜幅の細切りにする。
2 ボウルに小麦粉と水を混ぜ合わせ、キャベツ、桜えび、紅しょうがを加えて混ぜる。
3 揚げ油を中温(170〜180度)に熱し、大きいスプーンで **2** のたねをすくって静かに入れる。しばらくいじらず、衣がしっかりしてきたら裏返す。
4 じっくり揚げ、カリッとしてきたら引き上げて油をきり、器に盛る。塩やウスターソースで食べる。

キャベツのオリーブ油炒め
自然の甘みを上手に引き出すコツは、生のうちに塩を振ってクタクタに炒めること

　キャベツ　7〜8枚
　玉ねぎ　½個
　にんにく　ひとかけ
　オリーブ油　大さじ1
　塩　適量
　こしょう　適量

1 キャベツは芯を取り、大きめにザク切りにする。玉ねぎは繊維を断って横に薄切りにする。にんにくはすりおろす。
2 オリーブ油とにんにくを中火で熱し、香りがたったら玉ねぎを加え、しんなりするまで炒める。
3 強火にしてキャベツを2〜3回に分けて加え、炒める。キャベツがまだ生のうちに塩をパラパラッと振り、全体がクタクタになるまでよく炒め、味をみて塩、こしょうを振る。

キャベツのごまあえ 2種
みそ味の黒ごまあえ、しょうゆ味の白ごまあえ、どっちもいいので両方ご紹介

　キャベツ　6〜7枚
　ごまみそ
　　┌ 黒いりごま　大さじ3
　　│ みそ　大さじ1
　　│ みりん　大さじ1
　　└ 砂糖　小さじ1
　または
　ごましょうゆ
　　┌ 白いりごま　大さじ3
　　│ 薄口しょうゆ　大さじ1
　　└ みりん　大さじ½

1 キャベツは芯を取って細切りにし、熱湯でゆで、ザルに広げて冷ます。汁けはしぼらない。
2 ごまはよくよくすり、ねっとりしたら調味料を加えてさらによくすり混ぜる。
3 キャベツを2〜3回に分けて、加えてはあえる。

キャベツのステーキ
大胆に切り、少しこがして焼くこと

　キャベツ　½個
　サラダ油　大さじ1
　バター　大さじ1
　塩　少々
　こしょう　少々
　ソース
　　┌ トマトケチャップ　大さじ2強
　　│ ウスターソース　大さじ2
　　│ 酒か白ワイン　大さじ1
　　│ しょうゆ　大さじ1
　　│ 水　¼カップ
　　└ バター　1cm角

1 キャベツは芯をつけたまま、くし形に4等分に切る。
2 フライパンにサラダ油とバターを入れて火にかけ、バターがとけたらキャベツの外側の面を下にして並べる。すぐ塩、こしょうをほんの少々振り、やや強めの中火でこんがり焼く。
3 こげめがついたら返し、フタをして弱めの中火で8〜12分ほど焼く。途中でもう一度返し、三面全部をこんがりと焼き上げる。
4 鍋の中を水でぬらし、ソースの材料を入れて火にかけ、フツフツしたらすぐ火を止める。盛りつけたキャベツにかける。

作り方 **2**

キャベツのバター焼き
実にシンプルなおいしさ。大きいまま、じっくり焼くこと

　キャベツ　8〜12枚
　バター　適量
　塩　適量
　こしょう　適量

1 キャベツは大きいまま芯のかたそうなところだけそぎ取る。
2 中華鍋にバターをたっぷりめに入れて中火にかけ、とけてきたらキャベツを2枚重ねて鍋肌に広げて入れる。そのままじっくり焼き、こげめがついたら裏返し、塩、こしょうを振って焼く。
3 キャベツのかさが減ってきたら、また2枚重ねにして入れ、バターがたりなくなったらたして、同じように焼いていく。両面ともこんがり焼けたものから皿に取り出す。

キャベツのほとほと煮
スープと昆布のうまみだけでじっくり煮たキャベツは、なんともやさしい味

きゃべつ

キャベツ　½個
しょうが　ひとかけ
昆布　20㎝
水　4カップ
固形スープの素　1個
塩　適量
とき辛子　適量

1 鍋に分量の水を入れ、ザッと水洗いした昆布を加えて30分ほどおく。
2 キャベツはくし形に4つに切る。しょうがは皮ごと薄切りにする。
3 **1**の昆布の上にキャベツを並べ、しょうが、ほぐした固形スープの素、塩を加え、フタをして火にかける。フツフツしてきたら、弱めの中火にして30分くらいやわらかに煮込む。途中、汁けが少なくなったら水(分量外)をたす。
4 昆布を切り分けて器に敷き、キャベツを汁ごと盛り、とき辛子を添える。

キャベツのボリュームサラダ

だんぜん新キャベツで！　カレーライスのときの副菜にも合う

新キャベツ　4枚
きゅうり　1本
トマト　1個
ドレッシング
　塩　小さじ½〜1
　カレー粉　少々
　レモン汁　½個分
　サラダ油　大さじ1

1 キャベツは一口大にちぎる。きゅうりは縦半分に切ってからポキポキ折る。トマトはくし形に切る。
2 ドレッシングを記載順に混ぜ合わせ、きゅうり、キャベツ、トマトの順に加えては混ぜる。

キャベツのミモザサラダ

春の新キャベツで作ったほうがおいしい

新キャベツ　½個
新玉ねぎ　¼個
ゆで卵(固ゆで)　2個
ベーコン　2枚
サラダ油　少々
ドレッシング
　塩　小さじ½
　砂糖　ひとつまみ
　粉辛子　少々
　レモン汁　大さじ1
　サラダ油　大さじ1

1 キャベツは芯を取り、千切りにする。玉ねぎは繊維にそって薄切りにする。
2 ゆで卵はフォークで細かくつぶす。
3 ベーコンは1㎝幅に切り、サラダ油でカリカリに炒め、ペーパーに取って脂をきる。
4 ドレッシングの材料を記載順に混ぜ合わせ、玉ねぎ、キャベツの順に加えては混ぜる。盛りつけ、ゆで卵とカリカリベーコンをかける。

キャベツの洋風ほっぽり鍋

キャベツを弱火で煮るだけ。前日に煮て、翌朝にソーセージを加えれば朝食にも

キャベツ　½個
フランクフルトソーセージ　4本
水　1カップ
固形スープの素　1個
カレー粉　小さじ1
ローリエ　1枚
酢　大さじ1

1 キャベツはザクザクと大きく切る。フランクフルトソーセージには数本ずつ斜めの切りめを入れておく。
2 鍋に分量の水、固形スープの素、カレー粉を入れて中火にかけ、キャベツ、ローリエを加える。フツフツしてきたら弱火にし、フタをして15〜20分煮ていったん火を止める。

3 鍋にフランクフルトソーセージを入れ、フタをして再び火をつけ、ひと煮する。ソーセージが温まったら火を止め、最後に酢を振りかけてザッと混ぜ合わせる。酢の代わりに、レモン汁をかけて食べても。

キャロットサラダ
彩りよく、ソフトで甘酸っぱいにんじんのサラダ

にんじん　大1本
貝割れ大根　½わ
ドレッシング
　塩　小さじ½弱
　砂糖　少々
　こしょう　少々
　米酢　大さじ1
　サラダ油　大さじ1

1 にんじんは斜め薄切りにしてから千切りにする。
2 貝割れ大根は根を切り落として3つに切る。
3 ボウルにドレッシングの調味料を合わせて混ぜ、にんじんと貝割れ大根を2～3回に分けて加え、味をからませる。

キャロットピラフ
きれいなオレンジ色のピラフ。ゆでたグリンピースを散らしてもキレイ

米　2カップ（2合）
にんじん　½本
ツナ缶詰　小1缶
マッシュルームスライス缶詰　小1缶
塩　小さじ1
こしょう　少々

1 米はといでふつうに水加減する。
2 にんじんはすりおろす。ツナ缶詰は油をきり、マッシュルームスライスは缶汁をきっておく。
3 ご飯を炊く直前におろしにんじん、ツナ、マッシュルームを入れ、塩とこしょうも加えて炊飯器のスイッチを入れる。
4 炊き上がったら、全体をほっこりと混ぜる。

キャロットライス
ほんのり甘いご飯がカレーと最高においしい組み合わせ

米　2カップ（2合）
にんじん　10㎝
サラダ油　小さじ1

1 米はふつうに水加減する。
2 にんじんはすりおろす。
3 米ににんじんとサラダ油を加えて表面を平らにし、ふつうに炊く。
4 炊き上がったら、上にたまっているにんじんを均一になるように全体に混ぜ込む。

牛カルビの塩焼き
アツアツにレモンをしぼってどうぞ。たれを使わずに、塩味のさっぱり焼き肉

牛カルビ（薄切り）　300～400g
下味用
　にんにく（みじん切り）　1～2かけ
　長ねぎ（みじん切り）　1本
　ごま油　大さじ1
　塩　小さじ½～½強
レモン　1個

1 ボウルに牛カルビを入れ、下味用のにんにく、長ねぎ、ごま油、塩を加えてもみ込むように混ぜ合わせ、20分ほどおく。
2 レモンはくし形に切る。
3 牛カルビは鉄板か網で両面を焼き、器に盛ってレモンを添える。

キューカンバーサラダ
ヨーグルトでさわやかに。エスニックやカレー料理によく合います

きゅうり　3本
ソース

プレーンヨーグルト　1½カップ
塩　小さじ¼
白こしょう　少々
ミントの葉（あれば）　適量

1 きゅうりはシマシマに皮をむき、縦4等分にしてから1.5㎝長さに切る。
2 ソースにきゅうりを加えて混ぜ、冷蔵庫で冷やす。
3 きゅうりをソースごと盛り、ミントの葉を飾る。

作り方 **1**

キューカンバーハム

きゅうりとハムのクリームチーズサラダは、カナッペやサンドイッチの定番

クリームチーズ　100ｇ
きゅうり　1本
ハム　2枚
塩　少々
マヨネーズ　大さじ2
こしょう　少々
クラッカーやパン　適量

1 クリームチーズは室温に戻しやわらかくしておく。きゅうりは薄い輪切りにし、塩を振る。ハムは1㎝角に切る。
2 クリームチーズを木ベラなどでやわらかくなるまで混ぜ、マヨネーズとこしょうを加えて混ぜる。
3 **2**にきゅうりとハムを加え、チーズをからめるようにして混ぜ合わせる。クラッカーにのせたり、パンにはさんで食べる。

牛すじとセロリのカレー

肉のうまみがとろりとカレーにとけ込み、豊かで絶妙な味わい

牛すじ　400〜500ｇ
赤唐辛子　1本
にんにく　ひとかけ
しょうが　ひとかけ
玉ねぎ　1個
セロリ　1本
にんじん　1本
サラダ油　大さじ2
カレー粉　大さじ1〜2
ローリエ　1枚
水　5カップ
カレールウ　小1箱（約100ｇ）
温かいご飯　4人分

1 牛すじは熱湯で10分ゆでて水に取り、ていねいに洗って余分な脂を取り、食べよく切る。
2 赤唐辛子は種をのぞく。にんにくとしょうがはみじん切りにする。玉ねぎ、セロリは少し大きめのみじん切りにし、にんじんはすりおろす。
3 鍋にサラダ油、赤唐辛子、にんにく、しょうがを入れ、火にかけて炒める。香りがたったら、玉ねぎとセロリを加えてさらによく炒める。
4 玉ねぎがしんなりしたら、**1**の牛すじ、すりおろしたにんじん、カレー粉、ローリエを加えて中火で炒める。
5 いい香りがしてきたら分量の水を加え、さらにフツフツしたら弱火にし、60〜90分ほどフタをして、牛すじがやわらかくなるまで煮込む。
6 いったん火を止めてカレールウをとかし、再び火にかける。弱火で10分ほど煮たら、出来上がり。温かいご飯にかけて食べる。

牛すじと野菜の煮もの

とろりとした肉と相性のよい根菜。下ごしらえに時間をかけた分、うまさもとびきり

牛すじ　300ｇ

ごぼう　20㎝
大根　10㎝
こんにゃく　1枚
赤唐辛子　1本
ごま油　小さじ1
A ｛
酒　大さじ2
牛すじのゆで汁　1½カップ
しょうゆ　大さじ2
みりん　大さじ2

1 牛すじはたっぷりの湯で2時間ほどゆで、ていねいに水洗いして脂を取り、食べよく切る。ゆで汁はこし器でこして1½カップを取っておく。
2 ごぼうは一口大の乱切りにし、水に放つ。大根は1.5㎝厚さのいちょう切りにする。こんにゃくは7〜8㎜厚さの薄切りにし、赤唐辛子は種をのぞく。
3 鍋にごぼうと大根を入れ、かぶるくらいの水を加えて火にかける。フツフツしてきたら、こんにゃくを加えてサッとゆで、ザルにあげて水けをきる。
4 鍋にごま油を熱し、ごぼう、大根、こんにゃく、牛すじ、赤唐辛子を炒める。全体がアツアツになったらAを加え、フタをして弱めの中火で煮る。20分ほど煮込んで汁けがほとんどなくなったら出来上がり。

牛すじのつくだ煮
下ゆでしたすじを煮汁でコトコト煮るだけ
〈作りやすい分量〉
牛すじ　300g
しょうが　ひとかけ
煮汁 ｛
酒　½カップ
牛すじのゆで汁　1カップ
しょうゆ　大さじ2
砂糖　小さじ1
みりん　小さじ1
赤みそ　小さじ½

1 牛すじはたっぷりの湯で2時間ほどゆで、ていねいに水洗いして脂を取り、小さく食べよく切る。ゆで汁はこし器でこして1カップを取っておく。
2 しょうがは繊維を断つように薄切りにする。
3 鍋に煮汁の材料を入れて火にかけ、フツフツしてきたら牛すじとしょうがを入れ、フタをして弱火で30〜45分ほど煮込む。

牛すじのマリネ
イタリアの味、前菜にもいかが。たっぷりの熱湯で2時間ゆでるのがポイント
牛すじ　400g
紫玉ねぎ　1個
マリネ液 ｛
塩　小さじ½
砂糖　ひとつまみ
粒マスタード　小さじ1
米酢　大さじ1
レモン汁　1個分
オリーブ油　大さじ1〜2

1 牛すじはたっぷりの熱湯で2時間ほどゆでて水に取り、指でそっと洗いながら脂をのぞく。
2 牛すじの水けをふいて、食べよく刻む。
3 紫玉ねぎは半分に切り、繊維にそって薄切りにする。
4 ボウルにマリネ液の材料を記載順に混ぜ合わせ、最後のオリーブ油を加えたらサッと混ぜる。
5 4に牛すじと紫玉ねぎを加え、ザッザッと混ぜ合わせて器に盛る。

牛スタミナ煮
にんにく入りの牛肉で元気満々！
牛薄切り肉(やや厚め)　300g
にんにく　適量
サラダ油　大さじ1

ぎゅうすね

煮汁
- 酒　大さじ2
- しょうゆ　大さじ2
- みりん　大さじ1
- 水　1カップ

オクラ　1袋

1 にんにくは牛薄切り肉1枚につき、1㎝くらいのコロコロに切ったものをひとかけずつ用意する。オクラはヘタを切り落とし、サッとゆでてザルにあげておく。

2 牛肉は1枚ずつ広げ、**1** のにんにくひとかけをのせてそれぞれクルクルと巻き、キュッと握って巻き終わりをしっかりくっつける。

3 鍋にサラダ油を熱し、牛肉の巻き終わりを下にして焼く。鍋をゆすってみて肉が動くようなら、そのまま火を止め、煮汁の材料を加える。

4 再び火にかけ、フタをして弱めの中火で15分ほど煮込む。竹串を刺してみて、スーッと通れば出来上がり。器に盛り、オクラは残った煮汁にサッとからめてから添える。

牛すねのカレー
コクのある本格的なマイルドカレー

- 牛すねかたまり肉　約400g
- こしょう　少々
- にんにく　ひとかけ
- 玉ねぎ　1個
- じゃが芋　2個
- にんじん　大1本
- ローリエ　1枚
- カレールウ　小1箱(約100g)
- バター　大さじ2
- 湯　10カップ
- しょうゆ　小さじ1

1 牛すね肉は2～3㎝角に切り、こしょうを振る。にんにくは縦薄切りにする。玉ねぎは縦2つに切り、繊維にそって薄切りにする。

2 フライパンにバターの半量を入れて火にかけ、肉全体に強めの中火でこんがりと焼き色をつける。玉ねぎとにんにくを加え、炒め合わせる。

3 鍋の中を水でぬらし、**2** をドッと入れる。フライパンに湯1カップを入れて火にかけ、木ベラでフライパンに残ったうまみを落とし、鍋に加える。残りの湯9カップとローリエも加え、強めの火にかける。

4 フツフツしたら弱火にしてアクを取りのぞき、フタを少しずらし、煮汁の表面がいつも静かにフツフツするくらいの弱火で60分煮込む。

5 じゃが芋は半分に切り、面取りする。にんじんは3～4㎝長さに切ってから縦2～4つに切り、中心部分だけ面取りする。

6 にんじんと面取りして出た野菜のクズを鍋に加える。じゃが芋は残りのバターで表面をこんがり焼き、**4** の鍋に加え、さらに30分煮込む。

7 火を止めてルウを加え、ひと混ぜしてとかし、さらに弱火で20分煮込む。じゃが芋がやわらかくなったらしょうゆを加えて味をしめ、火を止める。好みのご飯やパンなどでどうぞ。

面取り→ コラム参照

作り方 **5**

牛タンの塩焼き
牛タンは下味をもみ込み、30分以上漬け込んでから焼くのがコツ

- 牛タン(薄切り)　300～400g
- にんにく　ひとかけ
- 長ねぎ　1本

下味
- ごま油　大さじ1
- 塩　小さじ½強
- 黒こしょう　適量

春菊　½～1わ
レモン　1個

1 にんにくと長ねぎはみじん切りにする。
2 ボウルに下味の調味料を合わせ、にんにくと長ねぎを入れる。ここへ水けをふいた牛タンの薄切りを加え、よくもみ込んでから30分以上漬け込む。
3 春菊は葉を摘んで、器に盛っておく。
4 フライパンか中華鍋を熱し、牛タンを広げるように並べて両面を焼き、**3**の器に盛る。くし形に切ったレモンを上からギュッとしぼりかけて食べる。もちろんホットプレートや焼き肉の網などで焼きながら食べてもよい。

牛チゲ
キムチのピリ辛がスープのうまみ。冬でも夏でもおいしいホットな韓国鍋

鍋のスープ
- 煮干しのだし汁　6カップ
- 塩　小さじ½
- 薄口しょうゆ　大さじ1強

牛薄切り肉　300g
下味用のたれ
- しょうゆ　大さじ1
- ごま油　小さじ1
- にんにく（みじん切り）　ひとかけ

にんじん　1本
白菜　¼個
木綿豆腐　1丁
長ねぎ　1本
えのき茸　1袋
サラダ油　大さじ1
赤唐辛子粉かパプリカ　適量
白菜キムチ（刻んだもの）　1カップ
春菊　½～1わ

1 スープの材料を合わせて温めておく。
2 牛薄切り肉は食べよい大きさに切り、下味用のたれの調味料をもみ込んでおく。
3 にんじんは薄い輪切りにする。白菜は葉と軸に切り分け、葉はザク切り、軸は繊維にそって細切りにする。
4 木綿豆腐は8～10等分し、長ねぎは太めの斜め切りにする。えのき茸は石づきを切り落としてほぐし、春菊は3～4cm長さに切る。
5 鍋にサラダ油を熱し、牛肉をたれごと広げるように入れて焼く。肉の色が変わったら**1**のスープを注ぎ、フツフツしたらにんじん、白菜の軸、葉の順に加えて煮る。
6 野菜がやわらかくなったら、豆腐、長ねぎ、えのき茸を加え、赤唐辛子粉またはパプリカを振る。最後に白菜キムチと春菊を加え、再び煮立ってきたら出来上がり。味をみて好みで塩やしょうゆ（分量外）で調える。また白いりごまを振ってもおいしい。

牛丼
玉ねぎでも長ねぎでもお好みで。肉は広げて煮る、これが最大のポイント

牛薄切り肉　300g
玉ねぎ2個または長ねぎ1～2本
煮汁
- しょうゆ　大さじ4
- 砂糖　大さじ2
- 酒　大さじ1

温かいご飯　4人分
紅しょうが　適量

1 玉ねぎは縦半分に切り、繊維にそって薄切りにする。長ねぎなら1～2本を1cm幅の斜め切りにする。
2 広口の鍋に煮汁の調味料を合わせ、玉ねぎと長ねぎを入れて中火にかける。フツフツしてきたら強火にし、牛薄切り肉を広

ぎゅうにく

げながらヒラリヒラリと加えて、肉に火が通ったら火を止める。
3 どんぶりにご飯を盛り、上に **2** を汁ごと盛って紅しょうがを添える。

牛肉おろしあえ
肉に風味のよい下味をつけるのが秘訣

　牛肉（しゃぶしゃぶ用）　300 g
　A ┌ しょうゆ　大さじ2
　　└ レモン汁　小さじ2
　大根おろし　1カップ
　細ねぎ（小口切り）　½カップ
　青じそ（千切り）　1わ

1 湯を沸かしグラグラしているところに牛肉を広げてヒラリヒラリと1枚ずつ次々と入れ、色が変わったら水けをきり、Aにからめる。
2 大根おろしは自然に水けをきり、**1** の牛肉とサッとあえる。
3 器に盛り、細ねぎと青じそを振る。夏以外の季節は青じそははずし細ねぎを倍にするとよい。

牛肉粥（がゆ）
上等のスープとやわらかなお肉に玉ねぎのたれは、アジアの雰囲気いっぱい

　米　1カップ
　水　5カップ
　牛すねかたまり肉　400〜500 g
　水　7カップ
　塩　適量
　こしょう　少々
　ねぎだれ
　　┌ 玉ねぎ　¼個
　　│ しょうゆ　大さじ1
　　│ 酒　大さじ1
　　│ 米酢　大さじ1
　　└ 豆板醤　小さじ1

1 牛肉は塩小さじ2をすり込んで30分以上おき、熱湯で肉のまわりの色が変わるまで下ゆでし、取り出す。
2 鍋に水7カップ、下ゆでした牛肉を入れ、強火にかける。フツフツしてきたら弱火にしてフタを少しずらし、2時間煮込む。
3 玉ねぎは繊維にそって薄切りにする。調味料を混ぜ合わせ、切った玉ねぎを加えて混ぜ、ねぎだれを作る。
4 厚手の鍋に米と水5カップを加え、フタをして中火にかける。フツフツしてきたら弱火にし、フタをして25〜30分炊く。
5 **2** のスープから牛肉を取り出し、5mm厚さに切る。切った牛肉をスープに戻し、中火にかけ、煮立ったら火を止め、塩、こしょう各少々で調味する。
6 器に **4** の粥を盛り、**5** のスープを注ぎ、牛肉をのせる。ねぎだれは牛肉につけたり、粥の中に入れたり、好きなようにして食べる。

牛肉とキャベツのサラダ
ゆでたての肉をドレッシングに漬け込んで、やわらかな新キャベツとどうぞ

　牛薄切り肉　200 g
　新キャベツ　5〜6枚
　塩　少々
　ドレッシング
　　┌ 薄口しょうゆ　大さじ2
　　│ レモン汁　½個分
　　│ 米酢　大さじ1
　　│ サラダ油　大さじ1
　　│ 砂糖　小さじ1
　　│ にんにく（すりおろし）　少々
　　└ こしょう　少々
　削り節　適量

1 新キャベツは一口大にちぎり、パラパラと塩を振ってしんなりさせる。
2 ドレッシングの材料を混ぜ合わせておく。
3 牛肉は熱湯の中で、しゃぶしゃぶのようにゆで、よく水けをきりながら次々とド

牛肉とごぼうのおかずサラダ
ほんのり酸味がきいた和風味のサラダ

　牛赤身薄切り肉　200g
　サラダ油　大さじ½
　塩　少々
　こしょう　少々
　ごぼう　大1本
　貝割れ大根　1わ
　A ┌ マヨネーズ　大さじ3
　　├ マスタード　小さじ1
　　└ しょうゆ　小さじ1

1 ごぼうはささがきにして水でザッと洗い、ヒタヒタの水に酢少々(分量外)を加えて火にかけ、シャキッとゆでて水けをきる。
2 牛赤身薄切り肉は3つくらいに切り、サラダ油で炒めて塩、こしょうを振り、器に取っておく。
3 貝割れ大根は根を切り落として、2つに切る。
4 ボウルにAのマヨネーズ、マスタード、しょうゆを合わせて混ぜ、**2**の炒めた牛肉を加えてひと混ぜする。さらにごぼう、貝割れ大根の順に混ぜる。最後に味をみて、マヨネーズとしょうゆで調える。

牛肉とごぼうの煮もの
時間をかけずにこっくりと。常備菜やお弁当のおかずにもむいています

　牛こま切れ肉　200g
　ごぼう　40cm
　しょうが　ひとかけ
　A ┌ 酒　大さじ2
　　├ しょうゆ　大さじ2
　　└ 砂糖　大さじ1
　水　適量
　粉山椒　適量

1 ごぼうは細めの乱切りにし、水に放つ。しょうがは千切りにする。
2 鍋の中を水でぬらし、Aを入れて火にかける。フツフツしてきたら牛肉としょうがを加え、強めの中火でコテッと煮る。
3 ごぼうの水けをきって加え、水をヒタヒタに加え、フタをして中火で15分ほど煮る。
4 火を止め、粉山椒を振る。

牛肉と小松菜の5分煮
材料をすべて準備し、あくまでも強火で勢いよく炒め煮する

　牛赤身薄切り肉　200g
　小松菜　1わ
　ごま油　大さじ2
　合わせ調味料
　　┌ しょうゆ　大さじ2
　　├ 酒　大さじ2
　　└ 砂糖　大さじ1

1 小松菜は茎と葉を切り分けて、3cmくらいの長さのザク切りにする。牛赤身薄切り肉は食べよい長さに切る。
2 合わせ調味料は混ぜ合わせておく。
3 中華鍋を熱して半量のごま油を入れ、小松菜の茎と牛肉を加えて広げるようにしながら強火で炒める。
4 肉の色が変わったら、小松菜の葉と残りのごま油を加えて炒め合わせる。全体に油がまわったら、**2**の合わせ調味料をまわし入れて大きくザッザッと混ぜ合わせ、すぐにフタをして強火で5分ほど煮る。

牛肉と根菜の煮もの
根菜は一緒に下ゆでし、肉に先に味をつけるのがコツ

　牛切り落とし肉　200g
　にんじん　1本

ぎゅうにく

大根　10cm
れんこん　1節
A ┃ しょうゆ　大さじ2
　 ┃ 酒　大さじ2
水　約1½カップ

1 にんじん、れんこん、大根は細長く乱切りにする。れんこんはすぐ水に入れてサッと洗い、水けをきる。

2 根菜類を合わせてかぶるくらいの水を入れ、中火にかけフツフツしてきたら5分ゆで、ザルにあげて水けをきる。

3 鍋にAを入れて火にかける。フツフツしたら肉をほぐし入れ、強めの中火で色が変わるまで煮る。

4 下ゆでした根菜類を加え、分量の水をヒタヒタより少なめになるように加え、フタをして強火で煮る。フツフツしたら中火にし、汁けがほぼなくなるまで煮る。

牛肉と春菊の炒めもの
オイスターソース仕上げが決まる組み合わせ

牛薄切り肉　200g
しょうゆ　小さじ2
春菊　1わ
しょうが(千切り)　ひとかけ
サラダ油　大さじ1
オイスターソース　大さじ1
塩　ひとつまみ
粗挽きこしょう　少々

1 牛肉は食べやすい大きさに切り、しょうゆをまぶして下味をつける。春菊は4cm長さに切る。

2 サラダ油を熱して牛肉を強めの中火で炒め、色が変わってきたらオイスターソースを加えて炒める。

3 肉に火が通ったらしょうがと春菊を加え、すぐ塩も加え、強火で炒め合わせる。春菊がシナッとなったらこしょうを振り、火を止める。

牛肉と春菊の中国サラダ
アツアツの肉を合わせ調味料へ。余熱で玉ねぎがしんなりしたら、おいしさアップ

牛薄切り肉　200g
春菊　1わ
玉ねぎ　½個
ごま油　大さじ½
合わせ調味料
　┃ 薄口しょうゆ　大さじ1
　┃ 米酢　大さじ1
　┃ 豆板醤　小さじ½
　┃ こしょう　少々
　┃ ごま油　小さじ½

1 春菊は葉先だけを摘み、玉ねぎは薄切りにする。牛肉は長さを3つくらいに切る。

2 ボウルに合わせ調味料の材料をすべて入れてよく混ぜ、さらに玉ねぎを加え混ぜて味をからませておく。

3 フライパンにごま油を熱し、牛肉を広げるように入れる。しばらくそのままおき、肉がパカッと自然にはがれるようになったら全体を炒める。

4 肉にしっかり火が通ったら、アツアツを **2** の合わせ調味料に加えてあえ、あら熱が取れたらさらに春菊を加え、全体をザッザッと混ぜて器に盛る。

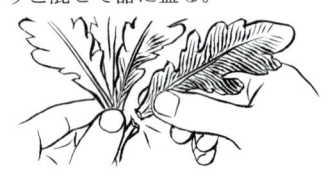

作り方 **1**

牛肉と豆腐のしょうが煮
唐辛子もきかせて夏にどうぞ

牛薄切り肉　200g
木綿豆腐　2丁
オクラ　1袋
しょうが　ひとかけ

赤唐辛子　1〜3本
A ┌ 酒　½カップ
　├ しょうゆ　大さじ3
　├ みりん　大さじ1
　└ 砂糖　大さじ1

1 牛肉は食べやすい長さに切る。豆腐は8等分のやっこに切る。オクラはヘタを少し切り落とす。しょうがは皮ごと薄切りにする。

2 鍋の中を水でぬらし、A、しょうが、赤唐辛子を入れて火にかける。フツフツしたら肉をほぐして加え、色がしっかり変わるまで煮る。

3 火を止め、肉を取り出し、豆腐をびっしりと並べる。再び火をつけ、フツフツしてきたら肉を豆腐の上に戻し、オクラをのせ、フタをして強めの中火で7〜10分煮る。途中で煮汁をオクラの上からかける。

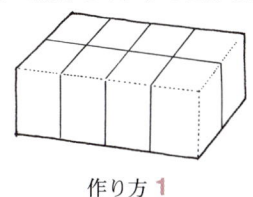

作り方 **1**

牛肉と夏野菜の炒めもの

彩りもよく、食欲をそそられるオイスターソース味

牛赤身薄切り肉　250g
A ┌ しょうゆ　大さじ1
　└ 片栗粉　小さじ1
なす　4本
いんげん　100g
にんにく(みじん切り)　ひとかけ
サラダ油　大さじ3
B ┌ しょうゆ　大さじ1
　├ 酒　大さじ1
　└ オイスターソース　大さじ1弱
ミニトマト　5〜6個

1 牛肉はAを振って混ぜ合わせる。

2 なすは皮ごと縦半分に切ってから1cm幅に縦に切り、海水くらいの塩水(分量外)に5分くらいつける。

3 いんげんはすじがあれば取り、2つに切ってサッとゆでる。ミニトマトはヘタを取り2つに切る。

4 サラダ油を中火で熱し、あまり熱くならないうちに肉を入れて炒め、全体の色が変わったら取り出す。

5 すぐ水けをきったなすといんげんを強めの中火で炒め、全体に油がまわったらにんにくを加えて炒め合わせる。

6 野菜に火が通ったら肉を戻し、Bを入れ、ミニトマトを加え、全体に手早くからめる。

牛肉と春野菜のシチュー

失敗しないホワイトソースで、まろやかな春味シチューを

牛赤身角切り肉(シチュー用)　300g
新にんじん　1本
いんげん　100g
新キャベツ　½個
水　4カップ
ローリエ　1枚
ホワイトソース
┌ バター　大さじ1
├ サラダ油　大さじ1
├ マッシュルーム　6〜7個
├ 小麦粉　大さじ2
└ 牛乳　3カップ
塩　小さじ½
こしょう　適量

1 新にんじんは3cm長さの短冊切りにし、いんげんはすじを取る。新キャベツは3cm角のザク切りにする。

2 牛角切り肉は熱湯に入れ、表面の色が変わるくらいにサッとゆでる。

3 鍋に牛肉と分量の水、ローリエを入れて火にかけ、コトコトとフタをして弱火で

ぎゅうにく

60分ほど煮る。

4 さらに **1** の野菜を加えて表面をならし、煮汁が少ないようなら、湯(分量外)を少々たして野菜をやわらかく煮る。

5 別鍋でホワイトソースを作る。鍋にバターとサラダ油を入れて火にかけ、バターがとけはじめたら、薄切りにしたマッシュルームを加えて炒める。さらに小麦粉を振り入れ、弱火で1〜2分炒める。

6 粉っぽさがなくなったら、いったん火を止め、½カップの牛乳を加える。木ベラでなめらかに混ぜてから、残りの牛乳も加え、再び火にかけて、木ベラで混ぜながら中火でとろりとするまで煮る。

7 **4** に **6** のソースを加え混ぜ、塩、こしょうで調味し、フツフツしたら火を止める。

牛肉とピーマンの炒めもの
肉と野菜をわけて炒めると、手軽に本格味

牛赤身薄切り肉　200g
下味用
　　しょうゆ　小さじ1
　　片栗粉　小さじ1
ピーマン　5個
ゆで竹の子　1本(約200g)
にんにく(みじん切り)　ひとかけ
しょうが(みじん切り)　ひとかけ
サラダ油　大さじ2
合わせ調味料
　　しょうゆ　大さじ1
　　酒　大さじ1
　　オイスターソース　小さじ1
　　豆板醤　小さじ1
塩　少々
こしょう　少々

1 牛肉は細切りにし、しょうゆと片栗粉をからめる。

2 ピーマンは縦2つに切ってから縦に細切りにする。竹の子も同じような幅、長さの細切りにする。

3 サラダ油大さじ1を温め、油が熱くならないうちに肉を入れる。ほぐしながら中火で炒め、色が変わったら取り出す。

4 残りの油を加え、にんにく、しょうがを炒めいい香りがしてきたら **2** の野菜類を強火で炒める。

5 ピーマンがしんなりしないうちに **3** の肉を戻し、合わせ調味料を加えてザザッと炒め合わせる。味をみて塩、こしょうで調える。

牛肉とブロッコリーの中国炒め
ブロッコリーは歯ざわりを残すのがおいしさのコツ。ゆですぎないように注意

牛赤身薄切り肉　300g
下味用
　　しょうゆ　小さじ2
　　片栗粉　小さじ2
ブロッコリー　1〜2個
サラダ油　大さじ2
A　オイスターソース　大さじ1
　　しょうゆ　大さじ1
　　豆板醤　小さじ½
　　こしょう　少々
塩　少々

1 牛赤身薄切り肉は食べよい大きさに切り、しょうゆを振って下味をつけ、片栗粉をまぶす。

2 ブロッコリーは小房に切り分け、茎は皮を厚めにむいて大きめの乱切りにする。これらを熱湯でサッと下ゆでしてザルにあげ、水けをきる。

3 中華鍋にサラダ油大さじ1を熱し、ブロッコリーを強火で炒めて、アツアツになったらいったん器に取る。

4 さらに残りのサラダ油大さじ1をたし、牛肉を広げるように入れて、中火で炒める。肉の色が変わったら、**3** のブロッコリーを戻し入れ、強火でザッザッと炒め合

わせる。
5 全体がアツアツになったら火を止めて、Aを加える。再び火をつけて手早く炒め、最後に味をみて、塩で調味する。

牛肉と三つ葉のサラダ
三つ葉を生で味わう、香り満点のサラダ。サラダといってもメインのおかずになる

牛赤身薄切り肉　200〜300g
紫玉ねぎ　½個
三つ葉　1わ
削り節　2パック
ドレッシング
  にんにく(すりおろし)　ひとかけ
  レモン汁　½個分
  薄口しょうゆ　大さじ2
  塩　少々
  こしょう　少々
  赤唐辛子(輪切り)　1本
  サラダ油　大さじ1
サラダ油　小さじ2

1 牛赤身薄切り肉は食べよい大きさに切る。
2 紫玉ねぎは薄切りにし、三つ葉は3cm長さのザク切りにする。
3 ボウルにドレッシングの材料を記載順に混ぜ合わせておく。
4 フライパンにサラダ油を熱して牛肉を焼き、すぐドレッシングにつけてよく混ぜ、味をなじませる。
5 さらに紫玉ねぎ、三つ葉、削り節を2回に分けて加え、ザックリと混ぜる。

牛肉とレタスのキムチ炒め
レタスを入れたらすぐ塩を振り、強火で手早く炒める。これがベタッとさせないコツ

牛薄切り肉　200g
白菜キムチ(刻んだもの)　½カップ強
レタス　½個
ごま油　大さじ1
塩　ふたつまみ

1 牛薄切り肉は3〜4cm幅に切り、キムチと混ぜ合わせておく。
2 レタスは大きめの一口大にちぎる。
3 中華鍋にごま油を熱し、1を広げるように入れて、強めの中火で炒め焼きにする。
4 肉の色が変わったら、強火にしてレタスと塩を加えて、手早く炒め合わせる。レタスが少ししんなりしたら火を止め、すぐ器に盛る。

牛肉の薄焼き　赤ワイン煮
上等な肉でなくても、たちまちやわらかく、深い味

牛肉(ステーキ用)　4枚
塩　適量
こしょう　少々
小麦粉　適量
バター　大さじ3
赤ワイン　1カップ

1 牛肉はたたいて薄くし塩、こしょうを振り、小麦粉を薄くまぶす。
2 フライパンにバターをとかして肉を入れ、強火で両面をこんがり焼く。
3 いったん火を止めてワインをまわしかける。フタをして火にかけ、強火で2〜3分煮る。皿に盛りつけ、クレソンなどを付け合わせにするとよい。

牛肉の薄焼き　レモンソース
レモンの香りと酸味がたっぷり

牛肉(バター焼き用)　400g
漬け汁
  オリーブ油　大さじ1〜2
  レモン汁　1個分
パセリ　適量
オリーブ油　大さじ1
レモン汁　1個分
塩　適量

こしょう　少々

1 牛肉はたたいて薄くのばし、混ぜ合わせた漬け汁に入れて30分おく。パセリは細かく刻む。
2 フライパンを強火で熱してオリーブ油を入れ、肉の両面をよく焼き、塩、こしょうを振って、皿に盛る。
3 フライパンに残った焼き汁にレモン汁を加え、弱火にかける。フツフツしたら塩、こしょうを振って味を調え、肉にかける。パセリを振って仕上げる。

牛肉の梅酒煮
ちょっといい肉で、ハレの日のご馳走。かたまりのまま煮て、薄切りにしてもよい

　牛ランプかたまり肉　500g
　煮汁
　┌梅酒　½カップ
　│酒　½カップ
　└しょうゆ　大さじ3

1 牛肉は3㎝角くらいに切る。熱湯で表面の色が変わる程度に下ゆでし、水けをきる。
2 煮汁に肉を入れ、フタをして強火にかける（酒が入っているから、火が入らないようにフタをすること）。吹きこぼれそうになったら、火を弱めて20分ほど煮る。
3 フタを取って強火にし、返しながら、汁けをとばすようにしてピカッと仕上げる。練り辛子がよく合う。

牛肉のオニオン煮
玉ねぎの繊維を断ち切って、とろっと風味豊かなオニオンソースに

　牛薄切り肉　400g
　玉ねぎ　2個
　バター　大さじ1〜2
　塩　少々
　こしょう　少々
　小麦粉　大さじ1
　A┌固形スープの素　1個
　　│トマトケチャップ　大さじ2〜3
　　│ウスターソース　大さじ2〜3
　　│水　½カップ強
　　└ローリエ　1枚
　ウイスキーかブランデー　大さじ1

1 玉ねぎは縦半分に切り、繊維を断ち切るように横に薄切りにする。
2 フライパンにバターをとかして牛肉を中火で炒め、塩、こしょう、小麦粉を振り、粉っけがなくなるまでよく炒める。
3 鍋に玉ねぎの半量を敷き詰め、上に**2**の肉をのせる。残りの玉ねぎをのせておおう。Aを加えてフタをし、強めの中火にかける。
4 フツフツしてきたら弱火にして煮込み、途中で混ぜてウイスキーを加え、玉ねぎがとろりとしたら火を止める。もし焦げつきそうになったら、湯か水（分量外）をたす。

牛肉のきのこ巻き
どんなきのこでも、2種類以上合わせるとだんぜん味が増す

　牛赤身薄切り肉　300g
　えのき茸　1袋
　しめじ　1袋
　ごま油　大さじ1
　A┌しょうゆ　大さじ1
　　└みりん　大さじ1

1 きのこ類は石づきを切り落とし、ほぐす。
2 牛肉は1枚ずつ広げ、きのこを適量ずつのせ、端からクルクルと巻く。
3 ごま油を中火で熱し、熱くなったら肉の巻き終わりを下にして並べる。肉の色が変わってきて、パカッとはがれるようになったら裏返し、火を弱めて焼く。
4 中まで火が通ったらAを加え、全体にからめながら焼き上げる。

牛肉のごまごま焼き
ごまとごま油の相乗効果で香ばしい

牛薄切り肉　300ｇ
下味用
　｜白いりごま　大さじ4
　｜しょうゆ　大さじ2
　｜酒　大さじ1
　｜ごま油　大さじ1
　｜こしょう　少々
にんじん　小1本
貝割れ大根　1わ
ごま油　適量
にんにく（みじん切り）　ひとかけ
片栗粉　適量

1 牛肉は長ければ適当に食べやすく切り、下味用の調味料とごまをもみ込んでおく。

2 にんじんは斜め薄切りにしてから千切りにし、貝割れ大根は根元を切り落とし、器に広げ敷いておく。

3 中華鍋にごま油をひき、にんにくを入れて強火にかける。香りがたってきたら、肉を加えて強火で炒める。

4 汁けが出てきたら片栗粉をパラパラッと振り、ひと炒めする。アツアツの肉を**2**に盛りつける。

牛肉のしぐれ煮
にんじんの色は気にせず、やや甘辛くキチッと煮たもの

〈作りやすい分量〉
牛こま切れ肉　200ｇ
にんじん　1～2本
しょうが　ひとかけ
煮汁
　｜水　大さじ2
　｜酒　大さじ2
　｜砂糖　大さじ2
　｜しょうゆ　大さじ2

1 にんじんは薄いいちょう切りにする。しょうがは皮ごと繊維にそって千切りにする。

2 煮汁を強めの中火にかけ、フツフツしたら牛肉、しょうが、にんじんを加えて煮る。途中でときどきかき混ぜながら汁を全体に煮からめ、コテッとなったら火を止める。

牛肉の旬炒め
枝豆をメインの野菜のおかずとして食べる、夏ならではの一皿です

牛赤身薄切り肉　300ｇ
下味用
　｜カレー粉　小さじ1
　｜塩　小さじ¼
枝豆（さやつき）　400ｇ
オクラ　1～2袋
青じそ　1わ
サラダ油　大さじ1½
塩　小さじ½
カレー粉　少々

1 枝豆はゆでて、あら熱が取れたらさやから豆を取り出す。

2 牛肉は長さを2～3つに切り、下味用のカレー粉、塩小さじ¼をまぶしておく。

3 オクラは洗ってヘタを切り落とし、大きければ2つに切る。青じそは縦半分に切り、千切りにする。

4 中華鍋かフライパンにサラダ油を熱し、中火で牛肉を炒め、肉の色が変わったらいったん皿に取り出す。

5 サラダ油少々（分量外）をたしてオクラ、枝豆を加え、すぐに塩小さじ½を加えて強火で炒める。全体がアツアツになったら**4**の牛肉を戻し入れて、青じそを加え、ザッと炒め合わせる。火を止めてすぐに器に盛りつけ、上からカレー粉をパラパラと振る。

枝豆のゆで方→枝豆の塩ゆで

牛肉のたたき　夏用
夏に欠かせないのは青じそとレモン
　牛ももかたまり肉　300〜400g
　塩　小さじ½
　青じそ（千切り）　1わ
　細ねぎ（小口切り）　1カップ
　大根おろし　1〜2カップ
　レモン　適量
　たれ
　　｛しょうゆ　大さじ3
　　　砂糖　小さじ¼
1 牛肉は塩をすり込み、水でぬらした金網と天板にのせる。250度に温めたオーブンで5〜10分焼く。
2 肉をすぐ氷水に入れる。表面が冷たくなったら取り出し水けをふく。
3 たれはひと煮立ちさせ、冷ます。
4 肉の水けをよくふき、薄切りにする。器に並べ、青じそと細ねぎを散らし、ところどころに大根おろしをのせる。レモンをたっぷりしぼり、たれをつけて食べる。

牛肉のたたき　冬用
肉は室温においてから調理を。焼き加減はレアでも肉の中まで熱を入れる
　牛赤身肉（3cm厚さ・ステーキ用）　400g
　塩　小さじ½弱
　サラダ油　小さじ½
　たれ
　　｛しょうゆ　大さじ3
　　　酒　大さじ1
　　　みりん　小さじ1
　　　しょうが（すりおろし）　小さじ½
　　　にんにく（すりおろし）　少々
　大根おろし　適量
　すだちなどの柑橘類　適量
1 まずたれを作る。小鍋にしょうゆ、酒、みりんを入れて火にかけ、煮立ったら火を止め、すぐにおろししょうがとにんにくを加え混ぜて冷ましておく。
2 牛赤身肉は塩とサラダ油をすりこむ。
3 フライパンを熱し、肉を入れて両面を強火でこんがり焼く。焼けたらすぐ器に取り、真ん中に竹串を刺してみて串の先まで熱くなっていればOK。焼き加減がレアやミディアムでも、肉の中まで熱を入れるのがおいしさのコツ。
4 肉が冷めたら薄切りにし、大根おろしやすだちを添えて **1** のたれをつけながら食べる。ラム肉で作ってもおいしい。

牛肉の浪花揚げ
紅しょうが入りの衣が浪花風、大阪の味
　牛赤身薄切り肉　250g
　小麦粉　大さじ6
　コーンスターチ　大さじ4
　紅しょうが（千切り）　大さじ2
　卵水（卵1個と水）　¼カップ
　揚げ油　適量
　粉山椒（好みで）　適量
1 牛肉は2cm幅くらいに切る。
2 ボウルに肉、小麦粉、コーンスターチを入れて箸で混ぜ、紅しょうがも加えて混ぜ合わせる。といた卵水をまわし入れ、さっくりと混ぜる。
3 揚げ油を中温（170〜180度）に熱し、水でぬらしたスプーンを使って **2** の肉を平らにして落とす。くっつきやすいので一度にたくさん入れず、火を通しすぎないようにカリッと揚げる。
4 器に盛り、塩と粉山椒で食べる。ウスターソースもおいしい。

牛肉のバター焼き
焼き上がりに、フライパンに残ったバターの上澄みをかけると肉もソフトで風味満点
　牛赤身肉（バター焼き用）　300〜400g
　塩　適量
　こしょう　少々
　小麦粉　適量

バター　大さじ2～3
しょうゆ　大さじ1～2
クレソン　適量

1 牛赤身肉はまな板やバットなどに並べ、塩、こしょうを振る。
2 肉の表面にごく薄く、両面に小麦粉をまぶす。
3 皿にしょうゆを入れて用意しておく。
4 フライパンにバターを入れて中火にかけ、バターがとけたら、強めの中火で肉を焼く。
5 両面がこんがり焼けたら、**3** のしょうゆに片面だけジュッとつけ、器に盛ってクレソンを添える。最後にフライパンに残ったバターの上澄みを肉にかける。

牛肉のペッパーライス
キャベツと挽きたてのこしょうが絶妙

〈これは2人分〉
温かいご飯　2人分
牛肉（1㎝強厚さ・ステーキ用）　1枚
キャベツ　3枚
にんにく　少々
バター　大さじ2
塩　適量
挽きこしょう　適量
しょうゆ　適量

1 牛肉は小さくコロコロに切り、塩、こしょう各少々を振る。キャベツは2㎝角に切る。にんにくはみじん切りにするかすりおろす。
2 フライパンにバターを大さじ1入れて中火にかけ、バターがとけたら強火にしてキャベツを加える。塩少々をすぐ入れて炒め、シャキッとしたら取り出す。
3 残りのバター大さじ1で肉とにんにくを中火で炒める。火を止め、しょうゆを大さじ1くらい加えてからめる。
4 温かいご飯と **2** のキャベツを加え、ご飯を切るようにして混ぜ合わせる。

5 器に盛り、こしょうをガリガリと挽く。

牛肉のみそ鍋
赤みそでこっくり、にんにくが隠し味

牛肉（ステーキ用）　400g
長ねぎ　3～4本
えのき茸　1～2袋
合わせみそ
　赤みそ　大さじ3
　砂糖　大さじ2
　酒　大さじ2
　しょうゆ　大さじ1
　にんにく（すりおろし）　ひとかけ

1 牛肉は一口大のコロコロに切る。長ねぎは1㎝幅くらいの斜め切りにする。えのき茸は石づきを切り落とし、縦に包丁を入れてバラバラにほぐす。
2 土鍋か鉄鍋の中を水でぬらし、合わせみそをよく混ぜて敷く（肉についている脂身も一緒に入れておくと、焦げにくい）。
3 中火にかけ、フツフツしてきたら牛肉を並べ入れ、一度返してからえのき茸と長ねぎをのせる。フタをし、全体に火が通るまで煮る。
4 全体を混ぜ合わせてから、取り分ける。粉山椒を振ってもおいしい。

牛肉のメキシコ風シチュー
トマトの酸味とチリの辛みがマッチ

牛赤身かたまり肉　500g
塩　小さじ½
こしょう　少々
玉ねぎ　½個
ピーマン　3個
トマト水煮缶詰　大1缶（約400g）
にんにく（薄切り）　ひとかけ
ホールコーン缶詰　中1缶（約230g）
バター　大さじ2
A｜固形スープの素　1個
　｜チリペッパー　小さじ¼～⅓

ぎゅうにく

```
  オレガノ　少々
  トマトジュース　1カップ
  ローリエ　1枚
水　適量
レモン汁　少々
```

1 玉ねぎは繊維にそって薄切りにする。ピーマンは5㎜厚さの輪切りにする。トマト水煮缶詰は実と汁を分けておく。コーンは缶汁をきる。

2 牛肉は大きめの一口大に切り、塩、こしょうを振る。バター大さじ1をとかし、強火で両面を色づくまで焼き、いったん取り出す。

3 鍋に残りのバター大さじ1を入れて火にかけ、にんにくと玉ねぎを中火でしんなりするまで炒め、トマトを加えてつぶしながら熱くなるまで炒める。

4 **2**の焼いた肉とAを加える。さらにトマトの缶汁と水を合わせて1カップにして加え、強火で煮立てる。フタをして弱火で30分煮る。

5 ピーマンとコーンを加えてもう15分煮る。レモン汁を落とし、火を止める。

牛肉のワイン漬け焼き
二晩漬ける。上等な肉でなくても極上の味わいに変身

```
牛赤身薄切り肉　300〜400g
セロリ　7㎝
にんじん　7㎝
玉ねぎ　½個
にんにく　ひとかけ
干椎茸　2枚
漬け汁
  ┌ 赤ワイン　½カップ
  │ 酢　½カップ
  └ 水　¼カップ
サラダ油　大さじ1
塩　少々
こしょう　少々
```

1 牛肉は食べよい長さに2〜3つに切る。セロリ、にんじんは食べよい長さの細切りにする。玉ねぎは繊維にそって薄切りにする。にんにくは横半分に切る。干椎茸は水でサッと洗う。

2 漬け汁に肉と野菜類を入れ、冷蔵庫で2日ほどおく。

3 肉は取り出して汁けをきっておく。漬けた野菜、干椎茸は汁けをきり、椎茸は細切りにする。

4 サラダ油少々(分量外)を熱し、**3**の野菜類を炒め、塩、こしょうを振って付け合わせに。

5 サラダ油を熱して肉を強火で炒め、塩、こしょうを振り**4**の付け合わせとともに盛りつける。

牛乳で作るカルボナーラ
あっさり味、でもコクがある

```
〈これは2人分〉
スパゲティ　150〜200g
ベーコン　2〜3枚
サラダ油　少々
牛乳　2カップ
塩　小さじ½弱
こしょう　少々
バター　大さじ1
粉チーズ　大さじ山盛り2
卵黄　1〜2個分
```

1 スパゲティは袋の表示より2〜3分短くかためにゆでる。

2 ベーコンは1㎝幅に切る。サラダ油と一緒に鍋に入れ、焦がさないようにしてカリカリに炒める。

3 出た脂をペーパーでふき取って牛乳を加え、中火で2〜3分フツフツさせ、塩、こしょうで調味する。

4 スパゲティを加えてからめ、バターを加えて混ぜ、2〜3分火を通す。火を止め、粉チーズとほぐした卵黄を加え、手早

く全体を混ぜ合わせる。

牛ばら肉とトマトのパスタ
ミートソース風の味は絶品。豚ばら肉で作ってもOK

〈これは2人分〉
パスタ(好みのもの)　150〜200g
牛ばら肉　150g
玉ねぎ　½個
トマト水煮缶詰　小1缶(約200g)
オリーブ油　大さじ1
塩　適量
こしょう　少々
粉チーズ(パルメザンチーズ)　適量

1 玉ねぎは少し大きめのみじん切りにし、牛ばら肉はさいころ状に切り、塩、こしょうを振る。
2 フライパンにオリーブ油を熱して玉ねぎを炒め、油がまわったら強火にして牛肉を加えてよく炒める。
3 さらにトマトをザッとつぶしながら加え、強めの中火で5〜10分ほど煮て、塩、こしょうで味を調える。
4 パスタはたっぷりの湯を沸かし、袋の表示通りにゆでる。
5 ゆで上がったアツアツのパスタと**3**のソースをザッとあえて器に盛り、パルメザンチーズを振る。

牛挽き肉の和風ステーキ
山盛りの大根おろしとしょうゆがキマリ

牛挽き肉　400g
塩　小さじ½
こしょう　適量
サラダ油　適量
大根おろし　1〜1½カップ
しょうゆ　適量

1 牛挽き肉に塩、こしょうを加え、つかむようにしてよく混ぜる。4等分にし、手のひらにサラダ油をぬってハンバーグ形にまとめる。
2 フライパンに薄くサラダ油を熱し、火を少し弱めて肉を入れ、フタをして中火で焼く。中まで火を通して、両面をこんがりと焼き上げる。
3 包丁を少し斜めにして5〜6つに切り分け、器に盛る。上に大根おろしをのせ、しょうゆをかけて食べる。

牛巻き甘辛煮
切った野菜をクルクルッと巻くだけ

牛赤身薄切り肉　300g
じゃが芋(メークイン)　2〜3個
にんじん　1本
ごま油　大さじ1
しょうゆ　大さじ2
みりん　大さじ1½
砂糖　大さじ1
湯　1½カップ
粉山椒(好みで)　適量

1 じゃが芋は7〜8mm角に細長く切る。にんじんはじゃが芋よりひとまわり細く同じ長さに切る。
2 牛肉を縦長に広げておき、じゃが芋4〜5本とにんじん2本をまとめて手前に横長にのせる。両端から野菜が少し出てもかまわず、肉で野菜をしっかり巻く。
3 ごま油を熱し、肉の巻き終わりを下にして並べ、全体に焼き色をつける。
4 火を止めて調味料と湯を加え、中火で汁けがほとんどなくなるまで煮る。途中で、ときどき転がす。
5 そのままか半分に切って盛り、粉山椒を振る。

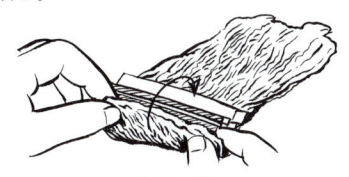

作り方**2**

ぎゅうみんち

牛ミンチとレタスのメキシカン
アツアツの肉をジャッとのせ、レタスがシナッとしたら食べどき。よく混ぜてどうぞ

    牛挽き肉　300 g
    レタス　½〜1個
    赤ピーマン　1〜2個
    にんにく(みじん切り)　ひとかけ
    サラダ油　大さじ1
    A｜トマトケチャップ　大さじ3
     ｜ウスターソース　大さじ1
     ｜塩　少々
     ｜こしょう　少々
     ｜タバスコ　適量

1 レタスと赤ピーマンは千切りにし、器全体にレタスを広げ、上に赤ピーマンを散らす。
2 フライパンにサラダ油を熱し、にんにくと牛挽き肉を強火で炒める。肉の色が変わらないうちに、Aを加えて調味し、さらに炒める。
3 肉にしっかり火が通りパラリとなったら、アツアツを **1** のレタスの上にのせ、食べるときに全体を混ぜ合わせる。

きゅうりだけのサラダ
皮をむいたきゅうりと、むかないきゅうりの歯ざわりの違いがおいしい

    きゅうり　3〜4本
    ドレッシング
    ｜にんにく　小ひとかけ
    ｜薄口しょうゆ　大さじ1
    ｜砂糖　小さじ½〜1
    ｜米酢　大さじ½
    ｜ラー油　小さじ½

1 ドレッシングを作っておく。にんにくは2つに切り、他の調味料と合わせて混ぜる。
2 きゅうりは1〜2本を皮をむいてから斜め薄切りにし、残りは皮をむかずに斜め薄切りにする。
3 器にきゅうりを彩りよく並べ、ドレッシングをかけて食べる。

きゅうりと青じそのはさみ漬け
夏の食卓におすすめの小さな一品。冷蔵庫で3〜4日はおいしい

    きゅうり　5本
    青じそ　15枚
    しょうが　ひとかけ
    漬け汁
    ｜水　2½カップ
    ｜塩　大さじ1

1 きゅうりはピーラーで皮を3カ所くらいむいてシマシマにし、長さを3等分に切る。さらに縦に⅔くらいまで切りめを入れる。
2 しょうがは皮つきのまま、繊維を断つように薄切りにする。
3 きゅうりの切りめに青じそ1枚としょうがの薄切り1枚をはさみ、器に並べる。
4 塩水を作って漬け汁にし、きゅうりの上からかける。皿などで重しをして、冷蔵庫で一晩おけば出来上がり。

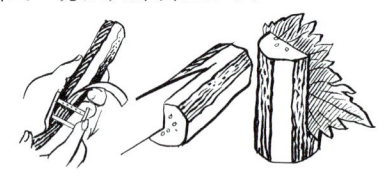

作り方 **1**、**3**

きゅうりとクリームチーズのサンドイッチ
相性のよい組み合わせ。きゅうりは塩を振り、水けをきってからサンドする

    〈これは2人分〉
    食パン(サンドイッチ用)　4枚
    バター　適量
    マスタード　適量
    きゅうり　1本
    塩　少々
    クリームチーズ　50 g

1 食パンは2枚1組にして合わせる面にバターをぬり、それぞれ片面にはさらにマスタードもぬる。
2 きゅうりは斜めに薄切りにし、塩を振ってしばらくおき、水けをきっておく。
3 クリームチーズは室温に出し、やわらかく練り、食パンにぬる。きゅうりを並べてサンドし、食べよく切り分ける。

きゅうりと卵のスープ
仕上げにレモン汁を落としてさわやかに

きゅうり　1本
レタス　1～2枚
卵　1個
水　5カップ
固形スープの素　2個
塩　少々
こしょう　少々
水溶き片栗粉
　｛片栗粉　小さじ2
　　水　小さじ2
レモン汁　少々

1 きゅうりは縦にシマシマに皮をむき、薄い輪切りにする。レタスは大きめの一口大にちぎる。器に等分に入れておく。
2 水とスープの素を火にかけ、スープの素がとけたら塩、こしょうで味を調える。フツフツしたら水溶き片栗粉を混ぜてとろみをつけ、再びフツフツしたらといた卵を流し入れる。
3 卵がフワッと浮いてきたら火を止め、レモン汁を落とし、1の器に注ぐ。

きゅうりの磯あえ
のりがアクセントの酢のもの

きゅうり　3本
塩水
　｛水　3カップ
　　塩　大さじ1
合わせ酢
　｛米酢　大さじ1
　　砂糖　小さじ1
　　薄口しょうゆ　小さじ1
　　しょうが汁　少々
焼きのり　1枚

1 きゅうりは薄い輪切りにし、海水くらいの塩水に入れて15分おき、水けをしぼる。
2 のりはもみのりにする。
3 合わせ酢できゅうりをあえ、のりを加えてサッと混ぜる。

きゅうりの梅あえ
きゅうりのしんなり加減はお好みで

きゅうり　2本
梅干し　大1個

1 きゅうりは薄い輪切りにし、海水くらいの塩水（分量外）に入れて10～30分おき、水けを軽くしぼる。
2 梅干しは果肉をちぎってほぐし、種も一緒にきゅうりとあえる。種は取り出して盛りつける。

きゅうりのごまあえ
水けの多いきゅうりは、ごまをねっとりとペースト状になるまですれば大丈夫

きゅうり　3本
ハム　3枚
あえ衣
　｛白いりごま　大さじ3
　　薄口しょうゆ　小さじ2
　　マスタード　小さじ½
　　酒　小さじ½

1 きゅうりは縦にシマシマに皮をむき、薄い輪切りにする。ハムは半分に切ってから細切りにする。
2 ごまはねっとりするまでよくよくすり、薄口しょうゆ、マスタード、酒を加えてさらによくすり混ぜる。
3 きゅうりとハムを加え、よくあえる。

きゅうり

きゅうりのさっぱりサラダ

サラダといってもオイルなし。きゅうりにレモンじょうゆがよく合って、さわやか

- きゅうり　2本
- 玉ねぎ　¼個
- セロリ　5㎝
- にんじん　5㎝
- パセリ　1本
- レモン汁　大さじ1
- 薄口しょうゆ　大さじ1
- 塩　少々
- こしょう　少々

1 きゅうりは4〜5㎝長さに切ってから縦8つに切り、塩少々（分量外）を振る。玉ねぎは繊維にそって薄切りにし、サッと水で洗い、水けをきる。セロリ、にんじんは千切りにする。パセリはちぎる。

2 **1**の野菜類全部を合わせてボウルに入れ、上からレモン汁、薄口しょうゆ、塩、こしょうを振り、全体を軽く混ぜて盛りつける。

きゅうりの塩水漬け

水が温まると味が落ちるから、夏は冷蔵庫に入れて漬けます

- きゅうり　3本
- しょうが　ひとかけ
- にんにく　ひとかけ
- 漬け塩水
  - 水　3カップ
  - 塩　大さじ1

1 きゅうりはピーラーなどで縦にシマシマに皮をむき、薄めの輪切りにする。しょうがは皮ごと薄切りにし、にんにくは2〜3つに切る。

2 密閉式の保存びんに入れ、塩水を加える。口をしっかり閉じ、びんをときどき逆さにして漬ける。冷蔵庫で3〜4時間で食べられるが、一晩おくともっとおいしくなる。

作り方 **2**

きゅうりのピクルス

きゅうりは切って漬けてもいいし、ハーブやスパイスは全部そろわなくてもOK

- きゅうり（細くて小さめ）　7〜8本
- 塩　少々
- A
  - 赤唐辛子　1本
  - しょうが（薄切り）　ひとかけ
  - ローリエ　1枚
  - 粒こしょう　適量
  - クローブ　適量
  - ディル　適量
- 漬け汁
  - 水　¼カップ
  - 酢　½カップ
  - 塩　大さじ1
  - 砂糖　大さじ1

1 きゅうりはまな板に並べて塩を振り、軽く板ずりする。

2 煮立った湯に**1**のきゅうりを入れ、再び煮立ったらザルにあげ、完全に冷ます。

3 漬け汁とAのスパイス類を火にかけて沸とうさせ、完全に冷ます。

4 清潔な密閉びんにきゅうりをぴっちり詰め、**3**を加える。きゅうりが完全に浸るように、ときどきびんを逆さにして2〜3日漬けたら食べ頃。

作り方 **1**

きゅうりのピリピリ炒め

炒めたきゅうりもうまし。強火で手早く炒めて、シャキッとした歯ざわりを残す

　　きゅうり　3〜4本
　　豚こま切れ肉　200g
　　塩　小さじ½
　　豆板醤　小さじ½〜1
　　サラダ油　大さじ1

1 きゅうりは縦半分に切ってから斜め薄切りにする。
2 フライパンにサラダ油を熱し、豚肉と塩を入れ強火で炒める。肉の色が白く変わりはじめたら豆板醤を入れてよく炒める。
3 さらにきゅうりを加えて強火で一気に炒め、味をみて塩(分量外)をたし、きゅうりの色があざやかになったら出来上がり。

きゅうりのポリポリ漬け

ビールにもいい夏の味

　　きゅうり　3本
　　青じそ　5枚
　　しょうが　少々
　　みょうが　2個
　　漬け汁
　　　　水　¼カップ
　　　　しょうゆ　大さじ2
　　　　砂糖　小さじ1
　　　　酒　小さじ1
　　　　梅干し　1個

1 きゅうりはピーラーで1本縦に皮をむき、長さを4等分に切る。青じそ、しょうがは千切りにする。みょうがは縦2つに切ってから斜め薄切りにする。
2 密閉びんに漬け汁の材料を入れて混ぜ、**1**を加えてフタを閉め、びんごと軽くゆする。びんを逆さにして一晩漬ける。冷蔵庫で保存すれば、3〜4日はおいしい。

きゅうりのみそサラダ

このソースは、ちょっとない味

　　きゅうり　3本
　　ソース
　　　　みそ　大さじ1
　　　　牛乳　大さじ2〜3
　　　　マスタード　小さじ山盛り1

1 きゅうりはピーラーで皮を全部むき、2cm厚さの輪切りにし、器に盛る。
2 ソースの材料をよく混ぜ合わせ、きゅうりの上からかける。

牛レバーのベネチア風

ワインによく合うイタリア風料理。レバーにしっかりと焼き色をつけるのがコツ

　　牛レバー(薄切り)　250g
　　玉ねぎ　2個
　　オリーブ油　大さじ2
　　塩　適量
　　こしょう　少々

1 玉ねぎは半分に切り、繊維にそって薄切りにする。
2 鍋にオリーブ油大さじ1と玉ねぎを入れて弱火にかけ、フタをして、ときどき混ぜながら10分ほど炒めて塩を振る。
3 フタを取って強火にし、焦げないように混ぜながら、色がつくまで炒めて、鍋の端に寄せておく。
4 さらにオリーブ油大さじ1をたして、レバーを強めの中火で炒める。表面がこんがりするまで炒めたら、塩、こしょうを振り、玉ねぎと一緒に混ぜて器に盛る。

きょうだい巻き

パンのおかずやビールのつまみに。親子で一緒に食べられる簡単メニュー

　　フランクフルトソーセージ　6本
　　プロセスチーズ(1cm角の棒状)　12本
　　ベーコン　12枚
　　にんじん　適量
　　パセリ　適量

1 ソーセージは縦半分に切る。

2 ソーセージの上にプロセスチーズをのせ、ベーコンでクルクルッと巻いて、オーブントースターで7～8分焼く。
3 器に盛って、スティック状に切ったにんじん、パセリを添える。好みでトマトケチャップをつけて食べても。

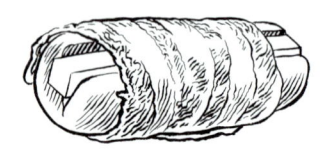

作り方 2

京風鍋
生麩(ふ)が手に入ったら、ぜひお試しあれ

鶏だんご
- 鶏挽き肉　300g
- 卵　1個
- しょうが汁　少々
- 片栗粉　大さじ2
- 塩　小さじ½弱
- こしょう　少々

白菜　⅛～¼個
春雨　70g
生麩　適量
加賀麩(乾)　適量
春菊　½わ
だし汁かチキンスープ　5～6カップ
A
- 薄口しょうゆ　大さじ2
- 酒　大さじ2
- みりん　大さじ1
- 塩　適量

柚子の皮　適量

1 春雨と麩は袋の表示通りに戻す。春雨は食べやすい長さに切る。
2 白菜は軸と葉に切り分け、軸は縦に細切り、葉はザク切りにする。春菊は4～5cm長さに切る。
3 鶏だんごの材料はよく混ぜ合わせる。
4 だし汁を火にかけ、フツフツしたらAで調味する。再びフツフツしたら 3 の鶏だんごのたねをスプーン2本でだんご状にまとめて次々入れていく。
5 鶏だんごに火が通ったら、白菜の軸、葉、春雨の順に入れる。白菜がシナッとしたら生麩、加賀麩、春菊を加える。薄くそいだ柚子の皮を香りに加えて食べる。汁がたくさん余ったら雑炊にしたり、うどんを入れたりして食べるとおいしい。

へぎ柚子→ コラム参照

餃子(ギョーザ)
寒い季節には白菜で、夏と秋にはキャベツで。焼いてもゆでてもおいしく食べられる

具
- 白菜かキャベツ　大4枚
- 片栗粉　大さじ1
- 豚挽き肉　250g
- 長ねぎ(みじん切り)　5cm
- にんにく(みじん切り)　ひとかけ
- しょうが(みじん切り)　ひとかけ
- 塩　小さじ½弱
- こしょう　少々
- ごま油　小さじ½

餃子の皮　1袋
サラダ油　適量
ラー油　適量
酢　適量
しょうゆ　適量

1 白菜かキャベツは熱湯でゆでてザルに取り、完全に冷めたら細かく刻んで水けをギュッとしぼる。
2 ボウルに 1 を入れて片栗粉を加え、箸で全体にまぶすように混ぜる。
3 別のボウルに豚挽き肉、長ねぎ、にんにく、しょうが、塩、こしょう、ごま油を加えてよく混ぜ、2 を加えて均一になるようによく混ぜ合わせ、餃子の具にする。
4 餃子の皮に具を適量のせ、皮の周囲に水をつけて2つ折りにし、ひだを取ってし

っかり口を閉じる。残りも同様にして作る。

5 フライパンを熱してサラダ油を入れ、火を弱めてから餃子を並べる。皮にうっすらと焼き色がついたら、餃子の半分くらいの高さまで湯を注ぎ、フタをして強火で蒸し焼きにする。

6 湯がなくなってきたらフタを取り、中火にしてしばらく焼く。フライ返しを差しこんでみて、おいしそうなこげ色がついていたら出来上がり。器に盛り、ラー油、酢、しょうゆで食べる。

作り方 4

餃子各種
→メニュー別索引〈餃子〉を参照

餃子せんべい
皮が半端に残ったときにお試しあれ

餃子の皮　適量
バター　適量
粉チーズ　適量

1 バターは室温に戻してやわらかくしておく。

2 餃子の皮の片面にバターをぬり、粉チーズを一面に振りかける。これをオーブントースターの天板に、重ならないように広げてのせる。

3 2をオーブントースターに入れ、こんがりきつね色になるまで焼く。

餃子チャーハン
まさしく餃子の味のするチャーハン！

〈これは2人分〉
ご飯　2人分
豚挽き肉　100ｇ
キャベツ　2枚
にら　¼わ
にんにく(すりおろし)　少々
ごま油　大さじ1
塩　適量
こしょう　適量
しょうゆ　少々

1 キャベツとにらは細かく刻む。

2 ごま油を熱して挽き肉とにんにくを強火で炒め、肉に火が通ったらキャベツとにらを加えて塩、こしょうを振り、全体がアツアツになるまで炒める。

3 ご飯を加えて広げ、焼き炒めるようにして具を混ぜ合わせる。ご飯がアツアツになったら、風味づけにしょうゆを落として火を止める。

餃子鍋
ピリ辛ねぎじょうゆがキメテです

餃子　20個
えのき茸　大1袋
にら　1わ
湯　6カップ
ねぎじょうゆ
　長ねぎ(みじん切り)　大さじ2
　しょうゆ　大さじ2
　豆板醤(好みで)　適量

1 えのき茸は石づきを切り、下のくっついているところに包丁を入れてバラバラにほぐす。にらは長さを3等分に切る。

2 ねぎじょうゆを作る。しょうゆに長ねぎのみじん切り、豆板醤を加え混ぜる。

3 鍋に6カップの湯を沸かし、餃子を入れて、しっかり中まで火を通す。

4 餃子が煮えたら、えのき茸、にらもゆでながら、ねぎじょうゆで食べる。

餃子の皮
たまには本式の餃子の皮はどうですか？

ぎょかい

すこぶるうまし!!
〈約20枚分〉
強力粉　1½カップ（150ｇ）
塩　少々
水　½カップ前後

1 ボウルに強力粉を入れ、塩を混ぜておく。

2 1に水を少し加減をしながら加え、おもちみたいな状態になるまで手でこねる。そのまま5〜10分放置してねかせる。この間に具を用意するとよい。

3 2の生地を2つにし、細長くのばし包丁で10等分に切る。もう1本も同じように切り、20等分する。

4 手のひらでコロコロまるめてから、めん棒で薄くのばし、具をのせて包む。しっかり口を閉じる。焼き餃子でも水餃子でもうまいが、水餃子にはだんぜん、手作りの皮がうまい。

餃子の皮→ コラム参照

魚介と春野菜のシチュー
サッと煮える素材をカレー風味でさらりと
あさり（砂抜き）　200ｇ
いかの胴　1杯分
ゆで卵　4個
カリフラワー　小1個
かぶ　4個
スープ
 ┌ 水　4カップ
 │ 固形スープの素　1個
 │ カレー粉　小さじ1
 │ 塩　少々
 └ こしょう　少々
ローリエ　1枚
塩　適量
こしょう　適量

1 あさりは殻をこすり洗いする。いかの胴は1cm幅の輪切りにする。ゆで卵は殻をむく。

2 カリフラワーは小房に切り分ける。かぶは皮をむき、大きいものは縦半分に切る。

3 スープにすべての材料とローリエを入れ、フタをして強火にかける。フツフツしてきたら中火にし、かぶがやわらかくなるまで煮る。味をみて塩、こしょうで調える。

ローリエ→ コラム参照

魚介のエスニックサラダ
ナンプラー入りドレッシングは魚介はもちろん、ねぎやごぼうなどにも不思議に合う
蒸しほたて　10〜12個
ゆでだこの足　1〜2本
干椎茸　3枚
にんにく　ひとかけ
ごぼう（ささがき）　1カップ弱
長ねぎ　½本
紫玉ねぎ　1個
サニーレタス　4〜5枚
赤ピーマン　1〜2個
三つ葉か香菜（シャンツァイ）（ザク切り）　1カップ
サラダ油　大さじ1
ドレッシング
 ┌ レモン汁　½〜1個分
 │ 米酢　大さじ1
 │ 砂糖　小さじ1
 │ 薄口しょうゆ　大さじ2
 │ 塩　少々
 │ 赤唐辛子（輪切り）　1〜2本
 │ ナンプラー（あれば）　大さじ1
 │ こしょう　少々
 │ にんにく（すりおろし）　少々
 └ サラダ油　大さじ1
香菜（好みで）　適量

1 蒸しほたてはひもとワタをはずして分け、黒い砂袋は取りのぞく。ゆでだこの足は斜め厚切りにする。

2 干椎茸は戻して細切りにし、にんにく

は薄切りにする。

3 ごぼうはささがきにして用意し、熱湯でサッとゆでる。長ねぎは斜め薄切りにし、紫玉ねぎは縦半分に切ってから繊維にそって薄切りにする。サニーレタスは一口大にちぎり、赤ピーマンは薄い輪切りにする。

4 ボウルにドレッシングの材料を記載順に混ぜ合わせておく。ナンプラーの代わりにアンチョビ4尾を刻んで加えてもよい。

5 フライパンにサラダ油を熱し、蒸しほたて、ゆでだこの足、椎茸、にんにくを強火で炒める。全体を炒めたら、アツアツのうちに **4** のドレッシングの中に加えて、ザッと混ぜ合わせる。

6 さらに **3** の野菜類と三つ葉(香菜)を次々と混ぜながら加え、全体に味がなじんだら器に盛って、好みで香菜を散らす。

魚介の塩焼きそば

魚介の風味が引き立つあっさり味。ホットプレートなら、一度に炒め合わせてもOK

〈これは2人分〉
焼きそばめん　2人分
玉ねぎ　½個
しょうが　少々
いか　小1杯
キャベツ　3〜4枚
ゆでだこの足　1本
ゆでえび　2〜3尾
サラダ油　適量
塩　小さじ½〜1
こしょう　少々
酒　大さじ1
青のり　適量
紅しょうが　適量

1 玉ねぎは繊維にそった薄切りにし、しょうがは千切りにする。

2 いかは胴を4〜5cm長さで1cm幅に切り、足は食べよく切る。

3 キャベツはザク切りにする。ゆでだこの足は食べよく切り、ゆでえびは殻をむいて少し斜めに2つに切る。

4 フライパンか中華鍋にサラダ油大さじ1を熱して玉ねぎとしょうがを炒め、全体に油がまわったらいかを炒める。続いてキャベツ、ゆでだこの足、ゆでえびの順に加えて強火で炒め、塩、こしょう、酒で味を調え、いったん器に取る。

5 **4** のフライパンにサラダ油少々をたして熱し、焼きそばめんを袋の表示通り、焼きつけるように炒める。

6 全体に油がなじんだら、**4** の具を戻し入れて強火でザッと炒め合わせ、器に盛って青のりを振り、紅しょうがを散らす。

魚介の地中海風煮込み

トマトを加えたら火を強めにして一気にガーッと煮ると、きれいな色に仕上がる

あさり(砂抜き)　200g
えび　8尾
いか　1杯
赤ピーマン　1個
黄ピーマン　1個
にんにく　ひとかけ
オリーブ油　大さじ2
トマト水煮缶詰　大1缶(約400g)
塩　小さじ½
こしょう　少々
バジル　少々
湯　2カップ

1 あさりは殻をよくこすり合わせて洗い、汚れを落とす。

2 えびは殻をむき、背ワタがあれば抜く。いかは胴を縦半分に切ってから、横1.5cm幅に切り、足は食べよく切る。

3 赤ピーマン、黄ピーマンは縦1cm幅に切り、にんにくは薄切りにする。

4 鍋にオリーブ油とにんにくを入れ、中火にかけて炒め、香りがたったらトマト缶

詰を缶汁ごと加える。強火にしてトマトの色がパーッとあざやかになったら、木ベラでザッとつぶして塩、こしょう、バジル、湯を加える。

5 フツフツしてきたら、あさり、えび、いか、ピーマン類の順に加えて中火で7〜8分煮、味をみて塩、こしょうで調える。

切り干し大根のおかず煮

具だくさんでこっくり煮ると、立派な主菜

切り干し大根（乾）　1カップ
鶏こま切れ肉　150g
生椎茸　4個
にんじん　5cm
しょうが　ひとかけ
ごま油　大さじ2
A ┌ みりん　大さじ1
　 │ しょうゆ　大さじ2
　 └ 水　適量
白いりごま　適量

1 切り干し大根はサッと洗ってたっぷりの水に30分くらいつけ、つけ水ごと10分くらいゆで、水けをきる。あら熱が取れたら、食べやすく切る。

2 生椎茸は軸を取って薄切りにする。にんじんは薄い輪切りにしてから細切りにする。しょうがは皮をむいて千切りにする。

3 ごま油を熱してしょうが、生椎茸、鶏肉、切り干し大根、にんじんの順に加えて強火で炒める。

4 肉に火が通ったらAのみりん、しょうゆ、水をヒタヒタに加え、フタをして中火で10分くらい煮る。火を止め、あら熱が取れるまでそのままおいて味を含ませる。

5 器に盛り、ごまを振る。

切り干し大根の関西風

切り干し大根は下ゆでするから、短時間でもこっくりした煮上がりに

切り干し大根（乾）　1カップ
干椎茸　2枚
にんじん　½本
油揚げ　1枚
ごま油　大さじ1
煮汁
　┌ だし汁　1½カップ
　│ 薄口しょうゆ　大さじ1½
　└ 酒　大さじ1½

1 切り干し大根は水洗いして、たっぷりの水に20〜30分つけて戻す。これを熱湯でサッとゆで、水けをきって食べよく切る。

2 干椎茸は戻して薄切りにする。にんじんは斜め薄切りにしてから細切りにする。油揚げは湯で洗ってギュッとしぼり、縦半分に切って細切りにする。

3 鍋にごま油を熱し、切り干し大根、椎茸、にんじん、油揚げを入れて強めの中火でよく炒める。

4 全体に油がまわってアツアツになったら、煮汁の材料を加え、フタをして中火で10分ほど煮る。煮えたらフタをしたまましばらくおき、煮汁を含ませる。

切り干し大根の関東風煮つけ

懐かしいおふくろの味。戻してからゆでる下ごしらえはていねいに

切り干し大根（乾）　1カップ
にんじん　½本
油揚げ　1枚
煮汁
　┌ だし汁　1カップ
　│ 砂糖　小さじ1
　└ しょうゆ　大さじ2

1 切り干し大根はザッと洗って、たっぷりの水に20〜30分つけて戻す。

2 **1**をつけ汁ごと火にかけ、ほどよいかたさにゆでてザルに取り、水けをきって食べよい長さに切る。

3 にんじんは細切りにする。油揚げは湯

きりみでつくるたいめし

で洗ってギュッとしぼり、縦半分に切ってから5mm幅の細切りにする。
4 鍋に煮汁のだし汁、砂糖、しょうゆを入れて火にかけ、フツフツしてきたら油揚げ、切り干し大根、にんじんを加え、弱めの中火でフタをして、20分ほど煮含める。

切り干し大根の上品煮
大根は干すとより甘みを増すので、砂糖を加えず上品な味に仕上げる

切り干し大根(乾)　1カップ
油揚げ　½〜1枚
煮汁
　｜ だし汁　2カップ
　｜ 酒　大さじ1
　｜ 薄口しょうゆ　大さじ1

1 切り干し大根はザッと洗って、たっぷりの水に20〜30分つけて戻す。
2 **1**をつけ汁ごと火にかけ、ほどよいかたさにゆでてザルに取る。あら熱が取れたら水けをしぼって食べよく切る。
3 油揚げは湯で洗ってギュッとしぼり、あらみじんに切る。
4 鍋に煮汁の材料を入れて火にかけ、フツフツしたら切り干し大根と油揚げを加えてフタをし、中火で10分ほど煮る。あら熱が取れるまでそのままおいて味を含ませる。

切り干し大根の中国風煮もの
風味よく炒めてから煮て、最後に汁けをとばせば出来上がり

切り干し大根(乾)　1カップ
きくらげ(乾)　大さじ2
干椎茸　4〜5枚
桜えび　大さじ山盛り3
ごま油　大さじ1
煮汁
　｜ 水　2カップ
　｜ しょうゆ　大さじ2
　｜ 砂糖　大さじ1

1 切り干し大根はザッと洗って戻し、水けをきって食べよい長さに切る。きくらげは袋の表示通りに戻し、かたい部分を切り落とす。干椎茸は戻して千切りにする。
2 鍋にごま油を熱し、椎茸、桜えび、切り干し大根、きくらげを入れて強火で炒め合わせる。油がまわったら、煮汁の材料を入れてフタをし、中火で煮る。
3 15分ほど煮たらフタを取り、鍋をゆすりながら汁けをとばす。

切り身魚のマスタード焼き
どんな魚にも合う手軽なソース。たっぷりと野菜を添えれば立派なメイン料理に

さば(三枚おろし)　1尾
塩　適量
こしょう　少々
マスタード　大さじ3
マヨネーズ　大さじ4
かぼちゃ　⅛個
ピーマン　4個
サラダ油　少々

1 さばは片身をそれぞれ2等分し、塩少々とこしょうを振っておく。
2 マスタードとマヨネーズは合わせ混ぜる。
3 かぼちゃは1cm厚さのくし形に切る。ピーマンは縦半分に切る。
4 オーブンの天板にサラダ油をぬり、水けをふいたさばを皮を上にして並べ、この上に**2**のソースをぬる。
5 さらに天板のあいているところに**3**の野菜を並べ、塩を振り、180度に温めておいたオーブンで約20分焼いて、器に盛る。先に野菜が焼けるので取り出す。

切り身で作る鯛めし
鯛は軽く焼くのがポイント。これで風味がついて味わいグーンとアップ！

きんかん

米　2カップ（2合）
鯛　2〜3切れ
塩　少々
しょうが（千切り）　½かけ
A ┌ 塩　小さじ½
　├ しょうゆ　小さじ2
　├ みりん　小さじ2
　└ 酒　大さじ2
木の芽　適量

1 米はといでふつうに水加減する。
2 鯛は塩を振り、表面をグリルなどで軽く焼いておく。
3 **1**から大さじ3強の水（調味料分）を取りのぞき、Aの調味料を加えてザッとひと混ぜし、しょうがを散らす。さらに**2**の鯛を並べて炊飯器のスイッチを入れる。
4 炊き上がったら、鯛を取り出して皮や小骨などをていねいに取りのぞく。身をほぐしてご飯に戻す。底から全体をほっくりと混ぜて器に盛り、木の芽を散らす。

きんかんみつ煮
カツ代流はまったく手間なし。シロップはたっぷりめに

きんかん　適量
水　適量
砂糖　きんかんの重さの半量

1 きんかんはよく洗い、竹串などでヘタを取る。これをたっぷりの湯でサッとゆで、水に取ってアクを抜き、水けをきる。
2 鍋にきんかんを入れてかぶるくらいの水を注ぎ、砂糖を加えて、中火よりやや弱めの火加減で30〜40分煮る。シロップごとびんで保存。

金銀豆腐
涼しげな豆腐と玉子豆腐の取り合わせ

絹ごし豆腐　1丁
玉子豆腐
　┌ 卵　3個
　├ だし汁（冷ます）　卵と同量
　├ 塩　小さじ¼
　├ しょうゆ　小さじ¼
　└ 砂糖　小さじ¼
薬味
　┌ しょうが（すりおろし）　適量
　├ 細ねぎ（小口切り）　3〜4本
　└ 青じそ（千切り）　1わ
しょうゆ　適量

1 豆腐はかぶるくらいの水に入れて火にかけ、中まで完全に熱くする。あら熱が取れたら、冷蔵庫で冷やす。
2 卵はとき、だし汁と調味料を混ぜ、ぬらしたみそこしなどを通してこしてなめらかな卵液にする。
3 中を水でぬらした流し箱に**2**を入れ、蒸気の立った蒸し器で弱火で20分ほど蒸す。あら熱が取れたら、冷蔵庫で冷やす。
4 大きい器に氷水を作り、豆腐と玉子豆腐をさいころ状に切って入れる。好みに取り分け、薬味としょうゆで食べる。

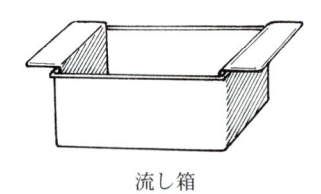

流し箱

錦糸卵
何かと美しさのキメテとなる卵の飾り。すしや冷やし中華には欠かせない

卵　3個
塩　少々
サラダ油　少々

1 卵はときほぐして塩を入れ、できるだけ泡立てないように静かによくかき混ぜる。
2 フライパンを中火で熱してサラダ油を入れ、サッとふく。ここへ卵液を流し入れ、全体に薄く広げる。卵を入れすぎたと

思ったらすぐに戻し、とにかく薄くして中火かやや強めの火で焼く。
3 表面が乾いてきたら、卵の裏側に箸を1本入れ、クルクルまわしながら中ほどまで箸を進めて卵を持ち上げる。これをヒョイと裏返して、サッと焼く。裏返すのが難しい人は裏返さずに弱火に落とし表面が乾くまでじっくり焼いて火を通す。残りも同様に焼く。
4 **3**のあら熱が取れたら千切りにする。

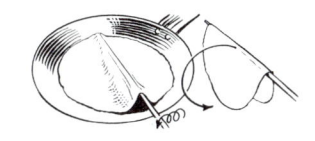

作り方 **3**

きんちゃく揚げ

餃子や焼売の皮が余ったときに。ビールのつまみにピッタリ！

　鶏挽き肉　50ｇ
　プロセスチーズ　適量
　餃子か焼売の皮　½袋
　揚げ油　適量

1 プロセスチーズは餃子または焼売の皮の数だけ5㎜角くらいに切る。
2 皮の上にティースプーンで軽く1杯の鶏挽き肉をのせ、ナイフで平らにのばして、真ん中にプロセスチーズをおく。皮のまわりに水をつけ、空気が入らないようにパタッと半分に折ってしっかりつける。
3 同様に茶巾のようにしぼってもOK。
4 揚げ油を低めの中温(170度)に熱し、**2**と**3**をカラリと色よく揚げる。

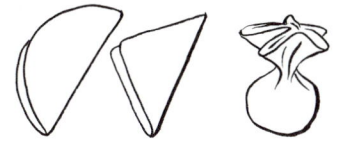

作り方 **2**、**3**

きんちゃく卵

油揚げの袋に卵を落として煮るだけ。簡単だけど立派な一品。おでんにもどうぞ

　油揚げ　4枚
　卵　8個
　オクラ　1袋
　煮汁
　┌ だし汁　2カップ
　│ 酒　大さじ2
　│ しょうゆ　大さじ2
　└ 砂糖　大さじ1
　とき辛子か七味唐辛子(好みで)　適量

1 油揚げは半分に切って開きやすいように手のひらでたたいてそっと袋状に開く。これをたっぷりの湯でゆでて水洗いし、切り口を下にして水けをしぼる。オクラはヘタを切り落とす。
2 鍋に煮汁のだし汁と調味料を入れて中火にかけ、フツフツさせておく。卵を1個ずつ小さい器に割り入れ、油揚げの袋にポトンと入れ、大急ぎで袋の口をようじでとめ、すぐに煮汁に入れていく。フタをして強めの中火で5〜6分煮る。ときどき煮汁をまわしかけ、オクラも途中で加える。
3 きんちゃく卵を器に盛り、オクラを添える。好みでとき辛子をつけたり、七味唐辛子を振って食べる。

作り方 **2**

きんとん

カツ代流きんとんは裏ごしはなし。ほどよい甘さとほっこりした味わいが最高！

　さつま芋　大2本(約800ｇ)
　くちなしの実　1〜2個

栗の甘露煮　1びん（約500ｇ）
砂糖　¼〜½カップ
水あめ　大さじ1強
塩　ひとつまみ
みりん　大さじ1

1 さつま芋は2㎝厚さくらいの輪切りにし、厚めに皮をむく。これを海水より濃いめの塩水（分量外）に5〜10分さらし、アクを抜いて水けをきる。

2 栗の甘露煮は1個を4つくらいに切り、シロップは1½カップ取っておく。1½カップなければある分だけ全部使う。

3 鍋にさつま芋とくちなしの実を入れ、ヒタヒタの水を加えてゆでる。竹串がスーッと通るくらいにやわらかくなったら引き上げ、残ったゆで汁はわずかでも取っておく。くちなしの実は取りのぞく。

4 さつま芋は熱いうちにマッシャーなどでていねいにつぶし、ある程度つぶれたところで、シロップ、砂糖、水あめ、塩を加える。

5 これを木ベラで混ぜるか、ブレンダーなどにかけて混ぜる。

6 5 がなめらかになったら、弱火にかけてさらに練り、ときどきフツッとしはじめたら、栗を加え、しっかり火を通す。焦げつきそうなときは、3 のゆで汁（½カップ以内で）を加えてよく練る。

7 栗まで完全に火が通ったら、みりんを加えてさらに練り、つやよく仕上げる。

ぎんなん粥(がゆ)

一年に一度くらいはめんどうがらずに、のんびりと味わうのもよいもの

米　1カップ
水　5カップ
ぎんなん（生）　1カップ
ロースハム　4枚
塩　適量
湯　1カップ

1 米は洗って水けをきる。

2 ぎんなんは殻を割り、実を取り出す。小鍋にぎんなん、ヒタヒタの水を加えて中火にかけ、フツフツしてきたらおたまの底でコロコロと転がしながら薄皮を取る。薄皮が取れたらザルにあけ、薄皮を取りのぞく。

3 厚手の鍋に米と分量の水を入れ、中火にかける。フツフツしてきたらぎんなんを加え、再びフツフツしてきたら弱火にし、フタをして25〜30分炊く。

4 ロースハムはあらみじんに刻む。

5 3 が炊き上がったら味をみて塩で味を調え、湯1カップを加え、水でぬらした菜箸で切るようにして混ぜ、フタをして火を止める。

6 器に 5 を盛り、ロースハムを散らす。
　ぎんなんの殻、栗の皮→ コラム参照

きんぴら各種

→メニュー別索引〈きんぴら〉を参照

きんぴら煮しめ

別名「ずぼらな煮しめ」とも呼ぶ、だしいらずの簡単煮もの。お正月用にもＯＫ

〈作りやすい分量〉
にんじん　1本
れんこん　1節
ゆで竹の子　小1本
こんにゃく　1枚
ごぼう　1本
干椎茸　8枚
ごま油　大さじ1〜2
A｛酒　大さじ2
　みりん　大さじ2
　薄口しょうゆ　大さじ2
　砂糖　大さじ1
　しょうゆ　大さじ1
絹さや　100ｇ

1 にんじんは4㎝長さに切り、縦2〜4

つ割りにして、芯の部分は面取りする。れんこんも同様に切り、5分ほど水にさらす。ゆで竹の子も同様に切る。

2 こんにゃくは1㎝弱の厚さに切り、中央に切り込みを入れて片方の端をくぐらせ、手綱（たづな）こんにゃくにする。

3 ごぼうは4㎝長さに切り、太ければ縦半分に切って5分ほど水にさらす。干椎茸は軸を取ってサッと洗う。

4 鍋にれんこん、竹の子、こんにゃく、ごぼう、干椎茸を入れ、かぶるくらいの水を注ぎ、フタをして強めの中火で10～15分ゆでる。野菜がやわらかくなったらにんじんを加えさらに5分ゆでて全部をザルにあげる。椎茸はあら熱が取れたら2～3つに切る。小さいものはそのままでもよい。

5 鍋にごま油を熱し、**4**を強めの中火で炒める。全体に油がまわったら、いったん火を止め、Aを加える。

6 再び強めの中火にかけ、鍋をときどきゆすりながら、味をからめて火を止める。

7 器に盛り、塩少々（分量外）を加えた熱湯で色よくゆでた絹さやを飾る。

作り方**1**、**2**

きんぴらピーマン
ピーマンはよ～く炒めてシナシナに仕上げる。お弁当のおかずにも最適

 ピーマン　8～10個
 ごま油　大さじ1
 みりん　大さじ1
 しょうゆ　大さじ1
 白いりごま　適量
 削り節　1パック

1 ピーマンは縦半分に切り、5㎜幅の斜め切りにする。

2 フライパンにごま油を熱し、ピーマンを強めの中火でよく炒める。しんなりしたらいったん火を止めてみりんとしょうゆを加え、再び火をつける。焦がさないように味をからめ、やわらかくなるまで炒める。

3 最後に白いりごまと削り節をもみながら振り入れて混ぜ、火を止めて器に盛る。

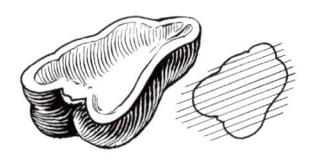

作り方**1**

きんめ鯛とふきのスープ煮
白身の魚なら何でも。ふきと一緒に薄味で煮るのがコツ

 きんめ鯛　4切れ
 塩　少々
 ふき　2本
 スープ
  固形スープの素　1個
  塩　少々
  こしょう　少々
  水　3カップ

1 きんめ鯛は皮側に包丁めを入れ、塩少々を振っておく。

2 ふきはすじを取り、4～5㎝長さに切ってサッとゆでる。

3 平鍋にスープの材料をすべて入れて中火にかけ、フツフツしたらきんめ鯛を並べ入れる。あいているところに**2**のふきも入れ、魚に火が通るまで10～15分煮る。

作り方**1**

きんめだい

きんめ鯛の辛くてすっぱいスープ
煮魚でおなじみの魚がちょっとエスニック風味のスープに

- きんめ鯛　4切れ
- 塩　小さじ½
- こしょう　少々
- セロリ　1本
- にんじん　1本
- 新じゃが芋　200ｇ
- にんにく　ひとかけ
- しょうが　ひとかけ
- 赤唐辛子　3～4本
- 水　6カップ
- 固形スープの素　1個
- チリパウダー　少々
- レモン汁　½個分

1 きんめ鯛は塩、こしょうを振る。
2 セロリはすじをのぞいて5～6㎝長さのブツ切りにする。太いところは縦2つに切る。にんじんは5～6㎝長さに切ってから縦4等分に切る。新じゃが芋は大きければ2～4つに切り、小さければ丸ごと使う。
3 にんにくはつぶし、しょうがは薄切り、赤唐辛子は種をのぞいて2つにちぎる。
4 鍋に分量の水、**2** の野菜、**3** の香味野菜、固形スープの素を入れて火にかけ、フツフツしてきたらきんめ鯛を入れる。
5 再びフツフツしてきたら弱火にし、15～20分煮る。野菜がやわらかくなったら、チリパウダーを加え、味をみて塩で調える。最後にレモン汁を入れてすぐに火を止める。

きんめ鯛の煮つけ
きんめ鯛の他にどんな魚でも。少なめの煮汁、強火でワーッと短時間煮るのが原則

- きんめ鯛　4切れ
- しょうが　ひとかけ
- 煮汁
  - 水　½カップ
  - 酒　½カップ
  - みりん　大さじ3
  - しょうゆ　大さじ3
- ピーマン　4個

1 きんめ鯛は水けをふき、皮のほうに1本切りめを入れる。
2 しょうがは皮ごと繊維を断つように薄切りにする。ピーマンは縦2～4つに切る。
3 広口の浅鍋の中を水でぬらし、煮汁としょうがを入れて強火にかける。フツフツしたら魚の皮を上にして並べ、強めの火で煮る。途中、ときどき煮汁をまわしかける。煮汁がなくなってきたら湯(分量外)を少々たす。
4 八分どおり火が通ったら、魚のすき間に付け合わせのピーマンを加えて煮上げる。

日本酒と料理酒→ コラム参照

きんめ鯛の吹き寄せ蒸し
簡単、おいしい、見栄えよし

- きんめ鯛　4切れ
- 長芋　10㎝
- にんじん　小1本
- ぎんなん(水煮)　12粒
- A
  - だし汁(冷ます・濃いめ)　1カップ
  - 酒　大さじ4
  - 薄口しょうゆ　大さじ1
  - 塩　小さじ½弱
- 三つ葉　適量
- 柚子の皮　少々

1 きんめ鯛は水けをふく。
2 長芋は皮をむいて1㎝角、5㎝長さくらいに切る。にんじんは縦に2～3㎜厚さに切り、もみじ形にきれいに抜く(抜き型がなければ、薄い輪切りにする)。余ったにんじんは他の料理で使う。
3 それぞれの器に抜いたあとのにんじん

くしかつ

を敷き、上に魚をのせる。長芋、もみじ形のにんじん、ぎんなんを添え、Aを混ぜ合わせて魚にまわしかける。
4 蒸気の立った蒸し器に入れ、強火で10分くらい蒸す。
5 三つ葉を2cm長さに切って散らし、薄くそいだ柚子の皮をのせる。

型抜き野菜→ コラム参照

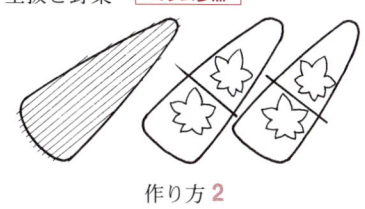

作り方 **2**

空也蒸し→ コラム参照
湯せん→ コラム参照

作り方 **2**

串かつ
竹串はぬらしてから肉を刺すと、揚げたあと簡単に抜けて食べやすい

豚ロース肉(とんかつ用)　4枚
長ねぎ　2本
塩　少々
こしょう　少々
衣
　┌　小麦粉　1カップ
　│　卵水(卵1個と水)　1½カップ強
　└　生パン粉　適量
揚げ油　適量
キャベツ　適量
ソースかトマトケチャップ　適量

1 豚ロース肉は1枚を4つに切る。長ねぎは3〜4cm長さに切る。
2 竹串を水でぬらし、豚肉、長ねぎ、豚肉、長ねぎの順に刺して塩、こしょうを振る。子ども用にはキッチンばさみで串の先を切ってしまう。
3 衣を作る。まずとき卵に水を加え混ぜて1½カップ強にする。これを小麦粉と合わせ混ぜてドロンとした衣にし、**2** をつけて、さらにパン粉をまぶす。
4 揚げ油を中温(170〜180度)に熱して **3** を入れ、肉に完全に火が通るまでしっかり揚げる。
5 串かつを器に盛ってちぎったキャベツを添え、ソースやトマトケチャップで食べる。ソースにとき辛子を混ぜてもおいしい。

く

空也蒸し
豆腐の茶碗蒸しは、やや濃いめに味をつけるのがポイント

絹ごし豆腐　1丁
卵液
　┌　卵　3個
　│　だし汁(冷ます)　2カップ
　│　塩　小さじ½強
　└　薄口しょうゆ　小さじ2
三つ葉(刻んだもの)　適量

1 豆腐はザルにのせて、自然に水けをきる。
2 卵はとき、だし汁と調味料を混ぜ、水でぬらしたみそこしなどを通してこす。
3 豆腐を4等分に切り、中を水でぬらした碗に入れ、卵液を等分に加える。
4 蒸気の立った蒸し器に入れ、2〜3分中火で蒸してから弱火で15分くらい蒸す。蒸し上がったら刻み三つ葉を散らしフタをする。

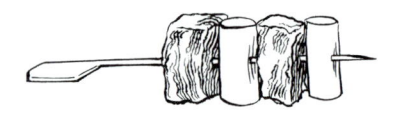

作り方 2

クッパ風ぶっかけ飯
ねぎじょうゆがカツ代流。韓国の唐辛子粉があれば一味唐辛子は不要

　温かいご飯　4人分
　牛ロース薄切り肉　250g
　ぜんまい(水煮)　1袋(200g)
　にんじん　½本
　しょうが　小ひとかけ
　にんにく　小ひとかけ
　にら　1わ
　湯　6カップ
　固形スープの素　1個
　塩　適量
　唐辛子粉か一味唐辛子　小さじ½〜1
　こしょう　適量
　ごま油　適量
　ねぎじょうゆ
　　｛長ねぎ　½本
　　　しょうゆ　大さじ2
　白いりごま　適量

1 牛ロース薄切り肉は長さを3つに切る。ぜんまいの水煮はよく洗って食べよい長さに切り、にんじんは細切りにする。

2 しょうがは皮ごと薄切りにし、にんにくはつぶす。にらは2cm長さに切る。

3 ねぎじょうゆを作っておく。長ねぎは小口切りにし、しょうゆに合わせる。

4 鍋にごま油大さじ1を熱してしょうが、にんにく、牛肉を炒め、肉の色が変わったら、ぜんまいの水煮とにんじんも加えてよく炒める。

5 さらに分量の湯、固形スープの素、塩、唐辛子粉、こしょうを加え、アクが出たらていねいにすくう。味をみて塩、こしょうで調え、にらを加える。再びフツフツしてきたら火を止め、すぐにごま油小さじ½を振る。

6 器に温かいご飯を盛って **5** をたっぷりとかけ、ねぎじょうゆ、白いりごま、さらに辛いものが好きなら唐辛子粉を振って食べる。

グラタン各種
→メニュー別索引〈グラタン〉を参照

クラッカーグラタン
くだいたクラッカー、牛乳、卵を混ぜ合わせるだけで、びっくりの出来上がり

　クラッカー(シンプルな塩味)　15枚
　牛乳　3カップ
　卵　2個
　マカロニ　1カップ
　ハム　50g
　マッシュルーム　7〜8個
　塩　少々
　こしょう　少々
　粉チーズ　大さじ山盛り4
　バター　適量

1 クラッカーは細かくくだき、牛乳と卵を加えて混ぜ合わせる。

2 マカロニは袋の表示通りにゆでる。ハムは2つに切って1cm幅に切る。マッシュルームは石づきを切り落とし、縦に薄切りにする(マッシュルームスライス缶詰小1缶を使ってもいい)。

3 マカロニとハム、マッシュルームを **1** に加えて混ぜ合わせ、塩、こしょうで味を調える。中を水でぬらした耐熱容器に入れ、粉チーズを振り、バターを点々とのせる。

4 温めておいたオーブン(200度)かオーブントースターに入れ、表面がこんがりして中がアツアツになるまで10〜15分焼く。

クラブハウスサンド
肉と野菜をたっぷりはさんだ、ボリューム&栄養満点のサンドイッチ

〈これは2人分〉
食パンかイギリスパン（8枚切り）　4枚
A ┌ バター　適量
　├ マスタード　適量
　└ マヨネーズ　適量
鶏むね肉　1枚
サラダ油　少々
ベーコン　4枚
レタス　4枚
トマト　1個
きゅうり　½本

1 鶏むね肉は塩、こしょう（各分量外）を振る。フライパンにサラダ油を熱し、鶏肉を両面焼いて中までしっかり火を通し、薄いそぎ切りにする。ベーコンはカリッと焼く。

2 トマトは5～7㎜の輪切りにして種をのぞき、きゅうりは斜め薄切りにする。

3 パンはトーストして片面にAのバター、マスタード、マヨネーズをぬり、2枚1組にしておく。

4 3のパンにレタス、鶏肉、ベーコン、トマト、きゅうりと重ねていき、もう1枚のパンでしっかりはさむ。同様にもう1つ作る。

5 パンを切るときは、2本のピックをサンドイッチの左右に刺してから、真ん中を半分に切り分けるとくずれない。

作り方 **5**

クリームコーンシチュー
あっという間のクリームシチュー。コーンクリームの甘みが口いっぱいに広がる

鶏肉（親子どんぶり用）　300g
にんじん　½本
玉ねぎ　1個
じゃが芋　2個
クリームコーン缶詰　中1缶（約230g）
水　1½カップ
固形スープの素　1個
牛乳　3カップ
塩　少々
こしょう　少々
バター　1㎝角

1 玉ねぎは縦2つに切り、繊維にそって1㎝幅に切る。にんじんは縦2つに切って半月に4～5㎜厚さに切る。じゃが芋は食べよく一口大に切る。

2 鍋に水、にんじん、玉ねぎ、じゃが芋、固形スープの素を入れてフタをして強めの中火にかける。フツフツしてきたら鶏肉を加える。

3 鶏肉とじゃが芋に火が通ったら、牛乳とクリームコーンを加え、すぐ弱めの中火にする。

4 フツフツしてきたら味をみて塩、こしょうで調え、火を止めたらすぐにバターを入れる。

栗入り黒豆
ゆでた豆に栗と砂糖を入れてまた一晩おき、じっくり味をしみ込ませて仕上げる

黒豆（できれば丹波産）　1カップ
湯（約60度）　4カップ
塩　小さじ¼
重曹　小さじ½
栗の甘露煮　小1びん
砂糖　¾カップ

1 黒豆は鍋に入れて分量の湯、塩、重曹を加え、ザッと混ぜてそのまま一晩おく。

2 翌日つけ汁ごととろ火にかけ、一度煮立ったら強火にして、水1カップ（分量

外・びっくり水)を入れる。表面が少し波立つくらいの弱火加減で煮る。豆によって煮る時間はまったく違う。3〜5時間、途中煮ている汁がなくなったら何度でも水をたす(豆にいつも煮汁がかぶっている状態にする)。豆がやわらかくなったら火を止めて、そのまま冷ます。

3 栗の甘露煮は1個を4つくらいに切り、シロップ、砂糖とともに **2** の鍋に加えて、また一晩おく。

4 翌日、さらに表面がかぶる程度に水をたし、弱火で30分ほど煮れば出来上がり。

グリーンポタージュ
ほうれん草がたっぷり入ったじゃが芋のクリームスープ

　　じゃが芋　4個
　　水　2カップ
　　固形スープの素　1個
　　ほうれん草　½〜1わ
　　牛乳　2½カップ
　　生クリーム　½カップ
　　塩　少々
　　こしょう　少々

1 じゃが芋は一口大くらいに切り、分量の水とスープの素でやわらかく煮る。

2 ほうれん草は少しやわらかめにゆで、水に取って冷まし、水けをしぼってブレンダーにかけるか細かく刻む。

3 じゃが芋のあら熱が取れたらスープごとブレンダーかミキサーにかけ、鍋にあける。

4 **3** にほうれん草と牛乳を加えて中火にかけ、フツフツしてきたら生クリームをたし、味をみて塩、こしょうで調える。

グリーンライス
色も香りもいい、付け合わせ向きご飯

　　米　2カップ(2合)
　　パセリ(みじん切り)　½カップ
　　バター　小さじ1

1 米はふつうより少し少なめの水加減にする。

2 刻んだパセリは布巾で包み、汁をしぼる。汁もパセリも使う。

3 米にパセリのしぼり汁を加えて混ぜ、バターをのせ、ふつうに炊く。

4 炊き上がったらパセリを加え、底のほうから全体に混ぜ込む。

栗きんとん
→「きんとん」を参照

栗ごはん
もち米を加え、栗に下味をつけるだけで、それはそれはの炊き上がり

　　米　2½カップ(2½合)
　　もち米　½カップ(½合)
　　栗(殻つき)　300g
　　みりん　小さじ2
　　塩　小さじ1
　　黒いりごま　適量

1 米ともち米は合わせてふつうに水加減する。

2 栗は水か湯をヒタヒタに加えて5分ゆで、あら熱が取れたら渋皮ごと殻をむく。先に底をむき、次に頭からむくのがコツ。

3 栗を半分に切り、ボウルに入れみりんと塩を振ってサッと混ぜ、20〜30分おく。

4 米に **3** の栗を汁ごと加え、表面を平らにしてふつうに炊く。

5 底のほうから混ぜ、盛りつけてごまを振る。

ぎんなんの殻、栗の皮→ コラム参照

作り方 **2**

クリスマスローフ
一年に一度だけのお楽しみは、いろんな味が混ざった豪華版

　　牛挽き肉　150ｇ
　　豚挽き肉　150ｇ
　　鶏挽き肉　150ｇ
　　ベーコン　100ｇ
　　ゆで卵(固ゆで)　2個
　　にんじん(すりおろし)　¼カップ
　　A ┌ パン粉　1カップ
　　　├ 牛乳　½カップ
　　　└ 卵　1個
　　塩　小さじ½
　　こしょう　少々
　　サラダ油　適量
　　〈付け合わせ〉
　　好みのゆで野菜　適量

1 Aはよく混ぜ合わせ、しっとりさせる。
2 ベーコンは細かく刻み、ゆで卵はあらく刻む。
3 合わせた挽き肉に**1**を加え、塩、こしょうを振り、すりおろしにんじんを加え、つかむようにしてよく混ぜる。ベーコン、ゆで卵も加えさらによく混ぜ合わせる。
4 水でぬらした天板に2等分にしてのせ、かまぼこ形に整える。
5 表面にサラダ油をぬり、200度のオーブンで10分焼き、180度に下げて20〜30分焼く。竹串を刺して、濁った汁が出ず、竹串の先が熱かったら、中まで焼けている証拠。
6 あら熱が取れたら1〜2㎝厚さに切り、付け合わせの野菜を添えて盛る。

グリンピース入り玉子焼き
豆の味わいが生きるから、ざっくりつぶす程度に

　　グリンピース(豆のみ)　½カップ
　　卵　3〜4個
　　塩　小さじ¼
　　酒　小さじ1
　　サラダ油　少々

1 グリンピースは熱湯でやわらかくゆで、水けをよくきる。熱いうちにマッシャーなどでつぶす。
2 卵はとき、塩と酒を加えて混ぜる。
3 卵焼き器かフライパンを熱してサラダ油を薄くひき、強めの中火にして卵を適量流し、手早く広げる。真ん中にグリンピースを細長くのせ、くるくると巻く。
4 残りの卵を流して広げ、**3**の卵焼きを芯にしてくるくると巻く。あら熱が取れたら、食べやすい厚さに切る。

グリンピースカレー
グリンピースの季節にだけ、つぶして甘みとコクをプラス

　　グリンピース(豆のみ)　2カップ
　　合い挽き肉　300ｇ
　　にんにく　ひとかけ
　　玉ねぎ　1個
　　カレー粉　小さじ1〜3
　　サラダ油　大さじ1
　　水　4カップ
　　カレールウ　小1箱(約100ｇ)
　　ローリエ　1枚

1 グリンピースはやわらかくゆで、熱いうちにマッシャーなどでつぶす。
2 にんにく、玉ねぎはみじん切りにする。
3 サラダ油を熱し、にんにくと玉ねぎを中火で炒める。玉ねぎがしんなりしたら、挽き肉を加えて色が変わるまでしっかり炒める。グリンピースとカレー粉を加え、中火で油がまわる程度に炒め合わせる。
4 分量の水とカレールウを加えて混ぜ、ローリエも加えて煮る。フツフツしたら弱火にし、フタをして10〜15分煮込む。途中、ときどき混ぜる。ナンなど好みのパンや温かいご飯などでどうぞ。

グリンピースのかき揚げ
豆の甘みと彩りが映える、紅しょうが入り

グリンピース(豆のみ)　1カップ
小麦粉　適量
衣
　┌ 小麦粉　1カップ
　└ 卵水(卵1個と水)　1カップ
紅しょうが(千切り)　大さじ山盛り1
揚げ油　適量

1 グリンピースは水けをふき、小麦粉を全体に薄くまぶす。
2 ボウルに卵水を入れてとき混ぜ、小麦粉を加えてよく混ぜ合わせる。グリンピースと紅しょうがを加えて混ぜ、全体に衣をからめる。
3 揚げ油を中温(170〜180度)に熱し、**2**をスプーンで一口大くらいにすくって入れる。衣がしっかりしたら、ときどき返して空気にふれさせながら、カラリとなるまでじっくり揚げる。

グリンピースのつぶし煮
食べやすく、お弁当にもぴったり

グリンピース(豆のみ)　1カップ
水　1カップ
砂糖　大さじ2
塩　少々
片栗粉　少々

1 鍋にグリンピース、水、砂糖、塩を入れ、フタをして弱火にかけ、やわらかくなって汁けがなくなるまで煮る。
2 片栗粉をパラパラと振り、全体を混ぜて火を入れて止める。熱いうちにすりこぎやフォークであらくつぶす。

グリンピースのひすい煮
豆の味と彩りを楽しむ薄味仕立て。甘さは好みで、冷やしてスプーンで汁ごとどうぞ

グリンピース(豆のみ)　1カップ
水　1½カップ
砂糖　大さじ1〜2
塩　少々
薄口しょうゆ　小さじ½

1 鍋にグリンピース、水、砂糖、塩、薄口しょうゆを入れて火にかけ、フツフツしてきたら、フタをして弱火にする。
2 15〜20分ほど煮て、グリンピースがやわらかくなったら火を止め、そのまま冷まして余熱で味を含ませる。
3 汁ごと器に盛り、スプーンですくって食べる。あら熱が取れたところで、冷蔵庫で冷やして食べてもおいしい。

グリンピースのフランス煮
旬のものでぜひ。朝食にもおすすめ

グリンピース(豆のみ)　2カップ
玉ねぎ　½個
ベーコン　2枚
水　1½カップ
バター　1㎝角
塩　小さじ½
こしょう　少々
砂糖　少々
牛乳　½カップ
片栗粉　大さじ1

1 玉ねぎとベーコンは7〜8㎜角くらいの大きさに切る。
2 鍋にグリンピース、玉ねぎ、ベーコンを入れ、分量の水を加えて中火にかける。
3 バター、塩、こしょう、砂糖を加え、フツフツしてきたら弱火にしてフタをして豆がやわらかくなるまで10〜20分煮る。
4 片栗粉に牛乳を加えて混ぜ、**3**にまわし入れてとろみをつけ、ひと煮する。

グリンピースのやわらか煮
くったり煮込むほどおいしい

グリンピース(豆のみ)　2カップ
キャベツ　¼個
にんじん　8㎝

ベーコン　2枚
水　1½カップ
塩　小さじ½
こしょう　少々
バター　小さじ1

1 キャベツは一口大にザクザク切る。にんじんは薄い輪切りにする。ベーコンは1cm幅に切る。

2 鍋の中を水でぬらし、グリンピース、1の野菜、ベーコン、水、塩、こしょうを入れ、バターをのせる。フタをして強火にかけ、フツフツしたら弱めの中火にしてグリンピースがやわらかくなるまで30分ほど煮込む。途中で一度全体を混ぜる。

くるくるビーフソテー

薄切り肉でチーズとピクルスを巻き、ただ焼くだけ

牛赤身薄切り肉　400g
プロセスチーズ（5mm厚さ）　適量
きゅうりのピクルス　適量
小麦粉　適量
サラダ油　大さじ2～3
マスタード　適量

1 チーズは縦半分に切る。ピクルスはチーズと同じ大きさに5mmの薄切りにする。

2 牛肉は1枚ずつ広げ、軽く小麦粉を振る。手前にチーズとピクルスをのせて巻き、全体に小麦粉を薄くまぶす。

3 フライパンを熱してサラダ油を入れ、肉の巻き終わりを下にして並べる。フタをし、弱めの中火で両面をこんがり焼く（パチパチとチーズがとけ出しはじめたら、焼き上がり）。マスタードをつけて食べる。

作り方 **1**、**2**

クルトン3種

料理によって、使い分けを。スープの浮きみやサラダのトッピングに

フライドクルトン
　食パン（8～12枚切り）　1枚
　揚げ油　適量

イタリアンクルトン
　食パン（8～12枚切り）　1枚
　オリーブ油　大さじ1

あっさりクルトン
　食パン（8～12枚切り）　1枚

食パンはまず、さいころ状に切り、1～2時間ほどそのまま広げて乾燥させておくと、調理しやすい。これはどのクルトンも共通。

〈フライドクルトン〉
揚げ油を低めの中温（170度）に熱し、食パンを入れてゆっくり揚げる。パンがカリッと揚がっておいしそうなきつね色になったら、油をよくきって引き上げ、キッチンペーパーなどの上に取り、余分な油を取る。

〈イタリアンクルトン〉
オーブントースターの天板に食パンをのせ、上からオリーブ油をまわしかける。まず1分焼いて天板を取り出し、全体を混ぜてから再び焼く。こんがりとおいしそうな焼き色がついたら出来上がり。

〈あっさりクルトン〉
オーブンの天板に食パンをのせ、170度で15分ほどカリッと焼く。

クレープサンド

甘くないので、軽い食事やおやつにもよい

〈これは2人分〉
クレープ生地
　小麦粉　½カップ
　卵　1個
　牛乳　½カップ
　とかしバター　大さじ½

くれそん

サラダ油　適量
バター　適量
ハム　適量
サラダ菜　適量

1 クレープ生地の材料を泡立て器でよく混ぜ合わせ(ダマダマしていても大丈夫)、かたくしぼったぬれ布巾をかけ、室温で30分くらい休ませる。

2 再び生地を泡立て器で混ぜ、なめらかにする。

3 フライパンを熱してサラダ油を薄くぬり、中火にして生地をおたま1杯くらい流す。すぐフライパンをまわして生地を全体に広げ、表面が乾いたら菜箸を差し込んで裏返し、軽く焼く(1枚目はきれいに焼けないが、2枚目からはきれいに焼けるようになる)。終わり近くになると生地がかたくなるので、牛乳少々(分量外)でのばしてから焼く。

4 クレープを広げてバターをぬり、サラダ菜とハムをのせ、くるくると巻いたり、4つにたたんで食べる。

クレソンとアーモンドサラダ
ご飯にもパンにも合うサラダ。アーモンドはからいりして香ばしさをプラス

クレソン　1わ
アーモンドダイス　大さじ山盛り1
セロリ　1本
にんじん　約5cm
レーズン　大さじ山盛り3
ドレッシング
　マヨネーズ　大さじ山盛り2
　米酢　大さじ1
　レモン汁　大さじ1
パセリ(みじん切り)　適量

1 クレソンは3cm長さに切る。セロリはすじをのぞいて斜め薄切りにし、にんじんは斜め薄切りにしてから千切りにする。

2 アーモンドダイス(アーモンドをあらく刻んだもの)は軽くからいりする。レーズンは湯に4～5分浸してやわらかくし、水けをきっておく。

3 ドレッシングを作る。大きめのボウルにマヨネーズ、米酢、レモン汁を合わせてかき混ぜる。

4 3にセロリ、にんじん、クレソン、レーズン、パセリの順に混ぜながら加え、最後にアーモンドダイスを振り入れ、ザッと混ぜて器に盛る。

クレソンと絹さやの旬炒め
出盛りの春には、たっぷり使って

クレソン　1わ
絹さや　150g
ベーコン　2枚
豚肩ロース薄切り肉　150g
桜えび　大さじ山盛り2
サラダ油　大さじ2
塩　小さじ½～1
こしょう　少々

1 クレソンはザクザク切る。絹さやはすじを取る。ベーコンは1cm幅、豚肉は2cm幅に切る。

2 サラダ油を熱し、ベーコンと豚肉を一緒に強火で炒める。肉の色が変わったら、桜えびと絹さやも加えてササッと炒める。

3 塩、こしょうを振ってひと混ぜし、クレソンを加えて炒め、全体がアツアツになったら火を止める。

クレソンと牛挽き肉炒め
肉のうまみがクレソンにほどよい味をプラス。野菜はややかために炒めたほうが美味

クレソン　3わ
牛挽き肉　100g
サラダ油　大さじ1
塩　適量
こしょう　少々

1 クレソンは長さを3等分くらいに切る。

2 フライパンにサラダ油を熱して牛挽き肉をよく炒め、塩とこしょうでやや濃いめに味をつける。
3 さらにクレソンの軸、葉の順に強火で一気に炒め、クレソンがシャッキリしている間に油がまわったら火を止めてすぐ器に盛る。

クレソンのお浸し
洋風素材もしょうゆ風味のお浸しに変身！油を少し入れるとビタミンの吸収もよい

　　クレソン　2〜3わ
　　塩　小さじ½
　　サラダ油　小さじ½
　　薄口しょうゆ　小さじ2

1 鍋に湯を沸かして塩を加え、グラグラしているところにクレソンをシャボッと入れる。10数えてすぐザルに広げ、冷ましながら自然に水けをきる。
2 クレソンは長さを2〜3等分に切る。
3 ボウルにサラダ油と薄口しょうゆを混ぜ、クレソンを加えてザッとあえる。

黒パンとカッテージチーズ
ヘルシーでおいしい簡単カナッペ風。おやつにもパーティーにもおすすめ

　　黒パン(ライ麦パン)　適量
　　はちみつ　適量
　　カッテージチーズ　適量

1 黒パンは薄切りにし、はちみつをぬってカッテージチーズをたっぷりのせる。

黒豆
懐かしい母の味の一つ

　　黒豆(乾)　2カップ
　　湯　6カップ
　　砂糖　150〜200g
　　しょうゆ　小さじ1
　　塩　小さじ1
　　重曹　少々
　　水　½カップ

1 深鍋に60度(湯の中に手を長く入れておけないくらいの温度)の分量の湯、洗った黒豆、砂糖、しょうゆ、塩、重曹、あれば洗って一つに束ねた釘(5本くらい)を入れ、一晩おく。
2 鍋に落としブタをして中火にかけ、煮立ったら、分量の水を加えてごく弱火にし、このままトロトロと3〜5時間気長に煮る。この間水(分量外)をたしながら、煮汁は常に豆にかぶる状態にする。
3 豆をつまんでみて、らくにつぶれるようになれば出来上がり。火を止めて釘を取り出す。豆は煮汁がかぶっている状態で保存すると、ふっくらしたまま保てる。

黒みつソースのフレンチトースト
オーブンでなくフライパンでもOK。このときはバターをひいて弱火で両面を焼く

　　〈これは2人分〉
　　食パン(6枚切り)　2枚
　　バター　適量
　　A｛卵　1個
　　　牛乳　½カップ
　　黒みつソース
　　　｛黒砂糖　¼カップ強
　　　　水　¼カップ

1 まずAの卵と牛乳を合わせておく。
2 食パンは耳を切り落として2〜3に切り、**1** の卵液につけてときどき返しながら、2分ほど浸しておく。
3 天板にバターを薄くひき、**2** のパンを並べ、上にバターをちぎってところどころにのせる。
4 **3** を250度のオーブンで5分焼き、200度にして様子をみながら5分くらい焼く。
5 黒みつソースの材料を鍋に入れて火にかけ、黒砂糖がとけてとろ〜っとするまで弱めの火で煮る。

6 パンを器に盛り、上から黒みつソースをかける。市販の黒みつでもおいしい。

黒みつもち
黒砂糖のコクがとろ〜りと美味。どこか懐かしい味のおやつ

　　もち　適量
　　黒みつ
　　┌ 黒砂糖　½カップ
　　└ 水　¼カップ

1 鍋の中を水でザッとぬらし、黒砂糖と分量の水を入れて火にかけ、中火でとろ〜っとなるまで煮て黒みつを作る。
2 もちはオーブントースターなどでこんがりと焼く。ゆでてもよい。
3 器にもちを盛り、好みの量だけ黒みつをかけて食べる。

くわいの煮もの
芽が出た姿から縁起ものになり、おせちに登場。ほっくりした甘みとえぐみが美味

　　くわい　12〜16個
　　煮汁
　　┌ だし汁　2カップ
　　│ 薄口しょうゆ　大さじ1
　　│ みりん　大さじ1
　　│ 酒　大さじ1
　　│ 塩　少々
　　└ 砂糖　小さじ1〜3

1 くわいは芽をつけたまま、少し厚めに皮をむき、最後に芽を1㎝残して切り落とす。皮をむくときはまず底を平らに切り、下から上に向かって縦に一気にむく。
2 くわいはかぶるくらいの水を入れて火にかけ、フツフツしてきたら水に取る。これを2回くり返す。
3 鍋に煮汁の材料をすべて入れ、くわいを並べて中火にかける。フツフツしてきたら弱火にし、フタをして20分ほど煮る。竹串を刺してみて、スーッと通ったら火を止め、そのまま冷まして味を含ませる。

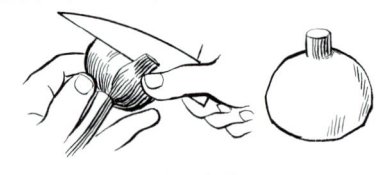

作り方 **1**

け

ケチャップマヨエビ
隠し味のマヨネーズがとってもクリーミー

　　えび　12尾
　　片栗粉　適量
　　玉ねぎ　1個
　　ピーマン　3個
　　サラダ油　大さじ1
　　塩　ひとつまみ
　　水　½カップ
　　トマトケチャップ　大さじ2
　　マヨネーズ　小さじ1

1 えびは尾を残して殻をむき、背ワタがあれば取り、水けをふく。玉ねぎは縦2つに切り2㎝幅のくし形に切る。ピーマンは縦半分に切ってから横に1㎝幅に切る。
2 サラダ油を熱し、玉ねぎとピーマンを強火で炒める。全体がアツアツになったら、塩を振ってシャキッとひと炒めし、取り出す。
3 あいたフライパンに分量の水を入れ、火にかける。えびに片栗粉を薄くまぶし、フツフツしたところに入れる。
4 えびに火が通ったらケチャップを加え、強めの中火でザッと炒め合わせる。玉ねぎとピーマンを戻して全体がアツアツになるまで炒め合わせ、マヨネーズを加えてひと炒めし、すぐ火を止める。

現代すいとん

昔、すいとんといえば実に質素なものでした。そこで現代風にしたら人気メニューに

 にんじん　7〜8㎝
 じゃが芋　小2個
 玉ねぎ　½個
 大根　5㎝
 ごぼう　10㎝
 長ねぎ　10㎝
 白菜　2枚
 豚肩ロース肉か豚ばら薄切り肉　100g
 サラダ油　少々
 だし汁　6カップ
 すいとんのたね
  ┌　小麦粉　1カップ
  │　卵　1個
  └　水　適量
 塩　小さじ½
 しょうゆ　適量
 細ねぎ（小口切り）　3〜4本

1 にんじん、じゃが芋、玉ねぎ、大根、ごぼう、長ねぎ、白菜などはそれぞれ食べよい大きさに切る。豚肉は3〜4等分する。

2 鍋にサラダ油を熱してすべての野菜をジャッジャッと強火で炒める。油がまわったら、豚肉を加えてザッと炒め、だし汁を加えて煮る。

3 すいとんのたねを作る。まず卵をときほぐして水を加え、合わせて¾カップにする。ボウルに小麦粉と卵液を入れて混ぜ合わせ、手で丸めるにはやわらかすぎるという程度のたねになるまで、さらに様子をみながら水をたしていく。

4 **2**の鍋の汁が煮立って野菜が煮えてきたら、すいとんのたねを小さじですくってポトン、ポトンと落としていく。すいとんが浮き上がってきたら、塩、しょうゆで味を調える。

5 器に盛って細ねぎを散らし、好みで七味唐辛子やこしょうを振って食べる。

現代風かけまわしずし

合わせ酢は上からまわしかけるだけ。料理ビギナーや子どもでも作れる簡単ずし

 米　2カップ（2合）
 A ┌ 昆布　10㎝
  └ 酒　大さじ2
 きゅうり　1本
 塩　少々
 ちりめんじゃこ　¼カップ
 ロースハム　100g
 ホールコーン缶詰　中1缶（約230g）
 三つ葉　6〜7本
 卵　2個
 塩　少々
 ごま油　少々
 白いりごま　適量
 合わせ酢
  ┌ すし酢（市販）　50㏄
  └ 米酢　大さじ1

1 米はといでふつうに水加減する。ここから大さじ2（調味料分）の水を取りのぞき、Aのサッと水洗いした昆布と酒を加えて炊く。

2 きゅうりは薄い輪切りにし、塩を振ってしばらくおき、水洗いしてしぼる。

3 ロースハムは1㎝角に切り、ホールコーン缶詰は缶汁をきる。三つ葉は細かく刻む。

4 鍋の中にごま油少々をぬり、卵をときほぐして塩を加え混ぜてから中火にかける。菜箸3〜4本でかき混ぜながらいって、いり卵を作る。

5 ボウルにすし酢と米酢を混ぜ、合わせ酢を作る。

6 大ぶりの器にご飯を平らに盛り、この上にきゅうり、ハム、コーンとちりめんじゃこ、いり卵、三つ葉をのせ、**5**の合わせ酢をまわしかけて出来上がり。食べると

きにごまを振り、混ぜながらどうぞ。

けんちん汁
たくさんの具から出るうまみを、塩味であっさりと仕上げて堪能する

にんじん　4cm
大根　4cm
こんにゃく　½枚
木綿豆腐　1丁
油揚げ　1枚
里芋　4個
長ねぎ　1本
しめじ　1袋
ごま油　大さじ1
だし汁　5～6カップ
塩　小さじ1
酒　大さじ1
しょうゆ　少々
水溶き片栗粉
　｛片栗粉　大さじ1
　　水　大さじ1
細ねぎ(小口切り)　少々
しょうが(すりおろし)　ひとかけ

1 にんじんと大根は7～8mm厚さのいちょう切りにし、こんにゃくは一口大に切る。木綿豆腐は縦半分に切ってから2cm幅に切り、油揚げは細切りにする。

2 里芋は1cm厚さの輪切りにし、長ねぎは2cm長さのブツ切りにする。しめじは石づきを切り落とし、小房に分ける。

3 鍋にごま油を熱し、にんじん、大根、こんにゃく、木綿豆腐、油揚げの順に強火でよく炒める。全体に油がまわったら、だし汁を加える。

4 フツフツしてきたら里芋を加え、フタをして弱めの中火で煮る。里芋に火が通ったら、長ねぎとしめじを加え、塩、酒、しょうゆで味を調え、水溶き片栗粉でとろみをつける。

5 再びフツフツしてきたら、火を止め、椀に盛って細ねぎを散らし、おろししょうがをのせる。七味唐辛子を振ってもよい。

こ

小芋の柚子しょうゆ
秋の味覚はシンプルな食べ方ほどおいしい

小芋か小さめの里芋　12～16個
柚子しょうゆ
　｛しょうゆ　大さじ1
　　酒　小さじ1
　　柚子の皮　適量

1 まず柚子しょうゆを作る。柚子は皮をごく薄くそいで千切りにし、大きめの器に入れてしょうゆと酒を加えておく。

2 小芋はよく洗って泥を落とし、皮つきのまま鍋に入れる。かぶるくらいの水を加えて火にかけ、芋の芯がやわらかくなるまでゆでてザルに取る。

3 あら熱が取れたら、上下を少し切り落とし、皮をツルンとむく。芋が温かいうちに、次々と柚子しょうゆに加え、ときどき器をゆすりながらあえていく。

豪華簡単いくらずし
すし飯はご飯にすし酢をかけまわすだけでOK。彩りきれいなお正月向きの簡単ずし

米　2カップ(2合)
合わせ酢
　｛米酢　70cc
　　砂糖　大さじ1
　　塩　小さじ1
いくら　100g
酒　大さじ1
ゆでえび　10～12尾
酢　小さじ1
三つ葉(刻んだもの)　1カップ

柚子の皮（千切り）　適量
甘酢しょうが　適量

1 米はいつもよりやや少なめの水加減にして炊く。酒大さじ2くらい（分量外）を加えて炊いてもおいしい。
2 ボウルに合わせ酢の調味料を合わせ、よく混ぜておく。
3 いくらは酒を振りかける。ゆでえびは殻と尾を取り、横半分にスライスして酢小さじ1をかける。三つ葉は1㎝長さに刻む。
4 炊きたてのご飯を大ぶりの器に盛り、熱いうちに合わせ酢を均一にまわしかけて、味をなじませる。
5 すし飯の上にいくらとえびを彩りよくのせ、三つ葉と柚子の皮を散らして、甘酢しょうがを添える。

豪華ぞう煮

ぜいたくな具がたっぷり入り、味も見た目も超豪華！　お正月らしさ満杯のおぞう煮

ゆでえび　4尾
鶏むね肉　½枚
ぜんまい（水煮）　½カップ
煮汁
　┌ だし汁　½カップ
　│ しょうゆ　大さじ½
　└ 酒　大さじ½
紅白のかまぼこ（7㎜厚さ）　各4枚
大根　4㎝
椎茸の煮しめ　4個
三つ葉　適量
だし汁　4カップ
塩　少々
酒　大さじ1
薄口しょうゆ　大さじ1
もち　4個
いくら　大さじ4
柚子の皮　適量

1 ゆでえびは尾を残して殻をむく。鶏むね肉は黄色い脂肪を取りのぞき、一口大に切る。
2 ぜんまいは洗って食べよい長さに切り、煮汁を煮立てて中火で10分ほど煮含める。
3 大根は3㎜厚さの短冊切りにしてほどよいかたさに下ゆでする。椎茸の煮しめも用意する。三つ葉はサッとゆでて結ぶ。
4 鍋にだし汁を入れて火にかけ、フツフツしてきたら鶏肉と大根を入れる。鶏肉に火が通ったら、塩、酒、薄口しょうゆを加えて調味し、えびとかまぼこを加え、火を止める。
5 椀に**4**の汁を少しはり、こんがり焼いたもちを入れ、大根、鶏肉、えび、かまぼこ、椎茸、ぜんまい、結び三つ葉を彩りよく盛り合わせる。
6 上からアツアツの汁を注ぎ、いくらをポンとのせて薄くそいだ柚子の皮をヒラリと浮かす。

椎茸の煮しめ→椎茸の含め煮

結び三つ葉

紅白なます

大根とにんじんは別々に塩を。これでそれぞれの味が移らず、すっきりした味わいに

大根　15㎝
にんじん　7～8㎝
塩　適量
合わせ酢
　┌ 米酢　大さじ3
　│ 砂糖　大さじ1
　└ 塩　小さじ1
柚子の皮（千切り）　少々

1 大根は薄い輪切りにしてから千切りにし、ボウルに入れて塩を振り、ザッと混ぜ

ておく。
2 にんじんは斜め薄切りにしてから千切りにする(にんじんは刻んだ大根の¼〜⅛量が味、色ともにバランスがよい)。刻んだにんじんを別のボウルに入れて塩を振り、ザッと混ぜておく。
3 それぞれがしんなりしたら一緒にボウルに合わせ入れ、水をたっぷり加えて箸で泳がすように洗い、ザルにあげて水けをしぼる。
4 ボウルに合わせ酢の調味料を入れてよく混ぜる。にんじんと大根を3〜4回に分けて加えながら、全体をあえる。さらに柚子の皮もあえて器に盛る。
金時にんじん→ コラム参照

紅白別なます
大根もにんじんも、ほぼ同量を別々に盛り合わせる。これが不思議に新鮮な味と風味

　　大根　10㎝
　　にんじん　大1本
　　塩　小さじ1
　　甘酢
　　　┌ 米酢　大さじ3
　　　└ 砂糖　大さじ1

1 大根は繊維を断つように薄い輪切りにしてから千切りにし、ボウルに入れる。これは大根をしんなりとさせる切り方。シャッキリしたほうが好みなら、4〜5㎝長さに切ってから縦に薄切りにし、さらに繊維にそって千切りにしたり、両方の切り方で半々を合わせてもOK。
2 にんじんは斜め薄切りにしてから千切りにし、別のボウルに入れる。
3 それぞれのボウルに塩を小さじ½ずつ加え、箸でザッと混ぜて約10分おく。
4 甘酢の調味料を合わせて混ぜ、大根とにんじんに半量ずつかけてそれぞれをあえ、器に別々に盛り合わせる。味がたりないようなら、好みで加える。

紅白松前漬け
市販の細切りした昆布とするめを使えば手間なし

　　松前漬けの素(市販)　1袋(50g)
　　大根　5㎝
　　にんじん　5㎝
　　漬け汁
　　　┌ 酒　大さじ3
　　　│ しょうゆ　大さじ3
　　　│ みりん　大さじ½
　　　└ 米酢　大さじ½

1 松前漬けの素はザッと水洗いをし、水けをきっておく。
2 大根は薄い輪切りにしてから千切りにし、にんじんも千切りにする。
3 保存容器などに漬け汁の調味料を合わせて混ぜ、大根、にんじんの順に加えてよく混ぜる。
4 野菜が漬け汁になじんで水けが少し出てきたら、1の松前漬けの素を入れてザッと混ぜ、2〜3日おけば食べ頃に。冷蔵庫で1週間はもつ。
松前漬けの素ってなあに→ コラム参照

香ばしい森のパスタ
生椎茸、マッシュルームなど、風味のいいきのこなら好みの組み合わせでOK

　　〈これは2人分〉
　　パスタ(好みのもの)　150〜200g
　　舞茸　1袋
　　しめじ　1袋
　　にんにく　ひとかけ
　　ベーコン　2枚
　　オリーブ油　大さじ1〜2

パン粉　大さじ2
バター　大さじ2
塩　小さじ½弱
こしょう　少々

1 パスタは表示通りにゆで、ゆで汁は少し取っておく。
2 舞茸、しめじは石づきを切り落とし、食べよい大きさにさく。にんにくはみじん切りか薄切りにする。ベーコンは2㎝幅くらいに切る。
3 オリーブ油とにんにくを中火で熱し、香りがたってきたらベーコンを加えて炒める。ベーコンの脂が出てきたらきのこ類を加え強火にして、全体がアツアツになるまで炒める。
4 3にパン粉とバターを加えて弱めの中火で炒め、パン粉がうっすらきつね色になったら塩、こしょうを振って混ぜ、ゆでたてのパスタを加えて手早く混ぜ合わせる。もしパスタがくっつくようなら、ゆで汁も少し加える。盛りつけ、フライパンに残っている香ばしいパン粉を残さず振りかける。

香味野菜の洋風サラダ
それぞれの風味が生きる混ぜ方を

セロリ　1本
レタス　½個
ラディッシュ　1わ
パセリ　1本
ドレッシング
　塩　小さじ½
　こしょう　少々
　粒マスタード　小さじ1
　米酢　大さじ1強
　サラダ油　大さじ2

1 セロリはすじをむき、太い部分の厚みを半分に切ってから斜め薄切りにする。レタスは細切りにする。ラディッシュは薄い輪切りにし、葉は刻む。パセリはみじん切りにする。
2 ドレッシングの材料を記載順にササッと合わせ、セロリ、レタス、ラディッシュ、パセリの順に1種類ずつ加えてはホワッと混ぜる。

小梅のカリカリ漬け
冷蔵庫で保存すれば、いつまでもカリカリ

〈作りやすい分量〉
青い小梅　1㎏
漬けもの用塩　150g
焼酎　1½カップ

1 小梅はきれいに洗い、たっぷりの水につけて3時間おく。
2 ザルにあげて水けをきり、自然に乾かす。
3 小梅をボウルに入れ、塩と焼酎を加え、ジョリジョリとこすり合わせる。700gくらいの重しをのせ、水が出てくるまで2〜3日おく。
4 水が出てきたら、またまたよく混ぜ合わせ、汁も塩も一緒にガラス、ホーロー、カメなどの容器に移す。ときどき上下をゆすり、1カ月後くらいから食べられる。

高野豆腐の卵とじ
煮ものより食べやすい

高野豆腐　2枚
にんじん　5㎝
生椎茸　4個
ピーマン　1個
長ねぎ　½本
サラダ油　大さじ1
だし汁　1カップ
A　砂糖　大さじ1
　　しょうゆ　大さじ1
　　塩　小さじ⅓
卵　2個
刻みのり　適量

1 高野豆腐は袋の表示通り戻し、水けを

こうやどうふ

しぼり、3mmくらいの厚さに切る。
2 にんじんは1cm幅の短冊切りにする。生椎茸は軸を切り落とし、薄切りにする。ピーマンも細切りにする。長ねぎは斜め薄切りにする。
3 浅鍋にサラダ油を熱し、にんじん、椎茸、ピーマンの順に強めの中火で炒め、だし汁と高野豆腐を加えて煮る。
4 フツフツしたらAの調味料を加え、ねぎを散らし、フタをして5〜6分煮る。
5 卵をといてまわし入れ、フタをして中火でひと煮し、火を止めて蒸らす。卵が半熟状になったら盛りつけ、刻みのりを散らす。

高野豆腐の含め煮
だし汁は削り節だけでも昆布をプラスしても。冷めると味が落ち着いておいしい！

高野豆腐　4枚
煮汁
　⎡ だし汁　2½カップ
　｜ 砂糖　大さじ1
　｜ みりん　大さじ1
　｜ 酒　大さじ1
　｜ 塩　小さじ½
　⎣ しょうゆ　小さじ½

1 高野豆腐は袋の表示通りに戻し、手のひらで押さえて水けをしぼる（戻さなくてよいものはそのまま）。
2 鍋に煮汁の材料を合わせて静かに煮立て、高野豆腐を入れる。落としブタをし、さらに上から鍋のフタをして、20分くらいじっくりと弱火で煮含める。そのままおいて、味をよく含ませる。

ゴーヤーチャンプル
にがうりが好きになる炒めもの

にがうり（ゴーヤー）　1本
厚揚げ　1枚
玉ねぎ　½個
にんにく　ひとかけ
サラダ油　大さじ1強
塩　適量
こしょう　適量
しょうゆ　大さじ1
とき卵　2個分
白いりごま　適量

1 にがうりは縦半分に切り、スプーンなどで種とワタを取り、斜め薄切りにする。厚揚げは縦半分に切ってから7〜8mm幅に切る。玉ねぎとにんにくは薄切りにする。
2 サラダ油を強火で熱し、すぐにんにくを入れて炒め、香りがたったらにがうり、厚揚げ、玉ねぎの順に加えて炒める。
3 全体がアツアツになったら塩、こしょう、しょうゆで味をつけ、とき卵をまわし入れて手早く炒め合わせる。盛りつけてごまを振る。

作り方 **1**

ゴーヤーと豚ばら肉の塩炒め
豆腐や卵を加えるチャンプルもいいけれど、素朴な組み合わせで特有の苦みを堪能

にがうり（ゴーヤー）　1本
豚ばら薄切り肉　150g
塩　小さじ½
ごま油　大さじ½
こしょう　少々
酒　大さじ1

1 にがうりは縦半分に切ってスプーンなどでワタと種をこそぎ取り、斜め薄切りにする。これをたっぷりの水につけて30分くらいおき、ザルにあげる。
2 豚ばら薄切り肉は3cm長さに切り、塩をまぶしておく。

3 中華鍋かフライパンを熱してごま油を入れ、中火で豚肉をよ〜く炒める。肉から脂が十分に出たら、いったん肉を皿に取り出す。
4 すぐににがうりを加えて強火でシャッキリと炒め、肉を戻して、さらにこしょうと酒を加えて炒め合わせる。

ゴーヤーのおひたし
さっぱり風味も美味。夏バテ予防にどうぞ

にがうり(ゴーヤー)　1本
削り節　適量
白いりごま　適量
しょうゆ　適量
レモン汁　適量

1 にがうりは縦半分に切り、スプーンなどで種とワタをのぞいて薄切りにする。湯を沸かし、塩(分量外)を加えてサッとゆでる。
2 水けをきって器に盛り、削り節、白いりごま、しょうゆ、レモン汁を振りかけて食べる。少しごま油を落としてもよい。

ゴーヤーみそチャンプル
沖縄のおなじみ家庭料理。にがうりは塩を振り、しんなりしたら水洗いをして使う

にがうり(ゴーヤー)　1本
塩　小さじ1
木綿豆腐　1丁
豚こま切れ肉　150g
しょうが(千切り)　ひとかけ
サラダ油　大さじ2
卵　1個
合わせ調味料
　┌ みそ　大さじ1
　│ みりん　大さじ1
　└ 酒　大さじ1
しょうゆ　小さじ1

1 にがうりは縦半分に切り、スプーンなどで種とワタをこそげ取る。これを薄切りにして塩をまぶし、5〜10分おいて、シナッとなったら水洗いし、ザルにあげておく。
2 木綿豆腐は布巾で包んで皿などで軽く重しをし、水きりをして2cm角に切る。
3 豚こま切れ肉は塩少々(分量外)を振って混ぜ、下味をつける。合わせ調味料は混ぜておく。
4 中華鍋にサラダ油を熱し、豚肉と豆腐を強火で炒める。肉の色が変わったら、しょうが、にがうり、合わせ調味料を加えてさらに強火で炒める。
5 全体がアツアツになったら、卵をときほぐして上からまわし入れ、パラッとなるまで炒め合わせる。仕上げにしょうゆを加え混ぜ、風味をつける。

コールスローサラダ ドレッシング味
どんな料理とも相性よしのさっぱり味

キャベツ　1/2個
玉ねぎ　1/4個
にんじん　5cm
ドレッシング
　┌ 塩　小さじ1/2
　│ こしょう　少々
　│ 砂糖　ごく少量
　│ マスタード　少々
　│ 米酢　大さじ1
　└ サラダ油　大さじ2 1/2

1 キャベツは千切りにする(スライサーを使ってもよい)。
2 玉ねぎはみじん切りにし、にんじんは斜め薄切りにしてから千切りにする。
3 ドレッシングを作る。ボウルにドレッシングの調味料を記載順に混ぜ、サラダ油を加えたらサッと混ぜ合わす。
4 ドレッシングに玉ねぎ、にんじん、キャベツの順に加えてホワッホワッと混ぜ合わせ、器に盛る。

コールスローサラダ マヨネーズ味

どうってことないのに、余るほど作ってもアッという間になくなってしまう

　　キャベツ　⅓個
　　セロリ　1本
　　にんじん　5cm
　　塩　小さじ¼
　　こしょう　少々
　　マヨネーズ　大さじ山盛り2

1 キャベツは千切りにする。セロリは食べやすい長さに切ってから千切りにする。にんじんは斜め薄切りにしてから千切りにする。

2 野菜をボウルに入れ、塩、こしょうを振って軽く混ぜ合わせ、マヨネーズを加えて混ぜる。

ゴールデンヌードル

ピリッとカレー味がきいたエスニックめん。いかのゆで汁を加えて風味をプラス

　　〈これは2人分〉
　　ビーフン　150g
　　いか　小1杯
　　豚薄切り肉　100g
　　ゆで竹の子　50g
　　ピーマン　1個
　　しょうが（千切り）　ひとかけ
　　サラダ油　大さじ1
　　塩　小さじ½
　　カレー粉　小さじ1〜2
　　いかのゆで汁　1カップ
　　こしょう　少々
　　香菜（シャンツァイ）（あれば）　適量

1 いかは内臓を取りのぞき、胴と足を切らずにゆでてザルに取り、食べよく切る。ゆで汁は取っておく。

2 豚薄切り肉は食べよく切る。ゆで竹の子は食べよい大きさに薄切りし、ピーマンは細切りにする。

3 ビーフンは袋の表示通りに戻す。

4 フライパンにサラダ油を熱し、しょうがと豚肉を強火で炒めて竹の子、いか、ピーマンも加える。全体をザッザッと炒めたら、塩とカレー粉を加えて混ぜ合わせる。

5 さらにサラダ油少々（分量外）をたしてビーフンを加え炒め、全体に油がまわったら、すぐにいかのゆで汁を加えて全体を混ぜ、汁けがなくなってきたら火を止める。

6 最後にこしょうを振って器に盛り、好みで香菜をのせる。

コールドビーフ　コンソメスープ付

肉はまずサッとゆでる。これでアクも少なく、色もにおいもいいスープに

　　牛かたまり肉　約500g
　　残り野菜（セロリの葉、パセリの茎、にんじんのしっぽなど何でも可）　適量
　　ローリエ　1枚
　　水　2ℓ（10カップ）
　　黒粒こしょう　約10粒
　　塩　約小さじ½
　　コールドビーフの漬け汁
　　　｛しょうゆ　大さじ4〜5
　　　　にんにく（すりおろし）　小さじ1
　　　　しょうが汁　小さじ1

1 牛かたまり肉は熱湯で下ゆでする。表面の色が変わったら引き上げる。

2 鍋に牛肉、残り野菜、ローリエ、分量の水、黒粒こしょう、塩を入れて強火にかける。

3 煮立ってきたら、表面がいつもフツフツしている程度に火を弱め、フタをして2時間くらい煮る。吹きこぼれそうになったら、フタを少しずらす。

4 ボウルにコールドビーフの漬け汁の材料を合わせておく。

5 肉に竹串を刺してスーッと通ったら、肉を取り出し、すぐに **4** の漬け汁に漬け込み、ときどき肉を転がしながら味をしみ込ませる。肉は翌日までおいて薄切りに

し、好みでわさびしょうゆや大根おろしを添えて食べる。
6 スープは細かい網でこして温め、塩、こしょう(各分量外)で味を調える。

コーンキャベツ
新キャベツの自然な甘みを楽しむ超簡単料理。ご飯党にはしょうゆ少々で調味しても

　　新キャベツ　½個
　　ホールコーン缶詰　中1缶(約230ｇ)
　　固形スープの素　1個
　　塩　少々
　　こしょう　少々

1 新キャベツは大きめのザク切りにする。
2 鍋の中を水でザッとぬらし、ホールコーン缶詰を缶汁ごとあけて、固形スープの素と塩、こしょうも加える。
3 さらにキャベツを上にのせ、全体が均一になるように、ギュッと押さえてからフタをし、強火で5～6分煮る。
4 キャベツがしんなりと煮上がったら、全体をよく混ぜ、最後に味をみて塩、こしょうで調味する。

コーンサラダ
相性も彩りもきれいな簡単サラダ

　　ホールコーン缶詰　大1缶(約430ｇ)
　　玉ねぎ　½個
　　ドレッシング
　　　┌　レモン汁　大さじ1
　　　│　塩　小さじ½
　　　│　タバスコ　数滴
　　　└　サラダ油　小さじ1～3

1 コーンは汁けをきり、玉ねぎは繊維を断つように薄切りにする。
2 ボウルにドレッシングの材料を記載順に混ぜ合わせ、最後にサラダ油を加えたらサッと混ぜて、コーンと玉ねぎを加え混ぜる。

コーンスープ
片栗粉でとろみをつけ、最後にバターを落として風味をつける失敗なしの簡単スープ

　　クリームコーン缶詰　中1缶(約230ｇ)
　　牛乳　3カップ
　　固形スープの素　1個
　　塩　少々
　　こしょう　少々
　　水溶き片栗粉
　　　┌　片栗粉　小さじ1
　　　└　水　小さじ1
　　バター　1㎝角

1 鍋の中を水でザッとぬらし、クリームコーン、牛乳、固形スープの素をつぶして入れ、よく混ぜて中火にかける。
2 フツフツしてきたら弱火にし、味をみて塩、こしょうで調味し、水溶き片栗粉でとろみをつける。
3 再びフツフツしてきたら、火を止めて、バターを落とす。バターは好みで少したしてもよい。器に盛り、クラッカーを浮かべたり、刻みパセリを散らしたりしても。

コーンスープ　中国風
最後に流すかき卵は、あってもなくても。献立によって自由自在

　　水　2½カップ
　　固形スープの素　1個
　　クリームコーン缶詰　中1缶(約230ｇ)
　　牛乳　1カップ
　　塩　少々
　　こしょう　少々
　　水溶き片栗粉
　　　┌　片栗粉　小さじ2
　　　└　水　小さじ2
　　卵　1個

1 分量の水と固形スープの素を中火にかける。スープの素がとけたらクリームコーンを加え、再びフツフツしてきたら、弱火にして牛乳を加える。

こーん

2 塩、こしょうで味を調え、再びフツフツしてきたら、水溶き片栗粉を加え、火を少しだけ強くし、といた卵を流し入れる。卵がフワリと浮いて固まってきたら火を止める。

コーンとささみのかき揚げ

材料を中温の油に落として、徐々に温度を上げていくのがカラリと揚げるコツ

とうもろこし　2本
鶏ささみ　100g（3本）
衣
　┌ 小麦粉　1カップ強
　└ 卵水(卵1個と水)　1カップ
揚げ油　適量
塩　適量
こしょう　適量
レモン汁　適量

1 とうもろこしは生のまま、実を包丁で削り取る。
2 鶏ささみは1cm角くらいに切る。
3 ボウルに衣の材料を入れ、泡立て器でザッと混ぜる。
4 とうもろこしと鶏ささみを衣の中に入れて混ぜ、スプーンですくって中温(170〜180度)に熱した揚げ油に入れていく。徐々に温度を上げ、カラリと揚げる。
5 油をきって器に盛り、塩、こしょう、レモン汁で食べる。

作り方 **1**

コーンパンケーキ

クリームコーンの自然な甘みがあるので砂糖はなし。牛乳を添えて朝食やおやつにも

〈10〜12枚分〉

卵　1個
牛乳　1カップ
クリームコーン缶詰　中1缶（約230g）
薄力粉　1カップ
ベーキングパウダー　小さじ1
サラダ油　少々
バター　適量
はちみつ　適量

1 ボウルに卵をほぐし、牛乳を加えて泡立て器で混ぜ合わせ、さらにクリームコーンを加えてよく混ぜ合わせる。
2 薄力粉とベーキングパウダーをよく混ぜ合わせて粉ふるいで **1** にふるい入れ、泡立て器か木ベラで練らないようにして粉っけがなくなるまで、混ぜ合わせる。
3 フライパンを熱してサラダ油をひき、生地を直径7〜8cmくらいに流し入れる。フタをして弱めの中火で焼き、生地の表面にプツプツと穴があきはじめてまわりが乾いてきたら裏返し、両面をこんがりと焼く。残りも同様に焼く。
4 パンケーキを何枚か重ねて器に盛り、バターをのせて、はちみつをかけて食べる。

コーンビーンズ

缶詰を使った、朝食向きの常備菜。スプーンで汁ごと召し上がれ

〈作りやすい分量〉

ホールコーン缶詰　中1缶（約230g）
大豆缶詰　1缶
バター　大さじ1
塩かしょうゆ　適量

1 コーンは缶汁ごと鍋に入れ、大豆は汁けをきって入れる。表面を平らにしてバターを加え、フタをして強火にかける。
2 フツフツしてきたら、少し火を弱めて5分くらい煮る。味をみて、塩かしょうゆ少々を振る。器に盛りつけ、スプーンで汁ごと食べる。

国籍不明の春雨サラダ

シンガポール料理がヒント。ガラス器に入れれば、段々重ねの彩りも楽しめる

- 春雨　50ｇ
- きゅうり　1本
- レタス　5〜6枚
- トマト（完熟）　大1個
- サラダ油　大さじ1
- にんにく（みじん切り）　ひとかけ
- 豚挽き肉　200ｇ
- 酒　大さじ1
- しょうゆ　大さじ2
- カレー粉　小さじ½弱
- ごま油　小さじ1

1 春雨は袋の表示通りに戻し、熱湯でサッとゆでて水洗いする。ザルにあげて水けをきり、食べよい長さに切る。

2 きゅうりは斜め薄切りにしてから細切りにし、レタスも太めの千切りにする。トマトは縦半分に切り、さらに横3㎜厚さの薄切りにする。

3 深めの器にきゅうり、レタス、トマト、春雨の順に段々重ねにして盛っておく。

4 フライパンにサラダ油を熱し、にんにくと挽き肉をほぐしながら手早く炒める。肉が生っぽいうちに酒、しょうゆ、カレー粉を加え、肉に火が通るまで炒める。

5 アツアツの挽き肉を **3** の上にのせる。食べるときに、上からごま油をまわしかけて香りをつける。全体を混ぜて食べる。

五穀粥（ごがゆ）

食べにくいあわやひえも、こんな風におごそかにおかゆにしてみるのも逆に新鮮です

- 五穀米　1カップ
- 水　5カップ
- 塩　小さじ1弱
- 湯　1カップ

1 五穀米は米に麦、豆、あわ、きび、ひえなどを適当に5種類ブレンドし（はじめからブレンドしたものも市販である）、洗ってザルで水けをきる。

2 厚手の鍋に **1** と分量の水を入れ、中火にかける。フツフツしてきたらフタをして、弱火で25〜30分炊く。

3 炊き上がったら塩、湯1カップを加え、先を水でぬらした菜箸で切るようにして混ぜ、フタをして火を止める。

こごみのお浸し

くせもアクも少なめの山菜なので、お試しを

- こごみ　適量
- 塩　小さじ½
- 削り節　1パック
- しょうゆ　適量

1 鍋に湯を沸かして塩を加え、こごみをゆでる。ほどよくゆで上がったら、ザルに取り、手早く広げて冷ます。ゆでたとき、ちょっと食べてみて苦みがあるようなら、水に取って5分ほどさらし、水けをきる。

2 こごみを器に盛り、削り節をのせてしょうゆをかけて食べる。

五色サラダ

酢と油が同量のさっぱりドレッシング。野菜は1種類ずつ味をからませながら混ぜる

- レタス　½個
- 大根　5㎝
- セロリ　1本
- 貝割れ大根　1わ
- ラディッシュ　1わ
- ドレッシング
  - 塩　小さじ½強
  - こしょう　少々
  - 米酢　大さじ1
  - サラダ油　大さじ1

1 レタスは細切りにし、大根は繊維にそった縦の千切りにする。

2 セロリはすじを取り、千切りにし、貝

割れ大根は根を切り落として半分に切る。ラディッシュは薄切りにし、葉は細かく刻む。

3 以上の野菜はそれぞれ切るそばからどんどん冷水にさらし、5分ほどおいて、パリッとしたら水けをきる。

4 ボウルにドレッシングの材料を記載順に混ぜ合わせ、最後のサラダ油を加えたらサッとひと混ぜする。

5 4のドレッシングに、大根、セロリ、レタス、ラディッシュ、貝割れ大根の順にあえて、器に盛る。

五色南蛮酢あえ
彩りも味もいい、ヘルシーおかず

　　油揚げ　1枚
　　にんじん　5～6cm
　　きゅうり　1本
　　大根　5～6cm
　　卵　1個
　　塩　適量
　　サラダ油　少々
　　南蛮酢
　　┌米酢　大さじ1
　　│しょうゆ　大さじ1
　　│砂糖　小さじ2
　　│ごま油　小さじ1
　　│七味唐辛子か一味唐辛子　少々
　　└白いりごま　適量

1 油揚げは湯で洗ってキュッとしぼり、縦2つに切ってから細切りにする。

2 にんじんは斜め薄切りにしてから千切りにする。きゅうりは斜め薄切りにしてから千切りにする。大根は薄い輪切りにしてから千切りにする。

3 卵は塩をひとつまみ加えてとき、サラダ油で薄焼き卵を焼き、細切りにして錦糸卵にする。

4 南蛮酢の材料をよく混ぜ合わせ、1～3を記載順に加えてあえる。

小鯛ずし
できあいを利用した小鯛の淡いピンクの小さなおすし

　　米　2カップ（2合）
　　昆布　15cm
　　小鯛の笹漬け　16枚
　　しょうが　2～3かけ
　　合わせ酢
　　┌米酢　大さじ4
　　│塩　小さじ1
　　└砂糖　大さじ2

1 米はといで、いつもよりやや少なめの水加減にし、昆布をのせて炊く。

2 ボウルに合わせ酢の調味料を合わせてよくかき混ぜる。

3 しょうがは皮をむいて千切りにし、合わせ酢を少し振りかけておく。

4 はん台か、または大きなボウルにかたくしぼったぬれ布巾を敷いて、炊き上がったご飯をあける。すぐに合わせ酢をまわしかけ、切るように手早く混ぜ、さらに米酢大さじ1（分量外）を振ってすし飯を作りあら熱を取る。

5 すし飯を幕の内型で抜き小鯛の笹漬けを1枚ずつのせ、形よく整えて3のしょうがを少しのせる。小鯛の他にしめさばをのせたり、のりや薄焼き卵を巻いてもおいしい。

小玉ねぎの甘煮
付け合わせやオードブルに

　　小玉ねぎ　8～12個
　　バター　大さじ1
　　砂糖　小さじ1
　　塩　小さじ¼
　　湯　適量

1 鍋にバターを入れて中火にかけ、小玉ねぎの全体が少し色づくまで炒める。弱火にして砂糖を振ってからめ、砂糖がとけたら塩を振って味を調える。

2 湯をヒタヒタに加え、フタをして煮る。小玉ねぎがすっかりやわらかくなって、汁けが少し残っているくらいで火を止める。

木の葉どんぶり

煮汁が残っているところに卵を流し、半熟のうちにフタをして火を止めるのがコツ

玉ねぎ　1個
かまぼこ　1本
卵　4個
煮汁
　だし汁　2カップ
　しょうゆ　大さじ3
　みりん　大さじ3
　酒　大さじ3
三つ葉　適量
紅しょうが　適量
温かいご飯　4人分

1 玉ねぎは縦半分に切ってから繊維にそって薄切りにし、かまぼこは3～4mm厚さの薄切りにする。
2 卵はときほぐしておく。
3 広口の鍋かフライパンに煮汁の材料を入れて火にかけ、玉ねぎを均一になるように加える。フツフツしてきたらかまぼこを散らし、2～3分強めの中火で煮る。
4 煮汁が半分くらい残っているところに、とき卵をサーッとまわし入れ、まわりから固まってきたら、フタをして火を止める。1～2分はフタを開けないこと。
5 最後に刻んだ三つ葉を全体に散らす。どんぶりにご飯を盛りつけ **4** を汁ごとのせて、千切りにした紅しょうがを添える。

小判焼き　中国風

炒めた玉ねぎ、長ねぎ、ラー油をソース代わりにからめて

小判焼き生地
　豚赤身挽き肉　300g
　卵　1個
　水　大さじ4
　パン粉　1カップ
　長ねぎ(みじん切り)　1本
　塩　少々
　こしょう　少々
　ごま油　小さじ2
　しょうが(すりおろし)　適量
玉ねぎ　1個
長ねぎ　1本
塩　適量
こしょう　適量
ごま油　大さじ1
ラー油　適量
しょうゆ　適量

1 小判焼き生地を作る。卵をといて分量の水を混ぜ、パン粉を加え、しっとりさせておく。
2 挽き肉に **1** と残りの材料を加えて混ぜ合わせ、12等分にし、小判形にまとめる。
3 玉ねぎは縦半分に切り、繊維にそって薄切りにする。長ねぎは1cm厚さの斜め切りにする。
4 ごま油大さじ½を熱し、玉ねぎと長ねぎを強火でシャッキリ炒める。塩、こしょうで味を調え、器に盛る。
5 残りのごま油大さじ½をたして **2** を並べ、中火で両面をこんがり焼く。 **4** の野菜の上に盛りつけ、ラー油を振る。しょうゆを少々まわしかけ、野菜も一緒に食べる。

ご飯を炊く

いざというときに知っていたい、ご飯の炊き方

米　食べる分をカップで計量〔米の場合
　　1カップ(1合)＝180cc〕
水　米の2割増し

1 米はボウルなどにはかって入れる。
2 まず **1** の米に水を注ぎ入れ、ササッと混ぜ、すぐに大急ぎで水をこぼす。米をこ

こふきいも

ぼさないように流す(これが難しいと思う人はザルにあけて水をきってしまってもよい)。手のひらや指で米同士をこすり合わせるようにキュッキュッと手早くとぎ、水を注ぎ、すぐに白くなった水をこぼす。

3 これを短い時間内で、素早く3～4回とぎ、流し、水がきれいになったらいったんザルで水けをきる。

4 厚手の鍋の中を水でザッとぬらし、米を入れ、分量の水を加える。そのまま20～30分くらい浸水させておく。

5 4にフタをして中火にかける。フツフツしてきたら、吹きこぼれてこないくらいの弱火におとし、水分がほとんどなくなるまで火にかける。水分がなくなったら、強めの中火にし、フタをしたまま、パチパチ音がしてくるのを1分くらい待つ。

6 パチパチしてきたら(心配な人はここで火をつけたまま、フタを取ってみると、ポコポコと小さい穴が開いている)フタをしたまま火を止め、10分くらい蒸らす。しゃもじで全体を混ぜ、空気を入れる。昔はここでおひつに移した。

電気釜とおひつ→ コラム参照

粉ふき芋
芋を水にさらしすぎない、塩は最後に振る、が粉をふかせるコツ

じゃが芋　3個
塩　ふたつまみ

1 じゃが芋は一口大に切って水に放し、すぐ水けをきって鍋に入れる。ヒタヒタの水を加えてフタをし、強めの中火にかけて、竹串がスーッと通るまでやわらかくゆでる。

2 ゆで汁が残っていたら水けをきり、再び鍋を火にかけて完全に水けをとばす。ここで塩をパラパラと振ってフタをし、ゆすりながらじゃが芋に粉をふかせる。

昆布だけ巻き
素材の持ち味をじっくり堪能する一品

昆布(5㎝幅×10㎝長さ)　12枚
かんぴょう(50㎝長さ)　2本
塩　適量
煮汁
　┌ 昆布の戻し汁　2カップ
　│ しょうゆ　大さじ2
　└ 砂糖　大さじ1

1 昆布はサッと洗い、昆布がきちんとつかるくらいの水に30分くらいつけておく。

2 かんぴょうはティースプーン1杯くらいの塩でもみ、よく洗って5分ほど水につけておく。

3 昆布は1枚ずつ広げて端からクルクルッと巻き、かんぴょうでキュッと結ぶ。

4 鍋に昆布巻きと煮汁の材料を入れて火にかけ、フタをして60～90分ほど弱火でやわらかくなるまでコトコト煮る。途中で汁けがなくなったら水(分量外)をたす。

昆布巻き
一年に一度の行事食に昔、大阪では塩ぶりを、東の人は塩鮭だったそうです

ぶり　4切れ
塩　小さじ1
昆布(10×10㎝)　8枚
かんぴょう(50㎝長さ)　2本
煮汁
　┌ 昆布の戻し汁　4カップ
　│ しょうゆ　大さじ2
　└ 砂糖　大さじ2
しょうが(薄切り)　7～8枚

1 前日から準備をしておく。ぶりの切り

身はキッチンペーパーの上にのせて表面に塩を振る。上からまたキッチンペーパーをかぶせて少し押さえ、冷蔵庫で一晩おいて即席の塩ぶりにする(こうすると生ぐさくない)。塩ぶりを使うともっと本格的。
2 昆布は5カップほどの水に30～40分浸してやわらかく戻し、戻し汁は取っておく。
3 かんぴょうは一度ぬらして、塩小さじ1ほど(分量外)をまぶしてもみ、よく洗って水に30分ほどつけておく。
4 昆布は2つに切って1枚ずつ広げ、塩ぶりを1切れのせて、端からきっちりクルクルと巻く。かんぴょうでキュッと結んでから切る。残りも同様に巻く。
5 鍋に昆布巻きと煮汁の材料、しょうがの薄切りを入れて火にかけ、フタをして60～90分ほど弱火でコトコト煮る。かたければ、湯や水(分量外)をたしてさらに煮るか、いったん火を止めて翌日もう一度火を入れるとかなりやわらかに煮える。余ったかんぴょうは、一緒に煮るとおいしい。器に盛りつけ、しょうがを添える。

昆布→ コラム参照

ごぼうとあさりの混ぜご飯
ご飯やあさりとなじむように、ごぼうのささがきは薄く小さく

　温かいご飯　4人分
　ごぼう　20㎝
　しめじ　1袋
　あさり水煮缶詰　大1缶
　ごま油　大さじ1
　A ┌ 酒　大さじ2
　　│ 薄口しょうゆ　大さじ1
　　│ みりん　小さじ2
　　└ 塩　少々
　黒いりごま　適量

1 ごぼうは薄く、小さくささがきにして水に放ち、水けをきる。しめじは石づきを切り落とし、小房に分ける。
2 ごま油を熱してごぼうをよく炒め、しめじを加えてサッと炒める。
3 あさりを缶汁ごと加え、すぐAの調味料も加え、中火で汁けがなくなるまで煮る。
4 温かいご飯に混ぜ込む。ごまを振って食べる。

ごぼうと貝割れ大根のサラダ
材料は、3回くらいに分けてドレッシングに加え、そのつどあえる

　ごぼう　20㎝
　貝割れ大根　1わ
　にんじん　10㎝
　鶏ささみ　100g(3本)
　ごま油　少々
　ドレッシング
　┌ 薄口しょうゆ　大さじ2
　│ 米酢　大さじ1
　│ レモン汁　大さじ1
　│ こしょう　少々
　│ にんにく(みじん切り)　ひとかけ
　└ サラダ油　大さじ1

1 ごぼうはささがきにしながら、たっぷりの水に5分さらす。これを水からゆで、沸とうしてきたらザルにあげる。
2 貝割れ大根は根を切り落として長さを半分に切り、にんじんは斜め薄切りにしてから千切りにする。
3 ボウルにドレッシングの材料を混ぜ合わせておく。
4 鶏ささみは火の通りがいいように、繊維にそって2～3カ所切りめを入れ、ごま油で両面をこんがりと焼く。フタをして焼くと火の通りが早い。
5 鶏肉に完全に火が通ったら、アツアツのうちにドレッシングにジュッと漬ける。あら熱が取れたら取り出して食べよい大きさのそぎ切りにし、再びドレッシングに戻

ごぼう

す。
6 さらにごぼう、にんじん、貝割れ大根の順に混ぜながら加える。

ごぼうと里芋のみそ汁
根菜の香り豊かな汁もの
　ごぼう　5〜10㎝
　里芋　3〜4個
　だし汁　5カップ
　みそ　大さじ2〜3
　細ねぎ　適量

1 ごぼうはささがきにして水でザッと洗い、里芋は1㎝厚さの輪切りにする。
2 鍋にだし汁、ごぼう、里芋を入れて火にかけ、フツフツしてきたら弱めの中火で野菜がやわらかくなるまで煮る。
3 さらにみそをとき入れ、ひと煮立ちしたら器に盛って、小口切りにした細ねぎを散らす。

ごぼうとチキンのサラダ巻き
ホットプレートで皮を焼きながら食べる、遊び心のあるメニュー
　鶏ささみ　200g（5本）
　A ｛ しょうゆ　大さじ2
　　　赤唐辛子(輪切り)　少々
　ごぼう　20㎝
　にんじん　10㎝
　三つ葉　1わ
　皮
　　｛ 小麦粉　2カップ
　　　水　1½カップ
　　　塩　小さじ¼
　　　砂糖　小さじ¼
　　　ベーキングパウダー　小さじ¼
　サラダ油　小さじ1
　ソース
　　｛ マヨネーズ　大さじ2
　　　米酢　大さじ2

1 皮の材料は泡立て器でなめらかに混ぜ、ぬれ布巾をかぶせて30分くらいおく。
2 鶏ささみは熱湯でゆで、よく水けをきってすぐAの調味料に入れる。あら熱が取れたらあらくさき、サッとAの調味料をからめ、汁けをきって皿に盛る。
3 ごぼうは薄めのささがきにして、熱湯でほどよいかたさにゆで、水けをきってすぐ残っているAの調味料をからめ、ささみと同じ皿に盛る。
4 にんじんは食べよい長さの細切りにし、三つ葉は2〜3㎝長さに切り、皿に盛り合わせる。ソースは混ぜ合わせて添える。
5 ホットプレートにサラダ油をごくごく薄く流し（油は最初だけで、2回めからは不要）、皮の生地をおたまに1杯くらい流して円形に広げる。何枚分か生地を広げ、少しこげめがつく程度に両面焼く。
6 焼き上がった皮で具とソースを好みに巻いて食べる。

ごぼうと白菜のみそ汁
白菜は煮すぎずシャキッと
　ごぼう　5〜6㎝
　白菜　2枚
　だし汁　4カップ
　みそ　大さじ2〜3

1 ごぼうは大きめのささがきにして水に入れ、ザルにあげてザッと洗い、水けをきる。
2 白菜は葉と軸に切り分け、葉はザクザク切り、軸は繊維にそって縦に細切りにする。
3 だし汁にごぼうを入れて火にかけ、5分くらい煮たら白菜の軸、葉の順に加えてほどよいかたさに煮る。

ごぼう

4 みそをとき入れ、フツフツしはじめたら火を止める。食べるときに七味唐辛子を振ってもいい。

ごぼうとほたて貝柱のサラダ
風味と歯ごたえで相性よしの素材が、一つになっておいしさアップ

　　ごぼう　20㎝
　　貝割れ大根　1わ
　　ほたて缶詰　小1缶
　　米酢　大さじ1
　　ドレッシング
　　　　マヨネーズ　大さじ山盛り2
　　　　白すりごま　大さじ2
　　　　塩　少々
　　　　こしょう　少々

1 ごぼうは4㎝長さの細切りにし、水に5～6分さらす。これをほどよいかたさにゆでて水けをきり、冷ます。

2 貝割れ大根は根を切り落とす。ほたて缶詰は缶汁をきって身をほぐし、米酢大さじ1を振りかけておく。

3 ボウルにドレッシングの材料を合わせてかき混ぜ、ごぼうと貝割れ大根を加え混ぜる。さらにほたて貝柱を加えてササッと混ぜ合わせ、器に盛る。

ごぼうのおかずきんぴら
おなじみの味に挽き肉をプラス。ごぼうは下ゆですれば早く煮え、歯ざわりも残る

　　ごぼう　30㎝
　　しょうが　ひとかけ
　　サラダ油　大さじ1
　　牛赤身挽き肉　100ｇ
　　みりん　大さじ1～2
　　しょうゆ　大さじ1～2

1 ごぼうは細長い乱切りにする。ヒタヒタの水を加えて火にかけ、沸とうしたらザルにあげて水けをきる。

2 しょうがは皮ごと薄い輪切りにする。

3 フライパンにサラダ油を熱し、ごぼう、しょうが、牛赤身挽き肉の順に加え強火で炒める。肉の色が変わったら、みりんとしょうゆをたし、汁けがなくなるまでいりつける。

ごぼうのきんぴら
歯ざわりが身上。余熱でシナッとならないように、出来上がりはすぐ器に取る

　　ごぼう　40㎝
　　赤唐辛子　1本
　　ごま油　大さじ1
　　みりん　大さじ1
　　しょうゆ　大さじ1

1 ごぼうはやや大きめのささがきにし、赤唐辛子は種をのぞく。

2 鍋にごま油と赤唐辛子を入れて熱し、ごぼうを強火で炒める。

3 全体がアツアツになったら、いったん火を止め、みりんとしょうゆを加えて再び火にかける。汁けをとばすように手早く炒めて、すぐ器に盛る。

ごぼうのきんぴら→　コラム参照

ごぼうのごま鶏あえ
ごぼうとごまの香りが一つになって、簡単で風味のよい和風おかずに

　　ごぼう　40㎝
　　鶏もも肉　1枚
　　しょうゆ　大さじ2
　　酒　大さじ1
　　白すりごま　大さじ4

1 ごぼうは細長い乱切りにする。鍋にごぼうとかぶるくらいの水を入れ、やわらかくなるまでゆでてザルにあげる。

2 鶏もも肉は黄色い脂肪を取りのぞき、細長い一口大に切る。

3 鍋の中を水でザッとぬらし、鶏肉、しょうゆ、酒を入れてフタをし、強めの中火で煮る。

ごぼう

4 肉に火が通り汁けがほとんどなくなったら、白すりごまを加え、ザッと混ぜ合わせて火を止める。さらにごぼうを加えて全体をあえ、器に盛る。

ごぼうめし
香りのいい新ごぼうの季節にもぜひ

　　米　2カップ（2合）
　　ごぼう（ささがき）　½カップ
　　酒　大さじ2
　　しょうゆ　大さじ2
　　粉山椒　適量

1 米はふつうに水加減する。
2 ささがきにしたごぼうは水でザッと洗い、すぐザルにあげて、水けをきる。
3 米の水を大さじ4（調味料分）取りのぞき、調味料を加えて混ぜる。ごぼうを加えて表面を平らにし、ふつうに炊く。
4 底のほうから全体を混ぜ、盛りつけて粉山椒を振る。

ごま入り田作り
パリッと香ばしい仕上がりが美味。ごまめを調味料に加えたら、手早く味をからめる

　　ごまめ　1カップ
　A ┌ みりん　大さじ1
　　├ しょうゆ　大さじ1
　　└ 砂糖　大さじ1
　　白いりごま　大さじ1

1 まず平たい皿にサラダ油（分量外）をごく薄くぬっておく。こうするとあとではがれやすい。
2 フライパンか厚手の鍋にごまめを入れ、焦がさないように弱火でじっくりいる。
3 ごまめがカリッとしたら金ザルに入れ、細かいかすやごみをふるい落とす。
4 フライパンをきれいにしてサッと水でぬらし、Aのみりん、しょうゆ、砂糖を入れて中火にかけ、フツフツと煮立てる。
5 全体がとろ〜っとして泡が細かくなってきたら火を止め、**3**のごまめと白いりごまを入れ、手早く混ぜてから、**1**の皿に重ならないように平らに広げ、そのまま冷まして乾かす。

ごまごまもち
甘くコクのあるごまの風味は、お正月にもおやつにもうれしい味。白黒2色にしても

　　丸もち　4個
　　いりごま（白でも黒でもよい）　¼カップ
　　砂糖　大さじ1〜2
　　塩　少々

1 丸もちは湯を沸かし、中までやわらかくなるように、弱火で下ゆでする。
2 好みのいりごまを用意し、すり鉢ですって砂糖と塩を加え、さらにすり混ぜる。
3 もちにすりごまをたっぷりまぶして食べる。

ごま酢あえ
大根とにんじんの「変わりなます」

　　大根　10㎝
　　にんじん　小1本
　　塩　少々
　　白いりごま　¼カップ
　A ┌ 砂糖　大さじ1
　　├ 薄口しょうゆ　大さじ1
　　└ 米酢　大さじ1

1 大根は3〜4㎝長さに切り、繊維にそって縦に細切りにする。にんじんは斜め薄切りにしてから細切りにする。
2 熱湯に塩、大根、にんじんを入れ、シャキッとゆで、ザルに広げて冷ます。
3 ごまはねっとりするほどよくすり、Aの調味料を加えてさらによくすり混ぜる。
4 野菜を3〜4回に分けてあえる。

ごま酢そば
暑い時期や少し飲みすぎた翌日におすすめ

　〈これは2人分〉

そば(乾)　150〜200 g
めんつゆ
　│　水　1½カップ
　│　しょうゆ　¼カップ
　│　酒　大さじ1
　│　みりん　大さじ1
　│　砂糖　大さじ1
　│　削り節　ひとつかみ
　│　昆布　5 cm
酢　小さじ2
白すりごま　大さじ山盛り4
貝割れ大根　1わ
削り節　1パック
焼きのり　½枚

1 めんつゆは材料を全部合わせてひと煮立ちさせ、こす。だしがらもギュッとしぼり、冷ましておく。市販のめんつゆでもOK。
2 そばはたっぷりの熱湯で表示通りゆで、流水で洗い、水けをきる。
3 そばを盛ってごまを振りかけ、根を切り落とした貝割れ大根、削り節、刻んだのりをのせる。**1**のめんつゆに酢を混ぜてかける。全体をよく混ぜ合わせて食べる。

ごまだれ冷やし中華そば
ごまと練りごまがたっぷり入った風味満点のたれがおいしさの決め手

〈これは2人分〉
中華めん　2人分
鶏ささみ　50 g
もやし　½袋
きゅうり　1本
ハム　50 g
ゆでえび　4尾
ゆで卵　1個
ごまだれ
　│　白いりごま　大さじ山盛り2
　│　白練りごま　大さじ山盛り2
　│　砂糖　大さじ1
　│　米酢　大さじ1
　│　しょうゆ　大さじ1½
　│　鶏ささみのゆで汁　½カップ
紅しょうが(好みで)　適量
とき辛子(好みで)　適量

1 鶏ささみは1½カップの熱湯でしっかりゆでて冷まし、ゆで汁は½カップほど取っておく。
2 もやしはゆでてザルにあげる。きゅうりは皮をシマシマにむき、斜め薄切りにしてから細切りにする。
3 ハムは半分に切ってから細切りにし、ゆでえびは尾と殻をむく。ゆで卵はくし形に切る。
4 ごまだれを作る。ボウルにごまだれの材料をすべて合わせてよくかき混ぜる。
5 中華めんは袋の表示通りにゆでて水洗いし、最後に氷水で洗ってめんをキュッとひきしめ、水けをきる。
6 器に中華めんを盛り、上に彩りよく具をのせる。各自でごまだれをかけ、好みで紅しょうがととき辛子を添える。

小松菜ごはん
葉っぱの中にご飯と豚肉が混ざっているような元気ご飯

米　2カップ(2合)
小松菜　½わ
しょうが(千切り)　ひとかけ
豚こま切れ肉　100 g
しょうゆ　小さじ2
サラダ油　大さじ1
酒　大さじ1
薄口しょうゆ　大さじ1

1 米はふつうに水加減する。
2 小松菜は細かく刻む。豚肉は細かく刻み、しょうゆをからめる。
3 サラダ油を熱してしょうがと肉を強めの中火で炒め、強火にして小松菜を2〜3回に分けて加えては炒める。全体がシナッ

こまつな

となったら出た汁はきり、酒と薄口しょうゆを加えてサッと炒める。
4 米に炒めた具をのせて表面を平らにし、ふつうに炊く。
5 底のほうから全体を混ぜる。白いりごまを振ってもおいしい。

小松菜と貝柱の炒めもの

味も歯ざわりもよく仕上がるから、最初は別々に炒めるのがコツ

　　小松菜　1わ
　　蒸しほたて　5～6個
　　しょうが(千切り)　ひとかけ
　　ごま油　大さじ2
　　塩　小さじ½～1
　　酒　大さじ1
　　こしょう　少々

1 小松菜は4～5㎝長さに切る。
2 蒸しほたてはひもをはずし、貝柱はワタと砂袋を取りのぞき、ザッとほぐす。
3 ごま油大さじ1を熱し、貝柱、ひも、しょうがを一緒に中火で炒め、全体に油がまわったら取り出す。
4 強火にし、残りのごま油大さじ1をたして小松菜を入れ、すぐ塩を振って強火で炒める。
5 全体に油がまわったら **3** を戻し、酒をまわしかけ、強火のままサッと炒め合わせる。こしょうを振って味を調え、火を止め、すぐ皿に移す。

小松菜と焼売(シューマイ)の煮もの

もう一品というときの簡単でおいしい副菜。冷凍やレトルト焼売でもおいしくできる

　　小松菜　½わ
　　焼売　8個
　　煮汁
　　　水　1カップ
　　　しょうゆ　大さじ1
　　　酒　大さじ1

1 小松菜は熱湯でかためにゆで、軽くしぼって4～5㎝長さに切る。
2 鍋に煮汁の材料と焼売を入れて強火にかける。フツフツしてきたら、火を少し弱めて5分ほど煮、小松菜を加えてさらに5分煮れば出来上がり。

小松菜と豚肉のしょうが炒め

相性よしの炒めもの。最後の片栗粉で口あたりも見た目もおいしく仕上がる

　　豚薄切り肉　300g
　　小松菜　1わ
　　しょうが　ひとかけ
　　サラダ油　適量
　　湯　1½カップ
　　塩　小さじ½
　　こしょう　適量
　　片栗粉　適量

1 小松菜は根を切り落として5～6㎝長さに切り、しょうがは千切りにする。豚肉は食べよい大きさに切って塩少々(分量外)を振る。
2 中華鍋にサラダ油大さじ1を熱して豚肉を炒め、火が通って肉の色が変わったら、いったん器に取る。
3 **2**のアツアツの鍋に、小松菜としょうがを入れて強火で炒める。油がまわったら、すぐに分量の湯とサラダ油小さじ1を加えて炒め、小松菜がパーッとあざやかな色に変わったら、湯をあける。
4 さらに豚肉を戻し入れ、塩とこしょうを加え、強火で炒め合わせる。仕上げに片栗粉をふたつまみほどパラパラと振り、全体をからめるように炒めて火を止める。

小松菜とほたて貝の煮浸し

ほたて缶でだしいらずの煮浸し。ジンワリと汁もおいしい

　　小松菜　1わ
　　ほたて缶詰　小1缶

煮汁
- 水　1½カップ
- しょうゆ　大さじ1½
- みりん　大さじ1½

しょうが(千切り)　適量

1 小松菜は熱湯でかためにゆで、水に取る。軽くしぼり、3〜4cm長さに切る。

2 煮汁にしょうが、小松菜、ほたてを缶汁ごと入れ、表面を平らにする。フタをして強めの中火にかけ、5〜6分煮る。

小松菜のおこわ
ベーコンの洋風の香りがおいしい緑いっぱいのおこわ

- もち米　2カップ(2合)
- 小松菜　½わ
- 干椎茸　3枚
- ベーコン　2枚
- しょうゆ　大さじ1
- 酒　大さじ1
- 塩　少々
- ごま油　小さじ1
- ごま塩　適量

1 干椎茸は水2カップ(分量外)で戻し、戻し汁は取っておく。

2 もち米は30〜60分くらい前に洗っておく。

3 やわらかく戻した干椎茸は、水けをしぼって細かく刻む。小松菜、ベーコンも細かく刻む。

4 炊飯器に米を入れ、干椎茸の戻し汁を分量の目盛り(おこわの目盛り)まで入れ、たりないときは水をたす。ここから大さじ2の水(調味料分)を取りのぞき、しょうゆ、酒、塩を加えてザッと混ぜる。刻んだ椎茸、小松菜、ベーコンをのせ、表面を平らにし、ごま油を加えてすぐにスイッチを入れる。

5 炊き上がったら十分に蒸らし、全体を混ぜ合わせる。器に盛り、ごま塩をかけて食べる。

小松菜の辛子あえ
何回かに分けてからめていくと少ない調味料でもいい具合に味がつく

- 小松菜　1わ
- 塩　少々
- 辛子じょうゆ
  - とき辛子　小さじ½弱
  - 砂糖　小さじ½
  - しょうゆ　大さじ1強

1 小松菜は塩を加えたたっぷりの熱湯でほどよいかたさにゆで、すぐ水に取って冷まます。水けをしぼり、3cm長さに切る。

2 混ぜ合わせた辛子じょうゆに、小松菜を2〜3回に分けて加えてはあえる。

小松菜のクリームあんかけ
ほうれん草、チンゲン菜、ター菜など青菜なら何でもOK。ぜひお試しあれ

- 小松菜　1わ
- サラダ油　大さじ2
- 塩　小さじ½
- クリームあん
  - ハム　3〜4枚
  - マッシュルームスライス缶詰　小1缶
  - 固形スープの素　1個
  - 牛乳　2½カップ
  - 水溶き片栗粉
    - 片栗粉　大さじ1
    - 水　大さじ1
  - こしょう　少々

1 小松菜は根を切り落として5cm長さに切る。クリームあんのハムは1cm幅に切る。

2 クリームあんを作る。鍋にハム、マッシュルームスライスと缶汁、固形スープの素、牛乳を入れて中火にかけ、フツフツしてきたら水溶き片栗粉でとろみをつけ、味

こまつな

をみてこしょうを振る。
3 中華鍋を熱してサラダ油を入れ、すぐ小松菜と塩を加えて強火でジャッジャッと炒める。緑の色がパーッとあざやかになったら、器に盛り、上から **2** のクリームあんをかける。

小松菜の黒ごまあえ
食べてもわからない程度の辛子が隠し味

 小松菜　1わ
 塩　少々
 黒いりごま　大さじ4
 薄口しょうゆ　大さじ1
 練り辛子　小さじ½

1 小松菜は塩を加えたたっぷりの熱湯でほどよいかたさにゆで、すぐ水に取って冷ます。水けをしぼり、2〜3㎝長さに切る。
2 ごまはねっとりするほどよくすり、薄口しょうゆと練り辛子を加えてすり混ぜる。
3 小松菜を2〜3回に分けて加えては、よくあえる。

小松菜の即席漬け
漬けものとは別のシャキシャキ感

 小松菜　½わ
 塩　小さじ1
 しょうが(千切り)　適量

1 小松菜はまな板にのせ、塩を振り、キュッキュッとしぼる。少しシナッとなったらザルに広げ、下を必ずボウルなどで受け、全体に熱湯をまわしかける。
2 あら熱が取れたら、水けをしぼり、1〜2㎝長さに切る(かたいようなら、細かく刻んでもいい)。
3 しょうがを混ぜ合わせ、器に盛る。

小松菜の中国風混ぜめし
野菜の水けをとばすように炒め、火を止め

てからご飯を。これがあっさり風味のコツ
〈これは2人分〉
 温かいご飯　2人分
 小松菜　⅓わ
 豚こま切れ肉　100ｇ
 下味用
  { しょうゆ　小さじ2
   こしょう　少々
 ごま油　大さじ1
 しょうが(千切り)　少々
 塩　小さじ¼
 白いりごま　適量

1 小松菜は細かく刻む。
2 豚肉はさらに細かく刻んでしょうゆとこしょうを加え、よくもみ込んで下味をつける。
3 中華鍋にごま油を熱し、弱めの中火で豚肉を炒める。肉の色が変わったら、しょうがを加えて炒め、さらに小松菜と塩を加えて強火で炒め合わせる。
4 水けをとばすようにザッザッと炒めて火を止める。ここに温かいご飯を加えて混ぜ、器に盛って白いりごまを振る。

小松菜の煮浸し
小松菜をはじめから調味料と一緒に煮る。懐かしい味わい

 小松菜　1わ
 油揚げ　1枚
 煮干し　7〜8尾
 水　1½カップ
 しょうゆ　大さじ2
 みりん　大さじ1

1 小松菜は根を切り落として3〜4㎝長さに切る。
2 油揚げは湯で洗ってギュッとしぼり、縦半分に切ってから1㎝幅に切る。
3 鍋に煮干しと分量の水を入れて煮立て、小松菜、油揚げ、しょうゆ、みりんを加える。フタをして、強めの中火で5〜10分

小松菜のみそ汁
アクがないから刻んでひと煮するだけ。油揚げや豆腐と組み合わせてもおいしい

　小松菜　1/3わ
　だし汁　4カップ
　みそ　大さじ2〜3
　しょうが（千切り）　少々

1 小松菜は根を切り落として細かく刻む。
2 鍋にだし汁を入れて火にかけ、フツフツしてきたら小松菜を加え、再びフツフツしたらみそをとき入れる。
3 ひと煮立ちしたら火を止め、器に盛ってしょうがを散らす。

ごま煮しめ
仕上げにごまとごま油をからめるだけで、香りも味もこっくり

　干椎茸　6〜8枚
　にんじん　1本
　れんこん　1節
　ごぼう　30cm
　ちくわ　大1本
　こんにゃく　1枚
　煮汁
　　水　1カップ
　　薄口しょうゆ　大さじ1
　　しょうゆ　大さじ1
　　酒　大さじ1
　　みりん　大さじ1
　白すりごま　大さじ2
　ごま油　小さじ1/2

1 干椎茸は戻し、軸を切り落として2つに切る。にんじんは5mm厚さの輪切りにし、太い部分は半月に切る。れんこんは5mm厚さの半月に切る。ごぼうは一口大の乱切りにし、水に入れる。
2 ちくわは一口大の乱切りにする。こんにゃくは一口大の三角形に切る。
3 鍋に根菜類とこんにゃくを入れ、かぶるくらいの水を加えて強火にかけ、フツフツしたらザルにあげて水けをきる。
4 鍋に **3** を戻し、椎茸、ちくわ、煮汁を加え、フタをして強火で5〜6分煮る。ときどき鍋をゆすって、煮汁が全体にまわるようにする。
5 汁けがなくなったところにごまとごま油を加え、強火のまま手早く鍋をゆすってからめ、火を止める。

小麦粉オムレツ
味はピザ風、口あたりはモチモチ。ブランチや軽食に

　〈これは2人分〉
　小麦粉　1カップ
　卵1個と牛乳合わせて　1カップ
　塩　少々
　こしょう　少々
　ロースハム　50g
　オクラ　4本
　ミニトマト　5個
　マッシュルームスライス缶詰　小1缶
　バター　大さじ1
　とけるチーズ　1/2カップ
　ソース
　　トマトケチャップ　大さじ2
　　ウスターソース　大さじ1
　　ワイン　大さじ1
　　水　大さじ2
　　バター　1cm角

1 ハムは1cm角に切り、オクラとミニトマトは薄い輪切りにする。マッシュルームは缶汁をきる。
2 ボウルに卵と牛乳を入れてとき、小麦粉を加え、泡立て器で混ぜ合わせる。粉っけがなくなったら、**1** も加えて木ベラで混ぜ、塩、こしょうを振る。
3 フライパンにバターを入れて中火にかけ、とけたら **2** を流し入れる。全体にチ

ごもく

ーズを散らし、フタをして弱めの中火で5分焼く。

4 まわりがほぼ固まってきたら、四隅を少し折って四角形にし、裏返す。フタをし、弱火で中までしっかり焼く(竹串を刺してみて、何もついてこなければOK)。

5 食べやすく切り分け、器に盛る。ソースの材料を合わせてひと煮立ちさせ、アツアツを上からかける。

とけるチーズとピザ用チーズ
→ コラム参照

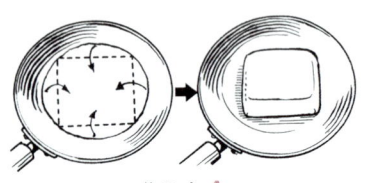

作り方 4

五目あんかけ焼きそば
野菜の取り合わせはお好みに

- 揚げ中華めん　4人分
- にんじん　5～6㎝
- キャベツ　3～4枚
- もやし　1袋
- しょうが(千切り)　ひとかけ
- いか　1杯
- 豚こま切れ肉　100ｇ
- なると　小1本
- サラダ油かごま油　大さじ1
- A ┌ 水　1カップ
  │ 酒　大さじ1
  │ 砂糖　大さじ1弱
  │ 塩　小さじ1
  └ こしょう　少々
- 水溶き片栗粉
  ┌ 片栗粉　大さじ2
  └ 水　大さじ2
- とき辛子　適量

1 にんじんは細切りにする。キャベツは一口大に切る。なるとは薄切りにする。

2 いかの胴は縦に2～3つに切ってから横に1㎝幅に切る。足は食べやすく切る。

3 サラダ油かごま油を熱し、しょうがと豚肉を強めの中火で炒め、肉に火が通ったらいかも加えて炒める。

4 強火にして野菜となるとを加えて炒め、全体がアツアツになったらAを加えて煮る。フツフツしたら水溶き片栗粉を様子をみながら加えて混ぜ、ほどよいとろみがついて再びフツフツしたら火を止める。盛りつけた揚げ中華めんにかけ、とき辛子を添える。

五目いなり
行楽べんとうやパーティーにおすすめの具入りおいなりさん

- 米　2カップ(2合)
- 合わせ酢
  ┌ 塩　小さじ½強
  │ 米酢　70cc
  └ 砂糖　大さじ1
- 油揚げ(おいなりさん用)　12～16個分
- かんぴょう(50㎝長さ)　1本
- 干椎茸　2枚
- にんじん　5㎝
- れんこん　50ｇ
- ごま油　大さじ½
- A ┌ 薄口しょうゆ　大さじ1
  │ 砂糖　大さじ1
  └ 酒　大さじ1
- 干椎茸の戻し汁　1カップ
- 酢　大さじ1
- 白いりごま　大さじ2

1 油揚げはおいなりさん用に煮含める。

2 かんぴょうはサッと洗い、小さじ1くらいの塩(分量外)を加えてよくもみ、ぬるま湯で戻す。これをほどよいかたさにゆでて5㎜幅くらいに刻む。

3 干椎茸は1½カップくらいの湯で戻し

て、少し大きめのみじん切りにし、戻し汁は煮汁用に1カップを取っておく。にんじんとれんこんも少し大きめのみじん切りに。

4 鍋にごま油を熱し、かんぴょうと干椎茸を炒める。全体がアツアツになったら、いったん火を止めてAの調味料を加え混ぜ、再び中火にかける。

5 2～3分煮たらにんじん、れんこん、干椎茸の戻し汁も加え、5～6分煮てそのまま冷ます。

6 米は好みのかたさに水加減して炊き、十分に蒸らしてはん台やボウルなどに移す。すぐに合わせておいた合わせ酢を加え、全体をザックリと混ぜて、すし飯にする。

7 5が冷めたらザルに移して汁けをきり、6のすし飯に加えて切るように混ぜ、さらに酢大さじ1(これを振り酢という)を振って白いりごまも加え混ぜる。

8 1の袋の大きさに合わせてすし飯を軽く握り、中に詰める。さらに上から軽く押して、袋の口をたためば出来上がり。

油揚げ(おいなりさん用)→おいなりさん

五目いり豆ご飯

ほうじ茶で炊き込む風味のよいご飯。節分のときなどに、いり大豆を利用してぜひ

　米　2カップ(2合)
　いり大豆　½カップ
　にんじん　小½本
　油揚げ　1枚
　昆布　10㎝
　ほうじ茶　2½～3カップ
　A ┌ 酒　大さじ1
　　├ 薄口しょうゆ　大さじ1
　　└ 塩　少々
　ごま塩　少々

1 米はといでザルにあげ、いり大豆はさらにいっておく。

2 にんじんと油揚げは少し大きめのみじん切りにする。昆布はサッと洗い、キッチンばさみで7～8㎜角くらいに切る。

3 ほうじ茶はやや多めの茶葉に熱湯を注ぎ、2½～3カップのお茶を濃いめに出す。

4 炊飯器に米を入れ、目盛りまでほうじ茶を注ぐ。さらにAを加えてサッと混ぜ、いり大豆、にんじん、油揚げ、昆布をのせてふつうに炊く。

5 炊き上がったら、底のほうからほっくりと混ぜ合わせる。ごま塩を振って食べる。

五目かきご飯

旬のかきの風味を炊き込むから美味。調味料も具も、炊く直前に加えるのがコツ

　米　2カップ(2合)
　かき(小粒)　300g
　油揚げ　½枚
　にんじん　4㎝
　ごぼう(ささがき)　½カップ
　しょうが(千切り)　ひとかけ
　えのき茸　1袋
　薄口しょうゆ　大さじ2
　酒　大さじ2
　柚子の皮　適量

1 米はといで、いつもよりやや少なめの水加減にする。

2 かきはボウルに入れ、あれば切り口に格子状に切りめを入れた大根のしっぽで軽くかき混ぜる。水がきれいになるまでため水の中で何回かかきを洗い、水けをきっておく。

3 油揚げ、にんじんは細切りにする。えのき茸は石づきを切り落として2㎝長さに切り、ザッとほぐしておく。

4 ご飯を炊く直前に、1に薄口しょうゆと酒を入れてザッと混ぜ、上にかき、油揚げ、にんじん、ごぼう、しょうが、えのき

ごもく

茸をのせて表面をならし、炊飯器のスイッチを入れる。

5 炊き上がったら底のほうからほっこり混ぜ、器に盛って千切りにした柚子の皮を散らす。

かきの洗い方→ コラム参照

五目かけごはん

大皿に盛りつけてもご飯に混ぜ込んでもそれなりに違ったおいしさ。お弁当にもよし

```
温かいご飯　4人分
鶏こま切れ肉　100ｇ
干椎茸　3枚
こんにゃく　½枚
にんじん　10㎝
ごぼう　15㎝
しょうが(千切り)　ひとかけ
ごま油　大さじ1強
A ┌ 水　大さじ2
  │ しょうゆ　大さじ2
  │ 酒　大さじ1
  └ みりん　大さじ1
白いりごま　適量
粉山椒　適量
```

1 干椎茸は戻し、石づきを取り、半分に切ってから細切りにする。こんにゃくも同じくらいの細切りにする。

2 にんじんは薄い輪切りにしてから細切りにする。ごぼうはささがきにして水に入れ、ザルにあげてザッと洗う。

3 ごま油を大さじ1熱し、しょうが、鶏肉、椎茸、ごぼうの順に加えて中火で炒める。肉に火が通ったら強火にしてこんにゃく、にんじんの順に加えてよく炒める。

4 全体がアツアツになったら火を止め、Aを加え、フタをして強めの中火で5～6分煮る。

5 汁けがなくなったら火を止め、ごま油少々を落とす。

6 ご飯にのせる。混ぜて食べてもよいし、そのままパクリと食べてもよい。茶碗に盛り、ごまと粉山椒を振る。

五目サラダ

粒にんじん入りのドレッシングが新鮮

```
サニーレタス　6～8枚
ピーマン　1個
ハム(1㎝厚さ)　2枚
プロセスチーズ(1㎝角)　½カップ
ドレッシング
  ┌ にんじん(みじん切り)　5㎝
  │ 塩　小さじ½
  │ こしょう　少々
  │ 洋辛子粉　少々
  │ 砂糖　ひとつまみ
  │ 米酢　大さじ1
  └ サラダ油　大さじ2
```

1 サニーレタスは大きめの一口大にちぎる。ピーマンは縦半分に切ってから横に細切りにする。ハムは1㎝角に切る。

2 ドレッシングの材料を記載順に混ぜ合わせ、ピーマン、サニーレタス、ハムとチーズの順に加えてはホワッホワッとあえる。

五目大豆

昔ながらのお豆のおかず。大豆は前の晩に浸しておけば、あとはコトコト煮るだけ

```
大豆(乾)　1カップ
昆布　15㎝
こんにゃく　½枚
にんじん(さいの目切り)　約½カップ
れんこん(さいの目切り)　約½カップ
水　4カップ
砂糖　大さじ1
薄口しょうゆ　大さじ1½
```

1 大豆は前の晩にたっぷりの水に浸して一晩おき、水けをきる。

2 昆布、こんにゃく、にんじん、れんこんはすべて7～8㎜角に切って用意する。

3 鍋に大豆を入れて分量の水と昆布を加え、フタを少しずらして強火にかける。フツフツしてきたら火を弱め、60分ほどじっくり煮る。
4 3に砂糖と薄口しょうゆを加え、フタをして30分ほど煮る。さらにこんにゃく、にんじん、れんこんを加えてひと混ぜし、30分ほど煮て出来上がり。味をみてたりなければ調える。煮上がり時間はあくまでも目安なので、豆がやわらかくなるまで煮ること。

作り方 2

五目みそ炒め
りっぱな精進料理。おいしく作るコツはスピーディーに強火仕上げ

　　こんにゃく　1枚
　　ゆで竹の子　1個(約200g)
　　ピーマン　4個
　　にら　1わ
　　松の実　大さじ4
　　ごま油　大さじ1½
　　長ねぎ(みじん切り)　10cm
　　A ┌ 酒　大さじ1
　　　│ みそ　大さじ2
　　　│ みりん　大さじ2
　　　└ しょうゆ　大さじ1

1 こんにゃくは半分に切り、さらに三角形になるように十文字に切り、5mm厚さに切る。竹の子は5mm厚さのいちょう切りにする。ピーマンは縦半分に切り、さらに縦、横4つ切りにする。にらは5cm長さに切る。
2 Aの調味料を合わせておく。
3 中華鍋かフライパンにごま油を入れて弱火にかけ、油がぬるいうちに長ねぎのみじん切りを炒める。いい香りがしてきたら強火にし、こんにゃく、竹の子、ピーマンの順に加えて炒める。
4 全体がアツアツになったらAの調味料を加えて強火のままザッと炒める。にらも加えて炒め、にらがしんなりしたら最後に松の実を加えてひと混ぜし、すぐに器に盛る。

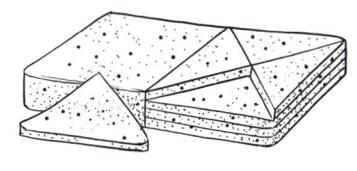

作り方 1

コロコロかき揚げ
ビールにもうれしいじゃが芋、グリンピース、ハムの組み合わせ

　　じゃが芋　2個
　　ハム　100g
　　グリンピース(冷凍)　½カップ
　　A ┌ 小麦粉　½カップ
　　　└ 水　½カップ
　　揚げ油　適量

1 じゃが芋は7～8mm角に切り、水にさらし、水けをよくきる。ハムは1cm角に切る。グリンピースは湯で洗い、水けをよくきる。
2 1をボウルに入れ、Aの小麦粉を振って水を加え、よく混ぜ合わせる。
3 揚げ油を中温(170～180度)に熱し、2を大きめのスプーン1杯分くらいフライ返しにのせ、平らにして油にそっと入れる。
4 しばらくそのままいじらず、衣がしっかりしたら、ときどき返して空気にふれさせながら揚げる。全体が色づいて軽くなったら、油をきる。

コロコロチーズ入りいり卵

チーズの種類によって、いろいろ楽しめる

〈これは2人分〉
- 卵　3個
- チーズ（5㎜角）　大さじ山盛り2
- 塩　少々
- 牛乳　大さじ2
- バター　大さじ2

1 卵はとき、塩と牛乳を加えて混ぜ合わせ、チーズも加えて混ぜる。

2 バターを中火にかけ、とけたら**1**を加え、少し火を強めてフライ返しで大きく混ぜながら好みの加減に火を通す。½量、1人分ずつ焼いてもよし。

コロッケ

→「ポテトコロッケ」を参照

コロッケ各種

→メニュー別索引〈コロッケ〉を参照

根菜とつくねの煮もの

野菜は下ゆでし、つくねを煮た汁に入れるから早くてうまい

- れんこん　1節（約200ｇ）
- にんじん　1本
- ごぼう　20㎝
- つくね
  - 鶏挽き肉　300ｇ
  - しょうが（すりおろし）　ひとかけ
  - しょうゆ　小さじ1
  - 片栗粉　大さじ1強
- A
  - 酒　大さじ2
  - みりん　大さじ2
  - しょうゆ　大さじ2
- 水　1カップ

1 れんこん、にんじん、ごぼうは一口大の乱切りにする。れんこんとごぼうはそれぞれ切ったあと水に入れる。

2 1の根菜類は水けをきり、鍋に入れ水をヒタヒタに加えて火にかけ、煮立ってくるまで下ゆでする。

3 つくねの材料を混ぜ合わせる。

4 鍋の中を水でぬらしてＡの調味料を入れ、強めの中火にかける。フツフツしてきたら、つくねを2本のスプーンで一口大にまとめて落としていき、コテッとなるまで煮る。

5 分量の水と**2**の根菜を加え、フタをして強火にして7〜10分煮る。仕上がり際、鍋をゆすって全体に煮汁をからめ、最後に上下を返す。

根菜の煮もの

すべての材料を一度ゆでこぼすのが、おいしさの秘訣。しみじみした味わいをどうぞ

- れんこん　大1節（約300ｇ）
- ごぼう　30㎝
- にんじん　1本
- こんにゃく　1枚
- ごま油　大さじ1
- 赤唐辛子　1本
- A
  - 酒　大さじ2
  - しょうゆ　大さじ2
  - みりん　大さじ1
  - 砂糖　大さじ1
- 水　適量

1 れんこんは縦半分に切り、5㎜厚さのいちょう切りにする。一度ザッと水洗いしてアクや汚れをのぞき、水に5分ほどさらす。ごぼうは一口大の乱切りにして、水に5分さらす。

2 にんじんも乱切りにし、こんにゃくはスプーンで一口大にこそぐ。

3 鍋にごぼうを入れ、たっぷりめの水を加えて強火にかける。煮立ったられんこんとこんにゃく、にんじんを加えて、もう一度煮立ったらすべてをザルにあげる。

4 鍋にごま油を熱し、赤唐辛子と**3**の材料を炒める。油がまわったところで、Ａの

調味料を加えてひと混ぜする。
5 さらにヒタヒタの水を加え、表面を平らにならして強火で煮る。途中、ときどき木ベラで上下を返しながら10分ほど煮て、汁けがほとんどなくなったら出来上がり。

根菜ピラフ
献立は和風サラダとみそ汁がおすすめ

〈これは2人分〉
温かいご飯　2人分
ハム　50g
れんこん　½節（約100g）
ごぼう　5㎝
にんじん　5㎝
バター　大さじ1
塩　小さじ¼
こしょう　少々
パセリ（みじん切り）　適量

1 ハムは1㎝角に切る。根菜はハムより小さめに刻む。れんこんとごぼうは刻んだら水に放つ。
2 れんこんとごぼうは水けをきり、鍋に入れ、かぶるくらいの水を加え、火にかける。フツフツしてきたらザルにあげ水けをきる。
3 バターをとかしてにんじんを強めの中火で炒め、油がまわったられんこん、ごぼう、塩を加えて全体が熱くなるまで炒める。
4 ハムとご飯を加えてこしょうを振り、ご飯を切るようにしてよく炒める。味をみて塩で調える。
5 パラリとなったら火を止め、盛りつけてパセリを振る。

根菜ふりかけつくだ煮
水は1滴も加えずしっかり火を通すから、3～4日は十分おいしい

〈作りやすい分量〉
れんこん　1節
ごぼう　½本
にんじん　小1本
油揚げ　1枚
しょうが（みじん切り）　ひとかけ
ごま油　大さじ2
A ┌ しょうゆ　大さじ2
　│ 酒　大さじ2
　└ みりん　大さじ2
白いりごま　大さじ2

1 れんこんとごぼうはあらみじんに切って水に入れ、ザルにあげ水けをきる。にんじんもあらみじんに切る。油揚げは水で洗ってギュッとしぼり、細かく刻む。
2 ごま油を熱して**1**としょうがを全部入れ、強めの中火で全体をよく炒める。
3 火を止めてAの調味料を加え、フタをして中火で3～4分煮る。汁けがなくなったら完全に水けをとばすようにいりつけ、ごまを混ぜ、火を止める。

根菜ラタトゥイユ
夏野菜の定番料理を、冬は根菜とトマトの水煮缶詰で作る

大根（1㎝角）　2カップ
にんじん（1㎝角）　1カップ
れんこん（1㎝角）　1カップ
オリーブ油　大さじ1～2
トマト水煮缶詰　1缶（好みで大、小どちらでも）
塩　小さじ½

1 大根、にんじん、れんこんはそれぞれ角切りにして用意する。
2 鍋にオリーブ油を熱し、**1**の材料をすべて入れて中火でよく炒める。
3 油がまわったらつぶしたトマトの水煮を加え、塩で調味して、フタをして弱火でコトコト40分ほど煮る。

コンソメスープ 本格派
コトコト煮て一晩おき、脂をのぞけば上品

こんそめすーぷ

なスープの出来上がり
- 牛すね肉　300〜400ｇ
- 水　2ℓ（10カップ）
- ローリエ　1枚
- 香味野菜
  - セロリの葉（あれば）　適量
  - パセリの茎（あれば）　適量
  - にんじんや玉ねぎなど（半端に残っているもの）　適量
- 塩　小さじ1

1 牛すね肉は熱湯で下ゆでし、表面が白くなったら引き上げる。

2 鍋に分量の水を入れて**1**の肉を入れ、強火にかける。ワーッとふいてきたら弱火にし、セロリの葉やパセリの茎、にんじんや玉ねぎなどを入れ、ローリエと塩を加えてコトコト煮る。

3 ごく弱火で2〜3時間煮て肉と野菜を取り出し、布巾かキッチンペーパーでこして、スープはそのまま冷ます。

4 スープは冬はそのまま、暖かいときは冷蔵庫に入れて一晩おくと、白い脂が浮き上がるのでこれを取りのぞく。再び火にかけ塩、こしょう（各分量外）で調味する。

コンソメスープ　和風仕立て

こちらは短時間で作る方法。昆布と三つ葉で和風の風味を添えるのは、カツ代流

- 牛赤身挽き肉　300ｇ
- 玉ねぎ　¼個
- にんじん　¼本
- 水　7カップ
- ローリエ　½枚
- セロリの葉（あれば）　適量
- パセリの茎（あれば）　適量
- 昆布　10㎝
- 塩　少々
- こしょう　少々
- 三つ葉　適量

1 牛赤身挽き肉は熱湯でサッとゆでる。

2 鍋に玉ねぎとにんじんを切らずに入れ、分量の水、ローリエ、セロリの葉、パセリの茎などを加えて火にかける。フツフツしてきたら、**1**の挽き肉を入れ、さらに静かに弱火でフツフツと40〜50分煮て透明なスープを作る。仕上げに昆布を入れ、フタを少しずらして10分ほど煮る。

3 **2**のスープをこして再び火にかけ、塩、こしょうで味を調える。器に盛り、三つ葉を少し浮かす。

こんにゃくとちくわの煮もの
炒める油は使った油がむいている。コクが出てお弁当のおかずにも合う

- こんにゃく　1枚
- ちくわ　1本
- 油　大さじ1
- 水　適量
- しょうゆ　大さじ1〜2
- みりん　大さじ1〜2

1 こんにゃくとちくわは食べよい大きさに切る。

2 鍋に油を熱し、こんにゃくとちくわを炒めてから、水をヒタヒタに加える。さらにしょうゆとみりんも加え、汁けがなくなるまで強火でガーッと煮る。

こんにゃくのピリかかまぶし
赤唐辛子とごま油をきかせて

- こんにゃく　1枚
- 赤唐辛子　1〜2本
- 酒　大さじ1
- しょうゆ　大さじ1
- ごま油　小さじ½
- 削り節　1パック

1 こんにゃくは両面に浅く切りめを入れてから2㎝角に切る。赤唐辛子は辛いのが好きな人は種を出し、輪切りにする。

2 鍋にこんにゃくと赤唐辛子を入れて中火にかけ、プチプチパリパリッとからいり

してこんにゃくの水分をとばす。
3 酒としょうゆを加え、汁けがなくなるまでいりつける。ごま油を加えて混ぜ、削り節を加えてサッと混ぜ、すぐ火を止める。

こんにゃくのペロリ煮
一晩ねかせることで味がジンワリとしみこむ

　こんにゃく　1枚
　だし汁(濃いめ)　1カップ
　みりん　大さじ1
　しょうゆ　大さじ1～2
　とき辛子　少々

1 こんにゃくはスプーンで一口大にこそぐ。玉こんにゃくが手に入れば使うとよい。
2 鍋にこんにゃくを入れて強火にかけ、からいりしてこんにゃくの水分をとばす。
3 表面がチリッ、プリッとなったら火を止め、だし汁、調味料を加える。強火にかけフツフツしてきたら火を止め、そのまま一晩おく。夏なら冷蔵庫へ。
4 翌日火にかけ5分くらい中火で煮る。とき辛子をつけて食べる。

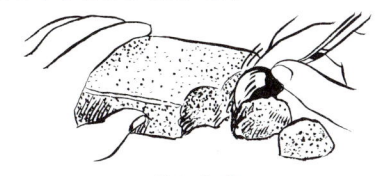

作り方 **1**

こんにゃくのみそおでん
アツアツに限るから、卓上でゆでながら食べるのも一興

　こんにゃく　1～2枚
　柚子みそ(作りやすい量)
　┌みそ　½カップ
　│酒　大さじ3
　└みりん　大さじ1
　┌砂糖　大さじ1
　│しょうゆ　小さじ½
　└柚子の皮(すりおろし)　少々

1 こんにゃくは2cm厚さに切り、縦長にして竹串に刺す。
2 たっぷりの熱湯に入れ、中がアツアツになるまでゆでる。冬なら土鍋でクツクツゆでながら食べてもよい。
3 小鍋の中を水でぬらし、柚子みその調味料を合わせて弱火にかけ、混ぜながら煮る。つやが出てぽってりとなったら火を止め、柚子の皮を加えて混ぜる。(残ったら冷蔵庫で1カ月はもつ)
4 あったかこんにゃくにアツアツ柚子みそをつけて食べる。

作り方 **1**

こんにゃくのみそ焼き
オーブントースターで作れるのがうれしい

　こんにゃく　1枚
　赤唐辛子　1本
　みそ　大さじ1
　しょうゆ　大さじ1
　ラー油　少々
　削り節　1パック
　木の芽(あれば)　適量

1 オーブントースターは温めておく。
2 こんにゃくはザッと洗って水けをきり、薄切りにする。赤唐辛子は種を出して輪切りにする。
3 耐熱容器にこんにゃくを広げ、みそを点々とのせ、赤唐辛子を散らす。
4 オーブントースターに入れて5～7分焼き、全体をよく混ぜてさらに5～7分焼く。

こんびーふ

5 しょうゆ、ラー油、削り節をかけ、全体を混ぜ合わせる。季節によってはあれば木の芽をのせる。

コンビーフの衣笠焼き
淡白な椎茸にコックリとした具が美味。しょうゆ少々をたらしても

生椎茸　12～16個
具
　コンビーフ　小1缶
　うずら卵（鶏卵½個分でもよい）　1～2個
　こしょう　少々
ごま油　少々
練り辛子（好みで）　適量

1 生椎茸は石づきを切り落とす。
2 具を作る。ボウルにコンビーフを入れてフォークでよくほぐし、卵とこしょうを加えて混ぜ合わせる。
3 椎茸の笠の内側に、ナイフなどで2の具をぬり、しっかり詰める。
4 オーブントースターの天板にごま油を薄くぬり、具を上にして椎茸を並べ、中がアツアツになるまで焼く。
5 こんがりと焼けたら器に盛り、練り辛子を添える。

作り方3

コンビーフポテト
いろいろ入れず、これだけが一番

じゃが芋　2～3個（300g）
コンビーフ　小1缶
にんにく（みじん切り）　ひとかけ
サラダ油　ごく少々
塩　少々
こしょう　少々

1 じゃが芋は一口大くらいに切り、ヒタヒタの水でやわらかくゆでる。コンビーフはあらくほぐす。
2 サラダ油とにんにくを中火で熱し、いい香りがしてきたらじゃが芋とコンビーフを加えて強めの中火で炒める。全体が混ざってコンビーフの脂っぽさがなくなったら、味をみて塩、こしょうで調える。

昆布と手羽先の気長煮
鶏肉は煮込む前に表面を焼いて香ばしさをつけ、余分な脂を落とすのがカツ代流

鶏手羽先　8～12本
昆布（5cm角）　12～16枚
水　6カップ
しょうゆ　大さじ3
みりん　大さじ3

1 ガス台のグリルの網と天板を水でザッとぬらし、鶏手羽先を並べて中火で両面をこんがりと焼く。250度のオーブンで10分ほど焼いてもよい。
2 昆布はサッと洗っておく。鍋の中に分量の水を入れ、昆布を入れて30分おく。
3 昆布の上に鶏肉を並べ、しょうゆ、みりんを加えて強火にかける。
4 フタをしてフツフツしてきたら弱めの中火にし、さらに30～40分コトコト煮る。

昆布と豚肉のガマン煮
ひたすら煮るだけで絶品

昆布（昆布巻き用）　4本（20g）
豚ばら薄切り肉　100g
煮汁
　昆布の戻し汁　3カップ
　酒　大さじ1
　薄口しょうゆ　大さじ1
塩　適量

1 昆布は長さを半分に切り、水でサッと洗い、たっぷりの水に浸して一晩くらいお

く。戻し汁は煮汁用に取っておく。
2 豚肉はサッとゆでる。
3 やわらかくなった昆布は片方の端を少し切り落として整え、これを向こう側にして広げる。豚肉を昆布の幅に合わせて2〜3つに折って手前にのせ、肉を芯にして昆布をきっちり巻いていく。
4 昆布巻きがぴったりおさまる鍋の中を水でぬらし、巻き終わりを下にしてすき間なく並べ、切り落とした昆布の端も詰める。
5 煮汁をまわしかけ、落としブタをして中火にかける。煮立ってきたら弱火にし、60〜90分くらい煮る。途中、煮汁が少なくなったら湯(分量外)を少したす。
6 味をみて塩で調え、もう5分煮て火を止める。

作り方 3

昆布と干椎茸のつくだ煮
せっかく長い時間をかけて煮るので分量は多め。この半分量で作ってもOK

〈作りやすい分量〉
昆布(一度だしをとったもの・20㎝) 2枚
昆布(新しいもの・20㎝) 2枚
干椎茸 6枚
煮汁
  酒 1カップ
  昆布と干椎茸の戻し汁 3カップ
  砂糖 大さじ3
  みりん 大さじ3
  しょうゆ 大さじ6

1 昆布(新しいもの)と干椎茸はザッと洗い、4½カップくらいの水に一緒に浸して2〜3時間おく。この戻し汁は3カップを用意し、煮汁に使う。
2 昆布は一度だしをとったものも含めて2㎝角に切り、椎茸は石づきを切り落として薄切りにする。
3 鍋に **2** を入れ、煮汁の材料を加えてフタをし、弱火で1時間半から2時間煮る。最初、煮汁が多い感じがするが大丈夫。
4 途中、昆布がやわらかくなる前に汁けがなくなったら、戻し汁か酒(分量外)をたしてコトコト煮含める。仕上がり際に、山椒の実のつくだ煮を大さじ2〜3加えてサッと煮ても美味。

山椒の実のつくだ煮→山椒の実のつくだ煮

さ

ザーサイ大根
ご飯にのせて食べたり、お弁当にも

大根 10㎝
ザーサイ 30g
牛薄切り肉 100g
下味用
  しょうゆ 小さじ2
  こしょう 少々
ごま油 大さじ1
大根の葉(やわらかい部分) 少々

1 大根は4〜5㎜厚さの輪切りにしてから細切りにする。
2 ザーサイは洗って細切りにし、味をみて塩けが強ければもう一度洗う。
3 牛肉は1㎝幅に切り、しょうゆとこしょうで下味をつける。
4 中華鍋かフライパンにごま油を熱し、肉を中火で炒める。色が変わったらザーサイ、大根の順に加え、強火にして大根をシ

ャキッと炒め上げ、大根の葉のみじん切りを散らす。

ザーサイのレタススープ
レタスもシャキシャキ手早い工夫

　レタス　2枚
　ザーサイ(千切り)　10g
　水　3カップ
　固形スープの素　1個
　こしょう　少々

1 レタスは一口大にちぎり、それぞれの器に入れておく。
2 分量の水にスープの素とザーサイを入れて火にかけ、フツフツしたら味をみてこしょうを振り、場合によっては塩(分量外)で調える。
3 アツアツの **2** をレタスの上に注ぐ。

サウザンドドレッシング
魚介類の入ったサラダによく合います。セロリやにんじんをみじんにして入れても

　玉ねぎ(みじん切り)　大さじ1
　パセリ(みじん切り)　大さじ1
　マヨネーズ　大さじ山盛り2
　牛乳　大さじ1〜2
　トマトケチャップ　小さじ2
　塩　少々
　レモン汁　大さじ1
　こしょう　少々

1 すべての材料を混ぜる。作りおきには不向き。

鮭かつ
ほぐした鮭に刻み野菜をたっぷり加えた、ソフトでヘルシーなフライ

　甘塩鮭　3切れ
　こしょう　少々
　A ｛ 玉ねぎ(みじん切り)　½個
　　　キャベツ(あらみじん切り)　4枚
　　　小麦粉　大さじ5
　　　とき卵　1個分
　パン粉　適量
　揚げ油　適量
　ソース
　　｛ マヨネーズ　大さじ4
　　　トマトケチャップ　大さじ1
　　　牛乳　大さじ2
　〈付け合わせ〉
　千切りキャベツ　適量
　レモン　適量

1 甘塩鮭は熱湯でゆで、あら熱が取れたら骨と皮を取りのぞき、身をほぐしてこしょうを振る。
2 ボウルに鮭とAの材料をすべて入れ、よく混ぜ合わせネトッとした生地を作る。これを8等分し、細長く形を整えてパン粉をしっかりまぶす。たねはかなりやわらかめ。
3 揚げ油を中温(170〜180度)に熱して
2 をカラリと揚げ、よく油をきる。
4 ソースの材料を合わせ混ぜる。
5 器に鮭かつを盛ってソースをかけ、付け合わせのキャベツとレモンを添える。

鮭缶の押しずし
市販のすし酢と缶詰で気軽に

　米　2カップ(2合)
　酒　大さじ2
　すし酢(市販)　50cc
　鮭缶詰　大1缶
　A ｛ しょうゆ　大さじ1½
　　　みりん　大さじ1
　　　砂糖　大さじ1
　もみのり　適量
　青じそ　1〜2わ

1 米は酒を加えてからふつうに水加減して炊き、すし酢を混ぜてすし飯を作る。
2 鍋の中を水でぬらして鮭を缶汁ごと入れ、Aの調味料を加えて中火にかけ、木ベラでいるように汁けがなくなるまで煮る。

3 密閉容器の底にラップを敷き、**2** の鮭を敷き詰め、すし飯を容器の半分くらいの深さまで詰める。上にもみのりを敷き詰め、残りのすし飯を詰め、木ベラでギュギュッと押しつける。木型を持っている人は使う。

4 ひっくり返してまな板に取り出し、食べやすい大きさに切り分ける。青じそを敷いて盛り、上にも千切りの青じそをのせる。

鮭缶のサンドイッチ
身近な素材ですぐできる簡単サンド

〈これは2人分〉
食パン(サンドイッチ用)　4枚
バター　適量
マスタード　適量
鮭缶詰　小1缶
A ┌ 玉ねぎ(みじん切り)　大さじ2
　├ きゅうりのピクルス(みじん切り)
　│　　大さじ2
　└ マヨネーズ　大さじ2

1 食パンは2枚1組にして合わせる面にバターをぬり、それぞれ片面にはさらにマスタードもぬる。

2 鮭缶詰は缶汁をきって身をほぐし、Aを加えてよく混ぜ合わせる。

3 **2** の具を食パンにはさみ、食べよく切り分ける。

鮭コロッケ
サーモンピンクがおしゃれなコロッケ

じゃが芋　4〜5個(600〜700g)
甘塩鮭　3切れ
玉ねぎ(みじん切り)　½個
バター　大さじ1
衣
　┌ 小麦粉　適量
　├ とき卵　1個分
　└ パン粉　適量
揚げ油　適量
〈付け合わせ〉
千切りキャベツ　適量

1 甘塩鮭は熱湯でゆで、骨と皮をていねいに取りのぞき、ほぐす。

2 じゃが芋は皮をむいて大きめに切り、ヒタヒタの水でフタをしてやわらかくゆでる。余分な水分をとばし、熱いうちにマッシャーかすりこぎでつぶす。

3 温かいじゃが芋にバター、鮭、玉ねぎを加えて混ぜ、表面を平らにして冷ます。

4 完全に冷めたら8〜12等分にし、俵形にまとめる。小麦粉、とき卵、パン粉の順で衣をつける。

5 中温(170〜180度)に熱した揚げ油に入れ、こんがり色づいて中までアツアツに揚げる。付け合わせの千切りキャベツと器に盛り合わせる。

鮭ずし
彩りもよく、超簡単なラクラクおすし

温かいご飯　4人分
甘塩鮭　3切れ
きゅうり　2本
塩　適量
白いりごま　大さじ2〜3
すし酢(市販)　大さじ3〜4
もみのり　適量

1 甘塩鮭は中までしっかりゆでて水けをきり、あら熱が取れたら、皮と骨を取りのぞきながら身をほぐす。

2 きゅうりは薄い輪切りにして塩を振り、サッともんで水けをしぼる。

3 温かいご飯にすし酢をまわしかけ、切るように混ぜてすし飯にし、鮭、きゅうり、白いりごまを加えてザッと混ぜる。もみのりをたっぷりかけて食べる。

鮭そぼろ
料理酒でなく、ふつうのお酒を使うこと

さけちゃづけ

〈作りやすい分量〉
塩鮭のあら　ひと山
酒　½カップ
薄口しょうゆ　少々

1 塩鮭のあらは湯でゆで、骨と皮をていねいに取りのぞきながら身をほぐす。
2 鍋の中を水でぬらして鮭と酒を入れ、中火でいる。水分が少なくなったら、弱火にして木ベラでさらにいる。
3 水分がほとんどなくなったら、味をみて薄口しょうゆで調え、火を止める。

鮭茶漬け

温かいご飯にアツアツのお茶をかけ、サラサラとどうぞ

〈これは1人分〉
温かいご飯　1人分
塩鮭（辛口）　適量
お茶漬け用あられ　適量
お茶　適量
わさび　少々
刻みのり　適量

1 塩鮭は焼いて皮と骨を取りのぞき、身をあらくほぐす。
2 茶碗に五分めほど温かいご飯を盛り、鮭とあられを散らして、アツアツのお茶をかける。
3 上にわさびをのせ、刻みのりを振りかける。

鮭とカリフラワーのグラタン

ミルクたっぷりの簡単グラタン。鮭の塩けが味の決め手

甘塩鮭　3切れ
カリフラワー　1個
A ┌ 卵　2個
　│ 牛乳　1½カップ
　│ 塩　少々
　└ こしょう　少々
パン粉　½カップ
バター　大さじ2

1 甘塩鮭は骨を取って1切れを3〜4つに切る。カリフラワーは小房に切り分けてから、縦に1㎝厚さに切る。
2 グラタンソースを作る。ボウルに卵をときほぐし、Aをすべて混ぜ合わせる。
3 耐熱容器の中を水でザッとぬらし、鮭とカリフラワーを重ねながら並べる。この上から、Aをザーッとまわしかける。
4 上にパン粉を振りかけ、バターをちぎってポンポンとのせ、200度のオーブンで20〜25分ほど焼く。

鮭と根菜のみそ汁

新潟で食べた郷土色豊かな汁。塩鮭は下ゆでして塩けとくさみを抜く

塩鮭　2切れ
ごぼう　8㎝
大根　4㎝
にんじん　4㎝
ぜんまい（水煮）　50g
だし汁　6カップ
みそ　大さじ2½
いくら　大さじ4
柚子の皮　適量
三つ葉　1わ

1 塩鮭はそれぞれ半分に切り、熱湯でサッとゆでる。
2 ごぼう、大根、にんじんは4㎝長さの短冊切りにし、ぜんまいは4㎝長さくらいに切る。
3 鍋にだし汁を入れて火にかけ、フツフツしたらごぼうを加え10分煮る。大根、にんじん、ぜんまいを加え、大根がやわらかくなったら鮭を加える。完全に火が通ったところで、みそをとき入れる。再びフツフツしたら、火を止める。
4 出来上がりを器に盛り、上にいくらを大さじ1ずつのせて、薄くそいだ柚子の皮をのせてザク切りにした三つ葉を散らす。

鮭と千切り大根の和風炊き込みピラフ
ストック缶詰と残り野菜でできる簡単ご飯

　米　2カップ（2合）
　鮭缶詰　小1缶
　大根　4cm
　A ┌ 酒　大さじ2
　　│ しょうゆ　大さじ1
　　└ 塩　小さじ½

1 米はといでやや少なめに水加減する。
2 大根は2cm長さの千切りにする。鮭缶詰は汁けをきり、ほぐす。
3 ご飯を炊く直前にAの酒、しょうゆ、塩を入れてザッと混ぜる。鮭と大根も加えて平らにならし、炊飯器のスイッチを入れる。
4 炊き上がったら、底のほうからほっこりと混ぜて器に盛る。ごまを振ってもおいしい。

鮭と玉ねぎのチーズ焼き
こっくりとクリーミーな味わい。サラリと仕上げたいときは生クリームを牛乳に

　甘塩鮭　4切れ
　玉ねぎ　2個
　バター　大さじ2
　パン粉　½カップ
　生クリーム　1カップ
　塩　小さじ½
　こしょう　少々
　とけるチーズ　1カップ

1 甘塩鮭は熱湯でゆでて水けをきる。あら熱が取れたら皮と骨を取りのぞき、食べよい大きさに身をほぐす。
2 玉ねぎは繊維にそって薄切りにする。
3 厚手の鍋にバターを入れて中火にかけ、バターがとけたら玉ねぎとパン粉を加えて弱めの中火で炒める。
4 よく炒めたら、生クリーム、塩、こしょうを加え、鍋底のこげをこそぐようにしながら全体を混ぜる。
5 さらに**1**の鮭を加えてザッと混ぜ、フツフツしてきたら火を止める。
6 耐熱容器の中を水でザッとぬらして具を流し入れ、上にとけるチーズを散らす。これをオーブン（200度）かオーブントースターで10分前後焼き、こんがりと焼き色がついたら出来上がり。

鮭の甘酢漬け
焼いた鮭をジュッと漬けると、甘酢が濁らず、味もよくなじむ

　生鮭　4切れ
　小麦粉　適量
　サラダ油　適量
　甘酢
　　┌ 砂糖　大さじ2
　　│ 酢　大さじ2
　　│ 酒　大さじ2
　　│ トマトケチャップ　大さじ2
　　└ 塩　小さじ½
　しょうが　ひとかけ
　細ねぎ　適量

1 甘酢はよく混ぜ合わせ、バットなどに入れておく。
2 生鮭は水けをよくふき、小麦粉を薄くまぶす。
3 フライパンにサラダ油を大さじ1くらい入れて熱し、鮭を並べ、フタをして弱めの中火で両面焼く。中までしっかり火が通ったらフタを取り、火を強めてカリッと仕上げる。
4 すぐ**1**の甘酢にジュッと入れ、全体に味をからめる。
5 しょうがは千切りにし、細ねぎは5～6cm長さに切り、盛りつけた鮭に添える。

鮭のクリーミーコロッケ
じゃが芋に生クリーム（純乳脂肪）を混ぜるだけ

　じゃが芋　4～5個（600～700g）

さけのぐりーんそーす

甘塩鮭　2切れ
玉ねぎ(みじん切り)　½個
バター　大さじ1
生クリーム　½カップ
衣
　┌ 小麦粉　適量
　│ とき卵　1個分
　└ パン粉　適量
揚げ油　適量
ソース
　┌ 生クリーム　½カップ
　└ トマトケチャップ　大さじ2
〈付け合わせ〉
千切りキャベツ　適量
千切りにんじん　適量

1 じゃが芋は大きめに切り、ヒタヒタの水でやわらかくゆでて余分な水分は完全にとばし、熱いうちにマッシャーかすりこぎでつぶす。
2 甘塩鮭は熱湯でゆで、ていねいに骨と皮を取りのぞく。少しあらめにほぐす。
3 玉ねぎはバターで炒め、火が通ったら鮭を加えて混ぜ、火を止めて **1** のじゃが芋と混ぜ合わせる。
4 少し冷めたら、生クリームを少しずつ加えて混ぜ、手につくけれどもまとまるやわらかさにする。表面を平らにし、完全に冷ます。さらに冷蔵庫に入れておくとまとめやすい。
5 4 を8か12等分にし、やわらかいので手早くまとめやすい形に整える。小麦粉、とき卵、パン粉の順で衣をつける。
6 中温(170〜180度)に熱した揚げ油に入れ、こんがり色づいて中までアツアツに揚げる。
7 ソースは生クリームを七分立てにしてトマトケチャップを混ぜる。コロッケを器に盛り、キャベツとにんじんを添え、ソースをかけて食べる。

鮭のグリーンソース
塩焼きが簡単だけど、たまにはひと手間かけておしゃれなムニエル＆ソースはいかが

生鮭　4切れ
塩　少々
こしょう　少々
小麦粉　少々
サラダ油　大さじ1
バター　大さじ1
グリーンソース
　┌ 細ねぎ(小口切り)　1カップ
　│ 生クリーム　1カップ
　│ 塩　少々
　└ こしょう　少々
しょうゆ　少々
〈付け合わせ〉
粉ふき芋　適量
ゆでブロッコリー　適量
レモン　適量

1 生鮭は水けをよくふき、塩、こしょうを振って全体に小麦粉を薄くまぶす。かじきまぐろのブツでもおいしい。
2 フライパンにサラダ油とバターを入れて中火にかける。バターがとけはじめたら、鮭を焼く。フライパンをときどき動かしながら、フタをし両面をカリッと焼き、最後はフタを取って火を通す。器に盛る。
3 グリーンソースを作る。**2** のフライパンの油をサッとふき取り、細ねぎと生クリームを入れて弱めの中火にかける。フツフツと1〜2分ほど煮詰めて塩、こしょうで調味し、火を止める。
4 鮭にグリーンソースをかけ、粉ふき芋とゆでブロッコリーを添える。レモンをしぼり、ご飯のおかずにはしょうゆを少々かけるとよく合う。

鮭の五目あんかけ
五目あんの野菜は冷蔵庫にあるものでOK

生鮭　4切れ

下味用
- 塩　少々
- こしょう　少々

ごま油　少々

五目あん
- 生椎茸　3個
- しょうが　ひとかけ
- にんじん　10cm
- ピーマン　3個
- 玉ねぎ　½個
- 水　1½カップ
- 薄口しょうゆ　大さじ1
- みりん　大さじ1
- 米酢　大さじ1
- 水溶き片栗粉
  - 片栗粉　小さじ2
  - 水　小さじ2

1 生鮭は塩、こしょうを振る。
2 生椎茸は石づきを切り落として薄切りにし、しょうが、にんじん、ピーマンは千切りにする。玉ねぎは繊維にそって薄切りにする。
3 フライパンにごま油を熱し、中火で鮭の両面を焼き、さらに火を弱めてフタをし、中まで火を通す。
4 五目あんを作る。鍋にピーマンをのぞいた野菜と分量の水、薄口しょうゆ、みりんを入れて中火にかけ、野菜をやわらかく煮る。さらにピーマンと米酢を加え、ひと煮立ちしたら水溶き片栗粉でとろみをつける。
5 鮭を盛りつけ、上からアツアツの五目あんをかける。

鮭の治部煮

小麦粉をまぶして煮るから、煮汁があんのようなとろりとした仕上がりに

- 生鮭　4切れ
- 小麦粉　適量
- 煮汁
  - しょうゆ　大さじ2
  - 酒　大さじ2
  - みりん　大さじ2
  - 水　1½カップ
  - しょうが(薄切り)　ひとかけ
- 小松菜　1わ

1 生鮭は2つに切って小麦粉をまぶし、余分な粉をはたき落としておく。
2 小松菜は塩少々(分量外)を加えた熱湯で色よくゆで、2〜3cm長さに切って器に敷いておく。
3 平鍋に煮汁の材料をすべて入れて火にかける。フツフツしたら鮭を次々並べ入れる。フタをして少し強めの火で煮て、途中で鮭を裏返し、全体に火が通るまで煮る。
4 小松菜の上に鮭をおき、アツアツの煮汁も上からかける。

鮭の炊き込みご飯

鮭の風味と塩けがそのままご飯のおいしさに。具をのせたらすぐにスイッチ・オン

- 米　2カップ(2合)
- 甘塩鮭　2〜3切れ
- しょうゆ　小さじ1
- 酒　大さじ1
- しょうが(千切り)　ひとかけ
- 三つ葉　適量
- 柚子の皮　適量

1 米はといで、ふつうよりやや少なめの水加減にする。
2 鮭はキッチンペーパーで水けをよくふき、1切れを3〜4つに切る。骨や皮を取りのぞいて、しょうゆ、酒をまぶしておく。
3 米の上に鮭を調味料ごとのせ表面を平らにならし、しょうがを散らして、すぐに炊飯器のスイッチを入れる。
4 炊き上がったら、底のほうから全体をほっこりと混ぜ、器に盛って刻んだ三つ葉と柚子の皮の千切りをのせる。

鮭のタルタルソース
蒸し煮をしながら、付け合わせもできる一石二鳥の洋風おかず

甘塩鮭　4切れ
セロリ　1本
ミニトマト　12個
A ┌ 白ワイン　½カップ
　├ 水　1カップ
　└ ローリエ　1枚
タルタルソース
　┌ マヨネーズ　大さじ4
　├ 牛乳　大さじ2～3
　├ きゅうりのピクルス（みじん切り）
　│　1本
　└ レモン　½個

1 セロリはすじを取って6～7㎝長さに切り、太いところは縦2～3つに切る。葉は大きくちぎる。
2 鍋にAとセロリの茎を入れて強火にかける。フツフツしてきたら甘塩鮭を並べ、セロリの葉も加えてフタをし、中火で約10分煮る。
3 煮上がり際にミニトマトを入れ、サッと火を通す。
4 タルタルソースの材料を合わせてソースを作る。
5 器に鮭、セロリ、ミニトマトを彩りよく盛り合わせ、鮭の上にタルタルソースをかけ、くし形に切ったレモンを添える。

鮭のとびきり和風マリネ
新鮮な塩鮭が手に入ったら、ぜひ！　柚子は大きさによって増減

塩鮭（新鮮な三枚おろし）　約400ｇ
酢　½カップ
マリネ液
　┌ 米酢　大さじ5
　├ 砂糖　小さじ2
　└ 柚子のしぼり汁　1～2個分
柚子の皮　適量

1 鮭は切り身でないものを用意する。皮と小骨を取りのぞく。
2 バットや少し深めの器などに酢を入れ、この中で鮭を両面返しながら酢洗いしたあと、水けをよくふく。
3 酢洗いした鮭は、冷凍庫に30分くらいおいて薄切りしやすくしてから、斜めに薄切りにする。
4 バットにマリネ液の材料を合わせて混ぜ、鮭の薄切りを1枚ずつ並べる。柚子の皮を薄くそぎ、ところどころ散らす。フタをして冷蔵庫に入れ、3時間以上漬け込んでから食べる。

鮭のフワフワ揚げ
泡立てた卵白で、衣はふっくらフワフワ

生鮭　4切れ
塩　少々
フワフワ衣
　┌ 小麦粉　½カップ
　├ 塩　少々
　├ サラダ油　小さじ1
　├ 卵黄　小1個分
　├ 水　大さじ2強
　└ 卵白　小1個分
揚げ油　適量

1 生鮭は水けをふいて3等分に切り、軽く塩を振る。
2 ボウルに小麦粉をふるって入れ、中央をくぼませ、そこに塩、サラダ油、卵黄、水を加える。泡立て器で中央から手早く混ぜ合わせ、そのまま15～20分おく。
3 別のボウルで卵白をしっかり泡立て、**2** に加え、泡をつぶさないようにして木ベラでむらなく混ぜ合わせる。
4 再び鮭の水けをふいて **3** の衣をたっぷりつけ、中温（170～180度）に熱した揚げ油に入れる。衣がふくらんだら、ときどき返しながら薄く色づくまで揚げる。塩やトマトケチャップなどで食べる。

鮭のホイル焼き

簡単でヘルシーな魚料理。きのこや野菜は好みで組み合わせを考えてもおいしい

　　甘塩鮭　4切れ
　　生椎茸　1袋
　　えのき茸　1袋
　　ピーマン　4個
　　サラダ油かバター　適量
　　酒　大さじ4
　　柑橘類(好みのもの)　適量

1 生椎茸は石づきを切り落とし、えのき茸は石づきを切り落として食べよくほぐす。ピーマンは縦4つ切りにする。ピーマンはしし唐辛子でもよい。

2 25cm角のアルミ箔を用意し、サラダ油かバターをぬって中央に鮭を1切れおく。この上に**1**の野菜を4等分してのせ、酒大さじ1を振りかけてふんわりと包み、両端を押さえる。

3 同じものを4つ作り、オーブンまたはオーブントースターで15分くらい焼く。食べるときに、すだち、かぼす、レモン、柚子など好みの柑橘類をしぼりかける。

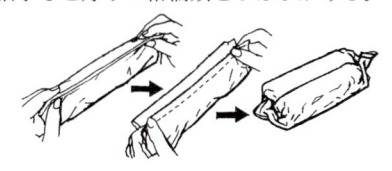

作り方**2**

鮭のマリネ

新鮮な塩鮭か新巻鮭を使うのがキマリ。サンドイッチにもどうぞ

　　塩鮭(中塩か辛塩の新鮮なもの)　400g
　　酢　適量
　　玉ねぎ　1〜2個
　　レモン(輪切り)　½個
　　ケイパー　大さじ1強
　　マリネ液
　　　米酢　大さじ5
　　　砂糖　小さじ2
　　　塩　小さじ½
　　　レモン汁　½個分
　　　マスタード　大さじ1
　　サラダ油　大さじ1

1 塩鮭は皮と骨を取りのぞき、やや深めの器に入れてヒタヒタの酢を注ぐ。この中で鮭を両面返しながら酢洗いする。

2 鮭をできるだけ薄く斜めに切る。このとき冷凍庫に短時間入れて、表面を少し凍らせると切りやすい。

3 玉ねぎは縦半分に切り、繊維を断つように薄切りにする。

4 バットなどに玉ねぎの半量を敷き、鮭とレモンの輪切りをのせてケイパーを散らし、さらに残りの玉ねぎを散らす。

5 ボウルにマリネ液の材料を合わせてよく混ぜ、**4**の上からまわしかける。最後にサラダ油を振ってラップをかけ、冷蔵庫に入れて3時間から一晩漬け込む。

鮭のわっぱ飯

曲げわっぱで1人分ずつ蒸すより簡単な作り方。いくらを添えれば「親子わっぱ」に

　　米　3カップ(3合)
　　酒　⅓カップ
　　甘塩鮭(新鮮なもの)　4切れ
　　酒　大さじ3
　　三つ葉　適量

1 甘塩鮭は一口大の薄いそぎ切りにし、大さじ3の酒につけておく。

2 米はといで、酒⅓カップを加えてからふつうに水加減して炊く。

3 三つ葉はサッと熱湯にくぐらせ、2cm長さに切る。

4 ご飯が炊けて、蒸らし時間に切りかわったら、鮭の汁をきってご飯の上にのせ、一緒に十分蒸らす。

5 一度鮭を取り出し、器にご飯を盛りつけ、上に鮭をのせて三つ葉を散らす。

鮭ライス

他に何か入れようと思わないこと

〈これは2人分〉
温かいご飯　2人分
甘塩鮭　1切れ
バター　大さじ1
こしょう　少々
貝割れ大根　½わ
レモン（くし形切り）　2切れ

1 塩鮭は熱湯でゆで、骨と皮を取りのぞきながらあらくほぐす。
2 バターを中火にかけて鮭を炒め、全体に油がまわってアツアツになったらこしょうを振る。
3 火を止めてから温かいご飯を加え混ぜる。
4 器に盛り、食べよく切った貝割れ大根を散らす。レモンを添え、しぼりかけて食べる。

三五八漬け

塩3・麹5・ご飯8の割合から名の由来あり。塩を減らして現代版に

ご飯　1½カップ
麹　½カップ
湯　適量
塩　¼カップ

きゅうり、なす、大根、かぶなど　適量

1 ご飯は60度くらいの湯で洗い、粘りを取る。
2 麹は60度くらいの湯をヒタヒタに加え、フタをして30分おく。
3 ご飯と麹を混ぜ合わせ、暖かいところに一晩おく（もしまだかたいようなら、ぬるま湯をたす）。翌日、分量の塩を加えて混ぜる。
4 野菜に塩（分量外）を少しすり込んでから、**3** の麹床に一晩漬け込む。一度床を作れば4～5回は使える。

ささみのおらんだ揚げ

揚げると、クルンとした愛らしい棒状に。カリッと揚げて、ジュッと甘酢に漬け込む

鶏ささみ　10～12本
片栗粉　適量
甘酢
　｜米酢　大さじ3
　｜しょうゆ　大さじ3
　｜砂糖　大さじ3
　｜酒　大さじ2
揚げ油　適量
白いりごま　大さじ1
しょうが　ひとかけ

1 鶏ささみは縦半分に細長く切り、片栗粉をまぶしておく。
2 ボウルに甘酢の調味料を合わせて、よくかき混ぜる。
3 しょうがは皮をむき、繊維にそって薄切りにしてから千切りにし、サッと水洗いをして針しょうがにする。
4 揚げ油を中温（170～180度）に熱し、**1** を1つずつギュッと握って衣を落ち着かせながら、油の中に次々入れていく。
5 衣がしっかりしてきたら裏返し、ときどき混ぜて空気にふれさせながら、中まで十分に火を通す。
6 カリッと揚がったら引き上げて油をきり、アツアツを **2** の甘酢に入れる。ときどき全体を返して、味がなじんだらいつでも食べられる。
7 出来上がりを器に盛り、白いりごまを振って針しょうがを添える。

ささみのしそ巻き揚げ

あっさりした和風の味わい。ご飯にも酒の肴にもおすすめ

鶏ささみ　300g
塩　少々
青じそ　2わ
衣

小麦粉　¾〜1カップ
　　氷水　1カップ弱
揚げ油　適量
たれ
　　ゆかり　大さじ1
　　米酢　大さじ2

1 鶏ささみは2つにそぎ切りにして塩を振り、青じそを巻く。
2 ボウルに小麦粉と氷水を合わせてサッと混ぜ、衣を作る。
3 揚げ油を中温(170〜180度)に熱し、衣にくぐらせた鶏ささみを入れてカラリと揚げる。
4 ゆかりと米酢を混ぜてたれを作り、つけて食べる。

ささみのチーズ巻きフライ
チーズが出ないように巻くこと

鶏ささみ　8本
塩　少々
プロセスチーズ(5㎜厚さ)　2枚
衣
　　小麦粉　適量
　　とき卵　1個分
　　パン粉　適量
揚げ油　適量
ウスターソース　適量

1 鶏ささみは繊維にそって縦に浅く切りめを入れ、切りめのところを開いて広げ、塩を振る。
2 チーズは縦に4等分に切って5㎜角くらいの棒状にする。広げた肉でチーズを1本ずつ巻き、ギュッと握る。揚げているときチーズがとけ出ないようにしっかり巻く。
3 小麦粉、とき卵、パン粉の順で衣をつけ、中温(170〜180度)に熱した油に入れる。衣が落ち着いたら、ときどき空気にふれさせながら中までしっかり火を通して、こんがりカリッと揚げる。ウスターソースで食べる。

刺身のごまあえ丼
ごまだれで味もボリュームもアップ

刺身盛り合わせ　4人分
ごまだれ
　　白いりごま　½カップ
　　しょうゆ　大さじ1
　　みりん　大さじ1
　　とき辛子　小さじ1
もみのり　適量
しょうゆ　適量
温かいご飯　4人分

1 ごまはねっとりしてくるまですり鉢でよくよくすり、調味料と辛子を加えてさらにすり混ぜる。
2 盛りつけたご飯に刺身を見栄えよく並べ、ごまだれをかけ、もみのりを散らす。ごまだれにあえて盛りつけてもよい。食べるときにしょうゆ少々をかける。

さつま揚げ
小ぶりのいわしを骨ごと使うから、うまみとカルシウムがたっぷり

いわし　小10尾
ごぼう　10㎝
にんじん　5㎝
A　塩　小さじ¼
　　みりん　小さじ2
　　しょうゆ　少々
揚げ油　適量
大根おろし　適量
しょうゆ　適量

1 いわし5尾は頭、尾、内臓を取りのぞき、水洗いし、骨ごとブツ切りにする。残りのいわしは開いて骨も取り、ブツ切りにする。
2 ブレンダーですり身にする(またはいわしを細かく刻んでたたいてからすり鉢ですり身にする)。

さつまあげ

3 ごぼうはささがきにし、水に放ち、水けをきる。にんじんは千切りにする。
4 すり身と**3**の野菜を混ぜ、Aの調味料も加えて混ぜ合わせる。
5 揚げ油を中温（170～180度）に熱し、木ベラに**4**のたねを一口大くらいのせ、平べったい形に整えて静かに入れていく。途中で裏返し、ときどきかき混ぜて空気にふれさせながら、全体がこんがり色づくまで揚げる。大根おろし、しょうゆで食べる。

さつま揚げと青菜の煮もの
季節によってター菜やチンゲン菜で。クタッと煮たのもかためもどちらもいける

さつま揚げ　2枚
小松菜　½わ
煮汁
　┌ 砂糖　小さじ1
　│ 酒　大さじ1
　│ しょうゆ　大さじ2
　└ 水　½カップ

1 さつま揚げは5mm幅の細切りにし、小松菜は3～4cm長さに切る。株の太いチンゲン菜を使うときは、軸を縦割りにしてから3～4cm長さに切る。
2 鍋に煮汁の材料を入れて強火にかけ、フツフツしてきたら小松菜の茎、葉の順に加え、続けてさつま揚げも加える。表面を平らにならしてフタをし、強めの中火で約5～10分煮る。

さつま芋粥（がゆ）
昔の芋粥とイメージは違います。おかゆとお芋のおいしさを別々に味わう

米　1カップ
水　5カップ
さつま芋　1本（約300g）
塩　小さじ1弱
湯　1カップ
黒いりごま　適量

1 米は洗って水けをきる。
2 さつま芋はよく洗い、皮つきのまま1cmの輪切りにし、海水程度の塩水（分量外）に5～10分さらす。
3 厚手の鍋に米と分量の水を入れ、中火にかける。
4 フツフツしてきたら水けをきったさつま芋を加え、再びフツフツしてきたらフタをして弱火で25～30分炊く。
5 炊き上がったら塩、湯1カップを加え、水でぬらした菜箸で切るようにして混ぜ、フタをして火を止める。
6 器に盛り、黒いりごまを散らす。
さつま芋の皮→ コラム参照

さつま芋皮の甘辛がらめ
さつま芋の残った皮をひと工夫。甘辛だれにからめると懐かしい箸休めの一品

さつま芋の皮　約2本分
揚げ油　適量
A ┌ 砂糖　大さじ1
　│ みりん　大さじ1
　│ 酒　大さじ1
　└ しょうゆ　小さじ1
いりごま（白でも黒でもよい）　適量

1 さつま芋の皮は食べよい長さに切り、水けをふく。
2 揚げ油を熱し、低めの温度からさつま芋の皮を入れて、ときどき混ぜながらカリッとするまでゆっくり揚げる。
3 鍋にAの砂糖、みりん、酒、しょうゆを入れて火にかけ、とろ～りとしてきたら揚げた皮を入れる。手早くからめて火を止め、すぐ器に移してごまを振る。

さつま芋ご飯
さつま芋は塩水につけると色よく仕上がり、くずれすぎない

米　2カップ（2合）
酒　大さじ2

塩　小さじ½
さつま芋　1本(200～250g)
黒いりごま　適量

1 米はといでやや少なめに水加減する。
2 さつま芋は皮ごと1.5～2cm角に切り、すぐ海水くらいの塩水(分量外)につけてアクを抜く。皮なしのさつま芋ご飯にする場合は、少し厚めに皮をむいて同じように切り、塩水につける。
3 ご飯を炊く直前に、**1**に酒と塩を加えてザッと混ぜる。さらに水けをきったさつま芋を加えて表面を平らにし、炊飯器のスイッチを入れる。
4 炊き上がったら、底のほうからほっくり混ぜて器に盛り、黒いりごまをパラリと振る。

さつま芋だけの煮もの

煮くずれしやすいから弱火で。ちょっと懐かしさただよう一品です

さつま芋　中2本(約400g)
水　適量
砂糖　大さじ2
しょうゆ　大さじ1
塩　少々

1 さつま芋は皮ごと1.5cmくらいの厚さの輪切りにし、大きいものは半分に切り、塩水(分量外)にさらす。
2 鍋の中を水でぬらし、芋の水けをきって並べる。水をヒタヒタに加え、調味料も加え、水でぬらした落としブタをして弱火でじっくり煮る。
3 竹串がスーッと通るようになったら火を止め、そのままにして味を含ませる。

さつま芋と栗のつぶさぬきんとん

ほっこりスイート！　ガラスの器に大事そうに盛りつけ、シロップごと召し上がれ

さつま芋　2本(約500g)
くちなしの実　1～2個
水　適量
栗の甘露煮　小1びん(約250g)

1 栗の甘露煮は1個を4つくらいに切り、シロップは別に1½カップを取っておく。
2 さつま芋は2cm厚さの輪切りにし、厚めに皮をむいて、海水よりやや濃いめの塩水(分量外)に5～10分さらす。
3 鍋にさつま芋とくちなしの実を入れ、ヒタヒタの水を加え、落としブタをしてゆでる。さつま芋に竹串を刺し、スーッと通るくらいやわらかくなるまでゆでる。くちなしの実を取りのぞく。
4 さらに栗の甘露煮とシロップを加え、ごく弱火で6～7分煮て、栗にしっかり火を通せば出来上がり。

さつま芋とこんにゃくの酢豚風

ホクホク芋とこんにゃくの歯ざわりが、香りのよいあんとからまり不思議なおいしさ

さつま芋　大1本(約300g)
こんにゃく　1枚
片栗粉　大さじ2
干椎茸　5枚
揚げ油　適量
合わせ調味料
　しょうが(すりおろし)　少々
　にんにく(すりおろし)　少々
　しょうゆ　大さじ2½
　米酢　大さじ2
　酒　大さじ2
　砂糖　大さじ2
　片栗粉　小さじ1
ごま油　小さじ½
白いりごま(好みで)　適量

1 さつま芋は皮ごと一口大に切って海水くらいの塩水(分量外)につけ、アクを抜いて水けをきる。干椎茸は戻して水けをしぼり、2～4に切る。
2 こんにゃくはスプーンなどで一口大にこそぎ、電子レンジで1～2分加熱して水

さつまいも

けをきる。冷めたら片栗粉をまぶす。

3 揚げ油を中温(170〜180度)に熱し、さつま芋の水けをふいて入れる。こんにゃくも入れて衣が落ち着くまで動かさずに揚げる。さつま芋に火が通り、こんにゃくもしっかり揚がったら、干椎茸も加えて火を通し、すべて引き上げる。

4 鍋に合わせ調味料の材料を入れて火にかけ、混ぜながらとろりとさせ、火を止めてごま油を加える。

5 さつま芋、こんにゃく、椎茸の油がしっかりきれたら、**4**の鍋に入れて味をからめ、器に盛って好みで白いりごまを振る。

さつま芋とゆで卵の煮もの
この二つは不思議とよく合う相性のよさ。きっと好きになる甘辛煮

さつま芋　1本
ゆで卵　4個
煮汁
　だし汁　1½カップ
　みりん　大さじ1
　砂糖　大さじ1
　しょうゆ　大さじ2

1 さつま芋は1㎝厚さの輪切りか半月切りにし、海水くらいの塩水(分量外)にさらす。ゆで卵は殻をむく。

2 煮汁を火にかけ、フツフツしてきたら水けをきったさつま芋とゆで卵を加え、フタをして中火で10分煮る。すぐ食べるより、このまましばし味を含ませておくとよい。

さつま芋とりんごのロールドポーク
クルクル巻いた肉に焼き色をつけ、煮るだけ。中から出てくるさつま芋がうれしい

さつま芋　1本
りんご(紅玉)　1個
豚もも薄切り肉　350ｇ
小麦粉　適量
サラダ油　適量
煮汁
　水　1カップ
　トマトジュース　1カップ
　固形スープの素　1個
　ワイン(赤か白)　大さじ2
　しょうゆ　大さじ½
　ローリエ　1枚
塩　少々
こしょう　少々
パセリ(みじん切り)　適量

1 さつま芋は皮を厚めにむいて5㎝長さ、1.5㎝角くらいの棒状に切り、海水くらいの塩水(分量外)につけてアクを抜く。

2 りんごは4つ割りにしてから皮と芯をのぞき、1㎝幅のくし形に切る。

3 豚もも薄切り肉は1枚ずつ広げ、さつま芋とりんごを1つずつ端にのせてクルクルと巻く。巻き終わったらギュッと握って落ち着かせ、小麦粉をまんべんなくまぶして余分な粉をはたく。

4 フライパンにサラダ油を熱し、肉の巻き終わりを下にして入れ、強めの中火で焼きつける。フライパンをゆすりつつ全体にこんがりと焼き色がついたら皿に取る。

5 厚手鍋に分量の水、トマトジュース、固形スープの素、ワインを入れて火にかける。フツフツしてきたら**4**を加え、さらにしょうゆとローリエを加えて、鍋を軽くゆすり、全体をなじませる。

6 火を弱めて20分ほどコトコト煮込み、味をみて塩、こしょうで調える。

7 出来上がりを器に盛って煮汁をかけ、上からパセリを散らす。

作り方 **3**

さつま芋のオレンジ煮
アツアツでも冷めてもおいしいヘルシーな甘み

さつま芋　1本
砂糖　大さじ1～2
オレンジジュース　¾カップ
水　½カップ

1 さつま芋は皮ごと2cm厚さの輪切りにし、海水くらいの塩水(分量外)にさらす。
2 鍋の中を水でザッとぬらし、さつま芋の水けをきって並べる。砂糖、オレンジジュース、水を加え、フタをして強火にかける。
3 フツフツしてきたら中火にし、途中で上下を返して、10～15分煮る。

さつま芋の皮のきんぴら
捨ててしまうのはもったいない味。調理はあくまでも手早くパパッと

さつま芋の皮　適量
ごま油　適量
しょうゆ　適量
砂糖　適量
白いりごま　適量

1 さつま芋の皮は食べよい長さの細切りにし、海水くらいの塩水(分量外)にさらしてアクを抜き、ザッと水洗いする。水けをふく。
2 ごま油をたっぷりめに熱し、強火でよく炒める。1つ食べてみて、まだ少し歯ごたえがあるくらいで火を止める。
3 しょうゆと砂糖を同量ずつくらい加え、中火で焦がさないようにいりつける。シャキッとしているうちに火を止め、ごまを振って混ぜる。

さつま芋のごまだらけ
揚げてはちみつじょうゆをからめ、片面にごまをびっしり

さつま芋　1本
揚げ油　適量
はちみつじょうゆ
　はちみつ　大さじ2
　しょうゆ　小さじ2
黒いりごま　適量

1 さつま芋は皮ごと1cm厚さの輪切りにし、海水くらいの塩水(分量外)に5分ほどさらし、水けをよくふく。はちみつとしょうゆを合わせておく。
2 揚げ油を熱し、まだぬるいうちにさつま芋を入れ、全体が薄いきつね色になるまで揚げる。
3 キッチンペーパーに取って油をきり、すぐ混ぜ合わせたはちみつじょうゆをからめる。
4 平皿などにごまを広げる。1切れずつ箸で、ごまの上にそっとのせ、片面だけにごまをびっしりくっつける。ごまの面を上にして盛る。

さつま芋の包み揚げ
カリッとかじると、チーズもとろ～り

さつま芋　適量
プロセスチーズ　適量
餃子の皮　適量
揚げ油　適量
塩　少々

1 さつま芋は皮を厚めにむき、幅1cm弱、長さ4cmくらいの拍子木切りにする。
2 プロセスチーズはさつま芋よりやや小さめの拍子木切りにする。
3 餃子の皮の周囲に水を少しつけ、芋とチーズを1本ずつのせ、くるりと包み込む。両端をつまんでしっかりとくっつけて折り曲げる。

さつまいも

4 中温（170〜180度）に熱した油に入れ、全体が色づくまで揚げる。中のさつま芋に火が通ったら油をきる。塩を振って食べる。

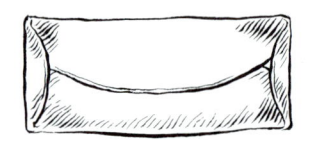

作り方 3

さつま芋の豚巻き煮
肉ロールの中にホクホクのさつま芋。まずこんがりと焼いてから煮る

　豚肩ロース薄切り肉　300ｇ
　さつま芋　大１本（約300ｇ）
　サラダ油　大さじ１
　煮汁
　　｜水　１カップ
　　｜酒　大さじ２
　　｜砂糖　大さじ１
　　｜しょうゆ　大さじ２
　舞茸　１袋
　酒　大さじ２

1 さつま芋は厚めに皮をむき、5〜6㎝長さの1.5㎝角くらいの棒状に切って、海水くらいの塩水（分量外）につける。
2 豚肩ロース薄切り肉は１枚ずつ広げ、水けをきったさつま芋に巻きつける。
3 フライパンにサラダ油を熱し、豚肉の巻き終わりを下にして焼き、さらに転がしながら、全体をこんがりと焼きつける。
4 鍋に煮汁の材料を入れて火にかけ、フツフツしてきたら 3 の豚肉を入れ、汁けがほとんどなくなるまで中火で煮る。煮汁が少なくなりさつま芋がやわらかくなればOK。取り出して器に盛る。
5 大きくさいた舞茸は、 4 のわずかに残っている煮汁の中に酒と一緒に加えて強火で火を通し、豚肉に添える。

さといも粥
秋も深まった頃におすすめ。里芋のねっとり感とおかゆがやさしい味

　米　１カップ
　水　５カップ
　里芋　10個
　塩　小さじ１弱
　湯　１カップ
　柚子の皮　適量

1 里芋はタワシで皮をよく洗い、上下を少し切り落とす。熱湯で１〜２分ゆで、あら熱が取れたら皮をむいて、少し大きめの一口大に切る。
2 厚手の鍋にといだ米と分量の水を入れ、中火にかける。フツフツしてきたら里芋を加え、再びフツフツしてきたら弱火にし、25〜30分炊く。
3 炊き上がったら塩、湯１カップを加え、水でぬらした菜箸で切るようにして混ぜ、フタをして火を止める。
4 器に盛り、薄くそいだ柚子の皮を散らす。

里芋ご飯
見た目は地味でも、食べてびっくりの逸品

　米　１½カップ（１½合）
　もち米　½カップ（½合）
　里芋　５〜６個
　酒　大さじ１
　塩　小さじ１弱
　黒いりごま　適量

1 米ともち米は合わせ、ふつうよりやや少なめに水加減する。
2 里芋は上下を薄く切り落とし、皮ごとヒタヒタの水で１〜２分ゆでる。冷めたら皮をむき、２〜３つに切る。
3 酒と塩を 1 に加えてひと混ぜし、里芋を加えて表面を平らにし、ふつうに炊く。
4 底のほうから全体を混ぜ、盛りつけてごまを散らす。

里芋と厚揚げのみそ汁
ホコホコとおいしいボリューム満点の汁
　里芋　3～4個
　厚揚げ　½枚
　長ねぎ　½本
　だし汁　5カップ
　みそ　大さじ2～3

1 里芋は1㎝厚さの輪切りにし、厚揚げは縦半分に切ってから横に1㎝厚さに切る。長ねぎは2㎝長さのブツ切りにする。
2 鍋にだし汁と里芋を入れて火にかけ、フツフツしてきたら弱めの中火で里芋がやわらかくなるまで煮る。
3 さらに厚揚げと長ねぎを加え、再びフツフツしたらみそをとき入れ、ひと煮立ちしたら器に盛る。

里芋と甘栗の秋煮
この取り合わせは大評判！
　里芋　約400g
　甘栗（殻なし）　1カップ
　煮汁
　　｛みりん　大さじ1½
　　　しょうゆ　大さじ1½
　　　水　1カップ

1 里芋はかぶるくらいの水を加えて皮ごと火にかけ、沸とうしてから1～2分ゆで、水に取る。あら熱が取れたら皮をむき、大きければ2つに切る。
2 煮汁に里芋と甘栗を入れて火にかけ、フツフツしたらフタをして中火で煮る。途中で一度上下を返し、里芋に竹串がスーッと通るようになったら火を止める。

里芋とえびの京煮
彩り味わいとも絶品。正月用に煮てもよし
　里芋　10～12個（500～600g）
　ゆでえび　10～12尾
　絹さや　100g
　煮汁
　　｛だし汁　3カップ
　　　酒　大さじ2
　　　砂糖　大さじ1
　　　みりん　大さじ1
　　　塩　小さじ½強
　　　薄口しょうゆ　小さじ1～2

1 里芋は上下を少し切り落とし、皮ごとヒタヒタの水でゆでる。フツフツしてきたらすぐ水に取って皮をむく。さらに里芋にヒタヒタの水を加え、中火にかける。フツフツしてきたら水に取り、そっと洗うようにしてザルに取る。
2 ゆでえびは尾を残して殻をむく。絹さやはすじを取り、塩少々（分量外）を加えた熱湯でサッとゆでて冷ましておく。水に取らない。
3 広口の鍋に煮汁の材料をすべて入れて里芋を並べ、フタをして中火にかける。フツフツしてきたら弱火にして15分ほど煮含める。
4 さらにえびを加え、里芋がやわらかくなるまで5～10分煮る。煮汁を少し残して火を止め、そのまま冷めるまでおいて味を含ませる。
5 完全に冷めたら、絹さやを加えて煮汁につけ、絹さやにも味を含ませる。

里芋と牛肉の中国風炒め
ご飯に合うこっくり味
　里芋　300g
　牛薄切り肉　200g
　A｛にんにく（みじん切り）　ひとかけ
　　　オイスターソース　小さじ2
　干椎茸　6枚
　長ねぎ　2本
　ごま油　大さじ2
　B｛水　1カップ
　　　豆板醤　小さじ1
　　　みそ　大さじ1
　　　酒　大さじ1

さといも

水溶き片栗粉
- 片栗粉　大さじ1弱
- 水　大さじ1弱

1 干椎茸は戻し、軸を切り落として4等分に切る。
2 里芋は皮ごと竹串がスーッと通るくらいにやわらかくゆで、皮をむき、4つ割りにする。
3 牛肉は2cm幅に切り、Aをからめる。
4 長ねぎは1.5cm長さに切る。
5 ごま油を熱し、椎茸と長ねぎを強めの中火で炒める。油がまわったら片側に寄せ、牛肉を加えて強火で炒め肉の色が変わったら、里芋も加えて炒め合わせる。
6 全体に油がまわったら火を止め、Bの水と調味料を加える。再び強火をつけ、フツフツしてきたら水溶き片栗粉をまわし入れる。再びフツフツしてとろみがついたら、火を止める。

里芋と牛肉の煮つけ
里芋はサッとゆでるとヌルヌルも手のかゆみも心配なし

- 里芋　約400g
- 牛薄切り肉　200g
- しめじ　1袋
- A
  - しょうゆ　大さじ2
  - 酒　大さじ2
  - みりん　大さじ1
  - 砂糖　小さじ1
- 水　1カップ

1 里芋は上下を少し切り落とし、皮ごと水からゆでる。フツフツと1〜2分ゆでたらザルにあげ、あら熱が取れたら皮をむく。大きい里芋なら2つくらいに切る。
2 牛薄切り肉は食べよい大きさに切り、しめじは石づきを切り落として小房に分ける。
3 鍋にAを煮立て、牛肉をほぐしながらヒラリヒラリと入れる。肉に味がからまったら、里芋と分量の水を加え、フタをして中火よりやや強めの火で煮る。
4 途中で一度上下を返し、煮汁が少なくなったら湯（分量外）を少々たして、里芋がやわらかくなるまで煮る。
5 仕上がり際に、しめじを加えてひと煮立ちさせ、火が通ったら出来上がり。

里芋と鶏肉のたっぷり煮
どんと作り、煮返しながら食べても。冷凍里芋を使うときは煮立ったところへ入れる

- 里芋　400g
- にんじん　1本
- 大根　約15cm
- 鶏もも肉　大1枚
- A
  - しょうゆ　大さじ2
  - 酒　大さじ2
  - みりん　大さじ2
- 水　適量
- しし唐辛子　1パック

1 里芋は上下を切り落とし、皮ごと水からゆでる。フツフツして1〜2分したらザルにあげ、皮をむいて、大きいものは一口大に切る。
2 にんじんは一口大の乱切り、大根は1cm厚さのいちょう切りにする。しし唐辛子はヘタを切り落とす。
3 鶏もも肉は黄色い脂肪を取りのぞき、一口大に切る。
4 大きめの鍋にAを入れて強火にかけ、煮立ったら鶏肉を加える。肉の色が変わったところで、にんじん、大根、里芋を加える。
5 さらに水をヒタヒタになるくらいに加え、フタをして強めの中火で煮る。ときどき鍋をゆすって上下を返し、煮汁をゆきわたらせながらやわらかく煮上げる。
6 最後にしし唐辛子を加えてひと煮し、ザッと混ぜ合わせる。

里芋と鶏の煮もの
里芋は冷凍や水煮を使ってもうまくできます

里芋　400g
鶏こま切れ肉　200g
長ねぎ　1本
A ┌ 砂糖　小さじ2
　├ みりん　小さじ2
　├ 酒　大さじ1½
　└ しょうゆ　大さじ1½
水　適量

1 里芋は皮ごとヒタヒタの水で1〜2分ゆでる。冷めたら皮をむき、大きければ2〜3つに切る。
2 鶏肉は黄色い脂肪を取りのぞき、一口大くらいに切る。長ねぎは斜め薄切りにする。
3 鍋の中を水でぬらし、Aの調味料を入れて火にかける。フツフツしてきたら鶏肉を入れ、強めの中火でコテッと煮る。
4 里芋と水をヒタヒタに加え、フタをして10〜15分くらい煮る。
5 里芋に竹串が通るようになったら、長ねぎを加えてサッと煮る。

里芋と舞茸のかき揚げ
ホクホクとサックリのおいしさが一つに。揚げたてが最高！

里芋　300g
舞茸　1袋
衣
　┌ 卵水(卵1個と水)　1カップ
　└ 小麦粉　1カップ
揚げ油　適量

1 里芋は皮をむいて5mm厚さの輪切りにし、舞茸は洗わずに適当な大きさにほぐす。
2 衣を作る。とき卵に水を合わせて1カップにし、小麦粉と混ぜ合わせる。
3 里芋と舞茸を**2**の衣に加えて、ザッとあえる。
4 揚げ油を中温(170〜180度)に熱し、**3**のたねを木ベラですくって入れていく。菜箸でさわってみて、衣がしっかりしてきたら裏返し、ときどき空気にふれさせながら揚げる。
5 カラリと揚がったら、油をきって引き上げ、器に盛る。塩や天つゆでどうぞ。

里芋の上品煮
煮汁は吸いものよりは濃いめの味つけで煮含める。どんな和食の副菜にも合う

里芋　300g
煮汁
　┌ 水　2½カップ
　├ 昆布　20cm
　├ 酒　大さじ2
　├ 薄口しょうゆ　大さじ1
　└ みりん　小さじ1
柚子の皮(千切り)　適量

1 里芋は上下を少し切り落とし、皮ごとヒタヒタの水でゆでる。グラグラと煮立ったら1〜2分そのままゆでてザルにあげ、あら熱が取れたら皮をむく。
2 鍋に昆布を敷き、煮汁の他の材料を入れて煮立て、里芋を加えてフタをし、中火で煮含める。
3 こっくりと煮上がったら器に盛り、柚子の皮を散らす。

里芋の素揚げ
柚子の香りがいっぱいのシンプルおかず。しょうが風味にしても美味

里芋　16〜20個
柚子じょうゆ
　┌ 柚子の皮(すりおろし)　少々
　└ しょうゆ　大さじ2
揚げ油　適量
柚子の皮(すりおろし)　少々

1 里芋は上下を少し切り落とし、皮ごと

さといも

ヒタヒタの水でゆでる。グラグラと煮立ったら１〜２分ゆでてザルにあげ、あら熱が取れたら皮をむく。
2 深めの器におろし柚子としょうゆを合わせ混ぜ、柚子じょうゆを作っておく。
3 揚げ油を高めの中温（180度）に熱し、里芋を中まで火が通るようにカラリと揚げて、油をよくきる。
4 里芋がアツアツのうちに **2** の器に入れ、柚子じょうゆをよくからめて、さらにおろし柚子を振りかける。

里芋のすいとん
里芋に小麦粉を加えたすいとんが、なめらかで懐かしい味わい

里芋　300ｇ
小麦粉　大さじ３〜５
豚肩ロース薄切り肉　100ｇ
しめじ　１袋
だし汁　５カップ
みそ　大さじ２〜３
細ねぎ（小口切り）　適量
一味唐辛子か七味唐辛子（好みで）　適量

1 里芋は上下を少し切り落として鍋に入れ、ヒタヒタの水を加える。フタをして皮ごとゆで、竹串を刺してスーッと通ったらザルにあげる。
2 里芋のあら熱が取れたら皮をむき、マッシャーかすりこぎでつぶす。さらに様子をみながら小麦粉を加えてよく混ぜ合わせ、すいとんだねにする。
3 豚肩ロース薄切り肉は食べよく切る。しめじは石づきを切り落とし、小房に分ける。
4 鍋にだし汁を入れて火にかけ、フツフツしてきたら豚肉を入れ、再びフツフツしたら、**2** のすいとんだねをスプーンで一口大にまとめながら、静かに加える。
5 さらにフツフツしたらしめじを加える。みそをとき入れ、火を止める。器に盛って細ねぎを散らし、好みで一味唐辛子や七味唐辛子を振って食べる。

里芋の煮っころがし
煮っころがしは、甘辛味でだしいらず

里芋　400ｇ
煮汁
　酒　大さじ１
　みりん　大さじ１
　砂糖　大さじ１
　しょうゆ　大さじ１
　水　１カップ

1 里芋は上下を少し切り落とし、皮ごとヒタヒタの水でゆでる。グラグラと煮立ったら１〜２分そのままゆでてザルにあげる。あら熱が取れたら皮をむき、大きければ２つに切る。
2 鍋に煮汁の材料を入れて煮立て、里芋を加えてフタをする。強めの中火で15分前後煮る。竹串を刺してスーッと通れば出来上がり。鍋をゆすって煮汁を全体にからめ、器に盛る。とき辛子をつけて食べてもおいしい。

里芋マッシュ
ゆでてつぶしただけと思えないうまさ！

里芋　400ｇ
柚子の皮（すりおろし）　適量
しょうゆ　適量

1 里芋はヒタヒタの水で皮ごと竹串がスーッと通るようになるまでゆでる。
2 あら熱が取れたら皮をむき、熱いうちにマッシャーかすりこぎで手早くなめらかにつぶす。
3 器に盛り、柚子の皮を散らす。しょうゆを少々かけて食べる。

里芋マッシュ焼き
カリカリ、ねっとり、不思議な味わい

里芋　400ｇ

小麦粉　大さじ2〜3
塩　ふたつまみ
ごま油　大さじ1
桜えび　大さじ4
しょうゆ　適量

1 里芋はヒタヒタの水で皮ごと竹串がスーッと通るようになるまでゆでる。
2 あら熱が取れたら皮をむき、熱いうちにマッシャーかすりこぎで手早くつぶし、小麦粉と塩を加えてよく混ぜる。
3 ほぼ8等分にし、フライパンかホットプレートにごま油を熱してポテッポテッと落としていく。上に桜えびをのせ、そのまま弱めの中火で焼く。
4 フライ返しがスッと入るようになったら裏返し、上から押さえて平らにし、こんがりと焼き上げる。
5 器に盛り、しょうゆを少々かけて食べる。

サニーレタスと卵のホットサラダ
忙しい朝食にもおすすめ

サニーレタス　4〜5枚
卵　3個
バター　大さじ2
塩　適量
こしょう　適量
レモン汁　適量

1 サニーレタスは一口大くらいにちぎり、大きめの器に入れる。ちょうどよいフタを用意する。
2 卵はとき、塩、こしょう各少々を混ぜる。フライパンにバターを中火でとかす。強火にして卵を流し、縁が固まりかけてきたら大きく混ぜて、フワリとしたいり卵を作る。
3 アツアツいり卵をサニーレタスにのせ、すぐフタをして2〜3分おく。
4 食べるとき、フタを取って塩、こしょう、レモン汁を好みに振り、底のほうから全体をザッと混ぜる。

さばの揚げ漬け
揚げたてを漬け汁へ。食べるころにはさばのまわりがとろりとして味もしみ込む

さば(切り身)　4切れ
片栗粉　適量
にんじん　1本
玉ねぎ　1個
細ねぎ　8〜10本
漬け汁
　┌ しょうゆ　大さじ2
　│ 米酢　大さじ2
　│ 砂糖　大さじ1
　└ しょうが(薄切り)　8〜12枚
揚げ油　適量

1 バットなどに漬け汁の材料を混ぜ合わせておく。
2 にんじんは5mm厚さの輪切りにする。玉ねぎは縦半分に切り、繊維にそって薄切りにする。細ねぎは4cm長さのブツ切りに。
3 さばの切り身は片栗粉をまぶし、余分な粉を落とす。
4 揚げ油を中温(170〜180度)に熱してさばを揚げる。中に火が通り、カラリと揚げたら油をきって火を止める。さばはアツアツのうちに、すぐ **1** の漬け汁に漬ける。
5 にんじんは油に余熱が残っているうちに、低めの温度で素揚げにして同様に漬け汁に。玉ねぎと細ねぎはそのまま漬け汁に加え、全体に味をよくなじませて器に盛る。

さばのかば焼き風
うなぎに負けないおいしさ！　どんぶりやお弁当のおかずにもぴったり

さば(三枚おろし)　1尾
たれ
　┌ みりん　大さじ2

さば

しょうゆ　大さじ2
酒　大さじ1
砂糖　小さじ1
粉山椒　適量

1 まず鍋にたれの調味料を合わせて混ぜ、火にかけて煮立て、バットなどに入れておく。
2 さばは片身1枚を2つに切り、全部で4切れにしてガス台のグリルかロースターで焼く。両面をよ〜く焼いたら、アツアツをたれにジューッとつける。
3 再びさばを火にかけ、焦がさないようにしながら表面をサッと焼く。
4 残ったたれはこして煮立て、さばにぬって器に盛る。粉山椒を振って食べる。

さばのケチャップあんかけ
さばは牛乳に漬けて生ぐさみを消してから調理する

さば(三枚おろし)　1尾
牛乳　適量
片栗粉　適量
揚げ油　適量
ケチャップあん
　トマトケチャップ　大さじ2
　砂糖　大さじ1½
　しょうゆ　大さじ1
　水　½カップ
　A｛米酢　大さじ2
　　片栗粉　小さじ2

1 さばは一口大に切り、ヒタヒタ程度の牛乳を加えて30分以上漬け込む。一晩冷蔵庫で漬けておいてもよい。
2 さばの汁けをふき取って片栗粉をまぶしつけ、中温(170〜180度)の揚げ油でカラリと色よく揚げる。
3 ケチャップあんを作る。鍋にケチャップ、砂糖、しょうゆ、水を合わせて煮立たせ、Aの酢でといた片栗粉を加えてとろみをつける。
4 器に**2**の揚げたさばを盛り、上からアツアツのケチャップあんをかける。

さばの竜田揚げ
味がついているので冷めても美味。お弁当のおかずにも

さば(三枚おろし)　大1尾
漬け汁
　しょうゆ　大さじ2
　みりん　大さじ2
　しょうが　少々
小麦粉　適量
揚げ油　適量

1 まず漬け汁を作る。バットなどにしょうゆとみりんを合わせ、すりおろしたしょうがを加えて混ぜる。
2 さばは2〜3㎝幅に切り、漬け汁に30分以上漬け込む。
3 揚げ油を中温(170〜180度)に熱し、さばの両面に小麦粉を薄く、しっかりとつけながら静かに次々油の中に入れる。中まで火を通してカラリと揚げ、油をきって器に盛る。

さばのとろろがけ
意外な取り合わせ。コックリとろりが美味

塩さば　4切れ
長芋　15㎝
細ねぎ　5本
酢　適量
しょうゆ　適量

1 長芋は皮をむいてすりおろす。細ねぎは小口切りにする。
2 塩さばはロースターやオーブンなどでこんがり焼く。
3 さばを器に盛り、上にとろろをかけて細ねぎを散らし、酢としょうゆで食べる。

さばの南蛮漬け
さばを揚げたら、アツアツを甘酢にジュッ

と漬けて味をしっかりからめる

 さば(三枚おろし)　1尾
 小麦粉　適量
 A ┌ しょうゆ　大さじ2
  │ 砂糖　大さじ1
  │ 米酢　大さじ2
  └ しょうが汁　大さじ1
 揚げ油　適量
 紅しょうが　適量

1 まずAの材料を混ぜ合わせて用意しておく。

2 さばは血あいの部分を縦に切り取り、一口大に切る。水けをふいて小麦粉を薄くまぶし、余分な粉を落とす。

3 揚げ油を中温(170〜180度)に熱し、さばを中火で揚げる。衣が落ち着いてきたら少し火を弱め、ときどき返しながらじっくり揚げて、最後は中火でカラリと揚げる。

4 油をよくきってAにジュッと漬け、ときどき返しながら味をよくからませる。

5 器に盛り、紅しょうがを添える。針しょうがでもよい。

作り方 **2**

さばの干もののサワーゆで
焼くよりふっくら、塩分も落ちる

 さばの文化干し　2〜3枚
 しし唐辛子　8本
 酢　½カップ
 レモン汁　½個分

1 さばは大きめなら3切れ、小さめなら2切れに切る。

2 熱湯にしし唐辛子を入れ、強火で2分くらいゆで、取り出す。

3 湯に酢を加え、再びグラグラ煮立ってきたらさばを加えてゆでる(フタをすると早くゆで上がるが、くさみがこもるので、フタは途中から取ること)。

4 さばに完全に火が通って色が変わったら水けをきり、しし唐辛子と一緒に盛る。レモン汁(すだちや他の柑橘類でもよい)をかけて食べる。

さばの風味漬け
スパイシーなカレー風味が魅力！　衣をつけたらすぐに揚げる

 さば(三枚おろし)　1尾
 玉ねぎ　¼個
 漬け汁
  ┌ 米酢　大さじ1
  │ みりん　大さじ1
  │ 酒　大さじ1
  └ しょうゆ　大さじ2
 衣
  ┌ 小麦粉　½カップ
  │ カレー粉　小さじ½〜1
  └ こしょう　適量
 揚げ油　適量

1 さばは片身1枚を6切れに切り、全部で12切れくらいにする。

2 玉ねぎは薄切りにする。

3 漬け汁の調味料を合わせて混ぜ、玉ねぎを加えて味をなじませておく。

4 衣の材料を混ぜ合わせる。さばの水けをふいて衣をまぶし、余分な粉を落とす。

5 揚げ油を中温(170〜180度)に熱し、さばを入れてときどきかき混ぜながら、中まで火が通るようにしっかり揚げる。

6 油をよくきり、アツアツを漬け汁にジュッとつけて味をなじませ、玉ねぎと一緒に器に盛る。

さばのみそ煮
はじめからみそで煮るより、下煮してからみそ仕上げがだんぜん味がいい

さば

さば(二枚おろし)　1尾
煮汁
- 酒　1カップ
- 水　½カップ
- みりん　大さじ2
- しょうゆ　大さじ2

みそだれ
- みりん　大さじ2
- みそ　大さじ2
- 砂糖　大さじ1
- 水　½カップ

細ねぎ　3〜4本
とき辛子　適量

1 さばは包丁を少し斜めにして半分に切り、皮のほうに斜めに1本切りめを入れ、水けをふく。

2 口の広い浅鍋に煮汁を入れて火にかけ、フツフツしたら皮を上にしてさばを並べる。フタを少しずらしてのせ、強めの中火で8〜10分下煮する。

3 さばだけ取り出す。煮汁にみそだれの調味料と水を加えフツフツしてきたらさばを戻して煮立てば出来上がり。

4 さばを盛りつけてみそだれをかけ、5cm長さに切った細ねぎととき辛子を添える。

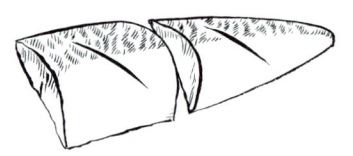

作り方 **1**

さばのムニエル

洋風もまたひと味違うおいしさ。皮のほうからしっかり焼き皮をはがすのがカツ代流

さば(三枚おろし)　1尾
塩　少々
こしょう　少々
小麦粉　適量
バター　大さじ1
ソース
- マヨネーズ　大さじ山盛り3
- 牛乳　大さじ3〜4
- パセリ(みじん切り)　大さじ4
- レモン汁　小さじ1

1 さばは片身を半分に切り、全部で4切れにして塩、こしょうを振る。しばらくおいて味をなじませて、小麦粉をまぶす。

2 フライパンにバターを入れて中火にかけ、バターがとけたら、さばを皮のほうから並べて入れる。フタをして中火でしっかり焼き、皮にこんがりとこげめがついたら裏返す。皮の気になる人はここで箸でピャーッとはがす。

3 さらにフタをして身のほうも火を通す。最後にもう一度裏返し、仕上げはフタをあけたまま焼き上げ、器に盛る。

4 ソースの材料をよく合わせ混ぜ、ムニエルの上からかける。

サフランライス

魚介類やこってり肉類によく合います。カレーのときにも good

米　2カップ
サフラン　ひとつまみ
バター　大さじ1
塩　少々

1 サフランは大さじ2くらいの湯(分量外)に浸して色と香りを出しておく。

2 鍋にバターを入れて火にかけ、バターがとけたら洗った米を炒めて塩を振る。サフラン水(黄色)を入れてからふつうに水加減し、ご飯を炊く。サフランはめしべごと加えてしまってもよいし、サフラン水のみ加えてもよい。料理によってかえる。

サフラン→ コラム参照

サマーポテトサラダ

口の中で全部がミックスしてこそおいしい

から、スプーンで食べてほしい
　　じゃが芋　3個（約500ｇ）
　　鶏ささみ　3本
　　塩　少々
　　ピーマン　2個
　　ホールコーン缶詰　中1缶（約230ｇ）
　　ドレッシング
　　　┌ 塩　小さじ½
　　　│ こしょう　少々
　　　│ 米酢　大さじ1
　　　│ ガーリックパウダー　少々
　　　└ サラダ油　大さじ2

1　じゃが芋は1.5㎝角に切り、水にさらす。鶏ささみは1㎝角に切り、塩を振る。ピーマンも1㎝角に切る。コーンは缶汁をきる。
2　水けをきったじゃが芋とささみを熱湯でゆで、火が通ったらピーマンを加えてフタをし、色があざやかになるまで1分くらい熱を通す。
3　ザルにあげ、広げて冷ます。
4　記載順に混ぜ合わせたドレッシングに **3** とコーンを加えて混ぜる。

冷めてもおいしいしゃぶしゃぶ漬け
肉は豚に限らず、牛やマトンの薄切り肉で作っても美味
　　豚薄切り肉　300ｇ
　　たれ
　　　┌ しょうゆ　大さじ2
　　　│ 砂糖　小さじ½
　　　│ にんにく（すりおろし）　適量
　　　│ 一味唐辛子粉　少々
　　　└ 白いりごま　少々
　　レタス　3～4枚
　　トマト　1～2個
　　きゅうり　1本

1　まずたれの材料を合わせて、よくかき混ぜておく。
2　鍋に湯をグラグラ沸かし、豚薄切り肉を1枚ずつ広げながら、ヒラヒラと次々入れてゆでる。肉にしっかり火が通ったら引き上げ、水けをきってたれの中に漬け込む。
3　器に食べよく切ったレタスを盛りつけ、たれごと肉をのせる。トマト、きゅうりを添える。

サモサ（グリンピース入り）
サモサとはインド料理の軽食のようなもの。ワンタンの皮で手軽に作りました
　　グリンピース（豆のみ）　1½カップ
　　合い挽き肉　150ｇ
　　玉ねぎ（みじん切り）　½個
　　サラダ油　大さじ1
　　A ┌ カレー粉　小さじ1～2
　　　│ しょうゆ　小さじ2
　　　└ ウスターソース　小さじ2
　　ワンタンの皮　1～2袋
　　揚げ油　適量
　　トマトケチャップ（好みで）　適量
　　タバスコ（好みで）　適量

1　グリンピースはやわらかくゆで、熱いうちにつぶす。
2　サラダ油を熱して挽き肉と玉ねぎを一緒に炒め、肉に火が通ったらAの調味料を加え、水分をとばしながら味をからめて炒める。火を止め、冷ましたらグリンピースと混ぜる。
3　ワンタンの皮に **2** をティースプーン1杯分くらいのせ、皮の縁に薄く水をつけてぬらし、三角形になるように合わせて口をぴったりと閉じる。
4　揚げ油を熱し、油がぬるいうち（150度くらい）に **3** を次々入れ、全体が色づいてカラリとなるまでじっくり揚げ、よく油をきって引き上げる。
5　ケチャップとタバスコをソースとして添え、好みでつけて食べる。

サモサ（じゃが芋入り）

春巻きの皮を使って中身がたっぷり、少し大きめに

- じゃが芋　1個（約150ｇ）
- カリフラワー　½個
- 合い挽き肉　150ｇ
- 玉ねぎ（みじん切り）　½個
- サラダ油　大さじ1
- A ┌ カレー粉　小さじ1〜3
　　├ 塩　小さじ½
　　├ ローリエ　1枚
　　├ こしょう　少々
　　└ クミン（あれば）　少々
- 春巻きの皮　1袋
- 揚げ油　適量
- トマトケチャップ（好みで）　適量
- タバスコ（好みで）　適量

1 じゃが芋は1cm角に切り、水でザッと洗う。カリフラワーは細かく刻む。ローリエは細かくもみほぐす。

2 サラダ油を熱して挽き肉と玉ねぎを一緒に炒め、肉の色が変わったら水けをきったじゃが芋とカリフラワーを加え、全体が熱くなるまで強火で炒める。

3 Aの材料を加えて混ぜ、フタをして弱火で煮る。焦げつかないようにときどき混ぜ、じゃが芋がやわらかくなったら火を止める。バットなどに移して冷ます。

4 春巻きの皮は半分に切り、まず右下を中央に向かって三角形に折り、次に左、さらに手前、と三角形に折っていき、端を水溶き小麦粉（分量外）でのりづけする。

5 のりづけした部分を手前中央にして三角形の袋状にし、**3** を詰め、上の皮に1枚ずつ水溶き小麦粉をつけて口を閉じる。

6 揚げ油を熱し、油がぬるいうち（150度くらい）に **5** を入れ、全体が色づいてカラリとなるまでじっくり揚げる。

7 器に盛り、ケチャップとタバスコを好みにつけて食べる。

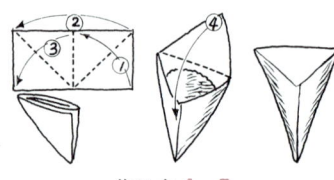

作り方 **4**、**5**

サラダうどん

ゆでたうどんはよく水洗いしてギュッとひきしめる。夏に食べたい具だくさんめん

〈これは2人分〉
- うどん（乾）　150〜200ｇ
- レタス　2〜3枚
- きゅうり　½本
- トマト　小1個
- ハム　2枚
- 青じそ　½わ
- レモン（くし形切り）　2切れ
- めんつゆ　適量
- 白いりごま　少々

1 レタスは細切り、きゅうりは縦半分に切ってから斜め薄切りにする。トマトは縦半分に切ってから薄切りにする。ハムは半分に切ってから細切り、青じそは縦半分に切ってから千切りにする。

2 うどんは袋の表示通りにほどよくゆでて水で洗い、水けをきって器に盛る。上に **1** を彩りよくのせ、レモンを添える。

3 上からめんつゆをかけ、白いりごまをつぶしながら振りかける。

サラダ各種

→メニュー別索引〈サラダ〉を参照

サラダスパゲティ

ヘルシーで、おなかも満足。スパゲティは細めがむいている

〈これは2人分〉
- スパゲティ　150ｇ
- いか　小1杯

赤ピーマン　1個
ピーマン　1個
セロリ　½本
ドレッシング
　　塩　小さじ½強
　　こしょう　少々
　　にんにく(すりおろし)　少々
　　マスタード　小さじ1
　　バジル(乾・あれば)　少々
　　オレガノ(乾・あれば)　少々
　　米酢　大さじ1
　　オリーブ油　大さじ1〜2

1 いかの胴は縦2つに切ってから横に1㎝幅に切る。足は食べよくバラバラに切る。ピーマン類は細切りにする。セロリはすじを取って斜め薄切りにする。
2 ドレッシングは記載順に混ぜ合わせる。
3 湯を2カップくらい沸かし、野菜をサッとゆで、網じゃくしなどで引き上げ、水けをよくきってすぐドレッシングに入れる。続いていかもゆで、水けをきってドレッシングに入れる。あら熱が取れたら、冷蔵庫で冷やす。
4 湯を少したし、スパゲティを2つに折って表示通りにゆでる。すぐ氷水に取って急いで冷まし、水けをよくきる。
5 **4**のスパゲティを**3**に加えて混ぜる。味をみてたりなければ塩、こしょうで調える。

サラダ菜のスープ
ねぎじょうゆで即席中国風スープの味

サラダ菜　4枚
水　4カップ
しょうがの皮　ひとかけ分
固形スープの素　1個
ねぎじょうゆ
　　長ねぎ　5㎝
　　しょうゆ　小さじ1
塩　小さじ½
こしょう　少々
ごま油　小さじ½

1 長ねぎはみじん切りにし、しょうゆに加え混ぜてねぎじょうゆを作っておく。
2 鍋に分量の水、しょうがの皮、固形スープの素を入れて火にかけ、煮立ったら**1**のねぎじょうゆと塩を加え味を調える。火を止めて、こしょうとごま油を加える。
3 器にサラダ菜を入れておき、アツアツのスープを注げば出来上がり。

サラダニソワーズ
南フランス風サラダ。ガサガサッとおおまかに作ってこそおいしい

トマト　1個
きゅうり　1本
レタス類　½個
玉ねぎ　小½個
ツナ缶詰　1缶
ゆで卵(固ゆで)　2個
にんにく　ひとかけ
フレンチドレッシング
　　塩　小さじ½強
　　砂糖　小さじ½強
　　洋辛子粉　小さじ½強
　　米酢　大さじ1
　　こしょう　適量
　　オリーブ油　大さじ2½

1 玉ねぎは薄切りにする。トマトは一口大に切り、きゅうりは丸ごとすりこぎなどでたたいてから、食べよい大きさにポキポキちぎるように折る。
2 レタス類は食べよい大きさにちぎる。レタス類はレタス、サニーレタス、サラダ菜、リーフレタスなど好きなものを。
3 ツナ缶詰はほぐし、ゆで卵はフォークで大きくつぶす。
4 大きめのサラダボウルを用意し、この内側ににんにくの切り口をこすりつけて香りを移す。さらにフレンチドレッシングの

さらだぴざ

材料を入れてかき混ぜ、**1**から**3**で準備した材料をすべてほうり込む。下からサックリ空気を入れるよう混ぜ合わせて、ドレッシングの味を全体になじませる。好きならオリーブを散らしてもOK。

サラダピザ
チーズだけで焼いたピザに野菜をのせ、シナッとした歯ざわりとあっさり味を楽しむ

〈これは2人分〉
ピザ台　1枚
にんじん　少々
クレソン　5〜6本
セロリ　5㎝
ピザ用チーズ　½カップ

1 まず野菜を用意する。にんじんは千切りにし、クレソンは食べよくちぎる。セロリはすじをのぞいて千切りにする。
2 ピザ台にピザ用チーズをのせ、200度のオーブンで5〜7分焼く。
3 チーズがアツアツでとろりとしているうちに、大急ぎで切っておいた野菜をのせれば出来上がり。

ピザ台→ピザ台（基本）

サラダめん
夏は毎日でもうれしいそうめんで

〈これは2人分〉
そうめん　150〜200g
なす　1本
塩　少々
トマト　1個
きゅうり　1本
焼き豚　50g
ドレッシング
　┌ レモン汁　大さじ2
　│ しょうが汁　小さじ1
　│ 塩　小さじ½
　│ 薄口しょうゆ　小さじ1〜2
　└ サラダ油　小さじ2
青じそ（千切り）　5枚

1 なすは皮ごと薄い輪切りにし、塩を振ってもみ、しばらくおく。ヒタヒタの水で軽く洗い、キュッとしぼる。
2 トマトは皮をむいて1㎝角に切る。きゅうりは薄い輪切りにする。焼き豚は薄切りにしてから1㎝幅に切る。
3 たっぷりの湯を沸かしグラグラしているところにそうめんを入れ、菜箸でさばく。再び沸とうしてきたら½カップ強のさし水をしてほどよい加減にゆでる。流水にさらしてからよく水でもみ洗いし、ザルにあげて水けをきる。
4 そうめんを盛って**1**と**2**の野菜と焼き豚を彩りよくのせ、ドレッシングを混ぜ合わせて好みにかける。青じその千切りを散らす。

サラミとチーズのブロイル
ブロイルはあぶり焼きの意。卵をのせて一気に焼く。朝食にとろりとした味はいかが

〈これは2人分〉
食パン（6枚切り）　2枚
バター　適量
牛乳　大さじ4
ソフトサラミソーセージ（薄切り）　6枚
とけるチーズ　適量
卵　2個

1 食パンは軽くトーストしてバターを片面にぬり、オーブンは温めておく。
2 耐熱容器の中にバターをぬり、**1**のパンをバターをぬった面を下にして入れる。容器にうまく入らないようなら、パンを切って入れてもOK。
3 さらに上から牛乳をまわしかけ、ソフトサラミソーセージを並べてとけるチーズをのせる。
4 卵は全卵を泡立て器で泡立て、全体がフワッと軽く感じたら、**3**の上にのせる。これを温めておいたオーブンに入れ、250

〜300度で2〜3分、一気に焼き上げる。卵の表面がふっくらして、おいしい焼き色がつけば出来上がり。

サルサ
メキシコ生まれの辛いソース。ハラペーニョという青唐辛子を使うと本格的

　　トマト(完熟)　3個
　　しし唐辛子　10本
　　玉ねぎ　¼個
　　セロリ　10cm
　　赤唐辛子　1〜2本
　　タバスコ　適量
　　こしょう　適量

1 トマトは皮と種を取りのぞき、1cm角に切る。しし唐辛子は種ごとみじん切りにする。玉ねぎとセロリもみじん切りにする。材料をすべて混ぜ合わせ、冷蔵庫で15分くらいなじませる。あれば香菜(シャンツァイ)などを刻んで加えるとおいしい。

2 タコスやチップにつけたり、ステーキのソースにもおいしい。

サワーキャベツのソーセージ添え
ドイツのザワークラウトより簡単に、日本人好みの食べやすい味にしました

　　キャベツ　½個
　　塩　小さじ½弱
　　ソーセージ　4〜8本
　　こしょう　適量
　　ローリエ　1枚
　　レモン汁　½個分
　　米酢　大さじ1

1 キャベツは細切りにする。ソーセージは斜めに浅く2〜3カ所切りめを入れる。

2 鍋の中を水でぬらしてキャベツを入れ、塩を振ってザッと混ぜ、そのまま10分おく。

3 キャベツがしんなりしたらソーセージをのせ、こしょうとローリエを加え、フタをして中火にかける。フツフツしてきたら火を弱め、5〜8分くらい蒸し煮にする。

4 火を止め、すぐレモン汁と米酢をまわしかけ、全体を混ぜる。

ザワークラウトカツ代風
酸味がマイルドだから、キャベツ1個分がアッという間になくなるほどの人気

　　キャベツ　1個
　　塩　小さじ1
　　ローリエ　1枚
　　レモン汁　½個分
　　酢　大さじ2

1 キャベツは芯のかたい部分はのぞいて細切りにする。中を水でぬらした厚手の鍋に入れ、塩を振ってザッと混ぜ、10〜15分おく。

2 キャベツが少ししんなりしたらローリエを加え、フタをして中火で10〜15分蒸し煮にする。

3 火を止め、レモン汁と酢を加えて混ぜる。温かくても、冷やしてもおいしい。残ったら冷蔵庫で保存、3〜4日以内に食べる。

ザワークラウト→　コラム参照

ザワークラウト焼き
さっぱり焼き上がったスペアリブがうまい

　　ザワークラウト　2カップ
　　豚スペアリブ　8本
　　玉ねぎ　½個
　　キャラウェイシード　小さじ½
　　砂糖　大さじ1
　　塩　適量
　　こしょう　適量

1 スペアリブは塩を振り、熱湯で色が変わるまでしっかりゆで、水けをきる。

2 玉ねぎはみじん切りにする。

3 耐熱容器の中を水でぬらし、ザワークラウト、玉ねぎ、キャラウェイシード、砂

糖を入れて混ぜ合わせ、表面を平らにする。

4 上にスペアリブを並べ、塩、こしょうを振り、180度のオーブンで40分くらい焼く(早く上が焦げてきたら、穴をあけたアルミ箔をかぶせて焼く)。

5 オーブンから取り出し、ザワークラウトをスペアリブにからめるようにして混ぜる。

サワーチキン
見た目も味もさわやか、初夏のご馳走

　鶏もも肉　2枚
　塩　適量
　こしょう　適量
　にんにく　ひとかけ
　玉ねぎ　1個
　ベーコン　3枚
　アンチョビ　3尾
　オリーブ油　少々
　バター　大さじ1
　酢　大さじ3
　白ワイン　2/3カップ
　水　2/3カップ
　グリンピース(豆のみ)　1カップ

1 鶏もも肉は黄色い脂肪を取りのぞき、厚みのあるところは切りめを入れて開き、半分に切る。塩、こしょう各少々を振る。

2 にんにくはつぶすか2つに切る。玉ねぎは縦半分に切り、繊維にそって薄切りにする。ベーコンは1cm幅に切る。アンチョビはあらくほぐす。

3 フライパンにオリーブ油をぬり、鶏肉の皮のほうから強めの中火でこんがり焼き、裏返して同様に焼いておく(中まで火が通っていなくてもよい)。

4 鍋にバターを入れて火にかけ、とけたらにんにくと玉ねぎを中火で炒め、ベーコンとアンチョビも加えて炒める。全体がしんなりしたら肉を加え、酢をまわしかける。

5 余熱が残っている **3** のフライパンに白ワインと水を加え、焼き汁をこそげて肉の上にまわしかける。グリンピースも加え、フタをして中火で20分煮る。味をみて塩、こしょうで調える。

さわらの木の芽蒸し
春の魚と木の芽で作る旬の味。木の芽は手でパンとたたくと香りがよくなる

　さわら　4切れ
　塩　適量
　酒　大さじ4
　木の芽　約20枚
　しょうゆ(好みで)　少々

1 さわらに酒と塩を振っておく。

2 20cm角のアルミ箔を用意し、木の芽を2〜3枚敷いてさわらをのせ、酒を大さじ1かける。魚の上にも木の芽をのせて包む。

3 同じものを4つ作り、蒸気の上がった蒸し器で約15分蒸せば出来上がり。好みでしょうゆをたらして食べる。

さわらの金ぷら
いつもと違う黄金色の衣が美味

　さわら　4切れ
　塩　少々
　グリーンアスパラガス　1わ
　衣
　　小麦粉　1/2カップ
　　卵水(卵黄1個分と水)　1/2カップ
　揚げ油　適量
　しょうゆ　適量

1 さわらは水けをふき、皮を取り、骨があったら取る。2つに切って塩を振る。

2 アスパラガスは根元のかたい部分を切り落とし、軸の下のほうはピーラーで薄くむき、長さを半分に切る。

3 衣はザッと混ぜ合わせる。

4 揚げ油を中温（170〜180度）に熱し、魚に衣をつけて油に入れ、じっくり揚げる。衣が落ち着いてきたら、ときどき空気にふれさせながら揚げ、黄金色にカラリとなったら油をきる。アスパラガスも衣をつけて黄金色に揚げる。しょうゆをつけて食べる。

さわらの茶碗蒸し
魚の持ち味が十分に生きる上品な蒸しもの

さわら　1切れ
下味用
　｛　塩　少々
　　　酒　小さじ1
生椎茸　4個
卵　3個
A　｛　湯　2カップ
　　　固形スープの素　1個
酒　大さじ1
薄口しょうゆ　小さじ2
三つ葉　適量

1 Aの湯2カップと固形スープの素を合わせてとかし混ぜ、完全に冷ましておく。
2 さわらは骨をのぞいて4つに切り、塩と酒を振りかけて下味をつけておく。生椎茸は石づきを切り落とし、1㎝幅に切る。
3 ボウルに卵を割り入れ、泡立てないようによく混ぜて **1** の冷めた汁、酒、薄口しょうゆと合わせる。ていねいにするなら一度こす。
4 蒸し茶碗の内側を水でザッとぬらし、各器にさわらと生椎茸を等分して入れ、上から均等に **3** の卵液を静かに注ぎ入れる。
5 湯気の立った蒸し器に **4** を並べ、15〜20分ほど弱火で蒸す。竹串を刺してみて、表面に濁った汁が出てこなければ出来上がり。刻んだ三つ葉を散らしてフタをする。

さわらのポトフ仕立て
じゃが芋はスープの中でくずして、魚と一緒に食べてください

さわら　4切れ
塩　適量
じゃが芋（メークイン）　2個
にんじん　1本
セロリ　1本
固形スープの素　1個
ローリエ　1枚
水　5〜6カップ
パプリカ　少々
バジル（乾）　少々
こしょう　適量
レモン（輪切り）　4枚

1 さわらは水けをふき、塩小さじ1を振って10分おき、熱湯で下ゆでする。
2 じゃが芋は横半分に切り、水につける。にんじんは4〜5㎝長さに切ってから4つ割りにする。セロリは5㎝長さに切り、太いものは縦2つに切る。
3 鍋に **2** の野菜、スープの素、ローリエ、分量の水を入れ、フタをして中火にかける。フツフツしたら弱火にし、野菜がやわらかくなるまで煮る。
4 さわらを加え、パプリカ、バジルを振り、味をみて塩、こしょうで調える。魚に火が通ったら盛りつけ、上にレモンをのせる。

さわらのみそソース
牛乳入りのソースがまろやかな味。材料を合わせたらみそをときのばして火にかける

さわら　4切れ
サラダ油　少々
みそソース
　｛　みりん　大さじ1
　　　酒　大さじ1
　　　みそ　大さじ1
　　　牛乳　大さじ3〜4
　　　マスタード　小さじ1
貝割れ大根　2わ

1 さわらはキッチンペーパーなどで水けをふき取る。
2 フライパンにサラダ油をひいて強火にかけ、熱くなったら、さわらを身のほうから並べ入れる。フタを少しずらしてのせて中火で焼き、こんがりとこげめがついたら裏返し、火を少し弱めて中までしっかり火を通す。フタは途中で取ってOK。
3 みそソースを作る。鍋の中を水でザッとぬらし、ソースの材料をすべて入れてよく混ぜる。みそが全体にとけたら弱火にかけ、フツフツしたら火を止める。
4 貝割れ大根は根を切り落とし、熱湯でサッとゆでる。
5 器にさわらを盛り、みそソースをかけて貝割れ大根を添える。

山菜おこわ

山菜はびん詰を利用しても簡単。よく洗って、ごま油で香りよく炒めるのがコツ

　米　½カップ（½合）
　もち米　1½カップ（1½合）
　鶏こま切れ肉　100ｇ
　下味用
　　┌　酒　大さじ１
　　└　しょうゆ　大さじ１
　ゆで竹の子　小½本
　ぜんまい（水煮）　１袋
　わらび（水煮）　１わ
　ごま油　大さじ１
　塩　小さじ½
　白いりごま　適宜

1 米ともち米は炊く30分前に合わせて一緒にとぎ、ザルにあげておく。
2 鶏こま切れ肉は大きければ小さく切り、酒としょうゆをからめて下味をつける。
3 ゆで竹の子、ぜんまい、わらびはよく洗って水けをきり、食べよく刻む。
4 中華鍋にごま油を熱し、3 を強めの中火でよく炒める。全体がアツアツになったら塩と鶏肉を加え、さらに炒め合わせる。
5 鶏肉に火が通ったら火を止める。
6 炊飯器の内釜に 1 の米を入れる。水2カップ（2合）を加えて、5 の炒めた具をのせ、すぐに炊飯器のスイッチを入れる。
7 炊き上がったら底のほうからほっこり混ぜ、器に盛って、白いりごまを振る。

山菜ぞう煮

山菜と根野菜の素朴な味わいをどうぞ。下ごしらえで塩けやアクなどを抜くのがコツ

　もち　4〜8個
　山菜のびん詰（塩漬け）　小１びん
　ごぼう　15㎝
　大根　10㎝
　にんじん　5㎝
　鶏もも肉　小１枚
　だし汁　6カップ
　塩　小さじ½
　酒　大さじ2
　しょうゆ　大さじ１
　せり　½わ

1 山菜の塩漬けは何度も水洗いして、完全に塩けが抜けるように水にさらし、さらに湯でゆがいて特有のくさみを取る。山菜の塩漬けがない場合はぜんまいの水煮を使う。ぜんまいの水煮１袋をよく洗って食べよい長さに切る。
2 ごぼうはささがきにして水にさらし、大根とにんじんは5㎝長さの短冊切りにする。
3 鶏もも肉は黄色い脂肪を取りのぞいて小さい一口大に切る。
4 鍋にだし汁とごぼうを入れて弱めの中火にかけ、フツフツしてきたら大根とにんじんを加える。さらにフツフツしてきたら鶏肉、山菜の順に加え、肉に火が通ったら、ごく弱火にして塩、酒、しょうゆを加えて味を調える。
5 もちはやわらかくゆでるか焼く。せり

は2cm長さに切る。
6 椀に汁を少し入れてから、もちとせりを加え、**4**の具とアツアツの汁を注ぐ。

山菜の精進揚げ
香りを楽しむためにも、衣はサッとくぐらせる程度に薄くつける

　　たらの芽　適量
　　こごみ　適量
　　ふきのとう　適量
　　衣
　　⎧　小麦粉　1カップ
　　⎩　氷水　¾〜1カップ弱
　　揚げ油　適量
　　塩、天つゆ(好みで)　適量

1 たらの芽ははかま(外側の茶色い葉)をのぞき、切り口のかたいところを少し切り落とす。こごみやふきのとうも、かたいところを切り落としてきれいにする。洗ったらよく水けをふくか完全に乾くまでザルに広げておくとよい。
2 小麦粉と氷水をササッと合わせて、衣を作る。
3 揚げ油を低温(150〜170度)に熱し、山菜類を衣にサッとくぐらせながら、ゆっくり揚げる。衣がしっかりしてきてカリッと揚がったら、引き上げて油をよくきる。
4 器に盛り、塩や天つゆで食べる。

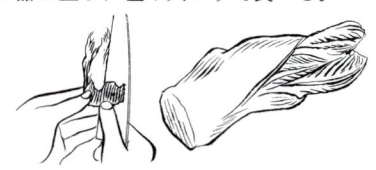

たらの芽

山菜めし
水煮の山菜だけでは香りがものたりないので、ふきをプラス

　　米　2カップ(2合)
　　山菜(水煮)　1袋
　　ふき　2本
　　鶏ささみ　150g
　　A⎧　酒　大さじ1
　　　⎨　しょうゆ　大さじ1
　　　⎩　塩　小さじ½
　　白いりごま　適量
　　紅しょうが(千切り)　適量

1 山菜の水煮は水で洗い水けをきる。塩分のついているものは塩出しする。
2 米はやや少なめに水加減する。
3 ふきは生のまま皮をむき、1cm長さに切り、水に5〜10分さらす。鶏ささみは1cmのコロコロに切る。
4 米にAの調味料を加えて混ぜ、**1**と**3**の具をのせ、表面を平らにしてふつうに炊く。
5 底のほうから全体を混ぜる。盛りつけ、ごまを振り、紅しょうがを添える。

三種きんぴら
微妙に違う歯ざわりが美味

　　ごぼう　100g
　　れんこん　150g
　　にんじん　100g
　　ごま油　大さじ1〜2
　　赤唐辛子　1本
　　みりん　大さじ1½
　　しょうゆ　大さじ1½

1 にんじんは縦に浅く5〜6本切りめを入れてからささがきにする。包丁でするのが難しい人はピーラーですると早い。れんこんは薄いいちょう切りにし水でサッと洗う。ごぼうは太めのささがきにし、水に放つ。それぞれ水けはよくきっておく。
2 鍋にごま油と赤唐辛子を入れて中火にかけ、いい香りがしてきたらごぼう、れんこん、にんじんの順に加え、強火で炒める。
3 全体に油がよくまわってアツアツになったら調味料を加え、味をからめながら水

さんしょうのみ

分をとばすようにして手早く炒め上げる。すぐ器に移す。ごまを振ってもよい。

山椒の実の青つくだ煮
下ゆでをしてアク抜きし、コトコト煮れば、特有の香りと風味がいつでも楽しめる

〈作りやすい分量〉
山椒の実　1カップ
昆布　15㎝
塩　小さじ2
酒　¾カップ
みりん　大さじ2

1 山椒の実は枝をはさみで落とし、実を1カップ用意する。

2 たっぷりの熱湯に塩（分量外）を加えて山椒の実をゆで、水を数回かえて30分水にさらす。これを1〜2回くり返してアクを抜く。

3 鍋の中を水でぬらし、鍋底にサッと水洗いをした昆布を敷いて山椒の実を入れ、さらに分量の塩、酒、みりんを加えて全体を混ぜる。

4 鍋を中火にかけ、フツフツしてきたらごく弱火にし、フタをして汁けが完全になくなるまで45分くらい煮る。清潔なびんに入れ、冷蔵庫で保存。

山椒の実のつくだ煮
アクを抜き、焦がさないように弱火で煮る

〈作りやすい分量〉
山椒の実　1カップ
酒　¼カップ
しょうゆ　¼カップ

1 鍋に山椒の実を入れてたっぷりの水を加えて火にかけ、下ゆでする。フツフツしてきたらザルにあげ水に取る。数回水をかえて冷まし、30分ほど水にさらす。

2 これを1〜2回くり返してアクを抜き、水けをきってから、キッチンばさみで余分な長さの小枝を切る。

3 鍋に酒、しょうゆ、山椒の実を入れて中火にかけ、フツフツしてきたら、フタをして汁けがほとんどなくなるまで、弱火で45分前後煮る。

三色家庭サラダ
どうってことないけれど、だれもが大好き

キャベツ　3〜4枚
きゅうり　2本
ハム　3〜4枚
塩　適量
レモン汁　½個分
マヨネーズ　大さじ山盛り1

1 キャベツはやや細切りにする。きゅうりは薄い輪切りにする。ハムは半分に切ってからキャベツと同じ太さに切る。

2 ボウルに **1** を入れ、塩とレモン汁を振り、箸でザッと混ぜ合わせ10分くらいおく。ちょっとシナッとしたらマヨネーズを加え、全体を混ぜ合わせる。

三色塩漬け
上のほうから早く漬かるから、保存びんに詰めて逆さにしておくのが一番

キャベツ　2枚
にんじん　½本
かぶ　3〜4個
赤唐辛子　1本
塩　小さじ1

1 キャベツは食べよく刻む。にんじんは薄いいちょう切りにする。かぶは皮ごと3〜4㎜厚さの半月切りにする。

2 **1** をボウルに入れ、塩を加えてまぶす。

3 保存びんにギュッと詰め、赤唐辛子を加えてフタをし、逆さにしておく。3〜4時間で食べられるが、一晩おくと水がよく上がってもっとおいしくなる。

三色どんぶり
肉はゆでて余分な脂をのぞいてからいりつ

けるので、冷めてもあっさり美味。

鶏挽き肉　300ｇ
しょうが（千切り）　ひとかけ
煮汁
　┃しょうゆ　大さじ２
　┃みりん　大さじ２
卵　４個
塩　少々
絹さや　100ｇ
紅しょうが　適量
温かいご飯　４人分

1 鶏そぼろを作る。鶏挽き肉は沸とう湯でほぐすようにしながら、完全に色が変わるまで下ゆでして水けをきる。

2 鍋の中を水でザッとぬらし、下ゆでした挽き肉、しょうが、煮汁の調味料を入れてザッと混ぜてから火にかけ、菜箸４〜５本で汁けがなくなるまでいりつける。

3 いり卵を作る。卵を割りほぐして塩を加え、とき混ぜる。小鍋の中を水でザッとぬらして卵液を入れ、先をぬらした菜箸４〜５本でふわりといりつける。

4 絹さやはすじを取って色よくゆで、薄口しょうゆ少々（分量外）であえる。いんげんやグリンピースでもよい。

5 どんぶりにご飯を盛り、鶏そぼろ、いり卵、絹さやを¼量ずつ彩りよくのせて、紅しょうがを添える。

三色ピリ辛炒め

ピンチのときの経済おかず。たくあんの塩けで味の調節を

たくあん（薄切り）　10枚
もやし　１袋
豚こま切れ肉　100ｇ
豆板醤　小さじ½〜１
ごま油　大さじ１
白いりごま　適量

1 たくあんは細切りにし、ザッと洗ってしぼる。

2 ボウルに豚こま切れ肉、豆板醤を入れて混ぜ合わせる。

3 中華鍋にごま油を熱してたくあんと **2** の豚肉を一緒に中火で炒め、肉にほぼ火が通ったら、強火にしてもやしを２〜３回に分けて加える。

4 ザッザッと炒め合わせ、全体がアツアツになったら白いりごまを振って出来上がり。

三色混ぜきんぴら

それぞれ素材に合わせて味つけしたきんぴらをあえる。一度に作るやり方とは違う味

ごぼうのきんぴら
　┃ごぼう　½本
　┃赤唐辛子　１本
　┃ごま油　大さじ½
　┃みりん　大さじ½
　┃しょうゆ　大さじ½
にんじんのきんぴら
　┃にんじん　１本
　┃ごま油　大さじ½
　┃薄口しょうゆ　小さじ１
れんこんのきんぴら
　┃れんこん　１節（約200ｇ）
　┃ごま油　小さじ２
　┃みりん　小さじ２
　┃しょうゆ　小さじ２
白いりごま　小さじ１

1 ごぼうは５cm長さに切り、それを細切りにして５分ほど水にさらす。ごま油を熱し、赤唐辛子、水けをきったごぼうを加え、強めの中火で炒める。アツアツになったらいったん火を止め、みりん、しょうゆを加える。再び火にかけ、水分をとばすように強火で炒め、すぐ皿に移す。

2 にんじんは５cm長さに切り、繊維にそった細切りにする。ごま油を熱し、にんじんを強めの中火で炒める。アツアツになったらいったん火を止め、薄口しょうゆを加

える。再び火にかけ、水分をとばすように炒め、すぐに皿に移す。
3 れんこんは薄い半月切りにし、水でザッと洗う。ごま油を熱し、水けをきったれんこんを強めの中火で炒める。アツアツになったらいったん火を止め、みりん、しょうゆを加え、再び水分をとばすように炒め、すぐに皿に移す。
4 1〜3のきんぴらがほぼ同じような温度に冷めたら、ごぼう、にんじん、れんこん、白いりごまを混ぜ合わせ、味をみてたりなければしょうゆで調える。

サンドイッチ各種
→メニュー別索引〈サンドイッチ〉を参照

サンドラのスープ
ちょっと変わった、メキシコのママの味。豆はいんげん豆でもＯＫ

　豚肩ロースかたまり肉　400g
　塩　適量
　ひよこ豆(乾)　1カップ
　水　1.5ℓ
　にんにく　ひとかけ
　ローリエ　1枚
　A ┌ 塩　少々
　　├ こしょう　少々
　　├ バジル　少々
　　└ オレガノ　少々
　レタス　½個
　トマト　1個
　玉ねぎ　½個
　きゅうり　1本
　ハム　50g
　レモン　½個
　とけるチーズ　100g

1 豚肉は全体が真っ白になるくらい塩でおおい、2日間冷蔵庫におく。
2 ひよこ豆は一晩たっぷりの水につけて戻し、翌日つけ水ごと火にかけてやわらかくゆでる。
3 1の塩豚は、塩をつけたままたっぷりの熱湯で4〜5分ゆでる。
4 分量の水を沸かし、ゆでた肉、つぶしたにんにく、ローリエを入れ、弱火で60分煮てスープを取る。
5 肉は取り出す。スープに豆とAを加え味を調える。
6 取り出した肉は3〜4㎜厚さに薄切りにする。レタス、トマトは食べよい大きさに切る。玉ねぎ、きゅうりは薄切りにする。ハムは半分に切ってから1㎝幅に切る。レモンは皮をむき、半月切りにする。チーズも含めて皿に盛り合わせ、テーブルに出す。
7 各自スープ皿に肉や野菜などを好みに入れ、アツアツの5のスープを豆ごと注いで食べる。

三杯酢
これは基本ですが、甘みは好みにあわせて加減

　塩　小さじ½
　(塩の代わりにしょうゆなら大さじ1、
　　薄口しょうゆなら小さじ2の配合で)
　砂糖　小さじ1
　(砂糖の代わりにみりんなら大さじ1)
　米酢　大さじ1

1 そのまま合わせて使ってもよし、一回サッと火にかけてマイルドな味に仕上げてから使うのもよい。そのときは完全に冷めてから使うこと。

さんまごはん
新さんまはこんがり焼いてから炊き込む。すだちは必須

　米　2カップ(2合)
　A ┌ 酒　大さじ2
　　└ 薄口しょうゆ　大さじ1½
　さんま　2尾

さんま

　　しょうが　ひとかけ
　　すだち　適量

1 米はふつうに水加減する。
2 さんまは頭を切り落とし、内臓を出し、洗って海水くらいの塩水(分量外)に10〜30分入れる。水けをふき、両面をこんがりと焼く。
3 しょうがは皮をむき、繊維にそって千切りにする。
4 米の水を大さじ3½(調味料分)取りのぞき、Aの調味料を加えてひと混ぜし、さんまとしょうがをのせてふつうに炊く。
5 炊き上がったらさんまだけ取り出し、骨をていねいに取りのぞいて身をほぐす。
6 ほぐしたさんまを戻し、底のほうから全体を混ぜる。すだちをしぼって食べる。

さんまずし
新鮮な新さんまとすだちのしぼり汁をたっぷり使ってこそ

　　米　2カップ(2合)
　　酒　大さじ1
　　合わせ酢
　　　┌ 米酢　70cc
　　　│ 砂糖　大さじ1
　　　└ 塩　小さじ1
　　超新鮮さんま　3尾
　　塩　適量
　　すだち　10〜12個
　　酢　適量
　　とき辛子　適量
　　しょうが(千切り)　適量

1 米は酒を加えてふつうに水加減し、ふつうに炊き、合わせ酢を混ぜてすし飯を作る。
2 さんまは三枚におろし、腹骨をすき取る。
3 さんまの皮を下にしてザルに並べ、全体に塩をたっぷりめに振り、冷蔵庫で3〜6時間おいて身をしめる。
4 同量に合わせた酢水でさんまの塩を洗い落とし、水けをふく。
5 すだちの汁をしぼり、半量をバットに入れ、さんまの皮を下にして並べ入れる。残りのしぼり汁をまわしかけ、冷蔵庫で30分以上おく。
6 さんまの汁けをふき、頭のほうから皮をむく。
7 清潔な布巾を酢水で洗ってきつくしぼり、すし飯が温かいうちに3等分にして棒状に形作る。
8 さんまの身のほうにとき辛子をたっぷりめにぬり、すし飯の上に皮を上にして2枚並べる。同様にあと2本作る。
9 酢水で洗ってしぼった布巾でギュッと包み、さんまとすし飯を落ち着かせて形を整える。
10 すし飯が完全に冷めたら、酢水でぬらした包丁で2cm幅に切り、上に千切りのしょうがをたっぷりのせる。

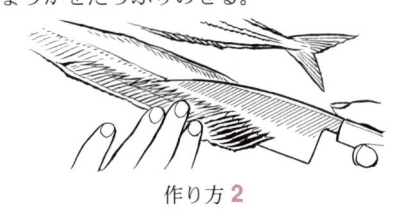

作り方 **2**

さんまの秋煮
みそ味で煮るさんまには、焼きねぎと粉山椒が相性よし

　　さんま　4尾
　　しょうが　ひとかけ
　　煮汁
　　　┌ 酒　½カップ
　　　│ 水　1カップ
　　　│ みそ　大さじ1
　　　│ 砂糖　大さじ1
　　　│ みりん　大さじ1
　　　└ しょうゆ　大さじ1
　　長ねぎ　2本

さんま

粉山椒　適量

1 さんまは頭を切り落とし、内臓を出し、腹の中までよく洗う。水けをふき、2つに切る。

2 しょうがは皮ごと薄切りにする。

3 口の広い浅鍋に煮汁を入れて火にかけ、フツフツしたらさんまを並べ、しょうがを加える。フタを少しずらしてのせ、強めの中火で10〜15分煮る。

4 ねぎは4〜5cm長さに切り、フライパンでこんがりと焼きめをつける。

5 器にさんまとしょうがを盛り、焼きねぎを添え、煮汁をまわしかける。粉山椒を振って食べる。

さんまの梅酒煮
なすと一緒に秋味を堪能

さんま　4尾
なす　2本
塩　少々
しょうが　ひとかけ
A ┌ 梅酒　1カップ
　├ しょうゆ　大さじ4
　└ 梅酒の梅　2個
細ねぎ　3〜4本

1 さんまは頭と尾を切り落とし、3〜4cm幅のブツ切りにし、内臓を出す。腹の中までよく洗い、水けをふく。

2 なすは皮ごと縦、横2つに切り、海水くらいの塩水（分量外）につける。水けをきり、塩を加えた熱湯でフタをして5分下ゆでする。

3 しょうがは皮ごと薄切りにする。

4 鍋の中を水でぬらし、しょうがとAを入れて火にかける。フツフツしたらさんまを並べ、フタをして強めの中火で煮る。

5 さんまに火が通ったらなすを加え、中火にして5〜6分煮る。途中煮汁がなくなりそうになったら湯か酒（分量外）をたす。

6 器に盛り、3〜4cm長さに切った細ねぎを散らす。

しょうゆ→ コラム参照

さんまの梅干し煮
背の青い魚と梅干しは名コンビ

さんま　4尾
A ┌ 梅干し　大2個
　├ 水　1カップ
　├ 酒　½カップ
　├ しょうゆ　大さじ2
　└ 砂糖　大さじ1

1 さんまは頭を切り落とし、内臓を出し、腹の中をよく洗う。水けをふき、2つに切る。

2 口の広い浅鍋にAを入れて火にかけ、フツフツしたらさんまを並べる。フタを少しずらしてのせ、強めの中火で10〜13分煮る。途中、ときどき煮汁をまわしかける。

3 器にさんまを盛り、梅干しの果肉をほぐして上にのせ、煮汁をかける。

さんまの山椒煮
魚は酒でしっかり火を通してからみそ味を。山椒風味がきいた煮ものは「有馬煮」とも

さんま　4尾
酒　1カップ
水　½カップ
山椒の実のつくだ煮　大さじ1
A ┌ みそ　大さじ1
　├ みりん　大さじ1
　├ 砂糖　大さじ1
　└ しょうゆ　大さじ1
しし唐辛子　½パック

1 さんまは頭を切り落として内臓を出し、洗って水けをふき、3つに切る。しし唐辛子は3本ずつようじに刺す。プチプチ穴をあけるだけでもよい。

2 広口の鍋の中を水でザッとぬらし、さんまを並べて酒、水、山椒の実のつくだ煮

を加え、フタをして強火にかけ7〜8分煮る。
3 Aを合わせておく。
4 さんまに火が通ったらいったん火を止め、汁けが少し残っているところに **3** としし唐辛子を加え、強めの中火で味を煮からめる。

さんまの山椒みそソース
塩焼きが一番という人もぜひお試しあれ！山椒風味に包まれたみそ味も新鮮

さんま　4尾
山椒みそ
　┌ 酒　大さじ2
　│ みりん　大さじ2
　│ みそ　大さじ1½
　│ しょうゆ　大さじ1
　└ 粉山椒　少々

1 さんまは半分に切り、内臓を出し、洗って軽く水けをふく。
2 さんまの両面をこんがり焼いて器に盛る。
3 小鍋の中を水でザッとぬらし、山椒みその材料をすべて入れて混ぜ合わせ、中火にかける。ときどき混ぜながら火を通し、全体がフツフツして熱くなったら火を止め、焼きさんまにジャッとかける。

さんまの竜田揚げ
下味はしっかり、片栗粉はたっぷり

さんま　4尾
下味用
　┌ しょうゆ　大さじ2
　│ 酒　大さじ2
　└ しょうが汁　少々
片栗粉　適量
揚げ油　適量

1 さんまは頭を切り落として内臓を抜く。手早く水洗いして水けをきり、4等分に切り、水けをよくふく。
2 ボウルなどに下味の材料を入れ、さんまを加えてからめ、15〜30分おく。一晩冷蔵庫においてもかまわない。ときどき上下を返す。
3 さんまの汁けをきり、片栗粉をたっぷりとまぶし、ギュッと握って落ち着かせる。
4 中温(170〜180度)に熱した揚げ油に入れ、表面がしっかり固まったら、ときどき返しながらカリッときつね色になるまで揚げる。

さんまのバター焼き
おなじみの秋の味が、バターと黒こしょうで洋風のスパイシーな一品に

さんま　4尾
バター　大さじ2
しょうゆ　大さじ2
黒こしょう　適量

1 さんまは頭を切り落として内臓を出し、2つに切って洗い、よく水けをふく。
2 バットか大きめの器にしょうゆを入れておく。
3 オーブンを250度に温め、天板にバター大さじ1をぬってさんまを並べ、10〜15分ほどこんがりと焼く。
4 焼き上がったらすぐ、さんまの上に残りのバターをちぎってポンポンとのせ、バターがとけたらアツアツを **2** のしょうゆにジュッとつける。
5 両面に味をよくからませてから器に盛り、上から黒こしょうをガリガリと挽く。

さんまのピリこってり煮
アツアツでも冷めてもおいしいご飯のおかず。梅干しは肉厚の大きいものを加える

さんま　4尾
赤唐辛子　4本
にんにく　ひとかけ
梅干し　1個

さんま

煮汁
- 酒　1カップ
- 水　½カップ
- しょうゆ　大さじ3
- みりん　大さじ1
- 砂糖　小さじ1～3
- ごま油　小さじ1

1 さんまは頭を切り落として内臓を出し、2つに切ってよく洗う。
2 赤唐辛子は種をのぞき、にんにくは2つに切る。
3 広口の鍋の中を水でザッとぬらし、赤唐辛子、にんにく、梅干しと煮汁の材料をすべて入れて火にかける。砂糖の量は好みで増減。
4 フツフツしてきたら、さんまの水けをふいて、なるべく重ならないように並べ入れ、フタをして強火で煮る。
5 再びフツフツしてきたら、強めの中火にし、途中で一度裏返しながらさんまに火を通す。仕上がり際にフタを取り、煮汁をからめるように煮る。

さんまのロール焼き
おしゃれなビストロ風。レモンをきかせたマスタードソースで

- さんま　4尾
- 塩　適量
- こしょう　適量
- オリーブ油　大さじ1～2
- ソース
  - レモン汁　1個分
  - マスタード　大さじ1
- 三つ葉　適量

1 さんまは三枚におろし、腹骨を薄くそぎ取る。身のほうに塩、こしょうを振り、端からクルクルッと巻き、ようじを刺してしっかりとめる。
2 フライパンにオリーブ油を熱し、さんまの皮のほうを下にして並べ、フタをして中火で焼く。ときどきフライパンをゆすって中までしっかり火を通し、フタを取って火を強めて香ばしく仕上げる。
3 混ぜ合わせたソースを皿に敷き、さんまを盛り、三つ葉を1cm長さに切って散らす。

し

CM焼きそば
しーえむ

秘密兵器のフタ代わりのボウルは準備万端に。アツアツめんをキャベツにのせるだけ

〈これは2人分〉
- 焼きそばめん（ソースつき）　2人分
- 新キャベツ　¼個
- サラダ油　大さじ1
- 白いりごま　¼カップ

1 新キャベツは千切りにし、器に広げるように敷いておく。白いりごまは半ずりにする。
2 フライパンにサラダ油を熱し、焼きそばめんを炒める（袋の表示に従って、めんによっては湯や水をさす）。
3 めんに火が通ったら、添付のソース2人分を加えてさらに炒め、アツアツを **1** のキャベツの上にドカッとのせ、上にパカッと大きいボウルをかぶせて5～10分蒸らす。
4 食べる直前に **1** のいりごまを振りかけ、全体を混ぜる。

CM焼きそば→ コラム参照

シーザーサラダ

作りおきは禁！　食べる直前にドレッシングと卵黄をササッとからめるのが特徴

　　玉ねぎ　½個
　　レタス類(好みのものを2種類)　適量
　　卵黄(新鮮なもの)　1個
　　食パン(8枚切り)　2枚
　　揚げ油　適量
　　ベーコン　2枚
　　サラダ油　少々
　　ドレッシング
　　　　塩　小さじ½強
　　　　砂糖　ひとつまみ
　　　　黒こしょう　少々
　　　　洋辛子粉　少々
　　　　米酢　大さじ1
　　　　レモン汁　½個分
　　　　オリーブ油かサラダ油　大さじ2

1 クルトンを作る。食パンはさいころ状に切り、少しおいて乾燥したら、中温(170～180度)に熱した揚げ油でカリッと揚げる。キッチンペーパーに取り、油をよく取る。

2 ベーコンは2㎝幅に切り、サラダ油少々でカリッと炒める。キッチンペーパーに取り、脂をよく取る。

3 玉ねぎは繊維を断って横に薄切りにする。レタス類は一口大にちぎる(大きいボウルに山盛りいっぱいになるくらいの量に)。

4 大きいボウルにドレッシングの材料を記載順に混ぜ、最後にオリーブ油を加えてサッと混ぜる。

5 ドレッシングに玉ねぎを入れて混ぜ、次にレタス類を何回かに分けて加えては混ぜ合わせる。真ん中を少しあけて卵黄をのせ、クルトンとベーコンを加え、底のほうから全体を混ぜ合わせる。作りおきはできないので、作りたてを残さず、すぐ食べる。

椎茸とこんにゃくの含め煮

お正月の煮しめにも、常備菜にもおすすめの一品

　　干椎茸　12～16枚
　　こんにゃく　1枚
　　煮汁
　　　　干椎茸の戻し汁　2カップ
　　　　砂糖　大さじ1
　　　　みりん　大さじ1
　　　　酒　大さじ1
　　　　しょうゆ　大さじ2

1 干椎茸はザッと洗って4カップくらいの水につけ、やわらかく戻して石づきを切り落とす。戻し汁は煮汁用に2カップほど取り、こしておく。

2 こんにゃくは7～8㎜厚さに切って中央に1㎝強の切りめを入れ、片方の端をこの切りめにクルリと入れて手綱にする。これをサッと下ゆでしておく。

3 鍋に煮汁の材料をすべて入れて火にかけ、フツフツしてきたら干椎茸とこんにゃくを加える。はじめは強めの中火にし、ワーッと煮立ってきたら弱めの中火にして落としブタをし、コトコトと煮含める。汁けがほとんどなくなったら、火を止めて冷めるまでそのままおき、味をよく含ませる。

手綱こんにゃく

椎茸の含め煮

ご飯やめんにのせたり、ちらしずしに混ぜたりと重宝する常備菜

　　〈作りやすい分量〉
　　干椎茸　10～15枚
　　ごま油　大さじ1
　　煮汁
　　　　干椎茸の戻し汁か水　1½カップ

しーふーど

```
砂糖　大さじ1〜2
みりん　大さじ1〜2
酒　大さじ1〜2
しょうゆ　大さじ1〜2
```

1 干椎茸は戻して水けをしぼり、軸を切り落とす。
2 鍋にごま油を熱し、中火で椎茸を焼きつけるように炒める。
3 全体がアツアツになったら火を止め、煮汁の材料を加えてフタをし、中火で汁けがなくなるまで10〜15分煮含める。

シーフードのインディアンサラダ
ピリッときいたカレー風味がインド風。時間がたっても、マリネのように美味

```
いか　大1杯
玉ねぎ　½個
トマト　1個
わかめ(戻したもの)　1カップ
レタス　大4〜5枚
カレードレッシング
  塩　小さじ1
  カレー粉　小さじ1弱
  砂糖　少々
  米酢　大さじ1〜2
  サラダ油　大さじ2½
```

1 いかの胴は皮をむき、足と一緒にサッとゆでて水けをきる。胴は4〜5mm幅の輪切りにし、足は食べよく切る。
2 玉ねぎは薄切り、トマトは小さめの角切りにする。わかめはよく水洗いして2〜3cm長さに切り、レタスは一口大にちぎる。
3 ボウルにドレッシングを混ぜ合わせ、玉ねぎとトマトを加えて混ぜる。わかめといかも加え混ぜ、最後にレタスを加えて全体になじむようにさっくり混ぜ合わせる。

シーフードミックスとなすのチーズ焼き
チーズがこんがりカリッとするまで、弱火でじっくり焼くのがコツ

```
シーフードミックス　1袋(約200g)
なす　2本
トマト　1個
オリーブ油　大さじ1
とけるチーズ　1カップ
バジル(あれば生)　適量
```

1 シーフードミックスは熱湯でサッとゆでてザルに取る。
2 なすは縦半分に切って斜め薄切りにし、トマトは2cmの角切りにする。
3 フッ素樹脂加工のフライパンを用意し、オリーブ油を熱してシーフードミックス、なす、トマトを炒める。全体に油がまわり、野菜がしんなりしたら、すべてをいったん皿に取る。
4 火を弱火にし、**3**のフライパン全体にとけるチーズを広げる。チーズがとけてきたら、この上に具を戻し、そのままフタをせずに6〜7分焼く。
5 フライ返しでめくってみて、裏面がこんがり焼けていたら上に皿をかぶせ、エイヤッとひっくり返す。あればバジルを散らして出来上がり。4等分に切り分けて食べる。

シーフードミックスピラフ
シーフードミックスを刻んだら、どこを食べても具とご飯が一緒

```
〈これは2人分〉
温かいご飯　2人分
シーフードミックス　約100g
マッシュルーム　5個
バター　大さじ2
にんにく(すりおろし)　少々
塩　小さじ½
こしょう　少々
トマトケチャップ　大さじ山盛り1
パセリ(みじん切り)　大さじ2
```

1 シーフードミックスは凍ったまま水洗

いし、小さめに刻む。マッシュルームは石づきを切り落とし、4～6等分に切る。

2 バターを火にかけてとかし、にんにくとシーフードミックスを強火で炒める。火が通ったらマッシュルームを加えて炒め合わせ、塩、こしょう、トマトケチャップを加えて味をつける。

3 火を止め、パセリを混ぜ、ご飯を加えて切るようにしてよく混ぜ合わせる。

シーフード野菜カレー
それぞれに火を通し、カレーソースに合わせてからは煮込み時間不要

　　えび　8～10尾
　　いかの胴　1杯分
　　玉ねぎ　1個
　　ピーマン　3～4個
　　にんじん　½本
　　生椎茸　5個
　　サラダ油　小さじ1
　　バター　大さじ1弱
　　しょうが(みじん切り)　ひとかけ
　　にんにく(みじん切り)　ひとかけ
　　水　4カップ
　　カレールウ　小1箱(約100g)
　　ローリエ　1枚

1 えびは背ワタと殻をむいて2～3つに切り、いかの胴は1cm幅の輪切りにする。

2 玉ねぎ、ピーマン、にんじん、生椎茸はすべて太めの細切りにする。

3 フライパンにサラダ油を熱し、**2**の野菜類をサッと炒めて皿に取っておく。

4 同じフライパンにバターを加えて火にかけ、バターがとけたらしょうがとにんにくを炒める。香りがたったら強火にし、えびといかを炒めて、火が通ったら皿に取る。

5 分量の水とローリエを入れて火にかけフツフツしてきたら火を止めてカレールウをとかす。ルウがとけたら**3**の野菜類と

4のえびといかを戻し、ひと煮立ちさせる。好みのパンやご飯などでどうぞ。

シーフード和風ピザ
東京・下町代表のあさりをはじめ、日本各地の味を散りばめた超おいしい和風ピザ

　　〈これは2人分〉
　　ピザ台　1枚
　　あさり(むき身)　100g
　　ちりめんじゃこ　大さじ2
　　桜えび　大さじ2
　　青のり　少々
　　ピザ用チーズ　½カップ

1 ピザ台にピザ用チーズの半量くらいをパラパラと散らし、あさり、ちりめんじゃこ、桜えび、青のりをのせる。

2 さらに残りのピザ用チーズを上から散らし、200度のオーブンで7～10分焼く。

　　ピザ台→ピザ台(基本)

塩さばのから揚げ　大根おろし添え
さばは小さく切ってカリッと揚げる

　　塩さば　2枚
　　小麦粉　適量
　　揚げ油　適量
　　細ねぎ　10本
　　レモン　1個
　　大根おろし　1カップ
　　酢　大さじ3

1 細ねぎは3～4cm長さに切り、レモンは皮をむいて薄い輪切りにする。

2 塩さばは薄皮と骨をのぞき、1cm幅に切る。

3 塩さばに小麦粉をまぶし、中温(170～180度)に熱した揚げ油でカラリと揚げる。

4 器のまわりにレモンを並べ、アツアツのさばのから揚げを盛って、上から細ねぎを散らす。

5 大根おろしは軽く水けをきり、酢と合わせ混ぜて、さばのから揚げにたっぷりと

添えて食べる。

塩卵のスープ粥(がゆ)
お宝の塩卵とおいしいスープがキメテのおかゆです

米　1カップ
水　5カップ
湯　1カップ
塩卵
　⎰ 卵黄(ごく新鮮なもの)　2〜4個
　⎱ 塩　適量
スープ　4カップ
こしょう　少々

1 塩卵を作る。適当な容器(大きすぎないように)に底から2cmぐらいまで塩を入れ、くっつかないように、作る卵の数だけくぼみを作り、卵黄をそっとおく。上から卵黄が隠れるまで塩を入れ、冷蔵庫に入れて1週間ほどおく。
2 米は洗って水けをきる。
3 厚手の鍋に米、分量の水5カップを入れ、フタをして中火にかける。フツフツしてきたら弱火にし、25〜30分炊く。
4 炊き上がったら湯1カップを加え、水でぬらした箸で切るように混ぜ、フタをして火を止める。
5 塩卵はそっと水で洗い、スプーンで小さくちぎる。小鍋にスープ、塩卵を入れて中火にかけ、温めておく。
6 器におかゆを盛り、アツアツのスープを注ぎ、こしょうを振る。

　スープ→家庭でできるスープ/チキンスープ(基本)/チキンスープ(中国風)

塩豚と根菜のポトフ
塩豚のうまみが野菜にしみた洋風おでん

豚肩ロースかたまり肉　400〜500g
塩　大さじ2
大根(3cm厚さの輪切り)　4個
にんじん(2cm厚さの輪切り)　4個
れんこん(2cm厚さの輪切り)　4個
じゃが芋(メークイン)　4個
水　7カップ
マスタードかこしょう　適量

1 豚肉は塩をまぶし、60分ほどおいてなじませる。そのままポリ袋に入れ、冷蔵庫で3〜5日おいて塩豚にする。使うときに水の中でもみ洗いして塩を落とす。
2 大根は面取りをする。にんじん、れんこんと一緒にかぶるくらいの水を加えて10分くらいゆでる。野菜を取り出し、豚肉を色が変わるまでゆでる。
3 土鍋などに分量の水、**2**の野菜、肉を入れ、強火にかける。フツフツしたら、フタをして弱火で60分くらい煮込む。じゃが芋を切らずに加え、さらに30分くらい煮込む。
4 肉を取り出して食べやすく切り、鍋に戻す。アツアツを取り分け、マスタードかこしょうで食べる。

塩豚の素朴なドイツ風煮込み
キャベツと一緒に水で煮込むだけ

豚ばらかたまり肉　500g
塩　大さじ2
キャベツ　1個
水　2ℓ(10カップ)
ローリエ　1枚
タイム　少々
こしょう　少々

1 豚肉は塩をすり込み、密閉容器などに入れて冷蔵庫で3〜5日おき塩豚にする。
2 水で洗って塩を落とし、熱湯で表面の色が変わるまでゆでる。
3 キャベツは1枚ずつはがす。½量を鍋に敷き、上に肉をのせ、残りのキャベツでおおう。分量の水、ローリエ、タイム、こしょうを加え、フタをして強火にかけ、フツフツしたら弱火にして90分煮込む。肉から塩味が出るが、味をみてたりないよう

なら、塩(分量外)を振る。肉を取り出して1㎝厚さに切り、再び鍋に戻す。食べるとき好みでマスタードをつける。

塩ぶりの焼きもの
昔から伝わる関西のお正月は、年末に出まわる寒ぶりを塩でしめてぜいたくに味わう

　ぶり　¼身
　塩　たっぷり
　大根おろし　適量

1 ぶりはたっぷりの塩を振って塩ぶりにする。できれば、魚屋さんに「辛口の塩鮭のように、たっぷりの塩でしめて」と頼むのがベスト。

2 塩ぶりは1.5㎝厚さの切り身にし、両面をこんがり焼く。残った分は冷蔵庫に入れ、5～6日の間に食べる。

3 ぶりを器に盛り、大根おろしをたっぷり添える。

自家製干し大根の田舎煮
大根は干すことで甘みが出てやわらかな煮上がりに。ひと手間かけた懐かしい味

　大根　15～20㎝
　油揚げ　1枚
　ゆで卵(固ゆで)　4個
　煮汁
　　┌ 薄口しょうゆ　大さじ2
　　│ 酒　大さじ2
　　│ 煮干し　7～8尾
　　└ 水　適量
　ごま油　少々

1 大根は皮ごと1㎝厚さに切り、ザルなどに並べて2～3日天日に干す。

2 油揚げは湯で洗ってギュッとしぼり、1㎝厚さに切る。

3 干し大根はかぶるくらいの水で15分ほど下ゆでする。

4 鍋に大根、油揚げ、ゆで卵を入れ、煮汁の調味料と煮干し、ヒタヒタの水を加えて火にかける。フタをして中火でコトコトと30分ほど煮、仕上げにごま油をチョロリとたらして風味をつける。

天日干し→ コラム参照

自家製焼き塩鮭
塩って偉大。4～5日たつとググーンとうまみが引き出されるんです

　生鮭　4切れ
　あら塩　適量

1 鮭の水けをふく。1切れに対し、あら塩小さじ½強を全体にまんべんなく振る。鮭の他にさば、鯛、ぶりの切り身も同じようにできる。

2 バットなどに清潔な乾いたさらしの布巾を敷き、鮭を並べる。さらし布巾を上からパラリとかけ、フタもラップもせずそのまま、冷蔵庫の一番冷える段に3～5日おく。

3 普段、塩鮭を焼く要領で焼く。大根おろし(分量外)を添えて。さばの場合はおろししょうがも添え、鯛には春なら木の芽をあしらうと相性がいい。

ししがしら煮
小さくてはししがしらでなくなります。大きい肉だんごと白菜をコトコト煮るだけ

　豚挽き肉　300ｇ
　A ┌ 塩　小さじ½
　　│ 卵白　1個分
　　│ 水　大さじ1
　　└ 片栗粉　大さじ2強
　白菜　¼個
　しょうが　ひとかけ
　B ┌ 水　5カップ
　　│ 酒　大さじ3
　　└ 塩　小さじ½
　薄口しょうゆ　大さじ1

1 豚挽き肉とAをよく混ぜ合わせ、4等分にし、平たいだんごにまとめる。

ししかばぶ

2 白菜は葉と軸に切り分け、葉は大きくザク切り、軸は繊維にそって縦に細切りにする。しょうがは皮ごと薄切りにする。
3 大きめの鍋にBを入れて強火にかけ、フツフツしたら肉だんご、しょうが、白菜の軸を加える。再びフツフツしたら白菜の葉も加え、フタをして弱めの中火で20分煮る。味をみて、加減しながら薄口しょうゆを加え、火を止める。

シシカバブとガーリックパセリライス
スパイシーな香りが自慢のたれで作る簡単肉料理

　豚ロース肉(2.5cm厚さ)　2〜3枚(500〜600g)
　下味用たれ
　┌玉ねぎ(すりおろし)　¼個
　│にんにく(すりおろし)　ひとかけ
　│しょうが(すりおろし)　ひとかけ
　│シナモン　少々
　│こしょう　少々
　│塩　小さじ½弱
　│カレー粉　小さじ½
　│しょうゆ　大さじ2
　│砂糖　大さじ1
　└サラダ油　大さじ1
　ガーリックパセリライス
　┌温かいご飯　適量
　│バター　適量
　│にんにく(みじん切り)　ひとかけ
　└パセリ(みじん切り)　1本

1 ボウルに下味用のたれの材料を合わせて、よく混ぜておく。
2 豚ロース肉は一口大に切り、たれの中に入れてよ〜くもみ込んで20〜30分おく。
3 金串に肉を4個ずつ刺して天板の網にのせ、250度のオーブンで10分焼き、さらに200度にして10〜15分焼く。
4 ガーリックパセリライスを作る。にんにくをバターで炒め、香りがたったらパセリを加えていったん火を止める。温かいご飯を加え混ぜて再び火にかけ、アツアツになれば出来上がり。これを器に盛って、上にシシカバブをのせる。

しじみのみそ汁
しじみから味が出るのでだしいらず

　しじみ　300g
　水　4カップ
　みそ　大さじ2〜3
　こしょう　少々

1 しじみは殻をよく洗い、ヒタヒタの水につけておく。
2 しじみをもう一度洗ってから鍋に入れ、分量の水を加えて中火にかける。途中、アクが出たら取りのぞく。
3 貝の口が開いたらみそをとき入れ、フツフツしはじめたところで火を止め、こしょうを振る。

ししゃものフライ
めんどうな小魚の衣づけの秘策

　ししゃも　12〜16尾
　衣
　┌小麦粉　¾カップ
　│卵水(卵1個と水)　½カップ
　└パン粉　適量
　揚げ油　適量
　レモン　適量

1 ししゃもは水けをふく。
2 ボウルに卵水を入れてとき混ぜ、小麦粉を加えてよく混ぜ合わせる。
3 ししゃもに2の衣をからめ、さらにパン粉をつける。
4 中温(170〜180度)に熱した揚げ油に入れ、衣がしっかりしてきたらときどき返しながら、きつね色にカラリと揚げる。レモンをしぼって食べる。マヨネーズやウスターソースで食べてもおいしい。

ししゃものミルク揚げ
牛乳を使ったふんわり衣がししゃもにおいしい、新しい味わい！

　　ししゃも　12〜16尾
　　衣
　　┌　牛乳　¾カップ
　　│　小麦粉　¾カップ
　　└　ベーキングパウダー　小さじ¼
　　揚げ油　適量
　　塩　適量
　　こしょう　適量
　　レモン　½個

1 小麦粉とベーキングパウダーをよく合わせて牛乳を加えて泡立て器で混ぜ合わせる。
2 揚げ油を低めの中温(170度)に熱し、ししゃもにまんべんなく衣をつけて次々と油の中に入れる。ふんわりカリッと揚がったら、引き上げて油をよくきる。
3 器に盛り、塩、こしょうをパラリと振って、くし形に切ったレモンを添える。

四川風から揚げ
粉山椒と一味唐辛子がピリリときいて、ひと味違う鶏のから揚げ

　　鶏ウイングスティック　12本
　　A┌　塩　小さじ1
　　　│　粉山椒　小さじ½〜1
　　　│　こしょう　小さじ½
　　　│　一味唐辛子　適量
　　　│　酒　大さじ2
　　　└　ごま油　小さじ1
　　片栗粉　適量
　　揚げ油　適量

1 ウイングスティックはボウルに入れ、Aの調味料を次々に加えてよくもみ込み、30分くらい味をなじませる。
2 さらに片栗粉を加えてよくからめる。
3 揚げ油を中温(170〜180度)に熱し、ウイングスティックを次々に入れて中まで完全に火を通す。
4 カラリと揚がったら、油をきって引き上げ、器に盛る。

四川風辛子そば
ごまと豆板醤の風味が豊かな本格味

　　〈これは2人分〉
　　中華めん　2人分
　　にんにく(みじん切り)　ひとかけ
　　豚挽き肉　150ｇ
　　ごま油　大さじ1
　　白すりごま　大さじ2強
　　A┌　豆板醤　小さじ2
　　　│　パプリカ　大さじ1
　　　│　こしょう　少々
　　　└　コリアンダー(あれば)　少々
　　湯　3カップ
　　しょうゆ　大さじ2
　　ラー油　少々

1 ごま油を熱してにんにくと挽き肉を強めの中火で炒め、肉に火が通ったらすりごまも加えてザッと炒める。
2 Aを加えて炒め、いい香りがしてきたら分量の湯を加えて5〜6分煮る。味をみてしょうゆで調え、火を止めてラー油を振る。
3 めんをゆでて盛り、**2**をかける。

四川風餃子(ギョーザ)
ザーサイが隠し味に。プチプチと音がするまで焼いて、水分を完全にとばすのがコツ

　　キャベツ　¼個
　　ザーサイ　20ｇ
　　にんにく　ひとかけ
　　にら　½わ
　　片栗粉　大さじ2
　　豚挽き肉　200ｇ
　　A┌　ごま油　小さじ2
　　　│　しょうゆ　小さじ2
　　　└　水　小さじ2

餃子の皮　1袋
サラダ油　適量
ラー油　適量
酢　適量
しょうゆ　適量

1 キャベツは少しかたさが残る程度にゆでてザルに取り、あら熱が取れたらみじん切りにし、水けをギュッとしぼる。ザーサイとにんにくもみじん切りにし、にらは細かく刻む。

2 ボウルに野菜を合わせ、片栗粉を加えてよく混ぜる。

3 別のボウルに豚挽き肉を入れ、Aのごま油、しょうゆ、水を加えてよく混ぜる。ここに **2** の野菜を合わせて全体をさらに混ぜ、餃子の具にする。

4 餃子の皮に具を適量のせ、皮の周囲に水をつけて2つ折りにし、片方はひだをとりながら縁を押さえる。残りも同様にして作る。

5 フライパンを熱してサラダ油を入れ、火を弱めてから餃子を並べる。皮にうっすらと焼き色がついたら、餃子の半分くらいの高さまで湯を注ぎ、フタをして強火で蒸し焼きにする。

6 湯がなくなってきたらフタを取り、中火にしてしばらく焼く。フライ返しを差しこんでみて、おいしそうなこげ色がついていたら出来上がり。器に盛り、ラー油、酢、しょうゆで食べる。

四川風冷ややっこ
たちまち食欲をそそられる変わりだれで

絹ごし豆腐　2丁
たれ
　干椎茸　2枚
　長ねぎ(みじん切り)　1本
　にんにく(みじん切り)　ひとかけ
　しょうが(みじん切り)　ひとかけ
　ごま油　小さじ1
　水　½カップ
　オイスターソース　小さじ1
　豆板醤　小さじ½
　酒　大さじ1
　しょうゆ　大さじ1

1 豆腐は2cm角に切り、水に入れ、冷蔵庫で冷やしておく。干椎茸は戻し、みじん切りにする。

2 ごま油でにんにく、しょうが、長ねぎを炒め、豆板醤を加え、香りがたったら椎茸を加えてサッと炒める。水、調味料を加えて火を止める。

3 豆腐の水けをきって盛り、**2** のたれをかける。

しそ入りいかの丸煮
いかのワタも詰めて煮た、おつな一品

新鮮いか　2杯
青じそ　1わ
酒　1カップ
塩　小さじ¼

1 いかは胴、足、ワタを分ける。胴はきれいに洗い、水けをきる。足は目玉から先を切り落とし、洗って水けをきる。ワタは破らないようにして、すみ袋を取る。

2 胴の中にワタ、足、青じそを詰め、ようじで縫うようにして口を閉じる。

3 鍋に酒と塩、いかを並べ入れて火にかけ、フタをして中火で10分くらい煮る。途中でワタが出てくるので、ときどき鍋をゆすってからめながら煮る。

4 いかを1.5cmくらいの幅に切り、ようじを抜いて盛りつける。

いかの下処理→　コラム参照

作り方 **2**

しそ入りスパゲティ
和洋のハーブが一つになって、さわやかな風味を楽しむパスタ

〈これは2人分〉
スパゲティ　150～200g
青じそ　5枚
パセリ　1本
にんにく（みじん切り）　ひとかけ
オリーブ油　大さじ2
塩　小さじ½
こしょう　少々

1 スパゲティは袋の表示通りにゆでる。
2 青じそとパセリは細かく刻み、布巾などで一緒に包んでサッと水洗いしてキュッとしぼる。
3 鍋にオリーブ油とにんにくを入れて弱火にかける。香りがたったら塩を加え、青じそとパセリを加え混ぜて火を止める。
4 すぐに**3**にゆでたてのスパゲティを加えてザッと混ぜ合わせ、味をみて塩、こしょうで調え、器に盛る。

しそ梅パセリじゃこスパゲティ
ゆでたてのスパゲティを混ぜるだけ。夏にすっごくおいしい

〈これは2人分〉
スパゲティ（細め）　150g
パセリ　1本
青じそ　1わ
ちりめんじゃこ　大さじ3～4
梅干し　大2個
サラダ油　大さじ1

1 スパゲティは表示通りにゆでる。ゆで汁は少し取っておく。
2 パセリはみじん切り、青じそは縦半分に切ってから千切りにし、パセリと一緒に布巾で包み、水で洗ってきつくしぼる。飾り用に少し残してボウルに入れる。
3 ちりめんじゃこはサッと水で洗い、梅干しは果肉をちぎり、**2**に加える。
4 ゆで上がったスパゲティ、サラダ油、ゆで汁を少しと次々加え、全体を混ぜ合わせる。味をみて、たりなければ塩（分量外）を振って調える。盛りつけ、残しておいた青じそとパセリを振る。

しそしそ豆腐
暑い日にうれしい、青じそとゆかりの冷やっこ

絹ごし豆腐　2丁
青じそ　1～2わ
みょうが　2個
ゆかり　小さじ2
すだちか青柚子　2個
めんつゆ　適量

1 豆腐は8等分のやっこに切る。
2 青じそはみじん切りにし、キッチンペーパーなどに包んで水にさらし、水けをしぼる。みょうがは縦半分に切ってから斜め薄切りにする。
3 豆腐を盛り、青じそ、みょうが、ゆかりを散らす。すだちか青柚子をしぼり、めんつゆをかけて食べる。

しそ大根
ピリッとした夏大根が最適。暑い日の香のものや冷酒にもいけます

大根（薄い輪切り）　20枚
梅干し　2～3個
青じそ　10枚

1 梅干しは種を取り、包丁でたたいてペースト状にする。
2 大根10枚の中央に**1**の梅を等分にぬり、青じそを1枚ずつのせ、残りの大根をのせてはさむ。
3 密閉容器などに並べて入れ、冷蔵庫で一晩おく。

しその実漬け
関西風のあっさり味。きれいなびんに詰

したごしらえなしおでん

め、保存は冷蔵庫で
　しその実　½カップ
　塩　小さじ¼
　薄口しょうゆ　大さじ2
　酒　大さじ1

1 しその実はよく洗って水けをきる。そのままザルにあげ、表面が乾いたら塩をまぶし、密閉びんなどに入れて一晩おいておく。

2 **1**に薄口しょうゆと酒を加えて混ぜ、冷蔵庫に入れる。3〜4日おくと食べられる。

下ごしらえなしおでん
材料と一緒に昆布と煮干しをコトコト
　大根　½本
　こんにゃく　1枚
　じゃが芋　4個
　太ちくわ　2本
　さつま揚げ　4枚
　ゆで卵　4個
　水　7カップ
　煮干し　6〜8尾
　昆布　20cm
　A ⎧ 砂糖　大さじ1
　　⎨ しょうゆ　大さじ2
　　⎩ 塩　小さじ1
　とき辛子　適量

1 大根は3cm厚さの輪切りにする。こんにゃくは半分に切り、それぞれ三角形に切り厚さを半分に切る。ちくわは斜めに2つに切る。昆布は水でザッと洗う。

2 大きい鍋の中を水でぬらし、昆布を敷く。大根、こんにゃく、じゃが芋を丸ごと入れ、ちくわ、さつま揚げ、ゆで卵をのせ、煮干しを散らす。

3 分量の水とAの調味料を加え、フタをして中火にかける。フツフツしたら、ごく弱火にして45〜60分煮込む。とき辛子をつけて食べる。

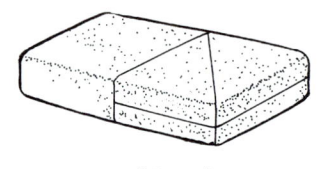

こんにゃく

下町丼
甘辛味のあさりを卵でとじる
　長ねぎ　1〜2本
　あさり（むき身）　200g
　サラダ油　大さじ1
　砂糖　大さじ1
　煮汁
　　⎧ しょうゆ　大さじ2
　　⎨ みりん　大さじ2
　　⎩ だし汁（濃いめ）　¾カップ
　卵　4個
　刻みのり　適量
　温かいご飯　4人分

1 長ねぎは約1cm幅の斜め切りにする。

2 広口の鍋かフライパンにサラダ油を熱して長ねぎを炒め、油がまわったら、砂糖を加えて炒める。

3 さらに煮汁の材料とあさりのむき身を加えてひと煮する。

4 フツフツしているところにとき卵をまわし入れ、フタをして火を止め、そのまましばらく蒸らす。

5 どんぶりにご飯を盛り、**4**をのせて、刻みのりを天盛りにする。

七面鳥（ローストターキー）
クリスマスに欠かせない。肉は大小さまざまなので、オーブンの大きさを考えて選ぶ
　七面鳥（ローストターキー用）　1羽
　にんにく　ひとかけ
　レモン　1個
　塩　大さじ1
　サラダ油　大さじ1

具(詰めもの)
- 七面鳥のレバー　1羽分
- 七面鳥の砂肝　1羽分
- 塩　少々
- さつま芋　中2本(約500ｇ)
- りんご(あれば紅玉)　½個
- レーズン　大さじ2
- バター　大さじ1

クレソン　適量

1 まず七面鳥に詰める具を用意する。七面鳥のレバーと砂肝はボウルに入れ、塩を加えてもみ、よく水洗いをする。これを中までしっかりとゆでてザルにあげ、あら熱が取れたら、細かく刻む。

2 さつま芋は皮を厚めにむいて1.5㎝角に切り、海水くらいの塩水(分量外)に5〜10分つけてアクを抜く。水けをきって鍋に入れ、ヒタヒタの水を加えてフタをしてゆでる。やわらかくなったらゆで汁をあけ、再び火にかけて水けをとばす。

3 りんごは皮をむき、縦に4〜6つ割りにしてから薄切りにする。レーズンは水でサッと洗う。

4 フライパンにバターを入れて火にかけ、バターがとけたら中火でりんごを炒めて、全体がアツアツになったら、いったん皿に取り出す。

5 同じフライパンにバター少々(分量外)をたし、**1**のレバーと砂肝を炒める。全体がアツアツになったら**2**のさつま芋、**4**のりんご、**3**のレーズンを加えてサッと炒め合わせ、バットに移してそのまま冷ます。

6 七面鳥は腹の中と表面の水けをしっかりふく。にんにくとレモンを半分に切り、それぞれ切り口を全体にまんべんなくこすりつけて、さらに塩を振る。レモンは切り口をギュッとしぼりながらこする。

7 七面鳥の腹の中に**5**の具をしっかりと詰めて、詰め口を水でぬらした金串でとめる。両手羽先と両足も本体にくっつけるようにして、それぞれ金串でとめる。

8 天板を水でザッとぬらして**7**の七面鳥をのせ、ハケで全体にサラダ油をぬってオーブンに入れる。最初は250度にセットして10分焼き、続いて200度に温度を下げて30〜40分焼く。

9 途中、七面鳥から出た脂を表面にぬると、さらにツヤよく仕上がる。竹串を刺してみて濁った汁が出ず、刺した竹串の先を手の甲にあてて熱くなっていたら出来上がり。

10 焼き上がりを器に盛り、金串を抜いてクレソンを添える。食べるときに切り分ける。好みでジャムをつけても美味。

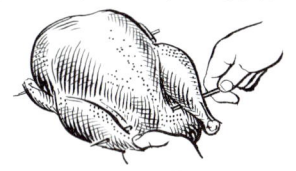

作り方**7**

七面鳥(ローストターキー)サンド
クリスマスで残りがちな胸の部分の肉はあっさり味。チーズと合わせおいしさアップ

〈これは2人分〉
- イギリスパン　4枚
- バター　適量
- マスタード　適量
- 七面鳥(ローストターキー)　適量
- 玉ねぎ　少々
- チーズ(好みのもの)　適量
- リーフレタス　4枚
- こしょう　少々

1 パンは2枚1組にして合わせる面にバターをぬり、それぞれ片面にはさらにマスタードもぬる。

2 七面鳥(ローストターキー)と玉ねぎは薄切りにする。チーズは好みのものを用意して、食べよい大きさに薄切りにする。

3 パンの上にリーフレタスをおき、肉を重ねながらたっぷりのせてこしょうをガリガリと挽く。さらに玉ねぎとチーズをのせ、もう1枚のパンではさむ。
4 切るときは、サンドイッチの左右2カ所に下までピックを刺して半分に切る。

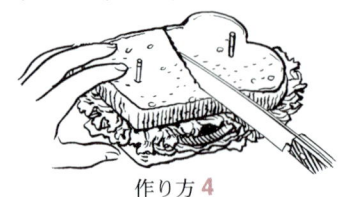

作り方4

七面鳥(ローストターキー)のサラダ
クリスマスが終わっても、まだまだ続く楽しさ！　サラダやサンドイッチでいかが

　　七面鳥(ローストターキー)　適量
　　玉ねぎ　½個
　　にんじん　5～6㎝
　　リーフレタスかサニーレタス　5～6枚
　　オリーブ　5～6粒
　　ドレッシング
　　　┌塩　小さじ½
　　　│にんにく(すりおろし)　少々
　　　│こしょう　適量
　　　│粒マスタード　小さじ1
　　　│砂糖　少々
　　　│米酢　大さじ1
　　　└サラダ油かオリーブ油　大さじ2

1 七面鳥(ローストターキー)は肉を骨からはずし、食べよくさいておく。
2 玉ねぎは薄切り、にんじんは千切りにする。レタス類は一口大にちぎり、オリーブは薄い輪切りにする。
3 ボウルにドレッシングの材料を記載順に混ぜ合わせ、最後にサラダ油を加えたらサッと混ぜる。
4 ドレッシングに玉ねぎ、七面鳥、にんじん、レタス類、オリーブの順にホワッホワッとあえながら加える。

シチュー各種
→メニュー別索引〈シチュー・ポトフ〉を参照

シチュードスコッチエッグ
スコッチエッグだけでもおいしいのに、これをさらにシチューで煮込むぜいたく料理

　　ゆで卵(固ゆで)　4個
　　小麦粉　適量
　　合い挽き肉　400g
　　塩　小さじ½
　　こしょう　少々
　　玉ねぎ　½個
　　A┌パン粉　½カップ
　　 │卵　1個
　　 └牛乳　大さじ2
　　サラダ油　適量
　　新じゃが芋　4個
　　B┌水　2カップ
　　 │固形スープの素　1個
　　 │ウスターソース　大さじ1
　　 │しょうゆ　小さじ1
　　 │ローリエ　1枚
　　 │ワインか酒　½カップ
　　 └こしょう　少々
　　絹さや　150g

1 ゆで卵は殻をむく。玉ねぎはみじん切り、じゃが芋は2つ切りにする。
2 ボウルにAの卵と牛乳を混ぜ、パン粉を加えてしとらせてから、玉ねぎを加え混ぜておく。
3 合い挽き肉は塩、こしょうを加え混ぜ、さらに**2**を加えてよく混ぜ合わせる。これを肉だねにして、4等分する。
4 ゆで卵に小麦粉を薄くまぶし、肉だねで包み込んで表面をなめらかにする。さらに小麦粉を薄くはたく。
5 フライパンにやや多めのサラダ油を入れ(1～2㎝深さ)、**4**を焼くようにしながら全体をこんがり揚げる。これでスコッ

チエッグの出来上がり。
6 鍋にBの材料と **1** のじゃが芋をすべて入れて火にかけ、フツフツしてきたらスコッチエッグを加える。弱めの中火で15〜20分ほど煮込み、じゃが芋に火が通ったら、すじを取った絹さやを加え、サッと煮て火を止める。

しば漬け（即席）
冷やして食べたい夏の漬けもの

　きゅうり　3〜4本
　なす　2本
　みょうが　3個
　漬け塩水
　　｛水　3カップ
　　　塩　大さじ1
　青じそ（千切り）　5枚
　しょうゆ　小さじ1
　梅酢か米酢　少々

1 きゅうりとなすは皮ごと薄い輪切りにする。みょうがは縦半分に切ってから斜め薄切りにする。
2 野菜を合わせて塩水に30〜40分漬ける。
3 水けをきり、たっぷりつかんでギュッとしぼる。
4 青じそを加えて混ぜ、しょうゆと梅酢をかけて味を調える。

しば漬けチャーハン
彩りも香りもいうことなしの簡単チャーハン。しば漬けで塩けの調節を

　〈これは2人分〉
　ご飯　2人分
　赤しば漬け（刻んだもの）　½カップ
　青じそ　½〜1わ
　サラダ油　大さじ1

1 赤しば漬けはザッと洗ってしぼり、青じそは縦半分に切ってから千切りにする。
2 中華鍋にサラダ油を熱し、ご飯を炒める。パラッとなってきたら、しば漬けを加えてさらに炒める。
3 全体がなじんで塩けがついたら、青じそを加えてザッと炒め合わせる。

しめさば
たっぷりの塩をまぶし、3時間から一晩おいて身をしめると生ぐさみが取れる

　さば（刺身用）　1尾
　塩　たっぷり
　酢　適量
　昆布　15cm
　しょうが　ひとかけ
　柚子の皮　適量
　A｛米酢　½カップ
　　　みりん　大さじ2

1 さばは三枚におろし、両面に白くなるほどたっぷりの塩を振って、冷蔵庫で3〜5時間（一晩でもよい）おき、身をしめる。
2 皿に酢を適量入れ、さばの塩を酢で洗って水けをよくふく。
3 バットなどにサッと洗った昆布を敷き、さばを並べて上から薄切りにしたしょうがと薄くそいだ柚子の皮を散らす。
4 Aの酢とみりんを合わせて混ぜ、さばにかけて漬け込む。60分後くらいからが食べ頃。汁けをふいて薄皮をむき、7〜8mm厚さのそぎ切りにして器に盛る。

ジャージャーめん
ピリッと辛味のきいた肉みそは、ガーッと炒めて肉に味をよくからませる

　〈これは2人分〉
　中華めん　2人分
　きゅうり　1本
　長ねぎ（白い部分）　½本
　にんにく（みじん切り）　ひとかけ
　しょうが（みじん切り）　ひとかけ
　ごま油　大さじ1
　豚挽き肉　200g

合わせ調味料
- 豆板醤　小さじ½
- みそ　大さじ山盛り1
- 砂糖　大さじ1
- 酒　大さじ4

1 きゅうりはシマシマに皮をむき、斜め薄切りにしてから細切りにする。
2 長ねぎは縦に包丁めを入れて開き、繊維にそって細い千切りにする。これを水でサッと洗って水けをきり、白髪ねぎにする。
3 フライパンにごま油を熱し、にんにくとしょうがを中火で炒める。香りがたったら、豚挽き肉を加えて強火で炒め、肉がほぐれたら一度火を止めて、合わせ調味料を加える。再び火にかけ、ガーッと炒めて味をからめ、汁けを少し残して火を止める。
4 中華めんは袋の表示通りにゆでて水洗いし、水けをきって器に盛る。上にアツアツの肉みそをのせ、細切りきゅうりも添えて白髪ねぎをのせる。

ジャーマンポテトサラダ
アツアツの粉ふき芋をドレッシングに混ぜるホットサラダ。冷やして食べても美味

- じゃが芋　3個（約400ｇ）
- 玉ねぎ　¼個
- ベーコン　2枚
- サラダ油　少々
- ドレッシング
  - 塩　小さじ½
  - マスタード　小さじ½
  - こしょう　少々
  - 米酢　大さじ1
  - サラダ油　大さじ2

1 玉ねぎは薄切りにする。ベーコンは1㎝幅に切り、サラダ油を熱してカリカリになるまで弱火で炒め、キッチンペーパーなどにのせて余分な脂を取る。
2 じゃが芋は一口大に切って水に放し、すぐ水けをきって鍋に入れる。ヒタヒタの水を加えてフタをし、強火でゆでる。竹串がスーッと通ったら残っているゆで汁はあけ、再び火にかけて水けを完全にとばす。
3 ボウルにドレッシングの調味料を記載順に混ぜ合わせ、玉ねぎ、アツアツのじゃが芋の順に加えて混ぜ、最後にカリカリベーコンを加える。

じゃが芋簡単グラタン
生クリームを使ってとびきりのおいしさ。ほっくりアツアツをどうぞ

- じゃが芋　4個（500～600ｇ）
- 玉ねぎ　½個
- ゆでえび　10尾
- 水　1½カップ
- 生クリーム　1カップ
- 塩　小さじ½
- こしょう　少々
- パン粉　適量
- 粉チーズ　½カップ
- バター　適量

1 鍋に分量の水を入れ、そこにじゃが芋をスライサーなどで薄切りにしてどんどん入れていく。
2 玉ねぎも薄切りにする。ゆでえびは殻をむいて背ワタをのぞき、3つに切る。
3 **1**に玉ねぎを加えて中火にかけ、フタをして3～4分煮る。
4 さらにゆでえび、生クリーム、塩、こしょうを加え味を調え、弱火で1分ほど煮る。
5 耐熱容器の中を水でザッとぬらし、**4**を流し入れる。この上にパン粉と粉チーズを振って、ところどころにバターを散らし、250度のオーブンで10～15分こんがりフツフツ焼く。

じゃが芋スパゲティ
イタリアで出会った意外な一品

〈これは2人分〉
スパゲティ　150〜200g
じゃが芋　大1個
赤唐辛子　2〜3本
にんにく（みじん切り）　ひとかけ
オリーブ油　大さじ1〜2
塩　小さじ½
こしょう　適量
粉チーズ　適量
パセリ（みじん切り）　適量

1 じゃが芋は細切りにし、水にさらす。
2 スパゲティは表示通りにゆで、ゆで汁も取っておく。
3 オリーブ油と赤唐辛子を中火にかけ、すぐにんにくも加える。香りがたってきたら強火にし、水けをよくきったじゃが芋を広げるようにして加え、炒める。塩、こしょうを振り、火を止める。
4 スパゲティとゆで汁を少し加え味をみて塩で調え、全体を手早く混ぜ合わせる。
5 器に盛り、粉チーズとパセリを振る。

じゃが芋とアンチョビのオーブン焼き
ソース作りの手間いらず。絶妙な味わいはアンチョビと生クリームの組み合わせ

じゃが芋　4〜5個
アンチョビ　5〜6尾
バター　適量
生クリーム　1カップ

1 じゃが芋は皮ごとヒタヒタの水でゆで、竹串がスーッと通るくらいにやわらかくなったらザルに取る。あら熱が取れたら皮をむき、半分に切ってから5mm厚さの半月切りにする。
2 アンチョビは1cm幅に刻んでおく。
3 耐熱容器にバターをぬり、じゃが芋を入れてアンチョビを散らし、上から生クリームをまわしかける。
4 200度に温めておいたオーブンに入れ、中がアツアツになるまで約20分焼く。

じゃが芋といかくんのサラダ
細ねぎが大事なアクセント

じゃが芋　3〜4個
いかのくん製（おつまみ用）　30g
細ねぎ　⅓わ
ソース
　｛マヨネーズ　大さじ山盛り2
　　牛乳　大さじ1〜2

1 じゃが芋は7〜8mm厚さの半月切りにし、ヒタヒタの水でやわらかくゆでる。湯はきり、再び火にかけて水分をとばす。
2 細ねぎは2cm長さに切る。
3 混ぜ合わせたソースにじゃが芋、細ねぎ、いかの順に加えて混ぜる。

じゃが芋とたらのクリームグラタン
じゃが芋、たら、牛乳の相性は抜群

じゃが芋　4個
生たらか甘塩たら　4切れ
ホワイトソース
　｛サラダ油　大さじ1
　　バター　大さじ1
　　小麦粉　大さじ5
　　マッシュルームスライス缶詰　小1缶
　　たらのゆで汁　1カップ
　　牛乳　2½カップ
　　塩　適量
　　こしょう　少々
バター　適量

1 たらは熱湯でゆで、皮と骨を取りながらあらくほぐす。ソースに使うゆで汁は取っておく。
2 じゃが芋は7〜8mm厚さの半月切りにし、ヒタヒタの水でやわらかくゆでる。マッシュルームは実と缶汁に分けておく。
3 サラダ油とバターを中火にかけ、マッシュルームを軽く炒める。弱火にして小麦粉を振り入れ、粉っけがなくなるまで1〜2分しっかり炒める。

じゃがいも

4 火を止め、たらのゆで汁とマッシュルームの缶汁を加えてなめらかにときのばす。牛乳も加えて混ぜる。
5 再び弱火をつけ、フタを少しずらしてのせ、ときどき混ぜながら15分くらい煮る。とろりとなったら、塩、こしょうを振る。
6 耐熱容器の中を水でぬらし、**5** のホワイトソースを薄く敷く。じゃが芋とたらを混ぜて入れ、上からホワイトソースをかけ、バターを点々と散らす。
7 オーブンに入れ、200度で約10～15分焼く。

じゃが芋と豚肉のザーサイ炒め
ザーサイをちょこっと上手に使うと、一気に中国風の味

じゃが芋　3個
ザーサイ　30g
豚薄切り肉　100g
下味用
{ しょうゆ　小さじ1
　こしょう　少々
ごま油　大さじ1
オイスターソース　小さじ1～2

1 ザーサイは細切りにして水にさらし、ほどよい加減に塩けを抜く。じゃが芋は細切りにし、5分くらい水にさらす。
2 豚肉は食べよく切り、しょうゆとこしょうで下味をつける。
3 ごま油を熱し、豚肉と水けをきったザーサイを強めの中火で炒める。肉の色が変わったら強火にし、水けをきったじゃが芋も加えて炒める。
4 じゃが芋に火が通ったら、オイスターソースを加えてひと炒めする。

じゃが芋の串フライ
おつまみだけでなく、おかずにもうれしい

じゃが芋　2個
衣
{ 小麦粉　½カップ
　水　½カップ強
パン粉　適量
揚げ油　適量

1 じゃが芋は少し大きめの一口大くらいに切り、ヒタヒタの水でほどよくゆでる。
2 竹串にじゃが芋を3個ずつ刺す。
3 小麦粉と水を混ぜて衣を作り、コップに入れる。串刺しのじゃが芋を突っ込んで衣をからめ、パン粉をつける。
4 中温(170～180度)に熱した揚げ油に入れ、衣がしっかりしてきたら、ときどき返しながらきつね色になるまで揚げる。
5 盛りつけ、ウスターソースやしょうゆで食べる。トマトケチャップやタバスコをかけてもおいしい。

作り方 **2**、**3**

じゃが芋のクレープ
ちょっとモチモチして、香ばしいのが特徴。いつものクレープより少し厚めに焼く

〈6～8枚分〉
卵　2個
牛乳　1カップ
砂糖　小さじ2
塩　ひとつまみ
じゃが芋　小1個(約100g)
小麦粉　80g
バター　大さじ1
はちみつ　適量

1 ボウルに卵、牛乳、砂糖、塩を入れて泡立て器でよく混ぜ合わせる。
2 全体がなじんだら、じゃが芋をすりおろして加え、泡立て器でさらによく混ぜ合

わせる。
3 さらに小麦粉をふるい入れ、練らないように混ぜ合わせる。
4 バターを湯せんか電子レンジでとかす。泡立て器で**3**を混ぜながら、少しずつとかしバターを加えて全体をなじませる。これにかたくしぼったぬれ布巾をかぶせ、室温において30分ねかせる。
5 フライパンにバター少々(分量外)を入れて火にかけ、バターがとけたら**4**の生地をおたまで流し入れ、全体に手早く薄く広げて中火で焼く。
6 焼き色がつき、生地の表面がほぼ乾いたら裏側に箸やフライ返しを入れて裏返し、両面を焼く。残りも同様に焼く。
7 熱いうちにバター(分量外)をのせてはちみつをかける。

じゃが芋のコールスロー風
じゃが芋らしからぬシャキシャキ感は、男爵よりメークインが上

じゃが芋　2個(約200g)
レタス　½個
セロリ　½本
ドレッシング
　塩　小さじ½
　こしょう　少々
　砂糖　少々
　マスタード　小さじ1
　米酢　大さじ1
　サラダ油　大さじ2

1 じゃが芋は千切りにし、水にさらし、熱湯でサッとゆでる。
2 レタスは千切りにする。セロリはすじを取り、少し斜めに薄切りにする。
3 記載順に混ぜ合わせたドレッシングにじゃが芋、レタス、セロリの順に加えては混ぜる。味をみてたりないようなら塩で調える。

じゃが芋の粉チーズ炒め
少しこげつくくらいに炒めたほうがグー

じゃが芋　2個
にんにく(すりおろし)　ひとかけ
バター　大さじ1
粉チーズ　¼カップ

1 じゃが芋は細切りにし、水に3～5分さらし、水けをよくきる。
2 バターを弱火でとかしてにんにくを炒め、香りがたったらじゃが芋を加え、中火で透き通るような感じになるまで炒める。
3 粉チーズ¼カップを、2～3回に分けて振り入れては炒める。香ばしくなって、少しこげ色がついたら、器に盛る。
4 粉チーズ大さじ2くらい(分量外)を**3**のフライパンでサッといり、振りかける。

じゃが芋の正調煮っころがし
表面はほっこり、中は味がしっかり

じゃが芋　3～4個(約400g)
煮汁
　水　2カップ
　しょうゆ　大さじ2
　みりん　大さじ1
とき辛子　適量

1 じゃが芋は大きめの一口大に切り、5分くらい水にさらし、水けをきる。
2 煮汁にじゃが芋を入れ、フタをして強めの中火にかけ、10～15分ガーッと煮る。
3 火を止め、そのままおいて味をしみ込ませる。辛子で食べるとおいしい。

じゃが芋の千切りかき揚げ
香ばしくサクッサク！

じゃが芋　2個
桜えび　½カップ
衣
　小麦粉　½カップ
　水　⅓カップ
揚げ油　適量

じゃがいも

1 じゃが芋は細切りにし、水にさらし、水けをよくきる。
2 ボウルにじゃが芋と桜えびを入れ、小麦粉を振り入れてから水を加え、全体を混ぜ合わせて衣をからめる。
3 揚げ油を中温（170〜180度）に熱し、衣をからめたたねを1個分量ずつフライ返しにのせ、平らにしてからスーッと油に入れる。
4 しばらくそのままいじらず、衣がしっかりしたら、ときどき返して空気にふれさせながら揚げる。全体が色づいて軽くなったら、油をきる。塩や天つゆ、ソースで食べてもおいしい。

じゃが芋のたらこ炒め
おなじみのタラモサラダのアレンジ版

　じゃが芋　2〜3個（約300g）
　たらこ　½腹（1本）
　にんにく（みじん切り）　ひとかけ
　サラダ油　大さじ1〜2
　パセリ（みじん切り）　少々

1 じゃが芋は好きなように切ってかためにゆで、ザルにあげる。
2 たらこは皮のついたままあらくほぐす。
3 フライパンにサラダ油とにんにくを入れて強火にかける。油が熱くなってきたら、じゃが芋を一度に入れて炒める。途中でたらこを加え、じゃが芋にからめるようにさらに炒める。
4 全体がアツアツになったら火を止め、味をみて塩（分量外）で調える。パセリを散らして混ぜ合わせる。

じゃが芋のなますサラダ
じゃが芋の切り方が大事。千切りではシャッキリ食べたい

　じゃが芋　3個
　きゅうり　1本
　にんじん　½本
　塩　少々
　A ┌ マヨネーズ　大さじ山盛り2
　　│ 牛乳　大さじ1
　　│ 塩　少々
　　└ こしょう　少々

1 じゃが芋は縦に長い千切りにし、水にさらす。水けをきって熱湯でシャキッとゆで、ザルに広げて冷ます。
2 きゅうり、にんじんは斜め薄切りにしてから縦に千切りにする。にんじんだけ塩を振り少しシナッとさせる。
3 Aを混ぜ合わせ、じゃが芋、きゅうり、にんじんの順に加えては混ぜる。

じゃが芋の煮っころがし
干椎茸のうまみでだし汁いらず。弁当にもおいしい

　じゃが芋　3〜4個
　干椎茸　3〜4枚
　煮汁
　┌ 干椎茸の戻し汁か水　2カップ
　│ しょうゆ　大さじ1½
　│ みりん　大さじ1½
　└ 砂糖　大さじ1½

1 干椎茸はやわらかく戻し、軸を取って1cm幅に切る。戻し汁は取っておく。
2 じゃが芋は一口大に切る。
3 鍋の中を水でぬらして椎茸とじゃが芋を入れ、煮汁を加えフタをして、強めの火でワーッと12分くらい煮る。

じゃが芋のバター炒め
甘みの出た玉ねぎをからめて

　じゃが芋　2個
　玉ねぎ　1個
　バター　大さじ2
　塩　適量

1 じゃが芋は細切りにし、5〜10分水にさらし、水けをよくきる。
2 玉ねぎは縦半分に切り、繊維にそって

薄切りにする。

3 フライパンにバターをとかし、玉ねぎを強火でしんなりするまで炒める。

4 じゃが芋を加えて塩を振り、色がつくまで炒める。火を弱めてフタをし、じゃが芋がやわらかくなるまで蒸し焼きにする。途中、2回くらいかき混ぜる。

じゃが芋の一口お焼き
すりおろしたじゃが芋がベースだから、外はカリカリ、中はモッチリ

じゃが芋　3個
小麦粉　適量
卵　1個
しょうゆ　小さじ1
桜えび　大さじ山盛り3
紅しょうが(千切り)　適量
細ねぎ(小口切り)　適量
青のり　適量
ごま油　適量

1 じゃが芋は皮をむいてすりおろし、カップで分量をはかってボウルにあける。

2 すりおろしたじゃが芋の分量の¼量の小麦粉を加え、とき卵、しょうゆの順に加えてよく混ぜ合わせる(ふつうのお好み焼きよりやわらかめの生地)。

3 フライパンかホットプレートを熱し、ごま油を薄くぬる。生地を小さめのおたまで流し、直径6〜7cmの円形にする。

4 すぐ火を弱め、すばやく上に桜えび、紅しょうが、細ねぎ、青のりを次々のせる。まわりの色が少し変わってきたら、表面が乾かないうちに裏返す。

5 フライ返しで押さえながら焼き、焼き色がついたら再び返し、また押さえながらこんがりと焼き上げる。好みでソースやしょうゆをぬって食べてもいい。

じゃが芋のビネグレットサラダ
味のしみ込んだ翌日はまた違う味。これも楽しみ

じゃが芋　3個
ドレッシング
　塩　小さじ½
　こしょう　少々
　米酢　大さじ1
　玉ねぎ(すりおろし)　大さじ1
　サラダ油　大さじ2½
レモン　適量

1 じゃが芋は一口大に切り、ヒタヒタの水でフタをしてやわらかくゆでる。湯をきり、再び火にかけて水分をすっかりとばす。

2 ドレッシングは塩、こしょう、米酢、玉ねぎ、サラダ油の順に混ぜ合わせ、アツアツのじゃが芋を加えて混ぜる。レモンを添えて盛り、食べるときに汁をしぼってかける。

じゃが芋やにんじんの田舎煮
昆布と煮干しのだしが素朴な風味となって、懐かしい味わいの煮ものに

じゃが芋　4個
にんじん　小1本
こんにゃく　½〜1枚
干椎茸　3〜4枚
昆布(5cm長さ)　2〜3枚
煮汁
　干椎茸の戻し汁か水　2カップ
　しょうゆ　大さじ2
　みりん　大さじ1
　砂糖　大さじ1
　煮干し　6〜7尾

1 干椎茸は戻して2〜4つに切る。

2 じゃが芋は大きめの一口大に切り、にんじんはじゃが芋の半分くらいの大きさの乱切りにする。

3 こんにゃくはスプーンで一口大にこそぐ。

4 鍋に煮汁の材料を入れて昆布を敷き、じゃが芋、こんにゃく、干椎茸、にんじん

じゃがえびたきこみごはん

を加え、表面を平らにならして火にかける。フタをして、強めの中火で15分くらいガーッと煮れば出来上がり。

じゃがえび炊き込みごはん
お芋を水にさらさず炊き込むと、モチッとおいしくなる

　　米　2カップ（2合）
　　じゃが芋（メークイン）　大1個
　　薄口しょうゆ　大さじ1
　　えび　4～5尾
　　酒　大さじ1
　　白いりごま　適量

1 米はふつうに水加減する。
2 じゃが芋は1cm角に切り、薄口しょうゆをからめて下味をつける。
3 えびは殻をむき、1cm幅のコロコロに切り、酒をからめて下味をつける。
4 米にじゃが芋とえびを汁ごと加え、表面を平らにしてふつうに炊く。
5 底のほうから全体をよく混ぜ、盛りつけてごまを振る。

じゃが豚トマトカレー煮
新じゃがはじっくり、こんがり揚げるのがコツ。煮るときは強火でガーッと煮る

　　新じゃが芋　約400g
　　豚ばら薄切り肉　200g
　　揚げ油　適量
　　トマト水煮缶詰　大1缶（約400g）
　　A ┌ 砂糖　小さじ1
　　　├ 薄口しょうゆ　大さじ1
　　　├ カレー粉　小さじ2
　　　└ 白ワイン　¼カップ
　　こしょう　少々
　　パセリ（みじん切り）　少々

1 新じゃが芋はよく洗って皮ごと半分に切り、水にザッとさらしてザルにあげる。
2 フライパンに揚げ油を入れて熱し、油がぬるいうちに、じゃが芋の水けをよくふいて次々と入れる。じっくり火を通し、竹串がスーッと通ってきつね色になるまで揚げる。
3 豚ばら薄切り肉は食べよく切る。
4 鍋の中を水でザッとぬらし、トマトの水煮を缶汁ごと入れ、つぶす。さらに豚肉とAの材料も加え、フタをして強火にかける。
5 肉に火が通ったら、揚げたじゃが芋も加え、再びフタをして強火のまま5分煮る。最後にこしょうで味を調え、器に盛ってパセリを散らす。

じゃことなめこのおろしあえ
もう一品、というときにもすぐできる

　　大根おろし　適量
　　ちりめんじゃこ　適量
　　なめこ　適量
　　柚子の皮　少々
　　青のり　少々
　　しょうゆ（好みで）　少々
　　酢（好みで）　少々

1 なめこはザルに入れて、熱湯をザッとかける。
2 大根おろしはザルにのせて自然に水けをきる。
3 器に大根おろし、ちりめんじゃこ、なめこを盛りつける。
4 上に千切りにした柚子の皮と青のりを散らし、好みでしょうゆや酢をかけて食べる。

じゃことにんじんのふりかけ煮
気長にせっせと炒めること。生っぽいのはいけません

　　〈作りやすい分量〉
　　ちりめんじゃこ　½カップ
　　にんじん（すりおろし）　1カップ
　　ごま油　小さじ2
　　薄口しょうゆ　小さじ1

1 ごま油を熱し、ちりめんじゃことにんじんの順に加えて中火でじっくり炒める。
2 水分がとんで、表面どこをさわってもアッチチとなったら、薄口しょうゆを加え、さらに炒めてカラリと仕上げる。

しゃぶしゃぶ
豚肉なら中までしっかり火を通す。牛肉は色が変われば引き上げる

　豚しゃぶしゃぶ用薄切り肉か牛しゃぶしゃぶ用薄切り肉　400g
　長ねぎ　2〜3本
　春雨　50g
　ごまだれ
　┌　白いりごま　1カップ
　│　みりん　大さじ4
　│　しょうゆ　大さじ4
　└　だし汁　1カップ
　柑橘だれ
　┌　しょうゆ　大さじ3
　│　みりん　大さじ1
　│　酒　小さじ1
　│　柑橘類のしぼり汁(すだち、ポンカン、ダイダイ、レモンなど)　大
　└　さじ2〜3
　大根おろし　1カップ

1 ごまだれで食べる場合は先にたれを作る。いりごまはすり鉢でよくよく、ねっとりするまでする。ごま粒が見えなくなり、ねっとしたら、みりん、しょうゆを加えてさらにすり混ぜ、様子をみながらだし汁も加えていく。ごまをするのがめんどうな場合は練りごまを使うとよい(その場合は白練りごま½カップ)。
2 柑橘だれの場合は、柑橘類の香りがとぶのであまり早くからは作らず、食べる直前に材料を合わせるといい。
3 春雨はかためにゆでて戻しておく。戻し方はメーカーによって異なるので、袋の表示に従う。
4 長ねぎは斜めに1cm幅に切る。
5 鍋に湯を沸かし、日本酒適量(分量外)を加える。フツフツしてきたら、好みの材料をゆがき、好みのたれと大根おろしで食べる。

シャリアピンステーキ
ステーキ肉は強火で手早く焼くのがコツ。好みの焼き加減で器に移す

　牛肉(7〜8㎜厚さ・ステーキ用)　4枚
　　(1枚100〜150g)
　塩　少々
　こしょう　少々
　サラダ油　少々
　長ねぎ　2本
　バター　大さじ1
　しょうゆ　大さじ1½
　〈付け合わせ〉
　ミニトマト　適量
　パセリ　適量

1 牛肉は包丁の背で細かくたたき、少し薄く広げて塩、こしょうを振る。
2 長ねぎはあらみじん切りにする。
3 フライパンにサラダ油を薄くひいて熱し、強火で牛肉を両面手早く焼いて器に盛る。
4 フライパンにバターをたし、バターがとけたら長ねぎを炒める。ねぎがシナ〜ッとしてきたら、しょうゆを加え混ぜてすぐに火を止める。フライパンが2つあれば 3 と 4 を同時にするとよい。
5 ステーキの上に 4 のねぎをたっぷりとのせ、ミニトマトとパセリを添える。

ジャンボバーグ
肉はさほど多くなく、味もしつこくないからペロリと食べられる

　牛赤身挽き肉　400g
　玉ねぎ(みじん切り)　½個
　A┌　卵　1個

じゃんろー

```
  ┌ 牛乳　1/4カップ
A │
  └ パン粉　山盛り1カップ
塩　小さじ1/2
こしょう　少々
サラダ油　適量
ソース
  ┌ トマトケチャップ　大さじ2
  │
  └ ウスターソース　大さじ1
〈付け合わせ〉
ほうれん草のソテー　適量
ゆでたホールコーン　適量
```

1 Aの卵と牛乳を混ぜ、パン粉を加えてしとらせる。

2 玉ねぎはサラダ油少々で炒めて冷ます。

3 挽き肉、玉ねぎ、塩、こしょうをザッと混ぜ合わせ、**1**を加えてつかむようにしてむらなくよく混ぜ、グルグルッとかき混ぜる。かたくなるので、粘りが出るほど練らないこと。

4 手のひらにサラダ油を薄くつけ、4個にまとめる。

5 フライパンを中火で熱してサラダ油を薄くぬり、まとめたたねを2個入れて平らなハンバーグ形にし、フタをして両面焼く。

6 八分どおり火が通ったら熱湯をヒタヒタより少なめに注ぎ、強火にしてブクブクと煮立て、フタをして水けがなくなるまで蒸し焼きにする。残りの2個も同じように焼く。

7 ハンバーグを取り出したフライパンにソースの調味料を入れ、ひと煮立ちさせ、ハンバーグにかける。付け合わせとともに器に盛る。

_{ジャンロー}醤肉

焼き豚のような中国風の赤ワイン煮込み

```
豚肩ロースかたまり肉　500g
しょうが　ひとかけ
  ┌ 赤ワイン　1カップ
A │
  │ 水　1カップ
  │ しょうゆ　大さじ3
  └ 砂糖　大さじ1～2
とき辛子　適量
```

1 豚肉は熱湯で表面の色が変わるまでゆでる。

2 しょうがは皮ごと繊維を断って薄切りにする。

3 鍋の中を水でぬらし、肉、しょうが、Aを入れ、強火にかける。フツフツしたら弱火にし、フタをして途中で一度返して40分煮込む。煮汁が少なくなったら、酒か湯(分量外)をたす。

4 肉のあら熱が取れたら、薄切りにする。とき辛子とたれ(残った煮汁)をつけて食べる。

_{シューマイ}焼売

下味の砂糖で肉のうまみをアップ、片栗粉で水けをシャットアウト

```
豚挽き肉　300g
  ┌ 塩　小さじ1
  │ 砂糖　小さじ1弱
A │ ごま油　小さじ1
  │ こしょう　少々
  └ 水　大さじ1
玉ねぎ(みじん切り)　1/2個
片栗粉　大さじ山盛り3
焼売の皮　1袋
キャベツ　2～3枚
とき辛子　適量
酢　適量
しょうゆ　適量
```

1 豚挽き肉はAを加えて混ぜる。

2 玉ねぎはボウルに入れ片栗粉を振り、箸で軽く混ぜる。

3 **1**と**2**をよく混ぜ合わせる。

4 焼売の皮に**3**を適量のせ、軽く広げて平らにする。口をすぼめるように軽く握って包み込み、表面を平らにし、底を軽く押

さえておく。

5 蒸気の立った蒸し器にキャベツを敷き、焼売を並べ、強火で10〜15分蒸す。蒸しキャベツも盛りつけ、辛子酢じょうゆで食べる。

焼売と蒸し器→ コラム参照

作り方 **4**

焼売各種（シューマイ）
→メニュー別索引〈焼売〉を参照

ジュリアンスープ
具が千切り野菜だから、あっという間に出来上がる簡単スープ

　キャベツ　2枚
　にんじん　6㎝
　セロリ　12㎝
　水　3½カップ
　固形スープの素　1個
　塩　適量
　こしょう　少々
　ローリエ　1枚
　セロリの葉（あれば）　適量

1 キャベツは千切り、にんじんは斜め薄切りにしてから千切りにする。セロリはすじを取って千切りにする。

2 鍋に野菜、分量の水、固形スープの素、塩、こしょうを入れて火にかける。このとき、ローリエとセロリの葉も入れて、5分ほど煮て取り出す。

3 器に野菜とスープを盛る。

春菊サラダ
新鮮な春菊は、生でさわやかな味を楽しむ

　春菊　1わ
　米酢　大さじ1
　サラダ油　大さじ1
　ごま油　小さじ1
　しょうゆ　大さじ1
　こしょう　少々
　レモン汁　少々

1 春菊はやわらかい葉先だけを摘んで器に盛る。

2 上から米酢、サラダ油、ごま油、しょうゆ、こしょう、レモン汁を次々振りかけて大きくザッザッと混ぜて食べる。

春菊の卵の花あえ
懐かしいあえものの味がします

　春菊　1わ
　おから　1カップ
　白練りごま　大さじ2
　薄口しょうゆ　小さじ2
　みりん　小さじ2

1 おからは熱湯でゆでる。ザルに取り、広げて自然に水けをきり、冷ます。

2 春菊は塩（分量外）を加えた熱湯でほどよくゆで、大急ぎでザルに取り、広げて冷ます。あら熱が取れたら2〜3㎝長さに切り、薄口しょうゆ小さじ1（分量外）を振り、全体をほぐすように混ぜる。

3 冷めたおからをすり鉢に入れ、すりこぎで少しすり、白練りごま、薄口しょうゆ、みりんを加えてさらにすり合わせる。

4 **3**にゆでた春菊を2〜3回に分けて加え、あえる。

春菊の絹白あえ
豆腐をゆでるひと手間で余分な水分が抜ける。豆腐の大きさによって味も加減

　春菊　1わ
　しょうゆ　少々
　あえ衣
　　絹ごし豆腐　½〜1丁
　　白いりごま　大さじ山盛り3

しゅんぎく

   - 薄口しょうゆ　大さじ1
   - 砂糖　大さじ1

1 春菊はサッとゆで、ザルに広げて冷まします。茎のかたいところを切り落として3㎝くらいの長さに切り、しょうゆを振って軽く混ぜる。
2 豆腐は熱湯で3～4分ゆでる。ごまをねっとりするまでよくすり、調味料を加えてすり混ぜ、豆腐を加えてなめらかになるまですり混ぜる。
3 2のあえ衣に春菊を2～3回に分けて加えてはあえる。

春菊のごまあえ
相性よしのおなじみの味。ゆでた春菊はすぐザルにあげ、大急ぎで冷ますだけ

- 春菊　1わ
- 塩　少々
- あえ衣
  - 白いりごま　大さじ3
  - 砂糖　大さじ½
  - しょうゆ　大さじ1
  - 酒　小さじ1

1 春菊は茎のかたいところを1～2㎝切り落とし、塩を加えた熱湯でゆでる。ほどよいところでザルに取り、大急ぎで広げて冷まし、3㎝長さに切る。
2 あえ衣を作る。白いりごまは、すり鉢でねっとりするくらいまでよ～くすりつぶし、砂糖、しょうゆ、酒を加えてよく混ぜる。
3 食べる直前に、春菊を2～3回に分けてあえ衣に加え、ザッザッと混ぜてよくあえる。

春菊のごまソース
ゆでたらザルに広げて冷ます。これがほどよい香りと味わいを残すコツ

- 春菊　1わ
- ごまソース
  - 練りごま　大さじ2
  - 水　大さじ2
  - しょうゆ　小さじ2

1 春菊は茎のかたそうな部分を1～2㎝切り落とし、熱湯でサッとゆで、ザルに取って大急ぎで広げて冷ます。
2 春菊が冷めたら3㎝長さに切り、全体をザッと混ぜてから器に盛る。
3 ごまソースの材料を混ぜ合わせ、春菊の上にかける。練りごまは白でも黒でも、そのときの献立に合わせて好みのものを。

春餅（シュンビン）本格風
みんなで作りながら食べると楽しい

〈24枚分〉
- 皮
  - 強力粉　2½カップ
  - 薄力粉　1½カップ
  - 塩　小さじ½
  - 熱湯　1½カップ
  - サラダ油　大さじ1
  - ごま油　適量
- みそだれ
  - 赤みそ　大さじ山盛り3
  - 砂糖　大さじ山盛り1
  - 酒　大さじ1
  - みりん　大さじ1
  - しょうゆ　小さじ1
  - ごま油　大さじ2
  - にんにく　適量
- 具
  - 焼き豚　100～200g
  - もやし卵
    - もやし　1袋
    - 卵　2個
    - 塩　少々
    - こしょう　少々
    - サラダ油　少々
  - キャベツ炒め
    - キャベツ　4～5枚

```
 ┌ サラダ油　少々
 │ 塩　少々
 │ こしょう　少々
 │ きゅうり　1本
 │ セロリ　1本
 └ 長ねぎ　1本
```

1 皮を作る。粉類、塩、熱湯を合わせ、サラダ油を加えて箸で混ぜる。さわれるくらいまで冷めたら、つかむようにしてこね、ベタベタしなくなったら手でたたいてなめらかにする。軽く丸め、かたくしぼったぬれ布巾で包んで30分ほど休ませる。

2 みそだれを作る。鍋の中を水でぬらして調味料とごま油を入れ、にんにくをすりおろして加える。中火にかけて混ぜ、フツフツしたら火を止める。

3 **1** の生地を棒状にし、24等分に切る。1切れずつ手のひらでたたき、めん棒で直径7～8cmの円形にのばす。片面にごま油を薄くぬり、油をぬった面を合わせて2枚1組にして重ね、めん棒で12～13cmの円形にのばす。

4 フライパンかホットプレートを軽く熱してごま油をぬり、生地を並べて焼き、端のほうが少しふくれてきたら裏返して焼く。重ねた生地をはがし、焼けていない中面も焼く。焼き上がった皮は、乾いた布巾に包んで保温する(冷めてかたくなったら、かたくしぼったぬれ布巾に包んで蒸す)。

5 もやし卵を作る。卵は塩、こしょうを加えてよく混ぜておく。フライパンを熱しサラダ油でもやしを強火で炒め、しんなりしたら卵を混ぜて加え、ひと呼吸おいてザッとかきまわし、火を止める。

6 キャベツは細切りにし、サラダ油で炒め、塩、こしょうで味を調える。

7 きゅうりは斜め薄切りにしてから細切りにする。セロリは4cm長さの千切りにする。長ねぎは4cm長さの白髪ねぎにする。水にはさらさない。

8 焼き豚も細長く切る。

9 皮、みそだれ、具を別々に盛って並べる。皮に好きなようにみそだれと具をはさんで食べる。

旬野菜の鶏みそかけ

ゆでておいしい野菜なら、なんでもたくさん食べられる

大根　10cm
れんこん　1節
カリフラワー　½個
鶏みそ
```
 ┌ 鶏挽き肉　200g
 │ みそ　大さじ4
 │ 酒　大さじ4
 │ みりん　小さじ2
 │ 砂糖　小さじ2
 │ しょうゆ　小さじ2
 │ 水　1カップ
 │ しょうが(すりおろし)　適量
 │ 水溶き片栗粉
 │  ┌ 片栗粉　小さじ2
 └  └ 水　大さじ1
```

1 大根は大きめの一口大に切る。れんこんは1cm厚さの輪切りか半月切りにする。カリフラワーは小房に切り分ける。

2 大根とれんこんは一緒にしてかぶるくらいの水を加え、フタをしてゆでる。大根に竹串がスーッと通るようになったらカリフラワーも加え、ほどよい加減にゆで、一度すべてをザルにあけてよく水けをきっておく。

3 小鍋の中を水でぬらし、水溶き片栗粉をのぞいた鶏みその材料を入れて混ぜ、火にかける。フツフツしてきたら弱火にし、

しょうが

ときどき混ぜながら5分くらい煮る。水溶き片栗粉を加えて混ぜ、とろみがついたら火を止める。ゆでた野菜を盛り合わせ、かけて食べる。

しょうがごはん

しょうがは水にさらさず、最初から米に炊き込む。繊維の方向に気をつけて

　米　2カップ（2合）
　しょうが　ひとかけ
　酒　大さじ1
　薄口しょうゆ　大さじ1

1 米はふつうに水加減する。
2 しょうがは皮をむき、繊維にそって2㎝くらいの長さの千切りにする。
3 1の米の水を大さじ2（調味料分）取りのぞき、酒と薄口しょうゆを加えて混ぜる。しょうがを加えて表面を平らにし、ふつうに炊く。
4 底のほうから全体を混ぜる。
　しょうが→ コラム参照

しょうがなす

揚げたなすをしょうがじょうゆに入れるだけでこんなにおいしい

　なす　6〜7本
　しょうが　ひとかけ
　しょうゆ　大さじ2
　揚げ油　適量

1 なすは縦にシマシマに皮をむき、縦半分に切り、海水くらいの塩水（分量外）に入れる。
2 大きめの器にしょうがをすりおろし、しょうゆを加えて混ぜる。
3 揚げ油を中温（170〜180度）に熱し、なすの水けをよくふく。なすの切り口を下にして入れ、途中で裏返し、竹串がスーッと通るようになるまで揚げる。
4 油をよくきっては2のしょうがじょうゆに入れ、ときどき上下を返す。

精進炒め煮

たまには肉や魚なしの料理もいかが？　コクは、おいしいだしと香りでプラス

　にんじん　½本
　いんげん　100ｇ
　新ゆで竹の子　½本（約150ｇ）
　厚揚げ　2枚
　にんにく（みじん切り）　ひとかけ
　しょうが（みじん切り）　ひとかけ
　ごま油　大さじ1
　A ┌ だし汁　2カップ
　　│ 酒　大さじ1
　　└ 薄口しょうゆ　大さじ2
　水溶き片栗粉
　　┌ 片栗粉　大さじ2
　　└ 水　大さじ2

1 にんじんは斜めに薄い輪切りにしてから細切りにする。いんげんはすじを取って斜めに3〜4㎝長さに切り、新ゆで竹の子は太めの細切りにする。
2 厚揚げは熱湯をかけて油抜きし、縦半分に切ってから1㎝幅に切る。
3 鍋にごま油を入れて中火にかけ、油が熱くならないうちににんにくとしょうがを炒める。香りがたったら強火にし、竹の子、にんじん、いんげん、厚揚げの順に加えてザッザッと炒める。
4 全体に油がまわったところでAのだし汁を加え、酒、薄口しょうゆで味をつけ、野菜に火が通ったら水溶き片栗粉でとろみをつける。

常備菜各種

→メニュー別索引〈つくだ煮・常備菜〉を参照

常夜鍋

名前の由来の通り、毎晩でも飽きません。シンプルさがうまさ、他の材料は入れない

　豚ロース肉（しゃぶしゃぶ用）　300〜

400 g
ほうれん草　1〜2わ
酒　½カップ
塩　ひとつまみ
大根おろし　適量
柑橘類(好みのもの)　適量
しょうゆ　適量

1 ほうれん草は大きめにザクザク切る。
2 土鍋にたっぷりの湯を沸かし、酒と塩を加え、豚肉を広げるようにして入れる。
3 肉の色が変わったらほうれん草を加え、サッと火を通す。大根おろし、柑橘類のしぼり汁、しょうゆで食べる。

しょうゆ漬け玉ねぎと卵のチャーハン
味の決め手はしょうゆ漬けにした玉ねぎ。長ねぎで作ってもおいしい

〈これは2人分〉
ご飯　2人分
しょうゆ漬け玉ねぎ
　┌玉ねぎ　½個
　│しょうゆ　大さじ1
　└ごま油　小さじ½
卵　2個
サラダ油かごま油　大さじ1
桜えび(あれば)　大さじ2
塩　適量
こしょう　適量

1 しょうゆ漬け玉ねぎを作る。玉ねぎはあらみじん切りにし、しょうゆとごま油を混ぜておく。
2 卵はときほぐす。中華鍋を熱してサラダ油かごま油をまわし入れ、とき卵を流して広げる。卵の表面が乾かないうちに、ご飯をドカンと一気に加え、桜えびも加える。
3 フライ返しで、底から底から卵を細かくほぐしながら強めの中火で炒め、ときどきご飯を広げて焼きつけるようにする。
4 十分に焼き炒めたら、**1** のしょうゆ漬け玉ねぎを加えて全体をザッザッと混ぜ、最後に味をみて塩、こしょうで調える。

初夏のマカロニサラダ
淡いオレンジ色のソースがきれい。牛乳を加えて、さっぱりしたまろやかさをプラス

マカロニ　100 g
塩　少々
グリーンアスパラガス　1わ
玉ねぎ　¼個
トマト　1個
パセリ　適量
オーロラソース
　┌マヨネーズ　大さじ3
　│トマトケチャップ　大さじ1
　└牛乳　大さじ2

1 アスパラガスは根元のかたい部分を1〜2cmほど切り落とし、軸の下のほうはピーラーで皮をむいて斜め薄切りにする。
2 玉ねぎは薄切り、トマトは1cm角に切り、パセリは食べよい大きさにちぎる。
3 鍋に湯を沸かして塩を加え、マカロニを表示通りにゆでて網じゃくしなどでよく水けをきって引き上げる。続いて **1** のアスパラガスをサッとゆでてザルに取り、そのまま冷ましておく。
4 ボウルにオーロラソースの材料を合わせてよく混ぜ、この½量を別のボウルに取っておく。ここへ玉ねぎ、マカロニ、アスパラガス、パセリ、トマトの順に混ぜる。
5 器に盛りつけてから残りのオーロラソースをかけて食べる。

白粥 (しらがゆ)
炊き上がりに湯を加えるのは、さらりとおかゆを食べたいカツ代式。これは好みで

米　1カップ
水　5カップ(米の5倍量)
湯　1カップ

1 米は洗って水けをきる。

しらたき

2 土鍋か厚手の鍋の中を水でぬらし、すぐに米と分量の水を加えてフタをして中火にかける。フツフツしてきたら弱火にし、フタをしてそのまま25〜30分炊く。
3 炊き上がったら湯1カップを加える。箸の先を水でぬらし、切るように混ぜ、フタをして火を止める。

おかゆと白粥→ コラム参照

しらたきと麩のすき焼き味
甘辛い汁で煮た麩の煮もの。ポヨンとしたやさしい味わいが美味

- しらたき　1わ
- 麩（もち麩）　2カップ
- 長ねぎ　2〜3本
- しょうが　ひとかけ
- 煮汁
  - だし汁　2½カップ
  - 砂糖　大さじ1
  - みりん　大さじ1
  - 酒　大さじ2
  - しょうゆ　大さじ2〜3

1 しらたきはよく水洗いして水けをきり、食べよい長さに切る。
2 麩は袋の表示通りに戻して、軽く水けをしぼる。
3 長ねぎは斜めに1cm幅に切り、しょうがは皮ごと千切りにする。
4 鍋に煮汁を入れて火にかけ、フツフツしてきたら麩としょうがを加える。麩に煮汁がしみたら、しらたきと長ねぎを加え、ときどき混ぜながら、全体に味がしみるまで7〜8分煮る。

汁ビーフン
ビーフン好きは母ゆずり。炒めてもおいしいけれど、汁ありもうまい！

- 〈これは2人分〉
- ビーフン　150g
- にんじん　3cm
- 小松菜　¼わ
- 豚こま切れ肉　50g
- もやし　½袋
- 塩　少々
- こしょう　少々
- 水　3カップ
- 固形スープの素　1個
- サラダ油　大さじ1

1 ビーフンは少しかために戻す。
2 にんじんは細切り、小松菜は3〜4cm長さに切る。
3 フライパンにサラダ油を熱し、豚こま切れ肉を強火で炒める。肉の色が変わったら、もやし、にんじん、小松菜の順に加えて強火でザッザッと炒め合わせ、塩、こしょうで味を調える。
4 さらに分量の水と固形スープの素を入れる。フツフツとして固形スープの素がとけたらビーフンを入れ、再びフツフツしてきたら火を止める。

白いリゾット
もっともシンプルなチーズ風味

- 米　1½カップ
- 水　5カップ
- 固形スープの素　2個
- バター　50g
- 粉チーズ　適量

1 水とスープの素を火にかけ、フツフツさせておく。もちろん本格的なチキンスープやコンソメスープで作ってもよい。
2 鍋にバターの半量を入れて弱火にかけ、バターがとけたら米を加えて数分炒める。
3 **1**の熱いスープを加えて強火にし、フツフツしたら中火にし、ときどき混ぜながら好みのやわらかさになるまで煮る。途中、水分がなくなったら湯（分量外）をたす。
4 火を止め、残りのバターと粉チーズを加え、手早くかき混ぜる。

白身魚の甘酢あん
中国風のあんが、淡白な白身魚にこっくり味をプラス

　白身魚　4切れ
　片栗粉　適量
　揚げ油　適量
　にんにく(すりおろし)　ひとかけ
　しょうが(すりおろし)　ひとかけ
　甘酢あん
　　┌ 砂糖　大さじ1
　　│ しょうゆ　大さじ2
　　│ 酒　大さじ2
　　│ トマトケチャップ　大さじ2
　　│ 酢　大さじ2
　　│ 水　1カップ
　　└ 片栗粉　大さじ1
　ごま油　小さじ1
　長ねぎ　10cm

1 白身魚は一口大に切って水けをふき、片栗粉をまぶして、余分な粉をはたく。揚げ油を中温(170～180度)に熱し、魚をカラリと揚げる。
2 甘酢あんを作る。鍋の中を水でザッとぬらし、にんにく、しょうが、甘酢あんの材料をすべて入れて火にかける。木ベラで混ぜながら温め、フツフツしてとろみがついてきたら火を止め、ごま油を落とす。
3 長ねぎは5cm長さの白髪ねぎにする。
4 揚げた魚を器に盛り、上からアツアツの甘酢あんをとろ～りとかけ、白髪ねぎをのせる。

　白身魚→ コラム参照

白身魚の変わりフライ
秘密の衣は、香りと食感が最高！

　白身魚(たら、鯛など)　4切れ
　A ┌ パン粉　½カップ
　　│ 粉チーズ　¼カップ
　　│ マッシュルーム(みじん切り)　¼カップ
　　└ パセリ(みじん切り)　大さじ3
　小麦粉　適量
　とき卵　1個分
　オリーブ油　適量
　レモン　適量

1 Aはよく混ぜ合わせる。
2 白身魚の水けをふき、小麦粉、とき卵、Aの順で衣をしっかりつける。
3 フライパンにオリーブ油を1～2cmくらいの高さに入れて熱し、魚を並べ、中火で揚げる。ときどきフライパンをゆすりながら中までしっかり火を通し、両面こんがりと揚がったら油をきる。レモンをしぼって食べる。

白身魚の五目あんかけ
野菜たっぷりのあんをかけてボリュームアップ！

　白身魚　4切れ
　片栗粉　適量
　揚げ油　適量
　ゆで竹の子　小1本
　にんじん　½本
　玉ねぎ　½個
　干椎茸　5～6枚
　しょうが(千切り)　ひとかけ
　あん
　　┌ 水　1カップ
　　│ トマトケチャップ　大さじ1
　　│ 米酢　大さじ1
　　│ 砂糖　大さじ1
　　│ 酒　大さじ1
　　│ 薄口しょうゆ　大さじ2
　　│ 水溶き片栗粉
　　│ 　┌ 片栗粉　大さじ1
　　└ 　└ 水　大さじ1
　細ねぎ　4～5本
　ごま油　小さじ½

1 干椎茸は戻して細切りにし、ゆで竹の子とにんじんは細切り、玉ねぎは薄切りに

する。
2 白身魚は食べよく3〜4つに切り、片栗粉をまぶして余分な粉をはたく。揚げ油を中温(170〜180度)に熱し、魚をカラリと揚げておく。
3 五目あんを作る。鍋に水溶き片栗粉をのぞいたあんの材料と、**1**の野菜類、しょうがを入れて火にかける。フツフツして野菜に火が通ったら、水溶き片栗粉でとろみをつけて火を止める。すぐ5㎝長さに切った細ねぎとごま油を加えてひと混ぜする。
4 揚げた魚を器に盛り、上からアツアツの五目あんをとろ〜りとかける。

白身魚のスタッフドピーマン
意外な組み合わせの詰めものだけど、フワリとした歯ざわりが美味

　白身魚　2切れ
　薄口しょうゆ　小さじ1
　麩(乾)　1½カップ
　ピーマン　8個
　片栗粉　大さじ1
　煮汁
　┌　水　1カップ
　│　酒　大さじ1
　│　砂糖　大さじ1
　└　しょうゆ　大さじ1

1 白身魚は一口大に切り、薄口しょうゆを振って下味をつけておく。
2 麩は袋の表示通りに戻してやさしく水けをしぼる。
3 ピーマンはヘタから1㎝のところを横に切って種を取り、カップにする。切り取った上部は飾りのフタにする。
4 ボウルに魚、麩、片栗粉を入れてよく混ぜ、ピーマンのカップに菜箸で押し込むように詰める。同様にこれを8個作る。
5 広口鍋に煮汁の材料を入れて火にかけ、フツフツしたら**4**のピーマンと飾り用のピーマンのフタを入れ、鍋にフタをして中火で10分煮る。途中汁けがなくなったら湯(分量外)をたす。
6 出来上がりを器に盛り、飾り用のピーマンのフタを添える。

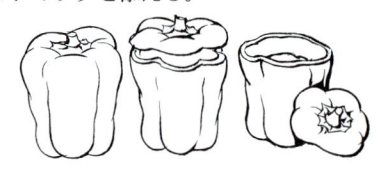

作り方**3**

白身魚のトマト煮
トマトのさわやかな甘みが白身魚のおいしさをアップ。あざやかな色の洋風おかず

　白身魚　4切れ
　トマト(完熟)　3個
　トマトジュース　1カップ
　塩　小さじ1
　チリペッパー　少々
　バジル(乾)か青じそ(千切り)　少々

1 白身魚は骨があればのぞき、1切れを2〜3つに切る。
2 トマトは皮を湯むきし、ヘタを切り落としてザク切りにする。
3 鍋にトマト、トマトジュース、塩、チリペッパーを入れて強火にかけ、フツフツしてきたら魚を加える。フタをして中火で10分ほど煮て、仕上げにバジルか青じそを散らす。

トマトの湯むき→　コラム参照

白身魚のプロヴァンス風
生たら、鯛、すずきなどを香りと酸味の野菜でサッと煮るだけ

　白身魚　4切れ
　玉ねぎ　1個
　ピーマン　2個
　セロリ　1本
　トマト(完熟)　2個

水　4カップ
ローリエ　1枚
塩　適量
こしょう　適量

1 白身魚は水けをふき、塩小さじ½、こしょう少々を振っておく。
2 玉ねぎ、ピーマン、セロリは1cm角に切る。トマトは皮を湯むきして1cm角に切る。
3 分量の水とローリエを火にかけ、フツフツしたらトマト以外の野菜を加え、再びフツフツしたら魚の水けをふいて加える。
4 再度フツフツしたらトマトを加え、魚に火が通るまで中火で7〜10分煮る。味をみて塩、こしょうで調え、火を止める。魚をくずさないようにして盛り、汁ごと野菜をたっぷりのせる。

白身魚のホイルみそ焼き
みそは魚にぬるより、ホイルにぬったほうが香ばしく焼き上がる

白身魚　4切れ
生椎茸　8〜12個
細ねぎ　2〜3本
みそ　大さじ4
酒　小さじ4

1 白身魚は水けをふく。
2 生椎茸は石づきを切り落とし、細切りにする。細ねぎは小口切りにする。
3 20cm角のアルミ箔の中央にみそをぬる。魚をのせ、椎茸を散らし、酒を振り、ふんわりと包む。同様に4つ作る。
4 200度のオーブンで20分くらい焼く。
5 細ねぎを散らし、ホイルごと盛る。

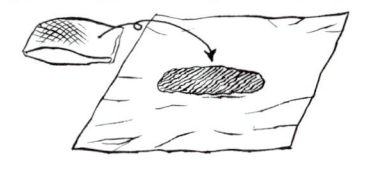

作り方 **3**

白身魚の蒸し煮
本格的なフランス料理を簡単に

白身魚（すずき、たらなど）　4切れ
白ワイン　1カップ
ローリエ　1枚
にんじん　1本
かぶ　小4個
水　適量
固形スープの素　1個
わかめ（戻したもの）　½カップ
牛乳　½カップ
生クリーム　1カップ
塩　適量
こしょう　適量

1 付け合わせになる野菜のスープ煮を作る。にんじんは4〜5cm長さのシャトー切りにして鍋に入れ、ヒタヒタの水とスープの素を加え、フタをして中火で5分煮る。皮をむいたかぶを加え、水をたしてヒタヒタにし、再びフタをして煮る。かぶに竹串がスーッと通るようになったら火を止める。
2 白身魚は水けをふき、塩、こしょうを振る。鍋の中を水でザッとぬらして魚を並べ、ワインとローリエを加え、フタをして中火で蒸し煮にする。魚に火が通り、さわってみて弾力があれば、取り出して皿に盛る。
3 わかめを食べやすく切って **2** の鍋に入れ、ひと煮立ちさせる。**1** の野菜と一緒に魚に添える。
4 **3** の鍋に残っている煮汁に牛乳、生クリームを加えて弱火にかけ、温める程度に火を通す。味をみて塩、こしょうで調え、**2** の盛りつけた魚の上にたっぷりかける。

シャトー→ コラム参照

白身魚のムニエル
粉をつけたらすぐ焼き、焼き上がりは強火

しろみざかな

にして水分をとばすのがおいしさのコツ

- 白身魚　4切れ
- 塩　少々
- こしょう　少々
- 小麦粉　適量
- サラダ油　大さじ1
- バター　大さじ1
- ソース
  - マヨネーズ　大さじ2
  - 牛乳　大さじ2
- パセリ（みじん切り）　適量
- 〈付け合わせ〉
- 粉ふき芋　適量
- レモン（くし形切り）　適量

1 白身魚は水けをふき、塩、こしょうを振る。焼く直前にさらに水けをふいて小麦粉をまぶし、余分な粉をはたく。
2 フライパンにサラダ油とバターを入れて中火にかけ、バターがとけたら魚を入れる。はじめは強めの中火で焼き、ひと呼吸おいてから弱めの中火にして、フタをする。こんがりと焼き色がついたら裏返し、両面をおいしそうに焼く。
3 最後にフタを取って強火で水分をとばし、カリッと仕上げる。
4 魚を焼いている間にソースの材料を混ぜ合わせる。
5 皿に焼き上がったムニエルを盛り、粉ふき芋とレモンを添える。ムニエルにとろりとソースをかけて、パセリを振る。

白身魚のムニエル　カレークリームソース

スパイシーな風味が魅力。牛乳を加えたら、吹きこぼれないように注意を

- 白身魚　3〜4切れ
- 塩　適量
- こしょう　適量
- 小麦粉　適量
- バター（2㎝角）　2個
- カリフラワー　½個
- 牛乳　3カップ
- カレー粉　小さじ1

1 白身魚は1切れをそれぞれ4つに切って水けをふき、塩、こしょう各少々を振り、小麦粉をたっぷりまぶしつける。
2 フライパンに2㎝角のバターを1個入れて中火にかけ、バターがとけたら魚を加え、両面をこんがり焼いて器に取る。
3 カリフラワーは小房に切り分ける。
4 鍋に残りのバターを入れて中火にかけ、バターがとけたらカリフラワーをサッと炒める。さらに牛乳とカレー粉を加え、フツフツしてきたら焼いた魚も加える。
5 再び煮立ったら、味をみて塩、こしょうで調味し、器に盛る。

白身魚のレモン煮

おもてなしにも向く上品な仕上がり。食欲のないときにもおすすめ

- 白身魚　4切れ
- レモン　1個
- A
  - 白ワイン　½カップ
  - 砂糖　大さじ1
  - 塩　小さじ½
  - 水　1カップ
- 細ねぎ（小口切り）　4本

1 白身魚は水けをふく。
2 レモンは中央の形のいいところを薄く4枚輪切りにし、残りは汁をしぼる。
3 広口の鍋の中を水でぬらし、Aとレモン汁を入れ、火にかける。フツフツしたら魚を並べ入れ、フタをして中火で8〜10分煮る。
4 器に魚を盛って汁をかけ、レモンの輪切りをのせ、細ねぎを散らす。

白みそぞう煮

数種の具とゆでた丸もちを、白みそ仕立てで味わう関西風。削り節をのせるのも特徴

- 丸もち　4個

鶏もも肉　½枚
大根　8㎝
にんじん（あれば金時にんじん）　8㎝
里芋　小4個
だし汁　5カップ
白みそ　大さじ2～3
薄口しょうゆ　小さじ1
三つ葉　適量
削り節　適量

1 鶏もも肉は黄色い脂肪を取りのぞき、小さめの一口大に切る。
2 大根は細いものなら2㎝厚さの輪切りにし、大きいようなら、半月切りかいちょう切りにする。にんじんも2㎝厚さの輪切りにする。それぞれをやわらかくなるまで下ゆでする。
3 里芋は上下を少し切り落とし、ヒタヒタの水で皮ごとゆでる。竹串を刺してみてスーッと通ったらザルにあげ、あら熱が取れたら皮をむく。
4 丸もちは湯を沸かし、中までやわらかくなるように、弱火でゆでる。
5 鍋にだし汁を入れて火にかけ、フツフツしてきたら鶏肉を加える。肉に火が通ったら弱火にし、白みそと薄口しょうゆで味を調えて、すぐに火を止める。
6 器にもち、大根、にんじん、里芋を彩りよく盛り合わせる。具は盛りつける直前まで湯の中で温めておくとよい。上からアツアツの **5** を注ぎ、刻んだ三つ葉と削り節をのせる。

金時にんじん→　コラム参照

新キャベツとアンチョビのパスタ

旬の野菜にアンチョビが加わって、風味いっぱいの春味パスタ

〈これは2人分〉
スパゲティ　150～200g
新キャベツ　2～3枚
アンチョビ　3尾
バター　大さじ1
塩　小さじ½
こしょう　少々
オリーブ油　大さじ1
黒こしょう（好みで）　適量
粉チーズ（好みで）　適量

1 スパゲティは袋の表示通りにゆでる。
2 新キャベツは小さい一口大にちぎり、芯の部分は斜め薄切りにする。アンチョビは刻む。
3 鍋にバターを入れて火にかけ、バターがとけたらキャベツを入れて強めの中火で炒め、塩、こしょうで味を調える。
4 キャベツがシナッとしたら、スパゲティを加えてザッとあえ、火を止める。上にアンチョビを散らしてオリーブ油をまわしかけ、全体をあえる。
5 器に盛り、好みで黒こしょう、粉チーズを振って食べる。

新キャベツのじゃこサラダ

油を入れない和風のあっさりサラダ。みそ汁、白いご飯の献立にも合います

新キャベツ　4～5枚
新玉ねぎ　¼個
貝割れ大根　1わ
ちりめんじゃこ　大さじ山盛り2
ドレッシング
　塩　小さじ½
　砂糖　少々
　レモン汁　½個分
　米酢　適量

1 新キャベツは食べよい大きさにちぎる。新玉ねぎは薄切りにし、貝割れ大根は根を切り落として長さを半分に切る。
2 ちりめんじゃこはザッと洗い、水けをよくきっておく。
3 ボウルにドレッシングの材料を記載順に混ぜ合わせ、玉ねぎ、キャベツ、貝割れ大根、ちりめんじゃこの順に入れてザッザ

ッと混ぜ合わせる。

新キャベツのソースサラダ
ウスターソースとマヨネーズの新しい味

　　新キャベツ　7〜8枚
　　細ねぎ（小口切り）　3〜4本
　　にんにく（みじん切り）　½かけ
　　きゅうりのピクルス（みじん切り）　1本
　　ゆで卵（固ゆで）　2個
　　ソース
　　　｜マヨネーズ　大さじ2
　　　｜ウスターソース　大さじ1
　　　｜米酢　大さじ1
　　　｜レモン汁　大さじ1
　　　｜サラダ油　大さじ1

1 新キャベツは一口大にちぎる。ゆで卵はフォークなどであらくつぶす。
2 ソースの材料を記載順に混ぜ合わせ、にんにく、ピクルス、キャベツ、細ねぎの順に加えては混ぜ、ゆで卵を散らす。すぐ食べてもおいしいが、10〜20分おくと少ししんなりして味がよくなじむ。

新キャベツのちぎりサラダ
「おいしくな〜れ」とちぎるべし

　　新キャベツ　6〜7枚
　　新玉ねぎ　½個
　　ドレッシング
　　　｜塩　小さじ½
　　　｜こしょう　少々
　　　｜米酢　大さじ1
　　　｜サラダ油　大さじ2

1 キャベツは一口大くらいにちぎる。玉ねぎは繊維にそって薄切りにする。
2 塩、こしょう、酢をよく混ぜ合わせ、サラダ油を加えてササッと混ぜてドレッシングを作る。
3 玉ねぎをドレッシングに入れて混ぜ、キャベツを2〜3回に分けて加えてホワッホワッとあえる。

新ごぼうのサラダ
ごぼうはサッとゆでてザルにあげる。水につけると、香りがなくなりやすいので注意

　　新ごぼう　2本
　　貝割れ大根　1わ
　　A｜白いりごま　大さじ3
　　　｜マヨネーズ　大さじ山盛り1
　　　｜わさび　少々
　　　｜薄口しょうゆ　小さじ1
　　　｜米酢　大さじ½

1 新ごぼうは5㎝長さに切ってからマッチ棒大に細切りにし、ザッと水で洗う。
2 熱湯に酢大さじ1〜2（分量外）を加えて火にかけ、ごぼうを入れて、フツフツしたらザルにあげて冷ます。
3 貝割れ大根は根を切り落として半分に切る。
4 Aの白いりごまはすり鉢でよくすり、マヨネーズ、わさび、薄口しょうゆ、米酢を加えてさらによくすり混ぜる。
5 なめらかになったら、ごぼうを3〜4回に分けて加えてよく混ぜ、器に盛り、貝割れ大根を上に散らす。

ジンジャーチキン
失敗のないオーブン焼き

　　鶏もも肉　2枚
　　塩　少々
　　こしょう　少々
　　サラダ油　適量
　　たれ
　　　｜しょうが（すりおろし）　大さじ1
　　　｜しょうゆ　大さじ2
　　　｜酒　大さじ1
　　　｜みりん　小さじ1〜2

1 鶏もも肉は黄色い脂肪を取りのぞき、身の厚い部分に繊維にそって切りめを入れて広げ、厚みを均一にし2つに切る。
2 オーブンの網と天板を水でぬらし、鶏肉に塩、こしょうを振って並べ、表面にサ

ラダ油を薄くぬる。オーブンに入れ、250度で10分焼く。
3 たれを混ぜ合わせ、肉を取り出して皮からジュッとつけ、全体にからめる。
4 再び網に並べ、今度は200度で5分焼く。ゆで野菜などを付け合わせにするとよい。

新じゃがと大豆のガーッと煮
火を止めてフタをしておくと、余熱でじゃが芋がちょうどよく煮上がる

　新じゃが芋　400g
　大豆缶詰　1缶
　豚肩ロース薄切り肉　150g
　ごま油　大さじ1
　A ｛ しょうゆ　大さじ2
　　　みりん　大さじ1
　水　2カップ
　しょうが汁　ひとかけ分
　みりん　大さじ1

1 新じゃが芋は2〜4つに切る。大豆は水けをきる。豚肉は3〜4つに切る。
2 大きめの鍋にごま油を熱してじゃが芋と大豆を強火でよく炒め、全体に油がまわったら中央に豚肉を入れ、肉の上にAのしょうゆとみりん大さじ1を加える。
3 ひと息おいてから肉をほぐして全体を混ぜ、分量の水を加えて煮る。フツフツしてきたらフタをして、吹きこぼれない程度の強火でガーッと10分くらい煮る。途中、上下を返して混ぜる。
4 汁けがほとんどなくなったら、しょうが汁とみりん大さじ1を加えて全体にからめ、フタをして火を止める。余熱にしばらくおいたほうがおいしい。

新じゃがとほたての煮もの
スキッとアカ抜けた味に仕上がるから、ほたて貝のワタは取ること

　新じゃが芋　300g
　蒸しほたて　8個
　煮汁
　｛ 水　1カップ
　　 酒　大さじ1
　　 塩　小さじ½

1 新じゃが芋は薄切りにし、水に入れる。蒸しほたては砂袋とワタを取りのぞき、ひももはずして長さを半分に切る。
2 中を水でぬらした鍋に水けをきったじゃが芋を入れ、ほたて貝柱を2つにほぐして加え、ひもも加える。煮汁をまわしかけ、フタをして強めの中火で8〜10分煮る。煮上がって汁けが多ければ、強火でガーッと煮からめる。

新じゃがのインド風
つなぎなしの超簡単肉だんご入り。煮汁に加えたら、肉が固まるまで混ぜないこと

　新じゃが芋　300g
　グリンピース（豆のみ）　½カップ
　塩　少々
　揚げ油　適量
　豚挽き肉　200g
　煮汁
　｛ 水　1½カップ
　　 固形スープの素　1個
　　 カレー粉　小さじ1〜2
　　 塩　小さじ½
　　 こしょう　少々

1 新じゃが芋は大きいものは皮ごと半分に切る。グリンピースは塩少々を加えた熱湯でやわらかくゆでる。
2 揚げ油を温め、油がぬるいうちにじゃが芋を入れ、徐々に温度を中温（170〜180度）に上げる。じゃが芋がこんがり色づき、竹串が通るようになったら油をきって引き上げ、器に盛る。
3 鍋に煮汁の材料をすべて入れて火にかけ、フツフツしてきたら、豚挽き肉を小さめの一口大にギュッと握りながら、次々と

しんじゃが

加える。

4 肉の中まで火が通るように、ときどき鍋をゆすりながら、フタをして中火で煮る。10分ほど煮たら、アツアツの煮汁を肉だんごと一緒にじゃが芋の上にかけ、グリンピースを散らす。

新じゃがのカレーあんかけ
鶏肉も一緒に揚げて、だれもが好きな一品

　　新じゃが芋　400 g
　　鶏もも肉　1枚
　　塩　適量
　　こしょう　少々
　　片栗粉　適量
　　揚げ油　適量
　　カレーあん
　　┌ カレー粉　小さじ2
　　│ 酒　大さじ1
　　│ 薄口しょうゆ　大さじ1
　　│ 水　1カップ
　　└ 片栗粉　大さじ1
　　ごま油　小さじ½

1 新じゃが芋は皮ごと食べよい大きさに切る。鶏肉は黄色い脂肪を取りのぞいて一口大に切り、塩、こしょうを振り、片栗粉を薄くまぶす。

2 揚げ油を温め、ぬるいうちにじゃが芋を入れて揚げる。じゃが芋に竹串を刺してみて、やっと通るくらいになったら鶏肉をギュッと握って入れる。衣が落ち着くまでいじらずカリッとしてきたらときどき返しながら揚げる。

3 じゃが芋に竹串がスーッと通って、鶏肉もこんがりカラリと揚がったら油をよくきり、器に盛る。

4 小鍋にカレーあんの材料を合わせて弱火にかけ、フツフツしてきたら軽くかき混ぜ、とろみがついたら火を止める。ごま油をたらし、盛りつけた **3** にとろ〜りとかける。

新じゃがのクリーミィサラダ
生クリームは、じゃが芋の水分によって加減してください

　　新じゃが芋　400〜500 g
　　生クリーム　½カップ
　　塩　適量
　　こしょう　少々
　　細ねぎ(小口切り)　½カップ

1 新じゃが芋はよく洗い、皮ごとかぶるくらいの湯でやわらかくゆでる。湯をきり、さわれるくらいになるまで冷ます。

2 皮ごと薄い輪切りにし、両端の皮だけつまんでむく。

3 じゃが芋をボウルに入れ塩、こしょうを振り、生クリームをかけて混ぜる。味をみて塩、こしょうで調え細ねぎを混ぜる。

新じゃがのコロコロ煮
出盛りのときにぜひ。練り辛子をつけて食べると、おいしさ倍増！

　　新じゃが芋　300 g
　　煮汁
　　┌ 水　1½カップ
　　│ しょうゆ　大さじ1
　　└ みりん　大さじ½〜1
　　練り辛子　適量

1 新じゃが芋の大きいものは皮ごと2〜4つに切り、小さいものは丸ごと使う。

2 鍋にじゃが芋と煮汁の材料を入れて強火にかけ、フツフツしてきたらフタをして弱火にする。途中、鍋をユサユサとゆすって20分くらい煮る。

3 竹串を刺してみてスーッと通るようになったら、フタを取って強火にし、鍋をゆすりながら汁けがほとんどなくなるまでピカーッと煮からめる。

4 アツアツを器に盛り、辛子を添える。

新じゃがの肉じゃが
新じゃがをコックリホックリした肉じゃが

しんたまねぎ

に仕上げるには、一度揚げる
　新じゃが芋　600ｇ
　新玉ねぎ　1個
　牛薄切り肉　200ｇ
　ごま油　大さじ1
　A ┌ 砂糖　大さじ1
　　│ みりん　大さじ1
　　└ しょうゆ　大さじ2½
　水　1カップ
　揚げ油　適量

1 新じゃが芋は皮ごと2つに切る。玉ねぎは縦半分に切り、繊維にそって2㎝幅に切る。牛肉は食べやすく切る。

2 少なめの揚げ油を温め、油がぬるいうちにじゃが芋の水けをふいて入れる。ときどき混ぜながら、こんがり色づくまで揚げる。

3 ごま油を熱して玉ねぎを炒め、全体に油がまわったら周囲に寄せて、真ん中に肉を入れる。

4 火を止め、肉をめがけてAの調味料を加える。強めの中火をつけ、肉に調味料をからめながらコテッとなるまで炒める。

5 揚げたじゃが芋を加え、分量の水を加える。表面を平らにし、フタをして強火で汁けがなくなるまで煮る。途中で一度、底から全体を混ぜる。

新じゃがのにんにくみそ炒め
あまりの香ばしさに、出来上がるのが待ちきれないほど

　新じゃが芋　400〜500ｇ
　揚げ油　適量
　にんにくみそ
　　┌ にんにく(すりおろし)　ひとかけ
　　│ みそ　大さじ山盛り1
　　│ 酒　大さじ1
　　└ みりん　大さじ1
　ごま油　小さじ1½
　木の芽か粉山椒　適量

1 新じゃが芋は皮ごと半分に切り、水けをよくふく。

2 揚げ油を温め、すぐじゃが芋をぬるい油に入れ、温度を上げていきじっくりカラリと揚げる。全体が十分にこんがりと揚がったら、よく油をきる。

3 揚げ油をオイルポットに戻し、再び鍋を火にかけてじゃが芋を戻し、混ぜ合わせたにんにくみそを加え、強めの中火で炒め合わせる。じゃが芋にみそがからまって香りもたったら、火を止めてごま油をたらす。盛りつけ、木の芽か粉山椒を散らす。

新じゃが豚のみそがらめ
「もう最高！」のご飯のおかず

　新じゃが芋　400ｇ
　揚げ油　適量
　豚肩ロース薄切り肉　200ｇ
　みそだれ
　　┌ みそ　大さじ1強
　　│ 酒か水　大さじ1
　　│ みりん　小さじ2
　　│ しょうゆ　小さじ1
　　└ ごま油　小さじ½
　細ねぎ(小口切り)　4本
　白いりごま　大さじ1

1 新じゃが芋は皮ごと2つに切り、水けをふく。豚肉は2〜3つに切る。

2 フライパンに少なめの揚げ油を入れて火にかけ、ぬるいうちにじゃが芋を入れる。温度を中温まで上げときどき混ぜながら、中まで火が通って色づくまで揚げる。

3 豚肉は熱湯でしっかりゆで、水けをきる。

4 大きいボウルにみそだれの材料を合わせ、肉、じゃが芋の順に加えてあえ、細ねぎとごまを加えて混ぜる。

新玉ねぎと卵のサラダ
白、紫、緑、黄色。彩りも美味な春サラダ

しんたまねぎ

新玉ねぎ　1個
紫玉ねぎ　1個
貝割れ大根　1わ
卵　2個
塩　少々
サラダ油　少々
ドレッシング
　｛塩　小さじ½
　　こしょう　少々
　　米酢　大さじ1
　　薄口しょうゆ　大さじ1
　　サラダ油　大さじ½

1 新玉ねぎと紫玉ねぎは縦半分に切ってから繊維にそって薄切りにし、氷水にさらす。
2 貝割れ大根は根を切り落として長さを半分に切り、玉ねぎと一緒に氷水につけて10分ほどおく。
3 卵はときほぐして塩を加え混ぜ、サラダ油をなじませたフライパンで薄焼き卵を作り、細く切って錦糸卵にする。
4 ドレッシングの材料を記載順に混ぜ合わせる。
5 玉ねぎと貝割れ大根をザルにあげて水けをしっかりきり、錦糸卵と合わせて器に盛る。食べる直前にドレッシングをかける。

新玉ねぎの和風サラダ

玉ねぎの辛味が強いときは、5〜10分水にさらす

新玉ねぎ　2個
ドレッシング
　｛薄口しょうゆ　大さじ1
　　砂糖　少々
　　米酢　大さじ1〜2
　　ごま油　小さじ1
削り節　1パック

1 新玉ねぎは縦2つに切り、繊維にそって薄切りにする。これを氷水につけ、シャッキリしたら、ザルにあげて水けをきる。
2 ドレッシングの材料を合わせ混ぜる。
3 器に玉ねぎを盛り、ドレッシングをかけて削り節を天盛りにする。

新青椒肉絲（チンジャオロウスー）

ピーマンと牛肉は別々に炒めて盛り合わせ、器の上で混ぜながら、彩りとともに味わう

牛赤身肉（バター焼き用）　250g
下味用
　｛しょうゆ　大さじ1
　　片栗粉　大さじ2
ピーマン　1個
赤ピーマン　1個
黄ピーマン　1個
サラダ油　大さじ2
塩　小さじ½
こしょう　少々
赤唐辛子（輪切り）　少々
にんにく（みじん切り）　ひとかけ
しょうが（みじん切り）　ひとかけ
オイスターソース　大さじ1

1 牛赤身肉は7〜8㎜角の棒状に切る。これにしょうゆを振りかけて下味をつけ、片栗粉をまぶしておく。
2 ピーマン類はそれぞれ縦に細切りにする。
3 中華鍋にサラダ油を熱してピーマン類を炒め、すぐに塩、こしょうを加えて強火で炒める。ピーマンの色があざやかになったら油をよくきって、器に広げるように盛りつけておく。
4 **3**の鍋に赤唐辛子、にんにく、しょうがを入れて炒め、香りがたったら**1**の牛肉を強めの中火で炒める。全体に油がまわったところでオイスターソースを加えて味をつけ、ピーマンの上にドンとのせる。

シンプルぞう煮

こんがり焼いたもちに具数種を加える、い

たって簡素な東京風ぞう煮
　もち　4個
　鶏もも肉　½枚
　小松菜　¼わ
　焼きかまぼこ(1㎝厚さ)　8枚
　だし汁　5カップ
　酒　大さじ1
　薄口しょうゆ　小さじ1〜2
　塩　小さじ½
　柚子の皮　適量

1 鶏もも肉は黄色い脂肪を取りのぞき、小さめの一口大に切る。
2 小松菜は塩少々(分量外)を加えた熱湯でほどよくゆでてザルに取る。余分な水けをしぼって3〜4㎝長さに切る。ゆでた小松菜は水に取らない。
3 鍋にだし汁、酒、薄口しょうゆ、塩を入れて火にかけ、フツフツしてきたら鶏肉を加え、火が通るまで煮る。味をみてたりなければ塩かしょうゆ(分量外)で調える。
4 もちは5〜7分ほど、ふっくらこんがりと焼く。
5 椀の中を水でザッとぬらし、もち、小松菜、焼きかまぼこを彩りよく盛り合わせる。上からアツアツの**3**を注ぎ、薄くそいだ柚子の皮をヒラリとのせる。

シンプルなステーキ
肉に塩、こしょうを振らずに焼くのが、イタリア式
　〈これは2人分〉
　牛肉(ステーキ用)　2枚
　湯　大さじ2〜3
　塩　適量
　バター　大さじ1〜2

1 油をひかずに鉄のフライパンを強火でよく熱し、肉を並べて焼く。焼き色がついたら火をやや弱めて焼き、裏返して数分焼く。脂が出てきたらふきながら焼く。
2 肉を器に盛り、すぐにフライパンに湯を入れて強火にかける。残った焼き汁をこそげ、汁が少し濃くなるまで煮立て、塩で味を調える。
3 火を止めてバターを加え、とけたら肉にかける。好みでこしょうを挽いて食べる。

新ポークチャップ
骨つきの肉が手に入れば最高！　ケチャップ抜きの新しい味もまたうまし
　豚肩ロース肉(1㎝厚さ)　4枚
　塩　適量
　こしょう　適量
　小麦粉　大さじ1
　サラダ油　大さじ1
　A ┌ 水　1カップ
　　│ ウスターソース　大さじ1
　　│ 酒　大さじ1
　　│ しょうゆ　大さじ1
　　└ バター　1〜2㎝角
　水溶き片栗粉
　　┌ 片栗粉　小さじ2
　　└ 水　小さじ2
　細ねぎ(小口切り)　適量

1 豚肩ロース肉はところどころすじ切りをし、塩、こしょうを振ってから小麦粉を薄くつけて、余分な粉をはたく。
2 フライパンにサラダ油を熱し、中火で豚肉の両面を焼いて中までしっかり火を通す。
3 この間に、鍋にAの材料を合わせて煮立たせておき、こんがり焼けた肉を漬けてから器に盛る。
4 肉を漬け終えたソースに、水溶き片栗粉を少しずつ加えてとろみをつけ、肉の上からとろりとかけて、細ねぎを散らす。

新野菜のちぎりサラダ
食卓に春が来た！という感じ
　新玉ねぎ　½個

新キャベツ ¼個
ラディッシュ 1わ
ゆで卵 2個
にんにく ひとかけ
ドレッシング
- 塩 小さじ½
- こしょう 少々
- 砂糖 少々
- マスタード 小さじ1
- レモン汁 大さじ2
- 米酢 大さじ1
- サラダ油 大さじ2

1 新玉ねぎは薄切りにする。新キャベツは食べやすくちぎる。ラディッシュは薄い輪切りにし、葉はちぎる。
2 にんにくは半分に切り、ボウルの内側に切り口をこすりつけて風味をつける。ドレッシングの塩から米酢までを記載順に加えてよく混ぜ、最後にサラダ油を加えてサッとひと混ぜする。
3 2に玉ねぎ、キャベツ、ラディッシュの順に加えてフワッと混ぜる。皿に盛り、輪切りにしたゆで卵を周囲に並べる。

す

スイートシュリンプ
レモン&しょうが風味、甘いタイ風料理。辛い料理の献立のときにも

〈作りやすい分量〉
ゆでえび 20尾
煮汁
- レモン汁 ½個分
- 水 大さじ2
- 砂糖 大さじ1〜2
- 塩 小さじ½
- しょうが汁 小ひとかけ分

レモン(くし形切り) 適量

1 ゆでえびは尾を残して殻をむく。生えびを使うときは、塩少々を加えた熱湯で殻ごとゆでてから殻をむく。
2 鍋に煮汁の材料とえびを入れて中火にかけ、汁けがほとんどなくなるまで煮る。
3 器に盛り、レモンを添える。

スイートポテトライス
さつま芋がほんのり甘い、ホクホクの洋風ご飯。具を加えたらすぐにスイッチ・オン

米 2カップ(2合)
さつま芋 1本(約250g)
鶏こま切れ肉 100g
塩 小さじ1
バター 大さじ2
レーズン 大さじ山盛り1

1 米はといでふつうに水加減する。
2 さつま芋は皮ごと1㎝厚さのいちょう切りにし、海水くらいの塩水(分量外)にさらす。
3 鶏こま切れ肉に塩を振っておく。
4 フライパンにバターを入れて火にかけ、バターがとけたら鶏肉を炒める。肉に火が通ったら、水けをきったさつま芋を加えて、強めの中火で炒める。
5 全体に油がまわったら、1の米の上にのせ、さらにレーズンも加えて表面を平らにならし、すぐに炊飯器のスイッチを入れる。
6 炊き上がったら、底のほうからほっこりと混ぜて器に盛る。

ずいきの炒め煮
おいしい里芋の茎(ずいき)を食べないのは損です

ずいき(20〜30㎝長さ) 4〜5本
サラダ油かごま油 大さじ1
だし汁 2カップ
しょうゆ 大さじ2

みりん　大さじ1

1 ずいきは熱湯で箸がスーッと通るようになるまでゆで、水に5〜10分さらす。
2 赤っぽい皮をスッスッとむき（ふきの皮をむく感じ）、5〜6㎝長さに切る。
3 油を熱し、強めの中火で少しクタッとするまでよく炒める。
4 だし汁と調味料を加え、フツフツしたらフタをして強めの中火で15分くらい煮る。

ずいきという食材→ コラム参照

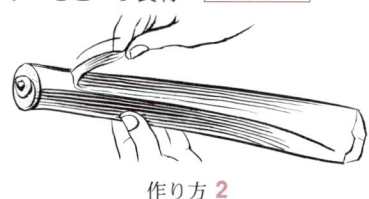

作り方 **2**

ずいきの汁もの
おろししょうがが味のキメテ！

　　ずいき（20〜30㎝長さ）　2本
　　だし汁　4カップ
　　A ┌ 酒　大さじ2
　　　├ 塩　小さじ½
　　　└ 薄口しょうゆ　小さじ1
　　しょうが（すりおろし）　適量

1 ずいきは熱湯でやわらかめにゆで、水に取って5〜10分さらす。
2 赤っぽい皮をむき、食べよい長さに切る。
3 だし汁を火にかけ、フツフツしたらずいきを加えて煮る。再びフツフツしたら、Aの調味料を加えて味を調え、火を止める。盛りつけ、おろししょうがをちょいとのせる。

スイスローフ
3種類の挽き肉とチーズを使うのが特徴

　　牛挽き肉　200g
　　豚挽き肉　200g
　　鶏挽き肉　200g
　　プロセスチーズ（1㎝角）　大さじ3
　　玉ねぎ　½個
　　セロリ　10㎝
　　ピーマン　2個
　　A ┌ 卵　1個
　　　├ 牛乳　½カップ
　　　└ パン粉　¾カップ
　　塩　小さじ½
　　こしょう　少々
　　ベーコン　4枚
　　サラダ油　適量
　　〈付け合わせ〉
　　ゆでブロッコリー　適量
　　にんじんのグラッセ　適量

1 Aの卵と牛乳を混ぜ、パン粉を加えてしっとりさせる。
2 玉ねぎ、セロリ、ピーマンはみじん切りにする。
3 挽き肉をザッと混ぜ合わせ、**1**と塩、こしょうを加えてつかむようにして混ぜ合わせる。**2**の野菜類、チーズの順に加えて混ぜる。
4 水でぬらした天板に2等分にしてのせ、かまぼこ形に整える。上にベーコンを縦に2枚ずつ並べてのせ、サラダ油を小さじ1くらいずつかける。
5 250度のオーブンで10分焼き、200度に下げて30〜40分焼く。竹串を刺してみて、澄んだ汁が出てくれば火が通った証拠。
6 あら熱が取れたら1.5㎝くらいの厚さに切り分け、付け合わせの野菜を添えて盛りつける。

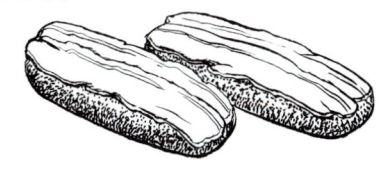

作り方 **4**

すいとん

すいとん各種
→メニュー別索引〈すいとん〉を参照

吸いもの各種
→メニュー別索引〈吸いもの〉を参照

スウェーデン風ミートボール
たっぷりのバターで焼き、ゆでじゃが芋とともに食べるのが特徴

　牛挽き肉　400g
　A ┌ 卵　1個
　　├ 牛乳　1/3カップ
　　└ パン粉　1カップ
　塩　小さじ1
　こしょう　少々
　バター　50g
　〈付け合わせ〉
　ゆでじゃが芋　適量

1 Aの卵と牛乳を混ぜ、パン粉を加えてしっとりさせる。
2 挽き肉に **1** と塩、こしょうを加え、よくよく混ぜ、ピンポン玉くらいの大きさに丸める。
3 バターを中火にかけ、とけてきたらミートボールを加え、転がしながら表面の色が変わるまで焼く。
4 火を弱めてフタをし、中までしっかり火を通す。最後にフタを取って中火にし、カラリと仕上げる。
5 器にミートボールとゆでじゃが芋を盛り、残っているバターをまわしかける。

素菜どんぶり(スーツァイ)
精進料理のような野菜中心のヘルシーどんぶり。仕上げのごま油で風味豊かに

　油揚げ　2枚
　にんじん　1/2本
　キャベツ　3枚
　チンゲン菜　2〜3株
　きくらげ(乾)　大さじ山盛り1
　サラダ油　適量
　A ┌ だし汁　2 1/2カップ
　　├ 酒　大さじ1
　　└ 塩　小さじ1
　しょうゆ　少々
　こしょう　少々
　ごま油　少々
　水溶き片栗粉
　　┌ 片栗粉　大さじ2
　　└ 水　大さじ2
　しょうが(すりおろし)　適量
　温かいご飯　4人分

1 油揚げは湯で洗ってギュッとしぼり、縦半分に切ってから5mm幅に切る。
2 にんじんは短冊切りか、食べよい大きさの薄切りにし、キャベツは大きめのザク切りにする。チンゲン菜は葉と軸に切り分け、葉はそのままザクザクと切り、軸は縦5mm幅に切る。
3 きくらげは戻して石づきを切り落とす。
4 中華鍋にサラダ油を熱し、強火でにんじんを炒める。油を少したし、油揚げ、チンゲン菜の軸、葉、キャベツ、きくらげの順に次々と炒め、全体に油がまわったら、Aの材料を加える。
5 フツフツと全体が煮えたら、しょうゆとこしょうで味を調え、ごま油をたらして、最後に水溶き片栗粉でとろみをつける。
6 どんぶりにご飯を盛り、上に **5** の具をとろりとかけておろししょうがをのせる。

スープ各種
→メニュー別索引〈スープ〉を参照

スープ茶漬け
薬味が引き立つさっぱり味

　温かいご飯　4人分
　鶏ささみ　4本
　水　5カップ

固形スープの素　1個
薬味
- 三つ葉　適量
- しょうが　ひとかけ
- 焼きのり　1枚
- 梅干し　1〜2個
- 白いりごま　適量

1 分量の水とスープの素を火にかけ、フツフツしたらささみを加え、中までしっかりゆでる。スープを取っておき、あら熱が取れた肉は食べよい太さにさく。
2 三つ葉は2cm長さに刻む。しょうがはすりおろす。のりは細切り、梅干しはおおまかにほぐす。
3 ご飯を軽く盛り、肉と薬味をのせ、スープをかけて食べる。

酸辣湯（スーラータン）
ほどよい酸味とピリ辛味で食欲全開！

- 赤唐辛子　2〜3本
- しょうが　ひとかけ
- もやし　1袋
- 豚ばら薄切り肉　200g
- ザーサイ　20g
- 長ねぎ　½本
- 水　4カップ
- A
  - 豆板醤　小さじ½
  - 塩　小さじ½強
  - こしょう　少々
  - 酒　大さじ2
  - しょうゆ　大さじ1
  - 砂糖　小さじ½
  - 酢　大さじ2
- 水溶き片栗粉
  - 片栗粉　大さじ1
  - 水　大さじ1
- ごま油　2〜3滴

1 赤唐辛子は種を取りのぞき、しょうがは皮ごと薄切りにする。
2 豚ばら薄切り肉は3cm長さに切る。ザーサイは細切りにして水でザッと洗い、長ねぎは白髪ねぎにする。
3 鍋に赤唐辛子、しょうが、分量の水を入れて中火にかけ、フツフツしてきたらしょうがを取り出して、もやしを入れる。
4 再びフツフツしてきたら豚肉を入れ、途中でアクを取る。肉に火が通ったところで、Aの調味料を次々加えて味を調え、水溶き片栗粉でとろみをつけて火を止める。
5 風味づけにごま油を落とし、器に盛ってザーサイと白髪ねぎを散らす。

すき焼き　関西風
肉に調味料をまぶしながら煮るこってり味。ねぎの上に肉をのせるのはカツ代流

- 牛薄切り肉　400g
- しらたき　2わ
- 長ねぎ　3本
- 焼き豆腐　1丁
- 牛脂　適量
- 砂糖　大さじ3〜5（好みで）
- みりん　大さじ3〜5（好みで）
- しょうゆ　大さじ3〜5（好みで）
- 春菊　½〜1わ
- 卵（新鮮なもの）　4個

1 しらたきはよく洗って水けをきり、食べよい長さに切る。長ねぎは斜め切りにする。焼き豆腐は8〜10等分のやっこに切る。春菊は茎のかたい下の部分を切り落とす。
2 鉄鍋をよく熱して牛脂を入れ、脂を鍋全体になじませる。
3 まず長ねぎを焼きつけるように強火で炒め、全体に脂がまわったら、広げながら平らにならす。この上に牛薄切り肉を1枚ずつ広げながらのせ、肉が生のうちに砂糖をパラパラと適量振る。さらに牛肉をのせて砂糖を振り、みりんとしょうゆも適量まわしかける。
4 鍋の周囲からグツグツ煮えてきたら、

火の通った肉からとき卵につけて長ねぎと一緒に食べはじめる。
5 残りの肉、しらたき、焼き豆腐、春菊や砂糖、みりん、しょうゆなども順次加えて、やや強めの火で煮ながら食べる。途中、肉や野菜を加えていくことで、味が薄くなってきたらさらに調味料を加えていく。

すき焼き 関東風(割り下)→ コラム参照

作り方 **3**

すぐ作れるブイヤベース
サフランは、ほぐしながら直接加えても大丈夫

　鯛　2切れ
　えび　8尾
　はまぐり　小8〜10個
　セロリ　1本
　にんじん　1本
　にんにく　ひとかけ
　ローリエ　1枚
　水　6カップ
　白ワインか酒　大さじ1
　サフラン　ひとつまみ
　塩　適量
　こしょう　適量
　オリーブ油　大さじ1
　レモン　適量

1 鯛はそれぞれ3つに切り塩少々を振る。えびは尾を残して殻をむき、背ワタがあれば取る。はまぐりは殻をよく洗う。
2 セロリはすじを取り、5〜6cm長さに切る。葉も1枝取っておく。にんじんは5〜6mm厚さの輪切りにする。
3 大きめの鍋に **2** の野菜とにんにくを丸ごと、ローリエ、分量の水、白ワインを入れ、フタをして強火にかける。フツフツしたら先にはまぐりを加え、続いて鯛とえびを加え、フタをして強めの中火で少し煮る。
4 サフランをほぐしながら加え、弱めの中火にして煮る。全体に火が通ったら塩、こしょうで味を調え、火を止めてオリーブ油をまわし入れる。盛りつけ、レモンをしぼって食べる。

スクランブルエッグ
バターのとかし方と火加減に注目！
　〈これは2人分〉
　卵　3個
　塩　少々
　こしょう(好みで)　少々
　バター　大さじ1

1 小さいボウルの中を水でぬらし、卵を割り、塩と好みでこしょうを振って混ぜる。
2 フライパンにバターを入れ、中火にかける。バターがとけたら火を強め、卵を一気に流し、すぐグルリグルリと大きくかき混ぜながら火を通す。
3 半熟状でホワッと固まったら、すぐ器に取り出す。

スコーン
サックリ素朴な味。焼きたてにバター、サワークリーム、ジャムなどをぬってどうぞ
　〈約10個分〉
　薄力粉　250g
　ベーキングパウダー　小さじ2
　塩　少々
　砂糖　30g
　バター　40g
　卵黄1個分と牛乳を合わせて　½カップ
　レーズン　大さじ2
　強力粉(打ち粉用)　適量

1 薄力粉、ベーキングパウダー、塩、砂糖は合わせて粉ふるいに入れ、ボウルの中か台の上にふるい落とす。
2 冷蔵庫から出したてのかたいバターを 1 の上におき、スケッパー（切る、混ぜるなどに使うお菓子用の道具）やフォークでバターに粉をまぶすようにしながら、バターが溶けないうちに手早く切り込む。バターがあずき粒くらいの大きさになるまで切り込みながら、サラサラと混ぜていく。
3 ときほぐした卵黄と牛乳を合わせて½カップ用意し、2 に少しずつ加えながら手で混ぜる（プレーンスコーンの場合はここで生地をまとめてビニール袋に入れ、10～20分ほど冷蔵庫でねかせて 4 の手順を省く）。
4 湯で洗ったレーズンを 3 に加えて混ぜ、手で押さえるようにしながら生地をまとめる。さらに表面がなめらかになるように手でたたいてビニール袋に入れ、10～20分ほど冷蔵庫でねかせる。
5 台に打ち粉（強力粉）をして生地をおき、めん棒で厚さ1㎝くらいにのばす。直径5～6㎝の抜き型やコップなどに打ち粉をつけながらを生地を抜き、余った生地はそのまま重ねて手で押さえ、厚みを均等にして同様に抜く（生地はこねこねしないこと。サックリしたものに仕上がらない）。
6 天板に 5 を並べ、200度のオーブンで15分ほど焼く。

作り方 2

スコッチエッグ
別名「怪獣のタマゴ」。卵は小さめが作りやすい

ゆで卵　4個
小麦粉　適量
肉だね
　合い挽き肉　350g
　塩　小さじ½
　こしょう　少々
　牛乳　¼カップ
　パン粉　½カップ
サラダ油　適量
湯　1½カップ
A　ウスターソース　大さじ2
　トマトケチャップ　大さじ2
　しょうゆ　大さじ1
〈付け合わせ〉
クレソン　適量

1 ゆで卵は殻をむいて小麦粉をまぶす。
2 肉だねを作る。ボウルに材料をすべて入れてよく混ぜ、4等分してそれぞれを丸める。これを平らにしてゆで卵をすっぽりと包み、卵形にまとめる。
3 フライパンを熱してサラダ油を薄くひき、2 の全体を転がしつつ焼く。こんがり焼けたら分量の湯を入れ、さらにAの調味料も次々と加えてフタをし、弱めの中火で20～25分ほど煮込む。
4 器にスコッチエッグを盛ってフライパンに残ったソースをかけ、付け合わせのクレソンを添える。

すし各種
→メニュー別索引〈すし〉を参照

すし酢
おすしのときの酢はだんぜん米酢。この配合を覚えておくと便利

合わせ酢
　塩　小さじ1
　砂糖　大さじ1
　米酢　70cc

1 米2カップ（2合）に対しての配合。味

すしめし

のきちんとついた具がたくさん入るおすしなどの場合には、米3カップ（3合）分の配合としても使える。

2 合わせ酢の調味料を混ぜ合わせる。炊きたてご飯（分量外）にまわしかけ、全体を混ぜ広げ、余分な水分をとばす。合わせ酢は調味料を混ぜてすぐに使ってもいいし、一度煮立てる方法もある。

市販のすし酢→ コラム参照

すし飯（基本）

はん台がなくてもおいしく作るコツを伝授。これでのり巻きからちらしずしまでOK

　米　　2カップ（2合）
　だし昆布　7～8cm
　酒　　大さじ2
　合わせ酢
　　｜米酢　70cc
　　｜塩　小さじ1
　　｜砂糖　大さじ1

1 米はよくといでザルにあげておき、だし昆布は水でサッと洗う。

2 炊飯器に米を入れて好みの水加減にする。ふつうに炊く場合は、いつもの目盛り（水は米の2割増し）にし、かために炊く場合は、すし飯用の目盛り（水は同量か1割増し）にする。

3 2から大さじ2（調味料分）の水を取りのぞいて酒を加え、昆布をポンとのせて炊飯器のスイッチを入れる。

4 合わせ酢の材料を合わせ、混ぜておく。

5 ご飯が炊き上がったら十分に蒸らし、昆布を取りのぞいて全体をサックリと混ぜてから、すぐにはん台に移す。このときご飯は1カ所にまとめるようにし、上から合わせ酢をまわしかけて全体を切るように混ぜる。

6 全体がなじんだら5～10分ほどそのままおいてあら熱を取り、かたくしぼったぬれ布巾をかぶせておく。これが基本のすし飯になる。

7 はん台がない場合は、大きいボウルを用意し、かたくしぼったぬれ布巾を敷いて炊いたご飯を移す。上から合わせ酢をまわしかけ、まず上半分という気持ちで切るように混ぜる。次に布巾の端を持って動かしながら、ご飯をクルリと上下に返し、布巾を引き抜いてさらに全体を切るように混ぜる。

作り方7

スタッフドエッグ

いくらとチャイブが華やかな色！ パーティー料理の前菜にもうってつけ

　卵　4個
　マヨネーズ　大さじ2
　カレー粉　小さじ½
　いくら　大さじ4
　チャイブか細ねぎ　3～4本

1 卵はできれば中央に黄身がくるようにときどき転がしながら固ゆでにし、半分に切って黄身を取り出す。カップにする白身はすわりがよいように、曲面をほんの少し削る。

2 黄身にマヨネーズ、カレー粉を加えて混ぜ合わせ、白身のカップに詰める。

3 上にいくらをのせ、3cm長さに切ったチャイブまたは細ねぎを散らす。

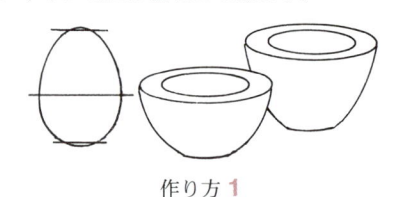

作り方1

スタミナ炒め
レバーが苦手な人にも大好評

鶏レバー　200g
にんにくの芽　1わ
にんにく　ひとかけ
厚揚げ　1枚
ごま油　大さじ1強
A ┌ 塩　ひとつまみ
　├ しょうゆ　大さじ1
　├ 酒　小さじ1
　├ 砂糖　少々
　└ こしょう　少々

1 鶏レバーは一口大に切り、水で洗い、熱湯で色が変わるまで下ゆでする。
2 にんにくの芽は2cm長さに切る。にんにくは薄切りにする。厚揚げは縦2つに切ってから横に1cm幅に切る。
3 ごま油を中火で熱し、にんにくの芽とにんにくを炒める。香りがたったら強火にし、レバー、厚揚げの順に加えてよく炒める。アツアツになったら、中火にしてAを加え、手早く全体にからめて炒め上げる。

スタミナ薄切りステーキ
香味野菜たっぷりの特製だれが決め手

牛薄切り肉(ステーキ用)　4枚(1枚100g)
塩　適量
こしょう　適量
きゅうりのピクルス　小4～6本
たれ
　┌ にんにく(すりおろし)　ひとかけ
　├ しょうが(すりおろし)　ひとかけ
　├ 長ねぎ(みじん切り)　大さじ1
　├ 玉ねぎ(すりおろし)　1/4個
　├ 白いりごま　大さじ1
　├ 酢　小さじ1
　├ しょうゆ　小さじ4
　├ ごま油　小さじ1/2
　└ 赤唐辛子(輪切り)　少々
サラダ油　適量
〈付け合わせ〉
トマト　適量
いんげんの塩ゆで　適量

1 牛肉は両面に塩、こしょうを軽く振る。
2 ピクルスはあらみじんに切る。たれの材料はよく混ぜ合わせる。
3 フライパンにサラダ油をぬり、強火にかける。アツアツになったら肉を入れ、こげ色がつくくらいに両面をしっかり焼く。
4 皿に盛り、たれをかけ、ピクルスをのせて、付け合わせを添える。

スタミナじゃが芋
にんにくじょうゆがからまって、ひときわ香ばしい

じゃが芋　3個(約400g)
にんにく　ひとかけ
薄口しょうゆ　大さじ1
パセリ　1本
揚げ油　適量
塩　少々

1 じゃが芋はよく洗って皮ごとくし形に8等分に切り、水でザッと洗い、水けをふく。
2 にんにくはすりおろし、大きめのボウルに入れて薄口しょうゆと混ぜておく。
3 揚げ油を中火で熱し、ぬるいうちにじゃが芋を入れる。ときどきかき混ぜながら、こんがりカラリと揚げる。
4 揚げたてのじゃが芋を**2**に入れて混ぜ、味をからめる。パセリもちぎって加え、ザッと混ぜる。盛りつけ、塩を振る。

ズッキーニと牛肉の辛炒め
中国料理の新しい味

ズッキーニ　2本
牛赤身薄切り肉　250g
にんにく(みじん切り)　ひとかけ
赤唐辛子(輪切り)　少々

ずっきーに

ごま油　大さじ1強
A ┌ 塩　少々
　├ オイスターソース　小さじ2
　└ しょうゆ　小さじ2

1 ズッキーニは縦半分に切り、斜め薄切りにする。牛肉は2㎝幅に切る。
2 ごま油大さじ1を中火で熱し、にんにく、赤唐辛子、ズッキーニを炒め、全体に油がまわったら取り出す。
3 ごま油少々をたして肉を強火で炒め、火が通ったらAを加えて調味する。**2**を戻し、ザッと炒め合わせる。

ズッキーニとじゃが芋炒め
彩り、味ともにいいコンビ

ズッキーニ　2本
ゆでじゃが芋　中2個
にんにく　ひとかけ
オリーブ油　大さじ3
粉チーズ　大さじ3～4
塩　小さじ½
こしょう　少々
オレガノ（乾）　少々

1 ズッキーニは1㎝厚さくらいの輪切りにする。ゆでじゃが芋は1㎝角に切る。にんにくはつぶす。
2 オリーブ油とにんにくを中火で熱し、にんにくをきつね色に炒め、取り出す。
3 ズッキーニを入れ、中火で焼くように炒める。全体が色づいたら、じゃが芋と粉チーズを加えてサッと炒め、塩、こしょう、オレガノを振って混ぜる。

ズッキーニとトマトのハーブ煮
ハーブ類はフレッシュを使って、香りさわやかに

ズッキーニ　2本
トマト（完熟）　大1個
水　大さじ1
塩　小さじ½
オリーブ油　大さじ1
バジル　適量
オレガノ　適量
こしょう　少々

1 ズッキーニは縦4つ割りにし、1.5㎝長さに切る。トマトは皮ごと1㎝角に切る。
2 鍋の中を水でザッとぬらし、ズッキーニとトマトを入れて、分量の水、塩、オリーブ油、バジル、オレガノを順に加え、フタをして強めの中火にかける。
3 5分ほど煮たら、味をみてこしょうを振り、器に盛る。

ズッキーニのグラタン
ちょっとおしゃれなクリームグラタン

ズッキーニ　2本
サラダ油　大さじ1
塩　少々
こしょう　少々
ホワイトソース
　┌ バター　大さじ2
　├ 小麦粉　大さじ3
　├ 牛乳　3カップ
　├ 塩　小さじ½
　└ こしょう　少々
粉チーズ（好みで）　適量

1 ホワイトソースを作る。バターを火にかけてとかし、弱火にして小麦粉を振り入れ、粉っけがなくなるまで炒める。
2 牛乳を少しずつ加えて泡立て器でよく混ぜ、ときどき木ベラで混ぜながら10分くらい煮る。とろりとなったら、塩、こしょうで味を調える。
3 ズッキーニは6～7㎜厚さの輪切りにする。フライパンを熱してサラダ油を入れ、ズッキーニの両面を軽く炒め、塩、こしょうで味つけする。
4 耐熱容器の中を水でぬらし、ズッキーニを並べ、ホワイトソースをかけ、粉チーズを振る。200度のオーブンに入れ、上に

こげめがついてフツフツするまで焼く。

ズッキーニの酢漬け
オリーブ油で揚げ、にんにくとオレガノで風味をつけるイタリアン

　ズッキーニ　2本
　にんにく　½かけ
　オリーブ油　適量
　オレガノ　少々
　塩　適量
　こしょう　少々
　酢　大さじ2

1 ズッキーニは5㎜厚さの輪切りにし、ボウルに入れる。塩小さじ½を振って10分くらいおき、水けが出たらふく。
2 にんにくは繊維を断って横に薄切りにする。
3 フライパンにオリーブ油を1㎝くらいの高さまで入れて熱し、ズッキーニを色づくまで両面こんがり揚げる。
4 器にズッキーニを入れ、オレガノ、にんにく、塩ひとつまみ、こしょう、酢を加えてからめ、ラップをして冷蔵庫で一晩おく。

ズッキーニのチャンプル風炒め
豆腐は30分くらいかけてしっかり水きりするのがベスト。炒めるときはくずれても

　木綿豆腐　大1丁
　ズッキーニ　2本
　鶏こま切れ肉　150g
　しょうが　ひとかけ
　バター　大さじ1
　みそ　大さじ1
　しょうゆ　大さじ1
　卵　2個

1 木綿豆腐は布巾などに包んで軽く重しをし、水きりしておく。
2 ズッキーニは一口大の乱切りにし、しょうがは繊維を断ち切るように薄切りにする。卵はときほぐしておく。
3 フライパンにバターとしょうがを入れて火にかけ、バターがとけたら、鶏こま切れ肉を加えて強火で炒める。
4 鶏肉に火が通ったら、いったん火を止め、みそを加えて味をつける。
5 再び火にかけ、ズッキーニを加えて炒め、アツアツになったら、さらに木綿豆腐も加えて炒める。ザッザッと炒めて、豆腐が中までアツアツになったら、しょうゆを加え混ぜ、最後にとき卵を加えていりつける。

ズッキーニの天ぷら
油と相性よしの素材。色と風味のよい抹茶塩を添えて

　ズッキーニ　2本
　衣
　　卵水(卵1個と氷水)　1カップ
　　小麦粉　1カップ
　揚げ油　適量
　抹茶　適量
　塩　適量

1 ズッキーニは1.5㎝厚さの輪切りにする。とき卵に氷水を加えて1カップにし、小麦粉をザッと混ぜて衣を作る。
2 ズッキーニに衣をたっぷりからませ、低めの中温(170度)に熱した揚げ油でフワリ、カラリと揚げる。
3 油をよくきって器に盛り、抹茶と塩を混ぜ合わせて添える。

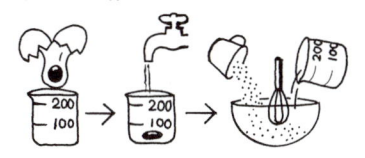

卵水

ズッキーニのバター炒め
西洋野菜もバターとしょうゆ味がピッタリ

ずっきーに

ズッキーニ　2本
バター　2㎝角
塩　少々
こしょう　少々
しょうゆ　小さじ1
粉チーズ　大さじ1

1 ズッキーニは縦半分に切ってから、斜め薄切りにする。

2 鍋にバターを入れて火にかけ、バターがとけたら、ズッキーニを強めの中火で炒めてすぐに塩を振る。

3 ズッキーニに火が通ったら、こしょうとしょうゆで味をつけ、器に盛って粉チーズを振る。

ズッキーニのリゾット
イタリア人は、リゾットもアルデンテ好み

米　1½カップ
ズッキーニ　3本
玉ねぎ　小1個
ベーコン　50ｇ
にんにく　ひとかけ
パセリ　30ｇ
水　5カップ
固形スープの素　2個
バター　大さじ3
塩　少々
こしょう　少々
粉チーズ　適量

1 にんにくはつぶす。ズッキーニは縦4つ割りにしてから薄切りにする。玉ねぎ、パセリはみじん切りにする。ベーコンは小さく切る。

2 分量の水とスープの素を火にかけ、フツフツさせておく。

3 別の鍋にベーコンを入れて火にかけ、脂が出てきたら玉ねぎ、にんにくを加えて炒める。香りがたったらバター大さじ2とズッキーニを加え、中火で約5分炒める。

4 米を加えて混ぜ、**2** の熱いスープを少しずつ加える。米が十分にスープを吸い取ったら残りのスープを一度に加え、強火にする。フツフツしたら中火にし、ときどき混ぜながら好みのやわらかさになるまで煮る。途中、水分がなくなったら湯（分量外）をたす。

5 出来上がる5分前にパセリを加えて混ぜ、塩、こしょうを振って味を調える。火を止め、残りのバター大さじ1と粉チーズを好きなだけ加え、手早くかき混ぜる。

スティックかじき
魚には味つけをせず、揚げたてに塩をパラリ。カレー風味の衣もおいしい

かじきまぐろ　4切れ
衣
　┌ 小麦粉　1カップ
　│ カレー粉　大さじ1
　└ 水　½カップ
揚げ油　適量
塩　少々
パセリ　適量
レモン（くし形切り）　適量

1 かじきまぐろは水けをふき、2㎝幅の棒状に切る。

2 ボウルに小麦粉、カレー粉、分量の水を合わせてサックリと混ぜ、衣を作る。

3 揚げ油を中温（170〜180度）に熱し、かじきまぐろを衣にくぐらせながら次々と入れ、カラリと揚げる。

4 揚げたてのアツアツに塩を振り、器に盛ってパセリとレモンを添える。

スティックサラダ
冷蔵庫にある、ありあわせの野菜でどうぞ

きゅうり　適量
にんじん　適量
大根　適量
セロリ　適量
塩　適量

1 きゅうりは4つ割りにして適当な長さの棒状にする。にんじん、大根、セロリなどもきゅうりと同じくらいの大きさの棒状に切る。
2 水3カップに対して塩小さじ2を加えた塩水（分量外）を作り、氷もいくつか入れて野菜をつける。パリッとしたらこれをコップなどに立て、好みで塩を振って食べる。

ステーキどん
強火でサッサッと作るダイナミックどん

〈これは1人分〉
牛肉（ステーキ用）　1枚（約100ｇ）
塩　少々
こしょう　少々
玉ねぎ　¼個
バター　小さじ1
サラダ油　少々
たれ
　しょうゆ　小さじ2
　にんにく（すりおろし）　少々
わさび　適量
温かいご飯　1人分

1 牛肉はすじ切りをして片面に塩、こしょうを振る。玉ねぎは縦に薄切りにし、たれは材料を混ぜ合わせておく。
2 まず玉ねぎを炒める。フライパンにバターを入れて火にかけ、バターがとけたら玉ねぎを入れ、塩少々（分量外）も加えて強火でシャキッと炒めて皿に取り出す。
3 フライパンをきれいにふいてサラダ油をひき、強火にかける。熱くなったら牛肉を入れ、すぐフタをする。焼き色がついたら裏返し、サッと焼いてたれにつける。味がなじんだら食べよく切る。
4 器にご飯を盛り、2 の玉ねぎをのせる。この上に肉をのせる。たれをかけ、わさびを添える。

砂肝と千切り野菜の南蛮漬け
冷蔵庫に入れておけば、1週間はおいしい

砂肝　400ｇ
にんじん　小1本
長ねぎ　½本
しょうが　ひとかけ
赤唐辛子　1本
漬け汁
　米酢　大さじ5
　しょうゆ　大さじ3
　酒　大さじ1
　みりん　大さじ½
揚げ油　適量

1 砂肝は一口大に切り、洗って水けをふく。
2 にんじんは斜め薄切りにしてから千切りにする。長ねぎは3～4㎝長さに切り、芯を取りのぞき、縦に千切りにする。しょうがも千切りにする。
3 漬け汁の調味料を合わせ、2 の野菜と赤唐辛子を加えて混ぜる。
4 揚げ油を中温（170～180度）に熱し、砂肝をカラリと揚げる。
5 揚げたてをすぐ3 に入れ、全体をザッと混ぜ、30分以上おいて味をなじませる。

酢のもの各種
→メニュー別索引〈酢のもの・ぬた〉を参照

スパイシーサラダ
エスニックな肉料理におすすめ

玉ねぎ　¼個
にんじん　5㎝
レタス　6枚
赤ピーマン　1個
パセリ（みじん切り）　大さじ1
ドレッシング
　塩　小さじ½
　ウスターソース　小さじ1
　こしょう　少々

すぱいしーぽてと

砂糖　少々
レモン汁　½個分
米酢　大さじ1
サラダ油　大さじ2½

1 玉ねぎは薄切りにする。にんじんは薄い輪切りにしてから千切りにする。レタスは一口大にちぎる。赤ピーマンは縦2つに切ってから細切りにする。

2 ドレッシングを記載順に混ぜ合わせ、玉ねぎ、にんじん、レタス、赤ピーマン、パセリの順に加えてはホワッホワッとあえる。

スパイシーポテト
これはもう、ビールがほしくなる！

じゃが芋　3個（300〜400g）
とき卵　1個分
A｜小麦粉　¾カップ
　｜カレー粉　小さじ1
　｜チリパウダー　小さじ¼弱
　｜ナツメグ　少々
　｜シナモン　少々
　｜こしょう　少々
　｜塩　小さじ½弱
揚げ油　適量

1 じゃが芋は5mm角くらいの細切りにし、水にさらす。

2 水けをよくきってボウルに入れ、とき卵を加えてからめる。Aを混ぜ合わせじゃが芋に加えてよくあえる。

3 揚げ油を中温（170〜180度）に熱し、じゃが芋を一度にザッと入れる。バラバラに離れるのがあっても気にせず、しばらくそのまま揚げる。固まって色づいたら裏返し、ときどき混ぜて空気にふれさせながら、全体がこんがりパリッカリッとなるまで揚げる。

スパイシーライス
すこぶるエキゾチックな香りと色の秘密は

ウスターソース。肉料理の付け合わせにも

米　2カップ（2合）
玉ねぎ　小½個
松の実　大さじ山盛り2
レーズン　大さじ2
マーガリン　大さじ1
塩　小さじ½
ウスターソース　大さじ2

1 米は同量の水加減にしておく。

2 玉ねぎはあらみじんに切る。レーズンはザッと洗い、水けをきる。

3 マーガリンを中火にかけ、玉ねぎ、松の実、レーズンをアツアツになるまで炒める。

4 **1**に塩とウスターソースを加えてひと混ぜする。**3**をのせて表面を平らにし、ふつうに炊く。

5 底のほうから全体をよく混ぜる。

スパゲティ　印度風
キャベツもたっぷりカレー風味のトマト味

〈これは2人分〉
スパゲティ　150〜200g
キャベツ　3〜4枚
玉ねぎ　¼個
ハム　2枚
サラダ油　大さじ1
A｜塩　小さじ½弱
　｜こしょう　少々
　｜カレー粉　小さじ½
　｜トマトケチャップ　小さじ2
粉チーズ　適量

1 スパゲティは表示通りにゆで、ゆで汁も取っておく。

2 キャベツは細切りにし、玉ねぎは薄切りにする。ハムは2つに切ってから細切りにする。

3 サラダ油を熱して強火でキャベツと玉ねぎを一緒にサッと炒め、Aを加えて炒め合わせる。

4 全体がしんなりしたら、ハムとスパゲティを加えて混ぜる。スパゲティがくっつくようだったら、取っておいたゆで汁を加減しながら加えて混ぜる。
5 器に盛り、好みで粉チーズを振る。

スパゲティカルボナーラ
純乳脂肪の生クリームと新鮮な卵黄を使って、とにかく手早く！手早く！

〈これは2人分〉
スパゲティ　150～200g
ベーコン　2枚
サラダ油　少々
生クリーム　½カップ
牛乳　¼カップ
卵黄（新鮮なもの）　1～2個
塩　小さじ¼～½
白こしょう　少々
粉チーズ　適量

1 スパゲティは表示通りにゆでる。
2 ベーコンは1cm幅に切り、サラダ油を熱してカリッと炒める。
3 別鍋に生クリーム、牛乳、塩、こしょうを合わせて火にかける。フツフツしてきたらゆでたてスパゲティと、カリカリベーコンを加えてあえ、味をみて塩、こしょうで調えすぐ火を止める。
4 卵黄をといて加え、手早く全体を混ぜ合わせる。
5 器に盛り、好みで粉チーズを振る。

スパゲティチャウダー
具だくさんでまろやかなミルク味のスープ。牛乳を加えたら火加減に注意

〈これは2人分〉
スパゲティ　150g
シーフードミックス　1カップ
えのき茸　1袋
しめじ　1袋
バター　2cm角
小麦粉　大さじ2
牛乳　2～3カップ
塩　小さじ½弱
こしょう　少々

1 シーフードミックスは水けをふいておく。えのき茸は石づきを切り落として長さを3等分し、しめじは石づきを切り落として小房に分ける。
2 鍋にバターを入れて火にかけ、バターがとけたら、シーフードミックスを加えて強火で炒める。
3 さらにえのき茸としめじも加えて炒め、小麦粉を振り入れ弱火で2～3分炒める。小麦粉がシトッとしたら、牛乳を少しずつ加えてときのばす。塩、こしょうで調味し、フツフツと弱めの中火で3～4分煮る。
4 スパゲティは袋の表示通りにゆでて器に盛り、**3**のチャウダーを上からとろ～りとかける。

スパゲティナポリタン
トマトケチャップ味のスパゲティは、どこか懐かしい洋食屋さんの味

〈これは2人分〉
スパゲティ　150～200g
玉ねぎ　½個
ピーマン　2個
ハム　50g
サラダ油かオリーブ油　大さじ1
塩　少々
こしょう　少々
トマトケチャップ　大さじ山盛り2
パプリカ（あれば）　少々
粉チーズ　適量

1 スパゲティは袋の表示通りにゆでる。
2 玉ねぎは繊維にそって薄切りにし、ピーマンは細切りにする。ハムは半分に切ってから1cm幅に切る。
3 フライパンにサラダ油かオリーブ油を

すぱげてぃ

熱し、玉ねぎ、ピーマン、ハムを強めの中火で炒める。

4 全体に油がまわったら塩、こしょう、ケチャップ、パプリカを入れてよく炒め合わせる。スパゲティを加えて中火で炒める。

5 器に盛り、好みで粉チーズを振る。

スパゲティのおやき
おやつ、ブランチ、ビールにもうれしい

　残ったスパゲティ　適量
　卵　2個
　粉チーズ　大さじ2
　塩　適量
　こしょう　少々
　オリーブ油かバター　適量

1 冷たくなったスパゲティはフォークで適当に切りながらほぐす。

2 卵はとき、粉チーズを加えてよく混ぜ、スパゲティも加えて混ぜ合わせ、塩、こしょうを振って味を調える。

3 フライパンにオリーブ油かバターを多めに入れて熱し、**2** を入れ、中火で両面をゆっくり焼く。

スパゲティバジリコ
生のバジルならではの風味を満喫！

　〈これは2人分〉
　スパゲティ　150〜200g
　オリーブ油かサラダ油　大さじ2
　にんにく（みじん切り）　ひとかけ
　バジル（生・千切り）　10〜15枚
　塩　小さじ½前後
　こしょう　適量

1 スパゲティは表示通りにゆでる。

2 オリーブ油を弱めの中火で熱し、にんにくを炒める。焦げないうちにスパゲティを加えて混ぜ、バジル、塩、こしょうを加えて手早く全体にからめる。

酢豚
野菜も肉もまず油通しをしてから、炒め合わせて調味する。これが本格味のコツ

　豚肩ロースかたまり肉　300g
　下味用
　　｛しょうゆ　大さじ1
　　　酒　大さじ1
　片栗粉　大さじ2
　干椎茸　6〜7枚
　にんじん　小1本
　ゆで竹の子　小1本
　玉ねぎ　1個
　揚げ油　適量
　合わせ調味料
　　｛水　1カップ
　　　しょうゆ　大さじ2
　　　米酢　大さじ2
　　　砂糖　大さじ2
　水溶き片栗粉
　　｛片栗粉　大さじ1
　　　水　大さじ1
　ごま油　小さじ½

1 豚肩ロースかたまり肉は2㎝角に切り、しょうゆと酒をもみ込んで下味をつけ、片栗粉をまぶす。

2 干椎茸は戻して石づきを切り落とし、2〜3つのそぎ切りにする。にんじんとゆで竹の子は乱切り、玉ねぎは1.5㎝幅のくし形に切る。

3 揚げ油を中火で熱し、油がまだぬるいうちににんじん、ゆで竹の子、椎茸、玉ねぎの順に入れて油通しをする。にんじんがあざやかな色に変わったら、網じゃくしなどですべての野菜を引き上げて油をよくきる。

4 揚げ油を中温（170〜180度）に熱して **1** の豚肉を揚げ、中までしっかり火を通す。

5 揚げ油をオイルポットに戻して、野菜と肉を強火で炒め合わせ、全体がアツアツ

になったら、合わせ調味料を加えて混ぜる。フツフツしてきたら水溶き片栗粉をまわし入れてとろみをつけ、火を止めてごま油を落とす。

スペアリブ
焼きたてにジュースをかけて風味をつけるさっぱりタイプ。アツアツをどうぞ

豚スペアリブ　6～10本
塩　適量
こしょう　少々
にんにく(すりおろし)　2かけ
アップルジュース　1カップ
クレソン(あれば)　適量

1 スペアリブは両面に塩、こしょうを振り、にんにくをこすりつけるようにしてぬる。
2 天板にアルミ箔を敷き、水でザッとぬらした網をおいてスペアリブを並べ、250度のオーブンで15分焼き、200度にして10分ほど焼く。
3 ボウルにアップルジュースを入れ、アツアツに焼き上がったスペアリブを次々入れ全体をあえる。
4 器に盛り、あればクレソンを飾る。
スペアリブ→ コラム参照

スペアリブ インディアン風
見栄えも味もいい、感動のリブ料理

〈作りやすい分量〉
豚スペアリブ　1kg
A｛　白ワインか酒　1カップ
　　しょうゆ　大さじ4
　　砂糖　大さじ2
　　カレー粉　大さじ1
　　ローリエ　1枚
クレソン　1わ

1 スペアリブは熱湯で表面が白っぽくなるまでゆで、水けをきる。
2 Aを合わせて強火にかけ、フツフツしたらスペアリブの脂身の多いほうを下にして並べ、フタをして弱めの中火で30分煮る。途中で1～2度返す。クレソンを添えて盛る。

スペアリブの梅酒煮
コトコト煮るだけで勝手においしくなる！

〈作りやすい分量〉
豚スペアリブ　1kg
梅酒　2カップ
しょうゆ　1/3カップ
とき辛子　適量

1 スペアリブはたっぷりの沸とう湯に少しずつ入れてゆで、再び沸とうして表面の色が変わったら、順に引き上げる。
2 鍋に梅酒としょうゆを入れて火にかけ、煮立ってきたらスペアリブを入れ、途中でときどき返しながら弱めの中火で煮る。
3 煮汁がなくなってきたら、梅酒(分量外)を適宜たしながら40分くらい煮上げ、器に盛ってとき辛子を添える。

スペアリブのバーベキュー味
特製のたれで香ばしく、パリッパリの焼き上がり

〈作りやすい分量〉
豚スペアリブ　1kg
たれ｛　しょうゆ　大さじ2
　　トマトケチャップ　大さじ2
　　ワイン　大さじ2
　　はちみつ　大さじ2
　　ウスターソース　大さじ2
　　にんにく(すりおろし)　小さじ1
　　こしょう　少々
〈付け合わせ〉
ゆでとうもろこし　適量
ミニトマト　適量

1 バットなどにたれの材料を入れてよく混ぜ、スペアリブを並べる。ときどき上下

を返して、60分ほど漬けておく。
2 天板にアルミ箔を敷き、網をサッと水でぬらしてのせる。スペアリブの汁けを軽くきり、少し間をあけて網に並べる。オーブンに入れ、250〜300度で5分焼き、200度で15〜20分焼く。裏返し、180度で10〜15分焼く。
3 小鍋の中を水でぬらし、残っているたれを入れ、弱火にかけてとろりと煮詰める。
4 焼き上がったスペアリブに煮詰めたたれをはけでぬり、ピカッとつやをつける。付け合わせを添えて盛る。

スペアリブのパリパリオーブン焼き
肉の下ごしらえはいっさいなし。付け合わせも同時にできる、手間なし料理

〈作りやすい分量〉
豚スペアリブ　1kg
にんにく　2かけ
じゃが芋　3個
サラダ油　大さじ1
漬け汁
　┌ しょうが(すりおろし)　ひとかけ
　└ しょうゆ　1/4カップ
塩　少々

1 にんにくは薄切りにする。じゃが芋は1cm角の棒状に切る。
2 鍋に漬け汁の材料を合わせて、ひと煮立ちさせておく。
3 オーブンは250度に温めておく。
4 天板にアルミ箔を敷き、水でザッとぬらした網をのせて、豚スペアリブの脂を上にして並べ、にんにくをパラパラと散らす。もう1枚の天板にはじゃが芋を並べ、サラダ油を振りかけてかき混ぜる。
5 オーブンの上段にスペアリブ、下段にじゃが芋を入れ、5〜10分焼いたら200度に温度を下げ、さらに20分ほど焼く。スペアリブが焼けたらにんにくも一緒にす

ぐ**2**の漬け汁に漬ける。
6 スペアリブに味がなじみ、ほどよくしっとりしたら器に盛る。じゃが芋はパラパラと塩を振って添える。

スペアリブのワイン煮
味、つや、そして肉があまり縮まずに、鍋一つでできるのが自慢！

〈作りやすい分量〉
豚スペアリブ　1kg
煮汁
　┌ 赤ワイン　2カップ
　│ しょうゆ　大さじ4
　│ 砂糖　大さじ2
　└ ローリエ　1枚

1 大きめの鍋に湯をグラグラ沸かし、豚スペアリブを2〜3回に分けて入れる。肉の表面の色がすっかり変わったら、引き上げて水けをきる。
2 鍋に煮汁の材料を入れて火にかける。煮立ってきたら、スペアリブを並べるように入れてフタをする。
3 弱めの中火で、いつもフツフツと煮立っているくらいの状態にし、途中で一度裏返しながら40〜50分煮る。焦げつきそうになったらワイン(分量外)をたし、煮上がっても汁けが多いときは強火でガーッと煮からめる。とき辛子やクレソンを添えても。

スペインオムレツ
ホクホクの揚げじゃがを卵に混ぜて焼くのが本場風

じゃが芋　2個(約300g)
揚げ油　適量
卵　5〜6個
塩　小さじ1/2弱
こしょう　少々
バター　大さじ2

1 じゃが芋は1cm厚さのいちょう切りに

して水に放し、すぐ水けをきる。
2 揚げ油を中火で熱し、油がまだぬるいうちに、水けをふいたじゃが芋を入れて、油の温度を徐々に上げながら、ゆっくり中温(170〜180度)で揚げる。きつね色になったら引き上げて、油をよくきる。
3 卵はときほぐして塩、こしょうを加え混ぜ、揚げじゃが芋も加えてザッと混ぜる。
4 フライパンにバターを入れて中火にかけ、バターがとけたら、**3**のじゃが芋入りの卵液を流して全体に広げる。すぐフタをして、弱火で表面が乾くまでじっくり焼く。
5 こんがりと焼き色がついたら裏返し、両面を焼いて大皿に盛る。放射状に8等分に切り分け、それぞれに取って食べる。

スモークサーモンのサンドイッチ
相性よしのクリームチーズと合わせてグルメな味。ワインと一緒に楽しんでも

〈これは2人分〉
胚芽パンか黒パン　4枚
クリームチーズ　50g
マスタード　適量
レタス　2〜4枚
トマト　1個
玉ねぎ　適量
スモークサーモン　10〜12枚

1 パンの片面にクリームチーズとマスタードをぬり、2枚1組にする。トマトと玉ねぎは薄切りにする。
2 パンの上にレタス、スモークサーモン、トマト、玉ねぎと重ね、もう1枚のパンでサンドして、食べよく切る。

スモークサーモンのバゲットカナッペ
パーティーの前菜には好みの台や具で4〜5種類ほしいところ。これがあれば豪華！

スモークサーモン　100g
玉ねぎ　½個
ケイパー　大さじ1
レモン　½個
バゲット　適量
バター　適量

1 玉ねぎは繊維を断つように薄切りにし、少し食べてみて、辛いようなら水にさらす。
2 バゲットは食べやすい厚さに切り、バターをぬる。
3 バゲットにスモークサーモン、玉ねぎ、ケイパーをのせ、くし形に切ったレモンを添えて、レモン汁をかけながら食べる。

スモークサーモンのマリネ
レモンの風味もさわやかな簡単マリネ

スモークサーモン　100g
玉ねぎ　½個
マリネ液
　サラダ油　大さじ1
　米酢　大さじ1
　レモン汁　大さじ1
　塩　少々
　砂糖　小さじ½

1 玉ねぎは薄切りにする。
2 ボウルにマリネ液の材料を合わせてよく混ぜ、玉ねぎ、スモークサーモンの順に加えて、ザッと混ぜる。

すりおろし根菜ご飯
フタを開けた瞬間、豊かな香りがフワッ！見かけは地味でもうまさは抜群

米　2カップ(2合)
ごぼう(すりおろし)　⅓カップ
れんこん(すりおろし)　⅓カップ
にんじん(すりおろし)　⅓カップ
油揚げ　1枚
だし汁　米と同量
A｜酒　大さじ2
　｜しょうゆ　大さじ1

└ 塩　小さじ½
　　青のり　適量
1 油揚げは湯で洗ってキュッとしぼり、細かく刻む。
2 炊飯器に米、だし汁、Aの調味料を加えてひと混ぜし、すりおろした野菜を合わせてのせ、表面を平らにしてふつうに炊く。
3 底のほうから全体を混ぜ、盛りつけて青のりを振る。

すりおろしじゃが芋のお好み焼き
野菜がたっぷりだからジャンボ

　〈これは2人分〉
　　小麦粉　½カップ
　　水　½カップ
　　卵　1個
　　じゃが芋（すりおろし）　小1個（100ｇ弱）
　　キャベツ　2枚
　　いか　100ｇ
　　桜えび　大さじ2
　　こんにゃく　¼枚
　　細ねぎ（小口切り）　1カップ
　　とんかつソース　適量
　　紅しょうが（千切り）　適量
　　削り節　適量
　　青のり　適量
1 キャベツは細切りにする。いかは1㎝幅に切る。こんにゃくはいかと同じように切る。
2 ボウルに小麦粉、水、卵、じゃが芋のすりおろしを入れ、泡立て器で混ぜ合わせる。なめらかになったら、キャベツを加えて全体に均一に混ぜる。
3 ホットプレートを温め、**2**の生地を少し残して2枚分広げる。すぐに上にいか、こんにゃく、桜えび、細ねぎを等分にのせ、残っている生地を少々かける。
4 こんがり焼けたら裏返し、上からフライ返しでギュッギュッと押さえて焼く。
5 両面をこんがり焼き、上にソースをぬって紅しょうがをちらし、削り節、青のりをかける。

すりじゃがえびカレー
生ですって加えたじゃが芋のおかげで、とろみも味もマイルド

　　玉ねぎ　1個
　　セロリ　1本
　　じゃが芋　1個
　　むきえび　250ｇ
　　サラダ油　大さじ1
　　水　4カップ
　　ローリエ　1枚
　　カレールウ（市販）　4かけ（80ｇ）
　　しょうゆ　大さじ1
　　温かいご飯　4人分
1 玉ねぎ、セロリはあらめのみじん切りにする。
2 サラダ油を熱し、玉ねぎとセロリを透き通るまで炒める。分量の水とローリエを加えてフタをし、弱火で20〜30分煮る。
3 火を止め、カレールウを加えてとかし、しょうゆも加える。
4 再び弱火をつけ、じゃが芋をすりおろして加え、ときどきかき混ぜながら20分くらい煮る。
5 とろりとしたらえびを加え火を通し、ご飯にかけて食べる。

せ

正調玉子丼
卵の煮え加減が重要。キッチンタイマーなどで正確に作ること

　〈これは1人分〉

卵（M玉） 2個
A ┌ だし汁（濃いめ） 大さじ2
  │ 酒 小さじ2
  │ みりん 小さじ2
  │ 砂糖 小さじ2
  └ しょうゆ 大さじ1弱
三つ葉 適量
温かいご飯 1人分

1 卵はとく。三つ葉は1cm長さに切る。
2 丼用の鍋か浅めの小鍋の中を水でぬらし、Aのだし汁と調味料を入れて火にかける。フツフツしたら卵をまわし入れ、フタをせずに中火で30秒煮る。
3 箸でまわりをゆっくり大きく混ぜ、フタをして20秒煮る。
4 すぐ盛りつけたご飯の上にのせ、三つ葉を散らす。

丼用鍋とフタ

西洋煮もの
あり合わせの材料でOK。鍋に入れたら、あとはコトコト煮るだけ

にんじん 1本
じゃが芋 2個
玉ねぎ 1個
キャベツ ½個
セロリ 1本
豚肩ロース薄切り肉 200g
水 2カップ
固形スープの素 1個
白ワイン 大さじ2
塩 少々
こしょう 少々

1 にんじんは5mm厚さの輪切り、じゃが芋は一口大に切る。玉ねぎ、キャベツ、セロリは食べよい大きさにザクザク切る。豚薄切り肉も食べよく切る。
2 鍋に野菜と肉をびっしり入れ、分量の水、固形スープの素、白ワインを加えて火にかける。フタをしてコトコト煮、野菜がやわらかく煮えたら塩、こしょうで味を調える。

赤飯
炊飯器でも本格的、感激の出来上がり

もち米 2½カップ（2½合）
米 ½カップ（½合）
ささげかあずき（乾） 50g
水 2カップ
ごま塩 適量

1 豆は洗い、かぶるくらいの水を加えて強火にかけ、煮立ったらゆで汁をこぼす。
2 分量の水を加えて再び火にかけ、フツフツしてきたら弱めの中火にして2～3分ゆでる。今度はゆで汁を取っておくようにして水けをきる。
3 もち米と米を合わせて炊飯器に入れ、取っておいたゆで汁を加えてふつうに水加減し（ゆで汁がたりなければ水を加える）、ひと混ぜする。
4 豆を加えて表面を平らにし、ふつうに炊き、底のほうから全体を混ぜる。盛りつけてごま塩を振る。

ささげ → コラム参照

せりとえのき茸のごまあえ
相性のいい取り合わせ

せり 1わ
えのき茸 1袋
あえ衣
┌ 白いりごま 大さじ2
│ 砂糖 小さじ1
└ 薄口しょうゆ 小さじ2

1 えのき茸は石づきを切り落とし、2つに切る。たっぷりの熱湯でサッとゆで、引

せり

き上げる。
2 同じ熱湯に塩少々（分量外）を加え、せりをサッとゆで、ザルに広げて冷ます。しぼらずに3㎝長さに切る。
3 ごまを粒がなくなるまでよくすり、調味料を加えてすり混ぜる。冷めたせりとえのき茸を加えてあえる。

せりのごまあえ
早春の香りと歯ざわりを楽しみましょう

　　せり　1わ
　　しょうゆ　小さじ1
　　あえ衣
　　　┌　白いりごま　大さじ4
　　　│　砂糖　小さじ1
　　　└　しょうゆ　大さじ1

1 せりは熱湯でサッとゆで、ザルに広げて冷ます。自然に水けをきる。しぼらず3～4㎝長さに切る。
2 ごまは粒がなくなるまでよくすり、砂糖としょうゆを加えてすり混ぜる。
3 せりにしょうゆをからめ、下味をつけてから 2 に加え、あえる。

セロリと油揚げのサラダ
下ごしらえも簡単で、さっと混ぜるだけのサラダ。あと一品というときにもぜひ

　　セロリ　1～2本
　　油揚げ　1枚
　　合わせ調味料
　　　┌　米酢　大さじ1
　　　│　砂糖　小さじ1
　　　│　塩　小さじ½
　　　└　しょうが汁　小さじ½

1 セロリはすじを取り、斜め薄切りにする。
2 油揚げは湯で洗い、水けをギュッとしぼる。オーブントースターで2～3分焼き、パリッと香ばしくなったら、縦半分に切って細切りにする。
3 合わせ調味料の材料を混ぜ、セロリを2～3回に分けて加え混ぜる。さらに油揚げも加えて全体をザッと混ぜる。セロリの葉を細かく刻んで入れてもおいしい。

セロリと玉ねぎのゆかりサラダ
ゆかりの酸味と香りがきいた和風サラダ。玉ねぎの辛みが苦手なら、水にさらす

　　セロリ　1本
　　玉ねぎ　½個
　　ゆかりドレッシング
　　　┌　ゆかり　小さじ1
　　　│　米酢　大さじ1
　　　└　サラダ油　大さじ1

1 セロリはすじを取りのぞいて斜め薄切りにし、葉は細かく刻む。
2 玉ねぎは繊維にそって薄切りにする。
3 ゆかりドレッシングを作る。ボウルにゆかりと米酢を合わせてよく混ぜ、サラダ油を加えてサッと混ぜる。
4 ドレッシングにセロリ、セロリの葉、玉ねぎと1種類ずつザッと混ぜながら加えていく。

セロリと鶏手羽先のスープ
コクも香りもしっかり

　　鶏手羽先　4～8本
　　セロリ　1本
　　水　7カップ
　　固形スープの素　1個
　　バジル（好みで）　少々
　　塩　適量
　　こしょう　適量

1 鶏手羽先は関節から2つに切る。セロリは葉っぱまで5～6㎝長さに切り、太いところは縦2～3つに切る。
2 水に手羽先、セロリ、スープの素、バジル、塩、こしょう各少々を入れて中火にかける。フツフツしてきたらフタを少しずらしてのせ、弱火で30～40分煮る。途中、

アクが出たら取る。
3 味をみて、塩、こしょうで調える。

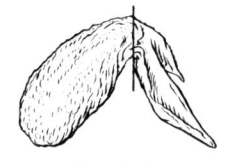

作り方 1

セロリと挽き肉のタイ風
辛くて酸っぱいエスニック味。強火でいりつけるように煮るのがコツ

　　セロリ　2本
　　豚赤身挽き肉　100ｇ
　　赤唐辛子　1〜3本
　　合わせ調味料
　　　酒　大さじ1
　　　塩　小さじ½強
　　　レモン汁　½個分
　　　ナンプラー　小さじ1
　　　サラダ油　小さじ1

1 セロリはすじを取って斜め薄切りにし、葉は細かく刻む。
2 中華鍋に赤唐辛子と合わせ調味料をすべて入れて火にかけ、煮立ってきたら豚赤身挽き肉を加えてザクザクとほぐす。
3 肉に火が通ってパラパラになったら、セロリと葉を加える。汁けがほとんどなくなるまで、強火でいりつけるように煮て、すぐ器に盛る。

セロリとりんごのサラダ
フワリとした生クリームがクリーミーなさわやかさ。洋風料理に合うサラダ

　　セロリ　2本
　　りんご　1個
　　塩　小さじ½
　　こしょう　少々
　　ゆでえび　4尾
　　生クリーム　½カップ

1 セロリはすじを取って斜めに薄切りにし、葉は細かく刻む。りんごは6〜8つ割りにして薄いいちょう切りにする。これらを合わせて塩、こしょうを振り、5分ほどおく。
2 ゆでえびは殻をむき、縦半分に切る。
3 生クリームは泡立て器でよく混ぜて少しフワリとさせる。
4 **1**にえびを加え、生クリームを入れて全体をサッと混ぜ合わせる。セロリの葉の香りが強すぎてイヤな人は減らしてもよいし入れなくてもよい。

セロリのあったか中華めん
セロリと豚肉のシンプルな取り合わせも、ひと手間かければ味と風味は一級！

　　〈これは2人分〉
　　中華めん(スープつき)　2人分
　　豚赤身薄切り肉　150ｇ
　　塩　少々
　　酒　少々
　　片栗粉　大さじ2
　　セロリ　2本
　　しょうが(千切り)　少々
　　ごま油　適量
　　湯　袋の表示よりやや多め
　　水溶き片栗粉
　　　片栗粉　小さじ1
　　　水　小さじ1
　　ラー油　少々

1 豚赤身薄切り肉は細切りにして塩と酒を振り、片栗粉をまぶす。
2 セロリはすじを取って細切りにする。
3 中華めんはスープの出来上がる時間を考えて、袋の表示通りにゆでて器に盛っておく。
4 中華鍋にやや多めのごま油を熱し、しょうがと豚肉を入れて弱火でゆっくり焼くように炒め、肉に火が通ったらいったん皿に取り出す。

せろり

5 余分な油はふき取るか、オイルポットに入れてから、そのまま火にかけ、強火でセロリをシャキッと炒める。全体に油がまわったら **4** を戻し、分量の湯と添付のスープを加える。
6 再びフツフツしてきたら、水溶き片栗粉でとろみをつけ、**3** のめんの上に具と一緒に注いでラー油を振る。

セロリのきんぴら
ずっと強火で炒めてシャキシャキ感を残す

セロリ　1～2本
サラダ油　大さじ1
しょうゆ　大さじ1

1 セロリはすじを取って、縦に5㎝長さの千切りにし、葉は細かく刻む。
2 フライパンにサラダ油を熱し、鍋底いっぱいに広げるようにセロリとセロリの葉を入れて、強火でザッザッと炒める。
3 全体に油がまわったら、しょうゆを振り入れ、いりつけるようにして味をからめる。仕上げに白いりごまや七味唐辛子を振ってもおいしい。しょうゆは薄口で作っても味わいがある。

セロリのサラダ
切り方で違う、セロリの歯ざわりも楽しみ。スプーンでパクリパクリと召し上がれ

セロリの茎　2本
ハム　2枚
塩　少々
マヨネーズ　大さじ山盛り2

1 セロリはすじを取り、あらみじんに切る。サッと洗って水けをよくきり、塩を振る。ハムもあらみじんに切る。
2 セロリ、ハムにマヨネーズを加えて混ぜ合わせる。味をみてたりないようなら、塩やマヨネーズ(分量外)をたして味を調える。

セロリのジャージャーめん
香り豊かなセロリをジャージャーめんで食べる

〈これは2人分〉
中華めん　2人分
セロリ　1～2本
にんにく(みじん切り)　ひとかけ
しょうが(みじん切り)　ひとかけ
豚挽き肉　100g
ごま油　大さじ1
A｜豆板醤　小さじ½
　｜みそ　大さじ1強
　｜砂糖　小さじ1
　｜酒　大さじ3

1 セロリはすじを取り、茎のほうは5㎝長さに切り、ごく細い千切りにし、大きめのボウルに水を入れ、ザブッザブッと洗い、水けをきる。葉は細かく刻む。
2 Aの調味料を合わせておく。
3 フライパンにごま油を熱し、にんにく、しょうが、セロリの葉を中火で炒める。いい香りがしてきたら、豚挽き肉を加え、強めの中火で炒める。肉がほぐれ火が通ったら、Aの調味料を加え、炒め合わせる。少し汁けを残した状態で火を止め、ごま油少々(分量外)を加えて混ぜる。
4 中華めんは袋の表示通りにゆで、水洗いして器に盛り、アツアツの **3** をのせ、セロリの千切りをたっぷり添える。

セロリのシンプルサラダ
刻んでから氷水につけ、ほどよい香りとシャキシャキ感を楽しむサラダ

セロリ　2本
塩　小さじ½
こしょう　適量
砂糖　少々
米酢　大さじ1～2
レモン汁　大さじ1
オリーブ油　大さじ1～2

1 セロリはピーラーですじを取って斜め薄切りにし、葉は細かく刻んで一緒に氷水につける。
2 セロリの水けをよくきってボウルに入れ、塩、こしょう、砂糖、米酢、レモン汁、オリーブ油を全体にパラパラと振ってザッと混ぜ、器に盛る。

セロリのスープ煮
料理の付け合わせに最適

　　セロリ　1～2本
　　固形スープの素　1個
　　水　2カップ
　　塩　少々
　　こしょう　少々

1 セロリはすじを取って葉ごと5～6cm長さに切り、太いところは縦半分に切る。
2 鍋にセロリ、固形スープの素、分量の水を入れて火にかける。フツフツしてきたらフタをし、弱火で20～30分コトコトと煮る。やわらかく煮えたら、塩、こしょうで味を調えて器に盛る。

セロリのタバスコ煮
温かくても、冷やしてもおいしい、トマト味のスープ煮

　　セロリ　2本
　A┬トマトジュース　¾～1カップ
　　│水　1カップ
　　│固形スープの素　1個
　　│タバスコ　適量
　　└塩　ひとつまみ

1 セロリの茎はすじを取り、縦2つに切ってから4～5cm長さに切る。葉の部分も4～5cm長さに切る。
2 鍋の中を水でぬらし、1とAを入れ、フタをして中火で20～30分煮る。

セロリのつくだ煮
セロリ好きなら、やみつきになる。箸休めに、お弁当にも

〈作りやすい分量〉
　　セロリ　2本
　　桜えび　大さじ2
　　ごま油　大さじ1
　　しょうゆ　大さじ2
　　酒　大さじ2

1 セロリは葉ごと細かく刻み、熱湯でサッとゆで、ザルにあげて水けをきる。桜えびはザッと刻む。
2 ごま油を熱し、1を強めの中火でせっせと炒める。しんなりしてきたら調味料を加え、フタをして中火で汁けがなくなるまで煮る。

セロリの葉と玉ねぎの吸いもの
さわやかな風味で和食にもすんなりとけ込んだ新しい味

　　セロリの葉　適量
　　玉ねぎ　¼個
　　だし汁　4カップ
　　塩　小さじ½
　　酒　大さじ1
　　しょうゆ　小さじ1

1 セロリの葉はザクザク刻み、玉ねぎは薄切りにする。
2 だし汁と玉ねぎを火にかけ、フツフツしてきたらセロリの葉を加え、調味料で味を調え、再びフツフツしはじめたら火を止める。

セロリのみそ漬け
ちょっとした合間にできる、簡単な作りおき

　　セロリ　適量
　　みそ　適量

1 セロリはすじを取って7～8cm長さに切り、みそをまぶしつけるようにぬって保存容器に並べる。
2 容器のフタをピチッと閉じて、冷蔵庫

千切り野菜とわかめのごまドレッシング
ごまの香りがおいしい、ヘルシーな和風サラダ。箸でどうぞ

　　わかめ（戻したもの）　1カップ
　　大根　5㎝
　　にんじん　6〜7㎝
　　きゅうり　1本
　　紅しょうが　適量
　　ごまドレッシング
　　　┌白いりごま　大さじ山盛り2
　　　│砂糖　大さじ½
　　　│米酢　大さじ2
　　　│しょうゆ　大さじ2
　　　└ごま油　1〜2滴

1 わかめはよく水洗いし、2〜3㎝長さに切る。大根は薄い輪切りにしてから千切りにし、にんじんときゅうりは薄く長い斜め切りにしてから千切りにする。
2 紅しょうがはザッと洗って水けをきる。
3 ドレッシングを作る。すり鉢で白いりごまをよくすり、砂糖、米酢、しょうゆを加えてさらにすり混ぜ、最後に風味づけのごま油をたらす。
4 器にわかめ、大根、にんじん、きゅうりを彩りよく盛り合わせて紅しょうがも添える。ごまドレッシングをかける。

前菜
→「オードブル5種」を参照

ぜんざい（おしるこ）
ゆでた丸もちや焼いた角もちを入れ、ぞう煮風にしてもおいしい！

　　あずき（乾）　1カップ
　　水　4カップ
　　砂糖　½カップ〜
　　塩　ひとつまみ

1 あずきはたっぷりの水（分量外）を加えて火にかけ、沸とうしたらゆでこぼす。また新しい水（分量外）を加えて火にかけ、もう一度ゆでこぼす。
2 ここで分量の水を加えて火にかけ、あずきがやわらかくなるまで煮る。
3 砂糖を好みの甘さになるまで加え、最後に塩を入れて火を止める。

ぜんまいと厚揚げのごま煮
上品に煮ようなどと思わず、厚揚げにスが入ってもかまわずワーッと

　　ぜんまい（水煮）　1袋（200ｇ）
　　厚揚げ　2枚
　　煮汁
　　　┌だし汁　1カップ
　　　│しょうゆ　大さじ2
　　　│みりん　大さじ1
　　　└白すりごま　大さじ山盛り3
　　白いりごま　適量
　　細ねぎ（小口切り）　½カップ

1 ぜんまいはよく水洗いし、食べやすい長さに切る。厚揚げは縦半分に切ってから横に1㎝幅くらいに切る。
2 鍋の中を水でぬらし、**1**と煮汁を入れ、フタをして中火で10分くらい煮る。ときどき鍋をゆすって、全体に煮汁をからめる。盛りつけ、ごまと細ねぎを散らす。

ぜんまいとせりの炒めもの
アク抜きの手間がいらない水煮で作れば、春の味わいも簡単！

　　ぜんまい（水煮）　1袋（200ｇ）
　　せり　½わ
　　ごま油　大さじ1
　　しょうゆ　大さじ1½
　　砂糖　小さじ1
　　削り節　1パック

1 ぜんまいはよく洗って3〜4㎝長さに切る。せりは根を切り落として1㎝長さのザク切りにする。

2 鍋にごま油を熱し、ぜんまいを強めの中火でよく炒める。全体がアツアツになったらせりを加え、しょうゆと砂糖で調味して、汁けをとばすように炒め煮にする。
3 仕上がり際に削り節をもんで加え、ひと混ぜしたら火を止める。

ぜんまいのナムル
市販の水煮を使えば、いつでもすぐにおいしい山の幸料理が出来上がり！

　ぜんまい（水煮）　1袋（200g）
　にんにく（みじん切り）　小さじ1
　長ねぎ（みじん切り）　大さじ1
　ごま油　大さじ½
　A｛しょうゆ　大さじ1
　　塩　少々
　　砂糖　小さじ1
　　酒　大さじ2
　　こしょう　少々

1 ぜんまいはよく洗って食べよい長さに切る。
2 鍋にごま油を熱してにんにく、長ねぎ、ぜんまいを加え、強火でよくよく炒める。
3 全体がアツアツになったら、いったん火を止めてAの調味料を加える。
4 再び火にかけて汁けがほとんどなくなったら、火を止めてごま油小さじ½（分量外）を加え混ぜ、風味をつける。

ぜんまいの煮つけ
軽く下ゆでするだけで、味の違いは歴然

　ぜんまい（水煮）　1袋（200g）
　きくらげ（乾）　4～5個
　油揚げ　1枚
　A｛だし汁　1カップ
　　しょうゆ　大さじ1½
　　みりん　大さじ1
　ごま油　小さじ½

1 ぜんまいはよく洗い、食べやすい長さに切る。きくらげは戻し、石づきを取って細切りにする。油揚げは水洗いしてキュッとしぼり、5～6mm幅の細切りにする。
2 ぜんまいにかぶるくらいの水を加えて火にかけ、下ゆでする。フツフツしたら水けをきる。
3 きくらげ、油揚げ、Aのだし汁、調味料を加え、フタをして中火で10分くらい煮る。
4 火を止め、ごま油を落として全体をひと混ぜする。

そ

早春のサラダ
やわらかい春の新野菜を取り合わせて

　新玉ねぎ　¼個
　新にんじん　5cm
　レタス　7枚
　クレソン　7本
　ドレッシング
　｛塩　小さじ½
　　こしょう　少々
　　砂糖　ひとつまみ
　　米酢　大さじ1
　　サラダ油　大さじ2

1 玉ねぎは薄切りにする。にんじんは薄い輪切りにしてから千切りにする。レタスは食べやすい大きさにちぎる。クレソンは下のかたい茎を1～2cm切り落とし、3～4cm長さに切る。
2 ドレッシングを記載順に混ぜ合わせ、玉ねぎ、にんじん、レタス、クレソンの順に加えてはホワッホワッと空気を入れるように混ぜる。

雑炊各種
→メニュー別索引〈雑炊〉を参照

そうめん 大阪式
めんつゆ用に使っただしも、サッと煮てめんの具に。母から伝わる大阪の夏の味

〈これは2人分〉
そうめん　150〜200g
めんつゆ
⎰　水　2½カップ
｜　干しえび　大さじ1
｜　干椎茸　1〜2枚
｜　削り節　ひとつかみ
｜　薄口しょうゆ　大さじ2
⎱　みりん　大さじ½
細ねぎ（小口切り）　適量
しょうが（すりおろし）　適量

1 まずめんつゆを作る。分量の水に干しえびと干椎茸を入れて30分ほどつけ、そのまま火にかけて、グラグラ煮立ってきたら火を弱めてから削り節、薄口しょうゆ、みりんの順に入れる。
2 再びフツフツしてきたら、ごくごく弱火にして1〜2分煮出し、こし器でこして、だしがらもおたまの裏でギュッとしぼる。ここで干しえびと干椎茸を取り出しておき、めんつゆはあら熱が取れたら、冷蔵庫で冷やしておく。
3 取り出した干椎茸は細切りにし、干しえびと一緒にしょうゆとみりん少々（各分量外）でいりつけるようにサッと煮ておく。
4 そうめんはほどよくゆでてよく水洗いし、ザルにあげて水けをきる。
5 器にそうめんを盛って **3** を添え、めんつゆ、薬味の細ねぎ、おろししょうがとともに食べる。めんつゆは浅めのガラスのコップに入れるのが昔の大阪式。

そうめん各種
→メニュー別索引〈そうめん〉を参照

そうめんと精進揚げ
精進揚げは季節の野菜で好みに

そうめん　300〜400g
つゆ
⎰　水　3カップ
｜　削り節　大きくひとつかみ
｜　みりん　¼カップ
⎱　薄口しょうゆ　½カップ
れんこん　小1節
なす　2〜4本
いんげん　100g
かぼちゃやさつま芋　100g
みょうが　4個
衣
⎰　小麦粉　1カップ
⎱　冷水　¾〜1カップ
揚げ油　適量
薬味
⎰　青じそ（千切り）　適量
｜　みょうが（千切り）　適量
⎱　しょうが（すりおろし）　適量
レモン　適量

1 つゆを作る。分量の水を煮立て、グラグラ沸いてきたら弱火にして削り節を入れ、調味料も加える。再び煮立ってきたら火を止めてこし、だしがらをギュッとしぼる。あら熱が取れたら、冷蔵庫で冷やす。
2 れんこんは8㎜厚さの輪切りにする。なすは皮ごと縦半分に切り、海水くらいの塩水（分量外）に入れて少しおき、水けをよくふく。いんげんはすじがあれば取り、半分に切る。かぼちゃは1㎝厚さのくし形に切る（さつま芋は輪切り）。みょうがは縦半分に切る。
3 少なめの揚げ油を中温（170〜180度）に熱し、ザッと混ぜ合わせた衣に野菜をくぐらせて入れる。衣が落ち着いたら、ときど

きかき混ぜたり、返して空気にふれさせたりしながら火を通し、カラリと揚げる。

4 たっぷりの湯を煮立て、そうめんをパッと入れ、すぐ箸でぐるりと混ぜ沈ませる。再び煮立ったら½カップくらいのさし水をし、また煮立ったら火を止める。フタを少しずらしてのせ、そのまま30秒～1分蒸らす。

5 すぐザルにあけ、水をかえながら箸でかき混ぜて冷ます。すっかり冷めたら、水をかえながらもみ洗いし、最後に氷水で冷たくしてから水けをよくきる。

6 そうめんと **3** の精進揚げを盛り、つゆ、薬味、レモンを添える。

旬と薬味→ コラム参照

そうめん冷めん
韓国の冷めん風。ほどよくゆでたそうめんは水でしっかり洗って水けをきる

〈これは2人分〉
そうめん　150～200ｇ
きゅうり　1本
みょうが　2個
ハム　2枚
白菜キムチ（刻んだもの）　適量
めんつゆ
　┌ だし汁　3カップ
　│ 酒　大さじ½
　│ 薄口しょうゆ　大さじ1½
　│ 塩　小さじ¼
　└ みりん　大さじ1～2
ごま油　適量
白いりごま　適量
しょうが（すりおろし）　ひとかけ

1 きゅうりは斜め薄切りにしてから千切りにする。みょうがは縦半分に切ってから斜め薄切りにし一度ザッと水で洗う。ハムは半分に切ってから細切りにする。

2 めんつゆを作る。だし汁に調味料を加えてよく混ぜ、冷やしておく。

3 そうめんは袋の表示通りにゆでてよく水洗いし、水けを切って器に盛る。

4 きゅうり、みょうが、ハム、キムチを彩りよくのせ、めんつゆをかける。さらにごま油をたらりとかけ、白いりごまを散らしておろししょうがを添える。

そうめんをゆでる
さし水は1回。そうめんに含まれる油分や塩分をていねいに水洗いするのがコツ

〈これは2人分〉
　そうめん　150～200ｇ

1 そうめん1人分は約80～100ｇ、小さい束は1わがだいたい50ｇのことが多い。ゆでる前に、そうめんをくくっている帯をあらかじめ取っておく。

2 鍋にたっぷりの湯を沸かしグラグラと煮立ったら、そうめんをガバッと持ち、立てるようにして全部を一度に入れる。

3 菜箸でグルグルと混ぜてそうめんを沈め、湯がワーッと沸とうしてきたら、すぐにコップ半分くらいのさし水（びっくり水ともいう）を加える。

4 再びワーッときたら、火を弱めて1本食べてみる。もう少し、というかたさのところで火を止め、フタをして30秒～1分くらいそのまま蒸らす。

5 そうめんをザルに取って水にさらし、菜箸で混ぜながら冷たくなるまで何度も水をかえる。完全に冷たくなったらゴシゴシともむように洗う。3～4回水をかえてよく洗い、仕上げに氷水でめんをひきしめてからザルにあげて水けをきるとよい。

七夕そうめん→ コラム参照

作り方 **2**

そーす

ソース各種
→メニュー別索引〈ソース・ドレッシング〉を参照

ソースなす
揚げたてにウスターソースをからめるだけとは思えないうまさ

　　なす　6～8本
　　揚げ油　適量
　　ウスターソース　大さじ2～3
　　紅しょうが（千切り）　適量
　　青のり　適量

1 なすは皮ごと縦半分に切り、海水くらいの塩水（分量外）に入れて少しおき、水けをよくふく。
2 揚げ油を中温（170～180度）に熱し、なすを入れ、竹串がスーッと通るようになるまで揚げる。
3 大きめの器にウスターソースを入れておく。揚げたてのなすの油をよくきって加え、全体にソースをからめる。
4 紅しょうがと青のりを散らす。アツアツのうちに食べてもいいし、冷めてからでもおいしい。

ソース焼きスパ
スパゲティをソース焼きそば風の味つけにして、さらにボリュームアップ

　　〈これは2人分〉
　　スパゲティ　150～200g
　　ウインナーソーセージ　4本
　　豚こま切れ肉　100g
　　にんじん　3cm
　　キャベツ　3枚
　　もやし　½袋
　　サラダ油　適量
　　塩　適量
　　こしょう　適量
　　トマトケチャップ　大さじ1
　　ウスターソース　大さじ2
　　青のり　少々
　　紅しょうが　少々

1 スパゲティは袋の表示通りにゆでて、ゆで汁は少し取っておく。
2 ウインナーソーセージは斜めに浅く切りめを入れ、にんじんは細切り、キャベツは一口大に切る。
3 フライパンにサラダ油少々を入れて中火にかけ、すぐにソーセージを焼き、中まで完全に火が通ったら、いったん器に取り出しておく。
4 フライパンに油を少々たし、豚こま切れ肉、にんじん、キャベツ、もやしの順に強めの中火で炒め、塩、こしょうを加える。
5 全体に油がまわったら、さらにスパゲティを加えて炒める。ここでスパゲティがくっついているようなら、取っておいたゆで汁を少々加える。全体がアツアツになったら、ケチャップとウスターソースで味を調え、器に盛りつける。焼いておいたソーセージをのせ、青のりと紅しょうがを散らす。

ソーセージのスパゲティ
バジルの代わりに、盛りつけてから青じその千切りを振ってもいい

　　〈これは2人分〉
　　スパゲティ　150～200g
　　ウインナーソーセージ　3本
　　にんにく　ひとかけ
　　赤唐辛子　1～2本
　　サラダ油　大さじ1
　　トマトジュース（有塩）　1カップ
　　バジル　少々
　　塩　少々
　　こしょう　少々

1 スパゲティは表示通りにゆでる。
2 ソーセージは斜め切りにする。にんにくはみじん切りにする。赤唐辛子は輪切り

にする。激辛好きはチョリソーソーセージなどを使ってもよい。

3 サラダ油を中火で熱し、すぐにんにくを入れて炒める。いい香りがしてきたらソーセージと赤唐辛子を加えてザッと炒める。

4 トマトジュースとバジルを加え、フツフツしてきたら塩、こしょうで味を調え、火を止める。ゆでたてのスパゲティを加え、手早く混ぜ合わせる。

ソーセージのソース焼き
お好み焼きがヒント。白いご飯のおかずにもなぜか懐かしくおいしい

〈これは2人分〉
ボロニアソーセージ(1㎝厚さ)　3～4枚
サラダ油　大さじ1
ウスターソース　少々
紅しょうが(千切り)　少々
青のり　少々

1 ボロニアソーセージは半分に切って、サラダ油を熱したフライパンで両面を焼く。

2 こんがり焼けたらウスターソースをジュッとかけ、器に盛って紅しょうがと青のりを散らして食べる。

ソーメンかぼちゃのそうめん風
不思議なかぼちゃ、まずはお試しあれ！

ソーメンかぼちゃ　1個
つけ汁用めんつゆ
　水　4カップ
　昆布　15㎝角
　削り節　大きくひとつかみ
　みりん　¼カップ
　薄口しょうゆ　½カップ
　酒　大さじ1
薬味
　しょうが(すりおろし)　適量
　青じそ　適量
　みょうが　適量
　白いりごま　適量
　細ねぎ　適量

1 つけ汁用めんつゆを作る。鍋に分量の水とザッと水洗いした昆布を入れて30分以上おき、削り節と調味料をすべて入れて火にかける。

2 フツフツしたら弱火にし、2～3分煮出して、こし器でこす。だしがらはおたまの底でギュッと押さえてしぼる。

3 ソーメンかぼちゃは縦2つ割りにしてスプーンで中身を大きくくり抜く。

4 鍋に湯を沸かし、ソーメンかぼちゃをゆでる。箸でつついてパラリパラリとほぐれてきたら、ほどよい加減にゆでて、ザルにあげる。

5 薬味を用意する。青じそとみょうがは縦半分に切ってから千切りにし、細ねぎは小口切りにする。

6 ソーメンかぼちゃを器に盛り、薬味とともにつけ汁で食べる。

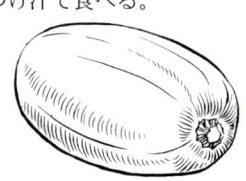

ソーメンかぼちゃ

即席かにマカロニグラタン
マカロニをゆでてソースにからめるまで、一つのフライパンで具を作るからラク

マカロニ　200g
かに缶詰　大1缶
玉ねぎ　½個
湯　1½カップ
マッシュルーム　1袋
牛乳　2カップ
ホワイトソース缶詰　大1缶(約290g)
バター　大さじ3

塩　少々
こしょう　少々
粉チーズ　大さじ山盛り4
パン粉　大さじ4

1 かに缶詰は身と缶汁に分け、身に軟骨があればのぞいて、あらくほぐしておく。
2 玉ねぎは繊維にそって薄切りにし、マッシュルームは石づきを切り落として薄切りにする。
3 フッ素樹脂加工のフライパンに湯1½カップを沸かしてマカロニと玉ねぎを入れ、フタをして中火で5～6分煮る。
4 さらにマッシュルームと牛乳を加え、**1**の缶汁も加えて弱火で8～10分煮る。
5 マカロニがやわらかくなったら、ホワイトソースを加え、バター大さじ1を加え混ぜ、フツフツしてきたら味をみて塩、こしょうで調え火を止める。
6 さらに**1**のかにの身を加えて、ササッとからめる。
7 耐熱容器の中にバター大さじ1をぬり、**6**の具を入れて粉チーズとパン粉を振り、ところどころにバター大さじ1をちぎってのせる。
8 **7**を200度のオーブンで10～15分焼く。フツフツこんがり焼けたら出来上がり。

即席酢鶏

酢豚を鶏肉で作ったのがこれ。合わせ調味料につけるだけの簡単料理

鶏もも肉　300g
片栗粉　大さじ2
にんじん　1本
ゆで竹の子　小1本
玉ねぎ　½個
きゅうり　1本
合わせ調味料
　　砂糖　大さじ2
　　トマトケチャップ　大さじ2
　　米酢　大さじ2
　　しょうゆ　大さじ2
　　ごま油　小さじ½
揚げ油　適量
紅しょうが　少々

1 鶏もも肉は黄色い脂肪を取り、一口大に切って片栗粉をまぶしつける。
2 にんじん、ゆで竹の子、きゅうりは一口大の乱切りにし、玉ねぎは3cm角に切る。
3 やや大きめのボウルか器に合わせ調味料を混ぜて作っておく。
4 揚げ油を熱し、油がぬるいうちににんじんを入れて徐々に温度を上げる。180度くらいになったら、鶏肉を入れてにんじんと一緒に揚げる。鶏肉に火が通ったところで油をよくきり、**3**の合わせ調味料に入れて混ぜる。
5 続いて竹の子、玉ねぎ、きゅうりも順々に入れて油通しをし、油をよくきってすぐ合わせ調味料に加え混ぜる。最後に紅しょうがも加えてザッと混ぜれば、出来上がり。

即席担々鍋

即席めんの利用とは思えないよい味

〈これは2人分〉
インスタントラーメン　2袋
豚挽き肉　100g
A　にんにく(みじん切り)　ひとかけ
　　しょうが(みじん切り)　ひとかけ
　　しょうゆ　小さじ2
　　豆板醤　小さじ1
B　白練りごま(市販)　大さじ2
　　ラーメンスープ(添付のもの)　2袋
　　水　適量(袋の表示より多め)
もやし　1袋
細ねぎ(小口切り)　適量

1 豚挽き肉にAのにんにく、しょうが、しょうゆ、豆板醤を混ぜておく。

2 鍋にBの練りごま、ラーメンスープと水適量を加えて混ぜ、中火にかける。
3 フツフツしたら **1** の挽き肉をゴロンと入れ、まわりの色が変わりはじめたら、ほぐしていく。
4 肉に火が通ったらもやしも加える。もやしに火が通ったらフツフツしているところに、ラーメンを入れる。火を止め、細ねぎをたっぷり散らして食べる。

即席ハヤシライス
レトルト食品を少々利用するとすぐに煮込んだ味に。味はほのぼの家庭的

　　牛薄切り肉　300ｇ
　　玉ねぎ　大1個
　　サラダ油　大さじ1
　　バター　大さじ1
　　小麦粉　大さじ3
　　トマトジュース　2カップ
　　水　1カップ
　　固形スープの素　1個
　　ウスターソース　大さじ2
　　トマトケチャップ　大さじ2
　　ローリエ　1枚
　　ハヤシライス(レトルトパック)　1人分
　　しょうゆ　小さじ1
　　グリンピース(冷凍)　大さじ2〜3
　　温かいご飯　4人分

1 牛薄切り肉は3〜4つに切り、玉ねぎは薄切りにする。
2 鍋にサラダ油とバターを入れて熱し、玉ねぎをよく炒める。玉ねぎがしんなりしたら牛肉を加えて中火で炒め、肉の色が変わったら、小麦粉を加えて弱火でくっつくのを気にせずよくよく炒める。
3 さらにトマトジュースと分量の水を加え、大急ぎで木ベラで鍋底をこそげるように混ぜ合わせる。固形スープの素、ウスターソース、ケチャップ、ローリエも加えて、ときどき木ベラでかき混ぜながらフタをして弱火でコトコトと15分くらい煮る。
4 全体がフツフツしてきたら、レトルトのハヤシライスを加え混ぜてひと煮立ちさせ、しょうゆを加えて味を調え、火を止める。
5 器に温かいご飯を盛ってハヤシライスをかけ、彩りにゆでたグリンピースを散らす。

そばがき
そば好きにはうれしい一品。これは力仕事です!!　そば粉を手に入れたらお試しあれ

　　〈これは1人分〉
　　そば粉　½カップ
　　水　1カップ
　　しょうゆ　適量
　　わさび　適量

1 鍋にそば粉を入れ、半量の水を加えて泡立て器でなめらかに混ぜてから、残りの水を加え混ぜる。
2 泡立て器を木ベラにかえ、**1** を中火にかけてさらに混ぜていく。ところどころ固まりかけてきたら弱火にし、力を入れて一気に練る。1人分ずつ作るほうがうまくいく。
3 一つに固まってきて、鍋底に焦げつきそうになったら、鍋ごと湯せんにかけて、中までアツアツにする。
4 **3** を一口大くらいにちぎって器に入れ、しょうゆとわさびで食べる。

そば各種
→メニュー別索引〈そば〉を参照

そば粉クレープ
生地は少々ダマになってもＯＫ。30分ほどねかせると粉が落ち着き、焼きやすくなる

　　〈約8枚分〉
　　クレープの生地
　　　 ⎰ 小麦粉　½カップ

そばこ

　　｜そば粉　½カップ
　　｜とき卵　1個分
　　｜牛乳　1カップ
　　｜とかしバター　大さじ1
　バター　適量
　塩　少々
　こしょう　少々
　具
　　｜ベーコン　8枚
　　｜クレソン　1わ
　　｜ゆで卵　4個

1 クレープの生地を作る。ボウルに生地の材料を入れ、泡立て器で混ぜ合わせ、ぬれ布巾をかけて室温で30分ほどねかせる。
2 具を用意する。ベーコンはサラダ油少々（分量外）をひいたフライパンでカリカリに焼く。クレソンは茎のかたいところを切り落とし、ゆで卵は縦半分に切る。
3 クレープを焼く。フライパンにバター少々を入れて火にかけ、**1** の生地をおたまですくって流し入れ、グルッと薄くのばす。表面がプクプクしてきたら裏返し、両面をこんがり焼く。残りも同様に焼いて、8〜10枚焼ければグッド。
4 クレープにバターを薄くぬり、塩、こしょうをしてベーコン、クレソン、ゆで卵をおく。卵はフォークの背でブチッとつぶし、クレープを4〜6つにたたんで食べる。

そば粉のパンケーキ
サックリモチッとした味わい！　これには断然、はちみつをかけるのがおすすめ

　〈約10枚分〉
　卵　1個
　牛乳　1カップ
　ホットケーキミックス　1カップ
　そば粉　1カップ
　バター　大さじ2
　はちみつ　適量

1 ボウルに卵をほぐし、牛乳を加えて泡立て器で混ぜ合わせる。
2 さらにホットケーキミックスとそば粉を合わせてふるい入れ、泡立て器か木ベラで練らないようにサッと混ぜる。
3 まだ少し粉っけが残っているところに、湯せんか電子レンジでとかしたバターを加え混ぜる。
4 ホットプレートかフライパンを温め（ホットプレートなら200〜230度、フライパンなら弱めの中火）、バター（分量外）を薄くぬって、生地を直径10㎝くらいに流し入れる。
5 フタをして焼き、生地の表面にプツプツと穴があきはじめてまわりが乾いてきたら裏返し、両面をこんがりと焼く。残りも同様に焼く。
6 パンケーキを器に盛り、焼きたてにバター（分量外）をぬって、はちみつで食べる。

そば茶粥（ちゃがゆ）
そば茶の香ばしさと甘みが味わい深い。朝食やお酒を飲んだあとのご飯にも

　米　1カップ
　水　5カップ
　そば茶　大さじ山盛り4
　塩　適量
　湯　1カップ

1 米は洗って水けをきる。
2 厚手の鍋に米と分量の水、そば茶をパラパラと入れ、中火にかける。フツフツしてきたら弱火にし、フタをして25〜30分炊く。
3 炊き上がったら塩で味を調え、湯1カップを加え、水でぬらした菜箸で切るようにして混ぜ、フタをして火を止める。

ソフトそぼろ
おすすめの白身魚は鯛、むきがれい、た

ら。食紅をたらしたら上等デンブ

〈作りやすい分量〉
白身魚　4切れ
塩　小さじ½
酒　大さじ4
砂糖　大さじ1

1 白身魚は熱湯で中までしっかりゆで、水けをきる。
2 あら熱が取れたら骨と皮を取りのぞき、ほぐしながらていねいに小骨も完全に取りのぞく。
3 鍋の中を水でぬらし、ほぐした魚と調味料を加え、中火にかける。すぐ数本の箸でかき混ぜながらいりつけ、汁けが少なくなったら弱火にし、汁けが完全になくなるまでいりつける。

素朴なトルコのお焼き
シシカバブやカレーに添えてもグッド。バターをぬり砂糖を振ればおいしいおやつに

生地
　｛ 小麦粉　1½カップ
　　水　1½カップ前後
サラダ油　少々
バター　適量
砂糖(グラニュー糖)　適量

1 生地を作る。ボウルに小麦粉と水を入れて泡立て器でよく混ぜ、30分ほどねかす。
2 フライパンにサラダ油を熱して生地を薄く流し、直径14～15cmに広げて、両面を焼く。
3 おやつならバターをぬって(ぬらなくてもOK)砂糖をパラパラと振り、3つにたたんで器に盛る。シシカバブ、カレー、肉料理などに添えるときは何もつけずそのままで。

そら豆粥(がゆ)
春という季節を彩るドキリとするくらいき

れいなおかゆです

米　1カップ
水　5カップ
そら豆(さやつき)　500g
桜の花の塩漬け　20個
水　1カップ
塩　少々

1 米は洗って水けをきる。
2 桜の花の塩漬けは分量の水1カップに洗わずにそのまま入れ、30分ほど塩出しする。
3 そら豆はさやから取り出し、薄皮をむく。
4 厚手の鍋に米と分量の水5カップを入れ、中火にかける。フツフツしてきたら弱火にし、フタをして20分炊く。
5 炊き上がったらそら豆と、桜の花を戻した水ごと加え、再びフツフツさせ、5～10分煮る。そら豆に火が通ったら味をみて、たりない場合のみ塩(不要のことが多い)で調える。水でぬらした箸で切るようにして混ぜ、フタをして火を止める。

そら豆の分量→ コラム参照

そら豆ごはん
そら豆は最初から炊き込んで、ほっこりくずれるのが一番

米　2カップ(2合)
そら豆(さやつき)　500g
昆布　7cm
酒　大さじ1
塩　小さじ1弱

1 米はふつうに水加減する。
2 そら豆はさやから出し、薄皮をむく(すじの入っているところに爪を入れ、そこからむいていく)。
3 **1**の米の水を大さじ1(調味料分)取りのぞいてから、酒と塩を加えてひと混ぜする。昆布をサッと水で洗ってのせ、そら豆を加え、表面を平らにしてふつうに炊く。

そらまめ

4 豆がくずれても気にせず、底のほうから全体をよく混ぜる。

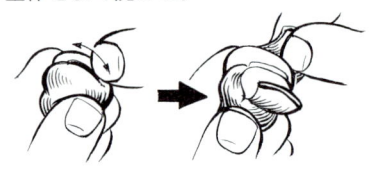

作り方 2

作り方 5

そら豆茶巾
料理の延長でできる上品な季節の一品

もち米　１カップ（１合）
そら豆（さやつき）　500ｇ
水　１½カップ
砂糖　大さじ４
塩　ひとつまみ
A ｛ 抹茶　小さじ½
　　 湯　小さじ２

1 もち米は同量の水を加えてふつうに炊く。
2 そら豆はさやから出して薄皮をむく。鍋に分量の水を入れ、フタをしてやわらかくゆでる。
3 ゆで汁ごとマッシャーでつぶす。砂糖、塩、といたAを加えて混ぜる。中火にかけて練り、フツフツしたら火を止め、冷ます。
4 炊き上がったご飯のあら熱が取れたら直径２㎝くらいに４個丸め、ラップで包んでキュッとひねる（余ったもち米ご飯は、砂糖を混ぜたきな粉などを振って食べるとおいしい）。
5 **3**のつぶしたそら豆を４等分にし、それぞれ広げたラップにのせる。スプーンの裏で直径４〜５㎝くらいの円形にのばし、真ん中に**4**のもち米のボールをのせ、ラップで茶巾しぼりのように包み込む。食べるときにラップから取り出して盛る。てっぺんの部分は白いご飯が見え隠れしてもキレイ。

そら豆と卵の炒めもの
食べるのがもったいないような美しい出来上がり

そら豆（さやつき）　500ｇ
卵　４個
塩　適量
サラダ油　適量

1 そら豆はさやから出し、塩少々を加えた熱湯でかためにゆで、薄皮をむく。
2 卵は白身と黄身に分け、それぞれ塩少々を加えて混ぜる。
3 サラダ油大さじ２を熱して白身を流し、強めの中火で手早くフワリと炒め、取り出す。サラダ油を少したし、黄身も同じように炒めて取り出す。
4 サラダ油を少したし、そら豆と塩を入れて炒める。全体に油がまわったら白身と黄身を戻し、全体をザッと炒め合わせる。

そら豆の甘辛煮
ビールにはもちろん、ご飯のおかずにもなる懐かしの味

そら豆（さやつき）　500ｇ
水　½カップ
砂糖　大さじ１
しょうゆ　大さじ１

1 そら豆はさやを両手でキュッとねじって全体を割り、豆を取り出す。
2 鍋の中をぬらして薄皮ごと豆を入れ、水と調味料を加え、フタをして強火にかける。フツフツしてきたら少し火を弱め、やわらかくなるまで７〜８分煮る。途中、汁けがなくなったら湯（分量外）をたす。

そら豆のかき揚げ
サクッサクッとほのかな甘み

そら豆（さやつき）　500g
衣
　卵水（卵1個と水）　1カップ
　小麦粉　1カップ
揚げ油　適量
塩　適量

1 そら豆はさやから出し、薄皮をむく。
2 卵水を混ぜ合わせ、小麦粉を加えてザッと混ぜる。
3 揚げ油を低めの中温（170度）に熱し、小鉢にそら豆を5〜6粒と衣を大さじ1杯くらい入れてまとめ、静かに油に入れる。
4 すぐにいじらず火を通し、衣がしっかりしたらときどき返しながらじっくり揚げる。全体が色づいて軽くなったら、油をよくきる。塩や天つゆで食べる。

そら豆のごまあえ
出盛りのときを逃さずに、さやつきを買って旬の味わいを

そら豆（さやつき）　500g
塩　少々
油揚げ　1枚
あえ衣
　白いりごま　大さじ3
　薄口しょうゆ　大さじ1
　みりん　大さじ1

1 そら豆はさやから取り出し、塩を加えた熱湯でほどよいかたさにゆでてザルに取る。あら熱が取れたら薄皮をむく。
2 油揚げは湯で洗ってギュッとしぼり、オーブントースターでうっすらとこげめがつく程度に焼く。パリッとしたら、縦半分に切ってから5mm幅の細切りにする。
3 あえ衣を作る。白いりごまをすり鉢でよくすり、薄口しょうゆとみりんを加えてさらによくすり混ぜる。
4 あえ衣にそら豆、油揚げの順に加えて、全体をよくあえる。

そら豆の分量→　コラム参照

そら豆の三色かき揚げ
色も香りもいい桜えびとコーン入り

そら豆（さやつき）　500g
桜えび　約大さじ2
ホールコーン缶詰　½カップ
小麦粉　大さじ1
衣
　卵水（卵1個と水）　1カップ
　小麦粉　1カップ
揚げ油　適量
塩　適量

1 そら豆はさやから出し、薄皮をむき、あらく刻む。コーンは汁けをきり、小麦粉をまぶす。
2 卵水を混ぜ合わせ、小麦粉を加えてザッと混ぜる。
3 衣にそら豆、コーン、桜えびを加えて混ぜる。
4 揚げ油を低めの中温（170度）に熱し、**3**のたねを大きめのスプーンですくい、平らにして静かに油に入れる。しばらくいじらず火を通し、衣がしっかりしたらときどき返しながらじっくり揚げる。全体が色づいて軽くなったら、よく油をきる。塩や天つゆなどで食べる。

そら豆の即席ポタージュ
新鮮なそら豆は、色も風味も最高

そら豆（さやつき）　500g
水　1½カップ
粉末ポタージュの素　1袋
牛乳　3½カップ
生クリーム　½カップ
クラッカー（シンプルな塩味）　適量
パセリ（みじん切り）　適量

1 そら豆はさやから出し、薄皮をむく。分量の水に入れてやわらかくゆで、ゆで汁

そらまめ

ごとマッシャーでつぶす。
2 鍋にポタージュの素を入れ、牛乳を加えて泡立て器でよく混ぜる。中火にかけてときどき混ぜ、なめらかになったら **1** を汁ごと加え、フツフツするまで煮る。
3 生クリームをまわし入れ、すぐ火を止める。盛りつけパセリを散らす。クラッカーをくだきながら加える。

そら豆のひすい煮
初夏にふさわしい色と味

 そら豆（さやつき）　500ｇ
 水　1カップ
 砂糖　大さじ1～2
 塩　ひとつまみ

1 そら豆はさやから出し、薄皮をむく。
2 そら豆に分量の水、砂糖、塩を加えて火にかけ、フツフツしてきたら弱火にしてフタをし、やわらかくなるまで10～15分煮る。
3 煮汁に漬けたままよく冷やす。

そら豆の飛竜頭（ひりょうず）
つぶした豆腐に生のそら豆や卵などを混ぜ、スプーンですくって揚げるだけ

 木綿豆腐　1丁
 そら豆（豆のみ）　1カップ
 にんじん（すりおろし）　大さじ2
 卵　1個
 塩　小さじ½
 小麦粉　大さじ2～5
 揚げ油　適量
 しょうがじょうゆ　適量

1 豆腐は布巾などに包んで軽く重しをし、30分以上かけてよく水きりする（キッチンペーパーなどで包み、電子レンジに3～4分かけてもよい）。すりこぎやマッシャーなどでつぶす。
2 そら豆は薄皮をむいて2つに割る。
3 豆腐にそら豆、にんじん、塩を加えて混ぜ、といた卵と小麦粉を様子をみながら加えて木ベラやゴムベラなどでよく混ぜ合わせる。
4 揚げ油を中温（170～180度）に熱し、**3** のたねをスプーンですくってポトリポトリと静かに落とし、しばらくそのまま揚げる。固まってきたら、ときどき空気にふれさせながら揚げ、いい色がついたら油をきる。しょうがじょうゆで食べる。天つゆでもおいしい。

た

ター菜のクリーム煮
缶詰のホワイトソースとは思えないマイルドな味。牛乳を使うのがおいしくするコツ

 ター菜　大1株
 サラダ油　少々
 塩　適量
 ホワイトソース缶詰　大1缶（約290ｇ）
 牛乳　ホワイトソースと同量
 水溶き片栗粉
  片栗粉　小さじ1½
  水　小さじ1½

1 ター菜は4～5㎝長さに切り、サラダ油と塩を加えた熱湯で色よくゆで、ザルに広げて冷ます。
2 鍋の中を水でぬらし、ホワイトソースを入れる。ホワイトソースが入っていたあき缶に牛乳を入れ、同量をはかって缶に残っているソースも混ぜながら加え、火にかける。
3 **2** がフツフツしたらター菜を加え、再びフツフツしたら様子をみながら水溶き片栗粉を加えて、ほどよいとろみをつける。味をみて、たりないようなら塩を加えて調える。

ター菜

ター菜めん
青々した菜っぱだけのシンプルめん。コクをつけたいので、油の量は減らさずに

〈これは2人分〉
中華めん(スープつき)　2人分
ザーサイ(細切り)　大さじ1
ター菜　1株
サラダ油　大さじ2
七味唐辛子か一味唐辛子(好みで)　適量

1 ザーサイはザッと洗ってから、細切りにしたものを用意する。あまり塩辛いようならもう一度水洗いして塩けを抜く。
2 ター菜は茎と葉に切り分け、長ければ食べよい大きさに切る。
3 中華鍋にサラダ油を熱してザーサイとター菜の茎を強火で炒め、全体に油がまわったら、ター菜の葉も加えて一気にシャキッと炒め合わせる。
4 中華めんは袋の表示通りにゆでてスープと一緒に器に盛り、**3**の具をドンとのせる。好みで七味か一味唐辛子を振る。

大学芋
みつをからめるときは火を止めてから、揚げたてのさつま芋を加え混ぜる

さつま芋　2本
揚げ油　適量
みつ
　砂糖　½カップ
　水　¼カップ
　しょうゆ　小さじ1
黒いりごま　小さじ2

1 さつま芋は皮ごと大きめの一口大に乱切りする。切るそばから塩水(分量外)に5〜10分つけてアクを抜く。
2 揚げ油を温め、低い温度のときから、水けをしっかりふいたさつま芋を入れる。だんだんと温度を上げ、さつま芋全体がきつね色になり、表面がパリッとしてきたら、網じゃくしで引き上げて油をきる。
3 鍋にみつの材料を入れて火にかけ、とろりとしてきたら火を止め、すぐアツアツのさつま芋を加えて、木ベラでからめる。
4 器に手早く広げ、ごまを全体に振る。

大学かぼちゃ
さつま芋よりしっとりした味わい。色あざやかな仕上がりが一層食欲をそそります

かぼちゃ　¼個(約300g)
揚げ油　適量
A　砂糖　大さじ3
　　しょうゆ　小さじ½
　　水　大さじ1
黒いりごま　適量

1 かぼちゃは種とワタを取り、皮をところどころむき、薄めの乱切りにする。
2 揚げ油を中温(170〜180度)に熱し、かぼちゃの水けをふいて入れる。ときどきかき混ぜて空気にふれさせながらじっくり揚げ、竹串がスーッと通るようになったら油をよくきって引き上げる。
3 小鍋にAを合わせて火にかけ、とろ〜りとしてきたら火を止め、すぐに揚げたてのかぼちゃを加えてサササッとからめ、ごまを振って混ぜる。

鯛ご飯
大皿盛りにすると豪華。おもてなしやお正月のご馳走にもおすすめのご飯

米　2カップ(2合)
鯛の塩焼き(市販)　1尾
しょうが(千切り)　ひとかけ
酒　大さじ2

薄口しょうゆ　小さじ2
みりん　小さじ1弱
柚子の皮（千切り）　適量

1 米はといでふつうよりやや少なめの水加減にする。
2 ご飯を炊く直前に、**1**に酒、薄口しょうゆ、みりんを入れてひと混ぜし、千切りにしたしょうがをパラパラと加え、さらに鯛の塩焼きをドンとのせてふつうに炊く。
3 炊き上がったら、鯛をそっと取り出し、骨をていねいに取りながら身をほぐす。この身をご飯に戻し、さっくりと混ぜて器に盛り、柚子の皮を散らして食べる。

大根入りビーフスープ
ひたすら煮込むだけで風味豊かなスープに

牛角切り肉（シチュー用）　300g
塩　小さじ½
こしょう　少々
大根　15㎝
固形スープの素　1個
水　7カップ

1 牛角切り肉は塩、こしょう（各分量外）を振り、熱湯で表面の色が変わるくらいにサッとゆでる。
2 大根は5㎝長さに切り、それぞれ縦6〜8等分に大きく切る。
3 鍋に牛肉、大根、固形スープの素、分量の水、塩、こしょうを加えて強火にかけ、フツフツしてきたら弱火にし、フタを少しずらして煮込む。
4 コトコトと90分くらい煮たら、味をみて塩、こしょうで調える。

大根かまぼこ
すき焼きや鍋ものに大評判。こってりおかずが多いお正月の酒の肴にもうってつけ

大根　適量
梅干し　適量
細ねぎ　適量

1 大根は1㎝厚さくらいの半月切りにし（かまぼこのような形になる）、器に盛る。
2 梅干しは種を取り、果肉を包丁で軽くたたく。細ねぎは10㎝長さにブツ切りにする。
3 大根に梅干しと細ねぎを添えて食べる。

大根カレー
具はいろいろ加えない。ゆでた青菜を添えれば栄養バランスもよし

温かいご飯　4人分
大根　20㎝
牛薄切り肉　200g
サラダ油　大さじ1
水　5カップ
カレールウ　小1箱（約100g）
ローリエ　1枚
チンゲン菜　適量
塩　少々
福神漬け　適量

1 大根は5㎝長さに切り、縦に6〜8つに切り、角を面取りする。牛肉は3つくらいに切る。
2 サラダ油を熱して大根をよく炒め、水を2カップ加え、フタをして中火で30分くらい煮る。
3 大根がやわらかくなったら、残りの水3カップとカレールウを加えて混ぜる。ルウがとけたらローリエを加え、牛肉を1枚ずつヒラリヒラリと加えては煮る。
4 チンゲン菜は食べやすく切り、サッと塩ゆでにする。
5 **3**の肉に火が通ったら、盛りつけたご飯にかけ、チンゲン菜と福神漬けを添える。

大根皮のきんぴら
歯ざわりシャキッと強火で一気に！

大根の皮　1本分
赤唐辛子（輪切り）　1〜2本

ごま油　大さじ1
みりん　大さじ1
しょうゆ　大さじ1

1 ピーラーでむいた大根の皮は食べやすい長さに切る。
2 ごま油を熱し、大根の皮と赤唐辛子を強火で炒める。
3 全体がアツアツになったら調味料を加え、汁けがなくなるまで炒める。

大根皮の塩きんぴら
塩味もまたうまし。日本酒にもよく合うおつまみです

大根の皮　1本分
ごま油　大さじ½
桜えび　大さじ1
赤唐辛子　1本
塩　小さじ¼
酒　大さじ1

1 大根の皮は斜めに細切りにする。
2 ごま油を強めの中火で熱し、大根の皮と桜えびをせっせと炒め、途中で赤唐辛子も加える（辛くしたいなら早めに加える）。
3 全体に油がまわって火が通ったら、塩と酒を加え、手早くからめながら炒める。火を止め、すぐ皿に盛る。

大根たらこ煮
大根と煮ると、生たらこはかたくならず、特有のにおいもなく相性バツグン

大根　15cm
生たらこ　2腹
A ┌ 酒　½カップ
　├ 水　¼カップ
　├ しょうゆ　大さじ3
　└ 砂糖　大さじ2
湯　½カップ
グリンピース(冷凍)　1カップ
しょうが汁　ひとかけ分

1 大根は1cm厚さの半月切りにし、かぶるくらいの水を加えて竹串がスーッと通るようになるまで下ゆでする。
2 鍋にAを入れて火にかけ、フツフツしてきたら生たらこを入れ、ときどき汁をかけながら強めの中火でフタをして10分くらい煮る。コテッと煮えたら、取り出す。
3 残った汁に分量の湯と大根を加え、フタをして中火で10分煮る。
4 グリンピースにサッと熱湯をかけて **3** に加え、5分煮る。
5 たらこを2〜3に大きくちぎってのせ、しょうが汁をまわしかけ、1分ほど煮て火を止める。

大根と油揚げのじか煮
下ゆでなしのじか煮は、自然の甘みが強くてみずみずしい冬一番の大根を使って

大根　½本
油揚げ　1枚
煮干し　7〜8尾
酒　大さじ1
しょうゆ　大さじ1
塩　小さじ½
水　適量

1 大根は1.5cm厚さのいちょうに切る。油揚げは水で洗ってキュッとしぼり、1cm幅に切る。煮干しは頭と腹ワタを取る。
2 鍋の中を水でぬらし、大根、油揚げ、煮干し、調味料を入れ、水をヒタヒタに加える。フタをして強火にかけ、フツフツしてきたら中火にして10〜15分煮る。

大根と油揚げのみそ汁
この場合、大根は細切りがおいしい

大根　5cm
油揚げ　½枚
煮干し　7〜8尾
水　5カップ
みそ　大さじ2〜3
七味唐辛子(好みで)　少々

1 大根は適当な厚さの輪切りにしてから細切りにする。油揚げは水で洗ってキュッとしぼり、縦2つに切ってから1㎝幅に切る。
2 煮干しは分量の水に入れて10分くらいおいてから、大根と油揚げを加えて火にかける。
3 大根がやわらかくなったら煮干しを取り出し、みそをとき入れる。
4 まわりがフツフツしはじめたら火を止める。好みで七味唐辛子を振って食べる。

大根と牛すじの煮もの
下ごしらえをきちんとすれば、ゼラチン質の牛すじは格別な味わい

　大根　½本
　牛すじ肉　400g
　赤唐辛子　2本
　酒　大さじ2
　薄口しょうゆ　大さじ2
　水　適量
　塩　適量
　細ねぎ(小口切り)　½カップ

1 大根は1.5㎝厚さのいちょうに切る。牛すじ肉は大きく切り分ける。
2 たっぷりの熱湯に塩少々と牛すじを入れ、フタを少しずらしてのせ、90分ほどゆでる。アクはほとんど出ないが、出ても取らなくてよい。ゆでたらすぐ水に取り、ヌルッとした脂肪をていねいに指で取りのぞく。
3 鍋に大根、牛すじ、赤唐辛子、酒、薄口しょうゆと水をヒタヒタに入れ、フタを少しずらしてのせ、中火で60分煮る。途中でときどき箸で軽く押さえて、全体が煮汁に浸るようにする。
4 大根がすっかりやわらかくなったら、味をみて塩で調え、火を止める。盛りつけて細ねぎを散らす。

大根と牛肉のザーサイ炒め
ザーサイの辛みと塩けを利用した中国風のおかず。大根は好みの分量で

　牛薄切り肉　200g
　下味用
　　｛しょうゆ　大さじ1
　　　ごま油　大さじ1
　ザーサイ　30g
　大根　10〜15㎝
　ごま油　大さじ1
　酒　大さじ1
　細ねぎ(小口切り)　適量

1 牛肉は食べよい大きさに切り、しょうゆとごま油をからめて下味をつけておく。
2 ザーサイはザッと洗って細切りにする。大根は薄い輪切りにしてから細切りにする。
3 中華鍋にごま油を熱し、牛肉とザーサイを強めの中火で炒める。肉の色が変わったら、強火にして大根を2〜3回に分けて加え炒める。
4 全体がアツアツになったら、酒をジャッとまわし入れ、再びザッザッと大きく混ぜて火を止める。
5 すぐ器に盛り、細ねぎを散らす。

大根と魚介のピリピリマリネ
ちょっと辛い大根とシーフードたっぷりのさわやかなマリネ

　大根　5〜6㎝
　ゆでえび　8尾
　ゆでだこの足　1本
　いかの胴　1杯分
　マリネ液
　　｛米酢　大さじ3
　　　レモン汁　½個分
　　　塩　小さじ½
　　　こしょう　少々
　　　砂糖　小さじ½
　　　サラダ油　大さじ2

赤唐辛子(輪切り)　1本
パセリ(みじん切り)　少々

1 大根は薄いいちょう切りにする。
2 ゆでえびは殻をむき、ゆでだこの足は5mm厚さの斜め切りにする。いかの胴は開いて食べよい長さの1cm幅の短冊切りにし、熱湯でゆでて冷ます。
3 ボウルにマリネ液の材料を記載順に混ぜ合わせ、赤唐辛子も加える。ここに大根、ゆでえび、たこ、いかを入れて漬け込む。
4 マリネ液に漬けてあえれば、すぐにも食べられるが、60分以上おくと味がなじんでおいしい。器に盛り、パセリを散らす。

大根とこんにゃくのじゃこ炒め
大根のしっぽが残っていたらお試しあれ。しょうがとごま油の風味でおいしさアップ

大根　10cm
こんにゃく(白)　½枚
ちりめんじゃこ　大さじ3
しょうが(千切り)　ひとかけ
ごま油　大さじ1
塩　小さじ½

1 大根は薄いいちょう切りにし、こんにゃくは幅を半分にしてから薄切りにする。
2 鍋にごま油を入れて火にかけ、油があまり熱くならないうちにしょうがを入れて炒める。香りがたったら、ちりめんじゃこを加えて炒め、大根、こんにゃくと順に加えて強火で炒める。大根が透き通ってしんなりしてきたら、塩を加えて調味し、火を止める。

大根と魚のあらのみそ汁
あらを下ゆでして生ぐさみを抜くのがおいしさのコツ。みそは赤だしが美味

大根　10cm
魚のあら(ぶりや鯛など好みのもの)　ひと山
水　5カップ
みそ　大さじ2〜3
細ねぎ(小口切り)　適量

1 魚のあらは熱湯で表面の色が変わるまでゆでる。
2 大根は5mm厚さのいちょう切りにする。
3 鍋に分量の水、大根、魚のあらを入れて強めの中火で煮る。大根がやわらかくなったら、みそをとき入れ、再びフツフツしたら火を止めて器に盛る。たっぷりの細ねぎを散らすとおいしい。

大根とセロリのしんなりサラダ
えびの色と甘みを加え、マスタード風味のマヨネーズで

大根　15cm
セロリ　1本
ゆでえび　5尾
ソース
　マヨネーズ　大さじ山盛り2
　マスタード　小さじ1
　レモン汁　大さじ1
　塩　小さじ¼
　こしょう　少々

1 大根は薄い輪切りにしてから千切りにする。セロリはすじを取り、千切りにする。えびは2〜3つに斜めそぎ切りにする。
2 ボウルにソースを混ぜ合わせ、大根、セロリ、えびの順に加えて混ぜる。

大根と大根葉の簡単サラダ
しんなり、あっさりしたサラダ。こってり料理の副菜に

大根　約15cm
大根の葉　適量
下漬け用塩水
　塩　大さじ1
　水　2½カップ

レモン（好みで）　½個

1 大根は薄い輪切りにしてから千切りにし、大根の葉は中のやわらかい部分のみ刻む。

2 ボウルに分量の塩水を作り、大根と大根の葉を10分くらい浸す。軽くしぼって器に盛り、好みでレモン汁をかけて食べる。レモン以外にすだちやかぼす、柚子でもよい。

大根と豚肉の昆布煮
下ゆでをして大根のアク、肉のアクと余分な脂などを取ってからコトコトと煮込む

　大根　20㎝
　豚ばらかたまり肉　300ｇ
　昆布（５㎝角）　12〜16枚
　水　３カップ
　酒　大さじ３
　しょうゆ　大さじ２
　砂糖　大さじ１
　とき辛子　適量

1 大根は2.5㎝厚さの半月切りにして面取りをする。

2 豚ばらかたまり肉は８個の角切りにし、昆布は水でサッと洗って汚れを取る。

3 鍋に大根を入れ、かぶるくらいの水を加えて強火にかけ、フツフツしてきたら豚肉を加える。肉の色が完全に変わるまでゆでたら、大根と一緒にザルにあげてゆで汁をきる。

4 土鍋の中を水でぬらし **3** の大根と豚肉を入れ、昆布、分量の水、酒、しょうゆ、砂糖を加え、フタをして強火にかける。フツフツしてきたら弱火にし、コトコトと90分ほど煮込む。

5 アツアツの鍋を卓上に移し、汁ごと取り分けて、とき辛子をつけながら食べる。

大根と豚ばらのみそ煮
香ばしく、こっくり仕上がるから、すき焼き鍋や鉄製のフライパンで作るのが一番

　大根　10㎝
　豚ばらかたまり肉　300ｇ
　長ねぎ　２本
　水　½カップ
　合わせみそ
　　赤みそ　大さじ１
　　八丁みそ　大さじ１
　　砂糖　大さじ１
　　酒　大さじ２
　粉山椒　適量

1 大根は１㎝厚さのいちょう切りにする。豚肉は５㎜厚さに切る。長ねぎは４〜５㎝長さに切る。

2 大根にかぶるくらいの水を加えて火にかけ、煮立ったら肉を加え、肉の色が変わるまで下ゆでする。

3 鍋に分量の水、長ねぎ、大根、肉の順に重ね入れ、合わせみそを混ぜて上にところどころのせる。鉄鍋を使うとおいしい。

4 フタをして強めの中火で10〜15分煮、全体をひと混ぜして火を止める。盛りつけ、粉山椒を振る。

作り方 **3**

大根と骨つき肉の沖縄風
素材のうまみを生かして薄味に

　大根　20㎝
　豚スペアリブ　４〜８本
　昆布（５〜６㎝角）　８枚
　干椎茸　８枚
　水　７カップ
　酒　¼カップ
　塩　小さじ１
　こしょう　少々

1 大根は縦、横2つに大きく切る。
2 スペアリブは熱湯で表面の色が完全に変わるまでゆでる。
3 昆布はサッと洗い、干椎茸は軸を折ってサッと洗う。
4 大きい鍋(土鍋でもよい)に大根、スペアリブ、昆布、干椎茸を入れ、水、酒、塩を加えフタをして中火にかける。フツフツしてきたら弱火にし60〜90分煮る。こしょうを振って火を止める。

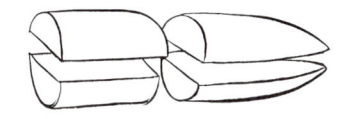

作り方 **1**

大根とれんこんのピリ辛炒め
どちらもシャッキリした歯ざわりが残るように、強火で手早く炒める

　豚ばら薄切り肉　150g
　大根　15cm
　れんこん　1節(約150g)
　合わせ調味料
　　みそ　大さじ1
　　酒　大さじ1
　　砂糖　小さじ1
　　豆板醤　小さじ½〜1
　　しょうゆ　少々
　ごま油　大さじ1

1 大根は2〜3mm厚さのいちょう切りにする。れんこんも同様に切って水で洗い、ザルにあげる。豚ばら肉は2cm幅に切る。
2 調味料を合わせて、合わせ調味料を作っておく。
3 中華鍋にごま油を熱し、豚肉を広げるようにして炒める。肉の色が変わったら、大根、れんこんの順に加え、強火で手早くザッザッと炒める。
4 全体に油がまわったら、合わせ調味料を加えて少し火を弱め、全体に味がなじむように炒め合わせる。すぐ器に移す。

大根の田舎煮
だしの昆布と煮干しもおいしく食べられる

　大根(2cm厚さの輪切り)　8個
　昆布　20cm
　煮干し　6〜8尾
　水　3カップ
　しょうゆ　大さじ1
　酒　大さじ1

1 鍋の中を水でぬらし、昆布をサッと水で洗って敷く。大根を並べ、煮干しをパラパラと入れ、分量の水と調味料を加える。
2 フタをして弱めの中火にかけ、大根がやわらかくなるまでコトコトひたすら煮る。

大根の梅煮
だし汁いらずで、さっぱり味の和風煮もの

　大根　10cm
　昆布　10cm
　梅干し　大2個
　酒　大さじ2
　薄口しょうゆ　小さじ2
　塩　小さじ½
　水　適量

1 大根は1cm厚さのいちょう切りか半月切りにする。
2 鍋にザッと洗った昆布を敷き、大根をのせて梅干し、酒、薄口しょうゆ、塩を加え、さらにヒタヒタの水を加える。
3 フタをして火にかけ、フツフツしたら中火にして、大根がやわらかくなるまで15分ほど煮る。
4 器に昆布を敷いて大根を盛り、梅干しを添えて、上から煮汁をかける。

大根の大阪漬け
混ぜるだけ、柚子の香りの一夜漬け

だいこん

大根　10cm
塩　小さじ½
柚子の皮(千切り)　適量

1 大根は5cm長さに切り、縦に7〜8mm厚さに切ってから棒状に切る。
2 ボウルに大根を入れ柚子の皮と塩を加えてササッと混ぜ、そのまま冷蔵庫か寒い場所で一晩おく。

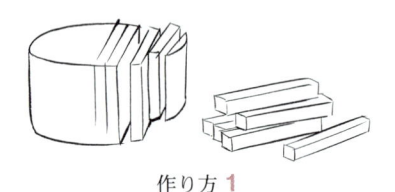

作り方 1

大根のおかか煮
乱切りにすると、早く煮えて味もしみる

大根　15cm
しょうが(千切り)　ひとかけ
ごま油　大さじ2
酒　½カップ
しょうゆ　大さじ1½
水　½〜1カップ
削り節　1パック

1 大根は縦4つ割りにしてから乱切りにする。
2 ごま油としょうがを中火にかけ、いい香りがしてきたら大根を加えて強火でよく炒める。
3 火を止め、酒、しょうゆと分量の水をヒタヒタくらいになるように加える。フタをし、強めの中火をつけて15分くらい煮る。
4 仕上がり際に削り節を加え、わずかに残っている汁をからめるようにして全体を混ぜ合わせ、火を止める。

大根の辛み炒め
大根のきんぴら風。ご飯や酒の肴にどうぞ

大根　15cm
赤唐辛子(輪切り)　1本
ごま油　大さじ1強
薄口しょうゆ　大さじ1
削り節　1パック
ごま油　少々
白いりごま　大さじ1

1 大根は薄い輪切りにしてから細切りにする。
2 フライパンにごま油を熱し、強めの中火で大根をセッセと炒める。大根がしんなりしたら、赤唐辛子と薄口しょうゆを加え、さらに炒める。
3 味がなじんだところで削り節を振り入れ、ひと混ぜしたら火を止める。風味づけにごま油を2〜3滴たらしてザッと混ぜ、器に盛って白いりごまを振る。

大根の辛み漬け
30分で食べられる即席漬けは、ピリッとした酢のもの風

大根　10cm
漬け汁
　しょうゆ　大さじ1
　米酢　大さじ1
　豆板醤　小さじ½
　塩　ひとつまみ

1 大根は4〜5cm長さ、7〜8mm角の棒状に切る。
2 混ぜ合わせた漬け汁に大根を加え、30分以上おく。ときどき混ぜて全体に味をなじませる。冷蔵庫か寒い場所で一晩おくと、もっとおいしくなる。

大根の皮と葉の酢じょうゆ漬け
お酒にも合う即席漬け

大根の皮　½本分
大根の葉(中のやわらかい部分)　50g
漬け汁
　米酢　大さじ2
　しょうゆ　大さじ2

サラダ油　小さじ2
　　　ごま油　小さじ1
　糸唐辛子(あれば)　適量

1 大根の皮は食べやすい長さに切る。葉はゆでて水に取り、しぼって4〜5cm長さに切る。太いものはさらに細切りにする。
2 漬け汁を合わせて皮を入れ、15〜30分おく。味がなじんだら葉を加えてひと混ぜし、もう4〜5分おく。盛りつけ、糸唐辛子をかける。

大根のご馳走煮
時間も手間もかからない豪華版

　大根　½本
　にんじん　1本
　こんにゃく　½枚
　鶏ささみ　100g（3本）
　ゆでえび　8尾
　煮汁
　　　だし汁　2カップ
　　　酒　大さじ2
　　　薄口しょうゆ　大さじ2
　　　みりん　大さじ1
　三つ葉　適量

1 大根は一口大くらいの乱切りにする。にんじんは大根よりひとまわり小さい乱切りにする。こんにゃくは一口大の三角形に切る。ささみは一口大のそぎ切りにする。えびは殻をむく。
2 大根、こんにゃくを鍋に入れ水をヒタヒタに加え、フタをして火にかける。フツフツしてきたらささみ、にんじんを加え、肉の表面の色が変わったら湯をこぼす。
3 2に煮汁の材料を加え、フタをして強めの中火で煮る。フツフツしてきたらえびを加え、10〜15分煮て火を止める。
4 三つ葉を2cm長さに切って加え、全体を混ぜる。季節によっては柚子の皮を散らしてもおいしい。

大根のごま酢あえ
しんなりさせたほうがおいしいので、大根は繊維を断ち切る切り方に

　大根　7〜8cm
　もやし　½袋
　わかめ（戻したもの）　½カップ
　油揚げ　1枚
　ごま酢
　　　白いりごま　大さじ山盛り3
　　　薄口しょうゆ　大さじ1
　　　米酢　大さじ1
　　　砂糖　小さじ1
　　　ごま油　小さじ½

1 もやしは酢大さじ1と塩小さじ1（各分量外）を加えた熱湯でサッとゆでてザルにあげ、広げて冷ます。
2 戻したわかめはよく水洗いし、2〜3cm長さに切る。
3 大根は薄い輪切りにしてから千切りにする。
4 油揚げは湯で洗ってギュッとしぼる。これをオーブントースターで3〜5分ほどこんがりと焼き、縦半分に切ってから細切りにする。
5 あえ衣のごま酢を作る。すり鉢に白いりごまを入れてよくよくすり混ぜ、薄口しょうゆ、米酢、砂糖、ごま油を次々に加えてさらにすり混ぜる。
6 食べる直前に 5 のごま酢にわかめ、大根、半量の油揚げ、もやしを入れて全体をザッザッとあえる。器に盛りつけ、残りの油揚げを上に散らす。

大根のごまみそあえ
大根の白とごまの黒のコントラストも味のうち

　大根　6cm
　塩　少々
　ごまみそ
　　　黒練りごま　大さじ2

だいこん

　　みそ　大さじ1
　　砂糖　小さじ1
　　みりん　小さじ1

1 大根は3cm長さに切ってから2cm幅の薄い短冊切りにする。
2 塩を加えた熱湯でサッとゆで、ザルに広げて冷ます。
3 黒練りごまに調味料を記載順に加えてよく混ぜ合わせ、大根を3〜4回に分けて加えてはあえる。

大根の山海あん
大根をじっくり煮て、甘みを引き出すのがポイント

　　大根　20cm
　　ごま油　大さじ½
　　ゆでえび　8尾
　　きくらげ(乾)　大さじ1
　　ぎんなん(水煮)　4〜8粒
　　三つ葉　適量
　A　だし汁　2カップ
　　　酒　大さじ1
　　　薄口しょうゆ　大さじ1
　　　しょうゆ　大さじ1
　　水溶き片栗粉
　　　片栗粉　大さじ1
　　　水　大さじ1
　　しょうが(すりおろし)　適量

1 大根は5cm厚さの輪切りにし皮をむく。
2 ごま油を熱して大根を並べ、両面にしっかりこげめをつけて焼く。かぶるくらいの水で、フタをして、竹串がスーッと通るようになるまで60分くらいやわらかくゆでる。
3 きくらげは戻し、適当な大きさに切る。三つ葉は2〜3cm長さに切る。えびは殻をむく。
4 Aを合わせて火にかけ、フツフツしたら水溶き片栗粉を様子をみながら加え、ほどよいとろみがついたら火を止める。
5 器に大根を盛り、上にえびをのせ、中央にぎんなんを飾る。きくらげと三つ葉を彩りよく散らし、アツアツのあんをかけ、おろししょうがを添える。

大根のしょうゆ漬け
皮をつけたまま漬けると何日かたってもしょっぱくなりすぎず歯ざわりもいい

〈作りやすい分量〉
　　大根　15cm
　　大根の葉(中のやわらかい部分)　適量
　　柚子の皮　適量
　　漬け汁
　　　しょうゆ　½カップ
　　　酒　¼カップ
　　　酢　⅛カップ

1 大根は皮ごと1cm厚さのいちょう切りにする。大根の葉は刻む。柚子の皮は薄く小さくそぎ切りにする。
2 全部をザッと混ぜ合わせ、密閉式の保存びんに入れ、漬け汁を加える。
3 口をしっかり閉じて逆さにし、全体が汁に浸るまで一晩くらい漬ける。最初逆さにしておくと翌日フタをあけたとき、上からよく漬かっている。翌日はびんは逆さにしなくてよい。ときどきゆする程度にする。

作り方 3

大根の白ごまあえ
アツアツの大根と香ばしいあえ衣で、小さい一品。黒の練りごまでも味わい深し

　　大根　6cm
　　ごまみそ
　　　練りごま(白)　大さじ2

白みそ　大さじ1
　薄口しょうゆ　小さじ1

1 大根は2㎝厚さのいちょう切りにし、鍋に入れて、かぶるくらいの水を加えて火にかける。フタをしてゆで、やわらかくなったら、ザルにあげて水けをきる。
2 ボウルに練りごま、白みそ、薄口しょうゆを合わせてよくかき混ぜ、アツアツの大根を加えてあえる。

大根のしんなりサラダ
大根の繊維を断った千切りは名前の通りやさしい歯ざわり。冷やして翌日もおいしい

　大根　10㎝
　塩　小さじ½
　ハム　2枚
　マヨネーズ　大さじ1～2
　レモン汁　大さじ1

1 大根は薄い輪切りにしてから千切りにし、ボウルに入れ塩を振って箸でササッと混ぜ、しばらくおく。しんなりしたらザルにあけ、自然に水けをきる(しぼらないこと)。
2 ハムは半分に切ってから細切りにする。
3 大根とハムを合わせ、マヨネーズとレモン汁を加えて混ぜる。

大根の中国風パリパリサラダ
繊維にそって切った大根はパリパリ

　大根　10㎝
　大根の葉(中のやわらかい部分)　少々
　ドレッシング
　　薄口しょうゆ　大さじ1
　　米酢　大さじ1
　　砂糖　少々
　　こしょう　少々
　　ごま油　小さじ1～2

1 大根は5㎝長さに切り、繊維にそって縦に薄切りにし、さらに繊維にそって縦に千切りにする。葉は細かく刻む。
2 刻んだ大根を氷水に入れて5分くらいおき、パリッとなったらよく水けをきる。
3 ドレッシングと大根を葉と一緒にあえて食べてもいいし、ドレッシングをかけて食べてもおいしい。

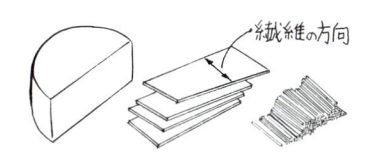

作り方 **1**

大根の葉のふりかけ
独特のほろ苦みがおいしい

　大根の葉　適量
　ごま油　少々
　酒　適量
　しょうゆ　適量
　白いりごま　適量
　削り節　適量

1 大根の葉は細かく刻む。
2 鍋にごま油をぬって中火にかけ、大根の葉をアツアツになるまでいる。酒としょうゆを加えて炒める。
3 汁けがなくなったら、ごまと削り節を加えてサッといり、火を止める。

大根のひたすら煮
一番おいしい冬の大根で作ってこそ！

　大根　20㎝
　水　4カップ
　昆布(10㎝角)　2枚
　削り節　ひとつかみ
　A　塩　小さじ½
　　砂糖　小さじ1
　　酒　大さじ1
　　薄口しょうゆ　大さじ1

1 大根は2㎝厚さの輪切りにし、皮をむいて面取りをする。
2 大根にかぶるくらいの水(分量外)を加

だいこん

えて火にかけ、煮立ってから10分下ゆでして、取り出す。
3 昆布はサッと洗って分量の水に浸し、30分以上おき、取り出して取っておく。
4 **3**の昆布水を火にかけ、フツフツしてきたら削り節を加え、ごく弱火で1分くらい煮出す。火を止めてこし、残った削り節をギュッとしぼる。
5 鍋に**3**で取っておいた昆布を敷き、**2**の大根を並べ、**4**のだし汁とAの調味料を加え、フタをして弱火で30〜40分煮る。
6 大根を盛り、昆布を添え、煮汁をまわしかける。

大根のピリ辛パリパリサラダ
松の実が、なくてはならないアクセント

　大根　10㎝
　貝割れ大根　½わ
　ドレッシング
　┃薄口しょうゆ　大さじ1
　┃豆板醤　小さじ½
　┃米酢　大さじ1
　┃ごま油　小さじ½
　松の実　大さじ2

1 大根は5㎝長さに切り、繊維にそって縦に薄切りにしてから縦に千切りにする。氷水に入れ、パリッとなったら水けをきる。
2 貝割れ大根は根元を切り落とし、2等分に切る。
3 大根と貝割れ大根を混ぜ合わせて盛り、松の実を散らし、記載順に混ぜ合わせたドレッシングを添える。

大根のブイヨン煮
食べ飽きないシンプルなうまさ

　大根　15㎝
　ベーコン　4枚
　水　5カップ
　固形スープの素　1個
　ローリエ　1枚
　黒粒こしょう　5〜7粒
　塩　少々

1 大根は5㎝長さ、1㎝幅くらいの短冊に切る。ベーコンは1㎝幅に切る。
2 分量の水に大根、ベーコン、スープの素、ローリエ、粒こしょうを入れ、強火にかける。フツフツしてきたら中火にし、フタをして20分くらい煮る。味をみて塩で調える。

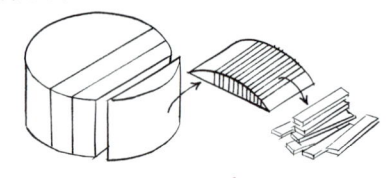

作り方 **1**

大根のべっこう煮
サッと炒めてコトコト煮るだけ。ピリ辛が好きなら、赤唐辛子を刻む

　大根　15㎝
　桜えび　⅓カップ
　赤唐辛子　1本
　ごま油　大さじ1
　煮汁
　┃水か湯　1½カップ
　┃しょうゆ　大さじ1½
　┃酒　大さじ1½

1 大根は1㎝厚さのいちょう切りにする。赤唐辛子は種をのぞき、辛いのが好みなら輪切りに刻む。
2 鍋または中華鍋にごま油を熱し、赤唐辛子、大根、桜えびを中火で炒める。全体がアツアツになったら、煮汁の材料を加え、フタをして強めの中火で煮る。
3 15分ほど煮て、大根が中までやわらかくなったら出来上がり。

大根のゆかりサラダ
梅酢がなければ、米酢を大さじ2にして

大根　10cm
大根の葉(中のやわらかい部分)　少々
ドレッシング
- ゆかり　小さじ1
- 米酢　大さじ1
- 梅酢　大さじ1
- サラダ油　大さじ1

1 大根は薄い輪切りにしてから千切りにする。葉は細かく刻む。
2 冷水に入れ、パリッとしたら水けをきり、器に盛る。
3 記載順に混ぜ合わせたドレッシングをまわしかける。

大根の洋風パリパリサラダ
大根のシャキシャキした歯ごたえが最高。香りづけの粉山椒はほんの少しの隠し味

大根　15cm
ベーコン　4枚
ドレッシング
- 塩　小さじ½
- 米酢　大さじ1
- こしょう　少々
- レモン汁　大さじ1
- サラダ油　大さじ1
- 粉山椒　少々

1 大根は5cm長さに切り、繊維にそって千切りにし、たっぷりの冷水に5分くらいつける。パリッとしたらザルにあげ、水けをきる。
2 ベーコンは5mm幅に切り、フライパンにサラダ油少々(分量外)を熱して炒める。カリカリになったら、キッチンペーパーなどにのせて余分な脂を取る。
3 ボウルにドレッシングの材料を記載順に混ぜ合わせ、大根とベーコンを入れてザッと混ぜ、器に盛る。

大根もち
大根おろしでこねるもち。アツアツを大根おろしとしょうゆで食べる

大根もち
- 上新粉　¾カップ
- 白玉粉　¼カップ
- 塩　ひとつまみ
- 大根おろし　½～1カップ

ごま油　大さじ1
大根おろし　たっぷり
しょうゆ　適量

1 ボウルに上新粉、白玉粉、塩を入れて混ぜ、大根おろしを汁ごと½カップ加えてこねる。様子をみて残りの大根おろしを適量加え、耳たぶくらいのやわらかさにこねる。
2 かたくしぼったぬれ布巾で包み、強火で20分蒸す。
3 すぐボウルにあけ、すりこぎなどでなめらかになるようにつく。プリッとしていたのが、モチモチになる。
4 手に水をつけ、一口大くらいに平たく丸める。
5 フライパンかホットプレートにごま油を熱して大根もちを並べ、中火で両面こんがり焼く。
6 器に盛り、自然に水けをきった大根おろしとしょうゆを添える。

大根ゆかり漬け
さっぱりした箸休めがほしいときに

大根　10cm
ゆかり　小さじ1

1 大根は2mm厚さくらいの薄い輪切りにしてから細切りにする。
2 大根にゆかりを加えて混ぜ、そのまま20～30分おく。

大豆とハムの落とし揚げ
しょうゆを少々加えた衣で、より香ばしく

大豆缶詰　1缶
ハム　4～5枚

だいず

衣
- 片栗粉かコーンスターチ 大さじ2
- 小麦粉 大さじ2
- 卵 1個
- 水 大さじ1
- しょうゆ 少々

揚げ油 適量
塩 適量

1 大豆は水けをきり、ハムは1㎝角に切る。

2 衣の材料を混ぜ合わせ、大豆とハムを加えて全体にからめる。

3 揚げ油を低めの中温(170度)に熱し、2 をスプーンですくって入れる。衣がしっかりしたら、ときどき返して空気にふれさせながら、カラリとなるまでじっくり揚げる。塩で食べる。

大豆のポークビーンズ
缶詰を使えば、豆料理もグッと手軽

- 大豆缶詰 1缶
- 豚薄切り肉 100g
- 玉ねぎ ½個
- サラダ油 大さじ1
- A
  - トマトジュース 1カップ
  - ウスターソース 大さじ1
  - トマトケチャップ 大さじ1
  - マスタード 大さじ1
- パセリ(みじん切り) 適量

1 大豆は水けをきっておく。豚肉は1㎝幅に切る。玉ねぎは繊維にそって薄切りにする。

2 サラダ油を熱して豚肉と玉ねぎを炒め、肉の色が変わったら大豆も加えてよく炒める。

3 Aを加えて混ぜ、表面を平らにし、フタをして中火で10～15分煮る。ときどき全体をかき混ぜ、煮汁がすっかりなくなったら火を止める。盛りつけ、パセリを振る。

鯛大根
ぶり大根と甲乙つけがたい、鯛の頭との煮もの

- 大根 20㎝
- 鯛の頭 大1尾分
- しょうが ひとかけ
- A
  - 酒 大さじ6
  - しょうゆ 大さじ4～5
  - みりん 大さじ2～3
  - 砂糖 大さじ1
- 熱湯 適量

1 大根は1.5㎝厚さの輪切りか半月切りにし、竹串がスーッと通るようになるまで下ゆでする。

2 鯛の頭は魚屋さんで2つに割ってもらう。1切れずつグラグラと煮立った湯に入れて引き上げ、霜降りにする。あら熱が取れたら、うろこをきれいに取りのぞく。

3 しょうがは皮ごと薄切りにする。

4 平鍋の中を水でぬらし、Aとしょうがを入れて火にかける。フツフツしたら鯛の皮を下にして入れ、強火で煮て完全に火を通し、取り出す。

5 残った煮汁に大根を入れ、熱湯をヒタヒタに加える。フタをし、強めの中火でやわらかくなるまで煮る。鯛と一緒に盛り合わせる。

霜降りにする→ コラム参照

鯛茶漬け
お茶の熱がちょっと入って、鯛の表面がやや白くなったところが食べ頃

- 温かいご飯 適量
- 鯛の刺身 適量
- 塩 少々
- 白いりごま 少々
- 上等な煎茶 適量
- もみのり 適量
- おろしわさび 適量

1 フタつきの小丼の器にご飯を盛り、鯛

の刺身を並べ、塩とごまを指でつぶしながらパラパラと振る。濃いめアツアツの煎茶をまわしかけ、フタをして1分ほど蒸らす。

2 フタを取り、もみのりを散らし、わさびをのせる。

鯛とうどの煮つけ
季節感あふれる煮もの。煮るときは強めの中火で

 鯛　4切れ
 うど　大1〜2本
 煮汁
  ｜ 酒　½カップ
  ｜ 砂糖　大さじ1
  ｜ みりん　大さじ1
  ｜ しょうゆ　大さじ3
  ｜ 水　1カップ
 しょうが汁　適量
 木の芽　適量

1 鯛は1切れを2つに切る。

2 うどは5㎝長さに切って皮を厚めにむき、太いところは2つ割りにして鍋に入れる。ヒタヒタの水を加えて火にかけ、沸とうしたらザルにあげて水けをきる。

3 広口の鍋に煮汁の材料を入れて火にかけ、フツフツしてきたら鯛を並べ入れる。再びフツフツしてきたらうどを入れ、強めの中火で8〜10分煮、煮上がり際にしょうが汁を加える。

4 鯛とうどを器に盛り合わせ、木の芽を散らす。

鯛のあったかそうめん
鯛のうまみと温かいそうめんが一つになって、上品なご馳走に

 〈これは2人分〉
 そうめん　150g
 鯛　1切れ
 塩　少々
 めんつゆ
  ｜ だし汁　3カップ
  ｜ 酒　大さじ2
  ｜ 薄口しょうゆ　大さじ2
  ｜ みりん　大さじ1
 三つ葉　適量
 しょうが(すりおろし)　適量

1 鯛は7〜8㎜厚さに薄くそぎ切りにし、骨を取って塩を振っておく。

2 そうめんはかためにゆでてよく水洗いし、ザルにあげて水けをきる。三つ葉は2㎝長さに切る。

3 めんつゆを作る。鍋にだし汁を入れて火にかけ、フツフツしたら調味料を加える。再びフツフツしたら、鯛を1切れずつ入れて火を通し、いったん器に取り出す。

4 めんつゆの中にそうめんを入れ、温まったら引き上げて器に分け入れる。つゆはそのまま温めておく。

5 そうめんの上に鯛と三つ葉をのせ、アツアツのつゆを注いでおろししょうがを添える。季節によっては柚子の皮ひとひらもよし。

鯛の子とグリンピースの煮もの
グリンピースが出まわる5〜6月の料理。彩りと味わいが最高！

 鯛の子(生)　2腹
 グリンピース(豆のみ)　1カップ
 煮汁
  ｜ 酒　½カップ
  ｜ 水　大さじ2
  ｜ 砂糖　小さじ1
  ｜ みりん　小さじ1
  ｜ 薄口しょうゆ　大さじ2
 湯か水　½カップ

1 グリンピースは熱湯で10分くらいゆでてザルにあげ、水けをきっておく。

2 鍋に煮汁の材料を入れて火にかけ、フツフツしてきたら鯛の子を加え、フタをし

て中火で10分ほど煮る。
3 さらにグリンピースと分量の湯または水を加え、弱火にして5～10分煮る。
4 煮上がったら、鯛の子は食べやすく切るかほぐし、グリンピースと一緒に器に盛り合わせる。

鯛の子や生たらこの甘辛煮
ご飯のおかずにも酒の肴にもぴったり。箸でほぐしながらどうぞ

鯛の子かたらこ(どちらも生のもの)　2腹
煮汁
　┌ 酒　½カップ
　│ 水　½カップ
　│ しょうゆ　大さじ2
　│ 砂糖　大さじ1
　│ みりん　大さじ1～2
　└ しょうが(薄切り)　2枚

1 小鍋の中を水でザッとぬらして煮汁の材料をすべて入れ、中火にかける。フツフツしてきたら鯛の子またはたらこを加えてフタをし、強めの中火にする。
2 再びフツフツしてきたら弱めの中火にし、10分ほど煮て裏返し、さらに10分コテッと煮る。

鯛の刺身のスープ粥(がゆ)
鯛からも上品なだしが出て、見た目も美しいご馳走になる逸品です

白粥
　┌ 米　1カップ
　│ 水　5カップ
　└ 湯　1カップ
スープ　4カップ
鯛の刺身　4人分
白いりごま　適量
しょうが(すりおろし)　適量

1 白粥を作る。厚手の鍋に、分量の水と米を入れ、少しずらしてフタをし、中火にかける。フツフツしてきたら弱火にし、フタをして25～30分炊く。
2 炊き上がったら熱い湯1カップを加えて、水でぬらした菜箸で切るように混ぜ、火を止める。きっちりフタをして5分蒸らす。
3 鯛は刺身用に切ってあればそのまま、自分で切る場合は、心持ち薄めに。
4 器に白粥をよそい、鯛の刺身をのせ、アツアツのスープを注ぎ、白いりごまを散らし、おろししょうがをのせる。

スープ➡家庭でできるスープ／チキンスープ(基本)／チキンスープ(中国風)

鯛のタイ鍋
鯛から極上のスープのだしがとれます。好みで赤唐辛子を増やします

鯛　3～4切れ
ゆで竹の子　1本
えのき茸　大1袋
春雨　70g
水　5カップ
しょうが(薄切り)　ひとかけ
赤唐辛子　2～3本
レモングラス　適量
A┌ 薄口しょうゆ　大さじ1
　│ 鶏がらスープの素　小さじ2
　│ 塩　小さじ1～1½
　│ 酒　大さじ1～3
　└ レモン汁　大さじ2～3
香菜(シャンツァイ)　適量

1 春雨は表示通りに戻してよく水洗いし、食べやすい長さに切る。
2 鯛は半分に切り、熱湯に数秒くぐらせて水けをきる。
3 ゆで竹の子は縦に薄切りにしてからもう一度水洗いする。えのき茸は石づきを切り落とし、下のくっついているところは切りめを入れてほぐす。
4 鍋に水としょうが、赤唐辛子、レモン

グラスを入れて火にかける。もちろんスープの素でなく本格的なチキンスープで作ってもよし。

5 フツフツしたらAを加えて調味する。ナンプラーが手に入れば薄口しょうゆの代わりに使うとより本格的。

6 5に鯛、竹の子、えのき茸、春雨の順に加えて煮る。

7 火を止めて4〜5cm長さに切った香菜を加えて食べる。香菜の苦手な人は日本の三つ葉で食べやすく。

鯛のポトフ風 カレー味

いい味わいのスープがでる鯛を、エスニック風味に仕上げる

　鯛　4切れ
　にんじん　1本
　セロリ　1本
　グリーンアスパラガス　1わ
　水　6カップ
　固形スープの素　1個
　カレー粉　小さじ½〜1
　ローリエ　1枚
　塩　適量
　こしょう　少々

1 鯛は1切れを3つに切り、水けをしっかりふき、塩少々を振る。

2 にんじんは1cm厚さの輪切りにし、太ければ半月切りにする。セロリはすじを取って太い部分は縦半分に切り、5cm長さに切る。アスパラガスは根元のかたい部分を1〜2cm切り落とし、軸の下のほうはピーラーで皮をむいて4つに切る。

3 鍋ににんじん、セロリ、分量の水、固形スープの素、カレー粉、ローリエを入れて強火にかけ、フツフツしたら5分ほど煮る。

4 さらに鯛とアスパラガスを加えて5〜6分ほど煮て、味をみて塩、こしょうで調味する。

タイ風スープ 本格風

鶏のスープに魚とえびのうまみがプラス。ナンプラーとココナッツミルクで本格味に

　白身魚(鯛、ひらめ、かれいなど骨のない切り身)　2切れ
　えび(有頭)　4尾
　きくらげ(乾)　大さじ1
　マッシュルーム　1袋
　スープ
　｜水　6カップ
　｜鶏ウイングスティック　4本
　｜にんにく　ひとかけ
　｜しょうが　ひとかけ
　｜赤唐辛子　小3〜5本
　｜レモングラス　3本
　ナンプラー　大さじ2
　塩　少々
　ココナッツミルク　¼カップ
　香菜(シャンツァイ)　適量

1 白身魚は1切れを3〜4等分し、えびは竹串などで背ワタを取りのぞく。

2 きくらげは戻して石づきを切り、食べよい大きさに切る。マッシュルームは石づきの汚れた部分を切り落とし、縦半分に切る。にんにくはつぶし、しょうがは薄切りにする。赤唐辛子は種をのぞいておく。

3 スープを作る。大きめの鍋に分量の水を煮立て、鶏ウイングスティック、にんにく、しょうが、赤唐辛子、レモングラスを加えて、フタをずらして弱火で20分ほど煮る。

4 さらに白身魚とえびを順に次々加え、アクをのぞきながら10分煮て、きくらげ、マッシュルームを加えてひと煮する。

5 最後にナンプラー、塩、ココナッツミルクで味を調え、5〜6cm長さに切った香菜を散らす。

タイ風ポテトサラダ

本場では青いパパイヤで作るサラダ。じゃ

たいらがい

が芋で再現したら、そっくりな味

- じゃが芋　2個
- 春雨　50g
- 玉ねぎ　1個
- 豚挽き肉　100g
- A
  - にんにく(すりおろし)　ひとかけ
  - 赤唐辛子(輪切り)　1本
  - 砂糖　大さじ2
  - 酒　大さじ1
  - 塩　小さじ1
- 水　1カップ
- サラダ油　大さじ1
- 香菜(シャンツァイ)(あれば)　適量

1 じゃが芋は千切りにし、水にさらす。春雨は表示通りに戻し、食べやすいように切る。玉ねぎは縦半分に切り、繊維にそって薄切りにする。

2 挽き肉にAを混ぜ合わせて下味をつけ、分量の水を加えておく。

3 サラダ油を熱し、じゃが芋の水けをきって中火で炒める。全体に油がまわったら、春雨を加えてザッと炒め合わせる。

4 じゃが芋と春雨をまわりに寄せて真ん中をあけ、そこに **2** の肉を汁ごとジャッと入れ、フタをして強火で火を通す。

5 フツフツしてきたらフタを取り、水分をとばしながら全体を混ぜながら大きく炒める。

6 水分がほとんどなくなったら、玉ねぎを加えてサッと炒める。盛りつけて香菜をのせる。

たいら貝のお刺身サラダ

生で食べられる季節の野菜を自由に取り合わせて楽しんでください

- たいら貝(刺身用)　4人分
- レタス　4枚
- きゅうり　1本
- しょうが　ひとかけ
- 塩　小さじ1
- レモン汁　1個分
- オリーブ油　大さじ1〜2

1 たいら貝は切ってあればそのまま、切ってないものは薄切りにする。

2 レタスは一口大にちぎる。きゅうりは薄い輪切りにする。しょうがは皮をむいて千切りにする。

3 大皿に野菜を彩りよく盛り、上にたいら貝を並べ、塩、レモン汁、オリーブ油を均一に振りかける。全体を混ぜながら食べる。

台湾風オムレツ

なんと、ピリッと辛い切り干し大根入り

- 卵　4〜6個
- 切り干し大根(乾)　30g
- 赤唐辛子(輪切り)　1〜2本
- ごま油　大さじ2
- 薄口しょうゆ　大さじ1
- 酒　大さじ1
- 水　1カップ

1 切り干し大根は戻し、戻し汁ごとやわらかくゆで、水けをきる。あら熱が取れたら、食べよい長さに切る。

2 ごま油大さじ1を熱し、赤唐辛子と切り干し大根を強めの中火で炒める。全体に油がまわったら調味料と分量の水を加え、汁けがなくなるまで煮る。

3 卵をとき、冷めた **2** を加えて混ぜる。

4 中華鍋を中火で熱し、残りのごま油大さじ1をまわし入れ、**3** を一度に流す。すぐ箸で外から中へと混ぜ、フタをして弱火で焼く。表面が乾いたら返して、裏もよく焼く。

高菜チャーハン

高菜漬けの量は、塩けをみて加減する

〈これは2人分〉
- 温かいご飯　2人分
- 豚薄切り肉　100g

高菜漬け(細かく刻む)　¼カップ
　　ごま油　大さじ1
　　しょうゆ　少々
　　白いりごま　適量
1 豚肉は細かく刻み、高菜漬けと混ぜ合わせる。
2 ごま油を熱し、肉と高菜漬けを強火で炒める。
3 肉の色が変わったら、強めの中火にして温かいご飯を加え、ご飯を切るようにして炒める。
4 全体がパラリとなったらしょうゆを振り、サッと混ぜる。盛りつけ、ごまを振る。

高菜と豚肉の炒めもの
味つけは、高菜漬けの塩加減をみながら調節を
　　豚赤身薄切り肉　200g
　　高菜漬け　100g
　　にんにく(すりおろし)　少々
　　赤唐辛子(輪切り)　1本
　　ごま油　大さじ1
　　ラー油　適量
　　こしょう　適量
　　しょうゆ　適量
　　白いりごま　適量
1 豚赤身薄切り肉は2～3cm幅に切る。高菜漬けは細かく刻む。
2 ボウルに豚肉と高菜漬けを合わせ、にんにく、赤唐辛子、ごま油を加えて混ぜる。
3 フライパンの中を水でザッとぬらし、**2**を入れて中火にかける。だんだん温まりパチパチいいはじめたら炒める。豚肉に火が通り、全体がアツアツになったら、味をみて、ラー油、こしょう、しょうゆを加えてザッと炒め、火を止める。
4 器に盛って上から白いりごまを振る。

高菜と野菜の炒めもの
白いご飯やラーメンにのせたいおかず
　　高菜漬け　150g
　　豚ばら薄切り肉　100g
　　もやし　1袋
　　ピーマン　2個
　　にんにく(みじん切り)　少々
　　ごま油　大さじ1
　　酒　大さじ1
　　こしょう　適量
　　しょうゆ(好みで)　少々
　　片栗粉　少々
1 高菜漬けは水洗いして塩けを抜き、縦に切りめを入れてから細かく刻む。豚肉は食べやすく切る。ピーマンは細切りにする。
2 ごま油を熱し、肉とにんにくを一緒に強火で炒める。肉の色が変わったら高菜漬け、もやし、ピーマンの順に加えて炒める。
3 野菜に火が通ったら酒とこしょうで調味し、味をみてたりなければしょうゆを振る。片栗粉をパラパラッと振って手早く全体を混ぜ、火を止める。

宝そば
大阪の懐かしい味！　焼き豚が入ってボリューム&風味満点の一品
〈これは2人分〉
　　そば(乾)　150～200g
　　焼き豚　100g
　　細ねぎ　½わ
　　白いりごま　大さじ4
　　しょうが(すりおろし)　適量
　　刻みのり　適量
　　めんつゆ　適量
　　酢　小さじ1～2
1 そばは袋の表示通りにほどよくゆでて、よく水洗いし、水けをきって皿に盛る。
2 焼き豚は細切り、細ねぎは小口切りに

たからぶくろ

する。白いりごまは刻む。
3 めんつゆに酢を加える。
4 そばの上に焼き豚、細ねぎ、白いりごまを散らし、めんつゆをかけておろししょうがと焼きのりも散らす。

宝袋
コトコト煮るうちにうまみじんわり。具は油揚げの口を少し折り返すと、詰めやすい

　　油揚げ　4枚
　　干椎茸　3枚
　　木綿豆腐　½丁
　　しらたき　1わ
　　にんじん　5㎝
　　しょうが（千切り）　ひとかけ
　　豚挽き肉　100g
　　しょうゆ　小さじ2
　　ぎんなん（水煮）　8粒
　　煮汁
　　┌　酒　大さじ2
　　│　しょうゆ　大さじ2
　　│　砂糖　大さじ1
　　│　みりん　大さじ1
　　└　水　2カップ

1 干椎茸は戻して石づきを切り落とし、細切りにする。木綿豆腐は布巾で包んで皿などで軽い重しをし、30分くらいおいて水きりをする。
2 油揚げは半分に切り、めん棒を転がすか、両手でパンパンとたたいて開きやすくし、そっと開いて袋状にする。これをたっぷりの熱湯で5〜10分ゆでて水洗いし、水けをギュッとしぼる。
3 しらたきは水洗いし食べよい長さに切り、にんじんは細切りにする。
4 ボウルに **1** の豆腐を入れてつぶし、椎茸、しらたき、にんじん、しょうが、豚挽き肉、しょうゆを加えてよく混ぜ、8等分にする。
5 油揚げの中に **4** の具を詰めてぎんなんを1粒入れ、口をすぼめてようじで縫うように刺してとめる。この宝袋を8個作る。
6 鍋に煮汁の材料を入れて煮立て、宝袋を並べてフタをする。やや弱めの中火で15分ほど煮含め、ようじを抜いて器に盛る。

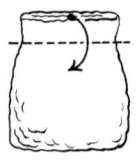

作り方 **5**

炊き込みご飯各種
→メニュー別索引〈炊き込みご飯〉を参照

炊き込みずし
大阪名物の蒸しずしにそっくり

　　米　2カップ（2合）
　　にんじん　10㎝
　　れんこん　小1節（約150g）
　　えび　8尾
　　昆布　10㎝
　　合わせ酢
　　┌　米酢　大さじ4
　　│　酒　大さじ1
　　│　砂糖　小さじ2
　　└　塩　小さじ1弱
　　干椎茸　8枚
　　ごま油　小さじ2
　　煮汁
　　┌　干椎茸の戻し汁か水　1カップ
　　│　しょうゆ　大さじ1
　　└　砂糖　大さじ1
　　焼きあなご　小2尾
　　錦糸卵　卵3個分
　　紅しょうが　適量

1 干椎茸はやわらかく戻し、しぼって軸を取る。ごま油で両面焼き、煮汁を加えて汁けがなくなるまで中火で煮てそのまま冷

ます。
2 米はふつうに水加減する。
3 にんじんは2cm長さの細切りにする。れんこんは縦に6〜8つに切ってから薄切りにする。えびは殻をむき、1cmくらいのコロコロに切る。
4 2の米の水を大さじ5(合わせ酢分)取りのぞき、合わせ酢を加えて混ぜる。昆布をザッと水洗いしてのせ、3の具を加えて表面を平らにし、ふつうに炊く。
5 あなごは1cm強の幅に切る。1の椎茸の甘辛煮は薄切りにする。
6 ご飯が炊き上がったら昆布を取り出し、椎茸とあなごをのせて少し蒸らし、底のほうから全体を混ぜる。ここで味をみて振り酢(約大さじ1・分量外)をする。
7 器に盛り、錦糸卵をのせ、紅しょうがを添える。

炊き込みパエリア

魚介と野菜が彩りよく、た〜っぷり入るおなじみの米料理。具を炒めて炊き込むだけ

米 2½カップ(2½合)
A ┌ 湯 2½カップ(2½合)
  └ 固形スープの素 1個
サフラン ひとつまみ
あさりかはまぐり(砂抜き) 300g
いか 小1杯
えび 8尾
鶏こま切れ肉 150g
ピーマン 1〜2個
赤か黄色のピーマン 1個
トマト 1個
にんにく ひとかけ
玉ねぎ ½個
オリーブ油 大さじ2
塩 小さじ1弱
こしょう 少々

1 米は洗ってザルにあげ水けをよくきる。固形スープの素は分量の湯にとかしておく。サフランは大さじ1の湯(分量外)につけておく。
2 あさりかはまぐりは、こすり洗いをして殻の汚れを落とし、ヒタヒタの薄い塩水(分量外)につけて、さらに砂抜きをする。
3 いかは胴を1〜2cm幅の輪切りにし、足はバラバラと食べよく切る。えびは背ワタを取る。
4 ピーマンは細切り、トマトは1.5cmの角切りにし、にんにくと玉ねぎはみじん切りにする。
5 炊飯器に米とAのスープを入れる。
6 フライパンにオリーブ油大さじ1とにんにくを入れ、火にかけて炒める。香りがたったら玉ねぎ、鶏こま切れ肉、水けをきった貝、いか、えびの順に次々と加えて強火で炒める。
7 貝の口が開いたら、火を止めて塩、こしょう、サフランを湯ごと加え、サッと混ぜて5の米の上にのせる。さらにピーマンとトマトも加えて炊飯器のスイッチを入れる。
8 炊き上がったら、オリーブ油大さじ1をまわしかける。ここで底のほうから全体をほっこり混ぜて器に盛ってもいいし、いったん具を取り出し、ご飯を混ぜて器に盛ってから具を彩りよくのせてもOK。

竹の子カレー

旬の頃にぜひお試しあれ。竹の子のほんのりした甘みと軽い歯ごたえが新鮮!

新ゆで竹の子 1本
玉ねぎ ½個
にんにく(みじん切り) ひとかけ
しょうが(みじん切り) 少々
赤唐辛子 1本
豚肩ロース薄切り肉 250g
サラダ油 大さじ2
カレー粉 大さじ2
こしょう 適量

たけのこ

　　ローリエ　1枚
　　水　3½カップ
　　カレールウ　小1箱（約100ｇ）

1 ゆで竹の子は食べよく切り、玉ねぎはみじん切りにする。赤唐辛子は種をのぞく。

2 豚肩ロース薄切り肉は食べよく切る。

3 鍋にサラダ油、にんにく、しょうが、赤唐辛子を入れて中火にかけ、せっせと炒める。香りがたったら、玉ねぎを加えてさらによく炒める。

4 玉ねぎをよく炒めたら、強火にして竹の子を加えて炒める。竹の子がアツアツになったら豚肉を加え、すぐにカレー粉も加えて全体にまぶすように炒める。

5 豚肉に火が通ったら、こしょう、ローリエ、分量の水を加えて中火で15～20分煮る。

6 いったん火を止め、カレールウを加えてとかし、再び火にかける。弱火で10分ほど煮込めば出来上がり。好みのパンやご飯などでどうぞ。

たけのこクリームカレー
生クリームの入った欧風カレー。竹の子は洋風料理にも合うのです

　　温かいご飯　4人分
　　新ゆで竹の子　大1本（約400ｇ）
　　いか　1杯
　　鶏もも肉　1枚
　　塩　小さじ½
　　にんにく（みじん切り）　ひとかけ
　　サラダ油　大さじ2
　　小麦粉　大さじ4
　　カレー粉　大さじ1½～2
　　水　3½カップ
　　固形スープの素　1個
　　塩　小さじ½前後
　　生クリーム　½カップ
　　カレー粉　適量

1 新ゆで竹の子は1㎝厚さのいちょう切りにしてからもう一度水洗いし、ザルにあげる。

2 いかは、胴は1㎝の輪切り、足は食べよく切る。

3 鶏肉は一口大に切り、塩をまぶす。

4 鍋にサラダ油を入れて弱火にかけ、すぐにんにくを入れゆっくり炒める。いい香りがしてきたら小麦粉、カレー粉を加えて小麦粉にしっかり火が通るまで弱火で炒め、分量の水を様子をみながら加える。だまになりやすいので泡立て器で混ぜながらのばす。

5 固形スープの素、竹の子を加え、弱火で20分ほど煮込む。フツフツしているところへ鶏肉を加え、少し煮、鶏肉にほぼ火が通ってきたら最後にいかを加える。

6 塩で味を調え、いかに火が通ったらごく弱火にし、生クリームを加え混ぜ、すぐ火を止める。ご飯を盛り、上からかける。ご飯にカレー粉を少し振ってもよく合う。

竹の子ご飯
季節に一度は作りたい

　　米　2カップ（2合）
　　新ゆで竹の子　½本（約150ｇ）
　　油揚げ　½枚
　　A ｛ 酒　大さじ1
　　　　 薄口しょうゆ　大さじ1
　　昆布　10㎝
　　木の芽　適量

1 米はふつうに水加減する。

2 ゆで竹の子は食べよく刻む。油揚げは水洗いしてキュッとしぼり、あらみじんに刻む。

3 **1**の米の水を大さじ2（調味料分）取りのぞき、Aの調味料を加えて混ぜる。昆布をザッと水洗いしてのせ、竹の子と油揚げを加えて表面を平らにし、ふつうに炊く。

4 昆布を取り出し、底のほうから全体を

混ぜる。盛りつけ、木の芽を散らす。
竹の子の使い分け→ コラム参照

竹の子ご飯 おこわ風
みじん切りのにんじんが大切なアクセント
　米　1カップ（1合）
　もち米　1カップ（1合）
　新ゆで竹の子　½本（約150ｇ）
　油揚げ　½枚
　にんじん(みじん切り)　大さじ1
　A ｛ 酒　大さじ1
　　　 薄口しょうゆ　大さじ1
　　　 塩　少々
　昆布　10～15㎝

1 米ともち米は合わせ、やや少なめに水加減する。
2 ゆで竹の子はあらみじんに刻む。油揚げは湯で洗ってキュッとしぼり、あらみじんに刻む。
3 1の米にAの調味料を加えて混ぜ、ザッと水洗いした昆布をのせる。竹の子、油揚げ、にんじんを加えて表面を平らにし、ふつうに炊く。
4 昆布を取り出し、底のほうから全体を混ぜる。

竹の子ご飯 韓国風
食欲をそそられる香りも高く、具だくさんのこっくり味
　米　2カップ（2合）
　新ゆで竹の子　½本（約150ｇ）
　干椎茸　3枚
　牛赤身薄切り肉　100ｇ
　長ねぎ(みじん切り)　10㎝
　にんにく(みじん切り)　ひとかけ
　ごま油　大さじ1
　薄口しょうゆ　大さじ1
　スープ
　　 ｛ 固形スープの素　1個
　　　　 湯　米と同量
　こしょう　少々
　細ねぎ(小口切り)　適量
　白いりごま　適量

1 干椎茸は戻し、軸を取り、半分に切ってから細切りにする。ゆで竹の子は薄くいちょう切りにし、水洗いする。牛肉はあらみじんに切る。
2 ごま油を弱火にかけて長ねぎとにんにくを炒め、いい香りがしてきたら強火にして肉、椎茸、竹の子の順に加えて炒める。全体がアツアツになったら、薄口しょうゆを加えてサッと混ぜる。
3 炊飯器にといだ米、スープ、こしょうを入れてひと混ぜし、2の具をのせて表面を平らにし、ふつうに炊く。
4 底のほうから全体を混ぜ、盛りつけて細ねぎとごまを振る。

竹の子焼売（シューマイ）
プチプチ歯ざわりが心地いい
　豚挽き肉　200ｇ
　A ｛ 酒　小さじ1
　　　 砂糖　小さじ1
　　　 しょうゆ　小さじ1
　　　 塩　小さじ½
　　　 ごま油　小さじ½
　　　 こしょう　少々
　新ゆで竹の子(みじん切り)　1カップ
　長ねぎ(あらみじん切り)　½カップ
　しょうが(みじん切り)　ひとかけ
　片栗粉　大さじ4
　焼売の皮　1袋
　キャベツ　2～3枚
　とき辛子　適量
　酢　適量
　しょうゆ　適量

1 豚挽き肉にAを加えてよく混ぜ合わせる。
2 別ボウルにゆで竹の子、長ねぎ、しょうがを合わせて片栗粉を振り、箸で混ぜ合

たけのこ

わせる。

3 **1**の肉と**2**の野菜類を合わせ、むらなく混ぜ合わせる。

4 焼売の皮に**3**をティースプーン山盛り1杯くらいのせ、軽く広げて平らにする。口をすぼめるように軽く握って包み込み、表面を平らにし、底をすわりのいいように軽く押さえておく。

5 蒸気の立った蒸し器にキャベツを敷き、焼売を並べ、強火で10〜15分蒸す。キャベツも盛りつけ、辛子酢じょうゆで食べる。

竹の子と厚揚げのつけ焼き
しょうゆをからめながら香ばしく焼きあげ、旬の味と風味を満喫！

　新ゆで竹の子　1本
　厚揚げ　1〜2枚
　しょうゆ　適量
　サラダ油　適量
　木の芽　適量

1 新ゆで竹の子は下のほうを1cm厚さの半月切り、穂先は縦に4〜6等分にする。

2 厚揚げは食べよい大きさに切る。

3 竹の子と厚揚げを合わせてしょうゆを振り混ぜ、味をからめておく。

4 フライパンにサラダ油を熱し、**3**を入れて弱めの中火で焼きつける。中がアツアツになり全体がこんがり焼けたら取り出し、もう一度しょうゆにからめてから器に盛り、木の芽を散らす。

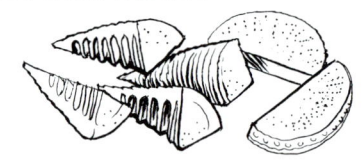

作り方**1**

竹の子とえびのクリーム煮
新竹の子で作るに限ります

　新ゆで竹の子　1本(250〜300g)
　ゆでえび　12尾
　絹さや　50g
　バター　大さじ2
　小麦粉　大さじ4
　水　½カップ
　牛乳　3カップ
　固形スープの素　1個
　塩　適量
　白こしょう　適量

1 ゆで竹の子は大きめの薄切りにする。絹さやはすじを取る。えびは殻をむき、あれば背ワタを取る。

2 厚手の鍋にバターを入れて火にかけ、とけたら竹の子を炒める。弱火にして小麦粉を振り入れ、粉っけがなくなるまで2〜3分よく炒める。

3 火を止め、分量の水を加えてなめらかによく混ぜてから、牛乳を2〜3回に分けて加え混ぜる。えびとスープの素を加え、ときどき混ぜながら弱火で煮る。

4 とろりとなったら、絹さやを加えてひと煮する。味をみて塩、こしょうで調え、火を止める。

竹の子と牛肉の炒めもの
新竹の子を生かしてシンプルに

　新ゆで竹の子　1本(約250g)
　牛赤身薄切り肉　200g
　下味用
　　｛しょうゆ　小さじ1
　　　片栗粉　小さじ2
　サラダ油　大さじ2
　A｛酒　小さじ1
　　　しょうゆ　小さじ1
　　　豆板醤　小さじ½

1 ゆで竹の子は食べよい大きさの薄切りにする。

2 牛肉は2〜3つに切り、しょうゆをもみ込んで下味をつけ片栗粉をまぶす。

3 サラダ油を温め、油がまだぬるいうちに肉を入れ、そのまましばらく火を通す。肉がはがれやすくなったら、色が変わるまで炒める。

4 強火にし竹の子を加え、アツアツになるまで炒める。

5 火を止めてAの調味料を加え、再び強火をつけて味をからめながら炒める。味をみて、たりないようならしょうゆ(分量外)を振り、火を止める。

竹の子と大豆のみそ炒め
新竹の子が出まわるときにぜひ。材料はすべてそろえてから炒める

　新ゆで竹の子　小1本(約150g)
　大豆缶詰　1缶
　厚揚げ　1枚
　長ねぎ(細め)　1本
　ごま油　大さじ2
　合わせ調味料
　　にんにく(すりおろし)　ひとかけ
　　赤みそ　大さじ1
　　砂糖　小さじ1
　　豆板醤　小さじ½～1
　　しょうゆ　小さじ1
　ごま油　少々

1 合わせ調味料を混ぜておく。

2 ゆで竹の子と厚揚げは1.5cm角、長ねぎは1.5cm長さに切る。

3 中華鍋にごま油を熱し、竹の子、水けをきった大豆の順に強火で炒めて、さらに厚揚げ、長ねぎの順に加えて炒める。

4 全体に油がまわったら、**1**の合わせ調味料を加えて水けをとばすように炒め合わせ、火を止めて、最後にごま油を落として風味をつける。

竹の子とつくねの一緒揚げ
揚げたてにコテッと味をからめて

　新ゆで竹の子　400g
　つくね
　　鶏挽き肉　300g
　　しょうが(すりおろし)　ひとかけ
　　塩　小さじ½
　　卵　1個
　　片栗粉　大さじ1
　揚げ油　適量
　A　しょうゆ　大さじ2
　　　酒　大さじ2
　　　みりん　大さじ1

1 ゆで竹の子は一口大に切り、水けをふく。

2 つくねの材料をよく混ぜ合わせ、つくねのたねを作る。

3 揚げ油を中温(170～180度)に熱し、**2**のたねをスプーンを2本使って一口大くらいに丸めて入れる。薄く色がつきはじめたら、竹の子も加えて一緒に揚げる。

4 Aの調味料を合わせてひと煮立ちさせ、大きめの器に入れておく。

5 つくねに火が通り、竹の子も表面に色がついたら油をよくきり、すぐ**4**の器に入れ、軽く混ぜて味をからめる。

竹の子とつくねのうま煮
こってりと味を含んで冷めてもおいしい

　新ゆで竹の子　1本(約300g)
　つくね
　　鶏挽き肉　300g
　　しょうが(すりおろし)　ひとかけ
　　しょうゆ　小さじ1
　　卵　1個
　　片栗粉　大さじ1
　揚げ油　適量
　A　しょうゆ　大さじ2
　　　酒　大さじ2
　　　みりん　大さじ1
　　　砂糖　大さじ1
　　　水　大さじ2
　水　1カップ前後

たけのこ

1 ゆで竹の子は大きめの一口大に切る。
2 つくねの材料をよく混ぜ合わせてつくねのたねを作る。
3 揚げ油を中温（170〜180度）に熱し、2 のたねをスプーンを2本使って一口大くらいに丸めて次々入れる（きれいな真ん丸にしようとは思わなくてよい）。中まで火が通って、全体がこんがり色づくまで揚げる。
4 鍋の中を水でぬらしてつくねを並べ、Aを加え、強火にかける。フツフツしてきたらザッと混ぜ、竹の子を加え、分量の水をヒタヒタに加える。フタをし、汁けが少なくなるまで煮る。
5 フタを取って、鍋をゆすりながら煮汁をからめて仕上げる。

竹の子と鶏肉の混ぜごはん
炊き込みご飯とはまたひと味違います。竹の子がシャキシャキ

　米　2カップ（2合）
　新ゆで竹の子　½本（約200ｇ）
　鶏もも肉　150ｇ
　ごま油　大さじ1
　煮汁
　┌　水　大さじ2
　│　しょうゆ　大さじ1½
　│　みりん　小さじ1½
　└　酒　大さじ1

1 米はふつうに炊く。
2 ゆで竹の子は食べよい大きさの薄いいちょう切りにする。鶏肉は黄色い脂肪を取り、1㎝角くらいのコロコロに切る。
3 ごま油を熱して鶏肉をよく炒め、火を止めて煮汁を加える。再び火をつけ、フツフツしてきたら竹の子も加え、強火で汁けがなくなるまで煮る。
4 炊き上がったご飯に 3 を加え、底のほうから全体をよく混ぜる。ごまを振ってもおいしい。

竹の子丼
新竹の子を濃いめの味でしっかり煮からめた、コクのある和風どんぶり

　新ゆで竹の子　1本（約300ｇ）
　生椎茸　8個
　しょうが　小ひとかけ
　煮汁
　┌　みりん　大さじ2
　│　砂糖　大さじ2
　│　しょうゆ　大さじ2
　└　酒　大さじ2
　木の芽　適量
　温かいご飯　4人分

1 ゆで竹の子は5㎜厚さのいちょう切りにし、生椎茸は石づきを切り落として2つにそぎ切りにする。しょうがは皮ごと繊維を断つように薄切りにする。
2 鍋の中を水でザッとぬらし、煮汁の調味料を入れて火にかける。フツフツと煮立ってきたら、竹の子、椎茸、しょうがを加え、強めの中火で煮からめる。
3 どんぶりにご飯を盛って具をのせ、上に木の芽を散らす。木の芽の代わりに粉山椒を振ってもおいしい。

竹の子のエッグサラダ
彩りも味もやさしい春の一品です

　新ゆで竹の子　1本（約300ｇ）
　絹さや　100ｇ
　ゆで卵　2個
　A┌　マヨネーズ　大さじ山盛り2
　 │　マスタード　小さじ1
　 └　米酢　大さじ1強

1 ゆで竹の子は薄いいちょう切りにする。
2 絹さやはすじを取り、半分に切る。
3 鍋に竹の子と、ヒタヒタの水、塩少々（分量外）を入れて火にかける。フツフツしてきたら絹さやを加え、ほどよくゆで、ザルに取り、広げて冷ます。
4 ボウルにゆで卵を入れ、フォークの背

であらくつぶす。ここへAの調味料を加えて混ぜ合わせ、竹の子、絹さやの順に2〜3回に分けて加え、あえる。味がたりなければ塩(分量外)で調える。

竹の子のおかか煮
うまみが広がる伝統の味

新ゆで竹の子　大1本
煮汁
　　だし汁　3カップ
　　みりん　1カップ
　　酒　½カップ
　　薄口しょうゆ　大さじ1
　　塩　小さじ1
削り節　1カップ
木の芽　適量

1 ゆで竹の子はまず穂先の部分を切り、形を生かして縦4つ割りにする。真ん中の部分は2㎝厚さの輪切りにする。下の太い部分は縦半分に切ってから2㎝厚さの半月切りにする。

2 煮汁を火にかけ、フツフツしてきたら竹の子を加え、フタをして弱火でゆっくり60分くらい煮る。

3 汁けが少なくなったところに削り節を加え、再びフツフツしてきたら火を止める。

4 全体を混ぜ合わせ、盛りつけて木の芽を散らす。

作り方 **1**

竹の子のグラタン
新竹の子の香りと歯ごたえを、洋風おかずで楽しむ

新ゆで竹の子　1本(約300g)
玉ねぎ　½個
鶏むね肉　1枚
下味用
　　塩　少々
　　こしょう　少々
ホワイトソース缶詰　大1缶(約290g)
牛乳　1½カップ
バター　大さじ1
粉チーズ　適量

1 ゆで竹の子は太めの細切りにし、玉ねぎは薄切りにする。

2 鶏むね肉は黄色い脂肪を取って小さめの一口大に切り、塩、こしょうを振って下味をつける。

3 鍋の中を水でザッとぬらしてホワイトソースをあけ、玉ねぎ、牛乳とバターを加えて中火にかける。フツフツしてきたら鶏肉を入れ、再びフツフツしてきたら竹の子を加えて、鶏肉に完全に火を通す。

4 耐熱容器の中にバター(分量外)を薄くぬって **3** を流し入れ、粉チーズを振ってオーブントースターでこんがりフツフツするまで焼く。オーブンの場合は、230度で10分前後焼く。

竹の子の酢豚
香り豊かな新竹の子が出まわる時期にぜひ。シンプルな具だからこその味わい

豚ももかたまり肉　350g
下味用
　　しょうゆ　小さじ1
　　酒　小さじ1
片栗粉　大さじ2
新ゆで竹の子　1本
干椎茸　7〜8枚
揚げ油　適量
A　干椎茸の戻し汁　⅔カップ
　　しょうゆ　大さじ1
　　米酢　大さじ1
　　砂糖　大さじ1

水溶き片栗粉
- 片栗粉　大さじ1
- 水　大さじ1

ごま油　小さじ½

1 干椎茸は戻して石づきを切り落とし、大きければ2～3つに切る。戻し汁は⅔カップ取っておく。

2 豚ももかたまり肉は1.5cm厚さ、6cm長さくらいの棒状に切り、しょうゆと酒をからめて下味をつけ、片栗粉をまぶす。

3 新ゆで竹の子は一口大の乱切りにする。

4 揚げ油を中華鍋に入れて温め、油がぬるいうちに竹の子と椎茸を水けをふきながら、入れていく。ときどき空気にふれさせながらカラリと揚げ、よく油をきって引き上げる。

5 揚げ油を中温(170～180度)に熱し、**2**の豚肉をキュッと握って片栗粉を落ち着かせながら、油の中に入れていく。ときどき動かして空気にふれさせながら、中までじっくりカラリと揚げて、よく油をきって引き上げる。

6 揚げ油をオイルポットに戻して中華鍋をきれいにし、Aの材料を入れて強めの火にかける。フツフツしてきたら水溶き片栗粉でとろみをつけ、火を止める。

7 すぐに野菜と肉を加えてザッザッと混ぜ合わせ、最後に風味づけのごま油を落として器に盛る。

竹の子の煮もの
気取らないお総菜風

新ゆで竹の子　大1本
煮汁
- だし汁　½～1カップ
- しょうゆ　大さじ2
- 酒　大さじ2
- みりん　大さじ2

1 ゆで竹の子は1.5cm厚さくらいの半月切りにする。

2 煮汁を火にかけ、フツフツしてきたら竹の子を加え、フタをして強めの中火で煮る。汁けが少なくなったら、火を止める。

竹の子のミルクシチュー
牛乳とすごく合う新竹の子で、春らしいあっさり仕上げ

新ゆで竹の子　小1本
ハム　3枚
絹さや　50g
サラダ油　大さじ1
バター　大さじ1
牛乳　3½カップ
固形スープの素　1個
塩　少々
こしょう　少々
A ┌ コーンスターチか片栗粉　大さじ1
　└ 牛乳　大さじ1

1 ゆで竹の子は縦半分に切ってから縦に2～3mm厚さに切る。ハムは1cm幅に切る。

2 絹さやはすじを取り、熱湯でサッとゆで、ザルに広げて冷ます。

3 サラダ油とバターを熱し、竹の子をアツアツになるまで炒める。牛乳を加え、スープの素をパラパラにほぐして加え、フツフツしてきたら弱火にして4～5分煮る。

4 ハムと絹さやを加え、すぐ塩、こしょうで味を調える。Aを混ぜ合わせてまわし入れ、軽くかき混ぜてとろみをつけ、火を止める。

竹の子の焼きめし
ご飯を香ばしく焼き上げるのがコツ。竹の子の代わりにれんこんで作っても美味

〈これは2人分〉
温かいご飯　2人分
新ゆで竹の子　100g
桜えび　大さじ4
細ねぎ(小口切り)　½カップ強

ねぎじょうゆ
- 長ねぎ　10cm
- しょうゆ　大さじ1

ごま油　大さじ1
白いりごま　大さじ1

1 ゆで竹の子は食べよい大きさの薄いいちょう切りにし、細ねぎは小口切りにして½カップ強を用意する。

2 ねぎじょうゆを作っておく。長ねぎはあらみじん切りにし、しょうゆに漬ける。

3 フライパンにごま油を熱して竹の子を中火で炒め、アツアツになったら、桜えびと温かいご飯を加えてさらに炒める。

4 全体がアツアツになったら、細ねぎ½カップとねぎじょうゆを加え混ぜて炒める。細ねぎは最後に散らす分を残しておく。

5 ここで火をグンと弱火に落として白いりごまを加え混ぜ、ご飯をフライパン全体に均一に広げながら表面をならして裏面をじっくり焼く。

6 裏がこんがりと焼けてきたら、フライパンに大皿をかぶせてエイヤッとひっくり返し、上に残しておいた細ねぎを散らす。

竹の子のゆで方
ゆでたての新竹の子は、やっぱり最高

新竹の子　適量
ぬかまたは米　ひとつかみ
赤唐辛子　1本

1 竹の子は皮だけに縦に1本切りめを入れ、皮を最後の1枚だけ残してむく。

2 根元の部分は削り落としてきれいにする。

3 大きめの鍋に竹の子を入れ、たっぷりの水、ぬかまたは米、赤唐辛子を加える。落としブタをし、弱火で2時間くらいゆでる。途中ゆで汁が少なくなってきたら水を加える。

4 竹串がスーッと通るようになったら水に取り、何度か水をかえながら冷たい水に2時間から一晩さらす。

竹の子めんま風
ゆで竹の子はセッセと炒める。当座煮としてもおすすめの一品

ゆで竹の子　300g
ごま油　大さじ1〜2
しょうゆ　大さじ2
酒　大さじ2
削り節　1パック

1 ゆで竹の子は5cm長さの太めの細切りにする。

2 フライパンにごま油を熱し、竹の子をよくよく炒める。全体がアツアツになったら、いったん火を止め、しょうゆと酒を加える。

3 再び火をつけて強めの中火で煮、汁けがほとんどなくなったら、削り節を加え、ザッと混ぜて火を止める。

竹の子油飯（ゆはん）
米はアツアツになるまでよく炒めること

もち米　1½カップ（1½合）
米　½カップ（½合）
新ゆで竹の子　200g
ごま油　大さじ1
A ┌ しょうゆ　大さじ2
　├ 酒　大さじ1
　└ みりん　大さじ1
青のり　少々

1 ゆで竹の子は薄いいちょう切りにする。

2 ごま油を熱して竹の子を炒め、もち米と米を加えて全体がアツアツになるまでよく炒める。火を止め、Aの調味料を加えて混ぜる。

3 炊飯器に入れ、もち米と米を合わせた量と同量の水を加え、表面を平らにしてふつうに炊く。

4 底のほうから全体を混ぜ、盛りつけて

青のりを振る。

タコス
おなじみのメキシコ料理。ピリ辛トマト味のサルサを添えれば太陽の香り！

簡単トルティーアの生地
- コーンミール　½カップ
- 強力粉　½カップ
- 薄力粉　½カップ
- 水　1½カップ
- 塩　ひとつまみ

バター　少々
サラダ油　大さじ1
具
- 合い挽き肉　300g
- にんにく（みじん切り）　ひとかけ
- 塩　小さじ½
- こしょう　小さじ½
- パプリカ　小さじ½
- チリパウダー　小さじ½
- カレー粉　小さじ½
- ウスターソース　小さじ½
- ナツメグ　少々
- クローブ　少々
- トマトケチャップ　少々
- 水　1カップ

サルサ（市販品でもOK）　適量
香菜（シャンツァイ）（あれば）　適量
レタス　小½個
チーズ（好みのもの）　1カップ

1 まずトルティーアを作る。ボウルにすべての材料を合わせて混ぜ、ぬれ布巾をかけて60分ほどねかし、生地にする。コーンミールがないときは薄力粉を1カップにする。

2 ホットプレートを温めてバターを薄くぬる。生地をおたまで流し入れ、おたまの背を使ってクリクリッと大急ぎで直径12〜13cmに丸く広げる。フタをして焼き、表面が完全に乾いたら裏返す。両面が焼けたら取り出して布巾に包んでおき、残りも同様にして焼く。

3 具を作る。フライパンにサラダ油を熱し、にんにくと合い挽き肉を強めの中火で炒める。肉の色が変わったら、すべての調味料を加えて炒め、さらに分量の水を加え、水けがすっかりとぶまで炒める。

4 サルサは、あれば刻んだ香菜やハラペーニョ（激辛の青唐辛子）を1〜2本加えるとなお美味。

5 レタスは細切りにする。

6 トルティーヤに具、サルサ、レタス、チーズなどをのせ、クルリと巻いて食べる。

サルサ→サルサ

タコス チキン
スパイシーなチキンに野菜やチーズ、ディップを添えたボリュームいっぱいのタコス

トルティーア　4人分
チキンチリ
- 鶏むね肉　1枚
- A
  - 塩　小さじ½
  - チリパウダー　小さじ½
  - パプリカ　小さじ½
  - 黒挽きこしょう　小さじ½
  - オリーブ油　小さじ2
  - タバスコ　少々

チーズ（好みのもの）　適量
アボカドディップ　アボカド1個分
トマト　適量
レタス　4枚

1 焼いたトルティーアは冷めないように布などに包んでおく。

2 チキンチリを作る。鶏むね肉は黄色い脂肪を取りのぞき、中までしっかりゆでて取り出す。

3 肉のあら熱が取れたら、食べよくさいてボウルに入れ、Aの調味料とスパイスをすべて加えてよく混ぜる。

4 チーズは好みのものを用意してすりおろすか、またはスライスチーズを三角形に切っておく。
5 アボカドディップは作るのがめんどうなら、アボカドの種と皮をのぞいて薄切りにするかつぶすだけでもOK。
6 トマトは縦半分に切って薄切り、レタスは細切りにする。
7 トルティーアにチキンチリ、チーズ、アボカドディップ、トマト、レタスなどを包んで食べる。

　アボカドディップ➡アボカドディップ
　トルティーア➡トルティーア

タコス ビーフ
本格味を楽しむならこのビーフで。時間がないときは市販品も上手に利用してどうぞ

　トルティーア　4人分
　ベイクドビーフ
　┌牛肩ロースかたまり肉（豚肉でも可）
　│　300～400g
　│A┌塩　小さじ½強
　│　│こしょう　小さじ½
　│　│チリパウダー　小さじ½～1
　│　│パプリカ　小さじ½～1
　│　│レッドペッパー　小さじ½～1
　│　│コリアンダー　少々
　│　│クミン　少々
　│　└クローブ　少々
　│玉ねぎ（すりおろし）　½個
　│にんにく（すりおろし）　ひとかけ
　└サラダ油　大さじ1
　アボカドディップ　アボカド1個分
　サルサ　適量

1 ベイクドビーフの準備をする。牛肉は小さめの一口大に切り、Aの調味料とスパイス（スパイスはすべてそろわなくてもよいが、チリパウダーは必要）をまぶし、さらに玉ねぎ、にんにく、サラダ油を加えて混ぜ込み、一晩漬けておく。

2 アボカドディップは作るのがめんどうなら、アボカドの種と皮をのぞいて薄切りにするかつぶすだけでもOK。
3 食べる寸前に、**1** の牛肉を250～300度のオーブンで10分焼いてベイクドビーフに。
4 トルティーアにベイクドビーフ、アボカドディップ、サルサを包んで食べる。サルサには、あれば刻んだ香菜を加え混ぜるとおいしい。

　アボカドディップ➡アボカドディップ
　サルサ➡サルサ
　トルティーヤ➡トルティーア

タコス風オープンサンド
タコソースを使えば、メキシコ風ミートソースはお手のもの

　食パン（8～10枚切り）　4枚
　牛挽き肉　200g
　にんにく（みじん切り）　ひとかけ
　サラダ油　大さじ1
　タコソースかトマトソース　1びん
　塩　小さじ½
　こしょう　適量
　レタス　4枚
　トマト　2個
　とけるチーズ　適量
　タバスコ（好みで）　適量

1 サラダ油とにんにくを火にかけ、挽き肉を加えて強めの中火で炒める。肉に火が通ったらタコソースを加え、フツフツしてきたら、味をみて塩、こしょうで調える。
2 レタスは千切りにし、トマトは7～8mm厚さの輪切りにする。食パンはトーストする。
3 パンに **1** の肉、野菜、チーズの順にのせる。好みでタバスコを振って食べる。

タコス風サラダ
挽き肉がアツアツのうちにチーズをのせて

たことおくら

食卓へ。ほんのりとけたチーズが美味

　豚挽き肉　150g
　レタス　6〜7枚
　トマト　小2個
　サラダ油　大さじ1
　にんにく(みじん切り)　ひとかけ
　トマトケチャップ　大さじ2
　タバスコ　適量
　こしょう　適量
　スライスチーズ　2〜3枚
　レモン汁　½個分

1 レタスは細切り、トマトは1cm角に切り、器に盛り合わせておく。チーズは三角形に4等分に切っておく。
2 フライパンにサラダ油とにんにくを入れ、火にかけて炒める。香りがたったら豚挽き肉を加えて炒め、肉がまだ生のうちに、ケチャップ、タバスコ、こしょうを加えて火が通るまで炒める。
3 **1** の野菜の上に **2** の肉をのせ、すぐにチーズをのせ、レモン汁をかけて食べる。

たことオクラのピリ辛炒め

エスニック風味で新鮮味！　具は強火で手早く炒める

　ゆでだこの足　2本
　オクラ　2袋
　ごま油　大さじ½
　ナンプラー　大さじ½
　豆板醤　小さじ1

1 ゆでだこの足は小さめの乱切りにし、オクラはヘタを切り落とす。長い場合は2つに切る。
2 フライパンにごま油を熱し、たことオクラを強火で炒める。油が全体にまわったら、ナンプラーと豆板醤を加えてザッと炒め合わせ、味をからめる。

たこと緑のサラダ

たこも野菜も切ってから氷水に入れて混ぜると、バランスよくシャキッ

　ゆでだこの足　中2本
　きゅうり　2本
　ピーマン　2個
　みょうが　2個
　青じそ　1わ
　ドレッシング
　　塩　小さじ½
　　しょうゆ　小さじ1
　　米酢　大さじ1
　　ごま油　大さじ½

1 ゆでだこの足は太いところは薄切りにし、細いところは切り口が大きくなるように斜め薄切りにする。
2 きゅうりは縦にシマシマに皮をむき、斜め薄切りにしてから千切りにする。ピーマンは縦半分に切ってから縦に千切りにする。みょうがは縦半分に切ってから斜め薄切りにする。青じそは縦半分に切ってから千切りにする。
3 全部をたっぷりの氷水に入れ、箸でザッと混ぜ、シャキッとしたところでザルにあげて水けをきる。
4 ボウルなどにドレッシングを合わせ、**3** を何回かに分けて加えて混ぜる。

たこと野菜のしそ炒め

食欲をそそる。夏が旬のたこ、いんげん、青じそをオリーブ油で料理する

　ゆでだこの足　300g
　いんげん　200g
　キャベツ　5枚
　しょうが(すりおろし)　小さじ2
　塩　小さじ½
　チリパウダーか一味唐辛子　適量
　青じそ(みじん切り)　1わ
　オリーブ油　大さじ1

1 いんげんはすじを取り、2つに切り、サッと塩ゆでする。キャベツは3cm角くらいに切る。

2 ゆでだこの足は5mm厚さに薄切りする。
3 フライパンにオリーブ油を入れて中火にかけ、すぐにしょうがを入れて炒める。いい香りがしてきたら、キャベツ、いんげん、ゆでだこを次々入れ、塩を振り、強火で一気に炒める。
4 全体がアツアツになったらチリパウダーを振り、青じそを加えて全体を炒め合わせすぐ器に移す。

たこのイタリアンサラダ
夏野菜と一緒に氷水につけ、シャキッとさせるのがおいしさの秘訣

　　ゆでだこの足　2〜3本
　　ピーマン　1個
　　赤ピーマン　1個
　　黄ピーマン　1個
　　塩　小さじ½
　　米酢　大さじ1
　　オリーブ油　大さじ1
　　オレガノ　少々
　　バジル　少々
　　こしょう　少々

1 ゆでだこの足は食べよく薄切りにする。
2 ピーマン類は千切りにする。
3 ボウルに氷水を用意し、たこ、ピーマンをつける。5分くらいおき、野菜がシャッキリしたら、よくよく水けをきって大きい器に盛る。
4 上から塩、米酢、オリーブ油の順にまわしかけ、全体をザッと混ぜてオレガノ、バジル、こしょうを振る。

たこの煮もの
弱火でコトコトと煮るおかず。酒の肴にもおすすめ

　　ゆでだこの足　小8本
　　しし唐辛子　1パック
　　しょうが　ひとかけ
　　煮汁
　　⎰　酒　¾カップ
　　⎨　しょうゆ　大さじ1
　　⎱　砂糖　大さじ1
　　しょうが汁　大さじ1
　　みりん　大さじ1
　　とき辛子　適量

1 ゆでだこの足は大きくブツ切りにし、しし唐辛子はヘタを少し残して切り落とす。しょうがは皮ごと繊維を断つように薄切りにする。
2 鍋の中を水でザッとぬらし、煮汁の調味料を入れて火にかける。フツフツしてきたら、たことしょうがを入れてフタをし、弱火で30〜35分煮る。
3 煮上がり際に、しし唐辛子、しょうが汁、みりんを加え、サッと煮て器に盛り、とき辛子を添える。

たこ焼き
だれもが好きな大阪の味。フニャッとしてやわらかいのが、おいしい！

　　生地
　　⎰　小麦粉　1カップ
　　⎨　卵　1個
　　⎱　水　1カップ前後
　　ゆでだこの足　1本
　　こんにゃく　¼枚
　　長ねぎ(みじん切り)　適量
　　紅しょうが(みじん切り)　適量
　　天かす　適量
　　粉がつお　適量
　　青のり　適量
　　しょうゆ　適量
　　とんかつソース　適量
　　サラダ油　適量

1 卵はときほぐして水と合わせ、小麦粉に加え混ぜてゆるめの生地を作る。この生地に山芋のすりおろしを少々入れてもおいしい。
2 ゆでだこの足とこんにゃくはコロコロ

だしまきたまご

に切る。

3 たこ焼き器を熱してサラダ油をひき、生地を六分めほど流して、たことこんにゃくを1つずつ入れる。

4 長ねぎ、紅しょうが、天かすなども少しずつ加えてしょうゆを数滴たらし、さらに生地を上に流し入れる。

5 生地のまわりが乾いた感じになってきたら、目打ちなどをグイと刺して手早く裏返す。ここできれいに返そうと思わなくて大丈夫。全体にこんがりとよく焼けたら出来上がり。

6 器に盛り、はけでとんかつソースをぬって粉がつお、青のり、紅しょうがを振る。

だし巻き玉子

強めの火で手早く。慣れたら、次に焼くときはだし汁の量を増やしてみましょう

```
卵  4個
A ┌ だし汁(濃いめ)  1/4カップ
  │ 薄口しょうゆ  小さじ1
  │ 酒  小さじ1
  │ 片栗粉  小さじ1
  └ 塩  少々
サラダ油かごま油(好みで)  適量
```

1 ボウルの中を水でザッとぬらし、卵を割りほぐす。Aの酒と片栗粉は合わせてといておく。卵液にAの材料をすべて加えてよく混ぜ合わせる。

2 卵焼き器を十分に熱し、いったん火からはずして油を適量入れ、全体にいきわたらせる。

3 卵焼き器を再び火にかけ、全体に広がるくらいに卵液を流す。1回めは卵を巻こうとせずに、手前か向こう側に箸で寄せる。火はこれからずっと強めの中火に。

4 卵焼き器のあいた部分に油をほんの少したしてなじませ、卵液を適量流し、焼いた卵を少し持ち上げて、卵の下にも流す。

5 焼いた卵を芯にして、クルクルッと端まで巻く。あいた部分にまた油をなじませて、卵液を流す。

6 これを数回くり返し、最後まで巻く。ここで火を弱め、中までじっくり火を通しながら、卵焼き器のへりを利用して形を整え、仕上げる。

7 まな板に取り出し、熱いうちに乾いた布巾などで上から形を整えるとよい。少し冷めたら、適当な大きさに切り分ける。

だし巻き玉子→ コラム参照

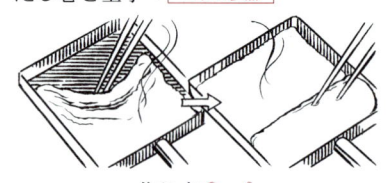

作り方 **3**、**4**

だしをとる

だしの基本はこの3つ。これで毎日の料理も、ちょっと特別な日の料理もOK

```
かつおのだし(毎日のみそ汁、吸いもの、
       煮もの用)
  ┌ 削り節  ひとつかみ
  └ 水  4 1/2カップ
昆布とかつおのだし(吸いもの、煮もの
       用)
  ┌ 削り節(かつお)  ひとつかみ
  │ 昆布  10cm
  └ 水  4 1/2カップ
煮干しのだし(みそ汁、煮もの用)
  ┌ 煮干し  7〜10尾
  └ 水  4 1/2カップ
```

〈かつおのだしをとる〉

1 鍋に分量の水を入れて火にかけ、フツフツしてきたら、火を弱めて削り節を加える。

2 ごく弱火にして1分ほど煮出し、こし器でこす。残っただしがらもおたまの裏でギュッと押さえてしぼる。

〈昆布とかつおのだしをとる〉
1 鍋にザッと水洗いした昆布と分量の水を入れ、30〜60分つけておく。
2 1を中火にかけ、フツフツしてきたら昆布を取り出してから削り節を加える。
3 ごく弱火にして30秒ほど煮出し、こし器でこす。残っただしがらもおたまの裏でギュッと押さえてしぼる。

〈煮干しのだしをとる〉
1 煮干しは頭と腹ワタを取って鍋に入れ、分量の水を加えて15〜30分つけておく。
2 1を中火にかけ、フツフツしてきたら弱火にして10分ほど煮出す。
3 煮干しは取りのぞく。
　だし→ コラム参照

たたきがつおのカルパッチョ
かつおはフライパンでジュッと焼きめをつけたら、すぐ氷水に入れて完全に冷やす

　　かつお(刺身用)　大1ふし(¼身)
　　サラダ油　小さじ1
　　サニーレタス　4枚
　　トマト　1個
　　玉ねぎ　½個
　　ドレッシング
　　┌ 塩　少々
　　│ しょうゆ　大さじ2
　　│ こしょう　少々
　　│ にんにく(すりおろし)　少々
　　│ しょうが(すりおろし)　少々
　　│ レモン汁　½個分
　　└ オリーブ油　大さじ1½

1 かつおは水けをよくふく。フライパンにサラダ油を熱し、かつおを入れて表面だけを全体に強火で一気に焼きつける。
2 全体に焼きめがついたら、すぐ氷水につけて冷やし、身を引きしめる。完全に冷たくなったら、すぐ取り出して水けをよくふき、さらに冷凍庫で10〜15分おく。こうするとあとで切りやすい。
3 サニーレタスは一口大にちぎり、トマトは1cm角に切る。玉ねぎは繊維を断つように薄切りにし、水にさらして水けをきる。
4 ボウルにドレッシングの材料を記載順に混ぜ合わせ、最後のオリーブ油を加えたら、サッと混ぜ合わせる。
5 2のかつおを5mmの薄切りにする。皿に野菜を盛り合わせ、かつおを並べてドレッシングをかける。

たたききゅうり
きゅうりはさっとゆで、アツアツのうちに漬け込む。出盛りの頃にお試しあれ

　　きゅうり　8本
　　しょうが　ひとかけ
　　漬け汁
　　┌ しょうゆ　¼カップ
　　│ 酒　¼カップ
　　└ ラー油　小さじ½〜2

1 まず漬け汁を作る。しょうがは皮ごと薄切りにし、漬け汁の調味料と合わせておく。
2 きゅうりはすりこぎなどでたたいて割れめを入れ、食べよい大きさにちぎるように折る。
3 鍋に湯を沸かし、グラグラしているところに、きゅうりを数回に分けてサッとゆでていく。きゅうりがあざやかな色になったら網じゃくしなどで取ってよく水けをきり、すぐ漬け汁に漬け込む。20分ほどで食べられるが、一晩冷蔵庫におくと、さらにおいしい。

たたきごぼう
お正月の一品。ごぼうはたたくと繊維がほぐれ、味がからみやすくなる

　　ごぼう　大1本(約40cm)
　　A ┌ 白いりごま　½カップ
　　　└ 酢　大さじ1

塩　小さじ½
　　砂糖　小さじ1

1 ごぼうは5～6cm長さに切ってから8mm角くらいの棒状に切り、5分ほど水にさらす。
2 すり鉢にAの白いりごまを入れて五分ずりにし、酢、塩、砂糖を加えてさらにすり混ぜる。
3 鍋にごぼうを入れ水をかぶるほど加え酢少々（分量外）を入れて5分ほどゆでてザルにあげる。
4 ごぼうをまな板にのせ、すりこぎで手早くたたいては温かいうちに2に加え、全体をよくあえ混ぜる。

たたきチキンカツ
肉を細かくしすぎないのがコツ——通称ナゲットとも

　鶏むね肉（皮なし）　2枚（300～400g）
　塩　小さじ¼
　こしょう　適量
A｜小麦粉　適量
　｜塩　少々
　｜こしょう　適量
　とき卵　1個分
　パン粉　適量
　揚げ油　適量
　トマトケチャップ　適量

1 鶏肉は塩、こしょうを振り、薄切りにし、包丁で縦、横にたたいて細かく刻む。
2 ピンポン玉くらいに丸め、ギュッとつぶして平らにする（形を整えなくてよい）。
3 混ぜ合わせたAの粉、とき卵、パン粉の順で衣をつける。
4 揚げ油を中温（170～180度）に熱し、2を中までしっかり揚げる。衣が落ち着いたらときどき空気にふれさせるようにして、こんがりカラリとなったら油をきる。ケチャップで食べる。

竜田揚げ各種
→メニュー別索引〈竜田揚げ〉を参照

たっぷりキャベツと野菜煮込み
野菜の甘み、トマトの酸味、スパイシーなカレーの風味が鍋の中で一つに！

　キャベツ　½個
　トマト水煮缶詰　大1缶（約400g）
　じゃが芋　1個
　玉ねぎ　½個
　セロリ　½本
　ピーマン　1～2個
　にんじん　½本
　ベーコン　4枚
　オリーブ油　大さじ3
　にんにく（薄切り）　ふたかけ
　しょうが（薄切り）　ひとかけ
　カレー粉　小さじ½
A｜水　3カップ
　｜固形スープの素　1個
　｜塩　小さじ1
　｜こしょう　少々
　｜バジル（乾）　少々

1 キャベツは大きめのザク切りにする。トマトの水煮は軽くつぶしておく。
2 じゃが芋、玉ねぎ、セロリ、ピーマンは1cm角に切り、にんじんは薄い半月切りにする。ベーコンは1cm幅に切る。
3 鍋にオリーブ油、にんにく、しょうがを入れ、中火にかけて炒める。香りがたったら、2の野菜とベーコン、カレー粉を次々と加えてさらに炒める。
4 全体がシナッとしたら、いったん火を止め、鍋の中の野菜をかき分けるようにしてキャベツを詰め、さらにトマトの水煮とAも加える。弱火でコトコトと30分煮込めば、出来上がり。

だて巻き
甘みは好みで調節し、ブレンダーで一気に

混ぜて焼くだけ。小さめに巻く一口サイズ

卵　6個
はんぺん　小1枚
塩　小さじ½
みりん　大さじ1〜3
酒　大さじ1
薄口しょうゆ　小さじ1
ごま油　適量

1 オーブンは200度に温める。天板にはアルミ箔を敷いてごま油をぬっておく。大きい天板の場合はアルミ箔で箱型に仕切りを作る。

2 ブレンダーに卵を割り入れ、おおまかに切ったはんぺん、塩、みりん、酒、薄口しょうゆを加えて10秒ほどスイッチを入れ、なめらかな生地を作る。

3 天板に **2** の生地を流し、200度のオーブンで15〜20分焼く。焼き上がったら天板ごと取り出し、少し冷ます。

4 あら熱が取れたら、清潔なぬれ布巾の上に **3** の卵焼きをパカンとあけて取り出し、アルミ箔をはがす。

5 卵焼きを巻きやすくするために、手前から2〜3㎝間隔でごく浅い切りめを入れる。

6 続いて手前の布巾を持ち上げ「の」の字になるように、クルクルとうず巻き状に巻き上げる。きっちり巻いたら、布巾で巻いたまま冷ましておく。

7 だて巻きは2㎝幅くらいに切る。そのまま盛りつけてもいいが、うず巻きの中央にすきまがあり、気になったら、端のほうを利用して切って埋め、形を整えて器に盛る。

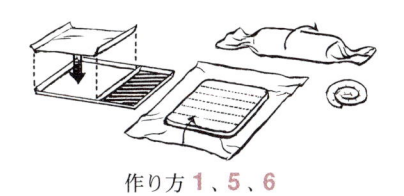

作り方 **1**、**5**、**6**

だて巻き味の玉子焼き
卵焼き器やフライパンで作れる新しいだて巻き。だし巻き玉子の要領で焼くから簡単

卵　5個
みりん　大さじ1
塩　小さじ½
薄口しょうゆ　小さじ2
はんぺん　小1枚
ごま油　適量

1 卵はときほぐし、みりん、塩、薄口しょうゆを加えて調味する。

2 はんぺんはすり鉢で突きつぶしてからよくする。なめらかになったら、**1** の卵液を少しずつ加えて、混ぜながらすりのばす。ブレンダーを使えば簡単で早い。

3 卵焼き器にごま油少々を熱し、卵液が全体に広がるように薄く流し、表面が乾かないうちに、端からクルクルと巻く。

4 あいた部分にごま油少々をたし、卵液を流し込んでは巻き、だし巻き玉子の要領で焼き上げる。この間、火加減はずっと強めの中火。フライパンで焼いてもOK。

5 出来上がりはそのまま冷まし、食べるときに一口大に切って器に盛る。

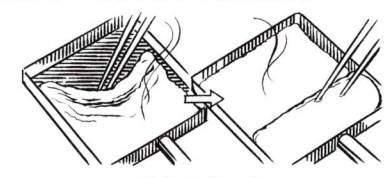

作り方 **3**、**4**

ダブルバーガー
薄いハンバーグは火が通りやすく、2枚重ねにすれば、ボリュームも十分

〈これは2人分〉
バーガーパン　2個
ハンバーグ
　牛挽き肉　200g
　玉ねぎ(みじん切り)　小½個
　パン粉　¾カップ

卵　1個
　塩　小さじ½
　こしょう　少々
サラダ油　適量
スライスチーズ　2枚
サラダ菜　4枚
玉ねぎ(輪切り)　適量
トマトケチャップ　適量

1 ハンバーグの材料は全部をよく混ぜ合わせる。4等分にし、1cm弱厚さの小判形にまとめ、中央を少しくぼませる。
2 サラダ油を熱してハンバーグを並べ、フタをして強火で焼く。こんがり焼けたら裏返し、フタをして中火で焼く。竹串を刺してみて、澄んだ汁が出てくるようになったら中まで火が通っている。
3 バーガーパンは半分よりやや上に切りめを入れ、サラダ菜、ハンバーグ、スライスチーズ、ハンバーグ、トマトケチャップ、玉ねぎの順に重ねてはさむ。パンは軽くトーストしてもおいしい。

ダブルポテトサラダ
じゃが芋とさつま芋の個性を引き立てるのは、隠し味の練乳

じゃが芋　2個
さつま芋　1本(約200g)
ハム(1cm弱厚さ)　2枚
練乳　大さじ1
マヨネーズ　大さじ山盛り2

1 じゃが芋は皮をむき1cm厚さのいちょう切りにし、水にさらす。さつま芋は皮をむいて7〜8mm厚さの輪切りにし、薄い塩水(分量外)にさらす。
2 芋の水けをきって一緒に鍋に入れ、ヒタヒタの水を加えて火にかけ、竹串がスーッと通るようになるまでゆでる。
3 残った湯はきり、再び火にかけて水分をとばし、熱いうちに練乳を加えてザッと混ぜる。
4 ハムは1cm角に切る。
5 芋がすっかり冷めたらハムを加え、マヨネーズを加えて混ぜる。

卵コロッケ
わが家では通称秀ちゃんコロッケ。もともとは秀子さんなる人物から教わったもの

ゆで卵(固ゆで)　8個
玉ねぎ　½個
ハム　4枚
サラダ油　大さじ1
小麦粉　大さじ3
牛乳　1½カップ
塩　小さじ½
こしょう　少々
衣
　小麦粉　適量
　とき卵　1個分
　パン粉　適量
揚げ油　適量
ウスターソースか中濃ソース　適量

1 ゆで卵はフォークであらくつぶす。玉ねぎとハムはみじん切りにする。
2 サラダ油を熱し、玉ねぎとハムを中火で炒め、アツアツになったらゆで卵も加えて炒める。
3 卵もアツアツになったら小麦粉を振り入れ、弱火にして粉っけがなくなるまでよく炒める。
4 牛乳を½カップくらい加えてのばし、残りの牛乳も加えて混ぜ、フツフツしてくるまで煮る。
5 火を止め、塩、こしょうで味を調える。バットなどに広げて冷まし、冷蔵庫で冷やし固める。
6 木ベラなどで12〜16等分に切りめを入れ、手早く丸める。小麦粉、とき卵、パン粉の順で衣をつける。やわらかいので、きれいな形にしようと思わない。いびつでも手早くするのが肝心。

7 中温(170〜180度)に熱した揚げ油に入れ、衣が落ち着いたら、ときどき転がしながら揚げる。中までアツアツになって、こんがり色づいたら油をきる。ウスターソースなどをかけて食べる。

卵酒
風邪ひいたかな〜!?ゾクゾクの特効薬ともいわれていますが……

〈これは2人分〉
酒(料理酒は不可)　1カップ
水　½カップ
砂糖　大さじ1〜3
卵　1個

1 酒、水、砂糖を合わせて弱めの中火にかける。卵はとく。
2 フツフツしてきたら卵をまわし入れ、すぐフタをして火を止める。1分くらい蒸らし、器に入れる。アツアツを飲んですぐに寝るべし。

卵だけのケチャライス
鶏肉の代わりに卵を使うチキンライス!?

〈これは2人分〉
温かいご飯　2人分
卵　1〜2個
マッシュルームスライス缶詰　小1缶
サラダ油　大さじ1弱
トマトケチャップ　大さじ2
塩　適量
こしょう　適量

1 サラダ油を熱し、強火にしてといた卵を流し、すぐ2〜3回大きくかき混ぜる。フワッと固まってきたら、すぐ取り出す。
2 缶汁をきったマッシュルームを中火で炒め、ケチャップを加え香りがたちフツフツしてきたら火を止める。
3 温かいご飯と **1** の卵を加え、ご飯を切るようにして全体を混ぜ合わせる。味をみて塩、こしょうで調える。

卵チャーハン
本格味の秘訣はねぎじょうゆと使った油

〈これは2人分〉
温かいご飯　2人分
卵　2〜3個
ねぎじょうゆ
　　長ねぎ(小口切り)　10cm
　　しょうゆ　大さじ1
　　ごま油　少々
使った油　大さじ1
こしょう　少々
紅しょうが(あれば)　適量

1 卵はときほぐす。長ねぎはしょうゆに入れ、ごま油を合わせてねぎじょうゆを作っておく。
2 使った油を熱し、強めの中火にして卵を流し入れる。まわりがプクプク固まってきたら真ん中にご飯を加え、ご飯を切るようにして卵をからめながら炒める。
3 全体がパラリとなったらねぎじょうゆとこしょうを加え、味をからめるようにして手早く炒める。
4 皿に盛りつけ、紅しょうがを添える。
使った油→ コラム参照

玉子豆腐
たまには手作りして、薄味のあんをかけ、おろししょうがを添えて

卵液
　　卵　4個
　　だし汁(冷ます)　卵と同量
　　酒　大さじ1
あん
　　だし汁　½カップ
　　薄口しょうゆ　大さじ½
　　みりん　小さじ1
　　水溶き片栗粉
　　　　片栗粉　小さじ1
　　　　水　小さじ1
しょうが(すりおろし)　適量

たまご

たまご

1 卵はとき、計量カップではかる。卵と同量のだし汁と酒を加えて混ぜ、水でぬらしたみそこしなどに通してこす。
2 1を流し箱に流し、蒸気の立った蒸し器に入れ、弱火で20分蒸す。
3 竹串を刺してみて、卵液がついてこなければ蒸し器から取り出す。あら熱が取れたら、冷蔵庫で冷やす。
4 だし汁と調味料を合わせて火にかけ、フツフツしてきたら水溶き片栗粉を加えて混ぜる。とろみがついたら火を止め、冷ます。
5 玉子豆腐を切り分け、器に盛り、あんをかけておろししょうがをのせる。

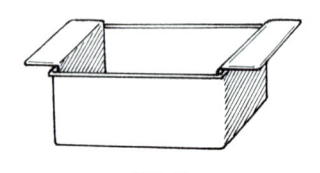

流し箱

卵とキャベツだけのパイ
市販のパイシートで作る簡単パイ。具にバターをたっぷり使えば手作りのおいしさ！

〈直径20～22cmのパイ皿1台分〉
パイの具
　キャベツ　1個
　卵4個＋卵白1個分
　塩　小さじ1
　こしょう　少々
　バター　大さじ2～3
パイシート（冷凍）　1箱（4枚）
仕上げ用
　卵黄　1個分
　バター　適量

1 キャベツは細切りにし、卵はときほぐしておく。
2 冷凍パイシートは箱の表示通りに解凍し、2枚の長い辺の縁を少し重ねて、めん棒でパイ皿よりひとまわり大きくのばす。これをパイ皿に敷き、縁をていねいに指で押さえながら落ち着かせ、はみ出た部分はキッチンばさみなどで切り落とす。
3 パイ皿に敷いたパイシートの底にフォークで穴をあけ、上にアルミ箔を敷いてパイ用の重しをのせ、250度のオーブンで3～4分、さらに200度で3～4分焼く。
4 パイの具を作る。フライパンにバターを入れて火にかけ、バターがとけたらキャベツを加え、塩、こしょうを振って水が出ないように一気に強火で炒める。全体に油がまわったら卵を加え、強火のまま大きく混ぜてフワリと半熟状に火を通す。これを焼き上がった3のパイに重しとアルミ箔を取りのぞいてから詰め、平らにならす。
5 残りのパイシートもパイ皿よりひとまわり大きくのばす。縁にときほぐした卵黄をぬり、4にかぶせてはみ出た生地部分を切り落とししっかり縁を押さえる。さらに縁に卵黄をぬり、切り落としたパイシートを重ねる。表面全体に卵黄をぬり、仕上げ用のバターをちぎってのせ、250度のオーブンで5～7分、さらに200度で15～25分、きれいな焼き色がつくまで焼く。

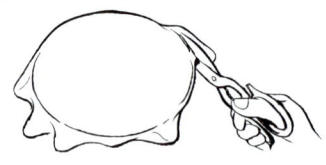

作り方5

卵とグリンピースのバター炒め
牛乳が入ってふんわりまろやか

卵　4個
グリンピース（豆のみ）　1カップ
バター　大さじ1
牛乳　½カップ
塩　適量
こしょう　少々

1 グリンピースはやわらかくゆでる。

2 卵はときほぐし、塩、こしょう各少々を振り、軽く混ぜる。
3 バターを中火にかけてとかし、グリンピースと塩小さじ¼を入れてチャッチャッと炒める。全体がアツアツになったら、牛乳を加えて火を通す。
4 フツフツとしてきたら、卵を流し入れてすぐに強火にする。軽く混ぜ合わせ、フワーッと固まってきたら火を止める。

卵とチーズのホットサンド
きつね色に焼いた香ばしいサンドイッチ。専用の器具がなければフライパンでもOK

〈これは2人分〉
食パン　4枚
マスタード　少々
卵　2個
バター　大さじ1
トマトケチャップ　少々
スライスチーズ　4枚
バター　適量

1 食パンにマスタードをぬり、卵はときほぐす。
2 フライパンにバター大さじ1を入れて中火にかけ、バターがとけたら、火を強めて卵液を一気に加え、大きく混ぜながらやわらかめのスクランブルエッグを焼く。
3 1の食パンの上にスライスチーズ、スクランブルエッグ、ケチャップ、さらにスライスチーズをのせ、食パンでサンドする。もう1つも同様に作る。
4 ホットサンドメーカーにバターをぬり、3のサンドイッチをはさんで両面をこんがりと焼く。フライパンにバターを入れて熱し、フタをしてサンドイッチを焼いてもOK。火はいずれも弱火で。

卵とチキンのカレー
すりおろしたにんじんを加えてまろやかに

鶏ウイングスティック　8〜10本
下味用
　┌塩　少々
　│こしょう　少々
　└カレー粉　少々
にんにく(みじん切り)　ひとかけ
しょうが(みじん切り)　ひとかけ
ゆで卵(固ゆで)　4個
玉ねぎ　1個
にんじん　1本
サラダ油　大さじ2
水　5カップ
ローリエ　1枚
カレールウ　小1箱(約100g)

1 鶏ウイングスティックは塩、こしょう、カレー粉を振り、ロースターでこんがり焼く。中まで火が通っていなくてもよい。
2 玉ねぎはみじん切りにし、にんじんはすりおろす。
3 サラダ油を温め、あまり熱くならないうちににんにく、しょうが、玉ねぎ、にんじんの順に入れて中火で炒める。
4 よく炒めたら分量の水、ローリエ、**1**を加え、弱めの中火で煮る。フツフツしてきたらカレールウを加え、ルウがなめらかにとけたらゆで卵を加え、20〜30分弱火で煮る。焦げないようにときどきかき混ぜる。好みのパンやご飯などでどうぞ。

卵とツナのカレー
しし唐辛子が入ることで、ピリッとした味

温かいご飯　4人分
ゆで卵　4個
ツナ缶詰(チャンク)　大1缶
玉ねぎ　1個
しし唐辛子　½パック
サラダ油　大さじ1
水　3½カップ
カレールウ　小1箱(約100g)
福神漬けやらっきょう(好みで)　適量

1 玉ねぎは縦2つに切り、繊維にそって

薄切りにする。しし唐辛子は薄い輪切りにする。

2 サラダ油を熱し、玉ねぎとしし唐辛子を種ごと中火でしんなりするまで炒める。分量の水を加えて強火にし、フツフツしたら火を止める。

3 カレールウを加えてとき、ゆで卵と缶汁をきったツナを加える。フタをし、弱火で5分ほど煮る。

4 ご飯を盛り、**3** のカレーをかけ、福神漬けやらっきょうを添える。

卵とパセリいっぱいサンドイッチ
少ししっとりと仕上げたいり卵を冷ましてパンにはさむだけ

〈これは2人分〉
食パン(サンドイッチ用)　4枚
バター　適量
マスタード　適量
卵　3個
パセリ(みじん切り)　2本
塩　少々
こしょう　少々
サラダ油　大さじ½

1 食パンにバターとマスタードをぬり、2枚1組にする。

2 卵はときほぐして塩、こしょうを振る。

3 フライパンにサラダ油を熱し、パセリをザッと炒め **2** をザーッと一気に入れる。まわりがフツフツしてきたら、箸でグルグルッと大きく混ぜていり卵を作り、皿に取って冷ます。いり卵はパラパラにせず、ややしっとりめに仕上げるとおいしい。

4 **1** の食パンに **3** のいり卵をのせてサンドし、食べよく切って器に盛り、さらにちぎったパセリ(分量外)を添える。

卵と挽き肉のレタス包み
でっかく包んでもペロリと食べられる

卵　4個
豚挽き肉　100g
にんにく(みじん切り)　ひとかけ
ごま油　大さじ1
合わせ調味料
　赤みそ　大さじ2
　みりん　大さじ2
　酒　大さじ1
　豆板醤　小さじ1
レタス　1個

1 卵はとく。

2 ごま油を熱し、にんにくと挽き肉を中火で炒める。肉の色が変わりはじめたら合わせ調味料を加えて炒める。味がなじんだら卵をまわし入れ、混ぜるようにして炒める。挽き肉に卵がからんでポロポロになったら火を止め、盛りつける。

3 レタスは1枚ずつはがして添え、**2** の具を包んで食べる。

卵とほたて貝の炒めもの
とにかく火を通しすぎないこと。一気に仕上げる

卵　4個
蒸しほたて　12個
細ねぎ　1わ
しょうが(千切り)　ひとかけ
塩　適量
酒　大さじ1
ごま油　適量

1 ほたて貝は貝柱とひもに分け、砂袋とワタははずす。貝柱は2～3にほぐし、ひもは2つに切る。

2 細ねぎは5～6cm長さに切る。卵はとき、塩少々を混ぜる。

3 フライパンか中華鍋を強火で熱し、ごま油を大さじ2ほど入れ、卵を流す。すぐ大きくかき混ぜながら火を通し、半熟状になったら取り出す。

4 ごま油を少したし、しょうが、貝柱、ひもを加えて炒め、アツアツになったら

酒、塩小さじ½弱を加えて味をつける。
5 卵を戻してひと混ぜし、ねぎを加え、火を止めて大きく混ぜる。余熱が入らないように、すぐ盛りつける。
蒸しほたて→ コラム参照

玉子丼
盛りつけてからフタをして蒸らし、ご飯にじんわりしみたところを食べたい

〈これは1人分〉
卵　1個
焼きかまぼこ　¼本
玉ねぎ　¼個
煮汁
　┌ だし汁　½カップ
　│ しょうゆ　小さじ2〜3
　└ みりん　小さじ2〜3
三つ葉　適量
温かいご飯　1人分

1 かまぼこは薄切りにする。玉ねぎは縦半分に切ってから繊維にそって薄切りにする。三つ葉は2cm長さに切る。
2 丼用鍋か小鍋に煮汁のだし汁と調味料、かまぼこ、玉ねぎを入れて火にかける（食べるご飯の量によってしょうゆとみりんは増減する）。煮汁が半分くらいになったら中火にして、卵をといてまわし入れる。
3 まわりがフワッと固まって、卵に八分どおり火が通ったら、フタをして火を止める。余熱で1〜2分蒸らし、三つ葉を散らす。
4 盛りつけたご飯に 3 をのせ、フタをする。

丼用鍋とフタ

卵のお好み焼き味
どこか懐かしい味。焼くときはフタをして弱火で

卵　4個
キャベツ　3枚
牛こま切れ肉　200g
塩　少々
こしょう　少々
サラダ油　適量
ソース
　┌ マヨネーズ　大さじ3
　│ 牛乳　大さじ1½
　└ マスタード　大さじ1
中濃ソース　適量

1 キャベツはザクザクと細切りにし、牛肉は細かく刻む。
2 ボウルにキャベツと牛肉各¼量を入れ、卵1個と塩、こしょうを加えてよく混ぜる。
3 フライパンにサラダ油を熱し、2 のたねを一度に流して丸く形を整える。中まで火が通るように、フタをして弱火にし、両面をこんがりと焼く。
4 同様に4枚焼いて器に盛る。ソースの材料を合わせ混ぜ、中濃ソースとともにかけて食べる。

卵のグラタン
アツアツのソースの中にはフランスパンも

ゆで卵（固ゆで）　5個
フランスパン　適量
マッシュルームスライス缶詰　小1缶
バター　大さじ1
サラダ油　大さじ1
小麦粉　大さじ4
牛乳　3カップ
生クリーム　½カップ
粉チーズ　大さじ1
塩　少々
こしょう　少々

1 ゆで卵は縦に4～6等分に切る。フランスパンは1㎝弱厚さに切り、軽くトーストする。マッシュルームは缶汁をきり、汁も取っておく。
2 バターとサラダ油を熱し、バターがとけたらマッシュルームを炒め、弱火にして小麦粉を振り入れ、粉っけがなくなるまでよく炒める。
3 缶汁と牛乳を少し加えてのばし、残りの牛乳を加えて泡立て器で混ぜる。生クリームと粉チーズも加え、ときどき木ベラでかき混ぜながら弱火で7～8分煮る。味をみて塩、こしょうで調える。
4 耐熱容器にバター(分量外)を薄くぬり、トーストしたパンを並べてゆで卵をのせる。**3** のアツアツのホワイトソースをかけ、オーブンに入れて200度で10～15分焼く。

卵のザーサイスープ
卵は少し高い位置から流し入れるのがコツ

　　卵　2個
　　ザーサイ　20ｇ
　　豚薄切り肉　150ｇ
　　白菜　6枚
　　サラダ油　大さじ1
　　水　5カップ
　　塩　適量
　　しょうゆ　少々

1 ザーサイはよく洗って細切りにする。豚肉は細切りにする。白菜は3～4㎝長さに切り、葉は縦に5㎜幅の細切り、軸は縦に千切りにする。
2 サラダ油を熱してザーサイ、豚肉、白菜の軸、葉の順に入れ、強火でザッと炒める。分量の水を加える。フツフツしてきたら弱火にしアクを取り、味をみて塩、しょうゆで調える。
3 卵をとき、中火にしてまわし入れ八分どおり火を通し、大きくかき混ぜてフタをして火を止める。余熱で1分ほど蒸らす。

卵のパタン焼き 甘酢あんかけ
にら入り卵焼き。卵を焼くときの火は、ずっと強めの中火で

　　にら　1わ
　　卵　5～6個
　　塩　ひとつまみ
　　サラダ油　大さじ1
　　ごま油　大さじ2
　　甘酢あん
　　　｛水　1カップ
　　　　米酢　大さじ1
　　　　砂糖　大さじ1
　　　　薄口しょうゆ　大さじ1
　　　　水溶き片栗粉
　　　　　｛片栗粉　大さじ1
　　　　　　水　大さじ1
　　ごま油　適量
　　紅しょうが　適量

1 にらは細かく刻み、フライパンにサラダ油を熱し、サッと炒めて取り出し、少し冷ます。
2 卵はときほぐして塩を加え、にらを加え混ぜる。
3 甘酢あんを作る。鍋に分量の水、米酢、砂糖、薄口しょうゆを入れて火にかけ、フツフツしてきたら水溶き片栗粉を加える。とろみがついたら火を止め、ごま油をチョロリと落とす。
4 卵を2人分ずつに分けて焼く。フライパンにごま油大さじ1を熱し、**2** の卵液の半量を流し入れる。まわりが固まってきたら、菜箸でグルグルと空気を入れるように混ぜ、一つにまとめながら焼き上げる。
5 裏が焼けたらひっくり返し、両面をこんがり焼いて半分に切り分け、器に盛る。残りも同様に焼く。
6 出来上がりに **3** の甘酢あんをとろりとかけ、紅しょうがを添える。

卵のみそ汁
ご飯にかけて黄身をつぶし、ホニョホニョ食べるのもよし

　卵　4個
　だし汁（濃いめ）　4カップ
　みそ　大さじ2～3
　細ねぎ（小口切り）　適量

1 だし汁を火にかけ、フツフツしたらみそをとき入れる。
2 卵は1個ずつ器に割り入れてからそっと汁に落としていき、フタをして弱火で煮る。卵が好みのかたさになったら火を止め、盛りつけて細ねぎをたっぷり散らす。

卵のみそ漬け
ねっとり、とろ〜り。使ったみそは冷蔵庫で保存、みそ汁などに使えます

　卵黄（新鮮なもの）　4個分
　みそ　1カップ

1 密閉容器に半量強のみそを敷き詰め、くぼみを4つ作り、そこに卵黄を落とす。
2 卵黄の上からガーゼをかぶせ、残りのみそをのせ、冷蔵庫で一晩おく。ホカホカご飯や白粥（しらがゆ）と一緒に食べてもおいしい。

玉子焼き　2種
上手に焼いた玉子焼きは天下一品。火を弱めることなく焼き上げる

　遠足風
　　卵　3個
　A　砂糖　大さじ1
　　　みりん　大さじ1
　　　薄口しょうゆ　小さじ1
　　ごま油　大さじ1

　おそうざい風
　　卵　4個
　A　砂糖　大さじ1
　　　みりん　大さじ1
　　　薄口しょうゆ　大さじ½
　　ごま油　大さじ1

1 卵はAの調味料を加え、静かによくときほぐしておく。ていねいにやりたい人はこの卵液を一度こすとよいが、このままでもおいしく焼ける。
2 卵焼き器かフライパンにごま油を入れて熱し、ザッとまわしてから余分な油を器に戻す。
3 火は中火かやや強めにし、フライパンが熱くなったら卵液を適量流す。全体にまわして多いようなら卵液が入った器に戻し、卵の表面が乾ききらないうちに、箸でクルクルと巻く。
4 あいたところにごま油をほんの少々たし、卵液をまた適量流して同様にクルクルと端まで巻く。これを何回かくり返して、卵を焼き上げる。仕上げは弱火にして全面しっかり焼き上げ、乾いたまな板にのせておく。あら熱が取れたら食べよく切る。

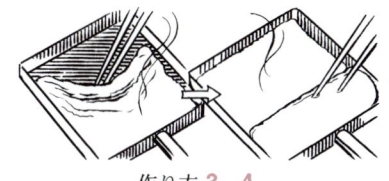

作り方 **3**、**4**

玉子焼き各種
→メニュー別索引〈玉子焼き〉を参照

卵洋風チャーハン
オムレツみたいに卵とバターを混ぜ込むように焼くのが秘訣

　〈これは2人分〉
　温かいご飯　2人分
　卵　2個
　バター　大さじ2
　塩　適量
　こしょう　適量
　紅しょうが（あれば）　適量

1 バターを中火にかける。卵をときほぐし、バターがとけたら卵を流し入れ、すぐ

たまねぎ

強火にし、すかさずグルリグルリと卵をかき混ぜる。
2 卵がフンワリ固まりかけてきたらすぐご飯を卵の上にドサリとのせ、ご飯を切るようにして卵をからめながら炒める。
3 全体がパラリとなったら、味をみて塩、こしょうで調える。盛りつけ、紅しょうがを添える。

玉ねぎ薄切り梅肉あえ
梅干しの塩けで作る、簡単あえもの

　玉ねぎ　1個
　梅干し　大1〜2個
　削り節　1パック
　しょうゆ　少々

1 玉ねぎは縦半分に切り、繊維にそって薄切りにする。少し食べてみて、辛ければたっぷりの水にさらして水けをきる。
2 梅干しをボウルに入れほぐし、種を残したまま玉ねぎを加えあえる。
3 器に盛って(種は取り出す)削り節をのせ、しょうゆをかけて食べる。

　梅干しの種のゆくえ→ コラム参照

玉ねぎだけのカレー天ぷら
超シンプルだけど、ほんのり甘く風味満点

　玉ねぎ　1個
　衣
　　卵水(卵1個と水)　1カップ弱
　　小麦粉　1カップ
　　カレー粉　小さじ1
　揚げ油　適量
　塩　適量

1 玉ねぎは1cm厚さの輪切りにし、バラバラにほぐす。
2 天ぷらの衣を作る。ときほぐした卵に水を合わせて1カップ弱にし、小麦粉とカレー粉を加えササッと混ぜる。
3 揚げ油を低めの中温(170度)に熱する。玉ねぎを衣にくぐらせ、揚げていく。カラリと揚がったら、油をきって器に盛り、塩を振って食べる。

作り方 **1**

玉ねぎとベーコンのカレー炒め
材料がほとんどない、というときに生まれた超簡単料理。朝食によし

　玉ねぎ　2個
　ベーコン　2枚
　サラダ油　少々
　カレー粉　小さじ1
　塩　少々
　しょうゆ　少々

1 玉ねぎは縦半分に切り、繊維を断ち切るように5mm幅くらいのザク切りにする。ベーコンは1cm幅に切る。
2 フライパンにサラダ油を熱し、玉ねぎとベーコンを中火でせっせと炒める。
3 玉ねぎがしんなりしたら、カレー粉、塩、しょうゆを加えてザッと炒め合わせる。

玉ねぎとわかめの酢のもの
あえるときは、水っぽいものから順に味をつけて混ぜて加えていくのがキマリ

　玉ねぎ　½個
　にんじん　5cm
　わかめ(戻したもの)　1カップ弱
　合わせ酢
　　しょうゆ　大さじ1
　　米酢　大さじ1〜2
　　塩　適量
　　砂糖　適量
　　しょうが汁　少々

1 玉ねぎは繊維にそって薄切りにする。

少し食べてみて、辛みがあれば水にさらしてから使う。
2 にんじんは薄い輪切りにしてから、ごく細い千切りにする。
3 わかめはよく水洗いしてから3～4cm長さに切る。
4 ボウルに合わせ酢の材料を入れてかき混ぜ、わかめを加えて大きくザッザッと混ぜる。さらに玉ねぎ、にんじんの順にそのつど、混ぜながらあえる。

玉ねぎのお浸し
サッとゆでると、ほんのり甘みもプラスし食べやすい

玉ねぎ　1½個
削り節　1パック
しょうゆ　適量

1 玉ねぎは縦半分に切り、繊維にそって薄切りにする。
2 鍋にたっぷりの湯を沸かして玉ねぎを入れ、ひと煮立ちしたらザルに取り、広げて冷ます。
3 そのまま自然に水けをきり、しぼらずに器に盛る。上から削り節をのせ、しょうゆをかける。好みで酢少々（分量外）をたらしても。

玉ねぎのガーリックスープ
にんにくを下ゆでしておくと、たくさん使っても気になりません

玉ねぎ　1個
にんにく（薄皮つき）　2～4かけ
オリーブ油　大さじ1
水　6カップ
固形スープの素　1個
ローリエ　1枚
塩　適量
こしょう　適量
レモン（薄い半月切り）　4枚

1 にんにくは薄皮をつけたままヒタヒタの水で3～4分ゆで、水に取って皮をむき、みじん切りにする。
2 玉ねぎは縦半分に切り、繊維にそって薄切りにする。
3 オリーブ油を弱火で熱し、にんにくを炒める。香りがたったら玉ねぎを加え、中火でしんなりするまで炒める。
4 3に分量の水、スープの素、ローリエを加えてフツフツさせ、フタをして弱火で30～40分煮る。味をみて塩、こしょうで調え、盛りつけてレモンを浮かべる。

玉ねぎの卵焼き
フライパンいっぱいに少し厚く焼くイタリア風のオムレツ

卵　6個
玉ねぎ　1個
カレー粉　小さじ½
ナツメグ　少々
砂糖　ひとつまみ
バター　大さじ2

1 玉ねぎは縦半分に切り、繊維にそって薄切りにする。卵はとく。
2 直径18～20cmくらいのフライパンにバターを熱し、とけたら玉ねぎを中火で炒める。しんなりしたらカレー粉、ナツメグ、砂糖を振り入れてよく混ぜる。
3 卵をまわし入れ、すぐ大きくグルリグルリとかき混ぜてから、フタをして中火のまま両面こんがり焼く。

玉ねぎのピクルス　カレー味
カレーライスにカレー味の薬味はすこぶる合うから不思議

玉ねぎ　1個
塩　小さじ½
カレー粉　小さじ½
米酢　大さじ1

1 玉ねぎは縦半分に切り、繊維にそって薄切りにする。

たまねぎ

2 ボウルなどに玉ねぎを入れ、塩を振って箸でザッと混ぜ、30分くらいシナッとするまでおく。
3 カレー粉と酢を加えて混ぜ、すぐでも食べられるが、2時間以上おくとなおよい。冷蔵庫で4〜5日はおいしい。

玉ねぎのピクルス チリ味
冷蔵庫で4〜5日は十分もつから、カレーの薬味やちょっとしたおつまみに一品

　玉ねぎ　1個
　塩　小さじ½
　チリパウダー　適量
　パプリカ　小さじ½
　米酢　大さじ1
　レモン汁　½個分

1 玉ねぎは縦半分に切り、繊維にそって薄切りにする。塩を振って箸でザッと混ぜ、シナッとするまでおく。
2 チリパウダー、パプリカ、米酢を加えてザッと混ぜ、レモン汁を加えて混ぜる。すぐでも食べられるが、2時間以上おくとなおおいしい。

玉ねぎのピンピンサラダ
スライスして氷水でピンピンさせた玉ねぎは食べやすく、ピンと元気になりそうな味

　玉ねぎ　1〜2個
　ドレッシング
　　しょうゆ　大さじ1〜2
　　米酢　大さじ1〜2
　　ごま油　小さじ½〜1

1 大きめのボウルに氷水をたっぷり入れておく。
2 玉ねぎは縦半分に切ってから繊維にそって薄切りにし、すぐ氷水に入れ、15〜20分さらす。
3 水けをよくきり、器に盛り、ドレッシングを混ぜ合わせてかける。おかかを振ってもおいしい。

たらこおろし
酢を振りかけるだけで違う味

　大根おろし　1カップ
　たらこ　1腹
　酒　小さじ1
　酢　適量

1 大根おろしは自然に水けをきる。
2 たらこは1.5cm幅に切り、酒を振る。
3 たらこを盛って大根おろしをのせ、酢を少々かけて食べる。

たらこの粕漬け
酒の肴に絶品。温かいご飯にほぐしてのせ、もみのりをかけて食べるのもグッド

　たらこ　2腹
　酒粕(板)　適量
　酒　適量

1 たらこは水洗いし、水けをふく。
2 酒粕は酒に両面をピチャピチャと浸して、少々やわらかになるまで少しおく(やわらかいタイプの酒粕は酒は不要)。
3 密閉容器などに酒粕を敷き、たらこを並べ、上にも酒粕をのせる。軽く押さえてなじませ、冷蔵庫で6日くらい漬ける。

たらこのクリームパスタ
世にも簡単な作り方です。たらこと生クリームの相性もバツグン

　〈これは2人分〉
　スパゲティ　150〜200g
　たらこ　1腹
　バター　大さじ1
　バジルか青じそ(千切り)　5枚
　生クリーム　½カップ
　塩　少々
　こしょう　少々

1 たらこはザク切りにする。
2 スパゲティは表示通りゆでる。
3 平鍋にバターをおき、たらこ、生クリーム、バジルを加えて火にかける。フツフ

ツしたらすぐ火を止める(けっして煮詰めたりしないこと)。
4 **3**にアツアツのパスタの水けをきってガッとあえ、味をみて塩、こしょうで調える。

たらこパスタ
アツアツのパスタとたらこを混ぜるだけ。味をみてから調味を
〈これは2人分〉
スパゲティ　150〜200ｇ
たらこ　½〜1腹
にんにく(すりおろし)　少々
オリーブ油　大さじ1〜2
塩　少々
こしょう　少々
青じそかバジル(千切り)　5枚

1 スパゲティは袋の表示通りにゆでる。
2 たらこはボウルに入れて中身をほぐす。そこににんにくとオリーブ油も加えておく。
3 さらにゆでたてのスパゲティを加えて全体をよくあえ、味をみて塩、こしょうで調える。
4 器に盛り、千切りにした青じそを散らす。好みでレモンをしぼりかけてもおいしい。

たらこふりかけ
手作りならではの香ばしさ
〈作りやすい分量〉
たらこ　1腹
酒　大さじ1
青のり　小さじ1

1 たらこは熱湯で中までしっかりゆで、水けをきる。熱いうちに薄皮を取りのぞき、フォークで身をほぐす。
2 鍋に入れて酒を振り、弱火でパラパラになるまでいる。火を止め、青のりを加えて混ぜる。

たらこライス
レモン風味のたらこと青じそのおすし、という感じ
〈これは2人分〉
温かいご飯　2人分
たらこ　1腹
青じそ　5枚
レモンかすだち　適量

1 青じそは縦半分に切ってから千切りにする。レモンはくし形に切る。
2 温かいご飯を盛り、たらこをちぎってポンポンとのせ、青じそを散らし、レモンを添える。レモンをしぼってかけ、混ぜ合わせて食べる。

たらチゲ
キムチのうまみと辛みがじわ〜っと広がって、心も体もホッカホカ
たら(生)　2切れ
A ┌ しょうゆ　大さじ1
　├ にんにく(すりおろし)　小さじ1
　└ ごま油　小さじ1
白菜　3〜4枚
長ねぎ　1本
えのき茸　小1袋
絹ごし豆腐　½丁
にら　1わ
煮干しのだし汁　4カップ
B ┌ 塩　小さじ½
　├ 薄口しょうゆ　大さじ1
　├ こしょう　少々
　└ 酒　大さじ2
白菜キムチ(刻んだもの)　約½カップ

1 たらは水けをふき、一口大に切り、ボウルに入れてAの調味料をからめておく。
2 白菜は葉と軸に切り分け、葉はザク切り、軸は繊維にそって細切りにする。長ねぎは斜め切りにする。えのき茸は石づきを切り落とし、ほぐす。豆腐は10等分のやっこに切る。にらはザク切りにする。

3 土鍋にだし汁と白菜の軸を入れて火にかけ、フツフツしたら**1**のたらを調味料ごと加える。Bの調味料、白菜の葉、長ねぎ、えのき茸、豆腐も加えて煮る。
4 再びフツフツしたら、にらとキムチを加えてひと煮する。

たら豆腐
冬の寒い日にはうってつけ。吸いものよりやや濃いめの味つけで煮るのがコツ

　　たら(甘塩)　4切れ
　　木綿豆腐　2丁
　　だし汁　3カップ
　　A ┌ 酒　大さじ2〜3
　　　│ 薄口しょうゆ　大さじ2〜3
　　　│ みりん　大さじ1
　　　└ 塩　ひとつまみ
　　大根おろし　2カップ
　　柚子の皮　少々

1 たらは1切れを3つに切る。これを熱湯でサッとゆで霜降りにする。ザルにあげて骨を取りのぞく。
2 木綿豆腐は水けを軽くきり、1丁を8等分くらいのやっこに切る。大根おろしはザルなどに入れて自然に水けをきる。
3 鍋にだし汁、たら、豆腐を入れて火にかけ、煮立ってきたらAの調味料を加えて味を調える。
4 再び煮立ち、豆腐の中までアツアツになったら、大根おろしを全体に散らすようにのせる。
5 再び煮立ったらフタをして火を止め、器に盛って薄くそいだ柚子の皮を添える。

たらときのこのホイル焼き
4人分を一度に焼くなら、200度のオーブンで15分

　　たら(生)　4切れ
　　きのこ(好みのもの)　適量
　　サラダ油　少々
　　塩　適量
　　こしょう　少々
　　酒　小さじ4
　　バター　小さじ4
　　レモン　½個

1 きのこはしめじ、生椎茸、舞茸など好みのものを用意し、それぞれ石づきを切り落として食べよく切るか、ほぐす。
2 20cm角くらいのアルミ箔を用意し、真ん中に薄くサラダ油をぬる。上にたらを1切れおいて塩、こしょうを振り、さらにきのこの¼量をのせて酒小さじ1を振り、上にバター小さじ1をのせる。これと同じものを4人分作る。
3 アルミ箔は四隅を持って、それぞれ舟形に包み、オーブントースターに2包みずつ入れて10〜15分焼く。オーブンなら4人分一度に焼ける(200度で15分)。
4 アツアツをアルミ箔ごと器に盛り、くし形に切ったレモンを添える。しょうゆ少々(分量外)をかけて食べる。

たらと白菜のうま煮
体が温まるとろみ仕立て

　　たら(生)　4切れ
　　白菜　¼個
　　A ┌ しょうゆ　大さじ2
　　　│ みりん　大さじ2
　　　│ 酒　大さじ2
　　　│ 水　大さじ2
　　　└ 砂糖　小さじ1
　　水溶き片栗粉
　　　┌ 片栗粉　大さじ½
　　　└ 水　大さじ½
　　紅しょうが(千切り)　適量

1 たらは水けをふく。白菜は葉と軸に切り分け、軸は繊維にそって縦に細切りにし、葉はザク切りにする。
2 鍋の中を水でぬらし、白菜の軸を敷き、たらを並べ、白菜の葉をのせる。

3 Aを次々まわしかけていき、フタをして強火で5分煮る。魚をなるべくくずさないようにして全体を混ぜ、少し火を弱めてもう5分煮る。
4 たらと白菜を器に盛る。残った煮汁は再び火にかけ、水溶き片栗粉と紅しょうがを加えて混ぜ、薄くとろみをつけて上からまわしかける。

たらのけんちん風
栄養バランスのいい具だくさん汁。しょうがを添えるといっそうホット

　　たら(生)　2切れ
　　にんじん　8㎝
　　大根　8㎝
　　長ねぎ　1本
　　しめじ　1袋
　　こんにゃく　½枚
　　油揚げ　1枚
　　木綿豆腐　½〜1丁
　　ごま油　大さじ1
　　だし汁　5〜6カップ
　　塩　小さじ1
　　しょうゆ　少々
　　水溶き片栗粉
　　　｛片栗粉　小さじ2
　　　　水　小さじ2
　　しょうが(すりおろし)　ひとかけ
　　細ねぎ(小口切り)　適量

1 たらは水けをふき、それぞれ4つに切る。
2 にんじん、大根は7〜8㎜厚さのいちょう切りにする。長ねぎは2㎝長さに切る。しめじは石づきを切り落とし、あらくさく。
3 こんにゃくは薄切りにする。油揚げは水洗いしてキュッとしぼり、細切りにする。豆腐も食べよく切る。
4 ごま油を熱してにんじん、大根、こんにゃくの順によく炒め、アツアツになったらだし汁を加え、中火で煮る。
5 フツフツしてきたら油揚げとたらを加え、たらに火が通ったら豆腐、長ねぎ、しめじを加え、野菜がやわらかくなるまで煮る。
6 味をみて塩としょうゆで調え、フツフツしているところに水溶き片栗粉を加えてうっすらとろみをつける。盛りつけ、しょうがをのせて細ねぎをたっぷり散らす。好みで七味唐辛子を振ってもよい。

たらのスピードホワイトシチュー
牛乳を加えたらぐんと弱火に落とす。サッと温め、バターと生クリームで仕上げを

　　たら(甘塩)　4切れ
　　湯　1カップ
　　玉ねぎ　1個
　　マッシュルームスライス缶詰　小1缶
　　牛乳　2カップ
　　バター　2㎝角
　　生クリーム　½カップ
　　塩　適量
　　こしょう　適量
　　パセリ(みじん切り)　適量
　　水溶き片栗粉
　　　｛片栗粉　小さじ2
　　　　水　小さじ2

1 たらは1切れを2〜3つに切る。玉ねぎは縦2つに切って薄切りにする。
2 鍋に分量の湯を沸かし、たらと玉ねぎを入れてアクが出てきたらのぞく。
3 さらにマッシュルームスライスを缶汁ごと加える。フツフツしてきたら牛乳を加えて弱火で温める。
4 味をみて塩、こしょうで味を調える。仕上げにバターと生クリームを加え、パセリを散らす。パンによく合うが、ご飯のおかずにするなら、水溶き片栗粉でとろみをつける。

たらのチーズ焼き

淡白な味わいのたらに、チーズを組み合わせてコクをプラス

　　たら(生)　4切れ
　　下味用
　　　｛塩　適量
　　　　こしょう　適量
　　生椎茸　4個
　　しめじ　1袋
　　サラダ油　適量
　　白ワインか酒　小さじ4
　　バジル(乾)　少々
　　とけるチーズ　1カップ
　　クレソン　適量

1 たらは両面に軽く塩、こしょうを振る。
2 生椎茸は石づきを切り落として2〜4つにさき、しめじは石づきを切り落として小房に分ける。
3 25cm角くらいのアルミ箔を4枚用意する。それぞれにサラダ油を薄くぬり、たらときのこ類を¼量ずつのせ、上から白ワインまたは酒小さじ1ずつとバジルを振る。
4 アルミ箔の四隅を持って舟形に包み、オーブントースターで約10分焼く。ここでいったん取り出して包みの口をあけ、上にチーズをのせ、ホイルごとそのままさらに5分ほど焼く。
5 焼き上がったら、アルミ箔ごと器に盛り、クレソンを添える。

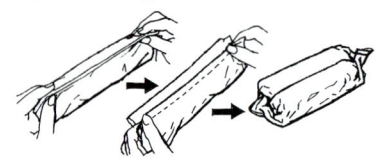

作り方 **4**

たらのトマトシチュー

手間も時間もかかりません

　　たら(甘塩)　3〜4切れ
　　ベーコン　2枚
　　かぶ　5個
　　生椎茸　1袋
　　A｛水　3カップ
　　　トマトジュース　2カップ
　　　固形スープの素　1個
　　塩　適量
　　こしょう　適量
　　パセリ(みじん切り)　適量

1 たらは水けをふき、それぞれ3つに切る。ベーコンは1cm幅に切る。かぶは茎を2cmくらい残して2つに切る。生椎茸は石づきを切り落とし、半分にさく。
2 鍋にAを入れて強火にかける。洋風の献立のときなどは、ローリエ1枚(分量外)を入れてもおいしい。フツフツしたらベーコンとかぶを入れ、フタをして中火で5分煮る。
3 **2**にたらと椎茸を加え、再びフタをしてかぶがやわらかくなるまで10〜15分弱火で煮る。味をみて塩、こしょうで調え、盛りつけてパセリを振る。

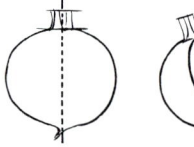

作り方 **1**　かぶ

たらのボンファム

フランス風のクリーム煮

　　たら(甘塩)　4切れ
　　マッシュルーム(生)　1袋
　　赤ピーマン　1個
　　ピーマン　1個
　　バター　大さじ2
　　小麦粉　大さじ5
　　たらのゆで汁　1½カップ
　　牛乳　2カップ
　　固形スープの素　1個

ローリエ　1枚
　塩　少々
　こしょう　少々
　生クリーム(あれば)　½カップ

1 たらは熱湯でサッとゆで、あら熱が取れたら骨を取りのぞく(多少くずれても大丈夫)。ゆで汁はこし、使う分だけ取っておく。
2 マッシュルームは石づきを切り落とし、縦に薄切りにする。
3 ピーマン類は縦に細切りにし、熱湯でサッとゆでる。
4 鍋にバターを入れて中火にかけ、バターがとけたらマッシュルームを炒める。色が変わったら小麦粉を振り入れ、弱火で2～3分焦がさないように炒める。
5 プツプツと泡立ってきたら火を止め、たらのゆで汁を少しずつ加え、木ベラでなめらかに混ぜる。弱火で混ぜながらフツフツするまで煮る。牛乳、スープの素、ローリエ、塩、こしょうを加え、さらに混ぜながらとろりとするまで煮る。
6 たらを加え、フツフツしたら生クリームを混ぜ、すぐ火を止める。たらを盛り、ピーマンをのせてソースをかける。

たらの芽の白あえ
こんにゃくを合わせると、少々ボリュームのある副菜になります

　たらの芽　150g
　こんにゃく　½枚
　しょうゆ　大さじ1
　木綿豆腐　1丁
　白いりごま　大さじ山盛り3
　A ┌ 砂糖　小さじ1
　　├ みりん　小さじ2
　　└ 薄口しょうゆ　大さじ1

1 こんにゃくは4～5cm長さの細切りにする。たらの芽は、はかま(外側の茶色い葉)をのぞき、切り口のかたいところを少し切り落とす。
2 熱湯にこんにゃく、たらの芽の順に加えて1～2分一緒にゆで、少しかためでザルにあげ水けをきる。
3 たらの芽だけ食べてみてアクが気になるようなら水に取り、3～4分さらす。たらの芽の水けをふき、太いところは縦割りにする。
4 豆腐は乾いた布巾で包み、皿を3枚ほどのせて15～30分おき、水けをきる。
5 ごまはよくすり、ねっとりしたらAの調味料を加え、よくすり混ぜる。豆腐を加えてつぶし、なめらかにすり混ぜる。
6 たらの芽とこんにゃくを合わせ、しょうゆをからめ下味をつけ、汁けをきって、**5**の衣に加えてあえる。

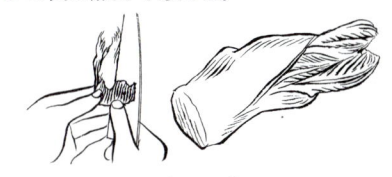

たらの芽

タラモサラダ
有名なギリシャのポテトサラダ。たらこの量は味によって加減を

　じゃが芋　2個(約300g)
　たらこ　½～1腹
　パセリ(みじん切り)　1本
　にんにく(すりおろし)　少々
　レモン汁　½個分
　塩　少々
　こしょう　少々

1 じゃが芋は大きめに切り、ヒタヒタの水でやわらかくゆでる。湯をきり再び火にかけて水分をとばし、熱いうちにマッシャーかすりこぎでつぶす。
2 たらこは縦に切りめを入れ、スプーンなどでしごいて薄皮から出す。
3 じゃが芋にたらこ、パセリ、にんにく、

レモン汁を加えて混ぜ、味をみて塩、こしょうで調える。好みでオリーブ油少々を入れてもOK。

タルタルソース3種
フライなどに添えればおいしさ2倍！　刻んだゆで卵を加えても。作り方は共通

　　ピクルスとレモンのタルタル
　　┌玉ねぎ　小¼個
　　│きゅうりのピクルス　1本(小さい
　　│　場合は2〜3本)
　　│マヨネーズ　大さじ山盛り4
　　│牛乳　大さじ2〜4
　　└レモン汁　少々
　　パセリのタルタル
　　┌玉ねぎ　小¼個
　　│パセリ(みじん切り)　大さじ2
　　│マヨネーズ　大さじ山盛り4
　　└牛乳　大さじ2〜3
　　細ねぎのタルタル
　　┌玉ねぎ　小¼個
　　│細ねぎ(小口切り)　¼カップ
　　│マヨネーズ　大さじ山盛り4
　　└牛乳　大さじ2〜4

1 玉ねぎとピクルス、パセリは細かいみじん切りにする。それぞれ作りたいタルタルソースの材料を混ぜるだけ。
　　フライとタルタルソース→ コラム参照

タン塩
タンの水けをふき取ると、それだけでグッとおいしく焼き上がる

　　牛タン(薄切り)　300g
　　サラダ油　適量
　　塩　適量
　　こしょう　適量
　　レモン　適量

1 牛タンはキッチンペーパーなどで水けをふく。
2 フライパンにサラダ油を薄くぬって強火で熱し、タンを並べ、すぐ塩、こしょうを振って焼く。
3 両面をこんがりと焼き上げ、器に盛る。レモンをしぼり食べる。

タンシチュー
時間はかかっても、それだけの価値あり！

　　牛タン(皮をむいたもの)　1本
　　下味用
　　┌塩　小さじ1
　　└こしょう　少々
　　水　6カップ
　　ローリエ　1枚
　　A┌にんにく　ひとかけ
　　　│赤ワイン　1カップ
　　　│ドミグラスソース缶詰　大1缶(約
　　　│　290g)
　　　│ウスターソース　大さじ1
　　　└ローリエ　1枚
　　マッシュルーム　1袋
　　バター　2cm角
　　小麦粉　大さじ3
　　塩　適量
　　こしょう　適量
　　〈付け合わせ〉
　　ゆでたフェトチーネ　適量
　　にんじんのグラッセ　適量
　　青みのゆで野菜　適量

1 牛タンは塩小さじ1、こしょう少々をすり込む。
2 油をひかずに鉄製のフライパンをカンカンに熱し、タンの水けをふいて入れ、強めの中火で全体をこんがりと焼く。途中、出てきた脂はふき取る。
3 たっぷりの湯を沸かしタンを入れ、フツフツしてから3〜4分下ゆでする。
4 分量の水を沸かし、フツフツしてきたらタンとローリエ1枚を入れ、フタを少しずらしてのせ、弱火で2〜3時間ゆでる。
5 タンを取り出し、2cm厚さに切る。ゆ

で汁はこして、½カップを取っておく。

6 Aを合わせて火にかけ、フツフツしてきたらタンを加え、弱火で40分くらい煮る。

7 マッシュルームは石づきを切り落として縦半分に切る。別鍋にバターをとかして中火でサッと炒め、小麦粉を振り入れて粉っけがなくなるまで2〜3分よく炒め、**5**のゆで汁を加えて鍋底をこそぐようにのばす。

8 マッシュルームを汁ごと**6**の鍋に加えてひと混ぜし、もう15分くらい弱火で煮る。味をみて塩、こしょうで調える。付け合わせとともに盛りつける。

担々飯
アジアの香りいっぱいのヘルシーなご飯もの。スプーンで汁ごと召し上がれ

〈これは2人分〉
温かいご飯　2人分
豚挽き肉　150g
にんにく(みじん切り)　ひとかけ
ごま油　大さじ1
白練りごま　大さじ2
A [豆板醤　小さじ2
　　 こしょう　少々
湯　150cc
豆乳(香料の入っていないもの)　250cc
薄口しょうゆ　大さじ1
細ねぎ(小口切り)　適量

1 鍋にごま油を熱し、にんにくと豚挽き肉を強めの火で炒める。

2 肉の色が変わったら白練りごまを加え混ぜ、Aの調味料を入れてザッと炒める。

3 **2**に湯と豆乳を加え、中火にする。

4 フツフツしてきたら味をみて薄口しょうゆで調え、火を止める。

5 器にご飯を盛りつけ**4**をかけ、細ねぎをたっぷり散らす。

担々めん
→「四川風辛子そば」を参照

糖醋丸子(タンツーワンズ)
甘酢あんの中で具をからめるから簡単

ミートボール(基本)　約30個
ゆで竹の子　½本
にんじん　1本
干椎茸　6枚
揚げ油　適量
甘酢あん
[水　1カップ
　 しょうゆ　大さじ2
　 米酢　大さじ2
　 砂糖　大さじ2
　 水溶き片栗粉
　　[片栗粉　大さじ1
　　　水　大さじ2
グリンピース(冷凍)　½カップ

1 干椎茸は戻して石づきを切り落とし、竹の子、にんじんと一緒に乱切りにする。

2 揚げ油を低めの中温(170度)に熱し、野菜類を入れてにんじんがあざやかな色に変わったら油をきって引き上げる。

3 甘酢あんを作る。鍋に分量の水、しょうゆ、米酢、砂糖を入れて火にかけ、フツフツしてきたら水溶き片栗粉を加えてとろりとさせる。

4 甘酢あんの中にミートボールと**2**の野菜類を入れ、木ベラで大きくかき混ぜながらあんをからめる。まわりからフツフツしてきたら、サッとゆでたグリンピースを散らして器に盛る。

ミートボール(基本)→基本のミートボール

タンドリーチキン
一晩漬け込んで焼くのがベスト

鶏骨つきもも肉(ブツ切り)　4本分
下味用

ちーず

{ プレーンヨーグルト　1カップ
レモン汁　½個分
玉ねぎ(すりおろし)　½個
カレー粉　小さじ1～2
パプリカ　小さじ1
チリパウダー　小さじ1
塩　小さじ1
こしょう　少々 }

1 鶏肉は店で2～3つにブツ切りにしてもらい、水けをふく。
2 下味用の材料を大きめの容器に合わせて混ぜ、鶏肉を入れ、60分以上漬ける。できれば、冷蔵庫で一晩おきたい。
3 オーブンの天板と焼き網を水でぬらし、肉の下味を軽く取りのぞいてのせる。
4 オーブンに入れ、250度で15～20分焼く。

ち

チーズ入りマカロニスープ

鍋にどんどん入れて煮るだけ。一品でも、リッチなスープになります

なす　3本
玉ねぎ　1個
にんじん　10cm
ピーマン　3個
にんにく(みじん切り)　ひとかけ
ベーコン　4枚
サラダ油　大さじ1
水　4カップ
固形スープの素　2個
トマトジュース　1カップ
マカロニ　½カップ
塩　少々
こしょう　少々
オレガノ(あれば)　少々
バジル(あれば)　少々
とけるチーズ　½カップ
パセリ(みじん切り)　大さじ1

1 なすはところどころ皮をむき、縦半分に切ってから横に3mm厚さに切る。玉ねぎは縦半分に切ってから薄切りにする。にんじんは縦2つに切ってから薄切りにする。ピーマンは食べよく切る。
2 ベーコンは1cm幅に切る。
3 サラダ油を中火で熱し、すぐにんにくを炒める。香りがたったら強火にしベーコン、なす、玉ねぎ、にんじん、ピーマンの順に加えて、炒める。水、スープの素、トマトジュースを加える。
4 フツフツしたら乾燥したままマカロニを加え、中火に落としやわらかくなるまで煮る。味をみて塩、こしょうで調える。あればオレガノ、バジルを振り、チーズを加えて火を止め、パセリを散らす。

バジルとオレガノ→ コラム参照

チーズカレー即席グラタン

買いおきがあれば、すぐ出来上がり！ 器を水でぬらしておくと、あと始末もラク

〈これは2人分〉
ご飯　2人分
レトルトカレー　1袋(1人分)
(または残りものの煮詰まったカレー　適量)
とけるチーズ　½カップ

1 レトルトカレーまたは残りもののカレーは、半量をご飯と混ぜる。
2 耐熱容器の中を水でザッとぬらし、**1**のカレーご飯を盛って、上に残りのカレーをかける。1人分ずつのグラタン皿などで焼くほうがおいしそうに仕上がる。
3 さらにとけるチーズをのせ、250度のオーブンで15～20分焼く。チーズがとけて、ところどころこげめがついたら出来上がり。

チーズドレッシング
パンのときに主役になるサラダのドレッシング。チーズ好きにはたまりません

　クリームチーズ　50g
　牛乳か生クリーム　大さじ4〜5
　にんにく(すりおろし)　少々
　塩　小さじ¼
　白こしょう　少々
　レモン汁か米酢　大さじ1

1 クリームチーズは室温に出すか電子レンジに30秒ほどかけてやわらかくする。
2 **1**にすりおろしにんにくを加え、牛乳を少しずつ加えてマドラーか泡立て器でなめらかに混ぜていく。他の材料も加えて混ぜていく。作りおきには不向き。

チーズ春巻き
低温の油でカラリと揚げ、アツアツを

　プロセスチーズ　適量
　春巻きの皮　適量
　水溶き小麦粉(のり用)
　　｛小麦粉　大さじ2
　　　水　大さじ2弱
　揚げ油　適量
　トマトケチャップ(好みで)　適量

1 プロセスチーズは10cm長さ、7〜8mm太さの棒状に、春巻きの皮は半分に切る。
2 小麦粉と水を混ぜ合わせてのりにする。
3 チーズを春巻きの皮でクルクルとくるみ、巻き終わりは**2**ののりをぬって閉じ、両端ものりをぬって閉じる。
4 揚げ油を低温(150〜170度)に熱し、春巻きをきつね色にカリッと揚げる。そのままでも、ケチャップをつけてもおいしい。

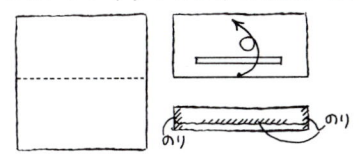

作り方**3**

チーズもち
おもちとチーズがとろ〜り、アツアツ！

　角もち　4個
　とけるチーズ(スライス)　4枚
　焼きのり　1枚

1 スライスチーズはもちの大きさに合わせて折りたたむ。5mm厚さくらいに切ったものを使ってもよい。
2 焼きのりは4等分にする。
3 天板の上にもちを並べ、上にチーズをのせる。オーブントースターで5〜7分焼く。
4 もちが焼けてふっくらしたら取り出し、アツアツを焼きのりで包む。しょうゆをちょっとつけて食べてもおいしい。

チキンかつ
厚みを均一にすると火の通りがよく、やわらかく、食べやすい

　鶏むね肉　2枚
　下味用
　　｛塩　適量
　　　こしょう　適量
　衣
　　｛小麦粉　適量
　　　とき卵　1個分
　　　パン粉　適量
　揚げ油　適量
　ソース
　　｛トマトケチャップ　大さじ山盛り2
　　　ウスターソース　大さじ山盛り2
　〈付け合わせ〉
　千切りキャベツ　適量
　ミニトマト　適量

1 鶏肉は黄色い脂肪を取りのぞき、厚いところは繊維にそって切りめを入れて開き、半分に切る。塩、こしょう各少々を振り、小麦粉、とき卵、パン粉の順に衣をつける。
2 揚げ油を中温(170〜180度)に熱し、鶏

チキンカレー
短時間仕上げのカレーもすこぶるうまい。
香りにんにく、おろしにんじんの隠れワザ

　鶏もも肉　2枚
　玉ねぎ　1個
　にんじん　1本
　サラダ油　大さじ1
　にんにく（すりおろし）　ひとかけ
　水　4カップ
　ローリエ　1枚
　カレールウ　小1箱（約100g）

1 鶏肉は一口大に切る。

2 玉ねぎはみじん切りにし、にんじんはすりおろす。

3 鍋にサラダ油を入れておろしにんにくを炒め、香りがたったら玉ねぎ、鶏肉、にんじんの順に炒める。ややねっとりしたら分量の水とローリエを加え、10分ほど煮込む。

4 いったん火を止め、カレールウを加えてかき混ぜる。ルウがとけたら弱火にかけ、10分ほど煮て、とろりとしたら出来上がり。ご飯（分量外）を盛ってカレーをかけ、福神漬けなどを添える。

チキンカレー　本格風
身近なスパイスを使いこなして本格的に。
鶏ももものブツ切りでもおいしくできます

　鶏ウイングスティック　10本
　プレーンヨーグルト　½カップ
　玉ねぎ（みじん切り）　大1個
　にんにく（みじん切り）　ひとかけ
　赤唐辛子　3～4本
　しょうが（すりおろし）　ひとかけ
　バター　大さじ2
　カレー粉　大さじ1½～2
　クミンシード　少々
　チリパウダー　少々
　ターメリック　少々
　コリアンダー　少々
　トマト水煮缶詰　小1缶（約200g）
　湯　3カップ
　塩　小さじ1
　ガラムマサラ　小さじ1
　ウスターソース　小さじ1

1 ボウルに鶏肉とヨーグルトを入れて混ぜ、しばらくおく。できれば冷蔵庫で一晩おくともっとよい。

2 フライパンにバターを入れて中火にかけ、バターがとけたら火を弱めて赤唐辛子、にんにくを入れる。クミンシードを指でつぶしながら加え、しょうがも加えて炒める。

3 香りがたったら玉ねぎを加え、中火で10～20分炒める。全体があめ色になったら火を止め、チリパウダー、ターメリック、コリアンダーを振り入れる。弱火をつけてカレー粉も振り入れ、玉ねぎとなじませながらいい香りがしてくるまで炒める。

4 トマトの缶汁をきって加え、トマトを木ベラでつぶしなから水っぽさがなくなるまでよく炒め合わせる。

5 鶏肉をヨーグルトが多少ついたまま加え、玉ねぎやトマトをからめる程度にザッと炒める。

6 鍋の中を水でぬらし、**5**のフライパンの中のものをドッと移す。フライパンに湯1カップを入れて火にかけ、フライパンの鍋底を木ベラでこすって残ったうまみを落とし、鍋に加える。残りの湯2カップも加え、塩を加えてひと混ぜする。

7 フタを少しずらしてのせ、弱火で50～

60分煮込む。途中、ときどき鍋をゆする。

8 最後にガラムマサラを振り入れ、隠し味にウスターソースを加え、ひと煮立ちさせてすぐ火を止める。ナンなど好みのパンや温かいご飯などでどうぞ。

チキンクリームコロッケ
手作りのクリームがとろりと美味。コロッケのたねはよく冷やして手早く衣をつける

鶏ささみ　200ｇ（約5本）
玉ねぎ（みじん切り）　小½個
マッシュルームスライス缶詰　小1缶
バター　大さじ4
塩　小さじ½
こしょう（白）　適量
小麦粉　大さじ6
牛乳　2½カップ
衣
　┌　小麦粉　適量
　│　とき卵　1個分
　└　パン粉　適量
揚げ油　適量
ウスターソース　適量
〈付け合わせ〉
ゆでグリンピース　適量

1 鶏ささみは1㎝のコロコロに切り、塩少々（分量外）を振って1½カップ（分量外）の熱湯でゆでる。

2 鍋にバターを入れて火にかけ、バターがとけたら、玉ねぎと鶏肉を炒めて分量の塩、こしょうで味を調える。

3 全体がアツアツになったら、小麦粉を振り入れ、弱火で1〜2分炒める。粉っぽさがなくなったらいったん火を止め、牛乳を少しずつ注ぎながらていねいに混ぜる。

4 さらにマッシュルームスライスも缶汁ごと加え、再び中火にかける。焦げないように、ときどき木ベラで混ぜ、フツフツしてとろみがついたら、ごく弱火にしてフタをあけたまま5〜8分煮る。

5 バットなどに **4** を流し広げ、表面を平らにならす。完全に冷めたら、冷蔵庫で約30分冷やしてかたくする。

6 **5** のたねを12等分し、大きいスプーンですくって小麦粉に落とし、とき卵、パン粉の順に衣をしっかりつけながら、手早く俵形にまとめる。

7 揚げ油を低めの中温（170度）に熱して **6** を6個ずつ2回に分けて揚げる。外側はきつね色、中はアツアツになるようにじっくり揚げ、油をきって器に盛る。ゆでグリンピースを添える。コロッケにウスターソースをかけて食べる。

作り方 **6**

チキンクリームのサフランライス添え
白いシチューと黄色いご飯で、彩りきれいな洋風料理。クリスマスにもいかが？

鶏もも肉　2枚
マッシュルーム　1袋
牛乳　2½カップ
小麦粉　大さじ3
バター　大さじ1
サラダ油　大さじ1
A ┌　固形スープの素　1個
　│　鶏肉のゆで汁　1カップ
　└　白ワイン　大さじ3
ローリエ　1枚
パセリ（みじん切り）　適量
〈付け合わせ〉
サフランライス　適量

1 鶏もも肉は黄色い脂肪を取りのぞき、大きめの一口大に切って、約3カップの湯（分量外）でしっかりゆでる。ゆで汁は取っておく。

2 マッシュルームは軸の汚れた部分を切り落とし、縦半分に切る。
3 厚手の鍋にサラダ油とバターを入れて中火にかけ、バターがとけたらマッシュルームを炒め、小麦粉を加えて弱火で2〜3分焦がさないように炒める。
4 粉っぽさがなくなったら、いったん火からおろし、牛乳を少しずつ加えながらとき混ぜる。よく混ざったら再び火にかけ、木ベラで混ぜながら煮て、クリーム状になったらAを加えてなめらかにする。
5 さらに鶏肉、ローリエも加え、いつもフツフツとしているくらいの弱火で、ときどきかき混ぜながら20分ほど煮込む。こってりさせたい場合は仕上げに生クリーム½カップ（分量外）を加える。
6 器にサフランライスを盛り、チキンクリームをかけてパセリを散らす。
　　サフランライス→サフランライス

チキンコーンシチュー
こっくりした味にトマトの酸味が加わって、ちょっとぜいたくな味わいの洋風メニュー
　鶏もも肉　2枚
　ピーマン　4個
　玉ねぎ　1個
　サラダ油　大さじ1
　ベーコン　4枚
　トマト水煮缶詰　大1缶（約400ｇ）
　ホールコーン缶詰　中1缶（約230ｇ）
　固形スープの素　1個
　塩　適量
　こしょう　適量

1 鶏もも肉は黄色い脂肪を取りのぞき、大きめの一口大に切る。
2 ピーマンは縦2つに切り、玉ねぎは縦4つに切る。
3 鍋にサラダ油を入れて中火にかけ、ベーコンを長いまま敷き、さらに鶏肉も皮を下にして並べ、焼く。鶏肉は裏返さなくてよい。途中出た脂はキッチンペーパーなどでふき取る。
4 鶏肉の上に玉ねぎとピーマンをのせ、トマトの水煮と水をきったホールコーンを加える。さらに固形スープの素をくだいて加え、弱火で20分ほど煮込む。ときどき焦げないように鍋底を混ぜる。
5 最後に味をみて、塩とこしょうで調える。好みでタバスコを振ってもおいしい。

チキンスープ（基本）
昆布を加えると、数倍おいしくなる
　鶏がら　1羽分
　昆布　10cm
　水　2ℓ（10カップ）

1 大きい鍋に分量の水とサッと水で洗った昆布を入れ、火にかける。
2 別鍋に湯を沸かし、鶏がらをサッと水洗いして入れる。しばらくしてからひっくり返し、全体の色が完全に変わるまで下ゆでする。
3 鶏がらを水に取り、あちこちについている脂肪をていねいに取りのぞく。
4 鶏がらを**1**の鍋に加えて強火にし、煮立ったら弱火にして40分くらい煮込む。常に表面が静かにフツフツしている状態を保ち、アクが出たら取りのぞく。
5 鶏がらを取り出し、金ザルなどにぬれ布巾を敷いてこす。
6 保存する場合は、塩小さじ1（分量外）を入れてもう一度煮立てる。冷めてから保存びんなどに入れ、冷蔵庫で3〜4日はもつ。

チキンスープ（中国風）
このままスープとしても、野菜を入れても。使い方は自由自在
　鶏がら　1羽分
　しょうが（薄切り）　ひとかけ
　にんにく（2つにブツ切り）　ひとかけ

長ねぎ(青い部分・ブツ切り)　適量
水　2ℓ(10カップ)
酒　大さじ2

1 鍋に湯を沸かし、鶏がらをサッと水洗いしてから入れる。しばらくしてからひっくり返し、全体の色が完全に変わるまで下ゆでする。

2 鶏がらを水に取り、あちこちについている脂肪などをていねいに取りのぞく。

3 大きい鍋に分量の水、鶏がら、にんにく、しょうが、長ねぎ、酒を入れて強火にかける。煮立ったら弱火にして40分くらい煮込む。常に表面が静かにフツフツしている状態を保ち、アクが出たら取りのぞく。

4 鶏がらなどを取り出し、金ザルなどにぬれ布巾を敷いてこす。

5 保存する場合は、塩小さじ½～1(分量外)を入れてもう一度煮立てる。冷めてから保存びんなどに入れ、冷蔵庫で3～4日はもつ。

チキンソテー
鶏は皮から焼き、パリッカリッと仕上げたい。付け合わせの野菜をお忘れなく

鶏もも肉　小4枚
塩　適量
こしょう　適量
レモン　適量

1 鶏もも肉は黄色い脂肪を取りのぞき、厚みのあるところは切りめを入れて均一に開く。皮にも数カ所、切りめを入れて、塩、こしょうを振る。

2 フライパンを熱して鶏肉を皮のほうから強めの火で焼く。皮がパリッと焼けて、濃いきつね色になったら裏返す。裏も同様に焼いて中まで完全に火を通す。くし形に切ったレモンと一緒に器に盛る。

フライパン→ **コラム参照**

チキンソテー　アメリカ風
肉の上にのった野菜がちょうどソースのように、彩りとボリュームを添える一品

鶏骨つきもも肉　4本
塩　適量
こしょう　少々
ピーマン　2個
トマト　2個
玉ねぎ　1個
サラダ油　大さじ1
白ワイン　¼カップ
レモン汁　½個分

1 ピーマン、トマト、玉ねぎはそれぞれ1㎝角に切る。

2 フライパンにサラダ油を熱し、強めの火で鶏肉に皮のほうからこげめをつける。おいしそうな焼き色がついたら裏返し、両面をこんがり焼く。途中で塩、こしょうを振る。

3 肉に火が通ったら、強火にして野菜類をすべて加え、フライパンをゆすって全体に油をなじませる。

4 いったん火を止め白ワインを加え、フタをして強火で5～6分蒸し焼きにする。味をみて塩、こしょうで調え、最後にレモン汁を加えて出来上がり。肉を器に盛り、上に野菜をたっぷりのせる。

チキンソテー　ジンジャーソース
冷めてもおいしいので、お弁当にもいい

鶏むね肉　大2枚
ごま油　大さじ1
たれ
　しょうが(すりおろし)　ひとかけ
　しょうゆ　大さじ2
　酒　大さじ½
　みりん　小さじ1

1 鶏むね肉は黄色い脂肪を取りのぞき、数カ所切りめを入れ、厚みを均一にし火が通りやすいように少し薄くする。

2 ごま油を熱し、鶏肉の皮を下にして入れ、フタをして強めの中火で焼く。こんがりパリッと焼けたら裏返し、中まで火を通して裏もしっかり焼く。
3 再び皮を裏にして火を止め、合わせたたれをすぐに入れ、余熱でジュ～ッと両面からめてたれごと皿に盛りつける。付け合わせに野菜を添えるとよい。

チキンソテー レモン焼き
ご飯がほしくなる、香ばしい照り焼き風

鶏もも肉　小4枚
塩　適量
こしょう　適量
サラダ油　適量
A ┃ レモン汁　1個分
　┃ 白ワイン　大さじ2
　┃ 砂糖　小さじ2
レモン（輪切り）　4枚

1 鶏もも肉は黄色い脂肪を取りのぞき、身の厚いところは切りめを入れて開き、塩、こしょうを振る。
2 フライパンにサラダ油を薄くぬり、強火にかける。熱くなったら、鶏肉の皮を下にして並べ、フタをして中火で焼く。皮がパリパリにこんがり焼けたら裏返し、再びフタをして中までしっかり焼く。
3 Aを合わせてジュッとまわしかけ、火を止める。盛りつけ、上にレモンの輪切りをのせる。

チキンチャップ
ご飯にも合う、日本の洋食

鶏もも肉　2枚
塩　適量
こしょう　適量
小麦粉　適量
バター　大さじ2
A ┃ マッシュルームスライス缶詰　大1缶

　┃ 水　½カップ
　┃ トマトケチャップ　大さじ3
　┃ ウスターソース　大さじ2
　┃ 酒　大さじ2
　┃ しょうゆ　小さじ1
〈付け合わせ〉
にんじんのグラッセ　適量
粉ふき芋かゆでパスタ　適量

1 鶏もも肉は黄色い脂肪を取りのぞき、厚いところは切りめを入れて薄く開き、早く焼き上がるようにする。半分に切る。塩、こしょう各少々を振る。
2 鶏肉に小麦粉を薄くまぶす。フライパンにバターをとかして肉を入れ、中火で両面をしっかり焼いて中まで火を通し、取り出す。
3 フライパンにAを合わせてフツフツさせる（缶汁も使う）。鶏肉を戻して両面サッとからめ、火を止める。肉を盛ってソースをかけ、付け合わせを添える。

チキンのアメリカ風煮込み
一つ鍋で簡単なのに彩り、見栄えは豪華！

鶏もも肉　4枚
下味用
　┃ 塩　適量
　┃ こしょう　適量
　┃ パプリカ　適量
サラダ油　大さじ2
にんにく（みじん切り）　ひとかけ
玉ねぎ　½個
小麦粉　大さじ2
トマトジュース　1カップ
ワイン（白、赤どちらでも）　1カップ
固形スープの素　1個
ローリエ　1枚
オレガノ　少々
こしょう　少々

1 玉ねぎは薄切りにする。
2 鶏もも肉は黄色い脂肪を取りのぞき、

1枚を2つに切ってそれぞれに塩、こしょう、パプリカを振る。フライパンにサラダ油大さじ1を熱し、鶏肉の皮のほうから焼きつける。皮がパリッとしたら裏返して、両面にこげめをつける(中は生でもよい)。

3 厚手の鍋にサラダ油大さじ1を熱してにんにくと玉ねぎを炒め、小麦粉を振り入れてさらに炒める。

4 全体に粉っぽさがなくなったら、いったん火を止めトマトジュース、ワイン、固形スープの素、ローリエ、オレガノ、こしょうを加えて混ぜ、木ベラで鍋底をこそぐようによく混ぜてから **2** の鶏肉も加える。

5 再び火にかけ、フツフツしたら中火にして、15分くらい煮る。とろりと煮えたら味をみて、たりなければ塩(分量外)で調える。

チキンのウスターソース煮
ウスターソースは何種類ものスパイスが入ってるから、なぜか仕上がりはエスニック

　鶏もも肉　2枚
　塩　少々
　こしょう　少々
　赤ピーマン　1個
　黄ピーマン　1個
　ピーマン　1個
　サラダ油　小さじ1
　A ┌ 湯　1カップ
　　│ ウスターソース　大さじ2
　　└ 固形スープの素　1個

1 鶏肉は大きめの一口大に切り、塩、こしょうを振る。から揚げ用に切ってあるものでもよい。

2 ピーマン類は縦に7〜8mm幅の細切りにし、熱湯でサッとゆでる。

3 サラダ油を熱し、鶏肉の皮のほうから強めの中火で両面こんがり焼く。途中、脂が出たらペーパーなどでふき取る。

4 Aを加えて強火にし、煮立ったら中火にし、フタをして10分くらい煮る。

5 ほとんど汁けがなくなったら火を止め、ピーマン類を加えて混ぜ合わせる。

チキンのクリーム煮
玉ねぎと粉を一緒に炒めるホワイトソースだから失敗なし。クリーミーな味をどうぞ

　鶏むね肉　2枚
　玉ねぎ　1/4個
　カリフラワー　1個
　マッシュルーム(白)　1袋
　バター　大さじ2
　小麦粉　大さじ4
　水　1/2カップ
　牛乳　3カップ
　ローリエ　1枚
　塩　小さじ1/2
　こしょう　少々
　パセリ(みじん切り)　少々

1 鶏むね肉は大きめの一口大に切り、塩少々(分量外)を振って熱湯で下ゆでする。

2 玉ねぎは繊維にそって薄切りにし、カリフラワーは小房に切り分ける。マッシュルームは石づきを切り落とし、縦2つに切る。

3 厚手の鍋にバターを入れて火にかけ、バターがとけたら玉ねぎを炒めて小麦粉を振り入れ、弱火で炒める。

4 全体に粉っぽさがなくなったら、いったん火からおろし、分量の水を加えてよく混ぜ、さらに牛乳とローリエも加えて火にかける。

5 フツフツしてきたら鶏肉、カリフラワー、マッシュルームを加えてごく弱火で15〜20分煮込む。最後に味をみて塩、こしょうで調え、器に盛ってパセリを振る。

チキンのチーズピカタ
チーズと卵を使うから、淡白なむね肉やささみでおいしく作れます

鶏むね肉　2枚
ピーマン(好みの色)　2〜4個
玉ねぎ　½個
バター　大さじ1
塩　適量
こしょう　適量
小麦粉　適量
オリーブ油　適量
卵　1〜2個
とけるチーズ　適量

1 鶏肉は火が通りやすいように大きめの一口大くらいにそぎ切りにする。ピーマンは縦に細切り、玉ねぎは繊維にそって薄切りにする。
2 フライパンにバターを入れて火にかけ、ピーマンと玉ねぎを強めの中火で炒める。全体に油がまわってアツアツになったら塩を振り、器に盛りつけておく。
3 フライパンをきれいにふき、オリーブ油をぬり、弱めの中火にかける。
4 肉に塩、こしょうを振り、小麦粉を全体にまぶす。とき卵をたっぷりつけてフライパンに並べて焼く。
5 こんがり焼けたら裏返し、チーズをのせ、フタをして中までしっかり焼く。**2**の野菜の上に盛りつける。

チキンのバーベキュー
アメリカで出会った思い出の味を、カツ代流にアレンジしたのがこれ

〈作りやすい分量〉
鶏骨つきブツ切り肉　1kg
バーベキューソース
　しょうゆ　大さじ4
　トマトケチャップ　大さじ山盛り3
　ワイン(白、赤どちらでも)　大さじ2
　メープルシロップ　大さじ2
　(またははちみつ　大さじ1)
　ウスターソース　大さじ1
　にんにく(すりおろし)　ひとかけ
　黒こしょう　少々

1 ボウルにバーベキューソースの材料を合わせ、鶏骨つきブツ切り肉に味をからませ、30分くらい漬け込んでおく。冷蔵庫に一晩おいてもよい。
2 天板と網を水でザッとぬらし、鶏肉の皮を上にして並べる。これを250度のオーブンで10分焼き、200度にして15分ほど焼いて、中まで完全に火を通す。
3 **1**で残っているバーベキューソースを小鍋に移し、ワイン少々(分量外)を加えて、少し煮詰めてたれにする。
4 肉が焼けたら器に盛り、たれを添える。ゆでたとうもろこしなどを添えてもバーベキューらしさがある。

チキンのぶどう煮
ぶどうの色、香り、甘酸っぱさがおいしさを誘う、ステキなフランス簡単料理

鶏もも肉　2枚
ぶどう(デラウェア)　2房
バター　大さじ2
白ワイン　½カップ
塩　適量
こしょう　適量

1 鶏もも肉は半分に切り、黄色い脂肪を取りのぞき、塩、こしょうを振る。ぶどうは皮を取りのぞく。
2 フライパンにバターを入れて中火にかけ、鶏肉の皮を下にして並べ、フタをして弱めの中火で焼く。こんがり色づいたら裏返し、同じようにして中までしっかり焼き、肉を取り出す。
3 フライパンをふいてきれいにし、肉を戻し、白ワインをまわしかける。フタをして中火にかけ、5分くらい蒸し煮にする。
4 ぶどうの実を加え、もう2〜3分蒸し煮にし、塩、こしょうで味を調える。

チキンの丸ごと揚げ

鶏1羽を揚げるときは、低温の油でじっくりとあせらずに揚げる

鶏肉　1羽
レモン　1個
漬け汁
 にんにく(すりおろし)　ひとかけ
 しょうが(すりおろし)　ひとかけ
 しょうゆ　大さじ5
 酒　大さじ5
揚げ油　適量
〈付け合わせ〉
フライドポテト　適量
セロリ　適量

1 鶏肉は表面、腹の中とも、水けをしっかりふく。レモンを半分に切り、切り口をしぼりながら鶏肉の表面にまんべんなくこすりつけていく。
2 大きなボウルに漬け汁の材料を合わせてよく混ぜ、鶏肉を入れる。ときどき裏返したり、汁をかけたりしながら、約30分漬け込んで味をなじませる。
3 内臓を出した口は、皮をかぶせるようにして金串でとめる。両手羽先、両足も本体にくっつけるように金串でとめるか、たこ糸でしばる。
4 中華鍋に揚げ油を入れて低温(160度)に熱し、鶏肉の汁をふいてから、静かに鍋に入れる。おたまでときどき、鶏肉に油をかけながら、のんびりゆっくりと揚げる(途中で裏返せればベストだが、無理ならそのままでOK)。
5 30分ほど揚げたら竹串を刺してみて、濁った汁が出ず、さらに竹串の先を手の甲にあてて熱くなっていれば、出来上がり。引き上げる直前に、一度火加減を強くし、カラリと揚げる。
6 鶏肉を食べよい大きさに切り分け、器に盛ってフライドポテトと大きく切ったセロリを添える。**2**の漬け汁も鍋に入れて煮立て、たれとして添える。

フライドポテト→フライドポテト

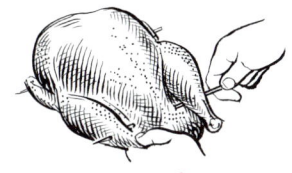

作り方 **3**

チキンの丸ごとポトフ

スープがとびきりおいしいのです。鶏の下ゆでが大事

鶏肉　1羽
かぶ　8個
にんじん　2本
水　2ℓ(10カップ)
ローリエ　1枚
粒こしょう　10粒
塩　適量
こしょう　適量
オレガノ　少々
バジル　小さじ½〜1

1 鶏肉は塩小さじ1、こしょう少々をすり込む。たっぷりの湯を沸かしそっと入れ、表面の色が変わる程度に下ゆでする。
2 かぶは皮をむかずに丸のまま(この料理に葉は使わない)。にんじんは長さを半分に切り、太い部分は縦半分に大きく切る。
3 大きい鍋に鶏肉を丸ごと入れ、あいているところに野菜も入れ、水とローリエ、粒こしょうを加え、強火にかける。フツフツしてきたら弱火で、フタをして60分くらい煮込む。もしアクが出たら取る。
4 味をみて塩、こしょうで調え、オレガノとバジルを加え、もう10分くらい煮込む。

チキンのミラノ煮込み

この料理のうれしいところは、長時間煮込まないこと。パパッとできる

ちきん

鶏ウイングスティック　8本
なす　4本
生椎茸　5〜6個
しめじ　1袋
にんにく（みじん切り）　ひとかけ
オリーブ油　大さじ1
A ┌ トマトジュース　2カップ
　├ 赤ワイン　½〜1カップ
　├ 塩　小さじ½
　├ こしょう　少々
　└ ローリエ　1枚
とけるチーズ　½カップ強

1 鶏肉は網に並べ、250度のオーブンで10分くらいこんがりと表面のみ焼く。

2 なすはヘタを切り落としてからピーラーで薄くすっかり皮をむき、縦半分に切ってから斜め半分に切る。海水くらいの塩水（分量外）に5〜10分つけ、水けをふいておく。

3 生椎茸は石づきを切り落とし、2〜4つに切る。しめじは石づきを切り落とし、あらくほぐす。

4 オリーブ油とにんにくを中火で熱し、香りがたったらなす、きのこ類の順に加えて炒める。

5 全体がアツアツになったらAと **1** の鶏肉を加え、フタをして弱火で20〜30分煮込む。

6 火を止め、チーズを散らし加えてフタを1分ほどする。チーズがとけたら盛りつける。

チキンの蒸し焼きアップルソース
りんごと赤ワインのソースで、おしゃれな大人の味。パンのおかずによく合います

鶏もも肉　2枚
塩　適量
こしょう　少々
バター　大さじ1
りんご（紅玉）　小2個
赤ワイン　½カップ

1 りんごは皮をむき、薄いいちょう切りにする。

2 鶏もも肉は黄色い脂肪を取りのぞき、半分に切って塩、こしょうを振る。

3 フライパンにバターを入れて中火にかけ、バターがとけたら鶏肉を皮のほうから焼く。おいしそうな焼き色がついたら裏返し、両面をこんがりと焼く。

4 さらにりんごを加えて赤ワインを注ぎ、フタをして10〜15分くらい蒸し焼きにする。

5 最後に塩、こしょう（分量外）で調味し、鶏肉を器に盛って上からアップルソースをかける。

チキン春巻き
中の具は超簡単なのに美味

鶏ささみ　5本
塩　適量
片栗粉　適量
青じそ　10枚
しし唐辛子　10本
春巻きの皮　1袋
水溶き小麦粉
　┌ 小麦粉　大さじ1
　└ 水　大さじ1
揚げ油　適量
辛子酢じょうゆ　適量

1 鶏ささみは繊維にそって縦に2つに切り、塩を振って片栗粉をまぶす。しし唐辛子はヘタを切り落とす。

2 春巻きの皮に青じそ、ささみ、しし唐辛子を等分にのせ、手前、左右ときっちり包んで巻き、巻き終わりに水溶き小麦粉をつけてとめる。

3 低めの中温（170度）に熱した揚げ油に入れ、きつね色にカラリとなるまでゆっくり揚げる。辛子酢じょうゆをつけて食べる。

チキンビーフン
ウイングスティックをコトコト煮込み、おいしいスープをとる本格味のめん

〈これは2人分〉
ビーフン(乾)　100 g
チキンスープ
　┃鶏ウイングスティック　4本
　┃水　4カップ
赤唐辛子　1本
酒　大さじ2
塩　小さじ1
薄口しょうゆ　小さじ½
にんにく(すりおろし)　少々
しょうが(すりおろし)　少々
細ねぎ(小口切り)　適量
白いりごま　適量

1 まずチキンスープを作る。ウイングスティックは熱湯で表面の色が変わるまで下ゆでして、余分な脂やくさみを取る。鍋に分量の水を煮立て、ウイングスティックを入れて、コトコト静かに煮立つくらいの火加減で40〜60分煮出す。途中でアクが出てきたら、ていねいにすくい取る。
2 ビーフンは袋の表示に合わせて、少しかために戻しておく。
3 **1**の鍋からウイングスティックを取り出し、あら熱が取れたところで骨から身をはずしてほぐしておく。
4 煮出したスープには種をのぞいた赤唐辛子、酒、塩、薄口しょうゆを加え、フツフツしてきたらビーフンを入れて温める。
5 器にスープとビーフンを盛り、ほぐした鶏肉を適量のせて(全部のせると多い。残りはサラダなどに使う)、さらににんにく、しょうが、細ねぎを散らし、白いりごまを振る。

チキンピラフ
バターの風味がおいしさをアップ。甘みと彩りを添える赤ピーマンも忘れずに

米　2カップ
鶏むね肉　100 g
玉ねぎ　½個
ピーマン　1個
赤ピーマン　1個
バター　大さじ1
サラダ油　大さじ1
水　2カップ
塩　小さじ1
こしょう　少々
カレー粉　小さじ½

1 米はザッと洗ってザルにあげておく。
2 鶏むね肉は小さく切り、玉ねぎとピーマン、赤ピーマンは少し大きめのみじん切りにする。
3 鍋にバターとサラダ油を入れて火にかけ、肉と玉ねぎを炒める。肉に火が通ったら米を加え、中火でよく炒める。
4 米がツヤツヤしてきたら分量の水を注ぎ、ピーマンと赤ピーマン、塩、こしょう、カレー粉も加える。ザッと混ぜて表面を平らにし、フタをして弱めの中火で炊き上げる。

チキンボールのすまし汁
ビッグな具がたっぷり。干椎茸は戻さず使うと独特の歯ごたえ、スープもおいしい

チキンボール
　┃鶏挽き肉　200 g
　┃塩　小さじ½
　┃こしょう　適量
　┃卵　1個
　┃じゃが芋(すりおろし)　小1個
　┃片栗粉　大さじ3〜4
じゃが芋(メークイン)　2個
にんじん　小1本
干椎茸　4枚
セロリの葉(あれば)　適量
水　7カップ
固形スープの素　1個

塩　適量
こしょう　適量

1 チキンボールの材料はよく混ぜ合わせ、大きく4つに丸める。
2 じゃが芋、にんじんは縦2つに切る。干椎茸は軸を折り、ザッと水で洗う。
3 分量の水にスープの素、にんじん、干椎茸を入れて火にかけ、煮立ったら弱火にして10分くらい煮る。
4 フツフツしているところに **1** のチキンボール、じゃが芋、セロリの葉を加え、さらに15〜20分煮る。全部に火が通ったら、味をみて塩、こしょうで調える。

チキンマカロニサラダ
冷蔵庫に入れてちょっと冷やして食べるのもおすすめ

マカロニ　150g
サラダ油　少々
鶏むね肉（皮なし）　小1枚
塩　適量
こしょう　少々
酒　適量
レモン汁　適量
玉ねぎ（みじん切り）　大さじ2
マヨネーズ　½カップ
ゆで卵（固ゆで）　2個
〈付け合わせ〉
サラダ菜　適量
トマト　適量
きゅうりのピクルス　適量

1 マカロニは表示通りにゆで水けをきり、ボウルなどに入れ、サラダ油を振ってからめ、冷ます。
2 湯を½カップ沸かして塩適量、こしょう、酒を加え、鶏肉を入れ、フタをして中火で10分くらい蒸し煮にする。あら熱が取れた肉は細かくさき、レモン汁と塩少々を振り、完全に冷ます。
3 ゆで卵をフォークであらくつぶし、肉、玉ねぎ、マヨネーズを加えて混ぜ、マカロニも加えて混ぜる。味をみて、たりないようなら塩、こしょう、レモン汁を補う。冷蔵庫でよく冷やしてから、サラダ菜やスライスしたトマト、ピクルスを添えて盛りつける。

チキンマレンゴ
伝統的な鶏の煮込み。できたら骨つきもも肉は開かないタイプのものがベスト

鶏骨つきもも肉　小4本
A ┌ パプリカ　少々
　├ 塩　少々
　└ こしょう　少々
小麦粉　適量
サラダ油　大さじ1
にんにく（みじん切り）　ひとかけ
マッシュルームスライス缶詰　小1缶
バター　大さじ1〜2
赤ワイン　½カップ
トマトジュース　1カップ
B ┌ 砂糖　大さじ1
　└ 塩　小さじ1
ローリエ　1枚

1 鶏肉は皮のほうに1本切りめを入れ、Aを振りかけ、小麦粉を薄くまぶす。
2 フライパンをよく熱してサラダ油を入れ、鶏肉の皮を全体にこんがり焼く。
3 マッシュルームは実と汁を分けておく。
4 鍋にバターを入れて弱火にかけ、にんにくとマッシュルームを炒める。香りがたったら小麦粉大さじ1を振り入れ、粉っけがなくなるまでよく炒める。
5 火を止め、ワイン、トマトジュース、マッシュルームの缶汁を加えて木ベラで鍋底をこそぐようによく混ぜる。
6 中火をつけ、Bの調味料とローリエを加え、焼いた鶏肉の皮を下にして並べる。フタをして弱火で15分くらい煮込み、裏返してさらに15〜20分煮込む。途中煮汁

がなくなったらワインか湯（分量外）をたす。

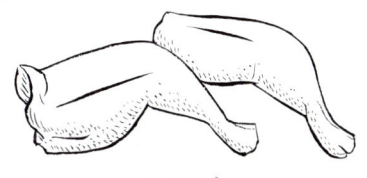

作り方 1

チキンライス

具にしっかり味をつけ、ご飯は混ぜるだけ。さっぱりした仕上がり。お弁当にも

〈これは2人分〉
温かいご飯　2人分
玉ねぎ　1/4個
ピーマン　1個
鶏むね肉　1/2枚
塩　適量
サラダ油かバター　大さじ1
こしょう　少々
トマトケチャップ　大さじ山盛り2

1 玉ねぎとピーマンは1cmの角切りにする。

2 鶏むね肉は黄色い脂肪を取って1cm角くらいのコロコロに切り、塩を加えた熱湯でしっかりゆでて水けをきる。

3 フライパンにサラダ油かバターを熱して玉ねぎ、ピーマン、鶏肉を炒め、全体に油がまわったら、塩少々とこしょうを振って、いったん火を止める。

4 ここにケチャップを加えて再び火をつけ、中火で炒める。全体がフツフツしてコテッとなったら火を止め、温かいご飯を加える。ご飯を切るようにして具とよく混ぜ合わせ、チキンライスの出来上がり。

千草焼き（ちぐさ）

具だくさんで彩りきれいな卵焼き。焼け具合を見ながら、おいしい焼き色をつける

鶏挽き肉　200g
玉ねぎ　小1/2個
しょうが　ひとかけ
干椎茸　4枚
にんじん　5cm
木綿豆腐　1丁
ごま油　大さじ1
A ┌ 薄口しょうゆ　大さじ2
　│ みりん　大さじ1
　│ 砂糖　大さじ1
　└ 酒　大さじ1
三つ葉（刻んだもの）　1/2カップ
卵　5個

1 干椎茸は戻して石づきを切り落とし、2～3つに切ってから細切りにする。

2 玉ねぎはみじん切りにし、しょうがとにんじんは千切りにする。三つ葉は細かく刻む。

3 木綿豆腐は布巾で包み、皿などで重しをして30分ほどしっかりめに水きりをする。

4 フライパンにごま油を熱し、玉ねぎとしょうがを中火で炒める。しょうがの香りがたったら、鶏挽き肉を加えてほぐすように炒める。

5 肉の色が変わってポロポロになったら、椎茸、にんじん、豆腐の順に加え、豆腐をくずしながら、水けをとばすように強火で炒める。

6 全体がアツアツになったら、Aの調味料で味をつけ、バットなどに広げて冷ます。完全に冷めたら、三つ葉を加える。

7 ボウルに卵をときほぐし、**6**の具を加えて全体を混ぜる。

8 天板の上に、25cm角くらいのアルミ箔の仕切り箱を作り、ごま油（分量外）を薄くぬる。ここへ**7**の卵液を流して平らにし、200度のオーブンで20～30分焼く。これを取り出し、あら熱が取れたらアルミ箔をはがし、形よく切って器に盛る。

筑前煮

材料は下ゆでしてから、炒め煮にするのでアクも抜け、うまみが生きる

鶏もも肉　1枚
ごぼう　1本
にんじん　1本
れんこん　1節
こんにゃく　1枚
干椎茸　4～5枚
ごま油　大さじ1
煮汁
　┌ しょうゆ　大さじ2
　│ 酒　小さじ1
　│ 砂糖　小さじ1
　└ 水　1½カップ

1 干椎茸はやわらかく戻し小さめの一口大に切る。

2 ごぼう、にんじん、れんこん、こんにゃくはすべて小さめの一口大に乱切りにする。

3 鶏もも肉は黄色い脂肪を取りのぞき、野菜よりやや小さめの一口大に切る。

4 鍋に **2** の材料をすべて入れてヒタヒタの水を注ぎ、フタをして強火にかける。フツフツしてきたら鶏肉を入れ、肉の色が変わるまで下ゆでする。

5 鍋にごま油を入れ干椎茸を炒め、**4** の下ゆでした肉と野菜類を加え炒める。油がまわったら煮汁の材料を加え、フタをして強めの中火で煮る。野菜がやわらかくなり、汁けが少なくなったら、味をからめるように鍋をゆすりつつ、汁がなくなるまで照りよく煮上げる。

筑前煮込み

下ゆでをして、ただひたすら煮込むだけ。冬に土鍋で作っても雰囲気あり

鶏肉（から揚げ用）　300g
ごぼう　1本
にんじん　1本
れんこん　1節
こんにゃく　1枚
干椎茸　8枚
A┌ しょうゆ　大さじ2
　│ 酒　大さじ1
　└ 砂糖　大さじ1
水　1½カップ
ごま油　小さじ½

1 ごぼうは一口大の乱切りにし、水に放つ。にんじん、れんこんはごぼうより少し大きめに乱切りにする。こんにゃくはスプーンで一口大にこそぐ。干椎茸は軸をキッチンばさみで切り、水でザッと洗う。

2 鍋に **1** を入れ、水をかぶるほど加え、フタをして中火にかける。フツフツしてきたらザルにあげて湯をこぼす。

3 材料を鍋に戻し、鶏肉をのせてAの調味料と分量の水を加え、フタをして中火で30～45分クツクツ煮る。途中一度全体を混ぜる。火を止め、ごま油を落とす。

筑前めし

筑前煮をちょっとひと工夫して、具だくさんの炊き込みご飯に

米　1カップ（1合）
もち米　1カップ（1合）
干椎茸　5枚
ごぼう　15cm
れんこん　1節（約150g）
こんにゃく　½枚
にんじん　½本
鶏こま切れ肉　150g
ごま油　大さじ1½
A┌ 酒　大さじ1
　│ みりん　大さじ1
　│ しょうゆ　大さじ1½
　└ 干椎茸の戻し汁　1½カップ
白いりごま　適量

1 米はといでザルにあげ、もち米はといで水に1～2時間つけておく。

2 干椎茸は戻して石づきを切り落とし、少し大きめのみじん切りにする。戻し汁はこし器でこして取っておく。
3 ごぼう、れんこん、こんにゃく、にんじんもすべて少し大きめのみじん切りにする。
4 鍋にごま油を熱して鶏こま切れ肉を炒め、肉の色が変わったら、干椎茸と **3** の材料を次々に加えて炒める。
5 全体に油がまわったら、Aの調味料と干椎茸の戻し汁1½カップを加え、強火で煮る。5分ほど煮たらこれをこして、具と煮汁に分ける。
6 **5**の煮汁の分量をはかり、これにさらに残っている干椎茸の戻し汁をたして2カップ(この場合は、1カップは1合=180ccとなる)にする。
7 炊飯器に **1** の米と水けをきったもち米を入れて **6** の汁を加え、上に **5** の具をのせてスイッチを入れる。
8 炊き上がったら底のほうからほっこり混ぜ、器に盛って白いりごまを振る。

ちくわと青じそとベーコンパスタ
和風の素材に、ベーコン&オリーブ油でコクをつけた香り満点パスタ

　〈これは2人分〉
　パスタ(好みのもの)　150〜200g
　ちくわ　2本
　ベーコン　4枚
　赤唐辛子(輪切り)　½〜1本
　にんにく　ひとかけ
　オリーブ油　大さじ1
　塩　小さじ½弱
　パスタのゆで汁　少々
　刻みのり　適量
　青じそ　½〜1わ

1 ちくわは半分に切りさらに縦半分に切って細切りにする。ベーコンは5mm幅に切る。
2 にんにくは薄切りにする。青じそは千切りにする。
3 パスタは袋の表示通りにゆでる。ゆで汁は少々取っておく。
4 フライパンにオリーブ油、ベーコン、赤唐辛子、にんにくを入れ、中火にかけて炒める。チリチリといい感じになってきたら、ちくわを加えてサッと炒める。
5 さらにゆで上がったアツアツのパスタ、塩、ゆで汁を加えてザッとあえ、火を止めてオリーブ油少々(分量外)をかける。
6 器に盛り、上から刻みのりと青じそを散らす。

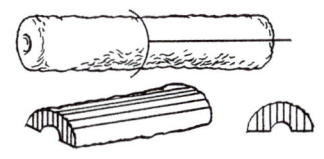

作り方 **1**

ちくわのチーズフライ
子どもはもちろん、大人のおつまみにも。お弁当のおかずにもよく合う

　ちくわ　4本
　プロセスチーズ(1cm厚さ)　4枚
　衣
　｛小麦粉　適量
　　とき卵　1個分
　　パン粉　適量
　揚げ油　適量
　〈付け合わせ〉
　千切りキャベツ　適量
　ミニトマト　適量

1 チーズはちくわの穴に入る太さに切り、ちくわの両方の穴から詰める。
2 小麦粉、とき卵、パン粉の順で衣をつける。
3 中温(170〜180度)に熱した揚げ油に入れ、全体がこんがりと色づくまで揚げる。器に盛り、付け合わせを添える。

チゲクッパ
ピリ辛で体が温まる韓国ご飯

温かいご飯　4人分
牛赤身薄切り肉　200g
干椎茸　3枚
ゆで竹の子　½本
もやし(あれば豆もやし)　1袋
にら　1わ
しょうが(みじん切り)　ひとかけ
にんにく(みじん切り)　ひとかけ
ごま油　大さじ1
スープ
　┌ 湯　7カップ
　│ 固形スープの素　1個
　│ 塩　適量
　│ こしょう　少々
　│ 赤唐辛子粉　少々
　└ パプリカ　少々
長ねぎ　1本
A┌ しょうゆ　大さじ1
　└ 豆板醤　小さじ1
白いりごま　適量

1 牛肉は2～3つに切る。干椎茸は戻し、軸を取って細切りにする。ゆで竹の子は短冊切りか細切りにする。にらは2～3cm長さに切る。
2 長ねぎは白い部分だけ4～5cm長さに切り、芯を取って縦に千切りにし、水にさらさずにすぐAの調味料をからめておく。
3 ごま油でしょうがとにんにくを炒め、香りがたったら椎茸、肉、竹の子、もやしの順に加えて強めの中火で炒める。
4 スープの材料を次々加え、弱めの中火で10～15分煮る。にらを加えて火を止める。
5 温かいご飯を盛り、**4** の具とスープをかけ、**2** のねぎをのせてごまを散らす。

チゲ丼
キムチは長ねぎと一緒に加え、サッと煮て

もけっこう
〈これは2人分〉
牛薄切り肉　100g
A┌ にんにく(みじん切り)　ひとかけ
　│ 豆板醤　小さじ½～1
　│ しょうゆ　大さじ½～1
　└ 酒　大さじ1
木綿豆腐　½丁
長ねぎ　½本
湯　1½カップ
白菜キムチ　適量
白いりごま　適量
温かいご飯　2人分

1 豆腐は一口大のやっこに切る。長ねぎは斜め薄切りにする。白菜キムチは2cm幅に切る。
2 牛肉は食べやすく切り、Aの調味料で下味をつけておく。
3 鍋の中を水でぬらし、肉を調味料ごと入れ、強めの中火にかける。フツフツしてきたら手早くいり煮する。
4 肉の色が変わったら分量の湯を加え、フツフツしてきたらアクを取り、豆腐を加えてひと煮する。長ねぎを加え、再びフツフツしてきたらすぐ火を止める。
5 温かいご飯を盛り、**4** を汁ごとのせ、キムチも添え、ごまを振る。

チャーシューチャーハン
プロっぽくご飯をパラリと仕上げるには、一度に作るのは2人分がベスト

〈これは2人分〉
温かいご飯　2人分
焼き豚　50g
干椎茸　2枚
ねぎじょうゆ
　┌ 長ねぎ(みじん切り)　10cm
　└ しょうゆ　小さじ2
卵　1個
ごま油　大さじ1

塩　適量
こしょう　適量

1 干椎茸は戻し、細かく刻む。焼き豚は5〜7㎜角に切る。
2 刻んだ長ねぎは、しょうゆに漬け込む。卵はとき、塩、こしょう各少々を混ぜる。
3 中華鍋を熱してごま油をまわし入れ卵を流し、そのまま強めの中火でまわりがブクブク固まってくるまで焼く。卵がまだ生っぽいところに温かいご飯をドカッと加える。焼き豚と椎茸も加え、ご飯を切るようにして炒めていく。
4 全体をパラリと炒めたら **2** のねぎじょうゆを加え、2本のヘラで底から持ち上げるようにして手早く炒める。味をみて、塩、こしょうで調える。

チャーハン各種
→メニュー別索引〈チャーハン〉を参照

チャオねぎラーメン
冬のねぎなら、うまみも香りも最高
〈これは2人分〉
中華めん(スープ付き)　2人分
長ねぎ　2本
豚挽き肉　100ｇ
にんにく　ひとかけ
サラダ油　大さじ½
しょうゆ　小さじ½
白いりごま　適量

1 長ねぎは斜め薄切りにし、にんにくはつぶす。
2 サラダ油を熱してにんにくと豚挽き肉を中火で炒め、肉の色が変わったら長ねぎを加えて炒め合わせる。
3 長ねぎがしんなりしたら、しょうゆを加えてサッと混ぜ、火を止める。表示通りに作ったラーメンにのせ、ごまを振りかける。

茶粥（ちゃがゆ）
お茶で米からゆっくり炊き上げる本式の茶粥はほうじ茶でも緑茶でもできます
米　1カップ
ほうじ茶　5カップ
ほうじ茶か湯　1カップ
塩　小さじ½〜1

1 ほうじ茶をおいしく入れる。
2 土鍋か厚手の大きい鍋の中を水でぬらし、米とほうじ茶5カップを入れ、フタをして中火にかける。フツフツしてきたらごく弱火にし、フタを少しずらしてのせ、30分くらい炊く。
3 炊き上がったら熱いほうじ茶か湯1カップ、塩を加え、箸で切るように混ぜフタをして5分蒸らす。

茶粥→ コラム参照

茶巾ずし
ちらしずしを作ったらすぐ出来上がり。湯のみや小鉢を利用するとまとめるのも簡単
えび　10尾
にんじん　5㎝
煮汁
　水　1½カップ
　塩　小さじ¼
　砂糖　小さじ1
　酢　小さじ1
　酒　小さじ1
高野豆腐の含め煮　2枚
かんぴょうの煮もの　適量
薄焼き卵　12枚
米　2カップ(2合)
昆布　10㎝
酒　大さじ2
合わせ酢
　塩　小さじ½強
　砂糖　大さじ1
　米酢　大さじ4
甘酢しょうが　適量

ちゃせんなす

1 えびは殻、背ワタ、尾をのぞいて小さくコロコロに切り、にんじんはあらみじんに刻む。
2 鍋に煮汁の材料を入れて火にかけ、フツフツしたらえびとにんじんを加えて煮る。えびに火が通ったら、火を止めてそのまま冷まし、ザルにあげて汁けをきる。
3 高野豆腐の含め煮はしぼらず小さく刻み、ザルにあげて自然に汁けをきる。かんぴょうの煮ものは3本くらいを細かく刻み、あとは茶巾を結ぶひもに取っておく。
4 米はよくといで、やや控えめの水加減にし、そこから大さじ2の水(調味料分)を取って酒を加え、さらにザッと洗った昆布を入れて炊飯器のスイッチを入れる。
5 合わせ酢の調味料を混ぜておく。
6 ご飯が炊けたら、十分に蒸らして昆布を取りのぞく。あれば、はん台か木製の大きな鉢にご飯をあけ、すぐに合わせ酢をまわしかける。手早く切るように混ぜてすし飯にし、かたくしぼったぬれ布巾をかぶせて自然にあら熱を取る。
7 すし飯にえび、にんじん、高野豆腐の含め煮、刻んだかんぴょうを加え、全体をさっくりと混ぜる。
8 丸い形の湯のみや小鉢などに薄焼き卵を敷き、中にすし飯を詰めて、スプーンの背でギュッと押す。これを薄焼き卵で包み込むように、均一にしわをとりながらまとめて、上をかんぴょうのひもで結ぶ。

　薄焼き卵→薄焼き卵
　かんぴょうの煮もの→かんぴょう 関西炊き／かんぴょう 関東炊き
　高野豆腐の含め煮→高野豆腐の含め煮

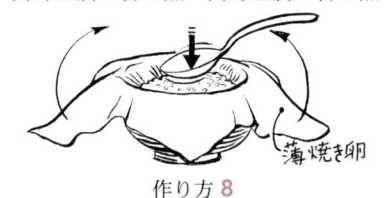

作り方 8

茶せんなす
縦に細かく切りめを入れ、熱いうちに軽くひねると、形よく決まる

　小なす　8本
　揚げ油　適量
　塩　適量

1 小なすはヘタを残してひらひらのガクをぐるりと切り取り、縦に浅く細かく切りめを入れる。海水くらいの塩水(分量外)に10分くらい入れ、水けをよくふく。
2 中温(170～180度)に熱した揚げ油に入れ、竹串がスーッと通るようになるまで揚げ、油をよくきる。
3 なすが熱いうちに塩を少々振り、ヘタを上にして軽くひねる。

作り方 1、3

茶漬け各種
→メニュー別索引〈茶漬け〉を参照

チャパティ
カレーに添えるインドの薄焼きパン

〈8枚分〉
　薄力粉　2カップ(200g)
　塩　ひとつまみ
　ぬるま湯　約½カップ
　強力粉(打ち粉用)　適量

1 ボウルに薄力粉と塩を入れてザッと混ぜ、分量のぬるま湯をまわし入れ、箸でかき混ぜる。
2 粉に水分がなじんでまとまってきたら、指先でつかむようにして混ぜ、だんだんと手のひらで軽くこねる。
3 全体がひとかたまりになってボウルから離れるようになったら、そのままボウル

に入れてラップをし室温で15分以上おく。
4 手につくようなら薄力粉大さじ1〜2（分量外）を振り入れ、軽くこねる。まだ手にくっつくようなら、もう少し薄力粉を振り入れてボウルの中でよくこねる。完全にベタつかなくなったら、両手でもむようにしてこねる。
5 表面がすっかりなめらかになって、手にくっつかなくなったら、8等分にする。
6 軽く丸め、両手で押さえて平たくつぶす。打ち粉（強力粉）をし、めん棒でのばす。
7 手で引っ張って少しのばし、230度に温めたホットプレートにのせる。ときどき打ち水をしながらフタをして焼き、両面をパリッとプクッと香ばしく焼き上げる。

茶めし
おいしく入れた茶で炊くのがカツ代流。おでんによく合います
　米　2カップ（2合）
　お茶（番茶）　適量
　塩　小さじ¼

1 米はとぎ、水の代わりにきゅうすで入れた番茶を加えて、いつもの水加減にする。
2 さらに塩を加え、ザッと混ぜてふつうに炊く。

茶碗蒸し
中身はこれが定番
　卵液
　├ 卵　3個
　├ だし汁（冷ます）　2カップ
　├ 薄口しょうゆ　小さじ1
　└ 塩　小さじ½
　鶏ささみ　1〜2本
　薄口しょうゆ　小さじ½
　えび　小4尾
　えのき茸　適量
　かまぼこ（1㎝厚さ）　4枚
　ぎんなん（水煮）　4〜8粒
　三つ葉　少々
　柚子の皮（千切り）　少々

1 卵は泡立てないように静かにとき、だし汁と調味料を混ぜ、みそこしなどに通してこす。
2 ささみは一口大のそぎ切りにし、薄口しょうゆをからめる。えびは尾を残して殻と背ワタを取る。えのき茸は石づきを切り落とし、2〜3つに切る。三つ葉は2㎝長さに切る。
3 器の中を水でぬらし、ささみ、かまぼこ、ぎんなんを等分に入れ、**1**の卵液を等分に加え、えのき茸とえびをのせる。
4 蒸気の立った蒸し器に入れ、布巾をかませてフタをし、中火で1〜2分、弱火にして15分前後蒸す。湯せんでもよい。
5 竹串を刺して濁った汁が出なければ火を止め、三つ葉と柚子の皮をのせる。
　ぎんなん→ コラム参照
　湯せん→ コラム参照

茶碗蒸し各種
→メニュー別索引〈茶碗蒸し〉を参照

中華丼
街の中華屋さんのあの味が、無性に食べたくなるんです
　〈これは2人分〉
　しょうが（みじん切り）　ひとかけ
　豚こま切れ肉　100g
　ゆで竹の子　50g
　干椎茸　2枚
　シーフードミックス　100g
　玉ねぎ　¼個
　にんじん　3㎝
　きくらげ（乾）　4〜5個
　白菜の葉の部分　3〜4枚分
　塩　小さじ¼

こしょう　少々
A ┌ 塩　小さじ½
　│ 酒　大さじ1
　└ 干椎茸の戻し汁　1カップ
水溶き片栗粉
　┌ 片栗粉　大さじ1
　└ 水　大さじ1
しょうゆ　少々
ごま油　適量
温かいご飯　2人分

1 干椎茸はぬるま湯で戻し(戻し汁は取っておく)、石づきを取り、薄切りにする。きくらげもぬるま湯で戻し(戻し汁は不要)、石づきのかたい部分のみ取りのぞき、大きければ2つに切る。

2 竹の子は食べよい大きさに薄切りにする。玉ねぎは繊維にそった薄切り、にんじんは縦2〜3等分に切り、縦に薄切りにする。白菜の葉はザク切りにする。

3 中華鍋を熱し、ごま油でしょうがを炒め、いい香りがしてきたら、強火にして豚肉を炒め、塩小さじ¼、こしょうを加えて炒める。椎茸、ゆで竹の子、シーフードミックス、玉ねぎ、にんじん、きくらげ、白菜の順に加えて強火で炒め、全体に油がまわったらAを次々加える。火はずーっと強火のまま。

4 野菜に火が通ったら中火にし水溶き片栗粉でとろみをつける。しょうゆ少々をまわしかけ、火を止め、ごま油を数滴落とす。器に温かいご飯を盛りつけ、アツアツを上にのせる。

中華めん各種
→メニュー別索引〈中華めん〉を参照

中華屋さんのカレー
じゃが芋とにんじんは煮込まず、揚げてカレーソースをからめるのが特徴

豚薄切り肉　200ｇ
玉ねぎ　1個
じゃが芋　2個
にんじん　1本
にんにく(すりおろし)　少々
水　4〜5カップ
カレールウ　小1箱(約100ｇ)
牛乳　¾カップ
揚げ油　適量

1 豚肉は2〜3つに切る。玉ねぎは縦2つに切り、繊維にそって薄切りにする。じゃが芋は一口大に切る。にんじんはじゃが芋よりひとまわり小さく切る。

2 揚げ油を温め、ぬるいうちにじゃが芋とにんじんを入れ、きつね色になるまで揚げる。

3 水、にんにく、玉ねぎを火にかけ、玉ねぎが煮えたら火を止め、カレールウを加えてとかす。弱火で5〜10分煮る。

4 とろみがついたら、豚肉を1枚ずつヒラリヒラリと加えて煮る。

5 肉に火が通ったら牛乳を加え、再びフツフツしてきたら揚げた野菜を加え、サッと混ぜて火を止める。温かいご飯や好みのパンでどうぞ。

中近東ムードのリゾット
好みでレモンをしぼると、さらにエスニック風

ご飯　軽く4人分
豚挽き肉　200ｇ
にんにく(みじん切り)　ひとかけ
玉ねぎ　½個
にんじん　½本
じゃが芋　2個
サラダ油　大さじ1
A ┌ マッシュルームスライス缶詰　小1缶
　│ トマトジュース(有塩)　1カップ
　│ 水　3カップ
　└ カレー粉　小さじ1

ターメリック（あれば）　小さじ¼
　　ウスターソース　小さじ1
　塩　適量
　こしょう　少々
　レモン（好みで）　½〜1個

1 玉ねぎ、にんじんはあらみじん切りにする。じゃが芋は1cm角に切る。
2 サラダ油を熱してにんにく、挽き肉、**1**の野菜を炒め、肉に火が通ったらご飯を加えてザッと混ぜる。
3 Aを加え、鍋底をこそぐようにして混ぜ、フタをして弱めの中火で10分煮る。味をみて塩、こしょうで調える。器に盛りつけ、好みでレモン汁をしぼって食べると、よりいっそうエスニック味。

中国粥（がゆ）

鶏肉を加えて炊くだけ！　混ぜたり、吹きこぼしたりしなければ、自然に本格味

　米　1カップ
　水　8カップ
　鶏ウイングスティック　6本
　塩　小さじ½
　薬味
　　長ねぎ（白い部分）　5cm
　　ザーサイ　30g
　　しょうが　ひとかけ
　　焼き麩　1カップ
　　松の実　適量
　　香菜（シャンツァイ）　適量
　揚げ油　適量

1 鶏肉は熱湯で表面の色が変わる程度に下ゆでする。
2 土鍋か大きい厚手の鍋の中を水でぬらし、といだ米と分量の水、鶏肉を入れ、フタをして中火にかける。
3 フツフツしてきたらごく弱火にし、40〜60分炊く。鶏肉を引っ張り出し、あら熱が取れたら骨から肉をほぐしておかゆに戻し、火を止める前に塩を加え混ぜる。
4 薬味を用意する。長ねぎは白髪ねぎにし、水にさらしてパリッとさせる。ザーサイは洗って細切り、しょうがは皮をむいて千切りにする。焼き麩は中温（170〜180度）に熱した揚げ油に入れ、薄く色づくまで揚げる。松の実は弱火でからいりする。香菜は葉を適当にちぎる。
5 おかゆと鶏肉を盛り、薬味を好みに加えて食べる。

中国風いり卵

桜えびとごま油で香ばしく。中国風のおかゆのおかずにも合う

　卵　4個
　桜えび　大さじ4
　A　みりん　小さじ1
　　　塩　小さじ¼
　　　酒　大さじ1
　ごま油　大さじ1強

1 ボウルの中を水でぬらし、卵を割り入れ、Aの調味料を加えて混ぜる。
2 中華鍋を熱し、ごま油をまわし入れ中火ですぐ桜えびを加え、炒める。
3 桜えびのいい香りがしてきたら強めの中火にし、卵を一度に流し入れる。すぐ大きくかき混ぜながら、やわらかな半熟状になるまで火を通す。すぐ皿に盛りつける。

中国風おこわ

にんにく、しょうが、松の実でひときわ香ばしく

　もち米　2カップ（2合）
　干椎茸　3〜4枚
　豚薄切り肉　100g
　しょうゆ　小さじ1
　松の実　大さじ2
　ぎんなん（水煮）缶詰　小1缶
　にんにく（みじん切り）　ひとかけ
　しょうが（みじん切り）　ひとかけ
　サラダ油　大さじ1

```
A ┌ しょうゆ　小さじ2
  │ 塩　小さじ½
  └ ごま油　小さじ½
```

1 干椎茸は戻し、軸を取り、半分に切ってから細切りにする。
2 豚肉は1cm幅くらいに切り、しょうゆをからめる。
3 サラダ油でにんにく、しょうがを焦がさないように炒め、香りがたってきたら椎茸、肉、水けをきったぎんなんの順に加えて強火で炒める。
4 肉に火が通ったら松の実を加えてサッと炒め、火を止め、Aの調味料を加えて混ぜ合わせる。
5 炊飯器にもち米、米と同量の水を加え、**4**の具をのせて表面を平らにし、ふつうに炊く。
6 炊き上がったら、底のほうから全体を混ぜる。

中国風鶏ぞう煮
本格スープで作る絶品ぞう煮。汁を少し入れ、もちを加えるとつかずに食べやすい

```
チキンスープ　5カップ
鶏むね肉(好みでももでもよい)　½枚
A ┌ 酒　¼カップ
  │ 塩　小さじ1
  └ しょうゆ　大さじ1
うずら卵　4個
なると(薄切り)　4枚
だて巻(薄切り)　4枚
もち　4個
白髪ねぎ　適量
三つ葉(刻んだもの)　適量
```

1 鶏むね肉は小さめの一口大に切り、塩と酒各少々(分量外)を振っておく。
2 うずら卵は殻をむきやすいように、針先などでプチッと穴をあけ、水から10分ほどゆでて殻をていねいにむく。
3 鍋にチキンスープを入れて火にかけ、フツフツしてきたら鶏肉を加える。再びフツフツしてきたらAの酒、塩、しょうゆを加えて調味し、肉に火が通ったら、おいしいスープの出来上がり。
4 もちを焼く。白髪ねぎは用意したら、水に放たずそのまま使ってOK。
5 椀の中をスープで少しぬらしてから焼いたもちを入れ、うずら卵、なると、だて巻きを加えて白髪ねぎをのせる。上からアツアツのスープを注ぎ、三つ葉を散らす。

チキンスープ→チキンスープ(基本)／チキンスープ(中国風)

中国風ドレッシング
白いご飯にも合う味のドレッシングなので、作りおきも便利です

```
にんにく(すりおろし)　少々
しょうが(すりおろし)　少々
しょうゆ　大さじ1
塩　小さじ¼
砂糖　小さじ¼
米酢　大さじ1
サラダ油　小さじ2
ごま油　小さじ½
```

1 すべての材料を混ぜる。油を入れてからはあまりしつこく混ぜない(ドロリとなりすぎる)。
2 作りおきしておく場合は、上記の3～4倍を清潔なガラスびんに混ぜ合わせて入れ、冷蔵庫で保存する。2～3週間くらいおいしく食べられる。

中国風なます
くらげときくらげが欠かせない

```
塩くらげ　70g
大根　15cm
にんじん　5cm
きゅうり　1本
きくらげ(乾)　大さじ1
しょうが　ひとかけ
```

下漬け用塩水
- 水　6カップ
- 塩　大さじ2

合わせ酢
- 米酢　大さじ3
- 砂糖　大さじ1
- 塩　小さじ½

白いりごま　適量

1 塩くらげはよく洗ってたっぷりの水につけ、何回か水をかえて一晩おく。よく洗って塩けを完全に抜き、食べやすい長さに切る。

2 大根は薄い輪切りにしてから千切りにする。にんじん、きゅうりは斜め薄切りにしてから千切りにする。合わせて塩水に入れ、30分くらいおく。ザルに上げ、水けをきる。

3 きくらげは戻し、石づきを取って千切りにする。しょうがは皮をむいて千切りにする。

4 合わせ酢にしょうが、くらげ、きくらげを入れ、サッとあえる。**2**の野菜の水けをしぼり、3～4回に分けて加えてはあえる。味がなじむまで10分以上おく。味がたりない場合は、合わせ酢を少し作ってたすようにする。冷蔵庫で3～4日はもち、冷やすともっと歯ざわりが引き立つ。盛りつけてからごまを振る。

中国風フリッター
衣は泡立て器でよく混ぜて作る。中温の油でカラリと揚げてアツアツを

- グリーンアスパラガス　1わ
- カリフラワー　½個
- 豚ヒレ肉　200g
- 塩　少々
- 小麦粉　少々

衣
- 小麦粉　¾カップ
- コーンスターチ　¼カップ
- ベーキングパウダー　小さじ½
- 卵白　1個分
- 水　¾カップ

揚げ油　適量

A
- 粉山椒　適量
- 塩　適量
- こしょう　適量

1 アスパラガスは根元のかたい部分を1～2cm切り落とし、軸の下のほうはピーラーで薄く皮をむいて半分に切る。

2 カリフラワーは小房に切り分ける。

3 豚ヒレ肉は1cm厚さに切って塩を振り、水けをふいて小麦粉を薄くはたく。

4 衣を作る。ボウルに卵白をといて分量の水を加え混ぜ、小麦粉、コーンスターチ、ベーキングパウダーも入れて、泡立て器でよくかき混ぜる。

5 アスパラガス、カリフラワー、豚肉を**4**の衣にどっぷりとくぐらせ、低めの中温(170度)の揚げ油の中に入れてふんわりカラリと揚げる。Aの粉山椒、塩、こしょうを混ぜ合わせ、これを振って食べる。

中国野菜と豚の炒めもの
チンゲン菜でもOK。シャッキリと炒めて、単純だけど腕次第で仕上がりがキマル

- ター菜　大1株
- 豚ばら薄切り肉　100g

下味用
- 酒　小さじ1
- 塩　少々

- ごま油　大さじ2
- 塩　小さじ½
- 酒　大さじ1
- 片栗粉　少々

1 ター菜は5cm長さくらいに切り、茎と葉に切り分ける。豚肉は3～4つに切り、下味用の酒と塩を振る。

2 中華鍋を強火にかけて熱し、ごま油と豚肉を入れて炒める。肉の色が変わってき

たター菜の茎を加えて炒め、油がまわったら葉も加え大きく返しながら一気に炒める。
3 まだ葉がシャキッとしているときに、塩と酒を加えて炒める。葉が少しシナッとなったら、片栗粉をパラパラと振って大きく混ぜ炒める（こうすれば水けが出るのがストップする）。すぐに火を止め、すばやく器に盛りつける。

ちょっとずぼらな大豆のイタリアン
ただ煮てからオリーブ油を混ぜ、粉チーズを振ればイタリアン！

　大豆缶詰　2缶
　ベーコン　4枚
　玉ねぎ　1個
　セロリ　1本
　トマト　3個
　絹さや　100g
　にんにく（みじん切り）　ひとかけ
　塩　適量
　こしょう　少々
　固形スープの素　1個
　トマトジュース　1カップ
　水　3カップ
　ウスターソース　大さじ1
　マスタード　大さじ1
　ローリエ　1枚
　オレガノ　少々
　オリーブ油　大さじ1
　粉チーズ　適量

1 大豆は水けをきる。玉ねぎ、セロリ、トマトは1cm角、絹さやはすじを取り、1cm幅に切る。ベーコンは1cm幅に切る。
2 鍋に大豆からオレガノまでの材料を入れ、フタをして強めの中火にかける。フツフツしてきたら、弱火にして15分煮る。
3 火を止め、オリーブ油を加えて混ぜる。粉チーズを振って食べる。

ちょっとぜいたくうどんすき鍋
生麩とゆばが手に入ったら、この鍋で食卓を囲みたい

　ゆでうどん　適量
　焼きあなご　小4尾
　えび　8尾
　生麩（もみじ麩やよもぎ麩など）　各適量
　ゆば（乾）　適量
　クレソン　1〜2わ
　もち　4個
　A ┌ だし　6カップ
　　├ 薄口しょうゆ　大さじ1
　　├ 酒　大さじ2
　　├ みりん　大さじ2
　　└ 塩　小さじ1
　柚子の皮　適量

1 焼きあなごは4cm長さに切る。えびは殻を取り、背ワタを取る。
2 生麩は2cm幅に切り、ボウルに入れ、熱湯をかけておく（こうするとやわらかく食べられる）。ゆばは表示通り戻す。
3 クレソンは茎のかたい部分を1〜2cm切り落とす。
4 もちは焼く。
5 土鍋にAを入れて火にかける。
6 フツフツしてきたらうどんを入れ、えび、焼きあなご、生麩を入れ、えびに火が通りはじめたら、ゆば、クレソン、もちも入れる。薄くそいだ柚子の皮をヒラリとのせて食べる。

ちらしずし
具は材料ごとに用意。味わいと彩りを楽しむ。大阪ではバラずしっていいます

　米　2カップ（2合）
　酒　大さじ2
　昆布　10cm
　合わせ酢
　　┌ 米酢　70cc
　　├ 砂糖　大さじ1

└ 塩　小さじ1
かんぴょう(50cm長さ)　2本
干椎茸　10枚
ごま油　大さじ½
A ┌ 水　2カップ
　│ 砂糖　大さじ2
　└ しょうゆ　大さじ2
高野豆腐　2枚
B ┌ だし汁　1カップ
　│ みりん　大さじ1
　│ 砂糖　大さじ1
　└ 薄口しょうゆ　小さじ2
にんじん　小1本
れんこん　小1節
C ┌ 水　3カップ
　│ 米酢　大さじ3
　└ 塩　小さじ½
卵　3個
えび　10尾
三つ葉　適量
酒　少々
塩　適量
酢　適量
サラダ油　適量
紅しょうが(好みで)　適量

1 米は酒を加えてふつうに水加減し、ザッと水洗いした昆布をのせ、ふつうに炊く。昆布を取り出し、合わせ酢を混ぜてすし飯を作る。

2 かんぴょうは塩小さじ1(分量外)を振ってもみ、水につけて戻し、やわらかくゆでる。

3 干椎茸は戻し、軸を取り、ごま油で両面香ばしく焼く。Aを加えてフツフツさせ、かんぴょうも加え、中火で汁けがなくなるまで煮る。あら熱が取れたら、椎茸は2つに切ってから細く切り、かんぴょうは刻む。

4 高野豆腐は戻し、煮立てたBに入れ、中火で10分くらい煮る。あら熱が取れた

ら1cm角に切る。

5 にんじんは2cm長さの細切りにし、れんこんは縦に6～8等分にしてから薄切りにする。一緒にCでシャキッと煮る。

6 卵はといて塩少々を混ぜ、サラダ油を熱し、薄焼き卵を5～6枚焼く。冷めたら千切りにし、錦糸卵にする。

7 えびは背ワタがあれば取り、酒、塩、酢各少々を加えた熱湯で色よくゆでる。冷めたら殻をむき、コロコロに切る。

8 具が冷めたらすし飯に汁けをきった椎茸、かんぴょう、高野豆腐、にんじん、れんこん、えびを混ぜる。一度に混ぜず、2～3種類ずつ何回かに分けて、箸でさっくり混ぜるのがコツ。

9 最後に三つ葉を1～2cm幅に切って混ぜ、全体に酢を手でパラパラッと振る(振り酢)。器に盛り、錦糸卵をのせ、紅しょうがを添える。

チリチリじゃこ
ご飯やめん、酒の肴にもピッタリ。揚げもののついでに作っちゃう

〈作りやすい分量〉
ちりめんじゃこ　½カップ
小麦粉　大さじ3
水　大さじ3
揚げ油　適量

1 ボウルにちりめんじゃこを入れ、小麦粉をまぶして分量の水を加え混ぜる。

2 揚げ油を中温(170～180度)に熱し、**1**のちりめんじゃこをバラバラッと広げるように入れ、いじらずそのまま揚げる。衣がカリッとしてきたら箸で全体を混ぜ網じゃくしなどで引き上げてよく油をきる。

3 ちりめんじゃこが冷めたら、上から布巾をかぶせてつぶし、少し細かくする。

チリチリ豚
辛いたれで食べる、チリチリに焼いた肉と

白髪ねぎのレタス包み

豚ばら薄切り肉　400g
ごま油　適量
塩　適量
こしょう　適量
長ねぎ　1本
たれ
⎰　酒　大さじ2
⎱　酢　大さじ1〜2
⎰　豆板醤　小さじ2
⎱　ごま油　大さじ1
サニーレタス　適量
甜麺醤(テンメンジャン)(好みで)　適量

1 長ねぎは適当な長さの白髪ねぎにする(好みで水にさらして辛みを抜く)。

2 たれの調味料を合わせて火にかけ、フツフツしたら火を止め、ごま油を加えてひと混ぜする。

3 ホットプレートにごま油をぬり、肉を広げて並べ、脂が出てチリチリするまで中火で焼き、塩、こしょうを振る。サニーレタスに肉、白髪ねぎ、甜麺醤をのせて包み、たれをつけて食べる。

チリビーンズ
豆はやわらかくゆで、ゆで汁も使うこと

白いんげん豆(乾)　1カップ
牛挽き肉　100g
玉ねぎ　½個
サラダ油　大さじ1
A ⎰ 豆のゆで汁＋水　2½カップ
　　 トマトジュース　1カップ
　　 固形スープの素　1個
　　 トマトケチャップ　大さじ山盛り1
　　 ウスターソース　大さじ1
　　 塩　小さじ½
　　 マスタード　小さじ1
　　 オレガノ　少々
　　 チリパウダー　少々
　　 パプリカ　少々
　　 ローリエ　1枚

1 豆は洗ってたっぷりの熱湯に入れ、フタをして一晩おく。

2 翌日、豆をつけ汁ごと弱火にかけ、すっかりやわらかくなるまで30〜60分ゆでる。ゆで汁を捨てずに水けをきる。

3 玉ねぎはみじん切りにし、牛肉と一緒にサラダ油で炒める。

4 肉の色が変わったら豆を加えてザッと炒め合わせ、Aを加え、フタをして弱火で30〜40分煮込む。

ちりめんじゃこのつくだ煮
市販品のように甘くないし、作るのも簡単

〈作りやすい分量〉
ちりめんじゃこ　1カップ
みりん　大さじ2
砂糖　小さじ1
しょうゆ　小さじ1

1 ちりめんじゃこはフライパンでカラカラになるまでよくいり、ザルに入れて軽く振り、ごみなどを落とす。

2 フライパンにみりん、砂糖、しょうゆを入れて火にかけ、フツフツして少しとろみがついたらちりめんじゃこを加えて、手早くからめる。固まらないうちに皿などに広げて冷ます。

チンゲン菜とえのき茸のスープ
和風、中国風を問わず、しょうゆ味のこってりおかずに合う

チンゲン菜　2株
えのき茸　1袋
だし汁
⎰　煮干し　8〜10尾
⎱　昆布　10cm
　　水　5カップ
酒　大さじ1
しょうゆ　小さじ½
塩　小さじ½

ちんじゃおろうすー

1 チンゲン菜は軸と葉に分け、軸は繊維にそって縦に細切りにする。えのき茸は石づきを切り落とし、2つに切る。
2 分量の水に煮干しとサッと水洗いした昆布を入れて弱火にかけ、20分くらい煮出し、煮干しと昆布を取り出す。
3 2のだし汁にチンゲン菜の軸、葉、えのき茸の順に加えて煮る。軸がやわらかくなったら調味料で味を調え、ひと煮する。

チンゲン菜と桜えびの炒めもの
チンゲン菜は火が通りやすいので、加熱のしすぎに注意

　チンゲン菜　3株
　桜えび　大さじ山盛り3
　にんにく(みじん切り)　ひとかけ
　ごま油　大さじ1
　塩　小さじ½
　酒　大さじ1
　しょうゆ　小さじ1

1 チンゲン菜は葉と軸に切り分け、葉はそのまま、軸は繊維にそって細切りにする。
2 中華鍋を火にかけ、すぐにごま油、にんにく、桜えびを入れて中火でサッと炒め、さらにチンゲン菜の軸、葉、塩の順に加えて強火で手早く炒める。
3 全体がアツアツになったら、いったん火を止め、酒としょうゆを加えて調味し、再び強火にかけてサッと炒め合わせる。

チンゲン菜とたくあんのピリ辛炒め
たくあんの塩けで味つけOK。高菜漬けで作るのも、またうまし！

　チンゲン菜　3株
　たくあん(辛口)　3cm
　ごま油　大さじ1
　豆板醤　小さじ½

1 チンゲン菜は葉を1枚ずつはがし、葉と軸に切り分ける。葉はザクザク切り、軸は繊維にそって縦半分に切る。
2 たくあんは薄い輪切りにしてから、細切りにする。
3 中華鍋にごま油を熱し、チンゲン菜の軸とたくあんを強めの中火で炒める。全体がしんなりしたら豆板醤を加え混ぜ、さらにチンゲン菜の葉を入れて強火で手早く炒め合わせる。

チンゲン菜とベーコンのみそ汁
ベーコンでコクと風味をプラス

　チンゲン菜　1株
　ベーコン　2枚
　だし汁　4カップ
　みそ　大さじ2～3

1 チンゲン菜は軸と葉に切り分け、軸は繊維にそって細切り、葉はザク切りにする。ベーコンは1～2cm幅に切る。
2 鍋にだし汁とベーコンを入れて火にかけ、フツフツしてきたらチンゲン菜を軸、葉の順に加え、再びフツフツしたらみそをとき入れる。
3 ひと煮立ちしたら火を止めて器に盛る。

青椒肉絲
（チンジャオロウスー）
肉は油通し(下揚げ)をして炒めるのが、本場の技

　牛肉(バター焼き用)　200g
　A ┌ 酒　少々
　　│ 塩　少々
　　│ こしょう　少々
　　└ 片栗粉　大さじ1～2
　新ゆで竹の子　小1本
　ピーマン　7～8個
　しょうが(みじん切り)　ひとかけ
　にんにく(みじん切り)　ひとかけ
　塩　小さじ½
　こしょう　少々
　B ┌ オイスターソース　大さじ1
　　└ しょうゆ　大さじ1

揚げ油　適量
ごま油　適量

1 牛肉は繊維にそって5～6cm長さの細切りにし、Aの調味料、片栗粉の順にもみ込む。

2 ゆで竹の子、ピーマンは肉と同じくらいの細切りにする。Bの調味料を合わせておく。

3 揚げ油を低温(150～170度)に熱し、肉を入れて、火が通るまで揚げる。

4 中華鍋にごま油大さじ1、しょうが、にんにくを弱火にかけ、香りがたってきたら強火にして竹の子を加え炒める。全体がアツアツになったらピーマン、塩、こしょうを加えてひと炒めする。

5 下揚げした肉を加えて一気に炒め合わせ、合わせておいたBを加え、強火のまま手早く全体にからめる。火を止め、ごま油を小さじ½落とす。

ピーマンと牛肉を別々に炒める青椒肉絲もある。→新青椒肉絲

つ

月見だんご
年に一度くらいは、家族でゆっくり月を眺めませんか

〈15個分〉
上新粉　200g
熱湯　¾カップ(150cc)
白玉粉　50g
ぬるま湯　½カップ(100cc)

1 ボウルに上新粉を入れ、熱湯を様子をみながら加えて数本の菜箸でかき混ぜる。

2 別のボウルに白玉粉を入れ、ぬるま湯を少しずつ加えてなめらかになるまでよく練る。**1**のボウルに加え、よくこね合わ

せる。

3 蒸気の立った蒸し器にかたくしぼったぬれ布巾を敷き、生地を4つに分けて入れ、強火で約10分蒸す。

4 **3**のアツアツをかたくしぼったぬれ布巾に取る。さわれるようになったら一つにまとめて布巾を使ってよくこねる。さらに水でぬらしたボウルに入れ、水でぬらしたすりこぎでよくつく。

5 なめらかになったら15等分にし、丸める。手のひらに水をつけながらするとやりやすい。

行事食→ コラム参照

つくだ煮各種
→メニュー別索引〈つくだ煮・常備菜〉を参照

つくねのじか煮
干椎茸は戻さずに、じかに煮てもおいしく仕上がる。目からウロコの簡単煮もの

鶏挽き肉　300g
A ┌ 塩　少々
　├ 酒　小さじ1
　├ しょうが(すりおろし)　少々
　└ 片栗粉　大さじ2
干椎茸　8枚
湯　2カップ
しょうゆ　大さじ2
酒　大さじ2
みりん　大さじ2

1 ボウルに鶏挽き肉とAの材料を入れ、よく混ぜ合わせる。

2 干椎茸は軸をポキッと折って取り、ザッと水洗いし大きいものは2～3に割

る。これを鍋に入れ、分量の湯を加えて4〜5分ゆでる。干椎茸がふくらんできたら、しょうゆ、酒、みりんを加える。
3 全体がフツフツしてきたら、**1** のたねをスプーンなどで一口大に丸めながら、次々と落とし、フタをして中火で煮る。
4 汁けが少なくなったら鍋をゆすり、煮汁をからめながら、照りをつけて煮上げる。

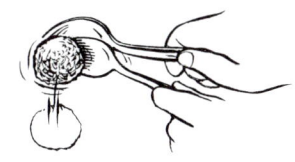

作り方 **3**

づけ
新鮮な刺身でどうぞ。さく取りやブツ切りはそのまま漬け込み、食べるときに切る

　　刺身(好みのもの)　4人分
　　しょうゆ　適量
　　大根おろし　適量
　　細ねぎ(小口切り)　4〜5本

1 新鮮な刺身はさくのまましょうゆに漬け込み、10〜15分おいて味をなじませる。
2 大根おろしは軽く水けをしぼる。
3 器に刺身を1人分ずつ盛り、上に大根おろしを添えて細ねぎを散らす。

漬けもの各種
→メニュー別索引〈漬けもの〉を参照

ツナカツ
たねがやわらかいので、衣のパン粉をつけてから軽くつぶし、形を整える

　　ツナ缶詰　大1缶
　　玉ねぎ　1/2個
　　キャベツ　3〜4枚
　　こしょう　少々
　　小麦粉　大さじ5〜7
　　卵　1個
　　衣
　　　｛小麦粉　適量
　　　　とき卵　1個分
　　　　パン粉　適量
　　揚げ油　適量
　　オーロラソース
　　　｛マヨネーズ　大さじ4
　　　　トマトケチャップ　大さじ1
　　　　牛乳　大さじ2
　　レタス　適量
　　トマト　適量

1 ツナ缶詰はよく油をきって身をほぐしておく。
2 玉ねぎとキャベツはあらみじんに刻む。
3 ボウルにツナ、玉ねぎ、キャベツ、こしょう、小麦粉を入れて混ぜ、卵を加えて混ぜ合わせる。ややゆるめのペトッとしたたねになる。
4 衣をつける。**3** のたねをスプーンですくい、小麦粉の中に落として粉をまぶし、とき卵、パン粉の順につけて丸く形を整える。
5 揚げ油を低めの中温(170度)に熱し、**4** をこんがりといい色に揚げる。
6 ソースを作る。小さいボウルにマヨネーズとケチャップを入れて混ぜ、牛乳を加えてなめらかになるまで混ぜ合わせる。
7 ツナカツを器に盛り、細切りにしたレタスとくし形に切ったトマトを添えて、ソースをかけて食べる。

ツナご飯
材料は小さなツナ缶一つ。超シンプルでも味は保証つきの炊き込みご飯

　　米　2カップ(2合)
　　ツナ缶詰　小1缶
　　酒　大さじ1
　　しょうゆ　小さじ1
　　塩　小さじ1/2

1 米はやや少なめの水加減にする。
2 調味料も加え、ザッと混ぜてツナ缶詰をほぐして缶汁ごとすべて加えて炊く。

ツナコロッケ
あり合わせの材料でできる自家製コロッケ

じゃが芋　4～5個(600～700ｇ)
ツナ缶詰　1缶
キャベツ　4枚
塩　少々
衣
｛　小麦粉　適量
　　とき卵　1個分
　　パン粉　適量
揚げ油　適量
オーロラソース
｛　マヨネーズ　大さじ4
　　トマトケチャップ　大さじ1
　　牛乳　大さじ2
〈付け合わせ〉
千切りキャベツ　適量

1 じゃが芋は一口大くらいに切り、ヒタヒタの水でやわらかくゆでる。湯が残っていたらきり、火にかけて水分をとばし、熱いうちにマッシャーかすりこぎでつぶす。
2 キャベツはあらみじん切りにし、塩を振って混ぜる。シナッとしたら水けを軽くしぼる。
3 じゃが芋、キャベツ、ツナを缶汁ごと混ぜ合わせ、8～12等分にし、まとめて形を整える。
4 小麦粉、とき卵、パン粉の順で衣をつけ、中温(170～180度)に熱した揚げ油に入れる。衣が落ち着いたら、ときどき返しながらじっくり揚げる。盛りつけ、混ぜ合わせたソースをかけ、千切りキャベツを添える。

ツナじゃがグラタン
材料はすべていつも身近にあるものばかり。ご飯にもパンにも合う簡単グラタン

ツナ缶詰(チャンク)　1缶
じゃが芋(メークイン)　2～3個
ホワイトソース缶詰　大1缶(約290ｇ)
牛乳　½カップ
バター　適量

1 ツナ缶詰は缶汁をきって身をあらくほぐす。
2 じゃが芋は5㎜厚さのいちょう切りにし、サッとゆでてザルにあげる。
3 小鍋の中を水でザッとぬらし、ホワイトソース缶詰をあけて牛乳を加える。中火にかけて全体を混ぜながら、アツアツにする。
4 耐熱容器の中を水でザッとぬらし、じゃが芋を敷いて上にツナをところどころにおく。さらに 3 のホワイトソースをかけ、バターをポンポンとのせる。
5 4 を200度のオーブンで15分くらい焼く。

ツナそぼろ
酒としょうがの隠し味がきき、缶詰を使ったとは思えない。お弁当や丼にしても

〈作りやすい分量〉
ツナ缶詰　小2缶か大1缶
しょうが(千切り)　ひとかけ
酒　¼カップ
薄口しょうゆ　大さじ1
みりん　大さじ½～1

1 ツナ缶詰は缶汁をきる。
2 小鍋の中を水でザッとぬらし、ツナ、しょうが、酒、薄口しょうゆ、みりんを加えて、中火でパラリとなるまでよくいる。

ツナとじゃが芋のポテトケーキ
カレーとパセリの風味が味の引きしめ役。弱火でこんがり焼いてアツアツを

ツナ缶詰　1缶
じゃが芋　3個

玉ねぎ(みじん切り)　½個
サラダ油　少々
塩　小さじ½
こしょう　少々
カレー粉　小さじ1～2
卵　小1個
パセリ(みじん切り)　大さじ4
小麦粉　適量
バター　大さじ2
ミニトマト　適量

1 ツナ缶詰は缶汁をきる。
2 じゃが芋は一口大に切ってヒタヒタの水でゆで、竹串がスーッと通ったらゆで汁をあける。再び火にかけて水分をとばすように仕上げ、アツアツをマッシャーかすりこぎでつぶす。
3 フライパンにサラダ油を熱してツナと玉ねぎを炒め、塩、こしょう、カレー粉で味をつけて **2** のじゃが芋を加え混ぜる。
4 あら熱が取れたら、ときほぐした卵とパセリを加え混ぜる。これを4等分にして1cm厚さの円形に整える。
5 冷めたところで全体に小麦粉をまぶして余分な粉をはたく。フライパンにバターを入れて中火にかけ、バターがとけたら焼きはじめる。フタをして弱火で両面をこんがりと焼く。
6 中までアツアツになったら器に盛り、ミニトマトを添える。

ツナとにんじんの炊き込みピラフ
すぐに手に入る材料でオレンジ色のピラフがすぐできる

米　2カップ(2合)
ツナ缶詰　小1缶
にんじん　6～7cm
酒　大さじ1
塩　小さじ1
こしょう　少々

1 米はやや少なめに水加減する。
2 ツナは缶の中でザッとほぐす。にんじんはすりおろす。
3 米に酒、塩、こしょうを加えて混ぜ、ツナを缶汁ごととにんじんを加え、表面を平らにしてふつうに炊く。
4 底のほうから全体をよく混ぜる。

ツナとねぎの辛子じょうゆ
ご飯にのせたり、酒の肴に。ねぎは好みでたっぷりと

ツナ缶詰　1缶
細ねぎかわけぎ　½わ
練り辛子　少々
しょうゆ　少々

1 ツナ缶詰は缶から出して缶汁をきり、細ねぎは小口切りにする。
2 ツナと練り辛子をよく混ぜ、細ねぎを加えてさらに混ぜ合わせる。しょうゆをかけ、ザッとあえて器に盛る。酢を少したらしてもおいしい。

ツナとわかめのサラダ
おなじみのストック素材に、野菜を加えたお手軽サラダ

ツナ缶詰　1缶
わかめ(戻したもの)　½カップ強
玉ねぎ　½個
セロリ　½本
にんじん　6～7cm
サニーレタス　6～7枚
しょうが(千切り)　少々
フレンチドレッシング
　米酢　大さじ1
　塩　小さじ1
　砂糖　小さじ½
　サラダ油　大さじ2

1 ツナ缶詰は缶汁をきってあらくほぐし、わかめは2～3cm長さに切る。
2 サニーレタスは食べよい大きさにちぎり、セロリはすじを取りのぞいて斜め薄切

りにする。にんじんは千切りにする。玉ねぎは繊維を断ち切るように横に薄切りにする。

3 ボウルにフレンチドレッシングの材料を記載順に混ぜ合わせ、最後のサラダ油を加えたらサッと混ぜ合わせる。

4 ドレッシングにしょうがと玉ねぎを入れて混ぜ、わかめを加え混ぜて味をなじませる。続いてセロリ、にんじん、サニーレタス、ツナの順に加え、全体をザッと混ぜ合わせる。

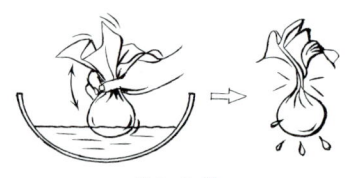

作り方 **3**

ツナのおいしいサンドイッチ

玉ねぎとレモン汁で風味をプラス。缶汁や野菜の水けをしぼるのがおいしさのコツ

〈これは2人分〉
食パン(サンドイッチ用)　4枚
バター　適量
マスタード　適量
ツナ缶詰　1缶
玉ねぎ　¼個
パセリ(みじん切り)　大さじ1
レモン汁　小さじ1
マヨネーズ　大さじ2
塩　少々
こしょう　少々

1 食パンは片面にバター適量とマスタード少々をぬり、2枚1組にする。

2 ツナ缶詰は缶汁をきり、薄手の清潔な布巾などに包んでさらにギュッとしぼり、パラリとさせる。

3 玉ねぎはみじん切りにし、パセリと一緒に布巾に包んで水洗いし、水けをギュッとしぼる。

4 ボウルにツナ、玉ねぎ、パセリ、レモン汁、マヨネーズを加えてよく混ぜ、味をみて塩、こしょうで調える。

5 パンに **4** の具をのせてもう1枚のパンではさみ、食べよく切る。同様にもう一つ作る。

ツナのオムレツ

エシャロットの代わりに長ねぎの白い部分でもOK。ただし分量は少なめに

〈これは2人分〉
卵　3～4個
ツナ缶詰　小1缶
エシャロット(みじん切り)　1個
パセリ(みじん切り)　大さじ2
塩　少々
バター　適量

1 ツナは缶汁をきり、ほぐす。卵はとき、パセリと塩を加えて混ぜる。

2 フライパンにバター大さじ1を入れて弱火にかけ、エシャロットを炒める。香りがたったらツナを加えてサッと炒め合わせ、全体がアツアツになったら取り出す。

3 フライパンをふきバターをたして中火にかける。バターがとけたら卵の½量をまわし入れ、大きくかき混ぜそのまま焼く。

4 中央が固まりかけたら **2** の½量の具をのせ、手早く卵を端にまとめてオムレツ形に整えつつ焼く。残りも同様に焼く。

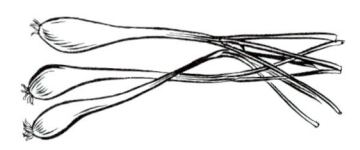

エシャロット

ツナのキャベツ焼き

野菜のお焼きといったところ。ご飯のおかずにおつまみ、軽食にも

〈8～10枚分〉

ツナ缶詰　1缶
玉ねぎ　1個
キャベツ　6枚
にんじん　5㎝
塩　少々
こしょう　少々
A ┌ とき卵　1個分
　│ 小麦粉　⅓カップ
　│ パン粉　⅓カップ
　└ 水　大さじ3
サラダ油　少々
ウスターソース　適量
〈付け合わせ〉
ミニトマト　適量

1 ツナ缶詰は汁けをきっておく。
2 玉ねぎは繊維にそって薄切りにする。
3 キャベツは細切り、にんじんは薄い輪切りにしてから千切りにする。
4 ボウルにツナ、玉ねぎ、キャベツ、にんじんを入れ、塩、こしょう、Aの材料を加え、つかむようにしてよく混ぜる。
5 ホットプレートかフライパンにサラダ油を熱し **4** をカレースプーンなどで落とし、フタをして中火で両面こんがり焼く。
6 器に盛り、ミニトマトを添え、ウスターソースをかけて食べる。

ツナのドライカレー
ご飯にもパンにも合う、ほんのり甘口の風味満点ドライカレー

ツナ缶詰　小2缶か大1缶
セロリ　½本
にんにく　ひとかけ
パセリ　1〜2本
レーズン　大さじ2
A ┌ 塩　小さじ½
　│ ウスターソース　大さじ1
　│ カレー粉　大さじ1
　│ トマトケチャップ　大さじ1
　└ 酒　大さじ2

1 セロリ、にんにく、パセリはみじん切りにする。レーズンはぬるま湯に10分ほどつけてやわらかくする。
2 フライパンにツナ缶詰を缶汁ごとあけて火にかけ、セロリ、にんにく、パセリ、レーズン、Aの調味料もすべて加えてパラリとなるまでいりつける。

ツナのレモンサラダ
レモンの酸味がさわやか！　ツナは缶汁をきって野菜の上にのせるだけ

ツナ缶詰　1缶
サラダ菜　1個
ベルギーチコリ（アンディーブ）　½個
レタス　4枚
トマト　2個
玉ねぎ　½個
レモン汁　大さじ1
ドレッシング
　┌ マヨネーズ　大さじ3
　│ 牛乳　大さじ2
　│ トマトケチャップ　大さじ½
　└ レモン汁　大さじ2

1 サラダ菜、ベルギーチコリ、レタスは大きい一口大にちぎる。
2 トマトは2㎝角に切り、玉ねぎは薄切りにしてレモン汁を振っておく。
3 ドレッシングを作る。ボウルにマヨネーズ、牛乳、ケチャップ、レモン汁を合わせてよくかき混ぜる。
4 器に野菜類を盛り合わせ、上に缶汁をきったツナをほぐしてのせ、ドレッシングをかけて食べる。

ツナパスタ
オイルごと混ぜたツナ缶と青じそが絶妙

〈これは2人分〉
スパゲティ　150〜200ｇ
ツナ缶詰　1缶
青じそ　5〜6枚

A ┃ 塩　小さじ½
　┃ こしょう　少々
　┃ マヨネーズ　大さじ1強
　スパゲティのゆで汁　少々

1 スパゲティは表示通りにゆでる。ゆで汁も取っておく。
2 ツナは缶汁ごとボウルにあけ、あらくほぐす。青じそをみじん切りにして加え、Aも加えて混ぜ合わせる。
3 アツアツのスパゲティとゆで汁少々を加えてあえる。

つぶし里芋の揚げワンタン
皮はパリパリ、中はホクホクねっとり

　里芋　200g
　塩　少々
　ワンタンの皮　½袋
　揚げ油　適量
　しょうがじょうゆ　適量

1 里芋は上下を少し切り落とし、ヒタヒタの水でゆで、竹串がスーッと通るようになったら水けを切る。あら熱が取れたら皮をむき、熱いうちにマッシャーかすりこぎでつぶし、塩を混ぜる。
2 ワンタンの皮に**1**の芋を小さじ1杯くらいのせ、三角形になるように半分に折りたたむ（里芋が皮にくっつきやすいので、水をつけてとめなくてもOK）。
3 低温（160度）に熱した油に入れ、パリッときつね色になるまでゆっくり揚げる。しょうがじょうゆで食べる。

つぶし里芋のきのこあんかけ
秋の香りと味覚を満喫

　里芋　6個（約300g）
　しめじ　1袋
　だし汁　2カップ
　酒　大さじ1
　薄口しょうゆ　大さじ1
　水溶き片栗粉
　┃ 片栗粉　大さじ1
　┃ 水　大さじ1
　柚子の皮（すりおろし）　適量

1 里芋は皮ごとやわらかくゆで、竹串がスーッと通るようになったら水に取る。あら熱が取れたら皮をむき、熱いうちにマッシャーかすりこぎでつぶす。
2 しめじは石づきを切り落とし、ほぐす。
3 だし汁を火にかけ、フツフツしたら調味料、しめじの順に加える。再びフツフツしたら水溶き片栗粉を加えてとろみをつけ、火を止める。
4 里芋を盛り、きのこあんをかけ、柚子の皮を散らす。

冷たい茶碗蒸し
夏の楽しみの一つ

　卵液
　┃ 卵　3個
　┃ だし汁（冷ます）　2½カップ
　┃ 薄口しょうゆ　小さじ1
　┃ 塩　小さじ½
　むきえび　4尾
　かまぼこ（薄切り）　4枚
　きくらげ（乾）　4個
　きゅうり　½本

1 卵はとき、だし汁と調味料を混ぜ、みそこしなどに通してこす。
2 きくらげは戻し、石づきのかたい部分をそぎ落とす。
3 器の中を水でぬらし、えび、かまぼこ、きくらげを入れ、卵液を等分に加える。蒸気の立った蒸し器に入れ、弱火で15分くらい蒸す。
4 あら熱が取れたら、冷蔵庫で冷やす。食べる前に、きゅうりを薄切りにしてのせる。

冷たい茶碗蒸し　チキンスープ仕立て
ひんやりしておいしい口あたりを楽しむ。

和風、洋風どちらのメニューにも合う一品

卵　3個
スープ
- 水　2½カップ
- 固形スープの素(チキン)　1個
- 塩　小さじ½弱
- こしょう　少々

かに缶詰　小1缶
細ねぎ(小口切り)　4～5本

1 まずスープを作る。鍋に分量の水、固形スープの素、塩、こしょうを入れて火にかけ、フツフツしてきたら火を止めて冷ましておく。

2 ボウルに卵を割り入れ、静かにときほぐして**1**のスープと混ぜ合わせ、卵液にする。よりなめらかに仕上げたいときは、こし器でこす。

3 器の中を水でザッとぬらして卵液を注ぎ、蒸気の上がった蒸し器で約15分弱火で蒸す。

4 蒸し上がったら冷まし、あら熱が取れたら冷蔵庫で冷やす。

5 かに缶詰は軟骨があればのぞき、あらくほぐしておく。

6 冷たい茶わん蒸しにかにをのせ、細ねぎを散らす。

ツルツルめん
ネバトロの具をのせ、口あたり満点のめん

〈これは2人分〉
ひやむぎ　150～200g
オクラ　4～5本
とろろ芋(長芋かやまと芋)　適量
納豆　1パック(40～50g)
細ねぎ(小口切り)　適量
なめたけ　大さじ2
とき辛子　少々
もみのり　適量
めんつゆ(市販)　適量

1 オクラはサッとゆでてザルにあげ、薄い輪切りにする。とろろ芋は皮をむいてすりおろし、とろろにする。

2 ひやむぎはゆでて水でよく洗い、水けをきる。

3 器にひやむぎを盛りつけて納豆ととろろをかけ、オクラと細ねぎを散らす。この上になめたけをおいてとき辛子をのせ、もみのりを散らす。めんつゆをかけて食べる。

つるむらさきときのこのあえもの
ぬめりのあるもの同士で食べやすい

つるむらさき　1わ
えのき茸　1袋
しめじ　1袋
A
- しょうゆ　大さじ1
- 米酢　大さじ1
- 酒　少々
- しょうが(千切り)　少々

1 きのこ類は石づきを切り落とし、食べやすく切る。熱湯でサッとゆで、引き上げて水けをよくきり、冷ます。

2 同じ熱湯でつるむらさきを好みの加減にゆで、ザルに広げて冷ます。軽く水けをしぼり、食べやすく切る。

3 きのこ類とつるむらさきを合わせ、Aであえる。

つるむらさき

つるむらさきと豚肉のみそ炒め
肉をしっかり炒めて調味してから、炒めた野菜を戻して味をからめる

つるむらさき　1わ
豚肩ロース薄切り肉　150g
ごま油　大さじ1½

つるむらさき

塩　少々
A ┌ みそ　大さじ1
　├ しょうゆ　小さじ1
　└ 酒　大さじ1
片栗粉　少々

1 つるむらさきは茎の下のかたい部分1〜2cmを切り落とし、4〜5cm長さに切る。
2 豚肩ロース薄切り肉は3つくらいに切る。
3 Aは合わせておく。
4 中華鍋にごま油大さじ1を熱し、つるむらさきと塩を入れて強火で炒め、シナッとしたら、いったん皿に取る。
5 中華鍋にごま油大さじ½をたし、豚肉を強めの中火で炒める。肉の色が変わったら、Aを加えて調味し、つるむらさきを戻して強火で味をからめる。
6 最後に片栗粉を全体にパラパラと振り、全体をザッと炒めて仕上げる。

つるむらさきのおかか炒め
クセがやわらぐから食べやすい

つるむらさき　1わ
削り節　½〜1パック
ごま油　大さじ1
しょうゆ　小さじ2

1 つるむらさきは根元のほうを少し切り落とし、熱湯でサッとゆで、水に取る。軽く水けをしぼり、2〜3cm長さに切る。
2 中華鍋かフライパンにごま油を熱し、つるむらさきを強火で炒める。全体がアツアツになったらしょうゆと削り節を振り入れ、汁けをとばすように炒める。

つるむらさきのお浸し
削り節を天盛りにしたり、半ずりごまを混ぜ込んでもいい

つるむらさき　1わ
薄口しょうゆ　大さじ1

1 つるむらさきは熱湯で好みの加減にゆで、ザルに広げて冷ます。
2 軽く水けをしぼり、3cm長さくらいに切り、薄口しょうゆであえる。

つるむらさきのかき揚げ
油の中に入れたたねは、衣が落ちついてから裏返す

つるむらさき　1わ
ほたて缶詰　小1缶
衣 ┌ 缶汁＋氷水　⅔カップ
　 └ 小麦粉　1カップ
揚げ油　適量

1 つるむらさきは1〜2cmのザク切りにする。ほたて缶詰は缶汁をきり、貝柱をあらくほぐす。缶汁は取っておく。
2 衣を作る。**1**の缶汁に氷水を加えて⅔カップにし、小麦粉に加えてササッと混ぜ合わせる。
3 衣の中につるむらさきと貝柱を入れて混ぜる。
4 揚げ油を低めの中温(170度)に熱し、**3**のたねをスプーンなどですくいながら、油の中に静かに落とす。カラリと香ばしく揚がったら、油をよくきってバットにあげ、器に盛る。好みで塩、ウスターソース、しょうゆなどで食べる。

て

手打ちうどん
歯ごたえのあるシコシコうどんは、体重をかけてよくこねるのがコツ

強力粉　200g
薄力粉　200g
塩　小さじ2

湯　1カップ
強力粉（打ち粉用）　適量

1 ボウルに強力粉、薄力粉、塩を入れ、箸でひと混ぜする。
2 湯を2〜3回に分けて加え、箸で混ぜる。だいたい混ざったら、手でこねながらまとめ、さらによくこねる。
3 二重にしたポリ袋に入れ、足で踏んでなめらかになるまでこねる。
4 ポリ袋から出してぬれ布巾で包み、30分以上休ませる。
5 打ち粉（強力粉）をした上に生地をのせ、2mmくらいの厚さにのばす。4つに折りたたみ、打ち粉をして、3〜4mm幅に切る。

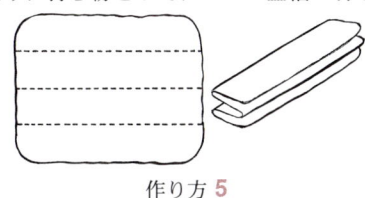

作り方 **5**

手打ち湯上げうどん
打ちたて、ゆでたて、具だくさんの冬のぜいたく

手打ちうどん　4人分
具
　ほうれん草　½わ
　牛薄切り肉　200g
　かまぼこ　½本
　錦糸卵　薄焼き卵3〜4枚分
めんつゆ
　だし汁　3カップ
　薄口しょうゆ　⅓カップ
　しょうゆ　小さじ2
　みりん　¼カップ
薬味
　細ねぎ（小口切り）　4〜5本
　削り節　ひとつかみ
　白いりごま　適量
　柚子の皮（千切り）　適量
　しょうが（すりおろし）　適量

1 手打ちうどんはたっぷりの熱湯で15分くらいゆでる。
2 ほうれん草はゆで、食べやすく切る。牛肉は1枚ずつゆでる。かまぼこは薄切りにする。
3 めんつゆは材料を合わせてひと煮立ちさせる。
4 椀にめんつゆを入れ、具と薬味を好みに入れ、温かいうどんをつけて食べる。
　錦糸卵→錦糸卵

テケツのオッパッパ
けっしてふざけているのではありませぬ。
明治生まれのまぼろしの庶民料理

玉ねぎ　2個
豚こま切れ肉　250g
塩　少々
こしょう　少々
卵　1個
小麦粉　½カップ
水　¼カップ
衣
　小麦粉　適量
　とき卵　1個分
　パン粉　適量
揚げ油　適量
ウスターソース　適量
〈付け合わせ〉
千切りレタス　適量

1 玉ねぎは縦半分に切り、繊維にそって薄切りにする。
2 ボウルに肉を入れ、塩、こしょうを振り、玉ねぎを加えて混ぜ合わせる。さらに卵、小麦粉、水の順に加えて全体をよく混ぜ合わせる。ベトッとした感じになる。
3 衣用の小麦粉を広げ、**2** を大さじ山盛り1杯くらいずつ落とし、全体にまぶしつける。とき卵にくぐらせてパン粉もまぶし、上からギュッと押さえて平らに形を整

でっかいふらいどぽてと

える。薄めにするとおいしい。
4 揚げ油を中温（170〜180度）に熱し、次々と重ならないように入れ、衣が落ち着いてきたら、ときどき空気にふれさせながらカリッと揚げる。全体がこんがり色づいて、カラリとなったら油をよくきり、レタスを添えて盛る。ウスターソースをかけて食べる。とき辛子もおいしい。

でっかいフライドポテト
油がぬるいうちから揚げはじめれば、半生も焦げもなし

　　じゃが芋　2個
　　揚げ油　適量
　　塩　適量
　　こしょう（好みで）　適量

1 じゃが芋は皮ごと1.5cm厚さの輪切りにし、水に3〜5分さらし、水けをふく。
2 揚げ油を中火で温め、温度が上がるのを待たずにすぐじゃが芋を入れ、ゆっくりと火を通して揚げていく。
3 やっと竹串が通るくらいになったら火を強め、1〜2度返しながら、全体がこんがりと色づくまで揚げる。アツアツに塩、こしょうを振って食べる。

手作りなめたけ
うどんやそばの具にしたり、大根おろしにのせても美味。冷蔵庫で5〜6日はOK

　　〈作りやすい分量〉
　　えのき茸　1袋
　　生椎茸　1袋
　　しめじ　1袋
　　漬け汁
　　┌しょうゆ　大さじ3
　　│酒　大さじ1
　　│しょうが　ひとかけ
　　└梅干し　大1個

1 まず漬け汁を作る。しょうがは皮をむいて千切りにし、梅干しはあらくほぐして、調味料と一緒にフタのある密閉容器などに合わせ混ぜておく。
2 きのこ類は石づきを切り落とす。えのき茸は2cm長さに切り、生椎茸は4つにさく。しめじはあらくほぐす。
3 鍋に湯を沸かし、きのこ類をサッとゆでてザルに取る。水けをよくきって、アツアツのうちに **1** の漬け汁に漬け込む。
4 あら熱が取れたら冷蔵庫に入れ、2〜3時間たったら食べ頃に。

手巻きもち
手巻きずしのおもちバージョン。具も味つけも好みのものでどうぞ

　　もち　適量
　　かずのこ　2本
　　ハム　2枚
　　にんじん　適量
　　レタスかサニーレタス　適量
　　しょうゆ　少々
　　マヨネーズ　少々

1 かずのこは薄い塩水（分量外）につけて塩出しをし、薄皮をむく。これを水洗いして食べよい大きさに切り、食べる直前にしょうゆ小さじ½（分量外）をまぶして下味をつける。
2 ハムは細切りにし、にんじんは斜め薄切りにしてから千切りにする。
3 器にかずのこ、ハム、にんじんを彩りよく盛り合わせ、レタスまたはサニーレタスを添える。
4 もちは2つに切り、オーブントースターなどでこんがりと焼く。
5 手巻きずしの要領でレタスにもちをのせ、好みの具を添え、しょうゆかマヨネーズをかけてクルリと巻いて食べる。

てまりずし
ラップに好みの具とすし飯をのせてキュッと丸めるだけ。ひな祭りにもおすすめ

〈20個分〉
米　2カップ（2合）
昆布　10cm
酒　大さじ2
合わせ酢
　　米酢　70cc
　　砂糖　大さじ1
　　塩　小さじ1
具
　　鯛の刺身　4切れ
　　まぐろの刺身　4切れ
　　甘えび　4〜8尾
　　いり卵　卵1個分
　　椎茸の含め煮　4枚
薬味
　　木の芽　適量
　　細ねぎ　適量
　　三つ葉　適量
　　紅しょうが（刻んだもの）　適量
わさび　適量

1 米はといでふつうの水加減にし、大さじ2の水（調味料分）を取りのぞいて、昆布と酒を加えて炊く。
2 ボウルに合わせ酢の調味料を合わせておく。
3 はん台か、または大きなボウルにかたくしぼったぬれ布巾を敷いて、炊き上がったご飯をあける。すぐに合わせ酢をまわしかけ、切るように手早く混ぜて、すし飯を作る。
4 刺身がさくの場合は、切り口を広くとった薄いそぎ切りにする。魚屋さんに切ってもらうなら「鉄火どん用に」と頼む。
5 薬味の細ねぎは小口切りにし、三つ葉は葉をつまむ。
6 ラップを広げて真ん中に木の芽をおき、鯛の刺身をのせてわさびをチョロリとつける。この上に一口大にまとめたすし飯をのせ、テルテルぼうずを作る要領でキュッと丸める。形を整えてラップをはずし、器に盛る。
7 同様にして、細ねぎとまぐろの刺身、三つ葉と甘えび、紅しょうがといり卵、椎茸の含め煮のてまりずしも作る。刺身にはわさびをつけ、いり卵と椎茸の含め煮はわさび抜きで。
　いり卵→いり卵
　椎茸の含め煮→椎茸の含め煮

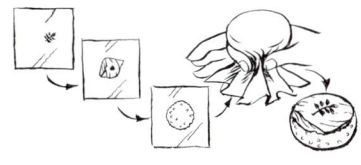

作り方 **6**

手毬麩と絹さやの吸いもの
麩のやさしい口あたりと絹さやの彩りを楽しむ汁もの。しょうが汁は最後に落とす

だし汁　4カップ
手毬麩　½カップ
絹さや　100g
酒　大さじ2
塩　小さじ½
薄口しょうゆ　小さじ1
しょうが汁　小さじ½

1 手毬麩は表示通りに戻し（表示のない場合は、水かごくぬるい湯でゆっくり戻す）、やさしく水けをしぼる。
2 絹さやはすじを取って、斜めの細切りにする。
3 鍋にだし汁を入れて火にかけ、フツフツしてきたらごく弱火にし、酒、塩、薄口しょうゆを加えて味を調える。
4 さらに手毬麩と絹さやを加え、絹さやがあざやかな緑色になったら、すぐ火を止めて、しょうが汁を加える。

照りコロ挽き肉だんご
材料はシンプル、作り方も簡単。煮立った煮汁に入れるだけでOK。お弁当にも

鶏挽き肉　200ｇ
卵白　1個分
片栗粉　大さじ2
煮汁
⎰　水　1カップ
⎱　しょうゆ　大さじ1
　　砂糖　大さじ1
〈付け合わせ〉
　ゆでブロッコリー　適量

1 ボウルに鶏挽き肉、よくといた卵白、片栗粉を入れて全体をよく混ぜる。
2 鍋に煮汁の材料を入れて火にかけ、フツフツしてきたら、**1** の肉だねを直径2.5㎝くらいのだんごにして次々と入れていく。
3 ときどき鍋をゆすりながら、だんごの中まで火を通し、ピカリと照りがつくまで煮からめる。
4 挽き肉だんごを器に盛り、ゆでブロッコリーを添える。

天つゆ
家庭用のつゆは濃口のしょうゆで味を引きしめたものが美味。甘みは好みで加減を

　削り節　ひとつかみ
　水　2カップ
　薄口しょうゆ　大さじ2
　しょうゆ　大さじ1
　みりん　大さじ1〜2

1 鍋に分量の水を入れて火にかけ、フツフツしてきたら削り節をパッと加え、弱火にする。次にグラリときたら、こし器でこしてボウルなどに取り、残っただしがらもギュッとしぼる。
2 **1** のだし汁を弱火にかけて薄口しょうゆ、しょうゆ、みりんを加え、グラリとしたら火を止める。

でんぶ
ピンク色に染めたいときは食紅をとかし、酒と一緒に加えていりつける

〈作りやすい分量〉
　白身魚　2切れ
　酒　¼カップ
　塩　小さじ½
　みりん　大さじ1
　しょうが汁　少々

1 白身魚はヒタヒタくらいの熱湯でゆで、火が通ったら取り出して水けをきる。あら熱が取れたところで、骨と皮をきれいにのぞきながら身をほぐす。
2 小鍋に魚の身を入れ、酒、塩、みりん、しょうが汁を加えて中火から弱火でパラリといりつける。

白身魚➡ コラム参照

天ぷら
油の中へ材料をびっしり入れ、空気にふれさせながらカラリと揚げるのがカツ代流

　えび　8尾
　いか　1杯
　きす(開いたもの)　4尾
　にんじん　約10㎝
　いんげん　50ｇ
　れんこん　約10㎝
　さつま芋　約10㎝
　衣
⎰　卵水(卵1個と氷水)　1カップ
⎱　小麦粉　1カップ
　揚げ油　適量
　大根おろし　適量
　しょうが(すりおろし)　適量
　天つゆ　適量

1 えびは尾を残して殻をむき、背ワタを抜く。腹側に3〜4本の包丁めを入れ、背側にグイッとそらしてまっすぐにする。
2 いかの胴は皮をむき、縦半分に切ってから横に2㎝幅に切り、水けをよくふく。
3 にんじんは7〜8㎜厚さの輪切りにし、いんげんはすじを取って2〜3等分に切

る。

4 れんこんは皮をむき、さつま芋は皮ごとそれぞれ1㎝厚さの輪切りにし、一緒に塩水(分量外)につけてアクを抜く。

5 衣を作る。とき卵に氷水を加えて1カップにし、小麦粉を加えてササッと軽く混ぜる。

6 揚げ油を中温(170〜180度)に熱し、材料の水けをふき取ってから、衣にくぐらせて揚げていく。さつま芋、れんこんを入れ、次に魚介類の順に揚げる。いかは衣にくぐらす前に小麦粉(分量外)を薄くまぶす。最後ににんじんといんげんを揚げる。いんげんは数本ずつまとめて揚げる。

7 揚げるときは、材料が重ならないように、油の中にびっしりと入れ、衣がしっかりしてきたら、ときどき箸で持ち上げて空気にふれさせながら揚げる。

8 それぞれがカラリと揚がったら、油をよくきってバットにあげ、器に盛る。大根おろしとおろししょうがを添える。天つゆで食べる。

天ぷら各種
→メニュー別索引〈天ぷら〉を参照

と

ドイツシチュー
本格派はダンプリングに挑戦。代わりにゆでじゃが、パスタ、ご飯、パンを添えても

牛赤身かたまり肉　500ｇ
下味用
　塩　小さじ½
　こしょう　少々
干椎茸　3枚
玉ねぎ　¼個
にんじん　5㎝
セロリ　½本
ベーコン　2枚
にんにく　ひとかけ
漬け汁
　赤ワイン　½カップ
　酢　½カップ
　水　½カップ
サラダ油　大さじ1
小麦粉　大さじ3
トマトジュース　2カップ
固形スープの素　1個
砂糖　小さじ1
水　1カップ
ローリエ　1枚
塩　適量
こしょう　適量
パセリ(みじん切り)　適量
〈付け合わせ〉
ダンプリング
　じゃが芋　3個
　食パン　2枚
　小麦粉　½カップ
　卵　1個
　サラダ油　大さじ1
　塩　少々

1 牛肉は下味用の調味料をすり込む。

2 干椎茸は戻す。玉ねぎ、にんじん、セロリは細切りにする。ベーコンは1㎝幅に切り、にんにくは2つに切る。

3 肉は **2** の野菜類、ベーコンと一緒に漬け汁に漬け込む。冷蔵庫に入れ、3〜4日おく。全体にむらなく味がしみ込むように、1日に1回は肉の上下を返す。

4 肉を取り出して汁けをふき、4等分に切る。残った野菜類と漬け汁は分けておき、椎茸は細切りにする。

5 鍋にサラダ油を熱して肉を並べ、表面をこんがりと焼き、取り出す。

6 油(分量外)を少したし、**4** の野菜類を

中火で炒め、弱火にして小麦粉を振り入れ、粉っけがなくなるまでよく炒める。

7 火を止め、**4** の漬け汁を加え、泡立て器で手早くかき混ぜる。

8 火をつけてトマトジュース、スープの素、砂糖、分量の水、ローリエを加え、**5** の肉も加え、フタをしてごく弱火で2時間煮る。肉がすっかりやわらかくなったら、味をみて塩、こしょうで調える(一晩おいて温めると、コクが出てさらにおいしくなる)。

9 ダンプリングを作る。じゃが芋2個は大きめに切り、ヒタヒタの水でやわらかくゆでる。湯をきり、火にかけて水分をとばし、熱いうちにマッシャーかすりこぎでつぶす。

10 食パンを1cm角に切って加え、残りのじゃが芋をすりおろして加え、小麦粉、卵、サラダ油、塩も加えてよく混ぜ合わせる。

11 直径3cmくらいのだんごに丸め、熱湯で中までしっかりゆでる。

12 シチューを盛ってダンプリングを添え、パセリを振る。

ドイツ風ロールカツ
ピクルスとマスタードがアクセント

　牛赤身薄切り肉　400g
　塩　適量
　こしょう　適量
　きゅうりのピクルス　適量
　マスタード　適量
　衣
　┌　小麦粉　適量
　│　とき卵　1個分
　└　パン粉　適量
　揚げ油　適量
　ウスターソース　適量
　〈付け合わせ〉
　ミニトマト　適量
　セロリの葉　適量

1 ピクルスは縦2つに切る。

2 牛肉を1枚広げ、塩、こしょうを振り、マスタードを小さじ¼くらいぬる。手前にピクルスを1切れのせ、ピクルスがはみ出ないように巻く。残りも同様に巻く。

3 小麦粉、とき卵、パン粉の順で衣をつける。

4 中温(170～180度)に熱した揚げ油に入れ、全体がこんがり色づくまで揚げる。ミニトマトとセロリの葉を添えて盛りつけ、ウスターソースで食べる。

冬瓜スープ
アツアツでも冷やしてもおいしい夏のスープ

　冬瓜　約300g
　干椎茸　2枚
　鶏ささみ　2本
　干椎茸の戻し汁＋水　5カップ
　固形スープの素　1個
　塩　小さじ½
　しょうゆ　少々
　水溶き片栗粉
　┌　片栗粉　大さじ1
　└　水　大さじ1
　しょうが(すりおろし)　少々

1 冬瓜はスプーンで種とワタをくり抜き、皮を厚めにむいて4cm角くらいに切る。

2 干椎茸は戻して石づきを切り落とし、薄切りにする。鶏ささみは斜めに細切りにする。

3 干椎茸の戻し汁と水を合わせて5カップ用意し、鍋に入れて、固形スープの素と冬瓜、干椎茸も加えて強火にかける。

4 煮立ってきたらささみをほぐしながら加え、フツフツ煮立つ程度に火を弱めて、フタをして30分ほど煮る。

5 冬瓜がやわらかくなったら、塩としょうゆで味を調え、水溶き片栗粉をまわし入

れて薄いとろみをつける。
6 器に盛り、上におろししょうがをのせる。

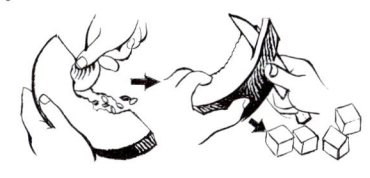

作り方 **1**

冬瓜のえびあんかけ
上品で、彩りもきれいな夏の味

　　冬瓜　約500ｇ
　　えび　10尾
　　水　3カップ
　　酒　大さじ2
　　薄口しょうゆ　大さじ1〜2
　　水溶き片栗粉
　　　┌ 片栗粉　大さじ1
　　　└ 水　大さじ1
　　しょうが汁　少々

1 冬瓜はスプーンで種とワタをくり抜き、皮を厚めにむいて大きめの一口大に切る。えびは殻をむいて背ワタを取り、横2つに切る。
2 鍋の中を水でザッとぬらし、冬瓜とえびを並べて分量の水と酒を加え、フタをして中火でコトコト煮る。
3 冬瓜がやわらかくなったら、薄口しょうゆで味を調え、さらに弱火で5分ほど煮含める。
4 最後に水溶き片栗粉でとろみをつけ、器に盛ってしょうが汁をまわしかける。

冬瓜のくず煮
体にやさしい夏のアツアツ

　　冬瓜　約300ｇ
　　だし汁　6カップ
　　酒　大さじ2
　　薄口しょうゆ　大さじ1
　　水溶き片栗粉
　　　┌ 片栗粉　大さじ1
　　　└ 水　大さじ1
　　しょうが(すりおろし)　ひとかけ

1 冬瓜はスプーンで種とワタをくり抜き、皮を厚めにむいて一口大に切る。
2 鍋に冬瓜、だし汁、酒を入れてフタをし、中火にかける。フツフツしてきたら、弱火で15分ほど煮る。
3 冬瓜がやわらかくなったら、薄口しょうゆで味を調え、さらに弱火で5分煮る。
4 最後に水溶き片栗粉でとろみをつけ、汁ごと器に盛って、上におろししょうがをのせる。

冬瓜の中国風スープ
疲れた体や心にやさしい一品

　　冬瓜　約400ｇ
　　絹ごし豆腐　1丁
　　にんじん(2〜3㎜厚さの輪切り)　4枚
　　水　6カップ
　　固形スープの素　1個
　　酒　大さじ1
　　塩　小さじ½
　　ほたて缶詰　小1缶
　　しょうが汁　少々
　　水溶き片栗粉
　　　┌ 片栗粉　大さじ1強
　　　└ 水　大さじ1強
　　ごま油　小さじ½
　　しょうが(すりおろし)　適量
　　細ねぎ(小口切り)　適量

1 冬瓜はスプーンで種とワタをくり抜き、皮を厚めにむいて1㎝厚さの一口大に切る。豆腐は2㎝角に切る。
2 大きめの鍋に冬瓜、にんじん、分量の水、スープの素を入れ、フタをして火にかける。フツフツしたら弱火にし、10〜15分煮る。冬瓜がやわらかくなったら、酒と塩を加えて味を調える。

とうがん

3 豆腐とほたて缶詰を缶汁ごと加えて中火にし、再びフツフツしたらしょうが汁と水溶き片栗粉を加えてとろみをつけ、火を止めてごま油を落とす。盛りつけ、おろししょうがをのせて細ねぎを散らす。

冬瓜のみそ汁
残暑厳しいときにやさしい冬瓜の汁ものは、体にここちよい一品です

　　冬瓜　約200ｇ
　　だし汁　5カップ
　　みそ　大さじ2〜3

1 冬瓜は皮をむき、種はスプーンで取りのぞく。食べよい大きさの薄切りにする。
2 だし汁に冬瓜を入れて火にかけ、フツフツしたらフタをして中火でやわらかくなるまで煮る。みそをとかし入れ、火を止める。

豆乳のコーンスープ
豆乳特有のくせが消えヘルシーなスープに

　　豆乳　2½カップ
　　クリームコーン缶詰　中1缶（約230ｇ）
　　固形スープの素　1個
　　塩　少々
　　こしょう　少々

1 鍋の中を水でザッとぬらし、豆乳、クリームコーン、固形スープの素を入れて火にかける。
2 フツフツしてきたら、味をみて塩、こしょうで調える。

豆腐入り四川なす炒め
辛さが食欲をそそる。ピーマンは香り野菜として入れるのでたくさんは入れない

　　なす　5本
　　ピーマン　2個
　　木綿豆腐　1丁
　　豚挽き肉　200ｇ
　　サラダ油　大さじ3

　A｛　赤みそ　大さじ2
　　　酒　大さじ1
　　　にんにく（すりおろし）　ひとかけ
　　　豆板醤　小さじ1
　　　砂糖　小さじ1
　　　ごま油　小さじ1

1 なすは皮をむいて縦半分に切り、7〜8㎜厚さに切って海水くらいの塩水に5分ほどさらし、水けをふく。ピーマンはあらみじん切りにする。
2 Aの材料を混ぜ、合わせ調味料を作る。
3 中華鍋かフライパンにサラダ油大さじ2を熱し、なすを加え、強火で炒める。なすに火が通ったらいったん皿に取り出す。
4 フライパンを再び火にかけ、サラダ油大さじ1をたし、豚挽き肉とピーマンを加えて強火で炒める。肉の色が変わりはじめたらAの合わせ調味料を一度に加え、肉にからめる。肉にしっかり味がついたら豆腐を加えて大きくくずしながら炒め合わせる。アツアツになったらなすを戻し入れ、ザッと炒め合わせて火を止め、すぐに皿に移す。

豆腐入り肉だんごの甘酢あんかけ
ホワッと軽い口あたり

　　木綿豆腐　1丁
　　豚挽き肉　300ｇ
　　長ねぎ（みじん切り）　大さじ2
　　しょうが（すりおろし）　小さじ2
　　塩　小さじ½
　　片栗粉　大さじ3〜4
　　揚げ油　適量
　　甘酢あん
　　｛　砂糖　大さじ2
　　　トマトケチャップ　大さじ2
　　　薄口しょうゆ　大さじ2
　　　米酢　大さじ2
　　　片栗粉　大さじ2
　　　水　1½カップ

紅しょうが（千切り）　適量

1 豆腐は布巾で包み、皿を2〜3枚のせて重しをし、15〜20分くらいおいてしっかりめに水けをきる。

2 豆腐をマッシャーやすりこぎなどでつぶし、挽き肉、長ねぎ、おろししょうが、塩を加えてよく混ぜ合わせ、最後に片栗粉を加えて混ぜる。

3 揚げ油を中温（170〜180度）に熱し、**2** を一口大くらいに丸めて入れ、中火で揚げる。まわりが固まったらときどき転がして、こんがりと揚がったら油をよくきる。

4 甘酢あんの材料を混ぜ合わせてすぐ中火にかけ、木ベラなどで混ぜながらフツフツさせ、とろりとなったら火を止める。盛りつけた肉だんごにかけ、紅しょうがを添える。

豆腐、厚揚げ、油揚げ→ コラム参照

豆腐たっぷりの酸辣湯（スーラータン）

酸っぱくて辛い、実だくさんスープ

　絹ごし豆腐　2丁
　豚ばら薄切り肉　200g
　ザーサイ　20g
　赤唐辛子　3〜4本
　しょうが　ひとかけ
　にんにく　ひとかけ
　水　4カップ
　A ┌ 豆板醤　小さじ½〜1
　　│ 塩　小さじ1
　　│ こしょう　少々
　　│ 酒　大さじ1
　　│ しょうゆ　大さじ1
　　│ 砂糖　小さじ½〜1
　　└ 酢　大さじ2
　水溶き片栗粉
　　┌ 片栗粉　大さじ1〜2
　　└ 水　大さじ1〜2
　ごま油　小さじ1

1 豚肉は3cm長さに切る。ザーサイは薄切りにし、5分ほど水にさらして余分な塩けを抜く。赤唐辛子は種を出す。しょうがは皮ごと薄切りにし、にんにくは縦半分に切る。

2 分量の水とザーサイ、赤唐辛子、しょうが、にんにくを中火にかける。フツフツしたら豚肉を加えて煮る。

3 肉に完全に火が通ったらAの調味料を次々加え、味を調える。再びフツフツしたら水溶き片栗粉を加えてとろみをつける。

4 豆腐をスプーンですくって加え、中まで火を通し、ごま油を落として火を止める。

豆腐と厚揚げのしんせき煮

大豆が取りもつしんせき同士のあっさり煮もの。アツアツをどうぞ

　木綿豆腐　1丁
　厚揚げ　1〜2枚
　大根おろし　2カップ
　だし汁（濃いめ）　2カップ
　薄口しょうゆ　大さじ2
　塩　少々
　柚子の皮　適量

1 豆腐と厚揚げは縦半分に切り、12等分のやっこに切る。

2 大根おろしはザルにあげ、自然に水けをきっておく。

3 鍋にだし汁を入れて強火にかけ、フツフツしてきたら薄口しょうゆを加える。再びフツフツしてきたら、豆腐と厚揚げを加えて中火で煮る。

4 豆腐と厚揚げが中までアツアツになったら味をみて塩で調味し、大根おろしを加え、表面をならしてすぐ火を止める。

5 器に汁ごと盛り、薄くそいだ柚子の皮を散らす。七味唐辛子を振って食べてもおいしい。

豆腐とえびのピリッカラッ
作るのは、みんなが集まってから
　　豆腐　2丁
　　むきえび(無塩)　200g
　　ごま油　小さじ1
　　長ねぎ(みじん切り)　大さじ2
　　豆板醤　小さじ1
　　塩　小さじ¼
　　酒　大さじ2
　　湯　½カップ

1 豆腐は2㎝角くらいに切る。

2 フライパンか中華鍋にごま油、えび、長ねぎ、豆板醤、塩、酒を入れて中火にかけ、えびに完全に火が通るまでからめるように炒める。

3 湯と豆腐を加えて火を強め、フツフツと豆腐の中が熱くなるまで煮る。

豆腐となめこのみそ汁
みそをとき入れてから、豆腐を加えるのがポイント
　　豆腐　½丁
　　なめこ　1袋
　　だし汁　4カップ
　　みそ　大さじ2～3
　　三つ葉　適量

1 豆腐は1.5㎝角くらいのさいの目に切り、なめこはザルに入れてザッと水洗いする。

2 鍋にだし汁を入れて火にかけ、なめこを加えてフツフツしてきたら、みそをとき入れる。

3 豆腐を加えて弱火でひと煮立ちさせ、豆腐の中までアツアツになったら火を止める。器に盛り、刻んだ三つ葉を散らす。

豆腐と肉の煮込み
肉はごま油で炒め、豆腐はスが入るのを気にせず煮込むのがポイント
　　木綿豆腐　2丁
　　豚こま切れ肉　200g
　　しょうが　ひとかけ
　　ごま油　大さじ1
　　A ｛ 薄口しょうゆ　大さじ2
　　　　みりん　大さじ1～2
　　水　1½カップ
　　粉山椒か七味唐辛子　適量

1 豆腐はそれぞれ8等分のやっこに切る。しょうがは皮ごと薄切りにする。

2 ごま油を熱し、しょうがと肉を中火で炒める。

3 肉の色が変わったらAの調味料を加えてからめ、豆腐をのせ、分量の水をまわしかける。フタをし、中火で10～15分煮込む。粉山椒か七味唐辛子を振って食べる。

豆腐のオイスターソース煮
辛くない麻婆豆腐のよう
　　豆腐　2丁
　　牛挽き肉　150g
　　にら　½わ
　　細ねぎ　½わ
　　しょうが(みじん切り)　ひとかけ
　　にんにく(みじん切り)　ひとかけ
　　サラダ油　大さじ1
　　A ｛ オイスターソース　大さじ1
　　　　しょうゆ　大さじ1
　　　　みりん　大さじ1
　　　　みそ　大さじ1
　　水　½カップ
　　水溶き片栗粉
　　　｛ 片栗粉　大さじ1
　　　　水　大さじ1
　　ごま油　小さじ1
　　粉山椒　適量

1 にら、細ねぎは細かく刻む。

2 サラダ油を中火で熱し、にんにくとしょうがを炒める。香りがたったら挽き肉を加えて炒め、半生状態のところでAの調味料を肉めがけて次々加え、味をからめなが

ら炒める。

3 肉に火が通ったら豆腐を丸ごと加え、大きくくずしながら肉と炒め合わせる。

4 分量の水を加えてフツフツさせ、豆腐が熱く煮えたら、にらと細ねぎを加えてひと煮する。水溶き片栗粉を加えてとろみをつけ、ごま油を落として火を止める。粉山椒を振って食べる。

豆腐の木の芽田楽
白みそは京風の上品な味。どんなみそでもおいしく仕上がります

　木綿豆腐　2丁
　練りみそ
　　｛ 白みそかふつうのみそ　大さじ4
　　　酒　大さじ2
　木の芽　適量

1 豆腐は4等分に切り、乾いた布巾で包み、まな板をのせて30分くらいおき、しっかりと水けをきる。

2 練りみその材料はなめらかに混ぜる。

3 オーブントースターの天板に豆腐を並べ、七分めくらいに焼く。上に練りみそをぬり、さらにこんがりと焼き上げる。木の芽をのせて盛る。

豆腐のグリーンサラダ
だし入りのドレッシングが決まりの和風サラダ！

　木綿豆腐　1丁
　わかめ(戻したもの)　1カップ
　レタス　½個
　玉ねぎ　½個
　貝割れ大根　1わ
　にんじん　10㎝
　ドレッシング
　　｛ だし汁(冷ます・濃いめ)　½カップ
　　　しょうゆ　大さじ1
　　　薄口しょうゆ　大さじ1
　　　米酢　大さじ2
　　　レモン汁　大さじ2
　　　しょうが汁　小さじ½
　　　ごま油　小さじ1

1 豆腐はザルにのせてしばらくおき、自然に水けがきれたら2㎝角に切る。

2 わかめは水洗いして2～3㎝長さに切る。レタスは大きめの一口大に切る。玉ねぎは繊維を断って横に薄切りにする。貝割れ大根は根元を切り落とし、長ければ2つに切る。にんじんは千切りにする。

3 1、2全部を盛り合わせる。記載順に混ぜ合わせたドレッシングを添え、かけて食べる。

豆腐の五目汁
とろ～りアツアツの具だくさん汁。濃いめのだし汁が味の決め手

　木綿豆腐　1～2丁
　豚こま切れ肉　100ｇ
　かにかまぼこ　4本
　しめじ　1袋
　だし汁(濃いめ)　3カップ
　塩　小さじ½
　薄口しょうゆ　大さじ1
　酒　大さじ1
　水溶き片栗粉
　　｛ 片栗粉　大さじ1
　　　水　大さじ1
　しょうが(すりおろし)　適量
　細ねぎ(小口切り)　適量

1 かにかまぼこは半分に切ってほぐす。しめじは石づきを切り落としてほぐす。

2 鍋に濃いめのだし汁を入れて火にかけ、フツフツしてきたら木綿豆腐を加えて1～2分グラグラさせてからマッシャーでつぶす。

3 フツフツしてきたら豚こま切れ肉とかにかまぼこを加え、再びフツフツしてきたら塩、薄口しょうゆ、酒を加えて調味する。

とうふ

4 さらにしめじを加えてひと煮し、水溶き片栗粉でとろみをつける。出来上がりを器に盛り、おろししょうがをのせて細ねぎをたっぷり散らす。

豆腐のじゃこアスパラ
煮汁が少ないので、フタをして弱火で

　絹ごし豆腐　2丁
　グリーンアスパラガス　1わ
　ちりめんじゃこ　大さじ山盛り4
　しょうが(千切り)　ひとかけ
　ごま油　大さじ1
　A ┌ 酒　大さじ2
　　├ しょうゆ　大さじ1
　　└ 砂糖　小さじ2
　白いりごま　適量
　削り節　1パック

1 アスパラガスは下を少し切り落とし、かたい部分をピーラーで薄くむき、斜め薄切りにする。

2 鍋にアスパラガスとヒタヒタの水を入れて火にかける。フツフツしたらちりめんじゃこを加え、サッと混ぜる。すぐにザルに引き上げ、水けをきる。

3 鍋に戻し、しょうがとごま油を加えて炒め、いい香りがしてきたら火を止める。Aの調味料を加え、フタをして弱火で10分くらい煮る。

4 豆腐を4等分ずつに切って盛り、3 をかけ、ごまと削り節をのせる。

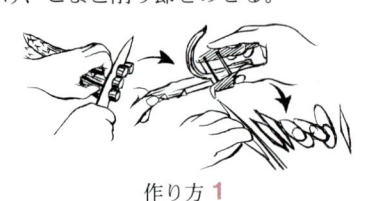

作り方 1

豆腐のスープ粥
大きく豆腐をすくってのせ、スープとともに食します。ねぎじょうゆが決め手

　米　1カップ
　水　5カップ
　湯　1カップ
　豆腐　1丁
　スープ　4カップ
　細ねぎ(小口切り)　適量
　ピリ辛ねぎじょうゆ
　┌ 長ねぎ(みじん切り)　大さじ½
　├ しょうゆ　大さじ1½
　├ 豆板醤　小さじ½
　└ ごま油　2～3滴

1 米は洗って水けをきる。

2 ボウルに熱湯を入れ、水けをきった豆腐を入れて温めておく。

3 厚手の鍋の中を水でぬらし、米、分量の水を入れ、フタをして中火にかける。フツフツしてきたら弱火にし、フタをして25～30分炊く。

4 炊き上がったら湯1カップを加え、水でぬらした菜箸で切るようにして混ぜ、フタをして火を止める。

5 スープを火にかけ温めておく。

6 器におかゆを盛り、豆腐をスプーンで大きくすくってのせ、5 のアツアツのスープを注ぐ。細ねぎを散らし、ねぎじょうゆをかけて食べる。

スープ→家庭でできるスープ／チキンスープ(基本)／チキンスープ(中国風)
冷たいおかゆ→ コラム参照

豆腐のステーキ
シンプルな料理だからこそ、豆腐はおいしいものを選んで

　木綿豆腐　2丁
　しめじ　2袋
　塩　適量
　こしょう　適量
　小麦粉　適量
　バター　大さじ2
　たれ

｛しょうゆ　大さじ2
　　　酒　大さじ1
　　　削り節　½パック
　細ねぎ(小口切り)　1カップ
　しょうが(すりおろし)かとき辛子　適量

1 木綿豆腐は布巾に包んで10分くらい軽く重しをする。
2 しめじは石づきを切り落として小房に分け、サラダ油かバター少々(分量外)でサッと炒めて塩、こしょうを振る。
3 **1**の豆腐は、1丁を2等分に切り、小麦粉を薄くまんべんなくまぶす。
4 フライパンにバターを入れて火にかけ、バターがとけたら豆腐を入れ、フタをして強めの中火で両面をこんがりと焼き、軽く塩、こしょうを振って器に盛る。
5 鍋にたれの材料を入れ、ひと煮立ちさせて豆腐のステーキにかけ、**2**のしめじのソテーも添える。細ねぎを散らし、おろししょうがやとき辛子で食べる。

豆腐のステーキ　クレソンソース
濃緑のクレソンソースをたっぷりのせて

　木綿豆腐　2丁
　ベーコン　2枚
　しょうが(千切り)　ひとかけ
　しめじ　1袋
　クレソン　2わ
　薄口しょうゆ　大さじ2
　サラダ油　大さじ1

1 木綿豆腐は布巾などに包んで軽く重しをし、10分くらい水きりして半分に切る。
2 ベーコンは5㎜幅に切り、しめじは石づきを切り落として細かくほぐし、クレソンは細かく刻む。
3 フライパンにサラダ油を熱し、豆腐の両面をフタをして強めの中火で焼く。豆腐の中までアツアツになり、こんがりと焼き色がついたら器に取る。
4 フライパンをきれいにして再び熱し、ベーコンをよく炒めてからしょうがとしめじを加えてサッと炒める。香りがたったら薄口しょうゆを加え、全体に味をからめる。
5 最後に火を弱めてクレソンを加え、ザッとひと混ぜして、豆腐の上にかける。

豆腐のステーキ　肉みそソース
こんがり焼けた豆腐にピリ辛ソースが美味。焼くときフタをすると火通りが早い

　木綿豆腐　2丁
　ごま油　大さじ1弱
　肉みそソース
　　｛ごま油　少々
　　　にんにく(みじん切り)　ひとかけ
　　　しょうが(みじん切り)　ひとかけ
　　豚挽き肉　100g
　　豆板醤　小さじ½
　　みそ　大さじ1
　　しょうゆ　小さじ1
　　砂糖　小さじ½
　　酒　大さじ2
　　水　1カップ
　　水溶き片栗粉
　　　｛片栗粉　小さじ1
　　　　水　小さじ1
　青じそ(夏のみ)　10枚

1 木綿豆腐は布巾などに包んで軽く重しをし、15〜20分水きりをする。
2 肉みそソースを作る。フライパンにごま油、にんにく、しょうがを入れ、中火にかけて炒め、香りがたったら豚挽き肉を加えて炒める。肉に火が通ったら、調味料と分量の水を加え混ぜる。
3 フツフツしてきたら水溶き片栗粉でとろみをつけ火を止める。青じそ6枚を細かく刻んでソースに加え混ぜる。
4 豆腐のステーキを作る。**1**の豆腐は2つに切る。フライパンにごま油を熱し、豆腐の両面を強火でこんがりと焼く。

5 フタをして焼き、豆腐の中までアツアツになったら、残りの青じそとともに器に盛る。上から 3 の肉みそソースをかける。

豆腐の夏仕立て
暑いときこそアツアツのあんかけ！

絹ごし豆腐　2丁
煮汁
- だし汁（濃いめ）　2カップ
- 塩　小さじ½
- しょうゆ　小さじ1
- 酒　小さじ1
- みりん　小さじ1

みょうが　3〜4個
しし唐辛子　4〜5本
水溶き片栗粉
- 片栗粉　大さじ½
- 水　大さじ1

しょうが（すりおろし）　適量

1 みょうがは縦半分に切って斜め千切りにし、しし唐辛子は小口切りにする。
2 鍋に煮汁のだし汁を煮立て、調味料を加えて、絹ごし豆腐をやっこに切って、静かに加える。みょうがとしし唐辛子も加える。
3 全体がアツアツになったら、水溶き片栗粉を加えて少しとろりとさせ、器に盛っておろししょうがをのせる。

豆腐→ コラム参照

豆腐のフライ
たれは好きずきで。ウスターソースやしょうゆでもおいしい

木綿豆腐　2丁
衣
- 小麦粉　適量
- とき卵　1個分
- パン粉　適量

揚げ油　適量
たれ
- 水　¼カップ
- しょうゆ　大さじ1
- 酒　大さじ1
- 砂糖　少々
- トマトケチャップ　小さじ1
- 片栗粉　小さじ1
- しょうが汁　小さじ½

貝割れ大根　1わ

1 豆腐はまな板にのせ、まな板を少し斜めにしてしばらくおく。自然に水けがきれたら、それぞれ6等分に切る。
2 貝割れ大根は根を切り落とす。
3 豆腐に小麦粉、とき卵、パン粉の順で衣をつけ、中温（170〜180度）に熱した揚げ油に入れる。だんだんと油の温度を上げながら、こんがりきつね色になるまで揚げ、貝割れ大根を添えて盛りつける。
4 たれはしょうが汁以外を合わせて火にかけ、フツフツしてとろみがついたら火を止める。しょうが汁を加えて混ぜ、器に盛り、3 のフライに添える。豆腐と貝割れ大根を取り分け、たれをかけて食べる。

豆腐のみそ汁
豆腐は煮すぎないように注意。わかめ、じゃが芋、里芋、きのこなども相性よし

豆腐　½丁
だし汁　4カップ
みそ　大さじ2〜3
三つ葉　適量

1 豆腐は好みの大きさのさいの目に切る。
2 鍋にだし汁を入れて火にかけ、フツフツしてきたらいったん火を止めてみそをとき入れる。
3 弱火にかけて豆腐を加える。豆腐の中までアツアツになったら火を止める。
4 器に盛り、2〜3cm長さに刻んだ三つ葉を散らす。ねぎやとき辛子を合わせてもおいしい。

豆腐のみそみぞれ汁
肌寒い日にぜひ

　木綿豆腐　1丁
　豚こま切れ肉　100g
　なめこ　1袋
　ごま油　小さじ2
　大根おろし　1カップ
　湯　3½カップ
　みそ　大さじ2～3
　細ねぎ(小口切り)　適量

1 豆腐は2㎝角のさいの目に切る。なめこはザルにあけてサッと水洗いする。

2 ごま油を熱して肉を強めの中火で炒め、色が変わったら分量の湯を加えて煮る。

3 フツフツしてきたら豆腐となめこを加え、豆腐が中までアツアツになったらみそをとき入れる。

4 再びフツフツしたら大根おろしを加え、フツフツしてくるまで火を通す。火を止め、細ねぎをたっぷり散らす。七味唐辛子を振ってもおいしい。

豆腐ハンバーグ
豆腐がベースになってフンワリ、ヘルシーなハンバーグに

　木綿豆腐　1丁
　卵　1個
　パン粉　1カップ
　牛挽き肉　200g
　玉ねぎ(みじん切り)　¼個
　塩　小さじ½
　こしょう　少々
　小麦粉　適量
　サラダ油　少々
　ソース
　　┌トマトケチャップ　大さじ4
　　│ウスターソース　大さじ2
　　│酒　大さじ1
　　│水　¼カップ
　　└しょうゆ　小さじ2
　　　バター　1㎝角
　〈付け合わせ〉
　　ピーマンのソテー　適量

1 豆腐は布巾に包んで重しをし、30分くらい水切りをする。

2 卵はときほぐし、パン粉と混ぜてしっとりさせておく。

3 豆腐をマッシャーでつぶして **2** をすべて加え、牛挽き肉、玉ねぎのみじん切り、塩、こしょうも加えてよく混ぜる。

4 **3** のたねを4等分し、手のひらにサラダ油少々(分量外)をぬってハンバーグ形にまとめる。焼く直前に、ふるいでこの表面に小麦粉をふるう。

5 フライパンにサラダ油を熱し、**4** を強めの中火で焼く。こんがり焼けたら裏返して裏も同様に焼き、熱湯をハンバーグの厚みの半分くらいまで注ぎ、フタをして強火で中まで蒸し焼きにし、しっかり火を通す。水分がなくなってきたらフタを取り弱火にして完全に水分をとばし焼く。

6 焼いている間にソースを作る。小鍋にソースの材料をすべて入れて火にかけ、フツフツと煮えたら出来上がり。

7 器に豆腐ハンバーグを盛り、**6** のソースをとろりとかけて、ピーマンのソテーを添える。

作り方 **4**

とうもろこしの塩ゆで
カツ代流はわずか1カップの水でOK

　とうもろこし　2本
　水　1カップ
　塩　小さじ1

1 鍋にとうもろこしを入れ(鍋に入らなけ

とーすと

れば2つに折る)、分量の水と塩を加えて、フタをして強火にかける。
2 沸とうしたら弱めの中火にし、5分ほどゆでて裏返し、さらに1～2分ゆでる。1粒食べてみてかたいようなら再び火にかける。

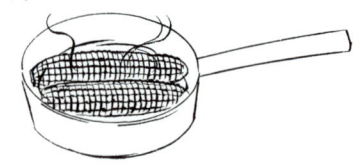

トースト各種
→メニュー別索引〈トースト〉を参照

ドカンときつねどんぶり
1枚のきつねさんに卵1個を加えるだけでボリューム満点ご飯の出来上がり！

〈これは1人分〉
油揚げ　1枚
玉ねぎ　¼個
しょうが(千切り)　少々
煮汁
　　だし汁　⅓～½カップ
　　酒　大さじ1
　　砂糖　大さじ1
　　みりん　小さじ1
　　しょうゆ　大さじ1
卵　1個
三つ葉　適量
温かいご飯　1人分

1 油揚げは湯で洗ってギュッと水けをしぼり、4～6等分に切る。
2 玉ねぎは3㎜厚さの薄切りにし、三つ葉は2㎝長さに切る。卵はときほぐしておく。
3 丼用の鍋か小鍋の中に煮汁の材料を入れ、玉ねぎとしょうがも加えて火にかける。
4 フツフツしてきたら、油揚げを元の1枚の形になるように並べ入れ、煮汁を十分に吸い込んだところで、卵をまわし入れてフタをする。
5 卵が半熟状態のおいしそうな感じになってきたら、三つ葉を散らして火を止める。
6 どんぶりに温かいご飯を盛り、上に出来上がりをのせる。紅しょうがを添えても。

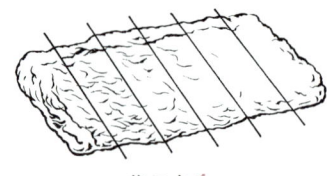

作り方**1**

ときどり
どんなときでもすぐできるとり料理だから、この名前。ご飯にのせてもおいしい

鶏もも肉　2～3枚
つけだれ
　　みりん　大さじ2～3
　　しょうゆ　大さじ2～3

1 鶏もも肉は黄色い脂肪を取りのぞく。
2 つけだれの材料を混ぜ合わせておく。
3 フライパンを熱して鶏肉の皮めを下にして入れ、やや強めの中火で焼きつける。肉がパカッとはがれるようになるまでそのまま焼き、皮にこんがりと焼き色をつけて裏返す。
4 フタをして肉の中まで完全に火が通るまで焼き、すぐ**2**のつけだれに皮からジュッと漬け、何度か裏返しながら味をからめる。
5 鶏肉を1㎝弱の厚さにそぎ切りにし器に盛る。好みで粉山椒や七味唐辛子を振って食べる。季節のきのこや野菜も一緒に焼いて漬け込むと付け合わせも同時にできる。

フライパン→　コラム参照

ときどりねぎ
皮をパリッとこんがり焼くのがコツ

　鶏肉（ももでもむねでもよい）　2枚
　長ねぎ　1本
　にんにく（みじん切り）　ひとかけ
　しょうが（みじん切り）　ひとかけ
　たれ
　　{ しょうゆ　大さじ2
　　 酒　大さじ1
　　 みりん　小さじ1 }
　サラダ油　適量

1 鶏肉は黄色い脂肪を取りのぞき、繊維にそって2つに切る。繊維にそって細かく切りめを入れ、切りめを開くようにして身を薄くしておく。
2 白髪ねぎを作る。長ねぎを5㎝長さに切り、縦に切りめを入れて芯を取り出し、白い部分を縦に千切りにして水にさらす。パリッとしたら水けをきる。
3 取り出したねぎの芯はみじん切りにしてサッと炒める。みじん切りにしたねぎ、にんにく、しょうがはたれに加えて混ぜ合わせる。
4 フライパンに油をぬって熱し、十分に熱くなったら肉の皮を下にして並べ、強めの中火で焼く。こんがり焼けたら裏返し、少し火を弱めてフタをし、中までしっかり焼く。
5 アツアツをすぐ **3** のたれに皮からジュッと漬け込み、上下を返して味をなじませる。食べやすく切って盛りつける。上に白髪ねぎをのせ、残っているたれをかける。

トッピングで食べる野菜カレー
好きなものを好きなだけかけて、オリジナルのおいしさに

　温かいご飯　4人分
　にんじん　大1本
　玉ねぎ　1個
　じゃが芋　2個
　しめじ　1～2袋
　バター　大さじ1
　湯　5カップ
　カレールウ　小1箱（約100ｇ）
　トッピング
　　{ ハム　適量
　　 貝割れ大根　適量
　　 ゆで卵（固ゆで）　適量
　　 玉ねぎ　適量
　　 レーズン　適量
　　 とけるチーズ　適量 }

1 カレーに入れる野菜のにんじん、玉ねぎ、じゃが芋、しめじはすべて一口大に切る。
2 バターをとかして **1** の野菜を中火でよく炒め、全体に油がまわったら分量の湯を加え、強めの火で煮る。
3 フツフツしたら火を止め、カレールウを加えてとかす。完全にとけたら、フタをして弱火で10～15分、野菜がやわらかくなるまで煮る。
4 トッピングを用意する。ハムは1㎝角に切る。貝割れ大根は根を切り落とし、長さを2つに切る。ゆで卵はフォークなどでおおまかにつぶす。玉ねぎは繊維にそって薄切りにし、水にさらし、水けをしぼる。レーズンはザッと水洗いする。チーズはかたまりなら細切りにする。別々に盛りつけてテーブルに出す。ご飯にカレーをかけ、トッピングを好みにのせて食べる。

トマト味シンプルピラフ
調味料を入れたらすぐにスイッチオン。肉や魚の洋食の付け合わせにもよく合う

　米　2カップ（2合）
　トマトジュース　½カップ
　固形スープの素　1個
　湯　¼カップ
　パプリカ　小さじ½
　こしょう　少々

サラダ油　小さじ1
バター　小さじ1

1 米はといだらザルにあげて30分くらいおいておく。
2 固形スープの素を分量の湯でとかしておく。
3 米を内釜に入れ、まずトマトジュースと**2**のスープを入れてから、いつもの水加減まで水を加える。
4 さらにパプリカ、こしょう、サラダ油を加え、バターをのせてすぐに炊飯器のスイッチを入れる。
5 炊き上がったら、底のほうからほっこり混ぜて器に盛る。パセリやセロリの葉のみじん切りを振ってもおいしい。

トマト入りスクランブルエッグ
朝食にぜひ。急ぐならトマトは皮ごとでも

〈これは2人分〉
卵　3個
塩　少々
こしょう　少々
トマト　小1個
バター　約2cm角
バジル（生・みじん切り）　少々
パセリ（みじん切り）　適量

1 卵はときほぐして塩とこしょうを加え混ぜ、トマトは皮をむいて（湯むき）1cm角に切る。
2 フライパンにバターを入れて中火にかけ、バターがとけたらトマトを入れてサッと炒める。
3 トマトがアツアツになったら、強火にして卵を一気に加え、箸で大きくかき混ぜながら火を通す。バジルとパセリを振り、フワッと半熟の状態で火からはずして器に盛る。

トマトカナッペ
味よし、色よしの簡単カナッペ。ワイン＆洋風おかずに添えれば最高！

フランスパン　1本
バター　適量
トマト（完熟）　2個
にんにく（すりおろし）　½〜1かけ
オリーブ油　大さじ1〜2
塩　小さじ½
こしょう　少々
砂糖　ごくひとつまみ
パセリ（みじん切り）　大さじ1

1 トマトは1cm角に切り、ザルにあげて自然に水けをきる。
2 ボウルにトマトを入れ、おろしにんにく、オリーブ油、塩、こしょう、砂糖を加えて大きいスプーンでササッと混ぜる。
3 フランスパンは薄切りにしてバターをぬり、トーストする。この上に**2**のトマトをのせて出来上がり。パセリは上から振ってもいいし、トマトに混ぜてもOK。

トマトソース（ピザ用）
ピザ用ソースの決定版。余ったらびんに入れ、冷蔵庫で保存すれば3〜4日はOK

〈作りやすい分量〉
トマト水煮缶詰　大1缶（約400g）
にんにく（すりおろし）　1〜2かけ
ウスターソース　大さじ1
オレガノ　少々
セロリの葉　少々
塩　適量
こしょう　適量
オリーブ油かサラダ油　大さじ2

1 鍋の中を水でザッとぬらし、トマト水煮缶詰をあけて、マッシャーでトマトをよくつぶす。さらにおろしにんにく、ウスターソース、オレガノ、セロリの葉を加えて火にかける。
2 フツフツしてきたら、弱火にして20〜30分焦がさないように煮詰める。全体にとろ〜んとしてきたら、味をみて塩、こし

ょうで調味し、火を止める。
3 最後にオリーブ油かサラダ油を加えて混ぜ合わせる。

トマトとアボカドのオムレツ
カリフォルニアで出会った一品

〈これは2人分〉
卵　3個
塩　少々
こしょう　少々
アボカド　¼〜½個
トマト　¼個
バター　大さじ2

1 卵はとき、塩、こしょうを混ぜる。
2 アボカドは皮をむいて種を取り、縦に7〜8mm厚さに切る。トマトは1cm厚さのくし形に切る。
3 バターを中火にかけ、とけたら卵液を½量流し、表面が乾かないうちにアボカドとトマト各½量ずつを中央にのせる。卵が乾かぬうちにパタンパタンと両端から卵をかぶせ、好みの加減に一気に焼き上げる。
4 皿をかぶせ、一気に裏返して盛りつける。同様にもう1つ作る。

トマトと卵の炒めもの
彩り、風味とも満点のおかず。トマトは炒めすぎると、水けが出るので注意

トマト　2個
卵　4〜5個
バター　大さじ1
にんにく（みじん切り）　ひとかけ
オリーブ油　大さじ1〜2
塩　小さじ½
こしょう　少々
バジル（あれば）　適量

1 トマトは2cm角に切る。卵はときほぐす。
2 フライパンにバターを入れて中火にかけ、バターがとけたら強火にしてすぐに卵を流す。卵のまわりが固まってきたら、菜箸でグルグルッと混ぜ、フワリと焼き上げていったん皿に取る。
3 同じフライパンにオリーブ油を入れ、にんにくを弱めの中火で炒める。香りがたったらトマトを加え、強火にして塩、こしょうを振ってサッと炒める。
4 全体に油がまわったら、**2**の卵を戻して手早く炒め合わせ、すぐ器に盛ってバジルを飾る。

もうひとつのトマトと卵の炒めもの
→ コラム参照

トマトと卵の中国風スープ
甘酸っぱいかき玉汁

トマト（完熟）　1個
卵　1個
水　3½カップ
固形スープの素　1個
水溶き片栗粉
　｛片栗粉　小さじ1
　　水　小さじ1
塩　少々
こしょう　少々

1 トマトはくし形に薄く切る。卵はとく。
2 分量の水とスープの素を火にかけ、フツフツしたら中火にしてトマトを加える。
3 再びフツフツしたら水溶き片栗粉を加え、味をみて塩、こしょうで調える。
4 薄くとろみがついてフツフツしているところに卵をまわし入れ、まわりからフワッと固まって浮いてきたら、フタをして火を止める。

トマトとツナのバーミセリ
バーミセリはそうめんのように細いパスタ。ゆでたらすぐ冷水に。トマトと相性よし

〈これは2人分〉
バーミセリ　150g
トマト（完熟）　2個

とまと

パセリ(みじん切り)　大さじ2
バジル　少々
塩　小さじ½
こしょう　少々
レモン汁　½個分
ツナ缶詰　小1缶

1 トマトは1㎝角に切る。
2 ボウルにトマト、パセリ、バジル、塩、こしょう、レモン汁を入れてササッと混ぜ、パスタをゆでる前に用意しておく。
3 バーミセリは袋の表示通りにゆで、すぐ氷水に取って冷やし、水けをきる。これを **2** の具が入ったボウルに入れ、さらにツナ缶詰を缶汁ごと加えてサッとあえる。味をみて塩、こしょうで調え器に盛る。

トマトとわかめのサラダ
甘めのしょうゆドレッシングが合う

トマト　2〜3個
わかめ(戻したもの)　½カップ強
玉ねぎ　½個
ドレッシング
　｜砂糖　小さじ2
　｜しょうゆ　小さじ1
　｜塩　小さじ½
　｜米酢　大さじ1

1 トマトは食べよい大きさに切る。わかめはよく水洗いし2〜3㎝長さに切る。玉ねぎは繊維にそって薄切りにする。
2 器にわかめを敷いてトマトを盛り、玉ねぎを散らし、混ぜ合わせたドレッシングをまわしかける。

トマトのイタリアンパスタ
ソースは味をみながら塩を加える。焼いた魚や肉のソースにもどうぞ

〈これは2人分〉
スパゲティ　150〜200g
イタリアンソース
　｜にんにく　ひとかけ
　｜オリーブ油　大さじ2
　｜バジル(乾)　小さじ½弱
　｜トマト水煮缶詰　大1缶(約400g)
　｜塩　小さじ½
　｜こしょう　少々
粉チーズ　適量

1 スパゲティは袋の表示通りにゆでる(食べる直前にゆで上がるようにする)。
2 イタリアンソースを作る。フライパンにオリーブ油とつぶしたにんにくを入れて中火にかけ、にんにくがきつね色になるまで炒めてバジルを加える。
3 さらにトマトの水煮を加え、トマトをつぶしながらフツフツと中火で7分ほど煮て、塩、こしょうで調味する。
4 スパゲティを器に盛り、イタリアンソースをかけて粉チーズを振って食べる。

トマトの辛いスパゲティ
夏のトマトは皮ごとでOK。夏なら青じそやバジルを散らせば風味も絶品です

〈これは2人分〉
スパゲティ　150〜200g
トマト　2個
にんにく　ひとかけ
赤唐辛子　2〜4本
オリーブ油　大さじ1
塩　小さじ½〜1
こしょう　適量
粉チーズ(好みで)　適量

1 スパゲティは袋の表示通りにゆでる。
2 トマトは皮ごと1㎝角に刻む。にんにくは薄切りにし、赤唐辛子は2つにちぎって種をのぞく。
3 鍋にオリーブ油とにんにく、赤唐辛子を入れて弱めの中火にかけ、チリチリとじっくり炒める。
4 にんにくがきつね色になり、香りがたったら塩を加え、ゆでたてのスパゲティを加えて全体をザッザッとあえ、火を止め

る。すぐにトマトをドカッとのせ、こしょうをガリガリと挽いてオリーブ油大さじ1〜2(分量外)をまわしかける。

5 大急ぎで器に盛り、好みで粉チーズを振って食べる。

トマトのサワースープ

トマトとレモンの酸味がさわやかな夏のスープ。卵はフツフツしているところに流す

トマト　2個
わかめ(戻したもの)　½カップ
レタス　3枚
にんにく　小ひとかけ
水　4カップ
固形スープの素　2個
赤唐辛子　1〜2本
塩　少々
こしょう　少々
レモン汁　大さじ1
水溶き片栗粉
　┌ 片栗粉　小さじ1
　└ 水　小さじ1
卵　1個

1 トマトは皮をむいて(湯むき)2㎝角に切り、レタスとわかめは食べよい大きさに切る。にんにくは2つに切る。

2 鍋に分量の水、にんにく、固形スープの素、赤唐辛子を入れて火にかける。フツフツしてきたらトマトを入れ、味をみて塩、こしょう、レモン汁で調味し、水溶き片栗粉を加え混ぜる。

3 煮立ったらわかめとレタスを入れる。再びフツフツしてきたところへときほぐした卵を流し入れ、フタをして、卵に八分どおり火が通ったら出来上がり。

トマトの湯むき→ コラム参照

トマトのジンジャーサラダ

とにかく冷たく、ドレッシングをかけてから冷たくして!

トマト(完熟)　3〜4個
ドレッシング
　┌ 塩　小さじ½
　│ 砂糖　小さじ½
　│ 米酢　大さじ1
　│ ごま油　小さじ½
　└ しょうが(千切り)　ひとかけ

1 トマトは皮をむき、好きなように切る。

2 器にトマトを盛り、混ぜ合わせたドレッシングをまわしかけ、冷蔵庫でよく冷やす。

トマトのスイートサラダ

ちょっぴり甘めのドレッシングが和、洋、中、どの献立にも合わせやすい

トマト　3個
玉ねぎ　¼個
甘酢
　┌ 米酢　大さじ1
　│ 砂糖　大さじ½
　└ 塩　小さじ½

1 トマトは皮をむき、縦2つに切り、1㎝厚さの半月切りにする。玉ねぎは繊維にそって薄切りにする。

2 器にトマトを盛り、玉ねぎを散らし、混ぜ合わせた甘酢をかける。

トマトの酢のもの

トマトを和風に食べる。小鉢に上品に盛りつけて、青じそを添えても美しい

トマト　3個
たれ
　┌ 米酢　大さじ1
　│ 薄口しょうゆ　大さじ1
　│ 砂糖　小さじ1
　└ ごま油　小さじ1

1 トマトは皮を湯むきする。すぐに冷水に取って、めくれているところから皮をむく。これを6〜8等分のくし形切りにし、さらに半分に切って、冷蔵庫でよく冷や

とまと

ておく。
2 たれの材料を混ぜて、食べる直前に冷たいトマトとあえる。

トマトのファルシー
まっ赤な器に白くておいしい具が入る、おしゃれな簡単サラダ

トマト(完熟)　4個
セロリ　10㎝
ツナ缶詰　小1缶
マヨネーズ　大さじ山盛り2
レモン汁　大さじ2
塩　少々
パセリ(みじん切り)　適量

1 トマトは湯むきしてヘタの部分がフタになるように切り落とし、本体のトマトの中身はスプーンでくりぬき、7～8㎜角に切って汁けをきる。
2 セロリはみじん切りにする。
3 ツナ缶詰は缶汁をきり、ボウルに入れて身をほぐす。ここへセロリ、マヨネーズ、レモン汁、塩を加えて混ぜ合わせ、最後に 1 のトマトの中身とパセリを加えてザッと混ぜる。
4 トマトのカップに 3 の具を詰め、器に盛ってトマトのフタをする。

　　トマトの湯むき→ コラム参照

トマトライス
まるでリゾットのような炊き上がり

米　2カップ(2合)
トマト(完熟)　2個
いかの足　1～2杯分
塩　小さじ1
オリーブ油　小さじ1
バジル　適量
オレガノ　少々

1 トマトは皮をむき、1.5㎝角くらいに切る。いかの足は1～2㎝長さに切る。
2 炊飯器にといだ米と同量の水を入れ、塩を加えてひと混ぜする。トマトといかを加えて表面を平らにし、オリーブ油かサラダ油を加えてふつうに炊く。
3 バジルとオレガノを振り(どちらかでもいい)、底のほうから全体を混ぜる。

トムヤムクンおかゆ
おなじみのエスニック料理におかゆをプラス。さっぱりすっきりした味が魅力

ご飯　2杯分
鶏ウイングスティック　4本
えび(殻つき)　4尾
しょうが　ひとかけ
湯　4カップ
レモングラス　適量
赤唐辛子　3～4本
塩　小さじ½
ナンプラー　大さじ1
レモン汁　½個分
香菜(シャンツァイ)　適量

1 ご飯はザルに入れてザッと洗い、水けをきっておく。
2 ウイングスティックは熱湯で表面の色が変わるまで下ゆでする。えびは殻をつけたまま背ワタを抜く。
3 しょうがは薄切りにし、香菜は3㎝長さに切る。
4 鍋に分量の湯を沸かし、フツフツしたらウイングスティック、えび、しょうが、レモングラス、赤唐辛子、塩を入れる。フタをして弱火で10分ほど煮て、ご飯を加えさらに10分煮て火を止める。
5 ナンプラー(なければ薄口しょうゆ)とレモン汁を加え、出来上がりを器に盛り、上に香菜をのせる。

トムヤムクンスープ

魚とえびから出るだしとピリ辛風味が絶妙な味わい！　スパイス類は好みで加減を

白身魚（鯛、ひらめなど骨のない切り身）
　2切れ
えび（有頭）　4尾
きくらげ（乾）　大さじ1
マッシュルーム　1袋
スープ
　┌　水　5カップ
　│　固形スープの素　1個
　│　赤唐辛子　3〜5本
　│　にんにく　ひとかけ
　│　しょうが　ひとかけ
　│　レモングラス（あれば）　3本
　│　ナンプラー　大さじ2
　└　レモン汁　½〜1個分
香菜（シャンツァイ）か三つ葉　適量
塩　適量
こしょう　適量
薄口しょうゆ　適量

1 白身魚は1切れを3〜4等分し、えびは竹串などで背ワタを取りのぞく。

2 きくらげは戻して石づきを切り、食べよい大きさに切る。マッシュルームは石づきの汚れた部分を切り落とし、縦半分に切る。赤唐辛子は種をのぞき、にんにくはつぶす。しょうがは薄切りにする。

3 スープを作る。大きめの鍋に分量の水を入れて火にかけ、煮立ったら固形スープの素、赤唐辛子、にんにく、しょうが、レモングラスを加える。

4 再びフツフツしてきたら、白身魚とえびを加え、弱めの強火でアクをのぞきながら10〜15分煮る。このときフタは少しずらしておく。

5 さらにきくらげ、マッシュルーム、ナンプラー（またはアンチョビ2切れを刻んで加えてもOK）、レモン汁を加え、味をみて塩、こしょう、薄口しょうゆで調える。最後に5〜6cm長さに切った香菜を散らす。

アジアの味→ コラム参照

ドライカレー

ご飯にもパンにも合う。肉と野菜を炒めるときはずっと強火で

合い挽き肉　400g
玉ねぎ　½個
ピーマン　2個
セロリ　1本
にんにく（みじん切り）　ひとかけ
しょうが（みじん切り）　ひとかけ
ローリエ　1枚
サラダ油　大さじ1
A┌　カレー粉　大さじ1〜2
　│　しょうゆ　大さじ1
　│　ウスターソース　大さじ1
　│　ターメリック　小さじ½〜1
　│　塩　小さじ1
　└　こしょう　少々

1 玉ねぎ、ピーマン、セロリはみじん切りにする。

2 鍋にサラダ油を入れて中火にかけ、油がぬるいうちににんにくとしょうがを炒める。香りがたったら火を強め、合い挽き肉とローリエを加えてさらに炒める。

3 肉の色が変わったら、玉ねぎ、ピーマン、セロリも加えて強火で炒める。全体に油がまわったら、中火にしてAの調味料を加え、パラパラになるまでよく炒める。

ローリエ→ コラム参照

ドライタイプのスペアリブ

にんにく風味のさっぱり味

豚スペアリブ　8本
塩　小さじ1
こしょう　適量
にんにく（薄切り）　2かけ
セロリの葉（あれば）　適量

とらまめ

　　酒かワイン　½カップ
　　酢　大さじ1

1 スペアリブは塩、こしょうをすり込み、バットに並べる。セロリの葉はちぎって散らし、にんにくも散らし、酒と酢をまわしかけ、一晩おく。

2 オーブンの金網を水でぬらし、スペアリブを並べる。250度できつね色になるまで焼き、150度前後に下げて60分くらい焼く。

とら豆の薄甘煮
冷たくして汁ごとスプーンで食べましょう。それだけで最高のデザート！

　　〈作りやすい分量〉
　　とら豆(乾)　1カップ
　　水　5カップ
　　砂糖　¼カップ
　　塩　少々

1 とら豆は分量の水に一晩つけて戻し、翌日つけ水ごと火にかける。

2 フツフツしたら、フタをして弱火でゆっくり煮る。途中、水けが少なくなったら水(分量外)をたす。

3 豆をつまんでラクにつぶれるようになったら、砂糖と塩を加え、完全にやわらかくなるまで煮る。常に汁は豆にかぶっているようにし、途中でなくなるようなら水をたす。

4 火を止め、フタをしたままおいて冷まし、味をなじませる。それから冷蔵庫でよく冷やし、シロップごと盛りつける。

鶏かぼちゃのカレー煮
カレー粉とシナモンの香りで食欲アップ

　　鶏もも肉　1枚
　　かぼちゃ　¼個(約300ｇ)
　　煮汁
　　┃　水　½カップ
　　┃　酒　大さじ2
　　┃　しょうゆ　大さじ1
　　┃　砂糖　大さじ1
　　┃　カレー粉　小さじ1
　　└　シナモン　小さじ½弱
　　水　1カップ前後

1 鶏もも肉は黄色い脂肪を取りのぞき、一口大に切る。かぼちゃは2～3㎝角に切る。

2 鍋の中を水でぬらし、煮汁を入れて火にかける。フツフツしたら鶏肉を加え、フタをして強めの火で2～3分煮る。かぼちゃを加え分量の水をヒタヒタにたし、7～8分くらい煮る。最後に全体をよく混ぜ、フタをして火を止める。

鶏から揚げのオレンジ風味
揚げたてにアツアツのオレンジジュースをかけるだけで、フルーティーな仕上がり

　　鶏もも肉　2枚
　　塩　小さじ1
　　白こしょう　適量
　　片栗粉　適量
　　揚げ油　適量
　　A ┃ オレンジジュース(果汁100％)　1カップ
　　　┃ グリンピース(冷凍)　大さじ2
　　　└ 塩　ひとつまみ

1 鶏もも肉は黄色い脂肪を取りのぞき、細長く一口大に切る。塩、こしょうを均一に振る。片栗粉をたっぷりめにまぶし、ギュッと握っておく。

2 中温(170～180度)に熱した揚げ油に入れ、衣が落ち着いてきたら、ときどきかき混ぜて空気にふれさせながらじっくり揚げる。こんがりカリッと揚がったら油をきり、器に盛っておく。

3 揚げている間にグリンピースをザッと水洗いし、Aを合わせて煮立てる。アツアツを **2** のから揚げにジャーッとまわしかける。

鶏からカレーピラフ

ちょっと残ったから揚げもスパイシーな炊き込みご飯に生まれかわります!!

　米　2カップ（2合）
　鶏のから揚げ（冷凍でもよい）　4～5個
　グリンピース（冷凍）　½カップ
　しょうゆ　小さじ1
　塩　小さじ½
　カレー粉　小さじ1
　しょうが（みじん切り）　ひとかけ

1 米はといで、ふつうに水加減する。
2 鶏から揚げは小さめに刻み、グリンピースは湯にサッと通してザルにあげる。
3 **1**にしょうゆ、塩、カレー粉を加えてひと混ぜする。この上に鶏から揚げ、グリンピース、しょうがをのせて表面を平らにならし、すぐ炊飯器のスイッチを入れる。
4 炊き上がったら、底のほうからほっこりと混ぜて器に盛りつける。

鶏皮とお芋のきんぴら

お芋は強火で手早く。鶏皮は下ゆでし、チリチリになるまで炒めるからパリッパリッ

　じゃが芋（メークイン）　2～3個（約300g）
　鶏皮　2枚分
　塩　少々
　ごま油　小さじ1
　赤唐辛子　1本
　しょうゆ　大さじ1
　みりん　大さじ1
　白いりごま　適量

1 鶏皮は塩を加えた熱湯でしっかり下ゆでし、水けをきって小さく切る。
2 じゃが芋は皮をむいて細切りにし、3分水にさらして水けをきる。
3 フライパンにごま油と種をのぞいた赤唐辛子を入れて火にかけ、香りがたったら鶏皮を加え、中火でチリチリになるまで炒める。ピリ辛が好みなら唐辛子は輪切りに。
4 さらにじゃが芋を加えて強火で炒め、少ししんなりしたら、いったん火を止め、しょうゆとみりんを加える。
5 再び強火にかけシャッキリ炒めたら出来上がり。器に盛って、白いりごまを振る。

鶏皮ピリ辛いり

下ゆでしてくさみを抜いてから調理を。ビールのおつまみにも白いご飯にも最高

　鶏皮　4枚分
　塩　ひとつまみ
　ごま油　少々
　しょうゆ　小さじ1
　みりん　小さじ1
　赤唐辛子か一味唐辛子　少々

1 鶏皮は小さく刻み、塩を加えた熱湯でゆでてザルにあげる。
2 フライパンにごま油を熱し、鶏皮を弱めの中火でセッセッと炒める。
3 チリチリカラカラになったら、しょうゆ、みりん、刻んだ赤唐辛子または一味唐辛子を加えてさらにいり、最後に火を強めてカラリといりつける。

鶏クッパ

韓国の具だくさんスープかけご飯

　温かいご飯　4人分
　鶏もも肉　大1枚
　下味用
　　｛酒　大さじ2
　　　塩　小さじ1
　大根　15㎝
　にら　1わ
　しょうが　ひとかけ
　にんにく　ひとかけ
　煮干し　10尾
　昆布　10㎝
　水　8カップ

とりささみ

塩　少々
こしょう　少々
白菜キムチ(刻んだもの)　適量
白いりごま　適量

1 鶏もも肉は黄色い脂肪を取りのぞき、小さめの一口大に切り、下味用調味料をからめる。
2 大根は5cm長さの短冊に切り、にらは3cm長さに切る。しょうがは皮ごと薄切りにし、にんにくは2つに切る。
3 分量の水に昆布、煮干し、しょうが、にんにくを入れて火にかけ、フツフツしたら鶏肉を加える。再びフツフツしたら大根を加える。フタをし、弱火で15〜20分煮る。
4 味をみて塩、こしょうで調え、にらを加えて火を止める。昆布、煮干し、しょうが、にんにくは取り出す。
5 温かいご飯を盛り、**4**をスープごとかけ、キムチをのせてごまを振る。キムチはなくてもおいしい。

鶏ささみの吸いもの
魚料理やご飯ものに添えたい

鶏ささみ　100g(3本)
片栗粉　小さじ1
だし汁　4カップ
酒　大さじ1
塩　小さじ1
三つ葉　適量

1 鶏ささみは細切りにし、片栗粉をまぶす。三つ葉は1〜2cm長さに刻む。
2 だし汁を火にかけ、フツフツしたらささみを入れ、フタをしてごく弱火で煮る。
3 火が通ったら酒と塩を加え、火を止める。椀に盛り、三つ葉を散らす。

鶏ささみのスパイス揚げ
さっぱり風味の肉にエスニックな香りをプラス。カリッと揚げてアツアツを

鶏ささみ　8〜10本
酒　大さじ2
衣
　小麦粉　1/3カップ
　片栗粉　1/3カップ
　こしょう　適量
　パプリカ　小さじ1/2〜1
　チリパウダー　小さじ1/4〜1
　ガーリックパウダー　小さじ1/2
　塩　小さじ1/2〜1/2強
揚げ油　適量
レモン　適量
トマトケチャップ　適量

1 鶏ささみは縦2つに細長く切り、酒を振りかけておく。
2 バットなどに衣の材料をよく混ぜ合わせておく。
3 ささみ全体に衣をしっかりまぶし、ギュッと握って衣を落ち着かせる。
4 揚げ油を中温(170〜180度)に熱し、ささみを次々と入れていく。衣が落ち着くまでいじらずに、カリッとしてきたら裏返して、全体を空気にふれさせながらカラリと揚げる。
5 油をよくきって引き上げ、器に盛ってアツアツにレモンをしぼり、ケチャップをつけて食べる。

鶏さつま
お弁当にもいい、鶏のそぼろとさつま芋の煮もの

さつま芋　2本(約400g)
鶏挽き肉　300g
A　水　1カップ
　　しょうゆ　大さじ3
　　砂糖　大さじ1
　　酒　大さじ1
　　みりん　大さじ1
水　適量

1 さつま芋は皮ごと一口大に切り、塩水

(分量外)に10分ほどさらす。

2 鍋の中にAを記載順に入れ、中火にかける。フツフツしたら挽き肉を加えて強火にし、すぐ4〜5本の箸でかき混ぜる。ポロポロにほぐれたらフタをし、中火で色が変わるまで煮る。

3 さつま芋の水けをきって加え、水をヒタヒタに加え、強火にして煮る。ワーッと煮立ったら弱火にし、フタをして10分くらい煮る。

4 さつま芋に竹串がスーッと通るようになったら、上下を返すようにして混ぜ、火を止める。

鶏じゃが エスニック味
こんがり炒めた新じゃがとカレー風味をきかせて

　新じゃが芋　400g
　鶏こま切れ肉(親子どんぶり用)　200g
　使った油　大さじ1
　煮汁
　┌ 砂糖　大さじ1
　│ しょうゆ　大さじ1
　│ カレー粉　小さじ1〜2
　└ 水　1カップ

1 新じゃがは皮ごと2つに切る。
2 使った油を熱してじゃが芋を炒め、全体がこんがりしたら鶏肉も加えて炒める。
3 肉の色が変わったら煮汁を加え、フタをして強めの中火で10〜12分煮る。じゃが芋に竹串がスーッと通るようになったら、火を止める。

使った油→ コラム参照

鶏じゃがさつま
意外なおいしい組み合わせ

　じゃが芋　2個(約200g)
　さつま芋　1本(約200g)
　鶏挽き肉　200g
　A┌ しょうが汁　小さじ½
　　│ 片栗粉　小さじ2
　B┌ しょうゆ　大さじ2
　　│ 砂糖　小さじ2
　　│ みりん　小さじ2
　　└ 酒　大さじ2
　水　1½カップ前後

1 じゃが芋は大きめの一口大に切り、水にさらす。さつま芋は皮ごと大きめに切り、塩水(分量外)にさらす。
2 鶏挽き肉とAをよく混ぜ合わせる。
3 鍋の中を水でぬらし、Bの調味料を合わせて火にかける。フツフツしたら、挽き肉を2本のスプーンで小さめに丸めて入れ、中火でコテッと煮る。
4 水けをきった芋を加えてサッと混ぜ、水をヒタヒタに加え、フタをして強めの中火で10分ほど煮る。途中で一度混ぜ、芋に竹串がスーッと通るようになったら火を止める。

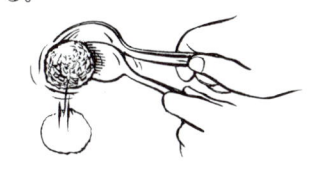

作り方 **3**

鶏すき鍋
すき焼きの鶏肉版。まず肉に味をしっかりつけてから、ほかの具を加える

　鶏こま切れ肉　300〜400g
　木綿豆腐　1丁
　しらたき　1わ
　白菜　¼個
　長ねぎ　1本
　えのき茸やしめじ　1袋
　春菊　1わ
　煮汁
　┌ しょうゆ　大さじ4〜5
　│ 酒　大さじ4〜5
　└ 水　大さじ4〜5

とりそぼろ

　　みりん　大さじ3〜4
　卵　4個

1 木綿豆腐はやっこに切り、しらたきは食べよい長さに切る。白菜は軸を縦に細切りにし、葉はザク切りにする。
2 長ねぎは斜め切り、えのき茸やしめじは石づきを切り落として食べよくほぐす。春菊は3〜4cm長さに切る。
3 鍋に煮汁の材料を煮立てて、鶏こま切れ肉を入れ、肉の色が完全に変わったら、豆腐、しらたき、白菜の順に加えて煮る。
4 全体に火が通ったら、長ねぎ、えのき茸やしめじ、春菊の順に加え、フタをしてサッと煮る。ふつうのすき焼きと同様に、各自で取り分け、とき卵にからめながら食べる。

鶏そぼろ あっさり味
肉を下ゆですることで上品な仕上がり。脂が浮かないので冬のお弁当にも向く

　鶏挽き肉　300g
　しょうが(千切り)　ひとかけ
　煮汁
　　しょうゆ　大さじ2
　　みりん　大さじ2

1 鶏挽き肉は沸とう湯でほぐすようにしながら、完全に色が変わるまでゆでて水けをきる。
2 鍋の中を水でザッとぬらし、挽き肉、しょうが、煮汁の調味料を入れてザッと混ぜてから火にかけ、菜箸の先を水でぬらし、4〜5本で汁けがなくなるまでいりつける。

鶏茶漬け
ご飯はあくまでも軽くサラサラッと食べられるだけ盛り、おかわりは何度でも

　温かいご飯　4人分
　鶏むね肉　2枚
　水　4カップ
　酒　½カップ
　塩　小さじ½
　焼きかまぼこ　1本
　三つ葉　適量
　錦糸卵　卵2個分
　かけ汁
　　鶏肉のゆで汁＋だし汁　6カップ
　　塩　小さじ½
　　薄口しょうゆ　適量
　刻みのり　適量
　白いりごま　適量
　しょうが(すりおろし)　適量

1 分量の水を煮立てて酒と塩を加え、鶏肉を加え、フタを少しずらしてのせて中火でゆでる。中までしっかり火が通ったら取り出す。ゆで汁は取っておく。
2 肉のあら熱が取れたら、細切りにする。焼きかまぼこも細切りにする。三つ葉は1cm長さに切る。
3 かけ汁を作る。**1**のゆで汁とだし汁を合わせて6カップにし、火にかけフツフツしてきたら塩と薄口しょうゆで味を調える。
4 椀に温かいご飯を軽く盛り、鶏肉、かまぼこ、錦糸卵、三つ葉を彩りよくのせる。熱い汁をかけ、のりとしょうがをのせ、ごまを振る。

鶏手羽先のイタリア風日本の香り漬け
ワインビネガー、オリーブ油、しょうゆがぴったりマッチ

　鶏手羽先　12本
　オリーブ油　大さじ1
　漬け汁
　　しょうゆ　大さじ4
　　ワインビネガー　大さじ1
　　オリーブ油　大さじ2
　　赤唐辛子(輪切り)　1本
　青じそ　1わ

1 手羽先は水けをふき、ボウルに入れて

オリーブ油をかけ、ザッと混ぜる。
2 天板を水でぬらして手羽先を並べ、オーブンに入れ、250〜300度で20分前後焼く。
3 ボウルに漬け汁の材料を合わせ、焼き上がった手羽先をジュッと入れる。ときどき返して味をなじませ、10分ほど漬ける。
4 青じそはあらみじんに切り、盛りつけた手羽先に散らす。

鶏手羽先の塩焼き
ただ焼いただけとは思えないうまさ

　鶏手羽先　8〜12本
　にんにく(すりおろし)　1〜2かけ
　塩　適量
　こしょう　適量
　レモン　適量

1 鶏手羽先は身が薄い部分を関節から切り落とし(落とした部分はスープに使うといい)、全体ににんにくをぬり、塩、こしょうを振る。
2 オーブンの天板と金網を水でぬらし、鶏肉を並べ、250度で15〜20分焼く。レモンをしぼって食べる。ロースターでも焼ける。

鶏手羽先のスパイシー焼き
ワイルドな香りが魅力。オーブンで焼くだけのおいしくて経済的な肉料理

　鶏手羽先　8〜12本
　にんにく(すりおろし)　ひとかけ
　オリーブ油　大さじ1
　塩(岩塩かあら塩)　適量
　パプリカ　適量
　粗挽きこしょう　適量
　バジル　適量

1 ボウルににんにくとオリーブ油を入れて混ぜ、鶏手羽先を加えて全体にからめる。
2 オーブンの天板と網を水でザッとぬらし、鶏手羽先を並べる。全体に塩、パプリカ、粗挽きこしょう、バジルを振り、220度のオーブンで約15分焼く。

鶏手羽先のべっこう漬け
肉を揚げたらすぐ漬け汁をかけ、甘酸っぱくさわやかな風味をからませる

　鶏手羽先　8〜12本
　片栗粉　適量
　漬け汁
　　米酢　大さじ2
　　しょうゆ　大さじ2
　　砂糖　大さじ2
　　酒　大さじ1
　揚げ油　適量

1 まず漬け汁を作る。鍋に漬け汁の調味料を合わせ、ひと煮立ちさせて大きい器に入れておく。
2 鶏手羽先に片栗粉をまぶして余分な粉をはたき、中温(170〜180度)の揚げ油で中までしっかり火を通して揚げる。
3 カラリと揚がったら、油をよくきって**1**の漬け汁に漬けていく。全体をときどき混ぜる。すぐでも食べられるが、60分くらいおいてもおいしい。寒い冬などは、翌日でもおいしいので作りおきもできる。

鶏とえびの酸っぱいスープ
食べ終わるとすっきり爽快

　鶏もも肉　大1枚
　えび　8尾
　レタス　4枚
　赤唐辛子　3〜5本
　水　7カップ
　A　薄口しょうゆ　大さじ1
　　レモン汁　1/2個分
　　塩　少々
　　こしょう　少々
　香菜か三つ葉(シャンツァイ)　適量

1 鶏もも肉は黄色い脂肪を取りのぞき、

小さく切る。えびは殻をつけたまま背ワタがあれば取る。レタスは大きくちぎる。赤唐辛子は種を出す。
2 分量の水を火にかけ、フツフツしたら赤唐辛子、鶏肉、えびを入れる。えびは火が通ったら取り出し、肉はフタをして弱めの中火で15分ほど煮る。途中、アクが出たら取る（フタを少しずらしておくと、アクがこもらずおいしくできる）。
3 取り出したえびは殻をむき、コロコロに切る。
4 2にAを加えて調味し、えびを戻し、レタスを加えてすぐ火を止める。盛りつけ、香菜か三つ葉を刻んで散らす。

鶏とかぶのカレースープ煮
さらりと仕上げるのがポイント

鶏ウイングスティック　8本
塩　少々
こしょう　少々
かぶ　4〜5個
水　5カップ
固形スープの素　1個
カレー粉　小さじ1
ターメリック　小さじ¼

1 鶏肉は塩、こしょうを振り、オーブンの金網に並べ、250度で15分くらい焼く。
2 かぶは茎を2cmくらい残して皮をむき、縦半分に切って茎の中を洗う。
3 分量の水にスープの素、カレー粉、ターメリックを加えて火にかけ、フツフツしたら鶏肉を加え、フタをして弱めの中火で20分煮る。
4 かぶを加え、もう10分煮る。

鶏と栗のぶどう酒煮
きっと話題になる、もてなしにも向く一品

鶏肉（から揚げ用）　500g
甘栗　300g
ブラウンマッシュルーム　1袋
A ┌ 赤ワイン　1カップ
　│ 水　½カップ
　│ トマトケチャップ　大さじ2
　│ ウスターソース　大さじ2
　└ ローリエ　1枚
塩　適量
こしょう　適量

1 鶏肉は熱湯で2〜3分ゆで、水けをきる。甘栗は殻から出す。マッシュルームは石づきを切り落とす。
2 Aを合わせて火にかけ、フツフツしたら鶏肉を入れる。フタをして強火で3分ほど煮、弱めの中火にして10分くらい煮る。
3 甘栗とマッシュルームを加えてザッと混ぜ、表面を平らにし、フタをしてもう10分煮る。火を止める直前に塩、こしょうで味を調える。

鶏と白菜のごま鍋
鶏を下ゆですれば、アクも取らずにただ煮るだけ

鶏ウイングスティック　8本
白菜　½個
ごま油　大さじ1
塩　小さじ½
こしょう　少々
しょうが（薄切り）　4〜5枚
赤唐辛子　1〜2本
酒　½カップ
ごまだれ
　┌ 練りごま　大さじ4
　│ しょうゆ　大さじ4
　│ 砂糖　小さじ1
　│ 米酢　大さじ1〜2
　└ 水　大さじ1〜2

1 鶏肉は塩小さじ½（分量外）をすり込み、熱湯で色が完全に変わるまでゆでる。
2 白菜は縦に4つに切り、芯を取る。
3 土鍋の中にごま油をぬり、白菜をギュッと詰め込む。上に鶏肉をのせ、塩、こし

ょうを振り、しょうがを散らし赤唐辛子を、酒をまわしかける。
4 フタをして中火にかけ、フツフツしてきたら弱火にして20〜30分煮る。
5 白菜がやわらかくなったら、混ぜ合わせたごまだれをつけて食べる。

鶏と野菜のおこわ風
具からでる風味と、ほどよくもっちりしたご飯が最高の味わい！

　　米　1カップ（1合）
　　もち米　1カップ（1合）
　　鶏肉（親子どんぶり用）　100ｇ
　　干椎茸　3枚
　　ごぼう（ささがき）　½カップ
　　にんじん（すりおろし）　½カップ
　　薄口しょうゆ　大さじ1½
　　酒　大さじ1
　　白いりごま　適量

1 米ともち米は炊く30分前に一緒にといで、ふつうよりやや少なめの水加減にする。
2 干椎茸は戻して石づきを切り落とし、少し大きめのみじん切りにする。鶏肉は大きいようならさらに細かく切る。
3 ご飯を炊く直前に、**1**の米に薄口しょうゆと酒を加えてザッと混ぜ、上に鶏肉、干椎茸、ごぼう、にんじんを入れて表面を平らにし、炊飯器のスイッチを入れる。
4 炊き上がったら、底のほうから全体をほっこりと混ぜ、器に盛って白いりごまを振る。

とり鍋
水ではなくチキンスープと昆布で、薄めに味をつけるのが私流。ねぎだれがうまい！

　　鶏もも肉　2枚
　　白菜かキャベツ　¼〜½個
　　長ねぎ　1〜2本
　　豆腐（絹でも木綿でもよい）　1丁
　　きのこ（好みのもの）　1〜2袋
　A｜チキンスープ　5〜6カップ
　　｜昆布　10㎝
　　｜酒　¼カップ
　　｜薄口しょうゆ　大さじ1
　　｜塩　小さじ½
　　ねぎだれ
　　｜長ねぎ　1本
　　｜しょうゆ　大さじ3
　　｜米酢　大さじ3
　　｜酒　小さじ½

1 白菜は、軸は繊維にそって細切り、葉は大きくザク切りにする（キャベツの場合は大きくザク切り）。長ねぎは斜めに1㎝幅に切る。豆腐は8等分くらいのやっこに切っておく。きのこは石づきを切り落とし、食べよく切ったりほぐしたりする。
2 鶏もも肉は黄色い脂肪を取り、一口大に切り、塩、酒各少々（各分量外）を振っておく。
3 ねぎだれを作る。長ねぎは縦に十文字に切りめを入れてから、刻んであらみじんにし、しょうゆ、米酢、酒と混ぜ合わせる。
4 土鍋にＡと白菜の軸を入れて中火にかける。フツフツしてきたら白菜の葉、鶏肉、ねぎを入れ、フタをして火を弱めて5分煮る。さらにきのこと豆腐も加えて弱火で3〜4分煮たら出来上がり。肉はねぎだれで食べるとうまいが、好きなように食べる。ねぎだれの他に薬味として青ねぎ、柚子こしょう、七味唐辛子などもよく合う。
　　チキンスープ→チキンスープ（基本）

鶏南蛮そば
鶏肉からでるだしと焼きねぎで風味豊か

　　ゆでそば　4人分
　　鶏もも肉　1枚
　　長ねぎ　2本
　　しょうゆ　½カップ

とりにく

みりん　½カップ
酒　½カップ
だし汁　7カップ
塩　適量
粉山椒　適量

1 鶏もも肉は黄色い脂肪を取りのぞき、一口大に切る。
2 鍋にしょうゆ、みりん、酒を入れて中火にかけ、フツフツしてきたら鶏肉を入れて、フタをして中火で3〜4分煮る。
3 全体がコテッとなったらだし汁を加える。
4 長ねぎは4㎝長さに切り、フライパンで油を使わずに転がしながら中火で焼く。
5 そばは袋の表示通りに温めて、器に入れる。アツアツの **3** のつゆと鶏肉を一緒にかけて焼きねぎを添えて、粉山椒を振る。

鶏肉卵揚げ
卵を加えるだけで、ふつうのから揚げより、口あたりも味もグンとアップ

鶏もも肉　2枚(約500g)
下味用
　　しょうゆ　大さじ1
　　酒　少々
　　塩　少々
片栗粉　適量
卵　1個
揚げ油　適量

1 鶏もも肉は黄色い脂肪を取りのぞき、一口大に切る。しょうゆ、酒、塩をからめて下味をつけ、片栗粉をまぶす。さらに卵をポトンと割り入れ、よくかき混ぜる。
2 揚げ油を中温(170〜180度)に熱し、肉を次々と入れて、中までしっかり火を通す。カラリと揚がったら、油をきって器に盛る。山椒塩で食べてもおいしい。

鶏肉とカリフラワーの治部煮
これはちょっと甘めがおいしい

鶏ささみ　250g
小麦粉　大さじ2
煮汁
　　水　1カップ
　　酒　大さじ2
　　砂糖　大さじ1
　　みりん　大さじ1
　　しょうゆ　大さじ1
カリフラワー　½個
塩　適量

1 鶏ささみは一口大のそぎ切りにし、小麦粉をまぶしてキュッと握る。
2 煮汁の水と調味料を鍋に入れて火にかける。フツフツしてきたら鶏肉を何回かに分けて加え、強めの中火で中までしっかり煮る。
3 カリフラワーは小房に切り分け、塩少々を加えた熱湯でほどよいかたさにゆでる。
4 鶏肉とカリフラワーを盛り、とろりとした煮汁をまわしかける。

鶏肉と小松菜の治部煮
薄い衣がついた鶏肉は口あたりなめらか。葉もの野菜と組み合わせた簡単和風おかず

鶏もも肉　大1枚
小麦粉　大さじ3
小松菜　½わ
煮汁
　　水　1½カップ
　　しょうゆ　大さじ2
　　みりん　大さじ1
　　砂糖　小さじ1
しょうが(すりおろし)　少々

1 小松菜は根を切り落としてほどよくゆで、ザルに取る。あら熱が取れたら、ごく軽くしぼり、3〜4㎝長さに切って器に盛っておく。
2 鶏もも肉は黄色い脂肪を取りのぞき、小さめの一口大に切って小麦粉をまぶす。

3 鍋に煮汁の材料を入れて火にかけ、フツフツしてきたら、鶏肉をギュッと握りながら次々入れて、中火で煮る。
4 肉に火が通ったら、汁ごと小松菜の器に盛り合わせ、おろししょうがを添える。

鶏肉と里芋の中国風煮もの
ピリ辛、コックリ味のおかず。煮汁を加えたら強火で一気に煮上げる

　鶏もも肉　1枚
　しょうゆ　大さじ1
　里芋　500g
　ごま油　大さじ2
　煮汁
　┌水　1カップ
　│しょうゆ　大さじ1
　│酒　大さじ1
　│砂糖　大さじ1
　│豆板醤　小さじ½
　└しょうが(千切り)　大さじ1

1 鶏もも肉は黄色い脂肪を取りのぞき、一口大に切ってしょうゆをからめ、下味をつけておく。
2 里芋は上下を少し切り落とし、ヒタヒタの水で皮ごとゆでる。竹串が通るくらいになったらザルにあげ、あら熱が取れたら、皮をむく。大きければ2つに切る。
3 中華鍋にごま油を熱し、鶏肉、里芋の順に強めの中火で炒める。肉の色が変わったら、煮汁の材料を加え、強火でガァーッと煮立てて全体に味をからめる。

鶏肉となすのオーブン焼き
ビールにも白いご飯にもちょっとしたパーティーにも合う大胆な料理

　鶏もも肉　3枚
　なす　4本
　下味用
　┌にんにく(すりおろし)　ひとかけ
　│しょうが(すりおろし)　ひとかけ
　│しょうゆ　大さじ3
　└ごま油　大さじ1

1 鶏もも肉は黄色い脂肪を取りのぞき、大きめの一口大に切る。
2 なすは縦半分に切り、海水くらいの塩水(分量外)に入れる。
3 鶏肉をボウルに入れ、下味の材料を加えてよくもみ込み、水けをきったなすも加えてザッと混ぜ合わせる。
4 天板と網を水でぬらし、鶏肉は皮を上にして並べ、なすは皮を下にして並べる。オーブンに入れ、250度で15〜20分焼く。

鶏肉とナッツの炒めもの
鶏肉は下ゆで、ナッツは油通しをしてから炒めるのがコツ

　鶏むね肉(皮なし)　2枚
　塩　適量
　こしょう　少々
　カシューナッツ(生)　1½カップ
　干椎茸　5〜6枚
　ピーマン　2〜3個
　にんにく(みじん切り)　ひとかけ
　揚げ油　適量
　ごま油　適量
　合わせ調味料
　┌酒　大さじ1
　│薄口しょうゆ　大さじ1
　│水　大さじ1
　│ウスターソース　小さじ1
　└オイスターソース　小さじ1
　水溶き片栗粉
　┌片栗粉　小さじ1
　└水　小さじ1

1 干椎茸は戻し、軸を取り、1cm角に切る。ピーマンも1cm角に切る。
2 鶏むね肉は1cm角のコロコロに切り、塩、こしょうを振る。熱湯でゆでて中まで火を通し、水けをきる。
3 揚げ油を低めの中温(170度)に熱して

とりにく

カシューナッツを入れ、軽くかき混ぜながらこんがりするまで油通しをし、油をきる。

4 ごま油大さじ1を熱して椎茸とにんにくを炒め、香りがたったら肉とピーマンも加えて強火で炒める。

5 全体がアツアツになったら合わせ調味料を加え、フツフツしてきたら水溶き片栗粉を加えて混ぜる。ナッツを加えてひと混ぜし、火を止めてごま油を少々落とす。

鶏肉とわかめのごまドレッシング
ちょっとボリュームのあるサラダ。冷たい中華そばにのせても美味

鶏むね肉　1枚
貝割れ大根　1わ
きゅうり　2本
わかめ(戻したもの)　1カップ
ごまドレッシング
　白いりごま　大さじ2
　レモン汁　大さじ2
　しょうゆ　大さじ2
　米酢　大さじ1
　ごま油　小さじ1

1 鶏むね肉は黄色い脂肪を取りのぞき、皮に2～3カ所切りめを入れる。これを熱湯で中までしっかりゆでてザルにあげ、そのまま冷ます。あら熱が取れたら、あらくほぐしておく。

2 貝割れ大根は根を切り落とし、きゅうりは4～5mm厚さの斜め薄切りにしてから千切りにする。わかめは3cmくらいのザク切りにする。

3 ごまドレッシングを作る。白いりごまをまな板の上におき、厚手の器の底の部分で押しつぶすか、包丁で切りごまにして香りを出す。ボウルにドレッシングの材料をすべて合わせ、よくかき混ぜる。

4 器に鶏肉、野菜、わかめを盛り合わせ、ごまドレッシングをかけて食べる。

鶏肉の赤ワイン煮
表面がいつもフツフツの火加減で煮込むこと。弱すぎてはいけません

鶏ウイングスティック　12本
塩　ひとつまみ
A　マッシュルームスライス缶詰　大1缶
　赤ワイン　1カップ
　水　½カップ
　固形スープの素　1個
　トマトケチャップ　大さじ2
　ウスターソース　大さじ2
　ローリエ　1枚

1 鶏肉はたっぷりの熱湯に塩を加えてゆで、表面の色が変わったら水けをきる。

2 Aを合わせて強火にかけ、フツフツしたら鶏肉を加え、フタをして弱火で20～30分煮込む。途中で一度、鶏肉を裏返す。寒い季節なら一晩おくとおいしい。

鶏肉のアボカドソース
パーティーにも向くおしゃれな冷製

鶏むね肉(皮なし)　2枚
ソース
　アボカド　1個
　トマト　½個
　マヨネーズ　大さじ1
　しょうゆ　小さじ1
　レモン汁　小さじ1～3
ベーコン　2枚
レモン　適量

1 鶏むね肉は厚い部分に浅く切りめを入れ、ヒタヒタの熱湯でフタをして中までしっかりゆで、冷ます。

2 ソースを作る。アボカドは果肉をスプーンなどで取り出し、マッシャーでつぶす。トマトは5mm角くらいに切る。一緒にしてマヨネーズ、しょうゆ、レモン汁を加えて混ぜ、冷蔵庫で冷やす。

3 ベーコンは細かく刻み、フライパンに

入れて弱火で焼き、脂が出たらふき取ってカリカリにする。

4 肉がすっかり冷めたら1㎝幅くらいに薄切りにし、器に盛る。**2**のソースをかけ、カリカリベーコンを散らす。レモンをしぼって食べる。

鶏肉のエスニック焼き
パリパリに焼けた鶏肉の皮が、香ばしくてスパイシーなおいしさ！

鶏もも肉　2枚
A ┃ ガーリックソルト　適量
　┃ パプリカ　適量
　┃ チリパウダー　適量
　┃ カレー粉　適量
　┃ コリアンダー　適量
　┃ 塩　適量
　┃ こしょう　適量
オリーブ油　適量
レモン汁　½個分

1 鶏もも肉は黄色い脂肪を取りのぞき、1枚を2つに切って皮に数カ所切りめを入れる。この上にAのスパイスや調味料（全部そろわなくてもOK）を振りかけ、最後にオリーブ油をビャーッとかける。

2 天板と網を水でザッとぬらして鶏肉を並べ、250度のオーブンで15分ほど焼く。

3 オーブンをのぞいて、鶏肉の皮がパリッと香ばしく焼けていたら器に盛り、焼きたてにレモン汁をかけて食べる。塩ゆでにしたグリーンアスパラガスや肉と一緒にじゃが芋などを焼いて付け合わせにしても。

鶏肉のオニオントマト煮
たっぷり加えて煮る玉ねぎのスライスが、うまみの素

鶏もも肉　2枚
塩　適量
こしょう　適量
玉ねぎ　2個
サラダ油　小さじ1
A ┃ トマトジュース　1カップ
　┃ ウスターソース　大さじ2
　┃ トマトケチャップ　大さじ2
　┃ ワイン（赤、白どちらでも）　大さじ2
　┃ カレー粉　小さじ½

1 鶏もも肉は黄色い脂肪を取りのぞき、4等分に切り、塩、こしょう各少々を振る。玉ねぎは縦半分に切り、繊維を断って横に薄切りにする。

2 サラダ油を熱して鶏肉の皮のほうから強火で焼き、濃いめの焼き色がついたら裏返し、同様に焼く。

3 鍋の中を水でぬらし、玉ねぎの半量を平らに敷き、鶏肉の皮を上にして並べ、残りの玉ねぎをのせる。Aを加えて強火にかけ、フツフツしたら中火にし、フタをして約20分煮込む。途中で一度上下を返す。

鶏肉の香り漬け
人が大勢集まるときにうれしい、冷めておいしくなるから揚げ

鶏肉（ももでもむねでもよい）　3枚
漬け汁
　┃ しょうゆ　大さじ2
　┃ 酢　大さじ2
　┃ 酒　大さじ1
　┃ 砂糖　大さじ1
　┃ 豆板醤　小さじ½～1
　┃ ごま油　小さじ½
　┃ にんにく（みじん切り）　ひとかけ
片栗粉　適量
揚げ油　適量
白髪ねぎ　½本分

1 鶏肉は黄色い脂肪を取りのぞき、一口大に切る。

2 小鍋の中を水でぬらし、しょうゆ、酢、酒、砂糖を入れ、火にかけて煮立てる。大きめの容器に移し、豆板醤、ごま油、にん

とりにく

にくを加えて混ぜる。

3 鶏肉に片栗粉をまぶし、中温（170〜180度）に熱した油に入れ、じっくり揚げる。衣が落ち着いてきたら、ときどき混ぜて空気にふれさせながら揚げ、こんがりカラリとなったら油をきる。

4 アツアツをすぐ**2**の漬け汁にジュッと漬け込み、よくあえて味をからめる。盛りつけて白髪ねぎをのせ、混ぜて食べる。

鶏肉の辛子蒸し献立
蒸し器一つで3品が同時に完成

鶏肉の辛子蒸し
- 鶏手羽先　12本
- 練り辛子　小さじ山盛り1
- 酒　大さじ2
- しょうゆ　大さじ3
- 白菜　4〜6枚
- にんじん　10㎝

さつま芋のはちみつがけ
- さつま芋　小1本
- バター　大さじ1
- はちみつ　大さじ1〜2

にらのスープ
- 鶏手羽先の関節から先　12本
- 水　適量
- 固形スープの素　1個
- にら　½わ
- 塩　少々
- こしょう　少々
- ごま油　少々

1 鶏手羽先は関節のところから先を切り落とす。白菜は葉は大きくザク切り、軸は繊維にそって細切りにする。にんじんは5㎜厚さの輪切りにする。さつま芋は1㎝厚さの輪切りにし、塩水（分量外）に10分さらし、水けをきる。

2 蒸し器に水を入れて煮立て、手羽先の切り落とした関節から先（スープ用）を入れ、蒸し板をのせる。

3 手羽先を耐熱容器に入れ、辛子と酒、しょうゆを混ぜてからめる。器ごと蒸し板にのせ、器のまわりに白菜、にんじん、さつま芋ものせ、強火で15〜20分蒸す。

4 手羽先、白菜、にんじんを盛り合わせる。手羽先の入っていた器に残った汁をたれとして添える。さつま芋は別に盛り、アツアツにバターをちぎってのせ、はちみつをかける。

5 蒸し器に残ったスープを計量し、4〜5カップになるよう湯（分量外）をたし、固形スープの素を加え、塩、こしょうで味を調える。ザク切りにしたにらを加えてひと煮立ちさせる。ごま油を少々落とす。

作り方**2**、**3**

鶏肉の香味あえ
和風の香味野菜とごまだれで、食欲全開！

- 鶏むね肉（皮なし）　2枚
- 塩　少々
- しょうが　ひとかけ
- みょうが　4〜5個
- 青じそ　1わ
- ごまだれ
  - 白いりごま　大さじ山盛り3
  - しょうゆ　大さじ2
  - 米酢　大さじ1

1 鶏むね肉は繊維にそって包丁めを何本か入れ、塩を加えた熱湯でゆでる。中までしっかり火が通ったら、引き上げて冷まし、食べよい太さにさく。

2 しょうがは皮をむいて千切りにし、みょうがは縦半分に切って斜め薄切りにする。青じそも縦半分に切って千切りにする。

3 **2**の香味野菜はすべて一緒にたっぷりの冷水に入れ、ザッと混ぜてすぐにザルにあげる。

4 ごまだれを作る。すり鉢で白いりごまを少しツブツブが残るくらいにすり、しょうゆと米酢を加えて混ぜる。

5 器に鶏肉を広げるように並べ、上に香味野菜をたっぷりと散らしてごまだれをかけ、混ぜながら食べる。

鶏肉の白ワイン焼き
おしゃれで簡単、イタリアの家庭料理

　　鶏むね肉か鶏もも肉　2枚
　　塩　適量
　　こしょう　適量
　　小麦粉　適量
　　バター　大さじ2
　　白ワイン　½カップ
　　生クリーム　1カップ

1 鶏肉(もも肉は黄色い脂肪を取りのぞいてから)は一口大くらいに切る。塩、こしょうを振り、小麦粉を薄くまぶす。

2 フライパンにバターを入れて中火にかけ、とけたら鶏肉の皮のほうから全体が色づくまで焼く。

3 いったん火を止めて白ワインをまわしかけ、再び中火にかけ水分がなくなるまで火を通す。

4 弱火にして生クリームをまわしかけ、サッと混ぜて肉にからめ、温まったらすぐ火を止める。

鶏肉のステーキ　日本の味
パリパリに焼けた香ばしい皮に山椒の風味が新鮮。焼くときに出る脂はしっかりふく

　　鶏もも肉　2枚
　　塩　適量
　　こしょう　少々
　　山椒の実のつくだ煮　適量
　　レモン(くし形切り)　4切れ

〈付け合わせ〉
　　いんげんの塩ゆで　100g
　　トマト(薄切り)　2個

1 鶏もも肉は黄色い脂肪を取りのぞき、1枚を2等分にする。厚みのあるところは切りめを入れて開き、肉の厚みを均一にして両面に塩、こしょうを振る。

2 フライパンを熱し、皮を下にして肉を並べる。強めの中火でしばらく動かさずに焼き、皮に焼き色がつき、パリッとなったら裏返して中に火が通るまで焼く。

3 肉が両面こんがり中まで焼けたら、皮を上にして器にレモンと付け合わせの野菜とともに盛る。山椒の実のつくだ煮をスプーンでつぶして香りを出し、肉の皮の上にのせる。

　フライパン→ コラム参照

鶏肉のつや煮
焼いて火を通し、サッと煮からめるだけ

　　鶏手羽先　12本
　　長ねぎ　1～2本
　　煮汁
　　┌ しょうゆ　大さじ3
　　│ 酒　大さじ3
　　└ 砂糖　大さじ2
　　しょうが(薄切り)　ひとかけ

1 オーブンの天板と金網を水でぬらし、鶏手羽先を皮を上にして並べ、200～250度で15分くらいこんがり焼いて中までしっかり火を通す。

2 長ねぎは4～5cm長さに切る。

3 煮汁にしょうがを入れて火にかけ、フツフツしたら鶏肉とねぎを加え、強火で3分一気に煮からめる。照りがついて汁けがなくなったら、火を止める。

鶏肉のパプリカ焼き
パプリカという香辛料の香りを引き出すおいしいシンプル料理

とりにく

鶏もも肉　2枚
下味用
- 塩　小さじ½
- こしょう　少々
- にんにく（すりおろし）　ひとかけ
- パプリカ　大さじ1
- サラダ油　大さじ1

かぼちゃ　¼個
しめじ　1袋
レモン　適量

1 鶏もも肉は黄色い脂肪を取りのぞき、半分に切る。ボウルに入れ、下味の材料を加えてよくもみ込む。

2 かぼちゃは1〜1.5cm厚さのくし形に切る。しめじは石づきを切り落とし、大きくほぐす。

3 天板と網を水でぬらし、鶏肉の皮を上にして並べ、250度のオーブンで10分焼く。200度に下げてかぼちゃも並べ、さらに5分焼き、しめじを肉の上にのせてもう5分焼く。レモンをしぼって食べる。

鶏肉のピリ辛漬け

肉に切りめを入れて火通りをよくし、皮はパリッと、中はしっとり焼くのがコツ

鶏むね肉　2枚
漬けだれ
- しょうが（すりおろし）　ひとかけ
- にんにく（すりおろし）　ひとかけ
- しょうゆ　大さじ2
- ラー油　適量

サラダ油　小さじ2
かぶの葉　適量
塩　ふたつまみ

1 まず青みのかぶの葉を準備する。かぶの葉は5cm長さに切り、塩とサラダ油少々（分量外）を加えた熱湯でほどよくゆでてザルに取り、器に盛っておく。

2 バットなどに漬けだれの材料を合わせて混ぜておく。

3 鶏むね肉は身の厚い部分に切りめを入れて開く。

4 フライパンにサラダ油を熱し、鶏肉の皮を下にして入れる。フタをして中火で中までじっくり焼いて裏返す。

5 両面がこんがり焼けたら、すぐに皮のほうから **2** の漬けだれに漬け、ときどき返しながら5〜10分漬ける。

6 鶏肉を取り出して5mm幅に切り、**1** のかぶの葉の上にのせて、食べる直前に残りの漬けだれをかける。

鶏肉のみそ風味漬け

焼いてから合わせみそをからめれば、早い、焦げない、味もしっかり

鶏もも肉　2枚
オクラ　1〜2袋
合わせみそ
- みそ　大さじ1
- しょうゆ　大さじ1
- みりん　大さじ1
- にんにく（すりおろし）　少々

サラダ油　小さじ1
白いりごま　適量

1 鶏もも肉は黄色い脂肪を取りのぞき、皮のほうにところどころ切りめを入れる。オクラはヘタを切り落とし大きければ2つに切る。

2 合わせみそは皿などに入れ、泡立て器でよく混ぜ合わせておく。

3 フライパンを熱してサラダ油を入れ、鶏肉の皮を下にして並べ、強火でときどきフライパンをゆすりながら焼く。こんがり焼けたら裏返し、あいているところにオクラを入れ、フタをして中火でじっくり焼く。

4 オクラは取り出し、塩（分量外）を振る。肉は皮のほうから **2** のみそにジュッと漬け込み、上下を返して全体にみそをからめて、しばらくおく。

5 肉を食べやすく切って盛りつけ、みそも全体につけてごまを振り、オクラを添える。

鶏の重ねボリュームシチュー
肉を焼き、上に野菜類を重ねて煮込むだけ。スパゲティ入りだから食べごたえも満点

　　鶏もも肉（皮なし）　2枚
　　ピーマン　4個
　　キャベツ　1/4個
　　玉ねぎ　1個
　　オリーブ油かサラダ油　大さじ1
　　トマト水煮缶詰　大1缶（約400g）
　　ホールコーン缶詰　中1缶（約230g）
　　水　2カップ
　　固形スープの素　1個
　　スパゲティ　150g
　　塩　少々
　　こしょう　少々
　　タバスコ　適量

1 鶏もも肉は黄色い脂肪を取りのぞき、食べよい大きさに切る。
2 ピーマンは縦2つに切り、キャベツは大きくザク切り、玉ねぎは縦4つ切りにする。
3 鍋にオリーブ油かサラダ油を熱し、鶏肉を皮のほうから焼く。焼いている間にしみ出る脂は、こまめにふき取りながら、両面を焼きつける。
4 肉にこんがりと焼き色がついたら、上にピーマン、玉ねぎ、キャベツをのせ、トマトの水煮とホールコーンを加える。分量の水と固形スープの素もつぶし入れ、弱めの中火でフタをして10分煮る。
5 さらにスパゲティを半分に折って加え、5～10分煮込む（この時間は袋の表示によって違うので注意）。
6 最後に味をみて塩、こしょうで調える。好みでタバスコを振って食べる。

鶏のから揚げ
下味をもみ込んでつけ、皮から先に揚げると、外はカラリで中はジューシー

　　鶏もも肉　2枚（約500g）
　　下味用
　　┌　しょうゆ　大さじ1 1/2
　　│　酒　小さじ1/2
　　│　にんにく（すりおろし）　少々
　　│　しょうが汁　少々
　　└　ごま油　小さじ1/2
　　片栗粉　1/3カップ
　　揚げ油　適量

1 鶏もも肉は黄色い脂肪を取りのぞき、一口大に切る。
2 鶏肉に下味用の調味料をもみ込んで、片栗粉を加えてよく混ぜる。
3 揚げ油を中温（170～180度）に熱し、肉の皮を広げて下にして次々入れ、そのまま中火で揚げる。皮がこんがり色づいたら裏返し、少し火を弱め、ときどき箸でかき混ぜ空気にふれさせながらじっくり揚げる。
4 全体がこんがりして中までしっかり揚がったら、最後に火を強めてカラリとさせ、皮を上にして油をきる。

鶏のカレー揚げ
とりわけ子どもが喜ぶカレー味のから揚げ。ビール党にも人気

　　鶏もも肉　2枚（約500g）
　　衣
　　┌　カレー粉　小さじ1/2
　　│　塩　小さじ1/2
　　│　こしょう　少々
　　│　サラダ油　小さじ1
　　└　小麦粉　1カップ
　　揚げ油　適量

1 鶏もも肉は黄色い脂肪を取りのぞき、一口大に切る。
2 鶏肉と衣の材料をよく混ぜ合わせる。
3 少なめの揚げ油を中温（170～180度）に

熱し、肉を軽く握って衣をなじませながら入れる。ときどき箸で油をかき混ぜ、肉を空気にふれさせながら、じっくりと揚げる。

鶏のきのこ煮
きのこをバターで軽く炒めるのが秘訣

鶏ウイングスティック　12〜16本
生椎茸　1袋
舞茸　1袋
えのき茸　1袋
マッシュルーム　1袋
サラダ油　少々
バター　大さじ1
A ┌ 赤ワイン　½カップ
　├ トマトジュース　2カップ
　├ 固形スープの素　1個
　├ ウスターソース　大さじ1
　└ にんにく（薄切り）　ひとかけ
塩　少々
こしょう　少々

1 鶏ウイングスティックは水けをふく。サラダ油を熱して表面に焼き色をつける。オーブンで焼いてもよい。

2 厚手の鍋の中を水でぬらしAを合わせて中火にかけ、フツフツしたら鶏肉を加える。再びフツフツしたらフタをして弱めの中火で20分煮る。味をみて塩、こしょうで調える。

3 きのこ類は石づきを切り落とす。生椎茸は大きければ2つに切る。舞茸はほぐす。えのき茸は3つに切る。マッシュルームは縦2つに切る。

4 バターを火にかけ、きのこ類を加えて全体がアツアツになるまで炒め、**2**の鍋に加え、ひと煮立ちさせる。火を止め、全体を混ぜる。

鶏の山椒焼きと焼きねぎ
相性のいい組み合わせ。どんぶりの具やお弁当に、酒の肴にと楽しみ方いろいろ

鶏もも肉　2枚
長ねぎ　2本
合わせ調味料
┌ みそ　大さじ2
├ みりん　大さじ2
├ 酒　大さじ2
├ ごま油　小さじ1
└ 粉山椒　少々
サラダ油　適量
塩　少々
粉山椒　少々

1 鶏肉は黄色い脂肪を取りのぞき、一口大のコロコロに切る。長ねぎは3〜4㎝長さのブツ切りにする。

2 合わせ調味料の材料はよく混ぜておく。

3 フライパンにごく薄くサラダ油をぬり、火にかけて熱し、鶏肉を皮のほうから強めの中火で焼く。

4 皮がこんがり、パリッと焼けたら裏返し、さらにフライパンのあいているところに長ねぎも入れて焼く。

5 鶏肉が焼けたら合わせ調味料にからめて、長ねぎには塩と粉山椒を振って、それぞれ器に盛る。

鶏の七味焼き
いろいろな味をミックスさせた合わせ調味料で焼き上げるから、風味と香り抜群！

鶏もも肉　2枚
ごま油　小さじ1
合わせ調味料
┌ しょうゆ　大さじ2
├ みりん　大さじ1
├ 酒　大さじ1
├ にんにく（みじん切り）　ひとかけ
├ しょうが（みじん切り）　ひとかけ
├ 長ねぎ（みじん切り）　10㎝
├ 白いりごま　大さじ1強
└ 一味唐辛子　少々

チンゲン菜　2株
サラダ油　小さじ½

1 合わせ調味料を混ぜ合わせておく。
2 鶏もも肉は黄色い脂肪を取りのぞき、大きめの一口大に切る。
3 チンゲン菜は軸と葉に切り分け、軸は縦半分に切る。これらをサラダ油を加えた熱湯で色よくゆで、器に敷く。
4 フライパンにごま油を熱し、鶏肉の皮のほうから強めの中火で焼く。こげめがついたら裏返して、両面をしっかり焼いて中まで火を通す。
5 肉がこんがり焼けたら、いったん火を止め、**1** の合わせ調味料を一気に加えて、味をからめる。すぐに **3** のチンゲン菜の上に汁ごと盛りつける。

鶏のタバスコ煮
下ゆでして煮ると、味が中までしっかり

鶏ウイングスティック　12本
にんにく　ひとかけ
A ┌ 赤ワインかロゼワイン　1カップ
　├ トマトケチャップ　大さじ3
　├ ウスターソース　大さじ1
　├ 固形スープの素　1個
　├ こしょう　少々
　└ タバスコ　好きなだけ
セロリの葉（あれば）　適量

1 鶏ウイングスティックは熱湯で表面の色が変わるまでゆで、水けをきる。
2 厚手の鍋の中を水でぬらし、Aとつぶしたにんにくを入れて火にかける。フツフツしてきたら鶏肉を並べ入れ、中火で煮る。
3 再びフツフツしてきたら弱火にし、フタをして20分煮る。鶏肉を裏返し、もう10分煮る。セロリの葉を添えて盛る。

鶏のトマト味のクリーム煮
簡単な手法で、おいしさはそのまま

鶏むね肉　300g
玉ねぎ（みじん切り）　½個
ピーマン　2個
トマト　1個
サラダ油　大さじ1
小麦粉　大さじ4
水　½カップ
固形スープの素　1個
牛乳　2カップ
ローリエ　1枚
塩　適量
こしょう　適量
バター　大さじ1

1 ピーマンは千切りにする。トマトは1cm角に切る。
2 鶏肉は一口大に切り、塩、こしょう各少々をすり込む。
3 サラダ油を熱し、みじん切りの玉ねぎを色がつかないようにしんなり炒め、小麦粉を加えて弱火で粉っけがなくなるまで炒める。
4 水を加えて泡立て器で混ぜ、スープの素、牛乳、ローリエを加えて木ベラで混ぜ中火にする。フツフツしたら鶏肉を加え、フタをして弱火で20分煮る。途中、ときどき鍋をゆする。
5 味をみて塩、こしょうで調え、仕上がり際にピーマン、トマト、バターを加え、火を止める。

鶏の夏野菜あえ
暑いときでもモリモリ食べられる

鶏ささみ　300g
塩　少々
セロリ　1本
ピーマン　1個
トマト　大1個
A ┌ しょうが（千切り）　小ひとかけ
　├ 砂糖　小さじ1
　├ 薄口しょうゆ　小さじ2

とりのぴーなっつそーす

```
塩   小さじ½
米酢  大さじ2
レモン汁  ½個分
白いりごま  大さじ2
```

1 鶏ささみは塩を加えた熱湯で中までしっかりゆで、完全に冷めてから食べよい大きさにさく。

2 セロリはすじを取り、食べよい長さの千切りにする。ピーマンは縦2つに切ってから千切りにする。一緒に冷水に入れ、パリッとしたら水けをきる。

3 トマトは縦半分に切ってから薄切りにする。

4 Aを混ぜ合わせ、ささみ、セロリ、ピーマン、トマトの順に加えてはあえる。

鶏のピーナッツソースとスープ
ゆで鶏のあえもの、ゆで汁でおまけのスープ、たちまち2品完成

```
鶏ウイングスティック  12本
しょうが(薄切り)  3～4枚
水  5カップ
ピーナッツソース
  ピーナッツバター(無糖)  大さじ2
  しょうゆ  大さじ2
  酒  大さじ1
  鶏肉のゆで汁  大さじ1～2
細ねぎ  適量
塩  適量
こしょう  適量
半ずりごま  適量
```

1 鶏ウイングスティックは熱湯で表面の色が変わる程度に下ゆでし、取り出す。

2 鍋に分量の水としょうがを入れて火にかけ、フツフツしたら鶏肉を入れ、中までしっかりゆでる。ゆで汁を取っておき、肉は冷めてからほぐす。

3 ソースの材料をよく混ぜ合わせる。鶏肉と細ねぎを2㎝長さに切って加え、ソースをからめるようにして混ぜ、器に盛る。

4 2のゆで汁を火にかけ、フツフツしたら塩、こしょうで味を調える。盛りつけ、半ずりごまを振る。

鶏のポン落とし
ちょっと珍しい親子どんぶり

```
鶏挽き肉  300g
しょうが(すりおろし)  ひとかけ
煮汁
  だし汁  2カップ
  しょうゆ  大さじ3
  酒  大さじ2
  砂糖  大さじ2
卵黄(新鮮なもの)  4個分
温かいご飯  4人分
```

1 湯を沸かしグラグラしているところに鶏挽き肉を加え、すぐ5～6本の箸でかき混ぜながら下ゆでし、色が変わったらすぐザルにあげ水けをきる。

2 煮汁に挽き肉としょうがを加えて強めの中火で、箸で混ぜながら3分煮る。

3 どんぶりに温かいご飯を盛り、鶏そぼろを汁ごとかけ、中央を少しくぼませて卵黄をのせる。全体を混ぜながら食べる。

鶏丸ごと白菜蒸し
鶏はふっくらやわらかく、白菜はうまみたっぷり

```
鶏肉  1羽
しょうが  ひとかけ
にんにく  ふたかけ
しょうが(薄切り)  3～4枚
ごま油  小さじ1
水  適量
白菜  ½個
塩  適量
こしょう  適量
```

1 店でおなかの中をきれいにしてもらった鶏肉を用意する。表面に塩小さじ1、こしょう少々をすり込み、たっぷり沸かした

湯に入れ、丸ごとのしょうがとにんにくを加えて15〜20分下ゆでする。

2 白菜は葉と軸に分け、葉はそのまま、軸は繊維にそって縦に5mm幅くらいの細切りにする。

3 厚手の鍋の中を水でぬらし、下ゆでした鶏肉をおく。鶏肉にごま油をかけ、薄切りのしょうがと水をヒタヒタに加えて煮る。フツフツしたら弱火にし、フタを少しずらしてのせ、20分くらい煮る。途中、アクが出たら取る。

4 鶏肉のまわりに白菜の軸、葉と加え、鶏肉がすっかりやわらかくなるまでさらに15〜20分煮る。味をみて、塩、こしょうで調える。

5 鶏肉は適当に切り分けて盛り、白菜を添え、スープをかける。

鶏みそ大根
挽き肉入りのみそで食べる、ふろふき大根

　大根　20cm
　昆布　20cm
　塩　少々
　鶏みそ
　┌ みそ　大さじ4
　│ 酒　大さじ2
　│ みりん　大さじ2
　│ 水　½カップ
　└ 鶏挽き肉　100g

1 大根は2cm厚さの輪切りにする。昆布はサッと水洗いする。

2 土鍋に昆布を敷いて大根を並べ、たっぷりの水と塩を加え、やわらかく煮る。

3 鶏みそを作る。鍋の中を水でぬらし、みそ、酒、みりんを入れ、水を少し加えてとき混ぜる。挽き肉と残りの水を加え、よく混ぜ合わせる。中火にかけ、木ベラで混ぜながらしっかり火を通す。

4 大根の汁けをきって盛り、鶏みそをかける。好みで粉山椒、七味唐辛子、すりおろした柚子の皮などを振って食べる。

鶏ミンチの竜田揚げ
ギュッと握って形いろいろ。香ばしく、ソフトでジューシーなおいしさが自慢

　鶏挽き肉　400g
　A┌ しょうが汁　小さじ1
　　│ にんにく（すりおろし）　小ひとかけ
　　│ 片栗粉　大さじ2
　　└ しょうゆ　大さじ1
　片栗粉　適量
　揚げ油　適量
　パセリ　適量

1 ボウルに鶏挽き肉とAの材料をすべて入れ、つかむようにしながら混ぜる。

2 1の肉だねを大さじ1強くらい取ってまとめ、片栗粉をまぶしてギュッと握り、中温（170〜180度）の揚げ油に次々と入れていく。

3 こんがりとおいしそうな色がついたら少し火を弱め、中までじっくり火を通す。

4 カラリと揚がったら、油をきって器に盛り、パセリを添える。

鶏むね肉の漬け揚げ
レモンの風味がしみ込んでいる、イタリアのチキンかつ

　鶏むね肉　小4枚
　漬け汁
　┌ レモン汁　1個分
　│ オリーブ油　大さじ2
　│ パセリ（みじん切り）　少々
　└ こしょう（好みで）　少々
　塩　適量
　こしょう　適量
　衣
　┌ 小麦粉　適量
　│ とき卵　1個分
　└ パン粉　適量
　オリーブ油　大さじ3

とりもつ

1 鶏肉は繊維にそって細かく浅く切りめを入れ、切りめを開いて広げ、薄くする。
2 漬け汁の材料をよく混ぜ合わせ、鶏肉を入れて冷蔵庫で2時間以上おく。
3 肉の汁けをきり、塩、こしょうを振り、小麦粉、とき卵、パン粉の順で衣をつける。
4 フライパンにオリーブ油を入れて中火にかけ、温まったら肉を並べ入れる(一度に入らない場合は2枚ずつ焼く)。ときどきフライパンをゆすりながら両面こんがりと揚げ焼きにし、中までしっかり火を通す。盛りつけ、好みで塩を振って食べる。

鶏もつのパルメザン煮

豪華でおいしいイタリアン。こっくりとした味わいをワインと一緒にどうぞ

鶏もつ　300g
玉ねぎ(みじん切り)　1個
にんにく(みじん切り)　ひとかけ
バター　大さじ2
塩　適量
こしょう　適量
水　3カップ
固形スープの素　1個
粉チーズ(パルメザンチーズ)　½カップ

1 鶏もつは水洗いして黄色い脂肪を取りのぞき、小さく一口大に切って熱湯で下ゆでする。
2 フライパンにバターを入れて中火にかけ、バターがとけたら玉ねぎとにんにくを炒める。しんなりしてきたら、鶏もつ、塩、こしょうを加えてさらに炒める。
3 全体がアツアツになったら、分量の水と固形スープの素を加え、フタをして弱火で30～40分ほど煮込み、仕上げに粉チーズを加えて火を止める。

鶏もも肉の梅酒煮

焼いて脂を落として煮ると梅酒の風味が引き立つ。季節によって青じそや木の芽を

鶏もも肉　2枚
煮汁
　┌ 梅酒　1カップ
　│ 水　½カップ
　└ しょうゆ　大さじ2～3
とき辛子　適量

1 鶏もも肉は黄色い脂肪を取りのぞき、皮に2～3カ所切りめを入れる。
2 オーブンの天板と網を水でぬらし、鶏肉の皮を上にしてのせ、250～300度のオーブンで表面がパリッとするまで焼く(皮が焼ければいい)。フライパンで強火で焼いてもよいが、オーブンのほうがより余分な油がおとせる。
3 煮汁に鶏肉を入れて強めの火にかけ、ときどき煮汁をかけながら10分煮る。しょうゆの分量は鶏肉の大きさをみて増減する。
4 あら熱が取れたら、食べやすく切る。とき辛子を添える。

鶏レバーのウスターソース漬け

しっかりゆでて、漬け込むだけ。翌日が食べ頃

鶏レバー　300g
赤唐辛子　1本
ローリエ　1枚
にんにく　ひとかけ
しょうが(薄切り)　2～3枚
こしょう　少々
ウスターソース　大さじ3
しょうゆ　小さじ1
セロリの葉やパセリなど　適量

1 鶏レバーはよく洗って一口大に切り、血のかたまりや黄色い脂肪を取りのぞいて、もう一度水でサッと洗う。
2 鍋に湯を沸かして赤唐辛子、ローリエ、2つ切りにしたにんにく、しょうが、ガリガリと挽いたこしょうを入れ、鶏レバーを

加えてしっかりゆでる。中まで完全に火が通ったら、ザルにあげてよく水けをきる。
3 密閉びんにウスターソースとしょうゆを入れ、あればセロリの葉やパセリも刻んで加え合わせておく。ここでゆでたレバーを漬ける。ときどきゆすったり、逆さにしたりして一晩漬け込むとおいしい。

鶏レバーの照り煮
煮るときにフタをちょっとずらすと特有のくさみが抜ける。甘みは好みで増減する

　鶏レバー　300g
　しょうが　ひとかけ
　煮汁
　　┌ みりん　大さじ2
　　│ しょうゆ　大さじ2
　　└ 砂糖　大さじ1

1 鶏レバーは一口大に切って血のかたまりなどを洗い流し、熱湯で10分ほどゆでて中までしっかり火を通す。
2 しょうがは皮ごと、繊維を断ち切るように薄切りにする。
3 鍋に煮汁の調味料を入れ、レバーとしょうがも加えて中火にかける。フタを少しずらし、煮汁がほとんどなくなるまで煮て、味を煮からめる。

トルティーア
コーンの粉で焼いた薄いパンケーキ。メキシコ料理に欠かせない味、いかが？

　〈約8枚分〉
　生地
　　┌ コーンミール　½カップ(50g)
　　│ 小麦粉　1カップ(100g)
　　│ とかしバター　大さじ1
　　└ 牛乳か水　1カップ
　サラダ油　適量
　バター　適量

1 生地を作る。ボウルに生地の材料を入れ、泡立て器で混ぜ合わせ、ぬれ布巾をかけて室温で30分以上ねかせる。
2 フライパンにサラダ油を薄くひき、**1**の生地をおたまですくって直径12〜13cmに流し入れ、フタをしてやや弱めの中火で焼く。片面が焼けたら裏返す。
3 両面がこんがり焼けたら器に取り、すぐにバターをぬっておく。残りも同様に焼く。

ドレッシング各種
→メニュー別索引〈ソース・ドレッシング〉を参照

とろ〜りチーズオムレツ
卵に火が通るにつれて、チーズもとけてちょうどいい仕上がり

　〈これは2人分〉
　卵　3個
　スライスチーズ　2枚
　バター　大さじ2
　トマトケチャップ　適量

1 卵はとく。
2 フライパンにバターの半量を入れて強めの中火にかけ、バターがとけたら1人分の卵を流して広げる。
3 すぐに箸でぐるりと混ぜ空気を入れ、卵がまだやわらかいうちにチーズを1枚のせる。まわりが固まってきたらチーズを包み込むように折り、オムレツ形に整えながら焼き上げ皿に取り出す。残りも同じように焼き、ケチャップをかける。

とろとろいか納豆
4種類のとろとろ素材がドッキング

　いかの刺身　適量
　納豆　2パック(100g)
　やまと芋や長芋(すりおろし)　1カップ
　オクラ　1袋
　たれ
　　┌ だし汁　½カップ

とろろ

　　しょうゆ　大さじ1
　　みりん　小さじ1
　とき辛子　適量

1 オクラはサッとゆで、水に取って冷まし、小口切りにする。
2 たれはひと煮立ちさせ、冷ます。
3 いか、納豆、すりおろした芋、とき辛子を混ぜ合わせ、器に盛り、オクラをのせてたれをかける。全体を混ぜて食べる。

とろろ汁
相性よしは麦ご飯。とろろは長芋、やまと芋など何でもおいしい

　とろろ芋(すりおろし)　1½カップ
　だし汁　1～2カップ
　薄口しょうゆ　大さじ1
　みりん　大さじ1～2
　青のり(好みで)　適量

1 とろろ芋はすり鉢の壁にこすりつけながら、大きくまわしてすりおろす。
2 なめらかになったら、だし汁を様子をみながら加えて好みのかたさにのばし(芋の種類によってとろみの濃度が違うので、使う量がまったく異なる)、薄口しょうゆとみりんで味を調える。好みで青のりをかける。わさびでもおいしい。

とろろそば
とろろ芋はすり鉢でゆっくりすりおろすと口あたりなめらか

　〈これは2人分〉
　そば(乾)　150～200ｇ
　とろろ芋(すりおろし)　½カップ
　細ねぎ(小口切り)　4～5本
　めんつゆ　適量
　刻みのり　適量
　おろしわさびか練りわさび　少々

1 そばはほどよくゆで、水洗いして水けをしっかりきり、器に盛る。
2 とろろ芋はすり鉢ですりおろし、さらにすりこぎでなめらかにする。
3 細ねぎは小口切りにする。
4 そばにとろろをかけ、上からめんつゆをかけて、細ねぎと刻みのりを散らし、わさびを添える。上からかけずにめんつゆにとろろを入れ、つけめんで食べてもおいしい。

とろろのちょぼ焼き
とろろをこんがり焼いたおいしさは格別です。酒の肴や前菜にも

　長芋(すりおろし)　1カップ
　小麦粉　小さじ2
　桜えび　適量
　青のり　適量
　ごま油　適量

1 長芋は皮をよく洗い、熱湯に7秒くらいくぐらせてから水に取り(こうすると手がかゆくならない)、皮ごとすりおろす。
2 **1**のとろろに小麦粉を加えて混ぜる。
3 フライパンかホットプレートを熱してごま油を薄くひき、いったん火を止め、桜えびを4～5尾ずつおいて、青のりを振る。
4 弱火にして、桜えびの上に**2**をスプーンですくって流す。
5 こんがり焼き色がついたら、裏返して両面焼き、器に盛る。食べるときにしょうゆをつける。

とろろ焼き
とろろ芋がベーコン風味いっぱいのお焼きに。アツアツにしょうゆをたらしてどうぞ

　〈これは2人分〉
　長芋(すりおろし)　1カップ
　ベーコン　1枚
　細ねぎ　適量
　サラダ油　少々
　しょうゆ　適量

1 長芋はよく洗って皮ごとすりおろし、

とろろにして1カップを用意する。
2 ベーコンは8等分に切り、細ねぎは2cm長さのブツ切りにする。
3 フライパンにサラダ油を熱し、**1**のとろろを大さじ1くらいずつ落とし入れ、ベーコンをのせて中火で焼く。
4 とろろのまわりが透明になって、焼き色がついたら裏返し、両面をこんがりと焼く。同様にして直径5～6cmのものを8枚焼く。
5 器に細ねぎを敷き、とろろ焼きをのせてしょうゆをちょろりとかけて食べる。

とんかつ
少ない油でもカラリと揚がるカツ代流。肉を空気にふれさせながら揚げるのがコツ

 豚ロース肉(とんかつ用)　4枚
 塩　少々
 こしょう　少々
 衣
  ┌ 小麦粉　適量
  │ とき卵　1個分
  └ パン粉　適量
 揚げ油　適量
 とき辛子　適量
 ソース　適量
 〈付け合わせ〉
 千切りキャベツ　適量

1 豚ロース肉はところどころ包丁めを入れてすじ切りをし、塩、こしょうを振る。
2 肉の両面に小麦粉をまぶし、さらにとき卵、パン粉の順に衣をつける。
3 揚げ油を中温(170～180度)に熱して肉を入れ、衣の表面がしっかりしてきたら裏返す。ときどき箸で肉を持ち上げ、空気にふれさせながら、カラリと揚げる。
4 揚げたてを2cm幅くらいにザクザクと切り皿に盛る。キャベツととき辛子を添え、ソースをかけて食べる。ヒレかつを作りたいときは豚ヒレ肉を1cm厚さくらいに切ってから、塩、こしょうを振り、衣をつけて揚げる。

とんカレーじゃが
豚肉はほんのりカレー味の肉じゃがに

 じゃが芋　4個(500～600g)
 豚肩ロース薄切り肉　200g
 玉ねぎ　1個
 サラダ油　大さじ1
 A ┌ しょうゆ　大さじ2½
  │ 砂糖　大さじ1
  └ カレー粉　小さじ1～2
 水　1½カップ前後
 水溶き片栗粉
  ┌ 片栗粉　小さじ1
  └ 水　小さじ1

1 じゃが芋は大きめの一口大に切り、水にさらす。豚肉は3つに切る。玉ねぎは縦半分に切り、繊維にそって1cm幅に切る。
2 サラダ油を熱し、玉ねぎを強めの中火で油がまわる程度に炒める。中央をあけて肉を広げ入れ、そのまま少し焼き、肉がはがれるようになったら玉ねぎと炒め合わせる。
3 肉の色が変わったらAの調味料を加え、強火でコテッと煮からめる。
4 水けをきったじゃが芋を加えてひと混ぜし、分量の水をヒタヒタに加え、フタをして強めの中火で煮る。途中、一度混ぜる。
5 芋がやわらかくなったら水溶き片栗粉を加えて、薄くとろみがついた煮汁を全体にからめる。

とんさつま
揚げたさつま芋の肉じゃが風

 さつま芋　2本(400～500g)
 豚ロース薄切り肉　150g
 ぎんなん水煮缶詰　小1缶
 煮汁

酒　大さじ3
しょうゆ　大さじ2
みりん　大さじ1
砂糖　小さじ2
揚げ油　適量
白いりごま　適量

1 さつま芋は皮ごと1.5cm厚さの半月かいちょう切りにし、海水くらいの塩水（分量外）に入れる。豚肉は3〜4つに切る。ぎんなんは水けをよく切っておく。

2 揚げ油を温め、さつま芋の水けをふく。油が熱くならないうちにさつま芋を入れる。徐々に温度を上げ中温で揚げ、火が通ってこんがり色づいたら油をきる。火を止め、余熱でぎんなんもサッと揚げる。

3 煮汁を火にかけ、フツフツしてきたら豚肉を加え、強めの火で味をからめながらコテッとなるまで煮る。

4 さつま芋とぎんなんを加え、鍋をゆすりながら汁をからめ、最後に上下を返してひと混ぜする。盛りつけてごまを振る。

とん塩

豚肉そのもののおいしさを味わうシンプルな料理法

豚肩ロース薄切り肉　300g
塩　適量
こしょう　適量
サラダ油　少々
A ┌ レモン汁　½個分
　└ 砂糖　ごく少々
レタス（ちぎる）　適量

1 レモン汁に砂糖を加え混ぜ、とかす。

2 フライパンにサラダ油を熱し、肉を1枚ずつ広げて、強めの火で両面こんがりと焼く。

3 焼き上がったらレタスを添えた皿に移し、すぐにパラパラと塩、こしょうを振り、**1** をつけて食べる。ホットプレートで焼きながら食べても楽しい。

とんシチュー　トマト味

時間がないときはこのレシピ。ゆとりがあるときはじゃが芋やにんじんを入れても

豚薄切り肉　250g
玉ねぎ　1個
バター　大さじ1
小麦粉　大さじ2
A ┌ トマトジュース　2カップ
　│ 赤ワイン　½カップ
　│ トマトケチャップ　大さじ2
　│ ウスターソース　大さじ2
　│ 固形スープの素　1個
　└ ローリエ　1枚

1 豚薄切り肉は食べよい大きさに切り、玉ねぎはザク切りにする。

2 鍋にバターを入れて火にかけ、バターがとけたら玉ねぎを炒める。透き通ってきたら豚肉を加え、強火でさらに炒める。

3 肉の色が変わったら、小麦粉を振り入れ、火を少し弱めて2〜3分よく炒める。

4 全体に粉っぽさがなくなったら、Aのトマトジュースと赤ワインをザーッと入れて大急ぎでかき混ぜる。さらに残りのAも加えて混ぜ、フタをしてコトコトと15分煮る。

とんじゃが

肉じゃがの豚肉版。やや強めの火で煮上げるのがコツ

豚肩ロース薄切り肉　200g
玉ねぎ　1個
じゃが芋　4個（500〜600g）
サラダ油　大さじ1
A ┌ しょうゆ　大さじ2½
　│ みりん　大さじ1
　└ 砂糖　大さじ1
水　1½カップ前後

1 豚薄切り肉は食べよい大きさに切る。

2 玉ねぎは3cm角くらいに切る。じゃが芋は大きめの一口大に切り、水でザッと洗

3 鍋にサラダ油を熱して玉ねぎを中火で炒め、少し透き通ってきたら、豚肉を加えてさらに炒める。
4 肉の色が変わったら、いったん火を止めてAを加え、再び強めの火で煮る。
5 全体に味がなじみ、煮汁が少なくなったらじゃが芋を加え、分量の水をヒタヒタに注いでやわらかくなるまで10分くらい煮る。途中で一度、鍋底からザッと混ぜて煮上げる。

とん汁
➡「豚汁」を参照

とんテキ
和風味の豚肉ソテー。こんがり焼けば、ビフテキに負けないおいしさ！

　豚肩ロース肉（1㎝厚さ）　4枚
　塩　少々
　こしょう　少々
　サラダ油　大さじ1
　しめじ　1～2袋
　たれ
　　┃酒　大さじ2
　　┃しょうゆ　大さじ2
　大根おろし　1カップ

1 豚肩ロース肉はすじ切りをして塩、こしょうを振っておく。しめじは石づきを切り落とし、食べよくほぐす。
2 フライパンにサラダ油を熱し、豚肉を強めの火で両面を中までしっかり焼く。途中、フタをすると火の通りが早い。
3 焼き上がり際に、フライパンのあいているところにしめじを加え、サッと焼いて肉と一緒に器に盛る。
4 余熱が残っているフライパンに酒としょうゆをジュッと加えて混ぜ、たれを作る。大根おろしは水けを軽くしぼって肉にのせ、上からたれをまわしかける。

トンピー
豚肉とピーマンでトンピー。肉の切り方と下ごしらえは、肉をおいしく食べるコツ

　ピーマン　7～8個
　豚赤身薄切り肉　300ｇ
　片栗粉　大さじ1
　水　大さじ1
　しょうが酢じょうゆ
　　┃しょうが（すりおろし）　小さじ½
　　┃しょうゆ　大さじ2
　　┃米酢　大さじ1
　白いりごま　適量

1 ピーマンは縦半分に切り、細切りにする。
2 豚肉は3つに切り、さらに繊維にそって1㎝幅に切る。これをボウルに入れ、片栗粉と分量の水をまぶしてよく混ぜる。
3 ボウルにしょうが酢じょうゆの材料を混ぜ合わせておく。
4 鍋にたっぷりと湯を沸かし、ピーマンをゆでる。ほどよいかたさになったら引き上げてよく水けをきり、器に広げるように盛る。
5 4の鍋で豚肉をゆでる。完全に火が通るまでゆでてザルに取る。水けがきれたら、3のしょうが酢じょうゆにチャポンとつけて混ぜ、汁ごとピーマンの上にのせる。最後に白いりごまを振って出来上がり。

丼もの各種
➡メニュー別索引〈丼もの〉を参照

とんみょうが
夏の日本の香草は偉大です

　豚肉（しゃぶしゃぶ用）　300ｇ
　みょうが　6～7個
　青じそ　1わ
　ミニトマト　10個
　サラダ油　大さじ1

ながいも

ドレッシング
- 薄口しょうゆ　大さじ2
- 米酢　大さじ2
- ごま油　小さじ½

1 みょうがは縦半分に切ってから斜め薄切りにする。青じそは縦半分に切ってから千切りにする。ミニトマトは半分に切る。
2 フライパンを熱してサラダ油をひき、豚肉を広げて入れて強火で炒める。完全に火が通ったものから皿に盛る。
3 肉の上にみょうがと青じそをのせ、まわりにミニトマトを並べる。ドレッシングをかけ、全体をよく混ぜて食べる。豚肉をゆでる方法の料理もおいしい。

な

長芋の三色あえ

梅干しの酸味、香りが食欲をそそります

- 長芋　15㎝
- 梅干し　大2個
- ちりめんじゃこ　大さじ山盛り2
- 細ねぎ(刻んだもの)　大さじ2

1 長芋は沸とうしている湯に7秒ほどくぐらせる。
2 長芋の皮をむき、5㎝長さに切り、縦に薄切りにしてから細切りにする。
3 ボウルに梅干しをほぐして加え、刻んだ長芋を入れ、種も入れてあえる(梅干しの種も入れてあえると混ざりやすい)。
4 ちりめんじゃこと細ねぎを加えてあえて、器に盛る。盛りつけるときは種は取り出すこと。

長芋のチーズ焼き

長芋を洋風に食べる。パンによく合います

- 長芋　30㎝
- 塩　適量
- こしょう　適量
- とけるチーズ　¾〜1カップ
- オリーブ油　大さじ1

1 長芋は皮をよく洗い、皮ごとスライサーで薄い輪切りにする。
2 耐熱容器の中を水でぬらし、平らに入れて、塩、こしょうを振る。
3 オーブンに入れて200度にセットし、10分前後長芋に火が通るまで焼く。
4 全体にチーズをのせて250度でこんがりとチーズがとけるまで焼く。取り出し、オリーブ油をまわしかけ、風味をつける。

長芋の含め煮

長芋は水分が多く、粘りけが少ないのが特徴。ほっくり煮含めると美味

- 長芋　20㎝
- 煮汁
  - だし汁　2カップ
  - 薄口しょうゆ　大さじ1
  - みりん　小さじ1
  - 酒　大さじ1
- 青柚子か柚子　少々

1 長芋は皮をむき2㎝厚さの輪切りにする。
2 鍋に煮汁の材料と長芋を入れ、フタをして中火にかける。フツフツしてきたら弱火にし、10〜15分煮て火を止める。
3 そのまましばらくおいて味を含ませ、煮汁ごと器に盛る。上から青柚子または柚子をすりおろして散らす。

長ねぎ入り中国風ハンバーグ

挽き肉とパン粉を別々に下ごしらえするカツ代流は、焼き上がりふっくら

- 豚挽き肉　300g
- 塩　小さじ¼
- こしょう　少々
- 長ねぎ(みじん切り)　1本

サラダ油　大さじ1
A ┌ 卵　1個
　├ 牛乳　¼カップ
　└ パン粉　1カップ
ごま油　少々
B ┌ 酒　大さじ2
　├ みりん　大さじ2
　├ しょうゆ　大さじ2
　└ 水　1カップ
とき辛子　少々
〈付け合わせ〉
キャベツの塩ゆで　適量

1 長ねぎはみじん切りにしてサラダ油でサッと炒める。
2 ボウルにAの卵をといて牛乳を混ぜ、パン粉を加えてしとらせておく。
3 別のボウルに豚挽き肉を入れ、塩、こしょうを振ってつかむように混ぜ、さらに **1** の長ねぎと **2** を加えて混ぜる。
4 手のひらにサラダ油(分量外)をつけ、混ぜ合わせて8等分し、空気を抜くようにキャッチボールをしながら小判形にまとめる。
5 フライパンにごま油を熱して **4** を並べ、フタをして中火で両面を焼く。こんがり焼けたら余分な油をふき取り、Bを加えてハンバーグに一気に味をからめ、器に盛る。とき辛子と一緒にキャベツの塩ゆでを添える。

長ねぎのやわらかサラダ

本来は西洋野菜のポロねぎで作ります。日本のねぎでもこんなにおいしい

長ねぎ　3本
水　2カップ
塩　少々
ドレッシング
　┌ 塩　小さじ½
　├ こしょう　適量
　├ 砂糖　少々
　├ マスタード　小さじ1
　├ 米酢　大さじ1
　└ オリーブ油　大さじ1
パセリ(みじん切り)　適量

1 長ねぎは白い部分を、10〜12cm長さに切る。分量の水、塩を加え、フタをして弱火で50〜60分ゆでる。
2 ドレッシングを記載順に混ぜ合わせる。
3 クタッとゆで上がった長ねぎの水けをきり、皿に盛り、ドレッシングをまわしかけパセリを散らす。そのまま冷やしてもおいしい。

なす入りペンネ

ペンネのシコシコ感が引き立つのは、皮をむいたなすのおかげ

ペンネ　200〜250g
なす　4本
にんにく(みじん切り)　ひとかけ
オリーブ油　大さじ2
トマト水煮缶詰　大1缶(約400g)
固形スープの素　1個
ローリエ　1枚
バジル(乾)　小さじ½
塩　小さじ½
こしょう　少々
粉チーズ　適量
パセリ(みじん切り)　適量

1 なすはヘタを切り落としてからピーラーですっかり皮をむき、縦2つに切ってから斜めに5mm厚さに切り、海水くらいの塩水(分量外)に3分くらい入れ、水けをきる。
2 ペンネは表示通りにゆでる。
3 オリーブ油とにんにくを中火にかけ、香りがたったらなすを加え、全体に油がまわるまで炒める。トマトを缶汁ごと、スープの素、ローリエ、バジルを加え、5分ほど煮る。
4 火を止め、ゆでたてペンネ、塩、こし

ょうを加え、手早くあえる。盛りつけて粉チーズとパセリを振る。

なすが好き→ コラム参照

なすキャビア
本来は皮つきのなすで作るもの。でも、皮をむいたほうが、だんぜんおいしい

　なす　3本
　玉ねぎ(みじん切り)　½個
　にんにく(みじん切り)　ひとかけ
　オリーブ油　大さじ2
　塩　小さじ½強
　こしょう　少々
　レモン汁　大さじ1
　フランスパン(薄切り)　適量
　バター　適量
　レモン　適量

1 なすはヘタを切り落としてからピーラーですっかり皮をむき、みじん切りにし、海水くらいの塩水(分量外)に入れる。5分くらいおいて水けをよくきる。
2 オリーブ油を中火で熱し、にんにく、玉ねぎ、なすを10〜15分せっせと炒める。途中、焦げそうになったら弱火にして炒める。
3 なすがすっかりクタクタになったら、塩、こしょう、レモン汁を加えて手早く混ぜ、すぐ火を止める。あら熱が取れたら冷たくする。
4 フランスパンをカリカリにトーストし、バターをぬり、**3** のなすをのせる。レモンをキュッとしぼって食べる。

なす餃子(ギョーザ)
ふつうの餃子よりつるりとやわらか

　なす　4本
　片栗粉　大さじ3
　豚挽き肉　150g
　しょうが(みじん切り)　ひとかけ
　にんにく(みじん切り)　ひとかけ
　A ｛ しょうゆ　小さじ1
　　　塩　小さじ¼
　　　ごま油　小さじ1
　餃子の皮　1袋
　サラダ油　大さじ2
　酢じょうゆ　適量

1 なすはヘタを切り落としてからピーラーですっかり皮をむき、海水くらいの塩水(分量外)に入れる。水けをきり、熱湯でやわらかくゆで、ザルにあげて水けをきる。
2 あら熱が取れたら水けをよくふき、マッシャーなどでつぶす。完全に冷めてから片栗粉を混ぜ合わせる。
3 豚挽き肉にしょうが、にんにく、Aの調味料を加えて混ぜ合わせ、**2** のなすも加えてよく混ぜ合わせる。
4 餃子の皮に **3** の具を適量のせ、縁を水でぬらし、片側にひだを寄せながら包んで口を閉じる。
5 サラダ油を中火で熱し、餃子を並べて少し焼く。2㎝くらいの高さまで熱湯を注ぎ、すぐフタをして強火で蒸し焼きにする。
6 水分がなくなったら、フタを取って弱火にし、プチプチと音がしてくるまで焼く。酢じょうゆで食べる。

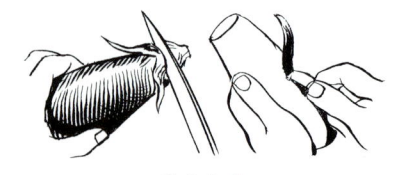

作り方 **1**

なすグラタン
パパッと作りたい夏にぴったり

　なす　6本
　ミートソース缶詰　大1缶(約290g)
　トマトジュースか野菜ジュース　1カップ
　オレガノ(乾)　少々

なす

オリーブ油　大さじ2
ピザ用チーズ　1カップ

1 なすはピーラーで縦にシマシマに皮をむき、1㎝厚さの輪切りにし、海水くらいの塩水（分量外）に10分くらいつけ、水けをきる。
2 鍋の中を水でぬらしてミートソース、トマトジュースを加え、オレガノも加える。フタをして火にかけ、フツフツしたら火を止める。
3 耐熱容器の中を水でぬらし、水けをきった **1** のなすを並べ、全体にオリーブ油をまわしかける。オーブンに入れ、200度で10分くらい焼く。
4 オーブンから出し、**2** のミートソースをかけてチーズを散らし、再び200度で10～15分焼く。

なすスパゲティ
なす好きにはこの取り合わせが、なんといってもたまりません

〈これは2人分〉
スパゲティ　150～200ｇ
なす　2～3本
赤唐辛子（輪切り）　1本
にんにく（みじん切り）　ひとかけ
ベーコン　4枚
オリーブ油　大さじ1～2
塩　小さじ½～1
こしょう　少々

1 なすはピーラーで縦にシマシマに皮をむき、5㎜厚さくらいの輪切りにし、海水くらいの塩水（分量外）に5分ほどつけて水けをきる。
2 ベーコンは2㎝幅に切る。
3 スパゲティは表示通りにゆでる。
4 オリーブ油、赤唐辛子、にんにく、ベーコンを中火にかけ、香りがたつまで炒める。なすを加えてシナッとなるまで炒め、火を止める。
5 **4** にゆでたてスパゲティ、塩、こしょうを加え、手早く全体をあえる。

なす卵
ピリ辛のたれをからめた揚げなすとふんわり卵の中国風

なす　5本
揚げ油　適量
たれ
　┌ しょうゆ　小さじ2
　│ オイスターソース　小さじ2
　└ 豆板醤　小さじ½
卵　3個
ごま油　大さじ1

1 なすは皮ごと縦横半分に切り、海水くらいの塩水（分量外）に5～10分入れ、水けをふく。
2 揚げ油を中温（170～180度）に熱し、なすの皮を下にして入れ、ときどき返しながら全体にこげめがつくまで揚げる。
3 ボウルにたれの材料を合わせておく。
4 なすの油をきって **3** のボウルに入れ、たれをからめ、なすを器に盛る。ボウルに残ったたれは取っておく。
5 卵はとく。フライパンを強火で熱し、ごま油をまわし入れ、とき卵を一気に加え、大きくかき混ぜてふんわり半熟状に火を通す。なすの上にのせ、残ったたれをかける。

作り方 **1**

なす田楽
なすが主役。みそは1種類でもいいけれど、赤と白を交互に食べるおいしさは格別

なす　8本

なす

赤練りみそ
- 八丁みそ 大さじ4
- 酒 大さじ3
- 砂糖 大さじ2
- みりん 大さじ2
- 水 大さじ2

白練りみそ
- 白みそ 大さじ4
- 酒 大さじ3
- みりん 大さじ2
- 水 大さじ2

揚げ油 適量
青じそ(千切り) 適量
黒いりごま 適量

1 なすは縦半分に切り、海水くらいの塩水(分量外)に入れる。5～10分おいて水けをよくふく。

2 練りみそを作る。小鍋の中を水でぬらし、赤練りみその材料を入れ、よく混ぜ合わせる。中火にかけてかき混ぜ、フツフツしてきたら弱火にし、全体がとろりとしてピカッとツヤが出るまで練る。白練りみそも同様にして作る。

3 揚げ油を中温(170～180度)に熱してなすを入れ、竹串がスーッと通るようになるまで揚げる。油をよくきり、さらにペーパーなどで余分な油をおさえる。

4 なすの切り口を上にして盛り、練りみそをのせる。赤練りみその上には青じそを散らし、白練りみその上には黒ごまを散らす。残ったみそは冷蔵庫で2週間は保存可能。

鍋の中を水でぬらす→ コラム参照

なすと油揚げのとろ〜り煮

下ゆをしてから煮ると、それだけで品よく決まる

- なす 8本
- 油揚げ 2枚
- 煮汁
  - だし汁(濃いめ) 1½カップ
  - 酒 大さじ2
  - みりん 大さじ2
  - 薄口しょうゆ 大さじ1
  - 塩 少々
- 水溶き片栗粉
  - 片栗粉 大さじ2
  - 水 大さじ2
- とき辛子(好みで) 適量

1 なすはヘタを残してピーラーですっかり皮をむき、海水くらいの塩水(分量外)に5～10分入れる。油揚げは水で洗ってキュッとしぼり、1cm幅に切る。

2 なすの水けをきり、油揚げと一緒に熱湯で10分くらいゆで、なすに竹串がスーッと通るようになったらザルにあげる。

3 煮汁を中火にかけ、フツフツしたらなすと油揚げを入れ、フタをして弱火で10分くらい煮る。器になすを盛り、上に油揚げをのせる。

4 残った煮汁をフツフツさせ、水溶き片栗粉を加えてとろみをつける。なすと油揚げの上にかけ、とき辛子を添える。

なすといかのトマト煮

辛いもの好きなら、タバスコを振って。白いご飯の献立にはオレガノをはぶく

- なす 3本
- いか 2杯
- トマト(完熟) 3個
- にんにく(すりおろし) ひとかけ
- ローリエ 1枚
- オレガノ(乾) 少々
- 塩 小さじ½
- こしょう 少々
- レモン汁 ½個分
- バジル(乾・あれば) 少々
- タバスコ(好みで) 適量

1 なすはピーラーで縦にシマシマに皮をむき、1cm厚さの輪切りにし、海水くらい

の塩水(分量外)に5〜10分入れる。

2 いかの胴は1cm幅の輪切りにし、足は食べやすいように切る。

3 トマトは皮をむき、1cm角に切る。

4 鍋の中を水でぬらしてトマト、いか、水けをきったなすの順に重ねて入れ、にんにく、ローリエ、オレガノを加え、フタをして強めの中火で15分煮る。

5 なすがやわらかくなったら、味をみて塩、こしょうで調え、レモン汁をまわし入れてすぐ火を止める。

6 器に盛り、あればバジルを振り、好みでタバスコを振って食べる。

なすといんげんのみそ煮
アツアツより、冷めてからのほうがうまい

　なす　4本
　いんげん　100g
　干しえび　大さじ2
　水　1½カップ
　ごま油　大さじ1
　合わせみそ
　　｛ みそ　大さじ1強
　　　 酒　大さじ1
　　　 みりん　大さじ1
　　　 砂糖　小さじ1
　挽きこしょうか粉山椒　適量

1 干しえびは分量の水に入れ、30分くらいおく。合わせみその調味料を混ぜ合わせておく。

2 なすは皮ごと縦2つに切り、皮に斜めに浅く切りめを入れ、海水くらいの塩水(分量外)に入れて5〜10分おき、水けをふく。いんげんはすじがあれば取り、2つに切る。

3 ごま油を熱し、なすの皮を下にして強めの中火で焼く。油がまわったら裏返して皮を上にし、すぐにいんげんをのせ、**1**の干しえびをつけ水ごと加え、フタをして中火で煮る。

4 フツフツしてきたら、なすの上にチョンチョンと合わせみそをのせる。そのまま混ぜないでフタをして弱火で15〜20分煮る。

5 フタを取って火を強め、全体を混ぜて味をからめ、火を止める。盛りつけ、挽きこしょうをガリガリ挽くか粉山椒を振る。

なすとえびの冷菜
だれもがアッと驚くパーティー向きの一品

　なす　4本
　えび　8尾
　塩　少々
　A｛ レモン汁　½個分
　　　 サラダ油かオリーブ油　大さじ1
　ソース
　　｛ マヨネーズ　大さじ山盛り2
　　　 牛乳　大さじ2
　　　 レモン汁　½個分
　　　 白こしょう　少々
　きゅうりのピクルス　1本

1 なすは皮ごと縦半分に切り、海水くらいの塩水(分量外)に10〜15分つけておく。えびは背ワタがあれば取る。

2 塩を加えた熱湯でえびをゆで、取り出す。続いてなすをやわらかくゆで、水けをきる。

3 ボウルにAを合わせ、なすを加え、熱いうちにAをからめて冷やす。えびは冷めたら尾を残して殻をむき、冷やす。

4 なすの切り口を上にしてきれいに盛りつけ、なすの上にえびをのせ、混ぜ合わせたソースをかける。ソースの上に薄切りにしたピクルスをのせる。

なすとかぼちゃの煮もの

夏から秋への取り合わせの洋風煮もの。冷めたほうが味が落ち着いておいしい

　　なす　3本
　　かぼちゃ　¼個
　　水　1カップ
　　固形スープの素　1個
　　塩　少々
　　こしょう　少々

1 なすはヘタを切り落としてからピーラーですっかり皮をむき、斜めに1㎝厚さに切り、海水くらいの塩水（分量外）に5～10分入れる。
2 かぼちゃは皮をところどころむき、一口大より小さめに切る。
3 鍋の中を水でぬらし、水けをきったなすとかぼちゃを入れ、くだいたスープの素、分量の水を加えて表面を平らにする。
4 フタをして強めの中火にかけ、10～15分煮る。途中で一度上下を返し、汁けがなくなってクタッと煮えたら、味をみて塩、こしょうで調える。

なすとキャベツの即席漬け

よ～く冷やして生野菜代わりにたっぷりと

　　なす　2本
　　キャベツ　2枚
　　みょうが　2個
　　下漬け用塩水
　　　｛ 水　3カップ
　　　　塩　小さじ2
　　梅干し　大1個
　　塩　少々

1 なすは皮ごと縦半分に切ってから斜め薄切りにし、下漬け用の塩水に20～30分入れる。
2 キャベツは5㎜幅くらいの細切りにし、みょうがは縦半分に切ってから斜め薄切りにし、**1** の塩水に加える。
3 野菜をザルにあげて水けをきり、何回かに分けて水けをギュッとしぼってはボウルに入れる。
4 梅干しの果肉をあらくほぐして野菜に加え、塩をパラパラと振る。キュッキュッと軽くもみ、30分ほどおく。
5 食べてみてよければそのまま、塩けがきつければ少ししぼって盛りつける。

なすと牛肉の炒めもの

なすは皮をむき、しんなりするまで炒めるのがポイント

　　牛薄切り肉　200ｇ
　　塩　少々
　　こしょう　少々
　　なす　6本
　　チンゲン菜　2株
　　にんにく（みじん切り）　ひとかけ
　　サラダ油　大さじ2
　　A ｛ 酒　大さじ2
　　　　しょうゆ　大さじ1
　　　　オイスターソース　小さじ1

1 なすはヘタを切り落としてからピーラーですっかり皮をむき、縦2つに切ってから縦に1㎝厚さに切る。海水くらいの塩水（分量外）に5分浸し、水けをふく。
2 チンゲン菜は5～6㎝長さに切り、太いところは縦2つに切る。
3 牛肉は食べやすく切り、塩、こしょうを振る。
4 サラダ油大さじ1を中火で熱し、すぐにんにくを炒める。香りがたったら肉をほぐしながら炒め、火が通ったら取り出す。
5 サラダ油大さじ1をたし、強めの火でなすをしんなりするまで炒める。肉を戻しすぐチンゲン菜も加えて炒め合わせる。
6 Aの調味料を加え、手早く全体にからめて炒め上げる。

なすとごぼうの汁

夏バテの胃に温かくしみわたる汁もの。や

なす

わらかく煮えた丸ごとなすがうれしい

なす　4本
ごぼう　10cm
だし汁　6カップ
A ┌ 酒　大さじ1
　├ 薄口しょうゆ　小さじ2
　└ 塩　小さじ½
水溶き片栗粉
　┌ 片栗粉　小さじ2
　└ 水　小さじ2
卵　1個
しょうが(すりおろし)　適量

1 なすはヘタを切り落としてからピーラーですっかり皮をむき、海水くらいの塩水(分量外)に5〜10分入れる。
2 ごぼうはささがきにして水に放つ。
3 だし汁に水けをきったなすとごぼうを入れ、ふたをして弱火で煮る。なすがやわらかくなったらAの酒、薄口しょうゆ、塩で味を調える。
4 フツフツしているところに水溶き片栗粉をまわし入れる。
5 再びフツフツしてきたら、卵をといて少し高い位置からまわし入れる。ふわっと固まりかけたらフタをし、すぐ火を止める。椀に盛り、おろししょうがをのせる。

なすと魚のレモンスープ煮
白身魚の鯛、さわら、ひらめなどで

なす　4本
にんじん　10cm
白身魚　4切れ
塩　適量
こしょう　適量
水　5カップ
固形スープの素　1個
レモン汁　1個分
砂糖　小さじ1〜3
粒こしょう　10粒
セロリの葉　適量
ローリエ　1枚

1 なすはヘタを切り落としてからピーラーですっかり皮をむき、海水くらいの塩水(分量外)に入れる。にんじんは1cm厚さの輪切りにする。
2 魚は水けをふき、塩、こしょうを振る。
3 分量の水にスープの素、レモン汁、水けをきったなす、にんじんを入れて中火にかける。フツフツしてきたら強火にして魚を加え、砂糖、粒こしょう、セロリの葉、ローリエも入れ、フタをして中火で10分ほど煮る。味をみて塩で調える。

なすとそうめんのみそ汁
みょうがも加えて、日本の夏の定番

なす　2本
みょうが　2個
そうめん　1わ(50g)
だし汁　4カップ
みそ　大さじ2〜3
とき辛子　適量

1 なすはピーラーで縦にシマシマに皮をむき、5mm厚さの半月切りにする。みょうがは縦半分に切ってから斜め薄切りにする。
2 そうめんはかためにゆで、水でよく洗って水けをきる。
3 だし汁になすを入れて火にかけ、フタをしてやわらかくなるまで煮る。火を弱めてみそをとき入れ、再びフツフツしてきたらそうめんを加え、すぐ火を止める。
4 みょうがを入れた椀に盛り、とき辛子を添える。そうめんの入らないなすとみょうがだけの組み合わせもよい。

なすと鶏ささみの重ね焼き
何回かに分けて焼けば、オーブントースターでもOK

なす　2〜3本
鶏ささみ　200g

なす

　　塩　適量
　　こしょう　適量
　　とけるチーズ　適量
　　オリーブ油　適量
　　パセリか青じそ（みじん切り）　適量
　　タバスコ（好みで）　適量

1 なすは皮ごと縦に5㎜厚さの薄切りにする。鶏ささみは大きめに薄くそぎ切りにする。
2 オーブンの天板にオリーブ油を薄くぬり、なすを重ならないように並べ、軽く塩、こしょうを振る。なすの上にささみを等分にのせ、チーズをのせ、残りのなすを重ね、オリーブ油をまわしかける。
3 200度に温めたオーブンに入れ、10分ほど焼く。盛りつけてパセリか青じそを振り、好みでタバスコをかけて食べる。

なすと豚肉のみそ炒め

相性よしのおかず。なすは塩水につけると余分な油を吸わないからおいしさもアップ

　　なす　6本
　　豚薄切り肉　200ｇ
　　サラダ油　大さじ3
　　合わせ調味料
　　　　にんにく（すりおろし）　少々
　　　　みそ　大さじ1
　　　　みりん　大さじ1
　　　　酒　大さじ1
　　　　豆板醤　小さじ1

1 なすは縦半分に切り、5㎜厚さの斜め切りにする。これを海水くらいの塩水（分量外）に5分くらいつける。
2 豚薄切り肉は4～5㎝長さに切る。合わせ調味料の材料は混ぜておく。
3 中華鍋にサラダ油大さじ1を熱し、中火で豚肉を炒めて、肉の色が変わったら、いったん器に取っておく。
4 さらにサラダ油大さじ2をたして熱し、水けをふいたなすを加えて色よく炒め、これも器に取っておく。
5 同じ中華鍋に合わせ調味料を熱し、豚肉となすを戻し、強火で味をからめて出来上がり。

なすと豚肉のみそ汁

夏の終わりのスタミナ切れのときに、相性バツグンのおかずみそ汁

　　なす　2本
　　ごぼう　10㎝
　　豚薄切り肉　100ｇ
　　木綿豆腐　½丁
　　ごま油　大さじ1
　　だし汁　4カップ
　　みそ　大さじ2～3
　　細ねぎ（小口切り）　適量

1 なすはヘタを切り落としてからピーラーですっかり皮をむき、縦半分に切ってから斜めに1㎝幅に切り、海水くらいの塩水（分量外）に5～10分入れる。
2 ごぼうはささがきにして水に放つ。豚肉は2㎝幅に切る。豆腐はザルにあげ、自然に水けをきる。
3 鍋にごま油を熱し、なすとごぼうを強めの火で炒める。
4 全体がアツアツになったら豚肉を加え炒め、肉の色が変わったら豆腐をドカリと入れ、くずしながら炒め合わせる。
5 だし汁を加え、なすがやわらかくなるまで煮る。
6 みそをとき入れ、椀に盛りつける。細ねぎをたっぷり散らす。こしょうや七味唐辛子がよく合う。

なすと豚のおかずごまみそがらめ

主菜にも十分なコクとボリューム

　　なす　5本
　　豚肩ロース薄切り肉　200ｇ
　　ごま油　大さじ2
　　ごまみそだれ

なす

```
┌ みそ 大さじ1
│ しょうゆ 大さじ1
│ 酒 大さじ1
└ 白練りごま 大さじ3
  しょうゆ 適量
```

1 なすはピーラーで縦にシマシマに皮をむき、縦半分に切ってから1㎝幅くらいの斜め切りにし、海水くらいの塩水（分量外）に入れる。豚肉は食べやすい大きさに切る。
2 鍋に湯を沸かし、水けをきったなすと豚肉を入れてゆで、ザルにあげ湯をきる。
3 なすと豚肉を鍋に戻しごま油をまわしかけ、強火にかけて炒める。全体に油がまわってアツアツになったら、合わせたごまみそだれを加えて混ぜ、煮立てないようにして味をからめる。火を止め、味をみてしょうゆで調える。

なすと干しえびの煮もの
なすは揚げて煮るから、色もうまみもしっかり

```
なす 6本
干しえび ¼カップ
ぬるま湯 1カップ
酒 大さじ1
薄口しょうゆ 大さじ1
揚げ油 適量
```

1 鍋に干しえびとぬるま湯を入れ、30分くらいおく。
2 なすは皮ごと縦半分に切り、斜めに細かく浅く切りめを入れ、海水くらいの塩水（分量外）に5〜10分入れ、水けをふく。
3 揚げ油を中温（170〜180度）に熱し、なすを色よく揚げる。
4 1の鍋に調味料を加えて火にかけ、煮立ってきたらなすを加え、中火で10分くらい煮る。途中、ときどき煮汁をまわしかける。フタをして火を止め、そのまま余熱で味を含ませる。

作り方 **2**

なすとわかめのサラダ
レモン汁で酸味をきかせて夏向きに

```
なす 2本
酢 少々
わかめ（戻したもの） ½カップ
ゆでえび 5〜6尾
ソース
┌ マヨネーズ 大さじ2
│ レモン汁 ½個分
│ 塩 小さじ¼
└ こしょう 少々
```

1 なすは皮ごと縦、横半分に切ってから、縦に薄切りにし、海水くらいの塩水（分量外）に10分入れる。水けをきり、酢を加えた熱湯でゆで、ザルに広げてさます。
2 戻したわかめは2〜3㎝長さに切り、キュッと水けをしぼる。えびは縦、横半分に切る。
3 混ぜ合わせたソースになす、わかめ、えびの順に加えて混ぜる。

なすの揚げてつぶして
独特のねっとり感がおいしい

```
なす 4〜8本
揚げ油 適量
削り節 適量
しょうが（すりおろし） 適量
しょうゆ 適量
```

1 なすはヘタを切り落とし、竹串で数カ所穴をあける。
2 揚げ油を温め、ぬるいうちになすを入れ、竹串がスーッと通るまで揚げる。
3 なすの油をきってすり鉢に入れ、ザッ

とすりつぶす。

4 盛りつけ、削り節をかけておろししょうがをのせ、しょうゆを少々かける。全体をよく混ぜ合わせて食べる。

なすの揚げ煮
切りめを入れるより、シマシマに皮をむいたほうが手早く、味もよくしみ込む

　なす　4本
　オクラ　1袋
　みょうが　2個
　揚げ油　適量
　煮汁
　｛　だし汁(濃いめ)　1カップ
　　　酒　大さじ1
　　　しょうゆ　大さじ1

1 なすはピーラーで縦にシマシマに皮をむき、海水くらいの塩水(分量外)に5〜10分入れる。

2 オクラはヘタを切り落とす。みょうがは縦半分に切ってから斜め薄切りにする。

3 揚げ油を中温(170〜180度)に熱し、なすの水けをふいて入れ、竹串がスーッと通るようになるまで揚げて油をよくきる。

4 煮汁を火にかけ、フツフツしたらなすとオクラを加え、フタをして強めの中火で5分煮る。

5 盛りつけ、みょうがを上に盛る。

作り方**1**

なすのイタリア煮
アツアツでも、冷やしても。パスタ、パン、白いご飯にもよく合う

　なす　5〜6本
　にんにく　ひとかけ
　オリーブ油　大さじ1
　固形スープの素　1個
　オレガノ(乾・あれば)　少々
　バジル(乾・あれば)　少々
　トマトジュース(有塩)　1カップ

1 なすはピーラーで縦にシマシマに皮をむき、5mm厚さの輪切りにし、海水くらいの塩水(分量外)に5分くらい入れ、水けをふく。にんにくはみじん切りにする。

2 鍋にオリーブ油を入れて火にかけ、あまり熱くならないうちににんにくを弱めの中火で炒める。香りがたったらなすを加え、火を強めて炒める。

3 全体に油がまわったらスープの素、オレガノ、バジル、トマトジュースを加え、フタをして中火でやわらかくなるまで煮る。

なすのお浸し
やわらかい出盛りのなすで作ってこそ

　なす　5本
　塩　少々
　削り節　適量
　しょうゆ　適量

1 なすは皮ごと塩を加えた熱湯でゆで、竹串がスーッと通ったら、ザルにあげて自然に水けをきる。

2 あら熱が取れたら、縦に細長くさく。

3 器に盛り、削り節をたっぷりのせ、しょうゆをかけて食べる。

なすの辛子漬け
冷蔵庫で1週間は十分おいしい

　小なす　14〜15個
　塩　大さじ1
　辛子じょうゆ
　｛　とき辛子　大さじ山盛り1
　　　しょうゆ　大さじ1
　　　砂糖　小さじ1

1 小なすはヘタを少し残してがくだけぐ

なす

るりと切り取る。まな板に並べて塩を振り、ゴロゴロさせて塩をなじませる。
2 なすがフワッとやわらかくなったと感じたら、そのままボウルなどの器に移し、軽く重しをして一晩おく。
3 重しを取り、なすはサッと水洗いし辛子じょうゆに漬け込み、冷蔵庫で一晩おいて味をよくなじませる。2～3日後くらいがもっともおいしい漬かり頃。

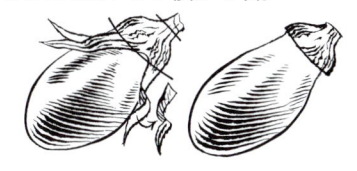

作り方 **1**

なすのクタクタ友だち
相性のよいコンビをよくよく炒めるだけ

なす　6本
豚挽き肉　150ｇ
ピーマン　3個
ごま油　大さじ2
合わせ調味料
　みそ　大さじ1
　酒　大さじ1
　砂糖　大さじ1
　しょうゆ　小さじ½
青じそ　1わ

1 なすは縦半分に切ってから、さらに縦に薄切りにし、切るそばから海水くらいの塩水(分量外)に入れ5分ほどつける。
2 ピーマンは縦半分に切ってから、横に細切りにする。
3 合わせ調味料の材料を混ぜておく。青じそは縦半分に切ってから千切りにする。
4 中華鍋にごま油を熱し、豚挽き肉をほぐしながら強火で炒める。肉の色が変わったら、水けをきったなすとピーマンを加え、中火にして、クタッとなるまでよくよく炒める。

5 全体がシナーッとなったら、合わせ調味料と青じそを加え、味をからめるように手早く炒めてすぐ器に盛る。

なすのごまだれあえ
ごまはたっぷり、よくよくすり、薄味に

なす　5本
ごまだれ
　白いりごま　½カップ
　薄口しょうゆ　大さじ1
　みりん　大さじ1
　とき辛子　少々

1 なすはピーラーで縦にシマシマに皮をむく。縦2つに切ってから斜めに1㎝厚さに切り、海水くらいの塩水(分量外)に5分くらいつける。
2 なすは熱湯でやわらかくゆでる。ザルにあげ、広げて完全に冷ます。
3 ごまをすり鉢でよくよくすり、ねっとりしたら調味料ととき辛子を加えてさらにすり混ぜる。
4 食べる寸前に冷めたなすをごまだれに何回かに分けて加えてはあえる。

あえもの→ コラム参照

なすのごまだれかけ
皮をむいて揚げたなすとごまだれのとろっとした食感が絶妙

なす　6本
揚げ油　適量
ごまだれ
　練りごま　大さじ2
　みりん　大さじ1
　薄口しょうゆ　小さじ2
　水　大さじ1～2
黒いりごま　適量

1 なすはヘタを切り落としてからピーラーですっかり皮をむき、縦半分に切る。海水くらいの塩水(分量外)に入れ、5～10分おいて水けをよくふく。

なす

2 揚げ油を中温（170～180度）に熱し、なすを入れ、少し色づいて竹串が通るようになるまで揚げる。
3 練りごまと調味料を混ぜ合わせ、水を様子をみながら混ぜてとろっとしたごまだれに仕上げる。
4 器になすを盛り、ごまだれをかけ、ごまを振る。

なすのゴロン揚げ
ハムと青じそをはさんでフライに。ビッグな見かけによらず、ぺろりと食べられる

　なす　8本
　ハム　8枚
　青じそ　8枚
　小麦粉　適量
　衣
　　｜小麦粉　1カップ
　　｜卵水（卵1個と水）　1カップ弱
　　｜パン粉　適量
　揚げ油　適量
　ウスターソース　適量
　〈付け合わせ〉
　　千切りキャベツ　適量
　　トマト（くし形切り）　適量

1 なすはヘタを切り落としてピーラーで縦にシマシマに皮をむき、縦半分に切り、海水くらいの塩水（分量外）に5～10分つける。
2 なすの水けをふき、8個の切り口に小麦粉を振り、ハムと青じそをのせる。青じその上にも小麦粉を振り、残りのなすをのせてはさみ、表面全体に小麦粉を振る。
3 衣の卵水を混ぜ合わせ、さらに小麦粉を加えて混ぜる。これをなすにからめてからパン粉をつける。
4 揚げ油を中温（170～180度）に熱してなすを入れ、衣がしっかりしてきたら、ときどき転がしながら揚げる。全体がきつね色になったら、竹串を刺して中まで火が通ったかどうかを確かめる。
5 丸ごと盛り（食べにくければ半分に切ってもいい）、付け合わせも添える。ウスターソースで食べる。

なすのサンドイッチ
オリーブ油でこんがり焼いたなすとベーコンをはさんだ、ワインが欲しくなる一品

〈これは2人分〉
　イギリスパン　4枚
　バター　適量
　マスタード　適量
　なす　2本
　塩　適量
　オリーブ油　大さじ1
　ベーコン　4枚
　サラダ菜　6枚

1 パンの片側にバターとマスタードをぬり、ぬったほうを内側にして2枚1組にする。パンが乾かないようにしておく。
2 なすはピーラーで縦にシマシマに皮を薄くむき、縦に等分に切り、塩を振って10分おく。
3 オリーブ油少々（分量外）を熱してベーコンを弱火でカリッと焼き、ペーパーに取って脂をきる。
4 オリーブ油を大さじ1たし、なすを両面こんがり中火で焼く。
5 パンにサラダ菜、ベーコン、なすと重ねてはさむ。チーズを入れてもおいしい。

なすの吸いもの
とろっとしたなすとしその香りで秋の味覚

　なす　2本
　だし汁　4カップ
　酒　大さじ1
　塩　小さじ½
　薄口しょうゆ　小さじ1～2
　しその実　大さじ2

1 なすはヘタを切り落としてピーラーで

なす

薄くすっかり皮をむく。これを縦半分に切ってから縦に薄切りし、すぐ海水くらいの塩水(分量外)に5分つける。

2 鍋になすとだし汁を入れて中火にかけ、なすがやわらかくなったら、酒、塩、薄口しょうゆで味を調える。

3 椀に **2** の吸いものを盛り、しその実を散らす。しその実がない場合は、しょうがのすりおろしでもおいしい。

なすの素丸揚げ
揚げたてをガブリと丸かじり

 なす 4本
 揚げ油 適量
 しょうが(すりおろし) 適量
 しょうゆ 適量

1 なすはヘタだけ切り落とし、皮に縦に浅く5㎜間隔に切りめを入れる。海水くらいの塩水(分量外)に10分ほど入れ、水けをふく。

2 揚げ油を中火で温め、油がぬるいうちになすを入れる。少し火を強め、油がブクブクしてきたら中火に戻し、ときどき返しながら揚げる。

3 竹串がスーッと通るようになったら、よく油をきって引き上げる。盛りつけしょうがをのせ、しょうゆをかけて食べる。

なすの即席辛子漬け
辛子の量はお好みに。この辛さはマイルド

 なす 4本
 下漬け用塩水
  水 3カップ
  塩 大さじ1
 辛子みそ
  とき辛子 小さじ1
  みそ 大さじ山盛り1
  砂糖 小さじ1
 しょうゆ 小さじ1

1 なすは皮ごと薄い輪切りにし、下漬け用の塩水に30分以上漬ける。

2 とき辛子、みそ、砂糖をよく混ぜ合わせる。

3 なすの水けをギュッとしぼる。**2** の辛子みそとむらなくあえる。しょうゆを振り、サッとあえて味をしめる。すぐ食べてもいいし、このまま一晩冷蔵庫においてから食べるのもおいしい。

なすの即席ミートソースグラタン
挽き肉がリッチな簡単ソースで

 なす 6本
 牛挽き肉 200g
 ミートソース缶詰 大1缶(約290g)
 トマトジュース 1カップ
 こしょう 少々
 バジル(乾) 少々
 サラダ油 適量
 とけるチーズ ½〜1カップ

1 なすは皮ごと1.5cm厚さの輪切りにし、海水くらいの塩水(分量外)に入れ、5〜10分おいて水けをきる。

2 鍋の中を水でぬらし、ミートソース缶詰、トマトジュース、こしょう、バジルを入れて中火にかける。フツフツしたら挽き肉を加え、ほぐしてフタをし、7〜10分煮る。

3 耐熱容器の中を水でぬらし、なすを並べ、サラダ油をまわしかけ、200度のオーブンで10分焼く。

4 いったん取り出し、**2** のミートソースをかけ、チーズを散らし、さらに10分くらい焼く。

なすの台湾みやげ
台湾で出会ったこれは、簡単で本格味。野菜のみですが主役のおかずです

 なす 6本
 ピーマン 4個
 揚げ油 適量

なす

合わせ調味料
- にんにく（みじん切り）　ひとかけ
- 長ねぎ（みじん切り）　10㎝
- オイスターソース　大さじ1
- みそ　大さじ1
- 豆板醤　小さじ½～1
- ごま油　小さじ1

1 なすは皮ごと縦、横半分に切り、海水くらいの塩水（分量外）に5～10分入れる。ピーマンも縦、横半分に切る。
2 揚げ油を中温（170～180度）に熱しピーマンを入れ、色があざやかに変わる程度にサッと揚げる。
3 火を強め、なすの水けをふいて油に入れ、竹串がスーッと通るまで揚げる。
4 アツアツのなすとピーマンを合わせ調味料であえる。

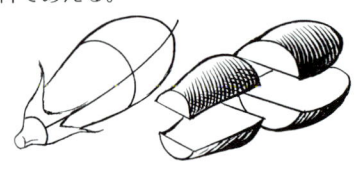

作り方 **1**

なすの卵焼き
なすのアク抜きもイタリア式に

- 卵　6個
- なす　3本
- パセリ（みじん切り）　適量
- オリーブ油　大さじ3
- 塩　適量
- こしょう　少々
- バター　大さじ1

1 なすは皮ごと1㎝角に切り、塩小さじ1を振り、ザルに入れて約60分おく。水で洗ってアクや塩を落とし、水けをきる。
2 オリーブ油大さじ2を熱し、なすを中火でシナッとするまで炒め、取り出す。
3 卵をとき、パセリ、塩少々、こしょう、炒めたなすを加えて混ぜる。
4 フライパンにバターと残りのオリーブ油大さじ1を入れて熱し、**3** の卵を入れ、大きくかき混ぜる。フタをして弱めの中火で両面よく焼く。

なすのチリ味
ご飯に合う中国風お総菜

- なす　4本
- ピーマン　2個
- 鶏もも肉　1枚
- 塩　適量
- こしょう　少々
- 片栗粉　適量
- 揚げ油　適量
- A
  - にんにく（みじん切り）　ひとかけ
  - トマトケチャップ　大さじ3
  - しょうゆ　大さじ1
  - タバスコ　適量

1 なすはピーラーで縦にシマシマに皮をむく。縦半分に切ってから2～3つに切り、海水くらいの塩水（分量外）に5～10分入れる。ピーマンは縦、横半分に切る。
2 鶏もも肉は黄色い脂肪を取りのぞき、一口大に切り、塩、こしょう、片栗粉を振る。
3 揚げ油を中温（170～180度）に熱し、鶏肉をしっかり揚げる。続いて水けをふいたなすとピーマンもしっかり揚げる。
4 Aを火にかけ、フツフツしたら肉、なす、ピーマンを加え、味をからめながらコテッと煮上げる。

なすのドライカレー
たっぷりのせたトマトを混ぜ合わせてどうぞ。薬味やサラダはいりません

- 温かいご飯　4人分
- なす　4本
- ピーマン　2個
- 合い挽き肉　200ｇ
- にんにく（みじん切り）　ひとかけ

しょうが(みじん切り)　ひとかけ
　　サラダ油　大さじ2
　　A ┌ カレー粉　大さじ1〜2
　　　│ しょうゆ　大さじ1
　　　│ ウスターソース　大さじ1
　　　│ 塩　小さじ1
　　　│ 砂糖　小さじ½
　　　└ ローリエ　1枚
　　トマト(完熟)　1〜2個

1 なすはヘタを切り落としてからピーラーですっかり皮をむき、あらみじんに切る。海水くらいの塩水(分量外)に3分くらい入れ、水けをきる。ピーマンはみじん切りにする。

2 サラダ油、にんにく、しょうがを中火にかけ、香りがたつまで炒める。ピーマンと挽き肉も加えて炒め、肉の色が変わったらなすを加え、クタッとなるまで炒める。

3 **2**にAの調味料を加え、弱火で10分くらい炒め、汁けがなくなったら火を止める。

4 トマトは皮をむき、1cm角に切る。ご飯とカレーを盛り、上にトマトを散らし、全体を混ぜて食べる。

なすのピーナッツあえ

ピーナッツバターとしょうゆでけっこう奥深い味になります

　　なす　5本
　　しょうゆ　大さじ1
　　ピーナッツバター(無糖)　大さじ2

1 なすは丸ごと竹串がスーッと通るようになるまで強火で蒸す。

2 あら熱が取れたら、縦2つにさいてから食べよい大きさに切る。

3 なすをしょうゆでサッとあえ、ピーナッツバターを加えてひと混ぜする。

なすのみそ炒め

夏のおなじみおかず。ご飯だけでなく、そ

うめんにもぴったり！

　　なす　6〜7本
　　合わせ調味料
　　　┌ 辛口みそ　大さじ1
　　　│ みりん　大さじ1
　　　│ 酒　大さじ1
　　　└ しょうゆ　大さじ1
　　ごま油　大さじ2〜3
　　青じそ　1わ

1 なすは縦半分に切ってから1cm厚さの斜め切りにし、海水くらいの塩水(分量外)に5〜10分つけ、水けをよくふく。

2 合わせ調味料は混ぜておく。青じそは縦半分に切ってから、千切りにする。

3 中華鍋かフライパンを熱し、ごま油をまわし入れ、水けをふいた**1**のなすを強めの火で炒める。なすに油がまわり、少しシナッとなったら、合わせ調味料を加えて全体をザッザッと炒め合わせる。

4 味がからんだら火を止め、青じそを散らして全体をよく混ぜ合わせ、器に盛る。

なすのメンチカツ

いつものメンチをなす入りでアレンジ。フワッフニョッとやさしい口あたり

　　A ┌ なす　2本
　　　│ 玉ねぎ　½個
　　　│ サラダ油　大さじ1
　　　│ パン粉　¾カップ
　　　└ 卵　小1個
　　合い挽き肉　300g
　　ウスターソース　小さじ2
　　塩　小さじ½
　　こしょう　少々
　　衣
　　　┌ 小麦粉　適量
　　　│ とき卵　1個分
　　　└ パン粉　適量
　　揚げ油　適量
　　ウスターソース　適量

なす

とき辛子、マスタードなど　適量

1 まずAの具を用意する。なすはピーラーですっかり皮をむき、細かく刻んで海水くらいの塩水（分量外）に5〜10分つけ、水けをきる。玉ねぎはみじん切りにする。

2 フライパンにサラダ油を熱し、なすと玉ねぎをクタッとするまで炒めて皿に取り、完全に冷ます。冷めたところでこれをボウルに入れ、パン粉と卵を加えてよく混ぜる。

3 別の大きめのボウルに合い挽き肉を入れ、ウスターソースを加え混ぜて下味をつける。

4 **3**の挽き肉に**2**を加えて塩、こしょうを振り、よく混ぜてたねにする。これを8等分にし、薄い木の葉形にまとめる。たねはやわらかいので、ここできれいな形にならなくてもOK。

5 **4**のたねに小麦粉、とき卵、パン粉の順に衣をつけ、中温（170〜180度）に熱した揚げ油で中までしっかり火を通す。カラリと揚がったら油をきって引き上げる。

6 器に盛り、ウスターソースやとき辛子などで食べる。

なすのもみ漬け

生野菜やサラダがわりにもどうぞ

　なす　2〜3本
　きゅうり　1本
　青じそ　4〜5枚
　しょうが　ひとかけ
　みょうが　2個
　下漬け用塩水
　　｛水　6カップ
　　｛塩　大さじ2
　酢　適量
　薄口しょうゆ　適量

1 なすはピーラーで縦にシマシマに皮をむき、縦半分に切ってから薄切りにし、塩水に入れる。きゅうりも皮をシマシマにむき、薄い輪切りにして加える。

2 青じそ、しょうがは千切りにして**1**に加える。みょうがは縦半分に切ってから斜め薄切りにして加える。上に皿などの重しをのせ、30分以上漬ける。

3 **2**の野菜はザルにあげて水けをきり、さらにギュッとしぼる。

4 酢と薄口しょうゆをかけ、サッとあえる。

なすマリネ

前日に作って冷蔵庫に入れておけば、うれしい一品。パンにもご飯にも合う

　なす　6本
　にんにく(みじん切り)　ひとかけ
　赤唐辛子(輪切り)　1本
　マリネ液
　　｛塩　小さじ1
　　｛米酢　大さじ1
　　｛酒　大さじ1
　　｛こしょう　少々
　　｛オレガノ　少々
　　｛オリーブ油　大さじ1

1 なすはヘタを切り落とす。皮のままヒタヒタの熱湯で7〜8分ゆで、竹串がスーッと通るようになったら水けをきる。

2 あら熱が取れたら、縦に4〜6等分にさく。

3 マリネ液を混ぜ合わせ、にんにく、赤唐辛子、なすを加えてひと混ぜし、30分以上おく。一晩おくと、もっとおいしくなる。

なたわり漬け

野菜の組み合わせはお好み次第。きゅうりだけ、キャベツだけでもOK

　きゅうり　2本
　キャベツ　2枚
　にんじん　5cm
　大根　3cm

漬け汁
- しょうが（薄切り）　ひとかけ
- 米酢　大さじ2
- 砂糖　大さじ1
- しょうゆ　小さじ½
- 塩　小さじ½
- ごま油　小さじ½

1 きゅうりはすりこぎなどでたたいてから一口大にちぎるように折る。キャベツは一口大にちぎる。にんじんは薄い短冊に切る。大根は厚めの短冊に切る。一緒にしてボウルなどに入れる。

2 漬け汁を火にかけてひと煮立ちさせ、すぐ野菜にジャッとまわしかけ、30分以上おく。途中、上下を返すようにして混ぜる。一晩おくと、もっとおいしくなる。

夏香ご飯
香りと酸味がきいたサラダ風ご飯。野菜は自然なかたちでよく水けをきる

〈これは2人分〉
- 温かいご飯　2人分
- きゅうり　1～2本
- みょうが　1～2個
- 青じそ　5枚
- しょうが　少々
- 油揚げ　1枚
- ちりめんじゃこ　大さじ2
- 塩　少々
- 梅干し　大1個
- 白いりごま　適量
- 柑橘類　適量

1 きゅうりは薄い輪切りにし、みょうがは縦半分に切ってから斜め薄切りにする。青じそは縦半分に切ってから千切りにし、しょうがは薄切りにしてから千切りにする。

2 ボウルに海水くらいの冷たい塩水(分量外)を作り、きゅうり、みょうが、青じそをつける。パリッとしたらザルにあげて、自然に水けをきっておく。

3 油揚げは湯で洗ってギュッとしぼる。オーブントースターで3～4分カリッと焼き、縦半分に切ってから、細切りにする。

4 大ぶりの器に温かいご飯を盛り、しょうがを散らして、**2**の野菜を全体に散らす。さらに油揚げ、ちりめんじゃこも散らして、塩を全体にパラパラと振る。

5 梅干しは果肉をちぎってのせ、白いりごまを振る。食べるときに、柑橘類(すだち、青柚子、レモン、ライムなど)をギュッとしぼりかけ、混ぜながら食べる。

夏香豆腐
豆腐はもちろん、薬味とつゆも冷たくして

- 豆腐(木綿でも絹でもよい)　2丁
- 青じそ　1わ
- しょうが　ひとかけ
- みょうが　2～3個
- きゅうり　1本
- つゆ
  - だし汁(濃いめ)　2カップ
  - 薄口しょうゆ　大さじ2

1 豆腐は8等分くらいのやっこに切り、氷水に入れて冷やす。

2 青じそは縦半分に切ってから千切りにする。しょうがは皮をむいて千切りにする。みょうがは縦2つに切ってから斜め薄切りにする。きゅうりは斜め薄切りにしてから千切りにする。全部一緒に氷水に入れ、パリッとなったら水けをきる。

3 豆腐の水けをきって盛り、混ぜ合わせたつゆをかけ、香味野菜などの薬味をのせる。

夏大根とスモークサーモンのサラダ
一口サイズに盛りつけた、食べやすいサラダ。パーティーにもおすすめ

- 大根　10cm
- 下味用

なっつ

```
｛ 塩　小さじ½
　 米酢　大さじ1
```
細ねぎ(小口切り)　5〜6本
青じそ　1〜2わ
スモークサーモン　10〜20枚
レモン(くし形切り)　適量

1 大根は薄い輪切りにしてから千切りにする。これをボウルに入れ、塩と米酢を振り入れてサッと混ぜ、3〜4分おいて軽く水けをしぼる。
2 器に青じそを敷き、大根を大きめの一口大に分けて、青じその上にのせる。さらにこの上に、スモークサーモンをかぶせて細ねぎを散らす。レモンを添え、しぼって食べる。

ナッツごまめ
アーモンドやカシューナッツなど好みの一種で。香ばしさがたまりません

ごまめ　1カップ
ナッツ(刻んだもの)　大さじ2
砂糖　大さじ1
みりん　大さじ1
しょうゆ　大さじ1

1 ナッツはフライパンに入れて、焦がさないように弱火で香ばしくいり、皿に取る。
2 フライパンをふいてごまめを入れ、焦がさないようにごく弱火でじっくりといる。
3 ごまめがカリッとしたら金ザルに入れ、細かいかすやごみをふるい落とす。
4 フライパンをきれいにしてサッと水でぬらし、砂糖、みりん、しょうゆを入れて中火にかけ、フツフツと煮立てる。全体がとろ〜っとして泡が細かくなってきたら火を止め、すぐにごまめとナッツを入れて手早く混ぜてからめる。
5 **4**が熱いうちに、皿に取り大急ぎで平らに広げ、そのまま冷ます。

ナッツ酢豚
歓声が上がる人気料理

豚肩ロースかたまり肉　400〜500g
下味用
```
｛ しょうゆ　小さじ2
　 酒　小さじ2
　 片栗粉　大さじ3
```
カシューナッツ　1カップ
干椎茸　6〜7枚
赤ピーマン　2個
ピーマン　2個
揚げ油　適量
ごま油　適量
しょうが(みじん切り)　少々
A
```
｛ 干椎茸の戻し汁　1カップ
　 米酢　大さじ2
　 砂糖　大さじ2
　 しょうゆ　大さじ2
```
水溶き片栗粉
```
｛ 片栗粉　大さじ1
　 水　大さじ1
```

1 干椎茸は戻し、2つに切る。戻し汁は取っておく。
2 豚肉は食べやすい大きさに切り、しょうゆと酒を混ぜて下味をつけ、片栗粉をまぶす。
3 ピーマン類は縦に1cm幅に切る。
4 揚げ油を低温(150〜170度)に熱し、ナッツを入れる。椎茸、ピーマン類の順に加えて揚げ、引き上げる。
5 中温(170〜180度)の揚げ油で豚肉をカラリと揚げる。
6 中華鍋を火にかけ、ごま油大さじ1でしょうがを中火で炒める。Aを加えてフツフツさせ、水溶き片栗粉を加えてとろみをつける。
7 火を強め、揚げた具を加えてからめ、火を止めてごま油小さじ½を落とす。パイナップルを入れても格別の味。揚げた具と一緒に甘酢あんにからめる。

ナッツとじゃが芋のサラダ
クリーミーなポテトサラダと木の実、レーズン、チーズのおいしいハーモニー

　　じゃが芋　3個（約500ｇ）
　　くるみ　大さじ山盛り1
　　カシューナッツ　大さじ山盛り1
　　レーズン　大さじ2
　　プロセスチーズ（刻んだもの）　1カップ
　　生クリーム　¼カップ
　　塩　少々

1 じゃが芋は一口大くらいに切り、ヒタヒタの水でやわらかくゆでる。湯を切り、火にかけて水分をとばし、熱いうちにつぶす。
2 木の実はあらく刻み、弱火で香ばしくいる。レーズンはサッと洗ってやわらかくし、水けをふく。チーズは5㎜角に切る。
3 じゃが芋、レーズン、チーズを生クリームであえ、味をみて塩で調える。
4 器に盛り、木の実を散らす。

納豆汁
東北の郷土料理。大豆の親戚同士になめこが加わってとろ～りと体温まる汁もの

　　納豆　2パック（100ｇ）
　　油揚げ　½枚
　　絹ごし豆腐　½丁
　　なめこ　1袋
　　だし汁　3½カップ
　　みそ　大さじ2～3
　　細ねぎ（小口切り）　適量

1 納豆は刻んでおく。油揚げは湯でザッと洗って水けをしぼり、細切りにする。絹ごし豆腐は1.5㎝の角切りにし、なめこはサッと洗う。
2 鍋にだし汁と油揚げを入れて火にかけ、フツフツしてきたら、みそをとき入れ、すぐに納豆と豆腐、なめこを加える。
3 再びフツフツしてきたら、火を止めて椀に注ぎ、細ねぎをたっぷり散らす。七味唐辛子や一味唐辛子を振ってもおいしい。

納豆の磯揚げ
のりに包まれたホクホクの納豆が美味。ご飯にも、ビールのつまみにもぴったり

　　納豆　2パック（100ｇ）
　　細ねぎ（小口切り）　½カップ強
　　とき辛子　小さじ1
　　焼きのり　1½～2枚
　　衣
　　　┌　小麦粉　大さじ4
　　　└　水　大さじ4
　　揚げ油　適量
　　しょうゆ　適量

1 納豆に細ねぎととき辛子を加え混ぜて、具にする。
2 焼きのりは8つ切りにし、12～16枚にする。
3 衣の小麦粉と水を合わせ混ぜる。
4 焼きのりの上に **1** の具をティースプーン約1杯分のせ、クルリと巻いて両端を少しぬらしてギュッと押さえて口を閉じる。
5 揚げ油を中温（170～180度）に熱し、**4** を衣にくぐらせてから静かに入れていく。衣がカリッとしてきたら、油をよくきって引き上げる。
6 器に盛り、しょうゆで食べる。

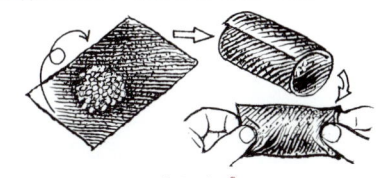

作り方 **4**

納豆のみそ汁
納豆もねぎも器に入れておき、アツアツのみそ汁を注ぐだけ

　　ひき割り納豆　2パック（100ｇ）
　　長ねぎ（小口切り）　½本
　　だし汁　4カップ

みそ　大さじ2〜3
とき辛子(好みで)　適量

1 ひき割り納豆と長ねぎはそれぞれ器に分けて入れておく。
2 鍋にだし汁を入れて火にかけ、フツフツしてきたらみそをとき入れる。
3 アツアツのみそ汁を **1** の器に盛り、好みでとき辛子を添えてもおいしい。

納豆もいろいろ

やみつきになる辛子明太子あえ

納豆　2パック(100g)
辛子明太子　½〜1腹
細ねぎ(小口切り)　適量
削り節　1パック
しょうゆ(好みで)　少々

1 辛子明太子はあらくほぐす。
2 器に納豆を入れ、辛子明太子、細ねぎ、削り節をのせ、食べるときによくかき混ぜる。味がたりなければしょうゆをかける。

夏トマトで作る基本のトマトソース

冷蔵庫で4〜5日は大丈夫

〈作りやすい分量〉
トマト(完熟)　5〜6個(約1kg)
にんにく　ひとかけ
オリーブ油　大さじ3
オレガノ　少々
塩　小さじ½

1 トマトは皮をむき、ザクザク切る。にんにくはつぶす。
2 オリーブ油、にんにく、オレガノを中火にかけ、香りがたったら強火にしてトマトを加え、そのままいじらず中火で煮る。
3 フツフツしてきたら鍋の中でトマトをマッシャーなどでつぶし、塩を加え、7〜8分煮る。冷めたら清潔なガラスびんに入れ、冷蔵庫で保存。

トマトの湯むき→　コラム参照

夏のいか焼き

焦げやすい足は胴に詰め込んで焼くといい

いか　2杯
片栗粉　大さじ2
しょうが(すりおろし)　適量
青じそ　適量
しょうゆ　適量

1 いかの胴は中まで水けをふき、足は水けをふき1〜2cm長さに切る。
2 足に片栗粉をまぶし、胴の中に詰め込み、ようじで口を縫うようにして閉じる。
3 フライパンの中を水でぬらし、いかを並べ、ふたをして中火にかける。プチプチ、パチパチ音がしはじめたら弱火にし、両面をこんがりと焼いて中までよく火を通す。
4 あら熱が取れたら、1cm厚さに切る。しょうがと青じそを添えて盛り、しょうゆをかけて食べる。

作り方 **2**

夏のおすし

酢をきかせたすし飯、薬味たっぷりの具。
夏のおすしはパパッと簡単に作るに限る

米　2カップ(2合)
合わせ酢
　　すし酢(市販)　大さじ2
　　米酢　大さじ2
ちりめんじゃこ　大さじ4
きゅうり　2本
みょうが　2個
青じそ　1わ
しょうが　ひとかけ
焼きかまぼこ　½〜1本
白いりごま　大さじ1

もみのり　適量

1　米はふつうに水加減して炊き、合わせ酢を混ぜてすし飯を作る。

2　きゅうりは薄い輪切りにし、海水くらいの塩水（分量外）に入れる。10分くらいおいて水けをしぼる。

3　みょうがは縦2つに切ってから斜め薄切りにする。青じそは縦2つに切ってから千切りにする。しょうがは皮をむいて千切りにする。かまぼこは縦3つに切ってから薄切りにする。

4　ちりめんじゃこ、きゅうり、かまぼこ、しょうがをすし飯に加え、青じそとみょうがは少し残してすし飯に加え混ぜる。盛りつけ、残しておいた青じそとみょうが、ごま、のりを散らす。

夏のガーリックトマトスパゲティ
夏野菜とにんにく風味でボリュームアップ。青じそやバジル、粉チーズを散らしても

　〈これは2人分〉
　スパゲティ　150〜200g
　にんにく　2かけ
　赤唐辛子　2本
　なす　2本
　トマト（完熟）　2個
　オリーブ油　大さじ2
　塩　小さじ½強〜1
　こしょう　適量

1　スパゲティは袋の表示通りにゆでる。

2　にんにくは薄切りにし、赤唐辛子は種をのぞき、辛いのが好きな人は2つにちぎる。

3　なすは5mm厚さの輪切りにし、海水くらいの塩水（分量外）に5〜10分つけ、水けをきる。トマトは1cm角に刻む。

4　フライパンにオリーブ油大さじ1、にんにく、赤唐辛子を入れ、弱めの中火にかけて炒める。にんにくがきつね色にカリッとなったら、赤唐辛子と一緒にいったん器に取り出す。

5　続けてオリーブ油大さじ1をたして強火にし、なすを炒める。なすがシナッとなったら、トマト、塩、ゆでたてのスパゲティを加えてあえ、味をみて塩で調え火を止める。ここの作業は一気にする。

6　器に盛り、**4**のにんにくと赤唐辛子を散らして、こしょうをガリガリッと挽く。

夏の水餃子（スイギョーザ）
ツルンとした歯ざわりが夏向き

　きゅうり　1本
　塩　小さじ½
　片栗粉　大さじ1
　豚挽き肉　150g
　しょうが（すりおろし）　½かけ
　酒　小さじ1
　餃子の皮　1袋（約20枚）
　たれ
　　｛しょうゆ　大さじ1
　　　酢　大さじ1
　　　豆板醤　少々
　　　にんにく（すりおろし）　少々

1　きゅうりは薄いいちょう切りにして塩を振り、サッと混ぜて10分おく。しんなりしたら水けをしぼり、片栗粉をまぶす。

2　**1**に豚挽き肉、おろししょうが、酒を加えてよく混ぜる。

3　餃子の皮に**2**の具をティースプーン1杯分ずつのせ、皮の縁に水をつけてしっかりと包む。

4　鍋にたっぷりの湯を沸かし、餃子を入れてほどよくゆでる。ゆで汁ごと器に盛って、合わせたたれを添える。

夏のマカロニスープ
ランチなら、これだけで十分

　ピーマン　2個
　セロリ　½本
　キャベツ　2枚

なつのみーとそーす

トマト（完熟）　2個
にんにく　ひとかけ
ウインナーソーセージ　4本
マカロニ　½カップ
オリーブ油　大さじ1
水　6カップ
固形スープの素　1個
オレガノかバジル　少々
パセリ（みじん切り）　適量

1 ピーマン、セロリ、キャベツ、トマトは1㎝角くらいに切る。にんにくは薄切りにする。ソーセージは1㎝長さに切る。
2 大きめの鍋にオリーブ油とにんにくを加え弱火で炒める。香りがたったら野菜とソーセージを加え、強めの中火で炒める。
3 全体がしんなりしたところで分量の水と固形スープの素を加えて強火にし、フツフツしたらマカロニを加え、フタをして中火で煮る。
4 マカロニがやわらかくなったらオレガノかバジルを振り、塩、こしょう（各分量外）で味を調え、火を止める。盛りつけてパセリを振る。

夏のミートソース
真夏の限定版。パスタの他に揚げなす、ゆでじゃが芋にかける、おいしさいろいろ

トマト（完熟）　4個
にんにく（みじん切り）　ひとかけ
オリーブ油　大さじ1½
豚挽き肉　400g
小麦粉　大さじ2
水　1½カップ
トマトジュース　2カップ
固形スープの素　1個
パプリカ　小さじ1
オレガノ　少々
塩　小さじ½
こしょう　適量

1 トマトは1㎝角くらいにザクザク刻む。皮が気になる人はむく。
2 鍋にオリーブ油とにんにくを入れて中火にかけ、香りがたったら火を強め、豚挽き肉を加えて炒める。肉に火が通ったら、弱火にして小麦粉を加え、2〜3分よくよく炒める。
3 強火にしてトマトを加えて炒め合わせ、分量の水、トマトジュース、固形スープの素、パプリカ、オレガノを次々と入れる。
4 鍋底が焦げないように木ベラでこそぐように混ぜながら中火で煮る。フツフツしてきたら、弱火にして30〜40分煮込み、最後に味をみて塩、こしょうで調える。

夏のみそスープ
夏こそ、アツアツスープで体力回復！　いつものみそ汁より薄めにするのが特徴

ベーコン　2枚
玉ねぎ　½個
なす　1〜2本
いんげん（細め）　約10本
サラダ油　大さじ½
水　4カップ
みそ　大さじ2〜3
こしょう　少々

1 なすは縦半分に切り、1㎝幅の半月切りにして、海水くらいの塩水（分量外）に10分くらいつける。
2 いんげんはすじを取って2〜3つに切り、玉ねぎは繊維にそって5㎜厚さに切る。ベーコンは1㎝幅に切る。
3 鍋にサラダ油を熱し、ベーコン、玉ねぎ、なす、いんげんの順に強火で炒め、全体に油がまわったら、分量の水を加える。
4 野菜がやわらかく煮えたらみそをとき入れ、ひと煮する。器に盛り、こしょうを振って食べる。

夏の焼きうどん
暑いときはのどごしのよいめんを。野菜類

を炒めるときは、強火で手早くが基本

〈これは2人分〉
ゆでうどん　2人分
牛薄切り肉　100g
にんじん　5㎝
ゆでだこの足　1本
ピーマン　1個
キャベツ　3枚
サラダ油　大さじ1
塩　適量
しょうゆ　適量
トマト　1個

1 トマトは皮をむいて(湯むき)1㎝角に切り、器に取っておく。
2 牛薄切り肉は3〜4㎝長さに切り、ゆでだこの足は食べよく薄切りにする。
3 にんじんとピーマンはマッチ棒くらいの細切りにし、キャベツは一口大に切る。
4 フライパンにサラダ油を熱し、牛肉を強火で炒める。肉の色が変わってきたら塩小さじ½を加え、にんじん、たこ、ピーマン、キャベツの順に加えてさらに炒め、油がまわったらいったん器に取る。
5 サラダ油少々(分量外)をたし、ゆでうどんを広げるように焼きつけて炒める。焦げそうになったら、湯少々(分量外)を注いでさらに炒める。
6 全体がアツアツになったら **4** を戻し、ザッザッと大きく炒めて混ぜる。味をみて塩少々としょうゆで調えて火を止める。
7 器に盛り、**1** のトマトを散らす。

夏バテ雑炊

とろりとおいしい夏バテの特効薬。疲れ気味のときにもぜひ！

〈これは1人分〉
ご飯　軽く1人分
にら　¼わ
えのき茸　¼袋
長ねぎ　少々
にんにく(みじん切り)　少々
しょうが(みじん切り)　少々
ごま油　小さじ1
水　2カップ
固形スープの素　½個
塩　適量
こしょう　適量
卵　1個
細ねぎ(小口切り)　適量

1 長ねぎ、にら、えのき茸は細かく刻む。
2 ご飯はザッと洗ってザルにあげ、水けをきっておく。
3 鍋にごま油を入れて火にかけ、油がぬるいうちに長ねぎ、にんにく、しょうがを炒める。香りがたったら、にらを加えて炒め、さらに分量の水、固形スープの素とご飯をほぐし入れ、弱火で煮る。
4 フツフツしてきたら、えのき茸を加え、塩、こしょうで味を調える。
5 ご飯がふくらんできたら卵をポンと割り落とし、半熟に煮る。器に盛りつけ細ねぎを散らす。

菜っぱのスープ煮

下ゆでなしの簡単煮浸し。かぶの葉だけでなく、小松菜や大根葉でも

かぶの葉　1わ分
固形スープの素　1個
水　1½カップ
昆布　10㎝
塩　少々
こしょう　少々

1 かぶの葉は4㎝長さにザクザクと切る。
2 鍋に固形スープの素、分量の水、昆布を入れて火にかける。フツフツしたら、かぶの葉を入れて10〜15分煮る。
3 最後に味をみて塩、こしょうで調える。

夏野菜いっぱいひやむぎ

具をたっぷりのせたサラダのような夏のめ

なつやさい

ん。すぐ食べたいときは市販のめんつゆで
〈これは2人分〉
ひやむぎ　150～200g
めんつゆ
　｜水　2カップ
　｜削り節　ひとつかみ
　｜薄口しょうゆ　¼カップ
　｜みりん　大さじ1½
レタス　4枚
きゅうり　½～1本
青じそ　½わ
わかめ(戻したもの)　½カップ
桜えび　大さじ2
ちりめんじゃこ　大さじ2
しょうが(すりおろし)　適量

1 めんつゆを作る。鍋に分量の水を入れて火にかけ、フツフツしてきたら削り節、薄口しょうゆ、みりんを入れて弱火にし、2～3分煮出す。
2 つゆをこし器でこして、残っただしがらはおたまの裏でギュッとしぼり、あら熱が取れたら冷蔵庫で冷た～くしておく。
3 レタス、きゅうり、青じそはすべて千切りにし、わかめは2～3㎝長さに切る。
4 桜えびとちりめんじゃこは一緒にフライパンで軽くいる。どちらか片方だけでも可。
5 ひやむぎは袋の表示通りにほどよくゆでてしっかり水洗いし、水けをきって器に盛る。上に野菜、わかめ、桜えびとじゃこの具をたっぷり盛り合わせ、めんつゆをかけておろししょうがをのせ、混ぜながら食べる。

夏野菜のポトフ
冷房で冷えた体にやさしい一品

鶏ウイングスティック　8本
なす　4本
ズッキーニ　2本
セロリ　2本
トマト(完熟)　2個
にんにく　ひとかけ
水　5カップ
塩　小さじ½強
こしょう　少々
粉チーズ(好みで)　適量

1 なすはヘタを切り落としてからピーラーですっかり皮をむき、海水くらいの塩水(分量外)に入れ、5～10分おく。
2 ズッキーニは縦、横2つに切る。セロリはズッキーニと同じくらいに切る。トマトはヘタを取り、横に2つに切る。にんにくは少しつぶす。
3 厚手の鍋に鶏肉と野菜を入れ、トマトを一番上にのせ分量の水、塩、こしょうを加え、フタをして中火にかける。フツフツしたら弱火にし、30～40分煮込む。好みで粉チーズを振って食べる。

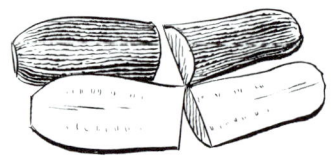

作り方2　ズッキーニ

夏野菜ライス
暑さに負けない色と香り

温かいご飯　4人分
ピーマン　2個
赤ピーマン　1個
黄ピーマン　1個
玉ねぎ　1個
トマト(完熟)　1個
ソーセージ　4～5本
オリーブ油　大さじ2
塩　小さじ½
こしょう　少々
バジル　少々
オレガノ　少々

1 ピーマン類、玉ねぎは1㎝角に切る。

トマトは皮をむいて1㎝角に切る。ソーセージは1㎝厚さに切る。
2 オリーブ油を熱してピーマン類、玉ねぎ、ソーセージを強めの火で炒め、火が通ったらトマト、塩、こしょう、バジル、オレガノを加えて全体がアツアツになるまで炒める。
3 火を止め、温かいご飯を加え、ご飯を切るようにして具を混ぜ合わせる。

七草粥 現代風

お正月七日の習慣を残したい。七草は手に入りやすい春菊、三つ葉、かぶの葉などで

　　米　1カップ
　　水　7カップ
　　せり　¼わ
　　三つ葉　¼わ
　　春菊　2～3本
　　小松菜　2～3本
　　ほうれん草　2～3本
　　かぶの葉　2～3本
　　大根の葉(中のやわらかい部分)　適量
　　塩　小さじ½
　　切りもち　2～3個
　　湯　1カップ

1 土鍋か厚手の鍋の中を水でぬらし、といだ米と米の7倍の水を入れ、フタをして中火にかける。フツフツしたら弱火にし、40～60分炊く。
2 せり、三つ葉、春菊は一緒に熱湯でサッとゆで、ザルに広げて冷ます。
3 続いて小松菜、ほうれん草、かぶの葉、大根の葉も一緒にゆで、水に取って5分さらし、水けをしぼる。
4 七草を刻み、水けをギュッとしぼる。
5 もちは一口大に切り、焼く。
6 おかゆが炊き上がったら七草、塩、分量の湯を加え、再びフツフツしたらもちを加え、すぐ火を止める。

　　七草→　コラム参照

菜の花ご飯

青々とした菜の花の彩りに、ほたてとしょうがの風味が出合い、和風ご飯の傑作

　　米　2カップ(2合)
　　酒　大さじ2
　　薄口しょうゆ　小さじ2
　　しょうが　少々
　　ほたて缶詰　小1缶
　　菜の花　1わ
　　塩　小さじ½

1 米はといでいつもの水加減にしておく。しょうがは皮をむいて千切りにする。
2 ほたて缶詰は貝柱と缶汁に分け、貝柱はザッとほぐしておく。
3 缶汁と酒、薄口しょうゆを合わせ、この分量を計量カップではかっておく。
4 **3**ではかった分量と同量の水を**1**から取りのぞき、**3**を加えてザッと混ぜ、さらにしょうがと貝柱も加えてすぐに炊飯器のスイッチを入れる。
5 ご飯を炊いている間に、菜の花を1.5㎝長さに刻み、ボウルに入れて塩を加え、ザッと混ぜておく。
6 ご飯が炊き上がったら、すぐに**5**の菜の花をご飯の上全体に均一にのせ、再びフタをする。さらに15分ほど蒸らし、底のほうからほっこりと混ぜて出来上がり。

菜の花漬けと卵のサンドイッチ

黄色と緑で彩りもきれいなサンド。菜の花漬けで塩けの調節を

　　〈これは2人分〉
　　食パン(サンドイッチ用)　4枚
　　マヨネーズ　適量
　　マスタード　適量
　　菜の花の塩漬け　½カップ
　　卵　2個
　　バター　大さじ1
　　こしょう　少々

1 食パンは2枚1組にして合わせる面に

なのはな

マヨネーズをぬり、それぞれ片面にはマスタードもぬる。

2 菜の花の塩漬けは、味をみて塩けがやや強いようなら、ザッと洗ってしぼり、端から細かく刻む。市販品の塩漬けでもおいしく作れる。

3 ボウルに卵をときほぐし、菜の花の塩漬け、こしょうを加えて混ぜ合わせる。

4 フライパンにバターを入れて火にかけ、バターがとけたら、強火にして卵液を一気に流し入れる。グルグルッと大きく混ぜてフワリとまとめ、両面をしっかり焼く。

5 出来上がりを食パンにはさみ、食べよく切り分ける。

菜の花の塩漬け→菜の花の塩漬け

菜の花とコーンのサラダ
コーンの甘みで菜の花のほろ苦さが引き立ち、彩りも春そのもの

菜の花　1わ
ホールコーン缶詰　中1缶（約230ｇ）
ドレッシング
　｜塩　小さじ½
　｜こしょう　少々
　｜マスタード　小さじ1
　｜米酢　大さじ1
　｜サラダ油　大さじ1

1 菜の花は熱湯でサッとゆで、ザルに広げて自然に水けをきり、冷ます。しぼらず3cm長さに切る。

2 ドレッシングを記載順に混ぜ合わせ、菜の花を加えて混ぜ、汁けをきったコーンを加えて混ぜる。

ドレッシングに使う油→ コラム参照

菜の花と桜えびの炒めもの
最後に片栗粉をパラパラッと振ることで、水分シャットアウトで食べやすい仕上がり

菜の花　2わ
桜えび　大さじ3
ごま油　大さじ1
塩　少々
こしょう　少々
片栗粉　小さじ½

1 菜の花は3～4cm長さに切り、熱湯でサッとゆで、ザルにあげて水けをきる。

2 中華鍋かフライパンを強火にかけ、すぐにごま油と桜えびを入れ、炒める。鍋が熱くなったら菜の花を加えて炒める。

3 全体がアツアツになったら塩、こしょう、片栗粉を振り、手早く全体にからめる。

菜の花とほたての辛子みそあえ
季節を大切にしたいおかず

菜の花　1わ
塩　少々
ほたて缶詰　1缶
A｜みそ　大さじ½
　｜みりん　大さじ1
　｜薄口しょうゆ　小さじ½
　｜とき辛子　小さじ½

1 菜の花は根元のかたい部分を1～2cm切り落とし、2cm長さに切る。塩を加えた熱湯でゆで、ザルに広げて冷ます。

2 ほたて缶詰は身と汁に分け、汁は大さじ1取っておく。ほたて貝柱はほぐす。

3 Aの調味料とほたての缶汁大さじ1をよく混ぜ合わせ、菜の花と貝柱を加えてあえる。

菜の花とまぐろのわさびあえ
春を感じるご馳走

菜の花　1わ
まぐろ赤身ブツ切り　4人分
A｜薄口しょうゆ　大さじ1
　｜練りわさび　小さじ1
しょうゆ　適量

1 菜の花は根元のかたい部分を1cmほど切り落とし、3cmくらいの長さに切る。熱

湯でゆで、ザルに広げて冷ます。

2 Aを混ぜ合わせ、菜の花とまぐろを何回かに分けて加えてはあえる。盛りつけ、しょうゆを少しかけて食べる。

菜の花の辛子あえ
菜の花のほろ苦さとピリッとした辛みが、相性抜群！

　菜の花　1わ
　塩　少々
　しょうゆ　小さじ½
　あえ衣
　　⎰とき辛子　小さじ½
　　⎨砂糖　小さじ½
　　⎱しょうゆ　大さじ1

1 菜の花は根元のかたい部分を1cmほど切り落とし、塩を加えた熱湯に茎のほうから入れてゆでる。あざやかな色合いになったらすぐザルにあげ、手早く広げて冷ます。

2 あら熱が取れたら2～3cm長さに切り、しょうゆを振って下味をつけ、ごく軽くしぼる。

3 ボウルにとき辛子、砂糖、しょうゆを合わせて混ぜ、菜の花を加えてザッとあえる。

菜の花の辛子ネーズ
マヨネーズと牛乳で辛子風味もマイルドに

　菜の花　1わ
　塩　少々
　辛子ネーズ
　　⎰マヨネーズ　大さじ2
　　⎨とき辛子　小さじ½
　　⎱牛乳　小さじ2

1 菜の花は根元のかたい部分を1cmほど切り落とし、長さを2～3等分に切る。塩少々を加えた熱湯で茎、葉の順に色よくゆでてザルにあげ、手早く広げて冷ます。

2 辛子ネーズの材料を合わせる。

3 器に菜の花を盛り、上から辛子ネーズをかける。あえてもよい。

菜の花の塩漬け
出まわる時期に作っておくと便利。食べるときはサッと洗い、ごまを振っても美味

　菜の花　1わ
　塩　小さじ1
　昆布　10cm

1 菜の花は根元のかたい部分を1cmほど切り落とし、2cm長さに切る。

2 昆布は水でザッと洗う。

3 ボウルに菜の花を入れて塩を加え、箸でサッサッと混ぜてから、菜の花の下に昆布を敷く。

4 上に皿2～3枚をのせて重しにし20～30分おく。全体がシナッとしたら、昆布ごと保存容器などに移して冷蔵庫で一晩漬ける。

5 食べるときはサッと水洗いして軽くしぼり、塩けを落として食卓へ。冷蔵庫で1週間くらいもつ。

菜の花のとんサラダ
辛子じょうゆあえをダイナミックに

　菜の花　1わ
　豚肉（しゃぶしゃぶ用）　150g
　辛子じょうゆ
　　⎰とき辛子　小さじ1
　　⎪砂糖　少々
　　⎨薄口しょうゆ　小さじ2
　　⎱こしょう　少々

1 辛子じょうゆはボウルでよく混ぜ合わせておく。

2 菜の花は根元のかたい部分を1cmほど切り落としてから長さを2～3等分に切る。たっぷりの熱湯でほどよいかたさにゆで、ザルにあげて水けをきり、広げて冷ます。

3 豚肉は熱湯にヒラリヒラリと入れてい

き、完全に色が変わったものからザルにあげ、水けをきる。
4 肉が熱いうちに辛子じょうゆであえ、味をよく含ませる。完全に冷めたら、菜の花を加えてあえる。

菜の花の煮浸し
持ち味が生きるように薄味で

 菜の花　1わ
 煮汁
  ｜ だし汁　1½カップ
  ｜ 薄口しょうゆ　大さじ1
  ｜ 酒　大さじ1

1 菜の花は熱湯でかためにゆで、ザルに広げて冷まし、3㎝長さに切る。
2 煮汁を火にかけ、フツフツしたら菜の花を加え、再びフツフツするまで煮る(やわらかく仕上げたいなら、もう少し煮る)。冷めるまでそのままおく。

菜の花のピーナッツあえ
手軽で味もいいピーナッツバターで

 菜の花　1わ
 ピーナッツバター　大さじ1
 みりん　大さじ1
 薄口しょうゆ　小さじ1～2

1 菜の花は根元のかたい部分を1㎝ほど切り落とし、熱湯でほどよいかたさにゆでる。ザルに広げて冷まし、2㎝長さに切る。
2 ピーナッツバターと調味料をよく混ぜ合わせ、菜の花を加えてあえる。

菜の花のゆで浸し
色も味もいいから、菜の花も汁も冷めてから合わせること

 菜の花　1わ
 塩　適量
 浸し汁
  ｜ だし汁(濃いめ)　1カップ
  ｜ 薄口しょうゆ　大さじ1
  ｜ 酒　大さじ1

1 湯を沸かし塩を加えて菜の花をサッとゆで、ザルに広げて冷まし、軽く水けをしぼって3㎝長さに切る。
2 だし汁と酒を火にかけ、フツフツしたら薄口しょうゆを加え火を止め、冷ます。
3 冷めたら浸し汁と菜の花を合わせ、味を含ませる。

なばなの納豆あえ
ちょっとした小鉢ものは白いご飯にうれしいものです

 なばな　1わ
 薄口しょうゆ　小さじ1
 納豆　1パック(50ｇ)
 しょうゆ　適量
 添付の辛子　適量

1 なばなは2㎝長さに切る。
2 湯を沸かし、塩(分量外)を加え、ほどよいかたさにゆで、ザルに広げて冷ます。薄口しょうゆを振りかけ、空気を入れるようにして混ぜ合わせる。
3 器になばなを盛り、上に納豆をほぐしながらのせ、辛子を添え、しょうゆを好みの量かけて食べる。

鍋しぎ
いかにも夏！のおかず

 なす　5本
 ピーマン　3個
 青じそ　1わ
 ごま油　大さじ2
 合わせみそ
  ｜ 赤みそ　大さじ1
  ｜ 砂糖　大さじ1
  ｜ 酒　大さじ1
  ｜ しょうゆ　小さじ½
  ｜ ごま油　小さじ½
 粉山椒(好みで)　少々

1 なすは皮ごと縦半分に切ってから1.5cm厚さくらいに斜めに切り、海水くらいの塩水(分量外)に5〜10分つける。ピーマンも縦半分にし1.5cm幅に斜めに切る。青じそは縦半分に切ってから千切りにする。
2 フライパンか中華鍋にごま油を熱し、水けをきったなすとピーマンを強めの中火で炒め、全体に油がまわったら取り出す。
3 あいた鍋に合わせみそを入れて中火にかけ、フツフツしたらなすとピーマンを戻し、強火で味をからめながら一気に炒め合わせる。
4 火を止め、青じその半量を加えて混ぜ、すぐ器に盛り、残りの青じそをのせ、好みで粉山椒を振る。

鍋もの各種
→ メニュー別索引〈鍋もの〉を参照

ナポリ風チキンライス
具全体に味をしっかりからめてから、温かいご飯を加えてザッザッと炒める
　〈これは2人分〉
　温かいご飯　2人分
　鶏ささみ　2本
　にんにく(みじん切り)　ひとかけ
　玉ねぎ(みじん切り)　½個
　マッシュルーム　½袋
　舞茸　½袋
　オリーブ油　小さじ2
　バター　小さじ2
　塩　適量
　パプリカ　小さじ1
　トマトケチャップ　大さじ2
　こしょう　少々
　バジル(乾)　適量
1 鶏ささみはコロコロに切る。マッシュルームは石づきを切り落として薄切りにし、舞茸は食べよくさく。
2 フライパンにオリーブ油とバターを入れて火にかけ、にんにくも加えて中火で炒める。香りがたったら、鶏肉と玉ねぎを加えて炒める。
3 鶏肉に火が通ったら、きのこ類を加えてザッと炒め、塩、パプリカ、ケチャップ、こしょうを加え混ぜる。
4 全体にコテッと味がからまったら、温かいご飯を混ぜながらザッと炒め、器に盛ってバジルを振る。

生クリームなしのカルボナーラ
南イタリアでは、あっさり味が主流
　〈これは2人分〉
　スパゲティ　150〜200g
　卵(新鮮なもの)　1〜2個
　粉チーズ　大さじ4〜5
　塩　適量
　こしょう　少々
　ベーコン　50g
　オリーブ油　大さじ½
1 スパゲティはややかためにゆでる。
2 大きいボウルに卵をとき、粉チーズ、塩、こしょうを加え、泡立てないようにしてクリーム状になるまでよく混ぜる。
3 ベーコンは小さく切り、オリーブ油で少し色づくくらいに炒め、アツアツのスパゲティを加えて手早くかき混ぜる。
4 3をすぐ2に加え、卵をからめるようにして混ぜ合わせる。

生鮭のきのこあんかけ
鮭はゆでるように火を通すと口あたりソフト。きのこあんをたっぷりかけて
　生鮭　4切れ
　A⎰水　1½カップ
　　⎱酒　大さじ2
　生椎茸　1袋
　しめじ　1袋
　えのき茸　1袋
　しょうが(千切り)　大さじ2

しょうゆ　大さじ2
　　みりん　大さじ1
　　水溶き片栗粉
　　　⎰　片栗粉　大さじ1
　　　⎱　水　大さじ1

1 生椎茸は石づきを切り落として薄切りにし、しめじとえのき茸は石づきを切り落として食べよくほぐす。
2 鍋にAを入れて火にかけ、フツフツしてきたら鮭を入れる。フタをして強めの中火で煮て、鮭に火が通ったら、煮汁を残して取り出し、器に盛る。
3 2の鍋を再び火にかけ、煮汁がフツフツしてきたらきのこ類、しょうが、しょうゆ、みりんを加えて中火で煮る。
4 再びフツフツしてきたら、水溶き片栗粉でとろみをつけ、2の鮭の上にとろりとかける。あれば柚子の皮を少々すりおろすと風味豊か。

生鮭のこてっ
鮭と里芋の大きさによって調味料は加減します。こてっと煮上がれば上出来

　　生鮭　4切れ
　　A ⎰　酒　½カップ
　　　⎱　しょうゆ　大さじ3〜4
　　　⎱　みりん　大さじ3〜4
　　里芋　8〜10個

1 里芋はよく洗って鍋に入れ、ヒタヒタの水を加えて火にかける。竹串がスッと通るくらいやわらかくなるまで下ゆでし、水に取り、皮をむく。
2 鮭は少し斜めに3つに切る。
3 鍋にAの酒、しょうゆ、みりんを入れてフタをして中火で煮立て、フツフツしているところに水けをふいた鮭を並べ入れる。強火にし、フタをして5分ほど煮、裏返してフタをずらし、中火にして2〜3分煮る。器に盛り、ゆでた里芋を添える。

生鮭のねぎあんかけ
ねぎの風味と彩りがぴったり

　　生鮭　4切れ
　　長ねぎ　2本
　　しょうが(千切り)　ひとかけ
　　A ⎰　薄口しょうゆ　大さじ2
　　　⎱　みりん　大さじ2
　　　⎱　酒　大さじ2
　　　⎱　片栗粉　大さじ1
　　　⎱　水　1½カップ
　　すだち　2個

1 鮭は水けをふき、ロースターかオーブンでこんがり焼く。
2 長ねぎは斜め薄切りにする。
3 鍋にAを合わせてよく混ぜ、火にかける。木ベラで混ぜ、フツフツしてきたら2の長ねぎとしょうがを加え、ひと煮して火を止める。盛りつけた鮭にかけ、2つに切ったすだちを添える。

生たらこの甘辛煮
→「鯛の子や生たらこの甘辛煮」を参照

生トマトのスパゲティ
完熟トマトでしか作らないこと。皮をむく、むかないは好きずき

　　〈これは2人分〉
　　スパゲティ　150〜200ｇ
　　トマト(完熟)　2〜3個
　　にんにく(すりおろし)　½〜1かけ
　　オリーブ油　大さじ2
　　塩　小さじ½〜1
　　こしょう　少々
　　青じそかバジル(生)　5〜10枚

1 トマトは1.5㎝角に切る。ボウルににんにくを入れ、オリーブ油、塩、こしょうを加えておく。青じそは千切りにする。
2 スパゲティは表示通りにゆでる。
3 ゆでたてのスパゲティと刻んだトマトを1のボウルに入れ、手早くからめるよ

生ハムの牛肉巻き
サラダ菜の代わりに生のセージの葉を使うと、もっとイタリアの味

 牛肉(バター焼き用)　8枚
 サラダ菜　8枚
 生ハム　8枚
 塩　少々
 こしょう　少々
 小麦粉　適量
 バター　大さじ3
 白ワイン　1カップ

1 牛肉にサラダ菜、生ハムをのせ、端から巻き、キュッと握る。塩、こしょうを振り、小麦粉をまぶす。
2 フライパンにバターを入れて温め、肉を中火で焼く。ときどき転がして全体が色づくまでよく焼いたら、取り出して盛る。
3 フライパンに白ワインを入れて弱火にかけ、残った肉汁をこそげてよく混ぜ、フツフツしたら肉にかける。

生ハムのにぎりずし
ぜいたくな洋風ずし。レモン汁入りの合わせ酢がさわやかな風味

 米　2カップ(2合)
 酒　大さじ1
 塩　小さじ½
 合わせ酢
  塩　小さじ⅔
  砂糖　小さじ2
  米酢　40cc
  レモン汁　½個分
 貝割れ大根　2わ
 生ハム　20〜30枚
 わさび(好みで)　適量

1 米はといでやや少なめに水加減し、酒と塩を加えて炊く。
2 合わせ酢の材料を合わせてよくかき混ぜておく。
3 はん台か、または大きなボウルにかたくしぼったぬれ布巾を敷いて炊き上がったご飯をあける。すぐに合わせ酢をまわしかけ、切るように手早く混ぜてすし飯を作る。
4 すし飯を幕の内型で抜き、根を切り落とした貝割れ大根を4〜5本のせ、好みでわさびものせて生ハムで巻く。

生春巻き
しょうゆをナンプラーにかえればエスニック味。春巻きの皮はそのまま食べてもOK

 ゆでえび　10尾
 焼き豚　150g
 きゅうり　1本
 レタス　4〜5枚
 細ねぎ　4〜5本
 春巻きの皮　1袋
 たれ
  しょうゆ　大さじ2
  米酢　大さじ2
  赤唐辛子　2〜3本
  砂糖　小さじ2

1 ゆでえびは厚みを半分にスライスし、焼き豚は5㎜幅の棒状に切る。きゅうりは斜め薄切りにしてから細切りにし、レタスも細切り、細ねぎは4〜5㎝長さに切る。
2 春巻きの皮は2等分に切る。
3 赤唐辛子は種をのぞいて刻むか、ちぎる。たれの材料をよく混ぜる。
4 春巻きの皮で**1**の具を巻き、たれをつけながら食べる。

生麩となすの煮もの
中までしっかり味がしみ込むまでおいて、冷めてから食べると最高

 なす　4本
 生麩　1本
 塩　大さじ1

なまりぶし

ごま油　大さじ1
A ┌ だし汁　2カップ
　│ 酒　大さじ1
　│ みりん　大さじ1
　└ 薄口しょうゆ　大さじ1

1 なすは皮ごと縦半分に切り、斜めに細かく浅く切りめを入れる。3カップの湯（分量外）を沸かして分量の塩を加え、なすを入れて5分ゆで、ザルにあげる。
2 生麩は2㎝幅に切る。
3 ごま油を熱して生麩を並べ、いい香りがしてきたら、裏返さずになすを並べる。Aの材料を次々入れ、フタをして中火で10分煮る。火を止め、余熱で味を含ませるため、そのまま冷ます。

作り方1

なまり節とわかめの煮もの
海のもの同士だから、よく合う

なまり節　2切れ
わかめ（戻したもの）　1カップ
しょうが　ひとかけ
A ┌ 酒　大さじ3
　│ しょうゆ　大さじ2
　│ みりん　大さじ1
　└ 砂糖　小さじ1
水　½カップ

1 なまり節は大きく3～4つにほぐす。戻したわかめはよく水洗いし食べやすい長さに切る。しょうがは皮ごと薄切りにする。
2 Aを合わせて火にかけ、フツフツしたらしょうがとなまり節を加え、強火で5～6分煮る。
3 なまり節を取り出し、分量の水とわかめを加え、強火でサッと1～2分煮る。なまり節とわかめを盛り合わせ、煮汁をまわしかける。

なまり節のあえもの
ピリッと辛みのきいたあえ衣が魚の引き立て役。わけぎの代わりに長ねぎやふきでも

なまり節　2切れ
わけぎ　1わ
あえ衣
　┌ みそ　大さじ山盛り1
　│ 米酢　大さじ2
　│ 練り辛子　小さじ½～1
　└ みりん　大さじ2

1 なまり節は熱湯をザッとかけ、冷めたら大きめにほぐして骨と皮をのぞく。
2 わけぎは熱湯でサッとゆで、ザルに広げて自然に水きりし、冷めたら3～4㎝長さに切る。
3 ボウルにあえ衣の調味料をすべて入れて混ぜ合わせ、なまり節を加えてザッと混ぜる。さらにわけぎも加えてザッと混ぜ合わせ、器に盛る。

なまり節の炊き込みご飯
あっさり味。木の芽を添えて季節感をグンとアップさせても

米　2カップ（2合）
なまり節　2切れ
油揚げ　1枚
しょうが　ひとかけ
A ┌ 酒　大さじ1
　│ 薄口しょうゆ　小さじ2
　└ 塩　小さじ½

1 米はふつうに水加減する。
2 なまり節はサッと洗い、骨と皮を取りのぞき、細かめに刻む。油揚げは水洗いしてキュッとしぼり、半分に切ってから細切りにする。しょうがは皮をむいて千切りにする。

3 米にAの調味料を加えて混ぜ、**2** の具をのせて表面を平らにし、ふつうに炊く。
4 底のほうから全体をよく混ぜる。

菜めし
大根の葉は塩を振ってアク、青くさみを抜いてからご飯と混ぜる

 温かいご飯　4人分
 大根の葉(中のやわらかい部分)　約½カップ
 塩　小さじ½

1 大根の葉は中心部の葉ややわらかい茎の部分だけを刻み½カップほど用意する。
2 **1** に塩を振って箸でよく混ぜ、しばらくおいてシナッとしたら、水けをかたくしぼる。
3 温かいご飯に大根の葉を加えてザッザッと混ぜ、味をみて塩(分量外)をたす。出来上がりに白いりごまを振ったり、すだちをしぼってもおいしい。いったちりめんじゃこなどを混ぜ込んでも。

なめたけおろし
小鉢に入れて小さなおかずや酒の肴に

 絹ごし豆腐　1丁
 大根おろし　1カップ
 なめたけ(びん詰)　適量
 しょうゆ　適量
 酢　適量

1 絹ごし豆腐は1丁を4つに切る。大根おろしはザルにのせ軽く水けをしぼる。
2 器に豆腐を盛り、大根おろしとなめたけをのせる。食べるときにしょうゆと酢を好みでかける。

南蛮そうめん
炒めそうめんは一年中おいしい。和風味にするなら塩をひかえてしょうゆを

 〈これは2人分〉
 そうめん　150～200g
 ハム　50g
 玉ねぎ　½個
 にんじん　3cm
 ピーマン　1個
 ねぎ　½本
 サラダ油かごま油　大さじ2
 塩　小さじ½
 こしょう　少々

1 そうめんはややかためにゆで、よく水洗いしてザルにあげる。
2 ハムは半分に切ってから細切りにし、玉ねぎは繊維にそって薄切りにする。にんじんとピーマンは千切り、ねぎは斜め切りにする。
3 中華鍋にサラダ油かごま油を熱し、ハム、玉ねぎ、にんじん、ピーマン、ねぎの順に強火で炒める。
4 油がまわったら塩、こしょうをし、そうめんを加えて炒め合わせる。最後に味をみてたりなければ塩で調える。

に

にがうりのかき揚げ
夏バテに効果的

 にがうり　1本
 衣
  ⎰ 小麦粉　1カップ
  ⎱ 卵水(卵1個と水)　1カップ
 揚げ油　適量

1 にがうりは縦2つに切り、種をスプーンで取りのぞき、2～3mm厚さに切る。
2 卵水を混ぜ合わせ、小麦粉を加えてザッと混ぜる。にがうりを加えて混ぜ、衣をからめる。
3 揚げ油を低めの中温(170度)に熱し、**2** のたねを木ベラに一口大くらいのせて

にがうり

は油の中に次々入れる。衣がしっかりしたら、ときどき返しながらじっくり揚げ、こんがりカラリとなったら油をきる。塩やウスターソース、しょうゆで食べる。

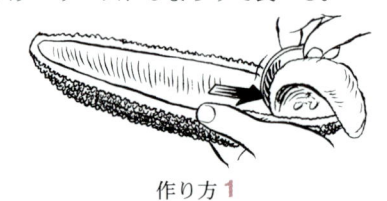

作り方 **1**

にがうりのシンプル炒め
苦さが引き立ち、にがうり好きはやみつきになる

　にがうり　1本
　ごま油　大さじ1～2
　塩　小さじ½
　こしょう　適量

1 にがうりは縦2つに切り、種をスプーンで取りのぞき、薄切りにする。苦すぎるのはちょっと苦手という人は、ここで熱湯でサッとゆで、水けをきる。
2 フライパンを熱してごま油を入れ **1** を強めの中火で炒める。好みの加減に火が通ったら、塩、こしょうで味を調える。

肉うどん
薄切り肉をヒラリと広げて煮ると、食感、見栄え、ボリューム感がだんぜん違う

　〈これは2人分〉
　ゆでうどん　2人分
　牛薄切り肉　150g
　A ┌ しょうゆ　大さじ3
　　│ みりん　大さじ2
　　└ 酒　大さじ2
　湯　3カップ
　細ねぎ（小口切り）　2～3本
　粉山椒　適量

1 鍋の中を水でぬらし、Aを入れて火にかける。フツフツしたら牛肉を1枚ずつ広げてヒラリヒラリと加え、火が通って味がコテッとつくまで煮る。
2 **1** に分量の湯を加える。フツフツしたら肉を取り出し、ゆでうどんを入れて温める。
3 うどんと肉を器に盛りつける。汁の味をみてたりなければ、しょうゆやみりん（各分量外）で調え、上からかける。細ねぎを散らし、大人は粉山椒を振って食べるとおいしい。

肉きのこ
ゆでて調味料とあえるだけだから、素材の風味いっぱい。粉山椒の香りがアクセント

　牛薄切り肉　300g
　生椎茸　1袋
　しめじ　1袋
　しし唐辛子　12本
　A ┌ しょうゆ　大さじ2
　　└ 米酢　大さじ1
　粉山椒　少々

1 牛肉は長さを半分に切る。
2 きのこ類は石づきを切り落とし、生椎茸は2～4つにさき、しめじは食べよくほぐす。しし唐辛子はヘタを短く切る。
3 鍋にたっぷりの湯を沸かし、牛肉をヒラリヒラリと入れてゆでる。同じ湯にしし唐辛子、きのこを加え、ひと煮立ちしたらザルに取る。
4 Aのしょうゆと米酢を混ぜ、熱いうちに **3** を加えてザッとあえて器に盛る。仕上げに粉山椒を振る。

肉じゃが
肉と玉ねぎにコテッと味をつけたところにじゃが芋と水を加えて煮るのが秘訣

　じゃが芋　4個（約600g）
　牛薄切り肉　200g
　玉ねぎ　1個
　サラダ油かごま油　大さじ1

A ｛ 砂糖　大さじ1
　　 みりん　大さじ1
　　 しょうゆ　大さじ2½
水　1½カップ前後

1 じゃが芋は大きめの一口大に切り、5〜10分水にさらす。玉ねぎは縦半分に切ってから繊維にそって1㎝幅に切る。牛肉は3つくらいに切る。

2 サラダ油かごま油を熱し、玉ねぎを強めの中火でアツアツになるまで炒める。真ん中をあけて肉を加える。

3 肉めがけてAの調味料を次々加え、強火で肉をほぐしながら味をからめる。

4 全体にコテッと味がついたら、水けをきったじゃが芋を加えてひと混ぜし、分量の水をヒタヒタに加える。表面を平らにしてフタをし、強めの中火で10分前後煮る。途中で一度、上下を返すようにして混ぜる。

肉そぼろ　韓国風
常備菜やお弁当にもどうぞ。ナムルと合わせてビビンバ風に食べても

豚赤身挽き肉　300ｇ
しょうが（みじん切り）　少々
にんにく（みじん切り）　少々
しょうゆ　大さじ2
砂糖　小さじ2
酒　¼カップ
ごま油　小さじ1
白すりごま　小さじ1

1 鍋の中を水でザッとぬらし、豚赤身挽き肉、しょうが、にんにく、しょうゆ、砂糖、酒、ごま油、すりごまをすべて入れ、先を水でぬらした菜箸数本でよくよく混ぜ合わせる。

2 1の鍋を中火で熱し、ときどき混ぜながらパラリとするまでいりつける。牛挽き肉で作ってもOK。

肉だんご甘酢あんかけ
甘酸っぱいあんと肉だんごは相性よしで、こっくりとしたおいしさ

豚赤身挽き肉　300ｇ
A ｛ 水　大さじ3
　　 しょうが（すりおろし）　ひとかけ
　　 塩　小さじ½
　　 こしょう　少々
長ねぎ（みじん切り）　1本
B ｛ パン粉　1カップ
　　 卵　1個
甘酢あん
　｛ 水　1カップ
　　 しょうゆ　大さじ1½
　　 砂糖　大さじ1½
　　 酢　大さじ1½
　　 片栗粉　大さじ1½
ごま油　小さじ½
揚げ油　適量

1 Bの卵をときほぐし、パン粉を混ぜてしとらせておく。

2 豚挽き肉にAを加えてよく混ぜ、長ねぎも加える。さらに**1**も加えてよく混ぜ、直径2.5㎝くらいのだんごに丸める。

3 揚げ油を中温（170〜180度）に熱し、**2**のだんごを次々に入れる。中まで完全に火が通ったら、引き上げて油をよくきり、器に盛る。

4 甘酢あんを作る。鍋に甘酢あんの材料を合わせ、木ベラで混ぜながら中火にかける。フツフツしてとろりとしてきたら、火を止める。ごま油をちょろりと落として風味をつけ、肉だんごの上にかける。

肉だんご各種
→メニュー別索引〈肉だんご〉を参照

肉だんごカレー
ミートボールのカレーです！　時間がないときにすぐできる

にくだんご

牛挽き肉　400ｇ
塩　少々
こしょう　少々
にんにく（みじん切り）　ひとかけ
玉ねぎ　1個
バター　大さじ1
水か湯　3½カップ
カレールウ　小1箱（約100ｇ）

1 牛挽き肉は塩、こしょうを加えてよく練り混ぜ、肉だんごのたねにする。
2 玉ねぎはみじん切りにする。
3 鍋にバターを入れて火にかけ、にんにくを炒める。香りがたったら玉ねぎを加え、よく炒めてから分量の水または湯を加えて煮立て、カレールウもとかして煮る。
4 フツフツと煮えたところに、**1** の肉だんごのたねを、一口大くらいにギュッと握っては落としていく。肉だんごが煮えたら出来上がり。ご飯や好みのパンでどうぞ。

肉だんごとさつま芋の甘酢味
揚げたてを合わせ調味料にからめるだけの超簡単料理

豚挽き肉　300ｇ
しょうゆ　小さじ1
しょうが（すりおろし）　少々
さつま芋　1本（約300ｇ）
合わせ調味料
　┌ 砂糖　大さじ2
　│ しょうゆ　大さじ2
　│ 米酢　大さじ2
　└ ごま油　小さじ1
揚げ油　適量

1 さつま芋は皮ごと1.5㎝角ほどのコロコロに切り、海水くらいの塩水（分量外）に10分ほどつけ、水けをきる。
2 大きめの器を用意し、ここに合わせ調味料の材料を合わせておく。
3 ボウルに豚挽き肉を入れ、しょうゆとしょうがを加えて混ぜ合わせる。

4 揚げ油を温め、油がぬるいうちに水けをきったさつま芋を入れ、中温（170〜180度）になったら、さらに **3** のたねを直径2.5㎝のボール状にギュッと握って、油の中に静かに次々落としていく。
5 さつま芋と肉だんごに火が通ったら、網じゃくしで引き上げる。油をよくきってアツアツを **2** の器に入れ、合わせ調味料とからめるように底から混ぜる。

肉だんごの甘酢煮
肉だんごはゆでてから炒めるのでさっぱり味。材料を準備し手早く仕上げるのがコツ

豚挽き肉　300ｇ
A ┌ 片栗粉　大さじ3
　│ しょうが（すりおろし）　ひとかけ
　│ 酒　大さじ1
　│ 塩　小さじ½
　│ 水　大さじ2
　└ にんじん（すりおろし）　½カップ
干椎茸　7〜8枚
チンゲン菜　2株
甘酢あん
　┌ ゆで汁　1カップ
　│ 酒　大さじ1
　│ 砂糖　大さじ1〜2
　│ 片栗粉　大さじ1
　│ 米酢　大さじ2
　└ しょうゆ　大さじ2
サラダ油　適量
ごま油　小さじ1
紅しょうが（千切り）　適量

1 ボウルに豚挽き肉を入れてAの材料を記載順に加えて混ぜ合わせ、肉だんごのたねを作る。
2 チンゲン菜は1枚ずつはがして食べよい大きさにザク切りにする。干椎茸は軸をポキンと折り、大きければ2つ割りにしてザッと水洗いする。
3 鍋に水5カップを沸とうさせて干椎茸

を入れ、さらに **1** を一口大に丸めながら次々と加えてゆでる。
4 肉だんごに完全に火が通ったら、椎茸と一緒に引き上げて水けをきっておく。ゆで汁のうち、1カップは冷まして甘酢あんの材料と混ぜておく。
5 甘酢あんの材料をすべて合わせて混ぜておく。砂糖は好みで増減する。
6 中華鍋にサラダ油を熱してチンゲン菜を強火で手早く炒め、あざやかな緑色になったら **4** の肉だんごと椎茸を加え炒める。
7 全体がアツアツになったら、**5** の甘酢あんを加えてザッザッと大きく混ぜ、フツフツと煮立ったら火を止めごま油を落として風味をつける。器に盛り、紅しょうがを散らす。

肉詰めピーマンのスープ煮
片栗粉を振ってから肉を詰め、肉の側から焼き、スープで煮る。やわらかな仕上がり

　　ピーマン　4個
　　肉だね
　　　┌ 玉ねぎ　½個
　　　│ 豚挽き肉　200ｇ
　　　│ パン粉　½カップ
　　　│ 塩　小さじ½
　　　└ こしょう　少々
　　片栗粉　適量
　　サラダ油　大さじ1
　　水　2カップ
　　固形スープの素　1個

1 ピーマンは縦半分に切り、ヘタと種を取る。玉ねぎはみじん切りにする。
2 ボウルに肉だねの材料を入れてよく混ぜる。
3 ピーマンの内側に片栗粉を少々振って肉だねを詰め、表面をならして片栗粉を薄くまぶす。
4 フライパンにサラダ油を熱して肉のほうから焼き、焼き色がついたら裏返す。両面がこんがり焼けたら、分量の水と固形スープの素を入れ、フタをして強めの中火で10分くらい煮る。

肉詰めピーマンの和風煮
中身は牛肉と麩だから、しっとり美味

　　ピーマン　8～12個
　　牛こま切れ肉　150ｇ
　　焼き麩　20ｇ
　　A ┌ しょうゆ　大さじ1
　　　└ 片栗粉　大さじ1
　　片栗粉　適量
　　ごま油　適量
　　煮汁
　　　┌ 水　½カップ
　　　│ 酒　大さじ1
　　　│ 砂糖　大さじ1
　　　└ しょうゆ　大さじ1

1 ピーマンはヘタから1㎝くらいのところで切り、種を取りのぞく。
2 牛肉はさらに細かく刻む。麩は戻し、ギュッとしぼって細かくちぎる。肉と麩を合わせてAを加え、よく混ぜ合わせる。
3 ピーマンの中に **2** の肉だねを等分に詰め、ヘタの部分に片栗粉を少々振ってフタをする。
4 表面をごま油でサッと焼き、煮汁を加えて強火で煮る。フツフツしたら中火にしてフタをし、途中で裏返して10分くらい煮る。もし汁がなくなったら、湯(分量外)を少したすようにする。

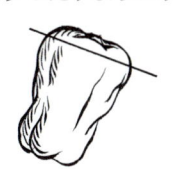

作り方 **1**

肉豆腐
この煮方なら、全部に味がよくなじんで、

にくどんぶり

汁も濁りません

牛薄切り肉　200ｇ
木綿豆腐　2丁
えのき茸　2袋
春菊　1わ
煮汁
⎧ だし汁　1½カップ
｜ 酒　大さじ2
｜ みりん　大さじ2
⎩ しょうゆ　大さじ3
粉山椒か七味唐辛子　適量

1 牛肉は食べよい大きさに切る。豆腐は8等分に切る。えのき茸は石づきを切り落とし、ほぐす。春菊は根元のかたい茎を1cmくらい切り落とし、長さを半分に切る。

2 土鍋に煮汁を入れて火にかけ、煮立ったら肉を広げながら次々入れる。肉に火が通ったら豆腐を加え、フタをして弱めの中火で2〜3分煮る。

3 えのき茸を加え、再び煮立ったら春菊を加え、ひと煮して火を止める。粉山椒か七味唐辛子を振って食べる。

肉丼

肉は1枚ずつ広げ、少なめの煮汁で強めの火でサッと煮るのがポイント

牛薄切り肉　300ｇ
生椎茸　1袋
しし唐辛子　16本
煮汁
⎧ 水　大さじ3
｜ 酒　大さじ3
｜ みりん　大さじ3
⎩ しょうゆ　大さじ3
粉山椒　適量
温かいご飯　4人分

1 牛肉は1枚ずつ広げておく。

2 生椎茸は石づきを切り落とし、大きければ2つにさく。しし唐辛子はヘタを少し残して切り落とす。

3 広口の浅鍋に煮汁を入れて強めの中火にかけ、フツフツしてきたら肉を1枚ずつ広げながら並べていく。肉の色が変わってコテッと味がからまったものから取り出し、広げておく。一度に煮ようとせず残りの肉を同じようにしていく。煮汁が煮詰まってきたら酒（分量外）をたしながら煮ていく。

4 生椎茸としし唐辛子も肉のすき間に加えて煮る。

5 どんぶりに温かいご飯を盛り、上に肉を広げてのせ煮汁もかけ、脇に椎茸としし唐辛子を添える。粉山椒を振って食べる。

肉まんじゅう

手間をかけて作るだけの価値あり。生地はベーキングパウダーを使って簡単に

〈12個分〉
皮（まんじゅうの生地）
⎧ 小麦粉　400ｇ
｜ ベーキングパウダー　小さじ4
｜ 砂糖　大さじ2
｜ 塩　小さじ1
｜ 卵白　1個分
｜ 水　¾〜1カップ
⎩ 酒　大さじ1〜2
具
⎧ 干椎茸　3枚
｜ ゆで竹の子　100ｇ
｜ 玉ねぎ　1個
｜ サラダ油　大さじ1
｜ 春雨　30ｇ
｜ しょうが（みじん切り）　ひとかけ
｜ 豚挽き肉　250ｇ
｜ A ⎧ 卵黄　1個分
｜ 　 ｜ 塩　小さじ1½
｜ 　 ｜ 砂糖　小さじ1
｜ 　 ｜ こしょう　少々
｜ 　 ｜ ごま油　小さじ1
⎩ 　 ⎩ 片栗粉　大さじ3

1 皮を作る。小麦粉とベーキングパウダーは合わせてボウルにふるい入れ、砂糖と塩を加えてよく混ぜ合わせる。
2 1の粉をボウルのまわりに寄せて中央にくぼみを作り、卵白を入れ、様子をみながら水、酒を加え、くぼみの中に粉を少しずつ落としながら指先で混ぜていく。こねないようにして粉っけがなくなるまで手早く混ぜ、全体をまとめる（水けがたりないようなら、少したす）。かたくしぼったぬれ布巾で包み、室温に30分くらいおいておく。
3 具を作る。干椎茸は戻してみじん切りにし、竹の子、玉ねぎもみじん切りにする。サラダ油を熱して椎茸、竹の子、玉ねぎの順に炒め、ボウルに取り出す。
4 春雨は戻して1cmくらいの長さに切り、3のボウルに加えて混ぜ合わせる。挽き肉、しょうがも加えてよく混ぜ、Aも加えて混ぜ合わせ、12等分にする。
5 皮の生地を布巾に包んだまま20〜30回ペタペタとたたいて落ち着かせてから、12等分にし、軽く丸める。1個ずつたたいてのばし、さらに中央は厚めに、周囲は薄くなるように広げる。
6 皮の中央に具をのせ、周囲の皮を引っ張るように包み込み、上でキュッとねじって口を閉じる。
7 蒸気の立った蒸し器に並べ、強火で25分くらい蒸す。

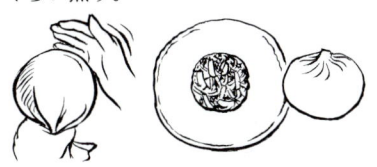

作り方 5、6

肉みそ
コテッとなるまでしっかり炒めてこそ！
　豚挽き肉　100g
　にんにく（みじん切り）　ひとかけ
　長ねぎ（みじん切り）　15cm
　ごま油　適量
　みそ　大さじ2
　酒　大さじ2
　サニーレタス、サラダ菜、きゅうりなど　適量

1 鍋にごま油大さじ1を入れ火にかけ、にんにくと長ねぎを炒める。香りがたってきたら挽き肉を加え、火を強めて炒める。
2 肉の色が変わったら火を止め、みそと酒を加えて混ぜる。弱火にかけ、全体がコテッとなるまでしっかり炒める。
3 火を止め、ごま油少々を落としてザッと混ぜる。サニーレタスやきゅうりなどに肉みそをちょこっとのせて食べる。

肉みそ 四川風
辛みとごまの風味でこっくり。酒の肴にもいいですが、白いご飯にのっけてもうまし
　豚挽き肉　100g
　にんにく　ひとかけ
　長ねぎ　10cm
　ゆで竹の子　150g
　ピーマン　2個
　ごま油　大さじ1
　合わせ調味料
　┌ 赤みそ　大さじ2
　│ みりん　大さじ2
　│ 酒　大さじ2
　│ こしょう　少々
　└ 豆板醤　小さじ1
　白すりごま　大さじ2
　細ねぎ　4〜5本
　サニーレタスかレタス　適量

1 にんにく、長ねぎ、ゆで竹の子、ピーマンはみじん切りにする。
2 ごま油を温め、にんにくと長ねぎを弱火で炒める。香りがたったら挽き肉を加え、強めの中火で色が変わるまで炒める。

3 竹の子とピーマンも加えて炒め、火が通ったら合わせ調味料を混ぜて加え、よくよく炒め合わせる。すりごまを加えてさらによく炒め、コテッとしたら火を止める。
4 細ねぎは長めにブツ切りにし、肉みそと一緒にサニーレタスで巻いて食べる。

肉レタス
細切りレタスがほどよくしんなり、食べやすい、エスニック風のサラダ

　　豚挽き肉　150ｇ
　A┌酒　大さじ1
　　│レモン汁　½個分
　　│豆板醤　小さじ½
　　│にんにく（みじん切り）　ひとかけ
　　│ナンプラーか薄口しょうゆ　大さじ
　　└　1
　　レタス　1個
　　水　大さじ2
　　香菜（あれば）　適量

1 ボウルに挽き肉を入れ、Aを加えて混ぜ合わせる。
2 レタスは細切りにし、大きめの皿にたっぷり広げておく。香菜は刻む。
3 鍋の中を水でぬらし、**1**と分量の水を入れ、強火にかける。混ぜながら火を通し、水分がほとんどなくなって、肉がポロポロになったら火を止める。
4 アツアツを**2**のレタスの上にドカッとのせ、レタスがしんなりしたら全体を底から混ぜ、香菜を散らす。

煮込まないキャベツカレー
野菜の歯ごたえと味を楽しむ、新しいカレーの食べ方

　　温かいご飯　4人分
　　新キャベツ　½個
　　グリーンアスパラガス　1わ
　　牛赤身薄切り肉　300ｇ
　　サラダ油かバター　大さじ1
　　カレールウ　小1箱（約100ｇ）
　　水　適量
　　ローリエ　1枚

1 キャベツは芯を取り、1㎝幅くらいに切る。アスパラガスは根元のかたい部分を1㎝くらい切り落とし、軸の下のほうはピーラーで薄くむき、5～6㎝長さに切ってから縦半分に切る。
2 牛肉は1㎝幅に切る。
3 カレールウは箱表示の分量の水とローリエを加え、火にかける。フツフツしてきたら火を止め、ルウがとけたら、弱火にかけ5～10分煮る。
4 サラダ油かバターを熱し、肉を強めの中火で炒める。色が変わったら**1**の野菜を加え、強火でシャキッと炒める。
5 ご飯を盛り、**4**の具をのせ、**3**のカレーをかける。

煮込みボリュームハンバーグ
フライパン一つで、ハンバーグと付け合わせ野菜もたっぷり完成

　　ハンバーグだね
　　┌合い挽き肉　400ｇ
　　│パン粉　1カップ
　　│牛乳　¼カップ
　　│卵　1個
　　│玉ねぎ（みじん切り）　½個
　　│サラダ油　少々
　　│塩　小さじ½
　　└こしょう　少々
　　マッシュルーム　1袋
　　にんじん　1本
　　キャベツ　8枚
　　サラダ油　適量
　A┌湯　½カップ
　　│トマトジュース　1カップ
　　│ワイン　½カップ
　　│トマトケチャップ　大さじ2
　　└ウスターソース　大さじ1

└ 固形スープの素　1個
　　とけるチーズ(スライス)　4枚
1 ハンバーグだねを作る。パン粉、牛乳、とき卵を混ぜ合わせ、しっとりさせておく。
2 みじん切りの玉ねぎはサラダ油で軽く炒め、あら熱を取る。
3 挽き肉に **1** のパン粉、**2** の玉ねぎと塩、こしょうを加え、つかむようにして混ぜる。4等分にし、ザッとまとめて1個分を両手でキャッチボールをするようにして中の空気を抜く。ハンバーグ形にまとめ、真ん中を少しへこませる。残りも同様にする。
4 マッシュルームは石づきを切り落とし、大きければ半分に切る。にんじんは7〜8㎜厚さの輪切りにする。キャベツは芯を取りのぞいておく。
5 フライパンを熱してサラダ油をひき、ハンバーグを並べ、強めの中火で両面をこんがり焼く。
6 **5** にAの材料を次々加え、フライパンのあいているところにマッシュルームとにんじんを詰め込む。キャベツを2枚ずつハンバーグにかぶせ、フタをして中火で15〜20分煮込む。途中で水けがたりなくなってきたら湯(分量外)を適量たす。野菜がやわらかくなり、煮汁がとろりとしてきたら火を止める。
7 皿にハンバーグを盛りつけ、すぐ上にとけるチーズをのせる。キャベツ、にんじん、マッシュルームを添え、チーズの上からとろ〜っとしたアツアツの煮汁をかける。

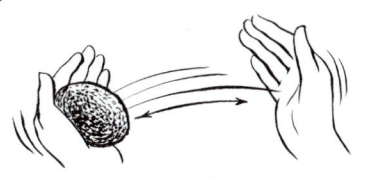

作り方 **3**

煮魚
ごぼうは魚の大の引き立て役。めんどうならなくてもいいがあるとうれしい

　　煮魚に向く魚か切り身　4尾(4切れ)
　　A ┌ しょうが　ひとかけ
　　　│ 水　1カップ
　　　│ 酒　½カップ
　　　│ しょうゆ　大さじ3
　　　│ みりん　大さじ2
　　　└ 砂糖　大さじ1
　　ごぼう　30㎝

1 ごぼうは5㎝長さに切り、さらに半分にし、ほどよいかたさまで下ゆでし、ザルにあげておく。
2 しょうがは皮つきのまま、繊維を断つように薄切りにする。
3 一尾づけの魚なら内臓やゼイゴ、うろこなどはきれいに取りのぞき、盛りつけるとき表になるほうに1本皮に浅く切れめを入れる。水けをふく。
4 広口の鍋にAを火にかけ、フツフツしてきたら、**3** の魚を並べ強めの中火で10〜15分、ときどき煮汁をまわしかけながら煮る。フタをしてもいいが、少しずらし、仕上がりはフタを取る。
5 仕上がり際に **1** のごぼうを加えてサッと煮て、しょうがも一緒に盛りつける。

煮魚→ コラム参照
煮魚と日本酒→ コラム参照

煮魚各種
→メニュー別索引〈煮魚・焼き魚〉を参照

虹色ガトー
きれいな、きれいな煮込み料理。重ねた野

にじます

菜の切り口とソースにうっとり！

- キャベツ　½〜1個
- ピーマン　5〜6個
- じゃが芋　大1個
- にんじん　1本
- セロリ　1本
- 生椎茸　8個
- ハム　10〜12枚
- サラダ油　小さじ1
- 白ワイン　大さじ1
- 片栗粉　適量
- 固形スープの素　1個
- 熱湯　1カップ
- トマトジュース　1カップ
- 塩　少々
- こしょう　少々
- 水溶き片栗粉
  - ｛片栗粉　小さじ1
  - 　水　小さじ1

1 キャベツは葉を1枚ずつはがし、熱湯でやわらかくゆで、芯のところは少しそぐ。

2 ピーマンは縦半分に切り、たたいて平らにする。じゃが芋、にんじんは薄い輪切りにする。セロリは5㎝長さの薄切りにする。生椎茸は石づきを切り落とす。

3 直径20㎝の鍋の中にサラダ油をぬり、白ワインを入れる。鍋底に大きくて形のいいキャベツ2〜3枚を敷き詰め、片栗粉を少々振る。

4 ピーマン、じゃが芋、にんじん、セロリ、生椎茸、ハム、キャベツを彩りよく、重ね部分に片栗粉少々を振りながら重ねていく。最後はキャベツでおおうようにする。

5 熱湯1カップにスープの素をとかしておく。

6 **5**をまわし入れ、フタをして強火にかける。フツフツしてきたら弱火にし、20〜30分煮込む。

7 ソースを作る。**6**の鍋をフタでおさえて煮汁だけ別鍋にあけ、トマトジュースを加えて火にかける。フツフツしてきたら塩、こしょうで味を調え、水溶き片栗粉を加える。再びフツフツしてやさしいとろみがついたら、火を止める。

8 キャベツの鍋にひとまわり大きい皿をかぶせ、一気にひっくり返して取り出す。放射状に切り分け、**7**のソースを敷いた皿に盛る。

作り方 **4**、**7**、**8**

にじますの香味焼き

イタリア版香味焼きはバジルとオレガノがポイント。焼く前に全体を混ぜるのがコツ

- にじます(三枚おろし)　4枚
- 塩　適量
- こしょう　少々
- バジル　少々
- オレガノ　少々
- 白ワイン　大さじ2
- 米酢　小さじ2
- オリーブ油　大さじ2

1 にじますは水けをふいて両面に塩、こしょうを振る。

2 耐熱容器ににじますを並べてバジルとオレガノを振り、さらに上から白ワイン、米酢、オリーブ油を振りかけて30分以上おく。

3 焼く前に、風味をからめるように一度全体を混ぜてから、200度のオーブンで15〜20分こんがりと焼く。

にじますのバター焼き

こんがり焼いた魚に、風味豊かなコクとま

にしん

ろやかな酸味のソースがぜいたくな味わい

にじます　4尾
塩　適量
こしょう　少々
小麦粉　適量
バター　大さじ1
サラダ油　大さじ1
バターレモンソース
　にんにく(すりおろし)　ひとかけ
　バター　大さじ2
　薄口しょうゆ　大さじ1
　レモン汁　大さじ2

1 にじますはうろこを取って塩を振り、皮めをこすってぬめりを取る。これをよく水で洗い、水けをふき取る。焼く前にもう一度水けをふいて塩、こしょうをし、小麦粉を全体にまぶして余分な粉をはたき落とす。
2 フライパンにバターとサラダ油を入れて中火にかけ、バターがとけたら、にじますを盛りつけるとき表になるほうから焼く。
3 フライパンをゆすって魚が動くようになったら、火を少し弱め、フタをして焼く。こんがりと焼き色がついたら裏返し、中までしっかり火を通して器に盛る。
4 バターレモンソースを作る。**3** のフライパンににんにくを入れて弱火で炒め、香りがたったらバターを加える。バターがとけてきたら、火を止めて薄口しょうゆをジュ〜ッと加えて、レモン汁を加え混ぜる。
5 **3** のにじますの上にアツアツのソースをかけて出来上がり。

にじますのホイルみそ焼き
香ばしいみその風味とせりの香りが絶品

にじます　4尾
塩　適量
生椎茸　8〜12個
せり　½わ
みそ　大さじ4
酒　小さじ4

1 にじますはうろこを取って塩を振り、皮めをこすってぬめりを取る。これをよく水で洗い、水けをふき取る。
2 生椎茸は石づきを切り落として薄切りにし、せりは細かく刻む。
3 25cm角くらいのアルミ箔を4枚用意し、それぞれにみそを大さじ1ずつぬる。
4 にじますの水けをもう一度ふき、みその上にのせて、さらに生椎茸を散らし、酒を小さじ1ずつ振りかけてきっちり包む。
5 200度のオーブンに **4** を入れて約20分焼き、みその香ばしい香りがしてきたら取り出す。ホイルの口を開けてせりを散らし、もう一度口を閉じて2〜3分蒸らす。

にしんそば
生干しにしんだから戻さずにすぐ煮てOK。下ゆでし、生ぐさみを取ってから味つけを

〈これは2人分〉
ゆでそば　2人分
身欠きにしん(生干し)　半身2枚
長ねぎ　10cm
煮汁
　酒　大さじ2
　しょうゆ　大さじ1
　砂糖　大さじ½
　みりん　大さじ½
めんつゆ
　だし汁　3カップ
　みりん　大さじ3
　しょうゆ　大さじ3
　酒　大さじ2
七味唐辛子(好みで)　少々

1 にしんはかまと尾のかたい部分を少し切り落とし、熱湯でゆでる。
2 鍋の中を水でザッとぬらし、煮汁の材料を入れて火にかける。フツフツしてきたら、にしんを入れて中火で3分くらい煮

にしん

て、コテッと煮からめる。
3 長ねぎは斜め薄切りにする。
4 鍋にめんつゆの材料、長ねぎを入れて火にかけ、フツフツしてきたら火を止め、どんぶりに盛った温かいそばにかける。上に **2** のにしんをのせ、好みで七味唐辛子を振る。

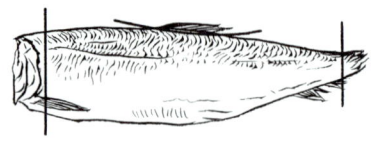

作り方 **1**

にしんの甘辛煮
下ゆでしてから味を煮からめ、照りをつけて仕上げる

　　身欠きにしん（生干し）　半身4枚
　　煮汁
　　│ 酒　大さじ4
　　│ みりん　大さじ2
　　│ しょうゆ　大さじ2
　　│ 砂糖　大さじ2
　　木の芽（あれば）　適量

1 にしんはかまと尾のかたい部分を少し切り落とし、2〜3つに切る。これを熱湯でゆで、生ぐさみや汚れを取る。
2 鍋の中を水でザッとぬらし、煮汁を入れて煮立てる。フツフツしたらにしんを入れ、強めの中火で味をからめるように煮る。
3 途中でにしんを裏返し、煮汁が少なくなってきたら、鍋をゆすりながら照りをつけて仕上げる。
4 器に盛って木の芽を散らす。粉山椒でもおいしい。

身欠きにしん→ コラム参照

にせふかひれスープ
春雨とは思えないほど、そっくりの味わい

　　春雨　40g
　　干椎茸　4枚
　　ゆで竹の子　100g
　　干椎茸の戻し汁　4カップ
　　昆布　10cm
　　A │ 塩　小さじ½
　　　│ しょうゆ　小さじ1
　　　│ 酒　大さじ2
　　　│ しょうが汁　少々
　　水溶き片栗粉
　　　│ 片栗粉　小さじ2
　　　│ 水　小さじ2
　　ごま油　小さじ½

1 干椎茸は5カップの水で戻す。戻し汁は取っておく。
2 昆布はザッと水洗いし、干椎茸の戻し汁に浸して15〜30分おく。
3 春雨は表示通りに戻し、食べやすい長さに切る。椎茸、ゆで竹の子は細切りにする。
4 昆布ごと **2** を中火にかけ、フツフツしたら椎茸、竹の子、春雨を加えて煮る。再びフツフツしたらAで味を調え、水溶き片栗粉でとろみをつける。火を止め、ごま油を落とす。

ふかひれと春雨→ コラム参照

ニッキもち
シナモンの香りともちが意外に相性よし！

　　もち　適量
　　シナモン　適量
　　砂糖　適量

1 もちはオーブントースターなどでこんがり焼いてから、熱湯にくぐらせて器に盛る。
2 もちにたっぷりのシナモンと砂糖を好みの量だけ振りかけて食べる。

ニッポンのサラダ
コレはもう、だれもが大好き！　箸で食べ

よう
　レタス　½個
　きゅうり　1本
　青じそ　5枚
　みょうが　3個
　ドレッシング
　　薄口しょうゆ　大さじ1½
　　米酢　大さじ1½
　　ごま油　小さじ½
　　しょうが（すりおろし）　少々
　削り節　½パック
　刻みのり　適量

1 レタスは細切りにする。きゅうりは縦にシマシマに皮をむき、斜め薄切りにしてから千切りにする。青じそは縦2つに切ってから千切りにする。みょうがは縦2つに切ってから斜め薄切りにし、水に入れてサッと洗って中の土を落とす。
2 大きめのボウルにドレッシングを記載順に軽く混ぜ、野菜類を何回かに分けて加えては混ぜる。盛りつけ、削り節とのりを散らす。

にっぽんの母カレー
じゃが芋は煮くずれないように、最後に入れて煮るのがコツ

　温かいご飯　4人分
　豚肉（カレー用）　300g
　カレー粉　小さじ2〜3
　にんにく（薄切り）　ひとかけ
　しょうが（薄切り）　ひとかけ
　玉ねぎ　1個
　にんじん　1〜2本
　じゃが芋　2〜3個
　サラダ油　大さじ1
　水　4〜5カップ
　ローリエ　1枚
　カレールウ　小1箱（約100g）
　薬味
　　らっきょう　適量
　　福神漬け　適量

1 豚肉はカレー粉をまぶして、もみ込んでおく。
2 玉ねぎは縦半分に切ってザクザクと切る。にんじんは大きめの一口大に切り、じゃが芋も大きめの一口大に切る。
3 フライパンにサラダ油を熱し、にんにく、しょうが、玉ねぎ、豚肉、にんじんの順に加えながら、強めの火で炒める。
4 全体に油がまわったら、これを鍋に移し、分量の水とローリエを加えて火にかける。フツフツしてきたら、フタをして弱火で30分ほど煮込む。
5 最後にじゃが芋を加え、10分煮る。じゃが芋に竹串を刺してみて、やっと通るくらいになったら、いったん火を止め、カレールウを加える。よくとき混ぜてから、再び火にかけ、弱火で10分ほど煮る。
6 器にご飯を盛り、カレーをかける。らっきょう、福神漬けなどがよく合う。

二杯酢
素材によって塩やしょうゆ、薄口と使い分けると味のレパートリーが広がる

　塩　小さじ½
　（塩の代わりにしょうゆなら大さじ1、
　　薄口しょうゆなら小さじ2の配合で）
　米酢　大さじ1

1 混ぜ合わせてそのまま使ってもよし、サッと火にかけまろやかな味に仕上げて使ってもよい。

煮豚と煮卵
ラーメンの友。そのために作りたいほど。肉はどこの部位でもおいしく作れます

　豚肩ロースかたまり肉　400〜500g
　ゆで卵　4個
　長ねぎ　½本
　しょうが　ひとかけ
　にんにく　ひとかけ

にぼし

A ┌ 水　½カップ
　├ 酒　1カップ
　├ しょうゆ　大さじ4〜5
　└ 砂糖　大さじ2

1 豚肉はたこ糸を巻いて形を整える。塩小さじ½を振り、全体にまぶす。長ねぎは3㎝長さに切り、しょうがとにんにくはブツ切りにする。

2 湯を沸かしフツフツしてきたら肉を加えて5分ゆでる。

3 鍋にA、長ねぎ、しょうが、にんにくを入れて中火にかけ、肉と殻をむいたゆで卵を加えてフタをし、弱めの中火で20分煮る。肉と卵を裏返し、弱火でさらに15〜20分煮る。途中で煮汁が少なくなったら酒(分量外)をたす。

4 火を止め、そのまま冷まして味をなじませる。肉は適当な厚さに薄切りにし、卵は縦半分に切り、煮汁はたれにする。

煮干しで作るラーメン

煮干しで作るスープでもなかなかおいしいラーメンになります

〈これは2人分〉
中華めん　2人分
煮干しだし
　┌ 水　4カップ
　├ 煮干し　8尾
　├ 長ねぎ(青い部分)　適量
　└ しょうが(薄切り)　2〜3枚
たれ
　┌ 長ねぎ(小口切り)　10㎝
　├ しょうゆ　大さじ2
　├ 塩　適量
　├ こしょう　少々
　└ ごま油　小さじ½
焼き豚　適量
メンマ　適量
なると(薄切り)　適量
長ねぎ(小口切り)　適量
焼きのり　適量

1 まず煮干しだしをとる。鍋に分量の水、煮干し、ブツ切りにした長ねぎ、しょうがを入れて中火にかける。フツフツしてきたらごく弱火にし、15〜20分煮出す。煮干し、長ねぎ、しょうがは取り出す。

2 小口切りの長ねぎはしょうゆ、塩、こしょう、ごま油を合わせてよく混ぜ、半分ずつどんぶりに入れておく。

3 **1**のスープのアツアツを**2**のどんぶりに注ぐ。味をみて、たりなければ塩などをたして調える。

4 中華めんは袋の表示通りにゆで、水けをきって**3**のどんぶりに入れる。上に焼き豚、メンマ、薄切りのなると、長ねぎ、焼きのりなどの具をのせる。こしょうを振って食べる。

煮もの各種

→メニュー別索引〈煮もの〉を参照

にゅうめん

あったかくして食べるそうめんをにゅうめんといいます

〈これは2人分〉
そうめん　3わ(150g)
めんつゆ
　┌ だし汁　3カップ
　├ 薄口しょうゆ　大さじ1
　├ 酒　大さじ1
　├ みりん　小さじ2
　└ 塩　小さじ½
水溶き片栗粉
　┌ 片栗粉　小さじ1
　└ 水　小さじ1
卵　1個
焼きかまぼこ(5㎜厚さ)　4枚
三つ葉　適量
柚子の皮　少々
しょうが(すりおろし)　少々

1 そうめんはかためにゆで、よく水洗いしてザルにあげる。三つ葉は2cm長さに切る。
2 つゆを作る。鍋にだし汁を入れて中火にかけ、フツフツしてきためんつゆの調味料を加えて味を調える。
3 2にそうめんを入れ、温まったら(煮立ってくるのを待つ必要はない)そうめんだけを器に盛る。焼きかまぼこをのせる。
4 3がフツフツしてきたら水溶き片栗粉を入れ(とろみはつかない)、再びフツフツしてきたら、ときほぐした卵を流し入れる。
5 卵がフワリと固まったら、フタをして火を止め、30秒ほど蒸らす。つゆと一緒にそうめんにかける。上に三つ葉を散らし、薄くそいだ柚子の皮とおろししょうがをのせる。

ニョッキ
イタリアの粉料理。手軽に作れるじゃが芋入り手打ちパスタをトマトスープ仕立てで

ニョッキ
- マッシュポテト　じゃが芋2個(約300g)分
- じゃが芋(すりおろし)　1個(約150g)
- 塩　小さじ½
- 卵　1個
- 粉チーズ　¼カップ
- 小麦粉　約¾〜1カップ

強力粉(打ち粉用)　適量
にんにく(みじん切り)　ひとかけ
オリーブ油　大さじ1
トマト水煮缶詰　大1缶(約400g)
固形スープの素　1個
水　2カップ
ピーマン　1個
塩　少々
こしょう　少々

1 マッシュポテトに粉チーズまでの材料を記載順に加えては混ぜ、小麦粉は様子をみながら加えて耳たぶくらいのやわらかさにまとめる。
2 1の生地を打ち粉(強力粉)を振った上で転がして直径2cmくらいの太さの棒状にし、包丁にも打ち粉をつけて3〜4cm長さの斜め切りにする。
3 2をたっぷりの熱湯に入れ、弱めの中火で8〜10分ゆで、水けをきっておく。
4 オリーブ油とにんにくを弱火にかけ、香りがたったらトマト水煮缶詰、スープの素、分量の水を加え、弱めの中火で10分煮る。途中、トマトを軽くつぶし、仕上がり際にピーマンを細切りにして加える。
5 味をみて塩、こしょうで調え、盛りつけたニョッキにかける。

作り方2

ニョッキ きのこスープ仕立て
じゃが芋入り手打ちパスタのニョッキはイタリア版のすいとん

ニョッキ
- マッシュポテト　じゃが芋2個(約300g)分
- じゃがいも(すりおろし)　1個(約150g)
- 塩　小さじ½
- 卵　1個
- 粉チーズ　¼カップ
- 小麦粉　約¾〜1カップ

強力粉(打ち粉用)　適量
にんにく(みじん切り)　½かけ
ベーコン　50g
きのこ(好みのもの)　ほぐして2カップ

にら

オリーブ油　大さじ1
水　3カップ
固形スープの素　1個
塩　少々
こしょう　少々
粉チーズ　好きなだけ

1 ベーコンは1㎝幅に切る。きのこは好みの種類を用意し、石づきを切り落として食べよく切ったり、ほぐしたりする。
2 ニョッキを作る。ボウルにマッシュポテト、すりおろしたじゃが芋、塩、卵、粉チーズを順に加えては混ぜ、小麦粉は様子をみながら加えて、耳たぶくらいのやわらかさにまとめる。
3 台に打ち粉(強力粉)を振り、**2** の生地を転がして直径2㎝くらいの太さの棒状にする。包丁にも打ち粉をつけて、これを3〜4㎝長さの斜め切りにする。
4 鍋にたっぷりの湯を沸かし、**3** を入れて弱めの中火で8〜10分ゆでて、水けをきる。
5 鍋にオリーブ油を入れて温め、油がぬるいうちににんにくとベーコンを炒める。香りがたち、ベーコンから脂が出てきたら、きのこを加えてザッと炒め、油がまわったら分量の水と固形スープの素を加える。
6 フツフツしてきたら塩、こしょうで味を調え、**4** のニョッキを加える。再びフツフツしてきたら火を止め、器に盛って粉チーズをたっぷりかけて食べる。

にら粥

おなかにいいにらをおかゆに。にらは長めに、はじめからゆっくり炊きます

米　1カップ
水　5カップ
にら　1わ
ごま油　小さじ1½
塩　小さじ1弱
湯　1カップ
うずら卵　4個
こしょう　適量

1 米は洗って水けをきる。
2 にらは10㎝長さに切る。
3 厚手の鍋の中を水でぬらし、ごま油、にらを入れて混ぜ、にらにごま油をからめる。
4 **3** に米、分量の水を加えて中火にかける。フタをして弱火で25〜30分炊く。
5 炊き上がったら塩、湯1カップを加え、水でぬらした箸で切るようにして混ぜ、フタをして火を止める。
6 器におかゆを盛り、真ん中にくぼみを作り、うずら卵を割り入れ、こしょうを振る。

にら玉

卵液を流したら、強火でフワリと焼き上げるのがコツ

にら　1わ
卵　3個
だし汁　½カップ
薄口しょうゆ　小さじ2
ごま油　大さじ1

1 にらは3㎝長さに切る。
2 ボウルに卵を割り入れて泡立てないようにほぐし、だし汁と薄口しょうゆで味をつけ、にらも加えて混ぜる。
3 中華鍋にごま油を熱し、強火にして卵液を一気に加える。卵の周辺がフツフツしてふくれてきたら、大きく混ぜてやわらかく炒める。

にら玉スープ

和風の献立でも中国風の献立でもよく合います。にらは火を通しすぎないように

にら　½わ
A ┌ 煮干し　10尾
　└ 水　5カップ

しょうが(薄切り)　2～3枚
長ねぎ(青い部分・あれば)　適量
B ┤ 塩　小さじ½
　　薄口しょうゆ　小さじ2
　　酒　大さじ1
水溶き片栗粉
　┤ 片栗粉　小さじ1
　　水　小さじ1
卵　1～2個
ごま油　小さじ½
こしょう　少々

1 Aを火にかけ、フツフツしてきたら弱火にして15～20分煮出す(かつおだしでもおいしくできる)。
2 にらは3㎝長さに切り、卵はとく。
3 **1**の煮干し、しょうが、長ねぎは取り出し、にらを加え、Bで味を調える。
4 水溶き片栗粉を加え、フツフツしているところにとき卵を入れ、火を止める。ごま油を落とし、こしょうを振る。

にらとあさりの練りみそかけ
お酒にうれしいオツな味

にら　2わ
あさり水煮缶詰　小1缶
練りみそ
　┤ みそ　大さじ2
　　みりん　大さじ2
　　酒　大さじ2

1 にらはたっぷりの熱湯で好みの加減にゆで、ザルに広げて冷ます。しぼらずに3㎝長さに切る。
2 あさりは缶汁をきり、熱湯をかけて水けをきる。
3 小鍋の中を水でぬらし、練りみその材料を入れてよく混ぜる。弱火にかけて混ぜ、フツフツしてとろりとなったら火を止める。
4 にらとあさりを混ぜ合わせて盛り、練りみそをかける。

にらとサーディンのピザ
カツ代流ピザの中の個性派。でも相性よしの組み合わせだから、と～っても美味！

ピザ台　1枚
トマトソース(ピザ用)　大さじ4
にら　¼わ
オイルサーディン缶詰　½缶
ピザ用チーズ　½カップ

1 ピザ台にトマトソースをぬり、1㎝長さに刻んだにらを散らす。
2 さらにオイルサーディンを放射状に並べ、全体にピザ用チーズを散らして、200度のオーブンで7～10分焼く。

トマトソース(ピザ用)➡トマトソース(ピザ用)
ピザ台➡ピザ台(基本)

にらねぎ汁
「風邪をひいたかな」というときにぜひ。にらやねぎの香りの成分が体にプラス

にら　½わ
長ねぎ　1本
だし汁　3½カップ
みそ　大さじ2～3

1 にらは2㎝長さに切り、長ねぎは小口切りにする。
2 鍋にだし汁を入れて火にかけ、フツフツしてきたらみそをとき入れ、すぐににらも加える。
3 再びフツフツしたら火を止め、長ねぎを加えて器に盛る。

にらのお浸し
すじっぽくなるから水に取ってはいけません。そのまま自然に冷まししぼらないこと

にら　2わ
削り節　適量
しょうゆ　適量

1 にらは熱湯でサッとゆで、ザルに広げて水けをきり、2～3㎝長さに切る。

にら

2 器に盛り、削り節をのせ、しょうゆをかけて食べる。

にらの酢のもの
ゆでたにらは、クセもにおいも少ない

にら　2わ
塩　少々
酢じょうゆ
　｛酢　大さじ1½
　　しょうゆ　小さじ2
白いりごま　適量

1 にらは塩を加えた熱湯でサッとゆで、ザルに広げて冷ます。
2 水けをしぼらずに3㎝長さに切る。器に盛り、酢じょうゆをかけ、ごまを振る。

にらの卵とじ
相性よしのおなじみ素材。あと一品というときにも、すぐ出来上がり

にら　1わ
卵　2個
だし汁　1½カップ
薄口しょうゆ　大さじ1
酒　大さじ1
みりん　小さじ1

1 にらは2㎝長さに切り、卵はときほぐしておく。
2 鍋にだし汁を入れて火にかけ、フツフツしてきたら、薄口しょうゆ、酒、みりんを加えてにらを入れる。
3 にらに火が通ったら、フツフツしているところにとき卵を流し入れる。卵がまわりから固まりかけてきたら、フタをして火を止め、30秒ほど蒸らす。

にらレバ炒め
レバーは揚げてから炒めるので香ばしい。にらは短時間で火を通すのみ

豚レバー　300g
しょうゆ　小さじ2
小麦粉　適量
揚げ油　適量
にんにく（みじん切り）　少々
にんじん　½本
にら　2わ
サラダ油　大さじ1
塩　ひとつまみ
しょうゆ　大さじ1
酒　大さじ1

1 豚レバーは薄切りにし、しょうゆをもみ込んで下味をつける。小麦粉をまぶし、中温(170～180度)に熱した揚げ油でカラリと揚げる。
2 にんじんはマッチ棒くらいの細切りにする。にらは4㎝長さに切る。
3 中華鍋かフライパンにサラダ油を入れて火にかけ、油がぬるいうちに、にんにくを加えて炒める。香りがたったら強火にして、にんじんを炒め、揚げレバーを加え、にらも加えて手早く炒め合わせる。
4 油がまわったら、塩、しょうゆ、酒を加えてザッと炒め合わせ、すぐ器に盛る。

にんじん入り玉子焼き
にんじん嫌いも知らずに食べる、おしゃれなオレンジ色

卵　4個
にんじん　5～6㎝
みりん　小さじ1
砂糖　小さじ1
薄口しょうゆ　小さじ1
ごま油　適量

1 卵はとき、調味料を加えて混ぜ、そこににんじんをすりおろし、混ぜ合わせる。
2 卵焼き器かフライパンを熱し、ごま油を薄くひき、強めの中火にして 1 の卵液を薄く流し入れる。表面が固まらないうちに、端からクルクルッと巻く。
3 あいたところに再び卵液を薄く流し入れ、表面が少し固まったら巻いた 2 の卵

にんじん粥

ポコポコと見え隠れする鶏だんごがうれしい、きれいなオレンジ色のおかゆ

米　1カップ
水　5カップ
にんじん（すりおろし）　大さじ山盛り4
鶏だんご
　┌ 鶏挽き肉　200ｇ
　│ 塩　小さじ1/4
・│ しょうが汁　小さじ1
　│ こしょう　少々
　└ 片栗粉　小さじ2
塩　小さじ1/2強
湯　1カップ
三つ葉（あらみじん切り）　適量
しょうが（すりおろし）　適量

1 米は洗って水けをきる。
2 厚手の鍋に米、分量の水、にんじんのすりおろしを入れ、フタをして中火にかける。フツフツしてきたら弱火にし、フタをして20分炊く。
3 鶏だんごの材料を合わせ、たねを作る。
4 **2**がフツフツしているところに**3**を2本のスプーンを使って直径2㎝弱くらいのだんご状にして入れ、再びフツフツしてきたらフタをして10分ほど煮る。
5 鶏だんごに火が通ったら塩、湯1カップを加え、箸の先を水でぬらし、切るように混ぜ、フタをして火を止める。
6 器におかゆを盛り、三つ葉を散らし、おろししょうがをのせる。

にんじんと貝割れ大根のサラダ

彩りと自然の甘みがおいしい！　スライサーを使ってもできます

にんじん　2本（300～400ｇ）
貝割れ大根　1/2わ
ドレッシング
　┌ 塩　小さじ1/2
　│ マスタード　小さじ1/2～1
　│ こしょう　少々
　│ 砂糖　小さじ1/2
　│ 洋辛子粉　少々
　│ 米酢　大さじ1
　└ サラダ油　大さじ2

1 にんじんは斜め薄切りにしてからできるだけ細い千切りにする。難しいという人は千切り用スライサーを使うとよい。
2 貝割れ大根は根を切り落とす。
3 ボウルにドレッシングの材料を記載順に加え合わせる。にんじんを加えてさらに混ぜる。
4 器に盛り、上に貝割れ大根を散らす。

にんじんと絹さやのつや煮

肉料理の付け合わせやお弁当の彩りにも。
絹さやはやわらかければ下ゆでの必要なし

にんじん　2本（300～400ｇ）
絹さや　100ｇ
塩　小さじ1/2
砂糖　小さじ2
水　適量
サラダ油　小さじ1

1 にんじんは4～5㎝長さに切り、縦4つ割り、細い部分は2つ割りにする。
2 鍋ににんじんを入れ、かぶるくらいの水、塩、砂糖を加えて火にかけ、中火で煮る。
3 絹さやはすじを取り、塩ひとつまみ（分量外）を加えた熱湯でサッとゆでておく。
4 にんじんがやわらかく煮えたら、サラダ油を加える。絹さやを加え、再び煮立ったらザッと混ぜてつやよく仕上げ、火を止める。

にんじんとレバーのサラダ

なぜか相性よしの素材。こしょうは黒のガ

にんじん

リガリ挽いたものを使えばおいしさアップ

にんじん　2本
鶏レバー　200g
レーズン　大さじ1
フレンチドレッシング
　塩　小さじ1
　こしょう　少々
　砂糖　少々
　米酢　大さじ2
　レモン汁　小さじ2〜3
　サラダ油　大さじ2

1 にんじんは斜め薄切りにしてから細い千切りにする。スライサーを使ってもよい。
2 鶏レバーは血のかたまりなどを洗い流し、熱湯で中までしっかり火が通るようにゆでてザルにあげる。あら熱が取れたら、レーズン大に刻む。
3 レーズンはぬるま湯でザッと洗い、よく水けをきる。
4 ボウルにフレンチドレッシングの材料を記載順に混ぜ合わせ、最後のサラダ油はサッと混ぜる。
5 サラッとしたドレッシングができたら、レバー、にんじん、レーズンを加えて軽く混ぜ合わせ、器に盛る。

にんじんのきんぴら

シャッキリ感が大切。強火で手早く炒める

にんじん　2本
ごま油　大さじ1
薄口しょうゆ　大さじ1
白いりごま　大さじ1

1 にんじんは斜め薄切りにしてから細切りにする。
2 鍋にごま油を熱し、強火でにんじんを炒める。油がまわったら、いったん火を止めて薄口しょうゆを加える。
3 再び火をつけ、白いりごまを加えて、汁けをとばすようにザッザッと炒め、すぐに器に移す。

にんじんのグラッセ

コトコトと照りよく煮るだけ。調理の合間に作って、付け合わせにもどうぞ

にんじん　2本
水　適量
砂糖　小さじ2
塩　少々
バター　1cm角

1 にんじんは1cm厚さの輪切りにする。シャトー型に切ってもよい。
2 鍋ににんじんを入れて、かぶるくらいの水を注ぎ、砂糖、塩、バターも加え混ぜて火にかける。
3 フタをして、弱めの中火でコトコトと10分前後煮る。

シャトー→ コラム参照

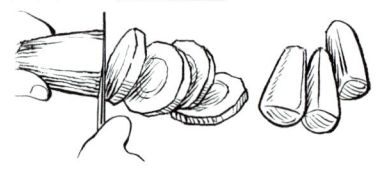

作り方 **1**

にんじんの白あえ

にんじんには下味をつけ、ごまはよーくするのがコツ

にんじん　2本(300〜400g)
しょうゆ　少々
あえ衣
　木綿豆腐　1丁
　白いりごま　大さじ山盛り3
　薄口しょうゆ　大さじ2
　みりん　大さじ1
　砂糖　小さじ1

1 にんじんは斜め薄切りにしてから細切りにする。熱湯でほどよいやわらかさにゆでてザルにあげ、これを大急ぎで広げてあら熱を取り、しょうゆを振って軽く下味を

つける。

2 木綿豆腐は布巾で包み、皿などで重しをして15〜20分しっかりと水けをきる。

3 あえ衣を作る。すり鉢に白いりごまを入れ、よくよくする。

4 ごまが香りよくねっとりしてきたら、薄口しょうゆ、みりん、砂糖を加えてよくすり混ぜる。さらに豆腐を加え、くずしながら全体がなめらかになるように、よくすり混ぜる。

5 食べる直前に、にんじんを2〜3回に分け加えて、衣とあえる。

にんじんのポタージュ
本格的なこっくり味

にんじん　2本
水　適量
固形スープの素　1個
ホワイトソース
　バター　大さじ2
　小麦粉　大さじ3
　牛乳　3½カップ
塩　少々
こしょう　少々
生クリーム　½カップ

1 にんじんは乱切りにし、かぶるくらいの水とスープの素でやわらか〜くゆでる。ゆで汁ごとミキサーかブレンダーにかける。

2 ホワイトソースを作る。バターを弱火にかけ、とけたら小麦粉を振り入れ、粉っけがなくなるまで1〜2分よく炒める。

3 火を止め、牛乳を少しずつ加えて泡立て器で混ぜる。なめらかになったら残りの牛乳を一度に加え、木ベラで混ぜる。

4 ごく弱火をつけ、ときどき底を混ぜながら10分くらい煮る。

5 ホワイトソースに **1** のにんじんを混ぜ、味をみて塩、こしょうで調える。全体が温まったら生クリームを加えてすぐに火を止める。

にんじんベーコンサンド
野菜が不足しがちなサンドイッチもこれならOK

〈これは2人分〉
食パン（サンドイッチ用）　4枚
バター　適量
粒マスタード　適量
にんじん　1本
塩　少々
レモン汁　少々
ベーコン　6枚

1 食パンは2枚1組にして合わせる面にバターをぬり、それぞれ片面にはさらに粒マスタードもぬる。

2 にんじんは斜め薄切りにしてから千切りにし、塩を振り混ぜておく。しんなりしたらレモン汁を加え、水けをしぼる。マヨネーズであえても美味（そのときは塩、レモン汁はいらない）。

3 ベーコンはフライパンでカリカリになるまで弱火で焼く。

4 にんじんとベーコンを食パンにはさみ、食べよく切り分ける。

にんにく炒飯
にんにくはぬるい油からじっくり揚げる

〈これは2人分〉
温かいご飯　2人分
にんにく　2〜3かけ
ハム　50g
揚げ油　適量
塩　適量
こしょう　少々
しょうゆ　少々

1 にんにくは横に薄切りにする。ハムはあらく刻む。

2 フライパンに揚げ油を少なめに入れて中火にかけ、油がぬるいうちににんにくを

にんにく

入れ、ときどきかき混ぜながらじっくりと揚げる。全体が薄いきつね色でパリッとなったら、ペーパーなどに取り余分な油を取る。

3 揚げ油を少し残して片づけ、強めの火でご飯とハムを炒める。パラリとなったら塩、こしょうを振り、にんにくの半量を混ぜ、しょうゆを振ってサッと炒める。

4 器に盛り、残りのにんにくをのせる。

にんにく鶏
元気になる香りいっぱい！ アツアツをガブリと丸ごとどうぞ

　鶏手羽先　12本
　にんにく(すりおろし)　2かけ
　しょうゆ　大さじ2
　こしょう　少々
　パセリ　適量

1 鶏手羽先は水けをふく。ボウルなどにおろしにんにくとしょうゆを合わせ鶏肉をつけ、冷蔵庫に入れて10～30分おき、下味をつける。一晩おいてもよい。

2 オーブンの天板と網を水でザッとぬらし、鶏手羽先を並べる。全体にこしょうを振って200～250度のオーブンで15分くらい、様子をみながら焼く。

3 こんがり焼けたら器に盛り、ちぎったパセリを添える。

にんにくの栗揚げ
薄皮がついたまま揚げる。ほっくりして味も姿も栗のよう。ビールのおともにどうぞ

　にんにく　適量
　揚げ油　適量
　塩　適量

1 にんにくは薄皮をつけたままバラバラにする。

2 揚げ油を少なめに入れて中温(170～180度)に熱し、にんにくを薄皮をつけたまま入れて、焦がさないようにじっくり揚げる。うっすらと色づき、薄皮が割れて中が少し見えてきたら、油をきり塩を振って食べる。

にんにくの芽とキャベツのピリ辛炒め
豚肉との定番炒めもの

　豚薄切り肉　200ｇ
　しょうゆ　大さじ1
　にんにくの芽　1わ
　キャベツ　4枚
　サラダ油　大さじ1½
　豆板醤　小さじ½
　塩　適量
　酒　小さじ1

1 豚肉は食べよい大きさに切り、しょうゆをかけて下味をつける。にんにくの芽は3㎝長さに切る。キャベツは3㎝角くらいに切る。

2 中華鍋かフライパンを熱し、サラダ油大さじ1をひいて豚肉と豆板醤を加え、中火で完全に火が通るまで炒め、取り出す。

3 油大さじ½をたし、塩をほんの少し加え、にんにくの芽を強火で炒める。キャベツも加えてサッと炒め、肉を戻し酒を加え、手早く炒め合わせる。すぐ器に移す。

にんにくの芽と卵の炒めもの
火はずっと強火で、手早く炒める

　卵　4個
　塩　少々
　こしょう　少々
　サラダ油　適量
　にんにくの芽　1わ
　塩かしょうゆ　適量

1 卵は割りほぐし、塩とこしょうを加えて混ぜる。

2 にんにくの芽は4～5㎝長さに切る(冷凍素材の場合は凍ったまま使う)。

3 中華鍋またはフライパンにサラダ油大さじ2を熱し、強火にして卵を一気にワー

ッと入れる。まわりから固まってきたら、箸で大きく混ぜながらフワリと炒めて、いったん器に取る。

4 さらに油少々をたし、にんにくの芽を強火で炒めて、塩かしょうゆの好みの味で調味する。ただし塩を加える場合は、にんにくの芽がまだ生のうちに。しょうゆの場合は全体がアツアツになったときに加える。

5 最後に **3** の卵を戻し、ザッと炒め合わせてすぐ器に盛る。

にんにくピリ辛スープ
体がポカポカ温まるスープ。にんにくは油がぬるいうちからじっくり香りよく炒める

　　牛こま切れ肉　150ｇ
　　にんにく（みじん切り）　2〜3かけ
　　玉ねぎ　1/2個
　　セロリ　1/2本
　　ピーマン　2個
　　マッシュルームスライス缶詰　小1缶
　　サラダ油　大さじ1
　　トマトジュース　2カップ
　　水　2カップ
　　固形スープの素　1個
　　ローリエ　1枚
　　塩　少々
　　こしょう　少々

1 玉ねぎ、セロリ、ピーマンは1cm角に切る。マッシュルームは実と汁に分ける。

2 鍋にサラダ油を入れて温め、油がぬるいうちににんにくを炒める。香りがたったら、牛こま切れ肉、玉ねぎ、セロリ、ピーマン、マッシュルームの順に強火で炒め合わせていく。

3 全体に油がまわったら、トマトジュース、分量の水、缶汁、スープの素、ローリエを入れ、フツフツしてきたら火を弱めて約10分煮る。味をみて塩、こしょうで調え、好みでタバスコを振ってもおいしい。

ぬ

ぬか漬け
その日の気温や湿度により、漬かり具合が違うのがいい。いいタイミングで食べよう

　　ぬか床　適量
　　好みの野菜　適量
　　（きゅうり、なす、にんじん、大根、キャベツ、かぶ、みょうがなど）
　　なすの場合のみ塩　適量

1 なすはヘタを切り落とす。塩適量をまぶし、キュッキュッと手でわりと強めにもんでから、そのままぬか床の中にムギューゥッと漬け込む。

2 大根やにんじんは皮つきのまま、縦長に適当な長さに切る。その他の野菜はそのまま漬け込む。急いで食べたいときは、少し小さく切ったりする。

3 漬けたあとは、ぬか床の表面から野菜が顔を出さないように平らにならす。野菜の種類や季節によるが、早いもので4〜5時間、漬かりにくいものだと7〜8時間かかる。

ぬか床の作り方
水は一滴も加えず、ビールだけで作る秘伝のぬか床。6月頃が作りどき

　　生ぬか　2kg
　　ビール　大びん（633ml）2本
　　粗塩　2カップ
　　にんにく　2〜3かけ
　　赤唐辛子　1〜2本
　　粉辛子　大さじ2〜3
　　山椒の実（あれば）　少々

1 フタのできる大きめの容器にぬか、ビール、塩と交互に3〜4回くらいに分けて入れ、しっかり混ぜ合わせる（かたくてか

ぬくやっこ

なり混ぜにくい)。ビールは少しずつ入れ、はじめはかためにする。
2 残りの材料も加え、底から上へ、上から底へと、しっかり混ぜ合わせる。
3 最後に手のひらでしっかり押さえて表面を平らにし、かたくしぼったぬれ布巾で容器の内側をきれいにふく(表面が凸凹していたり、容器のまわりにぬかがついていたりすると、そこからカビやすい)。
4 毎日かき混ぜて空気を入れて手入れをする。これがおいしくするコツ。これを毎日くり返すことで一生もののぬか床ができる。
5 2、3日なら大丈夫だが、長期間家をあけるときは、冷蔵庫にそのまましまっておく。冷蔵庫に入らない場合も多いので、そのときは空気にふれる表面部分を塩でおおう。帰宅したら表面部分のぬかを塩ごと取りのぞき、またかき混ぜていつものように漬ける。

温(ぬく)やっこ
白髪ねぎと豆板醤をからめて食べると絶妙、中国風あんかけ豆腐

絹ごし豆腐　2丁
長ねぎ　1本
あん
　┌ だし汁(濃いめ)　2カップ
　│ しょうゆ　大さじ2
　│ 酒　大さじ2
　│ みりん　小さじ2
　└ 片栗粉　小さじ2
豆板醤　適量

1 豆腐は半分に切り、かぶるくらいの水を加えて火にかけ、中がアツアツになるまでゆでる。
2 白髪ねぎを作る。長ねぎを4〜5cm長さに切り、縦に切りめを入れて芯を取りのぞく。広げて繊維にそって縦に千切りにし、水に入れてサッと洗う。
3 あんの材料を混ぜて中火にかけ、ときどきかき混ぜ、とろみがついてフツフツしてきたら火を止める。
4 アツアツの豆腐を盛ってあんをかけ、**2**の白髪ねぎと豆板醤をのせる。

ぬた各種
→メニュー別索引〈酢のもの・ぬた〉を参照

ね

ねぎ入り松前漬け
野菜が入り、サラダ感覚で食べられる一品。漬けて2〜3日後が食べ頃

松前漬けの素(市販)　½袋(25g)
大根　5cm
にんじん　5cm
漬け汁
　┌ 酒　大さじ3
　│ しょうゆ　大さじ3
　│ みりん　大さじ½
　└ 米酢　大さじ½
赤唐辛子(輪切り)　1本
細ねぎ(小口切り)　1カップ
白いりごま　大さじ½

1 松前漬けの素は水洗いをしてザルにあげ、水けをきる。
2 大根は薄い輪切りにしてから千切りにし、にんじんは斜め薄切りにしてから千切りにする。
3 清潔なガラスびんに漬け汁の調味料と赤唐辛子を合わせ、大根とにんじんを加えて混ぜる。
4 野菜が少しシナッとしたら、松前漬けの素、細ねぎ、白いりごまを加えて箸でほぐしながら全体を混ぜ、フタをして冷蔵庫で一晩ねかす。冷蔵庫で1週間は保存可。

ねぎすき

強火でサッと炒め煮にする、牛肉とねぎだけのシンプルなすき焼き

　　牛薄切り肉(すき焼き用)　400 g
　　長ねぎ(太め)　4本
　　牛脂かサラダ油　適量
　　砂糖　大さじ1〜2
　　しょうゆ　大さじ2〜3
　　酒　大さじ2〜4
　　卵(好みで)　適量

1 牛肉は2〜3つに切る。長ねぎは2㎝長さの斜め切りにする。
2 すき焼き鍋を強火で熱して牛脂をこすり、牛肉を並べ、長ねぎをまわりに入れる。
3 肉めがけて砂糖を振り入れ、とけはじめたらしょうゆと酒も加える。すぐ箸で混ぜてからめ、まわりのねぎも混ぜ込んで炒め煮する。好みの加減に煮えたものから卵をつけて食べる。

ねぎそば

即席ラーメンといえどもおいしく食べたい。ねぎやきゅうりは炒めすぎないように

　　〈これは1人分〉
　　インスタントラーメン　1袋
　　にんにく(みじん切り)　少々
　　豚挽き肉　50 g
　　長ねぎ　½本
　　きゅうり　½本
　　サラダ油　大さじ½
　　塩　ひとつまみ
　　豆板醤　小さじ½〜1
　　ごま油　1〜2滴

1 長ねぎは5〜6㎝長さに切って縦に切りめを入れ、開いて繊維にそって千切りにする。きゅうりは斜め薄切りにしてから細切りにする。
2 フライパンにサラダ油を熱してにんにくと豚挽き肉を炒め、肉の色が変わったら、塩と豆板醤を加え混ぜる。長ねぎ、きゅうりの順に加えて強火でザッザッと炒める。ごま油を落として風味をつける。
3 インスタントラーメンを表示通り作って器に盛り、上に**2**の具をたっぷりのせる。

ねぎ鶏

シンプル料理だけど味はピカー！　大皿に盛れば、豪華な中華料理に

　　鶏むね肉　2枚
　　酒　少々
　　塩　少々
　　長ねぎ　2本
　　たれ
　　┌しょうゆ　大さじ3
　　│米酢　大さじ1½
　　└豆板醤　小さじ½

1 鍋に湯2カップ(分量外)を沸かし、フツフツしているところに酒と塩を加え、鶏むね肉を入れ、フタをしてゆでる。
2 中に火が通るまでゆでたら引き上げ、あら熱が取れたら食べよく薄切りにするか、さく。
3 長ねぎは白髪ねぎにする。まず5㎝長さに切り、中心まで切りめを入れて開き、端から千切りにする。これを水でザッと洗い、ザルにあげて水けをきる。
4 たれの調味料を合わせておく。
5 器に鶏肉を盛り、上にたっぷりと白髪ねぎをのせて、たれの半量をかける。残りのたれは添え、食べるときにかける。

　白髪ねぎ→　コラム参照

ねぎとろ丼

お酒のあとは、少しでいいからぜいたくに

　　まぐろ中とろ　4人分
　　細ねぎ(小口切り)　½本
　　しょうゆ　適量
　　おろしわさび　適量

ねぎ

　もみのり　適量
　温かいご飯　4人分

1 まぐろは刺身ならそのまま、さくなら適当に小さく切る。
2 まな板の上にまぐろをおき、小口切りの細ねぎをのせ、混ざり合うように包丁でたたいて刻む。
3 ボウルにわさびじょうゆを合わせ、**2** を加えてザッと混ぜる。
4 どんぶりに温かいご飯を盛り、もみのりを散らし **3** をのせる。

ねぎねぎ豆腐
たっぷりの薬味とめんつゆで、ひと味違う冷ややっこ

　　豆腐(木綿でも絹でもよい)　2丁
　　ザーサイ(みじん切り)　大さじ1
　　玉ねぎ　¼個
　　長ねぎ　½本
　　細ねぎ(小口切り)　½カップ
　　めんつゆ(市販でもよい)　適量

1 豆腐は半分に切り、サッと水洗いしてから器に盛りつける。
2 玉ねぎと長ねぎはみじん切りにする。
3 豆腐の上にザーサイ、玉ねぎ、長ねぎ、細ねぎをパラパラとのせ、めんつゆをかけて食べる。

ねぎのかき揚げ
じっくり揚げれば、いつまでもパリパリ

　　長ねぎ　2〜3本
　　桜えび　½カップ
　　衣
　　　┌　小麦粉　½カップ
　　　└　冷水　½カップ
　　揚げ油　適量

1 長ねぎは小口切りにする。そのあとザルに広げて少し乾かすと余分な水分が出ないのでカラリと揚げやすい。
2 小麦粉と冷水をザッと混ぜ、長ねぎと桜えびを加えて混ぜ合わせ、衣をからめる。
3 揚げ油を低めの中温(170度)に熱し、たねを一口大より大きめに木ベラに平らにのせ、箸ですべらせて油に入れる。
4 くっついて衣がしっかりしたら、ときどき空気にふれさせながらじっくり揚げ、こんがりパリッとなったら油をよくきって引き上げる。塩やしょうゆ、ウスターソースなどで食べる。

ねぎビーフ
ローストビーフを白いご飯のおかずに

　　ローストビーフ(薄切り)　200g
　　長ねぎ　1本
　　しょうゆ　適量
　　とき辛子　適量
　　レモン　4切れ

1 白髪ねぎを作る。長ねぎは5㎝長さに切り、縦に切りめを入れて芯を取りのぞき、縦に千切りにする。水にさらし、パリッとなったら水けをきる。
2 ローストビーフは繊維にそって1㎝幅くらいに切り、しょうゆと辛子であえる。盛りつけ、**1** の白髪ねぎをのせる。レモンをしぼり、しょうゆをほんの少しかけて食べる。

ねぎま
関東を代表するねぎま鍋をかじきまぐろで。長ねぎを香ばしく焼いてから魚を煮る

　　かじきまぐろ　4切れ
　　長ねぎ　3本
　　しょうが　ひとかけ
　　サラダ油　適量
　　A ┌　酒　½〜1カップ
　　　├　砂糖　大さじ3
　　　└　しょうゆ　大さじ4
　　わさびやとき辛子(好みで)　適量

1 かじきまぐろは一口大に切る。

2 長ねぎは4㎝長さに切る。しょうがは皮ごと繊維を断つように薄切りにする。
3 鉄鍋を熱してサラダ油をひき、長ねぎを焼く。焼き色がついたらいったん火を止めAの調味料を加え、再び強火にかける。煮立ったところで、しょうが、かじきまぐろを加えて強めの中火でコテッと煮る。好みでわさびやとき辛子をつけて食べる。

ねぎ焼きそば
細ねぎとごまがたっぷり入って、風味満点の焼きそば

〈これは2人分〉
焼きそばめん　2人分
豚薄切り肉　100ｇ
サラダ油　大さじ2
塩　小さじ½～1
こしょう　適量
細ねぎ(小口切り)　1カップ
白いりごま　大さじ4
紅しょうが　適量

1 豚薄切り肉は食べよい大きさに切る。
2 フライパンにサラダ油を熱して豚肉を炒め、肉の色が変わったら、焼きそばも加えてさらに炒める。
3 油がまわったら塩、こしょうで味を調え、さらに炒めて全体がアツアツになったら、細ねぎを⅔量と白いりごまを加えてザッザッと混ぜ合わせて火を止める。
4 器に盛って残りの細ねぎを散らし、紅しょうがを添える。

根っこのサラダ
ご飯のおかずになります

じゃが芋　2個(200～300ｇ)
れんこん　小1節(約150ｇ)
ごぼう　15㎝
A｛薄口しょうゆ　大さじ1
　　ごま油　小さじ1
サラダ油　大さじ1
ちりめんじゃこ　大さじ2
白いりごま　大さじ1

1 じゃが芋は細切りにし、水にさらす。れんこんは薄いいちょう切りにし、水にさらす。ごぼうはささがきにし、水にさらす。
2 ボウルにAの薄口しょうゆとごま油を合わせておく。
3 サラダ油を熱して水けをきったじゃが芋を炒め、全体に油がまわって透き通った感じになったら、すぐ **2** のボウルに入れてひと混ぜする。
4 鍋に水けをきったごぼうとれんこんを入れ、かぶるくらいに水を加え中火にかける。フツフツしてきたらザルにあげ、水けをよくきる。**3** に加えてササッと混ぜ合わせる。
5 盛りつけ、ちりめんじゃことごまを振る。

根っこ野菜とディップ
煮ものだけではありません。こんな食べ方もおいしいのです。ぜひお試しあれ！

〈作りやすい分量〉
ごぼう　適量
にんじん　適量
大根　適量
れんこん　適量
オーロラディップ
｛マヨネーズ　大さじ4
　トマトケチャップ　大さじ2
　牛乳　大さじ2
マスタードディップ
｛マヨネーズ　大さじ4
　マスタード　大さじ1
　牛乳　大さじ1

1 ごぼうは1㎝厚さの斜め切りにし、水にさらす。れんこんは1㎝厚さの輪切りにし水にさらす。大根、にんじんも1㎝厚さの輪切りにする。

ねみつば

2 鍋にごぼう、大根、れんこんを入れ、かぶるくらいの水を加えて火にかける。フツフツしてきたらフタをして弱火にし5分ゆで、にんじんを加えてさらにゆで、ほどよいかたさになったらザルにあげる。
3 ディップソースはそれぞれを合わせ混ぜて2種類作る。
4 ゆで野菜を器に盛り、ディップを添えてつけながら食べる。

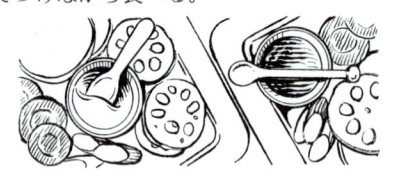

根三つ葉とまぐろの磯あえ

アツアツのご飯にも酒の肴にも合う一品。まぐろはさくでもブツ切りでもOK

　根三つ葉　1わ
　まぐろ　1さく（200g）
　練りわさび　少々
　しょうゆ　大さじ1
　もみのり　焼きのり1枚分

1 根三つ葉は根を切り落とし、熱湯でサッとゆでてザルに取り、大急ぎで広げる。冷めたら水けを軽くしぼって、3～4cm長さに切る。
2 まぐろは2cm角くらいに切り、大さじ1のしょうゆと練りわさびであえてしっかり味をつける。
3 さらに根三つ葉を加え、サッサッとあえて器に盛りつけ、もみのりを散らす。各自でしょうゆ少々（分量外）をかけて食べる。

根三つ葉とわかめの酢のもの

香りを味わう春の出合いもの

　根三つ葉　1わ
　わかめ（戻したもの）　½カップ
　合わせ酢
　{ 塩　小さじ½
　　しょうゆ　小さじ1
　　米酢　大さじ1

1 根三つ葉は根を切り落とし、熱湯にサッと通し、ザルに広げて冷まし、2～3cm長さに切る。
2 戻したわかめはよく水洗いし、2cmくらいの長さに切る。
3 合わせ酢の調味料を合わせ、水けをきったわかめ、根三つ葉の順で加えてはあえる。

根野菜のごまみそあえ

懐かしい味と豊かな風味のあえもの。白みそと薄口しょうゆを使えば、上品な一品に

　ごぼう　20cm
　れんこん　小1節
　にんじん　½本
　こんにゃく　½枚
　ごまみそ
　{ 白練りごま　大さじ2
　　みそ　小さじ1
　　砂糖　小さじ1
　　薄口しょうゆ　小さじ1

1 ごぼうは小さめの一口大の乱切りにし、10分ほど水に放つ。れんこんとにんじんもごぼうと同じくらいの乱切りにする。
2 こんにゃくも野菜の大きさに合わせて、スプーンでこそぐ。
3 鍋にごぼうとれんこんを入れ、かぶるくらいの水を加えて火にかける。フタをして10分ほどゆでたら、にんじんとこんにゃくも加えてさらに10分くらいゆでる。
4 にんじんがやわらかくなったら、ザルにあげて水けをきり、自然にあら熱を取る。
5 すり鉢にごまみその材料をすべて入れ、すりこぎでよく混ぜる。なめらかなあえ衣ができたら、根菜類とこんにゃくを2～3回に分けてあえ混ぜる。

練りごまトースト
料理だけでなく、こんな楽しみ方も超美味
　食パン（8枚切り）　適量
　白練りごま　適量
　砂糖　適量

1 食パンに白練りごまをぬり、上から砂糖を好みの量だけ振りかけて、オーブントースターで焼く。

の

のきしのぶ
おかゆにも合う上等なふりかけ
　〈作りやすい分量〉
　ちりめんじゃこ　1カップ
　しょうが　ひとかけ
　酒　小さじ2
　みりん　小さじ2
　しょうゆ　小さじ2
　粉がつおか削り節　大さじ2
　粉山椒　少々

1 ちりめんじゃこは目のあらいザルに入れ、軽く振ってごみなどを落とす。
2 しょうがは皮をむいて千切りにする。
3 小鍋の中を水でぬらし、ちりめんじゃこ、しょうが、調味料を入れ、中火でいり煮にする。
4 パラッとしてきたら弱火にし、粉がつお（削り節は細かくもんで）と粉山椒を加えて手早く全体にからめ、火を止める。

残り皮と葉のきんぴら
わざわざ作りたくなるおいしさ。好みで赤唐辛子を加えても
　残り野菜の皮と葉（大根やにんじんの皮、
　　大根やセロリの葉など）　適量
　サラダ油かごま油　適量
　しょうゆ　少々

1 大根とにんじんの皮は5㎝ほどの長さに切り、大根とセロリの葉は小さく刻む。
2 フライパンにサラダ油を熱し、まず皮から炒めて、全体に油がまわったら、葉を加えて強火で炒める。
3 シャッキリしているうちに、いったん火を止め、しょうゆを加え混ぜる。再び火をつけ、水分をとばすように手早く炒め、すぐ器に移す。

野ぶきのつくだ煮
春の香りを満喫！　下ゆでをして、ややひかえめの味つけで煮るのがコツ
　〈作りやすい分量〉
　野ぶき　1わ
　塩　小さじ1
　水　適量
　酒　大さじ2～3
　しょうゆ　大さじ2～3
　砂糖　小さじ2～3

1 野ぶきは洗って葉を落とし、4㎝長さに切って5～10分水に放ち、もう1度水洗いをして水けをきる。
2 **1**を鍋に入れ、かぶるくらいの水と塩を加えて火にかける。フツフツしてきたら、5～10分ゆでて水に取り、30分ほど水にさらす。
3 鍋に水けをきった野ぶきとヒタヒタの水を入れ、酒、しょうゆ、砂糖はややひかえめに加えて中火にかける。フツフツしてきたら弱火にし、落としブタをしてゆっくり60分ほど煮る。
4 ほとんど汁けがなくなったら、火を止める。仕上がりを食べてみて、まだかたいようなら水をたし、味がたりないようなら調味料をたしてさらに煮る。

のり巻き
巻くコツさえつかめば、初めてでも大丈夫

〈作りやすい分量・6本分〉
米　4カップ（4合）
合わせ酢
　┌ 米酢　½カップ（100cc）
　│ 砂糖　大さじ2
　└ 塩　小さじ2
かんぴょう（50cm長さ）　6本
塩　小さじ2
干椎茸　10～12枚
A ┌ 水　1½カップ
　│ 酒　大さじ3
　│ 砂糖　大さじ2
　└ しょうゆ　大さじ2
卵　3個
B ┌ 砂糖　大さじ1
　│ みりん　大さじ1
　│ 薄口しょうゆ　小さじ1
　└ 塩　少々
ごま油　適量
きゅうり　1本
ゆでえび　6～12尾
三つ葉　1わ
たくあん　適量
あなご　適量
のり　4～5枚

1 米はふつうに水加減して炊き、合わせ酢を混ぜてすし飯を作る。

2 かんぴょうは塩もみし、水につけて戻し、やわらかくゆでる。干椎茸は戻す。一緒にAに入れ、中火で汁けがなくなるまで煮る。椎茸は冷めたら薄切りにする。

3 卵はといてBを混ぜ合わせ、ごま油を熱して厚焼き卵を作る。冷めたら、鉛筆くらいの太さで4～5本棒状に切る。

4 きゅうり、たくあんは厚焼き卵と同じくらいの太さに切る。あなごは縦半分に切る。えびは殻と尾を取り、まっすぐにのばす。三つ葉は根を切り落とし、長いまま熱湯でサッとゆでる。

5 巻きすの上にのりを1枚広げ、1本分のすし飯をのせる。上下を1.5cmくらい残して均一に広げ、手前から⅓くらいのところに指でくぼみをつける。

6 くぼみのすぐ上に椎茸、かんぴょうと並べ、さらに好みに具を取り合わせて並べる（椎茸とかんぴょうは全部に入れる）。

7 巻きすは、具を軽く押さえながら、一気に向こう側に合わせてくっつけ、巻きすの端を少し持ち上げて転がすようにして巻き込む。

8 上から巻きすをかぶせて、キュッ、キュッと形を整える。残りも同じように巻き、切り分ける。

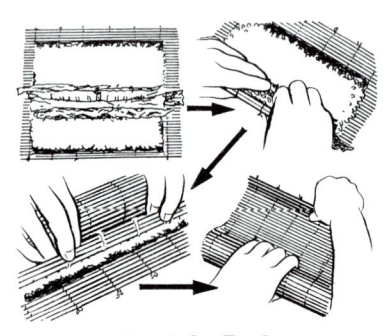

作り方 **6**、**7**、**8**

のんべの丸干し

フライパンはアツアツに熱してから魚を並べると、くっつかずにこんがり焼ける

いわしの丸干し　8尾
酒　小さじ2
酢　小さじ2
みりん　小さじ2
しょうが（千切り）　少々

1 フライパンを熱していわしの丸干しを並べ、すぐ弱火にして中に火が通るまで両面を焼く。

2 こんがり焼けたら器に取ってすぐに酒、酢、みりんを振りかけ、千切りにしたしょうがを散らす。しょうがは、ピリ辛好きなら皮ごと、ほのかな香りが好みなら皮をむ

き、千切りしたものをさらにサッと洗って使う。

は

バーガーサンド
挽き肉は下ごしらえなしでギュッとつぶし薄く焼く。ベーコンを加えたアメリカ式

〈これは2人分〉
胚芽パンか黒パンかイギリスパン　4枚
バター　適量
牛赤身挽き肉　200g
サラダ油　少々
塩　小さじ¼
こしょう　適量
ベーコン　4枚
玉ねぎ(薄切り)　適量
きゅうりのピクルス(薄切り)　1～2本
リーフレタス　4枚
トマトケチャップ　適量
マスタード　適量

1 挽き肉は全体を混ぜてまとめやすくする。2等分して丸くし、火が通りやすいようにギュッと平たくつぶした形にする。
2 フライパンにサラダ油を熱して**1**の肉を中火で焼く。上が生のうちに、塩とこしょうを多めに振り、さらにあいているところでベーコンも焼く。
3 肉は両面をこんがり焼いて中までしっかり火を通し、ベーコンは焼けたら取り出す。
4 パンはオーブントースターで軽く焼いてバターをぬり、レタス、玉ねぎ、肉と重ねていく。肉の上にケチャップとマスタードをぬり、さらにピクルスとベーコンを重ね、もう1枚のパンではさむ。
5 出来上がったら、パンの左右に下までピックを刺し、半分に切り分ける。もう一つも同様に作る。

パイ各種
→メニュー別索引〈パイ〉を参照

蟹豆腐湯 (ハイトウフータン)
かにかまぼこで作ってもそれなりの満足な味になる。本物のかにで作っても可

絹ごし豆腐　1丁
かにかまぼこ　3本
水　4カップ
固形スープの素　1個
酒　大さじ1
塩　小さじ½
水溶き片栗粉
　片栗粉　大さじ1½
　水　大さじ1½
ごま油　小さじ½
しょうが(すりおろし)　少々

1 豆腐はやっこに切る。かにかまぼこは3つに切り、あらくほぐす。
2 分量の水とスープの素を火にかけ、フツフツしてきたら酒、塩、豆腐、かにかまぼこの順に加えて中火で煮る(味をみてたりないようなら塩で調える)。
3 再びフツフツしてきたら水溶き片栗粉をまわし入れてとろみをつけ、火を止めてごま油を落とす。
4 器に盛り、おろししょうがをのせる。

パイなしキッシュ
パイがなければ簡単、軽い仕上がり。アツアツをスプーンで召し上がれ

キッシュ生地
　卵　3個
　生クリーム　½カップ
　牛乳　½カップ
　塩　ふたつまみ
　こしょう　少々

ぱえりあ

　　ガーリックパウダー（あれば）　少々
　ハム　3〜4枚
　プロセスチーズ（5㎜厚さ）　2枚
　バター　適量

1 生地を作る。卵はとき、生クリーム、牛乳、調味料などを次々加えてよく混ぜ合わせる。
2 ハムは1㎝角に切り、チーズは5㎜角のコロコロに切る。
3 耐熱容器にバターを薄くぬり、ハムとチーズを均一に入れ、**1**の生地を流す。オーブンに入れ、200度で15分くらい焼く。

パエリア
フライパンでもパリッと香ばしく完成。はまぐりがなければあさりでも

　米　2½カップ
　サフラン　ひとつまみ
　湯　大さじ1
　鶏もも肉　150g
　えび　8〜10尾
　いか　1杯
　はまぐり　200g
　トマト（完熟）　大2個
　ピーマン　2個
　玉ねぎ　¼個
　にんにく　ひとかけ
　オリーブ油　大さじ2〜3
　スープ
　　｜湯　2½カップ（米と同量）
　　｜固形スープの素　1個
　　｜塩　小さじ1
　ローリエ　1枚

1 サフランは湯大さじ1に入れ、色と香りを出しておく。スープは合わせとかしておく。
2 鶏もも肉は黄色い脂肪を取りのぞき、小さめの一口大に切る。えびは背ワタがあれば取る。いかの胴は輪切りにし、足は食べやすく切る。はまぐりは殻を洗う。
3 トマトは皮が気になる人は湯むきし、1.5㎝角に切る。ピーマンは縦に1㎝幅に切る。玉ねぎ、にんにくはみじん切りにする。
4 フライパンかパエリア鍋にオリーブ油とにんにくを入れて中火にかけ、香りがたったら玉ねぎ、鶏肉を加えて炒める。
5 肉の色が変わったら、米を加えて全体がアツアツになるまで炒める。
6 **1**のスープとサフランを湯ごと加えてひと混ぜし、表面を平らにする。上にえび、いか、はまぐり、トマト、ピーマンを均一に美しく散らしてローリエをのせ、フタをして中火で炊く。フツフツしたら弱火にして15分くらい炊き、水分がなくなって周囲が乾いたようになったら、火を止める。

サフラン→ コラム参照
パエリア→ コラム参照

白菜と厚揚げのキムチ煮
本場ものに近そうなキムチを使うと味もアップ

　牛薄切り肉　100g
　白菜　¼個
　厚揚げ　1枚
　白菜キムチ（刻んだもの）　½〜1カップ
　A｜水　1カップ
　　｜煮干し　8尾
　　｜酒　大さじ2
　　｜しょうゆ　大さじ2

1 牛肉は食べよい大きさに切る。白菜は葉をザクザク切り、軸は食べよい長さに切ってから繊維にそって縦に細切りにする。厚揚げは1.5㎝幅くらいのやっこに切る。
2 Aを火にかけ、フツフツしたら牛肉を入れ、肉に火が通ったら白菜の軸、葉、厚揚げと重ね、上にキムチをのせる。フタをして強めの中火で10分ほど煮る。

白菜とえびのクリームソース

白菜とクリームソースは、別々に作ると舌ざわりなめらか。アツアツをどうぞ

　　ゆでえび　8～10尾
　　白菜　1/4個
　　固形スープの素　1個
　　水　1/2カップ
　　牛乳　2カップ
　　塩　適量
　　こしょう　適量
　　水溶き片栗粉
　　　｛片栗粉　大さじ1
　　　　水　大さじ1

1 白菜は軸と葉に切り分け、軸は繊維にそって細切りにし、長すぎるようなら半分に切る。葉は食べよい大きさにザク切りにする。えびは殻をむく。

2 鍋の中を水でぬらし、白菜の軸と葉の順に重ねて、上からくだいた固形スープの素をパラパラと散らす。さらに分量の水を加えてフタをし、強めの火で10分煮る。

3 別鍋を用意し、鍋の中を水でザッとぬらして牛乳を入れ、中火にかける。フツフツしてきたらゆでえびを入れ、再びフツフツしたら味をみて塩、こしょうで調え、最後に水溶き片栗粉でとろみをつける。

4 器に **2** の白菜を盛り、上からえびのクリームソースをとろりとかける。

白菜とつくねの煮もの

相性のいい組み合わせ。白菜の軸は繊維にそって切るほうがずっとおいしい！

　　白菜　1/4個
　　つくね
　　　｛鶏挽き肉　300g
　　　　長ねぎ（みじん切り）　1/2本
　　　　片栗粉　大さじ2
　　　　しょうが汁　少々
　　　　塩　小さじ1/2
　　　　こしょう　少々
　　煮汁
　　　｛酒　大さじ1
　　　　塩　小さじ1/2
　　　　水　3カップ

1 白菜は軸と葉に切り分け、軸は繊維にそって細切りにし長いようなら半分に切る。葉はザク切りにする。

2 つくねのたねを作る。ボウルに長ねぎと片栗粉を入れて箸で混ぜ、残りの材料も加え、よく混ぜ合わせる。

3 鍋に白菜の軸、葉と重ね入れ、煮汁の材料を加えてフタをし、強火にかける。

4 フツフツしてきたら、**2** のたねを大きめの一口大にまとめながら次々と落としていく。2本のスプーンをぬらして使うと、まとめやすい。

5 中火で10～15分煮たら、味をみて、たりないようなら塩で調える。

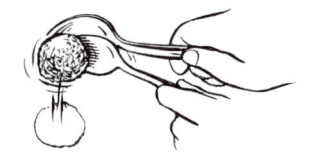

作り方 **4**

白菜と舞茸の煮浸し

クタッと煮えた白菜と舞茸のうまみが、いい味わい！　食べるときは汁ごとどうぞ

　　白菜　1/4個
　　舞茸　1袋
　　三つ葉　1/4わ
　　煮汁
　　　｛だし汁　2カップ
　　　　酒　大さじ2
　　　　薄口しょうゆ　大さじ1～2

1 白菜は軸と葉に切り分け、軸は繊維にそって細切りにし、葉はザク切りにする。舞茸は小房に分け、三つ葉は細かく刻む。

2 鍋に煮汁の材料を合わせ、白菜と舞茸を加えて強火にかける。薄口しょうゆの分

はくさい

量は白菜の大きさによって増減する。ここでは少なめにしておくとよい。煮立ったら中火にしフタをして、5～10分煮る。味をみて薄口しょうゆで調える。
3 仕上がり際に三つ葉を入れて、すぐ火を止める。

白菜のあったか鍋
白菜の水分だけで蒸し煮にするので、素材のうまみを丸ごと味わえる！

　　白菜　¼～½個
　　鮭缶詰　1缶
　　しょうゆ　適量

1 白菜は軸と葉に切り分け、軸は繊維にそって幅1cmくらいの細切りにし、葉はザク切りにする。
2 土鍋の中を水でザッとぬらし、白菜の軸をびっしりと敷き中央に鮭缶詰を缶汁ごとドカッとあける。
3 鮭のまわりに白菜の葉を詰め、フタをして中火にかける。
4 そのまま10分ほど煮て、白菜がやわらかく煮えたら火を止める。
5 アツアツのところを各自で取り分け、しょうゆをかけて食べる。

白菜のうま煮
干椎茸の戻し汁は味をみて、いまひとつの味なら水を使うこと

　　白菜　½個
　　干椎茸　5枚
　　にんじん　½本
　　豚こま切れ肉　200g
　　A ｛ 塩　小さじ½
　　　　酒　小さじ1
　　しょうが（千切り）　少々
　　サラダ油　大さじ2
　　干椎茸の戻し汁か水　2カップ
　　砂糖　大さじ1
　　しょうゆ　大さじ2
　　水溶き片栗粉
　　　｛ 片栗粉　大さじ1
　　　　水　大さじ1
　　ごま油　小さじ½

1 干椎茸は戻して石づきを切り落とし、1cm幅に切る。戻し汁は取っておく。白菜は葉をザクザク切り、軸は繊維にそって縦に細切りにする。にんじんは太ければ縦2つに切ってから斜め薄切りにする。
2 豚肉はAをからめて下味をつける。
3 サラダ油を熱してしょうがと豚肉を中火で炒め、色が変わりはじめたら強火にして椎茸、にんじんの順に加えて炒める。白菜の軸、葉の順に加えて全体に油がまわるまで炒める。
4 全体がアツアツになったら干椎茸の戻し汁、砂糖、しょうゆを加える。白菜に火が通ったらフツフツしているところに水溶き片栗粉を加えてとろみをつける。再びフツフツしてきたら火を止め、ごま油を落とす。

白菜のおかか煮
水分たっぷりの素材は、水を加えずに煮ると美味！

　　白菜　¼個
　　酒　¼カップ
　　しょうゆ　大さじ1～2
　　みりん　小さじ1～2
　　削り節　1パック

1 白菜は軸と葉に切り分け、軸は5～6cm長さに繊維にそって細切りにし、葉はザク切りにする。
2 厚手の鍋の中を水でぬらし、白菜の軸を並べて酒をまわし入れ、火にかける。フツフツしてきたら葉を加え、しょうゆとみりんも入れて、強めの中火でフタをして10分くらい煮る。
3 好みのやわらかさになったら、削り節をもみながら加え、ザッと混ぜる。味をみ

て、たりなければしょうゆをたして仕上げる。

白菜のかにクリーム
おいしいかにが手に入ったら、こんな本格中国料理をぜひ召し上がれ

　　白菜　¼個
　　水　1カップ
　　固形スープの素　1個
　　かにクリーム
　　　｛ゆでたらばがにの足　7～8本
　　　　牛乳　1½カップ
　　　　塩　小さじ½
　　　　こしょう　少々
　　　　水溶き片栗粉
　　　　　｛片栗粉　大さじ1
　　　　　　水　大さじ1

1 白菜は葉をザクザク切り、軸は繊維にそって縦に細切りにする。
2 鍋に白菜の軸、葉、分量の水、スープの素を入れ、フタをして中火で10分くらい煮る。
3 かには軟骨を取ってほぐして別鍋に入れ、牛乳、塩、こしょうを加えて中火にかける。フツフツしてきたら、水溶き片栗粉を加えてとろみをつけ、火を止める。
4 **2**の白菜を盛り、かにクリームをかける。

白菜のクリーム煮
牛乳を加えたら短時間でパパッと仕上げる。温めた器に盛ってアツアツを

　　白菜　¼個
　　ハム　2枚
　　サラダ油　大さじ1
　　バター　大さじ1
　　水　1カップ
　　固形スープの素　1個
　　牛乳　1カップ
　　塩　少々
　　こしょう　少々
　　水溶き片栗粉
　　　｛片栗粉　大さじ1
　　　　水　大さじ1

1 白菜は4～5㎝長さのザク切りにし、ハムは1㎝幅に切る。
2 鍋にサラダ油とバターを入れて火にかけ、バターがとけたら、白菜の軸、葉、ハムの順に加えて強火で炒める。
3 油がまわり、白菜がしんなりしてきたら、分量の水と固形スープの素をくだいて加え、10分くらい煮る。
4 さらに牛乳を加えて火を弱め、小さくフツフツしたら塩、こしょうで味を調える。仕上げに水溶き片栗粉でとろみをつけて器に盛る。生クリームがあれば、少し加えるとグンとコクが出る。

白菜の即席グラタン
目からウロコのカツ代流ホワイトソース。キャベツでもできます

　　白菜　4枚
　　ロースハム　4～5枚
　　塩　適量
　　こしょう　適量
　　卵　4個
　　小麦粉　大さじ4
　　パン粉　1カップ
　　牛乳　2カップ
　　バター　適量

1 白菜は軸と葉に切り分け、軸は4～5㎝長さに切ってから繊維にそって細切りにし、葉は2㎝幅のザク切りにする。
2 ハムは1㎝幅に切る。
3 グラタン皿にバターを薄くぬり、白菜とハムを入れて軽く塩、こしょうを振る。
4 ボウルに卵をとき、小麦粉、パン粉を加えて泡立て器でなめらかに混ぜ、牛乳を少しずつ加えてかき混ぜる。**3**にまわしかけて、ところどころにバターをちぎって

はくさい

おく。
5 4を200度のオーブンで20～30分ほど焼く。途中上がこんがり焼けてきたら170～180度に温度を下げる。アツアツを食べる。

白菜の豚汁
いろいろ入れないほうが、コレはだんぜんおいしい

　豚ばら薄切り肉　150ｇ
　ごぼう　10㎝
　白菜　5枚
　サラダ油　小さじ1
　水　5カップ
　みそ　大さじ2～3
　細ねぎ（小口切り）　適量
　しょうが（すりおろし）　少々
　こしょう　適量

1 豚肉は3つに切る。ごぼうはささがきにして水に放ち、サッと洗う。白菜の軸は繊維にそって5～6㎝長さの細切りにし、葉はザクザク切る。
2 鍋にサラダ油を熱して肉を強めの火で炒め、色が変わったらごぼうも加えてよく炒める。いい香りがしてきたら白菜の軸、葉の順に加えて炒める。
3 全体がアツアツになったら分量の水を加えてフツフツさせ、少し火を弱めて野菜に火が通るまで煮る。途中、アクは取りのぞく。
4 みそをとき入れ、再びフツフツしたら火を止める。盛りつけ、細ねぎを散らしてしょうがをのせる。こしょうを振って食べる。

白菜の丸焼き煮
淡白な野菜に香ばしさをつけて丸ごと煮、中国風ピリ辛だれをかける豪快料理

　白菜　½個
　ごま油　大さじ2
　湯　1カップ
　固形スープの素　1個
　酒　¼カップ
　しょうが（千切り）　ひとかけ
　合わせ調味料
　　にんにく（みじん切り）　少々
　　酒　大さじ1
　　豆板醤　大さじ1
　　しょうゆ　大さじ1
　　ごま油　大さじ1

1 白菜は縦2つに切る。
2 中華鍋にごま油を熱し、白菜の表面全体を強火でこんがりと焼く。
3 おいしそうな焼き色がついたら、分量の湯、スープの素、酒、しょうがを加え、フタをして弱めの中火で20～30分煮る。
4 白菜がやわらかくなったら、切らずに汁ごと器に盛る（芯の部分は切り取り、食べやすくしておく）。
5 小鍋に合わせ調味料の材料を合わせ混ぜて火にかけ、アツアツを白菜の上からジャッとかける。

白菜のみそスープ
白菜の切り方に注目！

　白菜　2～3枚
　水　4カップ
　固形スープの素　1個
　ローリエ　1枚
　みそ　大さじ1～2
　こしょう　少々

1 白菜は軸と葉に切り分け、軸は繊維にそって縦に細切りにし、葉は横にザクザク切る。
2 鍋に分量の水、白菜の軸、スープの素、ローリエを入れて火にかけ、フツフツしてきたら葉を入れ、フタをして白菜がやわらかくなるまで煮る。
3 みそをとき入れ、再びフツフツしはじめたらこしょうを振り、すぐ火を止める。

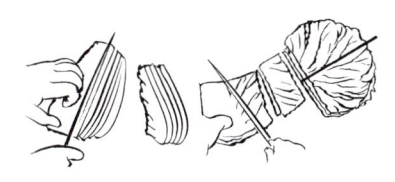

作り方 **1**

白菜のミルクスープ
白菜と牛乳は相性よし。とろみがほしいときは水溶き片栗粉を入れてもOK

　　白菜　大3枚
　　ハム　2枚
　　サラダ油　大さじ1
　　水　2カップ
　　固形スープの素　1個
　　牛乳　1½カップ
　　塩　少々
　　こしょう　少々

1 白菜は軸と葉に切り分け、軸は繊維にそって4cm長さの細切りにし、葉は食べやすくザク切りにする。
2 ハムは半分に切ってから細切りにする。
3 鍋にサラダ油を熱し、白菜の軸と葉を一緒に入れて強火でジャッジャッと炒める。全体がシナーッとしたら分量の水を加え、固形スープの素も加えてフタをし、中火で6～7分煮る。
4 さらにハム、牛乳の順に加え、フツフツしてきたら火を弱め、味をみて塩、こしょうで調える。

白菜の柚子あえ
柚子の香りいっぱいのさわやかなお浸し

　　白菜　4～5枚
　　柚子酢
　　┌　柚子　½～1個
　　│　米酢　大さじ1
　　│　砂糖　小さじ1
　　└　塩　小さじ½
　　柚子の皮(すりおろし)　少々

1 白菜は軸と葉に切り分け、軸は4cm長さに切ってから、繊維にそって幅7mmくらいの細切りにする。葉はザクザクと切る。
2 柚子は皮のすりおろしたものを少し取っておいてから柚子酢を作る。柚子は皮をすりおろし、しぼり汁と一緒にボウルに入れ、米酢、砂糖、塩も合わせよく混ぜる。
3 鍋に湯を煮立てて塩ひとつまみ(分量外)を加え、白菜の軸、葉の順に入れてゆでる。好みのかたさになったらザルにあげ、大急ぎで広げる。
4 あら熱が取れたら軽く水けをしぼり、**2** の柚子酢に加えてザッとあえる。器に盛って柚子の皮のすりおろしを散らす。

旬と薬味→ コラム参照

バゲットサンド
パーティーにも最適のクリーミーなサンド。早めに作り冷蔵庫でねかせておけばOK

　　〈作りやすい分量〉
　　バゲット　中1本
　　生クリーム　1カップ
　　玉ねぎ　½個
　　鮭缶詰　1缶
　　クリームチーズかカッテージチーズ　1パック(約200g)
　　パセリ(みじん切り)　大さじ2
　　塩　少々
　　粗挽き黒こしょう　少々

1 バゲットは半分に切り、パンの中身をくり抜く。
2 パンの中身は細かくちぎり、ボウルに入れて生クリームを加え、浸しておく。
3 玉ねぎはみじん切りにし、鮭缶詰は缶汁をきって身をほぐす。チーズは室温においてクリーム状にやわらかくする。
4 **2** のボウルに **3** の玉ねぎ、鮭、チーズとパセリを加えてよく混ぜ、塩と黒こしょうで味を調える。
5 **1** のバゲットに **4** の具をびっしりと詰

ばげっと

め、詰め口をラップで包む。さらにパンが乾かないように、袋に入れて冷蔵庫で3〜12時間ねかせる。
6 食べるときに、バゲットを1.5cmくらいの厚さに切って器に盛る。

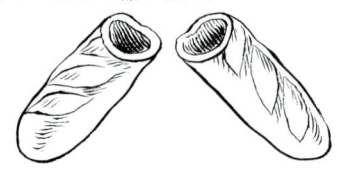

作り方 **1**

バゲットのくりぬきリッチ！サンド
パーティーの人気メニュー

〈作りやすい分量〉
バゲット　1本
かに缶詰　1缶
マヨネーズ　大さじ2
マスタード　小さじ1
レモン汁　½個分
塩　少々
アボカド　1個

1 バゲットは長さを半分に切り、皮を破らないようにして中身を出す。パンの中身は小さく切る。
2 かにには軟骨を取ってほぐし、マヨネーズ、塩、マスタード、レモン汁であえる。アボカドは皮をむき、種を取りのぞき1cm角に切って加え、ザッと混ぜる。切ったパンの中身も加える。
3 **2** をバゲットの中に詰め、ラップでピッチリ包み込み、冷蔵庫に3時間くらい入れる。中の詰めものが落ち着いたら、食べやすい厚さに切り分ける。

葉しょうがの梅酢漬け
夏の出盛り時期に見かけたら、お試しあれ。焼き魚や照り焼きによく合う

葉しょうが　1わ（6〜7本）
梅酢　¼カップ

1 葉しょうがは茎を適当な長さに切って、食べられるしょうがの部分（根茎）は薄皮をむく。
2 コップのような細長いガラスの器に梅酢を入れ、葉しょうがを漬ける。冷暗所において3〜4日めあたりから食べ頃に。

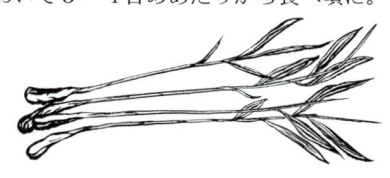

葉しょうが

バジルの卵焼き
香りのいい、イタリア風オムレツ

卵　6個
バジル（生）　8枚（乾燥なら小さじ1）
粉チーズ　大さじ3
塩　少々
こしょう　少々
オリーブ油　大さじ2

1 バジルは細かく刻む。
2 卵はとき、粉チーズ、塩、こしょうを加えて混ぜ、バジルも加えて混ぜる。
3 フライパンにオリーブ油を入れて中火にかけ、**2** の卵を入れ、すぐ大きくかき混ぜる。空気を入れ火を弱め、フタをして色づくまで両面焼く。放射状に切って食べる。

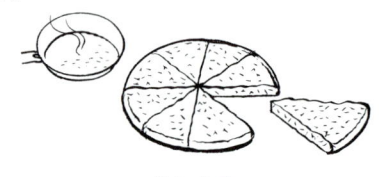

作り方 **3**

パスタ入りほうれん草のスープ
白いんげん豆でうまみとボリュームをアップ。パスタはマカロニやシェルなど好みで

ショートパスタ　100g

白いんげん豆（乾）　1カップ
　　ほうれん草　1わ
　　玉ねぎ　1個
　　オリーブ油　大さじ2
　　豆のゆで汁　2カップ
　　水　3カップ
　　固形スープの素　2個
　　塩　小さじ½
　　こしょう　少々

1 白いんげん豆は一晩水につけて戻し、水をかぶるくらいになるまでたし、つけ汁ごと火にかけやわらかくゆでる。ゆで汁も取っておく。

2 ほうれん草、玉ねぎはみじん切りにする。

3 オリーブ油を熱し、玉ねぎを色がつかない程度に炒め、豆とほうれん草を加えてさらに数分炒める。

4 豆のゆで汁、分量の水、スープの素を加えて沸とうさせ、塩、こしょうで味を調える。

5 パスタを加え、強めの中火でやわらかくなるまで煮る。

パスタ各種
→メニュー別索引〈パスタ〉を参照

パセリカレーポテト
パセリを使いきるために考えついたヒット作
　　じゃが芋　2個（約300g）
　　オリーブ油　大さじ1
　　塩　適量
　　カレー粉　小さじ½
　　パセリ（みじん切り）　⅓カップ

1 じゃが芋は薄切りか細切りにし、3分ほど水にさらし、水けをよくきる。

2 フライパンにオリーブ油を熱してじゃが芋を入れ、中火で全体に油がまわるまで炒める。

3 塩とカレー粉を加えて炒め、じゃが芋に火が通ったらパセリを加え、全体に手早くからめる。

パセリとミルクのパスタ
まろやかな風味のグリーンソース
　　〈これは2人分〉
　　スパゲティ　150〜200g
　　玉ねぎ（みじん切り）　¼個
　　バター　大さじ2
　　パセリ（みじん切り）　½カップ
　　牛乳　½カップ
　　塩　小さじ½〜1
　　こしょう　適量
　　粉チーズ　適量

1 スパゲティは表示通りにゆでる。

2 フライパンにバターをとかし、玉ねぎを色づかないようにしんなり炒める。

3 パセリを加えてサッと炒め、牛乳を加えて混ぜ、弱火にして半量くらいに煮詰める。

4 火を止め、スパゲティを加えて手早くあえ、塩、こしょうを振って味を調える。粉チーズを振って食べる。

パセリのお浸し
ラー油をかけてもピリッとおいしい
　　パセリ　適量
　　サラダ油　少々
　　薄口しょうゆ　適量

1 パセリは大きくちぎる。

2 熱湯にサラダ油少々を入れサッとゆで、ザルに広げて冷ます。薄口しょうゆをかけて食べる。

パセリ風味のガーリックポテト
付け合わせはもちろん、パンにはさんでも
　　じゃが芋　2個（約300g）
　　バター　大さじ1
　　にんにく（すりおろし）　少々

ぱせり

パセリ（みじん切り）　大さじ3
挽きこしょう　適量

1 じゃが芋は食べよい大きさに切り、ヒタヒタの水と塩少々（分量外）を加えてやわらかくゆでる。
2 じゃが芋の湯をきり、再び火にかけて鍋をゆすりながら中火で水分を完全にとばす。
3 アツアツのうちにバターを加えてひと混ぜし、にんにく、パセリを加えこしょうを挽き、全体をよく混ぜ合わせる。

パセリライス
ご飯も野菜の仲間として肉や魚の付け合わせにたっぷりつけて召し上がれ

米　2カップ（2合）
パセリ（みじん切り）　1カップ
オリーブ油　大さじ1

1 米はふつうに水加減する。
2 オリーブ油を中火で熱し、パセリを加えて全体に油がまわるまで炒める。
3 **1** の米にパセリをのせ、表面を平らにしてふつうに炊く。
4 底のほうから全体をよく混ぜる。

バターもち
焼き上がり際にしょうゆをたらして、もちに香ばしさと風味をプラス

もち　4個
バター　大さじ2
しょうゆ　適量

1 フライパンにバターを入れて弱火にかけ、バターがとけたら、もちを並べる。
2 フタをして、もちの両面がこんがりときつね色になるまで焼く。
3 火を止めすぐに仕上げにしょうゆをジャッと入れ、もちに香ばしさをからめる。

はだかの焼売（シューマイ）
焼売食べたし、皮はなし!!と思ったときに

発明。粉をまぶして蒸すだけ
〈約20個分〉
A ┌ 豚挽き肉　300g
　│ しょうが（すりおろし）　少々
　│ こしょう　少々
　│ 塩　小さじ½
　│ 砂糖　小さじ½
　└ ごま油　小さじ½
玉ねぎ（みじん切り）　½個
片栗粉　大さじ2
キャベツ　8枚
衣
　┌ 小麦粉　⅓カップ
　└ 片栗粉　⅓カップ
グリンピース　約20粒
辛子酢じょうゆ　適量

1 ボウルにAの材料をすべて合わせてよく混ぜておく。
2 玉ねぎをボウルに入れ片栗粉を箸でまぶすように混ぜる。これを **1** に加え混ぜて肉だねにし、20個前後に分けてボール形に丸める。
3 バットなどに小麦粉と片栗粉を合わせ混ぜて衣にし、**2** の肉だねを転がして、全体に粉の衣をまぶしつける。グリンピースを上に1粒ずつギュッとうめ込むようにのせる。
4 蒸気の上がった蒸し器にキャベツを敷いて **3** を並べ、強火で12〜15分蒸す。
5 蒸し上がったらキャベツと一緒に器に盛り、辛子酢じょうゆで食べる。

畑のオムレツ
ブランチにいかが？　じゃが芋、玉ねぎ、鶏ささみ入り

〈これは2人分〉
卵　3個
塩　適量
こしょう　適量
鶏ささみ　50g（2本）

はっしゅどぽてと

じゃが芋　小1個(約100ｇ)
玉ねぎ(みじん切り)　1/4個
バター　大さじ1 1/2

1 鶏ささみは小さく切り、じゃが芋は1cm角に切る。湯を1.5カップほど沸かし、塩少々を加え一緒に下ゆでし、じゃが芋がやわらかくなったら水けをよくきる。ゆで汁はスープやみそ汁に使える。

2 卵はとく。

3 フライパンにバター大さじ1/2を入れて中火にかけ、ささみ、じゃが芋、玉ねぎを色づくまで炒める。塩、こしょうを振って味を調え、取り出す。

4 1人分ずつ焼く。バター大さじ1/2を中火にかけ、卵液の1/2量を入れて大きくかき混ぜる。中央部分が固まる前に **3** の具を真ん中に1/2量のせ、オムレツ形に整えて焼き上げる。もう1つも同様に焼く。

畑の肉だんご

豆腐がベースの精進だんご。時間をかけてゆっくり揚げてきつね色にカラリ

木綿豆腐　1丁
じゃが芋　1個(約150ｇ)
小麦粉　大さじ4～5
しょうゆ　大さじ1
揚げ油　適量
辛子酢じょうゆ　適量

1 木綿豆腐は布巾に包んで皿などで重しをし、30分くらい水きりをする。

2 豆腐をマッシャーかすりこぎですりつぶし、そこにじゃが芋をすりおろして加える。さらに加減をみながら小麦粉を加えしょうゆも加えてよく混ぜる。

3 揚げ油を中温(170～180度)に熱し、**2** のたねを2本のスプーンですくい形を整えながら、静かにポトリポトリと落とす。

4 中までしっかり揚げ、まわりがきつね色にカリッとなったら油をきり、器に盛って辛子酢じょうゆをつけて食べる。

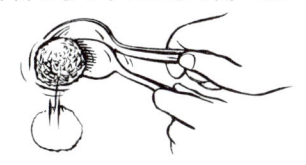

作り方 **3**

バタ焼き肉どん

牛薄切り肉でも超おいしい肉どんぶり。薬味が本わさびなら、なおうまし！

〈これは2人分〉
牛赤身薄切り肉　200ｇ
バター　大さじ2
しょうゆ　大さじ2
細ねぎ(小口切り)　適量
わさび　適量
温かいご飯　2人分

1 フライパンにバターを入れて火にかけ、バターがとけたら牛赤身薄切り肉を広げて並べ、両面を焼く。

2 おいしそうに焼けたものから、しょうゆにチャポッとつけていく。

3 器にご飯を盛って牛肉をのせ、わさびを添えて上に細ねぎを散らす。こしょうを振ってもおいしい。

ハッシュドポテト

じゃが芋はスライスしたら水に放さずすぐに焼く。両面をこんがり香ばしく

じゃが芋　2個(約300ｇ)
バターかオリーブ油　大さじ2
塩　適量
こしょう　少々

1 じゃが芋は細切りスライサーを使って細切りにする。水には放さない。

2 フライパンにバターまたはオリーブ油を入れて弱火にかけ、じゃが芋を広げるように入れて、上からパラパラと塩、こしょうを振る。

はっぽうさい

3 フタをしないでそのままゆっくり焼き、こんがり焼けたら裏返し、両面をこんがりときつね色に焼く。

八宝菜
肉に火が通ったら、強火で一気にテンポよく仕上げるとうまくいく

　豚薄切り肉　150g
　しょうゆ　小さじ1
　いか　1杯
　えび　4〜6尾
　干椎茸　7〜8枚
　ゆで竹の子　½本(約100g)
　にんじん　½本
　白菜　大4枚
　ター菜　1株
　しょうが(みじん切り)　ひとかけ
　ごま油　大さじ1強
　A ┌ 干椎茸の戻し汁　2カップ
　　│ 酒　小さじ2
　　│ 砂糖　小さじ2
　　└ 塩　小さじ1
　水溶き片栗粉
　　┌ 片栗粉　大さじ1
　　└ 水　大さじ1
　こしょう　少々
　酢　小さじ1

1 豚肉は一口大に切り、しょうゆをからめて下味をつける。
2 いかの胴は縦2つに切ってから1cm幅に切り、足はバラバラに切る。えびは殻をむき、背ワタがあれば取り、縦2つに切る。
3 干椎茸は戻し、石づきを切り落として細切りにする。戻し汁も取っておく。
4 竹の子、にんじんは1cm幅、食べよい長さの薄切りにする。
5 白菜は葉と軸に分け、葉はザクザク切り、軸は繊維にそって細切りにする。ター菜はザクザク切る。
6 ごま油を熱し、しょうがと豚肉を中火で炒める。
7 肉に火が通ったら強火にし、椎茸、竹の子、にんじん、いか、えび、白菜の軸、葉、ター菜の順に加えては炒める。
8 全体に油がまわってアツアツになったらAを加えて混ぜ、フツフツしてきたら水溶き片栗粉も加えて混ぜる。
9 とろみがついて再びフツフツしてきたら火を止め、こしょうと酢を振る。

八宝菜　海の幸
野菜と海のものがいっぱいのあっさり味

　ゆで竹の子　小½本
　干椎茸　3〜4枚
　玉ねぎ　½個
　白菜　⅛個
　いか　1杯
　えび　8尾
　ちくわ　1本
　わかめ(戻したもの)　1カップ
　しょうが　ひとかけ
　サラダ油　大さじ2
　A ┌ 塩　小さじ1
　　│ 砂糖　小さじ1
　　│ 酒　大さじ1
　　└ 水　1カップ
　水溶き片栗粉
　　┌ 片栗粉　大さじ1
　　└ 水　大さじ1
　こしょう　少々
　ごま油　小さじ½
　紅しょうが(千切り)　大さじ山盛り1

1 干椎茸はぬるま湯で戻して、水けを軽くしぼり、石づきを取って半分に切る。
2 いかは足と胴に分け、足は食べよく切る。胴は縦半分に切り横に1cm幅に切る。えびは殻をむき、背ワタがあれば取る。
3 ちくわは縦半分に切って斜め1cm幅に切る。戻したわかめはよく水洗いし、3cm

長さに切る。

4 しょうがは皮ごと薄切りにする。竹の子は縦2つに切り、5～6㎝長さの薄切りにする。玉ねぎは繊維にそって1㎝幅に切る。白菜は葉と軸に切り分け、葉はザク切りにし、軸は5～6㎝長さ、1㎝幅の細切りにする。

5 中華鍋を中火にかけ、サラダ油でしょうがを炒める。いい香りがしてきたら強火にし、竹の子、椎茸を入れて炒める。油がまわったら、玉ねぎと白菜を加えて全体をアツアツに炒める。

6 いか、えび、ちくわもザッと炒め、わかめを加えて、Aを加える。煮立ってきたら、水溶き片栗粉を加えてとろみをつけ、味をみて塩で調える。こしょう、ごま油を加えて混ぜ、すぐ器に盛る。紅しょうがを好みで添える。

八宝辣醤（ラージャン）

本格中国料理。とりどりの具や合わせ調味料は下ごしらえを万端に、手早く仕上げる

　　カシューナッツ　½～1カップ
　　鶏むね肉　1枚
　　下味用
　　　┌ 酒　小さじ1
　　　└ 片栗粉　大さじ2
　　干椎茸　4枚
　　ゆで竹の子　½本
　　厚揚げ　1枚
　　大豆缶詰　1缶
　　ピーマン　3個
　　長ねぎ（細め）　1本
　　揚げ油　適量
　　サラダ油　大さじ2
　　にんにく（みじん切り）　ひとかけ
　　A┌ 酒　大さじ2
　　　├ 赤みそ　大さじ2
　　　├ 砂糖　小さじ2
　　　├ 豆板醤　小さじ1
　　　├ ごま油　小さじ1
　　　└ 片栗粉　小さじ1
　　　しょうゆ　少々

1 干椎茸は戻して1㎝角に切り、ゆで竹の子と厚揚げも同じくらいに切る。大豆缶詰は缶汁をきっておく。Aは混ぜ合わせておく。

2 ピーマンは1㎝角に切り、長ねぎは1.5㎝長さのブツ切りにする。

3 鶏むね肉は1㎝角のコロコロに切り、酒、片栗粉をまぶしておく。

4 小鍋にサラダ油大さじ1を熱して中火でにんにくを炒め、香りがたったらAを加え、全体がフツフツし、ピカッと照りが出てきたら火を止める。

5 中華鍋に揚げ油を入れて温め、油の温度が低いうちにカシューナッツを加え、徐々に温度を上げて、うっすらときつね色になったらすぐ取り出す。続いて**3**の鶏肉を中温（170～180度）でカラリと揚げ、揚げ油をオイルポットに移す。

6 **5**の中華鍋にサラダ油大さじ1を熱し、椎茸、竹の子、厚揚げ、大豆の順に加えて強火で炒める。全体に油がまわったら**5**のカシューナッツ、鶏肉、**2**のピーマン、長ねぎを加えてザッとひと炒めし、**4**を加える。

7 強火で一気に炒め合わせ、全体に火が通ったら、味をみてしょうゆで調える。すぐ器に移し盛りつける。

花焼売（シューマイ）

花のように包んだ皮は薄焼き卵、この美しい焼売は特別なときに食べたい

〈16～20個分〉
具
　┌ 豚挽き肉　200ｇ
　├ 塩　小さじ½
　├ こしょう　少々
　├ ごま油　小さじ½

ばなな

```
玉ねぎ（みじん切り）　½個
片栗粉　大さじ2
```
皮
```
卵　2個
片栗粉　大さじ2
水　大さじ4
塩　ひとつまみ
```
サラダ油　適量
グリンピース（冷凍）　適量
片栗粉　適量
塩　適量
酢じょうゆ　適量
とき辛子　適量

1 皮を作る。卵はとき、水でといた片栗粉と塩を加えて混ぜる。

2 卵焼き器にサラダ油を薄くぬり、四角い薄焼き卵を4～5枚焼く。片面だけ焼けばいいので、裏返さずに取り出す。

3 あら熱が取れたら、十文字に切って4等分にする。

4 焼売の具を作る。豚挽き肉は塩、こしょう、ごま油を加え、よく混ぜる。玉ねぎは片栗粉をまぶしてから肉に加え、混ぜ合わせる。

5 3の卵の皮の焼いてない面に片栗粉をパラパラと振り具をのせ、卵の四隅を持ち上げて包み、ギュッと押さえて肉にくっつける。グリンピースに片栗粉を薄くまぶし、中央にのせる。

6 蒸し器の蒸し板にサラダ油を薄くぬって焼売を並べ、布巾をかけずに（しっとり蒸し上がる）フタをして、強火で10分蒸す。出来上がりにフタをあけてすぐ塩少々をパッパッと振る。辛子酢じょうゆで食べる。そのまま食べてもおいしい。

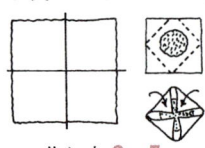

作り方 **3**、**5**

バナナのホットサンド
この不思議な取り合わせが、実においしい

〈これは2人分〉
胚芽食パン（8～10枚切り）　4枚
ピーナッツバター　適量
バター　適量
鶏ささみ　4本
塩　少々
こしょう　少々
バナナ　2本

1 パンを2枚にピーナッツバターをぬり、あとの2枚にはバターをぬり、パンが乾かないようにかたくしぼったぬれ布巾をかけておく。

2 鶏ささみは厚みを半分にそぎ開き、塩、こしょうを振り、バター大さじ½で両面こんがり焼く。

3 バナナは5mm厚さの輪切りにする。

4 ピーナッツバターをぬったパンにバナナを並べる。上にささみをのせ、バターをぬったパンをそれぞれかぶせ、オーブントースターでこんがり焼く。2～3つに切って盛る。ささみの代わりにハムでもおいしい。

花巻そば
和風の味わいが引き立つシンプルなそば

〈これは2人分〉
ゆでそば　2人分
めんつゆ
```
だし汁　3カップ
酒　大さじ1
みりん　大さじ1
砂糖　大さじ1
しょうゆ　大さじ3
塩　少々
```
細ねぎ（小口切り）　3～4本
もみのり　焼きのり1枚分
花がつお　適量
おろしわさびか練りわさび　適量

1 めんつゆを作る。鍋にだし汁を入れて温め、フツフツしてきたら酒、みりん、砂糖、しょうゆで調味する。味をみてたりなければ塩で補う。
2 そばは袋の表示通りに温め、どんぶりに入れてめんつゆを注ぐ。上に細ねぎ、もみのりを散らし、花がつおをポンと天盛りにし、おろしわさびを添える。
だし→ コラム参照

ハニートマト
味のたりないトマトもころっと変わる
　トマト(完熟)　3〜4個
　ドレッシング
　　｛はちみつ　大さじ1
　　　米酢　大さじ1
　　　レモン汁　小さじ1
　　　塩　小さじ½

1 トマトは皮を湯むきして食べよい大きさに切り、器に盛り、冷蔵庫で冷やす。
2 食べる直前にドレッシングの材料をよく混ぜ合わせ、トマトにまわしかける。
　トマトの湯むき→ コラム参照

はまぐりと菜の花の吸いもの
春にぜひ作りたい吸いもの。貝類はしつこく砂抜きを
　はまぐり(砂抜き)　8〜12個
　菜の花　4〜8本
　水かだし汁　4カップ
　A｛酒　大さじ1
　　　塩　小さじ½
　　　薄口しょうゆ　小さじ1〜2
　こしょう　少々

1 はまぐりはヒタヒタの塩水(分量外)につけてしばらくおき、しつこく砂をはかせて殻をよく水洗いする。
2 菜の花は根元のかたい部分を切り落とし、熱湯でサッと下ゆでする。
3 鍋にはまぐりと水かだし汁を入れて火にかける。途中アクが出たら取りのぞき、貝の口がパックリ開いたらAの酒、塩、薄口しょうゆで味を調え、火を止める。
4 椀に菜の花を入れ、3 のはまぐりとアツアツの汁を注ぎ、こしょうをほんのひと振りする。

はまぐりの酒蒸し
新鮮なはまぐりでぜひ。しょうゆは好みで落とす
　はまぐり(砂抜き)　12個
　酒　大さじ2
　しょうゆ(好みで)　少々

1 はまぐりは塩水(分量外)にヒタヒタにつけてしばらくおき、しつこく砂をはかせて殻をよく水洗いする。
2 鍋にはまぐりを入れて酒を振りかけ、フタをして強火にかける。貝の口が完全に開いたら、火を止めて器に盛る。
3 好みでしょうゆをちょろりと落とす。あれば、ブツ切りにした細ねぎ少々を散らしても香りよい。

はまぐりの吸いもの
ひな祭りに欠かせない春の汁
　はまぐり(砂抜き)　8〜12個
　昆布　10㎝
　水　4カップ
　酒　大さじ1
　塩　小さじ1
　しょうゆ　小さじ1

1 はまぐりは殻をよく洗い、昆布はサッと水で洗う。
2 分量の水に昆布とはまぐりを入れ、火にかける。貝の口が開いたら調味料で味を調え、再びフツフツしはじめたらすぐ火を止める。昆布は盛りつけない。

ハムかつ
ハムをドカンとかたまりでいただいたとき

はむ

などにも便利なメインのおかず

ハム（1㎝厚さ）　8枚
衣
　┌ 小麦粉　適量
　│ とき卵　1個分
　└ パン粉　適量
揚げ油　適量
マスタード　適量
ウスターソースやとんかつソース　適量
〈付け合わせ〉
千切りキャベツ　適量
ミニトマト　適量

1 ハムは小麦粉、とき卵、パン粉の順で衣をつける。
2 揚げ油を中温(170〜180度)に熱してハムを入れ、衣が落ち着いてきたら、ときどき空気にふれさせながらこんがり色づくまでカラリと揚げる。付け合わせと一緒に盛り合わせ、好みのソースとマスタードで食べる。

ハムステーキ
りんごのソテーがほんのり甘い、ハムとのおいしい組み合わせ

ハム（1㎝厚さ）　4〜8枚
こしょう　少々
りんご　1個
バター　大さじ1
〈付け合わせ〉
パセリライス　適量

1 ハムはこしょうを振っておき、りんごは1.5㎝厚さのくし形に切る。
2 フライパンにバターを入れて中火にかけ、バターがとけたらりんごを並べて焼く。両面がおいしそうに焼けたら器に取り、さらにハムを焼く。
3 付け合わせのパセリライスは、温かいご飯に刻みパセリを加えて混ぜる。
4 器にハムステーキを盛ってりんごをのせ、パセリライスを添える。

ハムの人気マリネ
前菜や酒の肴、もちろんパンやご飯にも合う簡単マリネ

ハム（薄切り）　150g
玉ねぎ　2個
マリネ液
　┌ 塩　小さじ½
　│ 米酢　大さじ1
　│ レモン汁　½個分
　│ 砂糖　小さじ½
　└ サラダ油　大さじ2

1 ハムは2つに切り、玉ねぎは縦2つに切り繊維にそって薄切りにする。
2 ボウルにマリネ液の材料を合わせ、玉ねぎ、ハムの順に入れて混ぜれば、出来上がり。30分くらいおいてなじむと食べ頃。あればケイパーや刻んだピクルスなどを散らしてもおいしい。

ハムのりサンド
3色の素材がおいしい取り合わせ

〈これは2人分〉
食パン（10〜12枚切り）　4枚
バター　適量
マスタード　適量
ロースハム　4枚
スライスチーズ　2枚
焼きのり　½枚

1 食パンは片面にバター適量とマスタード少々をぬり、2枚1組にする。
2 ロースハムは丸いものは半分に切り、焼きのりも半分に切る。
3 パンにハム、チーズ、焼きのりをのせてもう1枚のパンではさみ食べよく切る。

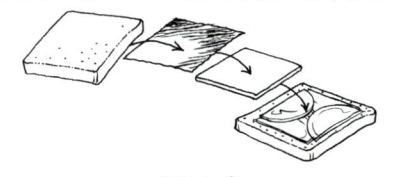

作り方 **3**

はやしくん
ご飯を添えて盛ると、上等なハヤシライスのよう

　　牛切り落とし肉　350g
　　玉ねぎ　2個
　　バター　大さじ2
　　A ┌ トマトジュース　1カップ
　　　├ ウスターソース　大さじ2
　　　├ トマトケチャップ　大さじ2
　　　├ ローリエ　1枚
　　　└ こしょう　少々
　　グリンピース(冷凍)　½カップ
　　しょうゆ　小さじ1

1 玉ねぎは縦半分に切り、繊維を断って横に5mm幅に切る。
2 鉄製のフライパンにバターを入れ中火にかけ、玉ねぎ、牛肉の順に強火で炒める。
3 肉の色が変わったらAを加え、フツフツしたらフライパンの底をこそげるようにしてよく混ぜ、フタをして弱火で20分くらい煮る。
4 ザッと水洗いしたグリンピースとしょうゆを加え、残っている水分をとばすようにして炒め、火を止める。

はやしさん
はやしくんよりもっと簡単!!　白いご飯のおかずに。だからみそ汁がよく合う

　　牛薄切り肉　250g
　　玉ねぎ　1½個
　　にんじん　½本
　　サラダ油　大さじ1
　　バター　2cm角
　　塩　少々
　　ウスターソース　大さじ3
　　しょうゆ　小さじ1
　　こしょう　少々

1 牛薄切り肉は2〜3つに切る。玉ねぎは縦半分に切り、繊維を断ち切るように横に5mm幅の薄切にする。にんじんは斜め薄切りにしてから細切りにする。
2 フライパンにサラダ油とバターを入れて強めの中火にかけ、バターがとけたら牛肉を加えて炒める。
3 肉にこんがりとおいしそうな焼き色がついたら塩を振り、**1**の玉ねぎとにんじんを加えて、玉ねぎがしんなりするまで炒める。
4 最後にウスターソースとしょうゆ、こしょうで調味し、全体をザッと炒め合わせて器に盛る。好みで福神漬けを添えてもよし。

ハヤシ丼
懐かしい洋食屋さんの味、ハヤシライスがほんのり甘いどんぶりに

　　〈これは2人分〉
　　牛切り落とし肉　100g
　　玉ねぎ　½個
　　サラダ油　小さじ2
　　A ┌ トマトジュース　½カップ
　　　├ 水　⅓カップ
　　　├ トマトケチャップ　大さじ1
　　　├ ウスターソース　大さじ1
　　　└ しょうゆ　大さじ½
　　水溶き片栗粉
　　　┌ 片栗粉　大さじ½
　　　└ 水　大さじ½
　　グリンピース(冷凍)　大さじ2
　　温かいご飯　2人分

1 玉ねぎは2〜3cm角のザク切りにする。
2 フライパンにサラダ油を熱し、牛肉と玉ねぎを強火で炒める。
3 肉の色が変わったら、Aの材料を次々に加えてフタをし、煮立ったら強めの中火で5分ほど煮る。
4 最後に水溶き片栗粉をまわし入れてとろみをつけ、ひと煮立ちさせる。
5 どんぶりに温かいご飯を盛って**4**をの

せ、熱湯でサッとゆでたグリンピースを散らす。

ハヤシライス
作ってから一晩ねかすと、味わい一段とアップ！

温かいご飯　4人分
牛肉（5〜7㎜厚さ）　400ｇ
玉ねぎ　2個
バター　3㎝角
小麦粉　大さじ4
トマトジュース　2カップ
水　2カップ
固形スープの素　1個
ローリエ　1枚
ウスターソース　大さじ2〜3
トマトケチャップ　大さじ2〜3
グリンピース（冷凍）　大さじ2
塩かしょうゆ　適量

1 牛肉は1㎝幅の棒状に切る。玉ねぎは縦半分に切ってから繊維を断つように横1㎝幅に切る。

2 鍋にバターを入れて中火にかけ、玉ねぎを炒め、さらに牛肉をほぐしながら加えて炒める。肉の色が変わったら、小麦粉を振り入れ、弱火で鍋底にくっついても気にせずに、3分くらいはよく炒める。

3 粉っぽさがなくなるまでよく炒めたら、いったん火を止めトマトジュースと分量の水を加え、すぐに鍋底をこそげるようにしながら木ベラで混ぜ合わせる。

4 さらに固形スープの素、ローリエ、ウスターソース、ケチャップを加えて混ぜ、中火にかける。フタをし、表面が常にフツフツと煮立っているくらいの弱火にする。

5 焦げつかないように、ときどき底からかき混ぜながら弱火で40分くらい煮る。最後に味をみて、たりないようなら塩かしょうゆをたして調える。冷めたら冷蔵庫に入れ一晩ねかすほうがおいしい。

6 器に温かいご飯を盛ってアツアツの **5** をかけ、サッとゆでたグリンピースを散らす。

はりはり漬け
細ねぎ入りがカツ代流。冷蔵庫で10日はもつ歯ざわり満点のおいしさ

切り干し大根（乾）　2カップ
にんじん　8㎝
昆布　10㎝
細ねぎ（小口切り）　4〜5本
赤唐辛子（輪切り）　½本
漬け汁
　┌ 米酢　大さじ4
　│ しょうゆ　大さじ3
　│ 砂糖　大さじ1
　└ 酒　大さじ2
白いりごま　少々

1 切り干し大根は水で洗って熱湯でサッとゆで、水けをよくきっておく。

2 にんじんは千切りにし、昆布はキッチンばさみなどで細切りにする。

3 ボウルに漬け汁の調味料を合わせてよく混ぜ、**1** の切り干し大根、にんじん、昆布、細ねぎ、赤唐辛子を加えて混ぜる。

4 30分以上漬ければ食べられるが、びんなどに移しかえ、冷蔵庫で一晩おくと味がなじむ。器に盛り、白いりごまを振る。

はりはり漬け　中国風
八角の香りがきいています

切り干し大根（乾）　1カップ
昆布　5㎝
しょうが（千切り）　少々
長ねぎ（みじん切り）　大さじ1
赤唐辛子　1〜2本
八角　1個
漬け汁
　┌ 米酢　大さじ2
　│ しょうゆ　大さじ1½

砂糖　小さじ1
　　酒　大さじ1
　　ごま油　小さじ½
　いりごま(白でも黒でもよい)　適量

1 切り干し大根は水でよく洗ってごみを取りのぞく。これをたっぷりの熱湯でサッとゆでてザルに広げ、冷ましておく。

2 昆布と八角はサッと洗い、赤唐辛子は種をのぞく。辛いのが好きな人は輪切りにしてもよい。

3 ガラスのびんなどに漬け汁の調味料を合わせ、昆布、しょうが、長ねぎ、赤唐辛子、八角を入れてひと混ぜする。

4 さらに切り干し大根を加え、ザッと混ぜて一晩おく。途中でびんを振ったり、密閉びんなら逆さにしたりして、漬け汁をいきわたらせながら漬け込む。食べるときにいりごまを振ると香ばしい。

八角

パリパリ鶏

鶏1羽を豪快に食べる！　おなかに詰まった具はコクのあるおいしい組み合わせ

　鶏肉(ローストチキン用)　1羽
　にんにく　½かけ
　レモン　½個
　塩　小さじ1
　こしょう　少々
　サラダ油　適量
　具
　　もち米　1½カップ(1½合)
　　鶏レバー　1羽分
　　砂肝　1羽分
　　干椎茸　3枚
　　甘栗(殻なし)　1カップ
　　にんにく(みじん切り)　½かけ
　　ごま油　小さじ2
　　酒　大さじ1
　　塩　小さじ1
　クレソン　適量

1 まず鶏肉に詰める具を用意する。もち米は炊く30分前にといで、米と同量の水加減にしておく。

2 鶏レバーと砂肝はよく水洗いしてから中までしっかりとゆで、ザルにあげる。あら熱が取れたところで、あらみじん切りにする。

3 干椎茸は戻して石づきを切り落とし、みじん切りにする。甘栗は殻つきのものなら、むいて分量を用意する。

4 フライパンにごま油を熱し、にんにく、鶏レバー、砂肝、干椎茸、甘栗の順に次々炒める。全体に油がまわったら、酒と塩を加えて調味する。

5 **4**の具を**1**のもち米に加え、表面を平らにして炊飯器のスイッチを入れる。炊き上がったら、全体をほっこり混ぜ、冷ましておく。

6 鶏肉は腹の中と表面の水けをしっかりふく。にんにくとレモンの切り口を全体にまんべんなくこすりつけて、さらに塩とこしょうを少し強めに振る。レモンは切り口をしぼりながらこする。

7 鶏肉の腹の中に**5**の具をしっかりと詰めて、詰め口を水でぬらした金串でとめる。両手羽先と両足も本体にくっつけて、それぞれ金串を通す。

8 天板にサラダ油をひいて鶏肉をのせ、さらにハケで鶏全体にサラダ油をぬってオーブンに入れる。最初は250度にセットして10分焼き、続いて200度に温度を下げて30〜40分焼く。途中、鶏から出た脂を表面にぬると、さらにツヤよく仕上がる。

9 焼き上がりを器に盛り、金串を取りのぞいてクレソンを添える。食べるときに切

はるさめ

り分ける。

作り方 **7**

春雨サラダ
春雨に下味をつけるのがポイント。味がよくなじむし、水っぽくならない

春雨　70 g
下味用
　┌ 米酢　大さじ1
　└ 薄口しょうゆ　大さじ1
玉ねぎ　¼個
にんじん　5 ㎝
キャベツ　4枚
きゅうり　1本
ハム　50 g
ドレッシング
　┌ 塩　小さじ½
　│ 砂糖　小さじ1
　│ 米酢　大さじ1
　└ ごま油　小さじ½

1 春雨は表示通りに戻し、水けをきる。食べよい長さに切り、米酢と薄口しょうゆをからめて下味をつける。
2 玉ねぎは繊維にそって薄切りにする。キャベツは細切りにする。にんじん、きゅうりは斜め薄切りにしてから細切りにする。ハムは半分に切って細切りにする。
3 ドレッシングを混ぜ合わせ、玉ねぎ、にんじん、キャベツ、きゅうり、ハムの順に加えては混ぜる。
4 野菜が少しシナッとなったら、春雨も加えて混ぜる。

春雨焼売（シューマイ）
具に加える野菜は片栗粉を混ぜるのがコツ。水けをほどよく抑え、口あたりもよし

豚挽き肉　250 g
A ┌ 春雨（緑豆）　20 g
　│ しょうゆ　小さじ1
　│ 砂糖　小さじ½
　│ 塩　小さじ½
　│ ごま油　小さじ½
　└ こしょう　少々
干椎茸　3〜4枚
長ねぎ（みじん切り）　1本
片栗粉　大さじ3
焼売の皮　1袋
キャベツ　5〜6枚
とき辛子　適量
酢　適量
しょうゆ　適量

1 干椎茸は戻してみじん切りにする。
2 Aの春雨は戻して1㎝長さに切り、しょうゆ、砂糖、塩、ごま油、こしょうを加えて混ぜる。
3 豚挽き肉に **2** を加えてよく混ぜ合わせる。
4 ボウルに干椎茸と長ねぎを一緒にし片栗粉をまぶして混ぜる。これをさらに **3** に加え、よく混ぜて具にし、焼売の皮で包む。
5 蒸気の上がった蒸し器にキャベツを敷き、焼売を並べて、強火で15分蒸す。
6 蒸し上がったら、キャベツと一緒に器に盛り、辛子酢じょうゆで食べる。

作り方 **4**　包み方

春雨ときゅうりのあえもの
もう一品ほしい、というときにおすすめ

春雨　40 g

きゅうり　2本
ハム　2枚
ドレッシング
- 砂糖　大さじ1
- しょうゆ　大さじ2
- 米酢　大さじ2〜3
- ごま油　小さじ1

1 春雨は袋の表示通りに戻し、よく水洗いをして、食べよい長さに切る。きゅうりは薄い輪切りにし、ハムは細切りにする。
2 ドレッシングの調味料を混ぜ合わせる。
3 春雨、きゅうり、ハムを合わせて器に盛り、ドレッシングをかけてサッと混ぜ合わせて食べる。辛子を添えてもおいしい。

春雨と卵のスープ
餃子や焼売のときにおすすめ

春雨　30g
水　4カップ
固形スープの素　1個
水溶き片栗粉
- 片栗粉　小さじ1
- 水　小さじ1

卵　2個
ねぎじょうゆ
- 長ねぎ(小口切り)　10cm
- しょうゆ　小さじ2

塩　少々
こしょう　少々
ごま油　2〜3滴

1 春雨は表示通りに戻し、食べやすい長さに切る。卵はとく。ねぎじょうゆは合わせておく。
2 分量の水とスープの素を火にかけ、フツフツしたら春雨を加える。再びフツフツしたら水溶き片栗粉を加えて混ぜ、卵を少し高いところからまわし入れ、卵がフワッと固まってきたらフタをして火を止める。
3 卵が浮き上がったところにねぎじょうゆを加え、味をみて塩、こしょうで調え、火を止めてからごま油を落とす。

春雨の卵サラダ
こしのある太い春雨が合う

春雨(太め)　50g
ゆで卵　3個
玉ねぎ(みじん切り)　½個
きゅうり　1本
ハム　3枚
マヨネーズ　大さじ3
マスタード　小さじ1
塩　適量
こしょう　適量
米酢　適量

1 春雨は表示通りに戻し、食べやすい長さに切る。
2 みじん切りの玉ねぎは水に10分ほどさらしてしぼる。きゅうりは縦2つに切ってから斜め薄切りにし、塩を少し振り、軽くしぼる。ハムは半分に切ってから1cm幅くらいに切る。
3 ボウルにゆで卵を入れてフォークでつぶし、**1** と **2** の具を加え、マヨネーズとマスタードを加えてよく混ぜ合わせる。味をみて塩、こしょうで調える。
4 食べるときに米酢を少々振りかけて味をしめる。

春雨の中国サラダ
早めに作って、冷やしておいても大丈夫

春雨　40g
もやし　1袋
レタス　2〜3枚
ハム　50g
紅しょうが(千切り)　小さじ1
ドレッシング
- 砂糖　小さじ2
- しょうゆ　大さじ2
- 米酢　大さじ2〜3
- ごま油　小さじ1

はるさめ

　　白いりごま　適量

1 春雨は表示通りに戻し、食べよい長さに切る。
2 もやしは熱湯でサッとゆで、ザルに広げて完全に冷ます。
3 ハムは半分に切ってから細切りにし、レタスも細切りにする。
4 ドレッシングをよく混ぜ合わせ、春雨、もやし、レタス、ハム、紅しょうがの順に加えては混ぜる。盛りつけてごまを振る。

春雨のピリ酢スープ
赤唐辛子とレモン汁で決まるタイ風

　　春雨（緑豆）　30 g
　　ピーマン　2個
　　赤唐辛子　2〜3本
　　水　4カップ
　　固形スープの素　1個
　　塩　適量
　　こしょう　少々
　　レモン汁　大さじ2

1 春雨は表示通りに戻し、食べやすい長さに切る。ピーマンは細切りにする。赤唐辛子は種を出す。
2 分量の水、赤唐辛子、スープの素を入れて弱火にかけ、スープの素がとけたら中火にして春雨とピーマンを加えてひと煮する。
3 味をみて塩、こしょうで調え、レモン汁を加えて火を止める。

春の海山ちらしずし
刺身は熱湯にサッと通すと生ぐさみが取れる。はん台不要のちらしずしはいかが？

　　米　2½カップ（2½合）
　　酒　大さじ2
　　昆布（5 cm長さ）　2枚
　　にんじん　5 cm
　　れんこん　小1節（約150 g）
　　煮汁
　　　　水　2カップ
　　　　酢　大さじ2
　　　　砂糖　小さじ1
　　鯛（刺身用）　4人分
　　ゆでえび　8尾
　　グリーンアスパラガス　3〜4本
　　合わせ酢
　　　　米酢　70 cc
　　　　砂糖　大さじ1
　　　　塩　小さじ1
　　　　しょうが（千切り）　ひとかけ
　　木の芽　適量
　　甘酢しょうが　適量

1 米はといでふつうに水加減してから、大さじ2杯分の水（調味料分）をのぞき、酒とザッと水洗いした昆布を加えてふつうに炊く。
2 にんじんはごく薄いいちょう切りにする。れんこんは皮をむいて薄いいちょう切りにし、水にさらしてアクを抜く。
3 鍋ににんじん、れんこん、煮汁の材料を入れて火にかけ、歯ざわりが残る程度に煮る。冷めるまで煮汁につけておく。
4 鯛の刺身は熱湯にサッとくぐらせ、すぐ冷水に取って冷やし、水けをきる。
5 えびは食べよくそぎ切りにする。
6 アスパラガスは根元のかたい部分を切って軸の下のほうだけ皮をむき、2 cm長さの斜め切りにし、塩少々（分量外）を加えた熱湯でサッとゆでる。
7 ボウルに合わせ酢の材料を入れてよく混ぜ、鯛、えび、アスパラガスを加えてつけておく。
8 ご飯が炊けたら昆布を取り出してサックリと混ぜ、大皿に広げるように盛る。にんじんとれんこんの汁けをよくきってのせ、さらに鯛、えび、アスパラガスを合わせ酢ごと全面に散らす。
9 さらに木の芽を散らして甘酢しょうがを添える。全体をサッサッと混ぜ合わせて

から取り分けて食べる。

春のおでん
早く煮える新キャベツを主役にして、いろいろ加えないこと

　新キャベツ　½個
　ゆで卵　4個
　さつま揚げ　4枚
　昆布　20cm
　煮汁
　　｛ 水　2～3カップ
　　　しょうゆ　大さじ2
　　　酒　大さじ2
　とき辛子　適量

1 新キャベツはくし形に4等分に切る。さつま揚げと昆布はサッと水で洗う。
2 鍋に昆布を敷き、キャベツ、ゆで卵、さつま揚げを入れ、煮汁の材料を次々加える。フタをして火にかけ、フツフツしたら弱火で20～30分煮る(新キャベツは煮えるのが早いから、10分くらいから様子をときどきみる)。とき辛子をつけて食べる。

春のかぶと魚介のシチュー
素材の持ち味が引き立つクリーム味で

　かぶ　4～5個
　にんじん　½本
　鯛　2～3切れ
　えび　8～12尾
　A｛ 水　2カップ
　　　パセリの茎　適量
　　　ローリエ　1枚
　バター　大さじ1
　サラダ油　大さじ1
　マッシュルームスライス缶詰　小1缶
　小麦粉　大さじ5
　牛乳　3カップ
　固形スープの素　1個
　塩　適量
　こしょう　適量
　パセリ(みじん切り)　適量

1 かぶは縦に2～4つに切る。にんじんは5mm厚さの輪切りにする。鯛は3つに切る。マッシュルームは実と汁に分けておく。
2 Aとにんじんを加えて火にかけ、フツフツしたら鯛とえびを加えてサッとゆでる。鯛は皮と骨を取り、えびは殻をむき、ゆで汁はこして取っておく。
3 バターとサラダ油を熱し、バターがとけたらマッシュルーム、かぶ、にんじんを炒め、油がまわったら小麦粉を振り入れて弱火で1～2分炒める。
4 粉っけがなくなったら火を止め、牛乳を少しずつ加えてときのばし、**2**のゆで汁と缶汁も加えて混ぜる。
5 **4**にスープの素を加えて弱火にかけ、ときどきかき混ぜながら野菜がやわらかくなるまで煮る。
6 鯛とえびを加えてひと煮し、味をみて塩、こしょうで調える。盛りつけてパセリを散らす。

春のシチュー
薄切りの野菜と絹さやで、15分で完成

　甘塩鮭　3切れ
　かぶ　4個
　新にんじん　10cm
　絹さや　50g
　バター　大さじ2
　水　1カップ
　固形スープの素　1個
　牛乳　3カップ
　塩　少々
　こしょう　少々
　A｛ コーンスターチ　大さじ1
　　　牛乳　大さじ1

1 甘塩鮭は骨を取って3～4つに切る。
2 かぶは5mm厚さの半月切りにする。にんじんは3mm厚さの半月切りにする。絹さ

はるのちゃーはん

やはすじを取る。
3 バターを中火にかけ、にんじんを炒める。アツアツになったら水1カップを加え、フタをしてやわらかくなるまで煮る。
4 鮭、かぶ、絹さや、スープの素をくだいて加え、かぶがやわらかくなるまでフタをして3～4分煮る。アクが出たら取りのぞく。
5 牛乳を加えて火を弱め、味をみて塩、こしょうで調える。フツフツしてきたらAを混ぜ、再びフツフツしてとろみがついたら火を止める。

春のチャーハン
旬の春野菜をたっぷり入れて、花畑のように彩りきれいなご飯

　〈これは2人分〉
　温かいご飯　2人分
　卵　2個
　新玉ねぎ　¼個
　新にんじん　3㎝
　絹さや　10枚
　新キャベツ　2枚
　生椎茸　2個
　ハム　50g
　サラダ油かバター　適量
　塩　適量
　こしょう　少々

1 玉ねぎは繊維にそって薄切りにし、にんじんは薄い輪切りにしてから細切りにする。絹さやはすじを取って斜め半分に切り、キャベツは2㎝角のザク切りにする。
2 生椎茸は石づきを切り落とし、半分に切ってから薄切りに。ハムも半分に切ってから細切りにする。
3 中華鍋にサラダ油かバターを熱し、割りほぐした卵をザッと炒めて、いったん皿に取る。
4 サラダ油少々をたし、玉ねぎ、にんじん、絹さや、キャベツの順に加えて強火で炒める。全体に油がまわったら、生椎茸とハムも加えて炒め、塩、こしょうで調味する。
5 さらに卵を戻して手早く炒め合わせ、火を止め、温かいご飯を加えてほぐしながら混ぜる。

春の二色ご飯
出盛りのグリンピースと新にんじんで

　米　1¾カップ（1¾合）
　もち米　¼カップ（¼合）
　グリンピース（豆のみ）　½カップ
　新にんじん　5㎝
　サラダ油　小さじ½
　A ｛ 酒　大さじ1
　　　 薄口しょうゆ　小さじ2
　　　 塩　小さじ½

1 米ともち米は合わせ、いつもよりやや少なめに水加減する。
2 にんじんはあらみじん切りにし、サラダ油とからめておく。
3 米にAの調味料を加えてひと混ぜし、グリンピースとにんじんを加え、表面を平らにしてふつうに炊く。
4 底のほうから全体をよく混ぜる。

春の野菜ずし
この季節ならではのふきをたっぷりと

　米　2カップ（2合）
　昆布　10㎝
　合わせ酢
　｛ 米酢　70cc
　　 砂糖　大さじ1
　　 塩　小さじ1
　ふき　2～3本
　A ｛ 水　1カップ
　　　 薄口しょうゆ　大さじ1
　　　 みりん　小さじ1
　生椎茸　6個
　ごぼう　20㎝

れんこん　小1節
B ┌ 水　¼カップ
　├ 酒　大さじ1
　├ みりん　大さじ1
　└ 薄口しょうゆ　小さじ2
にんじん　7～8cm
C ┌ 米酢　大さじ1
　└ 塩　小さじ½弱
木の芽　適量
紅しょうが(千切り)　適量

1 米はふつうに水加減し、昆布をザッと水洗いして加え、ふつうに炊く。昆布を取り出し、合わせ酢を混ぜてすし飯を作る。

2 ふきは生のまま皮をむき、1cm長さに切り、熱湯でサッとゆでる。Aに入れ、強火で3分くらい煮る。冷めるまで煮汁においておく。

3 生椎茸は石づきを切り落とし、半分に切ってから薄切りにする。ごぼうは小さめのささがきにし、10分くらい水にさらす。れんこんは縦6～8等分に切ってから薄切りにし、水に放つ。

4 鍋にBと水けをきったごぼうとれんこんを入れて強火にかける。フツフツしたら椎茸も加えて5分くらい煮てそのまま冷ます。

5 にんじんは2～3cm長さの千切りにし、Cをからめてシナッとさせる。

6 それぞれ具は汁けをよくきり、何回かに分けてすし飯に混ぜる。盛りつけ、木の芽を散らし、紅しょうがを添える。

最近の野菜事情→　コラム参照

春の和風サラダ
旬の素材を堪能

うど　1本
きゅうり　1本
新玉ねぎ　½個
わかめ(戻したもの)　½カップ
ドレッシング
┌ 薄口しょうゆ　大さじ1
├ 砂糖　小さじ1
└ 米酢　大さじ1～2

1 うどは4～5cm長さに切り、皮を厚くぐるりとむき、縦半分に切ってから縦に薄切りにする。使うまで水に入れておく。

2 きゅうりは縦半分に切ってから斜め薄切りにする。新玉ねぎは繊維にそって薄切りにする。

3 戻したわかめはよく洗って水けをきり、2～3cm長さに切る。

4 ドレッシングをよく混ぜ合わせ、玉ねぎ、わかめ、うど、きゅうりの順に加えては混ぜる。味をみてたりなければ塩(分量外)で調える。

春巻き
具は十分冷まし、油は徐々に温度を上げてじっくり火を通すのがカリッと揚げるコツ

豚もも薄切り肉　100g
下味用
　┌ しょうゆ　小さじ1
　└ 片栗粉　小さじ1
しょうが(千切り)　ひとかけ
干椎茸　3枚
にんじん　3cm
ゆで竹の子　小½本
もやし　½袋
ピーマン　1個
にら　½わ
春雨　10g
サラダ油　大さじ1
A ┌ しょうゆ　大さじ1
　├ 酒　大さじ1
　└ 水　¼カップ
水溶き片栗粉
　┌ 片栗粉　大さじ1
　└ 水　大さじ1
春巻きの皮　10枚
水溶き小麦粉

はるまき

- 小麦粉　大さじ1
- 水　大さじ1
- 揚げ油　適量
- とき辛子　適量
- 酢　適量
- しょうゆ　適量

1 干椎茸はやわらかく戻して薄切りにする。にんじん、ゆで竹の子、ピーマンは千切りにする。もやしはザッと洗う。にらは2㎝長さに刻み、春雨は表示通りに戻して食べよい長さに切る。

2 豚肉は繊維にそって細切りにし、しょうゆで下味をつけ、片栗粉をまぶす。

3 フライパンにサラダ油を熱し、中火で肉としょうがを炒める。肉の色が変わったら強火にし、椎茸、にんじん、竹の子、もやし、ピーマンの順に炒め、全体に油がまわったらAをまわし入れて味を調える。

4 煮立ったらにらを加え、水溶き片栗粉を入れて強火で混ぜ、さらに春雨も加えて混ぜ合わせる。これをすぐバットなどに広げて十分に冷まし、春巻きの具にする。

5 **4**の具を10等分にして春巻きの皮で包み、巻き終わりは水溶き小麦粉をつけてしっかりとめる。

6 揚げ油を温め、油がぬるいうち（150度くらい）に**5**の巻き終わりを下にして入れる。色があまりつかないうちに返しながら火を通し、油の温度を徐々に上げて、低めの中温（170度）でゆっくりとカリッときつね色に揚げる。

7 春巻きの油をよくきって器に盛り、辛子酢じょうゆで食べる。

春巻きの皮→ コラム参照

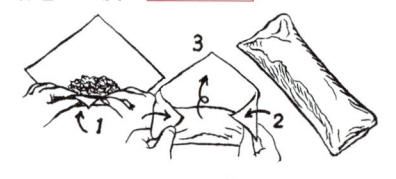

作り方 **5**

春巻き各種
→メニュー別索引〈春巻き〉を参照

春野菜とソーセージのブイヨン煮
鍋で野菜を煮るだけ。パンのおかずにもよいです

- カリフラワー　½個
- ブロッコリー　½個
- れんこん　小1節
- にんじん　1本
- セロリ　1本
- ソーセージ（好みのもの）　4〜8本
- 煮汁
  - 水　3カップ
  - 固形スープの素　1個
  - トマトジュース　2カップ
  - ローリエ　1枚
  - セロリの葉　少々

1 カリフラワーとブロッコリーは小房に切り分け、ブロッコリーの茎は皮を厚めにむいて5㎜厚さの輪切りにする。

2 れんこんは1㎝厚さの輪切りにし、すぐ水に放つ。にんじんは5㎝長さに切ってから縦に4〜6つ割りにする。セロリはすじをのぞいて5㎝長さに切り、太ければ半分に切る。

3 ソーセージは太ければ斜め半分に切る。

4 鍋の中を水でザッとぬらし、**2**と**3**を入れ、さらに煮汁の材料をすべて入れて中火にかける。途中で吹きこぼれないように気をつけながら煮て、野菜に八分どおり火が通ったら、カリフラワーとブロッコリーを加える。さらにコトコトと煮て、すべての野菜に火が通ったら出来上がり。

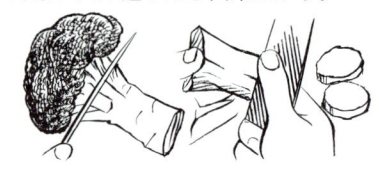

作り方 **1**　ブロッコリー

春野菜の煮合わせ

下ゆでしてからサッと煮上げ、歯ざわりとともに旬の味を楽しむ

うど　1本
ふき　2～3本
新にんじん　½本
煮汁
　┌ だし汁　2カップ
　│ 酒　大さじ1
　└ 薄口しょうゆ　大さじ1

1 うどは5～6㎝長さに切り、厚めに皮をむいてすぐ水にさらす(皮は別の水にさらし、きんぴらなどに)。
2 ふきは生のまま皮をむき、5～6㎝長さに切って水にさらす。
3 にんじんは5㎜厚さの輪切りにする。
4 鍋にうど、ふき、にんじんを入れ、ヒタヒタの水を加えて強火にかけ、煮立ったらすぐザルに取る。
5 鍋に煮汁の材料と **4** の野菜を入れて中火にかけ、フタをして10分ほど煮る。火を止め、しばらくそのまま余熱で味を含ませる。

旬と野菜→ コラム参照

春ワンタンスープ

包まないからすぐできる。野菜がたっぷり

豚挽き肉　100g
A ┌ 塩　少々
　│ こしょう　少々
　└ 片栗粉　少々
ワンタンの皮　½～1袋
ねぎじょうゆ
　┌ 長ねぎ(小口切り)　20㎝
　│ しょうゆ　大さじ2
　└ ごま油　小さじ½
新ゆで竹の子　小½本
新にんじん　5㎝
生椎茸　3個
絹さや　50g
水　6カップ
固形スープの素　1個
塩　少々
こしょう　少々

1 ねぎじょうゆの材料を合わせておく。
2 ゆで竹の子、にんじんは縦半分に切ってから縦に薄切りにする。生椎茸は石づきを切り落とし、薄切りにする。絹さやはすじを取り2つに切る。
3 鍋に分量の水、スープの素、竹の子、にんじん、椎茸を入れて火にかける。
4 豚挽き肉にAの塩、こしょう、片栗粉を加えて混ぜ合わせる。
5 **3** の野菜のスープがフツフツしてきたら、**4** の挽き肉をキュッと小さくつまんでは次々入れる。肉に火が通ったら絹さやも加える。
6 再びフツフツしてきたら、ワンタンの皮を1枚ずつヒラリヒラリと加えて火を通す。
7 火を止め、味をみて塩、こしょうで調える。盛りつけ、各自ねぎじょうゆを加えて食べる。

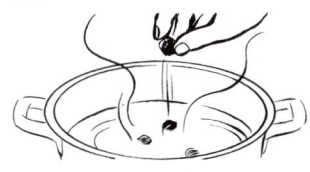

作り方 **5**

ハワイアンサラダ

安易なネーミングだけど、パクリと食べれば気分はトロピカル

ロースハム(1㎝厚さ)　2枚
生パイナップル(1㎝厚さ輪切り)　2～4枚
きゅうり　1本
マヨネーズ　大さじ3

1 ロースハム、パイナップル、きゅうりは1㎝角くらいのコロコロに切る。生のパ

イナップルがなければ缶詰でもよい(パイナップルの入る量は甘さの好みで)。
2 ボウルにマヨネーズを入れ、ハム、パイナップル、きゅうりの順に1種類ずつ加えては混ぜる。

ハワイアンポーク煮
肉は表面にしっかりと焼き色をつけ、うまみを閉じ込めてからジュースで煮る

　豚肩ロース切り身肉(1㎝厚さ)　4枚
　下味用
　　｛塩　適量
　　　こしょう　少々
　にんじん　1本
　サラダ油　少々
　パイナップルジュース(果汁100%)　1½カップ強
　〈付け合わせ〉
　ゆでブロッコリー　適量

1 豚肉はすじ切りをし、塩とこしょうを振る。にんじんは7〜8㎜厚さの輪切りにする。
2 フライパンにサラダ油を熱して豚肉を並べ入れ、強めの中火で両面を焼く。
3 肉がこんがり焼けたらパイナップルジュースを注ぎ、にんじんを加えて、フタをして中火で15分ほど煮る。
4 器に豚肉とにんじんを盛って煮汁をかけ、ゆでブロッコリーを添える。

ハンカラバーグ
おからを混ぜたハンバーグ。献立を丸ごとヘルシーに

　牛挽き肉　200g
　塩　小さじ¼
　こしょう　少々
　玉ねぎ(みじん切り)　½個
　おから　100g
　卵　1個
　牛乳　½カップ

　サラダ油　適量
　きのこソース
　　｛えのき茸　2袋
　　　水　1カップ
　　　酒かワイン　大さじ2
　　　トマトケチャップ　大さじ1
　　　ウスターソース　大さじ1
　　　しょうゆ　大さじ1
　　　片栗粉　小さじ1
　　　バター　1㎝角
　〈付け合わせ〉
　麦ご飯　適量
　にんじんの甘煮　適量
　絹さやの塩ゆで　適量

1 挽き肉に塩、こしょうを振って軽く混ぜ、玉ねぎも加えて混ぜる。
2 おから、卵、牛乳を混ぜ合わせ、しっとりさせる。
3 **1**の肉と**2**のおからをよく混ぜ合わせ、4等分にする。手のひらにサラダ油をつけてハンバーグ形にまとめ、中央を少しへこませる。
4 フライパンにサラダ油を薄くぬって熱し、ハンバーグを並べて中火でこんがり焼く、裏返して2〜3分焼く。熱湯をハンバーグの半分くらいの高さまで注ぎ、フタをして中までじっくり焼く。
5 きのこソースを作る。えのき茸は石づきを切り落として2〜3㎝長さに切る。全部の材料を合わせて火にかけ、混ぜながらとろっとなるまで煮る。盛りつけたハンバーグにかける。麦ご飯、にんじん、絹さやを添える。

ハンガリー風シチュー
本格的に作るには、ザワークラウトと香辛料のパプリカが欠かせません

　ザワークラウト　2カップ
　豚肩ロースかたまり肉　500g
　下味用

｛塩　小さじ½
　　　こしょう　適量
　ベーコン　2枚
　玉ねぎ　2個
　バター　大さじ1
　パプリカ　大さじ1〜2
　水　2カップ
　固形スープの素　1個
　トマトジュース　1カップ
　キャラウェイシード　小さじ½
　塩　適量
　こしょう　適量
　サワークリーム　½カップ

1 豚肉は大きめの一口大に切り、塩、こしょうを振り、熱湯で表面の色が完全に変わるまでゆでる。
2 ベーコンは細かく刻み、玉ねぎはあらみじんに刻む。
3 バターを中火にかけてベーコンをこんがり炒め、取り出す。続いてベーコンから出た脂も利用して玉ねぎを茶色になるまでよく炒め、火を弱めてパプリカを加え、全体によく混ぜ合わせる。
4 **3**に肉を加えてひと混ぜし、分量の水とスープの素を加え、フタをして弱火で60分くらい煮込む。
5 ザワークラウト、ベーコン、トマトジュース、キャラウェイシードを加え、さらにフタをして30分煮込む。味をみて塩、こしょうで調える。盛りつけ、サワークリームを添えて食べる。

　　ザワークラウト→ザワークラウト　カツ代風
　　ザワークラウト→ コラム参照

パンケーキ

手作りならではのおいしさ。フルーツソース、はちみつ、シロップなど好みの味で

〈8〜10枚分〉
A｛薄力粉　200g
　　ベーキングパウダー　小さじ1
　　塩　ひとつまみ
B｛卵　2個
　　砂糖　80g
　　牛乳　1カップ
　　バニラエッセンス　少々
　バター　大さじ2
　サラダ油　適量

1 粉ふるいにAの薄力粉、ベーキングパウダー、塩を入れスプーンなどでよく混ぜ合わせておく。
2 ボウルにBの卵と砂糖を入れて泡立て器でときほぐし、さらに牛乳、バニラエッセンスを加えて混ぜ合わせる。
3 バターは湯せんか電子レンジでとかす。泡立て器で**2**を混ぜながら、少しずつとかしバターを加えて全体になじませる。
4 **3**にさらに**1**の粉類を一気にふるい入れ、泡立て器か木ベラでダマができないように、よく混ぜ合わせる。
5 フライパンを熱してサラダ油をひき、生地を適量流し、フタをして焼く。生地の表面にプツプツと穴があきはじめ、まわりが乾いてきたら裏返し、両面をこんがりと焼く。残りも同様に焼く。ホットプレートだと3〜4枚ずつ一度に焼ける。

パン鍋

オニオングラタン風に、パンを洋風の鍋に

　フランスパン　1本
　炒め玉ねぎ（市販）　2袋（200g）
　水　4カップ
　固形スープの素　2個
　塩　適量
　こしょう　適量
　とけるチーズ　1〜1½カップ

1 鍋に水、固形スープの素を入れて中火にかけ、フツフツしたら、炒め玉ねぎを入れ、塩、こしょうで味を調える。
2 フランスパンは一口大に切る。

3　1にとけるチーズを入れ、フランスパンをチャポッとつけてチーズをからめつつ食べる。

ハンバーガー
正統派、アメリカの味
〈これは2人分〉
バーガーパン　2個
バター　適量
マスタード　適量
ハンバーグ
　┌ 牛挽き肉　150g
　│ 塩　小さじ¼
　└ こしょう　少々
サラダ油　少々
スライスチーズ　2枚
トマト　適量
レタス　適量
玉ねぎ　適量
マヨネーズ(好みで)　適量
トマトケチャップ(好みで)　適量
きゅうりのピクルス　適量

1 トマトは1cm厚さに輪切りにし、レタスはちぎり、玉ねぎは薄い輪切りにする。
2 パンは厚みを半分に切り、軽くトーストしてバターとマスタードをぬる。
3 挽き肉に塩、こしょうを加えよく混ぜ、2等分にして薄いハンバーグ形に整える。
4 フライパンにサラダ油をぬって熱し、ハンバーグを並べ、中までしっかり火を通して両面こんがりと焼く。
5 パンにハンバーグ、チーズ、マヨネーズ、ケチャップ、トマト、レタス、玉ねぎと重ねてはさむ。ピクルスを添えて盛る。

ハンバーグ
別にしとらせておいたパン粉を肉に加えるから、焼き上がりがソフトでジューシー
牛挽き肉　400g
玉ねぎ　½個
A┌ 卵　1個
　│ 牛乳　¼カップ
　└ パン粉　1カップ
塩　小さじ½
こしょう　少々
サラダ油　少々
ソース
　┌ 水　⅔カップ
　│ トマトケチャップ　大さじ3
　│ 酒　大さじ1
　│ ウスターソース　大さじ2
　│ しょうゆ　小さじ1
　└ バター　1cm角
〈付け合わせ〉
粉ふき芋　適量
にんじんのグラッセ　適量
ゆでブロッコリー　適量

1 玉ねぎはみじん切りにし、サラダ油少々(分量外)でちょっと透き通るくらいまで炒めて、冷ましておく。
2 ボウルにAの卵と牛乳を混ぜ、パン粉を加えてしとらせておく。
3 別のボウルに牛挽き肉を入れ、塩、こしょうを加えてつかむように2〜3回混ぜ、さらに **1** の玉ねぎと **2** を加えてよく混ぜ合わせ、ハンバーグのたねにする。
4 手のひらにサラダ油(分量外)をつけて **3** のたねを4等分し、両手でキャッチボールをしながら、中の空気を抜く。これをたたいて平たくし、ハンバーグ形にまとめ、中央を押さえて少しへこませる。
5 フライパンにサラダ油を熱し、**4** を並べて中火で焼き、焼き色がついたら裏返す。
6 両面がこんがりと焼けたら、湯をハンバーグの厚みの½くらいまで注ぎ、フタをして強めの中火で蒸し焼きにする。中まで火が通ったらフタを取り、中火で水けが完全にとぶまで焼き上げて、器に盛る。
7 ソースを作る。**6** のフライパンにソー

スの材料をすべて入れて火にかけ、フツフツと煮立てる。少しとろりとしたら、出来上がり。ハンバーグの上にかけ、付け合わせの粉ふき芋、にんじんのグラッセ、ゆでブロッコリーを添える。

　粉ふき芋→粉ふき芋
　にんじんのグラッセ→にんじんのグラッセ
　ハンバーグ→ コラム参照

作り方 **6**

ハンバーグ各種
→メニュー別索引〈ハンバーグ〉を参照

棒々鶏（バンバンジー）
あっさりした鶏肉にコクのあるごまだれが美味。ごまはねっとりするくらいよくする

　鶏むね肉　2枚（250〜300g）
　塩　ひとつまみ
　もやし　1袋
　きゅうり　2本
　ごまだれ
　　┌白いりごま　3/4カップ
　　│みりん　大さじ3
　　│しょうゆ　大さじ3
　　│米酢　大さじ3
　　└鶏肉のゆで汁　適量
　ミニトマト　10個

1 鶏むね肉は塩ひとつまみを加えた熱湯でしっかりゆでてザルにあげ、あら熱が取れたら食べよくさくか切る。ゆで汁は取っておく。
2 もやしはほどよくゆでて水けをよくきり、きゅうりは細切りにする。
3 ごまだれを作る。すり鉢に白いりごまを入れてよくよくすり、調味料を加えてさらによくする。様子をみながら、少しずつ鶏肉のゆで汁を加えて、とろりとのばす。
4 器にもやし、きゅうり、鶏肉を盛り合わせ、ミニトマトを添えて、ごまだれをかける。

はんぺんしんじょの吸いもの
はんぺんはすり鉢でよくすり混ぜると、ふんわりした口あたりに

　はんぺん　大1枚
　酒　大さじ½
　しょうが汁　小さじ1
　片栗粉　大さじ1
　焼き麩　小20個
　だし汁　4カップ
　A┌塩　小さじ½
　　│酒　小さじ1
　　└薄口しょうゆ　小さじ1
　三つ葉（ザク切り）　適量
　しょうが（すりおろし）　適量

1 麩は表示通りに戻して水けをしぼる。
2 はんぺんはすり鉢に入れてすりこぎですりつぶし、酒、しょうが汁、片栗粉を加えてよくすり混ぜる。ブレンダーがあるとラク。
3 鍋にだし汁を煮立て、Aで調味する。**2**のたねを4等分にし、フツフツしているところにスプーンですくい入れ、火が通ったら麩も加えてひと煮立ちさせる。
4 器に盛って三つ葉を散らし、おろししょうがを添える。

はんぺん卵の甘酢あんかけ
材料を炒めるときはずっと強火で、大きく混ぜてフワリと焼くのがコツ

　はんぺん　大1枚
　卵　5個
　紅しょうが（千切り）　大さじ2
　酒　小さじ1

はんぺん

ごま油　大さじ1
甘酢あん
- 砂糖　大さじ1
- 薄口しょうゆ　大さじ1
- 米酢　大さじ1
- 水　1カップ
- 水溶き片栗粉
  - 片栗粉　大さじ1
  - 水　大さじ1

ごま油　小さじ1/2

1 はんぺんは1cm角に切る。ボウルに卵をときほぐし、はんぺん、紅しょうが、酒を加えて混ぜる。
2 中華鍋かフライパンにごま油大さじ1を熱し、**1**を一気に流し入れ、まわりが固まってきたら大きくかき混ぜる。全体がフワリと焼けたら、火を止めて器に盛る。
3 鍋に水溶き片栗粉をのぞいた甘酢あんの材料を入れて火にかける。フツフツしてきたら水溶き片栗粉でとろみをつけ、火を止めてごま油小さじ1/2を加える。
4 **2**の上にアツアツの甘酢あんをかける。

はんぺん袋
つぶして油揚げに詰めたはんぺんは、四角いまま煮るより数倍おいしい

- 油揚げ　5枚
- はんぺん　大2枚
- しょうが(千切り)　ひとかけ
- うずら卵　10個
- にんじん　10cm
- チンゲン菜　2株
- 煮汁
  - 水　3カップ
  - 酒　大さじ2
  - しょうゆ　大さじ2
- とき辛子　適量

1 油揚げは半分に切り、手のひらでたたいてはがしやすくしてから、そっと開いて袋状にする。
2 はんぺんはマッシャーでつぶし、しょうがを混ぜ、10等分にする。
3 油揚げに**2**を詰め、うずら卵を小さい器に割り入れてから加える。口を折り、ようじで縫うようにして閉じる。
4 にんじんは5mm厚さの輪切りにする。チンゲン菜は葉をザク切りにし、軸を繊維にそって細切りにする。
5 煮汁ににんじんを入れて火にかけ、フツフツしたら**3**のはんぺん袋を並べ、フタをして中火で5分ほど煮る。はんぺん袋を裏返してチンゲン菜を加え、さらに5分ほど煮る。火を止め、フタをしたまま2～3分おいて味を含ませる。とき辛子をつけて食べる。

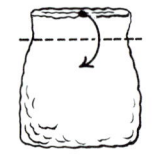

作り方**3**

ひ

ピータン粥
そのまま食べるのもおいしいけど、おかゆに入れただけで本格中国粥に変身

- 米　1カップ
- 水　5カップ
- チキンスープの素(顆粒)　小さじ2
- ピータン　2～3個
- 湯　1カップ
- 塩　少々
- こしょう　少々
- ワンタンの皮　適量
- 揚げ油　適量

ピリ辛ねぎじょうゆ
- 長ねぎ（みじん切り）　大さじ1
- しょうゆ　¼カップ
- 豆板醤　小さじ½〜1
- ごま油　小さじ¼

1 米は洗って水けをきる。
2 厚手の鍋に米、分量の水、チキンスープの素(もちろんチキンスープ5カップで炊いてもよい)を入れ、フタをして中火にかける。フツフツしてきたら弱火にし、フタをして25〜30分炊く。
3 ワンタンの皮は1cm幅に切る。揚げ油を中火で熱し、低温(150〜170度)でワンタンの皮をうっすらきつね色にカリッと揚げる。
4 ピータンは1cm角に刻む。
5 おかゆが炊き上がったら湯1カップ、塩を加え、水でぬらした箸で切るように混ぜ、フタをして火を止める。
6 食べる直前にピータン、こしょうを加えてザッと混ぜ、器に盛る。揚げワンタンをのせ、ピリ辛ねぎじょうゆをかけて食べる。

ビーツのサラダ
ビーツの缶詰でも作れるけれど、生があればゆでて作ってみよう

ビーツ　2個
フレンチドレッシング
- 塩　小さじ½
- こしょう　少々
- 砂糖　少々
- マスタード　少々
- 米酢　大さじ1
- サラダ油　大さじ2

クリームソース
- マヨネーズ　大さじ3
- 生クリーム　大さじ1½

1 ビーツはそのままたっぷりの水に入れ、フタをして約60分ゆで、ゆで汁につけたまま冷ます。
2 水けをきり、皮をむき、薄い輪切りにする。混ぜ合わせたドレッシングに漬け、冷蔵庫で30〜60分冷やす。一晩冷蔵庫においてもよい。
3 器に盛り、混ぜ合わせたクリームソースをかける。

ピーナッツとセロリの豆板醤炒め
炒めた材料をピリ辛のたれに漬け込むだけのあっさり風味の中国風前菜

ピーナッツ　大さじ4
セロリ　½〜1本
サラダ油　適量
塩　適量
こしょう　適量
たれ
- にんにく(すりおろし)　少々
- しょうが(すりおろし)　少々
- しょうゆ　大さじ1
- 豆板醤　小さじ½
- ごま油　小さじ1

1 セロリはすじをのぞいて1cm角に切る。
2 大きめの器にたれの材料をすべて合わせておく。
3 フライパンにサラダ油を熱してピーナッツを中火で炒め、油がまわったら強火にしてセロリ、塩、こしょうも加えてさらに炒める。
4 全体がアツアツになったら、**2**のたれに漬け込み、味をなじませる。アツアツでも冷めてもおいしい。

ビーフカツ
肉質がかたそうなものは、全体を軽くたたいてのばせばOK

牛赤身肉(5mm厚さ)　4枚(1枚100gくらい)
塩　適量
こしょう　少々

衣
- 小麦粉　適量
- とき卵　1個分
- パン粉　適量

揚げ油　適量

ソース
- ウスターソース　大さじ3
- マスタード　小さじ½
- マヨネーズ　小さじ½

〈付け合わせ〉
粉ふき芋　適量
いんげんの塩ゆで　適量

1 牛赤身肉は包丁の背で軽くたたいてのばし、塩、こしょうをパラパラと振る。
2 肉に小麦粉、とき卵、パン粉の順に衣をつけ、中温（170〜180度）の揚げ油でカラリと揚げる。
3 カツを食べよく切って器に盛り、粉ふき芋といんげんの塩ゆで、合わせたソースを添える。カツサンドにしてもおいしい。

粉ふき芋 ➡ 粉ふき芋

ビーフサラダ

ピリッと辛いドレッシングと香菜（シャンツァイ）で、ステーキをタイ風サラダに

牛肉（2㎝厚さ・ステーキ用）　1枚（約250g）
塩　適量
こしょう　少々
紫玉ねぎ　½個
レタス　4枚

ドレッシング
- にんにく（すりおろし）　小さじ½
- レモン汁　½個分
- 薄口しょうゆ　大さじ1
- ナンプラー　大さじ1
- こしょう　少々
- 赤唐辛子（輪切り）　1〜2本
- サラダ油　大さじ1

サラダ油　少々
香菜　適量

1 紫玉ねぎは繊維にそって薄切りにする。混ぜ合わせたドレッシングに浸して少しおき、風味を移していったん取り出す。
2 レタスは一口大にちぎる。香菜は2㎝長さに刻む。
3 鉄製のフライパンにサラダ油を薄くぬって強火にかけ、肉に塩、こしょうを振る。フライパンが熱くなったら、肉をこげめがつくまで焼く。裏返して心持ち長く焼き、ミディアムレアに仕上げる。
4 アツアツをドレッシングにジュッと両面つけてすぐに取り出し、1㎝幅くらいに切る。**1**で取り出した紫玉ねぎと一緒に再びドレッシングに戻す。
5 **4**にレタスを2〜3回に分けて加えて混ぜ合わせる。盛りつけて香菜をのせる。

ビーフサンド

薄めにスライスしたローストビーフをたっぷりはさんでリッチに食べたい

〈これは2人分〉
食パン（サンドイッチ用）　4枚
バター　適量
マスタード　適量
ローストビーフ（薄切り）　8枚
玉ねぎ（薄い輪切り）　2枚
リーフレタス　2枚
黒粒こしょう　少々

1 パンは片面にバターとマスタードをぬり、2枚1組にする。
2 **1**のパンにリーフレタス、ローストビーフ、玉ねぎをのせ、好きなだけこしょうをガリガリと挽く。もう1枚のパンでしっかりはさみ、ピックでとめて半分に切る。

ローストビーフ ➡ 世にも簡単なお正月ビーフ／ローストビーフ オーブン焼き

ビーフシチュー

肉は好みの部位を。長く煮込むので、かた

まり肉を使います
牛かたまり肉　500g
下味用
　塩　小さじ½
　こしょう　少々
A　水　5カップ
　赤ワイン　1カップ
　ローリエ　1枚
　塩　小さじ½
　こしょう　少々
玉ねぎ　1個
にんじん　1～2本
じゃが芋(メークイン)　4個
マッシュルーム　1袋
バター　適量
ドミグラスソース缶詰　大1缶(約290g)
絹さや　100g

1 牛かたまり肉は塩とこしょうをすり込み、下味をつけておく。
2 フライパンにバター大さじ1を入れ、強火で牛肉全体に焼き色をつける。途中、肉から出た脂はふき取る。
3 鍋にAの材料と焼いた肉を入れて中火にかけ、煮立ったら弱火にし、フタを少しずらしてフツフツ、コトコトと約2時間煮込む。
4 玉ねぎは縦4等分に切る。にんじんは4～5cm長さに切って縦4等分し、面取りする。じゃが芋は2つくらいに切る。マッシュルームは軸の汚れた部分を切り落とし、大きいようなら半分に切る。
5 フライパンにバター大さじ1を入れて火にかけ、バターがとけたら **4** の野菜類を記載順に加えて強火で炒める。
6 **3** の鍋から煮込んだ肉をいったん器に取り出し、**5** の野菜を入れて弱火で煮る。
7 じゃが芋にやっと竹串が通るくらいになったら、ドミグラスソースを加える。肉も2cm厚さに切って鍋に戻し、さらに10分ほど煮る。味をみて塩、こしょうで調える。
8 絹さやはすじを取り、塩少々(分量外)を加えた湯でサッとゆでて、仕上がり際にシチューに加える。

面取り→ コラム参照

ビーフステーキ
仕上がりはミディアムレア。もっと焼きたいときは火を弱めフタをしてさらに30秒

牛肉(ステーキ用)　4枚
塩　適量
こしょう　適量
サラダ油　少々
A　白ワインか酒　大さじ2
　しょうゆ　大さじ2
　バター　2cm角
わさび　適量
〈付け合わせ〉
フライドポテト　適量
クレソン　1～2わ

1 皿には付け合わせのクレソン、フライドポテトも盛りつけておく。Aの材料も準備しておく。
2 牛肉の両面に塩、こしょうを振る。2枚ずつ焼く(4枚一度にはおいしく焼けない)。
3 フライパンにサラダ油を薄くぬり、火にかけて熱くなったら、肉を強火で焼く。
4 こんがりと焼き色がついたら裏返し、強火のまま両面をおいしそうに焼いてすぐ器に盛る。あと2枚も焼く。
5 フライパンに余熱が残っているうちに、Aの白ワインまたは酒、しょうゆ、バターの順に加え、バターがとけたらステーキの上にかける。わさびも添える。

フライドポテト→フライドポテト

ビーフステーキ　トマトソース
焼き加減はレアが肉のうまみを残しておい

しいけれど、お好みでどうぞ
　牛肉(ステーキ用)　4枚
　塩　少々
　こしょう　少々
　トマトソース
　┌にんにく　ひとかけ
　│オリーブ油　大さじ1
　│オレガノ(乾)　少々
　│バジル(乾)　少々
　│トマト水煮缶詰　小1缶(約200ｇ)
　└塩　適量
　パセリ　適量

1 まずトマトソースを作る。フライパンにオリーブ油とつぶしたにんにくを入れて火にかけ、香りがたったら、オレガノとバジルを加え、トマトの水煮も缶汁ごと加えてつぶしながら炒める。水分がやや煮詰まってソース状になったら、塩で味を調えて火を止める。

2 牛肉は塩、こしょうを振る。

3 フライパンを強火で熱し、肉を入れる。そのままフタをして焼き、途中、余分な脂はふき取る。

4 焼き色がついたらひっくり返し、フタを取って1〜2分そのまま焼いて器に盛る。上からトマトソースをかけてパセリを添える。

ビーフストロガノフ
本格的に作っても簡単
　牛赤身肉(バター焼き用)　300ｇ
　塩　適量
　こしょう　適量
　小麦粉　大さじ3
　ピーマン　2個
　赤ピーマン　2個
　マッシュルーム　1袋
　バター　大さじ2
　白ワイン　大さじ2
　生クリーム　1カップ
　牛乳　½カップ
　〈付け合わせ〉
　パセリライス　適量

1 牛肉は1㎝幅に切り、軽く塩、こしょうを振り、小麦粉をまぶす。

2 ピーマン類は縦に1㎝幅に切る。マッシュルームは石づきを切り落とし、縦に5㎜幅に切る。

3 浅鍋にバター大さじ1を入れて中火にかけ、バターがとけたらピーマン類とマッシュルームを加えて炒め、全体がアツアツになったらいったん取り出す。

4 **3**の鍋に残りのバター大さじ1を入れて中火にし、肉を広げるようにして加える。しばしいじらず、粉が少し落ち着いてきたら肉の色が変わるまで焼くように炒める。

5 火を弱めて白ワイン、生クリーム、牛乳を加え、鍋底についているうまみをこそげながら全体を木ベラで混ぜる。

6 野菜類を戻してソースをからめ、フツフツしたらごく弱火にする。塩、こしょうで味を調え、すぐ火を止める。

7 盛りつけたビーフストロガノフにパセリライスを添える。白いご飯でもよい。
　パセリライス→パセリライス

ビーフと青菜のあえもの
ビーフの切り落としも立派な一品に
　ローストビーフかボイルドビーフの切り落とし　約50〜100ｇ
　しょうゆ　少々
　小松菜　½わ
　塩　少々
　マヨネーズ　大さじ山盛り1
　マスタード　小さじ1

1 ローストビーフまたはボイルドビーフの切り落としを用意し、5㎜幅の細切りにする。これにしょうゆを振りかけ、味をからめておく。

2 小松菜は塩少々を加えた熱湯でほどよくゆで、すぐ水に取って冷まし、水けをしぼって4cm長さに切る。
3 ボウルにマヨネーズとマスタードを合わせて混ぜ、**1**のビーフと小松菜を加えて全体をザッとあえる。

　ローストビーフ➡世にも簡単なお正月ビーフ／ローストビーフ オーブン焼き
　ボイルドビーフ➡世にも簡単ボイルドビーフ

ビーフン各種
➡メニュー別索引〈ビーフン〉を参照

ビーフンのペッパー炒め
塩、こしょうのシンプルな味つけだから、具だくさんでも素材の持ち味がはっきり
　〈これは2人分〉
　ビーフン　150g
　しょうが（千切り）　少々
　豚薄切り肉　100g
　玉ねぎ　½個
　にんじん　5cm
　もやし　½袋
　細ねぎ　5本
　ごま油　大さじ1強
　塩　小さじ½
　こしょう（粗挽き）　小さじ½
　湯　適量

1 ビーフンは袋の表示通りに戻し、水けをきっておく。
2 豚薄切り肉は1cm幅に切る。玉ねぎは薄切り、にんじんは輪切りにしてから細切りにし、細ねぎは3cm長さのブツ切りにする。
3 フライパンにごま油を熱してしょうがと豚肉を炒め、肉の色が変わったら、玉ねぎ、にんじん、もやしを加えてさらに炒め、塩、こしょうを振る。
4 全体がなじんだところで**1**のビーフンを加え、ザッと炒めてすぐに½カップの湯を加える。味をみて塩、こしょうで調え、ビーフンがほどよいかたさになり（ビーフンがまだかたければ湯をたす）、水けがほとんどなくなったら細ねぎを加え混ぜて出来上がり。

ピーマンのお浸し
炒めものとは違うやさしい味
　ピーマン　5〜6個
　削り節　適量
　しょうゆ　適量

1 ピーマンは縦2つ、横に5mm幅に切る。
2 熱湯でほどよいかたさにゆで、ザルに広げて冷ます。
3 盛りつけ、削り節をのせしょうゆをかけて食べる。

ピーマンの三色くたくたきんぴら
炒めるほど引き立つピーマンの甘み
　ピーマン　2個
　赤ピーマン　1個
　黄ピーマン　1個
　ごま油　大さじ1
　薄口しょうゆ　小さじ2

1 ピーマン類は縦2つ、横に細切りにする。
2 ごま油を熱して中火でしんなりするまでセッセと炒め、薄口しょうゆを加え、水分がなくなるまで炒める。

ピーマンの卵焼き
このイタリアの卵焼きは赤、黄、緑のカラフルな仕上がり
　卵　6個
　赤ピーマン　1個
　黄ピーマン　1個
　ピーマン　1個
　トマト（完熟）　小2個
　にんにく（すりおろし）　少々

ぴーまん

　　パセリ（みじん切り）　大さじ1
　　バター　大さじ3
　　塩　小さじ½弱
　　こしょう　少々

1 ピーマン類はあらみじんに刻む。トマトは皮ごと1㎝角に切る。
2 フライパンにバター大さじ1を入れて中火にかけ、ピーマン類を炒める。全体にしんなりしたら強火にし、トマトと塩を加え炒め合わせ、皿に取る。
3 卵をとき、**2**の具とにんにく、パセリ、こしょうを加えて混ぜる。
4 フライパンをきれいにし、残りのバター大さじ2を入れて中火にかける。とけたら**3**の卵を入れ、大きくかき混ぜ空気を入れ、両面をよく焼く。焼き上がったら6～8等分の放射状に切って盛りつける。

ピーマンの肉詰め
長ねぎとしょうがを加えて和風味に仕上げます

　　ピーマン　6個
　　豚挽き肉　200ｇ
　　長ねぎ（みじん切り）　20㎝
　　しょうが（みじん切り）　ひとかけ
　　パン粉　¾カップ
　　卵　1個
　　塩　小さじ¼
　　こしょう　少々
　　ごま油　小さじ½
　　片栗粉　小さじ½
　　酒　大さじ1
　　みりん　大さじ1
　　しょうゆ　大さじ1

1 ピーマンは縦半分に切ってヘタと種をていねいに取る。
2 卵をとき、パン粉と合わせてしとらせておく。
3 ボウルに豚挽き肉、**2**、長ねぎ、しょうが、塩、こしょう、ごま油を加えてよく混ぜ、肉だねにして12等分にする。
4 ピーマンの内側に片栗粉を振り、**3**の肉だねを詰めて表面をならす。
5 フライパンにごま油を熱して肉詰めピーマンを肉を下にして並べ入れ、フタをして中火で両面をこんがり焼く。
6 肉に完全に火が通ったら、いったん火を止めて酒、みりん、しょうゆを加え、強火で一気に味をからめる。
　　ピーマンの肉詰め→ コラム参照

ピーマンのはんぺん入りフライ
お弁当やおつまみにもおすすめ

　　ピーマン　4個
　　はんぺん　小2枚
　　衣
　　　｛小麦粉　適量
　　　　とき卵　1個分
　　　　パン粉　適量
　　揚げ油　適量
　　ウスターソースかしょうゆ　適量

1 ピーマンは縦半分に切ってヘタと種をていねいに取る。はんぺんはそれぞれ4等分に切る。
2 ピーマンの中にはんぺんをキュッキュッと押し込むようにして詰め、はんぺんの詰まっている側に小麦粉、とき卵、パン粉の順で衣をしっかりつける。
3 揚げ油を中温（170～180度）に熱し、衣をつけたほうを下にして油に入れる。衣が落ち着いてきたら、ときどき返してこんがり色づくまで揚げる。衣のほうを上にして盛り、ウスターソースかしょうゆをかけて食べる。

作り方**2**

ビーワンサラダ
豚肉のビタミンB１は夏バテ予防の特効薬

　豚肉(しゃぶしゃぶ用)　200ｇ
　きゅうり　1本
　レタス　4〜5枚
　ドレッシング
　　塩　小さじ½
　　こしょう　少々
　　砂糖　ひとつまみ
　　マスタード　少々
　　米酢　大さじ2
　　サラダ油　大さじ1
　　マヨネーズ　大さじ山盛り2

1 豚肉は1枚ずつヒラリヒラリと広げて熱湯に次々入れ、中までしっかりゆでる。水けをよくきり、冷ます。
2 きゅうりは縦2つに切ってから斜め薄切りにする。レタスは細切りにする。
3 ボウルにドレッシングを記載順に混ぜ合わせる。ドレッシングに肉、野菜の順に加えては混ぜる。

ピカタ
肉の薄切りに卵をたっぷりつけてソテーした料理をピカタといいます

　豚ヒレ肉　300ｇ
　塩　適量
　こしょう　適量
　小麦粉　適量
　卵　2個
　オリーブ油　大さじ1
　バター　大さじ1
　〈付け合わせ〉
　　ゆでブロッコリー　適量
　　ミニトマト　適量

1 豚ヒレ肉は7〜8㎜厚さに切って塩、こしょうを振って小麦粉をしっかりまぶす。
2 卵はときほぐしておく。
3 フライパンにオリーブ油とバターを熱し、豚肉に卵をたっぷりとつけて入れる。やや弱めの中火にし、中に火が通るまで、フタをしてじっくりと焼く。付け合わせの野菜を添えて盛りつける。豚肉の代わりに鶏むね肉でもおいしい。

挽き肉ともやしの豆板醤炒め
もう一品、というときでも簡単に作れるスピードおかず

　豚挽き肉　150ｇ
　もやし　1袋
　サラダ油　大さじ1
　にんにく(みじん切り)　ひとかけ
　酒　大さじ1
　豆板醤　小さじ½
　しょうゆ　大さじ1
　ごま油　少々

1 中華鍋にサラダ油を入れて中火にかけ、すぐにんにくを加え炒める。香りがたったら豚挽き肉を入れて強火で炒め、肉の色が変わったら酒、豆板醤、しょうゆを加えて味をからめる。
2 さらにもやしを加えて一気に炒め合わせ、全体がアツアツになったら火を止める。ごま油を落として風味をつけ、すぐ器に盛りつける。

ピザ各種
→メニュー別索引〈ピザ〉を参照

ピザ台(基本)
から焼きして冷凍保存しておけば、いつでもあっという間に手作りピザの出来上がり

　〈直径20㎝のピザ台3枚分〉
　牛乳　125㏄
　湯　125㏄
　ドライイースト　小さじ2
　砂糖　大さじ1
　サラダ油　大さじ2
　塩　小さじ½

ぴざぱん

強力粉　250ｇ
薄力粉　100ｇ
強力粉(打ち粉用)　適量

1 大きめのボウルに牛乳と湯(牛乳と湯で合わせて250ccになる)を入れ、お風呂よりぬるめの温度(30度くらい)になるようにする。ドライイーストを振り入れてよく混ぜる。

2 さらに **1** に砂糖、サラダ油、塩を次々と加えて混ぜる。

3 強力粉と薄力粉はよく混ぜ合わせてから **2** のボウルにふるい入れ、はじめは木ベラなどで混ぜる。全体にまとまってきたら、5～10分よくこねる。最後に生地を丸くひとまとめにし、ボウルにピッチリとラップをかけて冷蔵庫で一晩ねかす。

4 生地が発酵して2～3倍くらいにふくらんだら、この中にゲンコツを入れて押しながら、空気抜きをする。

5 生地を3等分に切り分け、それぞれをきれいに丸める。これを打ち粉(強力粉)を振った台にのせ、めん棒で薄く円形にのばす。

6 天板に生地をおいてアルミ箔をかぶせ、耐熱皿1枚を重し代わりにのせる。200度に温めておいたオーブンに入れて10分ほど焼く(から焼き)。これで基本のピザ台の出来上がり。

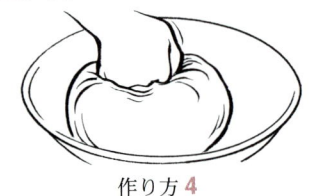

作り方 **4**

ピザパン
アンチョビを散らして風味アップ。朝食やブランチ、ワインのお供にも最適

〈これは2人分〉
食パン　2枚
トマトソースかピザソース　大さじ4
ピーマン　1個
玉ねぎ　¼個
マッシュルームスライス缶詰　小½缶
アンチョビ　2尾
とけるチーズ　適量

1 ピーマンは薄い輪切り、玉ねぎは薄切りにする。マッシュルームスライス缶詰は汁けをきる。アンチョビは小さく刻む。

2 食パンにトマトソースまたはピザソースをぬり、ピーマン、玉ねぎ、マッシュルームを順にのせ、アンチョビを散らす。

3 上から全体にとけるチーズをのせ、200度のオーブンで10～15分様子をみながら焼く。オーブントースターでもＯＫ。チーズがとけて、こんがりしてきたら出来上がり。

トマトソース→トマトソース(ピザ用)／夏トマトで作る基本のトマトソース

ひじきと鶏肉の治部煮
鶏肉がこってり味に、ひじきはゆでるだけでさっぱりと仕上げます

ひじき(乾)　¾カップ
鶏もも肉　1枚
小麦粉　適量
煮汁
　｜水　1カップ
　｜しょうゆ　大さじ2
　｜砂糖　大さじ1
　｜みりん　大さじ1
しょうが汁　小さじ1

1 ひじきは水洗いして少しかために戻し、熱湯でほどよいかたさにゆで、水けをきり、器に盛りつけておく。

2 鶏肉は黄色い脂肪を取りのぞき、小さめの一口大に切る。茶こしで小麦粉を薄く振り、はたいて余分な粉を落とす。

3 煮汁を火にかける。フツフツしてきたら肉をキュッと握り、粉を落ち着かせて入

れていく。フタをして中火で煮る。火が通ったらしょうが汁を加え、火を止める。
4 1のひじきの上に肉を汁ごと盛る。

ひじきの炒め煮
おなじみのおかず。だし汁は濃いめにし、味つけは好みで加減を

　ひじき（乾）　1カップ
　油揚げ　1枚
　にんじん　½本
　ごま油　大さじ1
　煮汁
　┌ だし汁　2カップ
　│ 薄口しょうゆ　大さじ1
　│ しょうゆ　大さじ1
　│ 砂糖　大さじ1
　└ 酒　大さじ1

1 ひじきは水で洗ってから袋の表示通りに戻し、熱湯でサッとゆでて水けをきる。
2 油揚げは湯で洗ってしぼり、縦半分に切ってから5㎜幅の細切りにする。にんじんは薄い輪切りにしてから細切りにする。
3 鍋にごま油を熱し、ひじき、油揚げ、にんじんを炒め、油がまわったら、煮汁の材料を加え、フタをして中火で10分くらい煮る。

ひじきの薄煮
汁ごとシャボシャボとどうぞ。ひじきのかたさはゆで時間で調節を

　ひじき（乾）　1カップ
　だし汁（濃いめ）　2カップ
　薄口しょうゆ　大さじ2
　梅干し　2個
　レモン（薄切り）　4枚

1 ひじきは水で洗ってから、戻さずに熱湯で好みのかたさにゆでる。
2 鍋にだし汁を入れて煮立て、薄口しょうゆ、ひじき、梅干しを加えて1分煮る。
3 器にひじきを盛り、適当にちぎった梅干しをのせる。汁をたっぷりとはってレモンをのせ、好みで削り節を振っても。冷た〜くしても実においしい。

ひじきの五目煮
ひじきはサッとゆでて煮るとふっくら

　ひじき（乾）　1カップ
　干椎茸　3枚
　しらたき　1わ
　にんじん　½本
　油揚げ　1枚
　ごま油　大さじ1
　煮汁
　┌ だし汁（濃いめ）　1カップ
　│ 干椎茸の戻し汁　1カップ
　│ 砂糖　大さじ1
　│ みりん　大さじ1
　│ 酒　大さじ1
　└ しょうゆ　大さじ2

1 干椎茸はやわらかく戻し、細切りにする。戻し汁は取っておく。
2 ひじきは水洗いしてかために戻し、熱湯でサッとゆで、水けをきる。
3 しらたきは水洗いし、食べやすい長さに切る。にんじんは薄い輪切りにしてから細切りにする。油揚げは水洗いしてキュッとしぼり縦2つに切ってから、細切りにする。
4 鍋にごま油を熱し、ひじき、椎茸、しらたき、にんじん、油揚げの順に強火で炒める。
5 全体に油がまわってアツアツになったら煮汁を加え、フタをして強めの中火で10分くらい煮る。
6 火を止め、そのままおいて余熱でじんわり煮汁を含ませる。

ひじきの酢のもの
シンプルな組み合わせで、素材の味を堪能

　ひじき（乾）　½カップ

ひじき

長ねぎ　20cm
合わせ酢
├ 砂糖　小さじ½
├ 薄口しょうゆ　大さじ1
├ 米酢　大さじ1
└ ごま油　小さじ½

1 ひじきは袋の表示通りに戻し、サッとゆでてザルに取り、水けをきって冷ます。
2 長ねぎは5cm長さに切り、縦に切りめを入れて開き、千切りにする。これを水で洗ってザルにあげ、白髪ねぎを作る。
3 ボウルに合わせ酢の調味料を入れてよくかき混ぜる。
4 器にひじきを盛って白髪ねぎをのせ、上から合わせ酢をかけて食べる。

ひじきの中国風サラダ
ピリ辛ドレッシングで新鮮な味わい

ひじき(乾)　½カップ
長ねぎ　15cm
トマト　1個
ハム　2枚
ドレッシング
├ しょうゆ　大さじ1
├ 塩　少々
├ 砂糖　小さじ1
├ 米酢　大さじ1
├ 豆板醤　小さじ½
└ ごま油　小さじ½

1 ひじきは水で洗ってから袋の表示通りに戻し、熱湯でサッとゆでてザルに取り、広げて冷ましておく。長ひじきの場合は、食べよい長さに切る。
2 長ねぎは5cm長さに切って開き、繊維にそって千切りにし、白髪ねぎにする。トマトは5mm厚さの半月切り、ハムは半分に切ってから細切りにする。
3 ボウルにドレッシングの調味料を合わせる。
4 器にトマトを並べる。上にひじきとハムを盛って白髪ねぎをのせ、食べるときにドレッシングをかける。全体を混ぜて食べる。

ひじきの懐かし煮
油で炒めないからあっさり味で、ふっくらした仕上がり

ひじき(乾)　1カップ
油揚げ　1枚
煮汁
├ だし汁(濃いめ)　1カップ
├ 酒　大さじ1
├ 砂糖　大さじ1
├ みりん　大さじ1
└ しょうゆ　大さじ2

1 ひじきは水で洗ってから袋の表示通りに戻し、熱湯でサッとゆでて水けをきる。長い場合は食べよい長さに切る。
2 油揚げは湯で洗ってギュッとしぼり、縦半分に切ってから細切りにする。
3 鍋に煮汁の材料を入れて火にかけ、フツフツしたらひじきと油揚げを加え、フタをして中火で汁けがなくなるまで煮る。途中で全体を混ぜ、火を止めたら、そのまましばらくおいて味を含ませる。

ビシソワーズ
クリーミーでひんやりしたじゃが芋の白いスープ。夏の洋風献立に

じゃが芋　3個(約400g)
玉ねぎ　½個
水　2カップ
固形スープの素　1個
ローリエ　1枚
牛乳　3カップ
塩　少々
こしょう　少々
生クリーム(あれば)　大さじ4

1 じゃが芋は一口大に切り、玉ねぎは繊維を断って薄切りにする。

2 鍋にじゃが芋と玉ねぎを入れて分量の水を加え、くだいた固形スープの素とローリエを加え、フタをして中火で煮る。
3 じゃが芋がやわらかく煮えたら、あら熱を取り、ローリエをのぞいてゆで汁ごとブレンダーかミキサーにかける。途中で牛乳½〜1カップも加える。
4 3を鍋にあけ、残りの牛乳も加えて弱火にかける。フツフツしてきたら塩、こしょうで味を調える。
5 4が冷めたら冷蔵庫で冷やす。器に注ぎ、あれば生クリームを流し入れる。

ひすい餃子(ギョーザ)
彩りもきれいなカツ代流の水餃子。味は好みで楽しみ方いろいろ

 具
  豚挽き肉　300g
  塩　小さじ½
  酒　小さじ1
  片栗粉　小さじ1
  水　大さじ1
  こしょう　少々
 ほうれん草　½わ
 しょうが(薄切り)　ひとかけ
 餃子の皮　1袋
 水　6カップ

1 ボウルに具の材料をすべて入れて混ぜ合わせる。
2 餃子の皮は半分に切って使う。皮のまわりに水をつけて 1 の具を適量のせ、ひだを作らずに、きっちりと押さえて包む。
3 ほうれん草はやわらかい葉の部分だけをつまみ取って細切りにする(茎の部分はゆででみそ汁の具や炒めものとして使い、捨てない)。
4 鍋に6カップの水としょうがを入れて火にかける。フツフツしてきたら、餃子を次々と入れて5〜6分ゆで、中までしっかり火を通す。

5 さらにほうれん草を加え、あざやかな緑色になったら、火を止めてゆで汁ごと器に盛る。餃子を酢じょうゆにつけて食べ、スープに塩で調味したり、直接スープをラー油、しょうゆ、酢で調味してスープ餃子風に食べたりしても美味。

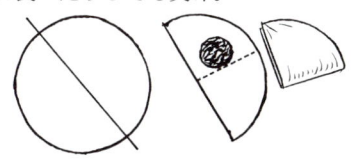

作り方2

ひたし豆
大豆が青くさいようなら、10〜15分ゆでてからしょうゆに浸すといい

 大豆(乾)　1カップ
 しょうゆ　¼カップ

1 大豆は洗ってポット(魔法びん)に入れ、熱湯を口まで注ぎ、30分おいて湯をきる。再び熱湯を口まで注ぎ、一晩おく。
2 翌日豆を湯ごと鍋に入れ、火にかける。煮立て、ほどよいかたさにゆでたらザルにあげて十分水けをきる。
3 豆をしょうゆに浸す。ときどきかき混ぜて、味をしみ込ませる。冷蔵庫で3日くらいもつ。

ビッグマカロニグラタン
トマトソースとチーズがからんだパスタの穴には、挽き肉がたっぷり

 カネロニ　200g
 合い挽き肉　400g
 玉ねぎ(みじん切り)　1個
 塩　小さじ½
 トマトジュース　2カップ
 固形スープの素　1個
 こしょう　少々
 オレガノ　少々
 とけるチーズ　1カップ

ひとくちはんばーぐ

1 カネロニはたっぷりの熱湯で表示通りゆで、水けをきる。
2 合い挽き肉、玉ねぎ、塩をよく混ぜ合わせ、カネロニの穴に詰める。巻くタイプのものは巻く。
3 トマトジュースとスープの素を火にかけ、スープの素をとかして熱くする。
4 大きい耐熱容器に **3** のソースを1/3量敷き、**2** のパスタを並べ、残りのソースをかける。こしょうとオレガノを振り、オーブンに入れて200度で約20分焼く。
5 パスタの中に竹串を刺してみて、澄んだ汁が出たらチーズをのせ、さらに10分焼く。

一口ハンバーグのミルク煮
見た目も栄養バランスもいい、めずらしい芽キャベツ入りが新鮮なおいしさ

ハンバーグだね
- 合い挽き肉 300g
- 玉ねぎ(みじん切り) 1/2個
- 卵 1個
- パン粉 1/2カップ
- 塩 小さじ1/3

サラダ油 適量
芽キャベツ 200g
熱湯 1/2カップ
固形スープの素 1個
牛乳 2 1/2カップ
塩 少々
こしょう 少々
水溶きコーンスターチ
- コーンスターチ 小さじ2
- 水 小さじ2

1 卵をときパン粉を加えて混ぜ、しとらせておく。
2 芽キャベツは根元に十文字の切り込みを入れ、塩(分量外)を加えた熱湯でかために下ゆでする。
3 ハンバーグだねの材料を混ぜ合わせ、一口大のハンバーグ形にまとめる。サラダ油を熱し、両面をこんがりと強めの中火で焼く(中まで火を通さなくてもよい)。
4 別鍋に分量の湯を沸かし焼いたハンバーグを加える。フツフツしたら弱火にし、スープの素、牛乳、芽キャベツ、塩、こしょうを加えて10分煮る。フツフツしてきたら、水溶きコーンスターチを加えてとろみをつけ、火を止める。

一口フライドチキン
牛乳に漬けてから揚げるのがおいしさのコツ。肉の脂っぽさがなく、軽い味わいに

鶏肉(ももでもむねでもよい) 2枚
塩 少々
こしょう 少々
牛乳 1/2カップ
レモン汁 少々
衣
- 小麦粉 1/2カップ
- カレー粉 小さじ1〜2
- パプリカ 小さじ1
- 塩 小さじ1/2
- こしょう 適量

揚げ油 適量

1 鶏肉は黄色い脂肪を取りのぞいて一口大に切る。塩、こしょうを振る。
2 バットなどに牛乳、レモン汁を入れ、鶏肉を加えて10〜15分漬け込む。一晩冷蔵庫において漬けてもよい。
3 ボウルに衣の材料を混ぜ合わせる。
4 鶏肉の汁けをふいて衣をまぶす。揚げ油を中温(170〜180度)に熱し、鶏肉をギュッと握って粉を落っつかせながら油に入れる。ときどき空気にふれさせながらカラリと揚げ、油をきって器に盛る。

冷やし中華
めんをゆでたら最後に氷水で洗い、キリリとひきしめてシコシコ中華めんに

〈これは2人分〉
中華めん(生)　2人分
もやし　½袋
塩　少々
錦糸卵
- 卵　2個
- 塩　少々
- サラダ油　少々

きゅうり　1本
ハム　3枚
たれ
- 米酢　大さじ3
- しょうゆ　大さじ2½
- 砂糖　大さじ1
- ごま油　小さじ½

白いりごま　適量
紅しょうが　適量
とき辛子(好みで)　適量

1 もやしは塩少々を加えた湯でサッとゆでてザルにあげ、冷ましておく。
2 錦糸卵を作る。卵はときほぐして塩を加え混ぜ、サラダ油をひいたフライパンで薄焼き卵を3～4枚作り、千切りにする。
3 きゅうりは斜め薄切りにしてから細切り、ハムは半分に切り、細切りにする。
4 たれの調味料は合わせ、混ぜておく。
5 中華めんはたっぷりの熱湯で袋の表示通りにゆで、よく水洗いをする。最後に氷水で洗って水けをきり、器に盛る。
6 めんの上にもやし、錦糸卵、きゅうり、ハムを彩りよくのせる。紅しょうがととき辛子を添え、白いりごまを散らして、たれをかけて食べる。

冷や汁

うだるような暑い日のとっておき

麦ご飯　4人分
かぼちゃ　⅛個
だし汁　6カップ
みそ　大さじ3
薬味
- きゅうり　1本
- 青じそ　1わ
- みょうが　2～3個
- 白いりごま　適量

しば漬け　適量

1 かぼちゃは一口大の薄切りにし、だし汁に入れて中火で煮る。ほどよいやわらかさになったらみそをとき入れ、再びフツフツしはじめたら火を止める。食べるまでよく冷やしておく。朝食に食べたいときはここまでを前の晩にし、冷蔵庫で冷やしておくとよい。
2 薬味のきゅうりは薄い輪切りにし、青じそは縦2つに切って千切り、みょうがは縦2つに切って斜め薄切りにする。
3 1を大鉢に盛り、きゅうりを半量浮かべる。薬味としば漬けは別に添える。麦ご飯を少なめに盛り、冷や汁をかけ薬味をのせて食べる。

冷や汁→ コラム参照

冷や汁そうめん

こっくり冷たいみそ汁をかけ、薬味をたっぷりのせて

〈これは2人分〉
そうめん　150～200g
だし汁(濃いめ)　2½カップ
みそ　大さじ2～3
薬味
- 錦糸卵　卵1個分
- きゅうり　1本
- みょうが　1個
- 青じそ　5枚
- 細ねぎ　3本

ひやむぎ

　　白いりごま　適量
1 昆布、煮干し、削り節を煮出した濃いめのだし汁にみそをとき入れ、こす。あら熱が取れたら、冷蔵庫で冷やす。
2 きゅうりは薄い輪切りにする。みょうがは縦2つに切ってから斜め薄切りにする。青じそは縦2つに切ってから千切りにする。細ねぎは小口切りにする。
3 そうめんは表示通りゆで、水にさらしてよく洗い、水けをよくきる。器に盛り、冷たくなった汁をかけ、薬味をのせる。

ひやむぎ各種
→メニュー別索引〈ひやむぎ〉を参照

冷ややっこ
ひと手間かけたぜいたくな食べ方。たれはサッと煮立たせると豆腐に味がよくからむ

　豆腐（木綿でも絹でもよい）　2丁
　たれ
　　｛ しょうゆ　大さじ2
　　　酒　小さじ2
　しょうが（すりおろし）　ひとかけ
　長ねぎ（小口切り）　10㎝
　削り節　1パック

1 豆腐は買ってきたら、水をためたボウルに移し、再度水をかえる。
2 小鍋にしょうゆと酒を入れ、ひと煮立ちさせる。
3 食べる直前に豆腐を半分に切り、熱湯でサッとゆでて余分な水分を出す。これを氷水につけて冷やし、水けをきって器に盛る。好みでやっこに切ってもよい。
4 しょうが、長ねぎ、削り節を薬味にして、豆腐をたれにつけて食べる。しょうがは好みでみじん切りにしても。

豆腐→ コラム参照

ヒラヒラかつサンド
中も外も、香ばしさが違う！

〈これは2人分〉
　イギリスパン（10枚切り）　4枚
　バター　適量
　マスタード　適量
　牛赤身薄切り肉　4枚
　塩　少々
　こしょう　少々
　衣
　　｛ 小麦粉　適量
　　　とき卵　1個分
　　　パン粉　適量
　揚げ油　適量
　中濃ソース　適量
　クレソン　½わ

1 パンは片面にバターをぬり、そのうち2枚にはマスタードもぬる。バターとマスタードの面を合わせて2枚1組にし、かたくしぼったぬれ布巾をかけておく。
2 牛肉は広げて2枚重ね、塩、こしょうを振って小麦粉、とき卵、パン粉の順で衣をつける。
3 中温（170～180度）に熱した揚げ油に入れ、こんがりカリッと揚げ、よく油をきる。
4 パンにかつ、中濃ソース、クレソンを重ねてはさみ、オーブントースターでこんがり焼く。

ひらひらカレー
煮込む時間は必要なし。薄切り肉をひらひら入れるカツ代流特急カレー

　温かいご飯　4人分
　牛薄切り肉か豚薄切り肉　300g
　玉ねぎ　1個
　にんじん　1本
　にんにく（みじん切り）　ひとかけ
　しょうが（みじん切り）　ひとかけ
　サラダ油　大さじ1
　水　5カップ
　カレールウ　小1箱（約100g）

福神漬け　適量
らっきょう　適量

1 玉ねぎは3㎝角に切り、にんじんは2〜3㎜厚さの半月切りにする。
2 鍋にサラダ油を入れて温め、油がぬるいうちににんにくとしょうがを加えて炒める。香りがたったら玉ねぎとにんじんを炒め、全体に油がまわったところで分量の水を加え、中火で煮る。
3 にんじんがやわらかくなったらいったん火を止め、カレールウを加えてかき混ぜ、ルウがとけたら再び火にかける。
4 カレーがフツフツしてきたら、肉を1枚ずつ広げてひらひらと入れ、おたまで全体を混ぜながら、肉に火が通ったらすぐ火を止める。
5 器にご飯を盛り、カレーをかける。福神漬けやらっきょうなどを添える。

ピラフ各種
→メニュー別索引〈ピラフ〉を参照

ピリ辛ごまめん
お手軽な料理だけど味は本格風。隠し味で入る白練りごまがポイント

〈これは2人分〉
ゆでうどん　2人分
豚薄切り肉　100g
ピーマン　2個
ごま油　大さじ1
湯　3カップ
固形スープの素　1個
白練りごま　大さじ2
豆板醤　小さじ½〜1

1 ピーマンは縦に細切りにする。豚肉は3つに切る。
2 鍋にごま油を熱し、ピーマンを強火で炒め、全体に油がからまったら豚肉を加えてよく炒める。
3 2に湯、固形スープの素、白練りごま、豆板醤を加え、ひと煮立ちさせる。
4 ゆでうどんは袋の表示通りゆで、器に盛り、アツアツのスープを具ごとかける。

ピリ辛シチュー
野菜を炒めてコトコト煮るだけ。タバスコを加えなければ、ふつうのトマトシチュー

セロリ　1本
玉ねぎ　1個
にんじん　1本
キャベツ　¼個
ピーマン　2個
にんにく（つぶす）　ひとかけ
ベーコン　4枚
サラダ油　大さじ1
トマトジュース　2カップ
水　2カップ
固形スープの素　1個
塩　少々
こしょう　少々
タバスコ（好みで）　適量

1 セロリ、玉ねぎ、にんじん、キャベツ、ピーマンはすべてやや大きめの食べよい大きさに、ザクザクと切る。ベーコンは2㎝幅に刻む。
2 鍋にサラダ油を入れて火にかけ、油がぬるいうちににんにくを中火で炒め、香りがたったら強火にして**1**の材料を加えて、ジャッジャッと炒める。
3 アツアツになったら、トマトジュース、分量の水、固形スープの素を加え中火で煮る。
4 野菜がやわらかく煮えたら味をみて、塩、こしょうで調える。器に盛り、食べるときに好みでタバスコを振ったり、あればパセリの刻んだものを散らす。

ピリ辛チキンスープ
タイ風に香菜を散らしても

鶏手羽先　6本

ぴりからられたすいため

にんにく　ひとかけ
しょうが(薄切り)　3〜4枚
赤唐辛子　2〜4本
水　6カップ
塩　小さじ½
ナンプラー　大さじ1
レモン汁　½個分
レモン(薄切り)　4枚

1 分量の水に半分に切ったにんにく、しょうが、赤唐辛子を入れて中火にかけ、フツフツしてきたら鶏手羽先を加え、フタを少しずらして弱火で30〜40分煮る。途中アクが出てきたらすくい取る。

2 鶏肉は取り出し、あら熱が取れたら肉を骨からはずす。

3 汁を塩とナンプラーで調味し鶏肉を戻し、味をみてレモン汁で調え、火を止める。盛りつけ、レモンを浮かべる。

ピリ辛レタス炒め

レタスはすぐに塩を加えて強火で一気に炒める。水けを出さずにシャッキリ仕上がる

レタス　1個
赤唐辛子　1〜2本
ごま油　大さじ1
塩　小さじ½〜1
しょうゆ　適量

1 レタスは2〜3つに大きくザク切りにし、水けをよくきる。赤唐辛子は種をのぞき、辛めが好きな人は2つにちぎる。

2 中華鍋を火にかけ、ごま油を入れてすぐに塩と赤唐辛子を入れる。塩の分量はレタスの大きさによって増減する。

3 熱くなったらレタスを2回に分けて加え、強火で手早く炒める。最後にしょうゆを加え、全体を混ぜて、すぐ器に盛る。

ピリピリセロリ豚

歯ざわりのいいセロリの上に香ばしい肉をのせ、食べるときに全体をあえる

豚薄切り肉　200g
セロリ　1〜2本
サラダ油　大さじ1
合わせ調味料
　┌ みりん　大さじ1
　│ しょうゆ　大さじ2
　└ 一味唐辛子　適量

1 セロリはすじをピーラーで取って斜め薄切りにし、葉は細かく刻む。器に広げるように盛りつける。

2 ボウルに合わせ調味料を混ぜておく。一味唐辛子は好みの辛さに加減する。

3 フライパンにサラダ油を熱し、豚薄切り肉を広げるように入れて、両面こんがりと強火でしっかり火を通す。

4 **3**のアツアツを**2**の合わせ調味料につけ、味をよくからませてすぐに**1**のセロリの上に盛る。食べるときに全体をザッザッとあえる。

ピリホカシチュー

野菜とミートボールの簡単シチューは、ピリッとして、ホカホカ温まる

玉ねぎ　1個
にんじん　1本
セロリ　1本
じゃが芋　3個
にんにく(みじん切り)　ひとかけ
サラダ油　大さじ1
野菜ジュース　2カップ
水　1カップ
固形スープの素　1個
ミートボール
　┌ 合い挽き肉　200g
　│ 塩　小さじ¼
　│ こしょう　少々
　│ 牛乳　大さじ1
　└ パン粉　大さじ1
小麦粉　適量
塩　適量

こしょう　適量
パセリ(みじん切り)　適量
タバスコ　適量

1 玉ねぎはザク切りにする。にんじんは4〜5㎝長さ、縦4〜6等分に切る。セロリは4㎝長さくらいに切る。じゃが芋は2つくらいに切って水に放つ。

2 サラダ油とにんにくを中火で熱し、香りがたったら火を強めて、玉ねぎ、にんじん、セロリの順に加えて炒める。

3 全部に油がまわったら野菜ジュース(トマトジュースでも可)、分量の水、水けをきったじゃが芋、スープの素を加えて火を強める。フツフツしたら、フタをして弱火でほぼやわらかくなるまで煮る。

4 ミートボールの材料をよく混ぜ合わせ、一口大に丸め、小麦粉を薄くまぶす。**3** を中火にし、フツフツしているところに次々加え、10分くらい煮る。

5 味をみて塩、こしょうで調え、火を止める。パセリとタバスコを振って食べる。

飛竜頭　カツ代風
（ひりょうず）

長芋入りだからフワリとした歯ざわり。アツアツをおいしいだしじょうゆと一緒に

木綿豆腐　1丁(400g)
長芋(すりおろし)　1カップ
ぎんなん水煮缶詰　小1缶
塩　小さじ½
小麦粉　大さじ2〜3
片栗粉　大さじ2〜3
揚げ油　適量
だしじょうゆ
　｛だし汁(濃いめ)　1½カップ
　　薄口しょうゆ　大さじ1½
　　酒　大さじ1½
しょうが(すりおろし)　ひとかけ

1 豆腐はかたくしぼったぬれ布巾で包み、軽く重しをして水きりする。

2 長芋は皮つきのまますりおろしたものを用意する。ぎんなんは缶汁をきる。

3 すり鉢かボウルに **1** の豆腐を入れてよくつぶし、長芋を加えて混ぜる。さらにぎんなんと塩も加えて混ぜる。

4 たねがかたくなりすぎないように様子をみながら、小麦粉と片栗粉も振り入れて混ぜる。なんとかまとめられる程度のやわらかさになったら4等分する。

5 揚げ油を中温(170〜180度)に熱し、**4** を手のひらで丸めながら静かに油の中へ入れる。菜箸でふれてみて、まわりがしっかりしてきたら裏返し、こんがりときつね色に揚げる。

6 だしじょうゆを作る。濃いめのだし汁を煮立たせ、薄口しょうゆと酒を加えてひと煮立ちさせる。

7 だしじょうゆを1人分ずつ器にはり、アツアツの飛竜頭を盛って、上におろししょうがをポンとのせる。

フィッシュクリスピー

サクサクカリッとした魚の揚げもの。スパイシーなカレー風味の衣も絶品！

かじきまぐろ　3〜4切れ
下味用
　｛酒　大さじ1
　　塩　小さじ1
　　こしょう　少々
衣
　｛小麦粉　¾カップ
　　カレー粉　小さじ1
揚げ油　適量
かぼすかすだち　適量

1 かじきまぐろは5〜10分冷凍室に入れる。表面を凍らせ、切りやすくしてから薄

ふぃっしゅころっけ

いそぎ切りにする。酒、塩、こしょうを振りかけて下味をつけておく。
2 小麦粉とカレー粉を合わせて衣を作り、かじきまぐろを入れてしっかりとまぶしつけ、余分な粉をはたく。
3 揚げ油を中温（170〜180度）に熱してかじきまぐろを次々入れ、衣が落ち着いてきたら、ときどき箸でかき混ぜ、空気にふれさせながらカリッと揚げる。
4 おせんべいみたいに揚がったら油をよくきって引き上げ、半分に切ったかぼすやすだちを添えて盛りつける。

フィッシュコロッケ
おしゃれに決めたいときに
　じゃが芋　4〜5個（600〜700g）
　甘塩鮭　2切れ
　玉ねぎ（みじん切り）　½個
　バター　大さじ1
　パセリ（みじん切り）　大さじ1
　衣
　　｛ 小麦粉　適量
　　　 とき卵　1個分
　　　 パン粉　適量
　揚げ油　適量
　レモン（くし形切り）　適量
　オーロラソース
　　｛ マヨネーズ　大さじ3
　　　 牛乳　大さじ1½
　　　 トマトケチャップ　大さじ1½

1 じゃが芋は大きめの一口大に切り、ヒタヒタの水でやわらかくゆでる。湯をこぼしたら、再び火にかけて水分を完全にとばし、熱いうちにつぶす。
2 塩鮭は熱湯でゆで、あら熱が取れたらほぐし、皮と骨を取りのぞく。
3 フライパンにバターをとかし、玉ねぎと鮭の順に加えて中火で炒める。**1** のじゃが芋に加え、パセリも入れ、全体を均一によく混ぜ合わせる。
4 あら熱が取れたら、ゴルフボールくらいの大きさに丸める。完全に冷めたら、小麦粉、とき卵、パン粉の順で衣をつける。
5 中温（170〜180度）に熱した揚げ油に入れ、衣がしっかりしてきたら、ときどきコロコロ返してじっくり揚げる。中までアツアツで全体がきつね色になったら網じゃくしなどで引き上げて油をよくきる。レモンをしぼり、混ぜ合わせたソースで食べる。
　コロッケの揚げ方→ コラム参照

ブイヤベース
→「すぐ作れるブイヤベース」を参照

深川丼
東京の下町の味、昔ながらの庶民の味
　あさり（むき身）　300g
　しょうが（千切り）　ひとかけ
　酒　大さじ3
　しょうゆ　大さじ2
　こしょう　少々
　焼きのり　2枚
　温かいご飯　4人分

1 あさりはザルに入れ、そのまま塩水（分量外）の中で振り洗いをし、水けをきる。
2 鍋の中を水でぬらし、あさり、しょうが、酒、しょうゆを入れる。フタをして強火にかけ、ワーッとあさりに火を通す。あさりがプクッとふくらんだら火を止め、こしょうをひと振り。
3 どんぶりに温かいご飯を盛り、のりをもんで散らし、**2** を汁ごとかける。

ふきごはん
ふきは生のまま炊き込んだほうが、香りも味も春らしい
　米　2カップ（2合）
　ふき　3〜4本
　鶏ささみ　2本
　薄口しょうゆ　小さじ2

酒　大さじ1
　　塩　小さじ½
　　木の芽（あれば）　適量
1 米はふつうに水加減する。
2 ふきは適当な長さに切り、生のまま皮をむき、1㎝長さに切る。
3 鶏ささみはふきと同じ大きさに切り、薄口しょうゆをからめる。
4 **1**の米の水から大さじ2弱（調味料分）を取りのぞき、酒と塩を加えてひと混ぜする。ふきとささみを調味料ごと加え、表面を平らにし、ふつうに炊く。
5 底のほうから全体をよく混ぜる。盛りつけ、木の芽を散らす。

ふきと油揚げの炒め煮
ふきは生のまま皮をむいて調理したほうがシャッキリして美味
　　ふき　1わ（5〜6本）
　　油揚げ　1枚
　　ごま油　大さじ1
　　水　½カップ
　　砂糖　小さじ1
　　みりん　大さじ1
　　しょうゆ　大さじ2
1 ふきは生のまま皮をむいて4〜5㎝長さに切り、油揚げは1㎝幅に切る。
2 鍋に湯を沸かし、ふきと油揚げを一緒にサッとゆでてザルにあげ、水けをきる。
3 鍋にごま油を熱して**2**を強めの火で炒め、ふきが透き通ってきれいな緑色になったら、いったん火を止め、分量の水、砂糖、みりん、しょうゆを加える。
4 再び火をつけ、ときどき混ぜながら中火で煮て、ふきに煮汁がからまる程度に煮詰まってきたら出来上がり。

ふきと牛肉の田舎煮
梅干しを入れ、ちょっとこってり味で煮るのが特徴。火はずっと強めの中火で
　　ふき　1わ（5〜6本）
　　牛こま切れ肉　200g
　　しょうゆ　大さじ2½
　　みりん　大さじ1
　　酒　大さじ1
　　砂糖　小さじ1
　　水　1カップ
　　梅干し　大1個
1 ふきは葉と茎に切り分け、茎は生のまま皮をむいて1㎝幅の斜め切りにし、5分ほどゆでてザルにあげる。
2 ふきの葉は10分ゆでてから10分水にさらし、細かく刻んで水けをしぼる。
3 鍋にしょうゆ、みりん、酒、砂糖を入れて強めの中火にかけ、フツフツしたら、牛こま切れ肉をほぐしながら加える。
4 肉の色が変わったら、分量の水、ふきの葉、ふきの茎、梅干しの順に加えてザッと混ぜ、表面を平らにして煮る。
5 途中で全体を混ぜながら10分ほど煮て、器に盛る。梅干しは種をのぞき、果肉をちぎってのせる。

ふきと茶そば和風サラダ
妙においしい、不思議な取り合わせ
　　ふき　2〜3本
　　茶そば　150g
　　ドレッシング
　　┌梅干し　大1個
　　│酢　大さじ1
　　│めんつゆ　適量
　　└ごま油　少々
　　削り節　½パック
　　刻みのり　適量
　　わさび　適量
1 ふきは生のまま皮をむき、5㎜幅の斜め薄切りにする。塩（分量外）を加えた熱湯に入れ、煮立ったらザルにあげ、冷ます。
2 茶そばは表示通りゆで、水で洗って冷まし、水けをよくきる。

ふき

3 梅干しを酢に入れてほぐし、めんつゆとごま油を加えて混ぜる。
4 ふきと茶そばを盛り合わせ、**3** のドレッシングをかける。削り節とのりをのせ、わさびを添える。

ふきと鶏肉の煮もの
ふきはシャキシャキ、肉はふっくら。強めの火で煮るのがコツ

　　ふき　1わ（5〜6本）
　　鶏もも肉　1枚
　　A ┌ 酒　大さじ1
　　　├ みりん　大さじ1
　　　├ しょうゆ　大さじ2
　　　└ 水　½カップ

1 ふきは適当な長さに切って皮をむき、5〜6cm長さに切り、水に5分くらいさらす。水けをきり、塩少々（分量外）を加えた熱湯でサッとゆでる。
2 鶏もも肉は黄色い脂肪を取りのぞき、小さめの一口大に切る。
3 鍋の中を水でぬらし、Aを加え火にかける。フツフツしてきたら鶏肉を入れフタをして強めの中火で5分煮る。
4 ふきを加えて、さらに5〜6分。途中で全体を混ぜて、フタをしたまま火を止める。

ふきとなまり節のご飯
下味をつけたなまり節は、下ゆでをしないで炊いても生ぐさくありません

　　米　2カップ（2合）
　　ふき　2本
　　なまり節　小2切れ（大1切れ）
　　A ┌ 酒　大さじ1
　　　└ しょうゆ　小さじ2
　　しょうが（千切り）　ひとかけ
　　薄口しょうゆ　大さじ1
　　酒　大さじ1
　　塩　ひとつまみ
　　白いりごま　適量

1 米はいつもより少しひかえめに水加減する。
2 ふきは生のまま皮をむき1cm長さに切り、水に5〜10分さらし水けをよく切る。
3 なまり節は骨を取りのぞいてあらくほぐし、Aをからめて下味をつける。
4 米に薄口しょうゆ、酒、塩を加えて混ぜ、ふき、なまり節（調味料ごと）、しょうがをのせる。表面を平らにし炊く。
5 底のほうからよく混ぜ、盛りつけてごまを振る。

ふきとなまり節の煮もの
「相性煮」とも呼ばれる季節のもの同士

　　ふき　4本
　　なまり節　3切れ
　　A ┌ 水　大さじ3
　　　├ 酒　大さじ3
　　　├ みりん　大さじ2
　　　├ しょうゆ　大さじ2
　　　└ 砂糖　大さじ1
　　しょうが汁　少々
　　水　1カップ

1 ふきは生のまま皮をむき、4〜5cm長さに切る。ヒタヒタの水で5〜6分下ゆでし、水けをきる。
2 鍋の中を水でぬらし、Aを入れて火にかける。フツフツしてきたら、なまり節を2〜3つにさいて加え、フタをして強めの中火で5分くらい煮る。裏返してもう5〜6分煮、コテッとなったらしょうが汁をまわしかけ、取り出す。
3 残った煮汁に水1カップを加えて混ぜ、ふきを加え、強めの中火で5〜6分煮る。
4 なまり節とふきを煮汁も一緒に盛り合わせる。

ふきの青煮
ふきは生のまま皮をむく。だし汁を使わず

シンプルな煮ものは懐かしい香りいっぱい

ふき　3～4本
水　適量
薄口しょうゆ　大さじ1
みりん　大さじ1

1 ふきは生のまま皮をむき、4cmくらいの長さに切る。
2 小鍋にふきを入れ、ヒタヒタの水を加えて火にかける。沸とうしたら3分ほどゆでて、ゆで汁をあける。
3 新たに水をヒタヒタに注ぎ、薄口しょうゆとみりんを加えて、強火で5～6分煮る。フタをしたまま火を止め、冷めるまでそのままおく。

ふきの炒め煮
シャキシャキッと歯ざわりよく

ふき　4本
サラダ油　大さじ1
酒　大さじ1
みりん　大さじ1
しょうゆ　大さじ1
削り節　1パック

1 ふきは生のまま皮をむき、5cm長さに切る。熱湯でサッとゆで、水けをきる。
2 サラダ油を熱してふきを入れ、強めの中火で全体がアツアツになるまで炒める。
3 火を止め、調味料を加え、再び強めの中火で5～7分炒め煮る。
4 汁けがほとんどなくなったら削り節を加え、チャチャッと全体を混ぜて火を止める。

ふきの田舎煮
味をからめながら炒め、最後に水を加えて強火でガーッと煮る。お弁当にもおいしい

ふき　4本
ちくわ　大1本
ごま油　大さじ1
しょうゆ　大さじ1
砂糖　大さじ½
水　¼カップ

1 ふきは生のまま皮をむき、4～5cm長さの斜め切りにして熱湯でサッとゆで、水けをきる。ちくわは縦半分に切ってから斜めに薄切りにする。
2 鍋にごま油を熱してふきとちくわを炒め、全体に油がまわったら、しょうゆと砂糖を入れて味をからめるように炒める。
3 さらに分量の水を加えて強火にし、フタをして5分ほどガーッと煮る。

ふきの辛子ソース
ピリッとした味わいが美味。ふきは塩を加えた熱湯で色よくゆでて冷ます

ふき　2～3本
辛子ソース
　マスタード　大さじ1
　酢　大さじ1
　みりん　大さじ2
　塩　小さじ½

1 ふきは生のまま皮をむき、4～5cm長さに切って、すぐ水にさらす。
2 鍋にたっぷりめの湯を沸かしてふきをゆで、好みのかたさになったら、ザルにあげて冷ます。
3 辛子ソースの調味料をよく混ぜ合わせる。
4 器にふきを盛り、上から辛子ソースをとろりとかける。

ふきのきんぴら
近頃のふきはアクも少ないので下ごしらえが簡単！　懐かしいおかずをぜひ食卓に

ふき　3～4本
A　しょうゆ　大さじ1
　　みりん　大さじ1
　　ごま油　小さじ1
白いりごま　適量

1 ふきは生のまま皮をむき、5cmくらい

ふきのとう

の長さに切る。熱湯でサッとゆで、ゆで汁をきり、Aを加えて混ぜる。
2 中火にかけて煮、汁けが少なくなったら強火にしていりつけ、ひと煮立ちさせる。盛りつけ、ごまを振る。

ふきのとうのつくだ煮
春の芽吹きを堪能！　下ゆでして煮るだけ

〈作りやすい分量〉
ふきのとう　約20個
塩　適量
酒　大さじ2
薄口しょうゆ　大さじ1
みりん　小さじ1～3
削り節　½パック

1 ふきのとうは根の部分を少し切り落とし、汚れている外葉はのぞいて、塩を加えた熱湯でサッとゆでてザルにあげ水けをきる。
2 鍋の中を水でザッとぬらし、ふきのとう、酒、薄口しょうゆ、みりんを入れて中火にかける。みりんは好みで増減する。フツフツしてきたら弱火でフタをして15分くらい煮る。
3 さらに削り節を加え、中火にして汁けがほとんどなくなるまでいりつける。

ふきの葉としらすのほろほろ卵とじ
春ならではの香りと彩り

ふきの葉　1わ分（5～6本分）
サラダ油　大さじ1
しらす干し　20g
しょうゆ　大さじ1
酒　大さじ1
塩　適量
卵　1個

1 ふきの葉はたっぷりの熱湯に塩を加えゆで、水に10分さらし水けをしぼる。4～5カ所葉に切りめを入れてから重ねて千切りにする。もう一度水に10分さらし、ザルにあけ水けをキュッとしぼる。
2 サラダ油を熱し、**1**の葉を中火で炒める。全体がアツアツになったらしらす干しを炒め合わせ、しょうゆ、酒、塩少々で調味する。
3 卵をといてまわし入れ、少し火を強めて手早く混ぜ、卵がポロリとなったら火を止める。

ふきの葉の梅きんぴら
このおいしさを知ったら、もうふきの葉は捨てられない。お弁当やお茶漬けにも最適

ふきの葉　1わ分（5～6本分）
塩　少々
サラダ油　大さじ1弱
梅干し　大1個
しょうゆ　少々
白いりごま　大さじ山盛り1

1 ふきの葉はグラグラ沸いているたっぷりめの熱湯に塩を加えて10分ゆでる。
2 **1**を水に10分ほどさらし、かたくしぼって細かく刻み、さらにギュッとしぼる。
3 鍋にサラダ油を熱して中火で葉を炒め、油がまわったら、ほぐした梅干しを種ごととしょうゆを加えて調味し、弱火にして白いりごまを加えていりつける。種は取り出す。

ふき葉めし
見かけは地味、風味は春爛漫

米　2カップ（2合）
ふきの葉　3枚
塩　小さじ½
ちりめんじゃこ　⅓カップ
梅干し　1個
酒　大さじ2
薄口しょうゆ　小さじ2

1 米はふつうに水加減する。
2 ふきの葉は塩を加えた熱湯で5～10分ゆで、水に取る。何度か水をかえて冷ま

し、冷たい水に20分くらいさらしてアクを抜く。水けをしぼり、細かく刻む。
3 米の水を大さじ2強(調味料分)取りのぞき、酒と薄口しょうゆを加えてひと混ぜする。ふきの葉、ちりめんじゃこ、梅干しを加え、表面を平らにし、ふつうに炊く。
4 底のほうから全体をよく混ぜ、ほぐれたあとの梅干しの種は取りのぞく。

ふくさずし
ふくさには具の種類を多くしないほうが作りやすく、味もあか抜けます

〈8～12個分〉
- 米　2カップ(2合)
- 酒　大さじ2
- 昆布　10cm角
- 合わせ酢
  - 米酢　70cc
  - 砂糖　大さじ1
  - 塩　小さじ1
- 干椎茸　8～12枚
- 干椎茸の戻し汁か水　適量
- A
  - 酒　大さじ1½
  - 砂糖　大さじ1½
  - みりん　大さじ1½
  - しょうゆ　大さじ1½
- 卵　4～6個
- 水溶き片栗粉
  - 片栗粉　小さじ1
  - 水　小さじ1
- 塩　少々
- ゆでえび　8～12尾
- 三つ葉　すしの個数分
- ごま油　適量
- 紅しょうが(好みで)　適量

1 米は酒を加えてふつうに水加減し、ザッと水洗いした昆布をのせ、ふつうに炊く。昆布を取り出し、合わせ酢を混ぜてすし飯を作る。
2 干椎茸は戻し、しぼって軸を取る。ごま油大さじ1を熱して両面香ばしく焼き、火を止めて干椎茸の戻し汁か水をヒタヒタに加え、Aの調味料も入れて中火で汁けがなくなるまで煮る。冷めたら細かく刻む。
3 卵はといて塩と水溶き片栗粉を混ぜ、ごま油で薄焼き卵を8～12枚焼く。
4 えびは殻をむき、飾り用の4～6尾は姿を生かすように厚みを半分に切り、残りは細かく刻む。
5 三つ葉はサッとゆでる。すし1個につき1本でも2本でも、結びやすい本数を用意する。
6 **1**のすし飯のあら熱が取れたら、刻んだ椎茸とえびを加えて混ぜる。味をみて、酢の味がとんでいたらパパッと振り酢をする。
7 薄焼き卵のきれいな面を下にして広げ、中央よりやや手前に**6**のすしを茶碗に軽く½杯分くらいまとめてのせる。手前と左右から卵をかぶせ、長方形になるように包む。巻き終わりを下にし、上に飾り用のえびをのせ、三つ葉で結ぶ。紅しょうがを添えて盛りつける。

薄焼き卵の焼き方→薄焼き卵

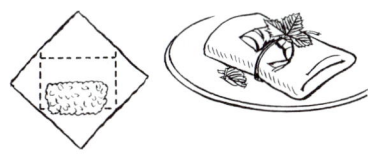

作り方**7**

ふくらみチキン
ハムや野菜の具がたっぷり入ったボリューム満点のチキン。パーティーにもピッタリ

- 鶏ウイングスティック(チューリップ)　12本
- 玉ねぎ　¼個
- 生椎茸　3個
- しめじ　½袋
- ハム　2枚

ぶたうすぎりにく

サラダ油　大さじ1
パセリ（みじん切り）　大さじ½
塩　少々
こしょう　少々
衣
├ 小麦粉　適量
├ とき卵　1個分
└ パン粉　適量
揚げ油　適量
レモン（くし形切り）　適量

1 玉ねぎ、生椎茸、しめじ、ハムはすべてあらめのみじん切りにする。

2 フライパンにサラダ油を熱し、**1**の材料を炒める。油がまわったらパセリを加え、塩、こしょうで味を調えて器に移し、広げて冷ます。

3 **2**の具を12等分し、鶏ウイングスティックのチューリップ状になっている中に詰めて、全体の形を整える。

4 **3**に衣の小麦粉をそっとしっかりまぶし、口が開かないようよく閉じて、とき卵にくぐらせてパン粉をつける。

5 揚げ油を中温（170～180度）に熱し、静かに**4**の鶏肉を入れる。衣がしっかりしてきたら裏返し、ときどき箸で持ち上げて空気にふれさせながら揚げる。

6 カラリと揚がったら、油をきって器に盛り、レモンを添える。

チューリップ→ コラム参照

豚薄切り肉のワイン煮

きのこを好きなだけたっぷり入れて煮込む洋風料理。ワインのコクが加わって美味

豚肩ロース薄切り肉　400g
下味用
├ 塩　小さじ½
└ こしょう　少々
小麦粉　大さじ2
玉ねぎ　2個
きのこ類（えのき茸、しいたけ、しめじなど好みのもの）　好きなだけ
サラダ油　大さじ1
A
├ 赤ワイン　½カップ
├ 水　½カップ
├ ウスターソース　大さじ2
├ トマトケチャップ　大さじ2
├ 固形スープの素　1個
├ 塩　少々
└ こしょう　少々

1 豚肩ロース薄切り肉は半分に切り、塩、こしょうを振り、小麦粉を全体にまぶす。

2 玉ねぎは繊維を断つように薄切りにし、きのこ類は石づきを切り落として食べよい大きさに切るか、ほぐす。

3 フライパンにサラダ油を熱し、中火で豚肉をこんがりと焼く。

4 厚手の鍋の中を水でザッとぬらし、玉ねぎを敷き詰めて、上に**3**の豚肉をおく。さらにきのこ類をびっしりとのせ、Aの材料をすべて加えてフタをし、中火で30分ほど煮込む。20分くらいしたところで全体を混ぜる。

豚薄肉のパルメザン焼き

生ハム、チーズのリッチな組み合わせはイタリアの家庭料理です

豚赤身肉（とんかつ用）　4枚
生ハム　4枚
粉チーズ（パルメザンチーズ）　大さじ4
小麦粉　適量
バター　大さじ2
白ワイン　大さじ1
生クリーム　¼カップ
塩　少々
こしょう　少々

1 豚肉は包丁の背でたたいて薄くして1.5倍くらいの大きさに広げる。
2 肉の上に生ハムを2つ折りにしてのせ、粉チーズを振りかけ、肉を2つに折りぴちっとはさむ。全体に小麦粉を薄くまぶす。
3 フライパンにバターを入れて中火にかけ、十分に温めてから肉を並べ、両面を焼いて火を通す。
4 3に白ワインを振りかけ、生クリームをまわし入れ、弱火でサッと煮る。塩、こしょうを振って味を調え、火を止める。

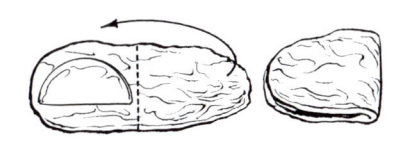

作り方2

豚角煮
黒砂糖が懐かしい甘みとコク。ゆで汁は脂をのぞいてスープとして野菜を煮ると美味

豚ばらかたまり肉　500ｇ
塩　適量
しょうが(薄切り)　ひとかけ
煮汁
　┌　黒砂糖　30ｇ
　│　酒　½カップ
　└　しょうゆ　大さじ2
練り辛子　適量

1 豚ばらかたまり肉は4つに角切りにする。鍋にたっぷりの湯を沸かし、塩少々を加えて豚肉を入れ、弱火で約90分ゆでる。
2 鍋にしょうがと煮汁の調味料を入れて火にかけ、フツフツしたら 1 の豚肉を入れてフタをし、弱めの中火で20～30分焦がさないよう注意しながら煮る。器に盛り、練り辛子を添える。

豚かぼちゃ
肉じゃがに負けない女性に超人気お総菜

豚薄切り肉　200ｇ
かぼちゃ　¼個(約300ｇ)
サラダ油　大さじ1
A ┌　砂糖　大さじ1
　│　みりん　大さじ1
　└　しょうゆ　大さじ2
水　1½カップ前後

1 肉は食べよい大きさに切る。かぼちゃは皮をところどころむき、2～3cm角の一口大に切る。
2 サラダ油を熱して肉を炒め、色が変わったら取り出す。続いてかぼちゃを炒め、全体に油がまわってアツアツになったら、肉を戻す。
3 Aの調味料と分量の水をヒタヒタに加え、フタをして強めの中火で10分くらい煮る。途中、上下を返して混ぜる。フタをして火を止め、そのまま少し蒸らす。

豚キムチ鍋
寒い冬におすすめの鍋もの。最後はうどんを入れて食べても最高

豚ばら薄切り肉　300ｇ
下味用
　┌　しょうゆ　大さじ1½
　│　にんにく(みじん切り)　ひとかけ
　└　ごま油　小さじ½
白菜　⅛～¼個
木綿豆腐　1丁
白菜キムチ　1カップ
だし汁(煮干し)　4～5カップ
薄口しょうゆ　大さじ1～2
塩　少々
細ねぎ(小口切り)　½わ
白いりごま　適量

1 豚肉は2つに切り、しょうゆ、にんにく、ごま油を加えてもみ込んでおく。
2 白菜は軸と葉に切り分け、軸は縦に細切り、葉は食べやすくザク切りにする。
3 豆腐は8～10等分のやっこに切る。キ

ムチは食べやすく刻む。
4 鍋にだし汁を煮立て、薄口しょうゆと塩で少し薄めに調味する。
5 4がフツフツしているところへ、1の豚肉を少しずつ、なるべく広げて入れていく。肉に火が通ったら、白菜の軸、葉、豆腐、キムチの順に入れ、細ねぎたっぷりと白いりごまを振って食べる。

豚ごぼうの混ぜ飯
相性のよい素材を炒め煮にして、ご飯と混ぜるだけ

　温かいご飯　4人分
　豚挽き肉　100g
　ごぼう　20㎝
　しょうが(千切り)　ひとかけ
　にんじん　10㎝
　ごま油　大さじ1
　A ┌ しょうゆ　大さじ1½
　　├ みりん　大さじ½
　　└ 酒　大さじ2
　白いりごま　適量

1 ごぼうは小さめのささがきにし、水に放ちすぐ水けをきる。にんじんは2㎝長さの細切りにする。
2 鍋にごま油を熱してしょうが、ごぼう、豚挽き肉の順に強めの中火でよく炒める。
3 全体がアツアツになったら、Aのしょうゆ、みりん、酒を加えて混ぜ、さらににんじんを加えてフタをし、汁けがほとんどなくなるまで煮る。
4 温かいご飯と3の具をザックリと混ぜ合わせ、器に盛って白いりごまを振る。

豚ごま揚げ
プチッとはじける香ばしさは感激もの

　豚赤身肉(とんかつ用)　4枚(約300g)
　下味用
　　┌ しょうゆ　大さじ2
　　├ こしょう　適量
　　├ しょうが汁　ひとかけ分
　　└ ごま油　小さじ1
　片栗粉　大さじ山盛り4
　卵　1個
　白ごま(生)　適量
　しし唐辛子　1パック
　揚げ油　適量

1 ボウルに下味用の調味料を合わせ、豚肉を入れてよくからめ、さらに片栗粉を加えて混ぜる。卵をといて肉に混ぜる。
2 しし唐辛子は3本ずつようじに刺す。
3 揚げ油を低めの中温(170度)に熱する。肉の片面にごまをびっしりつけ、ごまの面を下にして入れ、しばらくいじらず火を通す。ごまの衣がしっかりして色づいたら裏返し、ときどき肉を空気にふれさせながらじっくり揚げる。
4 よく油をきって引き上げ、ごまの面はペーパーなどで余分な油をおさえ、カリッとさせる。
5 しし唐辛子はサッと色よく揚げる。
6 肉を食べやすい大きさに切り、しし唐辛子と一緒に盛る。
　しし唐辛子→ コラム参照

豚汁
野菜は何でもいいけれど、ごぼうだけは忘れずに

　豚こま切れ肉　150g
　ごぼう　15㎝
　大根　5㎝
　にんじん　5㎝
　しらたき　1わ
　じゃが芋　1個
　白菜かキャベツ　2枚
　ごま油　大さじ½
　だし汁　4カップ
　みそ　大さじ2～3
　ねぎ(小口切り)　適量
　こしょう　少々

1 ごぼうはささがきにし、ザッと水洗いして水けをきる。にんじんは細切り、大根は太めの細切りにする。
2 しらたきは洗って水けをきり、食べよい長さに切る。じゃが芋は一口大に切り、白菜は軸を繊維にそって5〜6㎝長さの細切りにし、葉はザク切りにする。キャベツの場合は葉をザク切りに。
3 鍋にごま油を熱し、豚こま切れ肉とごぼうを強火で炒める。肉の色が変わったら、大根、にんじん、しらたき、じゃが芋、白菜かキャベツの順に加えて炒める。
4 全体に油がまわったところでだし汁を加え、コトコトと煮る。野菜がやわらかくなったら、みそをとかし入れる。再びフツフツしたら、火を止めてねぎをたっぷり散らし、器に盛ってこしょうを振る。

豚汁うどん
具だくさんのおいしさ満点。豚肉にはなぜかこしょうが合う

〈これは2人分〉
ゆでうどん(太)　2人分
ごぼう　5㎝
豚こま切れ肉　100g
こんにゃく　¼枚
大根　5㎝
にんじん　5㎝
ごま油　大さじ1
だし汁　3½カップ
みそ　大さじ2
酒　大さじ½
こしょう　少々
三つ葉　適量

1 ごぼうはささがきにし、こんにゃく、にんじん、大根は短冊切り、三つ葉は2㎝長さに切る。
2 鍋にごま油を熱し、ごぼうと豚こま切れ肉を中火で炒める。豚肉に火が通ったら、こんにゃく、大根、にんじんを加えて強火で炒める。
3 全体がアツアツになったらだし汁を注ぎ、弱めの中火で5〜10分煮る。野菜がやわらかくなったら、みそをとき入れ、酒も加える。
4 さらにゆでうどんを加え、全体がフツフツしてきたら火を止める。最後にこしょうを振ってどんぶりに盛り、三つ葉を散らす。

豚ときゅうりの塩炒め
さっぱり、さわやか、夏の味

豚肩ロース薄切り肉　200g
きゅうり　2本
しょうが(千切り)　ひとかけ
ごま油　適量
塩　小さじ1
こしょう　少々
酒　大さじ1

1 豚肉は3つくらいに切る。きゅうりは細長めに一口大の乱切りにする。
2 ごま油小さじ2を温め、熱くならないうちに豚肉をほぐしながら入れ、しょうがと塩の半量小さじ½を加え、強めの中火で焼きつけるようにして炒める。肉に火が通ったらいったん取り出す。
3 ごま油大さじ1をたし、強火にかけてきゅうり、残りの塩小さじ½、こしょう、酒を入れ、ザッザッと炒める。きゅうりの皮があざやかな緑色になったら肉を戻し、ひと炒めする。すぐ器に移す。

豚とじ丼
ビタミンB1たっぷりの豚肉はこっくり仕上げて食欲増進、スタミナたっぷり

豚こま切れ肉　150g
A　しょうゆ　大さじ3
　　酒　大さじ2
　　みりん　大さじ2
　　砂糖　大さじ1

ぶたにく

長ねぎ（玉ねぎでもよい）　1本
だし汁　1カップ
卵　4個
三つ葉　適量
温かいご飯　4人分

1 長ねぎは斜めに薄切りにする。玉ねぎの場合は1個を縦半分に切り、繊維にそって薄切りにする。三つ葉は2㎝長さに切る。卵はとく。

2 広口の鍋の中を水でぬらし、Aを入れて強火にかける。フツフツしたら豚肉をほぐしながら入れ、味がつくまで煮る。

3 だし汁と長ねぎを加え、再びフツフツしたら中火にして、卵をまわし入れる。周囲が固まってきたら三つ葉を散らし、すぐフタをして火を止める。盛りつけたご飯に汁ごとのせる。

豚肉元祖しょうが焼き
下味はつけすぎず、油少々でジャッと焼く

豚肩ロース薄切り肉　400g
合わせ調味料
　┌ しょうゆ　大さじ2
　│ みりん　大さじ1
　│ しょうが汁　ひとかけ分
　└ 白いりごま　少々
サラダ油　少々

1 ボウルかバットに合わせ調味料の材料を混ぜ合わせておく。

2 豚薄切り肉は1枚ずつはがして合わせ調味料の中に入れていき、下味をつける。

3 フライパンを熱してサラダ油をひき、中火で豚肉の両面をしっかりと次々焼く。器に盛り、ちぎったキャベツなどをたっぷり添えてどうぞ。

豚肉とアスパラガスの卵とじ
煮汁を含ませるように煮ること

豚肩ロース薄切り肉　200g
グリーンアスパラガス　1わ
にんじん　4㎝
煮汁
　┌ 水　1½カップ
　│ 薄口しょうゆ　大さじ1
　│ 酒　大さじ1
　└ みりん　大さじ1
卵　2個
七味唐辛子（好みで）　適量

1 アスパラガスは根元を1～2㎝切り落とし、軸の下のほうはピーラーで薄くむき、7～8㎝長さの斜め薄切りにする。にんじんは短冊切りにする。

2 豚肉は3つくらいに切る。卵はとく。

3 煮汁ににんじんを入れて中火にかけ、フツフツしたら肉をほぐしながら加える。アクが出たら取りのぞき、肉に火が通って再びフツフツしたらアスパラガスを加えて煮る。

4 煮汁が半量くらいになったら卵をまわし入れ、まわりが固まってきたら、フタをして火を止める。大きくひと混ぜして器に盛り、好みで七味唐辛子を振る。

豚肉とアスパラガスのポピエット
トマトソースがベース、豚肉からチラッとみえるアスパラの緑が初夏を思わせる

豚肩ロース薄切り肉　16枚
小麦粉　適量
グリーンアスパラガス　2わ
サラダ油　大さじ1
A
　┌ 水　1カップ
　│ トマトジュース　1カップ
　│ 固形スープの素　1個
　└ ローリエ　1枚
塩　適量
こしょう　適量
パセリ（みじん切り）　適量

1 アスパラガスは下のほうをピーラーで薄くむき、半分の長さに切る。

2 豚肉は少しずらして2枚1組にし、上

に小麦粉を薄く振り、アスパラガスを2〜3本のせてクルクルッと巻き、ギュッと握って形を整える。
3 サラダ油を熱し、肉の巻き終わりを下にして並べ、中火で全体にこんがりと焼き色をつける。
4 焼いている間に厚手の鍋の中を水でぬらし、Aを入れて中火にかける。フツフツしてきたら **3** を入れ弱火でフタをして8〜10分煮る。味をみて塩、こしょうで調え、火を止める。ソースごと盛りつけ、パセリを振る。

作り方 **2**

豚肉とキムチのウワーッと煮
ただ煮るだけ。ご飯や酒の肴にもピッタリ
　豚薄切り肉　250g
　白菜キムチ(刻んだもの)　1カップ
　貝割れ大根　1わ

1 豚肉は2〜3つに切り、鍋に入れる。白菜キムチも加えてよく混ぜてから、中火にかける。
2 フタをして、焦げないようにときどき箸で混ぜながら、10分ほど煮る。
3 豚肉に火が通れば出来上がり。器に盛り、根を切り落とした貝割れ大根を散らす。白いりごまを散らしてもおいしい。

豚肉とキャベツの甘酢煮
いろいろ加えずシンプルに
　豚角切り肉　300g
　塩　小さじ¼
　こしょう　少々
　キャベツ　½個
　サラダ油　大さじ1
　甘酢
　┌ トマトジュース(有塩)　1カップ
　│ しょうゆ　大さじ1
　│ 砂糖　大さじ1
　│ 米酢　大さじ1
　└ ごま油　小さじ½
　水溶き片栗粉
　┌ 片栗粉　大さじ1
　└ 水　大さじ1

1 キャベツは食べやすくちぎる。
2 豚肉は塩、こしょうを振り、サラダ油を熱して強めの火で表面をこんがり焼く。
3 鍋の中を水でぬらし、甘酢の材料を合わせて中火にかけ、フツフツしたら豚肉を入れてフタをして5分煮る。キャベツを加え、途中大きく混ぜて煮る。
4 キャベツがしんなりしたら、水溶き片栗粉を様子をみながら加えてほどよいとろみをつけ、火を止め、盛りつける。

豚肉とキャベツの豆板醤炒め
最後にパラリパラリと片栗粉を振る手法が、口あたりも見た目もグンとアップ！
　豚肩ロース薄切り肉　200g
　A┌ しょうゆ　大さじ1
　　│ みそ　小さじ1
　　│ 豆板醤　小さじ½〜1
　　│ 砂糖　少々
　　└ 酒　少々
　キャベツ　5〜6枚
　にんにく(みじん切り)　ひとかけ
　サラダ油　適量
　塩　少々
　片栗粉　ふたつまみ

1 キャベツは3cm角のザク切りにする。豚肩ロース薄切り肉は食べよく切り、合わせたAに加えてもみ込み、味をからめる。
2 中華鍋にサラダ油大さじ1を入れて中火にかける。油がぬるいうちににんにくを炒める。香りがたったら肉を加え、焼きつ

ぶたにく

けるように炒めて、いったん器に取る。
3 さらにサラダ油少々をたし、強火にしてキャベツを加え、すぐ塩を振ってザッと炒める。キャベツがシャッキリしているうちに、**2** の肉を戻して炒め合わせ、最後に片栗粉を全体的にパラリパラリと振ってひと炒めしすぐ器に盛りつける。

豚肉とごぼうのみそ汁
寒い日の朝にもうれしい汁もの。夕食の献立にはなぜかとんかつ＆ご飯にぴったり

 ごぼう　20㎝
 豚ばら肉　100ｇ
 だし汁　4½カップ
 みそ　大さじ2〜3
 長ねぎ　20㎝
 こしょうか七味唐辛子　適量

1 ごぼうはささがきにして10分ほど水にさらし、長ねぎは少し大きめのみじん切りにしておく。豚ばら肉は細かく刻む。
2 鍋にだし汁とごぼうを入れて中火にかけ、フツフツしてきたら、豚ばら肉をほぐしながら加え弱火で10分ほど煮る。
3 みそをとかし入れ、火を止めて長ねぎを散らす。器に盛り、こしょうまたは七味唐辛子を振って食べる。

豚肉とごぼうの柳川風
ごぼうを下ゆでするのがおいしさのコツ

 〈これは2人分〉
 豚薄切り肉　150ｇ
 ごぼう（ささがき）　1カップ
 煮汁
  ｜水　1カップ
  ｜しょうゆ　大さじ1½
  ｜みりん　大さじ1½
  ｜砂糖　大さじ½
 卵　1〜2個

1 ささがきにしたごぼうは10分くらい水にさらす。水けをきり、鍋に入れ、かぶるくらいの水を加えて火にかける。5分ゆでてザルにあげる。
2 豚薄切り肉は2〜3つに切る。
3 鍋に煮汁の材料をすべて入れて火にかけ、フツフツしてきたら **1** のごぼうと肉を加え、強火で7〜8分煮る。
4 ボウルに卵をときほぐす。火を中火にし、フツフツしているところにまわし入れる。フタをして1分ほど煮、火を止めてそのまま1分蒸らす。夏なら七味唐辛子や粉山椒を振るとよく合う。

豚肉としめじの梅干し煮
あっさり味で、冷めてもおいしい

 豚肩ロース薄切り肉　300ｇ
 しめじ　2袋
 梅干し　大1個
 煮汁
  ｜水　大さじ2
  ｜酒　大さじ2
  ｜みりん　大さじ2
  ｜しょうゆ　大さじ2

1 豚肉は2つに切る。しめじは石づきを切り落とし、あらくほぐす。
2 煮汁に梅干しを入れて火にかけ、フツフツしたら豚肉を1枚ずつ手早く入れていく。しめじも加え、フタをして強めの中火で汁けがなくなるまで煮る。梅干しも一緒に盛り、ほぐした果肉をからめて食べる。

豚肉としめじのバターチーズ
粉チーズとパン粉のこんがり具合が美味

 豚赤身薄切り肉　300ｇ
 しめじ　2袋
 バター　大さじ2
 粉チーズ　大さじ5
 パン粉　大さじ2
 塩　適量
 こしょう　適量
 白ワイン　大さじ2

1 豚赤身薄切り肉は3つに切り、塩少々を振っておく。しめじは石づきを切り落として、食べよくほぐす。
2 フライパンにバターを入れて中火にかけ、バターがとけたら豚肉を強めの中火で炒める。
3 肉の色が変わったらしめじを加えサッと炒め、粉チーズ、パン粉、塩、こしょうを加え、全体を香ばしく炒め合わせて器に盛る。
4 フライパンを再び中火にかけ、白ワインを加える。フライパンの底についているチーズを、フライ返しでこそげながら混ぜてソースにし、3の上からかける。

豚肉と春菊のみそ汁
ちょこっとの隠しにんにくが欠かせない

　豚こま切れ肉　100g
　春菊　½わ
　にんにく　½かけ
　水　4カップ
　みそ　大さじ2～3
　こしょう　少々

1 春菊は葉の部分をちぎっておく。
2 分量の水を火にかけ、フツフツしたらにんにくを切らずに入れ、豚肉をほぐしながら入れる。浮いてくるアクは取りのぞき、肉に火が通ったらみそをとき入れる。
3 春菊の葉を加え、フツッときたら火を止める。にんにくを取り出してから盛り、こしょうを振る。

豚肉とセロリのピリ辛巻き
豆板醤がピリッときいた辛口のおかず

　豚赤身薄切り肉　300g
　塩　適量
　こしょう　適量
　セロリ　2本
　ごま油　大さじ1
　酒　大さじ2
　豆板醤　小さじ½～1

1 セロリはすじを取って5cm長さの細切りにする。
2 豚赤身薄切り肉は1枚ずつ広げて塩、こしょうを振り、端にセロリを適量おいてクルクルと巻く。巻き終わったらギュッと握って落ち着かせる。
3 フライパンにごま油を熱し、肉の巻き終わりを下にして入れる。フライパンをゆすりながら全体をこんがり焼き、肉にしっかり火が通ったら、いったん火を止める。
4 すぐに酒と豆板醤を加え、再び強火にしてフライパンをゆすり肉を転がしながら味をからませる。
5 セロリの葉を付け合わせに添えて盛りつける。好みでしょうゆをかけても。

豚肉と大豆のこってり煮
豆は缶詰を使い簡単に。豆のおかずを食卓にぜひ

　豚ばら薄切り肉　200g
　大豆缶詰　1缶
　にんにく(薄切り)　ひとかけ
　煮汁
　┌酒　大さじ3
　│しょうゆ　大さじ2
　│砂糖　大さじ1
　└水　1カップ
　細ねぎ(小口切り)　適量
　練り辛子　適量

1 豚ばら薄切り肉は3～4つに切り、グラグラした湯で下ゆでして余分な脂を抜き、水けをきる。大豆は汁けをきる。
2 鍋に煮汁の材料とにんにくを入れて強火にかけ、ひと煮立ちしたら豚肉、大豆の順に加える。再び煮立ったら弱火でフタをして10～15分煮る。
3 最後は煮汁をからめるようにして器に盛り細ねぎを散らし、練り辛子を添える。

ぶたにく

豚肉とねぎのキムチみそスープ

体の中からポカポカしてくるピリ辛スープ。白菜キムチは最後に加えてサッと煮る

- 豚こま切れ肉　250g
- 下味用
  - にんにく（すりおろし）　ひとかけ
  - 砂糖　少々
  - しょうゆ　小さじ2
  - ごま油　小さじ2
- 長ねぎ　1本
- 白菜　4枚
- 木綿豆腐　1丁
- ごま油　大さじ1
- 水　5カップ
- みそ　適量
- 酒　大さじ2
- 白菜キムチ（刻んだもの）　½カップ
- 白いりごま　適量

1 豚こま切れ肉は下味用の材料を加え混ぜ、味をからめておく。

2 長ねぎは斜め切りにする。白菜は軸と葉に切り分け、軸は繊維にそって細切りにし、葉はザク切りにする。木綿豆腐は12等分くらいのやっこに切る。

3 鍋にごま油を熱し、**1**の豚肉と長ねぎを中火で炒める。肉の色が変わったら分量の水を加え、フツフツしてきたら白菜の軸、葉の順に加える。

4 白菜が煮えたら豆腐を入れ、薄味加減でみそをとかす。酒と白菜キムチも加え、ひと煮立ちしたら火を止める。器に盛り、白いりごまをパラリと振る。

豚肉と野菜のスープ煮

1つ鍋から3つの料理に変身！　メイン、温野菜、ポテトスープ

- 豚肩ロースかたまり肉　500g
- にんじん　1本
- じゃが芋　2個
- キャベツ　¼個
- セロリ　1本
- 水　3カップ
- 固形スープの素　1個
- ローリエ　1枚
- 塩　少々
- こしょう　少々
- 牛乳　2½カップ
- マスタードソース
  - しょうゆ　大さじ1
  - マスタード　大さじ1〜2
  - マヨネーズ　大さじ2

1 豚肉は表面の色が変わるまで下ゆでする。

2 にんじんは1cmの輪切りにし、じゃが芋は切らずにそのまま。キャベツは大きくザク切りにし、セロリはすじを取って4cm長さに切る。

3 厚手鍋の中を水でぬらし豚肉と野菜をぎっしり詰める。分量の水を注いで、固形スープの素を入れ、全体に塩、こしょうを振ってローリエをおき、フタをして中火にかける。

4 フツフツしたらやや弱火でフタをして50分煮、出来上がりを3つの料理にする。

5 肉は食べよい厚さに薄切りにし、マスタードソースで食べる。温野菜は味をみて塩、こしょうで調え盛りつける。じゃが芋はマッシャーでつぶし、牛乳を加えて塩、こしょうで調え、ポテトスープにする。

豚肉の青じそサンド

香りのよい青じそをはさみ、サックリと食べやすい薄切り肉の和風変わりかつ

- 豚赤身薄切り肉　300g
- 青じそ　2わ
- 衣
  - 小麦粉　適量
  - とき卵　1個分
  - パン粉　適量
- 揚げ油　適量

〈付け合わせ〉
　千切りキャベツ　適量
　ミニトマト　適量

1 豚薄切り肉は長さを2つに切り、1枚ずつ広げて青じそをのせ、上に肉を重ねてサンドする。
2 1の青じそサンドに衣の小麦粉、とき卵、パン粉の順につける。
3 揚げ油を中温（170～180度）に熱し、2を静かに次々入れる。衣がしっかりしてきたら裏返し、全体がきつね色にこんがりと揚がったら引き上げて油をよくきる。
4 千切りキャベツとミニトマトを添えて盛りつける。好みのソースで食べる。

豚肉のアップル焼き
りんごをのせて焼くことで、肉がやわらかジューシー

　豚肩ロース肉（1.5cm厚さ）　4枚
　下味用
　　｛塩　適量
　　　こしょう　適量
　りんご（あれば紅玉）　1個
　さつま芋　1本
　オリーブ油　適量

1 豚肉は塩、こしょうを振る。
2 りんごは皮をむき、くし形に切って芯を取り、くし形の薄切りにする。さつま芋は皮ごと2cm厚さの輪切りにする。
3 天板にオリーブ油をぬり、豚肉を並べ、肉の上にりんごを少しずらして重ねてのせる。さつま芋も天板のあいているところに並べる。
4 オーブンに入れ、250度で10分、200度に落として10分くらい焼く。盛りつけてすぐにオリーブ油を振りかける。

豚肉のから揚げ
フワッと軽い、卵白入りの衣

　豚赤身肉（とんかつ用）　4枚
　A｛しょうゆ　大さじ1
　　しょうが汁　少々
　卵白　1個分
　片栗粉　大さじ4～5
　揚げ油　適量
　キャベツ　3枚
　パセリ　1～2本
　紅しょうが（千切り）　少々
　酢じょうゆ　適量

1 豚肉は1.5cm幅のそぎ切りにし、Aをからめて下味をつける。
2 1にといた卵白と片栗粉を加え、もみ込むようにして全体に衣をからめる。
3 揚げ油を中温（170～180度）に熱し、肉を1切れずつ入れる。衣が落ち着いてきたら、ときどきかき混ぜて空気にふれさせながらじっくり揚げ、こんがりカラリとなったら油をきる。
4 キャベツとパセリはちぎって混ぜ、器に敷く。上に揚げたての肉をのせ、紅しょうがを添える。酢じょうゆで食べる。

豚肉のザーサイはさみ焼き
ザーサイのおかげで、ただ焼いただけとは思えないほど深い味

　豚ロース薄切り肉　300g
　ザーサイ　30g
　青菜（小松菜、ター菜など）　適量
　サラダ油　適量
　塩　適量
　ごま油　適量
　黒こしょう　適量

1 ザーサイはよく洗い、5分ほど水に入れて余分な塩けを抜き、細切りにする。
2 豚肉は広げてザーサイを適量のせ、2つに折り、手のひらでキュッと押さえて形を整える。
3 青菜は4cm長さに切る。
4 サラダ油を熱して青菜を強火で炒め、塩少々を振り、ほどよいかたさに火が通っ

ぶたにく

たら器に敷く。
5 ごま油をたして熱し、肉を並べて中火でこんがり焼き、裏返して同様に焼く。青菜の上にのせ、黒こしょうを振る。

豚肉のサワーキャベツ
肉のスパイシーな香りとキャベツのほのかな酸味が、ほどよくマッチ

 キャベツ　½個
 塩　小さじ½
 豚ロース薄切り肉　150 g
 A ┌ カレー粉　小さじ1
  │ ターメリック　小さじ¼
  │ チリパウダー　小さじ½
  │ キャラウェイシード（あれば）　小さじ½
 米酢　大さじ2
 ローリエ　1枚

1 キャベツは細切りにする。厚手の鍋の中を水でザッとぬらし、キャベツを入れて塩を振り混ぜ、10分ほどそのままおく。
2 豚薄切り肉は2つに切り、Aのスパイス類を加えて、よく混ぜ込んでおく。
3 **1**のキャベツがしんなりしたら、上から米酢を振りかけてローリエをのせ、フタをして強めの中火で5分ほど煮る。
4 **3**のキャベツの上に**2**の肉を広げるようにのせ、塩少々（分量外）をパラパラと振り、フタをしてさらに7～8分中火で煮る。
5 肉にしっかり火が通ったら、全体を混ぜ火を止めて全体を混ぜ、器に盛る。

豚肉の上新粉焼き
アツアツに味をからめても、上新粉のおかげで表面のカリッとした食感はそのまま

 豚肩ロース肉（1cm厚さ）　4枚
 塩　適量
 こしょう　少々
 上新粉　適量
 サラダ油　大さじ1
 漬け汁
 ┌ だし汁　½カップ
 │ しょうゆ　大さじ1
 └ 酒　大さじ1
 ゆでた春菊　1わ

1 漬け汁を合わせてひと煮立ちさせる。
2 豚肉は縮みすぎないように数カ所すじ切りをする。塩、こしょうを振り、上新粉をしっかりまぶし、手で押さえて落ち着かせる。余分な粉ははたき落とす。
3 フライパンを強めの火で熱し、サラダ油をまわし入れ、豚肉を並べて焼く。こんがり色づいたら裏返して中火にし、中までしっかり焼く。焼きたての肉を**1**の漬け汁にチャポンと漬け、味をしみ込ませる。
4 ゆでた春菊は2つに切って皿に敷き、肉を食べよい大きさに切って盛る。

豚肉のチリソース煮
コトコト煮るだけで、味は一流

 豚肩ロース肉（1cm厚さ）　4枚
 塩　適量
 こしょう　適量
 小麦粉　適量
 玉ねぎ　1個
 ピーマン　2～3個
 じゃが芋　2個
 サラダ油　大さじ1
 A ┌ 赤ワイン　1カップ
  │ ローリエ　1枚
  │ 塩　小さじ½
  │ こしょう　少々
  │ トマトケチャップ　大さじ3
  │ トマトジュース　1カップ
  └ タバスコ　4～10滴

1 豚肉はすじ切りをし、軽く塩、こしょうを振る。玉ねぎ、ピーマンは縦4つ割りにする。じゃが芋は2～4等分に切る。
2 肉に小麦粉を薄くまぶす。フライパン

を熱してサラダ油をひき、肉を並べ、中火で両面に焼き色をつける。
3 鍋の中を水でぬらし、Aを入れて強めの火にかけ、フツフツしたら焼いた肉、玉ねぎ、じゃが芋を入れる。フタをして弱火にして30分ほど煮込む。途中汁けがなくなったらワインか湯(分量外)をたす。
4 ピーマンを加えてひと混ぜし、フタをして火を止め、余熱で火を通す。

豚肉の夏野菜重ね
重ねる順番、食べるまで重ねたままにしておくことが大ポイント

　豚肉(しゃぶしゃぶ用)　200g
　トマト(完熟)　2個
　ピーマン　3個
　A ┌ にんにく　ひとかけ
　　│ しょうが　ひとかけ
　　│ しょうゆ　大さじ2
　　│ 豆板醤　小さじ½〜1
　　└ こしょう　少々

1 トマトは縦半分に切ってから薄切りにする。ピーマンは縦半分に切ってから横に1cm幅に切る。
2 Aのにんにく、しょうがはみじん切りにするかすりおろし、大きめの器に入れ、調味料とよく混ぜ合わせる。
3 湯を沸かし、まずピーマンをサッとゆで、ザルにあげる。続いて豚肉を1枚ずつヒラリヒラリと入れ、中までしっかりゆで、ザルにあげる。
4 肉が熱いうちに **2** に入れてからめて平らにし、上にトマトを並べ、ピーマンをのせる。全体がなじむまで10〜30分おく。
5 食べる直前に全体を混ぜ合わせる。

豚肉のフルーツ煮
やっぱり主食はパンが合う。肉にフルーツの風味がからまった、香りよい洋風おかず

　豚肩ロース肉(1cm厚さ)　4枚
　下味用
　　┌ 塩　小さじ½
　　└ こしょう　適量
　りんご(あれば紅玉)　1個
　ワイン(あればロゼ)　1カップ
　固形スープの素　1個
　ローリエ　1枚
　レーズン　¼カップ
　パセリ(みじん切り)　適量

1 豚肩ロース肉はところどころすじ切りをして塩、こしょうを振り、熱湯で5分ほど下ゆでをする。
2 りんごは縦4〜6等分に切って芯を取り、ところどころ皮をむく。
3 鍋にワイン、固形スープの素、ローリエを入れて火にかけ、フツフツしてきたら豚肉を並べ入れる。さらにザッと洗ったレーズンとりんごを加える。
4 再びフツフツしてきたら、火を弱めて20分ほど煮る。途中、りんごがやわらかくなったら取り出し、汁けが少なくなったらワイン(分量外)をたす。
5 器に豚肉とりんごを盛り合わせ、レーズン入りの煮汁をかけてパセリを散らす。

豚肉のブロシェット風ごまソース
暑さに負けない、パワフルな一皿

　豚ヒレ肉　1本(約400g)
　下味用
　　┌ 塩　少々
　　└ こしょう　少々
　ピーマン　4個
　かぼちゃ　適量
　オリーブ油　適量
　ごまソース
　　┌ 白いりごま　大さじ6
　　│ 砂糖　大さじ1
　　│ しょうゆ　大さじ2
　　└ 水　大さじ1〜2

1 豚肉は7〜8mm厚さに切り、水でぬら

ぶたにく

した金串に刺し、塩、こしょうを振る。
2 ピーマンは縦半分に切る。かぼちゃは7〜8mm厚さに切る。
3 天板を水でぬらし、肉と野菜を並べ、オリーブ油を全体にまわしかけ、250度のオーブンで15分くらい焼く。途中、先にピーマンとかぼちゃが焼けるので取り出す。
4 ごまソースを作る。ごまをよくよくすり、ねっとりしたら調味料と分量の水を加えてすり混ぜる。
5 肉と野菜を盛り合わせ、肉にごまソースをかける。

豚肉のほうれん草炒め
ほうれん草を生で炒めて湯を加え、ゆでこぼす。アクは取れ、甘くやわらかな味に

豚こま切れ肉　200g
下味用
　｛しょうゆ　小さじ1
　　オイスターソース　小さじ1
　　こしょう　少々
ほうれん草　1わ
サラダ油　大さじ2
塩　小さじ½
湯　2カップ

1 豚こま切れ肉はしょうゆ、オイスターソース、こしょうを加えてもみ込む。
2 ほうれん草は5cm長さにザクザク切る。
3 中華鍋にサラダ油大さじ1を熱し、豚肉をほぐしながら中火で中までしっかり炒めたら、いったん器に取り出す。
4 サラダ油大さじ1を加えて強火にかけ、ほうれん草を入れてすぐ塩を振り、ジャッジャッと手早く炒める。全体に油がまわったら湯を注ぎ、再びフツフツしてきたら、フタで押さえて湯をあける。難しければ金ザルなどにあげる。
5 4に3の豚肉を戻し、味をみて塩で調え強火でザッと炒め合わせて器に盛る。

豚肉のみそすき煮
みそが、豚肉ならではの味を引き出す

豚肩ロース薄切り肉　300〜400g
焼き豆腐　1丁
しらたき　1わ
長ねぎ　2本
生椎茸　1袋
しょうが　ひとかけ
合わせ調味料
　｛酒　大さじ4
　　赤みそ　大さじ4
　　砂糖　大さじ3
　　しょうゆ　大さじ1
七味唐辛子(好みで)　適量

1 焼き豆腐は縦半分に切ってから2cm幅に切る。しらたきはザッと洗って食べやすく切る。
2 長ねぎは斜め切りにする。椎茸は石づきを切り落とす(大きければ半分に切る)。しょうがは薄切りにする。
3 すき焼き鍋の中を水でぬらし、**1**と**2**の材料を敷き詰め、上に肉を広げて並べる。合わせ調味料をよく混ぜ、肉の上にポンポンとのせて、強火にかける。
4 フツフツしたら中火にし、肉に火が通ったら大きく混ぜて味を全体にいきわたらせる。取り分け、好みで七味唐辛子や粉山椒を振る。卵をつけて食べてもおいしい。

豚肉のりんごソース
りんごはバターでじっくり炒めてから煮る

豚肩ロース肉(1cm厚さ)　4枚
下味用
　｛塩　適量
　　こしょう　少々
サラダ油　少々
りんごソース
　｛りんご(あれば紅玉)　2個
　　バター　大さじ2
　　白ワイン　¼カップ

水　¼カップ
　　レモン汁　½個分
　　塩　小さじ½
　　ナツメグ　少々
　　シナモン　少々

1 まずりんごソースを作る。りんごは皮をむいて6つ割りにし、薄くいちょう切りにする。
2 鍋にバターを入れて中火にかけ、バターがとけたらりんごを入れて中火でせっせと炒める。りんごがしんなりしたら、白ワイン、分量の水、レモン汁、塩、ナツメグ、シナモンを次々に加えてフタをし、弱火で10分ほど煮る。
3 2をブレンダーで、とろ～っとなるまでかくはんする。鍋の中を水でザッとぬらし、ペースト状になったりんごソースを入れて、再び弱火でフツフツするまで煮る。
4 肉を焼く。豚肩ロース肉はところどころ包丁めを入れてすじ切りをし、塩とこしょうをパラリと振る。
5 フライパンを熱してサラダ油をひき、肉を並べる。中に火が通るまで、フタをして中火で両面をこんがりと焼く。最後はフタを取り、カリッとおいしく仕上げる。
6 皿に肉を盛って上にりんごソースをかけ、季節の緑の野菜などをゆでて添える。

豚肉のレタスあえ
太る心配もないあっさり味のスタミナ料理
　豚肩ロース薄切り肉　300ｇ
　塩　ひとつまみ
　レタス　½個
　トマト　2個
　細ねぎ(小口切り)　4～5本
　青じそ　1わ
　たれ
　　しょうゆ　大さじ2～3
　　みりん　小さじ2
　　白いりごま　大さじ1
　　ごま油　小さじ1
　　にんにく(すりおろし)　ひとかけ
　　しょうが(すりおろし)　小さじ1
　　一味唐辛子　適量
　白いりごま　大さじ1

1 レタスは食べよい長さの1.5cm幅に刻む。トマトは食べよい大きさに薄切りにする。青じそは縦3つに切ってから千切りにする。
2 大きめのボウルか器にたれを混ぜ合わせ、細ねぎと半量の青じそを加えておく。
3 豚肉は2つに切る。湯を沸かし、塩を加え、肉を1枚ずつヒラリヒラリと入れて強火でゆでる。完全に色が変わったものから引き上げ、よく水けをきって、すぐ2のたれに漬ける。
4 レタスと残りのねぎも加え、全体にたれをからめるようにして混ぜ合わせる。
5 盛りつけてトマトを添え、残りの青じそとごまを振りかける。トマトは混ぜて食べるとおいしい。

豚肉のワインロースト
アツアツでも冷めても、おいしい
　豚かたまり肉　500ｇ
　塩　小さじ2
　こしょう　適量
　ワイン　½カップ

1 豚肉は塩、こしょうをすり込み、60分ほどおく。たこ糸で巻き、形を整える。
2 耐熱容器に肉を入れ、ワインをかける。オーブンに入れ、200度で45～60分焼く。肉に竹串を刺してみて、澄んだ汁が出てきたら、中まで火が通った証拠。
3 あら熱が取れたら、たこ糸をはずして薄切りにする。好みでレモン汁、辛子じょうゆで食べてもおいしい。

豚のくわ焼き
焼いた肉に熱湯を注ぎ、ゆでこぼすと肉が

ぶたのこぶだき

フンワリ仕上がる

- 豚赤身肉（5㎜厚さ）　8枚（約300ｇ）
- 片栗粉　適量
- チンゲン菜　1～2株
- サラダ油　大さじ3
- 塩　適量
- 酒　大さじ2
- 熱湯　適量
- A ┌ しょうゆ　大さじ2
　　├ 酒　大さじ1
　　├ みりん　大さじ1
　　└ 砂糖　小さじ1

1 チンゲン菜は葉を1枚ずつはがす。豚赤身肉は大きければ半分に切り、片栗粉をたっぷりつける。

2 Aの調味料は合わせておく。

3 フライパンを熱しサラダ油大さじ1をまわし入れてチンゲン菜を加え、すぐ塩を振って強火でチャッチャッと炒める。さらに酒を振りすぐにフタをし、シナッとなったら器に取り出す。

4 3のフライパンをふいてサラダ油大さじ2を熱し、豚肉を並べて、中火で両面をこんがり焼く。

5 肉に火が通ったら、火を止めて熱湯をジャーッと注ぐ。フタをしてすぐ火をつけ、ワァーッと煮立ってきたら、火を止めてひと呼吸おき、フタなどで押さえて湯をきる。

6 5にAを加えて強火にかけ、フライパンをゆすりつつ肉にコテッと味がつくようにからめる。これを3のチンゲン菜と一緒に器に盛り合わせる。

豚の昆布炊き

巻く手間を省き、コトコト煮るだけでも十分おいしい

- 豚肉（とんかつ用）　4枚
- 昆布（12㎝長さ）　4枚
- 水　3カップ
- しょうゆ　大さじ2
- 酒　大さじ2

1 豚肉は繊維にそって1.5㎝幅の食べよい長さの棒状に切る。

2 昆布はキッチンばさみなどで4㎝長さに切り、分量の水に30分ほどつけておく。

3 厚手の鍋にしょうゆ、酒、昆布を入れ、昆布の戻し汁を2カップ加えて火にかける。フツフツしてきたら豚肉を加え、常にフツフツと煮立つくらいの弱火にして、60分ほど煮込む。

4 昆布がやわらかく煮上がったら（やわらかくなっていなければ昆布の戻し汁か湯を½カップほどたしてもう少し煮る）昆布だけを取り出す。残っている煮汁で豚肉をからめるように煮る。昆布と一緒に豚肉を盛りつける。

豚のワイン角煮

スープもコクがあっておいしい。肉の部位は肩ロースやももなど

- 豚角切り肉（やわらかい部分）　400ｇ
- 塩　少々
- こしょう　少々
- 小麦粉　適量
- オリーブ油　大さじ2
- 赤ワイン　½カップ
- 固形スープの素　1個
- 水　1½カップ
- トマト水煮缶詰　小1缶（約200ｇ）

1 肉に塩、こしょうを各少々振り小麦粉を全体に薄くまぶす。

2 フライパンにオリーブ油を熱して肉を入れ、中火で全体が色づくまで炒める。

3 いったん火を止め、赤ワインを加えて再び火にかける。フツフツしたらスープの素と分量の水を加え、中火で10分くらい煮る。

4 トマトを加え、弱火でフタをしてさらに20分くらい煮る。

豚ばら肉と野菜のさっぱりソース
盛りつけて、調味料を上からまわしかけ、食べる直前に混ぜ合わせる簡単サラダ

　　豚ばら薄切り肉　200g
　　レタス　6枚
　　ピーマン　2個
　　玉ねぎ　½個
　　ミニトマト　5〜6個
　　しょうが(千切り)　ひとかけ
　　A ┌ サラダ油　大さじ1
　　　│ 米酢　大さじ1
　　　│ 薄口しょうゆ　大さじ1
　　　└ レモン汁　½個分

1 レタスは細切りにし、ピーマンは千切りにする。玉ねぎは薄切りにし一度水にさらして水けをきる。ミニトマトはヘタをとって縦に2つに切る。全部用意できたら、全体をザッと混ぜ合わせておく。

2 鍋にたっぷりの湯を沸かし、豚ばら薄切り肉を1枚ずつヒラリヒラリと入れて、完全に火を通してから皿に取る。

3 器にアツアツの豚肉を並べ、この上に**1**の野菜をドンと盛る。さらに上からAのサラダ油、米酢、薄口しょうゆ、レモン汁の順にまわしかけ、食卓に出して、食べる直前に全体を混ぜ合わせる。

豚ばら肉のピーナッツがらめ
肉は下ゆでしてさらに焼き、しっかり脂を取るので、すっきりした味に仕上がる

　　豚ばらかたまり肉　500g
　　A ┌ しょうゆ　大さじ1
　　　│ 三温糖か砂糖　大さじ1
　　　└ 酒　大さじ2
　　ピーナッツ　1カップ

1 豚ばらかたまり肉は1cm厚さに切る。ピーナッツは電子レンジで1〜2分加熱し、カラリとさせる。

2 鍋に湯を沸かして豚肉を入れ、肉の色が完全に変わるまでゆでて、水けをきる。

3 フライパンを中火で熱し、豚肉を焼く。出てきた脂はふき取りながら、おいしそうな焼き色がついたらピーナッツも加えてサッと炒め取り出す。

4 ここでフライパンをきれいにし、Aの調味料を入れて、再び火をつける。煮立ってきたら豚肉とピーナッツを戻し、汁けがなくなるまで炒める。

豚挽き肉と大根のピリ辛煮
大根は細めの乱切り、が早煮のコツ

　　豚挽き肉　150g
　　大根　15cm
　　にんにく(みじん切り)　少々
　　しょうが(みじん切り)　少々
　　A ┌ しょうゆ　大さじ1½
　　　│ 酒　大さじ1½
　　　└ 豆板醤　小さじ½
　　水　1カップ前後

1 大根は縦4等分にしてから細めの乱切りにする。

2 鍋の中を水でぬらし、Aの調味料を入れて強火にかける。フツフツしたらにんにく、しょうが、挽き肉を加え、木ベラで混ぜながら煮る。

3 挽き肉に火が通ってポロポロになったら、大根を加えてザッと混ぜ合わせる。表面を平らにし、分量の水をヒタヒタに加えて煮立て、フタをして中火で10〜15分煮る。途中、上下を返してひと混ぜする。

豚ヒレの卵白揚げ
衣は白くきれいに揚げたい。低温の油でゆっくり火を通し、カリッと揚げる

　　豚ヒレかたまり肉　300g
　　塩　少々
　　衣
　　　┌ 卵白　2個分
　　　└ 片栗粉　大さじ5〜6
　　揚げ油　適量

パセリ　適量
山椒塩　適量

1 豚ヒレかたまり肉は5㎜厚さに切り、塩を振っておく。
2 衣を作る。ボウルに卵白を入れてよく泡立て、片栗粉を振り入れてよく混ぜる。ここに豚肉を加えて、衣をからませる。
3 揚げ油を低温(150〜170度)に熱し、豚肉を次々と入れてゆっくりと低温を保つようにして揚げる。全体が浮き上がってきて、中まで火が通れば出来上がり。
4 器に盛ってちぎりパセリを添え、山椒塩をつけて食べる。

豚みそ丼
すぐできる豚肉とねぎのみそ煮が主役

〈これは2人分〉
豚こま切れ肉　100g
長ねぎ　1本
サラダ油　大さじ½
A ┌ 酒　¼カップ
　├ みりん　大さじ½
　└ みそ　大さじ1
粉山椒　適量
紅しょうが(好みで)　適量
温かいご飯　2人分

1 長ねぎは斜めに1㎝幅くらいに切る。
2 サラダ油を熱して長ねぎを中火で炒める。全体がアツアツになったらいったん火を止め、Aの調味料を加えて煮る。
3 フツフツしてきたら豚肉を加え、箸でほぐし、強めの中火で煮からめる。肉に完全に火が通ったら味をみて、たりなければしょうゆ(分量外)で調え、火を止める。
4 どんぶりに温かいご飯を盛って**3**をのせ、紅しょうがを添える。粉山椒を振って食べる。

ぶっかけうどん
にんにく、ごま油、ラー油が味のポイント

〈これは2人分〉
ゆでうどん　2人分
豚こま切れ肉　100g
大根　5㎝
にんじん　5㎝
白菜　2〜3枚
生椎茸　2〜3個
油揚げ　1枚
細ねぎ　¼わ
にんにく(すりおろし)　少々
ごま油　小さじ2
だし汁　3½カップ
A ┌ めんつゆ(市販)　適量
　├ 酒　大さじ2
　└ 薄口しょうゆ　適量
ラー油　適量
白いりごま　適量

1 大根、にんじんは薄いいちょう切りにする。白菜は葉と軸に切り分け、葉はザク切り、軸は繊維にそって細切りにする。生椎茸は石づきを切り落とし、食べやすく切る。細ねぎは4〜5㎝長さに切る。油揚げは細切りにする。
2 ごま油を熱し、にんにくと豚肉を中火で炒める。肉の色が変わったら火を強め、油揚げと細ねぎ以外の**1**の材料を次々加えて炒める。
3 全体に油がまわったらだし汁とAの調味料と油揚げを加え、フタをして中火で10分くらい煮る。細ねぎを加えてひと煮し、火を止めてラー油を振る。
4 温めたうどんをどんぶりに盛り、たっぷりの具と汁をかけ、ごまを振る。すりごまでもおいしい。

太巻き
→「のり巻き」を参照

舟盛り丼
ラクしてリッチに食べたいときに

刺身盛り合わせ　4人分
A　白すりごま　大さじ4
　　しょうゆ　大さじ1
　　わさび　少々
刻みのり　適量
細ねぎ（小口切り）　適量
しょうゆ　少々
温かいご飯　4人分

1 混ぜ合わせたAで刺身をサッとあえる。
2 どんぶりに温かいご飯を盛って**1**の刺身をのせ、のりと細ねぎを散らす。しょうゆをかけて食べる。

冬のかぶと魚介のシチュー
かきのうまみがたっぷりの白いシチュー

かき　200g
甘塩たら　4切れ
にんじん　1本
玉ねぎ　1/2個
かぶ　4〜5個
水　2カップ
パセリの茎　2〜3本
バター　大さじ2
小麦粉　大さじ5
牛乳　3カップ
固形スープの素　1個
塩　適量
こしょう　適量
パセリ（みじん切り）　適量

1 かきはていねいに洗い、水けをよくきる。たらは1切れを3つに切る。
2 にんじんは薄い半月切りにする。玉ねぎはザク切りにする。かぶは皮をむき縦4つに切る。
3 分量の水、にんじん、パセリの茎を中火にかける。フツフツしたらにんじんを取り出し、次にかきとたらを下ゆでする。ゆで汁はパセリの茎とアクを取りのぞき、取っておく。
4 厚手の鍋にバターをとかし、玉ねぎを炒める。全体に油がまわったら、弱火にして小麦粉を振り入れ、粉っけがなくなるまでよく炒める。
5 火を止め、牛乳を1/2カップ加え、木ベラでかき混ぜる。さらに1/2カップの牛乳を加え混ぜたら弱めの中火をつけ、残りの牛乳2カップを加えてかき混ぜる。
6 フツフツしてきたら、取っておいたゆで汁とスープの素、にんじん、かぶを加え、フタを少しずらしてのせて野菜がやわらかくなるまで弱火で煮る。鍋底が焦げつきやすいので、木ベラでときどき鍋底をていねいに混ぜ15分ほど煮る。
7 かきとたらを加え、弱火のまま5分煮る。火が通ったら、味をみて塩、こしょうで調える。盛りつけてパセリを振る。

かきの洗い方→　コラム参照

冬の具だくさんみそスープ
牛乳を加えたら、うんと弱火で。寒い日におすすめのあったかスープ

だし汁　4カップ
ベーコン　2枚
白菜　3枚
にんじん　5cm
大根　5cm
みそ　大さじ2〜3
牛乳　大さじ2
こしょう　少々

1 ベーコンは2cm幅に切る。白菜は軸と葉に切り分け、軸は5cmくらいの繊維にそった細切りにし、葉は4〜5cm長さのザク切りにする。
2 にんじんは薄い輪切りにし、大根は薄いいちょう切りにする。
3 鍋にだし汁、ベーコン、にんじん、大根を入れて強火にかけ、煮立ったら少し火を弱め、白菜を加えてコトコト10分くらい煮る。
4 野菜がやわらかくなったら弱火にして

みそをとき入れ、牛乳を加え、すぐ火を止める。器に盛り、こしょうを振って食べる。

冬野菜のスープ
大根の代わりにかぶでも
 大根　適量
 にんじん　適量
 セロリ　適量
 ハム　2枚
 水　4カップ
 固形スープの素　1個
 ローリエ　1枚
 塩　少々
 こしょう　少々

1 大根、にんじん、セロリは短冊に切り、ハムは細切りにする。
2 分量の水に **1** の野菜、ハム、スープの素、ローリエを入れて火にかける（和食の献立のときはローリエは入れないほうがよく合う）。野菜がやわらかくなるまで煮る。味をみて塩、こしょうで調える。

フライ各種
→メニュー別索引〈フライ〉を参照

フライドエッグ
もう一品というときや酒の肴に。カレーに添えても美味
 卵　適量
 揚げ油　適量
 塩　少々

1 フライパンに揚げ油を深さ2cmくらい入れて、中温（170〜180度）に熱する。
2 卵は1個ずつ器の中に割り入れて、1個ずつ揚げていく。
3 揚げ油の中に卵をそっと静かに入れ、1〜2分そのまま見守る。形が整ってきたら、菜箸で裏返す。
4 **3** のタイミングで引き上げると、中がとろりとした半熟になる。さらに30〜60秒揚げると黄身に火が通る。網じゃくしでよく油をきって引き上げる。塩を振って食べる。

フライドチキン
伝統的なアメリカ南部風。もも肉のブツ切りでも同じようにおいしく作れます
 鶏ウイングスティック　800g〜1kg
 下味用
  牛乳　1カップ
  レモン汁　½個分
  塩　小さじ¼
  カレー粉　小さじ¼
  パプリカ　小さじ¼
  こしょう　少々
 衣
  小麦粉　1カップ
  塩　小さじ1
  カレー粉　小さじ¼
  パプリカ　小さじ¼
  ガーリックパウダー　小さじ¼
  こしょう　小さじ¼
 揚げ油　適量
 〈付け合わせ〉
 フライドポテト　適量
 パセリ　適量

1 下味用の材料を大きめの容器に合わせて混ぜ、鶏肉の水けをふいて入れる。ときどき上下を返して30分以上、できれば一晩冷蔵庫で漬け込んでおく。
2 衣の材料を丈夫な紙袋などに合わせ、鶏肉の汁けを軽くふいて1個ずつ入れ、そのつど袋を軽くゆする。これをくり返して5〜6個入れたら、袋の口を閉じて大きくゆすり、全体にしっかりと衣をまぶしつける。
3 フライパンに揚げ油を3cmくらいの高さまで入れ、低めの中温（170度）に熱する。鶏肉をギュッと握って衣を落ち着かせ

てから油に入れていき、フタをして5分はいじらず火を通す。

4 薄く色づいたら、フタを取って裏返しときどき箸で全体をかき混ぜて空気にふれさせながらじっくり揚げる。こんがり、カラリとなったら油をよくきる。付け合わせのフライドポテトとパセリを添えて盛りつける。

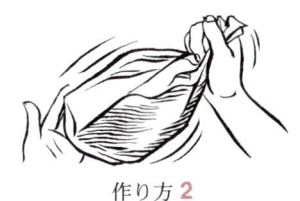

作り方 2

フライドフィッシュ
カリッと揚げるのが、おいしさのコツ

　白身魚（骨なし）　4切れ
　塩　少々
　こしょう　適量
　酒　大さじ2
　衣
　　｛ コーンスターチか片栗粉　大さじ4
　　　 小麦粉　大さじ4
　揚げ油　適量
　塩　適量
　こしょう　適量
　レモン　適量

1 白身魚は水けをふき、バットなどに入れ塩、こしょうを振り酒をかけ、10〜30分おく。

2 コーンスターチまたは片栗粉と小麦粉をよく混ぜ合わせて衣にする。

3 魚の水けをきり、全体にまんべんなく衣をまぶして、しっかりと押さえる。

4 揚げ油を中温（170〜180度）に熱し、3の魚をカラリと揚げる。

5 よく油をきって引き上げ、器に盛る。塩、こしょう、レモン汁などを振って食べる。タルタルソースで食べてもおいしい。

　タルタルソース→タルタルソース3種
　白身魚→　コラム参照

フライドポテト
あらゆる料理の付け合わせ、子どものおやつや、ビールのおつまみに

　じゃが芋　適量
　揚げ油　適量
　塩　少々

1 じゃが芋は皮ごと揚げたいときは、皮をよく洗う。スティック状またはくし形など好きなように切り、10〜15分くらい水にさらす。ザルにあげ、水けをよくふく。

2 揚げ油を熱し、150度くらいになったらじゃが芋を入れる。温度を徐々に引き上げ中温（170〜180度）でカラリと揚げていく。まわりがカリッとしてきたら、油をよくきって引き上げる。

3 揚げたてに、塩を振る。

フライパンローストビーフ
オーブン不要。フライパンで焼いて、たれにジュッとつけるだけ

　牛肉（ステーキ用・3cm厚さ）　1枚（約500g）
　塩　適量
　こしょう　適量
　サラダ油　少々
　A｛ にんにく（薄切り）　ひとかけ
　　 しょうゆ　大さじ3
　クレソン　適量
　マスタード　適量

1 バットなどに、Aのにんにくとしょうゆを入れておく。

2 牛肉はところどころすじ切りをし、塩、こしょうを振る。

3 フライパンにサラダ油をごく薄くぬって火にかける。熱くなったら、牛肉を入れて、強火でフライパンをゆすりながら焼く。

4 こんがりとやや濃いめの焼き色がついたら裏返す。少し火を弱め、裏も同様に焼き、こんがり焼けたら、すぐ1のたれにジュッとつける。アツアツのうちに両面にたれをしみ込ませ、5〜10分漬け込む。冷めたら薄く切って器に盛り、クレソンとマスタードを添える。わさびやホースラディッシュでもおいしい。

プラムチキン
梅酒と梅で煮る風味豊かな和風おかず

鶏もも肉　2枚
サラダ油　適量
煮汁
┌ 水　½カップ
│ 梅酒　1カップ
└ 薄口しょうゆ　大さじ2
にんじん（1㎝厚さの輪切り）　8〜12枚
梅酒の梅（あれば）　適量
青じそ（千切り）　5〜6枚

1 鶏もも肉は黄色い脂肪を取りのぞき、一口大に切る。
2 フライパンにサラダ油を熱し、鶏肉の皮を下にして焼く。余分な脂が出てきたらふき取る。皮側だけをこんがりと焼く。
3 鍋に煮汁の材料を入れて火にかけ、フツフツしたら鶏肉の皮を下にして並べ入れる。あいているところににんじんと梅酒の梅も入れてフタをし、中火で煮る。
4 ときどき煮汁をかけながら15分ほど煮、肉にしっかり火が通って、にんじんがやわらかくなれば出来上がり。鶏肉を器に盛ってにんじんと梅を添え、千切りにした青じそを散らす。

フランクフルトの夏香りフライ
バジルの葉っぱがなければ、青じそを使ったり、パセリを増やしたり

フランクフルトソーセージ　6〜8本
小麦粉　適量
A ┌ とき卵　1個分
　└ 小麦粉　大さじ3
香味パン粉
┌ パン粉　1カップ
│ パセリ　2本
│ バジル（生）　12枚
│ マッシュルーム　3個
└ 粉チーズ　大さじ4
揚げ油　適量
マスタードマヨソース
┌ マヨネーズ　大さじ3
│ 牛乳　大さじ1
└ マスタード　小さじ1
〈付け合わせ〉
ミニトマト　適量
千切りレタス　適量

1 ソーセージは縦2つに切る。Aは混ぜ合わせる。パセリ、バジル、マッシュルームは刻むかブレンダーにかけ、パン粉、粉チーズを混ぜ合わせて香味パン粉を作る。
2 ソーセージに小麦粉を薄くまぶし、Aにくぐらせ、香味パン粉をつける。
3 フライパンに揚げ油を少なめに熱し、低めの中温（170度）でソーセージを焼くように揚げる。こんがり色づいたら、油をきって盛る。付け合わせを添え、混ぜ合わせたソースをつけて食べる。

フランスの田舎風スープ
素材をサッと下ゆでしてから煮るのがコツ

ベーコン　4枚
玉ねぎ　½個
にんじん　1本
じゃが芋　2個
なす　2本
ピーマン　1個
生椎茸　4個
A ┌ 水　4カップ
　└ トマト水煮缶詰　小1缶（約200ｇ）

│固形スープの素　1個
　　│レモン（輪切り）　1枚
　塩　適量
　こしょう　適量
　パセリ（みじん切り）　適量

1 ベーコンは1㎝幅、野菜類は1㎝角に刻む。なすは薄い塩水（分量外）に入れて5分つけ、水けをきる。
2 たっぷりの湯を沸かしてベーコンと野菜類を入れ、沸とうしたらザルにあげる。
3 鍋にA、ベーコン、野菜類を入れて火にかけ、フツフツしたらフタをして中火で20分煮る。途中、ときどき鍋をゆする。
4 レモンは取り出し、味をみて塩、こしょうで調え、盛りつけてパセリを振る。

フランスパンのチーズグラタン
1人分ずつ焼いて、手軽なチーズフォンデュのような味わい

　ソース
　　│サラダ油　大さじ1
　　│バター　大さじ1
　　│玉ねぎ（薄切り）　1/4個
　　│小麦粉　大さじ2
　　│白ワイン　1/2カップ
　　│牛乳　1と1/2カップ
　　│とけるチーズ（ピザ用）　1/2カップ
　　│塩　少々
　　│こしょう　少々
　フランスパン　小1本
　バター　適量
　にんにく（薄切り）　1〜2かけ
　とけるチーズ（ピザ用）　適量

1 ソースを作る。サラダ油とバターを中火で温め、バターがとけたら玉ねぎをしんなりするまで炒める。弱火にして小麦粉を振り入れ、粉っけがなくなるまで1〜2分よく炒める。
2 いったん火を止め、白ワインを加えてザッと混ぜる。弱めの中火で、軽く混ぜながらフツフツするまで煮る。
3 弱火にし、牛乳を加えて軽く混ぜる。フタを少しずらしてのせ、ごく弱火で15分煮る。途中、ときどきかき混ぜる。
4 とろりとクリーム状になったらチーズを加え、すぐ箸で手早くかき混ぜてチーズをとかす（チーズがくっつくから、木ベラでは混ぜないこと）。味をみて塩、こしょうで調え火を止める。
5 フランスパンは3㎝厚さに切る。片面にバターをぬり、にんにくを散らし、オーブントースターでこんがり焼く。ソースの中でくずれないようにパンの皮を生かして一口大に切る（にんにくはそのまま）。
6 耐熱容器の中を水でぬらし、ソースを六〜七分めずつ入れる。ソースの中にフランスパンを等分に入れ、残りのソースをかけ、チーズを散らす。オーブンに入れ、200度で10〜15分こんがり焼く。

ぶり大根
ぶりのあらを大根と一緒にドカンと煮る。ダイナミックなおいしさです

　ぶりのあら　ひと山
　大根　15〜20㎝
　A│しょうが（薄切り）　ひとかけ
　　│酒　大さじ3〜4
　　│しょうゆ　大さじ3〜4
　　│みりん　大さじ1〜2
　水　適量

1 大根は1.5㎝厚さの輪切りにし、大根が太い場合は半月に切る。かぶるくらいの水で、フタをして竹串がスーッと通るまで下ゆでする。
2 ぶりのあらはたっぷりの熱湯で、色が変わるまでゆで、水けをきっておく。
3 鍋の中を水でザッとぬらし、Aを火にかける。フツフツしてきたら、ぶりを入れ強めの中火で7〜8分、コテッと煮て、取り出す。調味料は大根の太さやぶりの量に

ぶりだいこん

よって増減する。

4 3に下ゆでした大根を入れ、全体を平らにならし、ヒタヒタに水を加える。フタをして強めの中火で10分煮る。

5 大根に味がしみたら出来上がり。このまま盛りつけても十分おいしいが、**4** の大根の上に取り出したぶりを戻し、フタをしてひと煮する方法もある。

ヒタヒタ→ コラム参照

ぶり大根 こんにゃく入り

切り身のぶりにごま油でコクを出す。材料は下ゆで。アクも出ず、おいしい仕上がり

　ぶり　4切れ
　大根（1.5cm厚さの輪切り）　6個
　こんにゃく　1枚
　しょうが　ひとかけ
　A ┌ 酒　大さじ3
　　├ しょうゆ　大さじ3
　　├ みりん　大さじ1
　　└ 砂糖　大さじ1
　熱湯　1½カップ
　ごま油　小さじ½

1 大根は半月切りにする。こんにゃくは半分に切り、それぞれ三角形に切り厚みを半分にする。しょうがは皮ごと繊維を断つように薄切りにする。

2 鍋に大根とこんにゃくを入れ、かぶるくらいの水を加えて火にかける。コトコトゆでて、大根に竹串が通るようになったら、こんにゃくと一緒に引き上げる。

3 次に同じ湯でぶりをゆでる。表面の色が変わったら引き上げる。

4 別の鍋にAの調味料としょうがを入れて火にかけ、フツフツしてきたらぶりを入れ、しばらくしたら裏返す。上に大根とこんにゃくをのせ、さらに分量の熱湯を加えてフタをし、中火で20分ほど煮る。

5 煮上がったら火を止め、ごま油をチョロリとたらして風味をつけ、器に盛る。

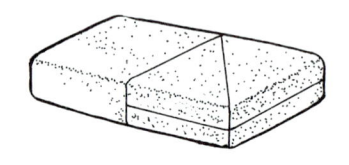

こんにゃく

ぶり大根 ピリ辛みそ味

新しいぶり大根の味。辛いもの好きにはたまらない

　大根　10cm
　ぶり　4切れ
　塩　小さじ½
　煮汁
　　┌ 水　1カップ
　　├ 酒　½カップ
　　├ しょうゆ　大さじ2
　　└ 豆板醤　小さじ1〜2

1 大根は1cm厚さの半月切りかいちょう切りにする。ぶりは3つに切る。

2 たっぷりの水に塩を加え、大根を下ゆでする。竹串がスーッと通るようになったら大根を引き上げ、続いてぶりを入れ、表面の色が変わる程度に下ゆでする。

3 煮汁を火にかけ、フツフツしてきたら大根とぶりを加え、強めの中火で7〜10分煮る。途中で一度、上下を返す。

フリッター各種

→メニュー別索引〈フリッター〉を参照

ぶりとごぼうの煮つけ

こっくりしたみそ味がおいしさをアップ

　ぶり　4切れ
　ごぼう　25cm
　煮汁
　　┌ 酒　½カップ
　　├ 水　½カップ
　　├ みりん　大さじ2
　　└ しょうゆ　大さじ1

```
       みそ　大さじ1
       砂糖　大さじ1
   粉山椒(好みで)　適量
```
1 ごぼうは5㎝長さ、縦半分に切り、やわらかく下ゆでをしておく。
2 鍋に煮汁の材料を入れて火にかけ、フツフツしてきたら、水けをふいたぶりを並べ入れ、フタをして中火で5分煮る。
3 さらに鍋のあいているところにごぼうを加え、再びフタをして4～5分煮る。味がよくなじむように、途中、上下を返すか、煮汁をまわしかける。
4 全体に味がなじんだら火を止め、器に盛り合わせて、好みで粉山椒を振る。

ぶりの梅酒煮
梅酒は魔法の調味料！とつくづく思います。いわしやさんまも同じ方法で
```
   ぶり　4切れ
   しょうが　ひとかけ
   A ┌ 梅酒　1カップ
     │ 水　½カップ
     │ しょうゆ　大さじ3
     └ 梅酒の梅　2個
   ピーマン　2個
   生椎茸　4～6個
```
1 ぶりは水けをふく。
2 しょうがは皮ごと繊維を断って薄切りにする。ピーマンは縦8つに切る。生椎茸は石づきを切り落とし、2～4つにさく。
3 鍋の中を水でぬらし、Aとしょうがを入れて火にかける。フツフツしてきたらぶりを加えて強めの中火にし、5分煮る。野菜も加えてさらに5分くらい煮る。中火以下の火加減にしないこと。

ぶりの治部煮
濃い味つけの魚に、ゆでただけの里芋の組み合わせが絶妙な味わい！
```
   ぶり　4切れ
```
```
   小麦粉　適量
   長ねぎ　1本
   里芋　4個
   煮汁
     ┌ 水　1カップ
     │ みりん　大さじ2
     └ しょうゆ　大さじ2
   粉山椒(好みで)　少々
```
1 里芋は上下を少し切り落としてヒタヒタの水でフタをして皮ごとゆでる。竹串がスーッと通るまでやわらかくなったらザルにあげ、あら熱が取れたら皮をむく。
2 長ねぎは3～4㎝長さに切る。
3 ぶりは1切れを3～4つに切り、小麦粉を全体に薄くまぶす。
4 鍋に煮汁の材料とねぎを入れて火にかけ、フツフツしてきたら**3**のぶりを次々と加え、全部入れたら中火で7～8分煮る。
5 魚に火が通ったら、汁ごと器に盛る。里芋は大きければ食べよく切って添え、好みで粉山椒を振る。

ぶりの醤味(ジャンマイ)
焼きたてをピリ辛だれにジュッと漬ける
```
   ぶり　4切れ
   小麦粉　適量
   サラダ油　適量
   漬けだれ
     ┌ しょうが(薄切り)　ひとかけ
     │ しょうゆ　大さじ2
     │ 米酢　大さじ1
     └ 豆板醤　小さじ½
   細ねぎ(小口切り)　½わ
```
1 漬けだれの調味料を一緒にバットなどに混ぜ合わせ、細ねぎの⅔量も加える。
2 ぶりは水けをふき、両面に小麦粉をまぶしつけて、余分な粉をはたき落とす。
3 フライパンにサラダ油を熱し、ぶりの両面をこんがりと焼いて、中までしっかり

火を通す。焼きたてのアツアツを **1** の漬けだれにジュッと漬け、裏返して全体に味をしみこませる。
4 ぶりを盛り、残りの細ねぎを散らす。

ぶりの照り焼き風
失敗のない焼き照りが一番

ぶり　4切れ
生椎茸　8個
片栗粉　適量
サラダ油　大さじ1
たれ
　｛ しょうゆ　大さじ2
　　酒　大さじ2
　　みりん　大さじ2

1 ぶりは水けをふき、片栗粉を薄くまぶす。生椎茸は石づきを切り落とす。
2 フライパンを熱しサラダ油をまわし入れ、ぶりを強めの中火で両面こんがりと焼く。途中、あいているところに椎茸も入れて焼く。
3 バットなどにたれを合わせ、焼けたものからジュッと漬け込み、ときどき上下を返して少しおく。

ぶりの照り焼き→ コラム参照

ぶりのフライ　タルタルソース
このソースが実においしい！

ぶり　4切れ
塩　少々
こしょう　少々
衣
　｛ 小麦粉　適量
　　とき卵　1個分
　　パン粉　適量
揚げ油　適量
タルタルソース
　｛ マヨネーズ　大さじ4
　　きゅうりのピクルス(みじん切り)
　　　2本
　　玉ねぎ(みじん切り)　¼個
　　パセリ(みじん切り)　1本
　　牛乳　大さじ2～4
〈付け合わせ〉
粉ふき芋　適量
ゆでブロッコリー　適量

1 タルタルソースの材料は合わせておく。牛乳は様子をみながら加えるようにする。
2 ぶりは水けをふき、軽く塩、こしょうを振り、小麦粉、とき卵、パン粉の順で衣をつける。
3 中温(170～180度)に熱した揚げ油に入れ、じっくり揚げる。衣が落ち着いて色づいたら、ときどき空気にふれさせながら揚げ、こんがり色づいてカリッとなったら油をきる。フライと付け合わせを盛り、タルタルソースで食べる。

ぶりのふわり揚げ
片栗粉と卵をつけた衣はふわりと揚がる。かじきまぐろでもおいしい

ぶり　4切れ
下味用
　｛ しょうが汁　小さじ1
　　みりん　小さじ2
　　薄口しょうゆ　大さじ1½
片栗粉　½カップ
卵　1個
じゃが芋　1～2個
揚げ油　適量
塩　少々

1 じゃが芋は皮ごとくし形に切り、水に15～30分つけておく。水けをよくふく。
2 ぶりは水けをふいて一口大に切り、ボウルに入れて下味をからめ、片栗粉もまぶしておく。
3 揚げ油を温め、ぬるいうちにじゃが芋を入れる。皮がこんがりしたらよく油をきって引き上げる。すぐ塩を振る。
4 油の温度が中温(170～180度)になった

ら、2のボウルに卵を割り入れ、ぶりに卵をからめて油に入れる。衣が落ち着いてきたら、ときどき空気にふれさせながらこんがりカラリとなるまで揚げる。じゃが芋と一緒に盛りつける。

ぶりのもち入り粕汁
ぶりはかまや頭など骨つきの部分でも美味。魚は下ゆでするのがおいしさのコツ

　　塩ぶり　3切れ
　　酒粕(板)　1枚(約150ｇ)
　　大根　10㎝
　　にんじん　10㎝
　　だし汁　6カップ
　　白みそ　大さじ1
　　薄口しょうゆ　少々
　　もち　4個
　　三つ葉(刻んだもの)　適量
　　七味唐辛子　適量

1 塩ぶりは一口大に切り、熱湯でしっかりゆでて余分な塩分や脂分を抜き、水けをきる。
2 酒粕はすり鉢に入れ、分量のだし汁から1カップ取って加え、しばらくおく。酒粕がやわらかくなったら、すりこぎでなめらかにときのばす。
3 にんじんは7～8㎜厚さの輪切りにし、大根は1㎝厚さのいちょう切りにする。
4 鍋に残りのだし汁5カップ、大根、にんじん、下ゆでしたぶりの順に入れて火にかけ、煮立ってきたら弱火にしてフタをし、コトコト煮る。
5 野菜がやわらかくなったら、2の酒粕をみそこしを通して加え、さらに白みそもとき入れる。最後に味をみて、薄口しょうゆで調える。
6 もちはオーブントースターでこんがりと焼く。
7 お椀に少し5の汁をはってからもちを入れ、さらに粕汁を盛って三つ葉を散らし、七味唐辛子を振って食べる。
　　塩ぶりの作り方→塩ぶりの焼きもの

フルーツサラダ
フルーツの取り合わせは自由に。デザートやサンドイッチ、トーストの副菜にも

　　いちご　適量
　　バナナ　適量
　　オレンジ　適量
　　キウイ　適量
　　ソース
　　　┌半熟卵　2個
　　　│マヨネーズ　大さじ3
　　　│生クリーム　大さじ3～4
　　　└レモン汁　大さじ1～2

1 いちごはヘタを取り、大きいいちごは2つ切りにする。バナナは輪切りにする。オレンジは一口大くらいに切る。キウイは7～8㎜厚さのいちょう切りにする。
2 半熟卵をフォークであらくつぶし、マヨネーズと生クリームを加えて混ぜ、レモン汁を加えてよく混ぜ合わせる。
3 ソースにフルーツを1種類ずつ加えては混ぜ合わせる。

フレッシュ野菜ライス
サラダのような……、おすしのような……

　　〈これは2人分〉
　　温かいご飯　2人分
　　きゅうり　½～1本
　　ラディッシュ　2個
　　玉ねぎ　小¼個
　　貝割れ大根　½わ
　　ハム　3枚
　　パセリ(みじん切り)　小さじ1
　　A┌塩　小さじ½
　　　│レモン汁　小さじ2
　　　└米酢　大さじ1
　　レモン(くし形切り)　2切れ

1 きゅうり、ラディッシュは薄い輪切り

にし、玉ねぎは薄切りにする。合わせて海水くらいの塩水（分量外）に10分くらい入れ、水けをきってキュッとしぼる。
2 貝割れ大根は根元を切り落とし、半分に切る。ハムは半分に切ってから1㎝幅くらいに切る。
3 Aを合わせ、野菜、ハム、パセリを加えてサッと混ぜる。
4 大きめの器にご飯を盛り、**3** をかけ、ご飯を持ち上げるように全体を混ぜ合わせる。取り分け、レモンをしぼって食べる。

フレンチトースト
作りやすく、おいしく焼き上がるレシピ

〈これは2人分〉
食パン（厚切り）　2枚
A ｛ 卵　1個
　　牛乳　1カップ
バター　大さじ2
メープルシロップかはちみつ　適量
シナモン（好みで）　適量

1 Aの卵はとき、牛乳を加えて混ぜ合わせ、バットなどに入れる。
2 食パンは2つに切り、**1** につける。途中で表裏を返して15分ほど浸し、パンにしっかり吸い込ませる。
3 オーブンの天板に薄くバター（分量外）をぬり、パンを並べて上にバターを点々とのせ、200度のオーブンで10分くらい焼く。フライパンで焼く場合は、バターを入れてとかし、弱めの中火でフタをして両面こんがり焼く（パンは6枚切りくらいがよい）。メープルシロップまたははちみつとシナモンをかけて食べる。

フレンチトースト → コラム参照

フレンチドレッシング　オールドタイプ
サラダ油がきちんと入ったドレッシングはきれいに野菜が仕上がります

塩　小さじ½
こしょう　少々
砂糖　ごく少々
洋辛子粉　少々
米酢　大さじ1
サラダ油　大さじ2

1 すべての材料を混ぜる。サラダ油を入れてからはあまりしつこく混ぜない（ドロリとなりすぎる）。
2 にんにくの香りをつけたいときは2つ切りにしたにんにくの切り口をサラダボウルにこすりつけてから、その中でドレッシングを作り、3～4回に分けて野菜を加え、ホワッホワッと混ぜる。
3 作りおきしておく場合は、上記の4倍くらいを清潔なガラスびんに入れ、冷蔵庫で保存する。3～4週間はおいしく食べられる。にんにくの香りをつけたいときは2つ切りにしたにんにくをひとかけ分、びんの中に入れて漬けておく。

フレンチドレッシング　ヘルシータイプ
万能タイプのドレッシング。あえて食べるサラダに向いています

塩　小さじ½
こしょう　少々
砂糖　少々
洋辛子粉　少々
米酢　大さじ1
サラダ油　大さじ1

1 すべての材料を混ぜる。サラダ油を入れてからはあまりしつこく混ぜない（ドロリとなりすぎる）。
2 にんにくの香りをつけたいときは2つ切りにしたにんにくの切り口をサラダボウルにこすりつけてから、その中でドレッシングを作り、3～4回に分けて野菜を加え、ホワッホワッと混ぜる。

ブロッコリーとえびのしょうがじょうゆ
和食を新しい感覚で

ブロッコリー　1個
ゆでえび　5～6尾
しょうがじょうゆ
　薄口しょうゆ　小さじ2
　酒　小さじ2
　しょうが汁　小さじ½

1 ブロッコリーは小房に切り分け、茎もやわらかい部分は厚めに皮をむいて食べよい大きさに切る。

2 ゆでえびは熱湯でサッと湯通しする。続いてブロッコリーをほどよいかたさにゆでる。ザルに広げて冷ます。

3 えびを2つに斜め薄切りにし、ブロッコリーと一緒に器に盛り、混ぜ合わせたしょうがじょうゆをかける。

ブロッコリーと貝柱の炒めもの
あっという間にできる本格味の中国料理。材料を炒めるときはずっと強火で

ブロッコリー　1個
ほたて缶詰　1缶
しょうが(みじん切り)　ひとかけ
サラダ油　大さじ½
塩　小さじ½
酒　大さじ1
水溶き片栗粉
　片栗粉　大さじ½
　水　大さじ½

1 ブロッコリーは小房に切り分け、茎は皮を厚めにむいて食べよい大きさに切る。これらを熱湯でかためにゆで、ザルにあげておく。ほたて缶詰は貝柱を2～3つにさき、缶汁も取っておく。

2 中華鍋にサラダ油を入れて熱し、油がぬるいうちにしょうがを炒める。香りがたったら強火にしブロッコリーを加え、炒める。

3 全体に油がまわったら、貝柱と缶汁を加えてサッと炒め合わせ、塩と酒で味を調える。最後に水溶き片栗粉でとろみをつけて、器に盛る。

ブロッコリーと牛肉のマヨネーズ炒め
マヨネーズは入れすぎないこと。これがほのかなおいしい風味を味わうコツ

牛赤身薄切り肉　250g
ブロッコリー　1個
ゆで竹の子　½本(約150g)
バター　大さじ1
マヨネーズ　大さじ2
塩　適量
こしょう　少々
しょうゆ　少々

1 ブロッコリーは小房に切り分け、茎は皮を厚めにむいて食べよい大きさに切ってから、ほどよくゆでてザルにあげておく。竹の子は縦半分に切ってから薄切りにする。

2 牛肉は3等分に切ってから、繊維にそって1cm幅くらいの細切りにする。

3 フライパンにバターを入れて火にかけ、バターがとけたら牛肉を強火で炒める。肉の色が変わったら、ブロッコリーと竹の子を加えて炒め合わせる。

4 全体がアツアツになったら、塩、こしょう、マヨネーズを加えてさらに炒める。味がなじんだら、最後にしょうゆをチョロリと落とし、ザッと混ぜ合わせて器に盛る。

ブロッコリーとナッツの炒めもの
大人だけなら、こしょうをよくきかせたい

豚薄切り肉　100g
カシューナッツ　1カップ
ブロッコリー　1個
にんにく(みじん切り)　ひとかけ
サラダ油　大さじ2
塩　適量
こしょう　適量

1 ブロッコリーは小房に切り分け、熱湯

ぶろっこりー

でサッとゆでる。
2 豚肉は食べよい大きさに切る。
3 フライパンか中華鍋を熱しサラダ油を加え、あまり熱くならないうちににんにくを加えて中火で炒める。香りがたったら強火にして肉を加え、すぐ塩小さじ½とこしょうを振って炒める。
4 肉に火が通ったら中火にし、カシューナッツを加えてカリッとするまで炒める。
5 強火にしてブロッコリーを加え、手早く炒め合わせる。味をみて塩少々を振って調え、火を止める。

ブロッコリーのきんぴら
茎のおいしさに目覚める人多し

　ブロッコリー　1個
　赤唐辛子(輪切り)　1本
　ごま油　小さじ1
　しょうゆ　小さじ2
　みりん　小さじ2
　白いりごま　小さじ1

1 ブロッコリーは小さめの小房に切り分け、縦に3〜4つに切る。茎は厚く皮をむき、薄めの乱切りにする。
2 ごま油を熱し、すぐに赤唐辛子を炒め、香りがたったらブロッコリーを加えて強火で炒める。
3 全体に油がまわったら水を1カップくらい加え、フツフツしてきたら湯をきる。
4 3に調味料を加えて再び強火にかけ、水分をとばすようにして手早く炒める。ごまを加えてサッと混ぜ、火を止める。

ふろふき大根
コトコトゆっくりやわらかなふろふき大根は冬の贈りもの

　大根　20cm
　昆布　10〜20cm
　練りみそ
　┌ 水　大さじ3
　│ 酒　大さじ3
　│ みそ　大さじ3
　│ 砂糖　大さじ2
　└ みりん　大さじ2
　柚子の皮(千切り)　少々

1 大根は5cm厚さの輪切りにし、皮をむいて面取りする。
2 鍋の底にサッと水洗いした昆布を敷き、大根とたっぷりめの水を入れ、フタをして中火にかける。フツフツしてきたら弱火にしてコトコトと大根がやわらかくなるまで弱火で40〜60分煮る(土鍋を使うと早め)。
3 練りみそを作る。小鍋に練りみその材料を合わせて、火にかける。フツフツしてきたら弱火にして、木ベラで練りながら、とろりとするまでつやよく練り上げる。
4 器に大根を盛って練りみそをかけ、柚子の皮を散らす。

文明開化鍋と玉子ご飯
ぜひ鉄鍋で。最後のご飯がたまりません

　牛霜降り肉(ステーキ用)　400g(1枚2cm厚さ)
　牛脂　適量
　長ねぎ　2本
　焼き豆腐　1丁
　A ┌ 砂糖　大さじ2
　　│ みりん　大さじ2
　　│ 赤みそ　大さじ4
　　└ 酒　大さじ5
　玉子ご飯
　　┌ ご飯　茶碗2杯分
　　│ 卵　2個
　　│ しょうゆ　少々
　　└ 七味唐辛子(好みで)　適量

1 豆腐は8等分のやっこにする。
2 牛霜降り肉は2cm角のコロコロに切る。
3 長ねぎは4cm長さのブツ切りにし、強火でフライパンで焼いておく。
4 鉄鍋を中火にかけ、牛脂をとかして脂

がよく出たら弱火にし、Aの調味料を入れ、焦がさないように弱めの火で練る。赤みそにコクがない場合はしょうゆをたす。
5 とろ〜りとしてフツフツしているところに牛肉、豆腐、長ねぎの順に加え、火が通り、豆腐が煮えたら食べる。

〈玉子ご飯〉
1 **5** の残った鍋の煮汁にご飯を入れる。弱火で残った調味料にまぶすようによく混ぜ、ご飯がアツアツになったら火を止めて、とき卵を入れて混ぜる。
2 器に盛り、しょうゆを少々かけて食べる。好みで七味唐辛子もおいしい。

ふんわかオムレツ
スフレのような口あたりが魅力

〈これは2人分〉
卵　4個
具
　┌鶏挽き肉　150g
　│ピーマン　2個
　│玉ねぎ　½個
　│サラダ油　小さじ2
　│酒　大さじ1
　│しょうゆ　大さじ1
　│砂糖　小さじ1
　└水　大さじ1
サラダ油　適量

1 ピーマン、玉ねぎはあらみじんに切る。サラダ油を中火にかけて鶏挽き肉と野菜を炒め、肉の色が変わったら調味料と分量の水を加えてガーッと煮からめ、取り出す。
2 卵は卵黄と卵白に分ける。卵白をピンと角が立つまで泡立てる。卵黄をといて泡立てた卵白と混ぜ合わせる。
3 フライパンにサラダ油をぬって弱火にかけ、あまり熱くならないうちにフワフワ卵液を½量流してフライパンをまわして広げ、すぐフタをして1〜2分焼く。
4 表面が乾かないうちに **1** の具を½量片側にのせ、もう一方の卵をかぶせて2つ折りにする。フライパンに皿をかぶせ、一気にひっくり返して取り出し、形を整える。残りも同様に焼く。

へ

ベイクドバジルトマト
トマトを焼くと中の詰めものが香りよく絶妙の食感

トマト　4個
A┌バター　50g
　│バジル（生・みじん切り）　½カップ
　│にんにく（みじん切り）　2かけ
　│生パン粉　½カップ
　│塩　適量
　└こしょう　適量
サラダ油　少々

1 トマトはヘタを取って横半分に切り、種を取りのぞき、水けをふく。
2 Aをクリーム状によく混ぜ合わせ、8等分にし、トマトの穴に詰める。
3 天板にサラダ油を薄くぬり、**2** のトマトを並べ、オーブンに入れ、250度で10分くらい、トマトの上がこんがりきつね色になるまで焼く。

作り方 **2**

米なすのグラタン
米なすは形もビッグだけど、味も大味。こくのある洋風料理にはもってこいの素材

米なす　2個

べいなす

揚げ油　適量
ミートソース　2カップ
とけるチーズ　1カップ

1 米なすはヘタを切り落とし、縦2つに切り、海水くらいの塩水(分量外)に、切り口を10分くらいつけておき、水けをふく。
2 ミートソースは温めておく。
3 揚げ油を中温(170〜180度)に熱し、なすの切り口からそっと入れていく。一度裏返し、竹串がスッと通るようになったら、よく油をきって引き上げる。
4 グラタン皿を4人分用意し、切り口を上にして、それぞれ揚げた **3** のなすをおき、上から **2** の温めたソースをかける。とけるチーズを散らし、200度のオーブンでクツクツこんがりするまで焼く。

ミートソース➡ミートソース

米なす

米なすのピカタ
大味の米なすが卵をからめて焼くだけで、ふっくらこんがりとおいしく変身！

米なす　2個
塩　適量
小麦粉　適量
卵　1〜2個
オリーブ油　大さじ1
バター　大さじ1

1 米なすはヘタを切り落として縦に1cm厚さに切り、両面に塩をパラパラと振って10分くらいおく。
2 なすの水けをふき、両面に小麦粉を振って余分な粉をはたき落とす。
3 卵はときほぐしておく。
4 フライパンにオリーブ油とバターを入れて中火にかけ、バターがとけたら、なすにとき卵をつけて並べ入れる。両面をこんがり焼けば出来上がり。トマトケチャップや中濃ソースで食べる。

ベーコン&チキンサンド
ボリューム満点のサンド。肉類やチーズを野菜と交互にはさむと、具が安定する

〈これは2人分〉
食パン(10〜12枚切り)　4枚
バター　適量
マスタード　適量
きゅうり　1/2本
アルファルファ　1/2パック
レタス　2枚
鶏むね肉　小1枚
塩　少々
こしょう　少々
サラダ油　少々
ベーコン　4枚
チェダーチーズ　2〜4枚

1 食パンは2枚1組にして合わせる面にバターをぬり、それぞれ片面にはさらにマスタードもぬる。
2 きゅうりは斜め薄切りにし、レタスは食べよくちぎる。
3 鶏むね肉は黄色い脂肪を取り、厚みのある部分に切りめを入れて開き、塩、こしょうを振る。
4 フライパンを熱し、サラダ油で鶏肉の両面をフタをしてこんがり焼いて、あら熱が取れたら薄くそぎ切りにする。
5 ベーコンは弱めの火でカリカリに焼き、キッチンペーパーなどの上にのせて余分な脂を取る。
6 **1** の食パンにきゅうり、アルファルファ、レタス、鶏肉、ベーコン、チェダーチーズをはさむ。切るときは、2〜3カ所ピックを下まで刺してから、半分に切り分けるとくずれない。

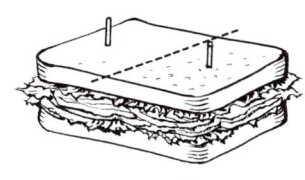

作り方 6

ベーコン入りほうれん草ソテー
ほうれん草はかためにゆでる。ベーコンのうまみがおいしい風味になる一品

　　ほうれん草　1わ
　　ベーコン　2枚
　　サラダ油　大さじ1
　　塩　少々
　　こしょう　少々

1 ほうれん草は塩少々(分量外)を加えた熱湯で、かためにゆでてすぐ水に取る。3〜4回水をかえ5分ほど冷水にさらし、水けをしぼって4〜5㎝長さに切る。
2 ベーコンは1.5㎝幅に刻む。
3 フライパンにサラダ油とベーコンを入れて火にかけ、中火でこんがりと炒める。
4 ベーコンから脂が出てきたら強火にしてほうれん草を加え、炒め合わせる。全体がアツアツになったら塩、こしょうで調味し、すぐ器に盛る。

ベーコンと牛レバーのバターソテー
レバーが苦手でも、これはきっと大丈夫

　　牛レバー(薄切り)　300ｇ
　　小麦粉　適量
　　ベーコン　4枚
　　バター　大さじ2
　　黒挽きこしょう　適量
　　酢かバルサミコ酢　大さじ2
　　塩(好みで)　適量

1 レバーは小麦粉を薄くまぶす。ベーコンは4つに切る。
2 フライパンにバターをとかしてレバーとベーコンを入れ、こしょうを振り、強火で炒める。レバーに火が通ったら皿に盛る。
3 フライパンを火にかけ、残った焼き汁に酢かバルサミコ酢を加えて混ぜ、フツフツしたらレバーにかける。味がたりなければ、塩を振って食べる。

ベーコンと白菜漬けのソテー
素材の風味が一つになって、新鮮な味の炒めものに。余ったら卵とじにしても美味

　　ベーコン　2枚
　　白菜漬け　200ｇ
　　赤唐辛子(輪切り)　1本
　　ごま油　大さじ½
　　酒　大さじ½
　　みりん　大さじ½
　　しょうゆ　大さじ1

1 ベーコンは2㎝幅に切る。白菜漬けはザッと洗って水けをしぼり、2㎝幅に切る。
2 フライパンにごま油を熱してベーコンを炒め、脂が出てきたら強火にし、赤唐辛子、白菜漬けを加えて炒め合わせる。
3 全体に油がまわったら酒、みりん、しょうゆを加えて味をつけ、ザッザッと混ぜながらさらに2〜3分炒める。

ベーコンの串焼き
材料はお好みで。サッと焼いてアツアツを

　　ベーコン(1.5㎝厚さ)　2枚(約300ｇ)
　　長ねぎ　2本
　　しし唐辛子　½パック
　　サラダ油　少々

1 ベーコンは2㎝長さのコロコロに切る。長ねぎは3㎝長さのブツ切りにし、しし唐辛子はヘタを切り落とす。
2 竹串にベーコン、長ねぎ、しし唐辛子を刺し、サラダ油を熱したフライパンで両面を中火でゆっくりこんがり焼いて出来上がり。

ベーコンビーンズ

豆は前日に準備を。マスタードが味の引きしめ役となって、おいしさアップ

　　白いんげん豆(乾)　1カップ
　　ベーコン(1.5㎝厚さ)　1枚(約100ｇ)
　　マスタード　大さじ1〜2
　　トマトジュース　1カップ
　　固形スープの素　1個
　　砂糖　小さじ½
　　塩　少々
　　赤ワイン　½カップ
　　水　½カップ

1 白いんげん豆は豆の3倍量の水につけて一晩おく。
2 翌日 **1** をつけ汁ごと火にかけ、煮立ったらフタをして、弱火で30〜60分ほどやわらかく煮る。
3 ベーコンは1.5㎝角に切る。
4 鍋にベーコン、マスタード、トマトジュース、固形スープの素、砂糖、塩、赤ワイン、分量の水を入れて火にかけ、水けをきったいんげん豆も加える。
5 鍋のフタを少しずらして30〜40分弱火で煮る。焦げつかないように、ときどき鍋底からかき混ぜて、汁けがほとんどなくなるまで煮詰める。

ベジタブルチャウダー

実だくさんのミルクスープ

　　ベーコン　2枚
　　玉ねぎ　1個
　　じゃが芋　1個
　　ピーマン　1個
　　にんじん　5㎝
　　水　3カップ
　　固形スープの素　1個
　　牛乳　1カップ
　　塩　適量
　　こしょう　適量

1 玉ねぎ、ピーマン、じゃが芋は1㎝角に切り、じゃが芋は水でザッと洗う。にんじんは薄いいちょう切りにする。ベーコンは1㎝幅に切る。
2 分量の水に玉ねぎ、じゃが芋、にんじん、ベーコン、スープの素を入れて火にかけ、フツフツしたら中火でやわらかくなるまで煮る。
3 牛乳とピーマンを加えて弱火にし、味をみて塩、こしょうで調え、再びフツフツしたら火を止める。

ベジタブルドライカレー

カラフルな野菜たっぷり、ヘルシーカレー

　　温かいご飯　4人分
　　合い挽き肉　200ｇ
　　玉ねぎ　1個
　　ピーマン　1個
　　赤ピーマン　1個
　　黄ピーマン　1個
　　セロリ　1本
　　キャベツ　4枚
　　にんにく(みじん切り)　ひとかけ
　　しょうが(みじん切り)　ひとかけ
　　サラダ油　大さじ1
　　ローリエ　1枚
　A｛　カレー粉　小さじ1〜3
　　　カレールウ　小½箱(約50ｇ)
　　　しょうゆ　大さじ1
　　　ウスターソース　大さじ1
　　　こしょう　少々
　　セロリの葉(みじん切り)　適量

1 ピーマン類、セロリ、玉ねぎ、キャベツはそれぞれ1㎝角くらいに切る。
2 フライパンにサラダ油、にんにく、しょうがを入れ、弱火にかけて炒める。香りがたったら、合い挽き肉とローリエを加えて強火で炒める。
3 肉の色が変わったら、玉ねぎ、ピーマン類、セロリ、キャベツの順に加えて炒め、全体がアツアツになったら、いったん

火を止め、Aを記載順に加えて混ぜる。再び中火にかけてよく炒め、火を通す。
4 器に温かいご飯を盛って **3** のドライカレーをのせ、上にセロリの葉のみじん切りを散らす。

べっこう鶏
オーブンで焼いてから、酒、しょうゆ、みりんだけでコテッと煮上げます

　鶏ウイングスティック　12〜16本
　にんにく（つぶす）　ひとかけ
　酒　¾〜1カップ
　しょうゆ　大さじ2〜3
　みりん　大さじ1〜2

1 天板と網を水でぬらし、鶏肉を並べ、250度のオーブンで10分くらい焼く。
2 鍋の中を水でぬらし、調味料とにんにくを入れてフタをして中火にかける。フツフツしたら鶏肉を加える。フタをして中火で20〜30分煮る。好みでマスタードや辛子をつけて食べる。

ペッチャン餃子（ギョーザ）
焼きもちのような形で、自家製の皮がシコシコ香ばしい！

　皮
　┌ 強力粉　1½カップ
　│ 薄力粉　1½カップ
　│ 塩　小さじ½
　│ ごま油　大さじ1
　└ 熱湯　1〜1½カップ
　豚挽き肉　150g
　しょうが（みじん切り）　ひとかけ
　にら（みじん切り）　½わ
　長ねぎ（みじん切り）　½カップ
　A ┌ しょうゆ　大さじ½
　　│ 塩　小さじ½
　　│ こしょう　少々
　　│ ラー油　少々
　　└ 五香粉（あれば）　少々
　ごま油　適量

1 皮の生地を作る。ボウルに粉類、塩、ごま油を入れ、熱湯を様子をみながら少しずつ加えて箸で混ぜる。まとまってきたら手でこね、表面をたたいてなめらかにし、丸める。ボウルに入れてラップなどをかけ、約30分休ませる。
2 生地を休ませている間に具を作る。ごま油大さじ1を熱して豚挽き肉、しょうが、長ねぎをよく炒め、肉の色がすっかり変わったらAを加えて調味し、にらを加えてサッと炒める。バットなどに広げて冷ます。
3 生地を12等分にして丸め、押しつぶし、7〜8cmの円形にのばす。
4 生地の中央に **2** の具を大さじ1杯こんもりとのせ、生地の周囲を中心に向かって持ち上げて丸く包み、口をしっかりねじって閉じる。
5 ホットプレートを200度に熱してごま油を薄くぬり、丸く包んだ餃子を並べる。上からごま油をタラッとかけ、フライ返しで押さえてペッチャンコにし、こげめがつくまで両面焼く。ごま油を少したして裏返し、湯を1カップ（分量外）まわしかけてフタをして蒸し焼きにし、水けが少なくなったらフタを取ってカラリと仕上げる。何もつけなくてもおいしいが、酢じょうゆやラー油などをつけて食べてもいい。

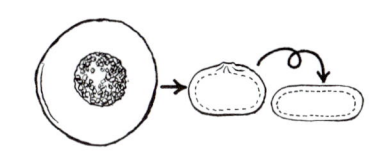

作り方 **4**、**5**

ペッパーステーキ
肉は強火で。家庭のコンロとフライパンなら一度に2人分ずつまで焼くのがベスト

〈これは2人分〉

ぺぺろんちーの

牛肉(ステーキ用)　2枚
塩　少々
サラダ油　少々
黒粒こしょう　大さじ1
ワイン　大さじ2
ソース
　｛ しょうゆ　大さじ1
　　ワイン　大さじ1
　　トマトケチャップ　大さじ1
バター　1㎝角
〈付け合わせ〉
にんじんのグラッセ　適量
クレソン　適量

1 牛肉はすじ切りをし、塩を振っておく。
2 フライパンにサラダ油をひいて熱し、肉を2枚入れる。強火のまま焼き、フライパンをゆすって肉が自然に動くようになったら裏返し、サッと焼く。
3 火を弱めて黒粒こしょうを加え、フタをしてフライパンをゆすりながら1～2分焼く。ワイン(白、赤どちらでも)を振り入れて一瞬火を強め、レアが好みなら、ここで火を止め、ミディアムが好みなら、もう少し焼く。
4 ソースを作る。器に肉を盛り、フライパンに余熱が残っているうちに、ソースの調味料を入れて混ぜ、ステーキにかける。上にバターをのせ、にんじんのグラッセとクレソンを添える。
　にんじんのグラッセ➡にんじんのグラッセ

ペペロンチーノ
にんにく&唐辛子の香りが出るのは炒めて5分。ゆでたてパスタとタイミングをよく

〈これは2人分〉
スパゲティ　150～200g
にんにく　2かけ
赤唐辛子　3～4本
オリーブ油　大さじ2
スパゲティのゆで汁　¼カップ
塩　小さじ½～1
こしょう　少々

1 スパゲティは袋の表示通りにゆで上げ、ゆで汁を取っておく。
2 にんにくは薄切りにし、赤唐辛子は種をのぞいて2つにちぎる。
3 フライパンにオリーブ油、にんにく、赤唐辛子を入れて火にかけ、弱火でゆっくり炒めて十分に香りと辛みを出す。
4 にんにくがこんがりしてきたら、ゆでたてのスパゲティを入れ、すぐ分量のゆで汁と塩、こしょうを加えて火を止める。
5 全体をザッと混ぜ合わせて器に盛りつける。好みで粉チーズを振って食べてもおいしい。

ペリメニ
スープ仕立てのロシア風餃子(ギョーザ)

具
　｛ 合い挽き肉　200g
　　玉ねぎ(みじん切り)　½個
　　塩　小さじ½
　　こしょう　少々
皮
　｛ 小麦粉　1½カップ
　　塩　小さじ¼
　　卵　1個
　　水　大さじ2
水　5カップ
固形スープの素　2個
パセリ(みじん切り)　適量
こしょう　適量

1 具の材料はよく混ぜ合わせる。
2 皮を作る。小麦粉、塩、とき卵を混ぜ

てこね、水を少しずつ加えてこね、耳たぶくらいのやわらかさにする。小麦粉(分量外)を振った上で直径2㎝の棒状にし、2㎝長さに切り、手のひらで押さえてから直径7〜8㎝の円形にのばす。

3 皮に具をのせ、2つ折りにして包み、縁をギュッと押さえてくっつける。

4 たっぷりの熱湯でサッとゆでる。

5 分量の水とスープの素を火にかけ、フツフツしたら **4** を入れ、浮き上がってくるまで煮る。盛りつけ、パセリとこしょうを振る。

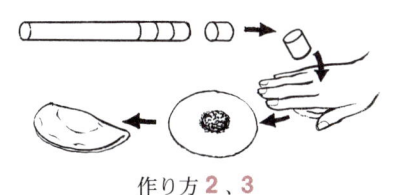

作り方 **2**、**3**

ペリメニのミルクスープ
体の中から温まります。スープで煮て最後に牛乳を入れるだけ

　具
　　　合い挽き肉　200g
　　　玉ねぎ　½個
　　　塩　小さじ½弱
　　　こしょう　少々
　餃子の皮　1袋
　水　3カップ
　固形スープの素　1個
　牛乳　1カップ
　塩　少々
　こしょう　少々
　パセリ　適量

1 玉ねぎはみじん切りにし、ボウルに入れて合い挽き肉、塩、こしょうを加えてよく混ぜ合わせる。

2 餃子の皮に **1** の具を小さじ1くらいずつのせ、皮の周囲に水をつけて2つ折りにし、ひだを寄せてしっかり押さえる。

3 鍋に分量の水と固形スープの素を入れて火にかけ、フツフツしてきたら **2** の餃子を次々と入れていく。

4 餃子がプカプカ浮いてきたら、牛乳を加え、再びフツフツしたら塩、こしょうで調味する。器に盛ってみじん切りにしたパセリを散らす。

ヘルシーサラダ
ひじきと野菜をレモン風味のドレッシングでさっぱり食べる

　ひじき(乾)　½カップ
　レタス　2枚
　きゅうり　1本
　しょうが(千切り)　ひとかけ
　細ねぎ(小口切り)　½カップ
　ドレッシング
　　　塩　小さじ½
　　　しょうゆ　大さじ1
　　　砂糖　大さじ1
　　　米酢　大さじ1
　　　レモン汁　大さじ1
　　　サラダ油　大さじ1

1 ひじきは袋の表示通りに戻して熱湯で1〜2分サッとゆで、ザルに広げて冷ましておく。

2 レタスは細切り、きゅうりは斜め薄切りにしてから細切りにする。

3 ボウルにドレッシングの材料を記載順に混ぜ合わせ、最後にサラダ油を加えたらサッと混ぜる。

4 **3** のドレッシングに、ひじき、レタス、きゅうり、しょうが、細ねぎの順にホワッホワッと全体をあえて器に盛る。

ヘルシーピザ
ほうれん草と低脂肪チーズの組み合わせ。上にピザ用チーズを振ってコクをプラス

〈これは2人分〉
　ピザ台　1枚

ほうれん草　½わ
オリーブ油　適量
塩　少々
こしょう　少々
カッテージチーズ　½カップ強
セージ　適量
ピザ用チーズ　適量

1 ほうれん草はほどよくゆでて水にさらし、ギュッとしぼって細かく刻む。
2 フライパンにオリーブ油少々を熱し、ほうれん草を強火で炒める。全体に油がまわったら、塩とこしょうを振る。
3 ピザ台にオリーブ油を薄くぬり、ほうれん草とカッテージチーズを混ぜ合わせて上にのせる。
4 さらに細かく刻んだセージ(粉末少々でも可)を散らし、ピザ用チーズを振って180度のオーブンで5〜7分焼く。

ピザ台→ピザ台(基本)

ほ

回鍋肉（ホイコーロー）
豚ばらをゆでることでカロリーダウン。コクは使った油利用でプラスする

キャベツ　½個
豚ばらかたまり肉　300g
使った油　大さじ1強
合わせ調味料
　みそ　大さじ1
　酒　大さじ1
　しょうゆ　大さじ1
　砂糖　大さじ1

1 豚肉は塩(分量外)を全体にすり込み、30分くらいおいてから熱湯で30分ゆでる。あら熱が取れたら4〜5mm厚さの薄切りにする。
2 キャベツは芯を取り、大きめのザク切りにする。
3 中華鍋を強火にかけ大さじ1の油でキャベツを炒め、すぐに取り出す。
4 油少々をたし、肉を中火でこんがり炒め、合わせ調味料を加えて強火にし、すぐキャベツを戻し、味をからめながら手早く炒め合わせる。

使った油→ コラム参照

ほうとう 夏版
干椎茸のだしが香り、しょうゆで味を調える、さっぱり風味のめん

ほうとう(生)　4人分
干椎茸　小4枚
豚こま切れ肉　200g
にんじん　5〜6cm
かぼちゃ　⅛個
いんげん　10本
水　8カップ
みそ　大さじ3〜4
しょうゆ　適量
細ねぎ　6〜8本

1 干椎茸は乾いたまま軸をポキッと折り、2つに割る。
2 にんじんは縦半分に切ってから斜めに2〜3mm厚さに切り、かぼちゃは食べよい大きさで5mm厚さに切る。いんげんはすじを取って半分に切り、細ねぎは3〜4cm長さのブツ切りにする。
3 鍋に分量の水と干椎茸を入れて中火にかけ、フツフツしてきたら豚こま切れ肉を入れる。干椎茸がやわらかくなったら、にんじん、かぼちゃ、いんげんを入れる。
4 再びフツフツしてきたら、ほうとうをほぐしながら加えて、さらに煮る。
5 ほうとうが煮えたらみそをとかし入れ、しょうゆで味を調え、細ねぎを入れてすぐ火を止める。

干椎茸→ コラム参照

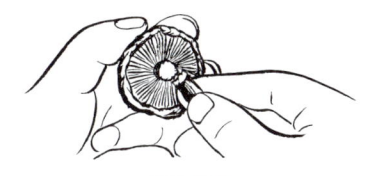

ほうとう 冬版
ほうとうがないときは、いつものうどん玉を、みそを入れたあとに加える

ほうとう(生)　4人分
豚こま切れ肉　100g
かぼちゃ　⅛個
大根　5㎝
にんじん　½本
長ねぎ　1本
白菜　3～4枚
だし汁　8カップ
みそ　大さじ3～4
細ねぎ(小口切り)　適量

1 かぼちゃは皮をところどころむき、一口大のコロコロに切る。大根とにんじんは1㎝厚さのいちょう切り、長ねぎは2㎝長さのブツ切りにする。白菜は軸と葉に切り分け、軸は繊維にそって細切りにし、葉はザク切りにする。
2 鍋にだし汁とかぼちゃ、大根、にんじんを入れて火にかけ、フツフツしてきたら豚肉、白菜の軸、葉の順に加え、さらにほうとうをほぐしながら加えて煮る。
3 再びフツフツしてきたら長ねぎも加え、12～15分煮込む。
4 みそをとき入れフツフツしたら火を止めて器に盛り、細ねぎをたっぷりかける。

ほうれん草とコーンのサラダ
彩りもきれいなサラダ。ドレッシングの油はサラリと混ぜ、さっぱり風味に仕上げる

ほうれん草　1わ
塩　少々
ホールコーン缶詰　中1缶(約230g)
ドレッシング
　塩　小さじ½～1
　こしょう　適量
　米酢　大さじ1
　サラダ油　大さじ2

1 ほうれん草は塩を加えた熱湯で色よくゆでてすぐ水に取る。3～4回水をかえながら冷まして、5～10分水にさらし、水けをしぼって食べよい長さに切る。
2 ホールコーンは缶汁をきっておく。
3 ボウルにドレッシングの材料を記載順に混ぜ合わせ、最後にサラダ油を加えたら、サラリと混ぜる。ほうれん草1わの量により塩の分量は増減する。
4 ドレッシングにほうれん草とコーンの順に加え、ザッと混ぜる。

ほうれん草と鮭缶のグラタン
鮭の代わりにツナやほたて缶詰でも美味。大急ぎならソースも缶詰利用を

ほうれん草　1わ
塩　少々
鮭缶詰　1缶
ホワイトソース
　バター　大さじ2
　小麦粉　大さじ3
　牛乳　2½カップ
　塩　小さじ½
　こしょう　少々
バター　大さじ2
パン粉　大さじ2
粉チーズ　大さじ3

1 まずホワイトソースを作る。鍋にバターを入れて中火にかけ、バターがとけたら弱火にして小麦粉を振り入れ、1～2分よく炒める。粉っぽさがなくなったらまず牛乳½カップを加えて手早く混ぜ、残りの牛乳も加え混ぜる。弱火のまま焦がさないように鍋底を混ぜながら7～8分煮込んで

ほうれんそう

塩、こしょうで調味する。

2 ほうれん草は塩を加えた熱湯でかためにゆでて、すぐ水に取る。3～4回水をかえながら冷まして5～10分冷水にさらし、水けをしぼってザク切りにする。

3 鮭缶詰は皮と骨をはずし、身をあらくほぐしておく。

4 耐熱容器の中を水でぬらし、ホワイトソースを少し敷き、ほうれん草と鮭を重ね上から残りのホワイトソースをかける。パン粉、粉チーズ、ちぎったバターを散らして、250度のオーブンで約10分焼く。

ほうれん草と卵のグラタン
濃厚に仕上げたいなら、ピザ用チーズでも

　　ゆでたほうれん草　1～2わ分
　　ゆで卵(固ゆで)　4個
　　ホワイトソース
　　┌バター　大さじ2
　　│小麦粉　大さじ4
　　│牛乳　3カップ
　　│塩　小さじ½
　　└こしょう　少々
　　粉チーズ　大さじ4

1 ほうれん草は4～5㎝長さに切る。ゆで卵は適当な厚さの輪切りにする。

2 ホワイトソースを作る。バターを中火で熱し、バターがとけたら弱火にして小麦粉を振り入れ、1～2分粉っけがなくなるまでよく炒める。

3 火を止め、牛乳½カップを加えてよく混ぜ、残りの牛乳も加えて混ぜる。

4 中火をつけ、ときどき木ベラで混ぜながら煮て、フツフツしてきたら弱火にし、ときどき鍋底を混ぜながら10分くらい煮る。味をみて塩、こしょうで調える。

5 耐熱容器の中を水でぬらし、ホワイトソースの半量を敷き、ほうれん草を入れ卵を散らす。残りのホワイトソースをかけ、粉チーズを振る。

6 オーブンに入れ、200度で20分前後こんがりフツフツ焼く。

ほうれん草と生椎茸のみそ汁
仕上げにバターを加えて風味をアップ

　　ほうれん草　⅓わ
　　生椎茸　4個
　　だし汁　4カップ
　　みそ　大さじ2～3
　　バター　1㎝角

1 ほうれん草は色よくゆでて水にさらし、水けをしぼって細かく刻む。生椎茸は石づきを切り落として傘の部分は4等分し、軸は細切りにする。

2 鍋にだし汁を入れて火にかけ、フツフツしてきたら生椎茸を加え、再びフツフツしたらみそをとき入れる。

3 さらにほうれん草を加えてひと煮し、すぐに火を止め、バターを落として椀に注ぐ。

ほうれん草とにらの相性煮
野菜をひと煮立ちさせながら煮るだけ

　　ほうれん草　1わ
　　塩　少々
　　にら　1わ
　　煮汁
　　┌水　1カップ
　　│酒　大さじ2
　　│薄口しょうゆ　大さじ2
　　└桜えび　大さじ2
　　しょうがの甘酢漬け　少々

1 ほうれん草は塩少々を加えたたっぷりめの熱湯でかためにゆでてすぐ水に取る。大急ぎで3～4回水をかえながら冷水に5～10分さらす。水けをしぼって2～3㎝長さに切る。

2 にらも2～3㎝長さに切る。

3 広口の鍋に煮汁の材料を煮立て、フツフツしてきたら、ほうれん草を全体に広げ

ほうれんそう

るように入れる。
4 再びフツフツしてきたら、にらを加え混ぜて平らにならす。最後にところどころにしょうがの甘酢漬けを散らし、すぐにフタをして火を止める。

ほうれん草と豚肉の辛子マヨ炒め
肉に火が通らないうちに調味料を加え、コテッと味をつけるのがコツ

　　ほうれん草　1わ
　　豚肩ロース薄切り肉　200g
　　塩　適量
　　にんにく(みじん切り)　ひとかけ
　　サラダ油　大さじ1
　　A ┌ マスタード　大さじ1
　　　└ マヨネーズ　大さじ山盛り1

1 ほうれん草は塩少々を加えた熱湯でかためにゆでて、すぐ水に取る。3〜4回水をかえながら冷まして5〜10分水にさらし、水けをしぼって5〜6cm長さに切る。
2 豚肩ロース薄切り肉は3つに切り、塩少々を振って下味をつける。
3 フライパンにサラダ油とにんにくを入れ、中火で炒めて、香りがたったら豚肉を加えひと炒めする。肉に完全に火が通らないうちに、Aの調味料を加えて強めの中火で炒める。
4 豚肉に火が通ったら、強火にして**1**のほうれん草を2〜3回に分けて加え、全体を炒め合わせて器に盛る。

ほうれん草とベーコンのスパゲティ
ほうれん草は生でジャッと炒めたほうがおいしい。ただしアク汁はあけること

　　〈これは2人分〉
　　スパゲティ　150〜200g
　　ほうれん草　½わ
　　ベーコン　4枚
　　にんにく(みじん切り)　ひとかけ
　　オリーブ油かサラダ油　大さじ2
　　塩　小さじ½〜1
　　こしょう　少々
　　粉チーズ　適量

1 スパゲティは袋の表示通りにゆで、ゆで汁は少し取っておく。
2 ほうれん草は7〜8cmのザク切りにし、ベーコンは2cm幅に切る。
3 フライパンにオリーブ油かサラダ油大さじ2を熱し、ベーコンとにんにくを中火で炒める。
4 ベーコンから脂が出て、にんにくの香りがたったら、ほうれん草を2回に分けて加え、すぐに塩も加えて強火でジャッジャッと炒める。色があざやかになったらフタをして、炒めたときに出たアク汁はきる。
5 再び強火にかけ、こしょうを振ってザッと混ぜ、水けがとんだらすぐ火を止めて、ゆでたてのスパゲティを加え混ぜる。全体を混ぜ合わせるときに、ゆで汁を少し加えると混ぜやすい。
6 器に盛り、粉チーズを振って食べる。香りづけにオリーブ油を落としてもよい。

ほうれん草のイスタンブール煮
トルコで出会った料理をカツ代流にアレンジ。ほうれん草をクタクタに煮るのが特徴

　　ほうれん草　1わ
　　塩　少々
　　玉ねぎ(みじん切り)　¼個
　　ベーコン　4枚
　　にんにく(みじん切り)　ひとかけ
　　オリーブ油かサラダ油　大さじ1〜2
　　A ┌ 水または湯　2カップ
　　　│ 固形スープの素(チキン)　1個
　　　│ 塩　小さじ½
　　　└ こしょう　少々
　　プレーンヨーグルト　適量

1 ほうれん草は塩を加えた熱湯で、ほどよくゆでて水に取り、3〜4回水をかえながら冷まして5〜10分水にさらす。水け

ほうれんそう

を軽くしぼって細かく刻む。
2 ベーコンは細かく刻む。
3 フライパンにオリーブ油またはサラダ油とにんにくを入れて火にかけ、弱火で炒める。香りがたったらほうれん草、玉ねぎ、ベーコンを加えて強火で炒める。
4 全体がしんなりしたら、Aを加えて弱火で30分ほど煮込み、味をみて塩、こしょう(各分量外)で調える。
5 出来上がりを器に盛り、別の器にプレーンヨーグルトを入れて添え、これをかけながら食べる。

ほうれん草のお浸し

たかがお浸し、されど……。一度はこの作り方通りお試しあれ！

　ほうれん草　1わ
　塩　適量
　削り節　1パック
　しょうゆ　適量
　すだち(あれば)　適量

1 たっぷりの湯を沸かして塩を加え、ほうれん草の根元をつかんで葉のほうから入れ、箸で押さえて全体を沈める。途中でひっくり返し、ほどよいかたさにゆでる。
2 水に取り、大急ぎで3～4回水をかえてから、冷たい水に5～10分ほどさらす。
3 水けをしぼり、3～4cm長さに切る。
4 盛りつけ、削り節をかけ、すだちをしぼり、しょうゆをかけて食べる。

作り方 **1**

ほうれん草のガーッ

ベーコンと一緒にガーッとゆでたら、色もアクもすっきり！　アツアツが食べられる

　ほうれん草　1わ
　ベーコン　3枚
　塩　小さじ½
　しょうゆ　適量

1 ほうれん草は食べやすい長さに切り、ベーコンは2cm幅に切る。
2 中華鍋に半分の高さほど湯を沸かし、塩を加え、強火のままベーコンとほうれん草をドドッと加える。
3 すぐ上下を返すようにして全体を混ぜ、ほうれん草がしんなりしたらザルにあげる。水けをよくきって盛り、温かいまましょうゆをかけて食べる。

ほうれん草のカルボナーラ風

ソースが出来上がると同時に、スパゲティがゆで上がるように作りましょう

　〈これは2人分〉
　スパゲティ　150～200g
　ほうれん草　½～1わ
　ベーコン　2～3枚
　バター　大さじ1
　塩　小さじ½
　生クリーム　½カップ
　粉チーズ(パルメザンチーズ)　適量

1 スパゲティは表示通りにゆでる。
2 ほうれん草は熱湯でほどよいかたさにゆで、水に取り、軽くしぼって3～4cm長さに切る。ベーコンは2cm幅に切る。
3 バターを火にかけてとかし、ベーコンとほうれん草を強火で炒める。全体がアツアツになったら塩を加えて混ぜ、生クリームを加える。
4 フツフツしてきたらスパゲティを加え、手早くソースをからめる。味をみて塩、こしょう各少々(各分量外)で調え、火を止める。粉チーズを振って食べる。

ほうれん草のクリーム煮

牛乳を加えたら火は弱め。寒い冬の夜にお

すすめの洋風おかず

　ほうれん草　1わ
　マッシュルームスライス缶詰　小1缶
　バター　大さじ2
　小麦粉　大さじ4
　牛乳　3カップ
　固形スープの素　1個
　塩　適量
　こしょう　少々

1 ほうれん草は塩少々を加えた熱湯で、かためにゆでてすぐ水に取る。3〜4回水をかえながら冷まして、5〜10分冷たい水にさらし、水けをしぼって3cm長さに切る。

2 マッシュルームスライス缶詰は缶汁をきり、缶汁も取っておく。

3 鍋にバターを入れて中火にかけ、バターがとけたらマッシュルームを加えて炒める。全体がアツアツになったら火を弱め、小麦粉を振り入れて2〜3分炒める。

4 粉っぽさがなくなったら、いったん火を止め、**2**の缶汁を加えて手早く混ぜる。混ぜながら再び火をつけ、なめらかになったら牛乳を加えて混ぜる。

5 さらに固形スープの素も加え、ときどき混ぜながら弱火で15分くらい煮る。とろりとなったら、ほうれん草を加えて塩、こしょうで味を調え、フツフツしたら火を止める。

ほうれん草のサラダ
サラダ用の新鮮な素材をみつけたら、ぜひ

　ほうれん草(サラダ用)　1わ
　ベーコン　2〜3枚
　サラダ油　少々
　ドレッシング
　　｛塩　適量
　　　こしょう　少々
　　　米酢　大さじ2
　　　サラダ油　大さじ1

1 ほうれん草は葉をつまんで器に盛っておく。

2 ベーコンは5mm幅に切る。

3 フライパンにサラダ油を熱し、ベーコンを中火でこんがりと炒める。カリカリになったら火を止めて、**1**のほうれん草の上にパラパラと散らす。

4 フライパンが熱いうちに、ドレッシングの調味料を入れてよく混ぜ合わせ、盛りつけたほうれん草の上にまわしかける。食べるときに、全体をザッと混ぜる。

ほうれん草のじか炒め
湯通ししてアクを抜き、歯ごたえシャキッ！

　ほうれん草　1わ
　サラダ油　大さじ1〜2
　塩　適量
　こしょう　少々
　湯　1〜2カップ

1 ほうれん草は5〜6cm長さに切る。

2 サラダ油を少し残して熱し、ほうれん草と塩小さじ½を加え、強火で炒める。全体に油がまわったら湯を加え、煮立ってきたら湯をきる。

3 残りの油をたして強火で炒め、塩、こしょうで味を調える。

ほうれん草のスパゲティグラタン
混ぜ合わせるだけの簡単ホワイトソースで

　〈これは2人分〉
　スパゲティ　150g
　ほうれん草　1わ
　ベーコン　100g
　塩　少々
　こしょう　少々
　ソース
　　｛小麦粉　大さじ2
　　　牛乳　2カップ
　パン粉　大さじ4
　粉チーズ　大さじ4

ほうれんそう

　バター　大さじ2

1 ほうれん草は4〜5㎝長さに切り、ベーコンは1〜2㎝幅に切る。スパゲティは表示通りにゆでる。

2 フライパンを熱してベーコンを中火で炒める。脂が出たら、強火にしてほうれん草を加え、すぐ塩、こしょうを振る。全体に油がまわったら、湯を2カップ（分量外）くらい注ぎ、全体を大きく混ぜる。フツフツしてきたらザルにあけ、汁けをきる。

3 耐熱容器の中を水でぬらし、スパゲティを入れ、上に**2**をのせて平らにする。

4 ボウルに小麦粉を入れ、泡立て器で牛乳を少しずつ加え混ぜ、**3**にまわしかける。パン粉と粉チーズを振り、バターをところどころ散らす。

5 オーブンに入れ、250度で5分、200度に下げて20分焼く。

ほうれん草の台なしキッシュ
耐熱容器を使うから、手間なし！　焼きたてのクリーミーなおいしさをどうぞ

　ゆでたほうれん草　1わ分
　ハム　4枚
　プロセスチーズ（5㎜厚さ）　2枚
　A ┌ 卵　4個
　　│ 生クリーム　1カップ
　　│ 牛乳　½カップ
　　│ 塩　小さじ½
　　│ こしょう　少々
　　└ にんにく（すりおろし）　少々
　バター（有塩）　適量

1 ほうれん草は2㎝長さに切る。

2 ハムは1㎝角、プロセスチーズは5㎜角に切る。

3 卵液を作る。ボウルに卵を割りほぐして生クリームと牛乳を加え混ぜ、塩、こしょう、おろしにんにくを加えて調味する。

4 耐熱容器の中にバターをぬり、ほうれん草、ハム、チーズの順に入れ、Aを流す。

5 **4**を180〜200度のオーブンで15〜20分焼く。

ほうれん草の玉子焼き
栄養満点、元気になるおかず

　ほうれん草　½わ
　サラダ油　適量
　塩　小さじ½弱
　こしょう　少々
　卵　4〜5個
　A ┌ 酒　大さじ1
　　└ 塩　ひとつまみ
　ごま油　大さじ1
　しょうゆ　少々

1 ほうれん草はゆでて水にさらし、軽くしぼって細かく刻む。サラダ油でサッと炒め、塩、こしょうを振る。

2 卵はとき、Aを加えて混ぜる。

3 ごま油を熱し、強めの中火にして卵を流す。すぐ箸でグルグルッと全体をかき混ぜ、フライパンをまわして卵液を均一に広げる。

4 やわらかい卵の中央にほうれん草をのせ、両側からたたむようにして包み、ひっくり返して裏もこんがりと焼く。

5 あら熱が取れたら一口大に切り分け、しょうゆをかけて食べる。

ほうれん草のチャーハン
空気を含ませるように炒めるのが、ご飯をパラリと仕上げるコツ

　〈これは2人分〉
　温かいご飯　2人分
　ゆでたほうれん草　½わ分
　ロースハム　2枚
　卵　2個
　塩　少々
　こしょう　少々
　ごま油　大さじ1½

1 ゆでたほうれん草は水けをしぼって細

かく刻む。
2 ロースハムは細かく刻み、卵はときほぐしておく。
3 中華鍋にごま油大さじ1を熱し、とき卵を一度に流す。まわりからフツフツと固まってきたらグルリと空気を入れるようにかき混ぜ、フワリと半熟状になったら、いったん器に取り出す。
4 中華鍋にごま油大さじ½をたし、ご飯を軽く炒めて端に寄せる。鍋肌のあいているところにほうれん草を広げて入れ、ご飯と炒め合わせ、さらにハムも加えてひと炒めし、塩、こしょうで味を調える。
5 最後に **3** の卵を戻し入れ、大きくザッザッと炒め合わせて器に盛る。

ほうれん草のナムル
おなじみの韓国風あえもの。もう一品というときにも便利

　　ほうれん草　1わ
　　塩　少々
　　にんにく(すりおろし)　少々
　　しょうが(すりおろし)　少々
　　砂糖　小さじ1
　　薄口しょうゆ　大さじ1
　　ごま油　小さじ1～2
　　白いりごま　大さじ2

1 ほうれん草は塩少々を加えた熱湯でほどよくゆでてすぐ水に取る。3～4回水をかえ5～10分冷水にさらし、水けをしぼって3～4cm長さに切る。
2 ボウルににんにく、しょうが、砂糖、薄口しょうゆ、ごま油を合わせて混ぜ、ほうれん草を加えてザッとあえる。最後に白いりごまを加え混ぜて器に盛る。

ほうれん草の煮浸し
桜えびを加えると、だしいらずのうまみと彩りで一挙両得

　　ほうれん草　1わ
　　塩　適量
　　桜えび　大さじ3
　　煮汁
　　　｜水　1カップ
　　　｜酒　大さじ1
　　　｜薄口しょうゆ　大さじ1

1 たっぷりの湯を沸かして塩を加え、ほうれん草の根元のほうをつかんで葉から入れ、箸で押さえて全体を沈める。途中でひっくり返し、ほどよいかたさにゆでる。
2 すぐ水に取り、大急ぎで3～4回水をかえ、冷水に5分ほどさらす。水けをしぼって3～4cm長さに切る。
3 煮汁に桜えびを入れて火にかけ、フツフツしてきたらほうれん草を加え、サッと煮る。味をみてたりないようなら、塩少々を振って調える。火を止めてそのまま味を含ませる。

ほうれん草のバター炒め
炒めすぎは禁物。強火でザッザッと手早く炒めて、アツアツをどうぞ

　　ほうれん草　1わ
　　しめじ　1袋
　　バター　大さじ1
　　塩　適量
　　こしょう　少々
　　レモン　適量

1 ほうれん草は塩少々を加えたたっぷりめの熱湯で、かためにゆでてすぐ水に取る。大急ぎで3～4回水をかえ、冷水に5～10分さらし、水けをしぼって3～4cm長さに切る。
2 しめじは石づきを切り落として食べよくほぐす。
3 フライパンにバターを入れて火にかけ、とけたらほうれん草としめじを加えて強火で炒め、塩、こしょうで調味する。
4 器に盛り、食べるときにレモンをしぼる。

ほうれんそう

ほうれん草のバター煮
付け合わせに、野菜のおかずに
　　ほうれん草　1わ
　　水　1½カップ
　　固形スープの素　1個
　　バター　2㎝角
　　ナツメグ（あれば）　ごく少々

1 ほうれん草は熱湯でサッとゆで、冷水に取り、大急ぎで水を3〜4回かえ、5分くらい水にさらす。水けをしぼり、3㎝長さに切る。
2 分量の水にほうれん草とスープの素を入れ、強めの中火で5〜10分煮る。火を止め、バターを加えて混ぜ、ナツメグを振る。

ほうれん草の麻婆あんかけ
彩り、味、栄養と三拍子そろってアップ
　　ほうれん草　1わ
　　豚挽き肉　100g
　　しょうが（みじん切り）　ひとかけ
　　豆腐　1丁
　　サラダ油　大さじ2
　　塩　少々
　　合わせ調味料
　　　｜みそ　大さじ1強
　　　｜しょうゆ　大さじ1
　　　｜酒　大さじ1
　　　｜豆板醤　小さじ½
　　水溶き片栗粉
　　　｜片栗粉　小さじ2
　　　｜水　½カップ

1 ほうれん草は5〜6㎝長さに切る。
2 豆腐は1㎝角くらいのさいの目に切り、熱湯で下ゆでし、ザルにあげて水けをきる。
3 中華鍋を強火で熱し、サラダ油大さじ1をまわし入れ、ほうれん草の茎、塩、葉の順に加え入れて強火で炒め、緑色がパァーッとあざやかになったら皿に盛りつける。
4 残りのサラダ油大さじ1を加えて熱し、挽き肉としょうがを強めの中火で炒める。肉の色が変わったら豆腐を加え、強火で形がくずれるのを気にせず炒める。
5 合わせ調味料を加えて混ぜ、水溶き片栗粉を加え、フツフツしてとろみがつくまで煮る。火を止め、**3**のほうれん草にかける。

ほうれん草の雪衣
つぶした豆腐であえるだけ
　　ほうれん草　1わ
　　塩　小さじ1
　　木綿豆腐　½丁
　　薄口しょうゆ　大さじ1

1 たっぷりの湯を沸かして塩を加え、ほうれん草の根元をつかんで葉のほうから入れ、箸で押さえて全体を沈める。途中でひっくり返し、ほどよいかたさにゆでる。水に取り、大急ぎで3〜4回水をかえ、冷たい水に5〜10分さらす。
2 ほうれん草の水けをしぼり、3㎝長さに切る。
3 豆腐はマッシャーなどでつぶし、薄口しょうゆを混ぜ、ほうれん草を加えてあえる。

ほうれん草リゾット　本格風
口あたりはねっとり、かむと少し芯のある本場仕込みのアルデンテ
　　米　1½カップ
　　ゆでたほうれん草　½わ分
　　オリーブ油　大さじ1
　　バター　適量
　　熱湯　2½カップ
　　塩　小さじ¼

1 ゆでたほうれん草は細かく刻む。
2 オリーブ油とバター大さじ1を熱し、バターがとけたら米を加え、弱火で10分

くらいよく炒める。
3 熱湯1カップを加え、水分がなくなるまでよく炒める。
4 再び熱湯1カップを加え、ほうれん草とバター小さじ1も加え、水分がなくなるまで弱火のままよく炒める。
5 残りの熱湯½カップと塩を加え、水分がなくなるまで炒め、火を止める。

ポークシシカバブ
アッと驚くエキゾチックな焼き上がり

豚角切り肉　400～500g
たれ
⎡ 玉ねぎ（すりおろし）　¼個
｜ にんにく（すりおろし）　ひとかけ
｜ しょうが（すりおろし）　ひとかけ
｜ シナモン　少々
｜ カレー粉　少々
｜ こしょう　少々
｜ しょうゆ　大さじ2
｜ 砂糖　大さじ1
｜ 塩　小さじ½弱
⎣ サラダ油　大さじ1

1 たれの材料をよく混ぜ合わせ、豚肉を加えてもみ込み、20～30分おく。
2 金串を水でぬらし、肉を4～5個ずつ刺す。1 で残ったたれに酒少々（分量外）をたして一度火にかけておく。
3 水でぬらした天板に肉を並べ、オーブンに入れる。250度で10分焼き、200度に下げて10～15分焼く。ピラフやご飯とともに盛りつけ、たれを添える。

ポークステーキ　きのこソース
コクとボリュームたっぷりのソースがステーキの風味をアップ。ご飯にもパンにも

豚肩ロース肉（1cm厚さ）　4枚
塩　少々
こしょう　少々
サラダ油　少々
きのこソース
⎡ 生椎茸　1袋
｜ 舞茸　1袋
｜ 水　½カップ
｜ トマトケチャップ　大さじ2
｜ 酒　大さじ2
｜ ウスターソース　大さじ2
｜ しょうゆ　大さじ1
⎣ バター　2cm角
〈付け合わせ〉
ゆでブロッコリー　適量

1 豚肉はすじ切りをして塩、こしょうを振っておく。
2 生椎茸は石づきを切り落として薄切りにし、舞茸は石づきを切り落として食べよくほぐす。
3 フライパンにサラダ油を熱して豚肉を入れ、フタをして中火よりやや強めの火で焼く。焼き色がついたら裏返して、両面をこんがり中まで火を通し、皿に盛る。
4 きのこソースを作る。3 のフライパンに生椎茸と舞茸を入れて強めの中火で炒め、油がまわったら、残りの材料をすべて加え、火を弱めて2分煮る。
5 3 の豚肉にきのこソースをかけ、ゆでブロッコリーを添える。

ポークソテー　トマトソース
トマトソースはサッと煮るだけ。生のトマトを使い、さわやかな酸味と彩りをプラス

豚肩ロース肉（1cm厚さ）　4枚
塩　少々
こしょう　少々
サラダ油　少々
トマトソース
⎡ トマト（完熟）　3～4個
｜ 塩　小さじ½
⎣ 青じそ（みじん切り）　10枚

1 まずトマトソースを作る。トマトは皮をむいて1cm角に刻む。鍋の中を水でぬら

ぽーくちゃっぷ

し、トマトと塩を加えて中火にかけ、フツフツしてきたら、すぐ火を止めてみじん切りの青じそを加え、ひと混ぜする。
2 豚肩ロース肉はすじ切りをして塩、こしょうを振る。
3 フライパンを熱してサラダ油をひき、豚肉を強火で焼く。裏返して中火に落とし、両面にこんがりと中までしっかり火が通ったら、器に盛る。
4 肉の上に、アツアツのトマトソースをかけて出来上がり。

ポークチャップ
懐かしい洋食の味。肉は肩ロースの部位がよい

　豚肩ロース肉（1 cm厚さ）　4枚
　塩　少々
　こしょう　少々
　小麦粉　適量
　サラダ油　少々
　マッシュルームスライス缶詰　小1缶
　ソース
　　｛ トマトケチャップ　大さじ3〜4
　　　ウスターソース　大さじ3〜4
　　　酒　大さじ3〜4
　　　水　1〜1½カップ
　〈付け合わせ〉
　にんじんのグラッセ　適量
　ゆでたパスタ　適量
　ゆでブロッコリー　適量

1 豚肩ロース肉はすじ切りをして塩、こしょうを振り、小麦粉を全体にまぶす。
2 フライパンにサラダ油を熱し、中火で豚肉を焼く。両面にこんがりと焼き色がつき、中までしっかり火が通ったら、いったん器に取り出す。
3 **2**のフライパンに、缶汁ごとマッシュルームとソースの材料を入れて混ぜ、火にかける。ここに豚肉を戻してソースをからめ、フツフツしてきたらすぐ火を止める。

ほんの少々バターを落としてもおいしい。
4 器に盛り、にんじんのグラッセ、ゆでたパスタやゆでブロッコリーを添える。
　トマトケチャップなしで作るポークチャップもある。→新ポークチャプ

ポークビーンズ（即席）
缶詰の味の濃さをトマトジュースで薄めると、ちょうどいい味加減に

　ポークビーンズ缶詰　1缶
　玉ねぎ　½個
　ベーコン　2〜3枚
　マスタード　大さじ1
　トマトジュース　1カップ

1 玉ねぎはみじん切りにし、ベーコンは1 cm幅に切る。
2 鍋にポークビーンズ缶詰をあけ、玉ねぎ、ベーコン、マスタード、トマトジュースをすべて入れて火にかけ、煮立ったら中火で10分煮れば出来上がり。マスタードの味で出来上がりがいろいろ。好みのものを。

ポーチドエッグ
卵料理の基本の一つ。シンプルだからこそ、卵のおいしさを味わえる

　卵　適量
　A｛ 湯　5カップ
　　　酢　大さじ3
　トマトケチャップ　適量

1 鍋にAを入れて火にかける。
2 卵1個をていねいに割り、水でぬらしたおたまに静かに移す。
3 湯がフツフツしているところに卵を入れ、外に散ろうとしている白身を、そっと箸で寄せるようにまとめる。卵の表面全体が白くなったら、次の卵も同様に落としていく。
4 全部の卵の表面が白くなったら、弱めの中火にして、好みのかたさまでフツフツ

とゆでる。
5 穴あきおたまで卵をすくい水けをきって器に盛り、ケチャップを添える。

細ねぎのミルクかき揚げ
牛乳でとく衣はおいしさ＆カルシウム満点。中温の油でじっくり、カラリと揚げる

　細ねぎ　1わ
　小麦粉　¾カップ
　牛乳　¾カップ
　揚げ油　適量

1 細ねぎは3～4㎝長さに切る。
2 ボウルに小麦粉を入れて牛乳を加え混ぜ、衣を作る。細ねぎに衣をからめる。
3 揚げ油を中温(170～180度)に熱し、**2**のたねをスプーンや木ベラで平らにならしながら油の中に入れる。
4 たねはすぐさわらずに、衣が落ち着いてきたら裏返し、ときどき空気にふれさせるように、大きくかき混ぜながらカリッと揚げる。塩や天つゆで食べる。

ほたて貝柱の釜めし風
それぞれに味わい深い具がたっぷり

　米　2カップ(2合)
　A｛　水　1カップ(1合)
　　　干椎茸の戻し汁　1カップ(1合)
　　　酒　大さじ2
　　　しょうゆ　大さじ1
　　　塩　小さじ½
　干椎茸　8枚
　B｛　干椎茸の戻し汁か水　2カップ
　　　砂糖　大さじ1
　　　しょうゆ　大さじ1
　新ゆで竹の子　小1本(約150ｇ)
　ほたて貝柱　8～12個
　酒　大さじ2
　みりん　小さじ2
　にんじん　10㎝
　絹さや　8～12枚
　C｛　だし汁　1½カップ
　　　砂糖　小さじ1
　　　塩　小さじ¼

1 干椎茸は戻し、戻し汁は取っておく。
2 米はAを加えて混ぜ、表面を平らにしてふつうに炊く。
3 戻した干椎茸は軸を切り落とす。Bを中火にかけ、フツフツしてきたら椎茸を入れフタをして10分煮含める。
4 **3**の椎茸を取り出し、残った煮汁に酒大さじ2とみりん小さじ2を加える。ゆで竹の子を食べよい大きさに切って加え、貝柱も加え、フタをして中火で10分煮る。
5 にんじんは7～8㎜厚さの輪切りにし、絹さやはすじを取る。Cににんじんを入れ、フタをして火にかけ、やわらかくなったら絹さやも加えてサッと煮る。
6 ご飯が炊き上がったら底のほうから全体を混ぜ、どんぶりに盛る。すぐに上に椎茸、竹の子、貝柱、にんじん、絹さやの具を彩りよくのせる。フタがあればすぐにして2～3分おく。

ほたてじゃが芋
牛乳でといた片栗粉を入れると早くじゃが芋がやわらかくなり、自然のとろみもつく

　じゃが芋(メークイン)　3個(約400ｇ)
　ほたて缶詰　1缶
　水　1カップ
　塩　小さじ½
　A｛　牛乳　¾カップ
　　　片栗粉　大さじ1

1 じゃが芋は2～3㎜の薄切りにし、水にさらさない。
2 鍋の中を水でザッとぬらし、じゃが芋とほたて缶詰を缶汁ごとあける。さらに分量の水と塩を加えてフタをし、強めの中火で5分ほど煮る。
3 鍋底からひと混ぜし、さらに木ベラで混ぜながら、Aの牛乳でといた片栗粉をま

ほたて

わし入れてとろみをつける。とろ〜りとしたら出来上がり。

ほたてとえのき茸のサラダ
貝のほんのり甘いうまみと和風ドレッシングが絶妙なおいしさ

　　ほたて缶詰　小1缶
　　えのき茸　1袋
　　貝割れ大根　1わ
　　和風クリーミードレッシング
　　　┌薄口しょうゆ　小さじ1
　　　│マヨネーズ　小さじ2
　　　└米酢　小さじ2
　　レモン(くし形切り)　4切れ

1 ボウルに薄口しょうゆ、マヨネーズ、米酢を合わせて、なめらかに混ぜる。
2 えのき茸は石づきを切り落として3つに切り、熱湯でサッとゆでてザルに取り、冷ます。
3 貝割れ大根は根を切り落として2つに切る。
4 ほたて貝柱、えのき茸、貝割れ大根の順に**1**のドレッシングに加えて全体をザッとあえ、器に盛ってレモンを添える。ほたて缶詰の缶汁は加えてもよし、みそ汁などに利用してもよし。

ほたてのガーリック焼き
あっさり味のほたてに風味豊かなソース

　　蒸しほたて　16個
　　サラダ油　少々
　　A┌にんにく(すりおろし)　ひとかけ
　　 │バター　大さじ2
　　 │白ワイン　大さじ2
　　 └しょうゆ　大さじ1
　　レモン(くし形切り)　½個
　　パセリ　適量

1 蒸しほたては水けをふく。
2 フライパンにサラダ油を熱し、蒸しほたてを強めの中火で焼き、両面こんがり焼けたら器に盛る。
3 フライパンが熱いうちにすぐAの材料をすべて入れ、バターがとけたら、ほたての上にかける。最後にくし形切りのレモンとちぎりパセリを添える。

北海シチュー
主役は鮭、じゃが芋、牛乳

　　甘塩鮭　4切れ
　　じゃが芋(メークイン)　小4個
　　にんじん　1本
　　カリフラワー　½〜1個
　　A┌水　4カップ
　　 │固形スープの素　1個
　　 └ローリエ　1枚
　　牛乳　1カップ
　　塩　少々
　　白こしょう　少々
　　パセリ(みじん切り)　適量

1 じゃが芋は2㎝厚さの輪切りにする。にんじんは5㎜厚さの輪切りにする。カリフラワーは小房に切り分ける。
2 Aにじゃが芋とにんじんを入れて火にかけ、フツフツしたら鮭とカリフラワーを加え、フタをして中火で10分くらい煮る。
3 野菜がやわらかくなったら弱火にし、牛乳を加え、温める程度に火を通す。味をみて塩、こしょうで調える。盛りつけてパセリを振る。

ホットドッグ タコス風
ピリ辛党はタバスコをたっぷり加えて。子ども用には食べよいロールパンがおすすめ

　　〈これは2人分〉
　　ドッグパン　2個(ロールパンなら4個)
　　牛挽き肉　150ｇ
　　サラダ油　小さじ1
　　A┌トマトケチャップ　大さじ2
　　 │チリパウダー　少々
　　 └タバスコ　好みの量

塩　少々
　　カレー粉　小さじ¼
　　こしょう　少々
　サニーレタス　2枚
　スライスチーズ　2枚

1 フライパンにサラダ油を熱して牛挽き肉を炒め、火が通ったらAの調味料を加えてパラッと炒める。
2 サニーレタスは細切りにし、スライスチーズは三角に2つに切る。
3 パンに切りめを入れ、サニーレタス、チーズ、**1**の挽き肉をはさむ。

ホットドッグ＆ホットチリドッグ
ソーセージは弱めの中火でじっくり焼き、中までアツアツにするのがおいしさのコツ

〈これは2人分〉
ホットドッグ
　　ドッグパン　2個
　　ソーセージ(長め)　2本
　　玉ねぎ(みじん切り)　大さじ2
　　きゅうりのピクルス(みじん切り)
　　　大さじ2
　　トマトケチャップ　適量
　　マスタード　適量
ホットチリドッグ
　　ドッグパン　2個
　　ソーセージ(長め)　2本
　　チリビーンズ　適量

〈ホットドッグ〉
1 玉ねぎは辛みが苦手な場合は、水にさらしてザルに取り、水けをしぼる。
2 ドッグパンは縦に切りめを入れ、オーブンかオーブントースターで軽く焼く。
3 ソーセージはフライパンに入れて火にかけ、弱めの中火でコロコロ転がしながらゆっくりと中までアツアツに焼く。
4 アツアツのパンに焼きたてのソーセージをはさみ、玉ねぎ、ピクルスを加えてケチャップやマスタードをかけて食べる。

〈ホットチリドッグ〉
1 パンとソーセージはホットドッグと同様に温める。
2 チリビーンズもアツアツに温め、**1** のソーセージにのせて食べる。
　チリビーンズ→チリビーンズ

ホットビスケット
スコーンとクラッカーの中間くらいのお菓子。コーンスープとも相性よし

〈約10個分〉
　薄力粉　200 g
　ベーキングパウダー　小さじ3
　塩　小さじ¼
　砂糖　大さじ1
　バター(有塩)　50 g
　牛乳　⅓カップ
　強力粉(打ち粉用)　適量

1 薄力粉、ベーキングパウダー、塩はよく合わせておく。
2 ボウルにバターを入れて室温でやわらかくし、砂糖を加えて練り合わせ、**1** の粉をふるい入れる。
3 指先でつまむように全体を混ぜ、牛乳を注ぎながら、混ぜる。生地の状態は季節によって変わるので、しっかりまとまるくらいに、牛乳は多少加減しながら加える。
4 生地がまとまったら、けっして練らずに表面をたたいてなめらかにする。
5 台に打ち粉(強力粉)をして生地をおき、めん棒で厚さ1㎝強くらいにのばす。直径4～5㎝の抜き型やコップなどに打ち粉をつけながら生地を抜き、余った生地もそのまま重ねて手で押さえ、厚みを均等にして同様に抜く(生地はこねこねしないこと)。
6 天板に **5** を並べ、180度のオーブンの中段で15～20分焼く。

ポテキャベソーセージ
温かくても冷やしてもグー

ぽてさらぱすた

じゃが芋　2個（約300ｇ）
牛乳　½〜1カップ
塩　適量
こしょう　適量
キャベツ　¼個
ウインナーソーセージ　2本
ローリエ　1枚
レモン汁　½個分

1 じゃが芋は適当な大きさに切り、ヒタヒタの水でやわらかくゆでる。湯をきり、火にかけて水分をとばす。
2 熱いうちにつぶし、塩、こしょうを振り、牛乳を少しずつ混ぜてやわらかめのマッシュポテトに仕上げる。
3 キャベツは細切りにする。鍋の中を水でぬらしてキャベツを入れ、塩小さじ½を混ぜ、ややしんなりとなるまでおく。
4 ソーセージを1㎝のコロコロに切り **3** に加え、ローリエ、こしょう少々も加え、フタをして中火で10分くらい蒸し煮にする。
5 火を止め、レモン汁を加えて混ぜ、フタをして2〜3分蒸らす。
6 温かいマッシュポテトを加え、全体をよく混ぜ合わせる（すべてが完全に冷めてから混ぜ合わせてもいい）。

ポテサラパスタ　オーロラソース
一緒にゆでてお互いによくなじんだ、マカロニ入りのポテトサラダ

じゃが芋　2個
マカロニ　100ｇ
玉ねぎ（みじん切り）　½個
にんじん（みじん切り）　5〜6㎝
塩　少々
こしょう　少々
オーロラソース
　マヨネーズ　大さじ4
　米酢　大さじ1
　トマトケチャップ　大さじ2

1 じゃが芋は一口大に切る。マカロニと一緒に熱湯に入れ、じゃが芋がやわらかくなるまでゆで、水けをきる。
2 玉ねぎとにんじんをボウルに入れ、塩とこしょうを振り、シナッとするまでおく。
3 **2** の全体を箸で混ぜ、オーロラソースの材料を入れて混ぜ、じゃが芋とマカロニをあえる。

ポテト入りいり卵
揚げたじゃが芋に卵とパセリをからめる

じゃが芋　2個（約300ｇ）
卵　4個
パセリ（みじん切り）　大さじ2
塩　適量
こしょう　少々
揚げ油　適量

1 じゃが芋は7㎜厚さくらいのいちょう切りにし、10分水にさらし水けをよくふく。
2 フライパンに揚げ油を約2㎝の高さに入れて火にかけ、中温（170〜180度）でじゃが芋を揚げる。揚がったら、油はオイルポットに片付ける。
3 卵はとき、パセリ、塩、こしょうを加えて混ぜる。
4 フライパンを強めの中火にかけ、じゃが芋を入れて卵をまわし入れ、すぐザッとおおまかに混ぜながらいる。卵が半熟状になったら、火を止める。

ポテト入りソーセージ揚げパン
ポテトの入れすぎにご用心、揚げたときパンクしやすいのです

〈6個分〉
食パン（6枚切り）　1斤
マッシュポテト　大さじ山盛り6
ウインナーソーセージ　6本
水溶き小麦粉

｛小麦粉　大さじ1
　　水　大さじ1
　衣
　｛小麦粉　適量
　　とき卵　1個分
　　パン粉　適量
　揚げ油　適量

1 食パンは耳を切り落とし、めん棒などで端は特に薄くなるように押しつぶして全体をのばす。
2 1枚のパンにマッシュポテトを大さじ山盛り1のせ、周囲を少しあけて広げ、真ん中にソーセージをのせる。パンの端に水溶き小麦粉をつけ、2つ折りにして口をしっかりくっつけて閉じ、軽く形を整える。
3 小麦粉、とき卵、パン粉の順で衣をつけ、中温(170～180度)に熱した油に入れ、全体がこんがり色づいて、中が熱くなるまで揚げる。

ポテトコロッケ

小林家伝来のコロッケは加糖練乳入り。立派に育った秋から冬のじゃが芋を使います

　じゃが芋　大4個(600～700g)
　加糖練乳　大さじ1強
　玉ねぎ(みじん切り)　½個
　合い挽き肉か牛挽き肉　200g
　サラダ油　大さじ½
　塩　小さじ½
　こしょう　少々
　衣
　｛小麦粉　適量
　　とき卵　1個分
　　パン粉　適量
　揚げ油　適量
　好みのソース　適量
　〈付け合わせ〉
　千切りキャベツ　適量

1 じゃが芋は皮をむいて大きめに切り、ヒタヒタの水で、鍋にフタをしてやわらかくゆで、余分な水分をとばす。熱いうちにマッシャーなどでつぶし、加糖練乳を加えてねばらせないでよく混ぜる。
2 フライパンを熱し、サラダ油で玉ねぎをサッと炒め、肉を加えて強火でしっかり炒めて、塩、こしょうを加え混ぜる。
3 **2**の火を止めて**1**を加え、芋のねばりを出さないようにして手早く、全体をよく混ぜ合わせる。全体に広げて平らにならし、少し冷ます。
4 放射状に均一に8～12等分して、俵形やコロッケ形にまとめ、表面にひびが入らないようにぬれ布巾をかけて完全に冷ます。
5 小麦粉、とき卵、パン粉の順に衣をつけ、中温(170～180度)に熱した揚げ油に入れる。衣がしっかりしてきたら返しながら、中まで熱くなるようにしっかり揚げる。
6 キャベツとともに器に盛り、好みのソースで食べる。ソースとトマトケチャップを混ぜてかけてもおいしい。

コロッケの揚げ方→ コラム参照

ポテトサラダ

これが定番、どんなメイン料理のサブにも

　じゃが芋　2個(約300g)
　にんじん　5㎝
　玉ねぎ　¼個
　塩　適量
　こしょう　少々
　マヨネーズ　大さじ2

1 じゃが芋は一口大に切る。にんじんは3～4㎜厚さのいちょう切りにする。玉ねぎは薄切りにする。
2 じゃが芋とにんじんは一緒にヒタヒタの水でやわらかくゆで、ゆで汁が残っていればきり、再び火にかけて水分を完全にとばし、冷ます。
3 完全に冷めたら、玉ねぎ、塩、こしょ

うを加えて軽く混ぜ、マヨネーズを加えて混ぜ合わせる。

ポテトサラダ ニソワーズ風
じゃが芋やツナがくずれてからまったほうがおいしいもの

じゃが芋　2個（約300ｇ）
トマト　1個
きゅうり　1本
サラダ菜　1個
ツナ缶詰　小1缶
スタッフドオリーブ　適量
ドレッシング
　┌ 塩　小さじ½
　│ こしょう　少々
　│ 砂糖　ごく少量
　│ マスタード　小さじ½
　│ にんにく（すりおろし）　少々
　│ 米酢　大さじ1
　└ オリーブ油　大さじ2

1 じゃが芋は一口大に切り、ヒタヒタの水でやわらかくゆでる。湯をきり、火にかけて水分をとばし、冷ます。

2 トマトは1.5㎝幅のくし形に切る。きゅうりは一口大の乱切りにする。サラダ菜は大きく一口大にちぎる。ツナは缶汁をきり、あらくほぐす。

3 ドレッシングを記載順に混ぜ合わせ、じゃが芋、きゅうり、トマト、サラダ菜の順に加えては混ぜ、ツナを加えてササッと混ぜる。盛りつけてオリーブを散らす。味をみてたりなければ塩、こしょうをたす。

ポテトすいとん
ゆでたじゃが芋とすったじゃが芋がなんともよい歯ざわりのすいとんに

豚ばら薄切り肉　150ｇ
ごぼう　15㎝
しめじ　1袋
生椎茸　4個
舞茸　1袋
すいとんのたね
　┌ ゆでたじゃが芋　1個
　│ じゃが芋（すりおろし）　1個
　│ 塩　ひとつまみ
　└ 小麦粉　大さじ5～8
ごま油　大さじ1
水　5～6カップ
塩　小さじ½
酒　大さじ1
しょうゆ　大さじ1
しょうが（すりおろし）　適量
細ねぎ　適量

1 豚ばら薄切り肉は食べよく切る。ごぼうはささがきにして水洗いする。きのこ類は石づきを切り落とし、食べよく切ったり、ほぐしたりする。

2 すいとんのたねを作る。ボウルにゆでたじゃが芋を入れ、マッシャーでよくつぶす。ここにすりおろしたじゃが芋と塩を加えてよく混ぜ、さらに小麦粉も加えて、ほどよいかたさにする。

3 鍋にたっぷりの湯を沸かし、すいとんのたねをスプーンで一口大にまとめながら、湯の中に落として5～6分ゆでる。

4 別の鍋にごま油を熱し、豚肉とごぼうを炒める。肉に火が通り、ごぼうのおいしい香りがしてきたら、きのこ類を加えてサッと炒め、分量の水を加え、さらに塩、酒、しょうゆを加え、味を調える。

5 フツフツしてきたら **3** のすいとんを加え、中がアツアツになったら火を止めて、椀に盛る。おろししょうがを添え、小口切りにした細ねぎを散らす。

ポテトチップス
市販品とはまるで違う、感激の逸品！

じゃが芋　2個
揚げ油　適量
塩　小さじ¼

1 じゃが芋はスライサーでごく薄く切り、水に入れる。水が濁ったら取りかえて、よくさらす。
2 じゃが芋の水けをよくきり、さらに布巾などで水けをしっかりふき取る。ザルに広げて少しの間乾かしてもよい。
3 揚げ油を温め、ぬるいうちにじゃが芋を入れる。ブクブクしてきたら軽くかき混ぜながら中火でじっくり揚げ、薄く色づいてカリッとなったら網じゃくしなどで引き上げる（芋と芋が重なるとカリッとしないので2回くらいに分けて揚げる）。塩を振る。

ポテトチップス炒め
手作りのポテトチップスは炒めてもウマイ

　ポテトチップス　じゃが芋1個分
　玉ねぎ　½個
　いんげん　50ｇ
　バター　大さじ1
　こしょう　少々

1 玉ねぎは繊維にそって薄切りにする。いんげんは2〜3つに切り、熱湯で下ゆでする。
2 バターを中火にかけ、玉ねぎといんげんを炒める。全体に油がまわったらポテトチップスを加え、強火にしてサッと炒め合わせ、こしょうを振る。

ポテトとポテトチップスのサラダ
ウスターソースをちょいと入れたドレッシングが自慢。不思議にスパイシーな味わい

　じゃが芋　3個
　米酢　大さじ1
　塩　少々
　ベーコン　3枚
　ポテトチップス（市販でも可）　1カップ
　ドレッシング
　　マヨネーズ　大さじ2
　　レモン汁　大さじ1
　　ウスターソース　小さじ1

1 じゃが芋は7〜8㎜厚さのいちょう切りにし、ヒタヒタの水でゆでる。やわらかくなったら水けをきり、熱いうちに米酢と塩を振っておく。
2 ベーコンは1㎝幅に切り、弱火で炒める。脂が出てきたらふき、カリッとするまで炒め、キッチンペーパーなどに取る。
3 ポテトチップスはザクザク大きくくだき、飾り用として少し別に取っておく。
4 ボウルにドレッシングの材料を合わせてよく混ぜ、じゃが芋を加えてあえる。さらにベーコンとポテトチップスも加えてザッと混ぜ、器に盛って、飾り用のポテトチップスを上から散らす。

ポテトパイ
冷凍パイシート、マッシュポテト、炒めた挽き肉で、すばらしい焼き上がり

〈直径20〜22㎝のパイ皿1台分〉
　マッシュポテト　じゃが芋4個分
　合い挽き肉　200ｇ
　玉ねぎ（みじん切り）　½個
　ローリエ　1枚
　サラダ油　大さじ1
　塩　小さじ½
　こしょう　少々
　パイシート（冷凍）　1箱（4枚）
　バター　約大さじ2
　とき卵　適量

1 フライパンを熱し、サラダ油をまわし入れ、合い挽き肉、玉ねぎ、細かくもみほぐしたローリエを強めの火で炒め、肉に火が通ったら塩、こしょうで調味する。
2 解凍したパイシートのうち2枚を正方形に近い形になるように長い辺にとき卵をつけてつなぎ、めん棒でパイ皿よりひとまわり大きくのばす。
3 パイ皿に敷き込み、はみ出した縁を切り落とし、底をフォークで刺して全体に穴

ぽてとぴらふ

をあける。

4 パイシートの上にアルミ箔を敷いてパイ用の重しか代わりの乾燥豆を入れ、200度のオーブンで7〜8分焼く。

5 熱いうちに豆ごとアルミ箔を取りのぞき、パイの中にバターの½量をのせてぬる。そこにマッシュポテト、**1**の挽き肉、マッシュポテトと重ねて詰め、表面を平らにして塩適量(分量外)を振る。

6 残りのパイシート2枚を**2**と同じようにつないで**5**にかぶせ、余分な縁を切り落とし、周囲をしっかり押さえてくっつける。切り落としたパイシートは縁の幅に切り、とき卵をつけて周囲にぐるりとはりつけ、フォークで押さえる。

7 表面全体にとき卵をぬり、フォークで刺して穴をあけ、200度のオーブンで20〜30分焼く。残りのバターを数カ所にのせ、もう2〜3分焼く。

作り方 **6**

ポテトピラフ　トルコ風
ヨーグルトをかけて食べるとトルコの味。そのまま食べてもgood

　米　2カップ(2合)
　じゃが芋(メークイン)　2個(約250ｇ)
　玉ねぎ(みじん切り)　½個
　トマト水煮缶詰　小1缶(約200ｇ)
　松の実　大さじ2
　オリーブ油　大さじ1
　バター　大さじ1
　スープ
　　｛湯　2カップ
　　　固形スープの素　1個
　こしょう　少々
　プレーンヨーグルト　適量

1 じゃが芋は1㎝角に切り、水にさらす。スープの素は分量の湯でとかしておく。

2 オリーブ油とバターを熱し、玉ねぎを中火で炒める。米を加えてよく炒め、水けをきったじゃが芋も加えて炒める。

3 全体がアツアツになったら、トマト、松の実の順に加えてザッと炒め合わせる。

4 3を炊飯器に入れ、スープとこしょうを加えてひと混ぜし、表面を平らにしてふつうに炊く。

5 底のほうから全体をよく混ぜる。盛りつけ、好みにヨーグルトをかけて食べる。

ポテトほたて煮
あきれるほど簡単で、あきれるほどウマイ

　じゃが芋(メークイン)　3個(約300ｇ)
　ほたて缶詰　1缶
　水　1カップ
　酒　大さじ1
　塩　小さじ½
　細ねぎ　⅓わ

1 鍋の中に分量の水を入れ、皮ごと薄切りにしたじゃが芋を入れる。

2 **1**にほたて缶詰を汁ごと加える。酒、塩も加え、フタをして強めの中火で7〜8分煮る。

3 味をみて塩(分量外)で調え、細ねぎを2〜3㎝長さに切って散らし、すぐフタをして火を止める。

ポテ肉だんごのスープ
すりおろしたじゃが芋入りの肉だんごは、独特のやさしい味わい

　ポテ肉だんご
　　｛鶏挽き肉　300〜400ｇ
　　　玉ねぎ(みじん切り)　½個
　　　塩　小さじ½
　　　こしょう　少々
　　　卵　1個

じゃが芋　1個
　　片栗粉　大さじ3〜4
玉ねぎ　1½個
にんじん　1本
じゃが芋（メークイン）　2個
サラダ油　適量
A　水　5カップ
　　酒　大さじ2
　　塩　小さじ½
　　薄口しょうゆ　少々
しょうが（すりおろし）　ひとかけ

1 鶏挽き肉に玉ねぎ、塩、こしょう、卵を加えて混ぜ、じゃが芋をすりおろして混ぜ、たねのかたさの様子をみながら片栗粉を加えて混ぜる。

2 にんじんは大きめの乱切りにする。玉ねぎは大きくザク切りにする。じゃが芋は大きく2〜3つに切る。

3 サラダ油を熱して玉ねぎ、にんじん、じゃが芋の順に強火で炒め、全体に油がまわったらAを加えて中火で煮る。

4 フツフツしたら、1のたねを¼ずつくってそっと入れる。弱めの中火にし、フタをして15〜20分煮込み、味をみて塩（分量外）で調える。盛りつけ、おろししょうがを添える。

ポテポテケーキ

お菓子じゃない、おかずとも違う、主食とおかず合体型。ワインやビールにぴったり

じゃが芋　2個（約300g）
さつま芋　中1本（約200g）
玉ねぎ　½個
ハム　100g
卵　1個
パセリ（みじん切り）　大さじ1
塩　小さじ½
こしょう　少々
小麦粉　適量
バター　大さじ1
サラダ油　大さじ1強

1 じゃが芋、さつま芋は皮ごと半分に切り、やわらかくゆでるか蒸す。熱いうちに皮をむき、マッシャーやすりこぎでつぶす。

2 玉ねぎ、ハムはみじん切りにし、サラダ油少々で軽く炒める。

3 1のつぶした芋、玉ねぎ、ハム、パセリを混ぜ合わせ、といた卵を混ぜ、塩、こしょうで調味する。

4 3のたねを8等分し、1cm厚さの平たい円形にし、そのまま完全に冷ます。

5 フライパンにバターとサラダ油大さじ1を入れて弱めの中火にかける。4に小麦粉を薄くまぶして並べる。フタをして焼き、両面をこんがり、中まで熱く仕上げる。

ポトフ各種

→メニュー別索引〈シチュー・ポトフ〉を参照

ポパイサンド

ほうれん草のソテーをはさんだサンド。ハムをプラスしても美味

〈これは2人分〉
食パン（10〜12枚切り）　4枚
バター　適量
マスタード　適量
ほうれん草　½〜1わ
サラダ油　少々
塩　適量
こしょう　少々
マヨネーズ　大さじ2

1 食パンにバター適量とマスタード少々をぬり、2枚1組にする。

2 ほうれん草は塩少々を加えた熱湯で、ほどよくゆでてすぐ水に取る。3〜4回水をかえながら冷まして5〜10分水にさらし、水けをしぼって細かく刻む。

ぽるとがるふういりたまご

3 フライパンにサラダ油を熱してほうれん草を強火で炒め、塩、こしょう各少々を振って器に取り、そのまま冷ます。
4 **3**にマヨネーズを加えて混ぜ合わせ、パンにのせてもう1枚のパンではさみ、食べよく切る。

ポパイサンド→ コラム参照

ポルトガル風いり卵
干だらを使ったポルトガル料理。ほんとはカリカリフライドポテトと一緒に食べます

　卵　4個
　干だら　小1枚
　にんにく(みじん切り)　ひとかけ
　玉ねぎ　¼個
　サラダ油　大さじ2
　塩　適量
　こしょう　適量

1 干だらは水につけて戻して水けをきり、一口大にはぐしておく。玉ねぎは薄切りにする。
2 フライパンにサラダ油を入れて強めの火にかけ、油がぬるいうちににんにくと玉ねぎを炒める。香りがたったら**1**のたらを加えて強火で炒め、味をみて塩、こしょうで調味する。
3 卵をときほぐし、**2**にザーッと一気に流し入れ、強火で大きく混ぜながら火を通す。フワリと焼けたら、器に盛る。

ホワイトソース　簡単基本
失敗なしのホワイトソースは、玉ねぎなどの野菜を媒体に粉を炒めるとうまくいく

　玉ねぎ　¼〜½個
　バター　大さじ2(約25g)
　小麦粉　大さじ4
　牛乳　4カップ
　塩　適量
　こしょう　適量

1 玉ねぎは繊維にそった薄切りにする。
2 厚手の鍋にバターを入れ中火にかける。バターがとけたら玉ねぎを炒め、玉ねぎがしんなりしたら弱火にし、小麦粉を加えて1〜2分しっかり炒める。
3 粉っぽさがなくなったら、いったん火を止め、牛乳を冷たいまま、まず½カップを加え、なめらかになるまで混ぜる。さらに½カップを加え混ぜ、残りの牛乳を一度に混ぜたら再び弱火にかける。
4 焦がさぬようにときどき混ぜながら、好みの濃度まで15〜25分くらいごく弱火で煮る。

ホワイトソース　本格風
コツさえマスターしてしまえば納得簡単。ホワイトソース料理が楽しい！おいしい！

　グラタンなどのややかため
　　バター　大さじ2(約25g)
　　小麦粉　大さじ4
　　牛乳　4カップ
　　塩　適量
　シチューなどのやわらかめ
　　バター　大さじ2(約25g)
　　小麦粉　大さじ2
　　牛乳　4カップ
　　塩　適量

1 厚手の鍋にバターを入れ、中火にかける。バターがとけたら弱火にし、小麦粉を加えて1〜2分しっかり炒める。
2 粉っぽさがなくなったら、いったん火を止め、牛乳を冷たいまま、最初に½カップを加え、なめらかになるまで混ぜる。
3 さらに牛乳½カップを加え混ぜ、残りの牛乳を一度に加え、泡立て器で混ぜたら再び弱火にかける。焦がさぬようにときどき木ベラで混ぜながら、好みの濃度になるまで15〜25分くらいごく弱火で煮る。

ホワイトソースも使うラザニア
こんがりチーズととろーりとアツアツのホ

ワイトソースがたまりません

　ラザニアパスタ　200ｇ（約１箱）
　ミートソース　約２カップ
　ホワイトソース（グラタン用）　約２カップ
　とけるチーズ　約１カップ

1 パスタは表示通りゆでる。ゆで汁は取っておいて、後でパスタがくっつくようならゆで汁でほぐす。
2 ミートソースもホワイトソースもアツアツにしておく。
3 大きい耐熱容器の内側を水でぬらす。ミートソース、ラザニア、ホワイトソース、チーズの順に、なくなるまでくり返し重ねる。
4 **3** をオーブンに入れ、230度にセットして、中までアツアツ、上がこんがり、フツフツするまで15分くらい焼く。

　市販のホワイトソース→ コラム参照
　市販のミートソース→ コラム参照

本格的蒸しおこわ
作り方はいたって簡単

　もち米　２カップ
　干しえび　大さじ２
　干椎茸　３枚
　焼き豚　100ｇ
　ゆで竹の子　小½本
　長ねぎ　½本
　ごま油　大さじ１⅓
　しょうゆ　大さじ２
　砂糖　小さじ１

1 もち米はといで、水に浸して４～５時間おき（一晩おいてもよい）、水けをきる。
2 干しえびはヒタヒタの湯につけて戻す。干椎茸も戻す。
3 戻した干椎茸、竹の子、長ねぎは、えびくらいの大きさに小さめに刻む。焼き豚は一口大より小さく切る。
4 ごま油大さじ１を熱し、焼き豚を強めの中火で炒める。色が変わったら強火にして、**3** の野菜、えびを加えて炒め、しょうゆと砂糖で調味する。火を止め、もち米を加えて混ぜ合わせ、残りのごま油大さじ⅓も加えて混ぜ合わせる。
5 ぬれ布巾を敷いた蒸し器に **4** をあけ、強火で30～40分蒸す。蒸しはじめてから10分くらいで上下を返し、そのあと途中３～４回水をうつ。

　水をうつ→ コラム参照

本格なすカレー
スパイシーでまろやかな、だれもがとりこになるユニークタイカレー

　なす　12本
　鶏挽き肉　300ｇ
　にんにく（みじん切り）　ひとかけ
　しょうが（みじん切り）　ひとかけ
　赤唐辛子　３～４本
　サラダ油　大さじ３
　A ┌ 塩　小さじ½～１
　　├ こしょう　適量
　　├ カレー粉　大さじ２
　　├ ターメリック　小さじ２
　　├ チリパウダー　適量
　　├ クミン　適量
　　├ ガラムマサラ　適量
　　└ ローリエ　１枚
　固形スープの素　１個
　湯　３～４カップ
　ココナッツミルク　１½～２カップ

1 なすはヘタを切り落としてからピーラーですっかり皮をむき、縦半分に切ってから縦に薄切りにする。海水くらいの塩水（分量外）につけ、10分おいて水けをふく。

2 サラダ油大さじ1ににんにく、しょうが、種をのぞいた赤唐辛子を入れ、弱火でゆっくり炒める。いい香りがしてきたら挽き肉を加え、強めの中火で炒める。

3 肉に火が通ったら残りの油大さじ2をたし、なすを何回かに分けて加え、全体がアツアツになるまでよく炒める。

4 Aを次々加えてひと混ぜし、スープの素と分量の湯を加え、中火で煮る。フツフツしてきたらフタを少しずらしてのせ(ぴっちりフタをすると、とろみがつかない)、弱火にして30〜40分煮る。

5 とろっと煮えたらココナッツミルクを加え、温める程度に火を通す。温かいご飯や、ナン、チャパティなど好みのパンで。

ボンゴレのスパゲティ トマト味

あさりのパスタは、シンプルなおいしさに限る

〈これは2人分〉
スパゲティ　150〜200g
あさり(砂抜き)　250〜300g
白ワイン　¼カップ
にんにく　ひとかけ
オリーブ油　大さじ2
トマト水煮缶詰　小1缶(約200g)
塩　小さじ½〜1
こしょう　少々

1 あさりは殻をよく洗い、水けをきる。鍋に入れて白ワインを加え、フタをして強火で蒸し煮にする。あさりの口が開いたら、出た汁をこし、汁も取っておく。

2 スパゲティは表示通りにゆでる。

3 オリーブ油とつぶしたにんにくを中火で熱し、よく炒める。香りがたったらトマトを加えて炒める。トマトの色があざやかになってアツアツになったらマッシャーでつぶし、あさりの蒸し汁を加えて煮る。

4 フツフツしたら塩、こしょうを加えて味を調え、火を止める。ゆでたてスパゲティとあさりを加えてあえる(にんにくが気になる人はあえる前に取り出す)。

香港風酢豚

材料や調味料はすべて準備し、揚げたり炒めたりは、手早く一気に仕上げる

豚肩ロースかたまり肉　300g
下味用
　塩　小さじ¼
　酒　大さじ1
　片栗粉　大さじ2〜3
干椎茸　5〜6枚
玉ねぎ　1個
ピーマン　1個
赤ピーマン　1個
黄ピーマン　1個
揚げ油　適量
サラダ油　大さじ1
生パイナップル　200g
A　水　1カップ
　しょうゆ　大さじ1
　米酢　大さじ1
　砂糖　大さじ1
　トマトケチャップ　大さじ2
水溶き片栗粉
　片栗粉　大さじ1
　水　大さじ1
ごま油　小さじ½

1 干椎茸は戻して石づきを切り落とし、2〜4つのそぎ切りにする。

2 豚肉は一口大に切って塩と酒で下味をつけ、片栗粉をまぶしておく。

3 玉ねぎは縦半分に切ってから2cm幅のくし形に、ピーマン類はそれぞれ2cm角に切る。パイナップルは一口大に切る。

4 Aは合わせておく。

5 揚げ油を低めの中温(170度)に熱し、椎茸、玉ねぎ、ピーマン類の順に加えていく。ピーマンの色があざやかになったら、網じゃくしで油をよくきりながら野菜をす

べて引き上げ、キッチンペーパーなどに取り、余分な油は押さえる。
6 油の温度が中温（170度〜180度）になったら **2** の豚肉を入れ中までしっかり火を通してカラリと揚げ、油をきって引き上げる。
7 中華鍋にサラダ油を熱して **5** と **6** の順に強火で一気に炒め、パイナップルも加えて炒め合わせる。
8 全体がアツアツになったら、Aを加えて味をからめ、フツフツしてきたら水溶き片栗粉でとろみをつけて火を止める。最後にごま油を落として風味をつける。

ぽん酢そうめん

彩りのよい具がたっぷりのって、柑橘類の香りもさわやか。暑い夏も食欲全開！

〈これは2人分〉
そうめん　150〜200g
具
　┌ ゆでえび　3〜4尾
　│ わかめ（戻したもの）　½カップ
　│ レタス　3〜4枚
　│ ミニトマト　6〜8個
　│ みょうが　1個
　│ しょうが　少々
　│ チリチリじゃこかちりめんじゃこ
　│ 　適量
　└ すだち　1個
つゆ
　┌ めんつゆ（市販でもよい）　適量
　└ ぽん酢（市販）　少々
細ねぎ　適量

1 ゆでえびは殻と背ワタをのぞいて横半分にスライスする。戻したわかめはよく洗って2〜3㎝長さに切る。レタスは細切り、ミニトマトは縦半分に切る。
2 みょうがは縦半分に切ってから斜め薄切りにする。しょうがは皮をむき、繊維にそって薄切りにしてから千切りにし、サッ

と水洗いをして針しょうがにする。
3 チリチリじゃこかちりめんじゃこは好みの量だけ用意する。すだちは半分に切り、細ねぎは小口切りにする。
4 めんつゆにぽん酢を加える。
5 そうめんは表示通りゆでてよく水洗いし、器に盛って、具を彩りよくのせる。さらに上からつゆをかけて細ねぎを散らす。すだちをギュッとしぼりかけてどうぞ。
　チリチリじゃこ→チリチリじゃこ

本来伝来のけんちん汁

これは精進料理なので、昔はだしを使わず水で作った。おいしい水がなければだしで

木綿豆腐　1丁
にんじん　5㎝
大根　10㎝
里芋　4個
長ねぎ　20㎝
しめじ　1袋
こんにゃく　½枚
油揚げ　1枚
ごま油　大さじ1
水　5カップ
塩　小さじ1
しょうゆ　少々
水溶き片栗粉
　┌ 片栗粉　大さじ1
　└ 水　大さじ1強
しょうが（すりおろし）　適量
細ねぎ（小口切り）　適量

1 にんじん、大根は7㎜厚さのいちょう切りにする。里芋は1㎝厚さの輪切りにする。長ねぎは2㎝長さに切り、しめじは石づきを切り落とし、ほぐす。
2 こんにゃくはスプーンで小さめの一口大にこそぐ。
3 油揚げは湯で洗ってキュッとしぼり、縦半分に切ってから1㎝幅の細切りにする。

4 鍋に水けをきったこんにゃくを入れ強火にかけ、からいりする。ブチブチバチバチ音がしてくるのが目安。
5 4にごま油を加えて豆腐をほぐしながら加え、強火でよく炒める。全体がアツアツになったらにんじん、大根、油揚げを加え、うんざりするほどよく炒め合わせる。
6 分量の水(だし汁でもよい)と塩を加えて強火で煮立て、里芋を加え、フタをして弱めの中火で煮る。アクが出たら取りのぞく。
7 野菜がやわらかくなったら、長ねぎとしめじを加えてひと煮立ちさせ、味をみてしょうゆで調える。水溶き片栗粉を混ぜ、再びフツフツしてとろみがついたら火を止める。盛りつけ、おろししょうが、細ねぎを散らす。

ま

麻婆炒め
豆腐は木綿がおすすめ。肉が生のうちに調味料を加え、コテッと味をつけるのがコツ

　木綿豆腐　2丁
　豚こま切れ肉　100g
　しょうが(みじん切り)　ひとかけ
　にんにく(みじん切り)　ひとかけ
　合わせ調味料
　　｛赤みそ　大さじ1
　　　しょうゆ　大さじ2
　　　酒　大さじ2
　　　砂糖　小さじ½
　　　豆板醤　小さじ½
　　　オイスターソース　小さじ½
　ごま油　大さじ1
　湯　½カップ
　水溶き片栗粉
　　｛片栗粉　大さじ1
　　　水　大さじ1
　粉山椒　適量
　〈付け合わせ〉
　ゆでブロッコリー　適量

1 木綿豆腐は布巾で包み、皿などで15～20分重しをして水きりをする。
2 合わせ調味料は混ぜ合わせておく。
3 中華鍋を中火にかけごま油をまわし入れすぐにしょうが、にんにくを炒める。香りがたったら火を強めて豚こま切れ肉を入れて炒め、肉がまだ生のうちに、合わせ調味料を加えて、強火のまま炒め合わせる。
4 肉に火が通ったら、豆腐を大きなスプーンでザクザクとすくって入れ、さらに分量の湯½カップを加えてフツフツと煮る。
5 豆腐がアツアツになったら、中火にし水溶き片栗粉でとろみをつけて火を止め、器に盛る。ゆでブロッコリーを添え、粉山椒を振る。とろみをつける前に、刻んだにらや細ねぎを加えてもおいしい。

作り方 **4**

麻婆各種
→メニュー別索引〈麻婆〉を参照

麻婆豆腐
豆腐は絹ごしでも木綿でも。下ゆですると煮くずれもなく、余分な水分も抜ける

　豆腐　2～3丁
　豚挽き肉　150g
　長ねぎ(みじん切り)　15cm
　しょうが(みじん切り)　ひとかけ
　にんにく(みじん切り)　ひとかけ
　合わせ調味料

赤みそ　大さじ1
　　しょうゆ　大さじ2
　　酒　大さじ2
　　砂糖　小さじ½
　　豆板醤　小さじ½
　　オイスターソース　小さじ½
サラダ油　大さじ1
水　½〜1カップ
にら　½わ
水溶き片栗粉
　　片栗粉　大さじ1
　　水　大さじ1
ごま油　小さじ½

1 豆腐は2㎝角に切り、熱湯でサッとゆでてザルにあげ、水けをきる。にらは細かく刻む。

2 合わせ調味料の材料を混ぜ合わせておく。好みでここに粉山椒小さじ½くらいを入れても本格的。

3 中華鍋を中火にかけ、サラダ油で長ねぎ、しょうが、にんにくを炒める。香りがたったら火を強め豚挽き肉を炒め、すぐに合わせ調味料も加える。

4 肉をほぐしながら炒め、肉にコテッと味がついたら **1** の豆腐を加え、ひと混ぜしてさらに分量の水を加える。

5 全体を混ぜながら少し煮て、豆腐に火が通ったら、**1** のにらを加える。最後に水溶き片栗粉でとろみをつけて火を止め、ごま油を落として風味をつける。

麻婆なす

夏は豆腐でなく、なすで！

なす　8本
豚挽き肉　100g
にんにく（みじん切り）　ひとかけ
しょうが（みじん切り）　ひとかけ
長ねぎ（みじん切り）　10㎝
揚げ油　適量
合わせ調味料
　　酒　大さじ1
　　砂糖　大さじ1
　　しょうゆ　大さじ1
　　みそ　大さじ1
　　オイスターソース　小さじ1
　　豆板醤　小さじ½〜1
湯　1カップ
水溶き片栗粉
　　片栗粉　小さじ2
　　水　小さじ2

1 なすは皮ごと縦半分に切ってから縦に1㎝厚さに切り、海水くらいの塩水（分量外）に5〜10分入れる。

2 揚げ油を低めの中温（170度）に熱し、なすの水けをふいて入れ、揚げる。

3 オイルポットなどに油を片付け、にんにく、しょうが、長ねぎを加えて中火で香りがたつまで焦がさないように炒める。挽き肉を加えて炒める。

4 肉の色が変わったら合わせ調味料を加えて混ぜ、強火にしてなすも加えて混ぜ、分量の湯1カップを加えて強火にする。フツフツしたら水溶き片栗粉を加えて混ぜ、再びフツフツしてとろみがついたら火を止める。

麻婆白菜

白菜の切り方にご注目！　軸は縦に細切り

白菜　¼個
豚挽き肉　150g
しょうが（みじん切り）　ひとかけ
にんにく（みじん切り）　ひとかけ
長ねぎ（みじん切り）　10㎝
サラダ油　大さじ1
合わせ調味料
　　赤みそ　大さじ1
　　しょうゆ　大さじ2
　　酒　大さじ2
　　砂糖　小さじ½
　　豆板醤　小さじ½〜1

まーぼーはるさめ

　　オイスターソース　小さじ1〜2
　湯　½カップ
　水溶き片栗粉
　　片栗粉　大さじ1〜2
　　水　大さじ1〜2
　細ねぎ　10本
　ごま油　小さじ1

1 白菜は葉と軸に切り分け、軸は繊維にそって細切りにし、葉はザクザク切る。熱湯で軸と葉は別々にサッと下ゆでし、ザルに広げて水けをきる。
2 細ねぎは3㎝長さに切る。
3 中華鍋を中火にかけサラダ油をまわし入れ、熱くならないうちにしょうが、にんにく、長ねぎを香りがたつまで炒める。
4 挽き肉を加えて炒め、肉の色が変わったら合わせ調味料を加えて混ぜる。
5 肉にコテッと色がついたら強火にし白菜を加えて炒め、全体に油がまわったら分量の湯を加える。フツフツしてきたら水溶き片栗粉を加えて混ぜる。再びフツフツしてきたところに細ねぎを加えてサッと混ぜる。火を止め、ごま油を落とす。

麻婆春雨

ご飯にかけたり、サラダ菜などに包んで食べてもいい

　春雨　100ｇ
　豚挽き肉　100ｇ
　にんにく(みじん切り)　ひとかけ
　しょうが(みじん切り)　ひとかけ
　長ねぎ(みじん切り)　½本
　にら　½わ
　サラダ油　大さじ1
　合わせ調味料
　　赤みそ　大さじ½
　　しょうゆ　大さじ1
　　酒　大さじ1
　　砂糖　小さじ1
　　豆板醤　小さじ½〜1
　　オイスターソース　小さじ1
　水　1カップ
　水溶き片栗粉
　　片栗粉　大さじ1
　　水　大さじ1
　ごま油　小さじ1
　粉山椒(好みで)　適量

1 春雨は表示通りに戻し、水けをよくきり食べよい長さに切る。にらは細かく刻む。
2 中華鍋を中火にかけサラダ油をまわし入れ、にんにく、しょうが、長ねぎを加え、香りがたつまで炒める。挽き肉を加えて炒め、肉の色が変わったら春雨を加えてアツアツになるまで炒める。
3 合わせ調味料と分量の水を加えて混ぜ、フツフツしてくるまで煮る。にらと水溶き片栗粉を加えて混ぜ、再びフツフツしたら火を止め、ごま油を落とす。盛りつけて好みで粉山椒を振る。

麻婆もやし

ご飯のおかずにはもちろん、ラーメンにのせてもおいしい

　豚挽き肉　200ｇ
　もやし　2袋
　にら　1わ
　にんにく(みじん切り)　ひとかけ
　しょうが(みじん切り)　ひとかけ
　長ねぎ(みじん切り)　15㎝
　サラダ油　大さじ1強
　合わせ調味料
　　みそ　大さじ1
　　しょうゆ　大さじ2
　　酒　大さじ2
　　砂糖　小さじ1
　　豆板醤　小さじ½
　　オイスターソース　小さじ2
　湯　1½カップ
　水溶き片栗粉

｛片栗粉　大さじ1½
　　水　大さじ1½
　ごま油　小さじ1

1 にらは細かく刻む。合わせ調味料は混ぜておく。洗ったあとのもやしはよく水けをきっておく。
2 中華鍋を中火にかけサラダ油でにんにく、しょうが、長ねぎを炒める。香りがたったら強火にし、挽き肉を加えて炒める。もやしを2回に分けて加えて強火で油がまわるまで炒める。
3 全体がアツアツになったら合わせ調味料とにらを加えてザッと炒め合わせ、湯1½カップを加える。フツフツしたら水溶き片栗粉を加えて混ぜ、再びフツフツしてとろみがついたら火を止め、ごま油を落とす。

舞茸の天ぷら
精進の衣にくぐらせて、ゆっくりカリッと揚げる

　舞茸　1～2袋
　衣
　｛小麦粉　1カップ
　　氷水　¾～1カップ弱
　揚げ油　適量
　塩　適量
　すだちや柚子など　適量

1 舞茸は石づきのかたそうなところを切り落とし、大きくさく。
2 ボウルに小麦粉と氷水をササッと合わせ、衣を作る。
3 揚げ油を低めの中温（170度）に熱し、舞茸を衣にサッとくぐらせ、時間をかけて揚げていく。カリッと軽く揚がったら、油をよくきって引き上げる。
4 器に盛りつけて塩を振り、すだちや柚子をしぼって食べる。天つゆでもおいしい。

マカロニグラタン
うちのが一番！と自慢料理になります

　マカロニ　200ｇ
　鶏むね肉　1枚（約200ｇ）
　マッシュルームスライス缶詰　小1缶
　バター　大さじ2
　小麦粉　大さじ4
　牛乳　3½カップ
　鶏肉のゆで汁　1カップ
　塩　小さじ½弱
　こしょう　少々
　パン粉　大さじ4
　粉チーズ　大さじ4
　バター　適量

1 鶏肉は小さめに切り、3カップくらいの熱湯で下ゆでする。ゆで汁1カップも取っておく。
2 バター大さじ2を火にかけ、鶏肉と汁けをきったマッシュルームを中火で炒める。全体に油がまわったら弱火にし、小麦粉を振り入れて2分くらいよく炒める。
3 粉っけがなくなってねっとりしたら火を止め、牛乳½カップを加え、鍋底を洗うようにしてときのばす。なめらかになったら、残りの牛乳と鶏肉のゆで汁を加えて混ぜる。
4 中火をつけてときどき鍋底をかき混ぜ、フツフツしてきたら弱火にし、フタを少しずらしてのせて20分くらい煮る。途中でときどきかき混ぜ、味をみて塩、こしょうで調える。
5 マカロニは表示通りにゆでる。
6 耐熱容器の中を水でぬらし、**4**のソースを薄く敷き、マカロニを入れ、残りのソースをかける。もちろんホワイトソースとマカロニをからめてから焼いてもよい。
7 パン粉と粉チーズを振り、バター適量を点々と散らす。オーブンに入れ、250度で10～15分焼く。

マカロニグラタン→ コラム参照

マカロニサラダ
マカロニとゆで卵は十分に冷ましてから、調味を

　マカロニ　150g
　塩　適量
　ゆで卵　2個
　ハム　4〜5枚
　きゅうり　1本
　にんじん　5〜6㎝
　玉ねぎ　¼個
　A ╭ マヨネーズ　適量
　　│ マスタード　少々
　　│ 塩　少々
　　╰ こしょう　少々

1 鍋にたっぷりめの湯を沸かし、塩を加えてマカロニをほどよいかたさにゆで、ザルにあげて冷ましておく。
2 ゆで卵は殻をむいてフォークなどであらくつぶし、ハムは半分に切ってから7〜8㎜幅に切る。
3 きゅうりは薄い輪切りにする。にんじんは薄い輪切りにしてから千切りにし、玉ねぎは薄切りにする。
4 ボウルにマカロニ、ゆで卵、ハム、野菜類を入れ、Aの調味料を加えて、全体をザッザッと混ぜる。

まぐろキムチ丼
好みでごま油や酢をかけてもいい

　〈これは2人分〉
　まぐろ(刺身用)　2人分
　しょうゆ　小さじ1
　わさび(好みで)　少々
　白菜キムチ(刻んだもの)　約½カップ
　白いりごま　適量
　細ねぎ(小口切り)　大さじ2
　焼きのり　適量
　温かいご飯　2人分

1 まぐろの刺身にわさびとしょうゆを混ぜて下味をつけ、キムチ、ごま少々を加えてザッと混ぜ合わせる。
2 ご飯の上に **1** をのせ、細ねぎとごまを散らす。好みで、しょうゆ(分量外)を少しかける。焼きのりを刻んで上にのせる。

まぐろとわけぎのぬた
まぐろに酢を振っておくと、酢みそであえたときに味がよくなじむ

　まぐろ(ブツ切り)　300g
　酢　少々
　わけぎ　1わ
　しょうゆ　少々
　酢みそ
　　╭ みそ　大さじ3
　　│ 砂糖　小さじ1
　　│ みりん　大さじ1
　　│ 米酢　大さじ1
　　╰ とき辛子　小さじ½〜1

1 湯を沸かしわけぎを長いまま根のほうから入れてゆで、ザルに広げて冷ます。これを2つに切ってそろえ、しょうゆを振って(振りじょうゆ)軽くしぼり、3〜4㎝長さに切る。
2 まぐろは大きければ食べよい大きさに切り、酢を振りかけておく。
3 ボウルに酢みその調味料を合わせてよく混ぜる。食べる直前にまぐろとわけぎをあえる。

まぐろのイタリアン
まぐろのたたきにトマトを合わせた新コンビ。まぐろは表面だけにこげめをつける

　まぐろ　1さく
　トマト　2個
　ドレッシング
　　╭ レモン汁　½個分
　　│ 米酢　大さじ1
　　│ 塩　小さじ½
　　│ こしょう　少々
　　╰ オリーブ油　大さじ1

バジル（あれば生）　大さじ1弱
1 まぐろはキッチンペーパーなどで水けをよくふき取る。
2 トマトは皮をむいて（湯むき）縦半分に切り、横1cm厚さに切る。
3 ボウルにドレッシングの材料を記載順に混ぜ合わせ、最後にオリーブ油を加えたらサッと混ぜる。
4 フライパンに油少々（分量外）を入れて熱し、まぐろを入れて表面の色が変わるくらいにサッと焼き、すぐ氷水に取る。表面が完全に冷たくなったら、水けをよくふいて、7～8mm厚さに薄切りにする。
5 器にトマトを並べ、上にまぐろをきれいに盛りつけて、バジルを散らす。食べるときに、全体にドレッシングを振りかける。

まぐろのクリスピー
薄く切ってじっくり揚げ、カリッカリに

かじきまぐろ　4切れ
酒　大さじ½
塩　少々
こしょう　少々
小麦粉　大さじ3～4
揚げ油　適量
ソース
　マヨネーズ　大さじ2
　マスタード　大さじ½～1
レモン（くし形切り）　適量

1 かじきまぐろはキッチンペーパーなどで水けをふき、5mm幅くらいに薄いそぎ切りにする。酒、塩、こしょうを振り、小麦粉をまぶす。
2 中温（170～180度）に熱した揚げ油に入れ、衣が落ち着いてきたら、大きく混ぜて空気にふれさせながらじっくり揚げる。
3 こんがり色づき、箸でさわってカリッとなったら、油をきって盛る。混ぜ合わせたソースとレモンを添える。

まぐろぶつの辛子あえ
白髪ねぎはたっぷりのせたほうが味もよく、見た目も豪華！

まぐろのぶつ　約300g
長ねぎ　1本
辛子じょうゆ
　とき辛子　小さじ½～1
　しょうゆ　大さじ1

1 まぐろはキッチンペーパーなどで水けをふき取る。
2 白髪ねぎを作る。長ねぎは4～5cm長さに切って縦に包丁めを入れて開き、白い部分を繊維にそって千切りにする。5分ほど水にさらし、ザルにあげて水けをきる。
3 ボウルにとき辛子としょうゆを合わせて混ぜ、辛子じょうゆを作る。
4 まぐろを辛子じょうゆでサッとあえて器に盛り、上にたっぷり白髪ねぎをのせる。しょうゆは好みでたしても。

まぐろ焼き
しょうゆ漬けにして表面をサッと焼き、青じそでくるんで食べると、最高にうまい！

まぐろ（刺身用）　1さく
A　しょうゆ　大さじ2
　　酒　大さじ1
サラダ油　小さじ1
青じそ　適量

1 まぐろは混ぜ合わせたAに漬け、冷蔵庫で60分以上、できれば一晩おく。
2 サラダ油を熱して 1 をジャッと入れ、強火で両面、表面だけこんがり焼く。
3 あら熱が取れたら、1cm強の幅に切る。青じそで1切れずつくるんで食べる。好みでしょうゆをつけてもよい。

魔女のスープ　豚ばら肉入り
紫色の不思議なスープは味わいとびきり！肉は下ゆでして余分な脂をのぞくのがコツ

紫キャベツ　½個

ますたーどどれっしんぐ

紫玉ねぎ　½個
豚ばらかたまり肉　300ｇ
水　4～5カップ
塩　適量
こしょう　適量
マジョラム（あれば）　少々
白ワインか酒　大さじ2

1 紫キャベツは細切り、紫玉ねぎは繊維にそって薄切りにする。
2 豚ばらかたまり肉は7～8㎜厚さの薄切りにし、ボウルに入れ塩小さじ1を振ってよく混ぜ、10～15分そのままおく。
3 鍋に湯を沸かして豚肉を入れ、色が変わるまで下ゆでをしてザルに取る。
4 厚手の鍋に紫キャベツ、紫玉ねぎ、豚肉を入れ、分量の水、こしょう、マジョラム、白ワインか酒を加えて中火にかける。
5 フツフツしてきたら弱火にし、フタをしてキャベツがトロトロになるまで40～60分煮込む。最後に味をみて塩、こしょうで調える。

マスタードドレッシング
ほどよい辛さと香りの粒マスタードのドレッシング

塩　小さじ½
砂糖　少々
粒マスタード　小さじ1
米酢　大さじ1
サラダ油　大さじ1～2

1 すべての材料を混ぜる。サラダ油を入れてからはあまりしつこく混ぜない（ドロリとなりすぎる）。にんにくのすりおろしが入ってもおいしい。

混ぜご飯各種
→メニュー別索引〈混ぜご飯〉を参照

街の中華屋さん風カレー
揚げた野菜を入れるのが特徴。じゃが芋は冷凍のフライドポテトでもＯＫ

じゃが芋　2個
にんじん　1本
玉ねぎ　1個
豚薄切り肉　200ｇ
揚げ油　適量
水　適量
にんにく（すりおろし）　少々
カレールウ　小1箱（約100ｇ）
牛乳　¾カップ

1 じゃが芋は一口大に切り、水に放つ。にんじんはじゃが芋よりひとまわり小さく切る。玉ねぎは縦半分に切ってから薄切りにする。豚薄切り肉は2～3つに切る。
2 フライパンに揚げ油を入れて温め、油がまだぬるいうちに、じゃが芋とにんじんを入れる。徐々に温度を上げ、中まで火が通ったら、引き上げて油をきる。
3 鍋にカレールウの箱に表示されている分量の水、にんにく、玉ねぎを入れて火にかけ、玉ねぎに火が通ったら、いったん火を止め、カレールウを加え混ぜる。
4 ルウがとけたら再び火にかけ、弱火で5～10分煮る。とろみがついたら、豚肉をヒラリヒラリと入れ、肉に火が通ったら牛乳を加える。
5 再びフツフツしてきたら、揚げたじゃが芋とにんじんを加えて混ぜ合わせ、火を止める。温かいご飯や好みのパンなどでどうぞ。

マッシュポテト
牛乳の代わりにちょっとリッチに生クリームでも

じゃが芋　2～3個
バター　1㎝角
塩　少々
牛乳　大さじ1

1 じゃが芋は一口大に切って鍋に入れ、ヒタヒタの水を加え、フタをしてやわらか

マッシュルームバゲット
アメリカで習ったベジタリアンメニュー

バゲット　中1本
マッシュルーム　1袋
えのき茸　1袋
A ┌ 塩　小さじ1
　│ 米酢　大さじ3
　│ サラダ油かオリーブ油　大さじ3
　└ オレガノ　適量
とけるチーズ　1カップ

1 マッシュルームは軸の汚れたところを切り落とし、縦に薄切りにする。えのき茸は石づきを切り落とし、3cm長さくらいに切る。
2 Aを混ぜ合わせ、きのこ類を加えてサッと混ぜる。密閉びんなどに入れ、冷蔵庫か寒い場所に1時間から一晩おく。
3 バゲットは厚みを半分に切ってから天板に入る長さに切る。天板に皮を下にしてバゲットを並べ、上にチーズをたっぷり散らし、**2**のきのこの汁けをきってのせる。オーブンに入れ、200度で10分焼く。焼き上がってから食べよい長さにカットする。

松茸ごはん
特有の香りが生きる味つけを

米　2カップ（2合）
松茸　小3本
だし汁　1½カップ
A ┌ 酒　大さじ2
　│ 薄口しょうゆ　大さじ1
　└ 塩　小さじ½弱
柚子の皮（千切り）　適量

1 松茸は根元の汚れているところのみ薄く石づきを削り、縦に薄切りにする。
2 米にだし汁とAの調味料を混ぜ合わせて加え、ふつうに炊く目盛りまで水をたす。全体をひと混ぜし、松茸を加え、表面を平らにしてふつうに炊く。
3 底のほうから全体を混ぜ、盛りつけて柚子の皮を散らす。

松茸の吸いもの
ちょっとぜいたくに、秋の香りを満喫

松茸　小1本
だし汁　4カップ
A ┌ 酒　大さじ1
　│ 塩　小さじ½
　└ 薄口しょうゆ　小さじ1〜2
三つ葉　適量
青柚子の皮　適量

1 松茸は石づきの汚れたところを削り取り、食べやすい大きさにさく。三つ葉は刻み、薄くそいだ青柚子の皮は千切りにする。
2 鍋にだし汁と松茸を入れて火にかけ、フツフツしてきたらAを加えて調味する。
3 出来上がりを椀に盛り、三つ葉を散らし、青柚子の皮をのせる。

マフィン
ブランチにマーマレードで召し上がれ

〈プリン型約8個分〉
薄力粉　200g
ベーキングパウダー　小さじ1
卵　2個
砂糖　大さじ2
バター　60g
牛乳　¾カップ

1 薄力粉とベーキングパウダーはよく混

ぜ合わせておく。

2 ボウルに卵を入れてときほぐし、砂糖を加えて泡立て器で少し白っぽくなるまで混ぜる。

3 バターを湯せんか電子レンジでとかして **2** に加え、牛乳も入れて混ぜる。さらに **1** の粉を一気にふるい入れ、泡立て器か木ベラで底から底から、生地がなめらかになるまでよく混ぜ合わせる。

4 マフィン型かプリン型にバター（分量外）を薄くぬり、スプーンなどで生地を型の八分めくらいまで流し入れる。

5 **4** を200度のオーブンで5分焼き、180度に下げてさらに15分焼く。オーブンから出して、あら熱が取れたらマフィンを型から出す。バターやマーマレードをつけてどうぞ。

マフィンサンド
オーソドックスな英国風スタイル

〈これは2人分〉
イングリッシュマフィンパン　2個
ベーコン　4枚
卵　2個
とけるチーズ（ピザ用）　大さじ1
紫玉ねぎか玉ねぎ（輪切り）　5〜6枚
サラダ油　適量

1 マフィンパンは厚みを半分に切り、オーブントースターでこんがり焼く。

2 フライパンにサラダ油を薄くぬって熱し、少し火を弱めてベーコンを並べ、出た脂をふき取りながらこんがり焼く。

3 1人分のベーコン2枚の上に、卵を1個ずつ割り落とし、箸の先で卵黄をプチッとつぶす。その上にチーズを振り、紫玉ねぎか玉ねぎをのせ、さらにフタをして弱火で焼く。

4 卵がとろっとなったら火を止め、フライ返しを入れてはがし、マフィンパンにはさむ。

ママーズソーセージ
素朴な自家製。蒸したてをそのままでも、翌日炒めてケチャップをからめても

〈20〜25本分〉
豚挽き肉　400g
食パン（8枚切り）　1枚
卵　1個
水　大さじ2
にんにく（すりおろし）　½かけ
オニオンソルト　少々
セロリソルト　少々
セージ　少々
ナツメグ　少々
黒こしょう　少々
ローリエ　⅓枚
サラダ油　大さじ1
塩　小さじ1

1 食パンは細かくほぐして適量の水（分量外）に浸し、やわらかくなったらギュッとしぼりさらに細かくほぐす。

2 ローリエは細かくほぐす。

3 豚挽き肉、**1** のパン、といた卵を混ぜ合わせ、残りの材料をすべて加えてさらによく混ぜ合わせる。

4 12cm角のアルミ箔を20〜25枚用意し、肉をウインナーソーセージくらいの大きさに細長くまとめて中央にのせ、クルクルッと巻く。両端を軽くねじって包み、両方から中に押すようにして形を整える。

5 蒸気の立った蒸し器に並べ、強火で15分蒸す。アルミ箔から出し、そのままかサラダ油（分量外）でサッと焼いて食べる。アルミ箔に包んだまま冷蔵庫で3〜4日はもつ。冷凍保存もOK。

作り方 4

ママのポテトサラダ
ゆでたてのじゃが芋に酢と塩で下味をつけるのが秘訣

じゃが芋　3個（約400ｇ）
にんじん　5〜6㎝
玉ねぎ　¼個
きゅうり　1本
酢　大さじ1
塩　少々
ソース
　｛ マヨネーズ　大さじ3
　　牛乳　大さじ1
　　塩　少々
　　こしょう　少々

1 じゃが芋は1㎝厚さのいちょう切りにする。にんじんは2〜3㎜厚さの半月切りにする。一緒にヒタヒタの水でゆでる。
2 やわらかくなったら湯をきり、再び火にかけて水分をとばす。熱いうちに酢と塩をからめ、冷ます。
3 玉ねぎは薄切りにし、水にさらす。きゅうりも薄切りにする。
4 混ぜ合わせたソースに水けをきった玉ねぎ、じゃが芋とにんじん、きゅうりの順に加えては混ぜる。

豆ごはん
生のグリンピースを最初から炊き込むのがほんとうで、香りも味も最高

米　2カップ（2合）
昆布　10㎝
グリンピース（豆のみ）　¾カップ
酒　大さじ2
塩　小さじ1弱

1 米はふつうに水加減する。
2 米の水を大さじ2（調味料分）取りのぞき、酒と塩を加えてひと混ぜする。昆布をザッと水洗いしてのせ、グリンピースを加え、表面を平らにしてすぐに炊く。
3 昆布を取り出し、底のほうから全体を混ぜる。

豆竹混ぜご飯 （まめたけ）
旬の素材を組み合わせて炒め、調味してからご飯と混ぜる。初夏の味と彩りをぜひ

温かいご飯　4人分
新ゆで竹の子（5㎜角）　1カップ
新グリンピース（豆のみ）　1カップ
ごま油　大さじ1
薄口しょうゆ　大さじ1
みりん　大さじ½
酒　大さじ1
塩　少々

1 鍋にグリンピースとかぶるくらいの水を入れて火にかける。フツフツしてきたら竹の子を加え、フタをしてゆでる。グリンピースがやわらかくなったら、一緒にザルに取って水けをきる。
2 鍋にごま油を熱して **1** を炒め、全体に油がまわったら、調味料を加え、フタをして弱めの中火で5分ほど煮る。
3 温かいご飯と **2** をザッザッと混ぜる。

豆のサラダ
ゆでたての豆をドレッシングであえると、味がしみやすい。温、冷どちらでも美味

白いんげん豆（乾）　1カップ
玉ねぎ　小½個
ハム　50ｇ
ドレッシング
　｛ 塩　小さじ½
　　マスタード　小さじ1
　　こしょう　少々

米酢　大さじ1
サラダ油　大さじ2½
サニーレタス　適量

1 白いんげん豆は洗って鍋に入れ、3倍量の熱湯に一晩つけておく。翌日、つけ汁ごと中火にかけ、フツフツしてきたら弱火にしてコトコトと煮る。豆がやわらかくなったら火を止め、ザルにあげる。

2 玉ねぎは繊維にそって薄切りにし、ハムは1㎝幅に切る。

3 ボウルにドレッシングの材料を記載順に混ぜ合わせ、玉ねぎ、豆、ハムの順に混ぜながら加える。

4 器にサニーレタスを敷き、豆のサラダを盛る。

豆のサラダ→ コラム参照

豆のピラフ
カツ代流にアレンジしたトルコ料理。本場のひよこ豆を日本の豆に代えてひと工夫

米　2カップ
白いんげん豆(乾)　½カップ
玉ねぎ(みじん切り)　¼個
バター　大さじ2
トマト水煮缶詰　小1缶(約200ｇ)
スープ
　｜湯　2カップ
　｜固形スープの素(チキン)　1個
塩　小さじ½強
こしょう　少々

1 白いんげん豆はよく洗ってたっぷりの熱湯に一晩つけ、翌日、つけ汁ごと鍋に入れて火にかける。煮立ったら弱火にして、コトコトとゆで、やわらかくなったらザルにあげて水けをきる。

2 スープは分量の湯で固形スープの素をとかしておく。

3 厚手の鍋にバターを入れて火にかけ、バターがとけたら玉ねぎ、米、いんげん豆の順に次々と加えながら炒める。全体がアツアツになったら、トマトの水煮を加えてつぶしながら混ぜる。

4 さらに**2**のスープを注ぎ、塩、こしょうを加え混ぜ、フタをして中火で煮る。フツフツしてきたら弱火にし、完全に水けがなくなるまで15〜20分炊いて、十分に蒸らす。

マヨネーズドレッシング
牛乳を少し混ぜることで、マヨネーズをあっさり味に仕上げる

マヨネーズ　大さじ4
牛乳　大さじ2
レモン汁　大さじ1
米酢　小さじ1
白こしょう　少々

1 すべての材料をなめらかに混ぜる。牛乳やマヨネーズが入っているので、作りおきはしないように。

マリネ各種
→メニュー別索引〈マリネ〉を参照

マリネステーキ
安い肉で上等に食べる知恵

牛肉(ステーキ肉)　4枚
セロリ　1本
にんじん　6〜7㎝
玉ねぎ　1個
にんにく　ひとかけ
マリネ液
　｜赤ワイン　大さじ4
　｜酢　大さじ2
　｜サラダ油　大さじ2
塩　適量
こしょう　適量
サラダ油　適量
〈付け合わせ〉
粉ふき芋　適量
にんじんのグラッセ　適量

ゆでブロッコリー　適量

1 セロリ、にんじんは食べやすい長さの細切りにする。玉ねぎは縦半分に切り、繊維を断って横に細切りにする。にんにくは薄切りにする。
2 マリネ液を混ぜ、肉と野菜を入れ、冷蔵庫で2日くらいおく。途中、上下を返す。
3 野菜を取り出し、サラダ油を熱して炒める。全体がしんなりしたら、取り出す。
4 肉に塩、こしょうを振り、サラダ油少々で好みの加減に焼く。皿に盛り、上に **3** の野菜をのせ、付け合わせを添える。

丸ごとキャベツのビックリ煮
ミートソースがからまって芯までとろっと甘く、ペロリと食べられる

キャベツ　1個
サラダ油　大さじ1
バター　大さじ1
ソース
　合い挽き肉　150g
　サラダ油　大さじ1
　ドミグラスソース缶詰　大1缶(約290g)
　トマトジュース　1カップ
　水　1カップ
塩　少々
こしょう　少々

1 キャベツは芯をつけたまま十文字に切り、大きく4等分にする。
2 サラダ油とバターを熱し、バターがとけたらキャベツを強めの中火で全体をこんがりと焼きつける。
3 大きめの鍋にソースのサラダ油を熱して挽き肉をざっと炒め、ドミグラスソース、トマトジュース、分量の水を加える。
4 ソースにキャベツを入れて火を強め、フツフツしてきたらフタをして中火で20〜30分煮込む。途中、ときどき鍋をゆする。キャベツがクタッとやわらかくなったら、味をみて塩、こしょうで調える。

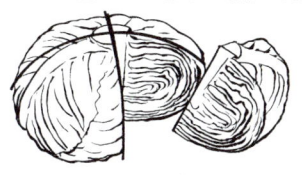

作り方 **1**

丸干しいわしのマリネ
和風朝ご飯でおなじみの干ものが立派な洋風おかずに。レモン汁を振っても美味

いわしの丸干し　10尾
玉ねぎ　½個
マリネ液
　酢　大さじ1½
　サラダ油　大さじ1
　こしょう　少々
　砂糖　小さじ½
　とき辛子　少々
貝割れ大根　1わ

1 玉ねぎは繊維にそって薄切りにする。
2 ボウルにマリネ液の材料を合わせて混ぜ、玉ねぎを加えて汁けをたっぷりからませる。
3 いわしの丸干しはこんがり焼いて頭を落とし、熱いうちに **2** に加え混ぜて30分おく。いわしの頭はつけたままでもOK。
4 味がなじんだら、いわしを器に盛る。貝割れ大根は根を切り落として玉ねぎと混ぜ合わせ、いわしの上にのせる。

マロンミートローフ
甘栗を使うとは、われながら大ヒット

合い挽き肉　350g
甘栗(殻なし)　1カップ
A　パン粉　½カップ
　　牛乳　¼カップ
　　卵　1個
マッシュルームスライス缶詰　小1缶

みーとそーす

玉ねぎ　½個
バター　大さじ1
塩　小さじ1
こしょう　少々
サラダ油　適量

1　Aは混ぜ合わせ、しっとりさせる。
2　甘栗はあらく刻む。マッシュルームは缶汁をきる。玉ねぎはみじん切りにし、バターでシナッとするまで炒める。
3　挽き肉、甘栗、マッシュルーム、玉ねぎ、塩、こしょうをザッと混ぜ合わせ、1も加えてよく混ぜ合わせる。
4　3を水でぬらした天板にのせ、かまぼこ形に整え、真ん中を少しへこませる。
5　表面にサラダ油をぬり、200度のオーブンで10分焼き、180度で20～30分焼く。竹串を刺して、濁った汁が出ず、竹串の先が熱かったら、中まで焼けている証拠。
6　あら熱が取れたら、1.5cm厚さに切る。

み

ミートソース

玉ねぎなしの簡単ソース。パスタにグラタンに知っておくと便利

牛挽き肉　300g
にんにく(みじん切り)　ひとかけ
サラダ油　大さじ1
小麦粉　大さじ2
マッシュルームスライス缶詰　小1缶
A ┌ トマトジュース　2カップ
　├ 水　1カップ
　├ 砂糖　小さじ½
　├ 塩　小さじ½
　├ 固形スープの素　1個
　├ ローリエ　1枚
　├ こしょう　少々
　└ オレガノ　少々

1　マッシュルームは実と汁に分けておく。
2　鍋にサラダ油を熱して牛挽き肉とにんにくを強めの中火で炒め、肉の色が変わったら小麦粉を振り入れ、中火で2～3分炒める。
3　粉っぽさがなくなったら、マッシュルームを加えて軽く炒め、缶汁とAの材料もすべて加える。木ベラで鍋底をこするように混ぜて、フタをして煮る。
4　フツフツしてきたら弱火にし、ときどきかき混ぜながら30～40分煮る。

ミートパイ

肉ときのこがたっぷり入った香ばしい手作りパイ。皮は冷凍パイシートを使えば簡単

〈直径20～22cmのパイ皿1台分〉
パイの具
┌ 牛挽き肉　250g
├ きのこ類(好みのもの)　3袋
├ にんにく(みじん切り)　ひとかけ
├ バター　大さじ2
A ┌ 塩　小さじ½
　├ こしょう　少々
　├ カレー粉　小さじ1
　└ ウスターソース　小さじ2
パイシート(冷凍)　1箱(4枚)
とき卵　1個分
バター　適量
強力粉(打ち粉用)　適量

1　パイの具を作る。きのこはしめじ、生椎茸、マッシュルームなど好みのものを選び、それぞれ石づきを切り落として、食べよくほぐしたり、細かく刻んだりする。
2　フライパンにバターを入れて火にかけ、バターがとけたら、にんにくと牛挽き肉を強火で炒める。肉の色が変わりはじめたらきのこを加えてさらに炒め、肉に完全に火が通ったらAを加えて調味する。水分をとばすように炒め、バットなどにすぐ取り出

して、広げて冷ます。

3 打ち粉(強力粉)を振った板などにパイシートを2枚おき、端を少し重ねてとき卵でつなぐ。これをめん棒でパイ皿の大きさよりひとまわり大きくのばし、粉が多くついている面を上にしてパイ皿に敷く。はみ出た部分はキッチンばさみなどで切る。

4 パイシートの底にフォークなどで軽く穴をあけ、上にアルミ箔を敷いてパイ用重しや代わりの乾燥豆をのせ、200度に温めておいたオーブンで7〜8分焼く。

5 この間に、残りのパイシートを約1cm幅のリボン状に切っておく。

6 **4**のパイが焼けたら重しをはずし、すぐにバターをちぎってぬる。この上に**2**の具をのせて平らにならす。

7 パイのまわりにとき卵をぬり、リボン状のパイシートを格子状にのせて、パイ皿にかかる部分をしっかり押さえてくっつける。

8 パイ全体にとき卵をぬり、250度のオーブンで20分焼いてから、バターをちぎってところどころにのせ、さらに3分ほど焼く(このとき焦げてきたら、オーブンを200度に下げる)。

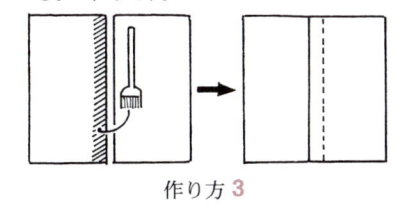

作り方 **3**

ミートボール(基本)
→「基本のミートボール」を参照

ミートボールのカレー煮
生の肉だんごを直接カレーソースに落として煮るだけ。簡単でおいしい仕上がり

　合い挽き肉　350g
　塩　小さじ½
　ガーリックパウダー　少々
　玉ねぎ　½個
　ピーマン　4〜5個
　サラダ油　大さじ1
　水　3½カップ
　カレールウ　小1箱(約100g)

1 玉ねぎは縦2つに切ってから横に薄切りにする。ピーマンは横に細切りにする。

2 鍋にサラダ油を熱し、玉ねぎをよくよく炒める。玉ねぎがしんなりしたら分量の水を入れ、フツフツしてきたら、さらにカレールウを入れて煮とかす。

3 ボウルに挽き肉を入れ、塩とガーリックパウダーを振ってよく混ぜ、ミートボールのたねにする。

4 **2**のカレーがフツフツしてきたら、**3**のたねを直径2cmくらいに丸めて、ポトポトと落とす。焦げないように、ときどき鍋底からカレーを混ぜて15分ほど煮る。

5 ミートボールに火が通ったら、ピーマンを加え、サッと煮たら出来上がり。

ミートボールのきのこ煮
フワッとおいしいミートボールの秘密は、肉と一緒に加えたすりおろしにんじん

　ミートボール
　┌ 豚挽き肉　350g
　│ にんじん(すりおろし)　大さじ3
　│ 塩　小さじ½
　│ こしょう　少々
　│ 卵　1個
　└ 片栗粉　大さじ2
　しめじ　1袋
　舞茸　1袋
　サラダ油　小さじ1
　A ┌ 水　1カップ
　　│ トマトケチャップ　大さじ2
　　│ ウスターソース　大さじ2
　　└ 固形スープの素　1個
　ローリエ　1枚

みーとぼーる

塩　少々
こしょう　少々

1 しめじと舞茸は石づきを切り落とし、食べよくほぐす。
2 ミートボールを作る。ボウルに豚挽き肉とにんじんを入れ、その他の材料も次々と加える。これをよく混ぜ合わせ、直径2cmくらいのボール状に丸める。
3 フライパンを熱しサラダ油を入れ、中火でミートボール全体に焼き色をつける。
4 さらにAの材料を次々と入れ、しめじと舞茸、ローリエも加える。フタをして中火で15分ほど煮、最後に味をみて塩、こしょうで調える。

ミートボールのパプリカ煮
市販のミートボールでも、ソースがおいしいから good

ミートボール　20個
にんにく（みじん切り）　ひとかけ
ピーマン　2個
サラダ油　大さじ1
マッシュルームスライス缶詰　小1缶
トマト水煮缶詰　大1缶（約400g）
固形スープの素　1個
ローリエ　1枚
パプリカ　小さじ1
塩　適量
こしょう　適量

1 ピーマンは細切りにする。マッシュルームは実と缶汁に分ける。
2 サラダ油とにんにくを弱火で熱し、香りがたったらマッシュルームを加え、中火で少し炒める。
3 トマトを加えてマッシャーなどであらくつぶし、1の缶汁、スープの素、ローリエ、パプリカ、塩小さじ½を加え、火を強めて煮る。フツフツしたらミートボールを加え、フタをして中火で10〜15分煮る。
4 ピーマンを加えてひと煮し、味をみて塩、こしょうで調え、火を止める。
ミートボール→基本のミートボール

身欠きにしんとうどの甘辛煮
下ゆでさえすれば、身欠きにしんは余分な脂とくさみが抜けて美味

身欠きにしん（生干し）　半身4枚
うどか山うど　2本
煮汁
　｜しょうゆ　大さじ3
　｜砂糖　大さじ2
　｜酒　大さじ2
水　1カップ
酒　大さじ1
木の芽（あれば）　適量

1 身欠きにしんはえらの部分を切り落とし、3〜4つに切る。たっぷりの熱湯で2〜3分ゆで、ザルにあげて水けをきり、少し冷めてから取れる骨は取りのぞく。
2 うどは5〜6cm長さに切り、皮をぐるりと厚めにむく。太いところは縦半分に切り、皮も細切りにする。
3 うどと皮にかぶるくらいの水を加えて強火にかけ、フツフツしたらザルにあげて水けをきる。
4 鍋の中を水でぬらし、煮汁を入れ、火にかける。フツフツしたらにしんの身を下にして並べ、強めの中火で7〜8分煮る。裏返して皮のほうにも手早く汁をからめ、取り出す。
5 4の鍋に水1カップと酒大さじ1を加えて火にかけ、フツフツしたらうどと皮を入れ、フタをして中火で5〜6分煮る。にしんに盛り合わせ、木の芽をのせる。

Ｍr.ダッグウッド風サンドイッチ
昔のアメリカ漫画の主人公が作る巨大サンドを、ぐぐっと食べやすくアレンジ

〈作りやすい分量〉
食パン（サンドイッチ用）　12枚

バター　適量
マスタード　適量
A ┌ ロースハム　4枚
　│ スライスチーズ　4枚
　└ レタス　4枚
B ┌ かに缶詰　1缶
　│ 玉ねぎ(みじん切り)　¼個
　│ セロリ(みじん切り)　4㎝
　│ マッシュルームスライス缶詰　小1
　│ 　缶
　│ マヨネーズ　適量
　└ レモン汁　小さじ1
C ┌ 鶏むね肉　1枚
　│ 塩　小さじ¼
　│ こしょう　少々
　│ サラダ油　少々
　│ レモン汁　少々
　│ ウスターソース　適量
　│ トマトケチャップ　適量
　│ ベーコン　2枚
　│ 玉ねぎ(薄切り)　適量
　└ リーフレタスやレタス　4枚

1 パンは片面にバターとマスタードをぬる。ぬった面を合わせて2枚1組にして重ね、ぬれ布巾をかけておく。パンはあれば胚芽パンや黒パンも合わせると見た目も味も楽しさ2倍。
2 Aの具は重ね、2組のパンにはさむ。
3 Bの具のかに缶詰は軟骨を取ってほぐし、玉ねぎ、セロリ、汁をきったマッシュルームと混ぜ、レモン汁を落としてマヨネーズであえる。もう2組のパンにはさむ。
4 Cの具の鶏肉は塩、こしょうを振り、サラダ油で両面よく焼いて中まで火を通す。冷めたらそぎ切りにし、レモン汁をかけ、ウスターソースとケチャップであえる。ベーコンは2つに切ってチリチリに焼く。残り2組のパンに鶏肉、薄切り玉ねぎ、レタス、ベーコンと重ねてはさむ。
5 それぞれ食べやすくカットしてもよいが、3種をドカンと重ねて盛りつけて1人前とするのがダッグウッド風。

水菜と油揚げの辛子あえ
ひときわシャキシャキ、鍋料理の名コンビ

水菜　½〜1わ
油揚げ　1枚
辛子じょうゆ
　┌ とき辛子　小さじ1
　│ 砂糖　小さじ½
　└ 薄口しょうゆ　大さじ1

1 水菜は塩少々(分量外)を加えた熱湯でほどよいかたさにゆで、ザルに広げて冷まし、2〜3㎝長さに切る。
2 油揚げは水洗いしてギュッとしぼり、オーブントースターでこんがりカリッとするまで焼く。縦半分に切ってから細切りにする。
3 混ぜ合わせた辛子じょうゆに水菜、油揚げの順に加えてあえる。

水菜の水漬け
ゆでるときは、サッと湯通しをする程度に。白菜やキャベツでもお試しを

水菜　¼〜½わ
しょうが　ひとかけ
漬け水
　┌ 水　3カップ
　│ 塩　大さじ1
　└ 昆布茶　小さじ½

1 水菜は2㎝長さにザクザク切る。しょうがは皮をむき、繊維にそって千切りにする。
2 密閉びんに漬け水としょうがを入れ、

みそおでん

びんをよく振って混ぜる。
3 水菜を熱湯でサッとゆで、水けをきる。
2 のびんに入れる。完全に冷めたらフタをし、冷蔵庫で一晩おく。3〜4日おいしく食べられる。

みそおでんの串刺し鍋
ちょっとしたパーティーにも楽しく食べられる。豚肉は断然肩ロースの部位で

　豚肩ロースかたまり肉　400〜500ｇ
　大根　15㎝
　里芋　8個
　こんにゃく　1枚
　昆布　20㎝
　酒　大さじ2
　水　適量
　練りみそ
　┌　赤みそ　大さじ4
　│　酒　大さじ4
　│　砂糖　大さじ2
　└　みりん　大さじ2

1 大根は皮をむいて3㎝厚さの半月切りにする。
2 里芋は皮を洗い、皮つきのまま水から入れて煮立てる。煮立ったら3分ほどゆで、水に取って皮をむく。
3 こんにゃくは6個の三角形に切り、下ゆでする。
4 豚肉は3㎝角のブツ切りにする。大根を鍋に入れ、水をかぶるくらい加え、塩小さじ½（分量外）も加えて火にかける。フツフツしてきたら豚肉を加え、フタをして約40分煮る。
5 土鍋に昆布を敷いて里芋、こんにゃく、ゆでた豚肉と大根を入れ、酒とヒタヒタの水を加えて、里芋がやわらかくなるまで弱火で煮る。
6 練りみその材料を小鍋に入れて弱火にかけ、絶えず練り混ぜて練りみそを作る。
7 里芋、こんにゃく、豚肉、大根が煮えたらいったん取り出し、取りやすいように竹串に刺し、土鍋に戻しアツアツに練りみそをつけて食べる。

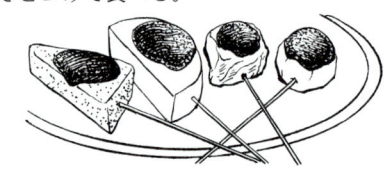

みそキャベツ
新キャベツが一番だけど、このみそはきゅうり、セロリ、ご飯にもおいしい

　新キャベツ　½個
　合わせみそ
　┌　みそ　大さじ山盛り4
　│　酒　½カップ
　│　みりん　大さじ2〜4
　└　削り節　1パック

1 キャベツは葉がバラバラにならないようにして、適当な大きさにザクザク切る。
2 鍋の中を水でぬらし、合わせみその材料を入れてザッと混ぜる。中火にかけ、混ぜながらフツフツするまで煮る。
3 キャベツと合わせみそを別々に盛りつけ、ちぎったキャベツにみそをつけて食べる。

みそ汁各種
→メニュー別索引〈みそ汁〉を参照

みそ煮込みうどん
しみじみした味わいのみそ風味。濃いめのだし、たくさんの具がおいしさの素

　〈これは2人分〉
　ゆでうどん　2人分
　にんじん　4㎝
　豚ばら薄切り肉　100ｇ
　キャベツか白菜　2〜3枚
　生椎茸　2〜3個
　だし汁（濃いめ）　3½カップ

A ┌ みそ　大さじ1強
　│ しょうゆ　大さじ1
　│ みりん　大さじ1
　└ 酒　大さじ1
長ねぎ　½本
卵(好みで)　2個
しょうが(すりおろし)　適量

1 にんじんは縦半分にしてから縦に薄切りにし、豚ばら肉は3～4㎝長さに切る。キャベツか白菜はザク切り、生椎茸は石づきを切り落として食べよく切り、長ねぎは斜め薄切りにする。
2 鍋に濃いめのだし汁とにんじんを入れて中火にかけ、フツフツしてきたら豚肉をほぐしながら加える。豚肉に火が通ったら、キャベツか白菜、椎茸を入れる。
3 野菜が煮えたらAを加えて味を調え、ゆでうどんを入れる。再びフツフツしてきたら長ねぎを加え、ひと煮立ちさせて、火を止める。
4 どんぶりにみそ煮込みうどんを盛り、好みで生卵をポトンと落とす。卵を入れるときは、おろししょうがを添えたほうがだんぜんおいしい。

みそブイヤベース
みそはみそ汁よりグーンと薄めに入れ、スープ仕立てに仕上げます

大根　12㎝
はまぐり　8個
えび　8尾
たら(生)　4切れ
A ┌ 水　5カップ
　│ 酒　大さじ5
　└ みそ　大さじ3～4
柚子の皮　適量
大根の葉(中のやわらかい部分)　少々
こしょう　少々

1 たらは3～4つに切り、塩少々(分量外)を入れた熱湯でサッとゆでる。骨は取りのぞく。
2 大根は4㎝長さに切り、縦2つにしてから繊維にそって薄切りにする。
3 えびは背ワタを取る。
4 はまぐりは殻をよーく洗う。
5 鍋にAと大根を入れて煮立て、はまぐり、えび、たらも加えてフタをして中火で煮る。
6 柚子の皮は薄く少し大きめにそぎ、大根の葉は細かく刻む。材料に火が通ったら柚子の皮と大根の葉を散らす。こしょうを振って食べるとよく合う。

みそポトフ
大根、ごぼう、白菜など野菜も和風で

鶏ウイングスティック　8本
大根　15㎝
ごぼう　15㎝
にんじん　2本
白菜　¼個
水　8カップ
固形スープの素　2個
みそ　約大さじ4

1 大根は5㎝長さに切り、縦4つ割りにする。ごぼうは5㎝長さに切る。にんじんは5㎝長さに切り、縦半分に切る。白菜は芯を取る。
2 鍋に大根とごぼうを入れ、かぶるくらいの水(分量外)を加えて強火にかける。煮立ったら鶏肉も入れ、肉の表面の色が変わるまで下ゆでし、水けをきる。
3 大きめの厚手の鍋に分量の水とスープの素をくだいて入れ、下ゆでした大根、ごぼう、鶏肉とにんじんを加える。フタを少しずらしてのせ、弱火で30～40分煮込む。
4 白菜を加えて15～20分やわらかく煮込み、味をみてみそをとき入れ火を止める。

みぞれもち
揚げもちにアツアツの汁と大根おろし。コ

クとうまみが絶妙なバランス！

　　もち　4個
　　揚げ油　適量
　　だし汁　4カップ
　　塩　小さじ½
　　酒　大さじ1
　　薄口しょうゆ　小さじ2〜3
　　大根おろし　適量
　　細ねぎ(小口切り)　適量

1 鍋にだし汁を入れて火にかけ、フツフツしてきたら塩、酒、薄口しょうゆを加えて調味する。
2 もちは半分に切り、中温(170〜180度)の揚げ油でカラリと揚げる。
3 揚げもちを器に入れ、上から **1** のアツアツの汁を注ぐ。さらに水けを軽くきった大根おろしをのせて、細ねぎを散らす。

みそロールカツ

パクッとかじるとみそ風味。赤っぽいみそがよく合いますが好きなのをどうぞ

　　豚薄切り肉(赤身)　400g
　　みそ　大さじ4
　　衣
　　┌ 小麦粉　適量
　　│ とき卵　1個分
　　└ パン粉　適量
　　揚げ油　適量
　　マヨネーズ　適量
　　練り辛子　適量
　　〈付け合わせ〉
　　千切りキャベツ　適量

1 まな板の上に豚薄切り肉を広げ、2枚ずつ少しずらして重ねる。上にみそを薄くぬり、手前から巻いていく。
2 **1** の全体に小麦粉をまぶす。とき卵にくぐらせ、パン粉をしっかりつける。
3 揚げ油を中温(170〜180度)に熱し、衣をつけた肉を一度ギュッと握って入れ、衣が落ち着いてきたら裏返し、ときどき空気にふれさせながらカラリと揚げる。
4 器に盛り、千切りキャベツ、マヨネーズ、練り辛子を添える。

作り方 **1**

三つ葉そば

極上のつゆでシンプルに。お酒のあとの一品にも最高です

　　〈これは2人分〉
　　ゆでそば　2人分
　　つゆ
　　┌ 水　3カップ
　　│ 削り節(花がつお)　ひとつかみ
　　│ しょうゆ　大さじ4
　　└ みりん　大さじ3
　　三つ葉(刻んだもの)　たっぷり
　　柚子の皮　適量
　　切りごま　大さじ2

1 つゆを作る。分量の水を火にかけ、フツフツしたら削り節としょうゆ、みりんを加え、再びフツフツしてきたら火を止める。こし器でこして、残った削り節をギュッとしぼる。
2 つゆを再び火にかけてフツフツさせ、ゆでたそばを加えてアツアツにする。器に盛り、三つ葉と薄くそいだ柚子の皮をのせ、ごまを振る。

三つ葉とえびのかき揚げ

かき揚げの定番。コツは揚げ油の中で衣が落ち着くまで見守る。それから裏返す

　　三つ葉　1わ
　　えび　12〜16尾
　　衣
　　┌ 卵水(卵1個と水)　¾カップ

小麦粉　¾カップ
揚げ油　適量
天つゆ　適量
大根おろし　適量
しょうが(すりおろし)　適量

1 三つ葉は3㎝長さに刻む。
2 えびは殻をむいて背ワタと尾をのぞき、コロコロに切って水けをよくきる。
3 衣を作る。とき卵と水を合わせて¾カップにし、小麦粉を合わせてザッと混ぜる。
4 三つ葉とえびを衣に加えてあえる。
5 揚げ油を低めの中温(170度)に熱し、**4**のたねを木ベラに一口大くらいずつのせて、箸ですべらせながら油の中に静かに入れていく。衣がしっかりしてきたら裏返し、ときどき空気にふれさせながら揚げる。
6 カリッと揚がったら油をきって引き上げ、器に盛る。大根おろしやおろししょうがを加えた天つゆで食べる。

三つ葉のごまドレッシング
セロリも加えて、香りと歯ざわりをアップ

三つ葉　2わ
セロリ　1本
ごまドレッシング
　┌白いりごま　½カップ
　│砂糖　小さじ1
　│薄口しょうゆ　大さじ1
　└米酢　大さじ1

1 三つ葉は3㎝長さくらいに切る。セロリは斜め薄切りにする。葉も細かく刻む。
2 湯を沸かし、それぞれ1種類ずつサッとゆで、網じゃくしなどですぐ引き上げ、ザルに広げて冷ます。
3 ごまは全体がねっとりするまでよくよくすり(大変なら、練りごま¼カップ強を使ってもよい)、調味料を加えてすり混ぜ

4 ドレッシングにセロリ、三つ葉、セロリの葉の順に加えて混ぜる。

ミニ・グリンピース春巻き
中身の主役は、ゆでてつぶしたグリンピース

グリンピース(豆のみ)　1½カップ
えび　10尾
片栗粉　小さじ1
豚挽き肉　150ｇ
塩　小さじ½
酒　小さじ1
春巻きの皮　5枚
水溶き小麦粉　適量
揚げ油　適量
酢じょうゆ　適量
とき辛子　適量

1 グリンピースはやわらかくゆで、熱いうちにマッシャーかすりこぎでつぶす。
2 えびは殻と背ワタを取り、あらみじん切りにし、片栗粉小さじ1をまぶす。
3 豚挽き肉は塩、酒を加えて混ぜ、グリンピースとえびを加えて混ぜ合わせる。20等分にする。
4 春巻きの皮は4等分に四角く切る。
5 皮の周囲に水溶き小麦粉をぬり、**3**の具をのせる。三つ折りにして包み、両端はギュッとつまんでしっかり閉じる。
6 揚げ油を温め、ぬるいうちに春巻きを入れる。ときどき返したり、油をかき混ぜたりして、空気にふれさせながらカラリとなるまで揚げる。酢じょうゆととき辛子で食べる。

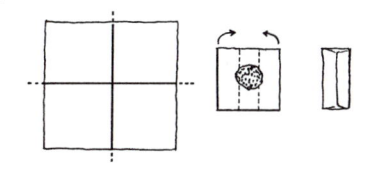

作り方 **4**、**5**

ミニ肉まん

おなじみの肉まんもカツ代流なら簡単。蒸したてのアツアツの味、ぜひお試しを

〈8個分〉
皮（まんじゅうの生地）
- 小麦粉　200ｇ
- ベーキングパウダー　小さじ2
- 塩　ひとつまみ
- 砂糖　50ｇ
- ぬるま湯　½カップ
- サラダ油　小さじ2

具
- 豚挽き肉　200ｇ
- 長ねぎ（みじん切り）　½本
- しょうが（みじん切り）　少々
- 塩　小さじ¼
- しょうゆ　小さじ1
- 酒　大さじ1
- ごま油　小さじ1

1 皮を作る。ボウルに小麦粉とベーキングパウダーを合わせて振り入れ、塩と砂糖を加えてよく混ぜ合わせる。

2 粉の真ん中をあけてぬるま湯を様子をみて加え、粉をくずしながら箸で混ぜる。全体がまとまりかけたらサラダ油を加え、こねないようにして、手で混ぜ合わせる。

3 粉っけがなくなったら8等分に分ける。

4 具を作る。ボウルにすべての材料を合わせてよく混ぜ、8等分にする。

5 3の生地をなめらかに丸めてから手のひらでギュッとつぶして広げ、上に具をのせる。これを丸く包み、上の部分をつまんでしっかりとめる。

6 蒸気の上がった蒸し器に 5 を少しはなして並べ入れ、強火で15分くらい蒸す。

ミネストローネ

イタリアの代表的スープ。たくさんの野菜の種類が入るのとパスタを入れるのが特徴

- にんにく（みじん切り）　ひとかけ
- ベーコン　4枚
- 玉ねぎ　½個
- セロリ　½本
- ピーマン　1～2個
- 黄ピーマン　1個
- ズッキーニ　1本
- なす　1～2本
- トマト（完熟）　2～3個
- オリーブ油かバター　大さじ2
- 水　4カップ
- 固形スープの素　1個
- ローリエ　1枚
- バジル　少々
- マカロニか小さいパスタ　50ｇ
- 塩　適量
- こしょう　適量

1 ベーコンは1㎝幅、玉ねぎ、セロリ、ピーマン類は1㎝角に切る。なすの皮はピーラーで薄くすっかりむく。ズッキーニ、トマト（冬にはトマト水煮缶詰を使い、つぶして加える）は1㎝角のコロコロに切る。マカロニは少しかためにゆでておく。

2 鍋にオリーブ油かバターを熱し、にんにくとベーコンを中火で炒める。ベーコンから脂が出てきたら火を強め、野菜を記載順に加えて炒めていく。

3 全体をよく炒め、アツアツになったら、分量の水、固形スープの素、ローリエ、バジルを加え、フタをして中火で10分煮る。

4 野菜がやわらかくなり、スープに野菜のうまみが十分移ったら、ゆでたマカロニを加え、塩、こしょうで味を調え、2～3分弱火で煮たら火を止める。粉チーズを振って食べてもおいしい。

ミネストローネの材料に決まりなし
→ コラム参照

みょうがと青じその天ぷら

みょうがの風味が引き立つから、衣は小麦粉と水だけ

みょうが　8〜12個
青じそ　1わ
衣
　⎰ 小麦粉　½カップ
　⎱ 氷水　½カップ
揚げ油　適量
塩　適量

1 みょうがは縦2つに切り、水に入れて洗い、水けをふく。
2 小麦粉と氷水をザッと混ぜる。
3 揚げ油を低めの中温(170度)に熱し、みょうがと青じそにそれぞれ衣をつけて入れていく。衣が落ち着いてきたら、ときどき空気にふれさせながらじっくり揚げ、こんがりカリッとなったら油をきる。塩を振って食べる。

みょうがといかの煮もの
みょうが好きなら、もっと入れてもOK

いか　大1杯
みょうが　10個
煮汁
　⎰ しょうゆ　大さじ2
　⎰ 酒　大さじ1
　⎱ 砂糖　大さじ1
　⎱ 水　½カップ

1 いかの胴は縦半分に切ってから横に1㎝幅に切る。足は食べやすく切る。
2 みょうがは縦4等分に切り、水に入れてサッと洗い、中の泥や土を落とす。
3 鍋の中を水でぬらし、煮汁を入れて火にかける。フツフツしたらいかとみょうがを加え、強火でワーッと5分ほど煮る。途中で一度、上下を返す。

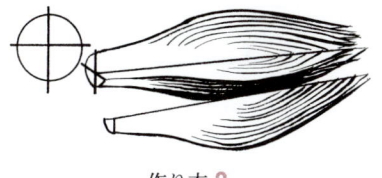

作り方 **2**

みょうがの卵とじ
おなかにやさしい暑気払い

みょうが　10〜12個
卵　2個
煮汁
　⎰ だし汁　1½カップ
　⎰ 酒　大さじ1½
　⎱ 薄口しょうゆ　大さじ1½

1 みょうがは縦半分に切ってから斜め薄切りにし、水に取ってサッと洗う。
2 煮汁を火にかけ、フツフツしてきたらみょうがを加えて4〜5分煮る。
3 卵をといてまわし入れ、フワッと固まってきたらすぐ火を止める。フタをして少しおき、余熱で蒸らす。

ミラノ風お米入りスープ
米はサッと洗う程度に。とぎすぎると粘りが出て、スープになりません

にんじん　½本
セロリ　1本
キャベツ　2〜3枚
にんにく(みじん切り)　ひとかけ
トマト　1個
ベーコン　2枚
米　½カップ
バター　大さじ1
水　8カップ
固形スープの素　1個
塩　適量
こしょう　適量
粉チーズ　適量

1 にんじん、セロリ、キャベツはあらみじん切りにし、トマト、ベーコンは小さめに刻む。
2 大きめの鍋にバターを入れて火にかけ、とけたらにんにくを弱火で炒める。香りがたったらベーコンを加えて炒め、脂が出てきたら強火にし野菜を次々加えて炒める。
3 全体がアツアツになったら分量の水を

加え、米、スープの素も加え、フタをして中火で煮る。フツフツしてきたら弱火にし、30〜40分煮込む。味をみて塩、こしょうで調え、盛りつけて粉チーズを振る。

ミラノ風リゾット
サフランで風味をつけるのが特徴
　米　1½カップ
　玉ねぎ（みじん切り）　½個
　水　5カップ
　固形スープの素　2個
　サフラン　ふたつまみ
　オリーブ油　大さじ3
　塩　適量
　こしょう　少々
　バター　大さじ2
　粉チーズ　適量

1 分量の水とスープの素を火にかけ、フツフツさせておく。
2 サフランは大さじ3のぬるま湯（分量外）に入れておく。
3 オリーブ油を熱して中火で玉ねぎを炒め、米を加えて1〜2分炒める。
4 強火にし、**1**の熱いスープの¼量を少しずつ加えて混ぜる。米がスープを十分に吸い込んだら、残りのスープを一度に加える。フツフツしたら中火にし、ときどき混ぜながら少しやわらかくなるまで煮る。
5 **2**のサフランを湯ごと加えて混ぜ、塩、こしょうで味を調え、好みのやわらかさになるまで煮る。
6 火を止め、バターと粉チーズを加え、手早く混ぜる。

ミルクココット
野菜をちょっと入れてオーブントースターで焼き、そのまま朝食に
　〈これは1人分〉
　卵　1個
　牛乳　大さじ1〜2
　マッシュルーム　1〜2個
　ピーマン　¼個
　塩　少々
　こしょう　少々
　バター　適量

1 マッシュルームは薄切りにし、ピーマンは千切りにする。
2 ココット型耐熱容器の中にバターをぬり、牛乳、マッシュルーム、ピーマンを入れて、静かに卵を落とし入れる。さらに上にバターをのせ、塩、こしょうを振る。
3 **2**をオーブントースターに入れ、5〜10分焼く。卵が好みのかたさに固まったら出来上がり。

ミルク豆腐
ミルクと知らずに食べると、まるで洋風のごま豆腐のよう
　牛乳　2カップ
　粉ゼラチン　2袋（約10ｇ）
　湯　½カップ
　しょうゆ　適量
　わさび　適量

1 粉ゼラチンを湯に振り入れて混ぜ、そのまま5〜10分おいてふやかす。
2 きれいにとけていなければ湯せんにかけ、透明になるまでとかす。
3 牛乳にゼラチン液を加えて、静かによく混ぜる。
4 弁当箱か流し箱（約12×17㎝）の中を水でぬらして注ぎ、冷蔵庫で約2時間冷やし固める。
5 好みの大きさに切り分け、しょうゆとわさびで食べる。

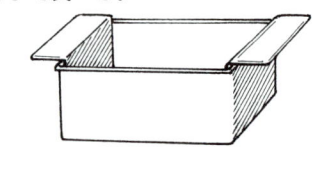

流し箱

ミルクマッシュポテト
クリーミーだから、冷やしてもやわらか

 じゃが芋　2～3個（約300g）
 牛乳　1カップ
 塩　小さじ¼
 こしょう　少々

1 じゃが芋は適当な大きさに切り、ザッと洗い、ヒタヒタの水でやわらかくゆでる。余分な湯はきり、火にかけて水分をとばし、熱いうちにマッシャーかすりこぎでつぶす。

2 **1**に牛乳を少しずつ加えて木ベラで混ぜ、塩、こしょうを加える。

3 弱めの中火にかけ、ときどきかき混ぜながら中まで熱くする。くれぐれもじゃが芋の粘りが出るほどグリグリ混ぜないこと。

ミンチのケバブ
シンプルな挽き肉料理なのに複雑な味と風味。和風味のゆかりがこの秘密

 肉だね
  牛挽き肉　400g
  塩　小さじ½
  こしょう　少々
  ゆかり　小さじ¼
  カレー粉　小さじ¼
  サラダ油　大さじ1
 レモン　適量

1 肉だねを作る。ボウルに牛挽き肉とすべての材料を合わせてよく混ぜ、手のひらにサラダ油（分量外）をつけてウインナーソーセージのような形にまとめる。

2 天板にサラダ油（分量外）を薄くぬり、**1**の肉だねを並べて250度のオーブンで5分、さらに200度に落として15分ほど焼く。

3 器に盛ってレモンを添え、しぼって食べる。

みんな丸くおさまる鍋
丸くておいしく、かわいい具がいっぱい。みんなで囲む鍋は体も心もポッカポカ！

 えびしんじょ
  えび（ブラックタイガーか大正えび）
   4～6尾
  はんぺん　小1枚
  酒　小さじ1
  しょうが汁　小さじ½
  片栗粉　小さじ2
 紅白の白玉だんご
  白玉粉　1カップ
  湯　½カップ
  食紅　ごく少々
 ゆでた里芋（小芋）　4個（約150g）
 にんじん（薄い輪切り）　8枚
 A　だし汁　4カップ
  薄口しょうゆ　大さじ1
  塩　ふたつまみ
 しょうが（すりおろし）　適量
 細ねぎ（小口切り）　適量

1 えびしんじょのたねを作る。えびは背ワタを取り殻と尾をむき、細かく刻んで片栗粉少々（分量外）をまぶしておく。はんぺんはすり鉢でよくすり、酒、しょうが汁、えび、片栗粉を加えてよく混ぜ合わせておく。

2 ゆでた里芋（小芋）の皮はむく。冷凍でもよい。

3 紅白の白玉だんごを作る。白い白玉は、ボウルに白玉粉½カップを入れ、湯¼カップ弱を加えてよく混ぜ、直径2cmくらいのだんごにする。

4 赤い白玉は、湯¼カップ弱に食紅を箸の先にごく少々つけてとかしたものを使う。ボウルに白玉粉½カップを入れ、用意したピンク色の湯を加えてよく混ぜ、直径2cmくらいのだんごにする。

5 紅白の白玉だんごは熱湯に入れてゆでる。プカプカと浮いてきたら水に取る。

6 鍋にAを入れて火にかけ、フツフツしてきたら 1 のえびしんじょのたねをスプーンですくいながら入れていく。
7 えびしんじょの中までしっかり火が通ったら、里芋、にんじん、水けをきった紅白の白玉だんごも加える。里芋が中までアツアツになったら火を止め、おろししょうがや細ねぎを薬味にして食べる。

む

ムール貝のオーブン焼き
オリーブ油、にんにく、チーズの香りに包まれて、表面はカリッカリ

　ムール貝　8〜12個
　白ワイン　大さじ2
　パセリ（みじん切り）　1本
　にんにく（みじん切り）　1〜2かけ
　食パンのやわらかい部分　1枚分
　粉チーズ　大さじ4
　オリーブ油　大さじ4
　こしょう　少々

1 ムール貝は殻をよく洗い、鍋に入れる。白ワインを振り、フタをして強火で蒸し煮にし、貝の口が開いたら蒸し汁をこす。貝は身のついていない殻を取りのぞき、汁は取っておく。
2 1 の蒸し汁にパンを浸し、軽くつぶす。にんにく、パセリ、粉チーズ、オリーブ油、こしょうを加えて混ぜ合わせ、ペースト状にする。
3 貝の中に 2 を詰め、250度のオーブンに入れ、少しこげめがつくまで焼く。

麦ご飯
とろろ汁や焼き魚には、やはりこのご飯がぴったり

　米　1½カップ（1½合）
　麦　½カップ（½合）

1 炊く30分前に米と麦を合わせてとぎ、ふつうに水加減して炊く。

麦とろ
たまには、素朴でどこか懐かしい味わいのこんな晩ご飯をいかが

　麦ご飯　4人分
　とろろ芋（長芋ややまと芋など）　適量
　だし汁（冷ます）　適量
　しょうゆ　大さじ1
　青のりかもみのり　適量

1 長芋ややまと芋はフォークに刺して熱湯に3秒ほどつけ、すぐ水に取る。握る部分を残して皮をむき、おろし金ですりおろすか、すり鉢の壁にこすりつけながら大きくまわしてすりおろす。
2 1 のとろろに少しずつだし汁を加えてすりのばす。好みの加減にのばしてしょうゆで味を調え青のりやもみのりを散らす。
3 麦ご飯に 2 のとろろをかける。いわゆる「とろろ芋」には長芋ややまと芋などがあるが、粘りけが強いのはやまと芋。こちらを使うときは、だし汁を多めに加えて濃度調節を。

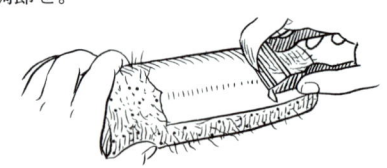

作り方 **1**

ムサカ
なすを使った代表的なギリシャ料理

　〈直径18〜20cmケーキ型1個分〉
　なす　8本
　揚げ油　適量
　豚挽き肉　200g
　A〔玉ねぎ（みじん切り）　1個

にんにく(すりおろし) ひとかけ
塩 小さじ½
こしょう 少々
ローリエ 1枚
タイム 少々
オレガノ 少々
ソース
トマトジュース(有塩) 1カップ
トマト水煮缶詰 小1缶(約200g)
固形スープの素 1個
水 ½カップ
白ワイン ½カップ
塩 少々
こしょう 少々
水溶き片栗粉
片栗粉 小さじ1
水 小さじ1

1 なすは皮ごと縦に7～8mm厚さに切り、海水くらいの塩水(分量外)に5～10分入れ、水けをふく。揚げ油を低めの中温(170度)に熱し、なすを入れ、シナッとするまで揚げる。油をよくきり、さらにペーパーなどで押さえて油を取る。
2 ローリエは細かくもみほぐす。
3 ボウルに挽き肉を入れAを加えよく混ぜ合わせる。
4 ケーキ型の底になすを少し重ね合わせて放射状に並べ、さらに型の周囲に縁から出るようにしてなすを立てて並べ、底をおおうようになすを並べる。
5 4に3の肉を詰め、縁から出たなすをかぶせておおう。なすが余っていたら、肉がみえているところにのせる。
6 オーブンに入れ、250度で10分、200度で30分前後焼く。あら熱が取れたら、型を逆さにして冷ます。
7 ソースの材料を中火にかけてトマトをつぶし、10分くらい煮る。水溶き片栗粉を混ぜてとろみをつけ、火を止める。
8 6を型から出し、6～8つに切り分ける。盛りつけてソースをかける。

作り方 **4**

蒸しずし
ホカホカずし。お正月の煮しめやかまぼこが少しずつ残っているときに、お試しあれ

米 2カップ(2合)
合わせ酢
米酢 大さじ4
塩 小さじ½
砂糖 大さじ½
煮しめの残り(刻んだもの) 1½カップ
干椎茸の含め煮
れんこん
にんじんなど
かまぼこ ½本
えび 6尾
みりん 少々
しょうゆ 少々
だし汁 適量
絹さや 適量
錦糸卵
卵 3個
塩 ひとつまみ
サラダ油 少々

1 米はといで、いつもよりややひかえめの水加減にし、ふつうに炊く。
2 合わせ酢の調味料を合わせる。
3 ご飯が炊けたら、合わせ酢をまわしかけ、手早く切るように混ぜて、すし飯を作る。
4 煮しめなど煮ものの残りや、かまぼこ、えびはそれぞれザクザクと刻んで鍋に入れ、みりんとしょうゆを加え、さらにだし汁をヒタヒタに加えて火にかける。全体が

むしどり

フツフツして中まで火が通ったら火を止め、そのまま冷ます。

5 絹さやは塩少々(分量外)を加えた湯で色よくゆで、煮しめと同じくらいの大きさに刻む。

6 錦糸卵を作る。卵をときほぐして塩を加え、サラダ油をひいたフライパンで薄焼き卵を作り、細切りにする。

7 すし飯に **4** の具の汁をきって加え絹さやも混ぜる。器に盛って上にたっぷり錦糸卵をのせ、湯気の立った蒸し器で10～15分蒸す。出来上がりに、紅しょうがを添えたり刻みのりを散らしてもおいしい。

蒸し鶏 お刺身風
下味をつけて蒸すだけで、とろりとした鶏の刺身風が出来上がり!

　鶏むね肉　2枚
　塩　小さじ1
　酒　大さじ1
　わさび　適量
　青じそ　1～2わ

1 鶏むね肉は黄色い脂肪を取りのぞき、皿にのせて塩と酒を振りかけておく。

2 蒸気の上がった蒸し器に **1** の鶏肉を皿ごと入れ、強めの中火で20分ほど蒸す。中まで完全に火が通ったら、火を止めてそのまま冷ます。

3 肉が冷めたら包丁を少し斜めにして薄切りにし、青じそを敷いた器に盛って、わさびを添える。

蒸し鶏 にんにくソース
しっとり、さっぱり仕上がった鶏と風味豊かなソースが最高。蒸し汁はスープに

　鶏むね肉　2枚
　塩　少々
　酒　大さじ1
　にんにくソース
　　にんにく(みじん切り)　ひとかけ
　　長ねぎ(みじん切り)　1本
　　しょうゆ　大さじ2
　　砂糖　少々
　　ごま油　小さじ2
　　米酢　大さじ1
　　鶏の蒸し汁　大さじ3
　　白いりごま　大さじ2
　細ねぎ　1/2わ

1 鶏むね肉は身の厚いところにスッスッと切りめを入れて開き、火の通りをよくする。これを皿にのせて塩と酒を振り、蒸気の上がった蒸し器に入れて20分ほど蒸す。

2 蒸し上がった鶏肉は、蒸したときに出た蒸し汁に皮を上にして浸し、そのまま冷まして薄切りにする。蒸し汁は大さじ3取っておく。

3 にんにくソースを作る。白いりごまは包丁であらく刻んで切りごまにする。ボウルににんにくソースの材料をすべて混ぜ合わせる。

4 細ねぎを3cm長さに切り器に敷き、**2** の蒸し鶏をのせてにんにくソースで食べる。

蒸しまんじゅう
炒めものや煮ものと一緒に食べる、主食の中華まんじゅう

〈8個分〉
　薄力粉　200g
　ベーキングパウダー　小さじ2
　塩　ひとつまみ
　砂糖　50g
　ぬるま湯　1/2カップ
　サラダ油　小さじ2
　白いりごま　適量

1 ボウルに薄力粉とベーキングパウダーを合わせて振り入れ、塩と砂糖を加えてよく混ぜ合わせる。

2 真ん中をあけてぬるま湯を加え、粉類を少しずつくずしながら箸で混ぜる。全体

がまとまりかけたらサラダ油を加え、こねないようにして手で混ぜ合わせる。
3 粉っけがなくなったら8等分に分け、なめらかに丸め、ギュッと押しつけて片面にごまをつける。
4 蒸気の立った蒸し器にごまの面を上にして入れ、強火で15分くらい蒸す。ふくらむので並べるときは少しずつ間をあける。一度に蒸せなければ2回に分ける。

ムニエル オーロラソース
このソースは、かじきまぐろ、たら、すずきなどのムニエルにもおすすめ

　　生鮭　4切れ
　　塩　適量
　　こしょう　適量
　　小麦粉　適量
　　バター　大さじ2
　　オーロラソース
　　　｛マヨネーズ　大さじ4〜5
　　　　トマトケチャップ　大さじ2
　　　　牛乳　大さじ2〜3
　　レモン（くし形切り）　4切れ
　　〈付け合わせ〉
　　いんげんの塩ゆで　適量

1 生鮭は水けをふき、塩、こしょうを振る。小麦粉を薄くまぶす。
2 フライパンにバターを入れて中火にかけ、バターがとけたら鮭を並べて中火で少し焼き、弱めの中火にしてフタをして焼く。こんがり焼けたら、裏返して同様に焼く。最後にフタを取ってカリッとさせる。
3 皿に盛り、付け合わせとレモンを添え、混ぜ合わせたソースをムニエルにかける。

ムニエル ガーリックソース
ソース次第で、ご飯のおかずにも決まり。さわら以外の魚でもできます

　　さわら　4切れ
　　塩　少々
　　こしょう　少々
　　小麦粉　適量
　　サラダ油　大さじ1
　　ガーリックソース
　　　｛にんにく（すりおろし）　ひとかけ
　　　　バター　大さじ2
　　　　しょうゆ　大さじ2
　　　　レモン汁　大さじ½〜1
　　レモン（くし形切り）　適量
　　〈付け合わせ〉
　　粉ふき芋　適量
　　ミニトマト　適量
　　きゅうりの薄切り　適量

1 さわらは水けをふき、塩少々を振り、少しおく。もう一度水けをふき、こしょうを少々振る。
2 茶こしを使って小麦粉を全体に薄く振り、はたいて余分な粉を落とす。
3 フライパンを中火で熱してサラダ油をなじませ、盛りつけたとき上になるほうから1〜2分焼く。弱めの中火に落としてフタをして焼き、こんがり焼けたら裏返し、同様に焼く。最後にフタを取って火を強め、カリッとさせる。
4 魚を取り出し、ソースのにんにくを弱火で炒める。香りがたったらバターを加えてとかし、しょうゆとレモン汁を加えて混ぜ、すぐ火を止める。
5 ムニエルを盛り、ソースをかけ、付け合わせとレモンを添える。

ムニエル各種
→メニュー別索引〈ムニエル〉を参照

紫キャベツの魔女スープ
レモンを浮かべるとパア〜ッと紫色になり、いかにも魔女が好みそうな雰囲気

　　紫キャベツ　½個
　　紫玉ねぎ　½個
　　水　4カップ

固形スープの素　1個
　　塩　少々
　　こしょう　少々
　　マジョラム（あれば）　少々
　　レモン（輪切り）　4枚
1 紫キャベツは芯を取り、細切りにする。紫玉ねぎは繊維にそって薄切りにする。
2 分量の水に **1** とスープの素を入れて火にかけ、フツフツしたらフタをして弱火で15〜25分煮る。
3 味をみて塩、こしょう、マジョラムで調え、火を止める。盛りつけ、レモンの輪切りを浮かべる。

め

明治生まれのかつどん
とんかつ、ソース、キャベツのトリオで懐かしい味。お弁当にもおすすめ
　　豚ロース肉（とんかつ用）　4枚
　　塩　少々
　　こしょう　少々
　　衣
　　　｜小麦粉　適量
　　　｜とき卵　1個分
　　　｜パン粉　適量
　　揚げ油　適量
　　ソース
　　　｜トマトケチャップ　大さじ2
　　　｜ウスターソース　大さじ2
　　　｜しょうゆ　大さじ2
　　　｜酒　大さじ2
　　　｜水　大さじ2
　　千切りキャベツ　適量
　　とき辛子　少々
　　温かいご飯　4人分
1 豚ロース肉はすじ切りをして塩、こしょうを振り、小麦粉、とき卵、パン粉の順に衣をつける。
2 ソースは皿などに混ぜ合わせておく。
3 揚げ油を中温（170〜180度）に熱し、とんかつをカラリと揚げる。これを2㎝幅に切り、アツアツのうちに **2** の皿へ移して、片面だけソースをたっぷりつける。
4 どんぶりに温かいご飯を盛り、すぐに千切りキャベツをたっぷりのせて、上にアツアツのとんかつをおく。かつはソースがついているほうを下にしてのせる。あればフタをして1分くらい蒸らす。残ったソースは上からかけて、とき辛子を添える。

メキシカン重ねステーキ
薄切り肉をステーキ風に焼き、野菜たっぷりの濃厚なソースをかけてどうぞ
　　牛赤身薄切り肉　大12枚（約400ｇ）
　　玉ねぎ　1個
　　赤ピーマン　1個
　　黄ピーマン　1個
　　トマト（完熟）　1個
　　しし唐辛子　8〜10本
　　サラダ油　大さじ1
　　塩　小さじ½
　　こしょう　少々
　　タバスコ　適量（やや多め）
1 牛赤身薄切り肉は大きく広げ、3枚を重ねて1組にし、上にパラパラと塩、こしょうを各少々（分量外）振る。
2 玉ねぎ、赤ピーマン、黄ピーマン、トマトはあらみじんに刻む。しし唐辛子はヘタを切り落として小口切りにする。
3 メキシコソースを作る。フライパンにサラダ油大さじ½を熱し、**2** の野菜を記載順に次々と加えて強火で炒める。トマトがアツアツになったら、塩、こしょう、タバスコを加えて調味する。味がなじんだら火を止め、器に取る。
4 フライパンをきれいにして、残りのサ

ラダ油大さじ½を熱し、**1**の牛肉を重ねたまま強火で両面焼く。肉がこんがり焼けたら器に盛り、上に**3**のソースをのせる。

メキシカンシチュー
暑い国の辛い料理。豚肉はロース切り身をさいころ状に切ったものもgood！

　豚薄切り肉　300ｇ
　玉ねぎ　1個
　にんにく（薄切り）　2かけ
　ホールコーン缶詰　中1缶（約230ｇ）
　トマト水煮缶詰　大1缶（約400ｇ）
　サラダ油　大さじ1
　A ┌ 塩　小さじ1
　　├ 黒こしょう　少々
　　├ チリパウダー　小さじ½〜1
　　├ パプリカ　小さじ1〜3
　　└ ローリエ　1枚
　水　1カップ
　粉チーズ　適量
　タバスコ　適量
　レモン汁　適量

1 豚肉は2〜3つに切る。玉ねぎは半分に切り、繊維にそって薄切りにする。コーンは缶汁をきる。
2 サラダ油とにんにくを中火にかけゆっくり炒め、香りがたったらトマト水煮缶詰を加えてつぶす。
3 フツフツしてきたら肉とAを加え、全体を混ぜ合わせる。玉ねぎ、コーン、分量の水も加え、表面を平らにしてフタをし、中火で20〜30分煮込む。粉チーズ、タバスコ、レモン汁を振って食べる。

メキシカンライス
トマトは炒めると水けが出るのでザッと混ぜるだけ。パンと合わせてもおいしい

　温かいご飯　4人分
　豚挽き肉　250ｇ
　にんにく　ひとかけ
　青唐辛子　1〜2本
　にんじん　7〜8㎝
　玉ねぎ　½個
　ピーマン　1個
　赤ピーマン　1個
　黄ピーマン　1個
　サラダ油　大さじ1
　A ┌ 塩　小さじ½〜1
　　├ こしょう　適量
　　├ カレー粉　小さじ½
　　├ チリパウダー　小さじ½
　　├ パプリカ　小さじ1
　　├ ウスターソース　大さじ1
　　└ トマトケチャップ　大さじ2
　トマト（完熟）　2個

1 にんにく、青唐辛子、にんじん、玉ねぎ、ピーマン類はすべてみじん切りにし、トマトは1㎝角に切る。
2 フライパンにサラダ油、にんにく、青唐辛子を入れて中火にかけ、香りがたったら玉ねぎと豚挽き肉を加え、火を強めて炒める。
3 肉に火が通ったら、にんじんとピーマン類を加えてさらに炒める。全体がアツアツになったらいったん火を止め、Aの調味料を加えて味をなじませるようによく炒め合わせる。
4 再び強火にかけ、トマトを加えてザッと混ぜ、すぐに器に移す。
5 器にご飯を盛り、上に**4**の具をのせる。仕上げにこしょうをガリガリ挽いてもおいしい。

目玉焼き
弱火でじっくり焼くのがコツ

　卵　適量
　塩　適量
　サラダ油　適量

1 フライパンにサラダ油を熱し、卵を割り入れて塩をパラパラと振り、フタをして

めだまやき

弱火で好みのかたさまでじっくり焼く。しっとりした目玉焼きにしたいときは、フタをする前に湯を大さじ1くらい加えて蒸し焼きにする。
2 好みのかたさになったらすぐ器に盛りつける。

目玉焼きのカレーソース
カレールウを牛乳でとくのがポイント

　　目玉焼き　4人分
　　カレーソース
　　　⎰ カレールウ（市販）　30g
　　　⎱ 牛乳　1½カップ
　　細ねぎ（小口切り）　2〜3本

1 焼いた目玉焼きを器に盛っておく。
2 鍋の中を水でぬらし、牛乳を入れて弱火にかける。牛乳が温まったらいったん火を止め、木ベラで混ぜながらルウをとかす。
3 再び中火にかけ、ソースがフツフツしたら火を止め、目玉焼きの上にかける。細ねぎを散らす。

めんたいかまぼこスパ
和風味のさっぱりパスタ。味をみながら調味し、レモンをしぼってどうぞ

　　〈これは2人分〉
　　スパゲティ　150〜200g
　　辛子明太子　½腹（1本）
　　かまぼこ　¼本
　　オリーブ油　大さじ1〜2
　　塩　適量
　　こしょう　適量
　　三つ葉　適量
　　レモン（くし形切り）　2切れ

1 辛子明太子は中身をこそげ出し、かまぼこは5mm厚さの薄切りにする。三つ葉は2cm長さに切る。
2 スパゲティはたっぷりの湯を沸かし、袋の表示通りにゆでる。ゆで汁は少し取っておく。
3 ボウルに辛子明太子とかまぼこを入れ、ゆで上がったアツアツのスパゲティを加える。上からオリーブ油をまわしかけて、全体をよくあえる。あえにくいときは、ゆで汁を少量加える。
4 味をみて塩、こしょうで調える。器に盛って三つ葉を散らし、レモンを添える。

めんたいこスパゲティ
日本だけのシンプルパスタ

　　〈これは2人分〉
　　スパゲティ　150〜200g
　　辛子明太子　1腹
　　にんにく（みじん切り）　ひとかけ
　　パセリ（みじん切り）　2〜3本
　　バター　大さじ1〜2
　　塩　少々
　　こしょう　少々

1 辛子明太子は中身をこそげ出す。
2 スパゲティはたっぷりの湯を沸かし、袋の表示通りにゆでる。
3 フライパンにバターとにんにくを入れて中火にかける。焦がさないように炒め、香りがたったらパセリを加え、すぐ火を止める。
4 3にゆで上がったアツアツのスパゲティと辛子明太子を加え、塩、こしょうで調味して、ザッザッと混ぜて器に盛る。

明太子豆腐
明太子に火を通しすぎないように

　　絹ごし豆腐　1丁
　　えのき茸　1袋
　　辛子明太子　1腹
　　酒　大さじ1
　　細ねぎ（小口切り）　4〜5本
　　しょうゆ（好みで）　適量
　　酢（好みで）　適量

1 豆腐はたっぷりの水に入れておく。

2 えのき茸は石づきを切り落とし、2cm長さに切る。辛子明太子は薄皮をのぞいてあらくほぐす。
3 鍋の中を水でぬらし、えのき茸と辛子明太子を入れて酒を振り、フタをして中火にかける。プチッパチッと音がしてきたら箸で混ぜ、全体がアツアツになったら火を止める。
4 豆腐の水けをきり、4等分に切って器に盛る。上に **3** をのせ、細ねぎを散らす。しょうゆや酢をかけて食べる。

明太たらもサラダ
タラモサラダを日本風にアレンジ

　　じゃが芋　2個
　　辛子明太子　1腹
　　細ねぎ(小口切り)　½カップ
　　すだち　1～2個

1 じゃが芋は大きめに切り、ヒタヒタの水でフタをしてやわらかくゆでる。湯をきり、火にかけて水分をとばし、熱いうちにつぶす。
2 辛子明太子は縦に切りめを入れ、スプーンなどでしごいて薄皮から出す。
3 じゃが芋、辛子明太子、細ねぎを混ぜ合わせ、すだちをしぼる。

めんたいなます
いつものなますにちょっと飽きたら……。酒の肴にもよく合います

　　大根　15cm
　　塩　小さじ½
　　大根の葉(中のやわらかい部分)　適量
　　辛子明太子　½腹(1本)
　　レモン汁　適量

1 大根は薄い輪切りにし、千切りにする。大根の葉は中心部のやわらかいところ少量を細かく刻む。
2 ボウルに大根を入れ、分量の塩を加えてザッと混ぜ合わせる。葉は塩少々(分量外)を振っておく。しんなりしたら大根の葉も一緒にして、たっぷりの水を加えて箸を使って泳がすように洗い、ザルにあけてからキュッと水けをしぼる。
3 別のボウルに薄皮を取った明太子、レモン汁を入れて混ぜ合わせ、**2** を加えてあえる。

メンチカツ
野菜がたっぷり入って、ソフトな歯ざわりもおいしいカツ代流のメンチカツ

　　合い挽き肉　300g
　　塩　小さじ½
　　こしょう　少々
　　ウスターソース　小さじ1
　　玉ねぎ(みじん切り)　½個
　　サラダ油　大さじ1
　　キャベツ　2～3枚
　　ピーマン　1個
　　衣
　　┌　小麦粉　適量
　　│　とき卵　1個分
　　└　パン粉　適量
　　揚げ油　適量
　　キャベツ　適量
　　とき辛子　適量
　　好みのソース　適量

1 キャベツとピーマンはみじん切りにする。
2 玉ねぎはサラダ油で炒めて冷ましておく。
3 ボウルに挽き肉を入れ、塩、こしょう、ウスターソースを加え混ぜる。さらに **1** と **2** を加えてよく混ぜ合わせ、8等分する。平たい木の葉形にまとめ、火が通りやすいように真ん中を少しへこませる。
4 **3** に小麦粉、とき卵、パン粉の順に衣をつけ、中温(170～180度)の油でカラリと揚げる。
5 油をきって器に盛り、千切りにしたキ

めんつゆ

めんつゆ（つけめん用）
めんくい党にはぜひおすすめ。手作りめんつゆの分量公開！　作り方は共通

〈これは各4〜6人分〉
主にそうめん、ひやむぎ用
A ┌ 昆布　10cm
　├ 水　4カップ
　├ 削り節（かつお）　大きくひとつかみ
　├ みりん　½カップ
　└ 薄口しょうゆ　½カップ

主にうどん、ひやむぎ用
B ┌ 昆布　10cm
　├ 水　4カップ
　├ 削り節（かつお）　大きくひとつかみ
　├ みりん　大さじ2
　└ 薄口しょうゆ　⅓カップ

主にそば用
C ┌ 昆布　10cm
　├ 水　3½カップ
　├ 削り節　大きくひとつかみ
　├ 砂糖　大さじ½〜1
　├ みりん　大さじ1
　├ 酒　大さじ3
　└ しょうゆ　½カップ

1 鍋にザッと水洗いした昆布と分量の水を入れ、30分くらいつけておく。
2 1を火にかけ、グラグラ沸いてきたら削り節を入れる。ごく弱火にしてA、Bの場合は30秒〜1分、Cの場合は2分くらいそのまま煮出す。
3 さらに調味料を加え、フツフツしてきたらこし器でこす。残っただしがらも、おたまの裏でギュッと押さえてしぼる。
4 つゆはあら熱が取れたところで、冷蔵庫に入れて冷やす。

も

もずく雑炊
もずくは味のついていないものを使います。磯の香りがいっぱい

〈これは2人分〉
ご飯　2人分
もずく　約100g
だし汁　2カップ
塩　小さじ¼
しょうが汁　小さじ1

1 鍋にだし汁とご飯を入れ、ザッと混ぜる。少しずらしてフタをし、強めの中火にかける。
2 中火で5〜10分煮てご飯がふっくらしたら、弱火にしてもずくを加え、塩で味を調える。仕上げにしょうが汁を加え、すぐ火を止める。

もち入りコーンシチュー
コーンがほんのり甘く、具もたっぷり入るシチュー。もちと牛乳を加えたら弱火で

もち　4個
鶏もも肉　1枚
にんじん　10cm
玉ねぎ　½個
クリームコーン缶詰　中1缶（約230g）
水　2カップ
固形スープの素　1個
牛乳　1カップ
片栗粉　小さじ1
塩　少々
こしょう　少々

1 鶏もも肉は黄色い脂肪を取りのぞき、一口大に切る。
2 にんじんは5mm厚さのいちょう切りにし、玉ねぎは1cm角に切る。

3 鍋に分量の水と固形スープの素を入れて火にかけてとかす。フツフツしてきたら鶏肉、にんじん、玉ねぎ、クリームコーンを加えて火にかけ、15分ほど煮る。
4 牛乳に片栗粉を合わせ混ぜる。
5 3の鍋にもちと4の牛乳を加え、弱火で4〜5分煮て、もちがやわらかくなったら塩、こしょうで味を調える。切りもちが大きければ2つに切って入れる。

もち入り茶碗蒸し
蒸気の上がった蒸し器に入れ、弱火でコトコト蒸す。もち入りだからボリューム満点

　もち　2個
　鶏ささみ　2本
　下味用
　　┌ 酒　小さじ1
　　└ 薄口しょうゆ　小さじ1
　かまぼこ(1㎝厚さ)　4枚
　ぎんなん(水煮)　8粒
　えび　小4尾
　三つ葉　適量
　柚子の皮　少々
　卵液
　　┌ 卵　3個
　　│ だし汁(冷ます)　2カップ
　　│ 塩　小さじ½
　　└ 薄口しょうゆ　小さじ1

1 鶏ささみは食べよい大きさにそぎ切りにし、酒と薄口しょうゆをまぶして下味をつけておく。
2 えびは尾を残して殻をむき、背ワタを取る。三つ葉は2㎝長さに切る。
3 卵液を作る。ボウルに卵を割り入れ、泡立てないようにほぐして、冷めただし汁、塩、薄口しょうゆを加え混ぜる。
4 茶碗蒸し用の器を4人分用意し、それぞれ中を水でザッとぬらす。まず少し卵液を入れてから、半分に切ったもち、鶏ささみ、かまぼこ、ぎんなん、えびをそれぞれに加え、さらに卵液を注ぎ入れる。
5 蒸気の上がった蒸し器に4の茶碗を入れ、フタにふきんをかませて弱火で15〜20分蒸す。湯せんでもよい。
6 竹串を刺して、濁った汁が出なければ出来上がり。蒸し器から出し、三つ葉と薄くそいだ柚子の皮をのせる。

湯せん→ コラム参照

もち入りポトフ
シンプルな野菜と薄切り肉で作る簡単ポトフ。こんがり焼いたもちでボリューム満点

　もち　4個
　大根　½本
　にんじん　1〜2本
　水　8カップ
　固形スープの素　1個
　豚肉(しゃぶしゃぶ用)　300ｇ
　塩　適量
　こしょう　少々
　大根の葉(中のやわらかい部分)　少々

1 大根は3㎝厚さ、にんじんは2㎝厚さの輪切りにする。
2 厚手の鍋に分量の水、固形スープの素、塩小さじ½、大根、にんじんを入れて火にかける。フツフツしてきたら弱火にし、フタをして野菜がやわらかくなるまで40〜60分煮る。
3 2の鍋がフツフツしているところに豚肉をヒラリヒラリと次々入れる。アクが出たらすくい、肉に火が通ったら塩、こしょうで味を調える。
4 もちはオーブントースターで5〜7分、ふっくらこんがりと焼く。
5 もちを器に盛り、上からアツアツの3を注いで、みじん切りにした大根の葉を散らす。

もち各種
→メニュー別索引〈もち〉を参照

もちごめ

もち米甘粥(あまがゆ)

寒い日のおやつにもとってもおいしい。アツアツをスプーンで召し上がれ

〈これは3〜4人分〉
もち米　½カップ
水　3カップ
塩　ひとつまみ
湯　½カップ
グラニュー糖　適量
しょうが(すりおろし)　適量

1 もち米は洗って水けをきる。
2 厚手の鍋にもち米、分量の水を入れて中火にかける。フツフツしてきたら弱火にし、フタをして25〜30分炊く。
3 炊き上がったら塩、湯½カップを加え、水でぬらした箸で切るようにして混ぜ、フタをして火を止める。
4 器におかゆを盛り、グラニュー糖をかけ、おろししょうがをのせて食べる。

もち米だんご

肉だんごにもち米をまぶして蒸す、紅白が美しい中国の伝統的なお祝い料理

もち米　約1カップ
肉だんご
　豚挽き肉　300g
　しょうが　ひとかけ
　長ねぎ　10㎝
　干椎茸　2〜3枚
　酒　小さじ1
　塩　小さじ½
　片栗粉　大さじ3
食紅　少々
片栗粉　適量
キャベツ　適量
酢じょうゆ　適量
とき辛子　適量

1 もち米は30分以上水につけておく。干椎茸は水でやわらかく戻す。
2 しょうがはすりおろす。長ねぎ、戻した椎茸はみじん切りにする。
3 肉だんごの材料はすべて混ぜ合わせる。直径2㎝くらいに丸める。
4 もち米の水けをきり、米の半量は食紅で少し色をつけてピンク色にする。
5 肉だんごに片栗粉をまぶし、さらに4のもち米をそれぞれまぶし、2色だんごにする。
6 蒸気が立った蒸し器にキャベツを敷いて並べ、強火で15分くらい蒸す。酢じょうゆととき辛子で食べる。

食紅→ コラム参照

もち茶漬け

ご飯の代わりにもちを入れた、満腹感のあるお茶漬け。薄味なら塩少々を加えても

もち　4個
塩鮭(辛口)　1切れ
三つ葉　適量
刻みのり　適量
わさび　適量
上等な煎茶かほうじ茶　適量

1 塩鮭は焼いて皮と骨をのぞき、あらくほぐしておく。鮭はゆででもよい。
2 もちはオーブントースターなどでこんがりと焼き、手に水をつけながら、食べよい大きさにちぎる(熱いのでちぎるのが大変ならもちを4つくらいに切ってから焼いてもよいが、食感が少しちがう)。
3 器の中に煎茶少々をはり、もち、塩鮭、刻んだ三つ葉を入れ、上から煎茶を注ぐ。
4 さらにわさびをのせ、刻みのりを散らして食べる。

もちと白菜の中国風

これだけの材料で本格的、すこぶるうまし。寒い日には体がポッカポカ

白菜の葉の部分　4枚分
豚挽き肉　200g
干椎茸　4枚

しょうが（みじん切り）　少々
ごま油　大さじ1
A ┌ 干椎茸の戻し汁　4カップ
　│ 薄口しょうゆ　大さじ2
　│ 酒　大さじ2
　│ 豆板醤　小さじ½
　│ 砂糖　少々
　└ こしょう　少々
米酢　小さじ1～2
切りもち　4個

1 干椎茸はぬるま湯5カップでやわらかく戻し、石づきを切り落とし、薄切りにする。戻し汁は取っておく。

2 白菜の葉はザク切りにする。切りもちは半分に切る。

3 鍋にごま油を入れて火にかけ、まだ油がぬるいうちにしょうがのみじん切りを加え、中火で炒める。いい香りがしてきたら豚挽き肉を加え、ほぐしながら中火で炒める。

4 肉の色が完全に変わったら強火にして干椎茸、白菜を加えて炒め、全体がアツアツになったらAの戻し汁4カップと調味料を加える。

5 フツフツしてきたらもちを加え、フタをして中火で10分ほど煮る。仕上げに米酢を加え、火を止める。

もちの揚げだし汁

こんがり揚げもちにアツアツの汁を注いで

もち　4個
しめじ　1袋
にんじん　4cm
えび　4尾
だし汁　4カップ
薄口しょうゆ　大さじ2
酒　大さじ2
揚げ油　適量
薬味
┌ 大根おろし　大さじ山盛り4
│ しょうが（すりおろし）　適量
│ 細ねぎ　適量
└ 柚子の皮　適量

1 しめじは石づきを切り落とし、あらくほぐす。

2 にんじんは5mm厚さの輪切りにしてやわらかく下ゆでする。

3 えびは尾を残して殻をむく。背ワタがあれば取る。

4 鍋にだし汁、薄口しょうゆ、酒を入れて煮立て、えび、しめじ、にんじんをサッと煮る。

5 揚げ油を中温（170～180度）に熱してもちを入れ、中まで火が通るようにこんがり揚げて油をきる。

6 器に揚げもちを入れ、しめじ、にんじん、えびを彩りよく盛る。上から **4** のアツアツの汁を注ぎ、おろししょうがをのせる。

7 食べる直前に大根おろしをのせ、小口切りにした細ねぎを散らし薄くそいだ柚子の皮をのせる。

もち袋

油揚げの袋にもちを入れてコトコト煮るだけ。小さめの丸もちを使う場合は切らずに

もち　4個
油揚げ　4枚
煮汁
┌ だし汁　2カップ
│ しょうゆ　大さじ2
│ 酒　大さじ2
│ みりん　大さじ1
└ 砂糖　小さじ1

1 油揚げは半分に切って袋状に開く。熱湯でサッとゆでて水洗いし、水けをしぼる。

2 もちは半分に切って油揚げの袋に入れ、口を茶巾のようにしぼってようじでとめる。

3 鍋に煮汁の材料をすべて入れて火にかけ、フツフツしてきたら、もち袋を入れてフタをして強めの中火で10分ほど煮る。もちがやわらかくなったら、出来上がり。器に盛りつけるとき、ようじを抜くのを忘れずに。

もつと野菜の煮込み
新鮮なもつでぜひ。好みで七味唐辛子を

　鶏もつ　200ｇ
　ごぼう　20㎝
　にんじん　1本
　長ねぎ　1本
　しょうが　ひとかけ
　酒　大さじ4
　みりん　大さじ2
　しょうゆ　大さじ2
　水　½カップ

1 鶏もつは脂や血のかたまりを取りのぞいて水洗いし、一口大に切って中までしっかりゆでる。
2 ごぼう、にんじん、長ねぎは小さめの乱切りにし、ごぼうは5分ほど水にさらす。しょうがは皮ごと薄切りにする。
3 鍋にみりん、酒、しょうゆ、しょうがを入れて火にかけ、フツフツしてきたらもつ、にんじん、ごぼう、長ねぎと、分量の水を加えて中火で煮る。
4 汁けがほとんどなくなるまで煮る。

もやし卵
おかずに困ったときに助かる一品

　もやし　1袋
　ごま油　大さじ1
　塩　小さじ½
　こしょう　少々
　卵　2個
　紅しょうが（千切り）　大さじ1強

1 中華鍋でごま油をアツアツに熱し、もやしを加え、すぐ塩とこしょうも加えて強火で炒める。ときどきもやしを鍋全体に広げて火を通し、手早く水分を蒸発させながらしっかり炒める。
2 卵をといて **1** にまわし入れ、全体にからめるようにして強火でよく炒める。途中で紅しょうがも加えて炒め、卵がホロホロになったら火を止める。

もやしとにらの簡単炒め
強火で炒めると、シャッキリ仕上がる

　もやし　1袋
　にら　1わ
　ごま油　大さじ1～2
　塩　小さじ½強
　こしょう　適量

1 もやしは水けをよくきり、にらは4～5㎝長さのザク切りにする。
2 中華鍋かフライパンを熱してごま油をまわし入れ、十分熱くなったら、もやしをジャッと入れてすぐ塩を加え、強火で大きく大きく炒める。
3 全体に油がまわったら、にらを加え、すぐこしょうも振ってザッザッと炒め合わせる。にらの色があざやかになったら出来上がり。すぐ器に盛る。

もやしと豚肉の辛子みそあえ
肉にしっかりと味をつけるのがポイント。あとはもやしとあえるだけ

　豚薄切り肉　150ｇ
　下味用
　　｛ しょうゆ　小さじ1
　　　しょうが(すりおろし)　ひとかけ
　もやし　1袋
　ごま油　大さじ1
　合わせ調味料
　　｛ 赤みそ　大さじ½
　　　しょうゆ　大さじ½
　　　酒　大さじ1
　　　豆板醤　小さじ1

青のり　少々

1 豚薄切り肉は2〜3つに切り、しょうゆとおろししょうがを加えてもみ込み、下味をつけておく。
2 もやしは熱湯でサッとゆでてザルにあげ、水けをきる。
3 合わせ調味料は混ぜておく。
4 フライパンにごま油を熱し、豚肉を広げながら入れて、強火で焼きつけるように炒める。肉に火が通ったら火を止め、すぐに合わせ調味料を加え混ぜる。
5 4にもやしを2〜3回に分けて加えてあえ、器に盛りつけ青のりを振る。

もやしとミンチのにんにく炒め

ピンチのときのお助けおかず。でもおいしさ満点。あと引く味になること請け合い！

　豚挽き肉　200g
　もやし　2袋
　にら　1わ
　にんにく（みじん切り）　2かけ
　ごま油　大さじ1
　A ┌ 塩　少々
　　├ こしょう　少々
　　├ みそ　小さじ1
　　└ しょうゆ　小さじ2

1 にらは2〜3cm長さに切る。もやしは洗ったあと水けをよくきっておく。
2 中華鍋かフライパンにごま油を入れて火にかけ、油が熱くならないうちに、にんにくを入れて炒める。にんにくがチリチリしてきたら豚挽き肉を加え、強めの中火でほぐしながら炒めて、Aで味を調える。
3 肉がパラパラになって完全に火が通ったら強火にし、もやしを3回くらいに分けて加え、炒め合わせる。
4 全体に油がまわったところでにらを加え、ザッザッと大きく混ぜ、最後にごま油（分量外）をチョロリと加えて風味をつける。

もやしのナムル

香味野菜は入れすぎてもうまくいきません

　もやし　1袋
　にんにく（みじん切り）　少々
　長ねぎ（みじん切り）　5cm
　合わせ調味料
　　┌ 塩　小さじ¼
　　├ 砂糖　少々
　　├ こしょう　少々
　　├ 薄口しょうゆ　小さじ1〜2
　　├ 米酢　少々
　　└ ごま油　小さじ1〜2
　白いりごま　大さじ2

1 もやしは熱湯でサッとゆで、ザルに広げて冷ましておく。
2 ボウルに合わせ調味料の材料を入れてよく混ぜ、にんにくと長ねぎも加える。
3 2にもやしを加えてよくあえ、白いりごまも加え混ぜる。

もやし春巻き

もやしと厚揚げでボリュームアップ。低温の油から入れて、じっくり揚げるのがコツ

　豚こま切れ肉　100g
　下味用
　　┌ しょうゆ　大さじ1
　　├ ごま油　小さじ½
　　└ 片栗粉　大さじ1
　厚揚げ　1枚
　もやし　1袋
　しょうが（千切り）　ひとかけ
　細ねぎ　½わ
　サラダ油　大さじ1
　A ┌ 塩　少々
　　├ しょうゆ　小さじ1
　　└ こしょう　少々
　水溶き片栗粉
　　┌ 片栗粉　小さじ2
　　└ 水　¼カップ
　春巻きの皮　10枚

もやし

水溶き小麦粉
　　小麦粉　大さじ1強
　　水　大さじ1強
揚げ油　適量
辛子酢じょうゆ　適量

1 豚こま切れ肉はさらに小さく切り、しょうゆとごま油をからめて下味をつけてから、片栗粉をまぶしておく。
2 厚揚げは細かく刻む。細ねぎは2cm長さのブツ切りにする。
3 中華鍋を熱し、サラダ油で豚肉としょうがを強火で炒める。厚揚げ、もやしの順に加えて炒め合わせる。
4 Aで味をつけ、水溶き片栗粉でとろみをつける。最後に細ねぎを加え混ぜて火を止め、バットなどに広げて十分冷ます。
5 **4**の具を10等分して春巻きの皮で包み、巻き終わりは水溶き小麦粉をつけてとめる。
6 揚げ油を低温(150～170度)に熱する。**5**の巻き終わりを下にして入れる。色があまりつかないうちにときどき返しながら火を通し、油の温度が徐々に上がってきつね色になるまでじっくりカリッと揚げる。
7 春巻きの油をよくきって器に盛り、辛子酢じょうゆで食べる。

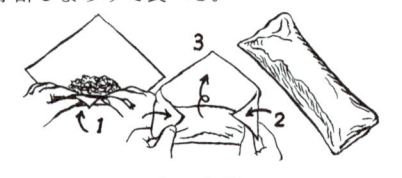

作り方 **5**

もやしビーフン
とろ～りとかかったもやしあんが風味豊か。ピンチのときのお助けおかずにも

〈これは2人分〉
ビーフン　150g
ごま油　大さじ1
しょうが(千切り)　½かけ
豚薄切り肉　100g
塩　小さじ½
もやし　1袋
A　水　2カップ
　　固形スープの素　1個
　　酒　大さじ1
　　塩　小さじ½
　　こしょう　少々
水溶き片栗粉
　　片栗粉　大さじ1
　　水　大さじ1
ごま油　小さじ½
酢(好みで)　適量

1 ビーフンは袋の表示に従って、少しかために戻しておく。豚肉は1cm幅に切る。
2 鍋にAを入れて火にかけ、フツフツしてきたらビーフンを入れ、再びフツフツしてきたらビーフンを取り出して器に盛る。鍋のスープは取っておく。
3 フライパンにごま油大さじ1を熱し、しょうが、豚肉、塩を加えて強火で炒める。肉に火が通ったら、もやしを加えてサッと炒め、さらに**2**のスープを一度に注ぐ。フツフツしてきたら、水溶き片栗粉を加えてとろみをつけ、火を止める。
4 仕上げにごま油小さじ½を落として風味をつけ、アツアツのところを**2**のビーフンの上にとろりとかける。好みで酢をかけたり、とき辛子で食べても。

森のサラダ
じゃが芋のゆで加減が最大のポイント

じゃが芋(メークイン)　2個(約300g)
しめじ　1袋
アンチョビ　3～4尾
米酢　大さじ1～2
オリーブ油　大さじ1～2
細ねぎ(小口切り)　½カップ
粗挽き黒こしょう　適量

1 じゃが芋はスライサーで薄切りにし、

水にさらす。しめじは石づきを切り落とし、ほぐす。アンチョビは刻む。
2 たっぷりの湯を沸かし、水けをきったじゃが芋としめじを熱湯に入れる。再びフツフツしてきたらすぐザルに引き上げ、広げて冷ます。
3 ボウルに**2**とアンチョビを散らすように入れ、酢とオリーブ油を上からまわしかけて混ぜ、細ねぎも加えてササッと混ぜる。味をみて塩で調える。盛りつけ、こしょうをガリガリッと挽く。

モロヘイヤといんげんのピリ辛つくだ煮
ピリ辛＆にんにく風味でたっぷり野菜。しんなりと炒め煮にするのがコツ

〈作りやすい分量〉
モロヘイヤ　1わ
いんげん　100g
にんにく（みじん切り）　ひとかけ
ごま油　大さじ1
A ┌ 酒　大さじ1
　 ├ 薄口しょうゆ　小さじ1
　 └ 豆板醤　小さじ½

1 いんげんは両端を切り落とし半分に切り、サッとゆでる。
2 モロヘイヤは葉を摘みザクザク切る。Aの調味料は合わせておく。
3 フライパンにごま油を入れて中火にかけ、油がぬるいうちににんにくを炒める。香りがたったら強火にしモロヘイヤといんげんを加え、ザッザッと炒め合わせる。
4 全体に油がまわったら、いったん火を止めてAの調味料を加え、再び強火にかけて炒め合わせる。

モロヘイヤと牛肉のあえもの
エジプト出身のモロヘイヤも和風にピタリ

牛薄切り肉　150g
モロヘイヤ　1わ
あえ衣
　┌ しょうゆ　大さじ1
　├ すりごま　大さじ1
　└ 練りわさび　適量

1 モロヘイヤは1.5cm長さに切り、牛薄切り肉は小さめに切る。
2 鍋に湯を沸かして牛肉を入れる。再びフツフツしてきたらすぐにモロヘイヤを加え、牛肉に火が通ったら一緒にザルにあげ、広げて冷ます。
3 ボウルにあえ衣の材料を合わせてよく混ぜ、牛肉とモロヘイヤの順に加えてあえる。

モロヘイヤと鶏肉の中国風スープ
鶏肉の量を増やせば、スープの素は不要。モロヘイヤが入って、ヘルシーなおいしさ

モロヘイヤ　1わ
鶏手羽先か鶏ウイングスティック　4本
塩　小さじ½
赤唐辛子　1本
にんにく　ひとかけ
しょうが（薄切り）　2〜3枚
長ねぎ（青い部分）　10cm
ごま油　大さじ1
湯　6カップ
固形スープの素　1個
酒　大さじ2
塩　適量
こしょう　適量

1 モロヘイヤは葉を摘んで、細かく刻む。
2 鶏手羽先または鶏ウイングスティックは、塩をまぶしておく。
3 赤唐辛子は種をのぞき、にんにくは2つに切る。長ねぎはそのまま使う。
4 鍋にごま油、赤唐辛子、にんにく、しょうが、長ねぎを入れて火にかけ、香りがたったら、モロヘイヤを加えて中火で炒める。
5 全体がしんなりしてきたら分量の湯を入れ、**2**の鶏肉、固形スープの素、酒を

もろへいや

加え、弱火で30〜40分ほど煮る。
6 鶏肉をいったん取り出し、骨から肉をはずして、肉をスープに戻す。最後に味をみて塩、こしょうで調える。

モロヘイヤの梅あえ
暑いときにぜひ食べたい。ツルツルッとのどごしよく梅の酸味が食欲をそそります

　　モロヘイヤ　1わ
　　玉ねぎ　½個
　　塩　少々
　　梅干し　大1個
　　薄口しょうゆ　小さじ½〜1

1 モロヘイヤは葉を摘み2㎝長さくらいにザクザク切る。玉ねぎは繊維にそって薄切りにする。
2 熱湯に塩を加え、玉ねぎとモロヘイヤを一緒にゆでる。フツフツしてきたらすぐザルにあげ、広げて冷ます。
3 ボウルに梅干しを入れてほぐし、種を残したままモロヘイヤと玉ねぎを加え、梅肉をからめてあえる。薄口しょうゆで味を調え、サッと混ぜる。盛りつけるときは種を取り出す。
　梅干しの種のゆくえ→ コラム参照

モロヘイヤのガーッ
相性のいい豚肉と、夏の超元気料理

　　モロヘイヤ　1〜2わ
　　豚ばら薄切り肉　200g
　　湯　3〜4カップ
　　塩　小さじ½
　　白いりごま　適量
　　しょうゆ　適量

1 モロヘイヤは葉を摘み、ザクッと大きく切る。豚肉は2㎝幅に切る。
2 分量の湯をフツフツさせて塩を入れ、豚肉をほぐしながら加える。肉に火が通ったらそこにモロヘイヤを加え、箸で大きく混ぜ、強火でガーッとゆでる。

3 モロヘイヤがあざやかな緑色に変わったら、一緒にザルにあげて水けをきる。盛りつけ、好きなだけごまを振り、しょうゆをかけて食べる。

モロヘイヤのガーリックスープ
たちまち元気になるアツアツのスープ

　　モロヘイヤ　1わ
　　にんにく（みじん切り）　ひとかけ
　　サラダ油　大さじ1
　　水　3½カップ
　　固形スープの素　1個
　　塩　少々
　　こしょう　少々
　　卵　1個

1 モロヘイヤは葉を摘み、細かく刻む。
2 サラダ油を温め、熱くならないうちににんにくとモロヘイヤを入れ、中火でよく炒める。
3 モロヘイヤがヌルヌルしてきたら分量の水、固形スープの素を加え、10分くらい弱火で煮る。味をみて塩、こしょうで調える。
4 フツフツしているところにとき卵をまわし入れ、箸でサッと混ぜる。卵がフワッとなったら、フタをして火を止める。

モロヘイヤのかき揚げ
素材すべてカルシウム!!

　　モロヘイヤ　1わ
　　桜えび　大さじ3
　　ちりめんじゃこ　大さじ3
　　小麦粉　½カップ強
　　牛乳　½カップ強
　　揚げ油　適量
　　山椒塩　適量

1 モロヘイヤは葉だけを摘んで、ザクザクと刻む。
2 ボウルにモロヘイヤ、桜えび、ちりめんじゃこを入れ、小麦粉を振り入れて全体

を混ぜる。さらに牛乳を加え、粉っぽさがなくなるまでかき混ぜる。
3 揚げ油を低めの中温(170度)に熱し、**2** のたねをスプーンなどで大きめの一口大にすくいながら、次々と油の中へ静かに入れる。途中で裏返して、空気にふれさせながらカリッと揚げる。
4 カラリと揚がったら、引き上げて油をきり、器に盛って山椒塩を添える。

モロヘイヤめん
ネバネバ、トロトロ素材をひやむぎにのせて、暑い夏を元気に乗り切る！

〈これは2人分〉
　ひやむぎ　150～200g
　モロヘイヤ　1わ
　オクラ　1袋
　豚薄切り肉　100～150g
　細ねぎ(小口切り)　½カップ
　しょうが(すりおろし)　適量
　めんつゆ(市販でもよい)　適量

1 モロヘイヤは葉を摘み、3～4cm長さのザク切りにする。オクラはヘタを切り落として薄い輪切りにする。
2 豚肉は食べよく2cm幅に切る。
3 鍋に湯を沸かしてモロヘイヤをゆで、ザルにあげる。同じ湯でさらに豚肉をしっかりとゆでて、ザルにあげ、あら熱を取る。
4 ひやむぎは袋の表示通りゆでてよく水洗いし、水けをきって器に盛る。上にモロヘイヤ、オクラ、豚肉をのせ、細ねぎをたっぷり振っておろししょうがを添える。上からよく冷やしためんつゆをかけて食べる。

焼きおにぎり
ホットプレートで焼けば失敗なし。しょうゆやみそ風味で香ばしさ満点！

　おにぎり　8～12個
　しょうゆ　適量
　みそだれ
　┌みそ　大さじ1
　│しょうゆ　小さじ2
　└みりん　小さじ1

1 おにぎりは塩をつけずに、やや薄めに握ったものを用意し、みそだれは合わせ混ぜておく。
2 ホットプレートは180～250度に熱しておき、おにぎりの両面を焼く。もちろん昔からしているように焼き網でも焼けるし、オーブン(250度)やオーブントースターの天板にのせても焼ける。ただしホットプレートには、見ている前で4人分一度に焼けるというよさがある。
3 おにぎりの表面が乾き、薄く色づいてきたら、160度に下げそれぞれにしょうゆやみそだれをはけでぬり、さらに焼く。
4 しょうゆがあまりつかないようなら、もう一度ぬって焼く。みそだれは焦げやすいので注意。

焼きおにぎりのスープ仕立て
おにぎりは冷凍でもOK。スープをグラグラ煮立てて注ぎ、熱いところをどうぞ

〈これは1人分〉
　焼きおにぎり　1～2個
　スープ
　┌だし汁　1カップ
　│薄口しょうゆ　少々
　│塩　少々
　└酒　少々
　ねぎ(小口切り)や三つ葉　適量
　白いりごま　適量

1 焼きおにぎりはアツアツを用意する。
2 鍋にだし汁と調味料を合わせて火にか

け、アツアツのスープにする。
3 器におにぎりを入れ、長ねぎや刻んだ三つ葉と白いりごまを加えてスープを注ぐ。

焼き餃子(ギョーザ)
具の野菜には水けが出ないよう片栗粉をまぶすのがコツ。パリッと焼けた皮も美味！

　キャベツ　¼個
　にら　½わ
　にんにく(みじん切り)　ひとかけ
　片栗粉　大さじ1
　豚挽き肉　200ｇ
　A ┌ しょうゆ　大さじ1
　　├ ごま油　小さじ2
　　└ 水　小さじ2
　餃子の皮　1袋
　サラダ油　適量
　しょうゆ　適量
　酢　適量
　ラー油　適量

1 キャベツは¼個のままゆでて冷まし、みじん切りにして水けをギュッとしぼる。にらは細かく刻む。
2 ボウルに野菜類を合わせ、片栗粉を加えて箸で混ぜ合わせる。
3 別ボウルに豚挽き肉とAを合わせてよく混ぜ、さらに **2** の野菜を加え混ぜて具にし、餃子の皮で包む。
4 フライパンを熱してサラダ油を入れ、火を弱めてから餃子を並べる。皮にうっすらと焼き色がついたら、餃子の厚さの半分くらいまで湯を注ぎ、フタをして強火で蒸し焼きにする。
5 湯がなくなってきたらフタを取り、弱火にして、水分がすっかりなくなりパチパチと音がするまでこんがりと焼く。
6 餃子の下にフライ返しを差し込んで器に盛りつけ、しょうゆ、酢、ラー油で食べる。

作り方 **3**

焼き魚各種
→メニュー別索引〈煮魚・焼き魚〉を参照

焼きさんまの玉ねぎ漬け
作りたてのアツアツもおいしいし、翌日も味がなじんでまたうまし！

　さんま　4尾
　漬け汁
　┌ 玉ねぎ　½個
　├ しょうが(千切り)　ひとかけ
　├ 赤唐辛子　1〜2本
　├ しょうゆ　大さじ3
　├ 米酢　大さじ2
　└ みりん　大さじ1

1 漬け汁を作る。玉ねぎは繊維にそって薄切りにし、5分ほど水にさらしてザルにあげる。赤唐辛子は種をのぞいて、辛いのが好みなら輪切りにする。
2 バットに漬け汁をよく混ぜておく。
3 さんまは頭を切り落として内臓を出し、サッと洗って水けをふき、3〜4つに切る。
4 フライパンにサラダ油少々(分量外)を熱し、さんまの両面をこんがりと焼く。
5 中までしっかり火が通ったら、アツアツを **2** の漬け汁につけ、ときどき裏返しながら味をしみ込ませる。

焼きズッキーニ
オーブントースターで作る簡単イタリアン。ズッキーニのみずみずしさを残すと美味

　ズッキーニ　2本
　とけるチーズ　適量

オリーブ油　適量
バジル（乾）　少々
塩　適量
ミニトマト　適量

1 ズッキーニは縦半分に切り、スプーンで種を軽くこそげとる。ここにとけるチーズをのせ、オーブントースターで8〜10分焼く。オーブンなら200度で約10分。
2 チーズがとけてほんのり焼き色がついてきたら、オリーブ油をかけ、バジルと塩を振って、さらに1〜2分焼く。竹串を刺してみて、スーッと通れば焼き上がり。
3 器に盛り、ミニトマトを添える。

作り方 1

焼きそうめん

油で炒めためんは、冷たい汁で食べるのと同じくらい美味。具の野菜は何でもOK

〈これは2人分〉
そうめん　150g
豚薄切り肉　100g
にんにく（みじん切り）　少々
玉ねぎ　½個
なす　2本
サラダ油　大さじ1
塩　小さじ½
こしょう　少々
干しえび　大さじ山盛り2
しょうゆ　少々
青じそ　5〜10枚

1 そうめんはかためにゆで、よく水洗いをして、水けをきっておく。
2 なすは縦にシマシマに皮をむき、7mm厚さの半月切りにする。これを海水くらいの塩水（分量外）に5〜10分つけておく。
3 豚薄切り肉は小さめの一口大に切る。玉ねぎは繊維にそって5mm幅に切る。
4 中華鍋にサラダ油を入れて中火にかけ、油がぬるいうちににんにくを炒める。香りがたったら、強火にして豚肉、玉ねぎの順に炒め塩、こしょうを加える。
5 さらに干しえびと水けをきったなすも加え、油がたりないようなら適量（分量外）加えて炒める。
6 全体に油がまわったら、**1** のそうめんを加え、炒め合わせる。最後にしょうゆを香りづけに加え、器に盛って、刻んだ青じそをたっぷり散らす。食べるときに、好みでしょうゆをたらしても。

焼きそば　大阪式

アツアツを卵につけて食べるのが大阪式

焼きそばめん　4人分
豚薄切り肉　200g
キャベツ　⅓〜½個
にんじん　½本
サラダ油　大さじ2
塩　適量
こしょう　適量
とんかつソース　適量
紅しょうが（千切り）　適量
青のり　適量
卵（新鮮なもの）　4個

1 豚薄切り肉、キャベツ、にんじんは食べよく切る。
2 ホットプレートにサラダ油を熱し、豚肉を炒め、野菜も加えて強火でジャッジャッと炒める。
3 全体に油がまわったら塩とこしょうを振り、キャベツがまだ半生のうちに焼きそばめんを加え、水少々（分量外）をパッパッと振りかける。
4 めんをほぐしながら炒め、全体がよくなじんだら、とんかつソースをドバドバと加えて味をつけ、さらに全体を炒め合わせ

る。
5 器に盛って紅しょうがや青のりを散らし、とき卵をつけながら食べるのが大阪式。

焼きそば各種
→ メニュー別索引〈焼きそば〉を参照

焼き鯛の茶漬け
ぜいたくな具に、上等なお茶を注いで

〈これは１人分〉
温かいご飯　１人分
焼き鯛の身　適量
三つ葉　適量
わさび　少々
白いりごま　少々
刻みのり　少々
塩　少々
上等な煎茶　適量

1 焼き鯛は骨をすっかりのぞき、身をほぐして用意する。
2 三つ葉は２cm長さに切り、わさびはできれば本わさびを用意して、すりおろす。
3 茶碗に温かいご飯、**1** の鯛、三つ葉、わさびをのせる。上から白いりごまと刻みのりを散らし、塩をパラパラ振り煎茶を注ぐ。

焼きなす　現代風
現代風は先に皮をむいて焼くから簡単。味わいも遜色なし

なす　５〜６本
しょうが(すりおろし)　ひとかけ
しょうゆ　適量

1 なすはヘタを切り落としてピーラーで薄くすっかり皮をむき、縦半分に切って、海水くらいの塩水(分量外)に７〜８分つける。
2 天板はごく薄くサラダ油(分量外)をぬる。**1** のなすを天板に並べ、オーブントースターか250〜300度のオーブンで、しんなりしてほんのりと焼き色がつくまで焼く。
3 焼き上がりを２〜３つにさいて器に盛り、しょうがとしょうゆを添える。

焼きなす　たたき味
見た目も味も、あじのたたきとそっくり

なす　６本
香味野菜
　しょうが(すりおろし)　ひとかけ
　にんにく(すりおろし)　ひとかけ
　細ねぎ(小口切り)　½カップ強
　青じそ(千切り)　５枚
しょうゆ　大さじ２
赤みそ　小さじ１
酢　少々

1 なすはヘタを切り落としてからピーラーですっかり皮をむき、縦半分に切り、海水くらいの塩水(分量外)に10分入れる。
2 天板にアルミ箔を敷き、なすの水けをきって並べる。オーブンに入れ、250〜300度で薄く色づくまで焼く(２回に分ければ、オーブントースターでも焼ける)。
3 焼きなすを細かく切り、香味野菜をのせて包丁でたたく。調味料も加えてさらによくたたき、全体を混ぜ合わせる。

焼きなすのごまだれかけ
なすは皮をむいて焼いたほうが、だんぜんラクで香ばしい

なす　４本
サラダ油　大さじ１〜２
ごまだれ
　練りごま　大さじ２
　みりん　大さじ１
　薄口しょうゆ　小さじ１
　水　大さじ２

1 なすはヘタを切り落としてからピーラーですっかり皮をむき、縦半分に切り、海

水（分量外）くらいの塩水に5〜10分入れる。

2 天板を水でぬらし、なすの水けをふいて並べ、全体にサラダ油をまわしかける。オーブンに入れ、200度で10〜15分焼く。

3 練りごま、みりん、薄口しょうゆを混ぜ合わせ、水を様子をみながら少しずつ混ぜていき、とろりと仕上げる。盛りつけた焼きなすにかける。

焼き肉（ホットプレートや鉄板を使う）

手作りのたれのおいしいこと！　肉は10分ほどたれでもみ込んで焼き、アツアツを

　牛薄切り肉(好みの部位)　400g
　焼き肉のたれ
　┌ しょうゆ　大さじ2½
　│ 砂糖　小さじ1〜2
　│ 白いりごま　大さじ1
　│ ごま油　大さじ1
　│ にんにく(すりおろし)　ひとかけ
　│ ねぎ(みじん切り)　15cm
　└ こしょう　少々
　〈付け合わせ〉
　サニーレタス　適量

1 ボウルに焼き肉のたれの材料を合わせて混ぜておく。

2 牛薄切り肉は、焼く10分前くらいに、ほぐしながらたれに加えてよ〜くもみ込み、味をなじませる。

3 ホットプレートや鉄板を熱し、肉を焼きながら食べる。サニーレタスで包んで食べるとおいしい。中華鍋でまとめて焼く場合は、十分に熱した中へ広げるように肉を入れ、パカッとはがれるようになったら、全体を混ぜて器に盛る。

焼き肉丼

たれのおかげで、安い肉で作っても大満足

　牛薄切り肉　300g
　たれ
　┌ しょうゆ　大さじ2
　│ みりん　大さじ1
　│ ごま油　大さじ1
　│ 白いりごま　大さじ1
　│ 長ねぎ(みじん切り)　½本
　└ こしょう　少々
　もやし　1袋
　A ┌ 水　3カップ
　　│ カレー粉　小さじ1〜2
　　└ 塩　小さじ½
　貝割れ大根　1わ
　白菜キムチ　適量
　温かいご飯　4人分

1 牛肉は2〜3に切り、合わせたたれに加えてもみ、下味をつける。

2 もやしはAに加えて強火にかけ、ほどよいかたさでザルに引き上げる。

3 フライパンに油少々(分量外)を熱し、肉を広げて並べ、そのまま強めの中火で焼く。肉がパカッとはがれるようになったら、炒めるようにしてこんがりと焼く。

4 どんぶりに温かいご飯を盛り、肉を汁ごとのせ、もやしとキムチを添える。貝割れ大根は根元を切り落として半分に切り、上にのせる。

焼きビーフン

1分でビーフンの湯をきること

　〈これは2人分〉
　ビーフン　150g
　干しえび　大さじ山盛り2
　ぬるま湯　1カップ
　豚肩ロース薄切り肉　100g
　きくらげ(乾)　大さじ2
　キャベツ　2〜3枚
　玉ねぎ　½個
　サラダ油　大さじ1½
　A ┌ 塩　小さじ½
　　│ こしょう　少々
　　└ オイスターソース　小さじ1

やきぶた

　顆粒スープの素　小さじ1
　干しえびの戻し汁　約1カップ
　紅しょうが(好みで)　適量

1 干しえびは1カップのぬるま湯に10分以上つけて戻し、水けをきる。戻し汁も取っておく。きくらげは水に10分くらいつけて戻し、大きければ食べやすく切る。

2 ビーフンはたっぷりのぬるま湯に1分つけて戻し、箸でサッとほぐし、すぐ湯をきり、食べやすい長さに切る。

3 豚肉は食べやすく切る。キャベツは太めの細切りにする。玉ねぎは繊維にそってザクザク切る。

4 中華鍋にサラダ油を熱し、干しえび、豚肉、きくらげを中火で炒める。肉の色が変わってきたら、Aの調味料とスープの素を加えて炒める。

5 玉ねぎとキャベツを加え、少し火を強めてザッと炒め合わせる。キャベツの色があざやかになったら、味をみて塩、こしょう(各分量外)で調える。

6 火を弱めてビーフンと干しえびの戻し汁を加え、手早く混ぜる。全体がアツアツになったら、火を止める。盛りつけ、紅しょうがを添える。

焼き豚
フライパンと鍋でも本格味を

　豚肩ロースかたまり肉　500g
　サラダ油　少々
　A｛水　½カップ
　　酒　½カップ
　　しょうゆ　大さじ5
　　三温糖か砂糖　大さじ1½
　とき辛子(好みで)　適量

1 鉄製のフライパンをカンカンに熱し、サラダ油を薄くひく。肉を入れて強めの火でときどき転がしながら焼き、しっかり焼きめがついたら、別の面を同様に次々焼く。途中で脂が出てきたら、ふき取るようにする。

2 肉よりひとまわり大きい鍋にAと肉を入れ、フタをして中火にかける。フツフツしたら弱火にし、フタをしたまま60分ほど煮る。途中で一度裏返す。途中汁けがなくなってきたら酒か湯(分量外)をたす。

3 火を止め、あら熱が取れるまでそのままにしておく。食べやすく切り、とき辛子をつけて食べる。

焼き野菜 イタリア風
風味のいいオリーブ油をたっぷりめにかけるのがおいしい。野菜はあるものでOK

　なす　適量
　かぼちゃ　適量
　ピーマン　適量
　赤ピーマン　適量
　黄ピーマン　適量
　玉ねぎ　適量
　キャベツ　適量
　塩　適量
　こしょう　適量
　オリーブ油　適量

1 なすは縦にシマシマに皮をむき、縦半分に切り、海水くらいの塩水(分量外)に入れる。

2 かぼちゃは1.5cm厚さのくし形に切る。ピーマン類は縦半分に切る。玉ねぎは横に1cm厚さの輪切りにする。キャベツは1枚ずつはがす。

3 天板に野菜を並べ、パラパラと塩、こしょうを振り、オリーブ油をたっぷりめにまわしかける。オーブンに入れ、200度で5〜10分焼く。

野菜炒め
野菜がまだ生のうちに塩を振って強火で炒めると、水けも出ず、シャキッと仕上がる

　豚こま切れ肉　150g
　にんじん　10cm

やさい

玉ねぎ　¼〜½個
ピーマン　2〜3個
もやし　1袋
キャベツ　3〜4枚
サラダ油　大さじ2
塩　小さじ½
こしょう　少々
しょうゆ　小さじ1
ごま油　小さじ1

1 にんじんは細切りにし、玉ねぎは繊維にそって薄切りにする。ピーマンは縦に5㎜幅に切り、キャベツはザク切りにする。野菜の分量はあくまでも目安。家にある残り野菜で作れるのがこの料理のよさ。

2 中華鍋を強火でよく熱し、サラダ油大さじ1をまわし入れて豚肉を加える。すぐに塩ふたつまみ（分量外）を振り入れ、広げるように炒め、肉に火が通ったら、いったん器に取る。

3 **2**にサラダ油大さじ1をたし、強火でにんじん、玉ねぎ、ピーマン、もやし、キャベツとかたい順に加えて炒める。野菜は加えるたびにひと炒めし、すべての野菜を加えたら、塩を振って強火で手早く炒め合わせる。

4 全体に油がまわったら**2**の肉を戻し、こしょうとしょうゆを加えて炒め合わせる。火を止め仕上げにごま油を落として風味をつけ、ひと混ぜしてすぐ器に盛る。

野菜焼売（シューマイ）

つなぎに皮なしの鶏挽き肉を加えると、野菜の持ち味を生かしてうまみをアップ

干椎茸　4〜5枚
ピーマン　2個
玉ねぎ　½個
にんじん　5〜6㎝
片栗粉　大さじ1
鶏挽き肉（皮なし）　200ｇ
塩　小さじ½
焼売の皮　1袋
キャベツ　3〜4枚
とき辛子　適量
酢じょうゆ　適量

1 干椎茸は戻し、みじん切りにする。ピーマン、玉ねぎ、にんじんもみじん切りにする。

2 ボウルに**1**をすべて入れ片栗粉をまぶして箸で全体を混ぜる。

3 挽き肉を加えて混ぜ、塩を振ってよく混ぜ合わせる。

4 焼売の皮に**3**を適量のせ、軽く広げて平らにする。口をすぼめるように軽く握って包み込み、表面を平らにし、底を軽く押さえて安定よくしておく。

5 蒸し器にギュッとつぶしたキャベツを平らに敷き詰め、蒸気が立ったら焼売を並べ、強火で10〜15分蒸す。フタに布巾はかませずに蒸す。とき辛子と酢じょうゆを添える。蒸したキャベツも食べるとおいしい。

作り方 **4**

野菜たっぷりガーリックパスタ

彩りあざやか、おいしさ満点の簡単パスタ

〈これは2人分〉
スパゲティ　150〜200ｇ
赤ピーマン　1個
黄ピーマン　1個
エリンギ　2本
舞茸　1袋
にんにく（薄切り）　2〜3かけ
赤唐辛子　2〜3本
オリーブ油　適量
塩　小さじ½〜1

やさい

　　こしょう　少々
　　粉チーズ(好みで)　適量
　　バジル(好みで)　適量
1 スパゲティは袋の表示通りにゆでる。
2 ピーマン類は細切りにし、エリンギと舞茸は食べよくさく。
3 フライパンにオリーブ油とにんにく、赤唐辛子を入れて中火にかけ、ゆっくり炒める。香りがたったら、にんにくだけいったん取り出す。
4 ここで強火にしてきのことピーマン類を炒め、すぐ塩、こしょうを振る。全体に油がまわったら、ゆでたてのスパゲティを加え、ザッザッとからめるように混ぜる。
5 味をみて塩、こしょうで調え、器に盛って取り出しておいたにんにくを散らす。好みで粉チーズやバジルを振ってもおいしい。

野菜たっぷり麻婆豆腐
ボリュームも栄養バランスも満点
　　豆腐　2丁
　　豚挽き肉　150ｇ
　　もやし　1袋
　　長ねぎ　1本
　　にら　1わ
　　ミニトマト　10個
　　しょうが(みじん切り)　ひとかけ
　　にんにく(みじん切り)　ひとかけ
　　ごま油　大さじ1
　　合わせ調味料
　　　┌　豆板醤　小さじ½～1
　　　│　オイスターソース　小さじ2
　　　└　赤みそ　大さじ2
　　湯　½カップ
　　水溶き片栗粉
　　　┌　片栗粉　大さじ1
　　　└　水　大さじ1
1 豆腐は1.5㎝角に切り、熱湯でサッとゆでてザルにあげておく。
2 もやしは洗い、浮いてきた黒い豆殻をのぞいて水けをきる。長ねぎは斜め切り、にらは2㎝長さに切る。ミニトマトは横半分に切る。
3 合わせ調味料の材料は合わせておく。
4 中華鍋にごま油を熱してしょうが、にんにく、豚挽き肉、合わせ調味料の順に入れ、はじめは中火でほぐし、ほぐれてきたら強火にして炒める。
5 肉の色が変わったら、もやし、長ねぎ、にらを加えて手早く炒め、さらに豆腐も加えて、ザッザッと大きくすくいながらひと炒めする。
6 全体がなじんだところで分量の湯を加え、フツフツしてきたら水溶き片栗粉でとろみをつけて火を止める。ミニトマトを加え、ザッとひと混ぜして器に盛る。

野菜たっぷりミートソース
仕上げに加えたトマトがフレッシュ、いかにも夏の味
　　牛挽き肉　300ｇ
　　にんじん　½本
　　ピーマン　3個
　　赤ピーマン　1個
　　生椎茸　4～5個
　　サラダ油　大さじ1
　　小麦粉　大さじ2
　　A　┌　トマトジュース　2カップ
　　　│　水　1カップ
　　　│　塩　小さじ½
　　　│　トマトケチャップ　大さじ2
　　　│　固形スープの素　1個
　　　└　ローリエ　1枚
　　トマト(完熟)　2個
1 にんじん、ピーマン類、生椎茸はみじん切りにする。
2 サラダ油を熱し、挽き肉と **1** の野菜を強火で炒める。肉の色が完全に変わったら、小麦粉を振り入れ、粉っけがなくなる

までよく炒める。
3 Aを次々加え、木ベラで鍋底をこそぐようにして混ぜ、フタをして煮る。フツフツしてきたら弱火にし、ときどきかき混ぜながら30〜40分煮込む。
4 トマトを皮ごと1cm角に切って加え、ひと煮立ちさせて火を止める。パスタやグラタンなどのソースにする。

野菜チキン
たっぷりのせた野菜が深い味わい

　　にんじん　1本
　　セロリ　1本
　　玉ねぎ　½個
　　鶏もも肉　2枚
　　下味用
　　　｛　塩　適量
　　　　こしょう　少々
　　サラダ油　大さじ1
　　白ワイン　1カップ
　　塩　小さじ½
　　パセリ（みじん切り）　適量

1 にんじんはすりおろし、セロリと玉ねぎはみじん切りにする。
2 鶏もも肉は黄色い脂肪を取りのぞき、1枚を2つに切って、皮の数カ所に切りめを入れ、塩、こしょうを振る。
3 フライパンにサラダ油を熱し、鶏肉を皮から焼いて、両面ともしっかり焼く。
4 肉がこんがり焼けたら、この上に **1** の野菜をかぶせるように入れ、白ワインと塩を加えて強火で煮る。フツフツしてきたら、フタをして中火で15分くらい煮る。器に盛り、パセリを散らす。

野菜とくらげの中国風
コリッとしたくらげの歯ざわりが最高！
アツアツの調味料をかけて味をなじませる

　　かぶ　2個
　　キャベツ　2枚
　　きゅうり　1本
　　にんじん　½本
　　塩くらげ　½パック（約30ｇ）
　　A｛　米酢　¼カップ
　　　　薄口しょうゆ　大さじ1
　　　　砂糖　大さじ½
　　　　塩　小さじ¼
　　にんにく（みじん切り）　少々
　　しょうが汁　少々

1 塩くらげはたっぷりの水につけて戻し、途中水をかえ塩けが抜けたら、食べよい長さに切る。
2 かぶは茎を1cmほど残して葉を切り落とし、縦8つ割りにする。キャベツは大きめの一口大にちぎる。
3 きゅうりは皮を縦のシマシマにむいて1cm厚さの輪切りにし、にんじんは3〜4cm長さの薄い短冊切りにする。
4 大きめのボウルに **1**、**2**、**3** の材料をすべて合わせておく。
5 鍋にAを合わせて火にかける。煮立ったらアツアツを **4** の上からジャッ〜とまわしかける。さらににんにくとしょうが汁を加えてよく混ぜ、30分ほどおいて味をなじませる。ピリ辛が好みなら、輪切りにした赤唐辛子を加えたり、ラー油を少々落としたりしても。すぐ食べてもよいが、一晩冷蔵庫においたものはよりおいしい。

野菜とちくわのオイスターソース炒め
ボリュームたっぷりの経済的なおかず

　　にんじん　½本
　　ゆで竹の子　100ｇ
　　ピーマン　4個
　　ちくわ　大2本
　　サラダ油　大さじ1
　　オイスターソース　大さじ1
　　ウスターソース　大さじ½
　　しょうゆ　大さじ½

1 にんじんは縦半分に切ってから4cm長

やさい

さの薄切りにし、ゆで竹の子も同様に切る。
2 ピーマンは縦8つ切りにし、ちくわは縦半分に切ってから1.5㎝幅の斜め切りにする。
3 中華鍋にサラダ油を入れて強火にかけ、油がぬるいうちににんじんを入れてひと混ぜする。油が熱くなってきたら、竹の子、ピーマン、ちくわの順にザッザッと炒め合わせる。
4 全体がアツアツになったら火を弱め、オイスターソース、ウスターソース、しょうゆを次々と加える。再び強火にし、味をからめるように炒め、すぐ器に盛る。

野菜と鶏肉のごまドレッシング
ごまの香りとレモン風味がさわやかな自慢のドレッシング。ぜひお試しあれ

鶏むね肉　1枚
きゅうり　2本
貝割れ大根　1わ
わかめ(戻したもの)　1カップ
ごまドレッシング
　│ 白いりごま　大さじ3
　│ しょうゆ　大さじ2
　│ レモン汁　大さじ1
　│ 米酢　大さじ1〜2
　│ ごま油　小さじ1

1 鶏肉は皮に包丁めを2〜3本入れ、熱湯でしっかりゆでるか蒸す。冷めたら食べよい大きさにさく。
2 きゅうりは4〜5㎜厚さの斜め切りにしてから細切りにする。貝割れ大根は根を切り落とし、戻したわかめはよく水洗いして4㎝長さに切る。
3 ごまは包丁で切りごまにして香りを出す。ドレッシングの材料を合わせる。
4 器に鶏肉、野菜、わかめを盛り合わせ、ごまドレッシングをかけて食べる。

野菜のミルクチーズフリッター
カリフラワー、ブロッコリーにも合う衣

なすかズッキーニ　2本
にんじん　小1本
衣
　│ 小麦粉　1カップ
　│ ベーキングパウダー　小さじ1
　│ 粉チーズ　大さじ4
　│ 牛乳　½〜1カップ
揚げ油　適量
ソース
　│ トマトケチャップ　大さじ4
　│ タバスコ　適量

1 なすは縦にシマシマに皮をむき、1㎝厚さの輪切りにし、海水くらいの塩水(分量外)に5〜10分入れる。にんじんも1㎝厚さの輪切りにする(ズッキーニも1㎝厚さの輪切り)。
2 ボウルに小麦粉、ベーキングパウダー、粉チーズを混ぜ合わせる。
3 牛乳を少しずつ様子をみながら加えて泡立て器でよく混ぜる。
4 揚げ油を低めの中温(170度)に熱し、なすの水けをふく。なすとにんじんに衣をたっぷりつけて油に入れていく。衣がふくらんで色づき、竹串がスーッと通ったら油をきる。合わせたケチャップソースをつけて食べる。

野菜バーガー
野菜は好みでOK。食べよく切るのがコツ

〈これは2人分〉
バーガーパン　2個
バター　適量
マスタード　少々
ハム　2枚
きゅうり　1本
キャベツ　2枚
塩　少々
マヨネーズ　適量

きゅうりのピクルス　適量

1 ハムは半分に切ってから細切りにする。きゅうりは薄い輪切りにし、キャベツは芯があればそいで千切りにする。

2 ボウルにキャベツときゅうりを入れ塩を振る。少ししんなりしたら、ハムと合わせ混ぜる。

3 バーガーパンは横半分に切り、切り口にそれぞれバターとマスタードをぬる。上に **2** の具の半量をのせてマヨネーズをかけ、もう1枚のパンをかぶせてピクルスを添える。同様にもう1つ作る。

野菜畑のスープ
野菜がたっぷりのスープ。献立につけやすい一品

　にんじん　1本
　セロリ　1本
　かぶ　1わ
　キャベツ　¼個
　水　5カップ
　固形スープの素　2個
　ローリエ　1枚
　塩　適量
　こしょう　適量

1 にんじんは5㎝長さの短冊切りにする。セロリはすじを取り、4〜5㎝長さに切ってから縦2〜3つに切る。かぶは縦2つに切り、葉もザクザク切る。キャベツは大きめにザクザク切る。

2 分量の水にスープの素、にんじん、セロリ、ローリエを入れて火にかける。フツフツしたらかぶ、キャベツの順に加え、フタをして弱めの中火で20〜30分煮る(季節によって異なる)。味をみて塩、こしょうで調える。好みでバジル、オレガノを振ってもいい。

野菜畑のピザ
おいしくて彩りもきれいなピザ。上にのせる野菜は畑でとれるものなら何でもOK

　ピザ台　1枚
　トマトソース(ピザ用)　大さじ4
　ホールコーン　大さじ4
　ミニトマト　4〜5個
　玉ねぎ　¼個
　ピーマン　小1個
　ブロッコリー　¼個
　バジル(生)　少々
　ピザ用チーズ　½カップ

1 ミニトマトと玉ねぎは薄切り、ピーマンは種をのぞいて薄い輪切りにする。ブロッコリーは小房に切り分けて薄切りにし、バジルは千切りにする。

2 ピザ台にトマトソースをぬり、野菜類をのせる。上にバジルを散らし、さらにピザ用チーズを散らして、200度のオーブンで7〜10分ほど焼く。

　ピザ台→ピザ台(基本)
　トマトソース(ピザ用)→トマトソース
　　(ピザ用)

野菜ピラフ
スープを添えて休日のランチに

　米　2カップ(2合)
　ホールコーン缶詰　中1缶(約230ｇ)
　玉ねぎ　½個
　ピーマン　2個
　セロリ　1本
　トマト　1個
　塩　小さじ1
　こしょう　少々
　バター　大さじ1

1 米はいつもよりやや少なめに水加減する。

2 コーンは缶汁をきる。玉ねぎ、ピーマン、セロリはあらみじんに刻む。トマトは皮をむいて1㎝角に切る。

3 米に塩、こしょうを加えてひと混ぜし、野菜類を加えて表面を平らにし、バターを

のせてふつうに炊く。
4 底のほうから全体をよく混ぜる。

屋台風ビーフン
カレー粉、香菜、ナンプラーの風味でいっきにエスニック！

〈これは2人分〉
ビーフン　150ｇ
にんにく(みじん切り)　少々
しょうが(みじん切り)　少々
豚挽き肉　100ｇ
玉ねぎ　½個
ピーマン　1個
もやし　½袋
サラダ油　大さじ1強
塩　適量
こしょう　少々
カレー粉　小さじ1
湯　½カップ
ナンプラー　小さじ2
香菜　適量

1 ビーフンは袋の表示通りに戻し、水けをきっておく。
2 玉ねぎは繊維にそって薄切りにし、ピーマンは細切りにする。
3 フライパンを熱し、サラダ油でにんにく、しょうが、豚挽き肉を中火で炒め、肉の色が変わったら、強火にして玉ねぎ、ピーマン、もやしを加えてさらに炒める。
4 全体がなじんだところで塩、こしょう、カレー粉を加えて炒め、**1** のビーフンも加えてザッと混ぜ、すぐに分量の湯を加え混ぜる。
5 水けがなくなってきたらナンプラーを加え、味をみて調える。器に盛り、刻んだ香菜を散らす。

やっこの肉みそがけ
肉みそは豆腐だけでなく、ご飯にのせてもおいしいのでお試しあれ！

豆腐(木綿でも絹でもよい)　2丁
肉みそ
　豚赤身挽き肉　100ｇ
　ザーサイ　20ｇ
　えのき茸　½袋
　赤みそ　大さじ山盛り2
　酒　大さじ3
　みりん　大さじ1
　砂糖　小さじ1
粉山椒　少々
長ねぎ　½本
ラー油　適量

1 豆腐は木綿でも絹でも好みのものを用意。食べるまで水の中に放つ。
2 ザーサイは塩けが強いときは薄切りにして水につけ、少し塩分を抜いてからみじん切りにする。えのき茸も細かく刻む。
3 長ねぎを4〜5㎝長さに切り、切りめを入れて開き芯を抜く。白い部分を千切りにして白髪ねぎを作り、ザッと水洗いし、水けをきる。
4 鍋の中を水でザッとぬらし、肉みその材料をすべて入れ、全体をよく混ぜてから中火にかける。木ベラで混ぜながら肉に完全に火が通ったら火を止め、粉山椒を加えてひと混ぜする。
5 豆腐の水けをきり、半分に切って器に盛る。上に肉みそをのせ、白髪ねぎもたっぷりのせてラー油を振りかける。

山芋のから揚げ　甘酢あんかけ
揚げたての山芋は、塩をパラパラッと振っただけでもおいしい

山芋(長芋ややまと芋など)　300ｇ
揚げ油　適量
甘酢あん
　水　1カップ
　砂糖　大さじ1
　薄口しょうゆ　大さじ1
　米酢　大さじ1

```
   片栗粉　大さじ1
   ごま油　小さじ½
```

1 山芋は皮をむき、一口大の乱切りにし、酢水(分量外)にさらす。
2 山芋の水けをふき、揚げ油を低めの中温(170度)に熱して入れる。ときどきかき混ぜて空気にふれさせながら、竹串がスーッと通るようになるまでじっくり揚げる。
3 甘酢あんはごま油以外の材料を合わせ、火にかけて混ぜる。フツフツしてとろみがついたら火を止め、ごま油を落とす。盛りつけた山芋にかける。

山の幸サラダ
ご飯に合う、和風のおかずサラダ

```
春菊　½わ
しめじ　1袋
舞茸　1袋
こんにゃく　½枚
牛肉(バター焼き用)　100g
オリーブ油　少々
A┌ 米酢　大さじ1½
 │ しょうゆ　大さじ1½
 └ にんにく(すりおろし)　少々
すだち(好みで)　適量
```

1 春菊は葉を摘み、5cm長さに切る。しめじと舞茸は石づきを切り落とし、ほぐす。こんにゃくは5mm幅の棒状に切る。
2 鍋の中を水でぬらしきのこ類を入れ、大さじ1の酒(分量外)を振り、フタをして強めの中火で1～2分蒸し煮にする。こんにゃくは熱湯で下ゆでしてザルに広げて冷ます。
3 ボウルにAを合わせておく。
4 牛肉はオリーブ油で両面焼く。すぐAにからめて取り出し、こんにゃくと同じくらいの棒状に切る。
5 Aにこんにゃくを入れてあえ、残りの材料も次々加え牛肉も戻しあえる。盛りつけ、好みですだちをしぼって食べる。

ヤミ鍋
楽しいですよ。4人以上集まれば好きに持ち寄ってするパーティー鍋

```
材料は何でもOK
主催者が用意する煮汁(基本)
 ┌ だし汁　2カップ
 │ みりん　¼カップ
 │ 酒　¼カップ
 └ 薄口しょうゆ　¼カップ
薬味　各適量
 ┌ 細ねぎ(小口切り)
 │ しょうが(すりおろし)
 │ 柚子の皮(千切り)
 └ 七味唐辛子など
```

1 材料は予算を決め、野菜、魚、肉などの分担を決めて持ち寄る。ただし、すぐに鍋に入れられるように洗う、切る、戻す、ゆでる、などの下ごしらえをすませておくのがキマリ。
2 メンバーが集まったら部屋を暗めにし、鍋の中に水½カップ(分量外)を入れておく。持ってきた材料を鍋の中にガサゴソと各自で入れる。材料はフタがやっとしまるくらいギュウギュウに入れても、煮えるとカサが減るので大丈夫。
3 上から用意しておいた煮汁をまわしかけ、フタをしてやや強めの中火にかける。フツフツしてから10分ほど煮て、ひと混ぜして煮えたら各自で取り分ける。
4 細ねぎ、おろししょうが、柚子の皮、七味唐辛子などをかけて食べてもおいしい。

ヤミ鍋→ コラム参照

八幡巻き(やわた)
相性よしの組み合わせ。おせちの中の一品にも

```
牛赤身薄切り肉　300～400g
ごぼう　大1本
サラダ油　大さじ1
```

A ┌ 水　大さじ2
　│ 酒　大さじ2
　│ しょうゆ　大さじ2
　│ みりん　大さじ2
　└ 砂糖　大さじ1

1 ごぼうは7～8cm長さに切ってから鉛筆くらいの太さに切る。これを鍋に入れてかぶるくらいの水を加え、10～15分下ゆでしてやわらかくなったらザルにあげる。
2 牛赤身薄切り肉は1枚ずつ広げ、**1**のごぼうを3本ずつおいて、クルクルとしっかり巻く。さらに、最後にギュッと握って肉とごぼうをなじませる。
3 フライパンにサラダ油を熱し、**2**の巻き終わりを下にして並べ入れる。強めの中火でしばらくそのまま焼き、巻き終わりがくっついたら、肉を転がしながら焼く。
4 全体に焼き色がついたら、いったん火を止め、Aを入れて再び火をつけ、フライパンを動かしながら味を煮からめる。
5 汁けがほとんどなくなったら出来上がり。それぞれ半分に斜め切りにして、盛りつける。

ヤンソンさんの誘惑

ドキッとさせられるこの名前。実はスウェーデンの伝統的なじゃが芋の家庭料理

　玉ねぎ　½個
　じゃが芋　6個
　アンチョビ　5～6尾
　ベーコン　2枚
　塩　少々
　生クリーム　1カップ
　バター　適量

1 玉ねぎは繊維にそって薄切りにする。じゃが芋は太めの細切りにする。ベーコンは1cm幅に切る。
2 耐熱容器の中を水でぬらし、玉ねぎとじゃが芋、ベーコンを重ね入れる。アンチョビをちぎって散らす。塩を全体にパラパラと振り、生クリームをまわしかけ、バターを点々とのせる。
3 アルミ箔をかぶせ、竹串で刺して全体に穴をあける。200度のオーブンで30～40分焼き、アルミ箔を取って少し焼き、表面にこげめをつけて仕上げる。

ゆ

魚香茄子 （ユイシアンチェツ）

なすは油通しをし、強火で一気に炒めること

　なす　6～8本
　豚薄切り肉　100g
　下味用
　　┌ 塩　少々
　　└ こしょう　少々
　にんにく（みじん切り）　ひとかけ
　チンゲン菜　1株
　揚げ油　適量
　合わせ調味料
　　┌ 酒　大さじ1
　　│ しょうゆ　大さじ1
　　│ オイスターソース　大さじ1
　　│ 豆板醤　小さじ½～1
　　└ 砂糖　ひとつまみ
　ごま油　小さじ½

1 なすはヘタを切り落としてからピーラーですっかり皮をむき、縦6～8つに切り、海水くらいの塩水（分量外）に入れる。3～4分おいて水けをよくふく。
2 豚肉は3～4つに切り、塩、こしょうを振る。チンゲン菜は軸と葉に分け、軸は縦半分に切り、葉は横半分に切る。
3 揚げ油を低温（150～170度）に熱してなすを入れ、揚げる。
4 油をオイルポットにあけ、にんにくを

中火で炒める。いい香りがしてきたら豚肉を加え、強火で色が変わるまで炒める。
5 チンゲン菜の軸、葉、なすの順で加え、強火で一気に炒める。合わせ調味料を加えてからめ、全体に味がからまったら火を止め、ごま油を落とす。

油淋鶏(ユウリンチー)
「油淋」とは中国料理で、まんべんなく油で揚げる調理法。これは簡単なカツ代流

　鶏もも肉　2枚
　塩　少々
　酒　大さじ1
　片栗粉　½カップ
　揚げ油　適量
　甘酢
　　しょうゆ　大さじ3
　　米酢　大さじ3
　　みりん　大さじ1½
　　砂糖　大さじ1½
　　長ねぎ(みじん切り)　15㎝
　　しょうが(みじん切り)　ひとかけ

1 甘酢を作る。バットなどに甘酢の材料を合わせてよく混ぜる。
2 鶏もも肉は黄色い脂肪を取りのぞき、半分に切り2㎝幅くらいの棒状に切る。
3 ボウルに鶏肉を入れて塩と酒を加え、よくもみ込んでから片栗粉を振り入れ、まんべんなくまぶす。
4 揚げ油を中温(170〜180度)に熱し、鶏肉を入れていく。ときどき大きく混ぜて空気にふれさせながら、カラリと揚げる。
5 中まで完全に火が通ったら、油をよくきって引き上げ、アツアツのカリカリを**1**の甘酢につける。ときどき返して、出来上がり。

ゆで餃子(ギョーザ)
口あたりのいいワンタンの皮で作ったら、ストンストンと驚くほど食べられる

　豚挽き肉　200ｇ
　ザーサイ(みじん切り)　大さじ1
　にんにく(みじん切り)　少々
　片栗粉　大さじ1
　塩　少々
　こしょう　少々
　ワンタンの皮　1袋
　たれ
　　酢　大さじ2
　　酒　大さじ2
　　しょうゆ　大さじ2
　　ラー油　小さじ½〜1
　白髪ねぎ　長ねぎ1本分

1 ザーサイ、にんにくに片栗粉を混ぜ合わせる。
2 挽き肉に塩、こしょうを振って混ぜ、**1**を加えてよく混ぜ合わせる。
3 ワンタンの皮に**2**を小さじ1くらいずつのせ、合わせ目の片側に水をぬる。軽くひだを取って三角形に包み、きっちり押さえて閉じる。
4 たっぷりの沸とう湯に入れてゆで、再びフツフツしてきたら水½カップを加え、フワーッと浮き上がってくるまでゆでる。
5 網ですくい上げて水けをきり、皿に盛る。すぐたれをかけ、白髪ねぎをのせる。

ゆでグリーンサラダ
春を知らせる緑の野菜を合わせて和風に

　グリーンアスパラガス　1わ
　絹さや　50ｇ
　ふき　2〜3本
　わかめ(戻したもの)　½〜1カップ
　ドレッシング
　　薄口しょうゆ　大さじ1
　　砂糖　小さじ½
　　米酢　大さじ1
　　ごま油　小さじ½
　　しょうが(千切り)　ひとかけ

1 アスパラガスは軸の下のほうをピーラ

ゆでじゃが

ーで薄くむき、長さを4等分に切る。絹さやはすじを取る。ふきは生のまま皮をむき、太い部分は縦2つに切ってから4〜5㎝長さに切る。戻したわかめはよく水洗いして4㎝長さに切る。
2 野菜はそれぞれ熱湯でゆで、アスパラガスと絹さやはザルに広げて冷ます。ふきは水に取って冷まし、水けをきる。
3 野菜とわかめを合わせて盛りつける。ドレッシングを混ぜ合わせてかけて食べる。

ゆでじゃが イタリア式
イタリアでは、オリーブ油は調味料みたいなもの

　じゃが芋　　適量
　塩　　適量
　こしょう　　適量
　オリーブ油　　適量

1 じゃが芋は薄切りにし、ヒタヒタの水でやわらかくゆでる。
2 アツアツに塩、こしょう、オリーブ油をかけてあえて食べる。

ゆでじゃが芋のチーズ焼き
ワインやビールに添えれば、立派な一品

　じゃが芋　　2個
　塩　　適量
　とけるチーズ　　適量

1 じゃが芋は皮つきのまま丸ごとやわらかくゆでるか蒸し、半分に切る。
2 オーブントースターにじゃが芋を並べ、塩を振ってチーズをたっぷりのせ、チーズがとけて焼き色がつくまで5〜7分焼く。

ゆで卵
アツアツが食べられて、水っぽくもない、究極のゆで方を教えましょう

　卵　　適量

1 卵はとがっていないほうの底にピンを刺して穴をあける。
2 少し厚手の鍋に卵とかぶるくらいの水を入れ、中火にかける。グラグラ煮立ってきたら、フタをして火を止める。
3 そのまま余熱で火を通す。とろりとやわらかいのがよければ3分ほど、半熟状がよければ5分ほどおいて湯から取り出す。固ゆで卵は、そのまま湯が冷めるまでおく。ただし、余熱時間は卵の個数、ゆで方、鍋などで違ってくるので、あくまでも目安。重要なことは、水に取ってつけっ放しにしないこと。何回か試して、好みの加減に仕上がる時間をみつけること。

ゆで卵サンド
マヨネーズは入れすぎないこと

　〈これは2人分〉
　食パン(サンドイッチ用)　　6枚
　バター　　適量
　マスタード　　適量
　ゆで卵(固ゆで)　　3個
　パセリ(みじん切り)　　大さじ1
　塩　　少々
　こしょう　　少々
　マヨネーズ　　大さじ2

1 パンにバター適量とマスタード少々をぬり、2枚1組にし、かたくしぼったぬれ布巾をかけておく。
2 ゆで卵はフォークの背でつぶし、パセリ、塩、こしょう、マヨネーズを加えて混ぜる。
3 パンにのせてはさみ、食べやすく3〜4等分くらいに切る(耳は切り落としてもよい)。

ゆで卵の即席グラタン
ソースはポタージュの素と牛乳で

　ゆで卵(固ゆで)　　6個
　ハム　　3枚
　粉末ポタージュの素　　大さじ5

牛乳　3カップ
こしょう　少々
パン粉　½カップ
とけるチーズ　1カップ

1 ゆで卵は縦4等分に切り、ハムは2つに切り1㎝幅に切る。
2 鍋の中を水でぬらし、ポタージュの素を入れ、牛乳を泡立て器で混ぜながら加える。中火にかけて木ベラで混ぜ、フツフツしてきたら火を止める。こしょうを振って味を調える。
3 耐熱容器の中を水でぬらし、ソースを少し敷いてゆで卵とハムを入れ、残りのソースをかける。パン粉を振って軽く押さえ、チーズをのせる。250度のオーブンかオーブントースターで10分くらい焼く。

ゆで卵のそぼろ
エッと思うほどの簡単そぼろ。紅しょうがと一緒に朝ご飯やお弁当のご飯にのせて

〈これは2人分〉
ゆで卵(固ゆで)　2個
薄口しょうゆ　小さじ1

1 ゆで卵の殻をむいてボウルなどに入れ、フォークの背でパラパラにつぶす。
2 全体に薄口しょうゆを振って均一によく混ぜれば、出来上がり。

ゆで卵のピータン風
この卵は絶対に半熟！　きれいに仕上げるには、糸をピンと張って切るに限ります

半熟ゆで卵　4個
長ねぎ　½本
たれ
  ┌ しょうゆ　大さじ1
  │ 米酢　大さじ1
  │ ラー油　小さじ¼
  └ 砂糖　ひとつまみ

1 ゆで卵は縦に4等分に切り、黄身を上にして器にきれいに並べる。糸をピンと張って切るときれいに仕上がる。
2 長ねぎは5㎝長さに切り、縦に1本切りめを入れ、芯を取りのぞく。広げて縦に千切りにし、ため水でサッと洗い、水けをきり、白髪ねぎを作る。
3 卵に **2** の白髪ねぎをのせる。たれを混ぜ合わせてかける。

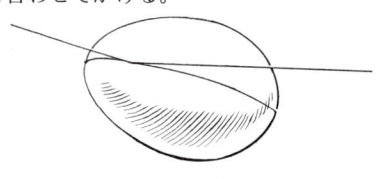

作り方 **1**

ゆで鶏のごまみそかけ
黒ごまと煎茶を使った、風味の高いごまみそが自慢

鶏むね肉　2枚
水　2カップ
酒　大さじ2
塩　小さじ½
ごまみそ
  ┌ 黒いりごま　大さじ山盛り3
  │ みそ　小さじ山盛り1
  │ みりん　小さじ1
  │ 酒　小さじ1
  │ ごま油　小さじ1
  │ しょうゆ　適量
  └ 煎茶(濃いめ)　大さじ3～5
〈付け合わせ〉
チンゲン菜の塩ゆで　適量

1 鶏むね肉は黄色い脂肪を取りのぞき、身の厚いところに2～3カ所、繊維にそって縦に浅く切りめを入れる。
2 分量の水を沸かし、酒と塩を加え、鶏肉を並べる。フタを少しずらしてのせ、中火で10～15分ゆでる。
3 黒ごまをよくよくすり、ねっとりしたら調味料を加えてすり混ぜ、煎茶を少しずつ加えてなめらかに混ぜる。

ゆでにく

4 ゆで鶏を皮つきのまま5㎜幅くらいに切り、まわりにチンゲン菜を添えて盛り、肉にごまみそをかける。

ゆで肉 イタリア式
すぐに食べないときは、肉をスープに浸したままにしておけば、かたくなりません

　牛すねかたまり肉　500ｇ
　玉ねぎ　中1個
　にんじん　小1本
　セロリ　1本
　にんにく　2かけ
　塩　小さじ1

1 深鍋に肉を入れ、かぶるくらいに水を加え、フタをして弱火にかける。

2 煮立ったらアクを取り、野菜とにんにくを丸ごと加え、塩も加える。再びフタをし、弱火で2時間くらい煮る(表面が常に静かにフツフツしている状態がベスト)。

3 肉に竹串がスーッと通るようになったら火を止め、肉を取り出して薄く切り分ける。

ゆで肉ときのこの香味あえ
鍋一つでサッとできるメインおかず

　牛薄切り肉　300ｇ
　きのこ類(好みのものを2～3種類)　各1袋
　三つ葉　1わ
　A｛にんにく(すりおろし)　ひとかけ
　　しょうが(すりおろし)　ひとかけ
　　しょうゆ　大さじ2

1 きのこ類は石づきを切り落とし、食べよくほぐしたり切ったりする。三つ葉は2～3㎝長さに切る。

2 牛薄切り肉は3つに切る。

3 ボウルにAの材料を合わせておく。

4 鍋に湯を沸かし、フツフツしているところにきのこ類を入れてサッとゆで、水けをよくきる。すぐに 3 に加え、ザッザッとあえて味をからめる。

5 続いて牛肉も同じ鍋でゆで、火が通ったら水けをきって、 4 のボウルに加え混ぜる。

6 さらに三つ葉も加えて全体をあえ混ぜ、器に盛る。

ゆで肉のグリンピース煮
トマト味のイタリアン

　冷たくなったゆで肉　約200ｇ
　トマト水煮缶詰　小1缶(約200ｇ)
　グリンピース(冷凍)　1カップ
　オリーブ油　大さじ2
　塩　小さじ½

1 鍋の中を水でぬらし、トマト水煮缶詰、グリンピース、オリーブ油、塩を入れ、中火にかける。フツフツしたらかき混ぜ、トマトごとマッシャーでグリンピースをつぶす。

2 肉を薄切りにしてのせ、フタをして中火で煮る。フツフツしてから2～3分煮て、肉の中まで熱くなったら火を止める。

3 汁を少なく仕上げたいときは、フタを取って強火にし、ときどき混ぜながら煮詰める。

ゆで肉のフライパン炒め
ゆで肉ならではの深い味わい

　冷たくなったゆで肉　約200ｇ
　玉ねぎ　大1個
　ゆでじゃが芋　2個
　オリーブ油　大さじ2
　塩　適量

1 ゆで肉とゆでじゃが芋は食べやすい大きさに切る。玉ねぎはみじん切りにする。

2 フライパンにオリーブ油大さじ1と玉ねぎ、塩を入れ、弱火で数分炒める。よくかき混ぜ、色がつかないようにする。

3 オリーブ油大さじ1、肉、じゃが芋を加えて中火にし、じゃが芋に色がつくまで

炒める。

ゆでねぎのみそマリネ
とろけるほどやわらかいねぎが、なんともいえぬ風味

　長ねぎ　2～3本
　みそドレッシング
　　みそ　大さじ1
　　にんにく（すりおろし）　少々
　　砂糖　小さじ½
　　こしょう　少々
　　マスタード　小さじ1
　　米酢　大さじ2
　　ごま油　小さじ1

1 長ねぎは白い部分だけ7～8cm長さに切る。かぶるくらいの水に入れてフタをし、弱めの中火で30分くらいゆでる。ザルにあげて水けをきり、広げて冷ましておく。
2 ドレッシングを記載順に混ぜ合わせ、盛りつけたねぎにかける。

ゆで豚
豚肉は肩ロースや赤身でもOK

　豚ロースかたまり肉　500～600g
　しょうゆ　大さじ4

1 豚肉はたこ糸があれば巻き（なければ巻かなくてもできる）、熱湯で表面の色が変わる程度に下ゆでする。
2 湯を沸かし、肉の脂身を下にして入れ、フタをして弱火で90～120分ゆでる。表面が常にフツフツしている状態を保つこと（ゆで汁は野菜を煮たり、みそ汁やスープに使ったりするとよい）。
3 大きめの容器にしょうゆを入れ、ゆでたての肉の水けをよくきり漬ける。ときどき転がして、まんべんなく味をしみ込ませながら冷ます。脂が気になる場合は、冷めてからスプーンなどでこそげ取る。

ゆで豚の刺身風
豚かたまり肉はゆで、汁の中にそのままおくととろりとした肉のうまみが味わえる

　豚肩ロースかたまり肉　300～400g
　きゅうり　2本
　塩　少々
　青じそ　1～2わ
　しょうゆ　適量
　わさび　適量

1 豚かたまり肉は塩少々（分量外）を入れた熱湯で30分ほどフタをしてしっかりゆで、そのまま冷めるまでおく。
2 きゅうりは斜めに薄切りにし、塩をパラパラと振って全体を混ぜ合わせる。
3 豚肉は食べよく薄切りにし、青じそを敷いた器にきゅうりと一緒に盛り合わせる。食べるときに、肉を青じそで巻きながら、わさびじょうゆをつけて食べる。

ゆで豚のみそだれあえ
肉に味とコクがたっぷりのおかず。おいしさの素はにんにく入り中国風甘みそ

　豚薄切り肉　350g
　きゅうり　1本
　レタス　4～5枚
　みそだれ
　　赤みそか八丁みそ　大さじ山盛り1
　　しょうゆ　小さじ1
　　みりん　大さじ1
　　にんにく（すりおろし）　少々

1 豚薄切り肉は2～3つに切る。
2 きゅうりは一口大の乱切りにし、レタスは細切りにする。
3 ボウルにみそだれを合わせておく。
4 湯を沸かし、フツフツしているところに豚肉をヒラリヒラリと入れてしっかりゆでる。
5 肉に完全に火が通ったら、よく水けをきり、**3**のみそだれに加えてよくあえる。
6 器にレタスを敷いて肉をのせ、きゅう

りを添える。食べるときに全体をザッと混ぜてどうぞ。

ゆでもやしの中国風
ゆでた挽き肉、紅しょうががアクセント

　もやし　1袋
　豚挽き肉　100g
　紅しょうが（千切り）　大さじ1
　A ┌ 米酢　大さじ1
　　├ しょうゆ　大さじ1
　　└ ごま油　小さじ½

1 ボウルなどにAを合わせておく。
2 湯を沸かし、塩少々（分量外）を加えてもやしをかためにシャキッとゆで、網じゃくしで引き上げ、ザルに取る。
3 次に **2** と同じ湯に挽き肉を入れ、箸でパラリとほぐしザルに取って水けをきり、**1** に入れてあえる。
4 もやしを2〜3回に分けて入れ、紅しょうがも加えてあえる。

ゆで野菜とディップ
パーティーなどにうってつけ！　カリフラワーやれんこんなどもおすすめ

　にんじん　適量
　大根　適量
　ブロッコリー　1個
　オーロラディップ
　　┌ マヨネーズ　大さじ4
　　├ トマトケチャップ　大さじ2
　　└ 牛乳　大さじ2
　クリームチーズディップ
　　┌ クリームチーズ　100g
　　├ 牛乳　大さじ2
　　├ レモン汁　大さじ½
　　└ こしょう　少々
　ヨーグルトディップ
　　┌ プレーンヨーグルト　½カップ
　　├ セロリの葉（みじん切り）　大さじ2
　　├ マスタード　小さじ1
　　├ 塩　少々
　　└ こしょう　少々

1 にんじんと大根は6㎝長さ、5㎜厚さの短冊切りにする。ブロッコリーは小房に切り分ける。
2 鍋に大根を入れてかぶるくらいの水を注ぎ、火にかける。フツフツしてきたらにんじんを加え、どちらもほどよいかたさになったらブロッコリーを加え、火が通ったらザルにあげて、広げて冷ます。
3 ディップはそれぞれ、マドラーなどでなめらかによく混ぜ合わせ、各器に入れる。
4 器ににんじん、大根、ブロッコリーを彩りよく盛り合わせ、オーロラディップ、クリームチーズディップ、ヨーグルトディップを添え、好みのディップをつけながら食べる。

湯豆腐
豆腐は好みのものでOK。水から入れて火にかけ、ユラユラゆれたらどうぞ

　豆腐（木綿でも絹でもよい）　3丁
　昆布　20〜30㎝
　たれ
　　┌ しょうゆ　大さじ2
　　├ 酒　大さじ1
　　├ 砂糖　少々
　　└ 削り節　適量

1 たれの材料のしょうゆ、酒、砂糖を合わせ、削り節はもんで加えて、たれ用の器に入れる。
2 広くて浅い鍋の真ん中にたれの器をおき、昆布を敷く。鍋に湯を注ぎ、やっこに切った豆腐を入れ、中火にかけて煮立てる。
3 豆腐がユラユラとゆれてきたら、ごく弱火にし、食べはじめる。たれに豆腐をチャポンとつけ、それぞれの器に取って食べる。

ゆばときのこのスープ

素材のやさしい味が魅力。ゆばはサッと煮るだけでOK

　　平ゆば（乾）　10〜20g
　　生椎茸　1袋
　　しめじ　1袋
　　中国風チキンスープ　4カップ
　　酒　大さじ2
　　A ｢ 塩　小さじ½
　　　｜ 薄口しょうゆ　小さじ1
　　　｜ 長ねぎ（みじん切り）　10㎝
　　　｜ こしょう　少々
　　　｣ ごま油　小さじ½

1 ゆばは袋の表示通りに戻し、食べよく切る。
2 生椎茸は石づきを切り落として薄切りにし、しめじも同様にして小房に分ける。
3 Aを合わせ混ぜておく。
4 鍋に中国風チキンスープと酒、**2** のきのこを入れて火にかけ、フツフツしてきたらゆばを入れ、サッと煮て火を止める。
5 すぐ合わせておいたAを加え混ぜ、味をみて、たりないようなら塩で調える。

　　中国風チキンスープ→チキンスープ（中国風）

ゆばと野菜の煮もの

新竹の子が出まわるときにぜひ。旬の木の芽を添えると、春の香りいっぱい

　　ゆば（乾）　20〜30g
　　新ゆで竹の子　1本（約150g）
　　昆布　15㎝
　　煮汁
　　　｢ だし汁　4カップ
　　　｜ 酒　大さじ2
　　　｜ みりん　大さじ2
　　　｣ 薄口しょうゆ　大さじ2
　　木の芽（あれば）　適量

1 ゆばは袋の表示通りに戻す。ゆで竹の子は根の太い部分は1㎝厚さの半月切りにし、細めの部分は輪切りにする。穂先は6㎝長さで縦6等分に切る。
2 鍋に煮汁の材料とザッと水洗いした昆布を入れて火にかけ、フツフツしてきたら竹の子を入れ、フタをして弱火で30〜40分煮含める。
3 竹の子がほどよく煮えたらゆばを加え、5〜10分煮て火を止め、フタをしたまま、しばらくおいて味をなじませる。
4 器に竹の子とゆばを盛り、昆布も食べよく切って一緒に盛り合わせる。あれば木の芽を添える。

ゆばのスープ粥（がゆ）

スープを濃いめにとったものを用意します

　　白粥
　　　｢ 米　1カップ
　　　｜ 水　5カップ
　　　｣ 湯　1カップ
　　スープ　4カップ
　　生ゆば（引き上げゆば）　好きなだけ
　　しょうが（薄切り）　8枚

1 白粥を作る。厚手の鍋に、分量の水とといだ米を入れ、少しずらしてフタをし、中火にかける。フツフツしてきたら弱火にし、フタをして25〜30分炊く。
2 炊き上がったら熱い湯1カップを加えて、水でぬらした菜箸で混ぜ、火を止める。きっちりフタをして5分蒸らす。
3 生ゆばは食べやすく切る。
4 スープにしょうがを加えて火にかけ、煮立ったらゆばを加えてひと煮する。
5 器に白粥をよそい、ゆばをのせてから、アツアツの **4** のスープを注ぐ。

　　スープ→家庭でできるスープ／チキンスープ（基本）／チキンスープ（中国風）
　　ゆば→ コラム参照

ゆり根粥（がゆ）

煮くずれるのを気にせず炊き上げる。一口

ゆりね

食べるとなんともいえぬ奥深い味です
- 米　1カップ
- 水　5カップ
- ゆり根　2株
- 塩　適量
- 湯　1カップ

1 ゆり根は洗って1片ずつほぐし、黒くなっているところは包丁でそぐ。
2 厚手の鍋に水、といだ米、ゆり根を入れて中火にかける。フツフツしてきたらフタをして、弱火で25〜30分炊く。
3 炊き上がったら塩と湯1カップを入れて、水でぬらした菜箸で切るようにして混ぜる。

ゆり根ご飯
フワッと広がる、ほんのり上品な甘み
- 米　2カップ（2合）
- ゆり根　2株
- 酒　大さじ2
- 塩　小さじ1
- 薄口しょうゆ　小さじ1
- 柚子の皮（あれば）　少々

1 米は少しひかえめに水加減する。
2 ゆり根は1片1片ほぐす。
3 **1** に調味料を加えてザッと混ぜる。ゆり根をのせて表面を平らにし、ふつうに炊く。
4 底のほうから全体を混ぜる。盛りつけ、柚子の皮をひとひら添える。

ゆり根の甘煮
水で煮る。ゆり根本来の味を堪能してみてください
- ゆり根　2株
- 水　1〜2カップ
- 砂糖　大さじ1
- 薄口しょうゆ　大さじ1

1 ゆり根は根の芯を切り落として、外側から1片ずつほぐして水に放つ。傷んだ部分はそぎ落とし、水洗いをしてザルにあげる。
2 鍋の中を水でサッとぬらし、ゆり根を入れて、水をヒタヒタになるように注ぐ。砂糖と薄口しょうゆを加えてフタをして、強めの火にかける。煮立ったら弱めの中火に落として5分煮る。フタをしたまま火を止めて、そのまま煮含める。

ヒタヒタ→ コラム参照

ゆり根の卵とじ
懐かしい大阪の母の味。スプーンを添えて汁ごとどうぞ
- ゆり根　1株
- 煮汁
  - だし汁　2カップ
  - 酒　大さじ2
  - 薄口しょうゆ　小さじ2
  - 塩　少々
  - しょうが汁　小さじ½
- 卵　2個

1 ゆり根は根と外側の汚い部分を取りのぞいてから、1片ずつはがす。
2 鍋にゆり根と煮汁の材料をすべて入れて火にかけ、フタをして弱めの中火で7〜8分煮含める。
3 卵はときほぐしておく。
4 ゆり根がほどよいやわらかさになったら強めの中火にし、フツフツしているところに卵をまわし入れる。卵がフワリと固まりかけてきたら、フタをして火を止める。

ゆり根の茶碗蒸し
なめらかな卵と上品な風味の素材。たまには究極の日本の味はいかが？
- ゆり根　1株
- えび　4尾
- 酒　小さじ½
- ぎんなん　8粒
- 卵液

┌ 卵　3個
│ だし汁＋チキンスープ　2カップ
│ 塩　小さじ½弱
│ 酒　大さじ1
└ 薄口しょうゆ　小さじ2
　三つ葉　適量
　柚子の皮　適量

1 ゆり根は根と外側の汚い部分を取りのぞいてから、1片ずつはがしておく。

2 えびは背ワタを取り、小さくコロコロに切って酒を振りかけておく。

3 ぎんなんは殻をむき、薄皮ごとヒタヒタの水でゆでる。薄皮を取りやすくするために、おたまの底でこすりながらゆで、フツフツしてきたら水に取って薄皮をむく。

4 卵液を作る。だし汁とチキンスープがあればベストだが、どちらか1種類でもOK。これを2カップ用意し、冷ましておく。

5 ボウルに卵を割り入れ、静かにときほぐして **4** を加え混ぜ、さらに調味料も加え混ぜる。

6 茶碗の中を水でザッとぬらして、ゆり根、えび、ぎんなんを4等分して入れ、上から卵液を等分に注ぐ。

7 蒸気の立った蒸し器に **6** を入れ、最初の1分は中火にし、あとはごく弱火にして15～20分蒸す。蒸し器がないときは、鍋に茶碗の半分の高さくらいになるように湯を沸かしてフツフツしているところに直接 **6** を入れ、つねにフツフツした状態を保ちながら10～15分湯せんにかける。

8 竹串を刺してみて、濁った汁が出なければ出来上がり。1㎝長さに切った三つ葉と薄くそいだ柚子の皮をのせる。

　ぎんなん→ コラム参照
　湯せん→ コラム参照

ゆり根の飛竜頭(ひりょうず)

手作りならではの味わい！　アツアツをおろししょうがとしょうゆまたは天つゆで

　ゆり根　2株
　木綿豆腐　1丁(400ｇ)
　長芋(すりおろし)　1カップ
　ぎんなん(水煮)　12～16粒
　きくらげ(乾)　大さじ1
　塩　小さじ½
　小麦粉　大さじ3
　片栗粉　大さじ3
　揚げ油　適量

1 ゆり根は根と外側の汚い部分をのぞいて1片ずつはがし、ヒタヒタの水を加えて火にかける。5分ほどかために下ゆでし、ザルにあげておく。

2 木綿豆腐は布巾に包み、皿2～3枚の重しをのせて30分以上水きりする。

3 長芋はすりおろして分量を用意する。きくらげはぬるま湯で戻し、石づきがあればのぞいて細切りにする。長芋の他にやまと芋などでもよい。

4 すり鉢かボウルに豆腐を入れて、よくつぶし、長芋を加え混ぜる。たねがかたくなりすぎないように様子をみながら、小麦粉と片栗粉を振り混ぜ、さらに塩ときくらげも加えてよく混ぜ合わせ、飛竜頭のたねにする。

5 揚げ油は中温(170～180度)に熱しておく。計量カップに **4** のたねを¼カップ強ほど入れてゆり根とぎんなんを1粒ずつうめ込み、手のひらに移し表面と形を整え油の中にそおっと入れていく。上からおたまで油をかけつつゆっくり揚げて、途中、フライ返しと箸を使って裏返しこんがりきつね色になったら、網じゃくしでよく油をきって引き上げる。

ゆり根の含め煮

短時間で火が通り、こわれやすいので、火加減に注意

　ゆり根　2株

ようじょうがゆ

煮汁
- だし汁(濃いめ)　1½カップ
- 塩　少々
- 薄口しょうゆ　小さじ2
- みりん　小さじ1
- 酒　小さじ2

1 ゆり根は鱗片を1片ずつていねいにはがし、くぼみの汚れなどをきれいに水洗いする。茶色くなった部分は薄くそぎ落とすが、気にならなければ、細かく取る必要はない。

2 煮汁に入れて火にかけ、フツフツしたらフタをして弱火にして5分くらい煮る。そのまま火を止め、煮汁に入れたまま冷ます。汁ごと器に盛りつける。

よ

養生粥（がゆ）
仕上げに牛乳を加える。こっくり、まろやか粥

- 米　1カップ
- 水　6カップ
- 牛乳　1½カップ
- 塩　小さじ½

薬味
- 三つ葉(刻んだもの)　適量
- 細ねぎ(小口切り)　適量
- ザーサイ(細切り)　適量
- 梅干し　適量

1 おかゆ用の鍋か厚手の鍋に米と米の6倍の水を入れ、中火にかける。フツフツしてきたら弱火にし、フタを少しずらしてのせ、60分炊く。

2 牛乳と塩を加え、ごく弱火にして5分くらい炊く。好みの薬味は別に添えて盛りつけ、混ぜて食べる。

洋風野菜煮もの
やわらかく煮た野菜はおいしくて体にやさしい

- キャベツ　¼個
- 玉ねぎ　½個
- セロリ　½〜1本
- にんじん　1本
- 水　2½カップ
- 固形スープの素　1個
- ローリエ　1枚
- 塩　少々
- こしょう　少々

1 キャベツはザクザクと大きく切る。玉ねぎは8つにくし形に切る。セロリの茎はすじを取り、4〜5㎝長さに切って、太い部分は縦2つに切る。葉の部分は大きくザク切りにする。にんじんは5㎜厚さの輪切りにする。

2 鍋に野菜をすべて入れ、分量の水、固形スープの素、ローリエを加えてフタをし、弱めの中火にかけて夏なら10〜15分、冬なら20〜30分コトコトと煮込む。最後に塩、こしょうで味を調える。

ヨーグルトドレッシング
ヨーグルトの酸味がさわやかです

- プレーンヨーグルト　大さじ4
- 塩　小さじ½
- 白こしょう　少々
- 砂糖　少々
- レモン汁か米酢　小さじ2
- サラダ油　大さじ1

1 すべての材料をマドラーか、泡立て器でなめらかに混ぜる。作りおきには不向き。

世にも簡単なお正月ビーフ
肉は中火で表面をじっくりと焼いてから煮る。失敗なしで超おいしい自慢のビーフ

〈作りやすい分量〉

牛かたまり肉(ローストビーフ用)　500g
サラダ油　少々
煮汁
　酒　½カップ
　みりん　½カップ
　しょうゆ　大さじ4
わさび　適量
クレソン　適量

1 牛かたまり肉はまず表面を焼く。フライパンをアツアツにしてサラダ油少々を入れ、強火にして、牛肉の表面全体においしそうな焼き色をつける。

2 牛肉がぴったり入るくらいの厚手鍋を用意する。鍋の中を水でザッとぬらして肉を入れる。煮汁の酒、みりん、しょうゆを加え、フタをして、やや強めの中火で約20分煮る。

3 肉を裏返し、すぐフタをして火を止める。このまま余熱でふっくらさせ、冷めるまで待つ。途中でけっしてフタを開けないこと。

4 冷めたら食べる分だけ薄切りにし、器に盛る。わさびとクレソンを添え、煮汁をつけながら食べる。しょうゆやマスタードで食べてもおいしい。

世にも簡単なマーボ豆腐

合わせ調味料を煮立てて材料を入れるだけのスピード料理。豆腐は四角く切っても

木綿豆腐　2丁
豚挽き肉　150g
にら　1わ
合わせ調味料
　酒　大さじ2
　赤みそ　大さじ山盛り1
　しょうゆ　大さじ1
　砂糖　小さじ½
　オイスターソース　小さじ½
　豆板醤　小さじ½〜1
　しょうが(みじん切り)　ひとかけ
湯　1カップ
水溶き片栗粉
　片栗粉　大さじ1
　水　大さじ1
ごま油　小さじ½
粉山椒(好みで)　適量

1 木綿豆腐は布巾などに包んで軽く重しをし、水きりする。にらは細かく刻む。合わせ調味料は混ぜ合わせておく。

2 中華鍋かフライパンの中を水でザッとぬらし、合わせ調味料を入れて火にかける。フツフツしてきたら強火にし、鍋肌から分量の湯をまわし入れる。

3 さらにフツフツしてきたら豚挽き肉を加え、強めの中火にしてほぐしながら混ぜる。

4 挽き肉に完全に火が通ったら、フツフツしているところに豆腐をスプーンでザックリとすくいながら加える。

5 豆腐がアツアツになったらにらを加え、水溶き片栗粉をまわし入れる。フツフツとしてとろみがついたら火を止め、ごま油を加えて風味をつける。器に盛りつけ、大人は好みで粉山椒を振る。

世にも簡単ボイルドビーフ

肩の力が抜けるほど簡単！　練り辛子やマスタード、細ねぎなど好みのものを添えて

牛かたまり肉(ローストビーフ用)　500g
漬け汁
　しょうゆ　大さじ4
　にんにく(すりおろし)　ひとかけ

1 まず漬け汁を用意する。ボウルにしょうゆとおろしにんにくを合わせて混ぜておく。

2 鍋に湯を沸かし、フツフツしてきたら牛かたまり肉を入れて、10〜15分強火でゆで、よく水けをきりすぐに **1** の漬け汁に漬ける。

3 牛肉はときどきコロコロと返しながら、

冷めるまで漬けておき、完全に冷めたら、薄く食べよく切って器に盛る。

ら

ラーパーツァイ
辣白菜
辛みと酸味がほどよい中国風漬けもの。白菜の軸のおいしさに脱帽！

　白菜の軸　1/4〜1/2個分
　漬け汁
　├赤唐辛子(輪切り)　1本
　├米酢　大さじ4
　├砂糖　大さじ2
　├塩　小さじ1
　└水　1/2カップ

1 白菜の軸は繊維にそって5〜6cm長さの細切りにし、ボウルに入れておく(葉は炒めものやみそ汁などに使う)。
2 漬け汁を作る。赤唐辛子は調味料、水と一緒に小鍋に入れて火にかける。
3 漬け汁が煮立ったら、アツアツを **1** の白菜の上からジャッとまわしかける。皿などで軽い重しをする。30分ほどしたら食べられるが、一晩冷蔵庫でおくほうがおいしい。冷蔵庫で4〜5日は保存可。

ライスグラタン
牛乳を使ってドリアより簡単に、あっさりおいしい

　冷やご飯　軽く4人分
　玉ねぎ　1/2個
　ピーマン　2個
　ロースハム　50g
　ほたて缶詰　小1缶
　水　1・1/2カップ
　固形スープの素　1個
　牛乳　2カップ
　生クリーム　1/2カップ
　塩　適量
　こしょう(白)　少々
　とけるチーズ　1カップ

1 玉ねぎは薄切りにする。ピーマンは食べよい長さの細切りにする。ロースハムは1cm角に切る。ほたて貝柱は缶汁をきってあらくほぐし、缶汁も取っておく。
2 冷やご飯は水で洗ってザルにあけ、水けをきる。
3 分量の水、スープの素、**1** の缶汁を合わせて火にかけ、フツフツしたら冷やご飯と牛乳を加え、中火で煮る。
4 フツフツしてきたら火を止め耐熱容器の中を水でぬらし、**3** のご飯をスープごと移す。塩、こしょうを均一にパラパラと振り、**1** の具を平均にのせ、生クリームをまわしかけ、チーズを散らす。4人分一度に焼いてもいいし、グラタン皿などに各々焼いてもよい。
5 オーブンに入れ、200度で15分前後、まわりがフツフツして、チーズにこげめがつくまで焼く。

ラザニア　簡単トマトソース
本来ならミートソースで作るところを、カツ代流の簡単アレンジだからあっさり味

　ラザニアパスタ　200g
　ラザニアソース
　├トマト水煮缶詰　大1缶(約400g)
　└トマトケチャップ　大さじ2
　牛挽き肉　400g
　にんにく(みじん切り)　ひとかけ
　サラダ油　大さじ1
　A┬塩　小さじ1
　　├砂糖　小さじ1
　　├こしょう　少々
　　├ローリエ　1枚
　　├タイム　少々
　　└オレガノ　少々

└ バジル　少々
　　とけるチーズ(ピザ用)　1〜1½カップ

1 鍋にトマトの水煮とケチャップを入れて火にかけ、2〜3分フツフツさせてラザニアソースを作る。
2 フライパンにサラダ油を熱し、牛挽き肉とにんにくをほぐすように炒め、Aの材料を加えて調味する。
3 ラザニアは表示通りにゆで、ザルにあげて水けをきる。
4 耐熱容器の中を水でザッとぬらし、**1**のソースを適量敷いてラザニアをのせ、さらに**2**の挽き肉、とけるチーズと全体をならしながら順に重ねる。
5 これをくり返して、最後は挽き肉、チーズで終わらせ、200度のオーブンで20〜25分こんがり焼く。

ラザニア　なす入り
小林家伝来のラザニアはなす入り。これが大好物

　　ラザニアパスタ　200g
　　ラザニア用ミートソース
　　　┌ 牛挽き肉　200g
　　　│ にんにく(みじん切り)　ひとかけ
　　　│ マッシュルームスライス缶詰　小1
　　　│ 　缶
　　　│ サラダ油　大さじ1
　　　│ 小麦粉　大さじ1
　　　│ トマトジュース(有塩)　2カップ
　　　│ 水　1カップ
　　　│ 固形スープの素　1個
　　　│ 砂糖　小さじ½
　　　│ 塩　少々
　　　│ こしょう　少々
　　　│ ナツメグ(あれば)　少々
　　　│ オレガノ　少々
　　　└ ローリエ　1枚
　　なす　4本
　　小麦粉　適量
　　とき卵　1個分
　　揚げ油　適量
　　とけるチーズ(ピザ用)　200g

1 ミートソースを作る。サラダ油を温め、熱くならないうちににんにくを入れて中火で炒める。香りがたったら汁けをきったマッシュルームと挽き肉を加えて強火で炒め、肉の色が変わったら小麦粉を振り入れ、1〜2分よく炒める。
2 ソースの残りの材料を次々全部加えて火を強め、フツフツしたら弱火にして30分フタをして煮込む。焦げないように途中、鍋底をときどきかき混ぜる。味をみて塩、こしょうで調え、火を止める。
3 ラザニアは表示通りにゆで、ザッと水をかけて冷ます。ゆで汁は少し取っておくとよい。
4 なすは皮ごと縦に1cm厚さに切り、海水くらいの塩水(分量外)に入れ、5〜10分おいて水けをふく。小麦粉を薄くまぶしてとき卵をつけ、低めの中温(170度)に熱した油で揚げる。
5 深さのある耐熱容器を用意する。中を水でぬらし、ミートソースをおたま1杯くらい入れて敷く。ラザニア、なす、チーズ、ミートソースの順で重ねていき、最後はラザニアにミートソースをかけ、チーズを散らして終わりにする。ラザニアがくっついてはがれにくいようなら、ゆで汁をかけてほぐすとよい。
6 オーブンに入れて200度にセットし、全体がフツフツして、表面がこんがりとなるまで20〜30分焼く。途中上が焦げてきたら170度に落とす。

ラタトゥイユ
野菜が煮え、火を止めてから油を加えるので、あっさりした仕上がりに

　　なす　2本
　　玉ねぎ　1個

らたとぅいゆ

ピーマン(何色でも可)　3個
トマト(完熟)　2個
かぼちゃ　⅛個(100g強)
セロリ　½本
ズッキーニ　1～2本
ベーコン　2枚
にんにく　ひとかけ
A ┌ 水　½カップ
　│ 塩　小さじ½
　│ ローリエ　1枚
　│ オレガノ　少々
　└ バジル　少々
オリーブ油　大さじ2

1 トマトは皮を湯むきしてから1～2㎝の角切り、にんにくは薄切り、ベーコンは1㎝幅に切る。

2 他の野菜はすべて1～2㎝の角切りに切りそろえる。

3 厚手の鍋を用意し、中を水でザッとぬらしてから、**1**と**2**の材料をすべて入れ、さらにAも加えて強火にかける。

4 フツフツしてきたら中火にし、10～15分煮て、味をみて塩(分量外)で調え、火を止める。最後にオリーブ油をまわし入れて全体をザッと混ぜる。

ラタトゥイユ→ コラム参照

ラタトゥイユカレー
野菜カレーよりも、さらに野菜たっぷり！

なす　5本
玉ねぎ　1個
トマト　3個
ピーマン　3個
にんにく(みじん切り)　ひとかけ
サラダ油　大さじ1
塩　小さじ¼
鶏挽き肉　200g
カレー粉　小さじ1～3
湯　3カップ
カレールウ　小1箱(約100g)
ローリエ　1枚
ターメリックライス
┌ 米　3カップ(3合)
└ ターメリック　小さじ½

1 ターメリックライスを作る。米はふつうに水加減し、ターメリックを加えてひと混ぜし、ふつうに炊く。

2 なすはピーラーですっかり皮をむいて1.5㎝角くらいに切る。残りの野菜もなすと同じような大きさに切る。

3 挽き肉はボウルに入れ、カレー粉をまぶし、全体を混ぜておく。

4 分量の湯にカレールウとローリエを入れて混ぜ、ルウがとけたら火にかける。フツフツしてきたら挽き肉を加えてほぐし、フタをし、弱火で10～15分煮込む。

5 別の鍋(厚手)の中を水でぬらし、にんにくと野菜類を入れ、サラダ油大さじ1をまわしかける。フタをして中火にかけ、全体がアツアツになったら塩を加え、さらに5分煮る。途中で一度、全体を混ぜる。

6 ターメリックライスを盛り、**4**のカレーをかけ、**5**のラタトゥイユをのせる。

ラムとなすのインドカレー
肉に下味をつけてヨーグルトであえ、一晩ねかすと、肉質ふっくら豊かな味わいに

ラムかたまり肉　500g
下味用
┌ 塩　少々
│ こしょう　少々
│ カレー粉　大さじ1
└ プレーンヨーグルト　½カップ
にんにく(みじん切り)　ひとかけ
しょうが(みじん切り)　ひとかけ
赤唐辛子　2～3本
玉ねぎ　1個
なす　6本
サラダ油　大さじ2～3
A ┌ 塩　小さじ1

｜こしょう　少々
　　｜ローリエ　1枚
　　｜カレー粉　大さじ1〜3
　　｜小麦粉　大さじ1
　　｜スパイス類(ターメリック、クミン、
　　｜チリパウダー、コリアンダーな
　　｜ど、あれば2種)　各小さじ¼〜
　　｜½
　　水　5〜6カップ
　　ガラムマサラ　小さじ½

1 ラムかたまり肉はコロコロの一口大に切って塩、こしょう、カレー粉をまぶし、プレーンヨーグルトであえて、冷蔵庫で一晩ねかす。ねかしたラム肉についているヨーグルトはサッと落とす程度でよい。

2 赤唐辛子は種をのぞく。玉ねぎはあらみじんに刻む。なすは皮をむいて縦4つ割りにし、さらに一口大に切る。

3 鍋にサラダ油、にんにく、しょうが、赤唐辛子を入れて弱火にかけ、いい香りがしたら玉ねぎを加えて中火でよく炒める。

4 玉ねぎがしんなりし色づいてきたら、ラム肉を加え炒め、なすも加え、肉の色が変わってきたら、弱火にしてAの材料を次々に加えて炒める。

5 材料が鍋肌にくっつきそうになってきたら、分量の水を½カップほど加えて混ぜ、さらにくっつきそうになったら、½カップをたす。

6 味をみて、粉っぽさがなくなってきたら残りの水を加え、弱火で60〜90分煮込む。フタは少しずらす。

7 6にガラムマサラを加え、ひと煮したらフタをして火を止める。ナンなど好みのパンや温かいご飯でどうぞ。

ラム肉のオニオン炒め

独特の香りも玉ねぎと組み合わせるとおいしい風味に。アツアツのうちにどうぞ

　　ラム薄切り肉　400g

　　下味用
　　｜にんにく(すりおろし)　ひとかけ
　　｜しょうが(すりおろし)　ひとかけ
　　｜しょうゆ　大さじ2〜3
　　玉ねぎ　1〜2個
　　サラダ油　大さじ1

1 ラム薄切り肉は下味用のにんにく、しょうが、しょうゆを加えてよくもみ込み、下味をつけておく。

2 玉ねぎは縦半分に切り、繊維にそって1cm厚さのザク切りにする。

3 中華鍋にサラダ油を熱し、ラム肉を汁ごと広げるように加えて中火で炒める。

4 肉の色が変わりはじめたら、玉ねぎも加えてザッザッと強火のまま炒め合わせる。肉に火が通り、玉ねぎが透明になったら出来上がり。

ラムのカレーシチュー

本場インドではおなじみの味。肉にヨーグルトをまぶして、くさみを抜くのがコツ

　　ラム赤身肉(角切りか厚切り)　400g
　　プレーンヨーグルト　½〜1カップ
　　セロリ　1本
　　玉ねぎ　1個
　　にんにく(みじん切り)　ひとかけ
　　サラダ油　大さじ2
　　小麦粉　大さじ1
　　カレー粉　大さじ1
　　水　5カップ
　　固形スープの素　1個
　　ローリエ　1枚
　　カレールウ(市販)　40〜80g

1 ラム赤身肉は角切りの場合はそのまま、厚切りの場合は2〜3cm角に切って、ヨーグルトをまぶしつけ、60分から一晩おいてくさみを抜く。

2 セロリと玉ねぎはラム肉くらいの大きさにザク切りにする。

3 鍋にサラダ油大さじ1を熱し、にんに

く、セロリ、玉ねぎをザッと強めの中火で炒め、小麦粉とカレー粉を振り込んで弱火でよく炒める。
4 カレーの香りがしてきたら、いったん火を止め、分量の水、固形スープの素、ローリエを加えて再び火をつける。
5 フライパンにサラダ油大さじ1を熱し、ラム肉のヨーグルトをふき取って入れ、焼きつける。肉の表面にしっかりこげめがついたら、4の鍋に加えてフタをして弱火で60分ほど煮込む。
6 最後にカレールウを加える。さらりと食べたい人は40gくらいから、どろりとさせたい人は80gくらいを入れ、とろみをつける。食べるときに、プレーンヨーグルト（分量外）を少し加えると味がマイルドになる。

ラムのスタミナ焼き
近所の小さなレストランの看板料理がヒント。煮立てたたれがおいしさの秘密

　ラム薄切り肉　400g
　サラダ油　大さじ1
　たれ
　┌　しょうゆ　大さじ2
　│　にんにく（すりおろし）　ひとかけ
　│　しょうが汁　少々
　│　酒　小さじ2
　│　みりん　小さじ2
　└　挽きこしょう　適量
　〈付け合わせ〉
　　粉ふき芋　適量

1 たれを作る。小鍋に材料を合わせ、ひと煮立ちさせておく。
2 フライパンにサラダ油を熱し、ラム薄切り肉をほぐしながら加えて強火で炒める。
3 肉に完全に火が通ったら、たれをジャッとかけ、味をからめて出来上がり。器に盛り、粉ふき芋を添える。

ラムのみそ煮
みそとごぼうはラムと相性がいい。温かいところを白いご飯のおかずに

　ラム薄切り肉　300g
　ごぼう　20㎝
　にんにく　ひとかけ
　しょうが（千切り）　ひとかけ
　煮汁
　┌　水　½カップ
　│　酒　½カップ
　│　みそ　大さじ2
　└　しょうゆ　小さじ1
　三つ葉　½わ
　粉山椒　少々

1 ラム薄切り肉は2㎝幅くらいに切る。
2 ごぼうはささがきにして水に5分ほどさらす。にんにくは2つに切る。
3 鍋に煮汁の材料とにんにく、しょうが、ごぼうを入れて火にかけ、フツフツしてきたらラム肉を加えて中火で煮る。
4 汁けが少なくなったら火を止める。三つ葉を2㎝長さに刻んで加え混ぜて器に盛る。粉山椒を振りかけて食べる。

り

リゾット　トルコ風
ホックリした歯ざわりのひよこ豆はリゾットにもぴったり

　米　2カップ
　ひよこ豆水煮缶詰　1缶
　玉ねぎ（みじん切り）　¼個
　バター　大さじ2
　塩　小さじ½
　こしょう　少々
　湯　3カップ
　固形スープの素　1個

1 ひよこ豆缶詰は缶汁をきる。
2 分量の湯に固形スープの素をとかすか、チキンスープ3カップを用意する。
3 フライパンにバターを入れて中火にかけ、バターがとけたら、玉ねぎとひよこ豆を加えて炒める。さらに米をとがずに加え、よくよく炒める。
4 全体がなじんだところで 2 の温かいスープを注ぎ、中火で煮る。フツフツしてきたら、塩、こしょうを加え、ごく弱火にして20分ほど炊き上げる。器に盛りつけ、温めたトマトジュース(有塩)をかけながら食べてもおいしい。

ひよこ豆→ コラム参照

リゾット各種
→メニュー別索引〈リゾット〉を参照

涼拌なす(リャンバン)
香ばしい桜えび、ピリッと甘酸っぱいたれが、冷たいなすをいっそう引き立てる

　なす　4〜6本
　桜えび　大さじ3
　たれ
　　┌しょうゆ　大さじ2
　　│米酢　大さじ1
　　│砂糖　小さじ1
　　│ごま油　小さじ1
　　│豆板醤　小さじ½
　　└にんにく(みじん切り)　少々

1 なすは皮ごと熱湯でやわらかくゆでるか蒸して、冷ます。
2 縦に何本かにさき、器に盛って冷蔵庫で冷やす。
3 桜えびは香ばしくからいりし、あらみじん切りにする。なすに桜えびを散らし、混ぜ合わせたたれをかける。辛いのが苦手な人は豆板醤を抜いてもおいしく食べられる。

リヨン風焼き肉
リヨン風と名がつけば、玉ねぎとパセリがつきもの

　牛肉(バター焼き用)　400g
　玉ねぎ　2個
　パセリ(みじん切り)　1〜2本
　オリーブ油　大さじ4
　塩　適量
　こしょう　適量

1 肉は包丁の背などでたたいて薄くのばし(大きければ2つに切る)、塩、こしょうを振る。
2 玉ねぎは縦半分に切り、繊維にそって薄切りにする。
3 フライパンにオリーブ油大さじ1を熱し、肉を強めの火で両面焼き、取り出す。
4 残りのオリーブ油と玉ねぎを入れ、塩を少し振り、玉ねぎが薄く色づくまで炒める。
5 肉を戻して弱火にし、フタをして軽く火を通す。肉が温まればよい。肉の上に玉ねぎをのせ、パセリを振る。

りんごとくるみのサクサクサラダ
不思議においしい組み合わせ。りんごの季節にどうぞ

　りんご　1〜2個
　かぶ(葉つき)　2個
　キャベツ　小¼個
　くるみ(あらみじん切り)　大さじ山盛り3
　ドレッシング
　　┌マヨネーズ　大さじ山盛り2
　　└牛乳　大さじ2

1 りんごはピーラーでところどころ皮をむいて縦4〜6等分にし、芯をのぞく。これを5mm厚さのくし形に切ってから斜め細切りにし、薄い塩水(分量外)につける。
2 かぶは葉を切り落として縦半分に切り、繊維にそって縦に薄切りにする。葉はごく細かく刻む。

3 キャベツは千切りにする。
4 刻んだくるみはフライパンに入れて中火でからいりするか、オーブントースターで軽く焼いて、カラッとさせる。
5 ボウルにドレッシングの材料を合わせてよく混ぜ、キャベツ、かぶ、水けをきったりんご、半量のくるみ、かぶの葉の順に次々と混ぜながら加える。
6 器に盛り、上から残りのくるみをパラパラと振る。

かぶの大きさ→ コラム参照

れ

冷凍里芋と牛こまのワイン煮
作りやすく、アッという間においしく出来上がる

里芋(冷凍)　500g
牛こま切れ肉　200g
赤ワイン(白でもよい)　1カップ
砂糖　大さじ1
しょうゆ　大さじ2
水　適量

1 鍋の中を水でぬらし、ワイン、砂糖、しょうゆを入れて火にかける。フツフツしたら牛肉を加え、味をからめながら強めの中火で色が変わるまで煮る。
2 里芋を凍ったまま加え、水をヒタヒタに加え、フタをして強火で15分煮る。途中、上下を返して混ぜる。もし焦げそうになったら、水でなく湯(分量外)を加える。

レタス炒め
炒めるコツはレタスを鉄の鍋肌に直接入れる。短時間で手早く!!

レタス　1個
赤唐辛子　2～4本
ごま油　大さじ2
塩　小さじ½
しょうゆ　少々

1 レタスは葉を1枚ずつはがして水けをふく。赤唐辛子は種をのぞく。
2 中華鍋をよく熱してごま油と赤唐辛子を入れ、ザッと混ぜる。レタスを2～3回に分けて混ぜながら入れ、すぐ塩を振って、大きくザッザッと炒める。最初びっくりするほどジャーッとすさまじい音がするが、この音がしないとおいしくできない。
3 全体に油がまわり、レタスがシナッとなったら、しょうゆをまわし入れ、香ばしい香りがたったら、すぐ器に盛る。

レタス・椎茸・豆腐のみそ汁
レタスは余熱を入れる程度で十分

だし汁　4カップ
生椎茸　4個
絹ごし豆腐　½丁
レタス　4枚
みそ　大さじ2～3

1 生椎茸は石づきを切り落とし、食べやすい大きさに切る。豆腐は2㎝角くらいに切る。レタスは一口大にちぎる。
2 だし汁を火にかけ、フツフツしてきたら椎茸、豆腐を加え、みそをとき入れる。レタスを加えてすぐに火を止める。

レタス焼売(シューマイ)
レタス特有の歯ざわりが残っていて、軽い口あたり

レタス　1個
塩　小さじ½
鶏挽き肉　100g
豚挽き肉　100g
A｜しょうが汁　小さじ1
　｜塩　小さじ½
　｜砂糖　小さじ1
　｜酒　大さじ1

こしょう　少々
　　ごま油　小さじ1
　片栗粉　大さじ1
　焼売の皮　1袋
　とき辛子　適量
　酢じょうゆ　適量

1 レタスは大きい葉を5～6枚取っておく。残りのレタスはみじん切りにする。ボウルに入れ、塩を振ってササッと混ぜ、しんなりするまでおく。
2 別のボウルに挽き肉とAを入れ、よく混ぜ合わせる。
3 レタスの水けを軽くしぼって**2**に加え、片栗粉を振って混ぜ合わせる。
4 焼売の皮に**3**を適量のせ、軽く広げて平らにする。口をすぼめるように軽く握って包み込む。表面を平らにし、すわりがいいように底を押さえて平らにする。
5 蒸気の立った蒸し器に取っておいたレタスを敷き、焼売を並べ、強火で10～15分蒸す。レタスも一緒に盛り、とき辛子と酢じょうゆで食べる。

作り方**4**

レタススープ
煮干しのだしがおいしい中国風
　レタス　大2枚
　煮干し　7～8尾
　水　4½カップ
　にんにく（すりおろし）　少々
　A┌塩　小さじ½
　　│しょうゆ　小さじ1
　　└こしょう　少々
　ごま油　小さじ½

1 煮干しと分量の水を火にかけ、フツフツしたら弱火で10分煮出し、煮干しを取り出す。
2 火を強め、レタスを適当な大きさにちぎって加え、ワッと煮立ったらすぐ火を止める。
3 にんにく、Aの調味料を加え味をみてたりなければ塩（分量外）で調え、ごま油を加えて混ぜ、すぐ器に盛る。

レタスだけのサラダ
自慢のドレッシング！　シンプルだからこそ、素材の風味をたっぷり味わえる
　レタス　½個
　レタスによく合うドレッシング
　　┌塩　小さじ½
　　│しょうゆ　大さじ½
　　│砂糖　小さじ½
　　│米酢　大さじ1
　　│こしょう　少々
　　│にんにく（すりおろし）　少々
　　│しょうが（すりおろし）　少々
　　└ごま油　小さじ1弱

1 レタスは一口大にちぎる。
2 ボウルにドレッシングの材料を合わせて、よく混ぜる。
3 器にレタスを盛り、ドレッシングをかけて食べる。

レタス包み
中は揚げた春雨とピリ辛の肉みそ
　肉みそ
　　┌豚挽き肉　300g
　　│干椎茸　3枚
　　│長ねぎ　10㎝
　　│にんにく　ひとかけ
　　│セロリ　10㎝
　　│ゆで竹の子　100g
　　│ピーマン　2個
　　│サラダ油　大さじ2
　　│A┌みそ　大さじ山盛り1

れたす

- しょうゆ　大さじ1
- 酒　大さじ1
- 豆板醤　小さじ½
- 片栗粉　ひとつまみ
- ごま油　小さじ1
- 春雨(太め)　40g
- 揚げ油　適量
- レタス　適量

1 肉みそを作る。干椎茸は戻し、石づきを切り落としてみじん切りにする。長ねぎ、にんにく、セロリ、竹の子、ピーマンもみじん切りにする。

2 サラダ油を中火で熱し、すぐ長ねぎとにんにくを炒める。香りがたったら椎茸、挽き肉、セロリ、竹の子、ピーマンの順に加えて強火でよく炒める。

3 全体がパラッとなったら火を止め、Aの調味料を加える。強めの中火にかけて炒め、全体に味がからまったら片栗粉を振り、ひと炒めする。火を止め、ごま油を落とす。

4 揚げ油を高温(190度)に熱し、春雨を試しに1本入れてみる。ふくらんだら、少しずつ入れる。プワッとふくらんで浮き上がってきたら、サッと裏返してすぐ引き上げる。残りも同様に揚げる。皿に盛り、上からキッチンペーパーなどをかぶせ、軽く押さえて食べよく折る。

5 4の春雨を皿の周囲に広げ、中央に肉みそを盛る。レタスは1枚ずつはがして別に盛り、肉みそと春雨を包んで食べる。

レタス包みご飯
ご飯にのせる具は、おにぎりやお茶漬けに合うものなら、なんでもOK

- 温かいご飯　4人分
- レタス　½～1個
- 青じそ　1～2わ
- 具
  - 納豆　適量
  - たくあん　適量
  - 白いりごま　適量
  - 辛子明太子　適量
  - ちりめんじゃこのつくだ煮　適量
  - 昆布のつくだ煮　適量

1 レタスは1枚ずつはがし、大きい葉は2つにちぎる。

2 納豆はしょうゆ(分量外)をからめる。たくあんは細切りにしてごまを振る。

3 レタスの上に青じそを敷き、ご飯をふた口分くらいおき、具を1種類ずつのせる。

レタスと豚肉のピリ辛炒め
肉はしっかり火を通し、レタスは強火で手早く炒める

- レタス　1個
- 豚薄切り肉　100g
- 下味用
  - オイスターソース　小さじ1
  - にんにく(すりおろし)　少々
  - 赤唐辛子(輪切り)　1本
  - 黒こしょう　少々
- ごま油　大さじ1½
- 塩　小さじ½

1 レタスは芯をくり抜いて食べよい大きさにザク切りにする。

2 豚薄切り肉は3つくらいに切り、下味用の材料をもみ込んで味をからめておく。

3 中華鍋にごま油を熱し、中火で豚肉を

炒める。肉にしっかり火が通ったら強火にし、レタスを2〜3回に分けて加えてすぐ塩を振り、手早くザッザッと炒める。全体がアツアツになったら器に盛る。

レタスのじゃこサラダ
具を混ぜるときは1種類ずつザザッと簡単に。味がなじみ、さっぱり仕上げるコツ

　　レタス　½個
　　ちりめんじゃこ　大さじ4
　　しょうが(千切り)　ひとかけ
　　細ねぎ(小口切り)　½カップ
　　ドレッシング
　　　┌薄口しょうゆ　大さじ1
　　　│米酢　大さじ1
　　　│こしょう　少々
　　　└ごま油　小さじ1

1 レタスは細切りにする。
2 ボウルにドレッシングの材料を合わせ混ぜ、レタス、ちりめんじゃこ、しょうが、細ねぎの順に加えてあえる。

レタスのたらこ炒め
たらこの塩けをみながら、味加減を

　　レタス　1個
　　たらこ　小1腹
　　オリーブ油　大さじ2
　　塩　小さじ½〜1
　　こしょう　少々
　　バジル(乾)　少々

1 レタスは大きくちぎり、たらこは薄皮をのぞいて中身をほぐす。
2 中華鍋にオリーブ油を熱し、たらこを入れて中火で炒める。たらこがパチパチしはじめたらレタスを加え、強火にしてすぐに塩を加える。
3 全体を大きく炒め、レタスがあざやかな色になったら火を止めて器に盛り、こしょうとバジルを振りかける。

レタスのミモザサラダ
春はレタスも卵もおいしい季節

　　レタス　½個
　　セロリ(みじん切り)　10㎝
　　玉ねぎ(みじん切り)　小½個
　　ゆで卵(固ゆで)　2個
　　ベーコン　2枚
　　サラダ油　少々
　　ドレッシング
　　　┌塩　小さじ½
　　　│洋辛子粉　少々
　　　│砂糖　ひとつまみ
　　　│米酢　大さじ1
　　　└サラダ油　大さじ2

1 レタスは細切りにする。ゆで卵はフォークであらみじんにつぶす。
2 ベーコンは細かく刻む。フライパンを熱してサラダ油をひき、カリカリに炒め、余分な脂をふき取る。
3 ドレッシングの材料を記載順に混ぜ合わせる。玉ねぎ、セロリ、レタスの順に加えては混ぜ、盛りつけ、ベーコンと卵を散らす。

レバー入り肉だんご
レバーが苦手でも、独特のコクと紅しょうがの風味で食べやすい

　　鶏レバー　200g
　　鶏挽き肉　200g
　　A┌紅しょうが(みじん切り)　小さじ2
　　 │しょうゆ　小さじ2
　　 └ごま油　小さじ1
　　小麦粉　大さじ2
　　揚げ油　適量
　　青じそ　適量
　　とき辛子　適量
　　酢　適量
　　しょうゆ　適量

1 鶏レバーは脂肪や血のかたまりを取りのぞき、熱湯で中までしっかりゆでる。水

ればー

けをきり、あら熱が取れたらみじん切りにする。ブレンダーにかけてもよい。
2 レバー、挽き肉、Aを混ぜ合わせ、小麦粉を加えてよく混ぜ合わせる。
3 直径2cmくらいに丸める。
4 揚げ油を低めの中温(170度)に熱し、**3**を次々入れまわりがしっかりしたらときどき混ぜて空気にふれさせながら、じっくり揚げる。
5 全体がこんがり色づいたら、網じゃくしで引き上げて油をきる。青じそ(夏のみ)を敷いた器に盛り、とき辛子を添え、酢じょうゆで食べる。

レバーステーキ
プリンプリンとした新鮮なレバーで作ってアツアツをどうぞ

　　レバー(牛か豚)　300g
　　下味用
　　⎰ 塩　適量
　　⎱ 黒こしょう　少々
　　小麦粉　適量
　　バター　大さじ2
　　ブランデーかウイスキー　大さじ4
　　レモン(薄切り)　4枚

1 レバーは何度も水をかえながら、水が澄むまで洗って血抜きをする。これを1cm弱の厚みで4枚に切る。
2 レバーの水けをふき、塩と黒こしょうを振って小麦粉をまぶす。
3 フライパンにバターを入れて中火にかけ、バターがとけたらレバーを入れて両面をよく焼く。ほとんど火が通ったらいったん火を止めてブランデーかウイスキーを振りかけ、フタをして強火にかけブワーッと中のアルコール分を燃やす。もしフライパンの中に火が入ったら、あわてず騒がずすぐにフタをする。
4 アツアツを器に盛ってレモンの薄切りをのせ、フォークでギュッと押さえて大急ぎでレモンの香りをレバーに移す。

レバーと豚肉のピリ辛炒め
ビールにも合う、盛夏のスタミナ料理

　　豚レバー　200g
　　酢　大さじ2
　　牛乳　適量
　　塩　少々
　　しょうゆ　大さじ½
　　豚もも薄切り肉　150g
　　A ⎰ 塩　小さじ½
　　　⎱ こしょう　少々
　　赤ピーマン　2個
　　にんにく(みじん切り)　ひとかけ
　　赤唐辛子(輪切り)　1～2本
　　サラダ油　大さじ1½
　　塩　小さじ½
　　こしょう　適量
　　ごま油　小さじ1

1 豚レバーは酢を振りかけてもみ、水洗いする。ヒタヒタの牛乳と塩少々で中までしっかりゆで、再び水洗いする。1cm幅に細長く切り、しょうゆをからめる。
2 豚肉は食べやすく切り、Aをからめる。赤ピーマンは1cm幅の細切りにする。
3 中華鍋を熱してサラダ油を入れ、にんにくと赤唐辛子を中火で炒める。香りがたったら**2**の豚肉を広げて入れ、焼くようにして色が変わるまで炒める。
4 ピーマンを加えて強火にし、全体がアツアツになるまで炒め合わせる。
5 **4**にレバーも加えてすぐ塩、こしょうを振り、強火のままレバーを焼きつけるようにして炒める。火を止め、ごま油を落とし、サッとひと混ぜする。

レバーのごまかし揚げ
文字通り、ごまでおいしくごまかしちゃう

　　鶏レバー　300g
　　しょうゆ　大さじ1

卵　1個
片栗粉　大さじ4〜5
白生ごま　大さじ2
揚げ油　適量

1 鶏レバーは脂肪や血のかたまりなどを取りのぞき、そぎ切りにする。
2 熱湯で中までしっかりゆで、水けをきる。
3 少し冷めたらボウルに入れ、しょうゆを加えてからめ、卵を加えて混ぜ合わせ、片栗粉も加えて混ぜ合わせる。
4 広げたごまの上にレバーを取り出し、全体にごまをつける。
5 低めの中温(170度)に熱した揚げ油に入れ、ごまがしっかりしたらときどき返しながら、こんがり色づくまでじっくり揚げる。

レバーのさつま揚げ
レバーをよくゆでるのがコツ。材料はブレンダーでガァーッとやってもOK

鶏レバー　300g
じゃが芋　小1個
玉ねぎ(みじん切り)　小½個
紅しょうが(みじん切り)　小さじ1
卵　1個
小麦粉　大さじ5
塩　少々
しょうゆ　小さじ1
揚げ油　適量

1 鶏レバーは余分な脂肪や血のかたまりなどを取り、中まで火が通るようにしっかりゆでる。そのまま冷ますか、水洗いして冷やし、みじん切りにする。
2 ボウルにレバーを入れ、そこにじゃが芋をすりおろす。玉ねぎ、紅しょうが、卵、小麦粉、塩、しょうゆも加えてよ〜く混ぜ合わせる。
3 揚げ油を中温(170〜180度)に熱し、**2** をスプーンで次々入れて揚げる。こんがりと色よく揚がれば出来上がり。

レバーのワイン煮
レバーのクセやにおいは、下ゆでしてから調理すると気にならない

鶏レバー　400g
にんにく(薄切り)　ひとかけ
しょうゆ　大さじ2
砂糖　小さじ1
赤ワイン　1カップ
貝割れ大根　½わ

1 レバーは余分な脂肪と血のかたまりを取りのぞき、一口大に切る。熱湯で中までしっかりゆで、水けをきる。
2 しょうゆと砂糖を合わせて煮立て、レバー、にんにく、ワインを加え、フタをして弱めの中火で煮る。煮汁が煮詰まって、レバー全体にからまったところで火を止める。盛りつけ、貝割れ大根を散らす。こしょう(分量外)をガリガリっと挽いてもよい。

レバーペースト
手作りならではのおいしさをぜひ。寒い季節に作るのがベスト

鶏レバー　300g
塩　小さじ1
酢　大さじ1
ローリエ　1枚
玉ねぎ(みじん切り)　½個
パセリ(みじん切り)　大さじ2
にんにく(みじん切り)　ひとかけ
バター　60g
塩　小さじ1
こしょう　適量
ブランデー　大さじ2
生クリーム　⅓カップ

1 鶏レバーは黄色い脂肪や血のかたまりを取りのぞき、ボウルに入れて塩と酢を加える。これをよくもんで水洗いをし、レバ

れもん

ーのくさみを取る。

2 小鍋に水を六分めくらい入れ、ローリエを加えて火にかける。沸とうしたらレバーを入れてゆで、中までしっかり火が通ったら、水洗いをして水けをきる。

3 フライパンに半量のバターを入れて火にかけ、レバーを炒める。こんがりとこげめがついたら玉ねぎを加え、強火でサッと炒め合わせ、全体に油がまわったら、パセリとにんにくも加えて中火で炒める。

4 3 が熱いうちにブレンダーにかけ、ペースト状にして塩、こしょう、ブランデーも加え、よく混ぜ合わせる。

5 さらに残りのバターを加え、鍋に入れて火にかけ、弱火でよく練って中まで完全に火を通す。

6 5 が冷めたら、生クリームを加えてよく混ぜ合わせる。保存容器に入れて、冷蔵庫で約1週間はもつ。バゲットにぬるときは、バターをぬってからレバーペーストをぬるほうがだんぜんおいしい！

レモンバーミセリ
そうめんみたいなパスタを、さわやかなレモンスープで。夏のブランチにいかが？

〈これは2人分〉
バーミセリ　150ｇ
鶏むね肉　1枚
塩　小さじ½
レモンスープ（ゆで汁）
　｛ 湯　3カップ
　　白ワインか酒　¼カップ
　　塩　小さじ½
　　こしょう　少々
　　レモン汁　½〜1個分
レタス　3〜4枚
ミニトマト　10個
レモン（くし形切り）　2切れ

1 鶏むね肉は塩を振る。

2 鍋に分量の湯と白ワインまたは酒を入れて火にかけ、フツフツしてきたら鶏肉を加え、フタを少しずらして弱火でコトコトと20分ほどゆでる。

3 鶏肉を器に取り、ゆで汁の味をみて塩、こしょうで調え、火を止めて冷ます。完全に冷めたら、レモン汁を加えてレモンスープにし、冷たくしておく。

4 鶏肉は半量を細かくさく（1枚分を具として使うのは多いので、残りはサラダや炒めものなど他の料理へ）。レタスは細切りにし、ミニトマトは2つに切る。

5 バーミセリは袋の表示通りにゆで、すぐ水洗いをしてさらに氷水で手早く冷やし、水けをきって器に盛る。上から 3 のレモンスープをかけ、鶏肉、レタス、ミニトマトをのせてレモンを添える。好みで塩、こしょう（各分量外）を振って食べる。

れんこんと絹さやのごまネーズあえ
まろやかなあえ衣が野菜にコクをプラス

れんこん　1節（約200ｇ）
米酢　小さじ1
塩　少々
絹さや　50ｇ
油揚げ　1枚
ごまネーズ
　｛ 白いりごま　大さじ山盛り3
　　マヨネーズ　大さじ2

1 れんこんは縦4つ割りにしてから小さめの一口大に乱切りにし、ヒタヒタの水、米酢、塩を加えてほどよくゆでる。

2 絹さやはすじを取って半分に切り、サッとゆでる。油揚げはオーブントースターでこんがりカリッと焼き、細切りにする。

3 ごまネーズを作る。白いりごまはすり鉢でよくすり、マヨネーズを加えて混ぜる。

4 3 にれんこん、絹さや、油揚げを加えて混ぜ合わせ、味がたりなければ塩で調える。

れんこんと残り野菜のどっかんサラダ
冷蔵庫の残り野菜、集合！　切り方も自由自在でOK

　　れんこん　小1節
　　A｛米酢　大さじ2
　　　　塩　ひとつまみ
　　　　砂糖　ひとつまみ
　　残り野菜(レタス、細ねぎ、にんじん、大根、大根の葉、貝割れ大根など)
　　　　各適量
　　ドレッシング
　　｛トマトケチャップ　大さじ1
　　　マヨネーズ　大さじ2
　　　牛乳　大さじ2

1 れんこんは縦6〜8等分してから薄いいちょう切りにして鍋に入れ、ヒタヒタの水とAの調味料を加えてサッとゆでる。
2 レタスは食べよい大きさにちぎり、細ねぎは3㎝長さに切る。にんじんは千切りにし、大根はごく薄いいちょう切りにする。大根の葉は、あればやわらかいところをみじん切りにして水にさらす。貝割れ大根は根を切り落とし、半分に切る。
3 ドレッシングの材料はなめらかに混ぜ合わせる。
4 大きめのボウルに野菜をすべて入れてザッザッと混ぜ合わせ、器に盛ってドレッシングをかけて食べる。

れんこんと豚肉のシンプル炒め
塩、こしょうの味つけだから、素材の持ち味が散らした細ねぎまでしっかり

　　豚肩ロース薄切り肉　200g
　　れんこん　200g
　　細ねぎ　適量
　　ごま油　大さじ1
　　酒　大さじ1
　　塩　小さじ1
　　こしょう　適量

1 豚肉は長さを半分に切る。
2 細ねぎは2㎝長さに切る。れんこんは縦4つに切ってから薄切りにし、サッと洗う。
3 れんこんにかぶるくらいの水を加えて強火にかけ、フツフツしたら肉をほぐして加える。
4 豚肉に火が通ったら湯をきり、ごま油、酒、塩、こしょうを加えて強火にかけ、水分をとばすように手早く炒める。盛りつけ、細ねぎを散らす。

れんこんとベーコンの炒めもの
意外なコンビだけど味は絶品。おまけに、れんこんの白が映えて彩りもきれい

　　れんこん　1節(約200g)
　　ベーコン　2枚
　　サラダ油　大さじ½
　　塩　適量
　　こしょう　少々

1 れんこんは薄い輪切りにする。太ければ縦半分に切ってから半月の薄切りにして、5分水にさらす。
2 ベーコンは1㎝幅に切る。
3 フライパンにサラダ油を熱し、ベーコンと水けをきったれんこんを入れ、すぐ塩、こしょうを加え、れんこんがしんなりするまで炒める。

れんこんのきんぴら
水けをしっかりきってから炒めないと、煮もののようにシナッとなるので注意

　　れんこん　1節(約200g)
　　赤唐辛子　1本
　　ごま油　大さじ1
　　酒　大さじ1
　　薄口しょうゆ　小さじ2

1 れんこんは太さによって縦2〜4つ割りにし、薄切りにして、切るそばから水につけて2〜3分さらす。
2 赤唐辛子は種をのぞいて2つにちぎる。

れんこん

3 鍋にごま油と赤唐辛子を熱し、水けをきったれんこんを強火で手早く炒める。
4 全体がアツアツになったら、いったん火を止めて、酒と薄口しょうゆを加える。再び火をつけ、汁けをとばすようにいりつけて火を止め、すぐ器に盛る。

れんこんのコロッケ
れんこんをすりおろして加えると独特の食感と、軽い仕上がり

じゃが芋　2個(約300ｇ)
れんこん　1節(約200ｇ)
鶏挽き肉　200ｇ
しょうゆ　小さじ1
ごま油　小さじ1
しょうが(すりおろし)　ひとかけ
衣
｜小麦粉　適量
｜とき卵　1個分
｜パン粉　適量
揚げ油　適量
大根おろし　適量
しょうゆ　適量

1 じゃが芋は一口大に切り、ヒタヒタの水でフタをしてやわらかくゆでる。ゆで汁が残っていたらきり、再び火にかけ水分をとばして熱いうちにつぶし、冷ます。
2 れんこんはすりおろす。
3 ボウルに鶏挽き肉を入れしょうゆをまぶし、じゃが芋、れんこん、ごま油、しょうがを加えてよく混ぜ合わせる。8等分にし、平たく丸める。
4 小麦粉、とき卵、パン粉の順で衣をつけ、中温(170～180度)に熱した油に入れる。衣が落ち着いたら、ときどき空気にふれさせながら時間をかけてしっかり揚げ、全体がこんがり色づいて中まで熱くなったらよく油をきる。大根おろしとしょうゆで食べる。

れんこんのチーズ焼き
ササッと作れる簡単おつまみ

れんこん　1節(約150ｇ)
スライスチーズ　適量

1 れんこんは5㎜厚さの輪切りにし、水に5分ほどさらし水けをふく。スライスチーズは縦横半分の四角に切る。
2 オーブントースターの天板に水けをきったれんこんを並べ、スライスチーズを1枚ずつのせる。オーブントースターに入れ、こんがり、おいしそうな焼き色がつくまで7～8分焼く。

れんこんのはさみ焼き
揚げるよりシャキシャキ、香ばしい

れんこん　2節(約400ｇ)
ベーコン　100ｇ
肉だね
｜鶏挽き肉　200ｇ
｜塩　小さじ½
｜片栗粉　小さじ2
サラダ油　大さじ1
パセリ(あれば)　適量

1 れんこんは5㎜厚さの輪切りにする(水に取らない)。ベーコンは長さを3等分に切る。
2 鶏挽き肉、塩、片栗粉をよく混ぜ合わせる。
3 れんこんの片面に **2** の肉だねをスプーン1杯分ずつぬり、2枚1組にして間にベーコンをはさむ。
4 サラダ油を熱してれんこんを並べ、フタをして弱めの中火で焼く。こんがり焼けたら裏返し、同様に焼く(ホットプレートなら一度に焼ける)。盛りつけてパセリを添える。

れんこんのハムはさみ揚げ
マスタードをきかせたフライ

れんこん　300ｇ

ハム　100 g
マスタード　適量
衣
　小麦粉　適量
　とき卵　1個分
　パン粉　適量
揚げ油　適量
ウスターソース　適量

1 れんこんは3㎜厚さの輪切りにし、水けをよくふく。ハムは4等分に切る。
2 れんこんの片面にマスタードをぬり、ハムを2枚ずつのせてはさむ。小麦粉、とき卵、パン粉の順で衣をつける。
3 中温(170～180度)に熱した揚げ油に入れ、衣がしっかりして色づいたら返し、ときどきかき混ぜて空気にふれさせながらカラリと揚げる。そのままでもおいしいし、ウスターソースで食べてもよい。

れんこんのゆっくり煮
もっちりと糸を引くおいしさ。シャキシャキしたれんこんとまた違う味わいの煮もの

れんこん　1節(約200 g)
昆布　20㎝
水　適量
塩　小さじ½
みりん　大さじ1
酒　大さじ2

1 れんこんは1㎝厚さの輪切りにして水にさらし、泥が取れなければもう一度洗う。
2 厚手の鍋にザッと水洗いした昆布を敷き、れんこんを入れてかぶるくらいの水を注ぐ。さらに塩、みりん、酒を加え、フタをして弱めの中火にかける。
3 45分くらい弱火でゆっくり煮たら、フタをしたまま火を止め、そのまましばらくおいて味をなじませる。あら熱が取れたところで、昆布ごと器に盛る。

ろ

ローストビーフ イタリアン
上にのせる野菜はクレソン、チコリ、アンディーブ、トレビスなどでも

ローストビーフ(薄切り)　200 g
玉ねぎ　½個
春菊　⅓わ
紫キャベツ　2～3枚
塩　適量
こしょう　適量
オリーブ油　大さじ1
バルサミコ酢か酢　適量

1 玉ねぎは縦2つに切り、繊維を断って横に薄切りにする。春菊は葉を摘む。紫キャベツは食べやすい大きさに切る。
2 皿に広げるようにしてローストビーフを盛りつけ、上に玉ねぎ、春菊、紫キャベツを美しく散らす。
3 塩、こしょう(挽きこしょうなら最高)をパラパラ、ガリガリと振り、オリーブ油をまわしかける。取り分け、好みで酢をかけて食べる。

ローストビーフ オーブン焼き
日本人には塩、こしょう味より、断然しょうゆ味が人気

〈作りやすい分量〉
牛かたまり肉(ローストビーフ用)　1 kg
塩　小さじ1
こしょう　適量
サラダ油　大さじ1～2
にんにく　1～2かけ
しょうゆ　大さじ4
わさびかホースラディッシュ　適量
細ねぎ　適量

1 牛肉はたこ糸で巻く。塩、こしょう、

ろーすとびーふ

サラダ油をすり込み、ところどころ糸の間ににんにくをはさみ込み、30分おく。牛肉がゴロンと太すぎるようなら繊維にそって2つに切ってからたこ糸を巻く。

2 オーブンを250度に温めておく。

3 天板に **1** の肉をのせ、20分前後焼く。焼く時間は肉の太さや、好みの焼き具合にもよる。焼けたら火を止め、オーブンに入れたまま、余熱でゆっくり火を通す(これが重要。このコツで肉がやわらかく仕上がる)。20〜30分したら取り出して、しょうゆに漬け、ときどき転がす。

4 冷めたら、たこ糸とにんにくははずし、肉は食べる分だけ薄切りにする。ブツ切りの細ねぎやわさびなどで食べる。ローストビーフはかたまりのまま冷蔵庫に入れておけば2〜3日はおいしく食べられる。

オーブン→ コラム参照

作り方 **1**

ローストビーフ丼
バターで炒めた玉ねぎが欠かせない

〈これは2人分〉
ローストビーフ(薄切り) 6〜8枚
玉ねぎ ½個
バター 小さじ2
貝割れ大根 ½わ
しょうゆ 適量
わさび 適量
温かいご飯 2人分

1 どんぶりに温かいご飯を盛る。

2 玉ねぎは繊維にそって薄切りにし、バターでサッと炒めて **1** のご飯の上にのせる。

3 ローストビーフの両面にササッとしょうゆをつけて、玉ねぎの上にのせる。2つ切りにした貝割れ大根を散らし、わさびを添える。

ロールキャベツ
たっぷりのキャベツで包むのがカツ代流。バターで焼いて、じっくりゆっくり煮込む

キャベツ 1個
塩 少々
合い挽き肉 200g
パン粉 ½カップ
卵 1個
玉ねぎ(みじん切り) ¼個
塩 小さじ½
こしょう 少々
バター 大さじ1
A ┃ トマトジュース(有塩) 1カップ
 ┃ 水 2カップ
 ┃ 固形スープの素 1個
 ┃ ウスターソース 大さじ2
 ┃ 酒 大さじ2
 ┃ 塩 少々
 ┃ こしょう 少々
 ┃ ローリエ 1枚

1 キャベツは芯をくり抜く。大きめの鍋に湯を沸かして塩少々を加え、キャベツをそっと丸ごと入れてゆでる。ゆで上がった外側の葉から順にはがしてザルに引き上げていく。

2 キャベツが冷めたらザッと水けをふき取り、太い芯の部分をそぎ取ってみじん切りにする。卵はときほぐしてパン粉を加え、しとらせておく。

3 肉だねを作る。ボウルに合い挽き肉、**2** の刻んだキャベツの芯、玉ねぎ、しとらせたパン粉、塩、こしょうを入れてよく混ぜ、4等分にして俵形にする。

4 **1** のキャベツの葉は大小取り混ぜて4つに分け、包むとき外側に大きい葉がくるように、まな板などの上に順に重ねる。そ

ろーるきゃべつ

れぞれ **3** の肉だねを包み込み、水けをよくふき取り、形をしっかりと整える。
5 フライパンにバターを入れて火にかけ、バターがとけたら **4** の表面をこんがりと焼きつける。
6 厚手の鍋にAを入れて火にかける。フツフツしてきたら **5** の巻き終わりを下にして入れ、フタをして弱火で40〜50分じっくり煮込めば出来上がり。

作り方 **4**

ロールキャベツ クリーム味
やさしいクリーム味だから、鶏挽き肉で

キャベツ　大1個
鶏挽き肉　200g
玉ねぎ　½個
卵　1個
パン粉　½カップ
塩　小さじ½
こしょう　少々
A ┌ 水　2カップ
　│ 固形スープの素(チキン)　1個
　│ 塩　少々
　│ こしょう　少々
　└ ローリエ　1枚
生クリーム　½カップ
小麦粉　大さじ1
バター　大さじ1
マッシュルームスライス缶詰　小1缶
パセリ(みじん切り)　適量

1 キャベツは芯をくり抜き、塩小さじ1(分量外)を入れた熱湯に丸ごと入れてゆでる。外側の葉から1枚ずつはがし、ザルに取り出す。あら熱が取れたら芯をそぎ取り、広げておく。
2 玉ねぎとキャベツの芯はみじん切りにする。卵はとき、パン粉を混ぜ合わせる。
3 ボウルに鶏挽き肉、塩、こしょうを入れ、よく混ぜる。**2** を加えてよく混ぜ合わせ、8等分にし、俵形にまとめる。
4 キャベツを大小バランスよく8等分にし、乾いた布巾の上に大きい葉から順に重ね、水けをしっかりふき取る。
5 **3** の肉だねをのせ、上の葉から1枚ずつ包んでいく。ときどき葉の水けをふき、常に巻き終わりを下にして包むこと。全部包んだら、布巾で包んで形を整えながら、しっかりと水けを取る。
6 Aを合わせて火にかけ、フツフツしたらロールキャベツを巻き終わりを下にしてきっちり並べ、フタをして弱火で30分くらい煮る。途中、ときどき煮汁をまわしかける。
7 火を止め、ロールキャベツをいったん取り出す。小麦粉に生クリームを少しずつ加え混ぜてとき、煮汁に加え、バターとマッシュルームを缶汁ごと加えてなめらかに混ぜ合わせる。
8 煮汁にロールキャベツを戻し、フタをして再び弱火で5分くらい煮る。盛りつけ、パセリを振る。

ロールキャベツ コンソメ味
あっさり味だから、煮てもとろとろに甘くならない春の新キャベツがおすすめ

キャベツ　大1個
鶏挽き肉　200g
玉ねぎ　½個
卵　1個
パン粉　½カップ
塩　少々
こしょう　少々
にんじん　1本
絹さや　50g
A ┌ 水　3カップ

ろーるきゃべつ

　　固形スープの素　1個
　　酒　大さじ1
　　しょうゆ　小さじ1
　　こしょう　少々
　　しょうが汁　ひとかけ分
　ごま油　小さじ½

1 キャベツは芯をくり抜き、塩小さじ1（分量外）を入れた熱湯に丸ごと入れてゆでる。外側の葉から1枚ずつはがし、布巾を敷いたザルに取り出す。あら熱が取れたら芯をそぎ取り、広げておく。

2 玉ねぎとキャベツの芯はみじん切りにする。卵はとき、パン粉を混ぜ合わせる。

3 ボウルに鶏挽き肉、塩、こしょうを入れ、よく混ぜる。**2** を加えてよく混ぜ合わせ、8等分にし、俵形にまとめる。

4 キャベツは大小バランスよく8等分にし、乾いた布巾の上に大きい葉から順に重ね、水けをしっかりふき取る。

5 **3** の肉だねをのせ、上の葉から1枚ずつ包んでいく。ときどき葉の水けをふき、常に巻き終わりを下にして包むこと。全部包んだら、布巾で包んで形を整えながら、水けをしっかり取る。

6 にんじんは2〜3mm厚さの輪切りにする。絹さやはすじを取り、サッとゆでる。

7 Aを合わせて火にかけ、フツフツしたらロールキャベツを巻き終わりを下にして並べ、すき間ににんじんも入れる。フタをして弱火で30〜40分煮、火を止めごま油を落とす。途中、ときどき煮汁をまわしかける。盛りつけ、絹さやを散らす。

ロールキャベツ　ドミグラスソース
付け合わせにフェトチーネを添えたい

　キャベツ　大1個
　牛挽き肉　100g
　豚挽き肉　150g
　玉ねぎ　½個
　卵　1個
　パン粉　½カップ
　塩　小さじ½
　こしょう　少々
　A｜赤ワイン　1カップ
　　｜ドミグラスソース缶詰　大1缶（約290g）
　　｜水　2カップ
　　｜固形スープの素　1個
　　｜塩　少々
　　｜こしょう　少々
　　｜ローリエ　1枚
　マッシュルーム　1袋
　バター　大さじ2
　パセリ（みじん切り）　適量

1 キャベツは芯をくり抜き、塩小さじ1（分量外）を入れた熱湯に丸ごと入れてゆでる。外側の葉から1枚ずつはがし、布巾を敷いたザルに取り出す。あら熱が取れたら芯をそぎ取り、広げておく。

2 玉ねぎとキャベツの芯はみじん切りにする。卵はとき、パン粉を混ぜ合わせる。

3 ボウルに牛挽き肉、豚挽き肉、塩、こしょうを入れ、よく混ぜる。**2** を加えてよく混ぜ合わせ、4等分にし、丸める。

4 キャベツは大小バランスよく4等分にし、乾いた布巾の上に大きい葉から順に重ね、水けをしっかりふき取る。

5 **3** の肉だねをのせ、上の葉から1枚ずつ丸く包んでいく。ときどき葉の水けをふき、常に包み終わりを下にして包むこと。全部包んだら、布巾で包んで形を整えながら、しっかり水けを取る。

6 バター大さじ1をとかし、ロールキャベツの表面をしっかり焼く。

7 Aを合わせて火にかけ、フツフツしたらロールキャベツを並べ、フタをして弱火で40分くらい煮る。途中、ときどき煮汁をまわしかける。

8 マッシュルームの石づきを切り落とし、縦半分に切る。残りのバター大さじ1でサ

ッと炒め、途中で **7** に加えて煮上げる。盛りつけ、パセリを振る。

ロール肉のきのこシチュー
煮込み時間がグッと短縮、肉のボリューム感もあり、薄切り肉なのでやわらかい

　　牛赤身薄切り肉　400g
　　塩　少々
　　こしょう　少々
　　マッシュルーム　1袋
　　舞茸　1袋
　　にんにく　ひとかけ
　　小麦粉　適量
　　バター　大さじ2
　A┌赤ワイン　1カップ
　　│湯　½カップ
　　│ドミグラスソース缶詰　大1缶（約290g）
　　│ウスターソース　大さじ2
　　│しょうゆ　小さじ2
　　│塩　適量
　　│こしょう　少々
　　└ローリエ　1枚
　〈付け合わせ〉
　　ゆでブロッコリー　適量

1 牛肉は縦2つに折ってからクルクルと巻き、ギュッと握って落ち着かせ、シチュー用の肉のような形にする。塩、こしょうを振る。
2 マッシュルームは石づきを切り落として縦に4等分に切る。舞茸は石づきを切り落として食べよい大きさにさく。にんにくは半分に切る。
3 **1** の牛肉に小麦粉を茶こしなどを使って薄くまぶしつける。
4 フライパンにバターを入れて中火にかけ、にんにくを加える。香りがたったところに **3** の肉を並べて焼く。全体に焼き色がついたら、きのこ類も加えて焼く。
5 Aの材料を次々加えて強めの中火にし、フツフツしてきたら弱めの中火にして10分煮る。盛りつけ、ブロッコリーを添える。

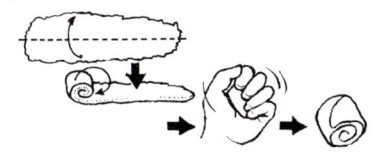

作り方 **1**

ロールフィッシュ
フランス風のしゃれた一品。魚は骨を取りのぞくこと

　　白身魚　4切れ
　　塩　少々
　　こしょう　少々
　　レタス　1個
　　ピーマン　2個
　　セロリ　1本
　　にんにく（みじん切り）　ひとかけ
　　マッシュルームスライス缶詰　小1缶
　　ロースハム　4枚
　　バター　大さじ1
　A┌水　1カップ
　　│白ワインか酒　1カップ
　　│塩　小さじ½
　　│ローリエ　1枚
　　│オレガノ　少々
　　└こしょう　少々
　〈付け合わせ〉
　　にんじんのグラッセ　適量

1 白身魚は骨があれば取りのぞき、塩、こしょうを振る。
2 レタスは葉を1枚ずつはがし、熱湯でサッとゆでてザルにあげ、冷ましておく。
3 ピーマンは千切り、セロリはすじを取って千切りにする。マッシュルームスライス缶詰は缶汁をきり、ロースハムは半分に切ってから細切りにする。
4 フライパンにバターを入れて中火にか

け、バターがとけたらにんにくを炒める。香りがたったら、ピーマン、セロリ、マッシュルームを加えてザッと炒める。全体がややしんなりしたら火を止め、ハムを加え混ぜ、器に取って冷ます。

5 レタスの葉は一番大きい葉が外側にくるように2〜3枚重ね、手前に魚をおく。魚の上に **4** の具の¼量をのせてしっかりと包み込む。あとの3つも同様に作る。

6 鍋にAの水、白ワインか酒、塩を入れて火にかけ、フツフツしてきたら **5** のレタスの巻き終わりを下にして入れる。さらにローリエ、オレガノ、こしょうを加えて強火で約10分煮込む。

7 器にロールフィッシュを盛る。鍋に残った汁は温め、フツフツしてきたらバター少々（分量外）を加えてとかし、ソースにする。これを上からかけ、にんじんのグラッセを添える。

ロールミートローフ
牛肉を巻いて焼く豪華版

〈これは4〜6人分〉
ミートローフ肉だね
- 豚挽き肉　150g
- 鶏挽き肉　150g
- 塩　小さじ½
- こしょう　少々
- とき卵　1個分
- パン粉　1カップ
- ベーコン　50g
- セロリ　1本
- ピーマン　2個

牛赤身薄切り肉　200g
塩　適量
こしょう　適量
サラダ油　適量

1 とき卵にパン粉を混ぜ、しとらせておく。ベーコン、セロリ、ピーマンはみじん切りにする。

2 挽き肉に **1**、塩、こしょうを加え混ぜ、もみ込んでよく混ぜ合わせる。2等分にし、かまぼこ形にまとめる。

3 牛肉は2等分にし、少し重ねて広げる。上にまとめた肉だねをのせ、手前から巻いてすっぽり包み、両端を軽く押さえて形を整える。軽く塩、こしょうを振る。同様にもう一つ作る。

4 天板にアルミ箔を敷き、**3** の巻き終わりを下にして並べる。上面に手でペタペタとサラダ油をぬり、余熱なしのオーブンに入れる。250〜300度で10分焼き、200度にしてもう10分焼き、さらに180度にして5〜10分焼く。

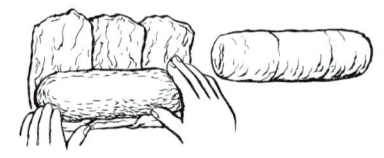

作り方 **3**

六味おろしそば
6つの味を楽しむ冷たいめん。大根おろしはザルにのせ、自然に水けをきるのがコツ

〈これは2人分〉
そば（乾）　2人分
大根おろし　1カップ
細ねぎ（小口切り）　¼カップ
ちりめんじゃこ　大さじ2
削り節　½パック
もみのり　適量
白いりごま　大さじ2
めんつゆ（市販でもよい）　½カップ

1 そばは袋の表示通りにゆでてよく水洗いし、水けをきって器に盛っておく。

2 大根おろしは目の細かいザルにのせ、自然に水けをきる。

3 市販のめんつゆの場合は甘めなので、しょうゆ大さじ⅓（分量外）をたし、さらに水で薄めて好みの味にする。

4 そばにめんつゆを注ぎ、大根おろし、細ねぎ、ちりめんじゃこ、削り節をのせ、もみのりを散らす。白いりごまはつぶしながら振りかけ、好みでわさびを添えても。

わ

若草揚げ
いつもと違う、えびの変わり衣揚げ

えび　8尾
小麦粉　適量
卵白　適量
A ┌ 上新粉　½カップ
　 └ 抹茶　小さじ1
揚げ油　適量
しし唐辛子　適量
塩　適量
すだちかレモン　適量

1 えびは背ワタを取り、尾を残して殻をむく。揚げたとき丸まらないように腹に3〜4本切りめを入れてそらしておく。
2 卵白はよくとく。Aは混ぜ合わせる。
3 えびの水けをふき、小麦粉、卵白、Aの順で衣をつける。
4 揚げ油を中温(170〜180度)に熱してえびを入れ、衣が落ち着いてきたらときどき空気にふれさせながらカラリと揚げる。
5 しし唐辛子は2〜3本並べてようじに刺し、そのまま色よく揚げ、えびに添える。塩とすだちかレモン汁で食べる。

しし唐辛子→ コラム参照

作り方 **5**

わかさぎのカラリ揚げ
丸ごと食べられるように、中温でゆっくりカラリと揚げる

わかさぎ　20尾
衣
　┌ 小麦粉　⅓カップ
　│ 塩　小さじ½
　└ こしょう　少々
揚げ油　適量
トマトケチャップ　適量
レモン　適量

1 わかさぎはキッチンペーパーなどで水けをよくふき取る。
2 衣の小麦粉、塩、こしょうはよく混ぜ合わせておく。
3 揚げ油を中温(170〜180度)に熱し、わかさぎに衣をまぶして余分な粉をはたきながら、油の中に次々と入れる。ときどきかきまわして、わかさぎを空気にふれさせながら、カラリと揚げる。
4 油をよくきって器に盛り、好みでケチャップやレモンを添える。

わかさぎのケチャップあん
小さければ6〜7尾、少し大きめなら3〜4尾ずつスプーンですくって油で揚げる

わかさぎ(小さめ)　300g
小麦粉　大さじ3
卵　1個
揚げ油　適量
ケチャップあん
　┌ 砂糖　大さじ1½
　│ しょうゆ　大さじ1
　│ トマトケチャップ　大さじ2
　│ 酢　大さじ2
　│ 片栗粉　小さじ2
　└ 水　½カップ

1 ボウルにわかさぎと小麦粉を入れ、全体に粉をまぶす。
2 別のボウルに卵をときほぐし、わかさ

わかたけに

ぎを適量ずつ入れて混ぜる。
3 フライパンに揚げ油を入れて中温（170～180度）に熱し、**2** のわかさぎをスプーンですくって入れる。衣がしっかりしておいしそうな色になったら裏返し、中までカラリと揚げる。残りも同様に揚げる。
4 ケチャップあんを作る。鍋に材料をすべて入れて弱火にかけ、混ぜながらとろみがつくまで火を通す。
5 器にわかさぎを盛ってケチャップあんを添え、つけながら食べる。

若竹煮
新竹の子とわかめを京風に

　新ゆで竹の子　1本
　わかめ（戻したもの）　約1カップ
　生椎茸　1袋
　煮汁
　├ だし汁　3カップ
　├ 酒　大さじ2
　├ 薄口しょうゆ　大さじ1
　└ 塩　小さじ½
　木の芽　適量

1 ゆで竹の子は穂先のほうは縦2つに切ってから薄いくし形に切り、残りの部分は5mm厚さの輪切りにする。
2 戻したわかめはよく洗ってから食べよい長さに切る。生椎茸は石づきを切り落とし、3～4つにさく。
3 煮汁をフツフツさせ、竹の子を加え、強めの中火で4～5分煮る。わかめと椎茸を加え、フタをして4～5分煮る。盛りつけ、木の芽をたっぷりのせる。

若竹蒸し
旬ならではの新竹の子の姫皮で

　卵液
　├ 卵　3個
　├ だし汁（冷ます）　2カップ
　├ 塩　小さじ½
　└ 薄口しょうゆ　小さじ2
　わかめ（戻したもの）　½カップ
　新ゆでで竹の子の姫皮　適量
　根三つ葉　適量

1 卵はとき、だし汁と調味料を加えて混ぜ、一度こしてなめらかな卵液にする。
2 戻したわかめはよく水で洗い、2cm長さに切る。姫皮は食べよい大きさに切る。根三つ葉は刻む。
3 器を4個用意し、中を水でぬらし、わかめと姫皮を等分に入れ、卵液を加える。
4 蒸気が上がった蒸し器に入れ、弱火で10～15分蒸す。火を止め、根三つ葉を散らし、余熱で蒸らす。

わがままなワンタン
正しいワンタンとは別のうまさ！　豆腐も入ってボリュームもあり

　豚挽き肉　100g
　絹ごし豆腐　1丁
　ワンタンの皮　1袋
　水　4カップ
　固形スープの素　1個
　A ├ 長ねぎ（みじん切り）　5cm
　　├ しょうゆ　大さじ1
　　└ 豆板醤　小さじ1
　細ねぎ　3～4本
　ごま油　小さじ½
　塩　少々
　こしょう　少々

1 ワンタンの皮は三角形に切る。豆腐は1.5cm角くらいに切る。細ねぎは2～3cm長さに切る。Aを合わせておく。
2 分量の水とスープの素を火にかけ、フツフツしたら中火にして挽き肉を静かに入れ、すぐ箸でかき混ぜてパラパラッとほぐす。
3 **2** が再びフツフツしたら豆腐を加える。少ししてからワンタンの皮を1枚ずつヒラリヒラリと加え、4～5分煮る。

4 火を止め、混ぜ合わせたAを加え、細ねぎを散らし、ごま油を落とす。味をみて塩、こしょうで調える。

わが道をゆくえびワンタン
ひと手間省いても味わいは変わらず！　大急ぎでもおいしい一品の出来上がり

具
- むきえび（無塩）　100ｇ
- 豚挽き肉　100ｇ
- しょうが（みじん切り）　ひとかけ
- 塩　適量
- こしょう　適量
- ごま油　少々
- 片栗粉　小さじ1

スープ
- 水　7カップ
- しょうが（薄切り）　ひとかけ
- にんにく（つぶす）　ひとかけ
- 固形スープの素　1個

ワンタンの皮　1袋
長ねぎ（みじん切り）　適量

1 まずスープを準備する。分量の水、しょうが、にんにく、固形スープの素を一緒に火にかける。
2 具を作る。むきえびはあらく刻んでボウルに入れ、他の材料もすべて加えてよく混ぜ合わせる。
3 1のスープがフツフツしているところに、2の具をスプーンで小さくまとめながら落としていき、全部入れたら、さらにワンタンの皮を1枚ずつ加える。
4 具とワンタンの皮に火が通ったら、火を止めて長ねぎを散らし、器に盛る。

わが道をゆくワンタン
「ワンタンが食べたい！　皮に包む時間がない！」というときに作って大ヒット

スープ
- 水　7カップ
- 煮干し　10尾
- 長ねぎ（青い部分・ブツ切り）　適量
- しょうが（薄切り）　ひとかけ
- にんにく（つぶす）　ひとかけ

ねぎじょうゆ
- 長ねぎ（みじん切り）　20㎝
- しょうゆ　大さじ4

具
- 豚挽き肉　100ｇ
- 長ねぎ（みじん切り）　10㎝
- 塩　小さじ¼
- こしょう　少々
- ごま油　小さじ½
- 片栗粉　小さじ1

ワンタンの皮　1袋
ごま油　小さじ½

1 スープの材料を合わせて火にかけ、フツフツしたら弱火にして20分煮出し、煮干しなどを取り出す。
2 ねぎじょうゆは材料を合わせておく。
3 具はよく混ぜ合わせる。
4 スープをフツフツさせ、具を小さくまとめながらポトンポトンと入れる。続いてワンタンの皮を1枚ずつヒラリヒラリと入れる。皮に火が通ったら火を止める。
5 ねぎじょうゆを加えて味を調え、ごま油を落とす。

わかめサラダ
酢を少しきかせ、冷やして食べたい

- わかめ（戻したもの）　1カップ
- トマト　1個
- 貝割れ大根　1わ
- しょうが　ひとかけ

ドレッシング
- 塩　小さじ½
- こしょう　少々
- 米酢　大さじ1
- サラダ油　大さじ1

1 戻したわかめはよく水洗いし2～3㎝

わかめ

長さに切る。トマトも食べやすく切る。貝割れ大根は根元を切り落としてザッと洗う。しょうがは皮をむいて千切りにする。

2 ドレッシングを記載順に混ぜ合わせ、わかめとしょうがを加えて混ぜる。味をみてたりなければ、塩、こしょうを補って調える。トマト、貝割れ大根の順に加えてはザッと混ぜ合わせる。

わかめとじゃこの梅干し煮
じゃこから出るだしと梅干しが味の決め手

　わかめ（戻したもの）　2カップ
　水　2カップ
　ちりめんじゃこ　½カップ弱
　梅干し　1個
　薄口しょうゆ　大さじ1
　酒　大さじ1

1 戻したわかめはよく水洗いして2〜3cm長さに切る。

2 鍋にわかめ、分量の水、ちりめんじゃこ、梅干し、薄口しょうゆ、酒を入れて中火にかけ、5分ほど煮て火を止める。

3 梅干しを取り出してほぐし、鍋に戻してザッと混ぜ、器に盛る。

わかめと卵のみそ汁
ポトンと落とした卵は、トーストにもグー

　わかめ（戻したもの）　1カップ
　卵　4個
　煮干し　8〜10尾
　水　5カップ
　みそ　大さじ2〜3

1 分量の水に煮干しを入れてしばらくおき、弱めの中火にかけて10分くらい煮出し、煮干しを取り出す。かつおだしでもよい。

2 戻したわかめはよく水洗いして3cm長さに切る。

3 **1**のだし汁を中火にかけ、フツフツしてきたらみそをとき入れ、卵を静かに1個ずつ割り落としてフタをする。卵全体に火が入りはじめたらわかめを加え、すぐ火を止める。

わかめの韓国風スープ
ねぎじょうゆが味の決め手の超簡単スープ

　牛赤身挽き肉　100g
　わかめ（戻したもの）　½カップ
　しょうが（みじん切り）　ひとかけ
　にんにく（みじん切り）　ひとかけ
　ねぎじょうゆ
　　⎰長ねぎ（小口切り）　10cm
　　⎱しょうゆ　大さじ2
　サラダ油　少々
　水　4カップ
　固形スープの素　1個
　塩　少々
　こしょう　少々
　白いりごま　大さじ1

1 わかめは2〜3cm長さに切る。

2 ねぎじょうゆを作る。小口切りの長ねぎをしょうゆに合わせておく。

3 鍋にサラダ油を入れて火にかけ、しょうが、にんにく、牛赤身挽き肉を炒める。肉に火が通ったら、分量の水と固形スープの素を加える。フツフツしてきたらアクを取って、わかめを加え、火を止める。

4 **3**にねぎじょうゆを加える。味をみて塩、こしょうで調える。器に盛り、白いりごまを振る。

わかめの韓国風ぞうすい
お酒のあとにはうれしい一品

　〈これは2人分〉
　ご飯　2人分
　わかめ（戻したもの）　½カップ
　長ねぎ（みじん切り）　大さじ2
　しょうゆ　大さじ1
　サラダ油　少々
　しょうが（みじん切り）　少々

にんにく（みじん切り）　少々
牛赤身挽き肉　100g
水　3カップ
塩　少々
こしょう　少々
白いりごま　大さじ1

1 戻したわかめはよく水洗いし2〜3㎝長さに切る。刻んだ長ねぎはしょうゆに漬け、ねぎじょうゆを作る。
2 ご飯はザルに入れて水洗いし、水けをきる。
3 サラダ油を熱し、しょうが、にんにく、挽き肉を中火で炒める。肉に火が通ったら分量の水を加えて強火にし、フツフツしてきたら火を弱め、アクをすくう。
4 ご飯、わかめを入れ中火で煮る。フツフツしてきたら火を止め、ねぎじょうゆを加え、味をみて塩、こしょうで調え、盛りつけ、白ごまを振る。

わかめのみそ汁

おなじみの汁もの。薬味には季節の香りを添えて

わかめ（戻したもの）　½カップ
長ねぎ　10㎝
だし汁　4カップ
みそ　大さじ2〜3

1 戻したわかめはよく水洗いして2〜3㎝長さに切り、長ねぎは小口切りにする。
2 鍋にだし汁を入れて火にかけ、フツフツしてきたらわかめを加え、すぐにみそをとき入れ火を止める。
3 2に長ねぎを入れて、季節によって木の芽や青じそ、みょうがなどを散らしてもおいしい。

わけぎの磯ぬた

わかめでなく、焼きのりを使うのは珍しい

わけぎ　1わ
焼きのり　1枚
紅しょうが（千切り）　大さじ1
酢みそ
　みそ　大さじ2
　みりん　大さじ1
　砂糖　大さじ1
　米酢　大さじ1

1 わけぎは鍋の大きさに合わせて2〜3つに切る。熱湯に根元のほうから入れてサッとゆで、ザルに広げて冷ます。あら熱が取れたら、2㎝長さに切る。
2 のりはもみのりにする。
3 食べる直前に酢みそをよく混ぜ合わせ、わけぎ、のり、紅しょうがの順に加えてはあえる。

わけぎの酢みそあえ

わけぎは風味を保つためにも、長いままゆでるのがベスト

わけぎ　1わ
酢みそ
　みそ　大さじ2
　みりん　大さじ1
　酢　大さじ1
　砂糖　大さじ½

1 まず酢みそを作る。ボウルに分量のみそ、みりん、酢、砂糖を合わせて混ぜておく。
2 わけぎは根を切り落とし、煮立った湯に長いまま根のほうから入れてサッとゆで、ザルに広げて冷ます。大きい鍋がないときは長さを2つに切ってゆでてもよい。
3 わけぎのあら熱が取れたら、3〜4㎝長さに切って器に盛り、上から酢みそをとろりとかける。

わさび葉の一夜浸し

この辛みと香りは、春のほんのいっとき

わさび葉　1〜2わ
しょうゆ　大さじ1
酒　大さじ1

1 わさび葉はグラグラに沸いた湯にほんとうにササッとくぐらせ、取り出してザルに広げる。
2 あら熱が取れたら刻み、密閉容器に入れ、しょうゆと酒を加えてよく混ぜる。しっかりフタをし、冷蔵庫に入れる。3〜4時間おくと食べられるが、一晩おくと独特の辛みがきいてくる。

和素材薄切り肉ポトフ
煮込み時間が大幅に短縮！

豚肩ロース薄切り肉　250 g
下味用
　｛塩　小さじ½
　　酒　大さじ2
大根　10 cm
にんじん　1本
セロリ　1本
れんこん　1節
じゃが芋　小4個
水　6カップ
固形スープの素　1個
ローリエ　1枚
塩　適量
こしょう　適量

1 豚肉は塩、酒をからめて下味をつける。
2 大根とにんじんは1 cm厚さのいちょう切りにする。セロリは1 cmくらいの長さに切り、れんこんは1 cm弱厚さの半月切りにし、じゃが芋は4等分くらいに切って、それぞれ水に放つ。
3 分量の水にじゃが芋以外の野菜、スープの素、ローリエを入れ、中火にかける。フツフツしてきたらじゃが芋を加え、フタをして10〜15分煮る。
4 肉を1枚ずつヒラリヒラリと加え、火が通ったら塩、こしょうで味を調える。

和風カレーどんぶり
具も調味料も和風素材で、どこか懐かしい
おそば屋さんの味

〈これは2人分〉
豚ロース薄切り肉　100 g
油揚げ　1枚
長ねぎ　½本
水　1½カップ
カレールウ（市販）　40 g
しょうゆ　大さじ½
水溶き片栗粉
　｛片栗粉　小さじ1
　　水　大さじ1
紅しょうが　適量
温かいご飯　2人分

1 豚薄切り肉は食べよい大きさに切る。
2 油揚げは湯で洗ってギュッとしぼり、1 cm幅に切る。長ねぎは斜め薄切りにする。
3 鍋に分量の水とカレールウを入れて火にかけ、カレールウが完全にとけたら、肉と油揚げを入れる。肉の色が変わって、しっかり火が通ったら、さらに長ねぎを加えてひと煮する。
4 フツフツしているところへしょうゆを入れ、水溶き片栗粉でとろみをつける。
5 どんぶりに温かいご飯を盛り、上に和風カレーをかけて紅しょうがを添える。

和風トマトサラダ
しょうがとねぎの風味が美味。ご飯のときに添えるとおいしいサラダ

トマト（完熟）　3個
しょうが　ひとかけ
甘酢
　｛米酢　大さじ1
　　薄口しょうゆ　小さじ2
　　砂糖　小さじ2
細ねぎ（小口切り）　½カップ

1 トマトは皮を湯むきして、くし形に切るか輪切りにする。しょうがは皮をむいて千切りにする。

2 ボウルに甘酢を合わせ混ぜる。
3 トマトとしょうがを甘酢であえて器に盛り、上から細ねぎを散らす。

和風ドレッシング
薄口しょうゆのドレッシングは白いご飯にも合うし、素材の味を生かします

　薄口しょうゆ　大さじ1
　しょうゆ　小さじ1
　砂糖　少々
　こしょう　少々
　米酢　大さじ1
　ごま油　小さじ½

1 すべての材料を混ぜる。油を入れてからはあまりしつこく混ぜない（ドロリとなりすぎる）。ものによっては（海藻類や肉類が入るとき）しょうがのすりおろしなども加えるとよく合う。

ワンタン
これなら、家庭でも手軽に本格味

　スープ
　┌ 水　7カップ
　│ 煮干し　10～12尾
　│ 長ねぎ（青い部分）　適量
　│ しょうが　ひとかけ
　└ にんにく　ひとかけ
　塩　小さじ½
　酒　大さじ2
　具
　┌ 豚挽き肉　100g
　│ 長ねぎ（みじん切り）　½本
　│ 塩　少々
　│ こしょう　少々
　└ ごま油　少々
　ワンタンの皮　1袋
　A ┌ しょうゆ　小さじ4
　　│ 長ねぎ（小口切り）　20cm
　　└ ごま油　適量

1 スープの材料を合わせ10分ほどおいて火にかける。フツフツしたら火を弱め10～15分煮出し、煮干しなどを取り出す。
2 具を混ぜ合わせ、ワンタンの皮にティースプーン軽く1杯分のせる。角からクルクルッと巻いて三角形の部分を少し残し、両端を指で押さえてとめる。指先を水でしめらせ、両端の皮を後ろにまわすようにして閉じ合わせる。
3 Aを混ぜ合わせ、器に等分に入れておく。
4 スープをフツフツさせて塩小さじ½と酒大さじ2で調味し、ワンタンを入れ、浮かび上がってくるまで火を通す。
5 ワンタンをスープごと3の器に入れる。味が薄いようなら、好みで塩、こしょうを振って食べる。

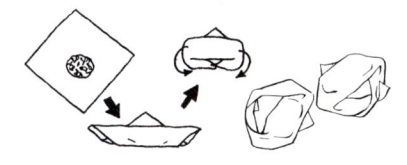

作り方 2

ワンタン各種
→メニュー別索引〈ワンタン〉を参照

ワンタンの皮のおつまみ
ビールにもワインにも大好評

　ワンタンの皮　10枚
　揚げ油　適量
　粉チーズ　適量
　塩　適量

1 ワンタンの皮は半分に切る。
2 揚げ油を低温（150～170度）に熱し、ワンタンの皮を1枚ずつヒラヒラヒラと次々入れる。色づいてきたら、ときどき空気にふれさせながら揚げ、こんがりパリッとなったら引き上げる。
3 油をよくきり、アツアツのうちに粉チーズと塩をパラパラと振る。

Column
料理コラム

Column 料理コラム目次

- アーティチョーク ・・・・・・・・・・・・・・・ 824
- あえもの ・・・・・・・・・・・・・・・・・・・・・・ 824
- 青菜 ・・・・・・・・・・・・・・・・・・・・・・・・・・ 824
- あさりの下処理 ・・・・・・・・・・・・・・・・・ 824
- アジアの味 ・・・・・・・・・・・・・・・・・・・・・ 824
- あじのゼイゴ ・・・・・・・・・・・・・・・・・・・ 824
- アスパラガス ・・・・・・・・・・・・・・・・・・・ 824
- アスパラガスとピーラー ・・・・・・・・・ 824
- あなご ・・・・・・・・・・・・・・・・・・・・・・・・・ 825
- アボカド ・・・・・・・・・・・・・・・・・・・・・・・ 825
- 「アリオリ」ってなに？ ・・・・・・・・・・・ 825
- アルファルファ ・・・・・・・・・・・・・・・・・ 825
- いかの下処理 ・・・・・・・・・・・・・・・・・・・ 825
- いり豆と節分 ・・・・・・・・・・・・・・・・・・・ 825
- いわしの塩焼き ・・・・・・・・・・・・・・・・・ 825
- いんげん ・・・・・・・・・・・・・・・・・・・・・・・ 826
- いんげん豆 ・・・・・・・・・・・・・・・・・・・・・ 826
- うど ・・・・・・・・・・・・・・・・・・・・・・・・・・ 826
- うどの皮と穂先 ・・・・・・・・・・・・・・・・・ 826
- うなぎの串 ・・・・・・・・・・・・・・・・・・・・・ 826
- 梅酒 ・・・・・・・・・・・・・・・・・・・・・・・・・・ 826
- 梅干し ・・・・・・・・・・・・・・・・・・・・・・・・ 826
- 梅干しの種のゆくえ ・・・・・・・・・・・・・ 826
- えび ・・・・・・・・・・・・・・・・・・・・・・・・・・ 827
- おいなりさんの油揚げ ・・・・・・・・・・・ 827
- 大阪風 ・・・・・・・・・・・・・・・・・・・・・・・・ 827
- オーブン ・・・・・・・・・・・・・・・・・・・・・・ 827
- おかゆと白粥 ・・・・・・・・・・・・・・・・・・・ 827
- おにぎり ・・・・・・・・・・・・・・・・・・・・・・ 827
- 海水くらいの塩水 ・・・・・・・・・・・・・・・ 827
- かきごはんの焼きむすび ・・・・・・・・・ 827
- かきの洗い方 ・・・・・・・・・・・・・・・・・・・ 827
- かずのこ ・・・・・・・・・・・・・・・・・・・・・・ 828
- 型抜き野菜 ・・・・・・・・・・・・・・・・・・・・・ 828
- かぶの大きさ ・・・・・・・・・・・・・・・・・・・ 828
- かぼちゃ ・・・・・・・・・・・・・・・・・・・・・・ 828
- かれいの盛りつけ ・・・・・・・・・・・・・・・ 828
- 缶汁 ・・・・・・・・・・・・・・・・・・・・・・・・・・ 828
- 行事食 ・・・・・・・・・・・・・・・・・・・・・・・・ 828
- 餃子の皮 ・・・・・・・・・・・・・・・・・・・・・・ 829
- 金時にんじん ・・・・・・・・・・・・・・・・・・・ 829
- ぎんなん ・・・・・・・・・・・・・・・・・・・・・・ 829
- ぎんなんの殻、栗の皮 ・・・・・・・・・・・ 829
- 空也蒸し ・・・・・・・・・・・・・・・・・・・・・・ 829
- ごぼうのきんぴら ・・・・・・・・・・・・・・・ 829
- コロッケの揚げ方 ・・・・・・・・・・・・・・・ 829
- 昆布 ・・・・・・・・・・・・・・・・・・・・・・・・・・ 829
- 最近の野菜事情 ・・・・・・・・・・・・・・・・・ 829
- さく、ふし ・・・・・・・・・・・・・・・・・・・・・ 830
- 酒粕 ・・・・・・・・・・・・・・・・・・・・・・・・・・ 830
- ささがき ・・・・・・・・・・・・・・・・・・・・・・ 830
- ささげ ・・・・・・・・・・・・・・・・・・・・・・・・ 830
- さつま芋の皮 ・・・・・・・・・・・・・・・・・・・ 830
- サフラン ・・・・・・・・・・・・・・・・・・・・・・ 830
- ザワークラウト ・・・・・・・・・・・・・・・・・ 830
- サンドイッチとバター ・・・・・・・・・・・ 831
- 三枚おろしと二枚おろし ・・・・・・・・・ 831
- CM焼きそば ・・・・・・・・・・・・・・・・・・・ 831
- しし唐辛子 ・・・・・・・・・・・・・・・・・・・・・ 831
- 市販のすし酢 ・・・・・・・・・・・・・・・・・・・ 831
- 市販のホワイトソース ・・・・・・・・・・・ 831
- 市販のミートソース ・・・・・・・・・・・・・ 831
- 霜降りにする ・・・・・・・・・・・・・・・・・・・ 832
- シャトー ・・・・・・・・・・・・・・・・・・・・・・ 832
- 焼売と蒸し器 ・・・・・・・・・・・・・・・・・・・ 832
- 春菊 ・・・・・・・・・・・・・・・・・・・・・・・・・・ 832
- 旬と薬味 ・・・・・・・・・・・・・・・・・・・・・・ 832
- 旬と野菜 ・・・・・・・・・・・・・・・・・・・・・・ 832
- しょうが ・・・・・・・・・・・・・・・・・・・・・・ 832
- 食紅 ・・・・・・・・・・・・・・・・・・・・・・・・・・ 832

白髪ねぎ	833	春野菜	837
白身魚	833	ハンバーグ	837
ずいきという食材	833	ピーマンの肉詰め	837
すき焼き 関東風(割り下)	833	ヒタヒタ	837
スペアリブ	833	ひっつめ	837
酢みそ	833	冷や汁	837
雑炊に入れるご飯	833	ひよこ豆	837
そら豆の分量	833	ふかひれと春雨	838
竹の子の使い分け	833	フライとタルタルソース	838
だし	834	フライパン	838
だしに使ったお肉は？	834	ぶりの照り焼き	838
だし巻き玉子	834	フレンチトースト	838
七夕そうめん	834	へぎ柚子	838
茶粥	834	干椎茸	839
チューリップ	834	細ねぎ	839
使った油	834	ポパイサンド	839
冷たいおかゆ	835	マカロニグラタン	839
ディップ	835	マッシャー	839
電気釜とおひつ	835	松前漬けの素ってなあに	839
天日干し	835	豆のサラダ	839
豆腐	835	身欠きにしん	839
豆腐、厚揚げ、油揚げ	835	水をうつ	839
とけるチーズとピザ用チーズ	835	ミネストローネの材料に決まりなし	840
トマトの湯むき	835	蒸しほたて	840
ドレッシングに使う油	836	メンチカツ	840
なすが好き	836	面取り	840
七草	836	もうひとつのトマトと卵の炒めもの	840
鍋の中を水でぬらす	836	もみじおろし	840
煮魚	836	焼いたパンの保温	840
煮魚と日本酒	836	ヤミ鍋	841
日本酒と料理酒	836	湯せん	841
パエリア	836	ゆば	841
バジルとオレガノ	837	ラタトゥイユ	841
バター	837	卵水	841
春巻きの皮	837	ローリエ	841

Column コラム

アーティチョーク
フランスやイタリアでは生活にとけこんでいる西洋野菜で、別名チョウセンアザミという。日本にあるのはほとんどが輸入品。はじめて見る人にとっては、いったいどこを食べるのだろうと思うほどごっつい。その姿はサボテンそのもの。

一般的な食べ方は、やわらかく塩ゆでし、根元のところを歯でしごいて食べる。ゆで時間は40〜45分（あくまでも目安）。根元のほうに竹串がスッと通るようになるまでゆでる。

あえもの
あえものの原則は食べる直前にあえること。あえ衣は少し前に作っておいてもよいが、あえてしまうと、時間の経過にともない野菜から水が出てしまい、味がおちる。ぬたなどは、家族の食べる時間がバラバラなんていう場合はあえてしまわずに、酢みそを上からとろりとかけ自分で混ぜて食べる、という方法もある。

青菜
青菜とは「アオナ」という名の野菜があるわけではなく、緑の葉もの野菜の総称。ほうれん草、小松菜、チンゲン菜、ターサイ、菜の花、豆苗、クレソンなど。地方によってもいろいろな青菜がある。

あさりの下処理
あさりを買うときは「砂抜き」を選ぶこと。買ってきたら殻をこすり洗いし、貝が息をできるようにヒタヒタの塩水にしばらくつける。すると、さらに砂が出てくる。しつこく砂をはかせるほうが味はよし。

アジアの味
エスニック料理もすっかりおなじみ。タイ料理、ベトナム料理などが主流。これらに欠かせないのが調味料のナンプラー。大型スーパーなどには置かれるようになった。これを数滴入れるだけでエスニックな味に変身。魚から作る調味料で、メーカーによっても香り、味はさまざま。

あじのゼイゴ
「ゼンゴ」ともいう。ギザギザしてとても鋭い。焼いても食べられないので取りのぞく。

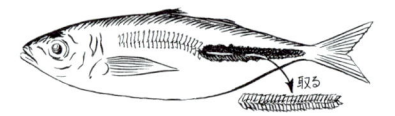

アスパラガス
太陽の光をさんさんと浴びて育つグリーンアスパラガスと、土の中で育てていくホワイトアスパラガス。現在、料理の本でアスパラガスと書いてあれば、ほとんど緑色のグリーンアスパラガスのこと。ホワイトアスパラガスはたいていは缶詰に加工されている。これはサラダやスープにおいしい。

アスパラガスとピーラー
包丁文化で育った日本人にとって、ピーラー（皮むき器）を使うより包丁でするほうが早いと思っている人が多いようだが、アスパラガスの皮を包丁でむくにはよっぽど薄くしないと、食べるところがなくなってしまう。アスパラガスをよく食べる欧州ではアスパラガス専用のピーラーや縦長の鍋もあるくらい。

ゆめゆめ包丁なんぞで皮をむかぬこと。

Column コラム

あなご
本書に出てくるあなごの分量の「小10尾」などの「小」は、関西地区でよく売られている細くて小さいあなごのことで、兵庫県の明石でとれるものをさす。他でとれるあなごは大きさも味も違う。

アボカド
別名森のバターともいわれている。アボカドは果物だが、甘くないので料理にもよく合う。日本にはアメリカから輸入されていることが多く、皮は緑色の状態で入ってくる。これが熟してくると黒っぽい色に変化し、味も濃厚になる。

縦2つに切り、大きい真ん丸の種を取りのぞき、穴にちょいとしょうゆをたらし、わさびをつけてスプーンですくって食べるというのも日本ならではのおいしい食べ方。近頃はすしだねにもよく使われる。

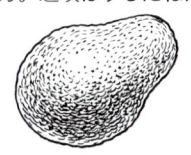

「アリオリ」ってなに？
イタリア料理も日本に入ってあっという間にブレイク。アリオリとはアーリオ・オーリオの略。イタリア語でアーリオとはにんにくのことで、オーリオとはオリーブ油のこと。本来アーリオ・オーリオとだけ書いてあれば、それは「スパゲティアーリオ・オーリオ」のことをいう。

アルファルファ
もやしの一種で見た目はもっと繊細。仲間だからといって、もやしと同じように考えると使い方がわからなくなる。日本では北海道で牧草として利用されていたこともあるらしく、食文化の中にはあまり入り込んでいない。栄養価は高く、アメリカなどではサンドイッチやサラダによく使われている。香りが独特で口ざわりがシャゴシャゴする感じなので日本人は苦手かもしれないが、好きな人もけっこう増えてきた。

いかの下処理
いろんな種類のいかがあるが、たいていは「やりいか」か「するめいか」、刺身用では「もんごういか」が主流。使う前にもう一度ザブリと洗ったら胴を持ち、力を入れつつ静かにそぉっと足を引っ張ると内臓ごと足が取れる。胴のほうを指でまさぐると半透明のやわらかい骨があるので抜く。皮つきのまま料理をすることも多いが、刺身や天ぷら、やわらかに食べたいときは薄皮はむく。本書のレシピで皮をむく指定がないときは、皮のまま料理してかまわない。

いり豆と節分
節分（2月3日）には豆まき用の大豆のいり豆が店頭に並ぶ。近頃はどこの家でも手軽に買うようになったが、昔のおばあちゃんたちは気長にせっせせっせといったもの。わが家のならわしとして、豆をまいた翌日はこのいり豆でご飯を炊く。これは私の母の味。

いわしの塩焼き
いわしの塩焼きといえば塩を振って網で

Column コラム

焼く。それも昔から魚は「遠火の強火」といわれてきたもの。その後ロースターやグリルが登場。ところがロースターはけっこうめんどう。そこで鉄のフライパンでフタをして焼くと、いぶした感じで香ばしく焼ける。マンション暮らしでもケムケムにならず、いいことずくめ。

いんげん
　正式名はさやいんげん。いんげん豆になる前のさやを食べる。昔はすじを取るものがほとんどで、夏の出はじめは細く、だんだんごっついいんげんになっていく。輸入品や新しい品種も増え、すじ取りのいらないものも多くなってきた。細いものでやわらかければ下ゆでせずにじか炒めもできるが、たいていは下ゆでが必要。

いんげん豆
　欧米諸国では豆を実によく食べる。豆の種類もたくさんあり、サラダ、シチュー、スープ、ソテーなど野菜のおかずとして、たっぷりとる。日本は甘く料理することが多いが、こんなふうにしてもっと食べたいもの。

うど
　うどには土の下で育てる色白で太く長いものと、山でとれる野生の山うどがある。山うどは色も黒く、短めでアクが強い。いかにも野山の味がする。ともに旬は春。しかし、山うどは春も終わり頃にならないと出てこない。本書のレシピの中で使ううどは、白くて長いほうの、どこでも買えるもの。

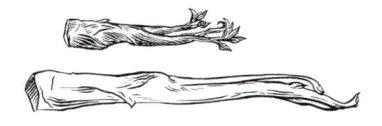

うどの皮と穂先
　うどの皮と穂先を捨ててしまってはいけない。確かに煮もの、サラダ、酢のものと大舞台を飾るのは白いところだが、皮と穂先は名脇役。皮はきんぴらにするとおいしいし、穂先は他の山菜と一緒に精進揚げにすると、たらの芽そっくり。

うなぎの串
　うなぎのかば焼きの竹串は冷めるとなかなか抜けない。竹串はくるりくるりと少し力を入れてまわしてから抜く。また、電子レンジにかけるときはごくごく短時間にしないと、身と皮が縮んでかたくなり、おいしくなくなる。

梅酒
　私の母は梅酒を調味料として上手に使う名人だった。これを使うときはみりんや砂糖を使わない。出来上がりはいったいこの料理はどうやって作るのだろう、という深みのある味わいに仕上がる。

梅干し
　梅干しは昔からの保存食。梅干し1つで腐敗の進行を遅らせる効果バツグンの食品で、日本の夏には欠かせない便利なもの。だから冷蔵庫に入れなければならない超減塩梅干しはそういう意味では使えない。暑いときの弁当用ご飯には米から一緒に炊き込むと少しもちがよい。

梅干しの種のゆくえ
　梅干しの果肉を使ったあえものは、不思議なことに、梅干しの種を一緒にあえてい

くと種が重しになってとてもあえやすい。早く混ざり、おまけにあえ終わったあとは、種からきれいに果肉が取れるので、一石二鳥。ただし盛りつけるとき種は忘れずに取り出すこと。

えび
本来えびは種類、大小さまざまあるが、本書ではいわゆるブラックタイガーか大正えびといわれるものが主流。背ワタがあれば取ってしまうほうが味はよい。分量の目安として「〜尾」と入れてあるが、そこは臨機応変に量を増減すること。

おいなりさんの油揚げ
豆腐屋さんで油揚げ（薄揚げ）を買うときは「おいなりさんにする」と伝えること。穴のあいていない開きやすいのを選んでくれる。「豆腐、厚揚げ、油揚げ」のコラムでも述べているように、油揚げの大きさは地方によって違うので、ことに関西地区の方は枚数に注意して作ること。

大阪風
本書では数点「大阪風」という料理法が出てくる。これは私のふるさとや母の味であり、日本全国ゆきわたっているわけではない、独断と偏見の料理。でもぜひお試しあれ。

オーブン
オーブンで焼く料理は、作り方の中に焼く目安の時間を入れてあるが、肉などの大きさ（太さ）とオーブンの大きさの関係、またオーブンの熱のまわり方の関係でかなりの差がある。自分のオーブンの特性をよく知ることが大切。本書に書いてある時間は、あくまでも私が持っているオーブンでの時間なので、自分自身でつかむこと。

おかゆと白粥（しらがゆ）
同じようなものだが、おかゆには味のついたものや、何か具の入ったものまで大きく含まれ、白粥は白い米と水だけで炊いたものをさす。

おにぎり
おむすびともいう。誰もが知っている食べものだが、本書の「おにぎり」の作り方をみてもらうとわかる通り、「おむすび」という感覚で作るほうがうまくいく。握りすぎるとかたくて重いおにぎりになる。かといって食べている途中にこわれてしまうのもダメ。ご飯一粒一粒はくっついているけれど、つぶれていてはいけない。

海水くらいの塩水
海水くらいの塩水のことを「たて塩」という。本書の「いわしの塩焼き」の作り方に出てくる塩水とはこのこと。料理をよく知っている人は「塩水につける」というより「たて塩につける」といういい方をし、おもに魚の調理のときに使われる。ちなみに海水くらいの塩水は、水1カップに対して塩小さじ1ぐらいの割合で作る。

かきごはんの焼きむすび
かきごはんが残るとひそかにうれしい。冷やご飯になる前に、おむすびにしておく。これをオーブントースターにて、こんがり焼く。この香ばしいうまさは絶品。

かきの洗い方
かきは昔から大根おろしで洗うと汚れがよく落ちるといわれている。味もスッキリあか抜ける。しかし大根おろしだと、あとでなかなか取りのぞけないし、わざわざこのために大根おろしを作るのもめんどう。私のやり方は大根のしっぽのほうで洗う。大根のしっぽに格子状に深い切りめを

Column コラム

入れ、これでボウルに入ったかきをくりりくりりとやさしくかき回すと黒っぽいアクがたくさん出てくる。ボウルに水をため、水を数回取りかえながら洗う。これを2〜3回繰り返すと水がきれいになる。かきの水けをふき、あとは料理にとりかかる。大根おろしよりずっとラクで、効果は同じ。

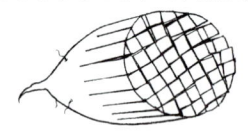

かずのこ

塩かずのこがほとんど。これは一晩薄い塩水につけて塩分を抜いて使うが、干しかずのこというのもある。これは戻すのに3〜4日かかる。味はよいが、値段が高く、家庭で気軽に作るなら塩かずのこがよい。干しかずのこを使う場合は、買ったお店で戻し方などをしつこいほど聞いてから使うこと。

型抜き野菜

日常の中で野菜を型抜きすることはめったにない。私はお正月（1〜2月は梅型）、春（3〜4月は桜型）、秋（9月中旬〜11月初めはもみじ型）に一回ずつだけ型抜きし、しみじみと季節感を食卓で楽しむ。

梅と桜はにんじんを輪切りにしたものを型抜きすると、中心部がいかにも花らしい模様になる。もみじはにんじんを縦に薄切りにしたものを抜くと、いかにも秋の紅葉した葉らしい。抜いたあとの形も美しいので、これも一緒に炊き合わせたり、煮たりするとよい。それでもなお残った野菜は刻んでご飯ものなどで使い切るようにする。けっして捨ててしまったりしてはいけない。

かぶの大きさ

かぶの大きさは地方によって実に違う。小かぶ4〜5個が大1個くらいにあたる。本書ではかぶは関東近辺で売っているものを基準に材料表の個数を表示している。

かぼちゃ

日本の市場ではほとんどが西洋かぼちゃ。日本かぼちゃよりひとまわり以上大きく、煮えるのが早く、甘みが強くてほこほこしている。しかし皮が少々厚く、切るのが大変。普段家で使うのには、丸ごと1個を買わずにカットされたものでもいい。それでもかたくて切りにくいときは、電子レンジに2分かけると少し切りやすくなる。

かれいの盛りつけ

焼き魚、煮魚など一尾づけの魚（頭と尾つき）を盛りつけるとき、頭が左、腹は手前、尾は右に盛りつけるのが原則。ただし、かれいだけはこの約束ごとが違う、特例。目のつき方が違うので左にはできない。かれいだけは頭を右にして盛りつける。私は若い頃、「カレ（彼）は右むき」というゴロで覚えた。

缶汁

かに、ほたて、あさりの缶汁はおいしい。しかし汁なので、どうしても料理そのものには使わないこともある。捨ててしまってはもったいないので、みそ汁やスープに加えて使い切るようにする。そのとき使わなければ容器に移しかえて冷蔵庫におき、翌日くらいまでに使い切る。

行事食

日本には四季折々の行事食がある。たまに意識して食卓に登場させるのも楽しいもの。

1月1日のおせち料理からはじまり、1月7日の七草粥、1月15日の小正月のあずき粥、2月3日の節分の豆まき・めざし・

Column コラム

太巻き（関西のみ）、3月3日の桃の節句のはまぐり汁・ちらしずし・白酒、3月20日頃の春分の日のおはぎ、5月5日の端午の節句のちまき、7月7日の七夕そうめん、8月（旧暦）の十五夜と9月（旧暦）の十三夜の月見だんご・きぬかつぎ・枝豆、9月23日頃の秋分の日のおはぎ、12月22日頃の冬至のあずきかぼちゃ（かぼちゃのいとこ煮）、12月31日大晦日の年越しそばなどがある。

餃子の皮

餃子の皮は、本来1枚ずつめん棒でのばす。もっと楽に作るには、生地をめん棒で薄く大きくのばしていき、直径7㎝くらいの茶筒のフタで抜く。こっちのやり方のほうがだんぜん早く、味に大差ない。

金時にんじん

お正月も近くなると八百屋さんに出まわる。普通のにんじんより長め。煮ると、生のときよりも見事に紅かかったオレンジ色になる。手に入ればお正月の料理に使うと味も色もバツグン。

ぎんなん

茶碗蒸しなどに大事そうに入っているぎんなん。ぎんなんはつぶさぬようにかたい殻をむき、ヒタヒタの水に入れて火にかける。フツフツしてきたらおたまの底などでぎんなんの表面をこすり合わせるように転がすと薄皮がむける。料理によってはさらに下ゆでが必要。

ぎんなんの殻、栗の皮

おいしいけど、食べるまでやっかいなのが秋の味覚の代表的な産物。しかし一年に一度、重い腰を上げて作るぎんなんの入った茶碗蒸しや栗ご飯はうまい！　ぎんなんの殻むきや栗の皮むき専用の道具がある。安いものではないが、あると便利な道具。

空也蒸し

茶碗蒸しのようなもので、卵液と豆腐を蒸したもの。豆腐に味をつけないときは、茶碗蒸しのときの卵液より少し味を濃いめにつけたほうがおいしく仕上がる。

ごぼうのきんぴら

ごぼうのきんぴらは、切り方で味が違う。本書では大きめのささがきという切り方でのせているが、繊維にそってマッチ棒より太めに切ることもある。こちらのほうが、歯ごたえがある。きんぴらは原則として、いきなり生から調理する。

コロッケの揚げ方

コロッケの中身はたいてい火がすでに入ったものが多く、揚げるときには表面にさえ火が通ればいいと思いがち。これが大きな間違いで、揚げ方一つで出来上がりの味が違う。揚げているうちに、中心部の温度が衣の温度と同じになってこそ、食べたときにコロッケのおいしさが、発揮される。外の衣の部分が、カリカリアツアツでも、中が冷たくてはコロッケとはいえない。

昆布

昆布といってもさまざまな種類がある。日常よく使われているのが利尻昆布や日高昆布。早く煮えるように加工してある早煮昆布は、だしには不向き。昆布は身の厚さや煮える時間も種類によってかなり違うので、料理の本の中の調理時間はあくまでも目安。昆布巻きなどを作るときは水で戻してから作るが、戻しすぎると昆布が広がりすぎて、巻きづらくなるので戻しすぎにも注意。

最近の野菜事情

春野菜はアクの強いのが特徴だが、近頃ふきなどもハウスものが多く、アクもやさ

829

Column コラム

しい感じ。いろいろ下ごしらえしなくても、生のまま皮をむいてサッとゆでるだけで十分。

さく、ふし

まぐろなどの刺身を買うとき、すでに切ってあるものと長い短冊型（3人分くらい）のものがあり、後者は自分で切るように売られている。この単位を1つなら「1さく（冊）」といい、かつおの場合は「1ふし（節）」という。かつおの場合は1ふしは¼身。

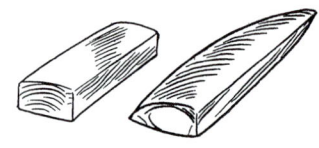

まぐろのさく（左）とかつおのふし（右）

酒粕

冬になると酒屋さんなどで売られる。板状になったタイプと、どろりとした液体のタイプの2種。粕汁には酒粕が不可欠だが、どろりとしたタイプを使う場合はみそ同様にそのままこせばよい。板粕は前もってだしをはって、やわらかくし、なめらかにしてから使う。

ささがき

ささがきという切り方はごぼうには欠かせない。炊き込みご飯、豚汁などごぼうを食べようと思えば、知らない……ではすますことができない。

よくささがきのやり方を鉛筆を削るようにというが、昭和後半や平成生まれの人たちはナイフで鉛筆なんぞ削ったことがないから難しい。ごぼうを鉛筆にたとえ、先がとがった鉛筆を想像しながら包丁でシュッシュッと削る。ごぼうはくるりくるりとまわす。包丁よりピーラーのほうがやりやすければピーラーでもよい。これがうまくできれば、ごぼうに縦に切りめを入れてから同じように削ると、細かくて品のよいささがきができる。

ささげ

赤飯はあずきでもささげでも作ることができるが、お祝いのときに炊くことの多い赤飯は、あずきで炊くとどうしても薄皮が割れてしまうため、正式なお祝いごとには嫌われる。ささげだと薄皮が割れずに炊けるため、利用されることが多い。

さつま芋の皮

さつま芋の料理は皮のついているものとついていないものがあるが、どうしてもむくのは色をきれいに仕上げたい、きんとんなどの料理ぐらい。そのときの気分で料理することが多いので、さつま芋の粥（かゆ）なんかは、好きずきでむいたりむかなかったりお好みで。

サフラン

地中海料理などで使われる香辛料で、ブイヤベース、パエリアには欠かせない。少量でかなり色がつく。少しの湯で色と香りを出し、色と香りの出た汁だけでもいいし、気にならなければ、サフランごと入れてしまってかまわない。独特の香りは魚介料理に実によく合う。

ザワークラウト

ほんとのザワークラウトはドイツの酸っぱい漬けもので、代表的なドイツの家庭料理。日本ではびん詰や缶詰の輸入品が売られている。そのまま食べるには、日本の食

Column

卓にはなじみが薄い味なので、手法をまったく変えて、日本の家庭で食べやすく作り変えたのが本書に載っているザワークラウト。ハンガリー風シチューのように素材としてザワークラウトを使う場合は、びん詰や缶詰を使っても手軽においしくできる。

サンドイッチとバター

この2つは切っても切れぬ仲。ダイエット中のお嬢さまたちはバターを嫌っておいでだが、これは料理の中では重要な役割。パンに野菜やハムなどをはさむときに、くっつける役目もある。バターなしではパンが水分を吸収してしまい味も落ちる。バターはふつう有塩を使うので塩けもあり、味をピシッとしめてくれる。ぬりやすいように前もって室温に出しておこう。

三枚おろしと二枚おろし

これが自分でできないと困るというものでもないが、知っていると便利。頭と腹ワタをのぞいた魚の身のおろし(切り)方のこと。骨をつけたままの一枚と骨のない一枚を「二枚おろし」、身、骨、身と三枚に分けたものを「三枚おろし」という。二枚おろしは骨からおいしいスープが出るので煮魚やスープに、ムニエルや揚げもの、マリネなどは三枚おろしがむいている。たいていは、魚屋さんにいえばおろしてくれる。

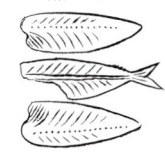

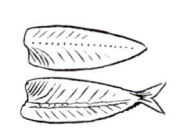

CM焼きそば
　　しーえむ

不思議なネーミング。本書に入れるとき改名しようかとも思ったが、これ以外によい名前が浮かばなかった。かつて私が出演した焼きそばのコマーシャルのレシピは新キャベツ、ソース、すりごまといういたってシンプルなもの。これがすこぶるうまく、その意味を残したままのネーミング。

しし唐辛子

揚げものにサッと素揚げしたしし唐辛子を添えると、見た目もきれいでおいしい。揚げるとき、気をつけなければならないのが揚げ方。しし唐辛子は何本かをようじや竹串に刺して揚げる。これを忘れると、揚げたときに破裂して、油がはねるので危ない。覚えておくこと。

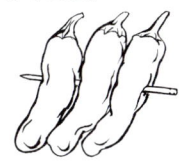

市販のすし酢

忙しいときや簡単にすませたいときは、市販のすし酢も便利だが、味が濃く作られているので入れすぎにくれぐれも気をつける。味が甘めなので、少し米酢をたして使うとちょうどよい。

市販のホワイトソース

市販のホワイトソースは手軽だが、手作りのものと比べるといまひとつ。そこで、牛乳や生クリームを少したしたり、風味づけにバターを加えたりといった工夫をするとかなり味がアップする。

市販のミートソース

市販のミートソースはずいぶんと出まわっているわりには味が濃すぎるのと、缶詰独特のにおいがある。無塩のトマトジュースや野菜ジュースを加えたり、ローリエやバジルといったハーブのひと振りでかなりおいしくなる。

Column コラム

霜降りにする
魚や肉の下ごしらえの用語。熱湯でサッと表面をゆでることで、アクや汚れ、生ぐさみが取れるので、味に影響する大切な段取り。作り方の中に記載してあれば、めんどうがらずにしたほうが味は上々。

シャトー
丸みを帯びた、細長い形の切り方。じゃが芋やにんじんをグラッセやシチューにするときによく使う。くし形に切ったものを面取りすると、かわいらしいシャトー形になる。煮くずれしにくいので、長く温めたりするのに向く。

にんじんのシャトー切り

焼売と蒸し器
中華街を歩くと店先で蒸籠（蒸し器）から湯気を立て、焼売を蒸して売っている。
肉まんや茶碗蒸しを蒸すときは蒸気が下に落ちないようにフタに布巾をかませるが、焼売だけは別。布巾をかませず蒸す。そのほうが皮がしっとりしておいしい。

春菊
春菊は関西地区では菊菜ともいう。春菊はゆでたあと水にさらさないことがおいしさの秘訣。水にさらしてしぼり上げるとカサも減ってすじっぽくなりすぎる。ゆでたらザルにあげ、大急ぎで広げて冷ます。このあとは自然に水がきれるので、ほとんどしぼる必要はない。

旬と薬味
同じ季節のもの同士は実によく合う。竹の子、うど、ふきが出まわる時期には、木の芽。そうめんを食べたい夏には青じそ、みょうががよく合う。秋のさんまにはすだち、冬のかきごはんには柚子といった具合。

旬と野菜
一年中ほとんどの野菜が手に入る現代の日本。材料さえ手に入れば、いつでも作れるが、やはりそのときの旬の野菜の持つ味にはかなわない。だから、材料表を見て、夏や春の料理というのが明らかなときに、無理して冬に作ったりするのは、味の上でもかなり落ちるということを覚えていてほしい。おまけに値段も高く、あまりいいことはない。

しょうが
しょうがは料理によって繊維を断つ切り方と、繊維にそった切り方がある。しょうがの汁をたっぷり出したいとき（煮魚や漬けものなど）は繊維を断って薄切りにする。歯ざわりと香りを大切にしたいとき（炊き込みご飯、サラダ、酢のもの）は、繊維にそった薄切りを縦に千切りにする。煮魚のときなどは、香りの強いほうがよいので皮はむかなくてよい。

繊維の方向

食紅
昔から使われている着色料。ごくごく少し使うだけで、ピンク色のおいしそうな色に仕上がる。例えば、桜もち、ピンク色の白玉だんごなど、美しく彩るのでお祝いごとによく使われる。ただし、ほんとに「ピッ」と入れる程度でよい。

Column コラム

白髪ねぎ
白髪ねぎとは、白髪のように細く切ったねぎのこと。長ねぎの白い部分を5〜6㎝長さに切り、縦に切りめを入れて芯を取りのぞいて開き、繊維にそって千切りにする。水にさらすときと、さらさずに使うときがある。切るとき包丁をほんの少し斜めにすると、すべりにくい。芯はみそ汁や納豆、炒めものなどに使い、捨てないこと。

白身魚
鯛、たら、すずき、おひょうなど、身の白い魚の総称。本書の材料表には「白身魚」という表記が多くあるが、これは白身の魚ならなんでもよい……という意味で、こういう名前の魚があるわけではない。

ずいきという食材
里芋の茎のこと。乾燥させたものを芋がらといい、里芋の産地ではよく食べられているようであるが、一般に生のずいきはあまり出まわっていない。とてもおいしく食べられるので、見かけたらぜひ使ってみるべし。

すき焼き 関東風（割り下）
本書では、大阪のすき焼きの作り方を載せてある。が、関東では昔から割り下なる調味料を作り、これを利用して煮ていく。だし汁1½カップ、日本酒½カップ、砂糖大さじ5（みりんと併用しても可）、しょうゆ大さじ4を合わせ、一度煮立てる（もちろん、材料の量により、この割合で増やす）。この割り下で材料を煮立てていき、途中味がたりなくなったり、煮汁がなくなったりしたら割り下をたして煮ていく、という使い方をする。

スペアリブ
豚などの肋骨ごとカットしてある部位のことで、骨のまわりの肉を食べる。食べるとき気をつけないと手も口のまわりも汚れるが、骨からもうまみが出て、この部分が実は最もおいしい。

酢みそ
酢みそと一口にいっても、みその種類によって味が異なるのが家庭料理のおいしさ。みその粒々がイヤな人はこしみそを使ってもいいし、粒みその場合は酢みそにしてからこしてもよし。
酢みそはそのまま合わせただけでもおいしいが、一度火を通すとまろやかでやさしい味になる。多めに作っておくと便利。

雑炊に入れるご飯
冷やご飯を雑炊やリゾットにすることはよくある。そのまま入れても雑炊にはなるが、一度水洗いして水けを切ってから作ると、粘りもなく煮汁もにごらず、味もあか抜ける。

そら豆の分量
そら豆はさやがくせもので、むくとだいたい半分以下の量になる。薄皮をむくとさらに減る。本書でのそら豆500gは、さやつきでの計量のこと。ちょうど手のひらに山一杯くらいのカサに減ってしまう。最初の500gからみると、その減りようにガックリくるが、おいしいから仕方なし。また、さやからむいたもののほうが、味がいい。

竹の子の使い分け
春に新竹の子を家でゆでるとすこぶるうまい。先っぽのヒラヒラしたところは姫皮といって、あまり細かく刻まずにヒラリとしたまま、吸いもの、あえもの、茶碗蒸しに。根に近い部分はかたいので、そのかたさを利用し、細長く刻み、青椒肉絲（チンジャオロウスー）など炒

833

Column コラム

めものにするとよい。炊き込みご飯にもよく、そのときは細かく刻んで炊く。真ん中より上のほうはどの料理でもうまくいく。

だし

だしにはいろいろ種類がある。地方によっても、とる魚によって、使う魚のだしの種類はそれぞれ。全国区で共通なのが煮干しと花がつおで、これでたいてい事足りる。たまに「混合だし」という表示があるが、これはかつおの他に、あじやさばが混じっているので、そばのつゆや、コテッとした甘辛味の煮ものなどによく合う。

だしに使ったお肉は？

十分だしに使ったから……といってお肉をそうそうポイッと捨てられないのが普通の人間である。細長く切って、サラダに入れたり、青菜と一緒にごまあえや辛子あえにしたりすると、けっこういける。

だし巻き玉子

関西では玉子焼きといえば、だし巻き玉子といってもいい。私は東京での生活のほうが長くなり、いつのまにか玉子焼きといえば甘〜い玉子焼き、甘くないのがだし巻き、という区別をするようになった。だしは、卵の割合のほうがだんぜん多いので、上等なものを濃いめにとって使う。だしが入る分、焼きながら巻き込んでいくのが難しいので、初心者は普通の玉子焼きが上手になってからトライすべし。

七夕そうめん

七夕のときの行事食。天の川を見立てての食卓といわれている。ゆでたそうめんと、そうめんつゆの他に、薬味やおかずとして、7色以上きれいに盛り合わせる。例えば、錦糸卵、薄く切ったかまぼこ、刻んだ青じそ、ゆでた薄切り肉、おろししょうが、ゆでえび、みょうが（千切り）、いり白ごま、細ねぎ（小口切り）など、美しく仕上げる。

茶粥（ちゃがゆ）

茶で炊いたおかゆを茶粥という。茶は煎茶でもほうじ茶でも炊ける。白粥に濃いめの煎茶やほうじ茶を注いだ、即席茶粥もなかなかよい。

＜即席茶粥＞
［分量］　米1カップ、水5カップ、塩小さじ½、緑茶（濃いめ）1½カップ
［作り方］　1 米は洗って水けをきる。2 白粥と同様に炊く。3 炊き上がったら塩、熱い緑茶1½カップを加え、水でぬらした菜箸で切るようにして混ぜ、フタをして火を止める。

チューリップ

チューリップというのは、鶏のウイングスティック（手羽元）の骨から肉を片側にこそいで、返し、食べやすくしたもので、昭和40〜60年くらいは店先に並んでいた。なぜか、近頃とんと見なくなったが、肉屋さんで「チューリップにして」と頼めばしてくれるところもある。中に詰めものをしたり、そのままから揚げにしても、持つところがあってかわいらしく、食べやすい。値も安く、気軽なパーティーにも向く。

使った油

揚げ油は一回一回捨ててしまうものではない。オイルポットにペーパーフィルターを通してから保存し、次に使うときにさし油（新しい油をたすこと）をすると何回か使うことができる。「揚げ竹の子」などはすべて新しい油で作るより数回使った油で作るほうがおいしく仕上がる。ただしオイルポットに入れたまま1カ月間使用せずにほったらかしたりすると油がとてもいたむ。

Column コラム

冷たいおかゆ
夏の暑い日に食べる冷たいスープ粥(がゆ)は目が覚めるようなすっきりした気持ちにさせてくれる。もちろんアツアツでもおいしいものだが、冷たいおかゆをおいしく食べるには、スープのだしを温かいおかゆよりちょいと濃いめにとるのがコツ。

ディップ
「アーティチョークのディップサラダ」や「アボカドディップ」の料理名の「ディップ」とは、つけて食べるという意味。クリームチーズや生クリームをベースとしたものなどいろいろ。日本では定着しにくいようだがアメリカのスーパーマーケットには市販のディップが何種類もある。

電気釜とおひつ
電気釜保温つきという便利な商品ができる前には、炊けたご飯はおひつに入れたものだった。ご飯は冷めるが、ほどよく蒸気も抜け、お釜にそのままおくよりおいしい。現在は電気釜や電子レンジというものができて、おひつはほとんどの家庭で使われなくなった。また、ほんとのご飯好きの中には、むしろおひつの木の香りがご飯に移るので嫌という人もおり、風情のあるおひつも好きずきである。ただし電気釜に入れっぱなしは確実に味がおちる。

天日干し
その昔、一夜干しや干もの、梅干し、切り干し大根、ひじき、干椎茸、かつお節等々、みんな天日干しだった。天日干しとは、さんさんとした太陽や寒い空の下で自然乾燥させること。大量生産と清潔さが優先される昨今では、多くが機械で乾燥させている。

豆腐
豆腐は買ったらパックからはずし、水をかえる。パックの中に入ったまま豆腐をしまっておくと味が落ち、いたみも早い。

豆腐、厚揚げ、油揚げ
本書ではこれらの材料の分量を「1丁」「1枚」のように記してあるが、これは関東地区に合わせた分量のこと。地方によって大きさは大小さまざま。ちなみに東京の豆腐屋さんで売られているものは15×8㎝くらいのものが多い。大きさによっては材料や調味料を増減すること。

とけるチーズとピザ用チーズ
チーズはたくさんの種類があるが、本書では「とけるチーズ」や「ピザ用チーズ」としてある。とろーりととければチーズは好みのものなんでもよい。「ピザ用チーズ」といって2〜3種類混ぜて刻んだタイプのものもある。また、チーズ「〜カップ」とあれば刻んだもののことをいう。

トマトの湯むき
料理によってトマトの薄皮がじゃまだったり、気になったりするときは、トマトの皮を湯むきする。包丁でごくごく薄く皮をむいてもよいが、技術的には難しい。湯を沸かしてトマトを入れ、8〜10秒くらい。すぐ水に取り、つるりつるりとむく。トマトにフォークを刺してするとやりやすい。

Column コラム

ドレッシングに使う油
　これは好みの問題であるが、私自身はドロリドロリとしたタイプのドレッシングがあまり好きではない。サラリとしたドレッシングを作るには油類を最後に加え、あくまでも、サササッと混ぜる程度にする。泡立て器で一所懸命にかくはんしたりしない。サラダの材料とホワッホワワッと混ぜていくうちに、ちょうどよい加減になるというのが私の持論。

なすが好き
　本書ではなすの料理が他の野菜と比べてとび抜けて多くなってしまった。これは単に私がなす好きという単純な理由からで、深い意味はない。ただし、なす好きだからこそ私は夏と秋というなすのシーズンにしか食べない。

七草
　春の七草は1月7日に食べる七草粥(がゆ)に使う。ちなみに春の七草とは、セリ、ナズナ、ゴギョウ、ハコベラ、ホトケノザ、スズナ、スズシロのこと。
　本書では七草粥は、手に入る緑の野菜で作るようにしてあるが、近頃はミニチュアセットのような、2〜4人分の七草粥が作れるように七草セットなるものも登場した。便利だが、七草特有の草らしいアクはほとんどない。

鍋の中を水でぬらす
　本書の作り方のところどころに見られる表現。味つけには直接関係ないが、習慣になると、料理人生に大きい差。この一枚の水の膜によって焦げつきにくくなり、料理のあと鍋を洗うのが楽。

煮魚
　煮魚の魚に決まりはない。きんめ鯛、鯛、かじきまぐろ、さんま、ぶり、いわし、たら、さば、あじ、かれい、などなど。季節の旬の魚を使い、楽しめる。
　魚屋さんと仲良くなり、「今日煮魚にするんだけど何かある？」と聞いて、その日に煮魚に一番向いているものを、教えてもらおう。切り身の場合は背と腹で味が異なり、好みで楽しめる。

煮魚と日本酒
　煮魚は水でなく、日本酒を使うとおいしく仕上がる。しかし、水道から出る水より日本酒のほうがずっと高いし、酒がいつもたっぷり手元にあるとは限らない。しょうゆ、砂糖、みりん以外の水分は、日本酒を使うのが理想。せめて水と半々、せめて水分の⅓量は使いたい。日本酒をたっぷり煮立てる場合は、必ずフタをすること。お酒なので、火が入る。魚が煮えてきたらフタをずらしてアルコール分を抜く。

日本酒と料理酒
　「酒」は料理をする上で欠かすことのできない大切な調味料。分量にある酒をうっかり忘れると「んっ？」という味になる。間違えやすいのが料理酒という商品。これを加えても「酒」を入れたものとは味が違う。
　ではどんな酒を買うとよいか。のんべえの人なら常時おいてある、普段よく飲むお酒がベスト。特別高価なものや生酒である必要はない。

パエリア
　本来パエリアはフタをしないで炊くが、本書のレシピではフタをする。本場スペインで使われる米と日本の米とでは性質が違うこともあり、ふっくら炊けたお米のほうが日本人には評判がよろしい。米は洗わないほうがパエリアっぽくなる。

バジルとオレガノ

この2つのハーブは日本でもかなりポピュラーなものになってきた。生のリーフは、春から夏でないと育ちにくいが、乾燥のリーフは安価で一年中使えて便利。なにげない野菜のスープにちょっと加えたとたん、イタリア的な雰囲気に変わる。味のレパートリーを増やしたいのなら、この乾燥のものを2種、もしくはバジルだけでも買いおきすると便利。

バター

バターには普段トーストなどに使う有塩と、製菓によく使われる無塩がある。本書で特に表示のないときは、有塩バターを使う。

春巻きの皮

春巻きの皮はぴっちりくっついていて、乱暴に扱うとすぐ破けてしまう。それを防ぐには封を切ったら両手で袋のままパンパンと何回かたたき、春巻きの皮の間に空気を入れてからはがす。

春野菜

いわゆる新物といわれる野菜で、新キャベツ、新じゃが芋、新玉ねぎ、新にんじんなど、やわらかいので冬のものより早く火が通るのが特徴。同じ材料で同じ料理を作るのでも、春と冬では煮る時間がまったく違うと思ったほうがよい。

ハンバーグ

ハンバーグの挽き肉の配合というのはいろいろあり、これが決まりというものはない。いずれにしてもビーフステーキと違い、中までしっかり火を通すほうが、おいしく仕上がる。私のもっともお気に入りの配合は牛挽き肉350gプラス豚挽き肉50gの配合。

ピーマンの肉詰め

ピーマンの肉詰め、名前は一つでもいろいろなピーマンの肉詰めがある。塩、こしょうの味つけに、ただ焼いたもの、肉の表面にパン粉をつけて揚げて、ソースやケチャップをつけて食べるもの。長ねぎの他に玉ねぎを使ってもおいしいし、焼いたあとスープで煮るタイプの調理法もある。挽き肉の種類でも味が変わるし、ピーマンの形によって詰める肉の量も、食べた味も違ってくるのが楽しい。

ヒタヒタ

「ヒタヒタの水を加える」という表現は、作り方の中によく出てくる、仕上がり具合を左右する重要な水の分量。水の量が鍋の中の材料に対し、スレスレ状態のこと。

ひっつめ

「ひっつみ」ともいい、味や食感はいわゆるすいとんのような、うどんのようなもの。小麦粉と水でよく練ったものを数時間ねかせたり、地方によっては冷たい水の中でねかせたものを、手で薄く一口サイズにのばし、ゆでる。

冷や汁

本来は宮崎県の郷土料理。私のレシピは、自分が好きなようにかなり私流にしているので、本場ものが食べたいという人は、一度宮崎県、日向地方を訪ねてみるとよい。温かい麦ご飯に冷たいみそ味の汁をかけ、薬味を散らし、サラサラと食べる。夏の暑い日の朝ご飯や昼ご飯にいい。

ひよこ豆

南欧、インド、アフリカなど、いろんな国で愛されている豆。日本ではひよこ豆というが、ガルバンゾーという国もある。水煮の缶詰で売っているのは輸入品なので、

Column コラム

ガルバンゾーと表示されている。日本では和菓子でもずいぶん使われているらしい。甘い味つけよりスープやシチュー、カレー、サラダなどいろいろな料理に実によく合う。使いやすい豆である。

ふかひれと春雨

中国料理のふかひれ（鮫のひれのすじ部分）料理といえば高級素材の代表選手みたいなもの。だが、戻すと、調理に時間がかかるので、家庭料理として覚える必要はない。家庭では代わりに春雨（緑豆）で十分おいしいスープができる。春雨には、緑豆の他にじゃが芋でん粉やさつま芋でん粉で作ったものもあるが、緑豆春雨は、こしが強く炒めものやスープに向いている。戻し方は袋にあるそのメーカーの表示に従うのがなんといっても間違いがない。

フライとタルタルソース

魚介類のフライやムニエルなどに、タルタルソースはよく合う。レストランなどのタルタルソースは、ゆで卵やケイパーの刻んだものがたいてい入っているが、家庭ではいつもケイパーがあるとは限らないし、ゆで卵を加えると味がこってりしすぎるということもあるので、省いてしまっても十分おいしい。材料がすべてそろわないときは、玉ねぎのみじん切り少々とマヨネーズ、それに牛乳を加えてとろりとさせるといかにもタルタルソース味になる。

フライパン

フライパンといえば黒い鉄製が主流だったのが、今はどこの家庭も樹脂加工のものがほとんど。ソテーやステーキなどは、鉄のフライパンで焼くほうが、だんぜんおいしい。鉄のフライパンも使いなれると油はごく少なくても十分焼ける。フライパンをカンカンによく熱してから焼くという手法は鉄ならでは。樹脂加工はカンカンに熱すると樹脂がはがれやすくなる。

ぶりの照り焼き

和食の定番ともいえるメニュー。みりんとしょうゆの合わせ調味料につけておき、いわゆる強火の遠火でこんがり焼くという代物。シンプルで非常においしいが、一般家庭でやるには、今の時代、煙モウモウ、コンロが汚れるといったことで、外では食べても家では作らないという人が多くなり、そこで考えたのが、焼き照り。味をつけずに焼くので、失敗なく焼け、調味料も少なくてすみ、健康的。ぶりだけでなく他の魚も同じように焼ける。味も照り焼きにそっくり。

フレンチトースト

何十年か前に『クレイマークレイマー』というアメリカ映画が大ヒットしたときに、このフレンチトーストというメニューが日本でも一躍全国区となったような気がする。映画の中のお父さんがフライパンで焼いていたが、フライパンだと、だれにでも簡単に焼ける。ただ、本書で紹介したオーブンで焼くタイプは、フライパンで焼くフレンチトーストとは違った仕上がりが楽しめる。たくさん焼くときは、オーブンだと一度に焼けるので楽。

へぎ柚子

料理の本にはよく「へぎ柚子」という材料が出てくる。「へぐ」という言葉からくるもので、柚子の皮を薄くそいだものを意味する。しかし「へぐ」などという古めかしい日本語はなかなか日常では使われなくなった。「そぐ」という言葉の中には、薄くそぐという意味までは含まれていないから、「そぎ柚子」とはいわない、「へぎ柚子」が正しい。へぎ柚子という柚子がある

Column コラム

のかと思って買いに探し求められてもややこしいので、本書の材料表では「柚子の皮」とし、作り方の中で、「薄くそぐ」と表現した。

干椎茸
通常はたっぷりの水や、ぬるま湯で戻して使うが、本書には戻さずに使う料理が何点かある。シコッとした独特のかみごたえと、煮汁に椎茸のうまみが残るのが特徴。

細ねぎ
本書では細ねぎはいわゆる青ねぎ、万能ねぎ、博多ねぎといわれているもののことをいう。わけぎや長ねぎとは異なる。

ポパイサンド
ほうれん草のサンドイッチのこと。ポパイはほうれん草(彼の場合は缶詰)を食べると元気百倍、急に強くなって悪い奴をやっつける、という筋書きのアメリカ漫画の主人公。私の大好きな、実に健康的なサンドイッチ。

マカロニグラタン
ゆでたマカロニとホワイトソースをからめたら、すぐオーブンで焼くのが理想。食べたときマカロニの穴に入ったホワイトソースがチュッと出てくるのがよい。しかし、この忙しい現代、家族そろって夕飯を食べられる一家はあまりない。そんなときは一度に全部あえてしまわずに、ゆでたマカロニとホワイトソースは別々にしておく。食べる直前に器にホワイトソースを敷き、マカロニを入れ、上からたっぷりホワイトソースをかけてオーブンで焼くとよい。最後の人までおいしく食べられる。

マッシャー
じゃが芋やさつま芋をゆでたり蒸したりしたものをつぶすのに便利な道具。コロッケには欠かせない。なければ、すりこぎでもかまわないが、1本あると便利便利。すりこぎよりスピーディー、入れる力もすりこぎよりラクラク。形はいろいろ。

松前漬けの素ってなあに
松前漬けはするめいかや昆布の入った常備菜のこと。縁起ものとしてお正月に作ることが多い。するめや昆布を家庭で刻むのが大変なためか、刻んだものがセットになって売っている。自分でわざわざ刻むより便利。

豆のサラダ
豆のサラダは白いんげん豆だけでなく、金時豆、ひよこ豆、うずら豆、おたふく豆などで作ってもおいしくできる。また、忙しい人には豆の水煮缶詰(キドニービーンズやひよこ豆などがある)の水けをきり、同じように作ってもおいしくできる。

身欠きにしん
にしんを干したもので、そのまま使える生干しタイプ、カラカラに干してあって、一晩かけて戻すタイプがある。本書ではカラカラタイプの身欠きにしんの料理は載せていないが、時間をかけて戻せば同じように料理ができる。いずれも生ぐさみを取るのに下ゆでをするのがよい。

水をうつ
おこわは炊飯器のめざましい進歩で、電気炊飯器でもうまく炊けるようになったが、大量に赤飯を炊いたりするときには、

Column コラム

蒸し器で蒸し上げる。途中で忘れてならないのが水をうつこと。どうしても上のほうに火が入りにくいので途中、手でパッパッと水を少しかけてやる。これが、「水をうつ」という表現。

ミネストローネの材料に決まりなし

ありもの野菜と、パスタまたは穀類が入ったスープをミネストローネという。パスタは好きなものを少し入れ、イタリアでは米が入ることもある。本書の「ミネストローネ」の材料には、合う野菜を目安として載せたが、全部そろわなくても、また分量が少々たりなくても、おいしく作れる。ただし、トマト（生でも缶詰でも可）とにんにくだけは使うこと。使わないとそれらしい味にはならない。

蒸しほたて

ほたてを蒸したものは比較的値段も手軽。ほたて貝は貝柱とまわりのヒラヒラしたひも、ワタの3種で構成。そのまま焼くときはバラバラにしないが、ピラフにしたりするときには別々にしたほうがなぜかおいしい。

丸ごと使うにしても、バラバラにして使うにしても、下ごしらえで忘れてならぬのが、砂袋。貝柱にはりつくようにあるので、これを取ること。

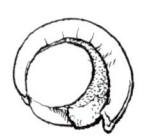

メンチカツ

メンチカツの挽き肉は、本書の中では合い挽き肉にしているが、豚挽き肉だけ、牛挽き肉だけでもおいしい。ただし脂が多くないものがよい。脂が多いと焦げやすい。メンチカツは意外と火が通るのに時間がかかる。中までしっかりめに火を通さなくてはいけない。

面取り

野菜の下ごしらえの一つ。普段、煮たり炊いたりするには必要ないが、長く煮込んだり、きれいな仕上がりを目的とするときに覚えておくとよい。切り口の角をスーッと切り取ると、煮上がったときに丸みを帯びた形になり、煮くずれしにくい。もちろん落としたくず野菜は、細かく刻んでピラフや炊き込みご飯、オムレツなどの料理に使ってしまえば、捨てることなく無駄ではない。

もうひとつのトマトと卵の炒めもの

中国の人にとって「トマトと卵の炒めもの」なる料理は実にポピュラーな家庭のお総菜と聞いたことがある。本書にある「トマトと卵の炒めもの」の材料のオリーブ油をごま油にかえ、にんにくをしょうがにかえる。もちろんバジルはいらない。料理法も素材の組み合わせも同じなのにイタリアンが中国料理に変身する。これが料理の楽しさである。

もみじおろし

鍋ものやふぐの刺身によくついてくる赤っぽい大根おろしのこと。大根に穴をあけ、そこに種を取った赤唐辛子をうめ込み、それをおろすともみじおろしになる。水けをきった大根おろしに赤唐辛子粉を混ぜた即席もみじおろしでも十分おいしい。スーパーにはもみじおろしのびん詰もある。

焼いたパンの保温

パンを焼いたり、クレープを焼いたり、ホットケーキや春餅（シュンピン）の皮など、あらかじめ

たくさん焼くとき、はじめに焼いたものが冷めてしまうので、タオルや布巾で焼けたものを包んでおくと、かなり保温性がある。焼いたパンをくるんでおく、専用の布でできたパン入れもある。

ヤミ鍋

　ヤミ鍋は楽しい。だれが何を入れたかわからないが、それなりにおいしく仕上がる。お菓子を入れたりする非常識な人はヤミ鍋パーティーからは外そう。まともな人の集まりならどんなときもおいしい。ヤミ鍋に絶対ほしいのは香りのよいごぼうと水分がよく出る葉もの（白菜やキャベツ）。ダブってもかまわないので、主催者側が用意しておくといい。

湯せん

　茶碗蒸しは蒸し器で作るが、近頃は蒸し器のない家庭も多い。そこで朗報、湯せんでもおいしくできる。茶碗を鍋に入れたとき、茶碗の半分くらいの高さまで湯をそそぐ。火加減は弱火で15分くらい。なめらかな舌ざわりに仕上がる。

ゆば

　ゆばは豆腐を作るときにできるが、ゆばだけのために作られていることが多い。豆乳を沸かすと、上にたんぱく質が凝固する。牛乳を鍋で沸かしたときに膜がはるのと同じ現象である。棒などで、スッと引き上げそのままのものが生の引き上げゆば、乾燥させたものが乾燥ゆば。どちらもおいしいが、乾燥ゆばは必ず戻してから使う。国産と中国産があり、戻し時間と、コシがだいぶ異なる。

ラタトゥイユ

　南フランスの野菜の煮込み料理。イタリアにも同じような料理があるが、料理名が違う。日本では夏にとれる野菜で作るともっともおいしく作れる。使う野菜に規則はないが、トマトとにんにく、なすは欠かせない。鍋で煮込むのもいいが、オーブンで蒸し煮するのも仕上がりが美しく味も一段とよい。

卵水

　卵と水を合わせてとき混ぜたもの。天ぷらの衣は小麦粉を、卵と水でとく。覚えやすい分量として小麦粉1カップに対して、卵と水を合わせて1カップの配合がうまくいく。卵は個々に大きさが違うので、水の量を割り出せないため、本書では、卵1個を計量カップに割り入れてみて、そこに水をたして1カップにしたものを「卵水」という表現で材料表に記載してある。

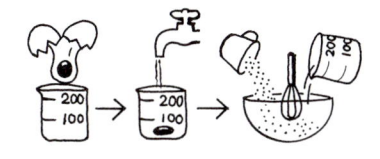

ローリエ

　月桂樹の葉、ローレル、ベイリーフ、どれも同じ葉のこと。生よりも日陰で乾燥させたものを使うほうが香りがよい。魚や肉料理のときの香りづけとしてよく使われる。料理によっては使うのと使わないのとでは、香りと味がまったく異なる。だからといって、入れすぎも逆効果。

索　引

調理法別索引……………………………844

素材別索引………………………………860

メニュー別索引…………………………915

総索引……………………………………937

調理法別索引

生で食べる

- あじのたたき ……………………… 26
- アボカドの刺身 …………………… 38
- アボカドの素朴な食べ方 日本風 ……… 38
- いか納豆 …………………………… 48
- 磯まぐろ …………………………… 54
- かつおの山かけ …………………… 155
- 大根かまぼこ ……………………… 408
- たらこおろし ……………………… 454
- づけ ………………………………… 491
- とろとろいか納豆 ………………… 543

あえる

- 青菜のごまみそあえ ………………… 8
- 青菜のごまよごし …………………… 8
- あおやぎとわけぎのぬた …………… 9
- 赤貝とわけぎのぬた ………………… 9
- 揚げ竹の子の木の芽あえ …………… 14
- アスパラガスのごまみそあえ ……… 30
- いかとセロリのしょうが味 ………… 47
- いかの南蛮あえ …………………… 50
- いんげんの三味あえ ……………… 74
- いんげん豆とブロッコリーのオリーブ油あえ … 76
- うどとトマトのパセリ酢あえ ……… 85
- うどと豚肉の酢みそあえ …………… 85
- うどの梅あえ ……………………… 86
- うどの酢みそあえ ………………… 87
- うなぎときゅうりの酢のもの ……… 88
- 海仲間の酢のもの ………………… 92
- えびじゃがクリーム ……………… 102
- えびとかぶの葉クリーム ………… 103
- おからとしめさばの酢のもの …… 117
- オクラとなすのごまみそあえ …… 119
- オクラとひじきの酢のもの ……… 119
- オクラの酢のもの ………………… 119
- ガーリックブロッコリー ………… 137
- かずのこ …………………………… 150
- かぶの葉の酢のもの ……………… 163
- 菊衣あえ …………………………… 187
- 菊の三色あえ ……………………… 187
- きくらげとうどのごま酢あえ …… 187
- きのこの酢のもの ………………… 202
- キャベツの梅あえ ………………… 214

- キャベツのごまあえ 2種 ………… 215
- 牛肉おろしあえ …………………… 222
- きゅうりの磯あえ ………………… 235
- きゅうりの梅あえ ………………… 235
- きゅうりのごまあえ ……………… 235
- クレソンのお浸し ………………… 257
- 紅白なます ………………………… 261
- 紅白別なます ……………………… 262
- 五色南蛮酢あえ …………………… 270
- ごぼうのごま鶏あえ ……………… 275
- ごま酢あえ ………………………… 276
- 小松菜の辛子あえ ………………… 279
- 小松菜の黒ごまあえ ……………… 280
- じゃことなめこのおろしあえ …… 350
- 春菊の卯の花あえ ………………… 353
- 春菊の絹白あえ …………………… 353
- 春菊のごまあえ …………………… 354
- 春菊のごまソース ………………… 354
- せりとえのき茸のごまあえ ……… 389
- せりのごまあえ …………………… 390
- そら豆のごまあえ ………………… 405
- 大根のごま酢あえ ………………… 415
- 大根のごまみそあえ ……………… 415
- 大根の白ごまあえ ………………… 416
- たたきごぼう ……………………… 441
- 玉ねぎ薄切り梅肉あえ …………… 452
- 玉ねぎとわかめの酢のもの ……… 452
- たらの芽の白あえ ………………… 459
- 中国風なます ……………………… 484
- ツナとねぎの辛子じょうゆ ……… 493
- つるむらさきときのこのあえもの … 497
- トマトの酢のもの ………………… 519
- 鶏の夏野菜あえ …………………… 539
- 長芋の三色あえ …………………… 548
- なすと豚のおかずごまみそがらめ … 556
- なすのごまだれあえ ……………… 559
- なすのピーナッツあえ …………… 563
- 菜の花とほたての辛子みそあえ … 574
- 菜の花とまぐろのわさびあえ …… 574
- 菜の花の辛子あえ ………………… 575
- 菜の花の辛子ネーズ ……………… 575
- 菜の花のとんサラダ ……………… 575
- 菜の花のピーナッツあえ ………… 576
- なばなの納豆あえ ………………… 576
- なまり節のあえもの ……………… 580
- にらの酢のもの …………………… 598
- にんじんの白あえ ………………… 600

根三つ葉とまぐろの磯あえ	608
根三つ葉とわかめの酢のもの	608
根野菜のごまみそあえ	608
白菜の柚子あえ	617
春雨ときゅうりのあえもの	630
ビーフと青菜のあえもの	646
ひじきの酢のもの	651
豚肉のレタスあえ	679
ほうれん草のナムル	709
ほうれん草の雪衣	710
まぐろとわけぎのぬた	730
まぐろぶつの辛子あえ	731
水菜と油揚げの辛子あえ	741
めんたいなます	757
もやしと豚肉の辛子みそあえ	762
もやしのナムル	763
モロヘイヤと牛肉のあえもの	765
モロヘイヤの梅あえ	766
ゆで肉ときのこの香味あえ	784
ゆで豚のみそだれあえ	785
ゆでもやしの中国風	786
れんこんと絹さやのごまネーズあえ	804
わけぎの磯ぬた	817
わけぎの酢みそあえ	817

揚げる

揚げいかとさつま芋チップ	12
揚げ魚の五目あんかけ	13
揚げじゃがチーズ焼き	14
揚げ大根	14
揚げ竹の子の磯がらめ	14
揚げだし豆腐	15
揚げだし豆腐の五目あんかけ	15
揚げだし豆腐の野菜あんかけ	15
揚げ鶏の甘酢がらめ	16
揚げ鶏の薬味ソースかけ	16
揚げにら餃子	17
揚げポテバナナ	18
揚げミートボール	18
揚げワンタンの五目あんかけ	19
あさりとアスパラガスのかき揚げ	20
あじのカレーフライ	25
あじのしそマヨネーズ	26
アスパラガスの天ぷら	30
アルファルファのかき揚げ	40

いかげそのスタミナ揚げ	44
いか天	46
いかのスパイシー揚げ	49
いかの風味揚げ	51
いかフライ マヨネーズ衣	52
磯揚げ	53
いわしのかりんと揚げ	66
いわしのかわり揚げ	67
いわしのチーズ揚げ	68
いんげんとにんじんのミルクかき揚げ	73
うずら卵のカレーフリッター	84
うどの皮と穂先の精進揚げ	86
エスニック・ミニ春巻き	98
枝豆・小えび・玉ねぎの三色揚げ	99
えびとなすのフリッター	105
えび春巻き	108
えびフライ	109
大阪風さつま揚げ	112
おから肉だんご	117
オニオンフリッター	126
かきフライ	146
重ねビーフかつ	148
かじきまぐろのから揚げ	149
かつおのから揚げ	154
かにコロッケ	157
かぼちゃのコロッケ	167
かぼちゃのサモサ	168
かぼちゃの素揚げ	168
加茂なす田楽	171
加茂なすの肉みそ田楽	171
加茂なすの丸揚げ	172
から揚げソテー	173
かれいのから揚げ	177
カレーコロッケ	178
絹さやのかき揚げ	193
基本のミートボール	205
キャベツいっぱいのメンチかつ	206
キャベツだらけのコロッケ	207
キャベツのお好み揚げ	214
牛肉の浪花揚げ	230
きんちゃく揚げ	245
串かつ	249
グリンピースのかき揚げ	254
コーンとささみのかき揚げ	268
コロコロかき揚げ	285
鮭かつ	292
鮭コロッケ	293

845

索引

鮭のクリーミーコロッケ・・・・・・・・・・・・・・・295	竹の子とつくねの一緒揚げ・・・・・・・・・・・・・431
鮭のフワフワ揚げ・・・・・・・・・・・・・・・・・・・298	たたきチキンカツ・・・・・・・・・・・・・・・・・・・442
ささみのおらんだ揚げ・・・・・・・・・・・・・・・・300	卵コロッケ・・・・・・・・・・・・・・・・・・・・・・・444
ささみのしそ巻き揚げ・・・・・・・・・・・・・・・・300	玉ねぎだけのカレー天ぷら・・・・・・・・・・・・・452
ささみのチーズ巻きフライ・・・・・・・・・・・・・301	糖醋丸子(タンツーワンズ)・・・・・・・・・・・・・461
さつま揚げ・・・・・・・・・・・・・・・・・・・・・・・301	チーズ春巻き・・・・・・・・・・・・・・・・・・・・・463
さつま芋皮の甘辛がらめ・・・・・・・・・・・・・・302	チキンかつ・・・・・・・・・・・・・・・・・・・・・・・463
さつま芋とこんにゃくの酢豚風・・・・・・・・・・303	チキンクリームコロッケ・・・・・・・・・・・・・・・465
さつま芋のごまだらけ・・・・・・・・・・・・・・・305	チキンの丸ごと揚げ・・・・・・・・・・・・・・・・・471
さつま芋の包み揚げ・・・・・・・・・・・・・・・・305	チキン春巻き・・・・・・・・・・・・・・・・・・・・・472
里芋と舞茸のかき揚げ・・・・・・・・・・・・・・・309	ちくわのチーズフライ・・・・・・・・・・・・・・・・477
里芋の素揚げ・・・・・・・・・・・・・・・・・・・・309	茶せんなす・・・・・・・・・・・・・・・・・・・・・・・480
さばの揚げ漬け・・・・・・・・・・・・・・・・・・・311	中国風フリッター・・・・・・・・・・・・・・・・・・・485
さばのケチャップあんかけ・・・・・・・・・・・・・312	チリチリじゃこ・・・・・・・・・・・・・・・・・・・・487
さばの竜田揚げ・・・・・・・・・・・・・・・・・・・312	ツナカツ・・・・・・・・・・・・・・・・・・・・・・・・491
さばの南蛮漬け・・・・・・・・・・・・・・・・・・・312	ツナコロッケ・・・・・・・・・・・・・・・・・・・・・492
さばの風味漬け・・・・・・・・・・・・・・・・・・・313	つぶし里芋の揚げワンタン・・・・・・・・・・・・・496
サモサ(グリンピース入り)・・・・・・・・・・・・315	つるむらさきのかき揚げ・・・・・・・・・・・・・・498
サモサ(じゃが芋入り)・・・・・・・・・・・・・・・316	テケツレのオッパッパ・・・・・・・・・・・・・・・・499
さわらの金ぷら・・・・・・・・・・・・・・・・・・・320	でっかいフライドポテト・・・・・・・・・・・・・・・500
山菜の精進揚げ・・・・・・・・・・・・・・・・・・・323	天ぷら・・・・・・・・・・・・・・・・・・・・・・・・・502
さんまの竜田揚げ・・・・・・・・・・・・・・・・・・329	ドイツ風ロールカツ・・・・・・・・・・・・・・・・・504
塩さばのから揚げ 大根おろし添え・・・・・・・333	豆腐入り肉だんごの甘酢あんかけ・・・・・・・・506
ししゃものフライ・・・・・・・・・・・・・・・・・・336	豆腐のフライ・・・・・・・・・・・・・・・・・・・・・512
ししゃものミルク揚げ・・・・・・・・・・・・・・・337	鶏から揚げのオレンジ風味・・・・・・・・・・・・・522
四川風から揚げ・・・・・・・・・・・・・・・・・・・337	鶏ささみのスパイス揚げ・・・・・・・・・・・・・・524
じゃが芋の串フライ・・・・・・・・・・・・・・・・346	鶏肉卵揚げ・・・・・・・・・・・・・・・・・・・・・530
じゃが芋の千切りかき揚げ・・・・・・・・・・・・347	鶏のから揚げ・・・・・・・・・・・・・・・・・・・・537
しょうがなす・・・・・・・・・・・・・・・・・・・・・356	鶏のカレー揚げ・・・・・・・・・・・・・・・・・・・537
白身魚の甘酢あん・・・・・・・・・・・・・・・・・359	鶏ミンチの竜田揚げ・・・・・・・・・・・・・・・・541
白身魚の変わりフライ・・・・・・・・・・・・・・・359	鶏むね肉の漬け揚げ・・・・・・・・・・・・・・・・541
白身魚の五目あんかけ・・・・・・・・・・・・・・・359	とんかつ・・・・・・・・・・・・・・・・・・・・・・・545
新じゃがのカレーあんかけ・・・・・・・・・・・・・366	なす卵・・・・・・・・・・・・・・・・・・・・・・・・551
新じゃが豚のみそがらめ・・・・・・・・・・・・・367	なす田楽・・・・・・・・・・・・・・・・・・・・・・・551
スタミナじゃが芋・・・・・・・・・・・・・・・・・・377	なすの揚げてつぶして・・・・・・・・・・・・・・・557
ズッキーニの天ぷら・・・・・・・・・・・・・・・・・379	なすの揚げ煮・・・・・・・・・・・・・・・・・・・・558
スティックかじき・・・・・・・・・・・・・・・・・・380	なすのごまだれかけ・・・・・・・・・・・・・・・・559
スパイシーポテト・・・・・・・・・・・・・・・・・・382	なすのゴロン揚げ・・・・・・・・・・・・・・・・・・560
そうめんと精進揚げ・・・・・・・・・・・・・・・・396	なすの素丸揚げ・・・・・・・・・・・・・・・・・・・561
ソースなす・・・・・・・・・・・・・・・・・・・・・・398	なすの台湾みやげ・・・・・・・・・・・・・・・・・・561
即席酢鶏・・・・・・・・・・・・・・・・・・・・・・・400	なすのメンチカツ・・・・・・・・・・・・・・・・・・563
そら豆のかき揚げ・・・・・・・・・・・・・・・・・405	ナッツ酢豚・・・・・・・・・・・・・・・・・・・・・・566
そら豆の三色かき揚げ・・・・・・・・・・・・・・・405	納豆の磯揚げ・・・・・・・・・・・・・・・・・・・・567
そら豆の飛竜頭(ひりょうず)・・・・・・・・・・406	にがうりのかき揚げ・・・・・・・・・・・・・・・・581
大学芋・・・・・・・・・・・・・・・・・・・・・・・・407	肉だんご甘酢あんかけ・・・・・・・・・・・・・・・583
大学かぼちゃ・・・・・・・・・・・・・・・・・・・・407	肉だんごとさつま芋の甘酢味・・・・・・・・・・・584
大豆とハムの落とし揚げ・・・・・・・・・・・・・419	にんにくの栗揚げ・・・・・・・・・・・・・・・・・・602

ねぎのかき揚げ	606
畑の肉だんご	621
ハムかつ	625
春巻き	635
ビーフカツ	643
ピーマンのはんぺん入りフライ	648
一口フライドチキン	654
飛竜頭 カツ代風	659
フィッシュクリスピー	659
フィッシュコロッケ	660
ふくらみチキン	665
豚ごま揚げ	668
豚肉の青じそサンド	674
豚肉のから揚げ	675
豚ヒレの卵白揚げ	681
フライドエッグ	684
フライドチキン	684
フライドフィッシュ	685
フライドポテト	685
フランクフルトの夏香りフライ	686
ぶりのフライ タルタルソース	690
ぶりのふわり揚げ	690
細ねぎのミルクかき揚げ	713
ポテトコロッケ	717
ポテトチップス	718
舞茸の天ぷら	729
まぐろのクリスピー	731
みそロールカツ	744
三つ葉とえびのかき揚げ	744
ミニ・グリンピース春巻き	745
みょうがと青じその天ぷら	746
メンチカツ	757
もやし春巻き	763
モロヘイヤのかき揚げ	766
野菜のミルクチーズフリッター	776
山芋のから揚げ 甘酢あんかけ	778
油淋鶏	781
ゆり根の飛竜頭	789
レタス包み	799
レバー入り肉だんご	801
レバーのごまかし揚げ	802
レバーのさつま揚げ	803
れんこんのコロッケ	806
れんこんのハムはさみ揚げ	806
若草揚げ	813
わかさぎのカラリ揚げ	813
わかさぎのケチャップあん	813
ワンタンの皮のおつまみ	819

いる

厚揚げのいり豆腐風	34
磯のふりかけ	54
いり卵	61
いり豆腐 しっとり味	61
いり豆腐 中国風	62
いり豆腐 パラリ味	62
炒りハム	63
おかずいり玉子	114
おから(しっとりうの花)	116
おから(パラリうの花)	116
ごま入り田作り	276
こんにゃくのピリかかまぶし	288
鮭そぼろ	293
じゃことにんじんのふりかけ煮	350
ソフトそぼろ	402
大根の葉のふりかけ	417
たらこふりかけ	455
ちりめんじゃこのつくだ煮	488
ツナそぼろ	492
でんぶ	502
鶏皮ピリ辛いり	523
鶏そぼろ あっさり味	526
ナッツごまめ	566
肉そぼろ 韓国風	583
のきしのぶ	609
ふきのとうのつくだ煮	664
ポテト入りいり卵	716

炒める

青菜炒め	8
秋野菜のみそ炒め	12
あした葉の磯炒め	23
あじのポルトガル風いり卵	27
アスパラガスと豆苗のチーズ炒め	29
アスパラガスのアリオリ炒め	30
アスパラガスのきんぴら	30
厚揚げと卵の炒めもの	33
厚揚げとなすのしそみそ炒め	34
いか炒めもやしあんかけ	44
いかねぎみそ炒め	48

847

索引

項目	ページ
いかのチリソース	49
いかバター	52
芋・栗・鶏の中国炒め	60
いんげんと牛肉のガーリック炒め	72
いんげんとシーフードのケチャップ炒め	73
いんげんと豚肉の辛み炒め	73
いんげんと豚肉の粉山椒炒め	73
いんげんのスパイシー炒め	75
うずら卵と里芋の中国風	83
うどの皮と厚揚げの中国炒め	86
うどの皮のきんぴら	87
えびの簡単チリソース	107
えびの本格チリソース	107
オクラと桜えびの炒めもの	118
お好み炒め	120
お正月のえびチリ	121
貝のオイスターソース炒め	139
簡単ホイコーロー	185
絹さやの青々炒め	193
絹さやのきんぴら	194
絹さやのにんにくバター炒め	194
きのことじゃがのにんにくソテー	199
きのこはんぺんのバター炒め	204
キャベツと卵の炒めもの	208
キャベツのオリーブ油炒め	214
牛肉と春菊の炒めもの	224
牛肉と夏野菜の炒めもの	225
牛肉とピーマンの炒めもの	226
牛肉とブロッコリーの中国炒め	226
牛肉とレタスのキムチ炒め	227
牛肉の旬炒め	229
牛ミンチとレタスのメキシカン	234
きゅうりのピリピリ炒め	237
牛レバーのベネチア風	237
きんぴらピーマン	247
クレソンと絹さやの旬炒め	256
クレソンと豚挽き肉炒め	256
ケチャップマヨエビ	258
ゴーヤーチャンプル	264
ゴーヤーと豚ばら肉の塩炒め	264
ゴーヤーみそチャンプル	265
ごぼうのおかずきんぴら	275
ごぼうのきんぴら	275
小松菜と貝柱の炒めもの	278
小松菜と豚肉のしょうが炒め	278
小松菜のクリームあんかけ	279
五目みそ炒め	285
コロコロチーズ入りいり卵	286
コンビーフポテト	290
ザーサイ大根	291
さつま芋の皮のきんぴら	305
里芋と牛肉の中国風炒め	307
三種きんぴら	323
三色ピリ辛炒め	325
三色混ぜきんぴら	325
じゃが芋と豚肉のザーサイ炒め	346
じゃが芋の粉チーズ炒め	347
じゃが芋のたらこ炒め	348
じゃが芋のバター炒め	348
新じゃがのにんにくみそ炒め	367
新青椒肉絲	368
スクランブルエッグ	374
スタミナ炒め	377
ズッキーニと牛肉の辛炒め	377
ズッキーニとじゃが芋炒め	378
ズッキーニのチャンプル風炒め	379
ズッキーニのバター炒め	379
酢豚	384
セロリのきんぴら	392
ぜんまいとせりの炒めもの	394
ぜんまいのナムル	395
そら豆と卵の炒めもの	404
大根皮のきんぴら	408
大根皮の塩きんぴら	409
大根と牛肉のザーサイ炒め	410
大根とこんにゃくのじゃこ炒め	411
大根とれんこんのピリ辛炒め	413
大根の辛み炒め	414
タイ風ポテトサラダ	423
高菜と豚肉の炒めもの	425
高菜と野菜の炒めもの	425
竹の子と牛肉の炒めもの	430
竹の子と大豆のみそ炒め	431
竹の子の酢豚	433
たことオクラのピリ辛炒め	438
たこと野菜のしそ炒め	438
卵とグリンピースのバター炒め	446
卵と挽き肉のレタス包み	448
卵とほたて貝の炒めもの	448
玉ねぎとベーコンのカレー炒め	452
中国風いり卵	483
中国野菜と豚の炒めもの	485
チンゲン菜と桜えびの炒めもの	489
チンゲン菜とたくあんのピリ辛炒め	489

青椒肉絲(チンジャオロウスー)	489
つるむらさきと豚肉のみそ炒め	497
つるむらさきのおかか炒め	498
豆腐入り四川なす炒め	506
トマト入りスクランブルエッグ	516
トマトと卵の炒めもの	517
鶏皮とお芋のきんぴら	523
鶏肉とナッツの炒めもの	531
とんみょうが	547
なすキャビア	550
なすと牛肉の炒めもの	554
なすと豚肉のみそ炒め	556
なすのクタクタ友だち	559
なすのみそ炒め	563
菜の花と桜えびの炒めもの	574
鍋しぎ	576
にがうりのシンプル炒め	582
肉だんごの甘酢煮	584
肉みそ	587
肉みそ 四川風	587
にら玉	596
にらレバ炒め	598
にんじんのきんぴら	600
にんにくの芽とキャベツのピリ辛炒め	602
にんにくの芽と卵の炒めもの	602
残り皮と葉のきんぴら	609
白菜のうま煮	614
パセリカレーポテト	619
八宝菜	622
八宝菜 海の幸	622
八宝辣醬(パーパオラーチァン)	623
はやしさん	627
ピーナッツとセロリの豆板醬炒め	643
ピーマンの三色くたくたきんぴら	647
挽き肉ともやしの豆板醬炒め	649
ピリ辛レタス炒め	658
ピリピリセロリ豚	658
ふきのきんぴら	663
ふきの葉としらすのほろほろ卵とじ	664
ふきの葉の梅きんぴら	664
豚ときゅうりの塩炒め	669
豚肉とキャベツの豆板醬炒め	671
豚肉としめじのバターチーズ	672
豚肉のほうれん草炒め	678
ブロッコリーと貝柱の炒めもの	693
ブロッコリーと牛肉のマヨネーズ炒め	693
ブロッコリーとナッツの炒めもの	693
ブロッコリーのきんぴら	694
ベーコン入りほうれん草ソテー	697
ベーコンと牛レバーのバターソテー	697
ベーコンと白菜漬けのソテー	697
回鍋肉(ホイコーロー)	702
ほうれん草と豚肉の辛子マヨ炒め	705
ほうれん草のじか炒め	707
ほうれん草のバター炒め	709
ポテトチップス炒め	719
ポルトガル風いり卵	722
香港風酢豚	724
麻婆炒め	726
麻婆豆腐	726
麻婆なす	727
麻婆白菜	727
麻婆春雨	728
麻婆もやし	728
もやし卵	762
もやしとにらの簡単炒め	762
もやしとミンチのにんにく炒め	763
モロヘイヤといんげんのピリ辛つくだ煮	765
野菜炒め	772
野菜たっぷり麻婆豆腐	774
野菜とちくわのオイスターソース炒め	775
魚香茄子(ユイシァンチェヅ)	780
ゆで肉のフライパン炒め	784
ラム肉のオニオン炒め	795
ラムのスタミナ焼き	796
レタス炒め	798
レタス包み	799
レタスと豚肉のピリ辛炒め	800
レタスのたらこ炒め	801
レバーと豚肉のピリ辛炒め	802
れんこんと豚肉のシンプル炒め	805
れんこんとベーコンの炒めもの	805
れんこんのきんぴら	805

漬ける

あさりのにんにくじょうゆ漬け	22
あじの南蛮漬け	27
あじの野菜マリネ	28
あちゃら漬け	32
いかとズッキーニのイタリアンマリネ	47
いかのトマトホットマリネ	50
いくら 酒漬け	53

項目	ページ
いろいろ漬け	63
梅干しの梅酒漬け	97
梅干しのはちみつ漬け	97
オイルサーディンとごぼうのマリネ	111
おみ漬け	130
カクテキ	147
かくや	147
かずのこ入り松前漬け	151
かつおのマリネ	154
かぶ漬け	161
かぶの水キムチ	164
かぶのゆず漬け	164
かぶのレモン漬け	165
カリフラワーとハムのマリネ	175
きすのスイートレモンマリネ	189
きのこと玉ねぎのマリネ	199
キャベツとトマトのカレー漬け	209
キャベツとにんじんのカレー漬け	210
キャベツの梅漬け	214
牛すじのマリネ	219
きゅうりと青じそのはさみ漬け	234
きゅうりの塩水漬け	236
きゅうりのピクルス	236
きゅうりのポリポリ漬け	237
紅白松前漬け	262
小梅のカリカリ漬け	263
小松菜の即席漬け	280
鮭のとびきり和風マリネ	298
鮭のマリネ	299
三五八漬け	300
三色塩漬け	324
しそ大根	339
しその実漬け	339
しば漬け（即席）	343
しめさば	343
ズッキーニの酢漬け	379
砂肝と千切り野菜の南蛮漬け	381
スモークサーモンのマリネ	387
セロリのみそ漬け	393
大根と魚介のピリピリマリネ	410
大根の大阪漬け	413
大根の辛み漬け	414
大根の皮と葉の酢じょうゆ漬け	414
大根のしょうゆ漬け	416
大根ゆかり漬け	419
たたききゅうり	441
卵のみそ漬け	451
玉ねぎのピクルス カレー味	453
玉ねぎのピクルス チリ味	454
たらこの粕漬け	454
鶏手羽先のイタリア風日本の香り漬け	526
鶏手羽先のべっこう漬け	527
鶏肉の香り漬け	533
鶏肉のピリ辛漬け	536
鶏肉のみそ風味漬け	536
鶏レバーのウスターソース漬け	542
なすとキャベツの即席漬け	554
なすの辛子漬け	558
なすの即席辛子漬け	561
なすのもみ漬け	564
なすマリネ	564
なたわり漬け	564
菜の花の塩漬け	575
ぬか漬け	603
ねぎ入り松前漬け	604
葉しょうがの梅酢漬け	618
ハムの人気マリネ	626
はりはり漬け	628
はりはり漬け 中国風	628
丸干しいわしのマリネ	737
水菜の水漬け	741
辣白菜（ラーパーツァイ）	792
わさび葉の一夜浸し	817

煮る

項目	ページ
秋の煮もの	10
秋の忘れ煮	12
あさりのつくだ煮	21
あじとしらたきのみそいり煮	24
あじとなすの大阪煮	24
あじの焼き煮	27
厚揚げとじゃが芋のゴロン煮	33
厚揚げの煮もの	35
あなごの照り煮	36
油揚げとにんじんの甘辛煮	37
甘栗と豚ばら肉の煮込み	40
アンディーブのスープ煮	43
いか・さつま芋・ねぎの煮つけ	45
いか・豆腐・竹の子の煮もの	46
いかとキャベツのカレー煮	47
いかと大根の煮もの	48
いかと玉ねぎのとろり煮	48

いかのわた煮	52
磯巻き鶏	54
イタリア風野菜のもつ煮	56
イタリアンレタスロール	58
いりどり	62
いわしの梅酒煮	64
いわしの梅煮	64
いわしの大阪煮	65
いわしの酒酢煮	67
いわしのしょうが煮	68
いわしのトマト煮	69
いんげんと豚肉のしょうが煮	74
いんげんのつくだ煮	75
いんげんのバター煮	75
いんげん豆の甘煮	76
いんげん豆のオリーブ油煮	77
いんげん豆のトマト煮	77
ウインナーロールキャベツ	81
うずら卵と里芋の煮もの	84
うどと牛肉の煮もの	84
うどとわかめの白煮	85
うどの白煮	87
うなぎとにらの卵とじ	88
うな玉豆腐	89
梅酒煮豚	96
えびうま煮	101
えび天おろし煮	103
えびとかぼちゃの煮もの	103
えびとカリフラワーのエスニック風	104
えびと里芋のあっさり煮	104
えびと春野菜のサッと煮	106
オイルサーディンのトマト煮	111
大鍋煮	114
おかず粉ふき芋	115
オクラと牛肉のすき煮	118
お正月の宝袋	122
お正月の煮しめ 関西風	122
オリーブとトマトのミートボール	133
かじきまぐろの白ワイン煮	149
かつおと豆腐の甘辛煮	153
かつおと菜の花のじか煮	153
かつおの角煮	153
かぶとあさりの煮もの	161
かぶと厚揚げのペロリ煮	161
かぶとえびのあんかけ	161
かぶ鶏厚揚げ	162
かぶの卵とじ	163
かぶのゆずみそかけ	164
かぼちゃと鶏肉の甘辛煮	165
かぼちゃのいとこ煮	165
かぼちゃの薄甘煮	166
かぼちゃのグラッセ	167
かぼちゃの煮もの	169
カリフラワーのミルク煮	176
カリフラワー・ビーンズ	176
かれいの煮つけ	177
皮つき簡単肉じゃが	181
かんぴょう 関西炊き	185
かんぴょう 関東炊き	185
がんもと春野菜の煮もの	186
きすの薄味煮	189
きつね柳川	191
絹ごし豆腐のきのこあんかけ	192
絹さやとえびの冷煮	192
絹さやと竹の子のクリーム煮	192
絹さやと麩の煮もの	193
きのこのつくだ煮	203
キャベツとハムのミルク煮	210
キャベツと豚ばらの重ね煮	211
キャベツとベーコンの重ね煮	211
キャベツとベーコンの卵とじ	212
キャベツとミンチの重ね煮	212
キャベツのほとほと煮	215
キャベツの洋風ほっぽり鍋	216
牛すじと野菜の煮もの	218
牛すじのつくだ煮	219
牛スタミナ煮	219
牛肉とごぼうの煮もの	223
牛肉と小松菜の5分煮	223
牛肉と根菜の煮もの	223
牛肉と豆腐のしょうが煮	224
牛肉の薄焼き 赤ワイン煮	227
牛肉の梅酒煮	228
牛肉のオニオン煮	228
牛肉のしぐれ煮	229
牛巻き甘辛煮	233
魚介の地中海風煮込み	241
切り干し大根のおかず煮	242
切り干し大根の関西風	242
切り干し大根の関東風煮つけ	242
切り干し大根の上品煮	243
切り干し大根の中国風煮もの	243
きんかんみつ煮	244
きんちゃく卵	245

索引

きんぴら煮しめ ……………………246	里芋の煮っころがし ……………………310
きんめ鯛とふきのスープ煮 …………247	さばのみそ煮 ……………………313
きんめ鯛の煮つけ ……………………248	サワーキャベツのソーセージ添え …319
栗入り黒豆 ……………………251	ザワークラウト カツ代風 ……………319
グリンピースのつぶし煮 ……………254	サワーチキン ……………………320
グリンピースのひすい煮 ……………254	山椒の実の青つくだ煮 ……………324
グリンピースのフランス煮 …………254	山椒の実のつくだ煮 ……………324
グリンピースのやわらか煮 …………254	さんまの秋煮 ……………………327
黒豆 ……………………257	さんまの梅酒煮 ……………………328
くわいの煮もの ……………………258	さんまの梅干し煮 ……………………328
高野豆腐の卵とじ ……………………263	さんまの山椒煮 ……………………328
高野豆腐の含め煮 ……………………264	さんまのピリこってり煮 …………329
コールドビーフ コンソメスープ付 …266	椎茸とこんにゃくの含め煮 …………331
コーンキャベツ ……………………267	椎茸の含め煮 ……………………331
コーンビーンズ ……………………268	塩豚の素朴なドイツ風煮込み ………334
小玉ねぎの甘煮 ……………………270	自家製干し大根の田舎煮 ……………335
昆布だけ巻き ……………………272	ししがしら煮 ……………………335
昆布巻き ……………………272	しそ入りいかの丸煮 ……………338
小松菜と焼売の煮もの ……………278	じゃが芋の正調煮っころがし ……347
小松菜とほたて貝の煮浸し …………278	じゃが芋の煮っころがし ……………348
小松菜の煮浸し ……………………280	じゃが芋やにんじんの田舎煮 ………349
ごま煮しめ ……………………281	じゃが豚トマトカレー煮 ……………350
五目大豆 ……………………284	醤肉 ……………………352
根菜とつくねの煮もの ……………286	精進炒め煮 ……………………356
根菜の煮もの ……………………286	しらたきと麩のすき焼き味 …………358
根菜ふりかけつくだ煮 ……………287	白身魚のスタッフドピーマン ………360
根菜ラタトゥイユ ……………………287	白身魚のトマト煮 ……………………360
こんにゃくとちくわの煮もの ………288	白身魚のプロヴァンス風 ……………360
こんにゃくのペロリ煮 ……………289	白身魚の蒸し煮 ……………………361
昆布と手羽先の気長煮 ……………290	白身魚のレモン煮 ……………………362
昆布と豚肉のガマン煮 ……………290	新じゃがと大豆のガーッと煮 ………365
昆布と干椎茸のつくだ煮 …………291	新じゃがとほたての煮もの …………365
鮭の治部煮 ……………………297	新じゃがのインド風 ……………………365
鮭のタルタルソース ……………………298	新じゃがのコロコロ煮 ……………366
さつま揚げと青菜の煮もの ………302	新じゃがの肉じゃが ……………………366
さつま芋だけの煮もの ……………303	スイートシュリンプ ……………………370
さつま芋と栗のつぶさぬきんとん …303	ずいきの炒め煮 ……………………370
さつま芋とゆで卵の煮もの …………304	スコッチエッグ ……………………375
さつま芋とりんごのロールドポーク …304	ズッキーニとトマトのハーブ煮 ……378
さつま芋のオレンジ煮 ……………305	スペアリブ インディアン風 ………385
さつま芋の豚巻き煮 ……………306	スペアリブの梅酒煮 ……………………385
里芋と甘栗の秋煮 ……………………307	スペアリブのワイン煮 ……………386
里芋とえびの京煮 ……………………307	西洋煮もの ……………………389
里芋と牛肉の煮つけ ……………………308	セロリと挽き肉のタイ風 ……………391
里芋と鶏肉のたっぷり煮 …………308	セロリのスープ煮 ……………………393
里芋と鶏の煮もの ……………………309	セロリのタバスコ煮 ……………………393
里芋の上品煮 ……………………309	セロリのつくだ煮 ……………………393

項目	ページ
ぜんざい（おしるこ）	394
ぜんまいと厚揚げのごま煮	394
ぜんまいの煮つけ	395
そら豆の甘辛煮	404
そら豆のひすい煮	406
ター菜のクリーム煮	406
大根たらこ煮	409
大根と油揚げのじか煮	409
大根と牛すじの煮もの	410
大根と豚肉の昆布煮	412
大根と豚ばらのみそ煮	412
大根と骨つき肉の沖縄風	412
大根の田舎煮	413
大根の梅煮	413
大根のおかか煮	414
大根のご馳走煮	415
大根の山海あん	416
大根のひたすら煮	417
大根のブイヨン煮	418
大根のべっこう煮	418
大豆のポークビーンズ	420
鯛大根	420
鯛とうどの煮つけ	421
鯛の子とグリンピースの煮もの	421
鯛の子や生たらこの甘辛煮	422
宝袋	426
竹の子とえびのクリーム煮	430
竹の子とつくねのうま煮	431
竹の子のおかか煮	433
竹の子の煮もの	434
竹の子めんま風	435
たこの煮もの	439
たっぷりキャベツと野菜煮込み	442
たら豆腐	456
たらと白菜のうま煮	456
たらのボンファム	458
チキンのアメリカ風煮込み	468
チキンのウスターソース煮	469
チキンのクリーム煮	469
チキンのぶどう煮	470
チキンのミラノ煮込み	471
チキンマレンゴ	474
筑前煮	476
筑前煮込み	476
ちょっとずぼらな大豆のイタリアン	486
チリビーンズ	488
つくねのじか煮	490
照りコロ挽き肉だんご	501
天つゆ	502
冬瓜（とうがん）のえびあんかけ	505
冬瓜（とうがん）のくず煮	505
豆腐と厚揚げのしんせき煮	507
豆腐とえびのピリッカラッ	508
豆腐と肉の煮込み	508
豆腐のオイスターソース煮	508
豆腐のじゃこアスパラ	510
トマトソース（ピザ用）	516
とら豆の薄甘煮	522
鶏かぼちゃのカレー煮	522
鶏さつま	524
鶏じゃが エスニック味	525
鶏じゃがさつま	525
鶏とかぶのカレースープ煮	528
鶏と栗のぶどう酒煮	528
鶏肉とカリフラワーの治部（じぶ）煮	530
鶏肉と小松菜の治部（じぶ）煮	530
鶏肉と里芋の中国風煮もの	531
鶏肉の赤ワイン煮	532
鶏肉のオニオントマト煮	533
鶏肉のつや煮	535
鶏のきのこ煮	538
鶏のタバスコ煮	539
鶏のトマト味のクリーム煮	539
鶏丸ごと白菜蒸し	540
鶏みそ大根	541
鶏もつのパルメザン煮	542
鶏もも肉の梅酒煮	542
鶏レバーの照り煮	543
とんカレーじゃが	545
とんさつま	545
とんじゃが	546
長芋の含め煮	548
なすと油揚げのとろ～り煮	552
なすといかのトマト煮	552
なすといんげんのみそ煮	553
なすとかぼちゃの煮もの	554
なすと魚のレモンスープ煮	555
なすと干しえびの煮もの	557
なすの揚げ煮	558
なすのイタリア煮	558
なすのチリ味	562
夏トマトで作る基本のトマトソース	568
夏のミートソース	570
菜っぱのスープ煮	571

菜の花の煮浸し ……………………… 576	豚かぼちゃ ……………………………… 667
生鮭のきのこあんかけ ………………… 577	豚肉とアスパラガスの卵とじ ………… 670
生鮭のこてっ …………………………… 578	豚肉とアスパラガスのポピエット …… 670
生鮭のねぎあんかけ …………………… 578	豚肉とキムチのウワーッと煮 ………… 671
生麩となすの煮もの …………………… 579	豚肉とキャベツの甘酢煮 ……………… 671
なまり節とわかめの煮もの …………… 580	豚肉とごぼうの柳川風 ………………… 672
肉じゃが ………………………………… 582	豚肉としめじの梅干し煮 ……………… 672
肉詰めピーマンのスープ煮 …………… 585	豚肉と大豆のこってり煮 ……………… 673
肉詰めピーマンの和風煮 ……………… 585	豚肉と野菜のスープ煮 ………………… 674
肉豆腐 …………………………………… 585	豚肉のサワーキャベツ ………………… 676
煮込みボリュームハンバーグ ………… 588	豚肉のチリソース煮 …………………… 676
煮魚 ……………………………………… 589	豚肉のフルーツ煮 ……………………… 677
虹色ガトー ……………………………… 589	豚肉のみそすき煮 ……………………… 678
にしんの甘辛煮 ………………………… 592	豚の昆布炊き …………………………… 680
煮豚と煮卵 ……………………………… 593	豚のワイン角煮 ………………………… 680
にらの卵とじ …………………………… 598	豚ばら肉のピーナッツがらめ ………… 681
にんじんと絹さやのつや煮 …………… 599	豚挽き肉と大根のピリ辛煮 …………… 681
にんじんのグラッセ …………………… 600	プラムチキン …………………………… 686
野ぶきのつくだ煮 ……………………… 609	ぶり大根 ………………………………… 687
白菜と厚揚げのキムチ煮 ……………… 612	ぶり大根 こんにゃく入り …………… 688
白菜とえびのクリームソース ………… 613	ぶり大根 ピリ辛みそ味 ……………… 688
白菜とつくねの煮もの ………………… 613	ぶりとごぼうの煮つけ ………………… 688
白菜と舞茸の煮浸し …………………… 613	ぶりの梅酒煮 …………………………… 689
白菜のおかか煮 ………………………… 614	ぶりの治部煮 …………………………… 689
白菜のかにクリーム …………………… 615	ふろふき大根 …………………………… 694
白菜のクリーム煮 ……………………… 615	ベーコンビーンズ ……………………… 698
白菜の丸焼き煮 ………………………… 616	べっこう鶏 ……………………………… 699
春野菜とソーセージのブイヨン煮 …… 636	ほうれん草とにらの相性煮 …………… 704
春野菜の煮合わせ ……………………… 637	ほうれん草のイスタンブール煮 ……… 705
ハワイアンポーク煮 …………………… 638	ほうれん草のクリーム煮 ……………… 706
はんぺん袋 ……………………………… 642	ほうれん草の煮浸し …………………… 709
ビーフストロガノフ …………………… 646	ほうれん草のバター煮 ………………… 710
ひじきと鶏肉の治部煮 ………………… 650	ポークビーンズ（即席） ……………… 712
ひじきの炒め煮 ………………………… 651	ほたてじゃが芋 ………………………… 713
ひじきの薄煮 …………………………… 651	ポテキャベソーセージ ………………… 715
ひじきの五目煮 ………………………… 651	ポテトほたて煮 ………………………… 720
ひじきの懐かし煮 ……………………… 652	丸ごとキャベツのビックリ煮 ………… 737
一口ハンバーグのミルク煮 …………… 654	ミートボールのきのこ煮 ……………… 739
ふきと油揚げの炒め煮 ………………… 661	ミートボールのパプリカ煮 …………… 740
ふきと牛肉の田舎煮 …………………… 661	身欠きにしんとうどの甘辛煮 ………… 740
ふきと鶏肉の煮もの …………………… 662	みょうがといかの煮もの ……………… 747
ふきとなまり節の煮もの ……………… 662	みょうがの卵とじ ……………………… 747
ふきの青煮 ……………………………… 662	もつと野菜の煮込み …………………… 762
ふきの炒め煮 …………………………… 663	焼き豚 …………………………………… 772
ふきの田舎煮 …………………………… 663	野菜たっぷりミートソース …………… 774
豚薄切り肉のワイン煮 ………………… 666	野菜チキン ……………………………… 775
豚角煮 …………………………………… 667	ゆで肉のグリンピース煮 ……………… 784

ゆばと野菜の煮もの･･････････787
ゆり根の甘煮･･････････････788
ゆり根の卵とじ････････････788
ゆり根の含め煮････････････789
洋風野菜煮もの････････････790
世にも簡単なお正月ビーフ･････790
世にも簡単なマーボ豆腐･･･････791
ラタトゥイユ･･････････････793
ラムのみそ煮･･････････････796
冷凍里芋と牛こまのワイン煮････798
レバーのワイン煮･･････････803
れんこんのゆっくり煮･････････807
ロールキャベツ････････････808
ロールキャベツ クリーム味･････809
ロールキャベツ コンソメ味･････809
ロールキャベツ ドミグラスソース････810
ロールフィッシュ･･････････811
若竹煮･･････････････････814
わかめとじゃこの梅干し煮･････816

蒸す

青菜の焼売(ショーマイ)･･････････････9
あさりの酒蒸し････････････21
小田巻き蒸し･･････････････125
海鮮焼売(ショーマイ)･････････････138
かにのくるくる卵巻き･･････160
かぶら蒸し･･････････････165
きぬかつぎ･･････････････191
きのこの酒蒸し･･････････202
きのこの茶碗蒸し････････202
きのこのワイン蒸し･･････204
キャベツと豚肉のさっぱり蒸し･･････210
金銀豆腐････････････････244
きんめ鯛の吹き寄せ蒸し･････248
空也蒸し･･･････････････249
さわらの木の芽蒸し･････････320
さわらの茶碗蒸し･････････321
焼売(ショーマイ)･････････････････352
竹の子焼売(ショーマイ)････････････429
玉子豆腐････････････････445
茶碗蒸し････････････････481
冷たい茶碗蒸し･･････････496
冷たい茶碗蒸し チキンスープ仕立て････496
鶏肉の辛子蒸し献立･････････534
はだかの焼売(ショーマイ)････････････620

花焼売(ショーマイ)･････････････623
はまぐりの酒蒸し･････････625
春雨焼売(ショーマイ)･･････････････630
ママーズソーセージ･････････734
蒸し鶏 お刺身風･･････････752
蒸し鶏 にんにくソース･･･････752
もち米だんご････････････760
野菜焼売(ショーマイ)･････････････773
ゆり根の茶碗蒸し･････････788
レタス焼売(ショーマイ)･････････････798
若竹蒸し････････････････814

焼く

青じそ入り豚肉巻き･････････7
秋の玉子焼き･････････････10
秋のハンバーグ････････････11
あさりと細ねぎのお好み焼き風････20
あじの塩焼き(グリル焼き)････26
アスパラガスと玉ねぎのチーズ焼き････29
厚揚げステーキ･･･････････32
アボカドオムレツ･････････37
いかたま････････････････45
いかねぎ焼き･････････････49
いかの筒焼き･････････････50
いかのにんにくみそ焼き･････51
イタリアのシンプルなミートボール････56
イタリア風ほうれん草の卵焼き････56
いわしの落とし焼き･･･････65
いわしのかば焼き･････････66
いわしの香味焼き･････････67
いわしの塩焼き･･･････････68
いわしのはさみ焼き･･･････70
いわしの風味漬け･････････71
いわしの焼き漬け･････････72
薄切りポークチャップ･････82
薄焼き卵････････････････82
うまき･･････････････････90
えび玉･･････････････････102
大急ぎのしょうが焼き･･･････111
おから入りチキンバーグ･････116
お好み焼き･･････････････120
お好み焼き風ピザ･････････121
おばあちゃんのオムレツ･････128
オムレツ(ハム＆マッシュルーム)････131
オムレツ(プレーン)････････132

おろしにんじん入りだて焼き ……………134	白身魚のムニエル カレークリームソース ……362
かあさんオムレツ ……………………………135	シンプルなステーキ ……………………………369
かきのピカタ ……………………………………145	新ポークチャップ ………………………………369
かじきのペッパーステーキ …………………148	スウェーデン風ミートボール …………………372
かじきまぐろのベーコン巻き ………………150	スタミナ薄切りステーキ ………………………377
かに玉 ……………………………………………159	スパゲティのおやき ……………………………384
かぼちゃのバター焼き …………………………169	スペインオムレツ ………………………………386
カレーポークチャップ …………………………180	すりおろしじゃが芋のお好み焼き …………388
簡単バーグ クリームソース …………………183	ソーセージのソース焼き ………………………399
きすのピカタ ……………………………………189	台湾風オムレツ …………………………………424
きのこのベーコン巻き …………………………203	竹の子と厚揚げのつけ焼き ……………………430
キャベツのステーキ ……………………………215	たこ焼き …………………………………………439
キャベツのバター焼き …………………………215	だし巻き玉子 ……………………………………440
牛カルビの塩焼き ………………………………217	だて巻き味の玉子焼き …………………………443
牛タンの塩焼き …………………………………220	卵のお好み焼き味 ………………………………449
牛肉の薄焼き 赤ワイン煮 ……………………227	卵のバタン焼き 甘酢あんかけ ………………450
牛肉の薄焼き レモンソース …………………227	玉子焼き 2種 …………………………………451
牛肉のきのこ巻き ………………………………228	玉ねぎの卵焼き …………………………………453
牛肉のごまごま焼き ……………………………229	タン塩 ……………………………………………460
牛肉のたたき 冬用 ……………………………230	チキンソテー ……………………………………467
牛肉のバター焼き ………………………………230	チキンソテー アメリカ風 ……………………467
牛肉のワイン漬け焼き …………………………232	チキンソテー ジンジャーソース ……………467
牛挽き肉の和風ステーキ ………………………233	チキンソテー レモン焼き ……………………468
餃子 ………………………………………………238	チキンチャップ …………………………………468
錦糸卵 ……………………………………………244	チキンのチーズピカタ …………………………469
グリンピース入り玉子焼き …………………253	チキンの蒸し焼きアップルソース …………472
くるくるビーフソテー …………………………255	チリチリ豚 ………………………………………487
小判焼き 中国風 ………………………………271	ツナとじゃが芋のポテトケーキ ……………492
小麦粉オムレット ………………………………281	ツナのオムレツ …………………………………494
鮭の甘酢漬け ……………………………………295	ツナのキャベツ焼き ……………………………494
鮭のグリーンソース ……………………………296	豆腐のステーキ …………………………………510
鮭の五目あんかけ ………………………………296	豆腐のステーキ クレソンソース ……………511
里芋マッシュ焼き ………………………………310	豆腐のステーキ 肉みそソース ………………511
さばのかば焼き風 ………………………………311	豆腐ハンバーグ …………………………………513
さばのとろろがけ ………………………………312	ときどり …………………………………………514
さばのムニエル …………………………………314	ときどりねぎ ……………………………………515
さわらのみそソース ……………………………321	トマトとアボカドのオムレツ …………………517
さんまの山椒みそソース ………………………329	鶏肉の白ワイン焼き ……………………………535
さんまのロール焼き ……………………………330	鶏肉のステーキ 日本の味 ……………………535
シーフードミックスとなすのチーズ焼き …332	鶏の山椒焼きと焼きねぎ ………………………538
塩ぶりの焼きもの ………………………………335	鶏の七味焼き ……………………………………538
自家製焼き塩鮭 …………………………………335	とろ〜りチーズオムレツ ………………………543
四川風餃子 ………………………………………337	とろろのちょぼ焼き ……………………………544
じゃが芋の一口お焼き …………………………349	とろろ焼き ………………………………………544
シャリアピンステーキ …………………………351	とん塩 ……………………………………………546
ジャンボバーグ …………………………………351	とんテキ …………………………………………547
白身魚のムニエル ………………………………361	長ねぎ入り中国風ハンバーグ …………………548

なす餃子(ギョーザ)	550
なすの卵焼き	562
夏のいか焼き	568
生ハムの牛肉巻き	579
にじますのバター焼き	590
にんじん入り玉子焼き	598
のんべの丸干し	610
バジルの卵焼き	618
畑のオムレツ	620
ハッシュドポテト	621
ハムステーキ	626
ハンカラバーグ	638
ハンバーグ	640
はんぺん卵の甘酢あんかけ	641
ビーフステーキ	645
ビーフステーキ トマトソース	645
ピーマンの卵焼き	647
ピーマンの肉詰め	648
ピカタ	649
豚薄肉のパルメザン焼き	666
豚肉元祖しょうが焼き	670
豚肉とセロリのピリ辛巻き	673
豚肉のザーサイはさみ焼き	675
豚肉の上新粉焼き	676
豚肉のりんごソース	678
豚のくわ焼き	679
フライパンローストビーフ	685
ぶりの醬味(ジャンウェイ)	689
ぶりの照り焼き風	690
ふんわかオムレツ	695
米なすのピカタ	696
ベーコンの串焼き	697
ペッチャン餃子	699
ペッパーステーキ	699
ほうれん草の玉子焼き	708
ポークステーキ きのこソース	711
ポークソテー トマトソース	711
ポークチャップ	712
ほたてのガーリック焼き	714
まぐろのイタリアン	730
まぐろ焼き	731
マリネステーキ	736
ムニエル オーロラソース	753
ムニエル ガーリックソース	753
メキシカン重ねステーキ	754
目玉焼き	755
目玉焼きのカレーソース	756
焼き餃子(ギョーザ)	768
焼きさんまの玉ねぎ漬け	768
焼き肉(ホットプレートや鉄板を使う)	771
八幡(やわた)巻き	779
リヨン風焼き肉	797
レバーステーキ	802
れんこんのはさみ焼き	806

ゆでる

アーティチョークのディップサラダ	7
青菜のオイスターソースかけ	8
あした葉のお浸し	24
アスパラガスのマスタードソース	31
厚揚げのとろろあん	35
あっさり牛肉	35
ウインナーのカレーもやし	80
枝豆の塩ゆで	99
かにカニ水餃子	157
菊のお浸し	187
小芋の柚子しょうゆ	260
ゴーヤーのおひたし	265
こごみのお浸し	269
粉ふき芋	272
こんにゃくのみそおでん	289
里芋マッシュ	310
さばの干もののサワーゆで	313
冷めてもおいしいしゃぶしゃぶ漬け	315
旬野菜の鶏みそかけ	355
スタッフドエッグ	376
ソーメンかぼちゃのそうめん風	399
竹の子のゆで方	435
玉ねぎのお浸し	453
つぶし里芋のきのこあんかけ	496
つるむらさきのお浸し	498
とうもろこしの塩ゆで	513
鶏肉のアボカドソース	532
鶏肉の香味あえ	534
鶏のピーナッツソースとスープ	540
トンピー	547
長ねぎのやわらかサラダ	549
なすとえびの冷菜	553
なすのお浸し	558
夏の水餃子(スイギョーザ)	569
菜の花のゆで浸し	576
肉きのこ	582

857

にらとあさりの練りみそかけ	597
にらのお浸し	597
ねぎ鶏	605
根っこ野菜とディップ	607
パセリのお浸し	619
パセリ風味のガーリックポテト	619
棒々鶏(バンバンヂー)	641
ピーマンのお浸し	647
ひすい餃子(ギョーザ)	653
ひたし豆	653
ふきの辛子ソース	663
豚肉の夏野菜重ね	677
ブロッコリーとえびのしょうがじょうゆ	692
ほうれん草のお浸し	706
ほうれん草のガーツ	706
ポーチドエッグ	712
モロヘイヤのガーツ	766
ゆで餃子(ギョーザ)	781
ゆでグリーンサラダ	781
ゆでじゃが イタリア式	782
ゆで卵	782
ゆで鶏のごまみそかけ	783
ゆで肉 イタリア式	784
ゆでねぎのみそマリネ	785
ゆで豚	785
ゆで豚の刺身風	785
ゆで野菜とディップ	786
世にも簡単ボイルドビーフ	791
涼拌(リャンバン)なす	797

オーブン・オーブントースターを使う

揚げじゃがチーズ焼き	14
あじのスパイス焼き	26
厚揚げ焼き	35
アボカドのグラタン	38
アボカドのパンピザ	39
アンチョビとキャベツのピザ	43
アンチョビのパン粉焼き	43
いわしの梅焼き	65
いわしのナポリ風オーブン焼き	70
いわし焼き 船乗り風	72
インディーラチキン	79
ウインナーキャセロール	80
うにセロリ	90
えびと野菜のグラタン	106
えびのライスグラタン	108
えびマカロニグラタン	109
オイルサーディンのチーズ焼き	111
お気に入りねぎだけピザ	118
お正月ローフ	124
オムレツオーブン焼き	132
ガーデンマリネ	135
かきとほうれん草のグラタン	143
かじきまぐろのチーズ焼き	149
かぼちゃのオーブン焼き	166
かぼちゃのグラタン	167
カリフラワーとハムの卵グラタン	175
皮むき焼きピーマン	181
キッシュロレーヌ	190
きのこだらけのピザ	197
きのこの合宿	201
きのこのパルメザン焼き	203
キャベツとコンビーフのミルクグラタン	208
牛肉のたたき 夏用	230
きょうだい巻き	237
餃子(ギョーザ)せんべい	239
切り身魚のマスタード焼き	243
クラッカーグラタン	250
クリスマスローフ	253
こんにゃくのみそ焼き	289
コンビーフの衣笠焼き	290
鮭とカリフラワーのグラタン	294
鮭と玉ねぎのチーズ焼き	295
鮭のホイル焼き	299
サラダピザ	318
ザワークラウト焼き	319
さんまのバター焼き	329
シーフード和風ピザ	333
シシカバブとガーリックパセリライス	336
七面鳥(ローストターキー)	340
じゃが芋簡単グラタン	344
じゃが芋とアンチョビのオーブン焼き	345
じゃが芋とたらのクリームグラタン	345
白身魚のホイルみそ焼き	361
ジンジャーチキン	364
スイスローフ	371
ズッキーニのグラタン	378
スペアリブ	385
スペアリブのバーベキュー味	385
スペアリブのパリパリオーブン焼き	386
即席かにマカロニグラタン	399
竹の子のグラタン	433

だて巻き ・・・・・・・・・・・・・・・・・・・・・442	ミルクココット ・・・・・・・・・・・・・・・・・・・748
卵とキャベツだけのパイ ・・・・・・・・・・446	ミンチのケバブ ・・・・・・・・・・・・・・・・・・749
卵のグラタン ・・・・・・・・・・・・・・・・・・・449	ムール貝のオーブン焼き ・・・・・・・・・・・750
たらときのこのホイル焼き ・・・・・・・・・456	ムサカ ・・・・・・・・・・・・・・・・・・・・・・・・・750
たらのチーズ焼き ・・・・・・・・・・・・・・・458	焼きズッキーニ ・・・・・・・・・・・・・・・・・・768
タンドリーチキン ・・・・・・・・・・・・・・・・461	焼きなす 現代風 ・・・・・・・・・・・・・・・・770
チーズカレー即席グラタン ・・・・・・・・・462	焼きなす たたき味 ・・・・・・・・・・・・・・770
チキンのバーベキュー ・・・・・・・・・・・・470	焼きなすのごまだれかけ ・・・・・・・・・・770
千草焼き ・・・・・・・・・・・・・・・・・・・・・・475	焼き野菜 イタリア風 ・・・・・・・・・・・・・772
ツナじゃがグラタン ・・・・・・・・・・・・・・492	野菜畑のピザ ・・・・・・・・・・・・・・・・・・・777
豆腐の木の芽田楽 ・・・・・・・・・・・・・・509	ヤンソンさんの誘惑 ・・・・・・・・・・・・・・780
ドライタイプのスペアリブ ・・・・・・・・・521	ゆでじゃが芋のチーズ焼き ・・・・・・・・・782
鶏手羽先の塩焼き ・・・・・・・・・・・・・・・527	ゆで卵の即席グラタン ・・・・・・・・・・・・782
鶏手羽先のスパイシー焼き ・・・・・・・・527	ライスグラタン ・・・・・・・・・・・・・・・・・・792
鶏肉となすのオーブン焼き ・・・・・・・・531	ラザニア 簡単トマトソース ・・・・・・・・・792
鶏肉のエスニック焼き ・・・・・・・・・・・・533	ラザニア なす入り ・・・・・・・・・・・・・・・793
鶏肉のパプリカ焼き ・・・・・・・・・・・・・535	れんこんのチーズ焼き ・・・・・・・・・・・・806
長芋のチーズ焼き ・・・・・・・・・・・・・・548	ローストビーフ オーブン焼き ・・・・・・・807
なすグラタン ・・・・・・・・・・・・・・・・・・・550	ロールミートローフ ・・・・・・・・・・・・・・812
なすと鶏ささみの重ね焼き ・・・・・・・・555	
なすの即席ミートソースグラタン ・・・・・561	
にじますの香味焼き ・・・・・・・・・・・・・590	
にじますのホイルみそ焼き ・・・・・・・・・591	
にらとサーディンのピザ ・・・・・・・・・・・597	
にんにく鶏 ・・・・・・・・・・・・・・・・・・・・602	
パイなしキッシュ ・・・・・・・・・・・・・・・・611	
白菜の即席グラタン ・・・・・・・・・・・・・615	
パリパリ鶏 ・・・・・・・・・・・・・・・・・・・・629	
ピザ台(基本) ・・・・・・・・・・・・・・・・・・649	
ビッグマカロニグラタン ・・・・・・・・・・・・653	
豚肉のアップル焼き ・・・・・・・・・・・・・675	
豚肉のブロシェット風ごまソース ・・・・・・677	
豚肉のワインロースト ・・・・・・・・・・・・・679	
フランスパンのチーズグラタン ・・・・・・・687	
ベイクドバジルトマト ・・・・・・・・・・・・・695	
米なすのグラタン ・・・・・・・・・・・・・・・695	
ヘルシーピザ ・・・・・・・・・・・・・・・・・・・701	
ほうれん草と鮭缶のグラタン ・・・・・・・・703	
ほうれん草と卵のグラタン ・・・・・・・・・704	
ほうれん草のスパゲティグラタン ・・・・・707	
ほうれん草の台なしキッシュ ・・・・・・・・708	
ポークシシカバブ ・・・・・・・・・・・・・・・711	
ポテトパイ ・・・・・・・・・・・・・・・・・・・・719	
ホワイトソースも使うラザニア ・・・・・・・722	
マカロニグラタン ・・・・・・・・・・・・・・・・729	
マロンミートローフ ・・・・・・・・・・・・・・・737	
ミートパイ ・・・・・・・・・・・・・・・・・・・・738	

素材別索引

肉類

［牛肉］

- あっさり牛肉 ………………………… 35
- いんげんと牛肉のガーリック炒め ………… 72
- うどと牛肉の煮もの ………………………… 84
- オクラと牛肉のすき煮 ……………………… 118
- 開化丼 ……………………………………… 137
- 重ねビーフかつ …………………………… 148
- かぶのボルシチ風 ………………………… 163
- きのこと牛肉のしゃぶしゃぶ ……………… 198
- 牛カルビの塩焼き ………………………… 217
- 牛すじとセロリのカレー …………………… 218
- 牛すじと野菜の煮もの ……………………… 218
- 牛すじのつくだ煮 ………………………… 219
- 牛すじのマリネ …………………………… 219
- 牛スタミナ煮 ……………………………… 219
- 牛すねのカレー …………………………… 220
- 牛タンの塩焼き …………………………… 220
- 牛チゲ ……………………………………… 221
- 牛丼 ………………………………………… 221
- 牛肉おろしあえ …………………………… 222
- 牛肉粥 ……………………………………… 222
- 牛肉とキャベツのサラダ …………………… 222
- 牛肉とごぼうのおかずサラダ ……………… 223
- 牛肉とごぼうの煮もの ……………………… 223
- 牛肉と小松菜の5分煮 ……………………… 223
- 牛肉と根菜の煮もの ……………………… 223
- 牛肉と春菊の炒めもの ……………………… 224
- 牛肉と春菊の中国サラダ …………………… 224
- 牛肉と豆腐のしょうが煮 …………………… 224
- 牛肉と夏野菜の炒めもの …………………… 225
- 牛肉と春野菜のシチュー …………………… 225
- 牛肉とピーマンの炒めもの ………………… 226
- 牛肉とブロッコリーの中国炒め …………… 226
- 牛肉と三つ葉のサラダ ……………………… 227
- 牛肉とレタスのキムチ炒め ………………… 227
- 牛肉の薄焼き 赤ワイン煮 ………………… 227
- 牛肉の薄焼き レモンソース ……………… 227
- 牛肉の梅酒煮 ……………………………… 228
- 牛肉のオニオン煮 ………………………… 228
- 牛肉のきのこ巻き ………………………… 228
- 牛肉のごまごま焼き ……………………… 229
- 牛肉のしぐれ煮 …………………………… 229
- 牛肉の旬炒め ……………………………… 229
- 牛肉のたたき 夏用 ……………………… 230
- 牛肉のたたき 冬用 ……………………… 230
- 牛肉の浪花揚げ …………………………… 230
- 牛肉のバター焼き ………………………… 230
- 牛肉のペッパーライス …………………… 231
- 牛肉のみそ鍋 ……………………………… 231
- 牛肉のメキシコ風シチュー ……………… 231
- 牛肉のワイン漬け焼き …………………… 232
- 牛ばら肉とトマトのパスタ ……………… 233
- 牛巻き甘辛煮 ……………………………… 233
- クッパ風ぶっかけ飯 ……………………… 250
- くるくるビーフソテー …………………… 255
- コールドビーフ コンソメスープ付 ……… 266
- コンソメスープ 本格派 ………………… 287
- ザーサイ大根 ……………………………… 291
- 里芋と牛肉の中国風炒め ………………… 307
- 里芋と牛肉の煮つけ ……………………… 308
- しゃぶしゃぶ ……………………………… 351
- シャリアピンステーキ …………………… 351
- 新じゃがの肉じゃが ……………………… 366
- 新青椒肉絲 ………………………………… 368
- シンプルなステーキ ……………………… 369
- すき焼き 関西風 ………………………… 373
- スタミナ薄切りステーキ ………………… 377
- ズッキーニと牛肉の辛炒め ……………… 377
- ステーキどん ……………………………… 381
- 即席ハヤシライス ………………………… 401
- 大根入りビーフスープ …………………… 408
- 大根カレー ………………………………… 408
- 大根と牛すじの煮もの …………………… 410
- 大根と牛肉のザーサイ炒め ……………… 410
- 竹の子ご飯 韓国風 ……………………… 429
- 竹の子と牛肉の炒めもの ………………… 430
- タコス ビーフ …………………………… 437
- チゲクッパ ………………………………… 478
- チゲ丼 ……………………………………… 478
- 青椒肉絲 …………………………………… 489
- 手打ち湯上げうどん ……………………… 499
- ドイツシチュー …………………………… 503
- ドイツ風ロールカツ ……………………… 504
- 豆腐のオイスターソース煮 ……………… 508
- なすと牛肉の炒めもの …………………… 554
- 夏の焼きうどん …………………………… 570
- 生ハムの牛肉巻き ………………………… 579
- 肉うどん …………………………………… 582
- 肉きのこ …………………………………… 582
- 肉じゃが …………………………………… 582

肉詰めピーマンの和風煮	585
肉豆腐	585
肉丼	586
煮込まないキャベツカレー	588
にんにくピリ辛スープ	603
ねぎすき	605
バタ焼き肉どん	621
はやしくん	627
はやしさん	627
ハヤシ丼	627
ハヤシライス	628
ビーフカツ	643
ビーフサラダ	644
ビーフシチュー	644
ビーフステーキ	645
ビーフステーキ トマトソース	645
ビーフストロガノフ	646
ビーフと青菜のあえもの	646
ヒラヒラかつサンド	656
ひらひらカレー	656
ふきと牛肉の田舎煮	661
フライパンローストビーフ	685
ブロッコリーと牛肉のマヨネーズ炒め	693
文明開化鍋と玉子ご飯	694
ペッパーステーキ	699
マリネステーキ	736
メキシカン重ねステーキ	754
モロヘイヤと牛肉のあえもの	765
焼き肉(ホットプレートや鉄板を使う)	771
焼き肉丼	771
山の幸サラダ	779
八幡巻き	779
ゆで肉 イタリア式	784
ゆで肉ときのこの香味あえ	784
ゆで肉のグリンピース煮	784
ゆで肉のフライパン炒め	784
世にも簡単なお正月ビーフ	790
世にも簡単ボイルドビーフ	791
リヨン風焼き肉	797
冷凍里芋と牛こまのワイン煮	798
ローストビーフ オーブン焼き	807
ロール肉のきのこシチュー	811
ロールミートローフ	812

［豚肉］

相性汁	7
青じそ入り豚肉巻き	7
揚げだし豆腐の五目あんかけ	15
甘栗と豚ばら肉の煮込み	40
芋すいとん豚汁	60
いんげんと豚肉の辛み炒め	73
いんげんと豚肉の粉山椒炒め	73
いんげんと豚肉のしょうが煮	74
いんげんと豚肉のスープ	74
薄切りポークチャップ	82
うどと豚肉の酢みそあえ	85
うま煮あんかけ焼きそば	91
梅酒煮豚	96
大急ぎのしょうが焼き	111
おかずかき玉汁	114
お好み炒め	120
お好み焼き	120
オム焼きそば	130
温めんビーフン 和風仕立て	134
カウボーイシチュー	140
かきの洋風鍋	145
重ね肉ロールと簡単野菜ポトフ	147
かた焼きそばもやしあん	152
かつ丼	156
カレーうどん 現代版	178
カレーポークチャップ	180
簡単ホイコーロー	185
きのこのトマトスープ	203
キャベツたっぷり洋風とん汁	207
キャベツと豚肉のさっぱり蒸し	210
キャベツと豚肉のシチュー	211
キャベツと豚ばらの重ね煮	211
きゅうりのピリピリ炒め	237
串かつ	249
クレソンと絹さやの旬炒め	256
現代すいとん	259
ゴーヤーと豚ばら肉の塩炒め	264
ゴーヤーみそチャンプル	265
ゴールデンヌードル	266
小松菜ごはん	277
小松菜と豚肉のしょうが炒め	278
小松菜の中国風混ぜめし	280
五目あんかけ焼きそば	282
昆布と豚肉のガマン煮	290
さつま芋とりんごのロールドポーク	304
さつま芋の豚巻き煮	306
冷めてもおいしいしゃぶしゃぶ漬け	315
ザワークラウト焼き	319
三色ピリ辛炒め	325

サンドラのスープ ……………………326	とん塩 ……………………………546
塩豚と根菜のポトフ ………………334	とんシチュー トマト味 ……………546
塩豚の素朴なドイツ風煮込み ………334	とんじゃが …………………………546
シシカバブとガーリックパセリライス …336	とんテキ ……………………………547
じゃが芋と豚肉のザーサイ炒め ……346	トンピー ……………………………547
じゃが豚トマトカレー煮 ……………350	とんみょうが ………………………547
しゃぶしゃぶ ………………………351	なすと豚肉のみそ炒め ……………556
醤肉(ジャンニョー) ………………352	なすと豚肉のみそ汁 ………………556
常夜鍋 ………………………………356	なすと豚のおかずごまみそがらめ …556
新じゃがと大豆のガーッと煮 ………365	ナッツ酢豚 …………………………566
新じゃが豚のみそがらめ ……………367	菜の花のとんサラダ ………………575
新ポークチャップ …………………369	にっぽんの母カレー ………………593
酸辣湯(スーラータン) ……………373	煮豚と煮卵 …………………………593
酢豚 …………………………………384	にんにくの芽とキャベツのピリ辛炒め …602
スペアリブ …………………………385	ねぎ焼きそば ………………………607
スペアリブ インディアン風 ………385	白菜の豚汁 …………………………616
スペアリブの梅酒煮 ………………385	八宝菜 ………………………………622
スペアリブのバーベキュー味 ………385	春巻き ………………………………635
スペアリブのパリパリオーブン焼き …386	ハワイアンポーク煮 ………………638
スペアリブのワイン煮 ……………386	ハンガリー風シチュー ……………638
西洋煮もの …………………………389	ビーフンのペッパー炒め …………647
セロリのあったか中華めん ………391	ビーワンサラダ ……………………649
ソース焼きスパ ……………………398	ピカタ ………………………………649
大根と豚肉の昆布煮 ………………412	ひらひらカレー ……………………656
大根と豚ばらのみそ煮 ……………412	ピリ辛ごまめん ……………………657
大根と骨つき肉の沖縄風 …………412	ピリピリセロリ豚 …………………658
大根とれんこんのピリ辛炒め ………413	豚薄切り肉のワイン煮 ……………666
大豆のポークビーンズ ……………420	豚薄肉のパルメザン焼き …………666
高菜と豚肉の炒めもの ……………425	豚角煮 ………………………………667
竹の子カレー ………………………427	豚かぼちゃ …………………………667
竹の子の酢豚 ………………………433	豚キムチ鍋 …………………………667
卵のザーサイスープ ………………450	豚ごま揚げ …………………………668
中華丼 ………………………………481	豚汁 …………………………………668
中華屋さんのカレー ………………482	豚汁うどん …………………………669
中国風おこわ ………………………483	豚ときゅうりの塩炒め ……………669
中国風フリッター …………………485	豚とじ丼 ……………………………669
中国野菜と豚の炒めもの …………485	豚肉元祖しょうが焼き ……………670
チリチリ豚 …………………………487	豚肉とアスパラガスの卵とじ ……670
つるむらさきと豚肉のみそ炒め ……497	豚肉とアスパラガスのポピエット …670
テケレツのオッパッパ ……………499	豚肉とキムチのウワーッと煮 ……671
豆腐たっぷりの酸辣湯(スーラータン) …507	豚肉とキャベツの甘酢煮 …………671
豆腐と肉の煮込み …………………508	豚肉とキャベツの豆板醤炒め ……671
豆腐の五目汁 ………………………509	豚肉とごぼうのみそ汁 ……………672
ドライタイプのスペアリブ ………521	豚肉とごぼうの柳川風 ……………672
とんかつ ……………………………545	豚肉としめじの梅干し煮 …………672
とんカレーじゃが …………………545	豚肉としめじのバターチーズ ……672
とんさつま …………………………545	豚肉と春菊のみそ汁 ………………673

豚肉とセロリのピリ辛巻き	673
豚肉と大豆のこってり煮	673
豚肉とねぎのキムチみそスープ	674
豚肉と野菜のスープ煮	674
豚肉の青じそサンド	674
豚肉のアップル焼き	675
豚肉のから揚げ	675
豚肉のザーサイはさみ焼き	675
豚肉のサワーキャベツ	676
豚肉の上新粉焼き	676
豚肉のチリソース煮	676
豚肉の夏野菜重ね	677
豚肉のフルーツ煮	677
豚肉のブロシェット風ごまソース	677
豚肉のほうれん草炒め	678
豚肉のみそすき煮	678
豚肉のりんごソース	678
豚肉のレタスあえ	679
豚肉のワインロースト	679
豚のくわ焼き	679
豚の昆布炊き	680
豚のワイン角煮	680
豚ばら肉と野菜のさっぱりソース	681
豚ばら肉のピーナッツがらめ	681
豚ヒレの卵白揚げ	681
豚みそ丼	682
ぶっかけうどん	682
ブロッコリーとナッツの炒めもの	693
回鍋肉(ホイコーロー)	702
ほうとう 夏版	702
ほうとう 冬版	703
ほうれん草と豚肉の辛子マヨ炒め	705
ポークシシカバブ	711
ポークステーキ きのこソース	711
ポークソテー トマトソース	711
ポークチャップ	712
ポテトすいとん	718
香港風酢豚	724
麻婆炒め	726
魔女のスープ 豚ばら肉入り	731
街の中華屋さん風カレー	732
みそおでんの串刺し鍋	742
みそ煮込みうどん	742
みそロールカツ	744
明治生まれのかつどん	754
メキシカンシチュー	755
もち入りポトフ	759

もやしと豚肉の辛子みそあえ	762
もやし春巻き	763
モロヘイヤのガーツ	766
モロヘイヤめん	767
焼きそうめん	769
焼きそば 大阪式	769
焼きビーフン	771
焼き豚	772
野菜炒め	772
魚香茄子(ユイシアンチェツ)	780
ゆで肉のグリンピース煮	784
ゆで肉のフライパン炒め	784
ゆで豚	785
ゆで豚の刺身風	785
ゆで豚のみそだれあえ	785
レタスと豚肉のピリ辛炒め	800
レバーと豚肉のピリ辛炒め	802
れんこんと豚肉のシンプル炒め	805
和素材薄切り肉ポトフ	818
和風カレーどんぶり	818

[鶏肉]

秋のひっつめ汁風	11
揚げ鶏の甘酢がらめ	16
揚げ鶏の薬味ソースかけ	16
揚げワンタンの五目あんかけ	19
アボカドのトマトチキンサラダ	39
磯巻き鶏	54
芋・栗・鶏の中国炒め	60
いりどり	62
インディアンスープ	78
インディアンピラフ	78
インディーラチキン	79
ウィリーさんのサラダ	80
ウリもどきのスープ	97
大阪風鍋	112
大鍋煮	114
小田巻き蒸し	125
オムライス	131
オムレツオーブン焼き	132
親子どんぶり	133
家庭でできるスープ	156
かぶ鶏厚揚げ	162
かぼちゃと鶏肉の甘辛煮	165
かぼちゃのおかゆ	166
かぼちゃのグラタン	167
鴨南風せいろそば	172

863

から揚げソテー	173
カリフォルニアサンド	174
カレーピラフ	180
キジもどき汁	188
きのこと鶏肉の簡単クリームシチュー	200
きのこと鶏肉のバターライス	200
きのこと鶏肉の本格クリームシチュー	200
キャベツと鶏のカレースープ	209
切り干し大根のおかず煮	242
クラブハウスサンド	251
クリームコーンシチュー	251
豪華ぞう煮	261
コーンとささみのかき揚げ	268
ごぼうと貝割れ大根のサラダ	273
ごぼうとチキンのサラダ巻き	274
ごぼうのごま鶏あえ	275
ごまだれ冷やし中華そば	277
五目かけごはん	284
昆布と手羽先の気長煮	290
ささみのおらんだ揚げ	300
ささみのしそ巻き揚げ	300
ささみのチーズ巻きフライ	301
里芋と鶏肉のたっぷり煮	308
里芋と鶏の煮もの	309
サマーポテトサラダ	314
サワーチキン	320
山菜おこわ	322
山菜ぞう煮	322
山菜めし	323
四川風から揚げ	337
白みそぞう煮	362
ジンジャーチキン	364
シンプルぞう煮	368
スイートポテトライス	370
スープ茶漬け	372
ズッキーニのチャンプル風炒め	379
セロリと鶏手羽先のスープ	390
即席酢鶏	400
大根のご馳走煮	415
タイ風スープ 本格風	423
炊き込みパエリア	427
たけのこクリームカレー	428
竹の子と鶏肉の混ぜごはん	432
竹の子のグラタン	433
タコス チキン	436
たたきチキンカツ	442
卵とチキンのカレー	447
タンドリーチキン	461
チキンかつ	463
チキンカレー	464
チキンカレー 本格風	464
チキンクリームコロッケ	465
チキンクリームのサフランライス添え	465
チキンコーンシチュー	466
チキンスープ(中国風)	466
チキンソテー	467
チキンソテー アメリカ風	467
チキンソテー ジンジャーソース	467
チキンソテー レモン焼き	468
チキンチャップ	468
チキンのアメリカ風煮込み	468
チキンのウスターソース煮	469
チキンのクリーム煮	469
チキンのチーズピカタ	469
チキンのバーベキュー	470
チキンのぶどう煮	470
チキンの丸ごと揚げ	471
チキンの丸ごとポトフ	471
チキンのミラノ煮込み	471
チキンの蒸し焼きアップルソース	472
チキン春巻き	472
チキンビーフン	473
チキンピラフ	473
チキンマカロニサラダ	474
チキンマレンゴ	474
チキンライス	475
筑前煮	476
筑前煮込み	476
筑前めし	476
茶碗蒸し	481
中国粥	483
中国風鶏ぞう煮	484
つくねのじか煮	490
冬瓜(とうがん)スープ	504
ときどり	514
ときどりねぎ	515
トムヤムクンおかゆ	520
鶏かぼちゃのカレー煮	522
鶏から揚げのオレンジ風味	522
鶏からカレーピラフ	523
鶏皮とお芋のきんぴら	523
鶏皮ピリ辛いり	523
鶏クッパ	523
鶏ささみの吸いもの	524

鶏ささみのスパイス揚げ	524
鶏じゃが エスニック味	525
鶏すき鍋	525
鶏茶漬け	526
鶏手羽先のイタリア風日本の香り漬け	526
鶏手羽先の塩焼き	527
鶏手羽先のスパイシー焼き	527
鶏手羽先のべっこう漬け	527
鶏とえびの酸っぱいスープ	527
鶏とかぶのカレースープ煮	528
鶏と栗のぶどう酒煮	528
鶏と白菜のごま鍋	528
鶏と野菜のおこわ風	529
とり鍋	529
鶏南蛮そば	529
鶏肉卵揚げ	530
鶏肉とカリフラワーの治部煮	530
鶏肉と小松菜の治部煮	530
鶏肉と里芋の中国風煮もの	531
鶏肉となすのオーブン焼き	531
鶏肉とナッツの炒めもの	531
鶏肉とわかめのごまドレッシング	532
鶏肉の赤ワイン煮	532
鶏肉のアボカドソース	532
鶏肉のエスニック焼き	533
鶏肉のオニオントマト煮	533
鶏肉の香り漬け	533
鶏肉の辛子蒸し献立	534
鶏肉の香味あえ	534
鶏肉の白ワイン焼き	535
鶏肉のステーキ 日本の味	535
鶏肉のつや煮	535
鶏肉のパプリカ焼き	535
鶏肉のピリ辛漬け	536
鶏肉のみそ風味漬け	536
鶏の重ねボリュームシチュー	537
鶏のから揚げ	537
鶏のカレー揚げ	537
鶏のきのこ煮	538
鶏の山椒焼きと焼きねぎ	538
鶏の七味焼き	538
鶏のタバスコ煮	539
鶏のトマト味のクリーム煮	539
鶏の夏野菜あえ	539
鶏のピーナッツソースとスープ	540
鶏丸ごと白菜蒸し	540
鶏むね肉の漬け揚げ	541
鶏もも肉の梅酒煮	542
なすと鶏ささみの重ね焼き	555
なすのチリ味	562
夏野菜のポトフ	572
ナポリ風チキンライス	577
にんにく鶏	602
ねぎ鶏	605
パエリア	612
八宝辣醤(ラージャン)	623
バナナのホットサンド	624
パリパリ鶏	629
棒々鶏(バンバンジー)	641
ひじきと鶏肉の治部(じぶ)煮	650
一口フライドチキン	654
ピリ辛チキンスープ	657
ふきごはん	660
ふきと鶏肉の煮もの	662
ふくらみチキン	665
フライドチキン	684
プラムチキン	686
ベーコン＆チキンサンド	696
べっこう鶏	699
マカロニグラタン	729
Ｍｒ．ダッグウッド風サンドイッチ	740
みそポトフ	743
蒸し鶏 お刺身風	752
蒸し鶏 にんにくソース	752
もち入りコーンシチュー	758
もち入り茶碗蒸し	759
モロヘイヤと鶏肉の中国風スープ	765
野菜チキン	775
野菜と鶏肉のごまドレッシング	776
油淋鶏(ユウリンチー)	781
ゆで鶏のごまみそかけ	783
ゆで肉のグリンピース煮	784
ゆで肉のフライパン炒め	784
レモンバーミセリ	804

[挽き肉]

牛挽き肉

揚げミートボール	18
イタリアのシンプルなミートボール	56
田舎のシチュー	59
インド式キーマカレー	79
オクラ入りキーマカレー	118
お正月ローフ	124
オリーブとトマトのミートボール	133

かあさんオムレツ	135
カリフラワーの簡単カレー	176
カリフラワー・ビーンズ	176
カレーサンド	179
カレーバーガー	179
カレーパン	179
皮つき簡単肉じゃが	181
簡単ピロシキ 肉	184
牛挽き肉の和風ステーキ	233
牛ミンチとレタスのメキシカン	234
クリスマスローフ	253
クレソンと牛挽き肉炒め	256
ごぼうのおかずきんぴら	275
コンソメスープ 和風仕立て	288
ジャンボバーグ	351
スイスローフ	371
スウェーデン風ミートボール	372
タコス風オープンサンド	437
ダブルバーガー	443
チリビーンズ	488
豆腐ハンバーグ	513
なすの即席ミートソースグラタン	561
肉だんごカレー	583
バーガーサンド	611
ハンカラバーグ	638
ハンバーガー	640
ハンバーグ	640
ホットドッグ タコス風	714
ポテトコロッケ	717
ミートソース	738
ミートパイ	738
ミンチのケバブ	749
野菜たっぷりミートソース	774
ラザニア 簡単トマトソース	792
ラザニア なす入り	793
ロールキャベツ ドミグラスソース	810
わかめの韓国風スープ	816
わかめの韓国風ぞうすい	816

豚挽き肉

アジアンひやむぎ	23
エスニック・ミニ春巻き	98
えび入りスープ餃子	100
おから肉だんご	117
お正月ローフ	124
おばあちゃんのオムレツ	128
海鮮焼売	138

かにカニ水餃子（スイギョーザ）	157
かにのくるくる卵巻き	160
かぼちゃのサモサ	168
簡単春餅（シュンピン）	183
キャベツいっぱいのメンチかつ	206
キャベツとつまみだんごのスープ	209
キャベツとミンチの重ね煮	212
餃子（ギョーザ）	238
餃子（ギョーザ）チャーハン	239
クリスマスローフ	253
国籍不明の春雨サラダ	269
小判焼き 中国風	271
ししがしら煮	335
四川風辛子そば	337
四川風餃子（ギョーザ）	337
ジャージャーめん	343
焼売（シューマイ）	352
新じゃがのインド風	365
スイスローフ	371
セロリと挽き肉のタイ風	391
セロリのジャージャーめん	392
即席担々鍋	400
タイ風ポテトサラダ	423
竹の子焼売（シューマイ）	429
タコス風サラダ	437
卵と挽き肉のレタス包み	448
担々飯	461
チャオねぎラーメン	479
中近東ムードのリゾット	482
豆腐入り四川なす炒め	506
豆腐入り肉だんごの甘酢あんかけ	506
豆腐のステーキ 肉みそソース	511
長ねぎ入り中国風ハンバーグ	548
なす餃子（ギョーザ）	550
なすのクタクタ友だち	559
夏の水餃子（スイギョーザ）	569
夏のミートソース	570
肉そぼろ 韓国風	583
肉だんご甘酢あんかけ	583
肉だんごとさつま芋の甘酢味	584
肉だんごの甘酢煮	584
肉詰めピーマンのスープ煮	585
肉まんじゅう	586
肉みそ	587
肉みそ 四川風	587
肉レタス	588
はだかの焼売（シューマイ）	620

花焼売(シューマイ)	623
春雨焼売(シューマイ)	630
春ワンタンスープ	637
ピーマンの肉詰め	648
挽き肉ともやしの豆板醤炒め	649
ひすい餃子(ギョーザ)	653
豚ごぼうの混ぜ飯	668
豚挽き肉と大根のピリ辛煮	681
ペッチャン餃子	699
ほうれん草の麻婆あんかけ	710
麻婆豆腐	726
麻婆なす	727
麻婆白菜	727
麻婆春雨	728
麻婆もやし	728
ママーズソーセージ	734
ミートボールのきのこ煮	739
ミニ・グリンピース春巻き	745
ミニ肉まん	746
ムサカ	750
メキシカンライス	755
もち米だんご	760
もちと白菜の中国風	760
もやしとミンチのにんにく炒め	763
もやしビーフン	764
焼き餃子(ギョーザ)	768
野菜たっぷり麻婆豆腐	774
屋台風ビーフン	778
やっこの肉みそがけ	778
ゆで餃子(ギョーザ)	781
ゆでもやしの中国風	786
世にも簡単なマーボ豆腐	791
レタス焼売(シューマイ)	798
レタス包み	799
ロールキャベツ ドミグラスソース	810
ロールミートローフ	812
わがままなワンタン	814
わが道をゆくえびワンタン	815
わが道をゆくワンタン	815
ワンタン	819

鶏挽き肉

青菜の焼売(シューマイ)	9
おから入りチキンバーグ	116
お正月ローフ	124
かぼちゃのコロッケ	167
かぼちゃの茶巾	168

加茂なすの肉みそ田楽	171
カレーコロッケ	178
京風鍋	238
きんちゃく揚げ	245
クリスマスローフ	253
根菜とつくねの煮もの	286
三色どんぶり	324
旬野菜の鶏みそかけ	355
スイスローフ	371
竹の子とつくねの一緒揚げ	431
竹の子とつくねのうま煮	431
チキンボールのすまし汁	473
照りコロ挽き肉だんご	501
鶏さつま	524
鶏じゃがさつま	525
鶏そぼろ あっさり味	526
鶏のポン落とし	540
鶏みそ大根	541
鶏ミンチの竜田揚げ	541
にんじん粥(ガユ)	599
白菜とつくねの煮もの	613
ふんわかオムレツ	695
ポテ肉だんごのスープ	720
本格なすカレー	723
野菜焼売(シューマイ)	773
ラタトゥイユカレー	794
レタス焼売(シューマイ)	798
レバー入り肉だんご	801
れんこんのコロッケ	806
れんこんのはさみ焼き	806
ロールキャベツ クリーム味	809
ロールキャベツ コンソメ味	809
ロールミートローフ	812

合い挽き肉

秋のハンバーグ	11
揚げにら餃子(ギョーザ)	17
インド式キーマカレー	79
エスニック風ピラフ	98
簡単バーグ クリームソース	183
簡単ピロシキ 野菜	184
キーマカレー	186
基本のミートボール	205
グリンピースカレー	253
サモサ(グリンピース入り)	315
サモサ(じゃが芋入り)	316
シチュードスコッチエッグ	342

スコッチエッグ	375
タコス	436
ドライカレー	521
なすのドライカレー	562
なすのメンチカツ	563
煮込みボリュームハンバーグ	588
ビッグマカロニグラタン	653
一口ハンバーグのミルク煮	654
ピリカカシチュー	658
ベジタブルドライカレー	698
ペリメニ	700
ペリメニのミルクスープ	701
ポテトコロッケ	717
丸ごとキャベツのビックリ煮	737
マロンミートローフ	737
ミートボールのカレー煮	739
メンチカツ	757
ロールキャベツ	808

［その他肉類］

ラム

ラムとなすのインドカレー	794
ラム肉のオニオン炒め	795
ラムのカレーシチュー	795
ラムのスタミナ焼き	796
ラムのみそ煮	796

七面鳥

七面鳥(ローストターキー)	340
七面鳥(ローストターキー)サンド	341
七面鳥(ローストターキー)のサラダ	342

レバー

牛レバーのベネチア風	237
スタミナ炒め	377
鶏レバーのウスターソース漬け	542
鶏レバーの照り煮	543
にらレバ炒め	598
にんじんとレバーのサラダ	599
パリパリ鶏	629
ベーコンと牛レバーのバターソテー	697
レバー入り肉だんご	801
レバーステーキ	802
レバーと豚肉のピリ辛炒め	802
レバーのごまかし揚げ	802
レバーのさつま揚げ	803
レバーのワイン煮	803

レバーペースト	803

もつ

イタリア風野菜のもつ煮	56
砂肝と千切り野菜の南蛮漬け	381
鶏もつのパルメザン煮	542
もつと野菜の煮込み	762

タン

薄切りタンシチュー	82
タン塩	460
タンシチュー	460

［缶詰・加工品］

ソーセージ・サラミソーセージ

イタリアンサラダ	57
イタリアンレタスロール	58
いんげん豆のトマト煮	77
ウインナーキャセロール	80
ウインナー卵サンド	80
ウインナーのカレーもやし	80
ウインナーロールキャベツ	81
オードブル5種	113
カッテージチーズ イタリアンサラダ	155
キドニービーンズとサラミのサラダ	191
キャベツの洋風ほっぽり鍋	216
きょうだい巻き	237
サラミとチーズのブロイル	318
サワーキャベツのソーセージ添え	319
ソース焼きスパ	398
ソーセージのスパゲティ	398
ソーセージのソース焼き	399
夏野菜ライス	572
春野菜とソーセージのブイヨン煮	636
フランクフルトの夏香りフライ	686
ホットドッグ＆ホットチリドッグ	715
ポテキャベソーセージ	715
ポテト入りソーセージ揚げパン	716

ハム

アスパラガスの天ぷら	30
アボカドとハムのホットサンド	38
炒りハム	63
いんげんのマカロニサラダ	76
インディアンライス	78
オードブル5種	113
オムレツ(ハム＆マッシュルーム)	131

868

オリーブとトマトのミートボール	133
カリフラワーとハムの卵グラタン	175
カリフラワーとハムのマリネ	175
カレー混ぜピラフ	181
簡単春餅(シュンピン)	183
キッシュロレーヌ	190
キャベツとハムのミルク煮	210
キューカンバーハム	218
クレープサンド	255
現代風かけまわしずし	259
ごまだれ冷やし中華そば	277
小麦粉オムレット	281
五目サラダ	284
コロコロかき揚げ	285
根菜ピラフ	287
三色家庭サラダ	324
スパゲティナポリタン	383
セロリのサラダ	392
大根のしんなりサラダ	417
大豆とハムの落とし揚げ	419
ダブルポテトサラダ	444
なすのゴロン揚げ	560
生ハムの牛肉巻き	579
生ハムのにぎりずし	579
虹色ガトー	589
パイなしキッシュ	611
白菜のクリーム煮	615
白菜の即席グラタン	615
ハムかつ	625
ハムステーキ	626
ハムの人気マリネ	626
ハムのりサンド	626
春雨サラダ	630
春雨ときゅうりのあえもの	630
春雨の卵サラダ	631
春雨の中国サラダ	631
春のチャーハン	634
ハワイアンサラダ	637
冷やし中華	654
ふくらみチキン	665
豚薄肉のパルメザン焼き	666
ほうれん草の台なしキッシュ	708
ポテポテケーキ	721
マカロニサラダ	730
Mr.ダッグウッド風サンドイッチ	740
野菜バーガー	776
ゆで卵の即席グラタン	782
れんこんのハムはさみ揚げ	806

ベーコン

イタリア的野菜スープ	55
イタリアンシチュー	57
いんげん豆のスープ	77
お好み焼き風ピザ	121
オムレツオーブン焼き	132
カウボーイシチュー	140
かじきのペッパーステーキ	148
かじきまぐろのベーコン巻き	150
カリフォルニアサンド	174
簡単カルボナーラ	182
きのこのトマトスープ	203
きのこのベーコン巻き	203
キャベツとベーコンの重ね煮	211
キャベツとベーコンのカレー	212
キャベツとベーコンのスープ	212
キャベツとベーコンの卵とじ	212
キャベツ鍋	213
キャベツのミモザサラダ	216
牛乳で作るカルボナーラ	232
きょうだい巻き	237
クラブハウスサンド	251
クリスマスローフ	253
香ばしい森のパスタ	262
シーザーサラダ	331
ジャーマンポテトサラダ	344
スパゲティカルボナーラ	383
そば粉クレープ	401
大根のブイヨン煮	418
玉ねぎとベーコンのカレー炒め	452
チキンコーンシチュー	466
ちくわと青じそとベーコンパスタ	477
ちょっとずぼらな大豆のイタリアン	486
チンゲン菜とベーコンのみそ汁	489
ドイツシチュー	503
なすスパゲティ	551
なすのサンドイッチ	560
夏のみそスープ	570
生クリームなしのカルボナーラ	577
ニョッキ きのこスープ仕立て	595
にんじんベーコンサンド	601
バーガーサンド	611
ハンガリー風シチュー	638
ピリ辛シチュー	657
冬の具だくさんみそスープ	683

索引

869

フランスの田舎風スープ ……………… 686
ベーコン＆チキンサンド ……………… 696
ベーコン入りほうれん草ソテー ………… 697
ベーコンと牛レバーのバターソテー …… 697
ベーコンと白菜漬けのソテー …………… 697
ベーコンの串焼き ………………………… 697
ベーコンビーンズ ………………………… 698
ほうれん草とベーコンのスパゲティ …… 705
ほうれん草のイスタンブール煮 ………… 705
ほうれん草のガーツ ……………………… 706
ほうれん草のカルボナーラ風 …………… 706
ほうれん草のサラダ ……………………… 707
ほうれん草のスパゲティグラタン ……… 707
ポテトとポテトチップスのサラダ ……… 719
マフィンサンド …………………………… 734
ミネストローネ …………………………… 746
ミラノ風お米入りスープ ………………… 747
レタスのミモザサラダ …………………… 801
れんこんとベーコンの炒めもの ………… 805
れんこんのはさみ焼き …………………… 806

ローストビーフ
きのこのポケットサンド ………………… 204
キムチビーフもち ………………………… 206
ねぎビーフ ………………………………… 606
ビーフサンド ……………………………… 644
ビーフと青菜のあえもの ………………… 646
ローストビーフ イタリアン …………… 807
ローストビーフ丼 ………………………… 808

焼き豚
甘栗おこわ ………………………………… 40
炒めぬチャーシューチャーハン ………… 55
大阪風あったか宝うどん ………………… 112
おかずサラダ ……………………………… 115
簡単春餅(ションビン) …………………… 183
サラダめん ………………………………… 318
春餅 本格風(ションビン) ……………… 354
宝そば ……………………………………… 425
チャーシューチャーハン ………………… 478
生春巻き …………………………………… 579
本格的蒸しおこわ ………………………… 723

コンビーフ
キャベツとコンビーフのミルクグラタン …… 208
コンビーフの衣笠焼き …………………… 290
コンビーフポテト ………………………… 290

ポークビーンズ缶詰
ポークビーンズ（即席） ………………… 712

魚介類

[魚介一般]
赤貝
赤貝とわけぎのぬた ……………………… 9
あおやぎ
あおやぎとわけぎのぬた ………………… 9
あさり
あさりスパゲティ ………………………… 19
あさりとアスパラガスのかき揚げ ……… 20
あさりとたこの塩味パスタ ……………… 20
あさりの酒蒸し …………………………… 21
あさりの吸いもの ………………………… 21
あさりのつくだ煮 ………………………… 21
あさりの夏シチュー ……………………… 22
あさりのにんにくじょうゆ漬け ………… 22
あさりのバジル風味スープ ……………… 22
あさりのみそ汁 …………………………… 22
貝のオイスターソース炒め ……………… 139
かぶとあさりの煮もの …………………… 161
魚介と春野菜のシチュー ………………… 240
シーフード和風ピザ ……………………… 333
下町丼 ……………………………………… 340
深川丼 ……………………………………… 660
ボンゴレのスパゲティ トマト味 ……… 724
あじ
あじそうめん ……………………………… 23
あじとしらたきのみそいり煮 …………… 24
あじとなすの大阪煮 ……………………… 24
あじのカレーフライ ……………………… 25
あじのサラダ ……………………………… 25
あじの塩焼き（グリル焼き） …………… 26
あじのしそマヨネーズ …………………… 26
あじのスパイス焼き ……………………… 26
あじのたたき ……………………………… 26
あじの南蛮漬け …………………………… 27
あじの焼き煮 ……………………………… 27
あじの野菜マリネ ………………………… 28

あじの干もの
あじのポルトガル風いり卵・・・・・・・・・・・・・・・・・27

あなご
あなごご飯・・・・・・・・・・・・・・・・・・・・・・・・・・・・・・・35
あなごの照り煮・・・・・・・・・・・・・・・・・・・・・・・・・36
あなご混ぜご飯・・・・・・・・・・・・・・・・・・・・・・・・・36
炊き込みずし・・・・・・・・・・・・・・・・・・・・・・・・・・426
ちょっとぜいたくうどんすき鍋・・・・・・・・・・486

いか
揚げいかとさつま芋チップ・・・・・・・・・・・・・・・12
揚げいかのホットサラダ・・・・・・・・・・・・・・・・13
揚げなすカレー・・・・・・・・・・・・・・・・・・・・・・・・・17
いか炒めもやしあんかけ・・・・・・・・・・・・・・・・44
いかキムチのピリッとライス・・・・・・・・・・・・44
いかげそのスタミナ揚げ・・・・・・・・・・・・・・・・44
いか・さつま芋・ねぎの煮つけ・・・・・・・・・・45
いかすみのやわらかリゾット・・・・・・・・・・・・45
いかたま・・・・・・・・・・・・・・・・・・・・・・・・・・・・・・・45
いか天・・・・・・・・・・・・・・・・・・・・・・・・・・・・・・・・・46
いか・豆腐・竹の子の煮もの・・・・・・・・・・・・46
いかとかぶのホットサラダ・・・・・・・・・・・・・・46
いかとキャベツのカレー煮・・・・・・・・・・・・・・47
いかとズッキーニのイタリアンマリネ・・・・47
いかとセロリのしょうが味・・・・・・・・・・・・・・47
いかと大根の煮もの・・・・・・・・・・・・・・・・・・・・48
いかと玉ねぎのとろり煮・・・・・・・・・・・・・・・・48
いか納豆・・・・・・・・・・・・・・・・・・・・・・・・・・・・・・・48
いかねぎみそ炒め・・・・・・・・・・・・・・・・・・・・・・48
いかねぎ焼き・・・・・・・・・・・・・・・・・・・・・・・・・・49
いかのスパイシー揚げ・・・・・・・・・・・・・・・・・・49
いかのチリソース・・・・・・・・・・・・・・・・・・・・・・49
いかの筒焼き・・・・・・・・・・・・・・・・・・・・・・・・・・50
いかのトマトホットマリネ・・・・・・・・・・・・・・50
いかの南蛮あえ・・・・・・・・・・・・・・・・・・・・・・・・50
いかのにんにくみそ焼き・・・・・・・・・・・・・・・・51
いかのパスタ・・・・・・・・・・・・・・・・・・・・・・・・・・51
いかの風味揚げ・・・・・・・・・・・・・・・・・・・・・・・・51
いかのわた煮・・・・・・・・・・・・・・・・・・・・・・・・・・52
いかバター・・・・・・・・・・・・・・・・・・・・・・・・・・・・52
いかフライ マヨネーズ衣・・・・・・・・・・・・・・・52
うま煮あんかけ焼きそば・・・・・・・・・・・・・・・・91
お好み炒め・・・・・・・・・・・・・・・・・・・・・・・・・・・120
お好み焼き・・・・・・・・・・・・・・・・・・・・・・・・・・・120
魚介と春野菜のシチュー・・・・・・・・・・・・・・・240
ゴールデンヌードル・・・・・・・・・・・・・・・・・・・266
五目あんかけ焼きそば・・・・・・・・・・・・・・・・・282
サラダスパゲティ・・・・・・・・・・・・・・・・・・・・・316
シーフードのインディアンサラダ・・・・・・・332
しそ入りいかの丸煮・・・・・・・・・・・・・・・・・・・338
すりおろしじゃが芋のお好み焼き・・・・・・・388
たけのこクリームカレー・・・・・・・・・・・・・・・428
天ぷら・・・・・・・・・・・・・・・・・・・・・・・・・・・・・・・502
トマトライス・・・・・・・・・・・・・・・・・・・・・・・・・520
とろとろいか納豆・・・・・・・・・・・・・・・・・・・・・543
なすといかのトマト煮・・・・・・・・・・・・・・・・・552
夏のいか焼き・・・・・・・・・・・・・・・・・・・・・・・・・568
みょうがといかの煮もの・・・・・・・・・・・・・・・747

いわし
いわしずし・・・・・・・・・・・・・・・・・・・・・・・・・・・・64
いわしの梅酒煮・・・・・・・・・・・・・・・・・・・・・・・・64
いわしの梅煮・・・・・・・・・・・・・・・・・・・・・・・・・・64
いわしの梅焼き・・・・・・・・・・・・・・・・・・・・・・・・65
いわしの大阪煮・・・・・・・・・・・・・・・・・・・・・・・・65
いわしの落とし焼き・・・・・・・・・・・・・・・・・・・・65
いわしのかば焼き・・・・・・・・・・・・・・・・・・・・・・66
いわしのかりんと揚げ・・・・・・・・・・・・・・・・・・66
いわしのかわり揚げ・・・・・・・・・・・・・・・・・・・・67
いわしの香味焼き・・・・・・・・・・・・・・・・・・・・・・67
いわしの酒酢煮・・・・・・・・・・・・・・・・・・・・・・・・67
いわしの塩焼き・・・・・・・・・・・・・・・・・・・・・・・・68
いわしのしょうが煮・・・・・・・・・・・・・・・・・・・・68
いわしのチーズ揚げ・・・・・・・・・・・・・・・・・・・・68
いわしのつみれ汁・・・・・・・・・・・・・・・・・・・・・・69
いわしのトマト煮・・・・・・・・・・・・・・・・・・・・・・69
いわしのナポリ風オーブン焼き・・・・・・・・・・70
いわしのはさみ焼き・・・・・・・・・・・・・・・・・・・・70
いわしのパスタ・・・・・・・・・・・・・・・・・・・・・・・・70
いわしのひらき・・・・・・・・・・・・・・・・・・・・・・・・71
いわしの風味漬け・・・・・・・・・・・・・・・・・・・・・・71
いわしのみりん干し・・・・・・・・・・・・・・・・・・・・71
いわしの焼き漬け・・・・・・・・・・・・・・・・・・・・・・72
いわし焼き 船乗り風・・・・・・・・・・・・・・・・・・・72
大阪風さつま揚げ・・・・・・・・・・・・・・・・・・・・・112
さつま揚げ・・・・・・・・・・・・・・・・・・・・・・・・・・・301

いわしの丸干し
のんべの丸干し・・・・・・・・・・・・・・・・・・・・・・・610
丸干しいわしのマリネ・・・・・・・・・・・・・・・・・737

871

うなぎ

- うなぎきのこめし ……………………87
- うなぎときゅうりの酢のもの ………88
- うなぎとにらの卵とじ ………………88
- うなぎの棒ずし ………………………88
- うなぎの蒸しずし ……………………89
- うなぎめし ……………………………89
- うな玉豆腐 ……………………………89
- うな玉どん ……………………………90
- うまき …………………………………90
- かけまわしうなぎずし ………………147

えび

- 秋の煮もの ……………………………10
- 炒めぬえび卵チャーハン ……………55
- 海山のミルクスープ …………………95
- 枝豆・小えび・玉ねぎの三色揚げ …99
- えび入りスープ餃子 …………………100
- えびうま煮 ……………………………101
- えびサラダ ……………………………101
- えびじゃがクリーム …………………102
- えびしんじょの吸いもの ……………102
- えび玉 …………………………………102
- えび天おろし煮 ………………………103
- えびと青じそのパスタ ………………103
- えびとかぶの葉クリーム ……………103
- えびとかぼちゃの煮もの ……………103
- えびとカリフラワーのエスニック風 …104
- えびと小柱のスープ粥 ………………104
- えびと里芋のあっさり煮 ……………104
- えびとセロリのサンドイッチ ………105
- えびとセロリのジンジャーサラダ …105
- えびとセロリのピラフ ………………105
- えびとなすのフリッター ……………105
- えびと春野菜のサッと煮 ……………106
- えびと野菜のグラタン ………………106
- えびの簡単チリソース ………………107
- えびの吸いもの ………………………107
- えびの本格チリソース ………………107
- えびのライスグラタン ………………108
- えび春巻き ……………………………108
- えびフライ ……………………………109
- えびマカロニグラタン ………………109
- お好み焼き風ピザ ……………………121
- お正月のえびチリ ……………………121
- 海鮮焼売（シューマイ） ……………138
- 海鮮豆腐スープ ………………………138

- かぶとえびのあんかけ ………………161
- カリフラワーとほうれん草のシチュー …175
- カリフラワーのミルク煮 ……………176
- 絹さやとえびの冷煮 …………………192
- 絹さやと竹の子のクリーム煮 ………192
- キムチピラフ …………………………206
- ケチャップマヨエビ …………………258
- 豪華ぞう煮 ……………………………261
- ごまだれ冷やし中華そば ……………277
- 里芋とえびの京煮 ……………………307
- じゃが芋簡単グラタン ………………344
- じゃがえび炊き込みごはん …………350
- スイートシュリンプ …………………370
- すりじゃがえびカレー ………………388
- 大根とセロリのしんなりサラダ ……411
- 大根のご馳走煮 ………………………415
- 大根の山海あん ………………………416
- タイ風スープ 本格風 ………………423
- 炊き込みずし …………………………426
- 竹の子とえびのクリーム煮 …………430
- 茶巾ずし ………………………………479
- 茶碗蒸し ………………………………481
- ちょっとぜいたくうどんすき鍋 ……486
- ちらしずし ……………………………486
- 冷たい茶碗蒸し ………………………496
- 天ぷら（とうがゆ） …………………502
- 冬瓜のえびあんかけ …………………505
- 豆腐とえびのピリッカラッ …………508
- トムヤムクンおかゆ …………………520
- トムヤムクンスープ …………………521
- 鶏とえびの酸っぱいスープ …………527
- なすとえびの冷菜 ……………………553
- なすとわかめのサラダ ………………557
- 生春巻き ………………………………579
- 白菜とえびのクリームソース ………613
- 春の海山ちらしずし …………………632
- 春のかぶと魚介のシチュー …………633
- ふくさずし ……………………………665
- ブロッコリーとえびのしょうがじょうゆ …692
- ぽん酢そうめん ………………………725
- 三つ葉とえびのかき揚げ ……………744
- ミニ・グリンピース春巻き …………745
- みんな丸くおさまる鍋 ………………749
- もち入り茶碗蒸し ……………………759
- もちの揚げだし汁 ……………………761
- 若草揚げ ………………………………813
- わが道をゆくえびワンタン …………815

かき

- かきごはん ……141
- かき雑炊 みそ仕立て ……142
- かきときのこのシチュー ……143
- かきとほうれん草のグラタン ……143
- かきとほうれん草の吸いもの ……144
- かきのお好み焼き風 ……144
- かきの土手鍋 ……144
- かきのねぎ焼き ……145
- かきのピカタ ……145
- かきの洋風鍋 ……145
- かきピラフ ……146
- かきフライ ……146
- 五目かきご飯 ……283
- 冬のかぶと魚介のシチュー ……683

かじきまぐろ

- かじきのペッパーステーキ ……148
- かじきまぐろのから揚げ ……149
- かじきまぐろの白ワイン煮 ……149
- かじきまぐろのチーズ焼き ……149
- かじきまぐろのベーコン巻き ……150
- スティックかじき ……380
- ねぎま ……606
- フィッシュクリスピー ……659
- まぐろのクリスピー ……731

かつお

- かつおご飯 ……153
- かつおと豆腐の甘辛煮 ……153
- かつおと菜の花のじか煮 ……153
- かつおの角煮 ……153
- かつおのから揚げ ……154
- かつおのたたき ……154
- かつおのマリネ ……154
- かつおの山かけ ……155
- たたきがつおのカルパッチョ ……441

かに・かに缶詰

- 海仲間の酢のもの ……92
- かに炒めピラフ ……156
- かにカニ水餃子(スイギョーザ) ……157
- かにカニずし ……157
- かにコロッケ ……157
- かにサンド ……158
- かに雑炊 ……158
- かに玉 ……159
- かにとアボカドのレモンカップサラダ ……159
- かにとコーンのピラフ ……159
- かにと大根のサラダ ……160
- かにのくるくる卵巻き ……160
- かにの混ぜピラフ ……160
- 即席かにマカロニグラタン ……399
- 冷たい茶碗蒸し チキンスープ仕立て ……496
- 白菜のかにクリーム ……615
- バゲットのくりぬきリッチ！サンド ……618
- Ｍｒ．ダッグウッド風サンドイッチ ……740

かれい

- かれいのから揚げ ……177
- かれいの煮つけ ……177

きす

- きすの薄味煮 ……189
- きすのスイートレモンマリネ ……189
- きすのピカタ ……189
- 天ぷら ……502

きんめ鯛

- きんめ鯛とふきのスープ煮 ……247
- きんめ鯛の辛くてすっぱいスープ ……248
- きんめ鯛の煮つけ ……248
- きんめ鯛の吹き寄せ蒸し ……248

鮭

- おにぎり ……127
- 親子おろしどんぶり ……132
- 粕汁 ……150
- キャベツだらけのコロッケ ……207
- 鮭かつ ……292
- 鮭コロッケ ……293
- 鮭ずし ……293
- 鮭そぼろ ……293
- 鮭茶漬け ……294
- 鮭とカリフラワーのグラタン ……294
- 鮭と根菜のみそ汁 ……294
- 鮭と玉ねぎのチーズ焼き ……295
- 鮭の甘酢漬け ……295
- 鮭のクリーミーコロッケ ……295
- 鮭のグリーンソース ……296
- 鮭の五目あんかけ ……296
- 鮭の治部(じぶ)煮 ……297
- 鮭の炊き込みご飯 ……297
- 鮭のタルタルソース ……298

鮭のとびきり和風マリネ ················ 298
鮭のフワフワ揚げ ······················ 298
鮭のホイル焼き ························ 299
鮭のマリネ ···························· 299
鮭のわっぱ飯 ·························· 299
鮭ライス ······························ 300
自家製焼き塩鮭 ························ 335
生鮭のきのこあんかけ ·················· 577
生鮭のこてっ ·························· 578
生鮭のねぎあんかけ ···················· 578
春のシチュー ·························· 633
フィッシュコロッケ ···················· 660
北海シチュー ·························· 714
ムニエル オーロラソース ··············· 753
もち茶漬け ···························· 760

さば
おからとしめさばの酢のもの ············ 117
切り身魚のマスタード焼き ·············· 243
さばの揚げ漬け ························ 311
さばのかば焼き風 ······················ 311
さばのケチャップあんかけ ·············· 312
さばの竜田揚げ ························ 312
さばのとろろがけ ······················ 312
さばの南蛮漬け ························ 312
さばの干もののサワーゆで ·············· 313
さばの風味漬け ························ 313
さばのみそ煮 ·························· 313
さばのムニエル ························ 314
塩さばのから揚げ 大根おろし添え ······· 333
しめさば ······························ 343

さわら
さわらの木の芽蒸し ···················· 320
さわらの金ぷら ························ 320
さわらの茶碗蒸し ······················ 321
さわらのポトフ仕立て ·················· 321
さわらのみそソース ···················· 321
ムニエル ガーリックソース ············· 753

さんま
さんまごはん ·························· 326
さんまずし ···························· 327
さんまの秋煮 ·························· 327
さんまの梅酒煮 ························ 328
さんまの梅干し煮 ······················ 328
さんまの山椒煮 ························ 328

さんまの山椒みそソース ················ 329
さんまの竜田揚げ ······················ 329
さんまのバター焼き ···················· 329
さんまのピリこってり煮 ················ 329
さんまのロール焼き ···················· 330
焼きさんまの玉ねぎ漬け ················ 768

しじみ
貝のオイスターソース炒め ·············· 139
しじみのみそ汁 ························ 336

ししゃも
ししゃものフライ ······················ 336
ししゃものミルク揚げ ·················· 337

鯛
潮汁 ·································· 81
かぶら蒸し ···························· 165
切り身で作る鯛めし ···················· 243
小鯛ずし ······························ 270
鯛ご飯 ································ 407
鯛大根 ································ 420
鯛茶漬け ······························ 420
鯛とうどの煮つけ ······················ 421
鯛のあったかそうめん ·················· 421
鯛の刺身のスープ粥 ···················· 422
鯛のタイ鍋 ···························· 422
鯛のポトフ風 カレー味 ················· 423
春の海山ちらしずし ···················· 632
春のかぶと魚介のシチュー ·············· 633
焼き鯛の茶漬け ························ 770

たこ
あさりとたこの塩味パスタ ·············· 20
たことオクラのピリ辛炒め ·············· 438
たこと緑のサラダ ······················ 438
たこと野菜のしそ炒め ·················· 438
たこのイタリアンサラダ ················ 439
たこの煮もの ·························· 439
たこ焼き ······························ 439
夏の焼きうどん ························ 570

たら
揚げ魚の五目あんかけ ·················· 13
じゃが芋とたらのクリームグラタン ······ 345
たらチゲ ······························ 455
たら豆腐 ······························ 456

たらときのこのホイル焼き……456	ほたてのガーリック焼き……714
たらと白菜のうま煮……456	**まぐろ**
たらのけんちん風……457	磯まぐろ……54
たらのスピードホワイトシチュー……457	江戸っ子丼……100
たらのチーズ焼き……458	菜の花とまぐろのわさびあえ……574
たらのトマトシチュー……458	ねぎとろ丼……605
たらのボンファム……458	根三つ葉とまぐろの磯あえ……608
冬のかぶと魚介のシチュー……683	まぐろキムチ丼……730
にじます	まぐろとわけぎのぬた……730
にじますの香味焼き……590	まぐろのイタリアン……730
にじますのバター焼き……590	まぐろぶつの辛子あえ……731
にじますのホイルみそ焼き……591	まぐろ焼き……731
にしん（身欠きにしん）	**ムール貝**
にしんそば……591	ムール貝のオーブン焼き……750
にしんの甘辛煮……592	**わかさぎ**
身欠きにしんとうどの甘辛煮……740	わかさぎのカラリ揚げ……813
はまぐり	わかさぎのケチャップあん……813
はまぐりと菜の花の吸いもの……625	**魚介多種**
はまぐりの酒蒸し……625	海と野の幸のスープ……92
はまぐりの吸いもの……625	海の幸のクリームシチュー……93
ぶり	海の幸のピラフ……93
昆布巻き……272	海のチャンコ……94
塩ぶりの焼きもの……335	大阪風鍋……112
ぶり大根……687	海鮮鍋……138
ぶり大根 こんにゃく入り……688	海鮮ビーフン……139
ぶり大根 ピリ辛みそ味……688	魚介のエスニックサラダ……240
ぶりとごぼうの煮つけ……688	魚介の塩焼きそば……241
ぶりの梅酒煮……689	魚介の地中海風煮込み……241
ぶりの治部煮……689	シーフード野菜カレー……333
ぶりの醤味……689	すぐ作れるブイヤベース……374
ぶりの照り焼き風……690	大根と魚介のピリピリマリネ……410
ぶりのフライ タルタルソース……690	炊き込みパエリア……427
ぶりのふわり揚げ……690	パエリア……612
ぶりのもち入り粕汁……691	八宝菜……622
ほたて・たいら貝	八宝菜 海の幸……622
カレーピラフ……180	みそブイヤベース……743
絹さやの青々炒め……193	**白身魚**
小松菜と貝柱の炒めもの……278	白身魚の甘酢あん……359
新じゃがとほたての煮もの……365	白身魚の変わりフライ……359
たいら貝のお刺身サラダ……424	白身魚の五目あんかけ……359
卵とほたて貝の炒めもの……448	白身魚のスタッフドピーマン……360
ほたて貝柱の釜めし風……713	白身魚のトマト煮……360

白身魚のプロヴァンス風	360
白身魚のホイルみそ焼き	361
白身魚の蒸し煮	361
白身魚のムニエル	361
白身魚のムニエル カレークリームソース	362
白身魚のレモン煮	362
ソフトそぼろ	402
タイ風スープ 本格風	423
でんぶ	502
トムヤムクンスープ	521
なすと魚のレモンスープ煮	555
フライドフィッシュ	685
ロールフィッシュ	811

刺身

魚茶漬け	81
お刺身サラダ 中国風	121
刺身のごまあえ丼	301
づけ	491
てまりずし	500
舟盛り丼	682

［魚卵］

いくら

いくら 酒漬け	53
いくらどん	53
いくらの酒粕漬けご飯	53
いくらもち	53
オードブル5種	113
親子おろしどんぶり	132
豪華簡単いくらずし	260
豪華ぞう煮	261
鮭と根菜のみそ汁	294
スタッフエッグ	376

鯛の子

鯛の子とグリンピースの煮もの	421
鯛の子や生たらこの甘辛煮	422

たらこ

おにぎり	127
じゃが芋のたらこ炒め	348
大根たらこ煮	409
鯛の子や生たらこの甘辛煮	422
たらこおろし	454
たらこの粕漬け	454
たらこのクリームパスタ	454

たらこパスタ	455
たらこふりかけ	455
たらこライス	455
タラモサラダ	459
レタスのたらこ炒め	801

明太子

納豆もいろいろ	568
めんたいかまぼこスパ	756
めんたいこスパゲティ	756
明太子豆腐	756
明太たらもサラダ	757
めんたいなます	757

かずのこ

かずのこ	150
かずのこ入り松前漬け	151
手巻きもち	500

［海産乾物・干もの・加工品］

あじの干もの

あじのポルトガル風いり卵	27

いかのくん製

じゃが芋といかくんのサラダ	345

いわしの丸干し

のんべの丸干し	610
丸干しいわしのマリネ	737

くらげ（塩くらげ）

中国風なます	484
野菜とくらげの中国風	775

桜えび・干しえび

アルファルファのかき揚げ	40
いためそうめん	54
炒めぬえび卵チャーハン	55
オクラと桜えびの炒めもの	118
お好み焼き	120
貝柱と桜えびのピラフ	140
カルシウムチャーハン	176
切り干し大根の中国風煮もの	243
クレソンと絹さやの旬炒め	256
里芋マッシュ焼き	310
シーフード和風ピザ	333
じゃが芋の千切りかき揚げ	347

すりおろしじゃが芋のお好み焼き‥‥‥‥‥388
そら豆の三色かき揚げ‥‥‥‥‥‥‥‥405
大根のべっこう煮‥‥‥‥‥‥‥‥‥‥418
竹の子の焼きめし‥‥‥‥‥‥‥‥‥‥434
中国風いり卵‥‥‥‥‥‥‥‥‥‥‥‥483
チンゲン菜と桜えびの炒めもの‥‥‥‥489
とろろのちょぼ焼き‥‥‥‥‥‥‥‥‥544
なすと干しえびの煮もの‥‥‥‥‥‥‥557
菜の花と桜えびの炒めもの‥‥‥‥‥‥574
ねぎのかき揚げ‥‥‥‥‥‥‥‥‥‥‥606
ほうれん草の煮浸し‥‥‥‥‥‥‥‥‥709
本格的蒸しおこわ‥‥‥‥‥‥‥‥‥‥723
モロヘイヤのかき揚げ‥‥‥‥‥‥‥‥766
焼きそうめん‥‥‥‥‥‥‥‥‥‥‥‥769
焼きビーフン‥‥‥‥‥‥‥‥‥‥‥‥771
涼拌なす_{リャンバン}‥‥‥‥‥‥‥‥‥‥‥‥‥‥‥797

シーフードミックス
いんげんとシーフードのケチャップ炒め‥‥73
オム焼きそば‥‥‥‥‥‥‥‥‥‥‥‥130
シーフードミックスとなすのチーズ焼き‥‥332
シーフードミックスピラフ‥‥‥‥‥‥332
スパゲティチャウダー‥‥‥‥‥‥‥‥383
中華丼‥‥‥‥‥‥‥‥‥‥‥‥‥‥‥481

ししゃも
ししゃものフライ‥‥‥‥‥‥‥‥‥‥336
ししゃものミルク揚げ‥‥‥‥‥‥‥‥337

しらす干し
炒りハム‥‥‥‥‥‥‥‥‥‥‥‥‥‥63
いんげんの三味あえ‥‥‥‥‥‥‥‥‥74
ふきの葉としらすのほろほろ卵とじ‥‥664

スモークサーモン
スモークサーモンのサンドイッチ‥‥‥387
スモークサーモンのバゲットカナッペ‥‥387
スモークサーモンのマリネ‥‥‥‥‥‥387
夏大根とスモークサーモンのサラダ‥‥565

ちりめんじゃこ
秋の忘れ煮‥‥‥‥‥‥‥‥‥‥‥‥‥12
磯揚げ‥‥‥‥‥‥‥‥‥‥‥‥‥‥‥53
磯のふりかけ‥‥‥‥‥‥‥‥‥‥‥‥54
ガーリックじゃこライス‥‥‥‥‥‥‥136
カルシウムチャーハン‥‥‥‥‥‥‥‥176
現代風かけまわしずし‥‥‥‥‥‥‥‥259
シーフード和風ピザ‥‥‥‥‥‥‥‥‥333
しそ梅パセリじゃこスパゲティ‥‥‥‥339
じゃことなめこのおろしあえ‥‥‥‥‥350
じゃことにんじんのふりかけ煮‥‥‥‥350
新キャベツのじゃこサラダ‥‥‥‥‥‥363
大根とこんにゃくのじゃこ炒め‥‥‥‥411
チリチリじゃこ‥‥‥‥‥‥‥‥‥‥‥487
ちりめんじゃこのつくだ煮‥‥‥‥‥‥488
豆腐のじゃこアスパラ‥‥‥‥‥‥‥‥510
長芋の三色あえ‥‥‥‥‥‥‥‥‥‥‥548
夏のおすし‥‥‥‥‥‥‥‥‥‥‥‥‥568
のきしのぶ‥‥‥‥‥‥‥‥‥‥‥‥‥609
ふき葉めし‥‥‥‥‥‥‥‥‥‥‥‥‥664
ぽん酢そうめん‥‥‥‥‥‥‥‥‥‥‥725
モロヘイヤのかき揚げ‥‥‥‥‥‥‥‥766
レタスのじゃこサラダ‥‥‥‥‥‥‥‥801
六味おろしそば‥‥‥‥‥‥‥‥‥‥‥812
わかめとじゃこの梅干し煮‥‥‥‥‥‥816

なまり節
なまり節とわかめの煮もの‥‥‥‥‥‥580
なまり節のあえもの‥‥‥‥‥‥‥‥‥580
なまり節の炊き込みご飯‥‥‥‥‥‥‥580
ふきとなまり節のご飯‥‥‥‥‥‥‥‥662
ふきとなまり節の煮もの‥‥‥‥‥‥‥662

練製品
青菜の焼売_{シューマイ}‥‥‥‥‥‥‥‥‥‥‥‥9
秋野菜のみそ炒め‥‥‥‥‥‥‥‥‥‥12
海仲間の酢のもの‥‥‥‥‥‥‥‥‥‥92
おかずかき玉汁‥‥‥‥‥‥‥‥‥‥‥114
お正月のばらずし‥‥‥‥‥‥‥‥‥‥123
おでん‥‥‥‥‥‥‥‥‥‥‥‥‥‥‥125
おろしにんじん入りだて焼き‥‥‥‥‥134
海賊サラダ‥‥‥‥‥‥‥‥‥‥‥‥‥139
かにカニ水餃子_{スイギョーザ}‥‥‥‥‥‥‥‥‥‥‥157
かにカニずし‥‥‥‥‥‥‥‥‥‥‥‥157
きのこはんぺんのバター炒め‥‥‥‥‥204
キャベツ鍋‥‥‥‥‥‥‥‥‥‥‥‥‥213
木の葉どんぶり‥‥‥‥‥‥‥‥‥‥‥271
ごま煮しめ‥‥‥‥‥‥‥‥‥‥‥‥‥281
こんにゃくとちくわの煮もの‥‥‥‥‥288
さつま揚げと青菜の煮もの‥‥‥‥‥‥302
下ごしらえなしおでん‥‥‥‥‥‥‥‥340
シンプルぞう煮‥‥‥‥‥‥‥‥‥‥‥368
だて巻き‥‥‥‥‥‥‥‥‥‥‥‥‥‥442
だて巻き味の玉子焼き‥‥‥‥‥‥‥‥443

ちくわと青じそとベーコンパスタ・・・・・・477
ちくわのチーズフライ・・・・・・・・・・・・・・・477
豆腐の五目汁・・・・・・・・・・・・・・・・・・・・・509
蟹豆腐湯(ハイトウフータン)・・・・・・・・・・・・・・・・・・・・・・・・611
春のおでん・・・・・・・・・・・・・・・・・・・・・・・633
はんぺんしんじょの吸いもの・・・・・・・・641
はんぺん卵の甘酢あんかけ・・・・・・・・・641
はんぺん袋・・・・・・・・・・・・・・・・・・・・・・・642
ピーマンのはんぺん入りフライ・・・・・・648
ふきの田舎煮・・・・・・・・・・・・・・・・・・・・663
めんたいかまぼこスパ・・・・・・・・・・・・・756
野菜とちくわのオイスターソース炒め・・・775

身欠きにしん
にしんそば・・・・・・・・・・・・・・・・・・・・・・・591
にしんの甘辛煮・・・・・・・・・・・・・・・・・・592
身欠きにしんとうどの甘辛煮・・・・・・・740

[缶詰・びん詰]

あさり缶詰
あさりと細ねぎのお好み焼き風・・・・・・・20
あさりのコーンチャウダー・・・・・・・・・・21
海の幸のリゾット・・・・・・・・・・・・・・・・・94
海賊サラダ・・・・・・・・・・・・・・・・・・・・・・139
カンカンライス・・・・・・・・・・・・・・・・・・182
ごぼうとあさりの混ぜご飯・・・・・・・・・273
にらとあさりの練りみそかけ・・・・・・・597

アンチョビ
アンチョビとキャベツのピザ・・・・・・・・・43
アンチョビとマッシュルームのバゲット・・・43
アンチョビのパン粉焼き・・・・・・・・・・・・43
キャベツのアンチョビドレッシング・・・213
じゃが芋とアンチョビのオーブン焼き・・・345
新キャベツとアンチョビのパスタ・・・・・363
ピザパン・・・・・・・・・・・・・・・・・・・・・・・650
森のサラダ・・・・・・・・・・・・・・・・・・・・・764
ヤンソンさんの誘惑・・・・・・・・・・・・・・780

うにびん詰
うにセロリ・・・・・・・・・・・・・・・・・・・・・・90

オイルサーディン缶詰
オイルサーディンとごぼうのマリネ・・・111
オイルサーディンのチーズ焼き・・・・・・111
オイルサーディンのトマト煮・・・・・・・・111
オードブル5種・・・・・・・・・・・・・・・・・113

にらとサーディンのピザ・・・・・・・・・・・597

かに缶詰
海仲間の酢のもの・・・・・・・・・・・・・・・・・92
かに炒めピラフ・・・・・・・・・・・・・・・・・156
かにカニ水餃子(スイギョーザ)・・・・・・・・・・・・・・・・・157
かにカニずし・・・・・・・・・・・・・・・・・・・157
かにコロッケ・・・・・・・・・・・・・・・・・・・157
かにサンド・・・・・・・・・・・・・・・・・・・・・158
かに玉・・・・・・・・・・・・・・・・・・・・・・・・・159
かにとアボカドのレモンカップサラダ・・・159
かにとコーンのピラフ・・・・・・・・・・・・159
かにと大根のサラダ・・・・・・・・・・・・・・160
かにのくるくる卵巻き・・・・・・・・・・・・160
かにの混ぜピラフ・・・・・・・・・・・・・・・160
即席かにマカロニグラタン・・・・・・・・・399
冷たい茶碗蒸し チキンスープ仕立て・・・496
バゲットのくりぬきリッチ!サンド・・・618
Ｍｒ.ダッグウッド風サンドイッチ・・・740

鮭缶詰
鮭缶の押しずし・・・・・・・・・・・・・・・・・292
鮭缶のサンドイッチ・・・・・・・・・・・・・・293
鮭と千切り大根の和風炊き込みピラフ・・・295
白菜のあったか鍋・・・・・・・・・・・・・・・614
バゲットサンド・・・・・・・・・・・・・・・・・617
ほうれん草と鮭缶のグラタン・・・・・・・703

ツナ缶詰
キャロットピラフ・・・・・・・・・・・・・・・217
サラダニソワーズ・・・・・・・・・・・・・・・317
卵とツナのカレー・・・・・・・・・・・・・・・447
ツナカツ・・・・・・・・・・・・・・・・・・・・・・491
ツナご飯・・・・・・・・・・・・・・・・・・・・・・491
ツナコロッケ・・・・・・・・・・・・・・・・・・・492
ツナじゃがグラタン・・・・・・・・・・・・・・492
ツナそぼろ・・・・・・・・・・・・・・・・・・・・・492
ツナとじゃが芋のポテトケーキ・・・・・・492
ツナとにんじんの炊き込みピラフ・・・・・493
ツナとねぎの辛子じょうゆ・・・・・・・・・493
ツナとわかめのサラダ・・・・・・・・・・・・493
ツナのおいしいサンドイッチ・・・・・・・・494
ツナのオムレツ・・・・・・・・・・・・・・・・・494
ツナのキャベツ焼き・・・・・・・・・・・・・・494
ツナのドライカレー・・・・・・・・・・・・・・495
ツナのレモンサラダ・・・・・・・・・・・・・・495
ツナパスタ・・・・・・・・・・・・・・・・・・・・・495

トマトとツナのバーミセリ	517
トマトのファルシー	520
ポテトサラダ ニソワーズ風	718

ほたて缶詰
海の幸のリゾット	94
海鮮豆腐スープ	138
貝柱と桜えびのピラフ	140
カンカンライス	182
ごぼうとほたて貝柱のサラダ	275
小松菜とほたて貝の煮浸し	278
つるむらさきのかき揚げ	498
冬瓜の中国風スープ	505
菜の花ご飯	573
菜の花とほたての辛子みそあえ	574
ブロッコリーと貝柱の炒めもの	693
ほたてじゃが芋	713
ほたてとえのき茸のサラダ	714
ポテトほたて煮	720
ライスグラタン	792

海藻類

昆布
昆布だけ巻き	272
昆布巻き	272
昆布と手羽先の気長煮	290
昆布と豚肉のガマン煮	290
昆布と干椎茸のつくだ煮	291
大根と豚肉の昆布煮	412
はりはり漬け	628
豚の昆布炊き	680

おぼろ昆布
おぼろうどん	129
おぼろ昆布の吸いもの	130

のり
揚げ竹の子の磯がらめ	14
あした葉の磯炒め	23
磯巻き鶏	54
磯まぐろ	54
おにぎり	127
きゅうりの磯あえ	235
納豆の磯揚げ	567
根三つ葉とまぐろの磯あえ	608
のり巻き	609
花巻そば	624
ハムのりサンド	626
わけぎの磯ぬた	817

ひじき
オクラとひじきの酢のもの	119
ひじきと鶏肉の治部煮	650
ひじきの炒め煮	651
ひじきの薄煮	651
ひじきの五目煮	651
ひじきの酢のもの	651
ひじきの中国風サラダ	652
ひじきの懐かし煮	652
ヘルシーサラダ	701

わかめ
アルファルファの和風サラダ	41
うどとわかめの白煮	85
海仲間の酢のもの	92
海山のミルクスープ	95
海賊サラダ	139
キムチとわかめの冷やしスープ	205
シーフードのインディアンサラダ	332
千切り野菜とわかめのごまドレッシング	394
大根のごま酢あえ	415
玉ねぎとわかめの酢のもの	452
ツナとわかめのサラダ	493
豆腐のグリーンサラダ	509
トマトとわかめのサラダ	518
トマトのサワースープ	519
鶏肉とわかめのごまドレッシング	532
なすとわかめのサラダ	557
夏野菜いっぱいひやむぎ	571
なまり節とわかめの煮もの	580
根三つ葉とわかめの酢のもの	608
八宝菜 海の幸	622
春の和風サラダ	635
野菜と鶏肉のごまドレッシング	776
ゆでグリーンサラダ	781
若竹煮	814
若竹蒸し	814
わかめサラダ	815
わかめとじゃこの梅干し煮	816
わかめと卵のみそ汁	816
わかめの韓国風スープ	816
わかめの韓国風ぞうすい	816

わかめのみそ汁 ・・・・・・・・・・・・・・・・・・・・・・・817

野菜・果物類

[野菜一般]

アーティチョーク
アーティチョークのディップサラダ ・・・・・・・・・・7

青じそ
青じそ入り豚肉巻き ・・・・・・・・・・・・・・・・・・・・・・・7
あじのしそマヨネーズ ・・・・・・・・・・・・・・・・・・・・26
あじのたたき ・・・・・・・・・・・・・・・・・・・・・・・・・・・26
厚揚げとなすのしそみそ炒め ・・・・・・・・・・・・・34
いわしのはさみ焼き ・・・・・・・・・・・・・・・・・・・・70
いんげんの三味あえ ・・・・・・・・・・・・・・・・・・・・74
梅しそそうめん ・・・・・・・・・・・・・・・・・・・・・・・・96
えびと青じそのパスタ ・・・・・・・・・・・・・・・・・103
えび春巻き ・・・・・・・・・・・・・・・・・・・・・・・・・・108
香りのサラダ ・・・・・・・・・・・・・・・・・・・・・・・・141
牛肉のたたき 夏用 ・・・・・・・・・・・・・・・・・・・230
きゅうりと青じそのはさみ漬け ・・・・・・・・・234
ささみのしそ巻き揚げ ・・・・・・・・・・・・・・・・300
しそ入りいかの丸煮 ・・・・・・・・・・・・・・・・・・338
しそ入りスパゲティ ・・・・・・・・・・・・・・・・・・339
しそ梅パセリじゃこスパゲティ ・・・・・・・・・339
しそしそ豆腐 ・・・・・・・・・・・・・・・・・・・・・・・・339
しそ大根 ・・・・・・・・・・・・・・・・・・・・・・・・・・・339
たこと野菜のしそ炒め ・・・・・・・・・・・・・・・・438
たらこライス ・・・・・・・・・・・・・・・・・・・・・・・・455
チキン春巻き ・・・・・・・・・・・・・・・・・・・・・・・・472
ちくわと青じそとベーコンパスタ ・・・・・・・477
鶏肉の香味あえ ・・・・・・・・・・・・・・・・・・・・・534
とんみょうが ・・・・・・・・・・・・・・・・・・・・・・・・547
なすのゴロン揚げ ・・・・・・・・・・・・・・・・・・・560
なすのみそ炒め ・・・・・・・・・・・・・・・・・・・・・563
夏香ご飯 ・・・・・・・・・・・・・・・・・・・・・・・・・・・565
夏香豆腐 ・・・・・・・・・・・・・・・・・・・・・・・・・・・565
夏のおすし ・・・・・・・・・・・・・・・・・・・・・・・・・568
夏野菜いっぱいひやむぎ ・・・・・・・・・・・・・・571
鍋しぎ ・・・・・・・・・・・・・・・・・・・・・・・・・・・・・576
生トマトのスパゲティ ・・・・・・・・・・・・・・・・578
ニッポンのサラダ ・・・・・・・・・・・・・・・・・・・592
豚肉の青じそサンド ・・・・・・・・・・・・・・・・・674
まぐろ焼き ・・・・・・・・・・・・・・・・・・・・・・・・・731
みょうがと青じその天ぷら ・・・・・・・・・・・・746

蒸し鶏 お刺身風 ・・・・・・・・・・・・・・・・・・・・752
レタス包みご飯 ・・・・・・・・・・・・・・・・・・・・・800

あした葉
あした葉の磯炒め ・・・・・・・・・・・・・・・・・・・・23
あした葉のお浸し ・・・・・・・・・・・・・・・・・・・・24

アルファルファ
アルファルファのかき揚げ ・・・・・・・・・・・・・40
アルファルファのサラダ ・・・・・・・・・・・・・・・40
アルファルファの和風サラダ ・・・・・・・・・・・41
ベーコン＆チキンサンド ・・・・・・・・・・・・・・696

いんげん
いんげんと牛肉のガーリック炒め ・・・・・・・・72
いんげんとシーフードのケチャップ炒め ・・・73
いんげんとにんじんのミルクかき揚げ ・・・・73
いんげんと豚肉の辛み炒め ・・・・・・・・・・・・・73
いんげんと豚肉の粉山椒炒め ・・・・・・・・・・・73
いんげんと豚肉のしょうが煮 ・・・・・・・・・・・74
いんげんと豚肉のスープ ・・・・・・・・・・・・・・・74
いんげんの三味あえ ・・・・・・・・・・・・・・・・・・74
いんげんのスパイシー炒め ・・・・・・・・・・・・・75
いんげんのつくだ煮 ・・・・・・・・・・・・・・・・・・75
いんげんのバター煮 ・・・・・・・・・・・・・・・・・・75
いんげんのホットサラダ ・・・・・・・・・・・・・・・75
いんげんのマカロニサラダ ・・・・・・・・・・・・・76
いんげんの和サラダ ・・・・・・・・・・・・・・・・・・76
牛肉と夏野菜の炒めもの ・・・・・・・・・・・・・225
たこと野菜のしそ炒め ・・・・・・・・・・・・・・・438
なすといんげんのみそ煮 ・・・・・・・・・・・・・553
夏のみそスープ ・・・・・・・・・・・・・・・・・・・・・570
ポテトチップス炒め ・・・・・・・・・・・・・・・・・719
モロヘイヤといんげんのピリ辛つくだ煮 ・・・765

うど
うどと牛肉の煮もの ・・・・・・・・・・・・・・・・・・84
うどとトマトのパセリ酢あえ ・・・・・・・・・・・85
うどと豚肉の酢みそあえ ・・・・・・・・・・・・・・・85
うどとわかめの白煮 ・・・・・・・・・・・・・・・・・・85
うどの梅あえ ・・・・・・・・・・・・・・・・・・・・・・・86
うどの皮と厚揚げの中国炒め ・・・・・・・・・・・86
うどの皮と穂先の精進揚げ ・・・・・・・・・・・・・86
うどの皮のきんぴら ・・・・・・・・・・・・・・・・・・87
うどの白煮 ・・・・・・・・・・・・・・・・・・・・・・・・・87
うどの酢みそあえ ・・・・・・・・・・・・・・・・・・・・87
きくらげとうどのごま酢あえ ・・・・・・・・・・187

鯛とうどの煮つけ	421
春の和風サラダ	635
春野菜の煮合わせ	637
身欠きにしんとうどの甘辛煮	740

枝豆

枝豆・小えび・玉ねぎの三色揚げ	99
枝豆の塩ゆで	99
枝豆洋風ご飯	99
牛肉の旬炒め	229

エンダイブ

きのことオリーブのサラダ	198

オクラ

オクラ入りキーマカレー	118
オクラと牛肉のすき煮	118
オクラと桜えびの炒めもの	118
オクラとなすのごまみそあえ	119
オクラとひじきの酢のもの	119
オクラと麩の吸いもの	119
オクラの酢のもの	119
牛肉の旬炒め	229
小麦粉オムレット	281
たことオクラのピリ辛炒め	438
ツルツルめん	497
とろとろいか納豆	543
なすの揚げ煮	558
モロヘイヤめん	767

貝割れ大根

香りのサラダ	141
ごぼうと貝割れ大根のサラダ	273
大根のピリ辛パリパリサラダ	418
豆腐のグリーンサラダ	509
生ハムのにぎりずし	579
にんじんと貝割れ大根のサラダ	599
野菜と鶏肉のごまドレッシング	776
わかめサラダ	815

かぶ

あちゃら漬け	32
いかとかぶのホットサラダ	46
えびとかぶの葉クリーム	103
かぶ漬け	161
かぶとあさりの煮もの	161
かぶと厚揚げのペロリ煮	161
かぶとえびのあんかけ	161
かぶ鶏厚揚げ	162
かぶとレタスのサラダ	162
かぶのスープ	162
かぶの卵とじ	163
かぶの葉と豆腐のみそ汁	163
かぶの葉の酢のもの	163
かぶのボルシチ風	163
かぶの水キムチ	164
かぶのみそ汁	164
かぶのゆず漬け	164
かぶのゆずみそかけ	164
かぶのレモン漬け	165
かぶら蒸し	165
魚介と春野菜のシチュー	240
三色塩漬け	324
たらのトマトシチュー	458
チキンの丸ごとポトフ	471
鶏とかぶのカレースープ煮	528
菜っぱのスープ煮	571
春のかぶと魚介のシチュー	633
春のシチュー	633
ビーツのサラダ	643
冬のかぶと魚介のシチュー	683
野菜畑のスープ	777
りんごとくるみのサクサクサラダ	797

かぼちゃ

えびとかぼちゃの煮もの	103
かぼちゃと油揚げのみそ汁	165
かぼちゃと鶏肉の甘辛煮	165
かぼちゃのいとこ煮	165
かぼちゃの薄甘煮	166
かぼちゃのエスニックサラダ	166
かぼちゃのオーブン焼き	166
かぼちゃのおかゆ	166
かぼちゃのグラタン	167
かぼちゃのグラッセ	167
かぼちゃのコロッケ	167
かぼちゃのサモサ	168
かぼちゃの素揚げ	168
かぼちゃの茶巾	168
かぼちゃの煮もの	169
かぼちゃのバター焼き	169
かぼちゃのポタージュ	169
かぼちゃのレーズンサラダ	170
ソーメンかぼちゃのそうめん風	399

大学かぼちゃ	407
鶏かぼちゃのカレー煮	522
なすとかぼちゃの煮もの	554
冷や汁	655
豚かぼちゃ	667
ほうとう 夏版	702
ほうとう 冬版	703

カリフラワー

海山のミルクスープ	95
えびとカリフラワーのエスニック風	104
えびと春野菜のサッと煮	106
えびと野菜のグラタン	106
カリフラワーとハムの卵グラタン	175
カリフラワーとハムのマリネ	175
カリフラワーとほうれん草のシチュー	175
カリフラワーの簡単カレー	176
カリフラワーのミルク煮	176
カリフラワー・ビーンズ	176
魚介と春野菜のシチュー	240
鮭とカリフラワーのグラタン	294
サモサ（じゃが芋入り）	316
チキンのクリーム煮	469
中国風フリッター	485
鶏肉とカリフラワーの治部煮	530
北海シチュー	714

絹さや

がんもと春野菜の煮もの	186
絹さやとえびの冷煮	192
絹さやと竹の子のクリーム煮	192
絹さやと麩の煮もの	193
絹さやの青々炒め	193
絹さやのかき揚げ	193
絹さやのきんぴら	194
絹さやのサラダ	194
絹さやの中国サラダ	194
絹さやのにんにくバター炒め	194
クレソンと絹さやの旬炒め	256
三色どんぶり	324
竹の子のミルクシチュー	434
ツナそぼろ	492
手毬麩と絹さやの吸いもの	501
にんじんと絹さやのつや煮	599
春のシチュー	633
れんこんと絹さやのごまネーズあえ	804

木の芽

揚げ竹の子の木の芽あえ	14
さわらの木の芽蒸し	320
豆腐の木の芽田楽	509

キャベツ

アンチョビとキャベツのピザ	43
いかとキャベツのカレー煮	47
インディアンスープ	78
ウインナーロールキャベツ	81
お好み炒め	120
お好み焼き	120
かきの洋風鍋	145
簡単ホイコーロー	185
キャベツいっぱいのメンチかつ	206
キャベツだけのシチュー	206
キャベツだけのパスタ	207
キャベツたっぷり洋風とん汁	207
キャベツだらけのコロッケ	207
キャベツと油揚げのみそ汁	208
キャベツとコンビーフのミルクグラタン	208
キャベツと卵の炒めもの	208
キャベツとつまみだんごのスープ	209
キャベツとトマトのカレー漬け	209
キャベツと鶏のカレースープ	209
キャベツとにんじんのカレー漬け	210
キャベツとにんじんのサラダ	210
キャベツとハムのミルク煮	210
キャベツと豚肉のさっぱり蒸し	210
キャベツと豚肉のシチュー	211
キャベツと豚ばらの重ね煮	211
キャベツとベーコンの重ね煮	211
キャベツとベーコンのカレー	212
キャベツとベーコンのスープ	212
キャベツとベーコンの卵とじ	212
キャベツとミンチの重ね煮	212
キャベツ鍋	213
キャベツのアンチョビドレッシング	213
キャベツのイタリアンスープ	213
キャベツの梅あえ	214
キャベツの梅漬け	214
キャベツのお好み揚げ	214
キャベツのオリーブ油炒め	214
キャベツのごまあえ 2種	215
キャベツのステーキ	215
キャベツのバター焼き	215
キャベツのほとほと煮	215

キャベツのボリュームサラダ	216
キャベツのミモザサラダ	216
キャベツの洋風ほっぽり鍋	216
牛肉とキャベツのサラダ	222
餃子	238
餃子チャーハン	239
魚介の塩焼きそば	241
グリンピースのやわらか煮	254
コールスローサラダ ドレッシング味	265
コールスローサラダ マヨネーズ味	266
コーンキャベツ	267
サワーキャベツのソーセージ添え	319
ザワークラウト カツ代風	319
ザワークラウト焼き	319
三色家庭サラダ	324
三色塩漬け	324
CM焼きそば	330
塩豚の素朴なドイツ風煮込み	334
新キャベツとアンチョビのパスタ	363
新キャベツのじゃこサラダ	363
新キャベツのソースサラダ	364
新キャベツのちぎりサラダ	364
新野菜のちぎりサラダ	369
スパゲティ 印度風	382
すりおろしじゃが芋のお好み焼き	388
たっぷりキャベツと野菜煮込み	442
卵とキャベツだけのパイ	446
ツナのキャベツ焼き	494
とり鍋	529
なすとキャベツの即席漬け	554
なたわり漬け	564
煮込まないキャベツカレー	588
虹色ガトー	589
にんにくの芽とキャベツのピリ辛炒め	602
春のおでん	633
豚肉とキャベツの甘酢煮	671
豚肉とキャベツの豆板醬炒め	671
豚肉のサワーキャベツ	676
回鍋肉	702
ポテキャベソーセージ	715
魔女のスープ 豚ばら肉入り	731
丸ごとキャベツのビックリ煮	737
みそキャベツ	742
紫キャベツの魔女スープ	753
メンチカツ	757
焼き餃子	768
焼きそば 大阪式	769

焼きビーフン	771
野菜バーガー	776
野菜畑のスープ	777
洋風野菜煮もの	790
りんごとくるみのサクサクサラダ	797
ロールキャベツ	808
ロールキャベツ クリーム味	809
ロールキャベツ コンソメ味	809
ロールキャベツ ドミグラスソース	810

きゅうり

ウィリーさんのサラダ	80
うなぎときゅうりの酢のもの	88
ウリもどきのスープ	97
えびサラダ	101
オードブル5種	113
お正月のばらずし	123
ガーデンサラダ	135
キューカンバーサラダ	217
キューカンバーハム	218
きゅうりだけのサラダ	234
きゅうりと青じそのはさみ漬け	234
きゅうりとクリームチーズのサンドイッチ	234
きゅうりと卵のスープ	235
きゅうりの磯あえ	235
きゅうりの梅あえ	235
きゅうりのごまあえ	235
きゅうりのさっぱりサラダ	236
きゅうりの塩水漬け	236
きゅうりのピクルス	236
きゅうりのピリピリ炒め	237
きゅうりのポリポリ漬け	237
きゅうりのみそサラダ	237
現代風かけまわしずし	259
ごまだれ冷やし中華そば	277
鮭ずし	293
サラダめん	318
三色家庭サラダ	324
しば漬け（即席）	343
スティックサラダ	380
そうめん冷めん	397
たこと緑のサラダ	438
たたききゅうり	441
中国風なます	484
なたわり漬け	564
夏香ご飯	565
夏香豆腐	565

夏のおすし	568
夏の水餃子(スイギョーザ)	569
夏野菜いっぱいひやむぎ	571
ニッポンのサラダ	592
春雨ときゅうりのあえもの	630
春の和風サラダ	635
ハワイアンサラダ	637
棒々鶏(バンバンジー)	641
ビーワンサラダ	649
冷やし中華	654
冷や汁	655
豚ときゅうりの塩炒め	669
ヘルシーサラダ	701
マカロニサラダ	730
ママのポテトサラダ	735
野菜と鶏肉のごまドレッシング	776
野菜バーガー	776
ゆで豚のみそだれあえ	785

グリーンアスパラガス

あさりとアスパラガスのかき揚げ	20
アスパラガスと玉ねぎのチーズ焼き	29
アスパラガスと豆苗(とうみょう)のチーズ炒め	29
アスパラガスのアリオリ炒め	30
アスパラガスのきんぴら	30
アスパラガスのごまみそあえ	30
アスパラガスの天ぷら	30
アスパラガスのパスタ	31
アスパラガスのポタージュ	31
アスパラガスのマスタードソース	31
アスパラガスの和風サラダ	32
アスパラご飯	32
えびと春野菜のサッと煮	106
さわらの金ぷら	320
初夏のマカロニサラダ	357
中国風フリッター	485
豆腐のじゃこアスパラ	510
煮込まないキャベツカレー	588
豚肉とアスパラガスの卵とじ	670
豚肉とアスパラガスのポピエット	670
ゆでグリーンサラダ	781

グリンピース

グリンピース入り玉子焼き	253
グリンピースカレー	253
グリンピースのかき揚げ	254
グリンピースのつぶし煮	254
グリンピースのひすい煮	254
グリンピースのフランス煮	254
グリンピースのやわらか煮	254
コロコロかき揚げ	285
サモサ(グリンピース入り)	315
サワーチキン	320
鯛の子とグリンピースの煮もの	421
卵とグリンピースのバター炒め	446
鶏からカレーピラフ	523
はだかの焼売(シューマイ)	620
春の二色ご飯	634
豆ごはん	735
豆竹(まめたけ)混ぜご飯	735
ミニ・グリンピース春巻き	745
ゆで肉のグリンピース煮	784

クレソン

アルファルファのサラダ	40
クレソンとアーモンドサラダ	256
クレソンと絹さやの旬炒め	256
クレソンと牛挽き肉炒め	256
クレソンのお浸し	257
サラダピザ	318
早春のサラダ	395
そば粉クレープ	401
ちょっとぜいたくうどんすき鍋	486
豆腐のステーキ クレソンソース	511

くわい

くわいの煮もの	258

ごぼう

いわしのつみれ汁	69
オイルサーディンとごぼうのマリネ	111
きつね柳川	191
牛すじと野菜の煮もの	218
牛肉とごぼうのおかずサラダ	223
牛肉とごぼうの煮もの	223
ごぼうとあさりの混ぜご飯	273
ごぼうと貝割れ大根のサラダ	273
ごぼうと里芋のみそ汁	274
ごぼうとチキンのサラダ巻き	274
ごぼうと白菜のみそ汁	274
ごぼうとほたて貝柱のサラダ	275
ごぼうのおかずきんぴら	275
ごぼうのきんぴら	275
ごぼうのごま鶏あえ	275

ごぼうめし	276
さつま揚げ	301
三種きんぴら	323
三色混ぜきんぴら	325
新ごぼうのサラダ	364
たたきごぼう	441
鶏と野菜のおこわ風	529
なすとごぼうの汁	554
豚ごぼうの混ぜ飯	668
豚汁	668
豚肉とごぼうのみそ汁	672
豚肉とごぼうの柳川風	672
ぶりとごぼうの煮つけ	688
みそポトフ	743
もつと野菜の煮込み	762
八幡巻き	779
ラムのみそ煮	796

小松菜

青菜炒め	8
青菜のごまよごし	8
青菜の焼売(シューマイ)	9
油揚げ・青菜・白菜の鍋	36
お正月の小松菜の吸いもの	122
きのこと小松菜の和風仕立てスープ	198
牛肉と小松菜の5分煮	223
小松菜ごはん	277
小松菜と貝柱の炒めもの	278
小松菜と焼売の煮もの	278
小松菜と豚肉のしょうが炒め	278
小松菜とほたて貝の煮浸し	278
小松菜のおこわ	279
小松菜の辛子あえ	279
小松菜のクリームあんかけ	279
小松菜の黒ごまあえ	280
小松菜の即席漬け	280
小松菜の中国風混ぜめし	280
小松菜の煮浸し	280
小松菜のみそ汁	281
さつま揚げと青菜の煮もの	302
シンプルぞう煮	368
鶏肉と小松菜の治部煮(じぶ)	530
ビーフと青菜のあえもの	646

さつま芋

相性汁	7
揚げいかとさつま芋チップ	12

いか・さつま芋・ねぎの煮つけ	45
きんとん	245
さつま芋粥(がゆ)	302
さつま芋皮の甘辛がらめ	302
さつま芋ご飯	302
さつま芋だけの煮もの	303
さつま芋と栗のつぶさぬきんとん	303
さつま芋とこんにゃくの酢豚風	303
さつま芋とゆで卵の煮もの	304
さつま芋とりんごのロールポーク	304
さつま芋のオレンジ煮	305
さつま芋の皮のきんぴら	305
さつま芋のごまだらけ	305
さつま芋の包み揚げ	305
さつま芋の豚巻き煮	306
七面鳥(ローストターキー)	340
スイートポテトライス	370
大学芋	407
ダブルポテトサラダ	444
鶏さつま	524
鶏じゃがさつま	525
鶏肉の辛子蒸し献立	534
とんさつま	545
肉だんごとさつま芋の甘酢味	584
豚肉のアップル焼き	675
ポテポテケーキ	721

里芋

うずら卵と里芋の中国風	83
うずら卵と里芋の煮もの	84
えびと里芋のあっさり煮	104
おから入りチキンバーグ	116
きぬかつぎ	191
小芋の柚子しょうゆ	260
ごぼうと里芋のみそ汁	274
さといも粥(がゆ)	306
里芋ご飯	306
里芋と厚揚げのみそ汁	307
里芋と甘栗の秋煮	307
里芋とえびの京煮	307
里芋と牛肉の中国風炒め	307
里芋と牛肉の煮つけ	308
里芋と鶏肉のたっぷり煮	308
里芋と鶏の煮もの	309
里芋と舞茸のかき揚げ	309
里芋の上品煮	309
里芋の素揚げ	309

索引

里芋のすいとん ………………… 310
里芋の煮っころがし ……………… 310
里芋マッシュ …………………… 310
里芋マッシュ焼き ……………… 310
つぶし里芋の揚げワンタン ……… 496
つぶし里芋のきのこあんかけ …… 496
鶏肉と里芋の中国風煮もの ……… 531
生鮭のこてっ …………………… 578
ぶりの治部煮 …………………… 689
みそおでんの串刺し鍋 …………… 742
みんな丸くおさまる鍋 …………… 749
冷凍里芋と牛こまのワイン煮 …… 798

サニーレタス
韓国風サラダ …………………… 182
五目サラダ ……………………… 284
サニーレタスと卵のホットサラダ … 311
たたきがつおのカルパッチョ …… 441
チリチリ豚 ……………………… 487
ツナとわかめのサラダ …………… 493
ホットドッグ タコス風 ………… 714

サラダ菜
クレープサンド ………………… 255
サラダ菜のスープ ……………… 317
ツナのレモンサラダ …………… 495
生ハムの牛肉巻き ……………… 579

山椒の実
山椒の実の青つくだ煮 …………… 324
山椒の実のつくだ煮 …………… 324
さんまの山椒煮 ………………… 328

しし唐辛子
いわしの酒酢煮 …………………… 67
えび春巻き ……………………… 108
サルサ …………………………… 319
たこの煮もの …………………… 439
卵とツナのカレー ……………… 447
チキン春巻き …………………… 472
豆腐の夏仕立て ………………… 512
肉きのこ ………………………… 582
肉丼 ……………………………… 586
ベーコンの串焼き ……………… 697
メキシカン重ねステーキ ……… 754
若草揚げ ………………………… 813

しその実
秋のサラダ ………………………… 10
しその実漬け …………………… 339

じゃが芋
揚げじゃがチーズ焼き …………… 14
揚げポテバナナ ………………… 18
厚揚げとじゃが芋のゴロン煮 …… 33
いかねぎ焼き …………………… 49
芋・栗・鶏の中国炒め …………… 60
芋すいとん豚汁 ………………… 60
ウインナーキャセロール ………… 80
エッグポテトサラダ …………… 100
えびじゃがクリーム …………… 102
大阪風さつま揚げ ……………… 112
おかず粉ふき芋 ………………… 115
かあさんオムレツ ……………… 135
かぶのボルシチ風 ……………… 163
かぼちゃのコロッケ …………… 167
カレーコロッケ ………………… 178
皮つき簡単肉じゃが …………… 181
がんもと春野菜の煮もの ……… 186
きのことじゃがのにんにくソテー … 199
牛すねのカレー ………………… 220
牛巻き甘辛煮 …………………… 233
グリーンポタージュ …………… 252
粉ふき芋 ………………………… 272
コロコロかき揚げ ……………… 285
コンビーフポテト ……………… 290
鮭コロッケ ……………………… 293
鮭のクリーミーコロッケ ……… 295
サマーポテトサラダ …………… 314
サモサ（じゃが芋入り） ……… 316
下ごしらえなしおでん ………… 340
シチュードスコッチエッグ …… 342
ジャーマンポテトサラダ ……… 344
じゃが芋簡単グラタン ………… 344
じゃが芋スパゲティ …………… 344
じゃが芋とアンチョビのオーブン焼き … 345
じゃが芋といかくんのサラダ … 345
じゃが芋とたらのクリームグラタン … 345
じゃが芋と豚肉のザーサイ炒め … 346
じゃが芋の串フライ …………… 346
じゃが芋のクレープ …………… 346
じゃが芋のコールスロー風 …… 347
じゃが芋の粉チーズ炒め ……… 347
じゃが芋の正調煮っころがし … 347

じゃが芋の千切りかき揚げ ・・・・・・347	畑の肉だんご ・・・・・・621
じゃが芋のたらこ炒め ・・・・・・348	ハッシュドポテト ・・・・・・621
じゃが芋のなますサラダ ・・・・・・348	ビーフシチュー ・・・・・・644
じゃが芋の煮っころがし ・・・・・・348	ビシソワーズ ・・・・・・652
じゃが芋のバター炒め ・・・・・・348	フィッシュコロッケ ・・・・・・660
じゃが芋の一口お焼き ・・・・・・349	フライドポテト ・・・・・・685
じゃが芋のビネグレットサラダ ・・・・・・349	ほたてじゃが芋 ・・・・・・713
じゃが芋やにんじんの田舎煮 ・・・・・・349	北海シチュー ・・・・・・714
じゃがえび炊き込みごはん ・・・・・・350	ポテキャベソーセージ ・・・・・・715
じゃが豚トマトカレー煮 ・・・・・・350	ポテサラパスタ オーロラソース ・・・・・・716
新じゃがと大豆のガーッと煮 ・・・・・・365	ポテト入りいり卵 ・・・・・・716
新じゃがとほたての煮もの ・・・・・・365	ポテト入りソーセージ揚げパン ・・・・・・716
新じゃがのインド風 ・・・・・・365	ポテトコロッケ ・・・・・・717
新じゃがのカレーあんかけ ・・・・・・366	ポテトサラダ ・・・・・・717
新じゃがのクリーミィサラダ ・・・・・・366	ポテトサラダ ニソワーズ風 ・・・・・・718
新じゃがのコロコロ煮 ・・・・・・366	ポテトすいとん ・・・・・・718
新じゃがの肉じゃが ・・・・・・366	ポテトチップス ・・・・・・718
新じゃがのにんにくみそ炒め ・・・・・・367	ポテトチップス炒め ・・・・・・719
新じゃが豚のみそがらめ ・・・・・・367	ポテトとポテトチップスのサラダ ・・・・・・719
スタミナじゃが芋 ・・・・・・377	ポテトパイ ・・・・・・719
ズッキーニとじゃが芋炒め ・・・・・・378	ポテトピラフ トルコ風 ・・・・・・720
スパイシーポテト ・・・・・・382	ポテトほたて煮 ・・・・・・720
スペインオムレツ ・・・・・・386	ポテ肉だんごのスープ ・・・・・・720
すりおろしじゃが芋のお好み焼き ・・・・・・388	ポテポテケーキ ・・・・・・721
すりじゃがえびカレー ・・・・・・388	マッシュポテ ・・・・・・732
タイ風ポテトサラダ ・・・・・・423	ママのポテトサラダ ・・・・・・735
ダブルポテトサラダ ・・・・・・444	ミルクマッシュポテト ・・・・・・749
タラモサラダ ・・・・・・459	明太たらもサラダ ・・・・・・757
チキンボールのすまし汁 ・・・・・・473	森のサラダ ・・・・・・764
中華屋さんのカレー ・・・・・・482	ヤンソンさんの誘惑 ・・・・・・780
中近東ムードのリゾット ・・・・・・482	ゆでじゃが イタリア式 ・・・・・・782
ツナコロッケ ・・・・・・492	ゆでじゃが芋のチーズ焼き ・・・・・・782
ツナじゃがグラタン ・・・・・・492	ゆで肉のフライパン炒め ・・・・・・784
ツナとじゃが芋のポテトケーキ ・・・・・・492	れんこんのコロッケ ・・・・・・806
でっかいフライドポテ ・・・・・・500	和素材薄切り肉ポトフ ・・・・・・818
鶏皮とお芋のきんぴら ・・・・・・523	
鶏じゃが エスニック味 ・・・・・・525	**春菊**
鶏じゃがさつま ・・・・・・525	青菜のごまみそあえ ・・・・・・8
とんカレーじゃが ・・・・・・545	秋の玉子焼き ・・・・・・10
とんじゃが ・・・・・・546	菊衣あえ ・・・・・・187
ナッツとじゃが芋のサラダ ・・・・・・567	牛肉と春菊の炒めもの ・・・・・・224
肉じゃが ・・・・・・582	牛肉と春菊の中国サラダ ・・・・・・224
ニョッキ ・・・・・・595	春菊サラダ ・・・・・・353
ニョッキ きのこスープ仕立て ・・・・・・595	春菊の卯の花あえ ・・・・・・353
パセリカレーポテト ・・・・・・619	春菊の絹白あえ ・・・・・・353
パセリ風味のガーリックポテト ・・・・・・619	春菊のごまあえ ・・・・・・354
畑のオムレツ ・・・・・・620	春菊のごまソース ・・・・・・354

すき焼き 関西風 ･････････････ 373
豚肉と春菊のみそ汁 ･････････････ 673
山の幸サラダ ･････････････ 779

しょうが
しょうがごはん ･････････････ 356
しょうがなす ･････････････ 356
トマトのジンジャーサラダ ･･････････ 519
鶏肉の香味あえ ･････････････ 534
夏のおすし ･････････････ 568
葉しょうがの梅酢漬け ･････････････ 618

食用菊
おみ漬け ･････････････ 130
菊衣あえ ･････････････ 187
菊のお浸し ･････････････ 187
菊の三色あえ ･････････････ 187
菊花汁 ･････････････ 189

ずいき
ずいきの炒め煮 ･････････････ 370
ずいきの汁もの ･････････････ 371

ズッキーニ
いかとズッキーニのイタリアンマリネ ･･･ 47
ガーデンサラダ ･････････････ 135
ズッキーニと牛肉の辛炒め ･････････ 377
ズッキーニとじゃが芋炒め ･････････ 378
ズッキーニとトマトのハーブ煮 ･･･････ 378
ズッキーニのグラタン ･････････････ 378
ズッキーニの酢漬け ･････････････ 379
ズッキーニのチャンプル風炒め ･･･････ 379
ズッキーニの天ぷら ･････････････ 379
ズッキーニのバター炒め ･････････････ 379
ズッキーニのリゾット ･････････････ 380
焼きズッキーニ ･････････････ 768

せり
せりとえのき茸のごまあえ ･････････ 389
せりのごまあえ ･････････････ 390
ぜんまいとせりの炒めもの ･････････ 394
にじますのホイルみそ焼き ･････････ 591

セロリ
いかとセロリのしょうが味 ･････････ 47
イタリア的野菜スープ ･････････････ 55
うにセロリ ･････････････ 90

えびとセロリのサンドイッチ ････････ 105
えびとセロリのジンジャーサラダ ･････ 105
えびとセロリのピラフ ･････････････ 105
ガーデンサラダ ･････････････ 135
かつおのマリネ ･････････････ 154
カレーコロッケ ･････････････ 178
牛すじとセロリのカレー ･････････････ 218
クレソンとアーモンドサラダ ･･･････ 256
香味野菜の洋風サラダ ･････････････ 263
コールスローサラダ マヨネーズ味 ････ 266
サラダスパゲティ ･････････････ 316
サラダピザ ･････････････ 318
すぐ作れるブイヤベース ･･･････････ 374
スティックサラダ ･････････････ 380
すりじゃがえびカレー ･････････････ 388
セロリと油揚げのサラダ ･････････････ 390
セロリと玉ねぎのゆかりサラダ ･･････ 390
セロリと鶏手羽先のスープ ･････････ 390
セロリと挽き肉のタイ風 ･････････････ 391
セロリとりんごのサラダ ･････････････ 391
セロリのあったか中華めん ･････････ 391
セロリのきんぴら ･････････････ 392
セロリのサラダ ･････････････ 392
セロリのジャージャーめん ･････････ 392
セロリのシンプルサラダ ･････････････ 392
セロリのスープ煮 ･････････････ 393
セロリのタバスコ煮 ･････････････ 393
セロリのつくだ煮 ･････････････ 393
セロリの葉と玉ねぎの吸いもの ･･････ 393
セロリのみそ漬け ･････････････ 393
大根とセロリのしんなりサラダ ･･････ 411
鶏の夏野菜あえ ･････････････ 539
ピーナッツとセロリの豆板醤炒め ･････ 643
ピリピリセロリ豚 ･････････････ 658
豚肉とセロリのピリ辛巻き ･････････ 673
冬野菜のスープ ･････････････ 684
マリネステーキ ･････････････ 736
三つ葉のごまドレッシング ･････････ 745
野菜チキン ･････････････ 775
野菜畑のスープ ･････････････ 777
洋風野菜煮もの ･････････････ 790
ラムのカレーシチュー ･････････････ 795
和素材薄切り肉ポトフ ･････････････ 818

そら豆
そら豆粥 ･････････････ 403
そら豆ごはん ･････････････ 403

そら豆茶巾‥‥‥‥‥‥‥‥‥‥‥‥404
そら豆と卵の炒めもの‥‥‥‥‥‥404
そら豆の甘辛煮‥‥‥‥‥‥‥‥‥404
そら豆のかき揚げ‥‥‥‥‥‥‥‥405
そら豆のごまあえ‥‥‥‥‥‥‥‥405
そら豆の三色かき揚げ‥‥‥‥‥‥405
そら豆の即席ポタージュ‥‥‥‥‥405
そら豆のひすい煮‥‥‥‥‥‥‥‥406
そら豆の飛竜頭‥‥‥‥‥‥‥‥‥406

ター菜
ター菜のクリーム煮‥‥‥‥‥‥‥406
ター菜めん‥‥‥‥‥‥‥‥‥‥‥407
中国野菜と豚の炒めもの‥‥‥‥‥485

大根
揚げ大根‥‥‥‥‥‥‥‥‥‥‥‥14
揚げもちおろし添え‥‥‥‥‥‥‥18
いかと大根の煮もの‥‥‥‥‥‥‥48
いとこ豆腐のみぞれ鍋‥‥‥‥‥‥59
江戸っ子丼‥‥‥‥‥‥‥‥‥‥‥100
えび天おろし煮‥‥‥‥‥‥‥‥‥103
おでん‥‥‥‥‥‥‥‥‥‥‥‥‥125
親子おろしどんぶり‥‥‥‥‥‥‥132
おろしそば‥‥‥‥‥‥‥‥‥‥‥133
カクテキ‥‥‥‥‥‥‥‥‥‥‥‥147
かにと大根のサラダ‥‥‥‥‥‥‥160
きのこそばすいとん‥‥‥‥‥‥‥197
牛すじと野菜の煮もの‥‥‥‥‥‥218
牛肉おろしあえ‥‥‥‥‥‥‥‥‥222
牛挽き肉の和風ステーキ‥‥‥‥‥233
紅白なます‥‥‥‥‥‥‥‥‥‥‥261
紅白別なます‥‥‥‥‥‥‥‥‥‥262
紅白松前漬け‥‥‥‥‥‥‥‥‥‥262
ごま酢あえ‥‥‥‥‥‥‥‥‥‥‥276
ザーサイ大根‥‥‥‥‥‥‥‥‥‥291
鮭と千切り大根の和風炊き込みピラフ‥‥295
自家製干し大根の田舎煮‥‥‥‥‥335
しそ大根‥‥‥‥‥‥‥‥‥‥‥‥339
下ごしらえなしおでん‥‥‥‥‥‥340
じゃことなめこのおろしあえ‥‥‥350
スティックサラダ‥‥‥‥‥‥‥‥380
大根入りビーフスープ‥‥‥‥‥‥408
大根かまぼこ‥‥‥‥‥‥‥‥‥‥408
大根カレー‥‥‥‥‥‥‥‥‥‥‥408
大根皮のきんぴら‥‥‥‥‥‥‥‥408
大根皮の塩きんぴら‥‥‥‥‥‥‥409

大根たらこ煮‥‥‥‥‥‥‥‥‥‥409
大根と油揚げのじか煮‥‥‥‥‥‥409
大根と油揚げのみそ汁‥‥‥‥‥‥409
大根と牛すじの煮もの‥‥‥‥‥‥410
大根と牛肉のザーサイ炒め‥‥‥‥410
大根と魚介のピリピリマリネ‥‥‥410
大根とこんにゃくのじゃこ炒め‥‥411
大根と魚のあらのみそ汁‥‥‥‥‥411
大根とセロリのしんなりサラダ‥‥411
大根と大根葉の簡単サラダ‥‥‥‥411
大根と豚肉の昆布煮‥‥‥‥‥‥‥412
大根と豚ばらのみそ煮‥‥‥‥‥‥412
大根と骨つき肉の沖縄風‥‥‥‥‥412
大根とれんこんのピリ辛炒め‥‥‥413
大根の田舎煮‥‥‥‥‥‥‥‥‥‥413
大根の梅煮‥‥‥‥‥‥‥‥‥‥‥413
大根の大阪漬け‥‥‥‥‥‥‥‥‥413
大根のおかか煮‥‥‥‥‥‥‥‥‥414
大根の辛み炒め‥‥‥‥‥‥‥‥‥414
大根の辛み漬け‥‥‥‥‥‥‥‥‥414
大根の皮と葉の酢じょうゆ漬け‥‥414
大根のご馳走煮‥‥‥‥‥‥‥‥‥415
大根のごま酢あえ‥‥‥‥‥‥‥‥415
大根のごまみそあえ‥‥‥‥‥‥‥415
大根の山海あん‥‥‥‥‥‥‥‥‥416
大根のしょうゆ漬け‥‥‥‥‥‥‥416
大根の白ごまあえ‥‥‥‥‥‥‥‥416
大根のしんなりサラダ‥‥‥‥‥‥417
大根の中国風パリパリサラダ‥‥‥417
大根の葉のふりかけ‥‥‥‥‥‥‥417
大根のひたすら煮‥‥‥‥‥‥‥‥417
大根のピリ辛パリパリサラダ‥‥‥418
大根のブイヨン煮‥‥‥‥‥‥‥‥418
大根のべっこう煮‥‥‥‥‥‥‥‥418
大根のゆかりサラダ‥‥‥‥‥‥‥418
大根の洋風パリパリサラダ‥‥‥‥419
大根もち‥‥‥‥‥‥‥‥‥‥‥‥419
大根ゆかり漬け‥‥‥‥‥‥‥‥‥419
鯛大根‥‥‥‥‥‥‥‥‥‥‥‥‥420
たらこおろし‥‥‥‥‥‥‥‥‥‥454
たら豆腐‥‥‥‥‥‥‥‥‥‥‥‥456
中国風なます‥‥‥‥‥‥‥‥‥‥484
豆腐と厚揚げのしんせき煮‥‥‥‥507
豆腐のみそみぞれ汁‥‥‥‥‥‥‥513
鶏クッパ‥‥‥‥‥‥‥‥‥‥‥‥523
鶏みそ大根‥‥‥‥‥‥‥‥‥‥‥541
とんテキ‥‥‥‥‥‥‥‥‥‥‥‥547

夏大根とスモークサーモンのサラダ ………	565
菜めし ………………………………………	581
なめたけおろし …………………………	581
ねぎ入り松前漬け ………………………	604
豚挽き肉と大根のピリ辛煮 ……………	681
冬野菜のスープ …………………………	684
ぶり大根 …………………………………	687
ぶり大根　こんにゃく入り …………	688
ぶり大根　ピリ辛みそ味 ……………	688
ぶりのもち入り粕汁 ……………………	691
ふろふき大根 ……………………………	694
みそおでんの串刺し鍋 …………………	742
みそブイヤベース ………………………	743
みそポトフ ………………………………	743
みぞれもち ………………………………	743
めんたいなます …………………………	757
もち入りポトフ …………………………	759
もちの揚げだし汁 ………………………	761
ゆで野菜とディップ ……………………	786
六味おろしそば …………………………	812
和素材薄切り肉ポトフ …………………	818

竹の子

揚げ竹の子の磯がらめ …………………	14
揚げ竹の子の木の芽あえ ………………	14
いか・豆腐・竹の子の煮もの …………	46
絹さやと竹の子のクリーム煮 …………	192
牛肉とピーマンの炒めもの ……………	226
即席酢鶏 …………………………………	400
鯛のタイ鍋 ………………………………	422
竹の子カレー ……………………………	427
たけのこクリームカレー ………………	428
竹の子ご飯 ………………………………	428
竹の子ご飯　おこわ風 ………………	429
竹の子ご飯　韓国風 …………………	429
竹の子焼売 ………………………………	429
竹の子と厚揚げのつけ焼き ……………	430
竹の子とえびのクリーム煮 ……………	430
竹の子と牛肉の炒めもの ………………	430
竹の子と大豆のみそ炒め ………………	431
竹の子とつくねの一緒揚げ ……………	431
竹の子とつくねのうま煮 ………………	431
竹の子と鶏肉の混ぜごはん ……………	432
竹の子丼 …………………………………	432
竹の子のエッグサラダ …………………	432
竹の子のおかか煮 ………………………	433
竹の子のグラタン ………………………	433

竹の子の酢豚 ……………………………	433
竹の子の煮もの …………………………	434
竹の子のミルクシチュー ………………	434
竹の子の焼きめし ………………………	434
竹の子のゆで方 …………………………	435
竹の子めんま風 …………………………	435
竹の子油飯 ………………………………	435
糖醋丸子 …………………………………	461
青椒肉絲 …………………………………	489
にせふかひれスープ ……………………	592
ブロッコリーと牛肉のマヨネーズ炒め …	693
豆竹混ぜご飯 ……………………………	735
ゆばと野菜の煮もの ……………………	787
若竹煮 ……………………………………	814
若竹蒸し …………………………………	814

玉ねぎ

あじの野菜マリネ ………………………	28
アスパラガスと玉ねぎのチーズ焼き …	29
アルファルファのかき揚げ ……………	40
いかと玉ねぎのとろり煮 ………………	48
ウインナーキャセロール ………………	80
ウンブリア地方の玉ねぎスープ ………	97
枝豆・小えび・玉ねぎの三色揚げ ……	99
オニオンガーリックライス ……………	126
オニオングラタンスープ ………………	126
オニオンフリッター ……………………	126
オニオンラーメン ………………………	127
おばあちゃんのオムレツ ………………	128
オムライス ………………………………	131
かつおのマリネ …………………………	154
カレーサンド ……………………………	179
カレーパン ………………………………	179
カレーポークチャップ …………………	180
カレー混ぜピラフ ………………………	181
きのこと玉ねぎのマリネ ………………	199
牛すじのマリネ …………………………	219
牛すねのカレー …………………………	220
牛丼 ………………………………………	221
牛肉のオニオン煮 ………………………	228
牛レバーのベネチア風 …………………	237
魚介の塩焼きそば ………………………	241
ケチャップマヨエビ ……………………	258
コーンサラダ ……………………………	267
小玉ねぎの甘煮 …………………………	270
木の葉どんぶり …………………………	271
小判焼き　中国風 ………………………	271

鮭と玉ねぎのチーズ焼き・・・・・・・・・・・・・・・・・・・・295
鮭のマリネ・・・・・・・・・・・・・・・・・・・・・・・・・・・・・・・・・299
サワーチキン・・・・・・・・・・・・・・・・・・・・・・・・・・・・・・・320
しょうゆ漬け玉ねぎと卵のチャーハン・・・357
新玉ねぎと卵のサラダ・・・・・・・・・・・・・・・・・・・367
新玉ねぎの和風サラダ・・・・・・・・・・・・・・・・・・・368
新野菜のちぎりサラダ・・・・・・・・・・・・・・・・・・・369
スパゲティナポリタン・・・・・・・・・・・・・・・・・・・383
すりじゃがえびカレー・・・・・・・・・・・・・・・・・・・388
セロリと玉ねぎのゆかりサラダ・・・・・・・390
セロリの葉と玉ねぎの吸いもの・・・・・・・393
早春のサラダ・・・・・・・・・・・・・・・・・・・・・・・・・・・・・395
即席ハヤシライス・・・・・・・・・・・・・・・・・・・・・・・401
たたきがつおのカルパッチョ・・・・・・・・・441
玉ねぎ薄切り梅肉あえ・・・・・・・・・・・・・・・・・452
玉ねぎだけのカレー天ぷら・・・・・・・・・・・452
玉ねぎとベーコンのカレー炒め・・・・・・・452
玉ねぎとわかめの酢のもの・・・・・・・・・・・452
玉ねぎのお浸し・・・・・・・・・・・・・・・・・・・・・・・・・453
玉ねぎのガーリックスープ・・・・・・・・・・・453
玉ねぎの卵焼き・・・・・・・・・・・・・・・・・・・・・・・・・453
玉ねぎのピクルス　カレー味・・・・・・・・・453
玉ねぎのピクルス　チリ味・・・・・・・・・・・454
玉ねぎのピンピンサラダ・・・・・・・・・・・・・454
チキンカレー・・・・・・・・・・・・・・・・・・・・・・・・・・・464
チキンカレー　本格風・・・・・・・・・・・・・・・・・464
チキンコーンシチュー・・・・・・・・・・・・・・・・・466
チキンソテー　アメリカ風・・・・・・・・・・・467
中華屋さんのカレー・・・・・・・・・・・・・・・・・・・482
テケレツのオッパッパ・・・・・・・・・・・・・・・・・499
豆腐のグリーンサラダ・・・・・・・・・・・・・・・・・509
鶏肉のオニオントマト煮・・・・・・・・・・・・・・533
鶏もつのパルメザン煮・・・・・・・・・・・・・・・・・542
とんカレーじゃが・・・・・・・・・・・・・・・・・・・・・・545
とんシチュー　トマト味・・・・・・・・・・・・・546
とんじゃが・・・・・・・・・・・・・・・・・・・・・・・・・・・・・・・546
なすのメンチカツ・・・・・・・・・・・・・・・・・・・・・・563
ナポリ風チキンライス・・・・・・・・・・・・・・・・・577
肉じゃが・・・・・・・・・・・・・・・・・・・・・・・・・・・・・・・・・582
ねぎねぎ豆腐・・・・・・・・・・・・・・・・・・・・・・・・・・・・606
畑のオムレツ・・・・・・・・・・・・・・・・・・・・・・・・・・・・620
ハムの人気マリネ・・・・・・・・・・・・・・・・・・・・・・626
はやしくん・・・・・・・・・・・・・・・・・・・・・・・・・・・・・・・627
はやしさん・・・・・・・・・・・・・・・・・・・・・・・・・・・・・・・627
ハヤシ丼・・・・・・・・・・・・・・・・・・・・・・・・・・・・・・・・・627
ハヤシライス・・・・・・・・・・・・・・・・・・・・・・・・・・・・628
春の和風サラダ・・・・・・・・・・・・・・・・・・・・・・・・・635
ハンガリー風シチュー・・・・・・・・・・・・・・・・・638
パン鍋・・・・・・・・・・・・・・・・・・・・・・・・・・・・・・・・・・・639
ハンバーグ・・・・・・・・・・・・・・・・・・・・・・・・・・・・・・・640
ピザパン・・・・・・・・・・・・・・・・・・・・・・・・・・・・・・・・・650
ひらひらカレー・・・・・・・・・・・・・・・・・・・・・・・・・656
ポテトチップス炒め・・・・・・・・・・・・・・・・・・・719
ポテ肉だんごのスープ・・・・・・・・・・・・・・・・・720
魔女のスープ　豚ばら肉入り・・・・・・・・・731
マリネステーキ・・・・・・・・・・・・・・・・・・・・・・・・・736
丸干しいわしのマリネ・・・・・・・・・・・・・・・・・737
ミラノ風リゾット・・・・・・・・・・・・・・・・・・・・・・748
紫キャベツの魔女スープ・・・・・・・・・・・・・753
メキシカンシチュー・・・・・・・・・・・・・・・・・・・755
メンチカツ・・・・・・・・・・・・・・・・・・・・・・・・・・・・・・・757
焼きさんまの玉ねぎ漬け・・・・・・・・・・・・・768
焼きそうめん・・・・・・・・・・・・・・・・・・・・・・・・・・・・769
屋台風ビーフン・・・・・・・・・・・・・・・・・・・・・・・・・778
洋風野菜煮もの・・・・・・・・・・・・・・・・・・・・・・・・・790
ラム肉のオニオン炒め・・・・・・・・・・・・・・・・・795
ラムのカレーシチュー・・・・・・・・・・・・・・・・・795
リヨン風焼き肉・・・・・・・・・・・・・・・・・・・・・・・・・797

チンゲン菜

チンゲン菜とえのき茸のスープ・・・・・・・488
チンゲン菜と桜えびの炒めもの・・・・・・・489
チンゲン菜とたくあんのピリ辛炒め・・・489
チンゲン菜とベーコンのみそ汁・・・・・・・489
なすと牛肉の炒めもの・・・・・・・・・・・・・・・・・554
肉だんごの甘酢煮・・・・・・・・・・・・・・・・・・・・・・584
魚香茄子（ユイシアンチエヅ）・・・・・・・・・・・・・・・・・・・・・・・780

つるむらさき

つるむらさきときのこのあえもの・・・・・・・497
つるむらさきと豚肉のみそ炒め・・・・・・・497
つるむらさきのおかか炒め・・・・・・・・・・・498
つるむらさきのお浸し・・・・・・・・・・・・・・・・・498
つるむらさきのかき揚げ・・・・・・・・・・・・・498

冬瓜

冬瓜（とうがん）スープ・・・・・・・・・・・・・・・・・・・・・・・・・・504
冬瓜（とうがん）のえびあんかけ・・・・・・・・・・・・・・・505
冬瓜（とうがん）のくず煮・・・・・・・・・・・・・・・・・・・・・・505
冬瓜（とうがん）の中国風スープ・・・・・・・・・・・・・505
冬瓜（とうがん）のみそ汁・・・・・・・・・・・・・・・・・・・・・・506

豆苗

アスパラガスと豆苗（とうみょう）のチーズ炒め・・・・・・・・・・・・29

とうもろこし
- コーンとささみのかき揚げ ・・・・・・・・・・・・・・・268
- とうもろこしの塩ゆで ・・・・・・・・・・・・・・・・・・513

トマト
- アボカドのトマトチキンサラダ ・・・・・・・・・・39
- いかとズッキーニのイタリアンマリネ ・・・・・47
- いかのトマトホットマリネ ・・・・・・・・・・・・・・・50
- 1センチ・トマトサラダ ・・・・・・・・・・・・・・・・・58
- いわしのトマト煮 ・・・・・・・・・・・・・・・・・・・・・・69
- いわしのナポリ風オーブン焼き ・・・・・・・・・・70
- うどとトマトのパセリ酢あえ ・・・・・・・・・・・・85
- オイルサーディンのトマト煮 ・・・・・・・・・・・111
- ガスパチョ ・・・・・・・・・・・・・・・・・・・・・・・・・・・151
- ガスパチョ風サラダ ・・・・・・・・・・・・・・・・・・・151
- キャベツとトマトのカレー漬け ・・・・・・・・・209
- サラダめん ・・・・・・・・・・・・・・・・・・・・・・・・・・・318
- サルサ ・・・・・・・・・・・・・・・・・・・・・・・・・・・・・・・319
- 初夏のマカロニサラダ ・・・・・・・・・・・・・・・・・357
- 白身魚のトマト煮 ・・・・・・・・・・・・・・・・・・・・・360
- 白身魚のプロヴァンス風 ・・・・・・・・・・・・・・・360
- ズッキーニとトマトのハーブ煮 ・・・・・・・・・378
- タコス風オープンサンド ・・・・・・・・・・・・・・・437
- タコス風サラダ ・・・・・・・・・・・・・・・・・・・・・・・437
- たたきがつおのカルパッチョ ・・・・・・・・・・・441
- チキンソテー アメリカ風 ・・・・・・・・・・・・・・467
- トマト入りスクランブルエッグ ・・・・・・・・・516
- トマトカナッペ ・・・・・・・・・・・・・・・・・・・・・・・516
- トマトとアボカドのオムレツ ・・・・・・・・・・・517
- トマトと卵の炒めもの ・・・・・・・・・・・・・・・・・517
- トマトと卵の中国風スープ ・・・・・・・・・・・・・517
- トマトとツナのバーミセリ ・・・・・・・・・・・・・517
- トマトとわかめのサラダ ・・・・・・・・・・・・・・・518
- トマトの辛いスパゲティ ・・・・・・・・・・・・・・・518
- トマトのサワースープ ・・・・・・・・・・・・・・・・・519
- トマトのジンジャーサラダ ・・・・・・・・・・・・・519
- トマトのスイートサラダ ・・・・・・・・・・・・・・・519
- トマトの酢のもの ・・・・・・・・・・・・・・・・・・・・・519
- トマトのファルシー ・・・・・・・・・・・・・・・・・・・520
- トマトライス ・・・・・・・・・・・・・・・・・・・・・・・・・520
- 鶏のトマト味のクリーム煮 ・・・・・・・・・・・・・539
- 鶏の夏野菜あえ ・・・・・・・・・・・・・・・・・・・・・・・539
- なすといかのトマト煮 ・・・・・・・・・・・・・・・・・552
- なすのドライカレー ・・・・・・・・・・・・・・・・・・・562
- 夏トマトで作る基本のトマトソース ・・・・・568
- 夏のガーリックトマトスパゲティ ・・・・・・・569
- 夏のミートソース ・・・・・・・・・・・・・・・・・・・・・570
- 生トマトのスパゲティ ・・・・・・・・・・・・・・・・・578
- ハニートマト ・・・・・・・・・・・・・・・・・・・・・・・・・625
- ひじきの中国風サラダ ・・・・・・・・・・・・・・・・・652
- 豚肉の夏野菜重ね ・・・・・・・・・・・・・・・・・・・・・677
- 豚肉のレタスあえ ・・・・・・・・・・・・・・・・・・・・・679
- ベイクドバジルトマト ・・・・・・・・・・・・・・・・・695
- ポークソテー トマトソース ・・・・・・・・・・・・711
- まぐろのイタリアン ・・・・・・・・・・・・・・・・・・・730
- メキシカン重ねステーキ ・・・・・・・・・・・・・・・754
- 野菜たっぷりミートソース ・・・・・・・・・・・・・774
- わかめサラダ ・・・・・・・・・・・・・・・・・・・・・・・・・815
- 和風トマトサラダ ・・・・・・・・・・・・・・・・・・・・・818

長ねぎ
- 厚揚げ豆腐のにんにくスープ ・・・・・・・・・・・・33
- いか・さつま芋・ねぎの煮つけ ・・・・・・・・・・45
- いかねぎみそ炒め ・・・・・・・・・・・・・・・・・・・・・・48
- お気に入りねぎだけピザ ・・・・・・・・・・・・・・・118
- かきの土手鍋 ・・・・・・・・・・・・・・・・・・・・・・・・・144
- かきのねぎ焼き ・・・・・・・・・・・・・・・・・・・・・・・145
- 風邪止め汁 ・・・・・・・・・・・・・・・・・・・・・・・・・・・152
- 鴨そば ・・・・・・・・・・・・・・・・・・・・・・・・・・・・・・・170
- 鴨南風せいろそば ・・・・・・・・・・・・・・・・・・・・・172
- 辛ーいねぎそば ・・・・・・・・・・・・・・・・・・・・・・・173
- 韓国風サラダ ・・・・・・・・・・・・・・・・・・・・・・・・・182
- 牛丼 ・・・・・・・・・・・・・・・・・・・・・・・・・・・・・・・・・221
- 牛肉のみそ鍋 ・・・・・・・・・・・・・・・・・・・・・・・・・231
- 小判焼き 中国風 ・・・・・・・・・・・・・・・・・・・・・271
- 里芋と牛肉の中国風炒め ・・・・・・・・・・・・・・・307
- 四川風冷ややっこ ・・・・・・・・・・・・・・・・・・・・・338
- シャリアピンステーキ ・・・・・・・・・・・・・・・・・351
- すき焼き 関西風 ・・・・・・・・・・・・・・・・・・・・・373
- チキンスープ(中国風) ・・・・・・・・・・・・・・・・466
- チャオねぎラーメン ・・・・・・・・・・・・・・・・・・・479
- チリチリ豚 ・・・・・・・・・・・・・・・・・・・・・・・・・・・487
- ときどりねぎ ・・・・・・・・・・・・・・・・・・・・・・・・・515
- とり鍋 ・・・・・・・・・・・・・・・・・・・・・・・・・・・・・・・529
- 鶏南蛮そば ・・・・・・・・・・・・・・・・・・・・・・・・・・・529
- 鶏肉のつや煮 ・・・・・・・・・・・・・・・・・・・・・・・・・535
- 鶏の山椒焼きと焼きねぎ ・・・・・・・・・・・・・・・538
- 長ねぎ入り中国風ハンバーグ ・・・・・・・・・・・548
- 長ねぎのやわらかサラダ ・・・・・・・・・・・・・・・549
- 納豆のみそ汁 ・・・・・・・・・・・・・・・・・・・・・・・・・567
- 生鮭のねぎあんかけ ・・・・・・・・・・・・・・・・・・・578
- 肉みそ ・・・・・・・・・・・・・・・・・・・・・・・・・・・・・・・587
- にらねぎ汁 ・・・・・・・・・・・・・・・・・・・・・・・・・・・597
- 温やっこ ・・・・・・・・・・・・・・・・・・・・・・・・・・・・・604

ねぎすき	605
ねぎそば	605
ねぎ鶏	605
ねぎねぎ豆腐	606
ねぎのかき揚げ	606
ねぎビーフ	606
ねぎま	606
春雨焼売(シューマイ)	630
ひじきの酢のもの	651
ひじきの中国風サラダ	652
豚肉とねぎのキムチみそスープ	674
豚肉のみそすき煮	678
豚みそ丼	682
文明開化鍋と玉子ご飯	694
ベーコンの串焼き	697
もっと野菜の煮込み	762
ゆで餃子(ギョーザ)	781
ゆで卵のピータン風	783
ゆでねぎのみそマリネ	785
わが道をゆくワンタン	815
和風カレーどんぶり	818

なす

揚げなすカレー	17
揚げなすのみそ汁	17
あじとなすの大阪煮	24
厚揚げとなすのしそみそ炒め	34
いためそうめん	54
えびとなすのフリッター	105
オクラとなすのごまみそあえ	119
加茂なす田楽	171
加茂なすの肉みそ田楽	171
加茂なすの丸揚げ	172
牛肉と夏野菜の炒めもの	225
サラダめん	318
シーフードミックスとなすのチーズ焼き	332
しば漬け(即席)	343
しょうがなす	356
ソースなす	398
チキンのミラノ煮込み	471
茶せんなす	480
豆腐入り四川なす炒め	506
鶏肉となすのオーブン焼き	531
なす入りペンネ	549
なすキャビア	550
なす餃子(ギョーザ)	550
なすグラタン	550
なすスパゲティ	551
なす卵	551
なす田楽	551
なすと油揚げのとろ〜り煮	552
なすといかのトマト煮	552
なすといんげんのみそ煮	553
なすとえびの冷菜	553
なすとかぼちゃの煮もの	554
なすとキャベツの即席漬け	554
なすと牛肉の炒めもの	554
なすとごぼうの汁	554
なすと魚のレモンスープ煮	555
なすとそうめんのみそ汁	555
なすと鶏ささみの重ね焼き	555
なすと豚肉のみそ炒め	556
なすと豚肉のみそ汁	556
なすと豚のおかずごまみそがらめ	556
なすと干しえびの煮もの	557
なすとわかめのサラダ	557
なすの揚げてつぶして	557
なすの揚げ煮	558
なすのイタリア煮	558
なすのお浸し	558
なすの辛子漬け	558
なすのクタクタ友だち	559
なすのごまだれあえ	559
なすのごまだれかけ	559
なすのゴロン揚げ	560
なすのサンドイッチ	560
なすの吸いもの	560
なすの素丸揚げ	561
なすの即席辛子漬け	561
なすの即席ミートソースグラタン	561
なすの台湾みやげ	561
なすの卵焼き	562
なすのチリ味	562
なすのドライカレー	562
なすのピーナッツあえ	563
なすのみそ炒め	563
なすのメンチカツ	563
なすのもみ漬け	564
なすマリネ	564
夏のガーリックトマトスパゲティ	569
夏のみそスープ	570
鍋しぎ	576
生麩となすの煮もの	579
米なすのグラタン	695

米なすのピカタ	696
本格なすカレー	723
麻婆なす	727
ムサカ	750
焼きそうめん	769
焼きなす 現代風	770
焼きなす たたき味	770
焼きなすのごまだれかけ	770
野菜のミルクチーズフリッター	776
魚香茄子（ユイシァンチェ�ヂ）	780
ラザニア なす入り	793
ラムとなすのインドカレー	794
涼拌（リャンバン）なす	797

菜の花

かつおと菜の花のじか煮	153
菜の花ご飯	573
菜の花漬けと卵のサンドイッチ	573
菜の花とコーンのサラダ	574
菜の花と桜えびの炒めもの	574
菜の花とほたての辛子みそあえ	574
菜の花とまぐろのわさびあえ	574
菜の花の辛子あえ	575
菜の花の辛子ネーズ	575
菜の花の塩漬け	575
菜の花のとんサラダ	575
菜の花の煮浸し	576
菜の花のピーナッツあえ	576
菜の花のゆで浸し	576
はまぐりと菜の花の吸いもの	625

にがうり（ゴーヤー）

ゴーヤーチャンプル	264
ゴーヤーと豚ばら肉の塩炒め	264
ゴーヤーのおひたし	265
ゴーヤーみそチャンプル	265
にがうりのかき揚げ	581
にがうりのシンプル炒め	582

にら

揚げにら餃子（ギョーザ）	17
うなぎとにらの卵とじ	88
かきのお好み焼き風	144
餃子チャーハン	239
餃子鍋	239
卵のパタン焼き 甘酢あんかけ	450
豆腐のオイスターソース煮	508
鶏クッパ	523
鶏肉の辛子蒸し献立	534
夏バテ雑炊	571
にら粥（がゆ）	596
にら玉	596
にら玉スープ	596
にらとあさりの練りみそかけ	597
にらとサーディンのピザ	597
にらねぎ汁	597
にらのお浸し	597
にらの酢のもの	598
にらの卵とじ	598
にらレバ炒め	598
ペッチャン餃子（ギョーザ）	699
ほうれん草とにらの相性煮	704
もやしとにらの簡単炒め	762
もやしとミンチのにんにく炒め	763
焼き餃子（ギョーザ）	768
世にも簡単なマーボ豆腐	791

にんじん

油揚げとにんじんの甘辛煮	37
アルファルファのサラダ	40
いかの筒焼き	50
いんげんとにんじんのミルクかき揚げ	73
おろしにんじん入りだて焼き	134
がんもと春野菜の煮もの	186
キャベツとにんじんのカレー漬け	210
キャベツとにんじんのサラダ	210
キャロットサラダ	217
キャロットピラフ	217
キャロットライス	217
牛すねのカレー	220
牛肉のしぐれ煮	229
牛巻き甘辛煮	233
きんめ鯛の吹き寄せ蒸し	248
紅白なます	261
紅白別なます	262
紅白松前漬け	262
ごま酢あえ	276
三種きんぴら	323
三色塩漬け	324
三色混ぜきんぴら	325
じゃが芋やにんじんの田舎煮	349
じゃことにんじんのふりかけ煮	350
白身魚の蒸し煮	361
すぐ作れるブイヤベース	374

スティックサラダ	380
早春のサラダ	395
即席酢鶏	400
卵とチキンのカレー	447
チキンカレー	464
チキンの丸ごとポトフ	471
中華屋さんのカレー	482
中国風なます	484
ツナとにんじんの炊き込みピラフ	493
鶏と野菜のおこわ風	529
にんじん入り玉子焼き	598
にんじん粥	599
にんじんと貝割れ大根のサラダ	599
にんじんと絹さやのつや煮	599
にんじんとレバーのサラダ	599
にんじんのきんぴら	600
にんじんのグラッセ	600
にんじんの白あえ	600
にんじんのポタージュ	601
にんじんベーコンサンド	601
ねぎ入り松前漬け	604
はりはり漬け	628
春のシチュー	633
春の二色ご飯	634
春野菜の煮合わせ	637
ハワイアンポーク煮	638
ビーフシチュー	644
ひらひらカレー	656
冬野菜のスープ	684
ぶりのもち入り粕汁	691
ポテ肉だんごのスープ	720
マリネステーキ	736
みそポトフ	743
もち入りポトフ	759
もちの揚げだし汁	761
もっと野菜の煮込み	762
焼きそば 大阪式	769
野菜たっぷりミートソース	774
野菜チキン	775
野菜のミルクチーズフリッター	776
野菜畑のスープ	777
ゆで野菜とディップ	786
洋風野菜煮もの	790
和素材薄切り肉ポトフ	818

にんにく

アスパラガスのアリオリ炒め	30
厚揚げ豆腐のにんにくスープ	33
いかのにんにくみそ焼き	51
イタリアンガーリックトースト	57
いわしのナポリ風オーブン焼き	70
オニオンガーリックライス	126
ガーリックきのこピラフ	136
ガーリックじゃこライス	136
ガーリックスープ	136
ガーリックトースト	137
ガーリックブロッコリー	137
風邪止め汁	152
牛スタミナ煮	219
玉ねぎのガーリックスープ	453
夏のガーリックトマトスパゲティ	569
にんにく炒飯	601
にんにく鶏	602
にんにくの栗揚げ	602
にんにくピリ辛スープ	603
ペペロンチーノ	700
モロヘイヤのガーリックスープ	766
野菜たっぷりガーリックパスタ	773

にんにくの芽

スタミナ炒め	377
にんにくの芽とキャベツのピリ辛炒め	602
にんにくの芽と卵の炒めもの	602

白菜

油揚げ・青菜・白菜の鍋	36
餃子	238
ごぼうと白菜のみそ汁	274
ししがしら煮	335
卵のザーサイスープ	450
たらと白菜のうま煮	456
中華丼	481
鶏と白菜のごま鍋	528
とり鍋	529
鶏丸ごと白菜蒸し	540
白菜と厚揚げのキムチ煮	612
白菜とえびのクリームソース	613
白菜とつくねの煮もの	613
白菜と舞茸の煮浸し	613
白菜のあったか鍋	614
白菜のうま煮	614
白菜のおかか煮	614
白菜のかにクリーム	615
白菜のクリーム煮	615

| 白菜の即席グラタン······615
| 白菜の豚汁······616
| 白菜の丸焼き煮······616
| 白菜のみそスープ······616
| 白菜のミルクスープ······617
| 白菜の柚子あえ······617
| 豚肉とねぎのキムチみそスープ······674
| 麻婆白菜······727
| みそポトフ······743
| もちと白菜の中国風······760
| 辣白菜(ラーパーツァイ)······792

バジル

| あさりのバジル風味スープ······22
| ズッキーニとトマトのハーブ煮······378
| スパゲティバジリコ······384
| バジルの卵焼き······618
| ベイクドバジルトマト······695
| 野菜畑のピザ······777

パセリ

| グリーンライス······252
| 香味野菜の洋風サラダ······263
| しそ入りスパゲティ······339
| しそ梅パセリじゃこスパゲティ······339
| 卵とパセリいっぱいサンドイッチ······448
| パセリカレーポテト······619
| パセリとミルクのパスタ······619
| パセリのお浸し······619
| パセリ風味のガーリックポテト······619
| パセリライス······620
| ポテト入りいり卵······716
| めんたいこスパゲティ······756
| リヨン風焼き肉······797

ピーマン

| 秋の忘れ煮······12
| あじの野菜マリネ······28
| いかのチリソース······49
| いかの筒焼き······50
| いかのトマトホットマリネ······50
| いかのにんにくみそ焼き······51
| いわしのトマト煮······69
| インディアンピラフ······78
| ガーデンサラダ······135
| 皮むき焼きピーマン······181
| きすの薄味煮······189

| 牛肉とピーマンの炒めもの······226
| 魚介の地中海風煮込み······241
| きんぴらピーマン······247
| 鮭のホイル焼き······299
| サラダスパゲティ······316
| 白身魚のスタッフドピーマン······360
| 白身魚のプロヴァンス風······360
| 新青椒肉絲······368
| スパゲティナポリタン······383
| たこと緑のサラダ······438
| たこのイタリアンサラダ······439
| チキンコーンシチュー······466
| チキンソテー アメリカ風······467
| チキンのウスターソース煮······469
| チキンのチーズピカタ······469
| チキンピラフ······473
| チキンライス······475
| 青椒肉絲(チンジャオロウスー)······489
| 鶏肉とナッツの炒めもの······531
| トンピー······547
| なすのクタクタ友だち······559
| なすの台湾みやげ······561
| なすのチリ味······562
| ナッツ酢豚······566
| 鍋しぎ······576
| 肉詰めピーマンのスープ煮······585
| 肉詰めピーマンの和風煮······585
| 春雨のピリ酢スープ······632
| ビーフストロガノフ······646
| ピーマンのお浸し······647
| ピーマンの三色くたくたきんぴら······647
| ピーマンの卵焼き······647
| ピーマンの肉詰め······648
| ピーマンのはんぺん入りフライ······648
| ピザパン······650
| ピリ辛ごまめん······657
| 豚肉の夏野菜重ね······677
| 豚ばら肉と野菜のさっぱりソース······681
| ミートボールのカレー煮······739
| メキシカン重ねステーキ······754
| メキシカンライス······755
| 野菜たっぷりガーリックパスタ······773
| 野菜たっぷりミートソース······774
| レバーと豚肉のピリ辛炒め······802

ふき

| きんめ鯛とふきのスープ煮······247

山菜めし	323
野ぶきのつくだ煮	609
春の野菜ずし	634
春野菜の煮合わせ	637
ふきごはん	660
ふきと油揚げの炒め煮	661
ふきと牛肉の田舎煮	661
ふきと茶そば和風サラダ	661
ふきと鶏肉の煮もの	662
ふきとなまり節のご飯	662
ふきとなまり節の煮もの	662
ふきの青煮	662
ふきの炒め煮	663
ふきの田舎煮	663
ふきの辛子ソース	663
ふきのきんぴら	663
ふきの葉としらすのほろほろ卵とじ	664
ふきの葉の梅きんぴら	664
ふき葉めし	664
ゆでグリーンサラダ	781

ブロッコリー

いんげん豆とブロッコリーのオリーブ油あえ	76
ガーリックブロッコリー	137
キムチピラフ	206
牛肉とブロッコリーの中国炒め	226
ブロッコリーとえびのしょうがじょうゆ	692
ブロッコリーと貝柱の炒めもの	693
ブロッコリーと牛肉のマヨネーズ炒め	693
ブロッコリーとナッツの炒めもの	693
ブロッコリーのきんぴら	694
ゆで野菜とディップ	786

ベルギーチコリ（アンディーブ）

アンディーブのスープ煮	43
カリフォルニアサラダ	174
ツナのレモンサラダ	495

ほうれん草

青菜のオイスターソースかけ	8
イタリア風ほうれん草の卵焼き	56
かきとほうれん草のグラタン	143
かきとほうれん草の吸いもの	144
カリフラワーとほうれん草のシチュー	175
菊の三色あえ	187
グリーンポタージュ	252
常夜鍋	356
手打ち湯上げうどん	499
パスタ入りほうれん草のスープ	618
ひすい餃子	653
豚肉のほうれん草炒め	678
ベーコン入りほうれん草ソテー	697
ヘルシーピザ	701
ほうれん草とコーンのサラダ	703
ほうれん草と鮭缶のグラタン	703
ほうれん草と卵のグラタン	704
ほうれん草と生椎茸のみそ汁	704
ほうれん草とにらの相性煮	704
ほうれん草と豚肉の辛子マヨ炒め	705
ほうれん草とベーコンのスパゲティ	705
ほうれん草のイスタンブール煮	705
ほうれん草のお浸し	706
ほうれん草のガーツ	706
ほうれん草のカルボナーラ風	706
ほうれん草のクリーム煮	706
ほうれん草のサラダ	707
ほうれん草のじか炒め	707
ほうれん草のスパゲティグラタン	707
ほうれん草の台なしキッシュ	708
ほうれん草の玉子焼き	708
ほうれん草のチャーハン	708
ほうれん草のナムル	709
ほうれん草の煮浸し	709
ほうれん草のバター炒め	709
ほうれん草のバター煮	710
ほうれん草の麻婆あんかけ	710
ほうれん草の雪衣	710
ほうれん草リゾット　本格風	710
ポパイサンド	721

細ねぎ

あさりと細ねぎのお好み焼き風	20
あじのたたき	26
いかたま	45
いかねぎ焼き	49
じゃが芋といかくんのサラダ	345
竹の子の焼きめし	434
ツナとねぎの辛子じょうゆ	493
豆腐のオイスターソース煮	508
長芋の三色あえ	548
ねぎ入り松前漬け	604
ねぎとろ丼	605
ねぎねぎ豆腐	606
ねぎ焼きそば	607

索引

花巻そば ……………………… 624
細ねぎのミルクかき揚げ ………… 713
ポテトほたて煮 ………………… 720
蒸し鶏 にんにくソース ………… 752
もやし春巻き …………………… 763
レタスのじゃこサラダ …………… 801
六味おろしそば ………………… 812

水菜
水菜と油揚げの辛子あえ ………… 741
水菜の水漬け …………………… 741

三つ葉
かに雑炊 ………………………… 158
きのこと三つ葉の吸いもの ……… 201
牛肉と三つ葉のサラダ …………… 227
豪華ぞう煮 ……………………… 261
根三つ葉とまぐろの磯あえ ……… 608
根三つ葉とわかめの酢のもの …… 608
ふくさずし ……………………… 665
三つ葉そば ……………………… 744
三つ葉とえびのかき揚げ ………… 744
三つ葉のごまドレッシング ……… 745
めんたいかまぼこスパ …………… 756
ゆで肉ときのこの香味あえ ……… 784

みょうが
秋のサラダ ……………………… 10
秋の忘れ煮 ……………………… 12
いんげんの三味あえ ……………… 74
香りのサラダ …………………… 141
しば漬け（即席） ……………… 343
そうめん冷めん ………………… 397
豆腐の夏仕立て ………………… 512
鶏肉の香味あえ ………………… 534
とんみょうが …………………… 547
なすとそうめんのみそ汁 ………… 555
なすの揚げ煮 …………………… 558
夏香ご飯 ………………………… 565
夏香豆腐 ………………………… 565
夏のおすし ……………………… 568
ニッポンのサラダ ……………… 592
みょうがと青じその天ぷら ……… 746
みょうがといかの煮もの ………… 747
みょうがの卵とじ ……………… 747

もやし
いか炒めもやしあんかけ ………… 44
ウインナーのカレーもやし ……… 80
かた焼きそばもやしあん ………… 152
ごまだれ冷やし中華そば ………… 277
三色ピリ辛炒め ………………… 325
酸辣湯（スーラータン） ………… 373
即席担々鍋 ……………………… 400
大根のごま酢あえ ……………… 415
春雨の中国サラダ（バンバンジー）… 631
棒々鶏 …………………………… 641
ビーフンのペッパー炒め ………… 647
挽き肉ともやしの豆板醤炒め …… 649
冷やし中華 ……………………… 654
麻婆もやし ……………………… 728
もやし卵 ………………………… 762
もやしとにらの簡単炒め ………… 762
もやしと豚肉の辛子みそあえ …… 762
もやしとミンチのにんにく炒め … 763
もやしのナムル ………………… 763
もやし春巻き …………………… 763
もやしビーフン ………………… 764
焼き肉丼 ………………………… 771
屋台風ビーフン ………………… 778
ゆでもやしの中国風 …………… 786

モロヘイヤ
モロヘイヤといんげんのピリ辛つくだ煮 … 765
モロヘイヤと牛肉のあえもの …… 765
モロヘイヤと鶏肉の中国風スープ … 765
モロヘイヤの梅あえ …………… 766
モロヘイヤのガーツ …………… 766
モロヘイヤのガーリックスープ … 766
モロヘイヤのかき揚げ ………… 766
モロヘイヤめん ………………… 767

山芋（長芋・やまと芋）
厚揚げのとろろあん ……………… 35
磯揚げ …………………………… 53
お好み焼き ……………………… 120
かつおの山かけ ………………… 155
さばのとろろがけ ……………… 312
ツルツルめん …………………… 497
とろとろいか納豆 ……………… 543
とろろ汁 ………………………… 544
とろろそば ……………………… 544
とろろのちょぼ焼き …………… 544

とろろ焼き ・・・・・・・・・・・・・・・・・・・・・・544
長芋の三色あえ ・・・・・・・・・・・・・・・・・548
長芋のチーズ焼き ・・・・・・・・・・・・・・548
長芋の含め煮 ・・・・・・・・・・・・・・・・・・548
飛竜頭 カツ代風 ・・・・・・・・・・・・・・・659
麦とろ ・・・・・・・・・・・・・・・・・・・・・・・・・750
山芋のから揚げ 甘酢あんかけ ・・・・778
ゆり根の飛竜頭 ・・・・・・・・・・・・・・・・789

ゆり根
ゆり根粥 ・・・・・・・・・・・・・・・・・・・・・・787
ゆり根ご飯 ・・・・・・・・・・・・・・・・・・・・788
ゆり根の甘煮 ・・・・・・・・・・・・・・・・・・788
ゆり根の卵とじ ・・・・・・・・・・・・・・・・788
ゆり根の茶碗蒸し ・・・・・・・・・・・・・・788
ゆり根の飛竜頭 ・・・・・・・・・・・・・・・・789
ゆり根の含め煮 ・・・・・・・・・・・・・・・・789

レタス
秋のサラダ ・・・・・・・・・・・・・・・・・・・・・10
イタリアンサラダ ・・・・・・・・・・・・・・・・57
イタリアンレタスロール ・・・・・・・・・・58
かぶとレタスのサラダ ・・・・・・・・・・・162
牛肉とレタスのキムチ炒め ・・・・・・・227
牛ミンチとレタスのメキシカン ・・・・234
香味野菜の洋風サラダ ・・・・・・・・・・・263
ザーサイのレタススープ ・・・・・・・・・292
シーザーサラダ ・・・・・・・・・・・・・・・・331
シーフードのインディアンサラダ ・・・332
早春のサラダ ・・・・・・・・・・・・・・・・・・395
タコス ・・・・・・・・・・・・・・・・・・・・・・・・436
タコス風オープンサンド ・・・・・・・・・437
タコス風サラダ ・・・・・・・・・・・・・・・・437
卵と挽き肉のレタス包み ・・・・・・・・・448
豆腐のグリーンサラダ ・・・・・・・・・・・509
トマトのサワースープ ・・・・・・・・・・・519
夏野菜いっぱいひやむぎ ・・・・・・・・・571
肉レタス ・・・・・・・・・・・・・・・・・・・・・・588
ニッポンのサラダ ・・・・・・・・・・・・・・592
春雨の中国サラダ ・・・・・・・・・・・・・・631
ビーフサラダ ・・・・・・・・・・・・・・・・・・644
ビーワンサラダ ・・・・・・・・・・・・・・・・649
ピリ辛レタス炒め ・・・・・・・・・・・・・・658
豚肉のレタスあえ ・・・・・・・・・・・・・・679
豚ばら肉と野菜のさっぱりソース ・・・681
ヘルシーサラダ ・・・・・・・・・・・・・・・・701
ゆで豚のみそだれあえ ・・・・・・・・・・・785

レタス炒め ・・・・・・・・・・・・・・・・・・・・798
レタス・椎茸・豆腐のみそ汁 ・・・・・798
レタス焼売 ・・・・・・・・・・・・・・・・・・・・798
レタススープ ・・・・・・・・・・・・・・・・・・799
レタスだけのサラダ ・・・・・・・・・・・・799
レタス包み ・・・・・・・・・・・・・・・・・・・・799
レタス包みご飯 ・・・・・・・・・・・・・・・・800
レタスと豚肉のピリ辛炒め ・・・・・・・800
レタスのじゃこサラダ ・・・・・・・・・・・801
レタスのたらこ炒め ・・・・・・・・・・・・801
レタスのミモザサラダ ・・・・・・・・・・・801
ロールフィッシュ ・・・・・・・・・・・・・・811

れんこん
三種きんぴら ・・・・・・・・・・・・・・・・・・323
三色混ぜきんぴら ・・・・・・・・・・・・・・325
大根とれんこんのピリ辛炒め ・・・・・413
れんこんと絹さやのごまネーズあえ ・・・804
れんこんと残り野菜のどっかんサラダ ・・・805
れんこんと豚肉のシンプル炒め ・・・805
れんこんとベーコンの炒めもの ・・・805
れんこんのきんぴら ・・・・・・・・・・・・805
れんこんのコロッケ ・・・・・・・・・・・・806
れんこんのチーズ焼き ・・・・・・・・・・・806
れんこんのはさみ焼き ・・・・・・・・・・・806
れんこんのハムはさみ揚げ ・・・・・・・806
れんこんのゆっくり煮 ・・・・・・・・・・・807

わけぎ
あおやぎとわけぎのぬた ・・・・・・・・・・・9
赤貝とわけぎのぬた ・・・・・・・・・・・・・・9
いかねぎ焼き ・・・・・・・・・・・・・・・・・・・49
なまり節のあえもの ・・・・・・・・・・・・580
まぐろとわけぎのぬた ・・・・・・・・・・・730
わけぎの磯ぬた ・・・・・・・・・・・・・・・・817
わけぎの酢みそあえ ・・・・・・・・・・・・817

根菜類
秋のひっつめ汁風 ・・・・・・・・・・・・・・・11
牛肉と根菜の煮もの ・・・・・・・・・・・・223
ごま煮しめ ・・・・・・・・・・・・・・・・・・・・281
五目いなり ・・・・・・・・・・・・・・・・・・・・282
五目かけごはん ・・・・・・・・・・・・・・・・284
五目大豆 ・・・・・・・・・・・・・・・・・・・・・・284
根菜とつくねの煮もの ・・・・・・・・・・・286
根菜の煮もの ・・・・・・・・・・・・・・・・・・286
根菜ピラフ ・・・・・・・・・・・・・・・・・・・・287

根菜ふりかけつくだ煮	287
根菜ラタトゥイユ	287
鮭と根菜のみそ汁	294
里芋と鶏肉のたっぷり煮	308
山菜ぞう煮	322
塩豚と根菜のポトフ	334
白みそぞう煮	362
すりおろし根菜ご飯	387
炊き込みずし	426
筑前煮	476
筑前煮込み	476
筑前めし	476
根っこのサラダ	607
根っこ野菜とディップ	607
根野菜のごまみそあえ	608
豚汁うどん	669

野菜多種

秋の煮もの	10
秋野菜のみそ炒め	12
揚げ魚の五目あんかけ	13
揚げだし豆腐の五目あんかけ	15
揚げだし豆腐の野菜あんかけ	15
揚げワンタンの五目あんかけ	19
あさりの夏シチュー	22
アジアンひやむぎ	23
あじのサラダ	25
あるものサラダ	41
イタリア風野菜のもつ煮	56
イタリアンシチュー	57
田舎のシチュー	59
いりどり	62
いろいろ漬け	63
インド式キーマカレー	79
馬サラダ	91
うま煮あんかけ焼きそば	91
海と野の幸のスープ	92
海の幸のクリームシチュー	93
海のチャンコ	94
エスニック風ピラフ	98
大阪風鍋	112
大鍋煮	114
おかずサラダ	115
お好み焼き風ピザ	121
お刺身サラダ 中国風	121
お正月の煮しめ 関西風	122
お正月ローフ	124

おはしで食べるサラダ	129
おみ漬け	130
ガーデンマリネ	135
カウボーイシチュー	140
重ね肉ロールと簡単野菜ポトフ	147
粕汁	150
カッテージチーズ イタリアンサラダ	155
カリフォルニアサラダ	174
カレーピラフ	180
簡単春餅（シュンピン）	183
簡単ピロシキ 野菜	184
キーマカレー	186
キジもどき汁	188
牛チゲ	221
牛肉と春野菜のシチュー	225
牛肉のメキシコ風シチュー	231
魚介のエスニックサラダ	240
きんぴら煮しめ	246
きんめ鯛の辛くてすっぱいスープ	248
クッパ風ぶっかけ飯	250
クラブハウスサンド	251
クリームコーンシチュー	251
現代すいとん	259
けんちん汁	260
コールドビーフ コンソメスープ付	266
国籍不明の春雨サラダ	269
五色サラダ	269
五色南蛮酢あえ	270
五目あんかけ焼きそば	282
五目かきご飯	283
五目みそ炒め	285
鮭の五目あんかけ	296
サラダうどん	316
サラダニソワーズ	317
さわらのポトフ仕立て	321
サンドラのスープ	326
シーフード野菜カレー	333
七面鳥（ローストターキー）のサラダ	342
ジュリアンスープ	353
春餅（シュンピン）本格風	354
旬野菜の鶏みそかけ	355
精進炒め煮	356
白身魚の五目あんかけ	359
素菜（スーツァイ）どんぶり	372
砂肝と千切り野菜の南蛮漬け	381
スパイシーサラダ	381
酢豚	384

西洋煮もの	389
千切り野菜とわかめのごまドレッシング	394
そうめんと精進揚げ	396
ソース焼きスパ	398
鯛のポトフ風 カレー味	423
高菜と野菜の炒めもの	425
炊き込みパエリア	427
たっぷりキャベツと野菜煮込み	442
たらチゲ	455
たらのけんちん風	457
チーズ入りマカロニスープ	462
チゲクッパ	478
ちょっとずぼらな大豆のイタリアン	486
ちらしずし	486
ツナのレモンサラダ	495
天ぷら	502
ドイツシチュー	503
トッピングで食べる野菜カレー	515
ドライカレー	521
鶏すき鍋	525
鶏の重ねボリュームシチュー	537
なすのもみ漬け	564
夏のマカロニスープ	569
夏の焼きうどん	570
夏野菜のポトフ	572
夏野菜ライス	572
七草粥 現代風	573
生春巻き	579
南蛮そうめん	581
肉まんじゅう	586
肉みそ 四川風	587
虹色ガトー	589
にっぽんの母カレー	593
にんにくピリ辛スープ	603
パエリア	612
八宝菜	622
八宝菜 海の幸	622
八宝辣醤	623
春雨サラダ	630
春の海山ちらしずし	632
春のチャーハン	634
春の野菜ずし	634
春巻き	635
春野菜とソーセージのブイヨン煮	636
春ワンタンスープ	637
ハンバーガー	640
冷や汁そうめん	655

ピリ辛シチュー	657
ピリホカシチュー	658
ふくらみチキン	665
豚汁	668
豚肉と野菜のスープ煮	674
豚肉のチリソース煮	676
ぶっかけうどん	682
冬の具だくさんみそスープ	683
フランスの田舎風スープ	686
フレッシュ野菜ライス	691
ベーコン＆チキンサンド	696
ベジタブルチャウダー	698
ベジタブルドライカレー	698
ほたて貝柱の釜めし風	713
ポテトサラダ ニソワーズ風	718
香港風酢豚	724
ぽん酢そうめん	725
本来伝来のけんちん汁	725
街の中華屋さん風カレー	732
Ｍｒ．ダッグウッド風サンドイッチ	740
みそ煮込みうどん	742
ミネストローネ	746
ミラノ風お米入りスープ	747
焼き野菜 イタリア風	772
野菜炒め	772
野菜焼売	773
野菜たっぷり麻婆豆腐	774
野菜とくらげの中国風	775
野菜とちくわのオイスターソース炒め	775
野菜畑のピザ	777
野菜ピラフ	777
ヤミ鍋	779
ラタトゥイユ	793
ラタトゥイユカレー	794
レタス包み	799
れんこんと残り野菜のどっかんサラダ	805
ローストビーフ イタリアン	807

[きのこ・山菜]

えのき茸

うなぎきのこめし	87
えのき粥	100
菊の三色あえ	187
絹ごし豆腐のきのこあんかけ	192
きのこのベーコン巻き	203
牛肉のきのこ巻き	228
牛肉のみそ鍋	231

餃子鍋	239
せりとえのき茸のごまあえ	389
チンゲン菜とえのき茸のスープ	488
夏バテ雑炊	571
ハンカラバーグ	638
ほたてとえのき茸のサラダ	714
マッシュルームバゲット	733
明太子豆腐	756

エリンギ
きのことオリーブのサラダ	198

こごみ
こごみのお浸し	269
山菜の精進揚げ	323

しめじ
うなぎきのこめし	87
雲片汁	98
おから入りチキンバーグ	116
簡単バーグ クリームソース	183
きのこそばすいとん	197
きのことオリーブのサラダ	198
牛肉のきのこ巻き	228
つぶし里芋のきのこあんかけ	496
豆腐の五目汁	509
とんテキ	547
肉きのこ	582
豚肉としめじの梅干し煮	672
豚肉としめじのバターチーズ	672
ほうれん草のバター炒め	709
もちの揚げだし汁	761
森のサラダ	764

ぜんまい
クッパ風ぶっかけ飯	250
豪華ぞう煮	261
ぜんまいと厚揚げのごま煮	394
ぜんまいとせりの炒めもの	394
ぜんまいのナムル	395
ぜんまいの煮つけ	395

たらの芽
山菜の精進揚げ	323
たらの芽の白あえ	459

生椎茸
絹ごし豆腐のきのこあんかけ	192
きのこのベーコン巻き	203
きのこはんぺんのバター炒め	204
コンビーフの衣笠焼き	290
白身魚のホイルみそ焼き	361
たらのトマトシチュー	458
肉きのこ	582
ほうれん草と生椎茸のみそ汁	704
レタス・椎茸・豆腐のみそ汁	798

なめこ
秋のひっつめ汁風	11
じゃことなめこのおろしあえ	350
豆腐となめこのみそ汁	508
豆腐のみそみぞれ汁	513
納豆汁	567

ふきのとう
山菜の精進揚げ	323
ふきのとうのつくだ煮	664

舞茸
きのこそばすいとん	197
里芋と舞茸のかき揚げ	309
白菜と舞茸の煮浸し	613
舞茸の天ぷら	729

マッシュルーム
アボカドのグラタン	38
アンチョビとマッシュルームのバゲット	43
薄切りタンシチュー	82
かに炒めピラフ	156
クラッカーグラタン	250
即席かにマカロニグラタン	399
チキンクリームのサフランライス添え	465
チキンのクリーム煮	469
ビーフストロガノフ	646
マッシュルームバゲット	733

松茸
松茸ごはん	733
松茸の吸いもの	733

きのこ類
秋のハンバーグ	11
揚げいかのホットサラダ	13

項目	ページ
ガーリックきのこピラフ	136
かきときのこのシチュー	143
きのこうどん	195
きのこご飯	195
きのこご飯 おこわ風	196
きのこサラダ	196
きのこソース	196
きのこだらけのピザ	197
きのこと牛肉のしゃぶしゃぶ	198
きのこと小松菜の和風仕立てスープ	198
きのことじゃがのにんにくソテー	199
きのことしらたきのサラダ	199
きのこと玉ねぎのマリネ	199
きのこと鶏肉の簡単クリームシチュー	200
きのこと鶏肉のバターライス	200
きのこと鶏肉の本格クリームシチュー	200
きのこと三つ葉の吸いもの	201
きのこと焼き麩のラーメン	201
きのこの合宿	201
きのこの酒蒸し	202
きのこの酢のもの	202
きのこのスパゲティ	202
きのこの茶碗蒸し	202
きのこのつくだ煮	203
きのこのトマトスープ	203
きのこのパルメザン焼き	203
きのこのポケットサンド	204
きのこのワイン蒸し	204
きのこピラフ	205
香ばしい森のパスタ	262
鮭のホイル焼き	299
スパゲティチャウダー	383
たらときのこのホイル焼き	456
たらのチーズ焼き	458
チキンのミラノ煮込み	471
つるむらさきときのこのあえもの	497
手作りなめたけ	500
鶏のきのこ煮	538
ナポリ風チキンライス	577
生鮭のきのこあんかけ	577
ニョッキ きのこスープ仕立て	595
豚薄切り肉のワイン煮	666
ポークステーキ きのこソース	711
ポテトすいとん	718
ミートパイ	738
ミートボールのきのこ煮	739
野菜たっぷりガーリックパスタ	773
山の幸サラダ	779
ゆで肉ときのこの香味あえ	784
ゆばときのこのスープ	787
ロール肉のきのこシチュー	811

山菜類

項目	ページ
山菜おこわ	322
山菜ぞう煮	322
山菜めし	323

[果実・木の実]

アボカド

項目	ページ
アボカドオムレツ	37
アボカドサンドイッチ	37
アボカドディップ	38
アボカドとハムのホットサンド	38
アボカドのグラタン	38
アボカドの刺身	38
アボカドの素朴な食べ方 日本風	38
アボカドの冷たいスープ	39
アボカドのトマトチキンサラダ	39
アボカドのパンピザ	39
かにとアボカドのレモンカップサラダ	159
カリフォルニアサンド	174
トマトとアボカドのオムレツ	517
鶏肉のアボカドソース	532
バゲットのくりぬきリッチ！サンド	618

オリーブ

項目	ページ
オリーブとトマトのミートボール	133
きのことオリーブのサラダ	198

栗・甘栗

項目	ページ
秋のおこわ	10
甘栗おこわ	40
甘栗と豚ばら肉の煮込み	40
芋・栗・鶏の中国炒め	60
きんとん	245
栗入り黒豆	251
栗ごはん	252
さつま芋と栗のつぶさぬきんとん	303
里芋と甘栗の秋煮	307
鶏と栗のぶどう酒煮	528
パリパリ鶏	629
マロンミートローフ	737

ナッツ類
クレソンとアーモンドサラダ ………… 256
スパイシーライス ………………………… 382
鶏肉とナッツの炒めもの ………………… 531
ナッツごまめ ……………………………… 566
ナッツ酢豚 ………………………………… 566
ナッツとじゃが芋のサラダ …………… 566
八宝辣醤 …………………………………… 623
ピーナッツとセロリの豆板醤炒め …… 643
豚ばら肉のピーナッツがらめ ………… 681
ブロッコリーとナッツの炒めもの …… 693
りんごとくるみのサクサクサラダ …… 797

パイナップル
ウィリーさんのサラダ ………………… 80
ハワイアンサラダ ……………………… 637
香港風酢豚 ……………………………… 724

バナナ
揚げポテバナナ ………………………… 18
カッテージチーズとバナナのサンドイッチ … 155
バナナのホットサンド ………………… 624

りんご
さつま芋とりんごのロールドポーク ……… 304
七面鳥（ローストターキー）…………… 340
セロリとりんごのサラダ ……………… 391
チキンの蒸し焼きアップルソース …… 472
ハムステーキ …………………………… 626
豚肉のアップル焼き …………………… 675
豚肉のフルーツ煮 ……………………… 677
豚肉のりんごソース …………………… 678
りんごとくるみのサクサクサラダ …… 797

果物その他
いちごのサンドイッチ ………………… 58
カッテージチーズとレーズンのサンド … 156
かぼちゃのレーズンサラダ …………… 170
きんかんみつ煮 ………………………… 244
チキンのぶどう煮 ……………………… 470
フルーツサラダ ………………………… 691

［漬けもの］

梅干し・小梅
いわしの梅焼き ………………………… 65
うどの梅あえ …………………………… 86
梅粥 ……………………………………… 95

梅ご飯 …………………………………… 95
梅しそそうめん ………………………… 96
梅干し入りみそ汁 ……………………… 96
梅干しの梅酒漬け ……………………… 97
梅干しのはちみつ漬け ………………… 97
おにぎり ………………………………… 127
キャベツの梅あえ ……………………… 214
キャベツの梅漬け ……………………… 214
きゅうりの梅あえ ……………………… 235
小梅のカリカリ漬け …………………… 263
さんまの梅干し煮 ……………………… 328
しそ梅パセリじゃこスパゲティ ……… 339
しそ大根 ………………………………… 339
大根かまぼこ …………………………… 408
大根の梅煮 ……………………………… 413
玉ねぎ薄切り梅肉あえ ………………… 452
長芋の三色あえ ………………………… 548
夏香ご飯 ………………………………… 565
ひじきの薄煮 …………………………… 651
ふきの葉の梅きんぴら ………………… 664
豚肉としめじの梅干し煮 ……………… 672
モロヘイヤの梅あえ …………………… 766
わかめとじゃこの梅干し煮 …………… 816

キムチ
いかキムチのピリッとライス ………… 44
キムチとわかめの冷やしスープ ……… 205
キムチのみそ汁 ………………………… 205
キムチビーフもち ……………………… 206
キムチピラフ …………………………… 206
牛チゲ …………………………………… 221
牛肉とレタスのキムチ炒め …………… 227
そうめん冷めん ………………………… 397
たらチゲ ………………………………… 455
チゲ丼 …………………………………… 478
鶏クッパ ………………………………… 523
白菜と厚揚げのキムチ煮 ……………… 612
豚キムチ鍋 ……………………………… 667
豚肉とキムチのウワーッと煮 ………… 671
豚肉とねぎのキムチみそスープ ……… 674
まぐろキムチ丼 ………………………… 730
焼き肉丼 ………………………………… 771

ザーサイ
辛ーいねぎそば ………………………… 173
ザーサイ大根 …………………………… 291
ザーサイのレタススープ ……………… 292

四川風餃子(ギョーザ)･････････････････337
じゃが芋と豚肉のザーサイ炒め･････････346
酸辣湯(スーラータン)･････････････････373
大根と牛肉のザーサイ炒め･･･････････410
卵のザーサイスープ･････････････････450
中国粥(がゆ)･･･････････････････････483
豆腐たっぷりの酸辣湯(スーラータン)････507
ねぎねぎ豆腐･･･････････････････････606
豚肉のザーサイはさみ焼き･･････････675
やっこの肉みそがけ･･･････････････778

ピクルス
エッグポテトサラダ･･････････････････100
オードブル5種･････････････････････113
重ねビーフかつ･････････････････････148
くるくるビーフソテー･･･････････････255
ドイツ風ロールカツ･････････････････504

漬けものその他
かくや･･････････････････････････････147
三色ピリ辛炒め･････････････････････325
しば漬けチャーハン･････････････････343
高菜チャーハン･････････････････････424
高菜と豚肉の炒めもの･･･････････････425
高菜と野菜の炒めもの･･･････････････425
チンゲン菜とたくあんのピリ辛炒め･････489
ベーコンと白菜漬けのソテー･････････697

［缶詰・びん詰］

コーン缶詰
あさりのコーンチャウダー･･･････････21
かにとコーンのピラフ･･･････････････159
カンカンライス･････････････････････182
クリームコーンシチュー･････････････251
現代風かけまわしずし･･･････････････259
コーンキャベツ･････････････････････267
コーンサラダ･･･････････････････････267
コーンスープ･･･････････････････････267
コーンスープ 中国風･･･････････････267
コーンパンケーキ･･･････････････････268
コーンビーンズ･････････････････････268
サマーポテトサラダ････････････････314
そら豆の三色かき揚げ･･･････････････405
チキンコーンシチュー･･･････････････466
豆乳のコーンスープ･････････････････506
鶏の重ねボリュームシチュー･････････537
菜の花とコーンのサラダ･････････････574

ほうれん草とコーンのサラダ･････････703
メキシカンシチュー･････････････････755
もち入りコーンシチュー･････････････758

トマト水煮缶詰
アスパラガスのパスタ･･･････････････31
イタリア風野菜のもつ煮･････････････56
いんげん豆のトマト煮･･･････････････77
ウンブリア地方の玉ねぎスープ･･･････97
オリーブとトマトのミートボール･････133
きのこのトマトスープ･･･････････････203
牛肉のメキシコ風シチュー･･･････････231
牛ばら肉とトマトのパスタ･･･････････233
魚介の地中海風煮込み･･･････････････241
根菜ラタトゥイユ･･･････････････････287
じゃが豚トマトカレー煮･････････････350
たっぷりキャベツと野菜煮込み･･･････442
チキンカレー 本格風････････････････464
チキンコーンシチュー･･･････････････466
トマトソース(ピザ用)････････････････516
トマトのイタリアンパスタ･･･････････518
鶏の重ねボリュームシチュー･････････537
なす入りペンネ･････････････････････549
ニョッキ･･･････････････････････････595
豚のワイン角煮･････････････････････680
ポテトピラフ トルコ風･･････････････720
ボンゴレのスパゲティ トマト味･････724
豆のピラフ････････････････････････736
ミートボールのパプリカ煮･･･････････740
メキシカンシチュー･････････････････755
ゆで肉のグリンピース煮･････････････784
ラザニア 簡単トマトソース･････････792

なめたけ
なめたけおろし･････････････････････581

ホワイトアスパラガス
オードブル5種･････････････････････113

山菜類（びん詰）
山菜ぞう煮･････････････････････････322

［乾物・加工品］

かんぴょう
かんぴょう 関西炊き･･･････････････185

かんぴょう 関東炊き・・・・・・・・・・・185
かんぴょうのみそ汁・・・・・・・・・・・185
五目いなり・・・・・・・・・・・・・・・282
茶巾ずし・・・・・・・・・・・・・・・・479
ちらしずし・・・・・・・・・・・・・・・486
のり巻き・・・・・・・・・・・・・・・・609

切り干し大根
切り干し大根のおかず煮・・・・・・・・242
切り干し大根の関西風・・・・・・・・・242
切り干し大根の関西風煮つけ・・・・・・242
切り干し大根の上品煮・・・・・・・・・243
切り干し大根の中国風煮もの・・・・・・243
台湾風オムレツ・・・・・・・・・・・・424
はりはり漬け・・・・・・・・・・・・・628
はりはり漬け 中国風・・・・・・・・・628

きくらげ
揚げだし豆腐の野菜あんかけ・・・・・・15
きくらげとうどのごま酢あえ・・・・・187
きくらげのスープ・・・・・・・・・・188
切り干し大根の中国風煮もの・・・・・243
素菜どんぶり・・・・・・・・・・・・372
中華丼・・・・・・・・・・・・・・・481
中国風なます・・・・・・・・・・・・484
焼きビーフン・・・・・・・・・・・・771

高野豆腐
高野豆腐の卵とじ・・・・・・・・・・263
高野豆腐の含め煮・・・・・・・・・・264
茶巾ずし・・・・・・・・・・・・・・479
ちらしずし・・・・・・・・・・・・・486

こんにゃく・しらたき
秋野菜のみそ炒め・・・・・・・・・・12
あじとしらたきのみそいり煮・・・・・24
いりどり・・・・・・・・・・・・・・62
大鍋煮・・・・・・・・・・・・・・・114
オクラと牛肉のすき煮・・・・・・・・118
お正月の宝袋・・・・・・・・・・・・122
おでん・・・・・・・・・・・・・・・125
きのことしらたきのサラダ・・・・・・199
きんぴら煮しめ・・・・・・・・・・・246
けんちん汁・・・・・・・・・・・・・260
ごま煮しめ・・・・・・・・・・・・・281
五目みそ炒め・・・・・・・・・・・・285
こんにゃくとちくわの煮もの・・・・・288

こんにゃくのピリかかまぶし・・・・・288
こんにゃくのペロリ煮・・・・・・・・289
こんにゃくのみそおでん・・・・・・・289
こんにゃくのみそ焼き・・・・・・・・289
さつま芋とこんにゃくの酢豚風・・・・303
椎茸とこんにゃくの含め煮・・・・・・331
下ごしらえなしおでん・・・・・・・・340
じゃが芋やにんじんの田舎煮・・・・・349
しらたきと麩のすき焼き味・・・・・・358
すき焼き 関西風・・・・・・・・・・373
大根とこんにゃくのじゃこ炒め・・・・411
たらの芽の白あえ・・・・・・・・・・459
筑前煮・・・・・・・・・・・・・・・476
筑前煮込み・・・・・・・・・・・・・476
鶏すき鍋・・・・・・・・・・・・・・525
根野菜のごまみそあえ・・・・・・・・608
ひじきの五目煮・・・・・・・・・・・651
豚汁・・・・・・・・・・・・・・・・668
豚肉のみそすき煮・・・・・・・・・・678
ぶり大根 こんにゃく入り・・・・・・688
みそおでんの串刺し鍋・・・・・・・・742
山の幸サラダ・・・・・・・・・・・・779

春雨
エスニック・ミニ春巻き・・・・・・・98
京風鍋・・・・・・・・・・・・・・・238
国籍不明の春雨サラダ・・・・・・・・269
鯛のタイ鍋・・・・・・・・・・・・・422
タイ風ポテトサラダ・・・・・・・・・423
肉まんじゅう・・・・・・・・・・・・586
にせふかひれスープ・・・・・・・・・592
春雨サラダ・・・・・・・・・・・・・630
春雨焼売・・・・・・・・・・・・・・630
春雨ときゅうりのあえもの・・・・・・630
春雨と卵のスープ・・・・・・・・・・631
春雨の卵サラダ・・・・・・・・・・・631
春雨の中国サラダ・・・・・・・・・・631
春雨のピリ酢スープ・・・・・・・・・632
春巻き・・・・・・・・・・・・・・・635
麻婆春雨・・・・・・・・・・・・・・728
レタス包み・・・・・・・・・・・・・799

麩
オクラと麩の吸いもの・・・・・・・・119
絹さやと麩の煮もの・・・・・・・・・193
きのこと焼き麩のラーメン・・・・・・201
京風鍋・・・・・・・・・・・・・・・238

しらたきと麩のすき焼き味 ･････････････358
白身魚のスタッフドピーマン ････････････360
中国粥 ･･････････････････････････････483
ちょっとぜいたくうどんすき鍋 ･････････486
手毬麩と絹さやの吸いもの ･･･････････････501
生麩となすの煮もの ･･････････････････････579
肉詰めピーマンの和風煮 ････････････････585

干椎茸
揚げだし豆腐の野菜あんかけ ･･････････････15
いりどり ････････････････････････････62
家庭でできるスープ ･････････････････156
かやくめし ･･････････････････････････172
きんぴら煮しめ ･････････････････････246
小松菜のおこわ ･････････････････････279
ごま煮しめ ････････････････････････281
五目いなり ･･････････････････････････282
昆布と干椎茸のつくだ煮 ･･･････････････291
里芋と牛肉の中国風炒め ･･･････････････307
椎茸とこんにゃくの含め煮 ･････････････331
椎茸の含め煮 ･･････････････････････331
酢豚 ･････････････････････････････384
大根と骨つき肉の沖縄風 ･･･････････････412
宝袋 ･････････････････････････････426
糖醋丸子 ････････････････････････････461
チキンボールのすまし汁 ･･････････････473
千草焼き ･･･････････････････････････475
筑前煮込み ････････････････････････476
筑前めし ･･････････････････････････476
中華丼 ･･････････････････････････481
中国風おこわ ･････････････････････483
ちらしずし ･･･････････････････････486
鶏と野菜のおこわ風 ････････････････529
鶏肉とナッツの炒めもの ･･････････････531
ナッツ酢豚 ･･････････････････････566
肉だんごの甘酢煮 ･････････････････584
肉まんじゅう ･･･････････････････586
にせふかひれスープ ･･････････････592
のり巻き ････････････････････････609
白菜のうま煮 ････････････････････614
八宝菜 ･････････････････････････622
ふくさずし ･･････････････････････665
ほたて貝柱の釜めし風 ･････････････713
本格的蒸しおこわ ････････････････723
香港風酢豚 ････････････････････724
もちと白菜の中国風 ･･････････････760

卵・乳製品

[卵]

鶏卵
秋の玉子焼き ･････････････････････10
あじのポルトガル風いり卵 ･･･････････27
厚揚げと卵の炒めもの ････････････････33
アボカドオムレツ ･･････････････････37
あんかけいり卵丼 ･･････････････････42
あんかけ卵 ････････････････････････43
いかたま ･････････････････････････45
炒めぬえび卵チャーハン ･････････････55
イタリア風ほうれん草の卵焼き ････････56
イタリアンエッグスープ ････････････57
いり卵 ････････････････････････････61
いり卵サンド ･････････････････････61
ウインナー卵サンド ･････････････････80
薄焼き卵 ･････････････････････････82
薄焼き卵サンド ････････････････････83
うどの皮と厚揚げの中国炒め ････････86
うなぎとにらの卵とじ ･････････････88
うなぎの蒸しずし ･････････････････89
うな玉豆腐 ･･････････････････････89
うな玉どん ･･････････････････････90
うまき ･････････････････････････90
ウンブリア地方の玉ねぎスープ ･･････97
エッグポテトサラダ ････････････････100
えび玉 ････････････････････････102
エレガントマフィン ････････････････110
オードブル5種 ････････････････････113
おかずいり玉子 ････････････････････114
おかずかき玉汁 ････････････････････114
お正月のばらずし ･･････････････････123
小田巻き蒸し ･････････････････････125
おばあちゃんのオムレツ ･･･････････128
オム焼きそば ･･････････････････････130
オムライス ･･････････････････････131
オムレツ（ハム＆マッシュルーム） ･･････131
オムレツ（プレーン） ･････････････････132
オムレツオーブン焼き ･････････････132
親子どんぶり ･･････････････････････133
おろしにんじん入りだて焼き ･･･････134
温泉卵風 ･･･････････････････････134
かあさんオムレツ ････････････････135
開化丼 ･････････････････････････137

索引

かき玉うどん	142
かき玉汁	142
かき玉スープ	143
風邪治し卵がゆ	152
かつ丼	156
かに雑炊	158
かに玉	159
かにのくるくる卵巻き	160
かぶの卵とじ	163
カリフラワーとハムの卵グラタン	175
簡単カルボナーラ	182
きすのピカタ	189
キッシュロレーヌ	190
きつね柳川	191
絹さやの青々炒め	193
きのこの茶碗蒸し	202
キャベツと卵の炒めもの	208
キャベツとベーコンの卵とじ	212
キャベツのイタリアンスープ	213
キャベツのミモザサラダ	216
牛乳で作るカルボナーラ	232
きゅうりと卵のスープ	235
金銀豆腐	244
錦糸卵	244
きんちゃく卵	245
空也蒸し	249
クラッカーグラタン	250
クリスマスローフ	253
グリンピース入り玉子焼き	253
黒みつソースのフレンチトースト	257
現代風かけまわしずし	259
高野豆腐の卵とじ	263
ゴーヤーチャンプル	264
ゴーヤーみそチャンプル	265
五色南蛮酢あえ	270
木の葉どんぶり	271
ごまだれ冷やし中華そば	277
小麦粉オムレット	281
コロコロチーズ入りいり卵	286
鮭とカリフラワーのグラタン	294
さつま芋とゆで卵の煮もの	304
サニーレタスと卵のホットサラダ	311
サラダニソワーズ	317
さわらの茶碗蒸し	321
三色どんぶり	324
シーザーサラダ	331
塩卵のスープ粥	334
下ごしらえなしおでん	340
下町丼	340
シチュードスコッチエッグ	342
しょうゆ漬け玉ねぎと卵のチャーハン	357
新玉ねぎと卵のサラダ	367
スクランブルエッグ	374
スコッチエッグ	375
スタッフドエッグ	376
ズッキーニのチャンプル風炒め	379
スパゲティカルボナーラ	383
スペインオムレツ	386
正調玉子丼	388
そば粉クレープ	401
そら豆と卵の炒めもの	404
台湾風オムレツ	424
竹の子のエッグサラダ	432
だし巻き玉子	440
だて巻き	442
だて巻き味の玉子焼き	443
卵コロッケ	444
卵酒	445
卵だけのケチャライス	445
卵チャーハン	445
玉子豆腐	445
卵とキャベツだけのパイ	446
卵とグリンピースのバター炒め	446
卵とチーズのホットサンド	447
卵とチキンのカレー	447
卵とツナのカレー	447
卵とパセリいっぱいサンドイッチ	448
卵と挽き肉のレタス包み	448
卵とほたて貝の炒めもの	448
玉子丼	449
卵のお好み焼き味	449
卵のグラタン	449
卵のザーサイスープ	450
卵のパタン焼き 甘酢あんかけ	450
卵のみそ汁	451
卵のみそ漬け	451
玉子焼き 2種	451
卵洋風チャーハン	451
玉ねぎの卵焼き	453
チキンマカロニサラダ	474
千草焼き	475
茶巾ずし	479
茶碗蒸し	481
中国風いり卵	483

ツナそぼろ	492
ツナのオムレツ	494
冷たい茶碗蒸し	496
冷たい茶碗蒸し チキンスープ仕立て	496
ドカンときつねどんぶり	514
トマト入りスクランブルエッグ	516
トマトとアボカドのオムレツ	517
トマトと卵の炒めもの	517
トマトと卵の中国風スープ	517
鶏肉卵揚げ	530
鶏のポン落とし	540
とろ〜りチーズオムレツ	543
なす卵	551
なすとごぼうの汁	554
なすの卵焼き	562
夏バテ雑炊	571
菜の花漬けと卵のサンドイッチ	573
生クリームなしのカルボナーラ	577
煮豚と煮卵	593
にゅうめん	594
にら玉	596
にら玉スープ	596
にらの卵とじ	598
にんじん入り玉子焼き	598
にんにくの芽と卵の炒めもの	602
のり巻き	609
パイなしキッシュ	611
白菜の即席グラタン	615
バジルの卵焼き	618
畑のオムレツ	620
花焼売（シューマイ）	623
春雨と卵のスープ	631
春雨の卵サラダ	631
春のおでん	633
春のチャーハン	634
パンケーキ	639
はんぺん卵の甘酢あんかけ	641
ピーマンの卵焼き	647
冷やし中華	654
冷や汁そうめん	655
ふきの葉としらすのほろほろ卵とじ	664
ふくさずし	665
豚とじ丼	669
豚肉とアスパラガスの卵とじ	670
豚肉とごぼうの柳川風	672
フライドエッグ	684
フレンチトースト	692
文明開化鍋と玉子ご飯	694
ふんわかオムレツ	695
ほうれん草と卵のグラタン	704
ほうれん草の台なしキッシュ	708
ほうれん草の玉子焼き	708
ほうれん草のチャーハン	708
ポーチドエッグ	712
ポテト入りいり卵	716
ポルトガル風いり卵	722
マカロニサラダ	730
マフィンサンド	734
みょうがの卵とじ	747
ミルクココット	748
目玉焼き	755
目玉焼きのカレーソース	756
もち入り茶碗蒸し	759
もやし卵	762
焼きそば 大阪式	769
ゆで卵	782
ゆで卵サンド	782
ゆで卵の即席グラタン	782
ゆで卵のそぼろ	783
ゆで卵のピータン風	783
ゆり根の卵とじ	788
ゆり根の茶碗蒸し	788
レタスのミモザサラダ	801
若竹蒸し	814
わかめと卵のみそ汁	816

うずら卵

うずら卵と里芋の中国風	83
うずら卵と里芋の煮もの	84
うずら卵のカレーフリッター	84
お正月の宝袋	122
中国風鶏ぞう煮	484
にら粥	596
はんぺん袋	642

[牛乳・乳製品]

牛乳

あさりのコーンチャウダー	21
アスパラガスのポタージュ	31
アボカドの冷たいスープ	39
いんげんとにんじんのミルクかき揚げ	73
海の幸のクリームシチュー	93
海の幸のピラフ	93
海の幸のリゾット	94

索引

項目	ページ
海山のミルクスープ	95
えびと野菜のグラタン	106
えびのライスグラタン	108
えびマカロニグラタン	109
かにコロッケ	157
かぼちゃのポタージュ	169
カリフラワーとハムの卵グラタン	175
カリフラワーとほうれん草のシチュー	175
カリフラワーのミルク煮	176
簡単カルボナーラ	182
キッシュロレーヌ	190
絹さやと竹の子のクリーム煮	192
きのこと鶏肉の簡単クリームシチュー	200
きのこと鶏肉の本格クリームシチュー	200
キャベツとコンビーフのミルクグラタン	208
キャベツとハムのミルク煮	210
牛肉と春野菜のシチュー	225
牛乳で作るカルボナーラ	232
クラッカーグラタン	250
クリームコーンシチュー	251
グリーンポタージュ	252
黒みつソースのフレンチトースト	257
コーンスープ	267
コーンスープ 中国風	267
小松菜のクリームあんかけ	279
鮭とカリフラワーのグラタン	294
ししゃものミルク揚げ	337
じゃが芋とたらのクリームグラタン	345
白身魚のムニエル カレークリームソース	362
ズッキーニのグラタン	378
スパゲティチャウダー	383
即席かにマカロニグラタン	399
そら豆の即席ポタージュ	405
ター菜のクリーム煮	406
竹の子とえびのクリーム煮	430
竹の子のグラタン	433
竹の子のミルクシチュー	434
卵のグラタン	449
たらのスピードホワイトシチュー	457
たらのボンファム	458
チキンクリームコロッケ	465
チキンクリームのサフランライス添え	465
チキンのクリーム煮	469
鶏のトマト味のクリーム煮	539
にんじんのポタージュ	601
パイなしキッシュ	611
白菜とえびのクリームソース	613
白菜のかにクリーム	615
白菜のクリーム煮	615
白菜の即席グラタン	615
白菜のミルクスープ	617
パセリとミルクのパスタ	619
春のかぶと魚介のシチュー	633
春のシチュー	633
パンケーキ	639
ビシソワーズ	652
一口ハンバーグのミルク煮	654
冬のかぶと魚介のシチュー	683
フランスパンのチーズグラタン	687
フレンチトースト	692
ベジタブルチャウダー	698
ペリメニのミルクスープ	701
ほうれん草と鮭缶のグラタン	703
ほうれん草と卵のグラタン	704
ほうれん草のクリーム煮	706
ほうれん草のスパゲティグラタン	707
細ねぎのミルクかき揚げ	713
ほたてじゃが芋	713
北海シチュー	714
ホワイトソース 簡単基本	722
ホワイトソース 本格風	722
マカロニグラタン	729
ミルクココット	748
ミルク豆腐	748
ミルクマッシュポテト	749
目玉焼きのカレーソース	756
もち入りコーンシチュー	758
野菜のミルクチーズフリッター	776
ゆで卵の即席グラタン	782
養生粥	790
ライスグラタン	792

チーズ

項目	ページ
揚げじゃがチーズ焼き	14
アスパラガスと玉ねぎのチーズ焼き	29
アスパラガスと豆苗のチーズ炒め	29
アボカドサンドイッチ	37
アボカドのグラタン	38
アボカドのパンピザ	39
イタリアンサラダ	57
いわしのチーズ揚げ	68
いわしのはさみ焼き	70
オイルサーディンのチーズ焼き	111
オードブル5種	113

お気に入りねぎだけピザ	118
お好み焼き風ピザ	121
オニオングラタンスープ	126
重ねビーフかつ	148
かじきまぐろのチーズ焼き	149
カッテージチーズ イタリアンサラダ	155
カッテージチーズとバナナのサンドイッチ	155
カッテージチーズとレーズンのサンド	156
キッシュロレーヌ	190
きのこだらけのピザ	197
きのこの合宿	201
きのこのパルメザン焼き	203
キャベツのイタリアンスープ	213
キューカンバーハム	218
きゅうりとクリームチーズのサンドイッチ	234
きょうだい巻き	237
きんちゃく揚げ	245
くるくるビーフソテー	255
黒パンとカッテージチーズ	257
五目サラダ	284
コロコロチーズ入りいり卵	286
鮭と玉ねぎのチーズ焼き	295
ささみのチーズ巻きフライ	301
さつま芋の包み揚げ	305
サラダピザ	318
サラミとチーズのブロイル	318
サンドラのスープ	326
シーフードミックスとなすのチーズ焼き	332
シーフード和風ピザ	333
七面鳥（ローストターキー）サンド	341
じゃが芋簡単グラタン	344
じゃが芋の粉チーズ炒め	347
白いリゾット	358
スイスローフ	371
スモークサーモンのサンドイッチ	387
タコス	436
タコス チキン	436
タコス風サラダ	437
卵とチーズのホットサンド	447
たらのチーズ焼き	458
チーズ入りマカロニスープ	462
チーズカレー即席グラタン	462
チーズ春巻き	463
チーズもち	463
チキンのミラノ煮込み	471
ちくわのチーズフライ	477
鶏もつのパルメザン煮	542
とろ～りチーズオムレツ	543
長芋のチーズ焼き	548
なすグラタン	550
ナッツとじゃが芋のサラダ	567
生クリームなしのカルボナーラ	577
パイなしキッシュ	611
バゲットサンド	617
バジルの卵焼き	618
ハムのりサンド	626
パン鍋	639
ピザパン	650
ビッグマカロニグラタン	653
豚薄肉のパルメザン焼き	666
豚肉としめじのバターチーズ	672
フランスパンのチーズグラタン	687
米なすのグラタン	695
ヘルシーピザ	701
ほうれん草の台なしキッシュ	708
ホットドッグ タコス風	714
ホワイトソースも使うラザニア	722
マカロニグラタン	729
ミラノ風リゾット	748
焼きズッキーニ	768
野菜のミルクチーズフリッター	776
野菜畑のピザ	777
ゆでじゃが芋のチーズ焼き	782
ゆで卵の即席グラタン	782
ラザニア 簡単トマトソース	792
ラザニア なす入り	793
れんこんのチーズ焼き	806
ワンタンの皮のおつまみ	819

生クリーム

アボカドの冷たいスープ	39
アンチョビとキャベツのピザ	43
いちごのサンドイッチ	58
えびじゃがクリーム	102
えびとかぶの葉クリーム	103
えびと野菜のグラタン	106
かきとほうれん草のグラタン	143
簡単カルボナーラ	182
キッシュロレーヌ	190
きのこと鶏肉の本格クリームシチュー	200
鮭のクリーミーコロッケ	295
鮭のグリーンソース	296
じゃが芋簡単グラタン	344
じゃが芋とアンチョビのオーブン焼き	345

新じゃがのクリーミィサラダ ････････････ 366
スパゲティカルボナーラ ････････････････ 383
セロリとりんごのサラダ ････････････････ 391
そら豆の即席ポタージュ ････････････････ 405
たけのこクリームカレー ････････････････ 428
たらこのクリームパスタ ････････････････ 454
たらのスピードホワイトシチュー ･･････ 457
にんじんのポタージュ ･･････････････････ 601
パイなしキッシュ ･･････････････････････ 611
バゲットサンド ････････････････････････ 617
ビーフストロガノフ ････････････････････ 646
ほうれん草の台なしキッシュ ･･････････ 708
ヤンソンさんの誘惑 ････････････････････ 780
ロールキャベツ クリーム味 ････････････ 809

ヨーグルト

インディアンスープ ････････････････････ 78
キューカンバーサラダ ･･････････････････ 217
タンドリーチキン ･･････････････････････ 461
チキンカレー 本格風 ････････････････････ 464
ほうれん草のイスタンブール煮 ････････ 705
ポテトピラフ トルコ風 ････････････････ 720

豆・豆加工品

[豆（乾）]

あずき

あずき粥 ････････････････････････････････ 28
あずきの甘粥 ･･････････････････････････ 29
おはぎ ････････････････････････････････ 128
かぼちゃのいとこ煮 ･･････････････････ 165
赤飯 ･･････････････････････････････････ 389
ぜんざい（おしるこ）････････････････････ 394

黒豆

栗入り黒豆 ･･････････････････････････ 251
黒豆 ･･････････････････････････････････ 257

大豆

いり豆ご飯 ････････････････････････････ 63
五目いり豆ご飯 ････････････････････････ 283
五目大豆 ････････････････････････････ 284
ひたし豆 ････････････････････････････ 653

豆その他

田舎のシチュー ････････････････････････ 59
いんげん豆とブロッコリーのオリーブ油あえ ･･･ 76
いんげん豆の甘煮 ････････････････････ 76
いんげん豆のオリーブ油煮 ･･････････････ 77
いんげん豆のスープ ････････････････････ 77
いんげん豆のトマト煮 ････････････････ 77
うずら豆のサラダ ････････････････････ 84
カウボーイシチュー ････････････････ 140
カリフラワー・ビーンズ ････････････ 176
サンドラのスープ ･････････････････････ 326
チリビーンズ ･････････････････････････ 488
とら豆の薄甘煮 ･････････････････････ 522
パスタ入りほうれん草のスープ ･･･････ 618
ベーコンビーンズ ･･･････････････････ 698
豆のサラダ ･･････････････････････････ 735
豆のピラフ ･･････････････････････････ 736

[豆加工品]

大豆缶詰

コーンビーンズ ････････････････････ 268
新じゃがと大豆のガーッと煮 ･･････････ 365
大豆とハムの落とし揚げ ･････････････ 419
大豆のポークビーンズ ･･･････････････ 420
竹の子と大豆のみそ炒め ･････････････ 431
ちょっとずぼらな大豆のイタリアン ･･ 486
八宝辣醤 ････････････････････････････ 623
豚肉と大豆のこってり煮 ･････････････ 673

豆加工品その他

キドニービーンズとサラミのサラダ ･･ 191
リゾット トルコ風 ･･････････････････ 796

[大豆製品]

豆腐

揚げだし豆腐 ･･･････････････････････ 15
揚げだし豆腐の五目あんかけ ･････････ 15
揚げだし豆腐の野菜あんかけ ･････････ 15
いか・豆腐・竹の子の煮もの ･････････ 46
いかの筒焼き ････････････････････････ 50
いとこ豆腐のみぞれ鍋 ････････････････ 59
いり豆腐 しっとり味 ････････････････ 61
いり豆腐 中国風 ････････････････････ 62
いり豆腐 パラリ味 ･･････････････････ 62
うな玉豆腐 ･･･････････････････････････ 89
おかずかき玉汁 ････････････････････ 114
海鮮豆腐スープ ････････････････････ 138

かつおと豆腐の甘辛煮 ……153	肉豆腐 ……585
かぶの葉と豆腐のみそ汁 ……163	にんじんの白あえ ……600
絹ごし豆腐のきのこあんかけ ……192	温やっこ ……604
牛チゲ ……221	ねぎねぎ豆腐 ……606
牛肉と豆腐のしょうが煮 ……224	蟹豆腐湯(ハイトウフータン) ……611
金銀豆腐 ……244	畑の肉だんご ……621
空也蒸し ……249	冷ややっこ ……656
けんちん汁 ……260	飛竜頭(ひりょうず) カツ代風 ……659
ゴーヤーみそチャンプル ……265	豚キムチ鍋 ……667
四川風冷ややっこ ……338	豚肉とねぎのキムチみそスープ ……674
しそしそ豆腐 ……339	ほうれん草の麻婆あんかけ ……710
春菊の絹白あえ ……353	ほうれん草の雪衣 ……710
ズッキーニのチャンプル風炒め ……379	本来伝来のけんちん汁 ……725
そら豆の飛竜頭(ひりょうず) ……406	麻婆炒め ……726
たらチゲ ……455	麻婆豆腐 ……726
たら豆腐 ……456	明太子豆腐 ……756
たらのけんちん風 ……457	野菜たっぷり麻婆豆腐 ……774
たらの芽の白あえ ……459	やっこの肉みそがけ ……778
千草焼き(ちぐさ) ……475	湯豆腐 ……786
チゲ丼(どうがん) ……478	ゆり根の飛竜頭(ひりょうず) ……789
冬瓜の中国風スープ ……505	世にも簡単なマーボ豆腐 ……791
豆腐入り四川なす炒め ……506	レタス・椎茸・豆腐のみそ汁 ……798
豆腐入り肉だんごの甘酢あんかけ ……506	わがままなワンタン ……814
豆腐たっぷりの酸辣湯(スーラータン) ……507	
豆腐と厚揚げのしんせき煮 ……507	**油揚げ**
豆腐とえびのピリッカラッ ……508	油揚げ・青菜・白菜の鍋 ……36
豆腐となめこのみそ汁 ……508	油揚げとにんじんの甘辛煮 ……37
豆腐と肉の煮込み ……508	いなりちらし ……60
豆腐のオイスターソース煮 ……508	雲片汁(うんぺんじる) ……98
豆腐の木の芽田楽 ……509	おいなりさん ……110
豆腐のグリーンサラダ ……509	お正月の宝袋 ……122
豆腐の五目汁 ……509	かぼちゃと油揚げのみそ汁 ……165
豆腐のじゃこアスパラ ……510	かやくめし ……172
豆腐のスープ粥(がゆ) ……510	カレーうどん 大阪風 ……177
豆腐のステーキ ……510	刻みきつね ……188
豆腐のステーキ クレソンソース ……511	きつねうどん ……190
豆腐のステーキ 肉みそソース ……511	きつね柳川 ……191
豆腐の夏仕立て ……512	キャベツと油揚げのみそ汁 ……208
豆腐のフライ ……512	キャベツ鍋 ……213
豆腐のみそ汁 ……512	きんちゃく卵 ……245
豆腐のみそみぞれ汁 ……513	けんちん汁 ……260
豆腐ハンバーグ ……513	五色南蛮酢あえ ……270
鶏すき鍋 ……525	五目いなり ……282
とり鍋 ……529	五目かきご飯 ……283
夏香豆腐(なっか) ……565	素菜どんぶり(スーツァイ) ……372
納豆汁 ……567	セロリと油揚げのサラダ ……390
なめたけおろし ……581	そら豆のごまあえ ……405

大根と油揚げのじか煮	409
大根と油揚げのみそ汁	409
大根のごま酢あえ	415
宝袋	426
ドカンときつねどんぶり	514
なすと油揚げのとろ〜り煮	552
夏香ご飯	565
納豆汁	567
はんぺん袋	642
ひじきの炒め煮	651
ひじきの五目煮	651
ひじきの懐かし煮	652
ふきと油揚げの炒め煮	661
ぶっかけうどん	682
本来伝来のけんちん汁	725
水菜と油揚げの辛子あえ	741
もち袋	761
れんこんと絹さやのごまネーズあえ	804
和風カレーどんぶり	818

厚揚げ

厚揚げステーキ	32
厚揚げ豆腐のにんにくスープ	33
厚揚げとじゃが芋のゴロン煮	33
厚揚げと卵の炒めもの	33
厚揚げとなすのしそみそ炒め	34
厚揚げのいり豆腐風	34
厚揚げのサラダ	34
厚揚げのとろろあん	35
厚揚げの煮もの	35
厚揚げ焼き	35
いとこ豆腐のみぞれ鍋	59
うどの皮と厚揚げの中国炒め	86
オクラと牛肉のすき煮	118
かぶと厚揚げのペロリ煮	161
かぶ鶏厚揚げ	162
ゴーヤーチャンプル	264
里芋と厚揚げのみそ汁	307
スタミナ炒め	377
ぜんまいと厚揚げのごま煮	394
竹の子と厚揚げのつけ焼き	430
竹の子と大豆のみそ炒め	431
豆腐と厚揚げのしんせき煮	507
白菜と厚揚げのキムチ煮	612
もやし春巻き	763

がんもどき

がんもと春野菜の煮もの	186

焼き豆腐

いとこ豆腐のみぞれ鍋	59
おでん	125
すき焼き 関西風	373
豚肉のみそすき煮	678

納豆

いか納豆	48
ツルツルめん	497
とろとろいか納豆	543
納豆汁	567
納豆の磯揚げ	567
納豆のみそ汁	567
納豆もいろいろ	568
なばなの納豆あえ	576
レタス包みご飯	800

おから

おから(しっとりうの花)	116
おから(パラリうの花)	116
おから入りチキンバーグ	116
おからとしめさばの酢のもの	117
おから肉だんご	117
春菊の卯の花あえ	353
ハンカラバーグ	638

豆乳

絹雪豆腐	195
担々飯	461
豆乳のコーンスープ	506

ゆば

ちょっとぜいたくうどんすき鍋	486
ゆばときのこのスープ	787
ゆばと野菜の煮もの	787
ゆばのスープ粥	787

メニュー別索引

ご飯

[混ぜご飯]

あなご混ぜご飯 ································ 36
インディアンライス ···························· 78
ごぼうとあさりの混ぜご飯 ···················· 273
小松菜の中国風混ぜめし ······················ 280
五目かけごはん ································ 284
竹の子と鶏肉の混ぜごはん ···················· 432
たらこライス ·································· 455
夏香ご飯 ······································ 565
菜めし ·· 581
豚ごぼうの混ぜ飯 ······························ 668
フレッシュ野菜ライス ························ 691
豆竹混ぜご飯 ·································· 735

[炊き込みご飯]

アスパラご飯 ·································· 32
あなごご飯 ···································· 35
いり豆ご飯 ···································· 63
うなぎきのこめし ······························ 87
うなぎめし ···································· 89
梅ご飯 ·· 95
かきごはん ···································· 141
かつおご飯 ···································· 153
かやくめし ···································· 172
カンカンライス ································ 182
きのこご飯 ···································· 195
きのこと鶏肉のバターライス ·················· 200
切り身で作る鯛めし ···························· 243
栗ごはん ······································ 252
ごぼうめし ···································· 276
小松菜ごはん ·································· 277
五目いり豆ご飯 ································ 283
五目かきご飯 ·································· 283
鮭の炊き込みご飯 ······························ 297
さつま芋ご飯 ·································· 302
里芋ご飯 ······································ 306
山菜めし ······································ 323
さんまごはん ·································· 326
じゃがえび炊き込みごはん ···················· 350
しょうがごはん ································ 356
スパイシーライス ······························ 382
すりおろし根菜ご飯 ···························· 387
そら豆ごはん ·································· 403

鯛ご飯 ·· 407
炊き込みパエリア ······························ 427
竹の子ご飯 ···································· 428
竹の子ご飯 韓国風 ···························· 429
筑前めし ······································ 476
茶めし ·· 481
ツナご飯 ······································ 491
トマトライス ·································· 520
鶏からカレーピラフ ···························· 523
菜の花ご飯 ···································· 573
なまり節の炊き込みご飯 ······················ 580
パセリライス ·································· 620
春の二色ご飯 ·································· 634
ふきごはん ···································· 660
ふきとなまり節のご飯 ························ 662
ふき葉めし ···································· 664
ほたて貝柱の釜めし風 ························ 713
松茸ごはん ···································· 733
豆ごはん ······································ 735
ゆり根ご飯 ···································· 788

[おこわ]

秋のおこわ ···································· 10
甘栗おこわ ···································· 40
きのこご飯 おこわ風 ·························· 196
小松菜のおこわ ································ 279
山菜おこわ ···································· 322
赤飯 ·· 389
竹の子ご飯 おこわ風 ·························· 429
竹の子油飯 ···································· 435
中国風おこわ ·································· 483
鶏と野菜のおこわ風 ···························· 529
本格的蒸しおこわ ······························ 723

[すし]

いなりちらし ·································· 60
いわしずし ···································· 64
うなぎの棒ずし ································ 88
うなぎの蒸しずし ······························ 89
おいなりさん ·································· 110
お正月のばらずし ······························ 123
かけまわしうなぎずし ························ 147
かにカニずし ·································· 157
現代風かけまわしずし ························ 259
豪華簡単いくらずし ···························· 260
小鯛ずし ······································ 270
五目いなり ···································· 282

鮭缶の押しずし	292		まぐろキムチ丼	730
鮭ずし	293		明治生まれのかつどん	754
さんまずし	327		焼き肉丼	771
すし飯（基本）	376		ローストビーフ丼	808
炊き込みずし	426		和風カレーどんぶり	818
茶巾ずし	479			
ちらしずし	486	## ［おかゆ］		
てまりずし	500		あずき粥	28
夏のおすし	568		あずきの甘粥	29
生ハムのにぎりずし	579		あわび粥	41
のり巻き	609		あんかけ粥	42
春の海山ちらしずし	632		梅粥	95
春の野菜ずし	634		えのき粥	100
ふくさずし	665		えびと小柱のスープ粥	104
蒸しずし	751		おかゆの基本	115
			風邪治し卵がゆ	152
## ［丼もの］			かぼちゃのおかゆ	166
あんかけいり卵丼	42		牛肉粥	222
いくらどん	53		ぎんなん粥	246
うな玉どん	90		五穀粥	269
江戸っ子丼	100		さつま芋粥	302
親子おろしどんぶり	132		さといも粥	306
親子どんぶり	133		塩卵のスープ粥	334
開化丼	137		白粥	357
かつ丼	156		そば茶粥	402
牛丼	221		そら豆粥	403
木の葉どんぶり	271		鯛の刺身のスープ粥	422
刺身のごまあえ丼	301		茶粥	479
三色どんぶり	324		中国粥	483
下町丼	340		豆腐のスープ粥	510
素菜どんぶり	372		トムヤムクンおかゆ	520
ステーキどん	381		七草粥 現代風	573
正調玉子丼	388		にら粥	596
竹の子丼	432		にんじん粥	599
玉子丼	449		ピータン粥	642
チゲ丼	478		もち米甘粥	760
中華丼	481		ゆばのスープ粥	787
ドカンときつねどんぶり	514		ゆり根粥	787
鶏のポン落とし	540		養生粥	790
肉丼	586			
ねぎとろ丼	605	## ［雑炊］		
バタ焼き肉どん	621		かき雑炊 みそ仕立て	142
ハヤシ丼	627		かに雑炊	158
深川丼	660		夏バテ雑炊	571
豚とじ丼	669		もずく雑炊	758
豚みそ丼	682		わかめの韓国風ぞうすい	816
舟盛り丼	682			

[ピラフ]

インディアンピラフ······78
海の幸のピラフ······93
エスニック風ピラフ······98
枝豆洋風ご飯······99
えびとセロリのピラフ······105
オニオンガーリックライス······126
ガーリックきのこピラフ······136
貝柱と桜えびのピラフ······140
かきピラフ······146
かに炒めピラフ······156
かにとコーンのピラフ······159
かにの混ぜピラフ······160
カレーピラフ······180
カレーピラフ(付け合わせ用)······180
カレー混ぜピラフ······181
きのこピラフ······205
キムチピラフ······206
キャロットピラフ······217
キャロットライス······217
牛肉のペッパーライス······231
グリーンライス······252
根菜ピラフ······287
鮭と千切り大根の和風炊き込みピラフ······295
鮭ライス······300
シーフードミックスピラフ······332
スイートポテトライス······370
卵だけのケチャライス······445
チキンピラフ······473
チキンライス······475
ツナとにんじんの炊き込みピラフ······493
トマト味シンプルピラフ······515
夏野菜ライス······572
ナポリ風チキンライス······577
ポテトピラフ トルコ風······720
豆のピラフ······736
野菜ピラフ······777

[チャーハン]

いかキムチのピリッとライス······44
炒めぬえび卵チャーハン······55
炒めぬチャーシューチャーハン······55
ガーリックじゃこライス······136
かかめし······141
カルシウムチャーハン······176
餃子チャーハン······239

しば漬けチャーハン······343
しょうゆ漬け玉ねぎと卵のチャーハン······357
高菜チャーハン······424
竹の子の焼きめし······434
卵チャーハン······445
卵洋風チャーハン······451
チャーシューチャーハン······478
にんにく炒飯······601
春のチャーハン······634
ほうれん草のチャーハン······708

[リゾット]

いかすみのやわらかリゾット······45
海の幸のリゾット······94
白いリゾット······358
ズッキーニのリゾット······380
中近東ムードのリゾット······482
ほうれん草リゾット 本格風······710
ミラノ風リゾット······748
リゾット トルコ風······796

[おにぎり]

おにぎり······127
おにぎりバラエティー······127
焼きおにぎり······767
焼きおにぎりのスープ仕立て······767

[茶漬け]

魚茶漬け······81
鮭茶漬け······294
スープ茶漬け······372
鯛茶漬け······420
鶏茶漬け······526
もち茶漬け······760
焼き鯛の茶漬け······770

[ご飯その他]

いくらの酒粕漬けご飯······53
えびのライスグラタン······108
オムライス······131
クッパ風ぶっかけ飯······250
ご飯を炊く······271
鮭のわっぱ飯······299
サフランライス······314
即席ハヤシライス······401
担々飯······461
チーズカレー即席グラタン······462

チゲクッパ	478
鶏クッパ	523
パエリア	612
ハヤシライス	628
冷や汁	655
麦ご飯	750
麦とろ	750
メキシカンライス	755
ライスグラタン	792
レタス包みご飯	800

もち

揚げもちおろし添え	18
揚げもちスープ	18
いくらもち	53
キムチビーフもち	206
黒みつもち	258
豪華ぞう煮	261
ごまごまもち	276
山菜ぞう煮	322
白みそぞう煮	362
シンプルぞう煮	368
大根もち	419
チーズもち	463
中国風鶏ぞう煮	484
手巻きもち	500
ニッキもち	592
バターもち	620
みぞれもち	743
もち入りコーンシチュー	758
もち入り茶碗蒸し	759
もち入りポトフ	759
もち茶漬け	760
もちと白菜の中国風	760
もちの揚げだし汁	761
もち袋	761

めん

[うどん]

あんかけうどん	42
大阪風あったか宝うどん	112
おぼろうどん	129
かき玉うどん	142
釜上げうどん	170
カレーうどん 大阪風	177
カレーうどん 現代版	178
刻みきつね	188
きしめん	188
きつねうどん	190
きのこうどん	195
サラダうどん	316
手打ちうどん	498
手打ち湯上げうどん	499
夏の焼きうどん	570
肉うどん	582
ピリ辛ごまめん	657
豚汁うどん	669
ぶっかけうどん	682
ほうとう 夏版	702
ほうとう 冬版	703
みそ煮込みうどん	742

[そば]

おろしそば	133
鴨そば	170
鴨南風せいろそば	172
ごま酢そば	276
そばがき	401
宝そば	425
鶏南蛮そば	529
とろろそば	544
にしんそば	591
花巻そば	624
ふきと茶そば和風サラダ	661
三つ葉そば	744
六味おろしそば	812

[そうめん]

あじそうめん	23
いためそうめん	54
梅しそそうめん	96
サラダめん	318
そうめん 大阪式	396
そうめんをゆでる	397
そうめんと精進揚げ	396
そうめん冷やし	397
鯛のあったかそうめん	421
南蛮そうめん	581
にゅうめん	594

冷や汁そうめん ・・・・・・・・・・・・・・・・・・・・・・・655
ぽん酢そうめん ・・・・・・・・・・・・・・・・・・・・・・・725
焼きそうめん ・・・・・・・・・・・・・・・・・・・・・・・・・769

[ひやむぎ]
アジアンひやむぎ ・・・・・・・・・・・・・・・・・・・・・23
ツルツルめん ・・・・・・・・・・・・・・・・・・・・・・・・・497
夏野菜いっぱいひやむぎ ・・・・・・・・・・・・・571
モロヘイヤめん ・・・・・・・・・・・・・・・・・・・・・・767

[パスタ]
あさりスパゲティ ・・・・・・・・・・・・・・・・・・・・・・19
あさりとたこの塩味パスタ ・・・・・・・・・・・・・20
アスパラガスのパスタ ・・・・・・・・・・・・・・・・31
いかのパスタ ・・・・・・・・・・・・・・・・・・・・・・・・・51
いわしのパスタ ・・・・・・・・・・・・・・・・・・・・・・・70
えびと青じそのパスタ ・・・・・・・・・・・・・・・103
えびマカロニグラタン ・・・・・・・・・・・・・・・109
簡単カルボナーラ ・・・・・・・・・・・・・・・・・・・182
きのこのスパゲティ ・・・・・・・・・・・・・・・・・202
キャベツだけのパスタ ・・・・・・・・・・・・・・・207
牛乳で作るカルボナーラ ・・・・・・・・・・・・232
牛ばら肉とトマトのパスタ ・・・・・・・・・・・233
香ばしい森のパスタ ・・・・・・・・・・・・・・・・262
サラダスパゲティ ・・・・・・・・・・・・・・・・・・・316
しそ入りスパゲティ ・・・・・・・・・・・・・・・・・339
しそ梅パセリじゃこスパゲティ ・・・・・・・339
じゃが芋スパゲティ ・・・・・・・・・・・・・・・・・344
新キャベツとアンチョビのパスタ ・・・・・363
スパゲティ 印度風 ・・・・・・・・・・・・・・・・・382
スパゲティカルボナーラ ・・・・・・・・・・・・・383
スパゲティチャウダー ・・・・・・・・・・・・・・・383
スパゲティナポリタン ・・・・・・・・・・・・・・・383
スパゲティバジリコ ・・・・・・・・・・・・・・・・・384
ソース焼きスパ ・・・・・・・・・・・・・・・・・・・・・398
ソーセージのスパゲティ ・・・・・・・・・・・・・398
即席かにマカロニグラタン ・・・・・・・・・・・399
たらこのクリームパスタ ・・・・・・・・・・・・・454
たらこパスタ ・・・・・・・・・・・・・・・・・・・・・・・455
ちくわと青じそとベーコンパスタ ・・・・・477
ツナパスタ ・・・・・・・・・・・・・・・・・・・・・・・・・495
トマトとツナのバーミセリ ・・・・・・・・・・・517
トマトのイタリアンパスタ ・・・・・・・・・・・518
トマトの辛いスパゲティ ・・・・・・・・・・・・・518
なす入りペンネ ・・・・・・・・・・・・・・・・・・・・・549
なすスパゲティ ・・・・・・・・・・・・・・・・・・・・・551
夏のガーリックトマトスパゲティ ・・・・・569

夏のマカロニスープ ・・・・・・・・・・・・・・・・569
夏のミートソース ・・・・・・・・・・・・・・・・・・・570
生クリームなしのカルボナーラ ・・・・・・577
生トマトのスパゲティ ・・・・・・・・・・・・・・・578
ニョッキ ・・・・・・・・・・・・・・・・・・・・・・・・・・・595
ニョッキ きのこスープ仕立て ・・・・・・・595
パセリとミルクのパスタ ・・・・・・・・・・・・・619
ビッグマカロニグラタン ・・・・・・・・・・・・・653
ペペロンチーノ ・・・・・・・・・・・・・・・・・・・・700
ほうれん草とベーコンのスパゲティ ・・・705
ほうれん草のカルボナーラ風 ・・・・・・・706
ほうれん草のスパゲティグラタン ・・・・707
ポテサラパスタ オーロラソース ・・・・・716
ホワイトソースも使うラザニア ・・・・・・・722
ボンゴレのスパゲティ トマト味 ・・・・・724
マカロニグラタン ・・・・・・・・・・・・・・・・・・・729
ミートソース ・・・・・・・・・・・・・・・・・・・・・・・738
めんたいかまぼこスパ ・・・・・・・・・・・・・756
めんたいこスパゲティ ・・・・・・・・・・・・・・756
野菜たっぷりガーリックパスタ ・・・・・・・773
野菜たっぷりミートソース ・・・・・・・・・・・774
ラザニア 簡単トマトソース ・・・・・・・・・792
ラザニア なす入り ・・・・・・・・・・・・・・・・・793
レモンバーミセリ ・・・・・・・・・・・・・・・・・・・804

[中華めん]
オニオンラーメン ・・・・・・・・・・・・・・・・・・・127
きのこと焼き麩のラーメン ・・・・・・・・・・・201
ごまだれ冷やし中華そば ・・・・・・・・・・・277
四川風辛子そば ・・・・・・・・・・・・・・・・・・・337
ジャージャーめん ・・・・・・・・・・・・・・・・・・343
セロリのあったか中華めん ・・・・・・・・・391
セロリのジャージャーめん ・・・・・・・・・・392
ター菜めん ・・・・・・・・・・・・・・・・・・・・・・・・407
チャオねぎラーメン ・・・・・・・・・・・・・・・・・479
煮干しで作るラーメン ・・・・・・・・・・・・・・594
冷やし中華 ・・・・・・・・・・・・・・・・・・・・・・・654

[焼きそば]
うま煮あんかけ焼きそば ・・・・・・・・・・・・・91
オム焼きそば ・・・・・・・・・・・・・・・・・・・・・・130
かた焼きそばもやしあん ・・・・・・・・・・・152
魚介の塩焼きそば ・・・・・・・・・・・・・・・・・241
五目あんかけ焼きそば ・・・・・・・・・・・・・282
CM焼きそば ・・・・・・・・・・・・・・・・・・・・・・330
ねぎ焼きそば ・・・・・・・・・・・・・・・・・・・・・607
焼きそば 大阪式 ・・・・・・・・・・・・・・・・・769

索引

919

索引

［ビーフン］
温めんビーフン 和風仕立て ‥‥‥‥‥ 134
海鮮ビーフン ‥‥‥‥‥‥‥‥‥‥‥ 139
ゴールデンヌードル ‥‥‥‥‥‥‥‥ 266
汁ビーフン ‥‥‥‥‥‥‥‥‥‥‥‥ 358
チキンビーフン ‥‥‥‥‥‥‥‥‥‥ 473
ビーフンのペッパー炒め ‥‥‥‥‥‥ 647
もやしビーフン ‥‥‥‥‥‥‥‥‥‥ 764
焼きビーフン ‥‥‥‥‥‥‥‥‥‥‥ 771
屋台風ビーフン ‥‥‥‥‥‥‥‥‥‥ 778

［インスタントラーメン］
辛ーいねぎそば ‥‥‥‥‥‥‥‥‥‥ 173
即席担々鍋 ‥‥‥‥‥‥‥‥‥‥‥‥ 400
ねぎそば ‥‥‥‥‥‥‥‥‥‥‥‥‥ 605

パン・粉もの

［サンドイッチ］
アボカドサンドイッチ ‥‥‥‥‥‥‥‥ 37
アボカドとハムのホットサンド ‥‥‥‥ 38
いちごのサンドイッチ ‥‥‥‥‥‥‥‥ 58
いり卵サンド ‥‥‥‥‥‥‥‥‥‥‥‥ 61
ウインナー卵サンド ‥‥‥‥‥‥‥‥‥ 80
薄焼き卵サンド ‥‥‥‥‥‥‥‥‥‥‥ 83
えびとセロリのサンドイッチ ‥‥‥‥ 105
エレガントマフィン ‥‥‥‥‥‥‥‥ 110
カッテージチーズとバナナのサンドイッチ ‥ 155
カッテージチーズとレーズンのサンド ‥‥ 156
かにサンド ‥‥‥‥‥‥‥‥‥‥‥‥ 158
カリフォルニアサンド ‥‥‥‥‥‥‥ 174
カレーサンド ‥‥‥‥‥‥‥‥‥‥‥ 179
きのこのポケットサンド ‥‥‥‥‥‥ 204
きゅうりとクリームチーズのサンドイッチ ‥ 234
クラブハウスサンド ‥‥‥‥‥‥‥‥ 251
鮭缶のサンドイッチ ‥‥‥‥‥‥‥‥ 293
七面鳥(ローストターキー)サンド ‥‥ 341
スモークサーモンのサンドイッチ ‥‥ 387
卵とチーズのホットサンド ‥‥‥‥‥ 447
卵とパセリいっぱいサンドイッチ ‥‥ 448
ツナのおいしいサンドイッチ ‥‥‥‥ 494
なすのサンドイッチ ‥‥‥‥‥‥‥‥ 560
菜の花漬けと卵のサンドイッチ ‥‥‥ 573
にんじんベーコンサンド ‥‥‥‥‥‥ 601

バーガーサンド ‥‥‥‥‥‥‥‥‥‥ 611
バゲットサンド ‥‥‥‥‥‥‥‥‥‥ 617
バゲットのくりぬきリッチ！サンド ‥ 618
バナナのホットサンド ‥‥‥‥‥‥‥ 624
ハムのりサンド ‥‥‥‥‥‥‥‥‥‥ 626
ビーフサンド ‥‥‥‥‥‥‥‥‥‥‥ 644
ヒラヒラかつサンド ‥‥‥‥‥‥‥‥ 656
ベーコン＆チキンサンド ‥‥‥‥‥‥ 696
ポパイサンド ‥‥‥‥‥‥‥‥‥‥‥ 721
マフィンサンド ‥‥‥‥‥‥‥‥‥‥ 734
Ｍｒ．ダッグウッド風サンドイッチ ‥‥ 740
ゆで卵サンド ‥‥‥‥‥‥‥‥‥‥‥ 782

［トースト］
イタリアンガーリックトースト ‥‥‥‥ 57
ガーリックトースト ‥‥‥‥‥‥‥‥ 137
黒みつソースのフレンチトースト ‥‥ 257
トマトカナッペ ‥‥‥‥‥‥‥‥‥‥ 516
練りごまトースト ‥‥‥‥‥‥‥‥‥ 609
ピザパン ‥‥‥‥‥‥‥‥‥‥‥‥‥ 650
フレンチトースト ‥‥‥‥‥‥‥‥‥ 692

［ホットドッグ］
ホットドッグ タコス風 ‥‥‥‥‥‥ 714
ホットドッグ＆ホットチリドッグ ‥‥ 715

［パイ］
キッシュロレーヌ ‥‥‥‥‥‥‥‥‥ 190
卵とキャベツだけのパイ ‥‥‥‥‥‥ 446
ポテトパイ ‥‥‥‥‥‥‥‥‥‥‥‥ 719
ミートパイ ‥‥‥‥‥‥‥‥‥‥‥‥ 738

［タコス］
タコス ‥‥‥‥‥‥‥‥‥‥‥‥‥‥ 436
タコス チキン ‥‥‥‥‥‥‥‥‥‥ 436
タコス ビーフ ‥‥‥‥‥‥‥‥‥‥ 437

［ピザ］
アボカドのパンピザ ‥‥‥‥‥‥‥‥‥ 39
アンチョビとキャベツのピザ ‥‥‥‥‥ 43
お気に入りねぎだけピザ ‥‥‥‥‥‥ 118
お好み焼き風ピザ ‥‥‥‥‥‥‥‥‥ 121
きのこだらけのピザ ‥‥‥‥‥‥‥‥ 197
サラダピザ ‥‥‥‥‥‥‥‥‥‥‥‥ 318
シーフード和風ピザ ‥‥‥‥‥‥‥‥ 333
にらとサーディンのピザ ‥‥‥‥‥‥ 597
ピザ台(基本) ‥‥‥‥‥‥‥‥‥‥‥ 649

ヘルシーピザ‥‥‥‥‥‥‥‥‥‥‥‥701
野菜畑のピザ‥‥‥‥‥‥‥‥‥‥‥‥777

［お好み焼き・その他］

あさりと細ねぎのお好み焼き風‥‥‥‥20
いかねぎ焼き‥‥‥‥‥‥‥‥‥‥‥‥49
お好み焼き‥‥‥‥‥‥‥‥‥‥‥‥120
かきのお好み焼き風‥‥‥‥‥‥‥‥144
かきのねぎ焼き‥‥‥‥‥‥‥‥‥‥145
キャベツのお好み揚げ‥‥‥‥‥‥‥214
じゃが芋の一口お好み焼き‥‥‥‥‥349
すりおろしじゃが芋のお好み焼き‥‥388
たこ焼き‥‥‥‥‥‥‥‥‥‥‥‥‥439

［すいとん］

芋すいとん豚汁‥‥‥‥‥‥‥‥‥‥‥60
雲片汁‥‥‥‥‥‥‥‥‥‥‥‥‥‥‥98
きのこそばすいとん‥‥‥‥‥‥‥‥197
現代すいとん‥‥‥‥‥‥‥‥‥‥‥259
里芋のすいとん‥‥‥‥‥‥‥‥‥‥310
ポテトすいとん‥‥‥‥‥‥‥‥‥‥718

［粉もの・皮ものその他］

簡単春餅‥‥‥‥‥‥‥‥‥‥‥‥‥183
餃子の皮‥‥‥‥‥‥‥‥‥‥‥‥‥239
クレープサンド‥‥‥‥‥‥‥‥‥‥255
コーンパンケーキ‥‥‥‥‥‥‥‥‥268
ごぼうとチキンのサラダ巻き‥‥‥‥274
小麦粉オムレット‥‥‥‥‥‥‥‥‥281
春餅 本格風‥‥‥‥‥‥‥‥‥‥‥354
スコーン‥‥‥‥‥‥‥‥‥‥‥‥‥374
そばがき‥‥‥‥‥‥‥‥‥‥‥‥‥401
そば粉クレープ‥‥‥‥‥‥‥‥‥‥401
そば粉のパンケーキ‥‥‥‥‥‥‥‥402
素朴なトルコのお焼き‥‥‥‥‥‥‥403
トルティーア‥‥‥‥‥‥‥‥‥‥‥543
肉まんじゅう‥‥‥‥‥‥‥‥‥‥‥586
ニョッキ‥‥‥‥‥‥‥‥‥‥‥‥‥595
ニョッキ きのこスープ仕立て‥‥‥595
パンケーキ‥‥‥‥‥‥‥‥‥‥‥‥639
ペリメニ‥‥‥‥‥‥‥‥‥‥‥‥‥700
ホットビスケット‥‥‥‥‥‥‥‥‥715
マフィン‥‥‥‥‥‥‥‥‥‥‥‥‥733
ミニ肉まん‥‥‥‥‥‥‥‥‥‥‥‥746
蒸しまんじゅう‥‥‥‥‥‥‥‥‥‥752

［パンその他］

アボカドのパンピザ‥‥‥‥‥‥‥‥‥39
オードブル５種‥‥‥‥‥‥‥‥‥‥113
カレーバーガー‥‥‥‥‥‥‥‥‥‥179
カレーパン‥‥‥‥‥‥‥‥‥‥‥‥179
簡単ピロシキ 肉‥‥‥‥‥‥‥‥‥184
簡単ピロシキ 野菜‥‥‥‥‥‥‥‥184
クルトン３種‥‥‥‥‥‥‥‥‥‥‥255
黒パンとカッテージチーズ‥‥‥‥‥257
スモークサーモンのバゲットカナッペ‥387
タコス風オープンサンド‥‥‥‥‥‥437
ダブルバーガー‥‥‥‥‥‥‥‥‥‥443
チャパティ‥‥‥‥‥‥‥‥‥‥‥‥480
ハンバーガー‥‥‥‥‥‥‥‥‥‥‥640
フランスパンのチーズグラタン‥‥‥687
ポテト入りソーセージ揚げパン‥‥‥716
マッシュルームバゲット‥‥‥‥‥‥733
野菜バーガー‥‥‥‥‥‥‥‥‥‥‥776

汁もの

［吸いもの］

あさりの吸いもの‥‥‥‥‥‥‥‥‥‥21
えびしんじょの吸いもの‥‥‥‥‥‥102
えびの吸いもの‥‥‥‥‥‥‥‥‥‥107
オクラと麩の吸いもの‥‥‥‥‥‥‥119
お正月の小松菜の吸いもの‥‥‥‥‥122
おぼろ昆布の吸いもの‥‥‥‥‥‥‥130
かきとほうれん草の吸いもの‥‥‥‥144
きのこと三つ葉の吸いもの‥‥‥‥‥201
セロリの葉と玉ねぎの吸いもの‥‥‥393
手毬麩と絹さやの吸いもの‥‥‥‥‥501
鶏ささみの吸いもの‥‥‥‥‥‥‥‥524
なすの吸いもの‥‥‥‥‥‥‥‥‥‥560
はまぐりと菜の花の吸いもの‥‥‥‥625
はまぐりの吸いもの‥‥‥‥‥‥‥‥625
はんぺんしんじょの吸いもの‥‥‥‥641
松茸の吸いもの‥‥‥‥‥‥‥‥‥‥733

［みそ汁］

相性汁‥‥‥‥‥‥‥‥‥‥‥‥‥‥‥7
揚げなすのみそ汁‥‥‥‥‥‥‥‥‥‥17
あさりのみそ汁‥‥‥‥‥‥‥‥‥‥‥22
いわしのつみれ汁‥‥‥‥‥‥‥‥‥‥69

梅干し入りみそ汁	96
かぶの葉と豆腐のみそ汁	163
かぶのみそ汁	164
かぼちゃと油揚げのみそ汁	165
かんぴょうのみそ汁	185
キムチのみそ汁	205
キャベツと油揚げのみそ汁	208
ごぼうと里芋のみそ汁	274
ごぼうと白菜のみそ汁	274
小松菜のみそ汁	281
鮭と根菜のみそ汁	294
里芋と厚揚げのみそ汁	307
しじみのみそ汁	336
大根と油揚げのみそ汁	409
大根と魚のあらのみそ汁	411
卵のみそ汁	451
チンゲン菜とベーコンのみそ汁	489
冬瓜のみそ汁	506
豆腐となめこのみそ汁	508
豆腐のみそ汁	512
豆腐のみそみぞれ汁	513
なすとそうめんのみそ汁	555
なすと豚肉のみそ汁	556
納豆汁	567
納豆のみそ汁	567
夏のみそスープ	570
にらねぎ汁	597
白菜の豚汁	616
豚汁	668
豚肉とごぼうのみそ汁	672
豚肉と春菊のみそ汁	673
ほうれん草と生椎茸のみそ汁	704
レタス・椎茸・豆腐のみそ汁	798
わかめと卵のみそ汁	816
わかめのみそ汁	817

[スープ]

揚げもちスープ	18
あさりのコーンチャウダー	21
あさりのバジル風味スープ	22
アスパラガスのポタージュ	31
厚揚げ豆腐のにんにくスープ	33
アボカドの冷たいスープ	39
イタリア的野菜スープ	55
イタリアンエッグスープ	57
いんげんと豚肉のスープ	74
いんげん豆のスープ	77
インディアンスープ	78
海と野の幸のスープ	92
海山のミルクスープ	95
ウリもどきのスープ	97
ウンブリア地方の玉ねぎスープ	97
えび入りスープ餃子(ギョーザ)	100
オニオングラタンスープ	126
ガーリックスープ	136
海鮮豆腐スープ	138
かき玉スープ	143
ガスパチョ	151
家庭でできるスープ	156
かぶのスープ	162
かぶのボルシチ風	163
かぼちゃのポタージュ	169
きくらげのスープ	188
きのこのトマトスープ	203
キムチとわかめの冷やしスープ	205
キャベツとつまみだんごのスープ	209
キャベツと鶏のカレースープ	209
キャベツとベーコンのスープ	212
キャベツのイタリアンスープ	213
きゅうりと卵のスープ	235
きんめ鯛の辛くてすっぱいスープ	248
グリーンポタージュ	252
コーンスープ	267
コーンスープ 中国風	267
コンソメスープ 本格派	287
コンソメスープ 和風仕立て	288
ザーサイのレタススープ	292
サラダ菜のスープ	317
サンドラのスープ	326
ジュリアンスープ	353
酸辣湯(スーラータン)	373
セロリと鶏手羽先のスープ	390
そら豆の即席ポタージュ	405
大根入りビーフスープ	408
タイ風スープ 本格風	423
卵のザーサイスープ	450
玉ねぎのガーリックスープ	453
チーズ入りマカロニスープ	462
チキンスープ(基本)	466
チキンスープ(中国風)	466
チキンボールのすまし汁	473
チンゲン菜とえのき茸のスープ	488
冬瓜(とうがん)スープ	504
冬瓜(とうがん)の中国風スープ	505

豆乳のコーンスープ	506
豆腐たっぷりの酸辣湯(スーラータン)	507
トマトと卵の中国風スープ	517
トマトのサワースープ	519
トムヤムクンスープ	521
鶏とえびの酸っぱいスープ	527
夏のマカロニスープ	569
夏のみそスープ	570
にせふかひれスープ	592
にら玉スープ	596
にんじんのポタージュ	601
にんにくピリ辛スープ	603
蟹豆腐湯(ハイトウフーケン)	611
白菜のみそスープ	616
白菜のミルクスープ	617
パスタ入りほうれん草のスープ	618
春雨と卵のスープ	631
春雨のピリ酢スープ	632
春ワンタンスープ	637
ビシソワーズ	652
ピリ辛チキンスープ	657
豚肉とねぎのキムチみそスープ	674
冬の具だくさんみそスープ	683
冬野菜のスープ	684
フランスの田舎風スープ	686
ベジタブルチャウダー	698
ペリメニのミルクスープ	701
ポテ肉だんごのスープ	720
魔女のスープ 豚ばら肉入り	731
ミネストローネ	746
ミラノ風お米入りスープ	747
紫キャベツの魔女スープ	753
モロヘイヤと鶏肉の中国風スープ	765
モロヘイヤのガーリックスープ	766
焼きおにぎりのスープ仕立て	767
野菜畑のスープ	777
ゆばときのこのスープ	787
レタススープ	799
わかめの韓国風スープ	816

[汁ものその他]

秋のひっつめ汁風	11
芋すいとん豚汁	60
潮汁(うしおじる)	81
雲片汁(うんぺんじる)	98
おかずかき玉汁	114
かき玉汁	142

粕汁	150
風邪止め汁	152
キジもどき汁	188
菊花汁	189
きのこそばすいとん	197
きのこと小松菜の和風仕立てスープ	198
キャベツたっぷり洋風とん汁	207
現代すいとん	259
けんちん汁	260
里芋のすいとん	310
汁ビーフン	358
ずいきの汁もの	371
たらのけんちん風	457
豆腐の五目汁	509
なすとごぼうの汁	554
ぶりのもち入り粕汁	691
ポテトすいとん	718
本来伝来のけんちん汁	725
もちと白菜の中国風	760
もちの揚げだし汁	761

おかず

[あえもの]

青菜のごまみそあえ	8
青菜のごまよごし	8
アスパラガスのごまみそあえ	30
いかとセロリのしょうが味	47
磯まぐろ	54
いんげんの三味あえ	74
ウインナーのカレーもやし	80
うどの梅あえ	86
オクラとなすのごまみそあえ	119
菊衣あえ	187
菊の三色あえ	187
キャベツの梅あえ	214
キャベツのごまあえ 2種	215
牛肉おろしあえ	222
きゅうりの梅あえ	235
きゅうりのごまあえ	235
ごぼうのごま鶏あえ	275
小松菜の辛子あえ	279
小松菜の黒ごまあえ	280
じゃことなめこのおろしあえ	350
春菊の卯の花あえ	353

923

春菊の絹白あえ ……………… 353	海仲間の酢のもの ……………… 92
春菊のごまあえ ………………… 354	おからとしめさばの酢のもの … 117
春菊のごまソース ……………… 354	オクラとひじきの酢のもの …… 119
せりとえのき茸のごまあえ …… 389	オクラの酢のもの ……………… 119
せりのごまあえ ………………… 390	かぶの葉の酢のもの …………… 163
そら豆のごまあえ ……………… 405	きくらげとうどのごま酢あえ … 187
大根のごま酢あえ ……………… 415	きのこの酢のもの ……………… 202
大根のごまみそあえ …………… 415	きゅうりの磯あえ ……………… 235
大根の白ごまあえ ……………… 416	五色南蛮酢あえ ………………… 270
玉ねぎ薄切り梅肉あえ ………… 452	ごま酢あえ ……………………… 276
たらの芽の白あえ ……………… 459	たたきごぼう …………………… 441
長芋の三色あえ ………………… 548	玉ねぎとわかめの酢のもの …… 452
なすのごまだれあえ …………… 559	つるむらさきときのこのあえもの … 497
なすのピーナッツあえ ………… 563	トマトの酢のもの ……………… 519
菜の花とほたての辛子みそあえ … 574	にらの酢のもの ………………… 598
菜の花とまぐろのわさびあえ … 574	根三つ葉とわかめの酢のもの … 608
菜の花の辛子あえ ……………… 575	ひじきの酢のもの ……………… 651
菜の花の辛子ネーズ …………… 575	まぐろとわけぎのぬた ………… 730
菜の花のとんサラダ …………… 575	わけぎの磯ぬた ………………… 817
菜の花のピーナッツあえ ……… 576	わけぎの酢みそあえ …………… 817
なばなの納豆あえ ……………… 576	
なまり節のあえもの …………… 580	[きんぴら]
にんじんの白あえ ……………… 600	アスパラガスのきんぴら ………… 30
根三つ葉とまぐろの磯あえ …… 608	うどの皮のきんぴら ……………… 87
根野菜のごまみそあえ ………… 608	絹さやのきんぴら ……………… 194
白菜の柚子あえ ………………… 617	ごぼうのおかずきんぴら ……… 275
春雨ときゅうりのあえもの …… 630	ごぼうのきんぴら ……………… 275
ビーフと青菜のあえもの ……… 646	さつま芋の皮のきんぴら ……… 305
ほうれん草のナムル …………… 709	三種きんぴら …………………… 323
ほうれん草の雪衣 ……………… 710	三色混ぜきんぴら ……………… 325
まぐろぶつの辛子あえ ………… 731	セロリのきんぴら ……………… 392
水菜と油揚げの辛子あえ ……… 741	大根皮のきんぴら ……………… 408
もやしと豚肉の辛子みそあえ … 762	大根皮の塩きんぴら …………… 409
もやしのナムル ………………… 763	鶏皮とお芋のきんぴら ………… 523
モロヘイヤと牛肉のあえもの … 765	にんじんのきんぴら …………… 600
モロヘイヤの梅あえ …………… 766	残り皮と葉のきんぴら ………… 609
ゆで肉ときのこの香味あえ …… 784	ピーマンの三色くたくたきんぴら … 647
ゆでもやしの中国風 …………… 786	ふきのきんぴら ………………… 663
れんこんと絹さやのごまネーズあえ … 804	ふきの葉の梅きんぴら ………… 664
	ブロッコリーのきんぴら ……… 694
[酢のもの・ぬた]	れんこんのきんぴら …………… 805
あおやぎとわけぎのぬた ………… 9	
赤貝とわけぎのぬた ……………… 9	[かき揚げ]
うどとトマトのパセリ酢あえ …… 85	あさりとアスパラガスのかき揚げ … 20
うどと豚肉の酢みそあえ ………… 85	アルファルファのかき揚げ ……… 40
うどの酢みそあえ ………………… 87	いんげんとにんじんのミルクかき揚げ … 73
うなぎときゅうりの酢のもの …… 88	枝豆・小えび・玉ねぎの三色揚げ … 99

絹さやのかき揚げ・・・・・・・・・・・・・・・・・・・・・・193
グリンピースのかき揚げ・・・・・・・・・・・・・・・254
コーンとささみのかき揚げ・・・・・・・・・・・・・268
コロコロかき揚げ・・・・・・・・・・・・・・・・・・・・・285
里芋と舞茸のかき揚げ・・・・・・・・・・・・・・・・309
じゃが芋の千切りかき揚げ・・・・・・・・・・・・347
そら豆のかき揚げ・・・・・・・・・・・・・・・・・・・・405
そら豆の三色かき揚げ・・・・・・・・・・・・・・・・405
つるむらさきのかき揚げ・・・・・・・・・・・・・・498
にがうりのかき揚げ・・・・・・・・・・・・・・・・・・581
ねぎのかき揚げ・・・・・・・・・・・・・・・・・・・・・・606
細ねぎのミルクかき揚げ・・・・・・・・・・・・・・713
三つ葉とえびのかき揚げ・・・・・・・・・・・・・・744
モロヘイヤのかき揚げ・・・・・・・・・・・・・・・・766

[天ぷら]
アスパラガスの天ぷら・・・・・・・・・・・・・・・・・30
いか天・・・・・・・・・・・・・・・・・・・・・・・・・・・・・・・・46
うどの皮と穂先の精進揚げ・・・・・・・・・・・・・86
牛肉の浪花揚げ・・・・・・・・・・・・・・・・・・・・・・230
さわらの金ぷら・・・・・・・・・・・・・・・・・・・・・・320
山菜の精進揚げ・・・・・・・・・・・・・・・・・・・・・・323
ししゃものミルク揚げ・・・・・・・・・・・・・・・・337
ズッキーニの天ぷら・・・・・・・・・・・・・・・・・・379
そうめんと精進揚げ・・・・・・・・・・・・・・・・・・396
玉ねぎだけのカレー天ぷら・・・・・・・・・・・・452
天ぷら・・・・・・・・・・・・・・・・・・・・・・・・・・・・・・・502
舞茸の天ぷら・・・・・・・・・・・・・・・・・・・・・・・・729
みょうがと青じその天ぷら・・・・・・・・・・・・746

[から揚げ]
揚げ鶏の薬味ソースかけ・・・・・・・・・・・・・・・16
あじのしそマヨネーズ・・・・・・・・・・・・・・・・・26
いかげそのスタミナ揚げ・・・・・・・・・・・・・・・44
いかのスパイシー揚げ・・・・・・・・・・・・・・・・・49
いかの風味揚げ・・・・・・・・・・・・・・・・・・・・・・・51
かじきまぐろのから揚げ・・・・・・・・・・・・・・149
かつおのから揚げ・・・・・・・・・・・・・・・・・・・・154
から揚げソテー・・・・・・・・・・・・・・・・・・・・・・173
かれいのから揚げ・・・・・・・・・・・・・・・・・・・・177
塩さばのから揚げ 大根おろし添え・・・・・・333
四川風から揚げ・・・・・・・・・・・・・・・・・・・・・・337
スティックかじき・・・・・・・・・・・・・・・・・・・・380
鶏から揚げのオレンジ風味・・・・・・・・・・・・522
鶏ささみのスパイス揚げ・・・・・・・・・・・・・・524
鶏肉卵揚げ・・・・・・・・・・・・・・・・・・・・・・・・・・530
鶏肉の香り漬け・・・・・・・・・・・・・・・・・・・・・・533

鶏のから揚げ・・・・・・・・・・・・・・・・・・・・・・・・537
鶏のカレー揚げ・・・・・・・・・・・・・・・・・・・・・・537
一口フライドチキン・・・・・・・・・・・・・・・・・・654
豚肉のから揚げ・・・・・・・・・・・・・・・・・・・・・・675
フライドチキン・・・・・・・・・・・・・・・・・・・・・・684
フライドフィッシュ・・・・・・・・・・・・・・・・・・685
ぶりのふわり揚げ・・・・・・・・・・・・・・・・・・・・690
わかさぎのカラリ揚げ・・・・・・・・・・・・・・・・813

[竜田揚げ]
さばの竜田揚げ・・・・・・・・・・・・・・・・・・・・・・312
さんまの竜田揚げ・・・・・・・・・・・・・・・・・・・・329
鶏ミンチの竜田揚げ・・・・・・・・・・・・・・・・・・541

[肉だんご]
揚げミートボール・・・・・・・・・・・・・・・・・・・・・18
イタリアのシンプルなミートボール・・・・・・56
おから肉だんご・・・・・・・・・・・・・・・・・・・・・・117
オリーブとトマトのミートボール・・・・・・133
基本のミートボール・・・・・・・・・・・・・・・・・・205
スウェーデン風ミートボール・・・・・・・・・・372
糖醋丸子（タンツーワンヅ）・・・・・・・・・・・・・・・・・・・・・・・・・461
照りコロ挽き肉だんご・・・・・・・・・・・・・・・・501
豆腐入り肉だんごの甘酢あんかけ・・・・・・506
肉だんご甘酢あんかけ・・・・・・・・・・・・・・・・583
肉だんごとさつま芋の甘酢味・・・・・・・・・・584
肉だんごの甘酢煮・・・・・・・・・・・・・・・・・・・・584
畑の肉だんご・・・・・・・・・・・・・・・・・・・・・・・・621
ミートボールのきのこ煮・・・・・・・・・・・・・・739
ミートボールのパプリカ煮・・・・・・・・・・・・740
レバー入り肉だんご・・・・・・・・・・・・・・・・・・801

[鍋もの]
油揚げ・青菜・白菜の鍋・・・・・・・・・・・・・・・36
いとこ豆腐のみぞれ鍋・・・・・・・・・・・・・・・・・59
海のチャンコ・・・・・・・・・・・・・・・・・・・・・・・・・94
大阪風鍋・・・・・・・・・・・・・・・・・・・・・・・・・・・・112
おでん・・・・・・・・・・・・・・・・・・・・・・・・・・・・・・125
海鮮鍋・・・・・・・・・・・・・・・・・・・・・・・・・・・・・・138
かきの土手鍋・・・・・・・・・・・・・・・・・・・・・・・・144
かきの洋風鍋・・・・・・・・・・・・・・・・・・・・・・・・145
きのこと牛肉のしゃぶしゃぶ・・・・・・・・・・198
キャベツ鍋・・・・・・・・・・・・・・・・・・・・・・・・・・213
牛チゲ・・・・・・・・・・・・・・・・・・・・・・・・・・・・・・221
牛肉のみそ鍋・・・・・・・・・・・・・・・・・・・・・・・・231
京風鍋・・・・・・・・・・・・・・・・・・・・・・・・・・・・・・238
餃子鍋（ギョーザ）・・・・・・・・・・・・・・・・・・・・・・・・・・・・239

下ごしらえなしおでん	340
しゃぶしゃぶ	351
常夜鍋	356
すき焼き 関西風	373
鯛のタイ鍋	422
たらチゲ	455
ちょっとぜいたくうどんすき鍋	486
鶏すき鍋	525
鶏と白菜のごま鍋	528
とり鍋	529
ねぎすき	605
ねぎま	606
白菜のあったか鍋	614
春のおでん	633
パン鍋	639
豚キムチ鍋	667
豚肉のみそすき煮	678
文明開化鍋と玉子ご飯	694
みそおでんの串刺し鍋	742
みんな丸くおさまる鍋	749
ヤミ鍋	779
湯豆腐	786

[煮魚・焼き魚]

あじの塩焼き（グリル焼き）	26
あじの焼き煮	27
あなごの照り煮	36
いわしの梅酒煮	64
いわしの大阪煮	65
いわしのかば焼き	66
いわしの酒酢煮	67
いわしの塩焼き	68
いわしのしょうが煮	68
かれいの煮つけ	177
きんめ鯛の煮つけ	248
さばのかば焼き風	311
さばのとろろがけ	312
さばのみそ煮	313
さんまの秋煮	327
さんまの梅酒煮	328
さんまの梅干し煮	328
さんまの山椒みそソース	329
さんまのピリこってり煮	329
塩ぶりの焼きもの	335
自家製焼き塩鮭	335
煮魚	589
ぶりとごぼうの煮つけ	688
ぶりの照り焼き風	690

[煮もの]

秋の煮もの	10
あじとしらたきのみそいり煮	24
あじとなすの大阪煮	24
厚揚げとじゃが芋のゴロン煮	33
厚揚げの煮もの	35
油揚げとにんじんの甘辛煮	37
甘栗と豚ばら肉の煮込み	40
いか・さつま芋・ねぎの煮つけ	45
いか・豆腐・竹の子の煮もの	46
いかと大根の煮もの	48
いかと玉ねぎのとろり煮	48
いかのわた煮	52
磯巻き鶏	54
いりどり	62
いんげんと豚肉のしょうが煮	74
うずら卵と里芋の煮もの	84
うどと牛肉の煮もの	84
うどとわかめの白煮	85
うどの白煮	87
えびとかぼちゃの煮もの	103
えびと里芋のあっさり煮	104
大鍋煮	114
おかず粉ふき芋	115
オクラと牛肉のすき煮	118
お正月の煮しめ 関西風	122
かつおと豆腐の甘辛煮	153
かつおと菜の花のじか煮	153
かぶとあさりの煮もの	161
かぶと厚揚げのペロリ煮	161
かぶ鶏厚揚げ	162
かぶの卵とじ	163
かぼちゃと鶏肉の甘辛煮	165
かぼちゃのいとこ煮	165
かぼちゃの薄甘煮	166
かぼちゃの煮もの	169
皮つき簡単肉じゃが	181
がんもと春野菜の煮もの	186
きすの薄味煮	189
絹さやとえびの冷煮	192
絹さやと麩の煮もの	193
牛すじと野菜の煮もの	218
牛スタミナ煮	219
牛肉とごぼうの煮もの	223
牛肉と小松菜の5分煮	223

牛肉と根菜の煮もの	223	新じゃがのコロコロ煮	366
牛肉と豆腐のしょうが煮	224	新じゃがの肉じゃが	366
牛肉の梅酒煮	228	ずいきの炒め煮	370
牛巻き甘辛煮	233	西洋煮もの	389
切り干し大根のおかず煮	242	ぜんまいと厚揚げのごま煮	394
切り干し大根の関西風	242	ぜんまいの煮つけ	395
切り干し大根の関東風煮つけ	242	そら豆の甘辛煮	404
切り干し大根の上品煮	243	大根たらこ煮	409
切り干し大根の中国風煮もの	243	大根と油揚げのじか煮	409
きんぴら煮しめ	246	大根と牛すじの煮もの	410
グリンピースのひすい煮	254	大根と豚肉の昆布煮	412
くわいの煮もの	258	大根と豚ばらのみそ煮	412
高野豆腐の含め煮	264	大根と骨つき肉の沖縄風	412
小松菜と焼売の煮もの	278	大根の田舎煮	413
小松菜とほたて貝の煮浸し	278	大根の梅煮	413
小松菜の煮浸し	280	大根のおかか煮	414
ごま煮しめ	281	大根のご馳走煮	415
五目大豆	284	大根の山海あん	416
根菜とつくねの煮もの	286	大根のひたすら煮	417
根菜の煮もの	286	大根のべっこう煮	418
こんにゃくとちくわの煮もの	288	鯛大根	420
こんにゃくのペロリ煮	289	鯛とうどの煮つけ	421
昆布と手羽先の気長煮	290	鯛の子とグリンピースの煮もの	421
昆布と豚肉のガマン煮	290	鯛の子や生たらこの甘辛煮	422
鮭の治部煮	297	宝袋	426
さつま揚げと青菜の煮もの	302	竹の子とつくねのうま煮	431
さつま芋だけの煮もの	303	竹の子のおかか煮	433
さつま芋とゆで卵の煮もの	304	竹の子の煮もの	434
さつま芋の豚巻き煮	306	たこの煮もの	439
里芋と甘栗の秋煮	307	たら豆腐	456
里芋とえびの京煮	307	たらと白菜のうま煮	456
里芋と牛肉の煮つけ	308	筑前煮	476
里芋と鶏肉のたっぷり煮	308	筑前煮込み	476
里芋と鶏の煮もの	309	つくねのじか煮	490
里芋の上品煮	309	冬瓜のえびあんかけ	505
里芋の煮っころがし	310	冬瓜のくず煮	505
さんまの山椒煮	328	豆腐と厚揚げのしんせき煮	507
自家製干し大根の田舎煮	335	豆腐と肉の煮込み	508
ししがしら煮	335	鶏さつま	524
しそ入りいかの丸煮	338	鶏じゃが エスニック味	525
じゃが芋の正調煮っころがし	347	鶏じゃがさつま	525
じゃが芋の煮っころがし	348	鶏肉とカリフラワーの治部煮	530
じゃが芋やにんじんの田舎煮	349	鶏肉と小松菜の治部煮	530
精進炒め煮	356	鶏肉と里芋の中国風煮もの	531
しらたきと麩のすき焼き味	358	鶏肉のつや煮	535
新じゃがと大豆のガーツと煮	365	鶏レバーの照り煮	543
新じゃがとほたての煮もの	365	とんカレーじゃが	545

とんさつま	545
とんじゃが	546
長芋の含め煮	548
なすと油揚げのとろ〜り煮	552
なすといんげんのみそ煮	553
なすとかぼちゃの煮もの	554
なすと干しえびの煮もの	557
なすの揚げ煮	558
菜の花の煮浸し	576
生鮭のこてっ	578
生麩となすの煮もの	579
なまり節とわかめの煮もの	580
肉じゃが	582
肉詰めピーマンの和風煮	585
肉豆腐	585
にしんの甘辛煮	592
白菜と厚揚げのキムチ煮	612
白菜とつくねの煮もの	613
白菜と舞茸の煮浸し	613
白菜のおかか煮	614
春野菜の煮合わせ	637
ひじきと鶏肉の治部煮	650
ひじきの炒め煮	651
ひじきの薄煮	651
ひじきの五目煮	651
ひじきの懐かし煮	652
ふきと油揚げの炒め煮	661
ふきと牛肉の田舎煮	661
ふきと鶏肉の煮もの	662
ふきとなまり節の煮もの	662
ふきの青煮	662
ふきの炒め煮	663
ふきの田舎煮	663
豚かぼちゃ	667
豚肉とキムチのウワーッと煮	671
豚肉とごぼうの柳川風	672
豚肉としめじの梅干し煮	672
豚肉と大豆のこってり煮	673
豚挽き肉と大根のピリ辛煮	681
プラムチキン	686
ぶり大根	687
ぶり大根 こんにゃく入り	688
ぶり大根 ピリ辛みそ味	688
ぶりの梅酒煮	689
ぶりの治部煮	689
ほうれん草とにらの相性煮	704
ほうれん草の煮浸し	709

ポテトほたて煮	720
身欠きにしんとうどの甘辛煮	740
みょうがといかの煮もの	747
もつと野菜の煮込み	762
ゆばと野菜の煮もの	787
ゆり根の甘煮	788
ゆり根の含め煮	789
ラムのみそ煮	796
れんこんのゆっくり煮	807
若竹煮	814
わかめとじゃこの梅干し煮	816

［茶碗蒸し］

小田巻き蒸し	125
きのこの茶碗蒸し	202
空也蒸し	249
さわらの茶碗蒸し	321
茶碗蒸し	481
冷たい茶碗蒸し	496
冷たい茶碗蒸し チキンスープ仕立て	496
もち入り茶碗蒸し	759
ゆり根の茶碗蒸し	788
若竹蒸し	814

［玉子焼き］

秋の玉子焼き	10
イタリア風ほうれん草の卵焼き	56
うまき	90
グリンピース入り玉子焼き	253
だし巻き玉子	440
だて巻き	442
だて巻き味の玉子焼き	443
卵のパタン焼き 甘酢あんかけ	450
玉子焼き 2種	451
玉ねぎの卵焼き	453
千草焼き	475
なすの卵焼き	562
にんじん入り玉子焼き	598
バジルの卵焼き	618
ピーマンの卵焼き	647
ほうれん草の玉子焼き	708

［卵料理その他］

あじのポルトガル風いり卵	27
あんかけ卵	43
いり卵	61
薄焼き卵	82

えび玉	102
おかずいり玉子	114
おかずかき玉汁	114
おろしにんじん入りだて焼き	134
温泉卵風	134
かに玉	159
かにのくるくる卵巻き	160
キャベツと卵の炒めもの	208
錦糸卵	244
きんちゃく卵	245
コロコロチーズ入りいり卵	286
スクランブルエッグ	374
スコッチエッグ	375
スタッフドエッグ	376
卵酒	445
玉子豆腐	445
卵とグリンピースのバター炒め	446
卵のお好み焼き味	449
中国風いり卵	483
トマト入りスクランブルエッグ	516
トマトと卵の炒めもの	517
なす卵	551
にら玉	596
フライドエッグ	684
ポーチドエッグ	712
ポテト入りいり卵	716
ポルトガル風いり卵	722
ミルクココット	748
目玉焼き	755
目玉焼きのカレーソース	756
ゆで卵	782
ゆで卵のそぼろ	783
ゆで卵のピータン風	783

［つくだ煮・常備菜］

秋の忘れ煮	12
あさりのつくだ煮	21
あさりのにんにくじょうゆ漬け	22
磯のふりかけ	54
炒りハム	63
いんげんのつくだ煮	75
いんげん豆の甘煮	76
梅干しの梅酒漬け	97
梅干しのはちみつ漬け	97
かつおの角煮	153
きのこのつくだ煮	203
牛すじのつくだ煮	219

牛肉のしぐれ煮	229
栗入り黒豆	251
黒豆	257
コーンビーンズ	268
根菜ふりかけつくだ煮	287
昆布と干椎茸のつくだ煮	291
鮭そぼろ	293
山椒の実の青つくだ煮	324
山椒の実のつくだ煮	324
椎茸とこんにゃくの含め煮	331
椎茸の含め煮	331
じゃことにんじんのふりかけ煮	350
セロリのつくだ煮	393
ソフトそぼろ	402
大根の葉のふりかけ	417
竹の子めんま風	435
たらこふりかけ	455
チリチリじゃこ	487
ちりめんじゃこのつくだ煮	488
手作りなめたけ	500
でんぶ	502
肉そぼろ 韓国風	583
のきしのぶ	609
野ぶきのつくだ煮	609
ふきのとうのつくだ煮	664
モロヘイヤといんげんのピリ辛つくだ煮	765

［漬けもの］

あちゃら漬け	32
いろいろ漬け	63
おみ漬け	130
カクテキ	147
かくや	147
かぶ漬け	161
かぶの水キムチ	164
かぶのゆず漬け	164
かぶのレモン漬け	165
キャベツとにんじんのカレー漬け	210
キャベツの梅漬け	214
きゅうりと青じそのはさみ漬け	234
きゅうりの塩水漬け	236
きゅうりのピクルス	236
きゅうりのポリポリ漬け	237
小梅のカリカリ漬け	263
小松菜の即席漬け	280
三五八漬け	300
三色塩漬け	324

しそ大根	339
しその実漬け	339
しば漬け（即席）	343
セロリのみそ漬け	393
大根の大阪漬け	413
大根の辛み漬け	414
大根の皮と葉の酢じょうゆ漬け	414
大根のしょうゆ漬け	416
大根ゆかり漬け	419
たたききゅうり	441
玉ねぎのピクルス カレー味	453
玉ねぎのピクルス チリ味	454
たらこの粕漬け	454
なすとキャベツの即席漬け	554
なすの辛子漬け	558
なすの即席辛子漬け	561
なすのもみ漬け	564
なたわり漬け	564
菜の花の塩漬け	575
ぬか漬け	603
ねぎ入り松前漬け	604
葉しょうがの梅酢漬け	618
はりはり漬け	628
はりはり漬け 中国風	628
水菜の水漬け	741
辣白菜	792

［コロッケ］

かにコロッケ	157
かぼちゃのコロッケ	167
カレーコロッケ	178
キャベツだらけのコロッケ	207
鮭コロッケ	293
鮭のクリーミーコロッケ	295
卵コロッケ	444
チキンクリームコロッケ	465
ツナコロッケ	492
フィッシュコロッケ	660
ポテトコロッケ	717
れんこんのコロッケ	806

［フライ］

あじのカレーフライ	25
いかフライ マヨネーズ衣	52
いわしのかわり揚げ	67
いわしのチーズ揚げ	68
えびフライ	109
かきフライ	146
重ねビーフかつ	148
キャベツいっぱいのメンチかつ	206
串かつ	249
鮭かつ	292
ささみのチーズ巻きフライ	301
ししゃものフライ	336
じゃが芋の串フライ	346
白身魚の変わりフライ	359
たたきチキンカツ	442
チキンかつ	463
ちくわのチーズフライ	477
ツナカツ	491
テケレツのオッパッパ	499
ドイツ風ロールカツ	504
豆腐のフライ	512
鶏むね肉の漬け揚げ	541
とんかつ	545
なすのゴロン揚げ	560
なすのメンチカツ	563
ハムかつ	625
ビーフカツ	643
ピーマンのはんぺん入りフライ	648
ふくらみチキン	665
豚肉の青じそサンド	674
フランクフルトの夏香りフライ	686
ぶりのフライ タルタルソース	690
みそロールカツ	744
メンチカツ	757
れんこんのハムはさみ揚げ	806

［フリッター］

うずら卵のカレーフリッター	84
えびとなすのフリッター	105
オニオンフリッター	126
鮭のフワワワ揚げ	298
中国風フリッター	485
豚ヒレの卵白揚げ	681
野菜のミルクチーズフリッター	776

［マリネ］

あじの野菜マリネ	28
いかとズッキーニのイタリアンマリネ	47
いかのトマトホットマリネ	50
オイルサーディンとごぼうのマリネ	111
ガーデンマリネ	135
かつおのマリネ	154

カリフラワーとハムのマリネ ･･････････････ 175	かぶとレタスのサラダ ･･････････････････ 162
きすのスイートレモンマリネ ･･･････････････ 189	かぼちゃのエスニックサラダ ･･･････････････ 166
きのこと玉ねぎのマリネ ････････････････････ 199	かぼちゃのレーズンサラダ ･･････････････････ 170
キャベツとトマトのカレー漬け ････････････ 209	カリフォルニアサラダ ････････････････････ 174
牛すじのマリネ ･･････････････････････････ 219	韓国風サラダ ････････････････････････････ 182
鮭のとびきり和風マリネ ･･････････････････ 298	キドニービーンズとサラミのサラダ ･･････････ 191
鮭のマリネ ･･････････････････････････････ 299	絹さやのサラダ ･･････････････････････････ 194
スモークサーモンのマリネ ････････････････ 387	絹さやの中国サラダ ･･････････････････････ 194
大根と魚介のピリピリマリネ ･･････････････ 410	きのこサラダ ････････････････････････････ 196
なすマリネ ･･････････････････････････････ 564	きのことオリーブのサラダ ････････････････ 198
ハムの人気マリネ ････････････････････････ 626	きのことしらたきのサラダ ････････････････ 199
丸干しいわしのマリネ ････････････････････ 737	キャベツとにんじんのサラダ ･･････････････ 210
ゆでねぎのみそマリネ ････････････････････ 785	キャベツのアンチョビドレッシング ････････ 213
	キャベツのボリュームサラダ ･･････････････ 216
［サラダ］	キャベツのミモザサラダ ･･････････････････ 216
アーティチョークのディップサラダ ･･････････ 7	キャロットサラダ ････････････････････････ 217
秋のサラダ ･･･････････････････････････････ 10	キューカンバーサラダ ････････････････････ 217
揚げいかのホットサラダ ･･･････････････････ 13	キューカンバーハム ･･････････････････････ 218
あじのサラダ ･････････････････････････････ 25	牛肉とキャベツのサラダ ･･････････････････ 222
アスパラガスの和風サラダ ･････････････････ 32	牛肉とごぼうのおかずサラダ ･･････････････ 223
厚揚げのサラダ ･･･････････････････････････ 34	牛肉と春菊の中国サラダ ･･････････････････ 224
アボカドのトマトチキンサラダ ･････････････ 39	牛肉と三つ葉のサラダ ････････････････････ 227
アルファルファのサラダ ･･･････････････････ 40	きゅうりだけのサラダ ････････････････････ 234
アルファルファの和風サラダ ･･･････････････ 41	きゅうりのさっぱりサラダ ････････････････ 236
あるものサラダ ･･･････････････････････････ 41	きゅうりのみそサラダ ････････････････････ 237
いかとかぶのホットサラダ ･････････････････ 46	魚介のエスニックサラダ ･･････････････････ 240
イタリアンサラダ ･････････････････････････ 57	クレソンとアーモンドサラダ ･･････････････ 256
1センチ・トマトサラダ ･･･････････････････ 58	香味野菜の洋風サラダ ････････････････････ 263
いんげんのホットサラダ ･･･････････････････ 75	コールスローサラダ ドレッシング味 ･･････ 265
いんげんのマカロニサラダ ･････････････････ 76	コールスローサラダ マヨネーズ味 ････････ 266
いんげんの和サラダ ･･･････････････････････ 76	コーンサラダ ････････････････････････････ 267
ウィリーさんのサラダ ･････････････････････ 80	国籍不明の春雨サラダ ････････････････････ 269
うずら豆のサラダ ･････････････････････････ 84	五色サラダ ･･････････････････････････････ 269
馬サラダ ･････････････････････････････････ 91	ごぼうと貝割れ大根のサラダ ･･････････････ 273
エッグポテトサラダ ･･････････････････････ 100	ごぼうとチキンのサラダ巻き ･･････････････ 274
えびサラダ ･･････････････････････････････ 101	ごぼうとほたて貝柱のサラダ ･･････････････ 275
えびとセロリのジンジャーサラダ ･･････････ 105	五目サラダ ･･････････････････････････････ 284
おかずサラダ ････････････････････････････ 115	サニーレタスと卵のホットサラダ ･･････････ 311
お刺身サラダ 中国風 ････････････････････ 121	サマーポテトサラダ ･･････････････････････ 314
おはしで食べるサラダ ････････････････････ 129	サラダニソワーズ ････････････････････････ 317
ガーデンサラダ ･･････････････････････････ 135	三色家庭サラダ ･･････････････････････････ 324
海賊サラダ ･･････････････････････････････ 139	シーザーサラダ ･･････････････････････････ 331
香りのサラダ ････････････････････････････ 141	シーフードのインディアンサラダ ･･････････ 332
ガスパチョ風サラダ ･･････････････････････ 151	七面鳥（ローストターキー）のサラダ ･･････ 342
カッテージチーズ イタリアンサラダ ･･････ 155	ジャーマンポテトサラダ ･･････････････････ 344
かにとアボカドのレモンカップサラダ ･･････ 159	じゃが芋といかくんのサラダ ･･････････････ 345
かにと大根のサラダ ･･････････････････････ 160	じゃが芋のコールスロー風 ････････････････ 347

じゃが芋のなますサラダ ……………348	なすとわかめのサラダ ……………557
じゃが芋のビネグレットサラダ ……349	夏大根とスモークサーモンのサラダ ……565
春菊サラダ ……………………………353	ナッツとじゃが芋のサラダ ………567
初夏のマカロニサラダ ………………357	菜の花とコーンのサラダ …………574
新キャベツのじゃこサラダ …………363	菜の花のとんサラダ ………………575
新キャベツのソースサラダ …………364	肉レタス ……………………………588
新キャベツのちぎりサラダ …………364	ニッポンのサラダ …………………592
新ごぼうのサラダ ……………………364	にんじんと貝割れ大根のサラダ …599
新じゃがのクリーミィサラダ ………366	にんじんとレバーのサラダ ………599
新玉ねぎと卵のサラダ ………………367	根っこのサラダ ……………………607
新玉ねぎの和風サラダ ………………368	ハニートマト ………………………625
新野菜のちぎりサラダ ………………369	春雨サラダ …………………………630
スティックサラダ ……………………380	春雨の卵サラダ ……………………631
スパイシーサラダ ……………………381	春雨の中国サラダ …………………631
セロリと油揚げのサラダ ……………390	春の和風サラダ ……………………635
セロリと玉ねぎのゆかりサラダ ……390	ハワイアンサラダ …………………637
セロリとりんごのサラダ ……………391	ビーツのサラダ ……………………643
セロリのサラダ ………………………392	ビーフサラダ ………………………644
セロリのシンプルサラダ ……………392	ビーワンサラダ ……………………649
千切り野菜とわかめのごまドレッシング …394	ひじきの中国風サラダ ……………652
早春のサラダ …………………………395	ふきと茶そば和風サラダ …………661
大根とセロリのしんなりサラダ ……411	豚ばら肉と野菜のさっぱりソース …681
大根と大根葉の簡単サラダ …………411	フルーツサラダ ……………………691
大根のしんなりサラダ ………………417	ヘルシーサラダ ……………………701
大根の中国風パリパリサラダ ………417	ほうれん草とコーンのサラダ ……703
大根のピリ辛パリパリサラダ ………418	ほうれん草のサラダ ………………707
大根のゆかりサラダ …………………418	ほたてとえのき茸のサラダ ………714
大根の洋風パリパリサラダ …………419	ポテサラパスタ オーロラソース …716
タイ風ポテトサラダ …………………423	ポテトサラダ ………………………717
たいら貝のお刺身サラダ ……………424	ポテトサラダ ニソワーズ風 ……718
竹の子のエッグサラダ ………………432	ポテトとポテトチップスのサラダ …719
タコス風サラダ ………………………437	マカロニサラダ ……………………730
たこと緑のサラダ ……………………438	ママのポテトサラダ ………………735
たこのイタリアンサラダ ……………439	豆のサラダ …………………………735
ダブルポテトサラダ …………………444	三つ葉のごまドレッシング ………745
玉ねぎのピンピンサラダ ……………454	明太たらもサラダ …………………757
タラモサラダ …………………………459	森のサラダ …………………………764
チキンマカロニサラダ ………………474	野菜と鶏肉のごまドレッシング …776
ツナとわかめのサラダ ………………493	山の幸サラダ ………………………779
ツナのレモンサラダ …………………495	ゆでグリーンサラダ ………………781
豆腐のグリーンサラダ ………………509	ゆで野菜とディップ ………………786
トマトとわかめのサラダ ……………518	りんごとくるみのサクサクサラダ …797
トマトのジンジャーサラダ …………519	レタスだけのサラダ ………………799
トマトのスイートサラダ ……………519	レタスのじゃこサラダ ……………801
トマトのファルシー …………………520	レタスのミモザサラダ ……………801
鶏の夏野菜あえ ………………………539	れんこんと残り野菜のどっかんサラダ …805
長ねぎのやわらかサラダ ……………549	ローストビーフ イタリアン ……807

わかめサラダ ･････････････････････815
和風トマトサラダ ･･･････････････818

[**カレー**]

揚げなすカレー ･････････････････17
インド式キーマカレー ･････････････79
オクラ入りキーマカレー ･･･････････118
カリフラワーの簡単カレー ･････････176
キーマカレー ･･･････････････････186
キャベツとベーコンのカレー ･･･････212
牛すじとセロリのカレー ･････････････218
牛すねのカレー ･････････････････220
グリンピースカレー ･･･････････････253
シーフード野菜カレー ･････････････333
すりじゃがえびカレー ･････････････388
大根カレー ･･･････････････････408
竹の子カレー ･･･････････････････427
たけのこクリームカレー ･････････････428
卵とチキンのカレー ･･･････････････447
卵とツナのカレー ･･･････････････447
チキンカレー ･･･････････････････464
チキンカレー 本格風 ･････････････464
中華屋さんのカレー ･･･････････････482
ツナのドライカレー ･･･････････････495
トッピングで食べる野菜カレー ･････････515
ドライカレー ･･･････････････････521
なすのドライカレー ･･･････････････562
肉だんごカレー ･････････････････583
煮込まないキャベツカレー ･･･････････588
にっぽんの母カレー ･･･････････････593
ひらひらカレー ･････････････････656
ベジタブルドライカレー ･･･････････698
本格なすカレー ･････････････････723
街の中華屋さん風カレー ･････････････732
ミートボールのカレー煮 ･････････････739
ラタトゥイユカレー ･･･････････････794
ラムとなすのインドカレー ･･･････････794
ラムのカレーシチュー ･････････････795
和風カレーどんぶり ･･･････････････818

[**シチュー・ポトフ**]

あさりの夏シチュー ･･･････････････22
イタリアンシチュー ･･･････････････57
田舎のシチュー ･････････････････59
薄切りタンシチュー ･･･････････････82
海の幸のクリームシチュー ･････････････93
カウボーイシチュー ･･･････････････140

かきときのこのシチュー ･････････････143
重ね肉ロールと簡単野菜ポトフ ･････････147
カリフラワーとほうれん草のシチュー ･････175
きのこと鶏肉の簡単クリームシチュー ･････200
きのこと鶏肉の本格クリームシチュー ･････200
キャベツだけのシチュー ･････････････206
キャベツと豚肉のシチュー ･･･････････211
牛肉と春野菜のシチュー ･････････････225
牛肉のメキシコ風シチュー ･･･････････231
魚介と春野菜のシチュー ･････････････240
クリームコーンシチュー ･････････････251
さわらのポトフ仕立て ･････････････321
塩豚と根菜のポトフ ･･･････････････334
シチュードスコッチエッグ ･･･････････342
すぐ作れるブイヤベース ･････････････374
鯛のポトフ風 カレー味 ･････････････423
竹の子のミルクシチュー ･････････････434
たらのスピードホワイトシチュー ･････････457
たらのトマトシチュー ･････････････458
タンシチュー ･･･････････････････460
チキンクリームのサフランライス添え ･････465
チキンコーンシチュー ･････････････466
チキンの丸ごとポトフ ･････････････471
ドイツシチュー ･････････････････503
鶏の重ねボリュームシチュー ･････････537
とんシチュー トマト味 ･････････････546
夏野菜のポトフ ･････････････････572
はやしくん ･･･････････････････627
春のかぶと魚介のシチュー ･･･････････633
春のシチュー ･･･････････････････633
ハンガリー風シチュー ･････････････638
ビーフシチュー ･････････････････644
ピリ辛シチュー ･････････････････657
ピリホカシチュー ･･･････････････658
冬のかぶと魚介のシチュー ･･･････････683
北海シチュー ･･･････････････････714
みそブイヤベース ･･･････････････743
みそポトフ ･･･････････････････743
メキシカンシチュー ･･･････････････755
もち入りコーンシチュー ･････････････758
もち入りポトフ ･････････････････759
ラムのカレーシチュー ･････････････795
ロール肉のきのこシチュー ･･･････････811
和素材薄切り肉ポトフ ･････････････818

[**オムレツ**]

アボカドオムレツ ･･･････････････37

おばあちゃんのオムレツ……………128	即席かにマカロニグラタン……………399
オムレツ（ハム＆マッシュルーム）……131	竹の子のグラタン……………433
オムレツ（プレーン）……………132	卵のグラタン……………449
オムレツオーブン焼き……………132	チーズカレー即席グラタン……………462
かあさんオムレツ……………135	ツナじゃがグラタン……………492
スペインオムレツ……………386	なすグラタン……………550
台湾風オムレツ……………424	なすの即席ミートソースグラタン……561
ツナのオムレツ……………494	白菜の即席グラタン……………615
トマトとアボカドのオムレツ……………517	ビッグマカロニグラタン……………653
とろ〜りチーズオムレツ……………543	フランスパンのチーズグラタン……………687
畑のオムレツ……………620	米なすのグラタン……………695
ふんわかオムレツ……………695	ほうれん草と鮭缶のグラタン……………703
	ほうれん草と卵のグラタン……………704
［ハンバーグ］	ほうれん草のスパゲティグラタン……707
秋のハンバーグ……………11	マカロニグラタン……………729
おから入りチキンバーグ……………116	ゆで卵の即席グラタン……………782
簡単バーグ クリームソース……………183	ライスグラタン……………792
牛挽き肉の和風ステーキ……………233	
ジャンボバーグ……………351	［餃子］
豆腐ハンバーグ……………513	揚げにら餃子……………17
長ねぎ入り中国風ハンバーグ……………548	えび入りスープ餃子……………100
煮込みボリュームハンバーグ……………588	かにカニ水餃子……………157
ハンカラバーグ……………638	餃子……………238
ハンバーグ……………640	四川風餃子……………337
一口ハンバーグのミルク煮……………654	なす餃子……………550
	夏の水餃子……………569
［ムニエル］	ひすい餃子……………653
さばのムニエル……………314	ペッチャン餃子……………699
白身魚のムニエル……………361	焼き餃子……………768
白身魚のムニエル カレークリームソース……362	ゆで餃子……………781
ムニエル オーロラソース……………753	
ムニエル ガーリックソース……………753	［焼売］
	青菜の焼売……………9
［グラタン］	海鮮焼売……………138
アボカドのグラタン……………38	焼売……………352
えびと野菜のグラタン……………106	竹の子焼売……………429
えびのライスグラタン……………108	はだかの焼売……………620
えびマカロニグラタン……………109	花焼売……………623
かきとほうれん草のグラタン……………143	春雨焼売……………630
かぼちゃのグラタン……………167	野菜焼売……………773
カリフラワーとハムの卵グラタン……………175	レタス焼売……………798
キャベツとコンビーフのミルクグラタン……208	
クラッカーグラタン……………250	［春巻き］
鮭とカリフラワーのグラタン……………294	エスニック・ミニ春巻き……………98
じゃが芋簡単グラタン……………344	えび春巻き……………108
じゃが芋とたらのクリームグラタン……………345	チーズ春巻き……………463
ズッキーニのグラタン……………378	チキン春巻き……………472

生春巻き ・・・・・・・・・・・・・・・・・・・・・・・・579
春巻き ・・・・・・・・・・・・・・・・・・・・・・・・・・・635
ミニ・グリンピース春巻き ・・・・・・・・・745
もやし春巻き ・・・・・・・・・・・・・・・・・・・・763

[麻婆]

麻婆炒め ・・・・・・・・・・・・・・・・・・・・・・・・726
麻婆豆腐 ・・・・・・・・・・・・・・・・・・・・・・・・726
麻婆なす ・・・・・・・・・・・・・・・・・・・・・・・・727
麻婆白菜 ・・・・・・・・・・・・・・・・・・・・・・・・727
麻婆春雨 ・・・・・・・・・・・・・・・・・・・・・・・・728
麻婆もやし ・・・・・・・・・・・・・・・・・・・・・・728
野菜たっぷり麻婆豆腐 ・・・・・・・・・・・・774
世にも簡単なマーボ豆腐 ・・・・・・・・・・791

[ワンタン]

揚げワンタンの五目あんかけ ・・・・・・・・19
つぶし里芋の揚げワンタン ・・・・・・・・496
春ワンタンスープ ・・・・・・・・・・・・・・・・637
わがままなワンタン ・・・・・・・・・・・・・・814
わが道をゆくえびワンタン ・・・・・・・・815
わが道をゆくワンタン ・・・・・・・・・・・・815
ワンタン ・・・・・・・・・・・・・・・・・・・・・・・・819
ワンタンの皮のおつまみ ・・・・・・・・・・819

行事食

[お正月料理]

えびうま煮 ・・・・・・・・・・・・・・・・・・・・・・101
お正月のえびチリ ・・・・・・・・・・・・・・・・121
お正月の小松菜の吸いもの ・・・・・・・・122
お正月の宝袋 ・・・・・・・・・・・・・・・・・・・・122
お正月の煮しめ 関西風 ・・・・・・・・・・・・122
お正月のばらずし ・・・・・・・・・・・・・・・・123
お正月ローフ ・・・・・・・・・・・・・・・・・・・・124
おろしにんじん入りだて焼き ・・・・・・134
かずのこ ・・・・・・・・・・・・・・・・・・・・・・・・150
かずのこ入り松前漬け ・・・・・・・・・・・・151
きんかんみつ煮 ・・・・・・・・・・・・・・・・・・244
きんとん ・・・・・・・・・・・・・・・・・・・・・・・・245
きんぴら煮しめ ・・・・・・・・・・・・・・・・・・246
栗入り黒豆 ・・・・・・・・・・・・・・・・・・・・・・251
黒豆 ・・・・・・・・・・・・・・・・・・・・・・・・・・・257
くわいの煮もの ・・・・・・・・・・・・・・・・・・258
豪華ぞう煮 ・・・・・・・・・・・・・・・・・・・・・・261

紅白なます ・・・・・・・・・・・・・・・・・・・・・・261
紅白別なます ・・・・・・・・・・・・・・・・・・・・262
紅白松前漬け ・・・・・・・・・・・・・・・・・・・・262
昆布だけ巻き ・・・・・・・・・・・・・・・・・・・・272
昆布巻き ・・・・・・・・・・・・・・・・・・・・・・・・272
ごま入り田作り ・・・・・・・・・・・・・・・・・・276
さつま芋と栗のつぶすぬきんとん ・・・303
里芋とえびの京煮 ・・・・・・・・・・・・・・・・307
山菜ぞう煮 ・・・・・・・・・・・・・・・・・・・・・・322
椎茸とこんにゃくの含め煮 ・・・・・・・・331
塩ぶりの焼きもの ・・・・・・・・・・・・・・・・335
白みそぞう煮 ・・・・・・・・・・・・・・・・・・・・362
シンプルぞう煮 ・・・・・・・・・・・・・・・・・・368
たたきごぼう ・・・・・・・・・・・・・・・・・・・・441
だて巻き ・・・・・・・・・・・・・・・・・・・・・・・・442
だて巻き味の玉子焼き ・・・・・・・・・・・・443
中国風鶏ぞう煮 ・・・・・・・・・・・・・・・・・・484
中国風なます ・・・・・・・・・・・・・・・・・・・・484
手巻きもち ・・・・・・・・・・・・・・・・・・・・・・500
ナッツごまめ ・・・・・・・・・・・・・・・・・・・・566
ねぎ入り松前漬け ・・・・・・・・・・・・・・・・604
蒸しずし ・・・・・・・・・・・・・・・・・・・・・・・・751
めんたいなます ・・・・・・・・・・・・・・・・・・757
八幡巻き ・・・・・・・・・・・・・・・・・・・・・・・・779
世にも簡単なお正月ビーフ ・・・・・・・・790

[行事食その他]

おはぎ ・・・・・・・・・・・・・・・・・・・・・・・・・・128
かぼちゃのいとこ煮 ・・・・・・・・・・・・・・165
クリスマスローフ ・・・・・・・・・・・・・・・・253
七面鳥(ローストターキー) ・・・・・・・・340
スイスローフ ・・・・・・・・・・・・・・・・・・・・371
月見だんご ・・・・・・・・・・・・・・・・・・・・・・490
てまりずし ・・・・・・・・・・・・・・・・・・・・・・500
七草粥 現代風 ・・・・・・・・・・・・・・・・・・・573
はまぐりの吸いもの ・・・・・・・・・・・・・・625
もち米だんご ・・・・・・・・・・・・・・・・・・・・760
レバーペースト ・・・・・・・・・・・・・・・・・・803

朝食・軽食

アンチョビとマッシュルームのバゲット ・・・・・・43
カレーバーガー ・・・・・・・・・・・・・・・・・・179
カレーパン ・・・・・・・・・・・・・・・・・・・・・・179
簡単ピロシキ 肉 ・・・・・・・・・・・・・・・・・184
簡単ピロシキ 野菜 ・・・・・・・・・・・・・・・184

クレープサンド ……………………… 255	野菜たっぷりミートソース ……………… 774
黒みつソースのフレンチトースト ………… 257	ヨーグルトドレッシング ………………… 790
コーンパンケーキ ……………………… 268	和風ドレッシング ………………………… 819
小麦粉オムレット ……………………… 281	
サラミとチーズのブロイル ……………… 318	
じゃが芋のクレープ …………………… 346	
スコーン ………………………………… 374	
そば粉クレープ ………………………… 401	
そば粉のパンケーキ …………………… 402	
ダブルバーガー ………………………… 443	
トルティーア …………………………… 543	
練りごまトースト ……………………… 609	
パンケーキ ……………………………… 639	
ハンバーガー …………………………… 640	
ピザパン ………………………………… 650	
フレンチトースト ……………………… 692	
ホットドッグ タコス風 ………………… 714	
ホットドッグ＆ホットチリドッグ ……… 715	
ホットビスケット ……………………… 715	
マフィン ………………………………… 733	
野菜バーガー …………………………… 776	

ソース・ドレッシング

アボカドディップ ……………………… 38	
イタリアンドレッシング ………………… 58	
韓国風ドレッシング …………………… 182	
きのこソース …………………………… 196	
サウザンドドレッシング ……………… 292	
サルサ …………………………………… 319	
三杯酢 …………………………………… 326	
すし酢 …………………………………… 375	
タルタルソース3種 …………………… 460	
チーズドレッシング …………………… 463	
中国風ドレッシング …………………… 484	
トマトソース（ピザ用） ………………… 516	
夏トマトで作る基本のトマトソース …… 568	
夏のミートソース ……………………… 570	
二杯酢 …………………………………… 593	
フレンチドレッシング オールドタイプ … 692	
フレンチドレッシング ヘルシータイプ … 692	
ホワイトソース 簡単基本 ……………… 722	
ホワイトソース 本格風 ………………… 722	
マスタードドレッシング ……………… 732	
マヨネーズドレッシング ……………… 736	
ミートソース …………………………… 738	

総索引

あ

アーティチョークのディップサラダ ………… 7
アーティチョーク コラム ……………………824
相性汁 …………………………………………… 7
あえもの コラム ………………………………824
青じそ入り豚肉巻き …………………………… 7
青菜 コラム ……………………………………824
青菜炒め ………………………………………… 8
青菜のオイスターソースかけ ………………… 8
青菜のごまみそあえ …………………………… 8
青菜のごまよごし ……………………………… 8
青菜の焼売 ……………………………………… 9
あおやぎとわけぎのぬた ……………………… 9
赤貝とわけぎのぬた …………………………… 9
秋のおこわ ………………………………………10
秋のサラダ ………………………………………10
秋の玉子焼き ……………………………………10
秋の煮もの ………………………………………10
秋のハンバーグ …………………………………11
秋のひっつめ汁風 ………………………………11
秋の忘れ煮 ………………………………………12
秋野菜のみそ炒め ………………………………12
揚げいかとさつま芋チップ ……………………12
揚げいかのホットサラダ ………………………13
揚げ魚の五目あんかけ …………………………13
揚げじゃがチーズ焼き …………………………14
揚げ大根 …………………………………………14
揚げ竹の子の磯がらめ …………………………14
揚げ竹の子の木の芽あえ ………………………14
揚げだし豆腐 ……………………………………15
揚げだし豆腐の五目あんかけ …………………15
揚げだし豆腐の野菜あんかけ …………………15
揚げ鶏の甘酢がらめ ……………………………16
揚げ鶏の薬味ソースかけ ………………………16
揚げなすカレー …………………………………17
揚げなすのみそ汁 ………………………………17
揚げにら餃子 ……………………………………17
揚げポテバナナ …………………………………18
揚げミートボール ………………………………18
揚げもちおろし添え ……………………………18
揚げもちスープ …………………………………18
揚げワンタンの五目あんかけ …………………19
あさりスパゲティ ………………………………19
あさりとアスパラガスのかき揚げ ……………20
あさりとたこの塩味パスタ ……………………20
あさりと細ねぎのお好み焼き風 ………………20
あさりのコーンチャウダー ……………………21
あさりの酒蒸し …………………………………21
あさりの下処理 コラム ………………………824
あさりの吸いもの ………………………………21
あさりのつくだ煮 ………………………………21
あさりの夏シチュー ……………………………22
あさりのにんにくじょうゆ漬け ………………22
あさりのバジル風味スープ ……………………22
あさりのみそ汁 …………………………………22
アジアの味 コラム ……………………………824
アジアンひやむぎ ………………………………23
あじそうめん ……………………………………23
あした葉の磯炒め ………………………………23
あした葉のお浸し ………………………………24
あじとしらたきのみそいり煮 …………………24
あじとなすの大阪煮 ……………………………24
あじのカレーフライ ……………………………25
あじのサラダ ……………………………………25
あじの塩焼き（グリル焼き） …………………26
あじのしそマヨネーズ …………………………26
あじのスパイス焼き ……………………………26
あじのゼイゴ コラム …………………………824
あじのたたき ……………………………………26
あじの南蛮漬け …………………………………27
あじのポルトガル風いり卵 ……………………27
あじの焼き煮 ……………………………………27
あじの野菜マリネ ………………………………28
あずき粥 …………………………………………28
あずきの甘粥 ……………………………………29
アスパラガス コラム …………………………824
アスパラガスと玉ねぎのチーズ焼き …………29
アスパラガスと豆苗のチーズ炒め ……………29
アスパラガスとピーラー コラム ……………824
アスパラガスのアリオリ炒め …………………30
アスパラガスのきんぴら ………………………30
アスパラガスのごまみそあえ …………………30
アスパラガスの天ぷら …………………………30
アスパラガスのパスタ …………………………31
アスパラガスのポタージュ ……………………31
アスパラガスのマスタードソース ……………31
アスパラガスの和風サラダ ……………………32
アスパラご飯 ……………………………………32
あちゃら漬け ……………………………………32
厚揚げステーキ …………………………………32
厚揚げ豆腐のにんにくスープ …………………33
厚揚げとじゃが芋のゴロン煮 …………………33

937

厚揚げと卵の炒めもの	33	いかキムチのピリッとライス	44
厚揚げとなすのしそみそ炒め	34	いかげそのスタミナ揚げ	44
厚揚げのいり豆腐風	34	いか・さつま芋・ねぎの煮つけ	45
厚揚げのサラダ	34	いかすみのやわらかリゾット	45
厚揚げのとろろあん	35	いかたま	45
厚揚げの煮もの	35	いか天	46
厚揚げ焼き	35	いか・豆腐・竹の子の煮もの	46
あっさり牛肉	35	いかとかぶのホットサラダ	46
あなご コラム	825	いかとキャベツのカレー煮	47
あなごご飯	35	いかとズッキーニのイタリアンマリネ	47
あなごの照り煮	36	いかとセロリのしょうが味	47
あなご混ぜご飯	36	いかと大根の煮もの	48
油揚げ・青菜・白菜の鍋	36	いかと玉ねぎのとろり煮	48
油揚げとにんじんの甘辛煮	37	いか納豆	48
アボカド コラム	825	いかねぎみそ炒め	48
アボカドオムレツ	37	いかねぎ焼き	49
アボカドサンドイッチ	37	いかの下処理 コラム	825
アボカドディップ	37	いかのスパイシー揚げ	49
アボカドとハムのホットサンド	38	いかのチリソース	49
アボカドのグラタン	38	いかの筒焼き	50
アボカドの刺身	38	いかのトマトホットマリネ	50
アボカドの素朴な食べ方 日本風	38	いかの南蛮あえ	50
アボカドの冷たいスープ	39	いかのにんにくみそ焼き	51
アボカドのトマトチキンサラダ	39	いかのパスタ	51
アボカドのパンピザ	39	いかの風味揚げ	51
甘栗おこわ	40	いかのわた煮	52
甘栗と豚ばら肉の煮込み	40	いかバター	52
「アリオリ」ってなに？ コラム	825	いかフライ マヨネーズ衣	52
アルファルファ コラム	825	いくら 酒漬け	53
アルファルファのかき揚げ	40	いくらどん	53
アルファルファのサラダ	40	いくらの酒粕漬けご飯	53
アルファルファの和風サラダ	41	いくらもち	53
あるものサラダ	41	磯揚げ	53
あわび粥	41	磯のふりかけ	54
あんかけいり卵丼	42	磯巻き鶏	54
あんかけうどん	42	磯まぐろ	54
あんかけ粥	42	いためそうめん	54
あんかけ卵	43	炒めぬえび卵チャーハン	55
アンチョビとキャベツのピザ	43	炒めぬチャーシューチャーハン	55
アンチョビとマッシュルームのバゲット	43	イタリア的野菜スープ	55
アンチョビのパン粉焼き	43	イタリアのシンプルなミートボール	56
アンディーブのスープ煮	43	イタリア風ほうれん草の卵焼き	56
		イタリア風野菜のもつ煮	56
		イタリアンエッグスープ	57
い		イタリアンガーリックトースト	57
		イタリアンサラダ	57
いか炒めもやしあんかけ	44	イタリアンシチュー	57

イタリアンドレッシング······58	いんげんとシーフードのケチャップ炒め······73
イタリアンレタスロール······58	いんげんとにんじんのミルクかき揚げ······73
いちごのサンドイッチ······58	いんげんと豚肉の辛み炒め······73
1センチ・トマトサラダ······58	いんげんと豚肉の粉山椒炒め······73
いとこ豆腐のみぞれ鍋······59	いんげんと豚肉のしょうが煮······74
田舎のシチュー······59	いんげんと豚肉のスープ······74
いなりずし➡「おいなりさん」を参照······110	いんげんの三味あえ······74
いなりちらし······60	いんげんのスパイシー炒め······75
芋・栗・鶏の中国炒め······60	いんげんのつくだ煮······75
芋すいとん豚汁······60	いんげんのバター煮······75
いり卵······61	いんげんのホットサラダ······75
いり卵サンド······61	いんげんのマカロニサラダ······76
いり豆腐 しっとり味······61	いんげんの和サラダ······76
いり豆腐 中国風······62	いんげん豆 コラム ······826
いり豆腐 パラリ味······62	いんげん豆とブロッコリーのオリーブ油あえ···76
いりどり······62	いんげん豆の甘煮······76
炒りハム······63	いんげん豆のオリーブ油煮······77
いり豆ご飯······63	いんげん豆のスープ······77
いり豆と節分 コラム ······825	いんげん豆のトマト煮······77
いろいろ漬け······63	インディアンスープ······78
いわしずし······64	インディアンピラフ······78
いわしの梅酒煮······64	インディアンライス······78
いわしの梅煮······64	インディーラチキン······79
いわしの梅焼き······65	インド式キーマカレー······79
いわしの大阪煮······65	
いわしの落とし焼き······65	## う
いわしのかば焼き······66	
いわしのかりんと揚げ······66	ウィリーさんのサラダ······80
いわしのかわり揚げ······67	ウインナーキャセロール······80
いわしの香味焼き······67	ウインナー卵サンド······80
いわしの酒酢煮······67	ウインナーのカレーもやし······80
いわしの塩焼き······68	ウインナーロールキャベツ······81
いわしの塩焼き コラム ······825	魚茶漬け······81
いわしのしょうが煮······68	潮汁(うしおじる)······81
いわしのチーズ揚げ······68	薄切りタンシチュー······82
いわしのつみれ汁······69	薄切りポークチャップ······82
いわしのトマト煮······69	薄焼き卵······82
いわしのナポリ風オーブン焼き······70	薄焼き卵サンド······83
いわしのはさみ焼き······70	うずら卵と里芋の中国風······83
いわしのパスタ······70	うずら卵と里芋の煮もの······84
いわしのひらき······71	うずら卵のカレーフリッター······84
いわしの風味漬け······71	うずら豆のサラダ······84
いわしのみりん干し······71	うど コラム ······826
いわしの焼き漬け······72	うどと牛肉の煮もの······84
いわし焼き 船乗り風······72	うどとトマトのパセリ酢あえ······85
いんげん コラム ······826	うどと豚肉の酢みそあえ······85
いんげんと牛肉のガーリック炒め······72	

うどとわかめの白煮 ･････････････････ 85
うどの梅あえ ･････････････････････ 86
うどの皮と厚揚げの中国炒め ･･････････ 86
うどの皮と穂先 コラム ････････････826
うどの皮と穂先の精進揚げ ･･････････ 86
うどの皮のきんぴら ･･････････････ 87
うどの白煮 ･････････････････････ 87
うどの酢みそあえ ･････････････････ 87
うなぎきのこめし ･････････････････ 87
うなぎときゅうりの酢のもの ･････････ 88
うなぎとにらの卵とじ ･･････････････ 88
うなぎの串 コラム ･････････････････826
うなぎの棒ずし ･････････････････ 88
うなぎの蒸しずし ････････････････ 89
うなぎめし ･････････････････････ 89
うな玉豆腐 ･････････････････････ 89
うな玉どん ････････････････････ 90
うにセロリ ････････････････････ 90
うの花→「おから（しっとりうの花）」／「おから（パラリうの花）」を参照 ･･････ 116
うまき ･･･････････････････････ 90
馬サラダ ･････････････････････ 91
うま煮あんかけ焼きそば ･････････････ 91
海と野の幸のスープ ･･････････････ 92
海仲間の酢のもの ･････････････････ 92
海の幸のクリームシチュー ････････････ 93
海の幸のピラフ ･････････････････ 93
海の幸のリゾット ････････････････ 94
海のチャンコ ･･････････････････ 94
海山のミルクスープ ･･･････････････ 95
梅粥 ･･････････････････････････ 95
梅ご飯 ････････････････････････ 95
梅しそそうめん ･･･････････････････ 96
梅酒 コラム ･････････････････････826
梅酒煮豚 ･････････････････････ 96
梅干し コラム ･････････････････826
梅干し入りみそ汁 ･･･････････････ 96
梅干しの梅肉漬け ･･･････････････ 97
梅干しの種のゆくえ コラム ･･････････826
梅干しのはちみつ漬け ･･････････････ 97
ウリもどきのスープ ･･･････････････ 97
ウンブリア地方の玉ねぎスープ ･････････ 97
雲片汁 ････････････････････････ 98

え

エスニック風ピラフ ･･････････････ 98
エスニック・ミニ春巻き ････････････ 98
枝豆・小えび・玉ねぎの三色揚げ ･･･････ 99
枝豆の塩ゆで ･･･････････････････ 99
枝豆洋風ご飯 ･･･････････････････ 99
エッグポテトサラダ ･･････････････100
江戸っ子丼 ････････････････････100
えのき粥 ･････････････････････100
えび コラム ･･････････････････827
えび入りスープ餃子 ･･････････････100
えびうま煮 ････････････････････101
えびサラダ ････････････････････101
えびじゃがクリーム ･･････････････102
えびしんじょの吸いもの ････････････102
えび玉 ･･････････････････････102
えび天おろし煮 ････････････････103
えびと青じそのパスタ ････････････103
えびとかぶの葉クリーム ･･････････103
えびとかぼちゃの煮もの ･･････････103
えびとカリフラワーのエスニック風 ････104
えびと小柱のスープ粥 ････････････104
えびと里芋のあっさり煮 ･･････････104
えびとセロリのサンドイッチ ･･･････105
えびとセロリのジンジャーサラダ ････105
えびとセロリのピラフ ････････････105
えびとなすのフリッター ･･････････105
えびと春野菜のサッと煮 ･･････････106
えびと野菜のグラタン ････････････106
えびの簡単チリソース ････････････107
えびの吸いもの ････････････････107
えびの本格チリソース ････････････107
えびのライスグラタン ････････････108
えび春巻き ･･･････････････････108
えびフライ ･･･････････････････109
えびマカロニグラタン ････････････109
エレガントマフィン ･･････････････110

お

おいなりさん ･････････････････110
おいなりさんの油揚げ コラム ････････827
オイルサーディンとごぼうのマリネ ･･･111
オイルサーディンのチーズ焼き ･･････111

オイルサーディンのトマト煮	111
大急ぎのしょうが焼き	111
大阪風 コラム	827
大阪風あったか宝うどん	112
大阪風さつま揚げ	112
大阪風鍋	112
オードブル5種	113
大鍋煮	114
オーブン コラム	827
おかずいり玉子	114
おかずかき玉汁	114
おかず粉ふき芋	115
おかずサラダ	115
おかゆと白粥（しろがゆ） コラム	827
おかゆの基本	115
おから（しっとりうの花）	116
おから（パラリうの花）	116
おから入りチキンバーグ	116
おからとしめさばの酢のもの	117
おから肉だんご	117
お気に入りねぎだけピザ	118
オクラ入りキーマカレー	118
オクラと牛肉のすき煮	118
オクラと桜えびの炒めもの	118
オクラとなすのごまみそあえ	119
オクラとひじきの酢のもの	119
オクラと麩の吸いもの	119
オクラの酢のもの	119
お好み炒め	120
お好み焼き	120
お好み焼き風ピザ	121
お刺身サラダ 中国風	121
お正月のえびチリ	121
お正月の小松菜の吸いもの	122
お正月の宝袋	122
お正月の煮しめ 関西風	122
お正月のばらずし	123
お正月ローフ	124
小田巻き蒸し	125
おでん	125
オニオンガーリックライス	126
オニオングラタンスープ	126
オニオンフリッター	126
オニオンラーメン	127
おにぎり	127
おにぎり コラム	827
おにぎりバラエティー	127

おばあちゃんのオムレツ	128
おはぎ	128
おはしで食べるサラダ	129
おぼろうどん	129
おぼろ昆布の吸いもの	130
おみ漬け	130
おむすび→「おにぎり」を参照	127
オム焼きそば	130
オムライス	131
オムレツ（ハム＆マッシュルーム）	131
オムレツ（プレーン）	132
オムレツオーブン焼き	132
親子おろしどんぶり	132
親子どんぶり	133
オリーブとトマトのミートボール	133
おろしそば	133
おろしにんじん入りだて焼き	134
温泉卵風	134
温めんビーフン 和風仕立て	134

か

かあさんオムレツ	135
ガーデンサラダ	135
ガーデンマリネ	135
ガーリックきのこピラフ	136
ガーリックじゃこライス	136
ガーリックスープ	136
ガーリックトースト	137
ガーリックブロッコリー	137
開化丼	137
海水くらいの塩水 コラム	827
海鮮焼売（シューマイ）	138
海鮮豆腐スープ	138
海鮮鍋	138
海鮮ビーフン	139
海賊サラダ	139
貝のオイスターソース炒め	139
貝柱と桜えびのピラフ	140
カウボーイシチュー	140
香りのサラダ	141
かかめし	141
かきごはん	141
かきごはんの焼きむすび コラム	827
かき雑炊 みそ仕立て	142
かき玉うどん	142

かき玉汁 …………………………………142	かにカニ水餃子(スイギョーザ) ……………………157
かき玉スープ ……………………………143	かにカニずし ……………………………157
かきときのこのシチュー ………………143	かにコロッケ ……………………………157
かきとほうれん草のグラタン …………143	かにサンド ………………………………158
かきとほうれん草の吸いもの …………144	かに雑炊 …………………………………158
かきの洗い方 [コラム] …………………827	かに玉 ……………………………………159
かきのお好み焼き風 ……………………144	かにとアボカドのレモンカップサラダ …159
かきの土手鍋 ……………………………144	かにとコーンのピラフ …………………159
かきのねぎ焼き …………………………145	かにと大根のサラダ ……………………160
かきのピカタ ……………………………145	かにのくるくる卵巻き …………………160
かきの洋風鍋 ……………………………145	かにの混ぜピラフ ………………………160
かきピラフ ………………………………146	かぶ漬け …………………………………161
かきフライ ………………………………146	かぶとあさりの煮もの …………………161
カクテキ …………………………………147	かぶと厚揚げのペロリ煮 ………………161
かくや ……………………………………147	かぶとえびのあんかけ …………………161
かけまわしうなぎずし …………………147	かぶ鶏厚揚げ ……………………………162
重ね肉ロールと簡単野菜ポトフ ………147	かぶとレタスのサラダ …………………162
重ねビーフかつ …………………………148	かぶの大きさ [コラム] …………………828
かじきのペッパーステーキ ……………148	かぶのスープ ……………………………162
かじきまぐろのから揚げ ………………149	かぶの卵とじ ……………………………163
かじきまぐろの白ワイン煮 ……………149	かぶの葉と豆腐のみそ汁 ………………163
かじきまぐろのチーズ焼き ……………149	かぶの葉の酢のもの ……………………163
かじきまぐろのベーコン巻き …………150	かぶのボルシチ風 ………………………163
粕汁 ………………………………………150	かぶの水キムチ …………………………164
かずのこ …………………………………150	かぶのみそ汁 ……………………………164
かずのこ [コラム] ………………………828	かぶのゆず漬け …………………………164
かずのこ入り松前漬け …………………151	かぶのゆずみそかけ ……………………164
ガスパチョ ………………………………151	かぶのレモン漬け ………………………165
ガスパチョ風サラダ ……………………151	かぶら蒸し ………………………………165
風邪止め汁 ………………………………152	かぼちゃ [コラム] ………………………828
風邪治し卵がゆ …………………………152	かぼちゃと油揚げのみそ汁 ……………165
型抜き野菜 [コラム] ……………………828	かぼちゃと鶏肉の甘辛煮 ………………165
かた焼きそばもやしあん ………………152	かぼちゃのいとこ煮 ……………………165
かつおご飯 ………………………………153	かぼちゃの薄甘煮 ………………………166
かつおと豆腐の甘辛煮 …………………153	かぼちゃのエスニックサラダ …………166
かつおと菜の花のじか煮 ………………153	かぼちゃのオーブン焼き ………………166
かつおの角煮 ……………………………153	かぼちゃのおかゆ ………………………166
かつおのから揚げ ………………………154	かぼちゃのグラタン ……………………167
かつおのたたき …………………………154	かぼちゃのグラッセ ……………………167
かつおのマリネ …………………………154	かぼちゃのコロッケ ……………………167
かつおの山かけ …………………………155	かぼちゃのサモサ ………………………168
カッテージチーズ イタリアンサラダ …155	かぼちゃの素揚げ ………………………168
カッテージチーズとバナナのサンドイッチ …155	かぼちゃの茶巾 …………………………168
カッテージチーズとレーズンのサンド …156	かぼちゃの煮もの ………………………169
かつ丼 ……………………………………156	かぼちゃのバター焼き …………………169
家庭でできるスープ ……………………156	かぼちゃのポタージュ …………………169
かに炒めピラフ …………………………156	かぼちゃのレーズンサラダ ……………170

釜上げうどん	170
鴨そば	170
加茂なす田楽	171
加茂なすの肉みそ田楽	171
加茂なすの丸揚げ	172
鴨南風せいろそば	172
かやくめし	172
かゆ→「おかゆの基本」を参照	115
辛ーいねぎそば	173
から揚げソテー	173
カリフォルニアサラダ	174
カリフォルニアサンド	174
カリフラワーとハムの卵グラタン	175
カリフラワーとハムのマリネ	175
カリフラワーとほうれん草のシチュー	175
カリフラワーの簡単カレー	176
カリフラワーのミルク煮	176
カリフラワー・ビーンズ	176
カルシウムチャーハン	176
かれいのから揚げ	177
かれいの煮つけ	177
かれいの盛りつけ コラム	828
カレーうどん 大阪風	177
カレーうどん 現代版	178
カレーコロッケ	178
カレーサンド	179
カレーバーガー	179
カレーパン	179
カレーピラフ	180
カレーピラフ(付け合わせ用)	180
カレーポークチャップ	180
カレー混ぜピラフ	181
皮つき簡単肉じゃが	181
皮むき焼きピーマン	181
カンカンライス	182
韓国風サラダ	182
韓国風ドレッシング	182
缶汁 コラム	828
簡単カルボナーラ	182
簡単春餅(シュンピン)	183
簡単バーグ クリームソース	183
簡単ピロシキ 肉	184
簡単ピロシキ 野菜	184
簡単ホイコーロー	185
かんぴょう 関西炊き	185
かんぴょう 関東炊き	185
かんぴょうのみそ汁	185
がんもと春野菜の煮もの	186

き

キーマカレー	186
菊衣あえ	187
菊のお浸し	187
菊の三色あえ	187
きくらげとうどのごま酢あえ	187
きくらげのスープ	188
刻みきつね	188
きしめん	188
キジもどき汁	188
きすの薄味煮	189
きすのスイートレモンマリネ	189
きすのピカタ	189
菊花汁	189
キッシュロレーヌ	190
きつねうどん	190
きつね柳川	191
キドニービーンズとサラミのサラダ	191
きぬかつぎ	191
絹ごし豆腐のきのこあんかけ	192
絹さやとえびの冷煮	192
絹さやと竹の子のクリーム煮	192
絹さやと麩の煮もの	193
絹さやの青々炒め	193
絹さやのかき揚げ	193
絹さやのきんぴら	194
絹さやのサラダ	194
絹さやの中国サラダ	194
絹さやのにんにくバター炒め	194
絹雪豆腐	195
きのこうどん	195
きのこご飯	195
きのこご飯 おこわ風	196
きのこサラダ	196
きのこソース	196
きのこそばすいとん	197
きのこだらけのピザ	197
きのことオリーブのサラダ	198
きのこと牛肉のしゃぶしゃぶ	198
きのこと小松菜の和風仕立てスープ	198
きのことじゃがのにんにくソテー	199
きのことしらたきのサラダ	199
きのことたまねぎのマリネ	199

きのこと鶏肉の簡単クリームシチュー ……200	キャベツのイタリアンスープ ……213
きのこと鶏肉のバターライス ……200	キャベツの梅あえ ……214
きのこと鶏肉の本格クリームシチュー ……200	キャベツの梅漬け ……214
きのこと三つ葉の吸いもの ……201	キャベツのお好み揚げ ……214
きのこと焼き麩のラーメン ……201	キャベツのオリーブ油炒め ……214
きのこの合宿 ……201	キャベツのごまあえ 2種 ……215
きのこの酒蒸し ……202	キャベツのステーキ ……215
きのこの酢のもの ……202	キャベツのバター焼き ……215
きのこのスパゲティ ……202	キャベツのほとほと煮 ……215
きのこの茶碗蒸し ……202	キャベツのボリュームサラダ ……216
きのこのつくだ煮 ……203	キャベツのミモザサラダ ……216
きのこのトマトスープ ……203	キャベツの洋風ほっぱり鍋 ……216
きのこのパルメザン焼き ……203	キャロットサラダ ……217
きのこのベーコン巻き ……203	キャロットピラフ ……217
きのこのポケットサンド ……204	キャロットライス ……217
きのこのワイン蒸し ……204	牛カルビの塩焼き ……217
きのこはんぺんのバター炒め ……204	キューカンバーサラダ ……217
きのこピラフ ……205	キューカンバーハム ……218
基本のミートボール ……205	牛すじとセロリのカレー ……218
キムチとわかめの冷やしスープ ……205	牛すじと野菜の煮もの ……218
キムチのみそ汁 ……205	牛すじのつくだ煮 ……219
キムチビーフもち ……206	牛すじのマリネ ……219
キムチピラフ ……206	牛スタミナ煮 ……219
キャベツいっぱいのメンチかつ ……206	牛すねのカレー ……220
キャベツだけのシチュー ……206	牛タンの塩焼き ……220
キャベツだけのパスタ ……207	牛チゲ ……221
キャベツたっぷり洋風とん汁 ……207	牛丼 ……221
キャベツだらけのコロッケ ……207	牛肉おろしあえ ……222
キャベツと油揚げのみそ汁 ……208	牛肉粥 ……222
キャベツとコンビーフのミルクグラタン ……208	牛肉とキャベツのサラダ ……222
キャベツと卵の炒めもの ……208	牛肉とごぼうのおかずサラダ ……223
キャベツとつまみだんごのスープ ……209	牛肉とごぼうの煮もの ……223
キャベツとトマトのカレー漬け ……209	牛肉と小松菜の5分煮 ……223
キャベツと鶏のカレースープ ……209	牛肉と根菜の煮もの ……223
キャベツとにんじんのカレー漬け ……210	牛肉と春菊の炒めもの ……224
キャベツとにんじんのサラダ ……210	牛肉と春菊の中国サラダ ……224
キャベツとハムのミルク煮 ……210	牛肉と豆腐のしょうが煮 ……224
キャベツと豚肉のさっぱり蒸し ……210	牛肉と夏野菜の炒めもの ……225
キャベツと豚肉のシチュー ……211	牛肉と春野菜のシチュー ……225
キャベツと豚ばらの重ね煮 ……211	牛肉とピーマンの炒めもの ……226
キャベツとベーコンの重ね煮 ……211	牛肉とブロッコリーの中国炒め ……226
キャベツとベーコンのカレー ……212	牛肉と三つ葉のサラダ ……227
キャベツとベーコンのスープ ……212	牛肉とレタスのキムチ炒め ……227
キャベツとベーコンの卵とじ ……212	牛肉の薄焼き 赤ワイン煮 ……227
キャベツとミンチの重ね煮 ……212	牛肉の薄焼き レモンソース ……227
キャベツ鍋 ……213	牛肉の梅酒煮 ……228
キャベツのアンチョビドレッシング ……213	牛肉のオニオン煮 ……228

牛肉のきのこ巻き	228
牛肉のごまごま焼き	229
牛肉のしぐれ煮	229
牛肉の旬炒め	229
牛肉のたたき 夏用	230
牛肉のたたき 冬用	230
牛肉の浪花揚げ	230
牛肉のバター焼き	230
牛肉のペッパーライス	231
牛肉のみそ鍋	231
牛肉のメキシコ風シチュー	231
牛肉のワイン漬け焼き	232
牛乳で作るカルボナーラ	232
牛ばら肉とトマトのパスタ	233
牛挽き肉の和風ステーキ	233
牛巻き甘辛煮	233
牛ミンチとレタスのメキシカン	234
きゅうりだけのサラダ	234
きゅうりと青じそのはさみ漬け	234
きゅうりとクリームチーズのサンドイッチ	234
きゅうりと卵のスープ	235
きゅうりの磯あえ	235
きゅうりの梅あえ	235
きゅうりのごまあえ	235
きゅうりのさっぱりサラダ	236
きゅうりの塩水漬け	236
きゅうりのピクルス	236
きゅうりのピリピリ炒め	237
きゅうりのポリポリ漬け	237
きゅうりのみそサラダ	237
牛レバーのベネチア風	237
行事食 コラム	828
きょうだい巻き	237
京風鍋	238
餃子	238
餃子せんべい	239
餃子チャーハン	239
餃子鍋	239
餃子の皮	239
餃子の皮 コラム	829
魚介と春野菜のシチュー	240
魚介のエスニックサラダ	240
魚介の塩焼きそば	241
魚介の地中海風煮込み	241
切り干し大根のおかず煮	242
切り干し大根の関西風	242
切り干し大根の関東風煮つけ	242

切り干し大根の上品煮	243
切り干し大根の中国風煮もの	243
切り身魚のマスタード焼き	243
切り身で作る鯛めし	243
きんかんみつ煮	244
金銀豆腐	244
錦糸卵	244
きんちゃく揚げ	245
きんちゃく卵	245
金時にんじん コラム	829
きんとん	245
ぎんなん コラム	829
ぎんなん粥	246
ぎんなんの殻、栗の皮 コラム	829
きんぴら煮しめ	246
きんぴらピーマン	247
きんめ鯛とふきのスープ煮	247
きんめ鯛の辛くてすっぱいスープ	248
きんめ鯛の煮つけ	248
きんめ鯛の吹き寄せ蒸し	248

く

空也蒸し	249
空也蒸し コラム	829
串かつ	249
クッパ風ぶっかけ飯	250
クラッカーグラタン	250
クラブハウスサンド	251
クリームコーンシチュー	251
栗入り黒豆	251
グリーンポタージュ	252
グリーンライス	252
栗きんとん→「きんとん」を参照	245
栗ごはん	252
クリスマスローフ	253
グリンピース入り玉子焼き	253
グリンピースカレー	253
グリンピースのかき揚げ	254
グリンピースのつぶし煮	254
グリンピースのひすい煮	254
グリンピースのフランス煮	254
グリンピースのやわらか煮	254
くるくるビーフソテー	255
クルトン3種	255
クレープサンド	255

クレソンとアーモンドサラダ……………256
クレソンと絹さやの旬炒め……………256
クレソンと牛挽き肉炒め………………256
クレソンのお浸し………………………257
黒パンとカッテージチーズ……………257
黒豆………………………………………257
黒みつソースのフレンチトースト……257
黒みつもち………………………………258
くわいの煮もの…………………………258

け

ケチャップマヨエビ……………………258
現代すいとん……………………………259
現代風かけまわしずし…………………259
けんちん汁………………………………260

こ

小芋の柚子しょうゆ……………………260
豪華簡単いくらずし……………………260
豪華ぞう煮………………………………261
紅白なます………………………………261
紅白別なます……………………………262
紅白松前漬け……………………………262
香ばしい森のパスタ……………………262
香味野菜の洋風サラダ…………………263
小梅のカリカリ漬け……………………263
高野豆腐の卵とじ………………………263
高野豆腐の含め煮………………………264
ゴーヤーチャンプル……………………264
ゴーヤと豚ばら肉の塩炒め……………264
ゴーヤーのおひたし……………………265
ゴーヤーみそチャンプル………………265
コールスローサラダ ドレッシング味…265
コールスローサラダ マヨネーズ味……266
ゴールデンヌードル……………………266
コールドビーフ コンソメスープ付……266
コーンキャベツ…………………………267
コーンサラダ……………………………267
コーンスープ……………………………267
コーンスープ 中国風……………………267
コーンとささみのかき揚げ……………268
コーンパンケーキ………………………268
コーンビーンズ…………………………268

国籍不明の春雨サラダ…………………269
五穀粥……………………………………269
こごみのお浸し…………………………269
五色サラダ………………………………269
五色南蛮酢あえ…………………………270
小鯛ずし…………………………………270
小玉ねぎの甘煮…………………………270
木の葉どんぶり…………………………271
小判焼き 中国風…………………………271
ご飯を炊く………………………………271
粉ふき芋…………………………………272
昆布だけ巻き……………………………272
昆布巻き…………………………………272
ごぼうとあさりの混ぜご飯……………273
ごぼうと貝割れ大根のサラダ…………273
ごぼうと里芋のみそ汁…………………274
ごぼうとチキンのサラダ巻き…………274
ごぼうと白菜のみそ汁…………………274
ごぼうとほたて貝柱のサラダ…………275
ごぼうのおかずきんぴら………………275
ごぼうのきんぴら………………………275
ごぼうのきんぴら コラム ………829
ごぼうのごま鶏あえ……………………275
ごぼうめし………………………………276
ごま入り田作り…………………………276
ごまごまもち……………………………276
ごま酢あえ………………………………276
ごま酢そば………………………………276
ごまだれ冷やし中華そば………………277
小松菜ごはん……………………………277
小松菜と貝柱の炒めもの………………278
小松菜と焼売の煮もの…………………278
小松菜と豚肉のしょうが炒め…………278
小松菜とほたて貝の煮浸し……………278
小松菜のおこわ…………………………279
小松菜の辛子あえ………………………279
小松菜のクリームあんかけ……………279
小松菜の黒ごまあえ……………………280
小松菜の即席漬け………………………280
小松菜の中国風混ぜめし………………280
小松菜の煮浸し…………………………280
小松菜のみそ汁…………………………281
ごま煮しめ………………………………281
小麦粉オムレット………………………281
五目あんかけ焼きそば…………………282
五目いなり………………………………282
五目いり豆ご飯…………………………283

五目かきご飯 ･････････････････283	鮭と玉ねぎのチーズ焼き ･･･････295
五目かけごはん ･･･････････････284	鮭の甘酢漬け ･････････････････295
五目サラダ ･･･････････････････284	鮭のクリーミーコロッケ ･･･････295
五目大豆 ･････････････････････284	鮭のグリーンソース ･････････････296
五目みそ炒め ･････････････････285	鮭の五目あんかけ ･････････････296
コロコロかき揚げ ･････････････285	鮭の治部煮 ･･･････････････････297
コロコロチーズ入りいり卵 ･････286	鮭の炊き込みご飯 ･････････････297
コロッケ→「ポテトコロッケ」を参照 ･･･286	鮭のタルタルソース ･････････････298
コロッケの揚げ方 コラム ･･････････829	鮭のとびきり和風マリネ ･･･････298
根菜とつくねの煮もの ･････････286	鮭のフワフワ揚げ ･････････････298
根菜の煮もの ･････････････････286	鮭のホイル焼き ･･･････････････299
根菜ピラフ ･･･････････････････287	鮭のマリネ ･･･････････････････299
根菜ふりかけつくだ煮 ･････････287	鮭のわっぱ飯 ･････････････････299
根菜ラタトゥイユ ･････････････287	鮭ライス ･････････････････････300
コンソメスープ 本格派 ･････････287	三五八漬け ･･･････････････････300
コンソメスープ 和風仕立て ･････288	ささがき コラム ･･････････････････830
こんにゃくとちくわの煮もの ･････288	ささげ コラム ････････････････････830
こんにゃくのピリかかまぶし ･･･288	ささみのおらんだ揚げ ･････････300
こんにゃくのペロリ煮 ･････････289	ささみのしそ巻き揚げ ･････････300
こんにゃくのみそおでん ･････････289	ささみのチーズ巻きフライ ･････301
こんにゃくのみそ焼き ･････････289	刺身のごまあえ丼 ･････････････301
コンビーフの衣笠焼き ･････････290	さつま揚げ ･･･････････････････301
コンビーフポテト ･････････････290	さつま揚げと青菜の煮もの ･････302
昆布 コラム ････････････････････829	さつま芋粥 ･･･････････････････302
昆布と手羽先の気長煮 ･････････290	さつま芋皮の甘辛がらめ ･･･････302
昆布と豚肉のガマン煮 ･････････290	さつま芋ご飯 ･････････････････302
昆布と干椎茸のつくだ煮 ･･･････291	さつま芋だけの煮もの ･････････303
	さつま芋と栗のつぶさぬきんとん ･･･303
	さつま芋とこんにゃくの酢豚風 ･････303
さ	さつま芋とゆで卵の煮もの ･････304
	さつま芋とりんごのロールドポーク ･･･304
ザーサイ大根 ･････････････････291	さつま芋のオレンジ煮 ･････････305
ザーサイのレタススープ ･･･････292	さつま芋の皮 コラム ････････････830
最近の野菜事情 コラム ･････････829	さつま芋の皮のきんぴら ･･･････305
サウザンドドレッシング ･･･････292	さつま芋のごまだらけ ･････････305
さく、ふし コラム ･･････････････830	さつま芋の包み揚げ ･･･････････305
酒粕 コラム ････････････････････830	さつま芋の豚巻き煮 ･･･････････306
鮭かつ ･･･････････････････････292	さといも粥 ･･･････････････････306
鮭缶の押しずし ･･･････････････292	里芋ご飯 ･････････････････････306
鮭缶のサンドイッチ ･･･････････293	里芋と厚揚げのみそ汁 ･････････307
鮭コロッケ ･･･････････････････293	里芋と甘栗の秋煮 ･････････････307
鮭ずし ･･･････････････････････293	里芋とえびの京煮 ･････････････307
鮭そぼろ ･････････････････････293	里芋と牛肉の中国風炒め ･･･････307
鮭茶漬け ･････････････････････294	里芋と牛肉の煮つけ ･･･････････308
鮭とカリフラワーのグラタン ･･･294	里芋と鶏肉のたっぷり煮 ･･･････308
鮭と根菜のみそ汁 ･････････････294	里芋と鶏の煮もの ･････････････309
鮭と千切り大根の和風炊き込みピラフ ･･･295	里芋と舞茸のかき揚げ ･････････309

里芋の上品煮	309
里芋の素揚げ	309
里芋のすいとん	310
里芋の煮っころがし	310
里芋マッシュ	310
里芋マッシュ焼き	310
サニーレタスと卵のホットサラダ	311
さばの揚げ漬け	311
さばのかば焼き風	311
さばのケチャップあんかけ	312
さばの竜田揚げ	312
さばのとろろがけ	312
さばの南蛮漬け	312
さばの干もののサワーゆで	313
さばの風味漬け	313
さばのみそ煮	313
さばのムニエル	314
サフラン コラム	830
サフランライス	314
サマーポテトサラダ	314
冷めてもおいしいしゃぶしゃぶ漬け	315
サモサ（グリンピース入り）	315
サモサ（じゃが芋入り）	316
サラダうどん	316
サラダスパゲティ	316
サラダ菜のスープ	317
サラダニソワーズ	317
サラダピザ	318
サラダめん	318
サラミとチーズのブロイル	318
サルサ	319
サワーキャベツのソーセージ添え	319
ザワークラウト コラム	830
ザワークラウト カツ代風	319
ザワークラウト焼き	319
サワーチキン	320
さわらの木の芽蒸し	320
さわらの金ぷら	320
さわらの茶碗蒸し	321
さわらのポトフ仕立て	321
さわらのみそソース	321
山菜おこわ	322
山菜ぞう煮	322
山菜の精進揚げ	323
山菜めし	323
三種きんぴら	323
山椒の実の青つくだ煮	324

山椒の実のつくだ煮	324
三色家庭サラダ	324
三色塩漬け	324
三色どんぶり	324
三色ピリ辛炒め	325
三色混ぜきんぴら	325
サンドイッチとバター コラム	831
サンドラのスープ	326
三杯酢	326
三枚おろしと二枚おろし コラム	831
さんまごはん	326
さんまずし	327
さんまの秋煮	327
さんまの梅酒煮	328
さんまの梅干し煮	328
さんまの山椒煮	328
さんまの山椒みそソース	329
さんまの竜田揚げ	329
さんまのバター焼き	329
さんまのピリこってり煮	329
さんまのロール焼き	330

し

CM焼きそば	330
CM焼きそば コラム	831
シーザーサラダ	331
椎茸とこんにゃくの含め煮	331
椎茸の含め煮	331
シーフードのインディアンサラダ	332
シーフードミックスとなすのチーズ焼き	332
シーフードミックスピラフ	332
シーフード野菜カレー	333
シーフード和風ピザ	333
塩さばのから揚げ 大根おろし添え	333
塩卵のスープ粥	334
塩豚と根菜のポトフ	334
塩豚の素朴なドイツ風煮込み	334
塩ぶりの焼きもの	335
自家製干し大根の田舎煮	335
自家製焼き塩鮭	335
ししがしら煮	335
シシカバブとガーリックパセリライス	336
しし唐辛子 コラム	831
しじみのみそ汁	336
ししゃものフライ	336

ししゃものミルク揚げ	337	じゃことなめこのおろしあえ	350
四川風から揚げ	337	じゃことにんじんのふりかけ煮	350
四川風辛子そば	337	シャトー コラム	832
四川風餃子	337	しゃぶしゃぶ	351
四川風冷ややっこ	338	シャリアピンステーキ	351
しそ入りいかの丸煮	338	ジャンボバーグ	351
しそ入りスパゲティ	339	醤肉(ジャンロー)	352
しそ梅パセリじゃこスパゲティ	339	焼売(シューマイ)	352
しそしそ豆腐	339	焼売と蒸し器 コラム	832
しそ大根	339	ジュリアンスープ	353
しその実漬け	339	春菊 コラム	832
下ごしらえなしおでん	340	春菊サラダ	353
下町丼	340	春菊の卵の花あえ	353
七面鳥(ローストターキー)	340	春菊の絹白あえ	353
七面鳥(ローストターキー)サンド	341	春菊のごまあえ	354
七面鳥(ローストターキー)のサラダ	342	春菊のごまソース	354
シチュードスコッチエッグ	342	旬と薬味 コラム	832
しば漬け(即席)	343	旬と野菜 コラム	832
しば漬けチャーハン	343	春餅(ジュンピン) 本格風	354
市販のすし酢 コラム	831	旬野菜の鶏みそかけ	355
市販のホワイトソース コラム	831	しょうが コラム	832
市販のミートソース コラム	831	しょうがごはん	356
しめさば	343	しょうがなす	356
霜降りにする コラム	832	精進炒め煮	356
ジャージャーめん	343	常夜鍋	356
ジャーマンポテトサラダ	344	しょうゆ漬け玉ねぎと卵のチャーハン	357
じゃが芋簡単グラタン	344	初夏のマカロニサラダ	357
じゃが芋スパゲティ	344	食紅 コラム	832
じゃが芋とアンチョビのオーブン焼き	345	白髪ねぎ コラム	833
じゃが芋といかくんのサラダ	345	白粥(しらがゆ)	357
じゃが芋とたらのクリームグラタン	345	しらたきと麩のすき焼き味	358
じゃが芋と豚肉のザーサイ炒め	346	汁ビーフン	358
じゃが芋の串フライ	346	白いリゾット	358
じゃが芋のクレープ	346	白身魚 コラム	833
じゃが芋のコールスロー風	347	白身魚の甘酢あん	359
じゃが芋の粉チーズ炒め	347	白身魚の変わりフライ	359
じゃが芋の正調煮っころがし	347	白身魚の五目あんかけ	359
じゃが芋の千切りかき揚げ	347	白身魚のスタッフドピーマン	360
じゃが芋のたらこ炒め	348	白身魚のトマト煮	360
じゃが芋のなますサラダ	348	白身魚のプロヴァンス風	360
じゃが芋の煮っころがし	348	白身魚のホイルみそ焼き	361
じゃが芋のバター炒め	348	白身魚の蒸し煮	361
じゃが芋の一口お焼き	349	白身魚のムニエル	361
じゃが芋のビネグレットサラダ	349	白身魚のムニエル カレークリームソース	362
じゃが芋やにんじんの田舎煮	349	白身魚のレモン煮	362
じゃがえび炊き込みごはん	350	白みそぞう煮	362
じゃが豚トマトカレー煮	350	新キャベツとアンチョビのパスタ	363

新キャベツのじゃこサラダ	363
新キャベツのソースサラダ	364
新キャベツのちぎりサラダ	364
新ごぼうのサラダ	364
ジンジャーチキン	364
新じゃがと大豆のガーッと煮	365
新じゃがとほたての煮もの	365
新じゃがのインド風	365
新じゃがのカレーあんかけ	366
新じゃがのクリーミィサラダ	366
新じゃがのコロコロ煮	366
新じゃがの肉じゃが	366
新じゃがのにんにくみそ炒め	367
新じゃが豚のみそがらめ	367
新玉ねぎと卵のサラダ	367
新玉ねぎの和風サラダ	368
新青椒肉絲	368
シンプルぞう煮	368
シンプルなステーキ	369
新ポークチャップ	369
新野菜のちぎりサラダ	369

す

スイートシュリンプ	370
スイートポテトライス	370
ずいきという食材 コラム	833
ずいきの炒め煮	370
ずいきの汁もの	371
スイスローフ	371
スウェーデン風ミートボール	372
素菜どんぶり	372
スープ茶漬け	372
酸辣湯	373
すき焼き 関西風	373
すき焼き 関東風(割り下) コラム	833
すぐ作れるブイヤベース	374
スクランブルエッグ	374
スコーン	374
スコッチエッグ	375
すし酢	375
すし飯(基本)	376
スタッフドエッグ	376
スタミナ炒め	377
スタミナ薄切りステーキ	377
スタミナじゃが芋	377

ズッキーニと牛肉の辛炒め	377
ズッキーニとじゃが芋炒め	378
ズッキーニとトマトのハーブ煮	378
ズッキーニのグラタン	378
ズッキーニの酢漬け	379
ズッキーニのチャンプル風炒め	379
ズッキーニの天ぷら	379
ズッキーニのバター炒め	379
ズッキーニのリゾット	380
スティックかじき	380
スティックサラダ	380
ステーキどん	381
砂肝と千切り野菜の南蛮漬け	381
スパイシーサラダ	381
スパイシーポテト	382
スパイシーライス	382
スパゲティ 印度風	382
スパゲティカルボナーラ	383
スパゲティチャウダー	383
スパゲティナポリタン	383
スパゲティのおやき	384
スパゲティバジリコ	384
酢豚	384
スペアリブ	385
スペアリブ コラム	833
スペアリブ インディアン風	385
スペアリブの梅酒煮	385
スペアリブのバーベキュー味	385
スペアリブのパリパリオーブン焼き	386
スペアリブのワイン煮	386
スペインオムレツ	386
酢みそ コラム	833
スモークサーモンのサンドイッチ	387
スモークサーモンのバゲットカナッペ	387
スモークサーモンのマリネ	387
すりおろし根菜ご飯	387
すりおろしじゃが芋のお好み焼き	388
すりじゃがえびカレー	388

せ

正調玉子丼	388
西洋煮もの	389
赤飯	389
せりとえのき茸のごまあえ	389
せりのごまあえ	390

セロリと油揚げのサラダ	390
セロリと玉ねぎのゆかりサラダ	390
セロリと鶏手羽先のスープ	390
セロリと挽き肉のタイ風	391
セロリとりんごのサラダ	391
セロリのあったか中華めん	391
セロリのきんぴら	392
セロリのサラダ	392
セロリのジャージャーめん	392
セロリのシンプルサラダ	392
セロリのスープ煮	393
セロリのタバスコ煮	393
セロリのつくだ煮	393
セロリの葉と玉ねぎの吸いもの	393
セロリのみそ漬け	393
千切り野菜とわかめのごまドレッシング	394
前菜→「オードブル5種」を参照	113
ぜんざい(おしるこ)	394
ぜんまいと厚揚げのごま煮	394
ぜんまいとせりの炒めもの	394
ぜんまいのナムル	395
ぜんまいの煮つけ	395

そ

早春のサラダ	395
雑炊に入れるご飯 コラム	833
そうめん 大阪式	396
そうめんと精進揚げ	396
そうめん冷めん	397
そうめんをゆでる	397
ソースなす	398
ソース焼きスパ	398
ソーセージのスパゲティ	398
ソーセージのソース焼き	399
ソーメンかぼちゃのそうめん風	399
即席かにマカロニグラタン	399
即席酢鶏	400
即席担々鍋	400
即席ハヤシライス	401
そばがき	401
そば粉クレープ	401
そば粉のパンケーキ	402
そば茶粥	402
ソフトそぼろ	402
素朴なトルコのお焼き	403

そら豆粥	403
そら豆ごはん	403
そら豆茶巾	404
そら豆と卵の炒めもの	404
そら豆の甘辛煮	404
そら豆のかき揚げ	405
そら豆のごまあえ	405
そら豆の三色かき揚げ	405
そら豆の即席ポタージュ	405
そら豆のひすい煮	406
そら豆の飛竜頭	406
そら豆の分量 コラム	833

た

ター菜のクリーム煮	406
ター菜めん	407
大学芋	407
大学かぼちゃ	407
鯛ご飯	407
大根入りビーフスープ	408
大根かまぼこ	408
大根カレー	408
大根皮のきんぴら	408
大根皮の塩きんぴら	409
大根たらこ煮	409
大根と油揚げのじか煮	409
大根と油揚げのみそ汁	409
大根と牛すじの煮もの	410
大根と牛肉のザーサイ炒め	410
大根と魚介のピリピリマリネ	410
大根とこんにゃくのじゃこ炒め	411
大根と魚のあらのみそ汁	411
大根とセロリのしんなりサラダ	411
大根と大根葉の簡単サラダ	411
大根と豚肉の昆布煮	412
大根と豚ばらのみそ煮	412
大根と骨つき肉の沖縄風	412
大根とれんこんのピリ辛炒め	413
大根の田舎煮	413
大根の梅煮	413
大根の大阪漬け	413
大根のおかか煮	414
大根の辛み炒め	414
大根の辛み漬け	414
大根の皮と葉の酢じょうゆ漬け	414

大根のご馳走煮	415
大根のごま酢あえ	415
大根のごまみそあえ	415
大根の山海あん	416
大根のしょうゆ漬け	416
大根の白ごまあえ	416
大根のしんなりサラダ	417
大根の中国風パリパリサラダ	417
大根の葉のふりかけ	417
大根のひたすら煮	417
大根のピリ辛パリパリサラダ	418
大根のブイヨン煮	418
大根のべっこう煮	418
大根のゆかりサラダ	418
大根の洋風パリパリサラダ	419
大根もち	419
大根ゆかり漬け	419
大豆とハムの落とし揚げ	419
大豆のポークビーンズ	420
鯛大根	420
鯛茶漬け	420
鯛とうどの煮つけ	421
鯛のあったかそうめん	421
鯛の子とグリンピースの煮もの	421
鯛の子や生たらこの甘辛煮	422
鯛の刺身のスープ粥	422
鯛のタイ鍋	422
鯛のポトフ風 カレー味	423
タイ風スープ 本格風	423
タイ風ポテトサラダ	423
たいら貝のお刺身サラダ	424
台湾風オムレツ	424
高菜チャーハン	424
高菜と豚肉の炒めもの	425
高菜と野菜の炒めもの	425
宝そば	425
宝袋	426
炊き込みずし	426
炊き込みパエリア	427
竹の子カレー	427
たけのこクリームカレー	428
竹の子ご飯	428
竹の子ご飯 おこわ風	429
竹の子ご飯 韓国風	429
竹の子焼売	429
竹の子と厚揚げのつけ焼き	430
竹の子とえびのクリーム煮	430

竹の子と牛肉の炒めもの	430
竹の子と大豆のみそ炒め	431
竹の子とつくねの一緒揚げ	431
竹の子とつくねのうま煮	431
竹の子と鶏肉の混ぜごはん	432
竹の子丼	432
竹の子のエッグサラダ	432
竹の子のおかか煮	433
竹の子のグラタン	433
竹の子の酢豚	433
竹の子の使い分け コラム	833
竹の子の煮もの	434
竹の子のミルクシチュー	434
竹の子の焼きめし	434
竹の子のゆで方	435
竹の子めんま風	435
竹の子油飯	435
タコス	436
タコス チキン	436
タコス ビーフ	437
タコス風オープンサンド	437
タコス風サラダ	437
たことオクラのピリ辛炒め	438
たこと緑のサラダ	438
たこと野菜のしそ炒め	438
たこのイタリアンサラダ	439
たこの煮もの	439
たこ焼き	439
だし コラム	834
だしに使ったお肉は？ コラム	834
だし巻き玉子	440
だし巻き玉子 コラム	834
だしをとる	440
たたきがつおのカルパッチョ	441
たたききゅうり	441
たたきごぼう	441
たたきチキンカツ	442
たっぷりキャベツと野菜煮込み	442
だて巻き	442
だて巻き味の玉子焼き	443
七夕そうめん コラム	834
ダブルバーガー	443
ダブルポテトサラダ	444
卵コロッケ	444
卵酒	445
卵だけのケチャライス	445
卵チャーハン	445

玉子豆腐	445
卵とキャベツだけのパイ	446
卵とグリンピースのバター炒め	446
卵とチーズのホットサンド	447
卵とチキンのカレー	447
卵とツナのカレー	447
卵とパセリいっぱいサンドイッチ	448
卵と挽き肉のレタス包み	448
卵とほたて貝の炒めもの	448
玉子丼	449
卵のお好み焼き味	449
卵のグラタン	449
卵のザーサイスープ	450
卵のバタン焼き 甘酢あんかけ	450
卵のみそ汁	451
卵のみそ漬け	451
玉子焼き 2種	451
卵洋風チャーハン	451
玉ねぎ薄切り梅肉あえ	452
玉ねぎだけのカレー天ぷら	452
玉ねぎとベーコンのカレー炒め	452
玉ねぎとわかめの酢のもの	452
玉ねぎのお浸し	453
玉ねぎのガーリックスープ	453
玉ねぎの卵焼き	453
玉ねぎのピクルス カレー味	453
玉ねぎのピクルス チリ味	454
玉ねぎのピンピンサラダ	454
たらこおろし	454
たらこの粕漬け	454
たらこのクリームパスタ	454
たらこパスタ	455
たらこふりかけ	455
たらこライス	455
たらチゲ	455
たら豆腐	456
たらときのこのホイル焼き	456
たらと白菜のうま煮	456
たらのけんちん風	457
たらのスピードホワイトシチュー	457
たらのチーズ焼き	458
たらのトマトシチュー	458
たらのボンファム	458
たらの芽の白あえ	459
タラモサラダ	459
タルタルソース3種	460
タン塩	460
タンシチュー	460
担々飯	461
担々めん→「四川風辛子そば」を参照	337
糖醋丸子（タンツーワンズ）	461
タンドリーチキン	461

ち

チーズ入りマカロニスープ	462
チーズカレー即席グラタン	462
チーズドレッシング	463
チーズ春巻き	463
チーズもち	463
チキンかつ	463
チキンカレー	464
チキンカレー 本格風	464
チキンクリームコロッケ	465
チキンクリームのサフランライス添え	465
チキンコーンシチュー	466
チキンスープ（基本）	466
チキンスープ（中国風）	466
チキンソテー	467
チキンソテー アメリカ風	467
チキンソテー ジンジャーソース	467
チキンソテー レモン焼き	468
チキンチャップ	468
チキンのアメリカ風煮込み	468
チキンのウスターソース煮	469
チキンのクリーム煮	469
チキンのチーズピカタ	469
チキンのバーベキュー	470
チキンのぶどう煮	470
チキンの丸ごと揚げ	471
チキンの丸ごとポトフ	471
チキンのミラノ煮込み	471
チキンの蒸し焼きアップルソース	472
チキン春巻き	472
チキンビーフン	473
チキンピラフ	473
チキンボールのすまし汁	473
チキンマカロニサラダ	474
チキンマレンゴ	474
チキンライス	475
千草（ちぐさ）焼き	475
筑前煮	476
筑前煮込み	476

筑前めし ・・・・・・・・・・・・・・・・・・・・・・・・476
ちくわと青じそとベーコンパスタ ・・・・・・・・・477
ちくわのチーズフライ ・・・・・・・・・・・・・・・477
チゲクッパ ・・・・・・・・・・・・・・・・・・・・・・・478
チゲ丼 ・・・・・・・・・・・・・・・・・・・・・・・・・・・478
チャーシューチャーハン ・・・・・・・・・・・・・・478
チャオねぎラーメン ・・・・・・・・・・・・・・・・・479
茶粥 ・・・・・・・・・・・・・・・・・・・・・・・・・・・・・479
茶粥 コラム ・・・・・・・・・・・・・・・・・・・・・834
茶巾ずし ・・・・・・・・・・・・・・・・・・・・・・・・・479
茶せんなす ・・・・・・・・・・・・・・・・・・・・・・・480
チャパティ ・・・・・・・・・・・・・・・・・・・・・・・480
茶めし ・・・・・・・・・・・・・・・・・・・・・・・・・・・481
茶碗蒸し ・・・・・・・・・・・・・・・・・・・・・・・・・481
中華丼 ・・・・・・・・・・・・・・・・・・・・・・・・・・・481
中華屋さんのカレー ・・・・・・・・・・・・・・・・・482
中近東ムードのリゾット ・・・・・・・・・・・・・・482
中国粥 ・・・・・・・・・・・・・・・・・・・・・・・・・・・483
中国風いり卵 ・・・・・・・・・・・・・・・・・・・・・・483
中国風おこわ ・・・・・・・・・・・・・・・・・・・・・・483
中国風鶏ぞう煮 ・・・・・・・・・・・・・・・・・・・・484
中国風ドレッシング ・・・・・・・・・・・・・・・・・484
中国風なます ・・・・・・・・・・・・・・・・・・・・・・484
中国風フリッター ・・・・・・・・・・・・・・・・・・・485
中国野菜と豚の炒めもの ・・・・・・・・・・・・・・485
チューリップ コラム ・・・・・・・・・・・・・・・834
ちょっとずぼらな大豆のイタリアン ・・・・・・486
ちょっとぜいたくうどんすき鍋 ・・・・・・・・・486
ちらしずし ・・・・・・・・・・・・・・・・・・・・・・・486
チリチリじゃこ ・・・・・・・・・・・・・・・・・・・・・487
チリチリ豚 ・・・・・・・・・・・・・・・・・・・・・・・487
チリビーンズ ・・・・・・・・・・・・・・・・・・・・・・488
ちりめんじゃこのつくだ煮 ・・・・・・・・・・・・488
チンゲン菜とえのき茸のスープ ・・・・・・・・・488
チンゲン菜と桜えびの炒めもの ・・・・・・・・・489
チンゲン菜とたくあんのピリ辛炒め ・・・・・・489
チンゲン菜とベーコンのみそ汁 ・・・・・・・・・489
青椒肉絲 ・・・・・・・・・・・・・・・・・・・・・・・・・489

つ

使った油 コラム ・・・・・・・・・・・・・・・・・834
月見だんご ・・・・・・・・・・・・・・・・・・・・・・・490
つくねのじか煮 ・・・・・・・・・・・・・・・・・・・・490
づけ ・・・・・・・・・・・・・・・・・・・・・・・・・・・・・491
ツナカツ ・・・・・・・・・・・・・・・・・・・・・・・・・491

ツナご飯 ・・・・・・・・・・・・・・・・・・・・・・・・・491
ツナコロッケ ・・・・・・・・・・・・・・・・・・・・・・492
ツナじゃがグラタン ・・・・・・・・・・・・・・・・・492
ツナそぼろ ・・・・・・・・・・・・・・・・・・・・・・・492
ツナとじゃが芋のポテトケーキ ・・・・・・・・・492
ツナとにんじんの炊き込みピラフ ・・・・・・・493
ツナとねぎの辛子じょうゆ ・・・・・・・・・・・・493
ツナとわかめのサラダ ・・・・・・・・・・・・・・・493
ツナのおいしいサンドイッチ ・・・・・・・・・・494
ツナのオムレツ ・・・・・・・・・・・・・・・・・・・・494
ツナのキャベツ焼き ・・・・・・・・・・・・・・・・・494
ツナのドライカレー ・・・・・・・・・・・・・・・・・495
ツナのレモンサラダ ・・・・・・・・・・・・・・・・・495
ツナパスタ ・・・・・・・・・・・・・・・・・・・・・・・495
つぶし里芋の揚げワンタン ・・・・・・・・・・・・496
つぶし里芋のきのこあんかけ ・・・・・・・・・・496
冷たいおかゆ コラム ・・・・・・・・・・・・・・835
冷たい茶碗蒸し ・・・・・・・・・・・・・・・・・・・・496
冷たい茶碗蒸し チキンスープ仕立て ・・・・・496
ツルツルめん ・・・・・・・・・・・・・・・・・・・・・・497
つるむらさきときのこのあえもの ・・・・・・・497
つるむらさきと豚肉のみそ炒め ・・・・・・・・・497
つるむらさきのおかか炒め ・・・・・・・・・・・・498
つるむらさきのお浸し ・・・・・・・・・・・・・・・498
つるむらさきのかき揚げ ・・・・・・・・・・・・・498

て

ディップ コラム ・・・・・・・・・・・・・・・・・835
手打ちうどん ・・・・・・・・・・・・・・・・・・・・・・498
手打ち湯上げうどん ・・・・・・・・・・・・・・・・・499
テケツのオッパッパ ・・・・・・・・・・・・・・・・・499
でっかいフライドポテト ・・・・・・・・・・・・・500
手作りなめたけ ・・・・・・・・・・・・・・・・・・・・500
手巻きもち ・・・・・・・・・・・・・・・・・・・・・・・500
てまりずし ・・・・・・・・・・・・・・・・・・・・・・・500
手毬麩と絹さやの吸いもの ・・・・・・・・・・・・501
照りコロ挽き肉だんご ・・・・・・・・・・・・・・・501
電気釜とおひつ コラム ・・・・・・・・・・・・・835
天つゆ ・・・・・・・・・・・・・・・・・・・・・・・・・・・502
天日干し コラム ・・・・・・・・・・・・・・・・・835
でんぶ ・・・・・・・・・・・・・・・・・・・・・・・・・・・502
天ぷら ・・・・・・・・・・・・・・・・・・・・・・・・・・・502

と

ドイツシチュー ・・・・・・・・・・・・・・・・・・・・・・503
ドイツ風ロールカツ ・・・・・・・・・・・・・・・・・504
冬瓜(とうがん)スープ ・・・・・・・・・・・・・・・・・・・・・・・・・・504
冬瓜(とうがん)のえびあんかけ ・・・・・・・・・・・・・・・505
冬瓜(とうがん)のくず煮 ・・・・・・・・・・・・・・・・・・・・505
冬瓜(とうがん)の中国風スープ ・・・・・・・・・・・・・505
冬瓜(とうがん)のみそ汁 ・・・・・・・・・・・・・・・・・・・506
豆乳のコーンスープ ・・・・・・・・・・・・・・・506
豆腐 コラム ・・・・・・・・・・・・・・・・・・・・・・835
豆腐、厚揚げ、油揚げ コラム ・・・・・・835
豆腐入り四川なす炒め ・・・・・・・・・・・・・506
豆腐入り肉だんごの甘酢あんかけ ・・・・506
豆腐たっぷりの酸辣湯(スーラータン) ・・・・・・・・・・・・・・・507
豆腐と厚揚げのしんせき煮 ・・・・・・・・・507
豆腐とえびのピリッカラッ ・・・・・・・・・508
豆腐となめこのみそ汁 ・・・・・・・・・・・・・508
豆腐と肉の煮込み ・・・・・・・・・・・・・・・・・508
豆腐のオイスターソース煮 ・・・・・・・・・508
豆腐の木の芽田楽 ・・・・・・・・・・・・・・・・・509
豆腐のグリーンサラダ ・・・・・・・・・・・・・509
豆腐の五目汁 ・・・・・・・・・・・・・・・・・・・・・509
豆腐のじゃこアスパラ ・・・・・・・・・・・・・510
豆腐のスープ粥(がゆ) ・・・・・・・・・・・・・・・・・・・・510
豆腐のステーキ ・・・・・・・・・・・・・・・・・・510
豆腐のステーキ クレソンソース ・・・・・511
豆腐のステーキ 肉みそソース ・・・・・・・511
豆腐の夏仕立て ・・・・・・・・・・・・・・・・・・・512
豆腐のフライ ・・・・・・・・・・・・・・・・・・・・・512
豆腐のみそ汁 ・・・・・・・・・・・・・・・・・・・・・512
豆腐のみぞれ汁 ・・・・・・・・・・・・・・・・・・・513
豆腐ハンバーグ ・・・・・・・・・・・・・・・・・・・513
とうもろこしの塩ゆで ・・・・・・・・・・・・・513
ドカンときつねどんぶり ・・・・・・・・・・・514
ときどり ・・・・・・・・・・・・・・・・・・・・・・・・・514
ときどりねぎ ・・・・・・・・・・・・・・・・・・・・・515
とけるチーズとピザ用チーズ コラム ・・・・・・・835
トッピングで食べる野菜カレー ・・・・・・515
トマト味シンプルピラフ ・・・・・・・・・・・515
トマト入りスクランブルエッグ ・・・・・・516
トマトカナッペ ・・・・・・・・・・・・・・・・・・・516
トマトソース(ピザ用) ・・・・・・・・・・・・・・516
トマトとアボカドのオムレツ ・・・・・・・・517
トマトと卵の炒めもの ・・・・・・・・・・・・・517
トマトと卵の中国風スープ ・・・・・・・・・517

トマトとツナのバーミセリ ・・・・・・・・・・517
トマトとわかめのサラダ ・・・・・・・・・・・・518
トマトのイタリアンパスタ ・・・・・・・・・・518
トマトの辛いスパゲティ ・・・・・・・・・・・518
トマトのサワースープ ・・・・・・・・・・・・・519
トマトのジンジャーサラダ ・・・・・・・・・519
トマトのスイートサラダ ・・・・・・・・・・・519
トマトの酢のもの ・・・・・・・・・・・・・・・・・519
トマトのファルシー ・・・・・・・・・・・・・・・520
トマトの湯むき コラム ・・・・・・・・・・・835
トマトライス ・・・・・・・・・・・・・・・・・・・・・520
トムヤムクンおかゆ ・・・・・・・・・・・・・・・520
トムヤムクンスープ ・・・・・・・・・・・・・・・521
ドライカレー ・・・・・・・・・・・・・・・・・・・・・521
ドライタイプのスペアリブ ・・・・・・・・・521
とら豆の薄甘煮 ・・・・・・・・・・・・・・・・・・・522
鶏かぼちゃのカレー煮 ・・・・・・・・・・・・・522
鶏から揚げのオレンジ風味 ・・・・・・・・・522
鶏からカレーピラフ ・・・・・・・・・・・・・・・523
鶏皮とお芋のきんぴら ・・・・・・・・・・・・・523
鶏皮ピリ辛いり ・・・・・・・・・・・・・・・・・・・523
鶏クッパ ・・・・・・・・・・・・・・・・・・・・・・・・・523
鶏ささみの吸いもの ・・・・・・・・・・・・・・・524
鶏ささみのスパイス揚げ ・・・・・・・・・・・524
鶏さつま ・・・・・・・・・・・・・・・・・・・・・・・・・524
鶏じゃが エスニック味 ・・・・・・・・・・・・525
鶏じゃがさつま ・・・・・・・・・・・・・・・・・・・525
鶏すき鍋 ・・・・・・・・・・・・・・・・・・・・・・・・・525
鶏そぼろ あっさり味 ・・・・・・・・・・・・・・526
鶏茶漬け ・・・・・・・・・・・・・・・・・・・・・・・・・526
鶏手羽先のイタリア風日本の香り漬け ・・・・・・526
鶏手羽先の塩焼き ・・・・・・・・・・・・・・・・・527
鶏手羽先のスパイシー焼き ・・・・・・・・・527
鶏手羽先のべっこう漬け ・・・・・・・・・・・527
鶏とえびの酸っぱいスープ ・・・・・・・・・527
鶏とかぶのカレースープ煮 ・・・・・・・・・528
鶏と栗のぶどう酒煮 ・・・・・・・・・・・・・・・528
鶏と白菜のごま鍋 ・・・・・・・・・・・・・・・・・528
鶏と野菜のおこわ風 ・・・・・・・・・・・・・・・529
とり鍋 ・・・・・・・・・・・・・・・・・・・・・・・・・・・529
鶏南蛮そば ・・・・・・・・・・・・・・・・・・・・・・・529
鶏肉卵揚げ ・・・・・・・・・・・・・・・・・・・・・・・530
鶏肉とカリフラワーの治部煮(じぶに) ・・・・・・・530
鶏肉と小松菜の治部煮(じぶに) ・・・・・・・・・・・530
鶏肉と里芋の中国風煮もの ・・・・・・・・・531
鶏肉となすのオーブン焼き ・・・・・・・・・531
鶏肉とナッツの炒めもの ・・・・・・・・・・・531

955

鶏肉とわかめのごまドレッシング ・・・・・・・・・・ 532
鶏肉の赤ワイン煮 ・・・・・・・・・・・・・・・・・・・・・・・・・ 532
鶏肉のアボカドソース ・・・・・・・・・・・・・・・・・・・・ 532
鶏肉のエスニック焼き ・・・・・・・・・・・・・・・・・・・・ 533
鶏肉のオニオントマト煮 ・・・・・・・・・・・・・・・・・・ 533
鶏肉の香り漬け ・・・・・・・・・・・・・・・・・・・・・・・・・・ 533
鶏肉の辛子蒸し献立 ・・・・・・・・・・・・・・・・・・・・・・ 534
鶏肉の香味あえ ・・・・・・・・・・・・・・・・・・・・・・・・・・ 534
鶏肉の白ワイン焼き ・・・・・・・・・・・・・・・・・・・・・・ 535
鶏肉のステーキ 日本の味 ・・・・・・・・・・・・・・・・ 535
鶏肉のつや煮 ・・・・・・・・・・・・・・・・・・・・・・・・・・・・ 535
鶏肉のパプリカ焼き ・・・・・・・・・・・・・・・・・・・・・・ 535
鶏肉のピリ辛漬け ・・・・・・・・・・・・・・・・・・・・・・・・ 536
鶏肉のみそ風味漬け ・・・・・・・・・・・・・・・・・・・・・・ 536
鶏の重ねボリュームシチュー ・・・・・・・・・・・・・・ 537
鶏のから揚げ ・・・・・・・・・・・・・・・・・・・・・・・・・・・・ 537
鶏のカレー揚げ ・・・・・・・・・・・・・・・・・・・・・・・・・・ 537
鶏のきのこ煮 ・・・・・・・・・・・・・・・・・・・・・・・・・・・・ 538
鶏の山椒焼きと焼きねぎ ・・・・・・・・・・・・・・・・・・ 538
鶏の七味焼き ・・・・・・・・・・・・・・・・・・・・・・・・・・・・ 538
鶏のタバスコ煮 ・・・・・・・・・・・・・・・・・・・・・・・・・・ 539
鶏のトマト味のクリーム煮 ・・・・・・・・・・・・・・・・ 539
鶏の夏野菜あえ ・・・・・・・・・・・・・・・・・・・・・・・・・・ 539
鶏のピーナッツソースとスープ ・・・・・・・・・・・・ 540
鶏のポン落とし ・・・・・・・・・・・・・・・・・・・・・・・・・・ 540
鶏丸ごと白菜蒸し ・・・・・・・・・・・・・・・・・・・・・・・・ 540
鶏みそ大根 ・・・・・・・・・・・・・・・・・・・・・・・・・・・・・・ 541
鶏ミンチの竜田揚げ ・・・・・・・・・・・・・・・・・・・・・・ 541
鶏むね肉の漬け揚げ ・・・・・・・・・・・・・・・・・・・・・・ 541
鶏もつのパルメザン煮 ・・・・・・・・・・・・・・・・・・・・ 542
鶏もも肉の梅酒煮 ・・・・・・・・・・・・・・・・・・・・・・・・ 542
鶏レバーのウスターソース漬け ・・・・・・・・・・・・ 542
鶏レバーの照り煮 ・・・・・・・・・・・・・・・・・・・・・・・・ 543
トルティーア ・・・・・・・・・・・・・・・・・・・・・・・・・・・・ 543
ドレッシングに使う油 コラム ・・・・・・・・・・ 836
とろ〜りチーズオムレツ ・・・・・・・・・・・・・・・・・・ 543
とろとろいか納豆 ・・・・・・・・・・・・・・・・・・・・・・・・ 543
とろろ汁 ・・・・・・・・・・・・・・・・・・・・・・・・・・・・・・・・ 544
とろろそば ・・・・・・・・・・・・・・・・・・・・・・・・・・・・・・ 544
とろろのちょぼ焼き ・・・・・・・・・・・・・・・・・・・・・・ 544
とろろ焼き ・・・・・・・・・・・・・・・・・・・・・・・・・・・・・・ 544
とんかつ ・・・・・・・・・・・・・・・・・・・・・・・・・・・・・・・・ 545
とんカレーじゃが ・・・・・・・・・・・・・・・・・・・・・・・・ 545
とんさつま ・・・・・・・・・・・・・・・・・・・・・・・・・・・・・・ 545
とん塩 ・・・・・・・・・・・・・・・・・・・・・・・・・・・・・・・・・・ 546
とんシチュー トマト味 ・・・・・・・・・・・・・・・・・・ 546
とんじゃが ・・・・・・・・・・・・・・・・・・・・・・・・・・・・・・ 546

とん汁 →「豚汁」を参照 ・・・・・・・・・・・・・・・・・・ 668
とんテキ ・・・・・・・・・・・・・・・・・・・・・・・・・・・・・・・・ 547
トンピー ・・・・・・・・・・・・・・・・・・・・・・・・・・・・・・・・ 547
とんみょうが ・・・・・・・・・・・・・・・・・・・・・・・・・・・・ 547

な

長芋の三色あえ ・・・・・・・・・・・・・・・・・・・・・・・・・・ 548
長芋のチーズ焼き ・・・・・・・・・・・・・・・・・・・・・・・・ 548
長芋の含め煮 ・・・・・・・・・・・・・・・・・・・・・・・・・・・・ 548
長ねぎ入り中国風ハンバーグ ・・・・・・・・・・・・・・ 548
長ねぎのやわらかサラダ ・・・・・・・・・・・・・・・・・・ 549
なす入りペンネ ・・・・・・・・・・・・・・・・・・・・・・・・・・ 549
なすが好き コラム ・・・・・・・・・・・・・・・・・・・・ 836
なすキャビア ・・・・・・・・・・・・・・・・・・・・・・・・・・・・ 550
なす餃子 ・・・・・・・・・・・・・・・・・・・・・・・・・・・・・・・・ 550
なすグラタン ・・・・・・・・・・・・・・・・・・・・・・・・・・・・ 550
なすスパゲティ ・・・・・・・・・・・・・・・・・・・・・・・・・・ 551
なす卵 ・・・・・・・・・・・・・・・・・・・・・・・・・・・・・・・・・・ 551
なす田楽 ・・・・・・・・・・・・・・・・・・・・・・・・・・・・・・・・ 551
なすと油揚げのとろ〜り煮 ・・・・・・・・・・・・・・・・ 552
なすといかのトマト煮 ・・・・・・・・・・・・・・・・・・・・ 552
なすといんげんのみそ煮 ・・・・・・・・・・・・・・・・・・ 553
なすとえびの冷菜 ・・・・・・・・・・・・・・・・・・・・・・・・ 553
なすとかぼちゃの煮もの ・・・・・・・・・・・・・・・・・・ 554
なすとキャベツの即席漬け ・・・・・・・・・・・・・・・・ 554
なすと牛肉の炒めもの ・・・・・・・・・・・・・・・・・・・・ 554
なすとごぼうの汁 ・・・・・・・・・・・・・・・・・・・・・・・・ 554
なすと魚のレモンスープ煮 ・・・・・・・・・・・・・・・・ 555
なすとそうめんのみそ汁 ・・・・・・・・・・・・・・・・・・ 555
なすと鶏ささみの重ね焼き ・・・・・・・・・・・・・・・・ 555
なすと豚肉のみそ炒め ・・・・・・・・・・・・・・・・・・・・ 556
なすと豚肉のみそ汁 ・・・・・・・・・・・・・・・・・・・・・・ 556
なすと豚のおかずごまみそがらめ ・・・・・・・・・・ 556
なすと干しえびの煮もの ・・・・・・・・・・・・・・・・・・ 557
なすとわかめのサラダ ・・・・・・・・・・・・・・・・・・・・ 557
なすの揚げてつぶして ・・・・・・・・・・・・・・・・・・・・ 557
なすの揚げ煮 ・・・・・・・・・・・・・・・・・・・・・・・・・・・・ 558
なすのイタリア煮 ・・・・・・・・・・・・・・・・・・・・・・・・ 558
なすのお浸し ・・・・・・・・・・・・・・・・・・・・・・・・・・・・ 558
なすの辛子漬け ・・・・・・・・・・・・・・・・・・・・・・・・・・ 558
なすのクタクタ友だち ・・・・・・・・・・・・・・・・・・・・ 559
なすのごまだれあえ ・・・・・・・・・・・・・・・・・・・・・・ 559
なすのごまだれかけ ・・・・・・・・・・・・・・・・・・・・・・ 559
なすのゴロン揚げ ・・・・・・・・・・・・・・・・・・・・・・・・ 560
なすのサンドイッチ ・・・・・・・・・・・・・・・・・・・・・・ 560

なすの吸いもの ･････････････････････ 560	菜の花の辛子ネーズ ･･････････････････ 575
なすの素丸揚げ ･････････････････････ 561	菜の花の塩漬け ･･････････････････････ 575
なすの即席辛子漬け ･････････････････ 561	菜の花のとんサラダ ･･････････････････ 575
なすの即席ミートソースグラタン ･･･････ 561	菜の花の煮浸し ･･････････････････････ 576
なすの台湾みやげ ･･･････････････････ 561	菜の花のピーナッツあえ ･･････････････ 576
なすの卵焼き ･･･････････････････････ 562	菜の花のゆで浸し ････････････････････ 576
なすのチリ味 ･･･････････････････････ 562	なばなの納豆あえ ････････････････････ 576
なすのドライカレー ･････････････････ 562	鍋しぎ ･･･････････････････････････････ 576
なすのピーナッツあえ ･･･････････････ 563	鍋の中を水でぬらす コラム ･･･････････ 836
なすのみそ炒め ･････････････････････ 563	ナポリ風チキンライス ････････････････ 577
なすのメンチカツ ･･･････････････････ 563	生クリームなしのカルボナーラ ･･･････ 577
なすのもみ漬け ･････････････････････ 564	生鮭のきのこあんかけ ････････････････ 577
なすマリネ ･････････････････････････ 564	生鮭のこてっ ････････････････････････ 578
なたわり漬け ･･･････････････････････ 564	生鮭のねぎあんかけ ･･････････････････ 578
夏香ご飯 ･･･････････････････････････ 565	生たらこの甘辛煮→「鯛の子や生たらこの甘辛煮」
夏香豆腐 ･･･････････････････････････ 565	を参照 ･････････････････････････････ 422
夏大根とスモークサーモンのサラダ ･･･ 565	生トマトのスパゲティ ････････････････ 578
ナッツごまめ ･･･････････････････････ 566	生ハムの牛肉巻き ････････････････････ 579
ナッツ酢豚 ･････････････････････････ 566	生ハムのにぎりずし ･･････････････････ 579
ナッツとじゃが芋のサラダ ･･･････････ 567	生春巻き ･････････････････････････････ 579
納豆汁 ･････････････････････････････ 567	生麩となすの煮もの ･･････････････････ 579
納豆の磯揚げ ･･･････････････････････ 567	なまり節とわかめの煮もの ････････････ 580
納豆のみそ汁 ･･･････････････････････ 567	なまり節のあえもの ･･････････････････ 580
納豆もいろいろ ･････････････････････ 568	なまり節の炊き込みご飯 ･･････････････ 580
夏トマトで作る基本のトマトソース ･･･ 568	菜めし ･･･････････････････････････････ 581
夏のいか焼き ･･･････････････････････ 568	なめたけおろし ･･････････････････････ 581
夏のおすし ･････････････････････････ 568	南蛮そうめん ････････････････････････ 581
夏のガーリックトマトスパゲティ ･････ 569	
夏の水餃子 ･････････････････････････ 569	
夏のマカロニスープ ･････････････････ 569	# に
夏のミートソース ･･･････････････････ 570	
夏のみそスープ ･････････････････････ 570	にがうりのかき揚げ ･･････････････････ 581
夏の焼きうどん ･････････････････････ 570	にがうりのシンプル炒め ･･････････････ 582
夏バテ雑炊 ･････････････････････････ 571	肉うどん ･････････････････････････････ 582
菜っぱのスープ煮 ･･･････････････････ 571	肉きのこ ･････････････････････････････ 582
夏野菜いっぱいひやむぎ ･････････････ 571	肉じゃが ･････････････････････････････ 582
夏野菜のポトフ ･････････････････････ 572	肉そぼろ 韓国風 ････････････････････ 583
夏野菜ライス ･･･････････････････････ 572	肉だんご甘酢あんかけ ････････････････ 583
七草 コラム ･･････････････････････ 836	肉だんごカレー ･･････････････････････ 583
七草粥 現代風 ･････････････････････ 573	肉だんごとさつま芋の甘酢味 ･･････････ 584
菜の花ご飯 ･････････････････････････ 573	肉だんごの甘酢煮 ････････････････････ 584
菜の花漬けと卵のサンドイッチ ･･･････ 573	肉詰めピーマンのスープ煮 ････････････ 585
菜の花とコーンのサラダ ･････････････ 574	肉詰めピーマンの和風煮 ･･････････････ 585
菜の花と桜えびの炒めもの ･･･････････ 574	肉豆腐 ･･･････････････････････････････ 585
菜の花とほたての辛子みそあえ ･･･････ 574	肉丼 ･････････････････････････････････ 586
菜の花とまぐろのわさびあえ ･････････ 574	肉まんじゅう ････････････････････････ 586
菜の花の辛子あえ ･･･････････････････ 575	肉みそ ･･･････････････････････････････ 587

肉みそ 四川風 ・・・・・・・・・・・・・・・・・・・・ 587
肉レタス ・・・・・・・・・・・・・・・・・・・・・・・・・・・・ 588
煮込まないキャベツカレー ・・・・・・・・・・・・ 588
煮込みボリュームハンバーグ ・・・・・・・・・・ 588
煮魚 ・・・・・・・・・・・・・・・・・・・・・・・・・・・・・・・・ 589
煮魚 コラム ・・・・・・・・・・・・・・・・・・・・・・・・・ 836
煮魚と日本酒 コラム ・・・・・・・・・・・・・・・・・ 836
虹色ガトー ・・・・・・・・・・・・・・・・・・・・・・・・・・ 589
にじますの香味焼き ・・・・・・・・・・・・・・・・・・ 590
にじますのバター焼き ・・・・・・・・・・・・・・・・ 590
にじますのホイルみそ焼き ・・・・・・・・・・・・ 591
にしんそば ・・・・・・・・・・・・・・・・・・・・・・・・・・ 591
にしんの甘辛煮 ・・・・・・・・・・・・・・・・・・・・・・ 592
にせふかひれスープ ・・・・・・・・・・・・・・・・・・ 592
ニッキもち ・・・・・・・・・・・・・・・・・・・・・・・・・・ 592
ニッポンのサラダ ・・・・・・・・・・・・・・・・・・・・ 592
にっぽんの母カレー ・・・・・・・・・・・・・・・・・・ 593
二杯酢 ・・・・・・・・・・・・・・・・・・・・・・・・・・・・・・ 593
煮豚と煮卵 ・・・・・・・・・・・・・・・・・・・・・・・・・・ 593
煮干しで作るラーメン ・・・・・・・・・・・・・・・・ 594
日本酒と料理酒 コラム ・・・・・・・・・・・・・・・ 836
にゅうめん ・・・・・・・・・・・・・・・・・・・・・・・・・・ 594
ニョッキ ・・・・・・・・・・・・・・・・・・・・・・・・・・・・ 595
ニョッキ きのこスープ仕立て ・・・・・・・・・・ 595
にら粥 ・・・・・・・・・・・・・・・・・・・・・・・・・・・・・・ 596
にら玉 ・・・・・・・・・・・・・・・・・・・・・・・・・・・・・・ 596
にら玉スープ ・・・・・・・・・・・・・・・・・・・・・・・・ 596
にらとあさりの練りみそかけ ・・・・・・・・・・ 597
にらとサーディンのピザ ・・・・・・・・・・・・・・ 597
にらねぎ汁 ・・・・・・・・・・・・・・・・・・・・・・・・・・ 597
にらのお浸し ・・・・・・・・・・・・・・・・・・・・・・・・ 597
にらの酢のもの ・・・・・・・・・・・・・・・・・・・・・・ 598
にらの卵とじ ・・・・・・・・・・・・・・・・・・・・・・・・ 598
にらレバ炒め ・・・・・・・・・・・・・・・・・・・・・・・・ 598
にんじん入り玉子焼き ・・・・・・・・・・・・・・・・ 598
にんじん粥 ・・・・・・・・・・・・・・・・・・・・・・・・・・ 599
にんじんと貝割れ大根のサラダ ・・・・・・・・ 599
にんじんと絹さやのつや煮 ・・・・・・・・・・・・ 599
にんじんとレバーのサラダ ・・・・・・・・・・・・ 599
にんじんのきんぴら ・・・・・・・・・・・・・・・・・・ 600
にんじんのグラッセ ・・・・・・・・・・・・・・・・・・ 600
にんじんの白あえ ・・・・・・・・・・・・・・・・・・・・ 600
にんじんのポタージュ ・・・・・・・・・・・・・・・・ 601
にんじんベーコンサンド ・・・・・・・・・・・・・・ 601
にんにく炒飯 ・・・・・・・・・・・・・・・・・・・・・・・・ 601
にんにく鶏 ・・・・・・・・・・・・・・・・・・・・・・・・・・ 602
にんにくの栗揚げ ・・・・・・・・・・・・・・・・・・・・ 602
にんにくの芽とキャベツのピリ辛炒め ・・・・・・・・ 602
にんにくの芽と卵の炒めもの ・・・・・・・・・・・・・・・ 602
にんにくピリ辛スープ ・・・・・・・・・・・・・・・・ 603

ぬ

ぬか漬け ・・・・・・・・・・・・・・・・・・・・・・・・・・・・ 603
ぬか床の作り方 ・・・・・・・・・・・・・・・・・・・・・・ 603
温やっこ ・・・・・・・・・・・・・・・・・・・・・・・・・・・・ 604

ね

ねぎ入り松前漬け ・・・・・・・・・・・・・・・・・・・・ 604
ねぎすき ・・・・・・・・・・・・・・・・・・・・・・・・・・・・ 605
ねぎそば ・・・・・・・・・・・・・・・・・・・・・・・・・・・・ 605
ねぎ鶏 ・・・・・・・・・・・・・・・・・・・・・・・・・・・・・・ 605
ねぎとろ丼 ・・・・・・・・・・・・・・・・・・・・・・・・・・ 605
ねぎねぎ豆腐 ・・・・・・・・・・・・・・・・・・・・・・・・ 606
ねぎのかき揚げ ・・・・・・・・・・・・・・・・・・・・・・ 606
ねぎビーフ ・・・・・・・・・・・・・・・・・・・・・・・・・・ 606
ねぎま ・・・・・・・・・・・・・・・・・・・・・・・・・・・・・・ 606
ねぎ焼きそば ・・・・・・・・・・・・・・・・・・・・・・・・ 607
根っこのサラダ ・・・・・・・・・・・・・・・・・・・・・・ 607
根っこ野菜とディップ ・・・・・・・・・・・・・・・・ 607
根三つ葉とまぐろの磯あえ ・・・・・・・・・・・・ 608
根三つ葉とわかめの酢のもの ・・・・・・・・・・ 608
根野菜のごまみそあえ ・・・・・・・・・・・・・・・・ 608
練りごまトースト ・・・・・・・・・・・・・・・・・・・・ 609

の

のきしのぶ ・・・・・・・・・・・・・・・・・・・・・・・・・・ 609
残り皮と葉のきんぴら ・・・・・・・・・・・・・・・・ 609
野ぶきのつくだ煮 ・・・・・・・・・・・・・・・・・・・・ 609
のり巻き ・・・・・・・・・・・・・・・・・・・・・・・・・・・・ 609
のんべの丸干し ・・・・・・・・・・・・・・・・・・・・・・ 610

は

バーガーサンド ・・・・・・・・・・・・・・・・・・・・・・ 611
蟹豆腐湯（ハイトウフータン） ・・・・・・・・・・・・・・・・・・・・・・ 611
パイなしキッシュ ・・・・・・・・・・・・・・・・・・・・ 611
パエリア ・・・・・・・・・・・・・・・・・・・・・・・・・・・・ 612

パエリア コラム ･･････････836	ハムのりサンド ･････････････626
白菜と厚揚げのキムチ煮 ････････612	はやしくん ････････････････627
白菜とえびのクリームソース ････613	はやしさん ････････････････627
白菜とつくねの煮もの ････････613	ハヤシ丼 ･････････････････627
白菜と舞茸の煮浸し ･････････613	ハヤシライス ･･････････････628
白菜のあったか鍋 ･･････････614	はりはり漬け ･･････････････628
白菜のうま煮 ･････････････614	はりはり漬け 中国風 ･･････････628
白菜のおかか煮 ･･･････････614	パリパリ鶏 ････････････････629
白菜のかにクリーム ･････････615	春雨サラダ ････････････････630
白菜のクリーム煮 ･･････････615	春雨焼売(シューマイ) ･････････････････630
白菜の即席グラタン ･････････615	春雨ときゅうりのあえもの ･････630
白菜の豚汁 ･･････････････616	春雨と卵のスープ ･･･････････631
白菜の丸焼き煮 ･･･････････616	春雨の卵サラダ ････････････631
白菜のみそスープ ･･････････616	春雨の中国サラダ ･･････････631
白菜のミルクスープ ････････617	春雨のピリ酢スープ ･･････････632
白菜の柚子あえ ･･･････････617	春の海山ちらしずし ･････････632
バゲットサンド ･･･････････617	春のおでん ････････････････633
バゲットのくりぬきリッチ！サンド ･･618	春のかぶと魚介のシチュー ･････633
葉しょうがの梅酢漬け ････････618	春のシチュー ･･････････････633
バジルとオレガノ コラム ･･････837	春のチャーハン ････････････634
バジルの卵焼き ･･･････････618	春の二色ご飯 ･･････････････634
パスタ入りほうれん草のスープ ･･618	春の野菜ずし ･･････････････634
パセリカレーポテト ･････････619	春の和風サラダ ････････････635
パセリとミルクのパスタ ･･････619	春巻き ･･･････････････････635
パセリのお浸し ･･･････････619	春巻きの皮 コラム ･･････････837
パセリ風味のガーリックポテト ･･619	春野菜 コラム ･････････････837
パセリライス ････････････620	春野菜とソーセージのブイヨン煮 ･636
バター コラム ･･･････････837	春野菜の煮合わせ ･･････････637
バターもち ･････････････620	春ワンタンスープ ･･････････637
はだかの焼売(シューマイ) ･･････････････620	ハワイアンサラダ ･･････････637
畑のオムレツ ･･･････････620	ハワイアンポーク煮 ････････638
畑の肉だんご ･･･････････621	ハンカラバーグ ･･･････････638
バタ焼き肉どん ････････････621	ハンガリー風シチュー ･･････638
ハッシュドポテト ･･････････621	パンケーキ ･･･････････････639
八宝菜 ･････････････････622	パン鍋 ･･････････････････639
八宝菜 海の幸 ････････････622	ハンバーガー ････････････640
八宝辣醤(ラージャン) ･･････････････623	ハンバーグ ･･････････････640
花焼売(シューマイ) ･････････････････623	ハンバーグ(バンバンジー) コラム ･･････837
バナナのホットサンド ･･････624	棒々鶏 ･･････････････････641
花巻そば ･･･････････････624	はんぺんしんじょの吸いもの ･･641
ハニートマト ･･････････････625	はんぺん卵の甘酢あんかけ ････641
はまぐりと菜の花の吸いもの ･･625	はんぺん袋 ･･･････････････642
はまぐりの酒蒸し ･････････625	
はまぐりの吸いもの ･･･････625	
ハムかつ ･･･････････････625	**ひ**
ハムステーキ ･････････････626	
ハムの人気マリネ ････････････626	ピータン粥(がゆ) ･･･････････････642

ビーツのサラダ	643
ピーナッツとセロリの豆板醤炒め	643
ビーフカツ	643
ビーフサラダ	644
ビーフサンド	644
ビーフシチュー	644
ビーフステーキ	645
ビーフステーキ トマトソース	645
ビーフストロガノフ	646
ビーフと青菜のあえもの	646
ビーフンのペッパー炒め	647
ピーマンのお浸し	647
ピーマンの三色くたくたきんぴら	647
ピーマンの卵焼き	647
ピーマンの肉詰め	648
ピーマンの肉詰め コラム	837
ピーマンのはんぺん入りフライ	648
ビーワンサラダ	649
ピカタ	649
挽き肉ともやしの豆板醤炒め	649
ピザ台（基本）	649
ピザパン	650
ひじきと鶏肉の治部煮	650
ひじきの炒め煮	651
ひじきの薄煮	651
ひじきの五目煮	651
ひじきの酢のもの	651
ひじきの中国風サラダ	652
ひじきの懐かし煮	652
ビシソワーズ	652
ひすい餃子	653
ひたし豆	653
ヒタヒタ コラム	837
ビッグマカロニグラタン	653
ひっつめ コラム	837
一口ハンバーグのミルク煮	654
一口フライドチキン	654
冷やし中華	654
冷や汁	655
冷や汁 コラム	837
冷や汁そうめん	655
冷ややっこ	656
ひよこ豆 コラム	837
ヒラヒラかつサンド	656
ひらひらカレー	656
ピリ辛ごまめん	657
ピリ辛シチュー	657
ピリ辛チキンスープ	657
ピリ辛レタス炒め	658
ピリピリセロリ豚	658
ピリホカシチュー	658
飛竜頭 カツ代風	659

ふ

フィッシュクリスピー	659
フィッシュコロッケ	660
ブイヤベース→「すぐ作れるブイヤベース」を参照	374
深川丼	660
ふかひれと春雨 コラム	838
ふきごはん	660
ふきと油揚げの炒め煮	661
ふきと牛肉の田舎煮	661
ふきと茶そば和風サラダ	661
ふきと鶏肉の煮もの	662
ふきとなまり節のご飯	662
ふきとなまり節の煮もの	662
ふきの青煮	662
ふきの炒め煮	663
ふきの田舎煮	663
ふきの辛子ソース	663
ふきのきんぴら	663
ふきのとうのつくだ煮	664
ふきの葉としらすのほろほろ卵とじ	664
ふきの葉の梅きんぴら	664
ふき葉めし	664
ふくさずし	665
ふくらみチキン	665
豚薄切り肉のワイン煮	666
豚薄肉のパルメザン焼き	666
豚角煮	667
豚かぼちゃ	667
豚キムチ鍋	667
豚ごぼうの混ぜ飯	668
豚ごま揚げ	668
豚汁	668
豚汁うどん	669
豚ときゅうりの塩炒め	669
豚とじ丼	669
豚肉元祖しょうが焼き	670
豚肉とアスパラガスの卵とじ	670
豚肉とアスパラガスのポピエット	670

豚肉とキムチのウワーッと煮　　671
豚肉とキャベツの甘酢煮　　671
豚肉とキャベツの豆板醤炒め　　671
豚肉とごぼうのみそ汁　　672
豚肉とごぼうの柳川風　　672
豚肉としめじの梅干し煮　　672
豚肉としめじのバターチーズ　　672
豚肉と春菊のみそ汁　　673
豚肉とセロリのピリ辛巻き　　673
豚肉と大豆のこってり煮　　673
豚肉とねぎのキムチみそスープ　　674
豚肉と野菜のスープ煮　　674
豚肉の青じそサンド　　674
豚肉のアップル焼き　　675
豚肉のから揚げ　　675
豚肉のザーサイはさみ焼き　　675
豚肉のサワーキャベツ　　676
豚肉の上新粉焼き　　676
豚肉のチリソース煮　　676
豚肉の夏野菜重ね　　677
豚肉のフルーツ煮　　677
豚肉のブロシェット風ごまソース　　677
豚肉のほうれん草炒め　　678
豚肉のみそすき煮　　678
豚肉のりんごソース　　678
豚肉のレタスあえ　　679
豚肉のワインロースト　　679
豚のくわ焼き　　679
豚の昆布炊き　　680
豚のワイン角煮　　680
豚ばら肉と野菜のさっぱりソース　　681
豚ばら肉のピーナッツがらめ　　681
豚挽き肉と大根のピリ辛煮　　681
豚ヒレの卵白揚げ　　681
豚みそ丼　　682
ぶっかけうどん　　682
太巻き→「のり巻き」を参照　　609
舟盛り丼　　682
冬のかぶと魚介のシチュー　　683
冬の具だくさんみそスープ　　683
冬野菜のスープ　　684
フライドエッグ　　684
フライとタルタルソース　コラム　　838
フライドチキン　　684
フライドフィッシュ　　685
フライドポテト　　685
フライパン　コラム　　838

フライパンローストビーフ　　685
プラムチキン　　686
フランクフルトの夏香りフライ　　686
フランスの田舎風スープ　　686
フランスパンのチーズグラタン　　687
ぶり大根　　687
ぶり大根　こんにゃく入り　　688
ぶり大根　ピリ辛みそ味　　688
ぶりとごぼうの煮つけ　　688
ぶりの梅酒煮　　689
ぶりの治部煮　　689
ぶりの醤味（ジャンウェイ）　　689
ぶりの照り焼き　コラム　　838
ぶりの照り焼き風　　690
ぶりのフライ　タルタルソース　　690
ぶりのふわり揚げ　　690
ぶりのもち入り粕汁　　691
フルーツサラダ　　691
フレッシュ野菜ライス　　691
フレンチトースト　　692
フレンチトースト　コラム　　838
フレンチドレッシング　オールドタイプ　　692
フレンチドレッシング　ヘルシータイプ　　692
ブロッコリーとえびのしょうがじょうゆ　　692
ブロッコリーと貝柱の炒めもの　　693
ブロッコリーと牛肉のマヨネーズ炒め　　693
ブロッコリーとナッツの炒めもの　　693
ブロッコリーのきんぴら　　694
ふろふき大根　　694
文明開化鍋と玉子ご飯　　694
ふんわかオムレツ　　695

へ

ベイクドバジルトマト　　695
米なすのグラタン　　695
米なすのピカタ　　696
ベーコン＆チキンサンド　　696
ベーコン入りほうれん草ソテー　　697
ベーコンと牛レバーのバターソテー　　697
ベーコンと白菜漬けのソテー　　697
ベーコンの串焼き　　697
ベーコンビーンズ　　698
へぎ柚子　コラム　　838
ベジタブルチャウダー　　698
ベジタブルドライカレー　　698

べっこう鶏・・・・・・・・・・・・・・・・・・・699
ペッチャン餃子・・・・・・・・・・・・・・・699
ペッパーステーキ・・・・・・・・・・・・・699
ペペロンチーノ・・・・・・・・・・・・・・・700
ペリメニ・・・・・・・・・・・・・・・・・・・・・700
ペリメニのミルクスープ・・・・・・・701
ヘルシーサラダ・・・・・・・・・・・・・・・701
ヘルシーピザ・・・・・・・・・・・・・・・・・701

ほ

回鍋肉（ホイコーロー）・・・・・・・・・・・・・・・・・・・・・702
ほうとう 夏版・・・・・・・・・・・・・・・702
ほうとう 冬版・・・・・・・・・・・・・・・703
ほうれん草とコーンのサラダ・・・703
ほうれん草と鮭缶のグラタン・・・703
ほうれん草と卵のグラタン・・・・・704
ほうれん草と生椎茸のみそ汁・・・704
ほうれん草とにらの相性煮・・・・・704
ほうれん草と豚肉の辛子マヨ炒め・・・705
ほうれん草とベーコンのスパゲティ・・・705
ほうれん草のイスタンブール煮・・・705
ほうれん草のお浸し・・・・・・・・・・・706
ほうれん草のガーッ・・・・・・・・・・・706
ほうれん草のカルボナーラ風・・・706
ほうれん草のクリーム煮・・・・・・・706
ほうれん草のサラダ・・・・・・・・・・・707
ほうれん草のじか炒め・・・・・・・・・707
ほうれん草のスパゲティグラタン・・・707
ほうれん草の台なしキッシュ・・・708
ほうれん草の玉子焼き・・・・・・・・・708
ほうれん草のチャーハン・・・・・・・708
ほうれん草のナムル・・・・・・・・・・・709
ほうれん草の煮浸し・・・・・・・・・・・709
ほうれん草のバター炒め・・・・・・・709
ほうれん草のバター煮・・・・・・・・・710
ほうれん草の麻婆あんかけ・・・・・710
ほうれん草の雪衣・・・・・・・・・・・・・710
ほうれん草リゾット 本格風・・・710
ポークシシカバブ・・・・・・・・・・・・・711
ポークステーキ きのこソース・・・711
ポークソテー トマトソース・・・711
ポークチャップ・・・・・・・・・・・・・・・712
ポークビーンズ（即席）・・・・・・・712
ポーチドエッグ・・・・・・・・・・・・・・・712
干椎茸 コラム・・・・・・・・・・・・・・・839

細ねぎ コラム・・・・・・・・・・・・・・・839
細ねぎのミルクかき揚げ・・・・・・・713
ほたて貝柱の釜めし風・・・・・・・・・713
ほたてじゃが芋・・・・・・・・・・・・・・・713
ほたてとえのき茸のサラダ・・・・・714
ほたてのガーリック焼き・・・・・・・714
北海シチュー・・・・・・・・・・・・・・・・・714
ホットドッグ タコス風・・・・・・・714
ホットドッグ＆ホットチリドッグ・・・715
ホットビスケット・・・・・・・・・・・・・715
ポテキャベソーセージ・・・・・・・・・715
ポテサラパスタ オーロラソース・・・716
ポテト入りいり卵・・・・・・・・・・・・・716
ポテト入りソーセージ揚げパン・・・716
ポテトコロッケ・・・・・・・・・・・・・・・717
ポテトサラダ・・・・・・・・・・・・・・・・・717
ポテトサラダ ニソワーズ風・・・718
ポテトすいとん・・・・・・・・・・・・・・・718
ポテトチップス・・・・・・・・・・・・・・・718
ポテトチップス炒め・・・・・・・・・・・719
ポテトとポテトチップスのサラダ・・・719
ポテトパイ・・・・・・・・・・・・・・・・・・・719
ポテトピラフ トルコ風・・・・・・・720
ポテトほたて煮・・・・・・・・・・・・・・・720
ポテ肉だんごのスープ・・・・・・・・・720
ポテポテケーキ・・・・・・・・・・・・・・・721
ポパイサンド・・・・・・・・・・・・・・・・・721
ポパイサンド コラム・・・・・・・・・839
ポルトガル風いり卵・・・・・・・・・・・722
ホワイトソース 簡単基本・・・・・722
ホワイトソース 本格風・・・・・・・722
ホワイトソースも使うラザニア・・・722
本格的蒸しおこわ・・・・・・・・・・・・・723
本格なすカレー・・・・・・・・・・・・・・・723
ボンゴレのスパゲティ トマト味・・・724
香港風酢豚・・・・・・・・・・・・・・・・・・・724
ぽん酢そうめん・・・・・・・・・・・・・・・725
本来伝来のけんちん汁・・・・・・・・・725

ま

麻婆炒め・・・・・・・・・・・・・・・・・・・・・726
麻婆豆腐・・・・・・・・・・・・・・・・・・・・・726
麻婆なす・・・・・・・・・・・・・・・・・・・・・727
麻婆白菜・・・・・・・・・・・・・・・・・・・・・727
麻婆春雨・・・・・・・・・・・・・・・・・・・・・728

麻婆もやし ……………………… 728
舞茸の天ぷら …………………… 729
マカロニグラタン ……………… 729
マカロニグラタン コラム ……… 839
マカロニサラダ ………………… 730
まぐろキムチ丼 ………………… 730
まぐろとわけぎのぬた ………… 730
まぐろのイタリアン …………… 730
まぐろのクリスピー …………… 731
まぐろぶつの辛子あえ ………… 731
まぐろ焼き ……………………… 731
魔女のスープ 豚ばら肉入り … 731
マスタードドレッシング ……… 732
街の中華屋さん風カレー ……… 732
マッシャー コラム ……………… 839
マッシュポテト ………………… 732
マッシュルームバゲット ……… 733
松茸ごはん ……………………… 733
松茸の吸いもの ………………… 733
松前漬けの素ってなあに？ コラム … 839
マフィン ………………………… 733
マフィンサンド ………………… 734
ママーズソーセージ …………… 734
ママのポテトサラダ …………… 735
豆ごはん ………………………… 735
豆竹混ぜご飯 …………………… 735
豆のサラダ ……………………… 735
豆のサラダ コラム ……………… 839
豆のピラフ ……………………… 736
マヨネーズドレッシング ……… 736
マリネステーキ ………………… 736
丸ごとキャベツのビックリ煮 … 737
丸干しいわしのマリネ ………… 737
マロンミートローフ …………… 737

み

ミートソース …………………… 738
ミートパイ ……………………… 738
ミートボール(基本)→「基本のミートボール」を参照
　………………………………… 205
ミートボールのカレー煮 ……… 739
ミートボールのきのこ煮 ……… 739
ミートボールのパプリカ煮 …… 740
身欠きにしん コラム …………… 839
身欠きにしんとうどの甘辛煮 … 740

Ｍｒ．ダッグウッド風サンドイッチ ……… 740
水菜と油揚げの辛子あえ ……… 741
水菜の水漬け …………………… 741
水をうつつ コラム ………………… 839
みそおでんの串刺し鍋 ………… 742
みそキャベツ …………………… 742
みそ煮込みうどん ……………… 742
みそブイヤベース ……………… 743
みそポトフ ……………………… 743
みぞれもち ……………………… 743
みそロールカツ ………………… 744
三つ葉そば ……………………… 744
三つ葉とえびのかき揚げ ……… 744
三つ葉のごまドレッシング …… 745
ミニ・グリンピース春巻き …… 745
ミニ肉まん ……………………… 746
ミネストローネ ………………… 746
ミネストローネの材料に決まりなし
　コラム …………………………… 840
みょうがと青じその天ぷら …… 746
みょうがといかの煮もの ……… 747
みょうがの卵とじ ……………… 747
ミラノ風お米入りスープ ……… 747
ミラノ風リゾット ……………… 748
ミルクココット ………………… 748
ミルク豆腐 ……………………… 748
ミルクマッシュポテト ………… 749
ミンチのケバブ ………………… 749
みんな丸くおさまる鍋 ………… 749

む

ムール貝のオーブン焼き ……… 750
麦ご飯 …………………………… 750
麦とろ …………………………… 750
ムサカ …………………………… 750
蒸しずし ………………………… 751
蒸し鶏 お刺身風 ………………… 752
蒸し鶏 にんにくソース ………… 752
蒸しほたて コラム ……………… 840
蒸しまんじゅう ………………… 752
ムニエル オーロラソース ……… 753
ムニエル ガーリックソース …… 753
紫キャベツの魔女スープ ……… 753

め

明治生まれのかつどん ・・・・・・・・・・・・・・・・・ 754
メキシカン重ねステーキ ・・・・・・・・・・・・・・ 754
メキシカンシチュー ・・・・・・・・・・・・・・・・・・ 755
メキシカンライス ・・・・・・・・・・・・・・・・・・・・ 755
目玉焼き ・・・・・・・・・・・・・・・・・・・・・・・・・・・ 755
目玉焼きのカレーソース ・・・・・・・・・・・・・・ 756
めんたいかまぼこスパ ・・・・・・・・・・・・・・・・ 756
めんたいこスパゲティ ・・・・・・・・・・・・・・・・ 756
明太子豆腐 ・・・・・・・・・・・・・・・・・・・・・・・・・ 756
明太たらもサラダ ・・・・・・・・・・・・・・・・・・・・ 757
めんたいなます ・・・・・・・・・・・・・・・・・・・・・ 757
メンチカツ ・・・・・・・・・・・・・・・・・・・・・・・・・ 757
メンチカツ コラム ・・・・・・・・・・・・・・・・・・ 840
めんつゆ（つけめん用）・・・・・・・・・・・・・・・ 758
面取り コラム ・・・・・・・・・・・・・・・・・・・・・ 840

も

もうひとつのトマトと卵の炒めもの コラム ・・ 840
もずく雑炊 ・・・・・・・・・・・・・・・・・・・・・・・・ 758
もち入りコーンシチュー ・・・・・・・・・・・・・・ 758
もち入り茶碗蒸し ・・・・・・・・・・・・・・・・・・・ 759
もち入りポトフ ・・・・・・・・・・・・・・・・・・・・・ 759
もち米甘粥 ・・・・・・・・・・・・・・・・・・・・・・・・ 760
もち米だんご ・・・・・・・・・・・・・・・・・・・・・・・ 760
もち茶漬け ・・・・・・・・・・・・・・・・・・・・・・・・ 760
もちと白菜の中国風 ・・・・・・・・・・・・・・・・・・ 760
もちの揚げだし汁 ・・・・・・・・・・・・・・・・・・・ 761
もち袋 ・・・・・・・・・・・・・・・・・・・・・・・・・・・・ 761
もっと野菜の煮込み ・・・・・・・・・・・・・・・・・・ 762
もみじおろし コラム ・・・・・・・・・・・・・・・・ 840
もやし卵 ・・・・・・・・・・・・・・・・・・・・・・・・・・ 762
もやしとにらの簡単炒め ・・・・・・・・・・・・・・ 762
もやしと豚肉の辛子みそあえ ・・・・・・・・・・ 762
もやしとミンチのにんにく炒め ・・・・・・・・・ 763
もやしのナムル ・・・・・・・・・・・・・・・・・・・・・ 763
もやし春巻き ・・・・・・・・・・・・・・・・・・・・・・・ 763
もやしビーフン ・・・・・・・・・・・・・・・・・・・・・ 764
森のサラダ ・・・・・・・・・・・・・・・・・・・・・・・・ 764
モロヘイヤといんげんのピリ辛つくだ煮 ・・・・ 765
モロヘイヤと牛肉のあえもの ・・・・・・・・・・ 765
モロヘイヤと鶏肉の中国風スープ ・・・・・・・ 765
モロヘイヤの梅あえ ・・・・・・・・・・・・・・・・・ 766
モロヘイヤのガーッ ・・・・・・・・・・・・・・・・・ 766
モロヘイヤのガーリックスープ ・・・・・・・・・ 766
モロヘイヤのかき揚げ ・・・・・・・・・・・・・・・ 766
モロヘイヤめん ・・・・・・・・・・・・・・・・・・・・・ 767

や

焼いたパンの保温 コラム ・・・・・・・・・・・・ 840
焼きおにぎり ・・・・・・・・・・・・・・・・・・・・・・・ 767
焼きおにぎりのスープ仕立て ・・・・・・・・・・ 767
焼き餃子 ・・・・・・・・・・・・・・・・・・・・・・・・・・ 768
焼きさんまの玉ねぎ漬け ・・・・・・・・・・・・・・ 768
焼きズッキーニ ・・・・・・・・・・・・・・・・・・・・・ 768
焼きそうめん ・・・・・・・・・・・・・・・・・・・・・・・ 769
焼きそば 大阪式 ・・・・・・・・・・・・・・・・・・・ 769
焼き鯛の茶漬け ・・・・・・・・・・・・・・・・・・・・・ 770
焼きなす 現代風 ・・・・・・・・・・・・・・・・・・・ 770
焼きなす たたき味 ・・・・・・・・・・・・・・・・・ 770
焼きなすのごまだれかけ ・・・・・・・・・・・・・・ 770
焼き肉（ホットプレートや鉄板を使う）・・・ 771
焼き肉丼 ・・・・・・・・・・・・・・・・・・・・・・・・・・ 771
焼きビーフン ・・・・・・・・・・・・・・・・・・・・・・・ 771
焼き豚 ・・・・・・・・・・・・・・・・・・・・・・・・・・・・ 772
焼き野菜 イタリア風 ・・・・・・・・・・・・・・・・ 772
野菜炒め ・・・・・・・・・・・・・・・・・・・・・・・・・・ 772
野菜焼売 ・・・・・・・・・・・・・・・・・・・・・・・・・・ 773
野菜たっぷりガーリックパスタ ・・・・・・・・・ 773
野菜たっぷり麻婆豆腐 ・・・・・・・・・・・・・・・ 774
野菜たっぷりミートソース ・・・・・・・・・・・・ 774
野菜チキン ・・・・・・・・・・・・・・・・・・・・・・・・ 775
野菜とくらげの中国風 ・・・・・・・・・・・・・・・ 775
野菜とちくわのオイスターソース炒め ・・・ 775
野菜と鶏肉のごまドレッシング ・・・・・・・・ 776
野菜のミルクチーズフリッター ・・・・・・・・ 776
野菜バーガー ・・・・・・・・・・・・・・・・・・・・・・・ 776
野菜畑のスープ ・・・・・・・・・・・・・・・・・・・・・ 777
野菜畑のピザ ・・・・・・・・・・・・・・・・・・・・・・・ 777
野菜ピラフ ・・・・・・・・・・・・・・・・・・・・・・・・ 777
屋台風ビーフン ・・・・・・・・・・・・・・・・・・・・・ 778
やっこの肉みそがけ ・・・・・・・・・・・・・・・・・ 778
山芋のから揚げ 甘酢あんかけ ・・・・・・・・・ 778
山の幸サラダ ・・・・・・・・・・・・・・・・・・・・・・・ 779
ヤミ鍋 ・・・・・・・・・・・・・・・・・・・・・・・・・・・・ 779
ヤミ鍋 コラム ・・・・・・・・・・・・・・・・・・・・ 841
八幡巻き ・・・・・・・・・・・・・・・・・・・・・・・・・・ 779
ヤンソンさんの誘惑 ・・・・・・・・・・・・・・・・・ 780

ゆ

魚香茄子(ユイシアンチエヅ)・・・・・・・・・・・・・・・・・・・・・780
油淋鶏(ユウリンチー)・・・・・・・・・・・・・・・・・・・・・・・・・781
湯せん 〔コラム〕・・・・・・・・・・・・・・・・・・841
ゆで餃子(ぎょうざ)・・・・・・・・・・・・・・・・・・・・・・・・781
ゆでグリーンサラダ・・・・・・・・・・・・・・・・・781
ゆでじゃが イタリア式・・・・・・・・・・・・・782
ゆでじゃが芋のチーズ焼き・・・・・・・・・782
ゆで卵・・・・・・・・・・・・・・・・・・・・・・・・・・・・・・782
ゆで卵サンド・・・・・・・・・・・・・・・・・・・・・・782
ゆで卵の即席グラタン・・・・・・・・・・・・・・782
ゆで卵のそぼろ・・・・・・・・・・・・・・・・・・・・783
ゆで卵のピータン風・・・・・・・・・・・・・・・・783
ゆで鶏のごまみそかけ・・・・・・・・・・・・・・783
ゆで肉 イタリア式・・・・・・・・・・・・・・・・784
ゆで肉ときのこの香味あえ・・・・・・・・・・784
ゆで肉のグリンピース煮・・・・・・・・・・・・784
ゆで肉のフライパン炒め・・・・・・・・・・・・784
ゆでねぎのみそマリネ・・・・・・・・・・・・・・785
ゆで豚・・・・・・・・・・・・・・・・・・・・・・・・・・・・785
ゆで豚の刺身風・・・・・・・・・・・・・・・・・・・・785
ゆで豚のみそだれあえ・・・・・・・・・・・・・・785
ゆでもやしの中国風・・・・・・・・・・・・・・・・786
ゆで野菜とディップ・・・・・・・・・・・・・・・・786
湯豆腐・・・・・・・・・・・・・・・・・・・・・・・・・・・786
ゆば 〔コラム〕・・・・・・・・・・・・・・・・・・・841
ゆばときのこのスープ・・・・・・・・・・・・・・787
ゆばと野菜の煮もの・・・・・・・・・・・・・・・・787
ゆばのスープ粥(がゆ)・・・・・・・・・・・・・・・・・・787
ゆり根粥(がゆ)・・・・・・・・・・・・・・・・・・・・・・・787
ゆり根ご飯・・・・・・・・・・・・・・・・・・・・・・・788
ゆり根の甘煮・・・・・・・・・・・・・・・・・・・・・788
ゆり根の卵とじ・・・・・・・・・・・・・・・・・・・788
ゆり根の茶碗蒸し・・・・・・・・・・・・・・・・・788
ゆり根の飛竜頭(ひりょうず)・・・・・・・・・・・・・・・・789
ゆり根の含め煮・・・・・・・・・・・・・・・・・・・789

よ

養生粥(がゆ)・・・・・・・・・・・・・・・・・・・・・・・・・790
洋風野菜煮もの・・・・・・・・・・・・・・・・・・・790
ヨーグルトドレッシング・・・・・・・・・・・790
世にも簡単なお正月ビーフ・・・・・・・・・790
世にも簡単なマーボ豆腐・・・・・・・・・・・791
世にも簡単ボイルドビーフ・・・・・・・・・791

ら

辣白菜(ラーパーツァイ)・・・・・・・・・・・・・・・・・・・・・・792
ライスグラタン・・・・・・・・・・・・・・・・・・・792
ラザニア 簡単トマトソース・・・・・・・・792
ラザニア なす入り・・・・・・・・・・・・・・・・793
ラタトゥイユ・・・・・・・・・・・・・・・・・・・・・793
ラタトゥイユ 〔コラム〕・・・・・・・・・・・841
ラタトゥイユカレー・・・・・・・・・・・・・・・794
ラムとなすのインドカレー・・・・・・・・・794
ラム肉のオニオン炒め・・・・・・・・・・・・・795
ラムのカレーシチュー・・・・・・・・・・・・・795
ラムのスタミナ焼き・・・・・・・・・・・・・・・796
ラムのみそ煮・・・・・・・・・・・・・・・・・・・・・796
卵水 〔コラム〕・・・・・・・・・・・・・・・・・・・841

り

リゾット トルコ風・・・・・・・・・・・・・・・796
涼拌(リャンバン)なす・・・・・・・・・・・・・・・・・・・・・・・797
リヨン風焼き肉・・・・・・・・・・・・・・・・・・・797
りんごとくるみのサクサクサラダ・・・797

れ

冷凍里芋と牛こまのワイン煮・・・・・・・798
レタス炒め・・・・・・・・・・・・・・・・・・・・・・・798
レタス・椎茸・豆腐のみそ汁・・・・・・・798
レタス焼売(シューマイ)・・・・・・・・・・・・・・・・・・・・798
レタススープ・・・・・・・・・・・・・・・・・・・・・799
レタスだけのサラダ・・・・・・・・・・・・・・・799
レタス包み・・・・・・・・・・・・・・・・・・・・・・・799
レタス包みご飯・・・・・・・・・・・・・・・・・・・800
レタスと豚肉のピリ辛炒め・・・・・・・・・800
レタスのじゃこサラダ・・・・・・・・・・・・・801
レタスのたらこ炒め・・・・・・・・・・・・・・・801
レタスのミモザサラダ・・・・・・・・・・・・・801
レバー入り肉だんご・・・・・・・・・・・・・・・801
レバーステーキ・・・・・・・・・・・・・・・・・・・802
レバーと豚肉のピリ辛炒め・・・・・・・・・802
レバーのごまかし揚げ・・・・・・・・・・・・・802
レバーのさつま揚げ・・・・・・・・・・・・・・・803

レバーのワイン煮	803
レバーペースト	803
レモンバーミセリ	804
れんこんと絹さやのごまネーズあえ	804
れんこんと残り野菜のどっかんサラダ	805
れんこんと豚肉のシンプル炒め	805
れんこんとベーコンの炒めもの	805
れんこんのきんぴら	805
れんこんのコロッケ	806
れんこんのチーズ焼き	806
れんこんのはさみ焼き	806
れんこんのハムはさみ揚げ	806
れんこんのゆっくり煮	807

わけぎの磯ぬた	817
わけぎの酢みそあえ	817
わさび葉の一夜浸し	817
和素材薄切り肉ポトフ	818
和風カレーどんぶり	818
和風トマトサラダ	818
和風ドレッシング	819
ワンタン	819
ワンタンの皮のおつまみ	819

ろ

ローストビーフ イタリアン	807
ローストビーフ オーブン焼き	807
ローストビーフ丼	808
ローリエ [コラム]	841
ロールキャベツ	808
ロールキャベツ クリーム味	809
ロールキャベツ コンソメ味	809
ロールキャベツ ドミグラスソース	810
ロール肉のきのこシチュー	811
ロールフィッシュ	811
ロールミートローフ	812
六味おろしそば	812

わ

若草揚げ	813
わかさぎのカラリ揚げ	813
わかさぎのケチャップあん	813
若竹煮	814
若竹蒸し	814
わがままなワンタン	814
わが道をゆくえびワンタン	815
わが道をゆくワンタン	815
わかめサラダ	815
わかめとじゃこの梅干し煮	816
わかめと卵のみそ汁	816
わかめの韓国風スープ	816
わかめの韓国風ぞうすい	816
わかめのみそ汁	817

小林カツ代 料理の辞典
おいしい家庭料理のつくり方2448レシピ

2002年4月30日　初版第1刷発行
2012年9月25日　初版第11刷発行

著者：小林カツ代

編集協力：本田明子
　　　　　景山えり子／向 和美

装丁・本文扉：島田 隆
本文レイアウト：山内たつゑ
イラスト：浅野俊一

編集：仁藤輝夫／吉越久美子
校正：今川真佐子
協力：高田雅子／中村 葵／渡邉章央／渡辺祐三子

発行者：原 雅久
発行所：株式会社朝日出版社
〒101-0065 東京都千代田区西神田3-3-5
TEL 03-3263-3321（代表）
http://www.asahipress.com

印刷・製本：凸版印刷株式会社

ISBN978-4-255-00150-0
©KOBAYASHI KATSUYO KITCHEN STUDIO CO., LTD., 2002
Printed in Japan

乱丁本・落丁本はお取り替えいたします。
無断で複写・複製することは著作者および出版社の
権利の侵害になります。